U0896360

2015
中国机械工业集团年鉴

CHINA NATIONAL MACHINERY INDUSTRY CORPORATION YEARBOOK

机械工业出版社
China Machine Press

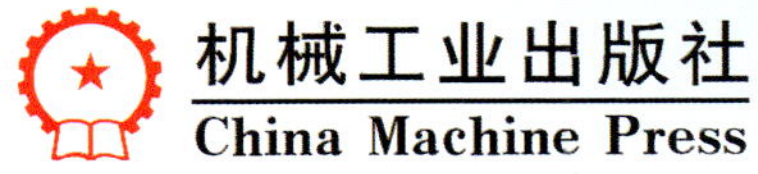

《中国机械工业集团年鉴2015》设置重要文献、集团公司发展概况、子公司发展概况、规章制度选编、荣誉汇编、重大经营项目汇编、大事记、附录和形象展示等栏目，集中反映2014年国机集团的发展情况，详细记录了集团公司和主要子公司的生产发展、产品产量、市场销售、科技成果及新产品、标准与质量、基本建设和技术改造、以及集团和个人所获得的荣誉等情况。

《中国机械工业集团年鉴》主要发行对象为政府决策机构、机械工业相关企业决策者，从事市场分析、企业规划的中高层管理人员以及国内外投资机构、贸易公司、银行、证券、咨询服务部门和科研单位的机电项目管理人员等。

图书在版编目（CIP）数据

中国机械工业集团年鉴. 2015 / 中国机械工业集团编. —北京: 机械工业出版社，2015.12

ISBN 978-7-111-52368-0

Ⅰ. ①中… Ⅱ. ①中… Ⅲ. ①机械工业—工业企业—中国—2015—年鉴 Ⅳ. ①F426.4-54

中国版本图书馆CIP数据核字(2015)第292373号

机械工业出版社（北京市西城区百万庄大街22号 邮政编码 100037）

责任编辑：赵 敏

编　　辑：肖春华 王迺娟 万鲁信

美术编辑：刘 青

北京宝昌彩色印刷有限公司印制

2015年12月第1版第1次印刷

210mm×285mm·29.75印张·70插页·872千字

定价：480.00元

凡购买此书，如有缺页、倒页、脱页，由本社发行部调换

购书热线电话（010）68326643、88379812

封面无机械工业出版社专用防伪标均为盗版

编辑说明

一、《中国机械工业集团年鉴》(以下简称《国机集团年鉴》) 创刊于2010年，是由中国机械工业集团有限公司(简称国机集团)主管、主办，《国机集团年鉴》编委会编纂，机械工业出版社编辑出版。

二、《国机集团年鉴》是一部全面记载国机集团改革与发展的大型资料性、工具性年刊。《国机集团年鉴》2015版主要记载上年国机集团在新常态下的改革、创新、发展情况。

三、《国机集团年鉴》坚持面向市场、面向读者，提供准确、翔实的数据、信息和资料，忠实地反映国机集团和国机人年度取得的新发展、新进步、新成就和新风貌。

四、《国机集团年鉴》2015版内容设置重要文献、集团公司发展概况、子公司发展概况、规章制度选编、荣誉汇编、重大经营项目汇编、大事记、附录和形象展示九个部分，数据截至2014年12月31日。

五、本年鉴在编纂过程中得到了国机集团总部各职能管理部门和子公司的大力支持和帮助，在此深表谢意。

六、未经中国机械工业集团年鉴编辑部的书面许可，本书内容不允许以任何形式转载。

七、由于水平有限，难免出现错误及疏漏，敬请批评指正。

中国机械工业集团年鉴编辑部

2015年12月

践行二次创业

开创国机集团发展新篇章

站在新的历史起点上，面临新常态，国机集团承担使命，志存高远，以二次创业的勇气和决心，脚踏实地，砥砺前行，努力实现国机集团发展新蓝图。

构建“制造、工程、贸易、资本”

“四轮驱动”发展新格局

国机集团顺势而为，成立国机资本公司，大力发展金融与投资业务，推进产融结合，推动完善产业链，开展新兴产业投资与运营，努力提高投资收益与效率。努力实现制造、工程、贸易、资本“四轮驱动”的协同发展，进一步实现集团提质增效、转型升级。

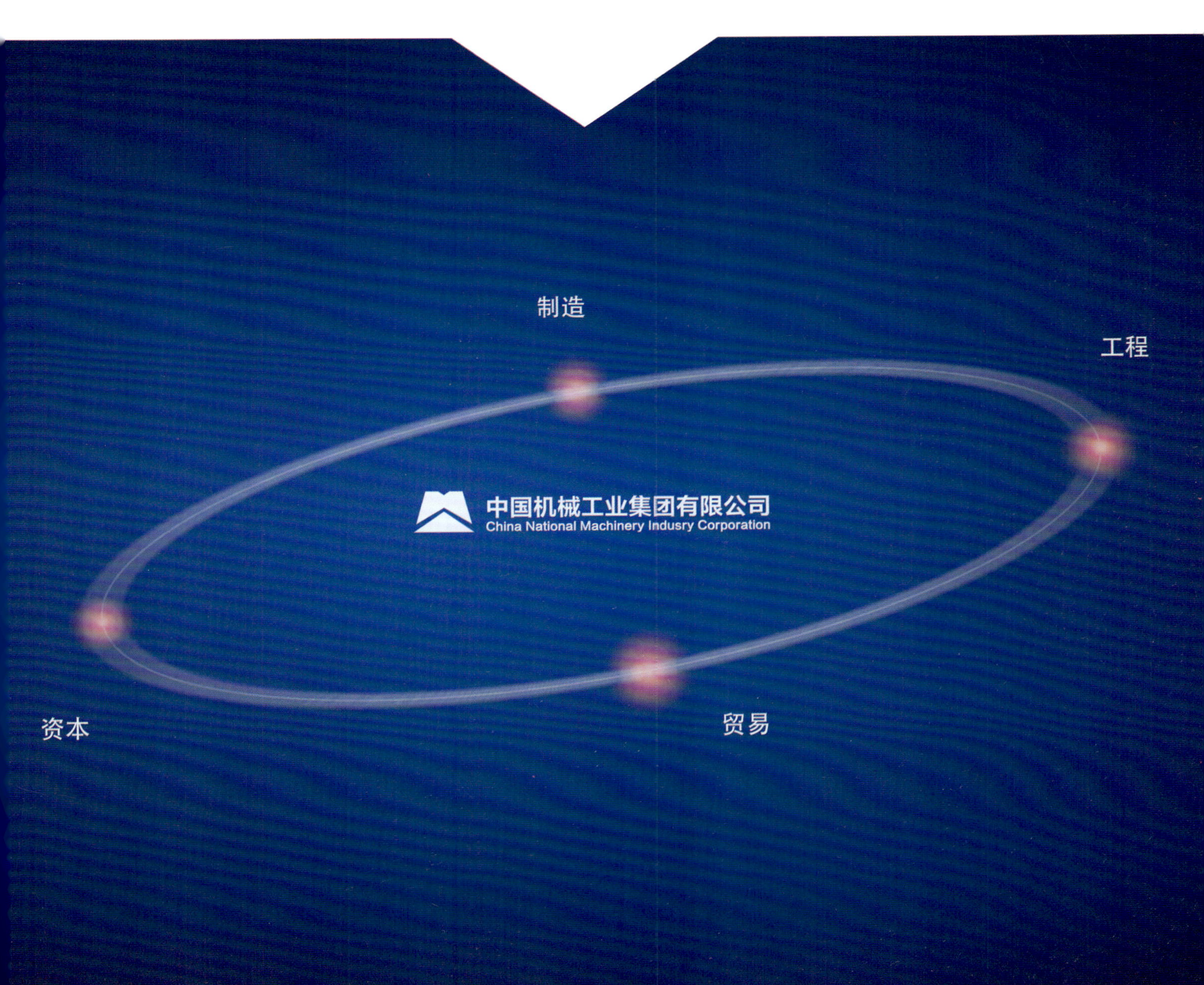

亲切关怀

2014年7月4日，副总经理孙德润在首都机场迎接CMEC从伊拉克撤离工作人员回国。

2014年10月9日，副总经理孙德润在二重镇江公司调研。

2014年5月21日，副总经理曾祥东在济南铸锻所调研。

2014年8月19日，副总经理曾祥东在合肥通用院调研。

2014年5月6日，总会计师骆家駹代表国机集团与中国银行签订《银企战略合作》协议。

2014年7月10日，总会计师骆家駹在中国浦发空分公司调研。

2014年3月26日，副总经理谢彪出席国机集团分布式能源项目推广应用研讨会暨国机新能源研究院揭牌仪式。

2014年5月9日，副总经理谢彪出席第五届国际基础设施投资与建设高峰论坛。

2014年3月27日，副总经理丁宏祥在广州机械院调研。

2014年8月25日，副总经理丁宏祥在法国施耐德培训期间参观施耐德电气Le Vuadreuil工厂。

2014年4月10日，纪委书记王克伟在中国一拖调研。

2014年11月20日，纪委书记王克伟在中国建设调研。

中国机械工业集团年鉴编辑委员会

编委会主任

任洪斌　中国机械工业集团有限公司　董事长、党委副书记

编委会副主任

石　柯　中国机械工业集团有限公司　党委书记、副董事长

徐　建　中国机械工业集团有限公司　董事、总经理、党委常委

孙德润　中国机械工业集团有限公司　副总经理、党委常委

曾祥东　中国机械工业集团有限公司　副总经理、党委常委

骆家駹　中国机械工业集团有限公司　总会计师、党委常委

谢　彪　中国机械工业集团有限公司　副总经理、党委常委

丁宏祥　中国机械工业集团有限公司　副总经理、党委常委

王克伟　中国机械工业集团有限公司　纪委书记、党委常委

刘敬桢　中国机械工业集团有限公司　副总经理、党委常委

编委会委员

（按姓氏笔画排序）

丁　建　马　坚　马长春　王　博　王　强　王玉琦　王兆杰　王淑清　王锡岩

史　辉　叶　军　全华强　刘　冰　刘　群　刘大功　刘小虎　刘庆宾　刘祖晴

朱　峰　孙　柏　纪学成　李延平　李树君　李家俊　杨永清　杨鸿雁　苏维珂

吴培国　余小元　余本礼　沙　非　张　弘　张　波　张延丰　张福生　张素刚

陈　仲　陈　志　陈有权　陈学东　陆文俊　罗　勇　罗　艳　周寅伦　赵　飞

赵　兵　赵祉胜　赵剡水　赵景孔　郝　明　秦汉军　夏闻迪　徐衍林　郭伟华

黄　兴　黄国甫　梁　波　章晓斌　韩晓军　谢东钢　曾艳丽

主　编

石　柯　中国机械工业集团有限公司　党委书记、副董事长

执行主编

苏维珂　中国机械工业集团有限公司 职工董事、工会主席、党委工作部部长

执行副主编

陈兴祥　中国机械工业集团有限公司　党委工作部新闻宣传处处长

编　辑

于雪娟　张少晨　张雪超

撰稿人

（按姓氏笔画排序）

丁　珺　卜　明　于雪娟　王永祥　王东善　王旭萌　王巍娜　孔　迪　田旭东
田保伟　冯　涛　吕克文　全啸林　刘　凯　刘　波　刘　超　许美蓉　纪　然
孙玉峰　杜凯凯　李　伟　李良寿　李晓晴　苏晓秋　杨　宇　杨　雪　杨昌福
杨学贵　严　慧　肖晓帆　邹　霞　宋　晔　宋晓博　张少晨　张发明　张青春
张显民　张秋娜　张雪超　陈　静　岳　昕　岳　恒　房　正　郑晓艳　姜　楠
段　婷　胡亚荔　赵国君　郭晋峰　郭毅怡　徐　玮　董　杰　谢林宏　曾维佳
程思榕　詹晓红　赫明玉　潘建荣

目 录

第一篇 重要文献

第二篇 集团公司发展概况

第三篇 子公司发展概况

第四篇　规章制度选编

第五篇　荣誉汇编

第六篇　重大经营项目汇编

第七篇 大 事 记

第八篇 附 录

第九篇 国机集团形象展示

CONTENTS

Chapter I. Important Literatures

Chapter II. Development Overview of SINOMACH

Chapter III. Development Overview of Subsidiaries

Chapter IV. Selections of Rules and Regulations

Chapter V. Honors

Chapter VI. Key Projects

Chapter VII. Chronicle of Events

Chapter VIII. Appendices

Chapter Ⅸ. SINOMACH Image Display

第一篇

重要文献

改革创新　提质增效
开创新常态下国机集团发展新篇章

——任洪斌在国机集团 2015 年工作会议上的讲话
（2015 年 1 月 20 日）

这次会议的主要任务是，深入贯彻党的十八大和十八届三中、四中全会、中纪委五次全会以及中央经济工作会议、中央企业与地方国资委负责人会议精神，总结 2014 年工作，分析当前经济形势，部署 2015 年重点工作任务，坚定信心、振奋精神，践行二次创业，努力开创新常态下集团发展新篇章。下面我讲四点意见。

一、集团发展迈上新台阶

2014 年，面对严峻复杂的国内外经济形势和艰巨繁重的集团改革发展任务，我们贯彻落实党中央、国务院、国资委的决策部署，以保增长为中心，把握发展大势，坚持稳中求进，攻坚克难，扎实做好各项工作，不断推进有质量的增长，较好完成了全年主要目标任务。

经营业绩创历史新高。集团全面超额完成国资委考核目标和保增长任务，实现营业收入 2 491.5 亿元，同比增长 2.8%；利润总额 60.7 亿元，同比增长 26.7%；上缴税费 140 亿元。其中，原国机实现营业收入 2 446.1 亿元，同比增长 3.2%；利润总额 92.2 亿元，同比增长 15.6%；经济增加值 43.5 亿，同比增长 29.1%，均创历史新高。集团在 2014 年发布的世界五百强排名中列第 278 位、较上年提升 48 位，国资委经营业绩考核连续第六年保持 A 级。

中国二重扭亏脱困全面推进。中国二重的改革振兴是党中央和国务院赋予国机集团的光荣使命。国机集团临危受命、勇担重任，作为工作的重中之重，举全集团之力推进二重的扭亏脱困。针对二重面临的重重困难和棘手难题，国机集团以十八届三中、四中全会精神为指南，按照“内科手术”与“外科手术”并行的总体思路，研究制定了《中国二重扭亏脱困总体实施方案》，明确了二重浴火重生、扭亏脱困的总目标：力争 2016 年年末营业收入超 100 亿元，利润总额超 1 亿元，资产负债率低于 60%。围绕总目标，国机集团和中国二重多措并举、背水一战，全面打响了关系企业生死存亡的“二重保卫战”。2014 年，集团从总部和所属企业抽调精干力量，充实二重领导团队；提供资金支持，确保生产经营正常开展和职工工资发放；加大资产盘活调整力度，积极推动外部引资；主动与相关金融机构开展债务重组谈判，解决债务问题的总体思路获得了债权银行的认可和理解；大力开展集团内部业务协同，启动非实体经营；促进二重与集团科研院所合作，推进长线产品论证开发，加快二重的产品结构调整；集团领导班子成员根据二重业务开发需要，分别带队走访央企大客户；积极主动争取各级政府、监管机构和银行对二重改革振兴的政策支持。集团领导班子就二重改革振兴重点工作进行了明确分工，纳入绩效考核，强化责任担当。目前中国二重扭亏脱困各项举措全面有序推进，改革振兴的步伐日益加快。

转方式调结构出现积极变化。业务模式创新升级迈出新步伐，向产业链上下游延伸业务链条，积极探索电商合作模式开展线上业务，创新推进具有自主品牌产品出口。新兴产业进一步拓展，积极布局发展新能源产业，进军工业机器人领域，开启水处理正渗透技术在中国的商业化应用，发展具有良好前景的环保产业。资本运作深入推进，集团内部专业板块整合有效开展，上市公司再融资募集资金近 8 亿元；集团资金集中结算规模同比增长 30% 以上，为所属企业节约财务费用超过 3 亿元；根据资本市场变化，加强上市公司市值管理，提高资本投资收益，实现了股权的有序进退。科技创新取得新突破，科技人才引进和培养力度不断加大，创新平台建设进一步加强，重大科技项目稳步推进，“极端条件下重大承压设备的设计、制造与维护”项目获得国家科技进步奖一等奖，另有两项分别获得国家科技进步奖二等奖和国家技术发明奖二等奖，两项获得中国机械工业科学技术奖特等奖等。

国际化经营有效拓展。国际合作和市场开拓力度加大，国机制造产品出口倍增计划有效落实，集团进出口额创历史新高；境外低成本融资实现突破，中白工业园作为丝绸之路经济带项目引起中白两国领导高度重视，达岱水电站 1 号机组提前并网发电，集团境外第一个 BOT 项目收获成果，集团总承包的中阿铁路项目正式实施，为两国的经济合作注入新活力。

企业改革有序推进。成立集团全面深化改革领导小组，积极跟踪改革动向，明确改革方向；不断提升董事会运行规范性和有效性，形成了具有国机特色的“和实”董事会文化，各级企业董事会建设稳步推进，集团派出外部董事队伍充实二级企业董事会，有效提升了企业治理能力；多家企业完成公司制改制，进一步推进了现代企业制度建设；部分企业尝试混合所有制改革，取得积极成效。

管理提升富有成效。集团及所属企业进一步巩固和扩大管理提升成果，加强内部管理，找差距、补短板，管理基础进一步夯实；战略、投资、财务、信息化等专项管理持续优化，管控能力进一步增强；全面风险管理不断开展，法律风险防范机制建设继续加强，管理现代化水平进一步提高。集团管理提升活动获得国资委表彰，被评为“中央企业管理提升活动先进单位”。

党建工作进一步加强。党的群众路线教育实践活动扎实开展，长效机制相应建立，达到了预期目的；加强和改进思想建设、组织建设、作风建设、反腐倡廉建设和制度建设，认真落实“两个责任”，深入贯彻八项规定，坚决纠正“四风”，党风政风持续好转。

过去的一年，在经济下行压力不断加大、全国工业增速持续放缓、中央商贸企业增幅下滑的不利条件下，集团取得这样的成绩，实属来之不易。成绩的取得离不开党中央、国务院、国资委的正确领导，离不开监事会、董事会、党委、经理层及全体干部职工的奋发努力，在此，我代表集团董事会向大家表示衷心的感谢！

在肯定成绩的同时，我们务必保持清醒的头脑，认识到集团改革发展过程中还存在一些躲不开、绕不过的问题。

1. 思想观念问题

一些企业思维观念跟不上时代的步伐。有的干部不同程度上存在思维惯性和行为惰性，变革意识不强，新思路新举措不多；对市场经济规律、企业发展规律认识不足；对改革发展重点难点问题研究不透彻、把握不准确、举措不得力；对新形势不愿看、看不懂，不能审时度势；对先进事物往往瞧不起、看不懂、追不上。有的干部思想不解放、观念陈旧、视野不开阔，得过且过、干劲不足、缺乏激情，在新的形势下治企能力和水平严重不足。

2. 质量效益问题

部分企业运行的质量效益不高。2014 年多家企业经济增加值（EVA）为负数，为负数的企业面扩大，资产周转效率下降；一些企业在做减法淘汰落后、创新产品与业态、盘活资产存量、培育新增长点、提高资产运行效率和资本回报率等方面做得不够，集团有质量增长的基础还不够牢固。

3. 业务转型问题

产业转型和业务模式创新不够。部分企业转型升级步伐跟不上形势发展，难以适应市场竞争的要求，对新常态下的趋势性变化把握不准、行动不及时；部分企业业务模式落后，项目融资渠道单一，业务链核心控制力不强，核心技术话语权不足，发展方式粗放，未形成核心能力；新产业培育不足，适应经济发展新常态的新增长点不多。

4. 企业管理问题

经济下行暴露出企业管理薄弱环节。抓落实不够、执行力不强，分解的目标任务完成不理想；问责机制不完善，风险事件责任追究不到位，风险事件还时有发生；部分项目在可行性研究、决策和执行过程存在漏洞，投资未达到预期效果；过程控制不严格，成本管理不精细；部分企业风险控制预警机制不完善，内控体系建设不到位，新业务新领域风险识别能力不强。2014 年个别企业海外工程总包项目屡发风险事件，既造成自身经济损失，又对集团产生不良影响。

在新形势下，面对集团发展过程中出现的方

方面面的问题，我们要有清醒认识，深刻反思，采取有效措施，切实加以解决。

二、准确把握面临的形势

当前，国内外经济形势错综复杂，世界经济总体复苏缓慢，我国经济发展进入新常态。对此，我们要密切关注，认真研判，及时把握，争取主动。

（一）世界经济形势错综复杂

世界经济仍处在国际金融危机后的深度调整期，2015年可能略有回升，但总体复苏疲弱态势难有明显改观。美国经济复苏渐趋稳固，将继续领先于其他发达经济体，同时，美联储货币政策逐步回归常态、国会中期选举后两党政治斗争加剧等对经济影响具有不确定性。欧元区经济复苏乏力，投资出现持续下滑，失业居高不下，通缩加大，可能陷入长期低迷。新兴经济体经济增速放缓，还面临着大宗商品价格大幅下跌、地缘政治冲突加剧、货币贬值、资本外流等多重压力。俄罗斯经济受地缘冲突、西方制裁、能源危机、货币崩溃等拖累，前景堪忧。亚洲和非洲部分发展中国家经济相对保持较快增长，但也面临结构调整压力加大，外部环境多变等不利因素影响。在复杂的国际经济形势下，国际货币基金组织预测，2015年世界经济增长3.8%，而世界银行预测为3.4%，联合国预测仅为3.1%。

美国经济发展继续保持领先地位，但总体上发达经济体经济复苏乏力，新兴经济体经济增长放缓，这对国际贸易的发展、尤其是出口带来了巨大的挑战；部分发展中国家经济的持续增长，将继续带动我国国际工程承包业务的发展。

（二）我国经济发展进入新常态

我国经济发展正处于增长速度换档期、结构调整阵痛期、前期刺激政策消化期“三期叠加”阶段，国内经济发展总体保持平稳，但结构性矛盾仍然突出，下行压力依然较大。对稳定增长具有关键作用的投资增速持续回落，房地产市场调整影响不断扩大，增长动力转换乏力；结构调整阵痛显现，化解产能过剩不足，去产能化过程中社会压力增大；信贷资金向实体经济传导不畅，工业品出厂价格下降，要素成本上升，企业生产经营困难增多。中央经济工作会预计2015年我国经济增长速度为7%左右，低于2014年。在上述众多因素的影响下，集团的机械装备研发与制造、设计板块将面临考验。

与此同时，我国经济发展进入速度变化、结构变化、动力转换的新常态，改革、调整为企业发展释放出新的空间。新型工业化、信息化、城镇化、农业现代化过程中孕育着众多新的经济增长点；中央提出的“三个支撑”（“一带一路”、京津冀协同发展、长江经济带）和“四大板块”（西部开发、东北振兴、中部崛起、东部率先）区域发展新格局将为企业带来新机遇；国家实施新一轮高水平对外开放，进一步开放制造业，推广上海自由贸易试验区经验以及推动优势产业走出去，互联互通，将为企业参与国际化经营注入新活力；机械行业在产业结构、需求结构、盈利模式发生变化的大背景下，2015年总体预测仍保持8%的增长，为集团实现平稳发展奠定基础。

当前形势对集团而言，挑战与机遇并存，我们对经济形势的复杂性、严峻性，既要保持清醒认识，又要坚定信心，增强定力，迎难而上；对经济发展中蕴藏的机遇，要做到识别早、判断准、行动快，统筹谋划，合理布局，抢抓机遇，推进产业升级与快速发展。

（三）新常态下集团发展新蓝图

集团作为我国机械行业的领军企业，承载着我国机械工业60多年的深厚积淀，继承和发扬了我国机械工业艰苦奋斗、求真务实的优良传统，经过国机人十八年的不懈努力，取得了辉煌成绩，连续多年蝉联机械工业企业百强榜首、在世界五百强排名不断上升。但我们不能满足于现状，应勇于承担使命，志存高远，努力实现新蓝图。

集团利润过百亿元并向更高的目标发展；产融结合大力加强，金融资本、新兴产业资本的贡献度大幅提升，集团产业结构得到调整优化，制造、工程、贸易、资本对集团利润贡献逐步达到旗鼓相当，各业务单元相互促进，均衡发展；资源结构、市场布局国内外齐头并进，“走出去”战略硕果累累，实现再造一个海外新国机；资产运营实现有进有退，资源配置不断优化，亏损企业逐步消除；以资本为纽带的控股公司高效运转，业务板块整体上市，集团资产证券化率超过90%。

人才队伍实现高端引领、结构合理、素质优良，国内国际两种人才资源得到充分开发利用，人才职业化、市场化、专业化、国际化程度大幅提高；品牌美誉度和影响力显著提升，行业排头兵地位牢固树立，成为具有卓越价值创造力、国际竞争力和可持续发展能力的国际化企业集团；

坚持以人为本，提升员工价值，促进员工与企业共同成长；企业发展与模范履行社会责任和谐统一，实现可持续发展；努力建成“五个国机”，成为具有国际竞争力的世界一流企业。

国机未来无限美好，但道路艰辛曲折，需要国机人以二次创业的勇气和决心，脚踏实地，砥砺前行，将美好愿景变为现实。

三、努力抓好重点工作

中央对做好2015年全国经济工作提出坚持稳中求进工作总基调，以提高发展质量和效益为中心，主动适应经济发展新常态，保持经济运行在合理区间。国资委要求中央企业全力以赴保增长，2015年的经济增长要与全国经济发展要求相适应、与中央企业在国民经济中的重要地位相适应，效益增长力争高于2014年。集团董事会依据2014年发展情况，考虑2015年的经济形势，研究确定了2015年的主要经营目标：实现利润总额考核值同比增长6%、争取达到8%，继续保持国资委经营业绩考核A级。要完成好2015年的目标任务，我们必须牢牢把握工作主动权，锐意改革创新，着力提质增效，不断打造集团发展的新优势、释放发展的新动力，将各项工作落到实处。

（一）推进经营发展，不断获得新成效

1. 努力保增长

保增长仍然是集团2015年的中心任务，我们必须创新思路，采取切实有效举措，多途径多渠道发力。一要大力开拓市场。进一步调整经营策略，优化营销网络，精耕细作传统市场，巩固盈利基础，积极稳妥进入新市场，努力扩大市场份额，有效培育新的增长点。二要积极降本增效。认真查找诊断成本费用管理的薄弱环节，加强与先进企业对标，进一步完善成本管控责任制度和目标考核责任制。运用精益管理方法开展降本增效，通过创新机制、优化流程、提升技术等方式进一步压缩成本费用，大力压缩非生产性支出，提高综合成本利润率。同时针对亏损企业，要分析亏损原因，加快减亏扭亏，尽早止住出血点。三要强化激励约束。继续坚持工资总额与经济效益挂钩、企业负责人薪酬与考核结果挂钩的原则，严格履行、及时兑现2014年保增长奖励方案的各项规定与承诺，财务决算完成后，要按方案标准逐条核定保增长专项奖励。同时强化责任约束，对于因工作失职给企业造成重大损失的，要严肃追责，做到赏罚分明。下一步，要进一步完善业绩考核制度，突出效益导向，充分发挥激励约束杠杆作用，有力促进企业提质增效。四要升级非实体经营。赋予非实体经营新的内涵，扩大外延，创新模式，提高综合能力。集成集团资源，加强内部协同，发挥整体作用，在研发制造、工程建设、整体解决方案、新产业发展等方面形成强大合力，争取国家重大专项、海内外重大项目落地。通过非实体经营，更加主动地为所属企业争取更多项目，实现整体价值最大化，打造集团新的竞争优势。

2. 推进中国二重改革振兴和扭亏脱困

实现中国二重的改革振兴是集团的一项战略任务，经过一年多努力，二重目前处于全面深化改革、扭亏脱困的关键时期。对此，我们认识上要到位，方法上要对路，工作上要得力。必须远近结合、标本兼治，充分运用法治思维，以发展的思路和现实的态度，综合采取“内科手术”和“外科手术”相结合的办法，对症下药。通过资金投入和延长处理时间，减少一次性风险冲击度，但如果发生严重威胁二重生存的外部风险，就要果断采取彻底外科手术式的方法及时进行处理。

2015年要重点争取多方支持，推动业务布局调整，加快人力资源优化，加强市场开拓，着力企业内部改革，强化管理创新，提升技术与服务水平；同时，进一步深化业务协同，盘活资产，妥善解决债务风险，确保如期实现二重全面扭亏脱困的总体目标。

3. 加快转型升级

中央经济工作会对产业结构、发展方式提出了新的要求，集团要找准转型升级方向，增强转型升级内生动力，切实转变增长方式，尽快实现突破，取得实效。

一是及时调整产业产品结构。各企业要结合所在行业特点和自身实际，发展先进制造业和现代制造服务业，有选择有重点地做强产业链核心环节，延伸产业链条，强化核心控制力。积极调整优化产品结构，进行产品升级换代，与市场动态对接，开发生产适销对路的新产品。加大传统产业更新改造力度，提高先进产能比重。大力推动节能减排，坚持绿色低碳发展。

二是大力加强与信息化融合。突破传统企业思维，紧贴市场脉搏，充分把握互联网时代带来的新变化新机遇，推进集团装备制造业和现代制

造服务业与信息技术的深度融合，创造出更加高效的新业态和新模式，打造传统产业的升级版。

三是积极培育发展新兴产业。发挥集团产业优势，有计划、有步骤地在清洁能源、节能环保、智能制造装备、高端农业装备、节能与新能源汽车、机械产品再制造、“三清”（清洁城市、清洁乡村、清洁生产）整体解决方案、水务与环保工程等领域深入探索，培育新的增长点。

4. 坚持依法治企

要把依法治国精神和要求落实到企业改革发展的各个环节之中。紧密结合企业实际，依据相关法律法规，完善内部规章制度，严格经营决策程序。执行好国家各项法律法规，平等规范有序参与市场竞争，依法保护自身权益，维护良好的市场竞争秩序。加强法律风险防范工作，强化企业规章制度、重大决策和重要经济合同的法律审核把关，抓好企业重组并购、资本运作、知识产权、劳动用工等领域法律风险防范，确保企业稳健发展。

（二）深化企业改革，激发增长新活力

2015 年是全面深化改革的关键之年，国资委即将出台国有企业改革指导意见及配套文件。集团要按照国资委的部署安排，有序推进企业改革，切实强化责任，要奔着问题去，以增强活力、提高效率为中心，提高企业核心竞争力。深化企业改革，胆子要大、步子要稳。在改革过程中，要更加注重把提高改革质量放到重要位置，更加注重改革的系统性、协同性，确保措施落地。

一是明确集团的功能定位。国家将准确界定不同国有企业功能，集团作为我国机械工业规模最大、研发能力强、国际化程度高的大型中央企业，主业处于国家安全、国民经济命脉的重要行业，肩负振兴我国机械行业的重任。集团应成为机械行业国有资本投资运营公司，肩负起振兴产业的使命，聚焦于做强做优做大我国机械工业，力争成为具有国际竞争力的世界一流装备工业集团。

二是稳妥、规范、有序发展混合所有制经济。发展混合所有制经济是党的十八届三中全会的重要部署，集团要积极探索、有效落实。坚持因业施策、因企施策、一企一策，成熟一个改革一个，不刮风、不搞倒计时、不搞运动，防止犯颠覆性错误。认真贯彻国资委关于企业改革的部署，选择独资、控股、参股等不同形式，宜独则独、宜控则控、宜参则参，防止大轰大嗡，防止“一混了之”。规范国有资产评估，严格操作流程，确保公开公正透明，切实防止国有资产流失。混合所有制企业员工持股，要在总结经验基础上稳妥有序开展。集团混合所有制改革，要注重提高国有资本利用效率，提高国有资本活力、影响力和带动力，打造体制新、机制活、竞争力强的混合所有制企业。

三是进一步完善现代企业制度。进一步健全各级法人治理结构，加强各级董事会运行的规范性和有效性，积极倡导和传播“和实”董事会文化，着力打造“和实”董事会。推动完善“以集团战略为导向”的高管考核机制，进一步强化集团董事会战略引领作用；围绕新形势新问题开展专题研究，为董事会决策和企业发展提供咨询支撑，充分发挥专门委员会的作用；加强对董事会决议落实情况的监督检查，积极开展对不同类型重大项目的总结分析。加强对所属企业董事会建设的分类指导，建立完善考核评价指标体系；进一步探索加大对运行规范的所属企业董事会的授权，激发释放改革活力；完善派出外部董事履职保障体系，加强集团总部与派出外部董事的沟通交流，切实发挥派出外部董事的作用；加强沟通交流和知识能力培训，不断提升各级企业董事会建设水平。

在授权董事会自主选人用人方面，要及时总结经验，逐步完善推广。对于已授权董事会选聘经理层副职的所属企业，更多采取市场化机制公开选拔高级管理人员，合理增加市场化选聘经理层副职的比例，打造职业经理人队伍，并探索相应的市场化薪酬激励机制。根据企业的发展需要，在授权董事会选聘经理层副职的所属企业数量进一步增加的基础上，探索适时将所属二级董事会运行规范的企业经理层正职纳入授权董事会自主选聘的范围。

按照党的十八届三中全会精神，积极探索产权激励机制，除物质资本参与利润分配外，探索实现人力资本投入者根据贡献大小参与利润分享的可行性和操作办法，增强企业的发展活力，更好实现企业与职工共同发展。通过一系列措施的执行落地，真正建立起产权清晰、权责明确、政企分开、管理科学的现代企业制度。

四是推进解决历史遗留问题。按照国资委的工作部署，积极推进厂办大集体改革和部分企业分离移交“三供一业”工作，有效推动集团历史遗留问题的解决，为减轻企业负担、深化企业改革创造有利条件。

（三）强化创新驱动，释放发展新动力

创新是新常态下发展的新引擎。要大力实施创新驱动发展战略，鼓励创新，包容失败，有关企业和个人依法依规决策、实施，且勤勉尽责、未谋取私利，即使有关创新工作未能实现预期目标，也要给予充分理解和包容。努力让一切创新源泉充分涌流，让所有创造活力竞相迸发，不断增强创新的动力、活力和实力，持续推动集团创新发展。

1. 大力加强科技创新

集团具备相对优势的科技资源，亟需进一步挖掘潜力、释放新动力。

一要强化科技创新能力建设，打造网络化多层次创新体系。进一步加大科技投入，多方式筹集创新资本，积极利用中央企业创新投资基金、政府引导基金、风险投资基金和私募股权基金，加快科技成果的产业化和商业化。从2015年起，集团在业绩考核中，涵盖包括工贸公司在内的各类企业，将其研发投入视同利润，积极鼓励企业加大科技投入，切实增加产品或业务的技术含量。

二要注重前沿技术、关键共性技术、应用基础技术、战略性新兴产业及重大技术的研发。集团与所属企业相互协同，形成合力，继续开展集团培育发展的新兴产业专题研究，为未来深入发展新兴产业奠定良好基础。

三是着力加强科技人才队伍建设。完善科技创新制度环境，着力培育创新型人才和高技能人才，进一步探索实施科技人才期权股权和分红权激励，充分调动科技人才的积极性、创造性。

2. 持续推进管理创新

管理是企业永恒的主题，集团要不断向管理要效益、要质量、要发展。

一是推动基础管理创新。进一步全面建设管理制度化、制度流程化、流程信息化的基础管理体系，结合实际开展流程再造和制度创新，提升决策水平和运营效率，二级企业要将科学有效的制度流程贯穿下沉到所属企业，使各级企业的基础管理水平跃上新台阶。

二是促进管理模式创新。广泛运用精益化管理理念，在价值链的各个环节推动精益管理；把信息化作为提升传统产业模式、创新经营模式、促进管理变革的重要手段，推动工业化、信息化相互融合；完善企业KPI考核体系，充分调动干部职工的工作积极性，有效提高工作绩效；积极创新商业模式，加强互联网和新技术应用，用管理方式的转变促进传统产业的转型。创新集团总部管理方式，下放总部部分管理权限，减少中间环节，提高工作效率，重新梳理、划分总部职责，提高管理与服务水平，压缩总部人员，控制费用开支，打造创新总部、价值总部。

三是强化风险管理创新。继续推进集团全面风险管理体系建设，完善全面风险管理制度，加强对风险事件的辨识和管控，将风险管理的要求融入企业战略、人力资源、财务等各项管理和业务流程中，构建起系统的全面风险管理体系，使集团的风险管理水平得到明显提高。需要强调的是，当前集团需要加强完善风险预警机制，落实好及时报告制度，一级管一级，对不及时报告的责任人，要采取相应的处罚措施。

（四）抓好资源整合，开辟成长新途径

围绕集团发展战略，统筹谋划，从推动产业发展和优化产权管理出发，通过并购重组、股权多元化、资源要素整合、内部协同等多种方式，进一步完善集团多元化产业布局，做强做优专业化板块，调整优化产权结构，发挥好国机资本平台的作用，充分挖掘和释放集团资源的最大效益。

1. 有力推进国机资本平台建设

2014年年底，集团董事会已批准设立国机资本公司，作为集团专业化投资及金融资本控股平台，这是新形势下应对内外部环境变化、提高资本收益与投资效率，完善产业布局、优化配置资源的客观需要。国机资本公司要尽快发挥功能作用，切实推进产融结合，增强业务资源控制能力，推动完善产业链，开展新兴产业投资与运营，有效提高投资收益与效率，更好控制投资风险，通过整合集团内部金融性资产，未来向资本控股公司转型，实现整体上市。

2. 继续开展对外重组

抓住国有企业全面深化改革、中央企业及地方企业布局结构调整的新机遇，根据集团功能定位、战略发展布局和现实经营状况，以提高集团核心竞争力为目的，充分利用集团现有优势条件，积极稳妥开展对外联合重组，充实强化集团业务发展不足的关键环节与核心要素，不断提升集团产业链、价值链竞争优势。

3．加强内部资源优化配置

从实现集团“一盘棋”运作、整体利益最大化、可持续发展出发，推进内部业务重组、内部要素整合。在内部资源整合过程中，既注重优化存量、挖掘存量的巨大潜力，又注意引进增量，根据企业股权多元化改革的需要，引入战略投资者，以增量盘活存量。存量资源的优化配置要与集团分板块整体上市相结合，进一步发挥上市公司的平台作用，通过股权转让、定向增发等方式，逐步将非上市资产注入上市公司，提高集团资产证券化率，增加资源的市场价值和流动性，实现重组整合与上市公司发展的良性互动，不断提升上市公司持续发展能力，实现各产业板块做强做大做优。

4．加快处置低效无效资产

根据集团业务板块发展定位，结合相关行业发展趋势，坚持有所为有所不为，积极推行退出机制，全面梳理现有业务，充分评估论证，对于前景黯淡、资源支撑能力有限、缺乏竞争优势或增长潜力的业务，及时研究退出路径，予以坚决退出；对低效无效、长期亏损、不属于国家产业政策支持范围的不良资产，要果断“关停并转”；对于与集团发展战略不相符的业务，要在战略实施过程中逐步加以清退。落实投资主体对低效无效资产的清理责任，清理不必要的参股公司和无实质业务的空壳公司，继续加大对五级及五级以下企业的清理力度。

（五）创新国际化经营，建设海外新国机

立足两个市场、统筹两种资源，借势国家发展战略，加快“走出去”步伐，持续提升国际化经营层次与质量。

一要抢抓机遇。目前，我们面临国家实施“走出去”战略的最佳时期，我们要切实加大国际市场研判力度，努力提高国际市场布局的深度、广度和效率。我国外汇储备已近4万亿美元，是世界第一大外汇储备国，将进一步加大力度支持企业开展国际化经营。我国已发布实施“一带一路”建设战略规划，“一带一路”贯穿欧亚大陆，涉及65个国家，总人口44亿人、年生产总值21万亿美元，分别占全球的62.5%、28.6%。我国出资400亿美元成立开放式丝路基金，为“一带一路”沿线国家基础设施建设、资源开发、产业合作等有关项目提供投融资支持。亚洲基础设施投资银行法定资本1 000亿美元，创始成员国26个，重点支持亚洲基础设施建设。

孟中印缅经济走廊建设正在积极推进，将不断加强在工业、能源、电信、农业扶贫、环境保护、科技等领域的相互合作，推动基础设施互联互通，消除各类贸易与投资壁垒，带动区域经济合作向纵深发展，其辐射作用将带动南亚、东南亚、东亚三大经济板块联合发展；中国和巴基斯坦着手中巴经济走廊建设，将带动中巴双方在走廊沿线开展重大项目、基础设施、能源资源、农业水利、信息通信等多个领域的合作，创立更多工业园区和自贸区。

“一带一路”是我国实施全方位对外开放战略的“先手棋”和突破口，具有划时代的战略意义；孟中印缅经济走廊、中巴经济走廊等一系列经济走廊深入建设，不断开辟国际经济合作新空间，这些都将带来巨大商机。我们要抓住难得的历史机遇，做到“三个结合”，即利用丝路基金、亚洲基础设施投资银行与政策性银行相结合，资源开发与基础设施建设相结合，工程承包与运营管理相结合。从根本上改变以往单一融资渠道格局，不断延伸产业链，进一步提高国际化经营转型升级的能力和水平。

二要创新“走出去”模式。集团内部企业之间优先协作、积极协同，与集团外产业链上下游企业形成产业联盟，抱团“联合出海”；巩固发展集团传统国际工程承包、进出口贸易业务，注重拓展海外绿地投资、特许经营、产业园区建设项目；适时开展以获取境外先进技术、高端人才、战略资源、品牌渠道为目的的兼并收购和股权合作；落实国家战略，开展农业走出去项目，集成集团在“三农”方面的资源，把握海外农业市场巨大的发展空间，做大做强集团农机装备板块。

三要注重防范国际化经营风险。高度重视国际化经营中的政治、经济、法律、文化等风险，做好安全风险防范和应急预案制定等工作，有效防范和控制风险，确保企业走得出、走得稳、走得好。总结集团及其他企业“走出去”的有益经验和深刻教训，充分认识、把握和遵循国际化经营规律；加快培育具有国际视野、熟悉国外经营环境和国际商业规则的人才队伍，提高跨国经营管理能力与风险管控能力。

四要履行好社会责任。开展国际化经营，要树立正确的义利观，“身老而心安，为之；利少而义多，为之”。不能仅仅关注企业自身的经济利益，忽视所在国国民的感情，重视对我国外交及国家形象的影响，多做一些惠民生、暖民心的事。要诚实、守信，高度重视项目的进度和质量，严格履行企业的经济责任、政治责任和社会责任。认真吸取集团个别企业在海外项目执行过程中的教训，杜绝类似事件再次发生。

（六）加强党的建设，发挥政治核心作用

2015年是巩固拓展教育实践活动成果、坚持全面从严治党的重要一年。集团各级党组织和广大党员要深入学习贯彻党的十八大和十八届三中、四中全会、中纪委五次全会精神，以习近平总书记系列重要讲话精神为指导，围绕全面从严治党这条主线，以加强思想建设和纪律建设、巩固教育实践活动成果、持续深入改进作风、从严管理监督干部、抓好基层基础工作为重点，统筹推进党的建设各项工作，为集团适应经济发展新常态、全面深化改革、实现有质量发展提供坚强保证。

坚持思想建党，把不断深入学习习近平总书记系列重要讲话精神作为重要政治任务，教育引导党员、干部牢固树立理想信念、党性原则、党员标准和政治规矩，在思想上、政治上、行动上始终与党中央保持高度一致。要切实维护企业和谐发展的局面，决不允许我们的党员干部搞团团伙伙、拉帮结派、利益输送。

牢固树立作风建设永远在路上的思想，认真贯彻中央《关于深化“四风”整治、巩固和拓展党的群众路线教育实践活动成果的指导意见》精神，抓好整改落实，深化专项整治，持续深入推进作风建设。

按照从严管理、从严选拔、从严约束、从严监督的要求，深化干部选拔任用制度改革，完善干部考核评价制度，加强各级领导班子和领导干部监督管理。

积极推动党建工作创新，强化党的组织，夯实基层基础，在企业生产经营、科技创新、改革发展、重组振兴等各项工作中充分发挥党组织的政治核心和战斗堡垒作用。

充分认识当前反腐败斗争形势的严峻性和复杂性，切实落实十八届中央纪委四次、五次全会精神，坚持以法治思维和法治方式推进反腐倡廉建设，不断强化党风廉政建设党委主体责任和纪委监督责任，扎紧企业制度的“篱笆”，守好“仓门”，落实“一岗双责”，加强用权监管和责任追究，做到以上率下，一级管好一级、一级示范一级、一级带动一级，让每名干部扛着“责任”做事做人，受警醒、明底线、知敬畏，让企业经营管理各环节、各岗位的党风廉政建设责任无空白、无死角、可追溯。

推动纪检监察机构转职能、转方式、转作风，进一步强化监督执纪问责，加强信访举报受理和案件查办工作，发挥纪检、监察、审计、法律、巡视以及其他各项职能管理的监督合力，洞察问题线索和苗头，抓早抓小，防止小问题变成大问题。要以强有力的措施和零容忍的态度坚决查处各种违规违纪违法行为，特别要严肃查处违反党的政治纪律和政治规矩、组织纪律、保密纪律的案件，严肃查处违反“三重一大”决策制度、失职渎职造成国有资产重大损失的案件，严肃查处违反八项规定精神和私设“小金库”、贪污腐败案件，对转移赃款赃物、销毁证据、掩盖事实，搞攻守同盟、对抗组织审查的更要纳入依规惩处的重要内容，坚决打消违纪违法人员的侥幸心理，保持惩治腐败高压态势。

加强新形势下思想宣传政治工作，讲好国机故事，凝聚发展力量；深入学习研究新媒体时代新闻宣传工作的新特点、新趋势、新方法，主动引导舆论，提高舆情的研判和处置能力，为集团改革发展营造良好的内外部舆论环境。

坚持党建带群建，深入研究群团工作的特点规律，不断创新工作形式，丰富工作载体，增强组织活力，切实调动好、发挥好、保护好职工群众的积极性，为推动集团改革发展凝聚强大的正能量。

四、切实落实责任要求

经过多年高速发展，在经济新常态形势下，集团到了调整提高的新阶段，现在最重要的就是要振奋精神、扎实工作，继续做好“五坚持、五反对”，以百折不挠的斗争意志、脚踏实地的创业行动，克服困难，建设好“五个国机”，继续推进集团实现有质量的增长。

（一）强化责任，保持状态

习近平总书记多次强调，国有企业是我国经济发展的重要力量，也是我们党和国家事业发展的重要物质基础，必须搞好。李克强总理多次强调，中央企业要在国民经济稳增长和提质增效升级中发挥“国家队”和“排头兵”作用。国资委张毅主任也强调，做强做优做大国有企业，对于增强我国经济实力、国防实力、国家竞争力和民族凝聚力，极为关键。集团作为我国机械行业的大型中央企业，要坚决贯彻落实党中央、国务院和国资委的指示，肩负起国家赋予的经济责任、政治责任和社会责任，以振兴民族机械工业为己任，以企业发展为第一要务，为国家综合实力的提升提供物质支撑。尤其在当前集团爬坡过坎的关键时期，更要保持昂扬向上的精神状态，勤勉敬业，一心一意干事创业谋发展。要坚决克服等待、观望和畏难发愁情绪，决不允许存在“尸位素餐”、“只要不出事、宁愿不做事”等消极敷衍行为。

（二）提振信心，沉着应对

越是在复杂形势面前，越需要保持清醒的头脑，凝心聚力、善谋善成。一方面，要增强底线思维，充分认识到集团改革发展任务的艰巨性、复杂性，把困难和问题估计得更充分一些，把措施和方案制定得更扎实一些，做到心中有数，脚下有路。另一方面，要看到自己的优势。现在，集团已经处在同世界先进企业相近的起跑线上，有的方面处于国际领先地位，完全有条件搭上新一轮工业革命的快车。只要我们团结一心，同舟共济，以锲而不舍、驰而不息的决心和毅力，认真做好每一项工作，就一定能克服已经面临和即将面临的困难，打造集团发展的新天地。

（三）问题导向，狠抓落实

“不唯书、不唯上、只唯实”。一个企业，就跟做人一样，只有实实在在，才能长远。我们要深入一线，加强调查研究，切实摸清基层企业存在的实际问题，以问题为导向，作出决策、制定措施、开展工作。“一分布置，九分落实”。要牢固树立狠抓落实的理念，以踏石留印、抓铁有痕的工作劲头抓落实，抓具体、抓重点、抓成效，力争在企业发展的重点领域和关键环节取得新进展新突破。抓落实与制定战略规划在企业发展中同等重要，要一手抓战略制定，一手抓战略落实。要进一步建立完善督促检查工作机制，加大督促检查力度，切实抓好工作落实，保证各项战略规划、决策措施的真正落地。

（四）锤炼作风，勤俭节约

要严格贯彻落实中央八项规定精神，切实改进工作作风，坚决遏制“四风”反弹。要牢固树立“过紧日子”的思想，勤俭办企业，压缩非生产性开支，将降本增效作为提升竞争力的重要手段，常抓不懈。集团总部在公务用车、办公用房、公务接待、职务消费等方面要严格执行中央规定，以实际行动践行改进作风的根本要求，为集团系统做出表率。所属企业领导班子要率先垂范，切实抓好落实工作。

同志们，集团的改革发展使命光荣、任务艰巨、责任重大。让我们更加紧密地团结在以习近平同志为总书记的党中央周围，奋发有为，真抓实干，为开创新常态下集团发展新篇章，为全面建成小康社会、实现中华民族伟大复兴的中国梦做出积极贡献！

适应新常态　直面新挑战
努力完成 2015 年各项目标任务

——徐建在国机集团 2015 年工作会议上的报告
（2015 年 1 月 20 日）

任洪斌董事长作了关于集团改革发展的重要讲话，我们要认真学习、全面贯彻、狠抓落实。根据会议安排，下面我向大会作2015年工作报告。

一、2014 年工作总结

2014 年，世界经济复苏艰难，国内经济下行压力不断加大，集团所在行业发展形势十分严峻。在恶劣的外部形势下，集团深入贯彻党的十八大和十八届三中、四中全会以及中央经济工作会议、中央企业与地方国资委负责人会议精神，落实董事会决策部署，紧紧围绕发展第一要务，保增长、控风险、调结构、促转型，全面超额完成了国务院国资委、董事会下达的各项目标任务。

2014 年，集团实现营业收入 2 491.5 亿元，同比增长 2.8%；实现利润总额 60.7 亿元，同比增长 26.7%，完成国务院国资委全年考核目标的 155.3%，完成董事会全年考核目标的 121.3%、争取目标的 110.3%。原国机集团实现营业收入 2 446.1 亿元，同比增长 3.2%；实现利润总额 92.2 亿元，同比增长 15.6%。经济增加值（EVA）全面超额完成国务院国资委 2014 年考核目标和董事会的争取目标。

（一）稳中求进，生产经营保持平稳发展

2014 年，集团全力做好保增长工作，多次召开会议，传达部署国务院国资委保增长的目标和任务，明确提出集团保增长的要求和奖惩措施，继续实施重点联系企业制度，大力开拓市场，加强内部协同，促进降本增效，推进节能减排，保持了生产经营的平稳运行。所属企业按照集团总体部署，切实落实保增长措施，CMEC 的利润总额超过 25 亿元，苏美达、国机汽车利润总额超过 10 亿元，中工国际利润总额超过 8 亿元，中国浦发、中国联合、合肥通用院、中汽工程利润总额超过 2 亿元。集团将兑现承诺，对为保增长工作做出突出贡献的企业及负责人给予奖励。

1. 认真实施重点联系企业制度

继续实施重点联系企业制度，在往年基础上，将发展相对较慢、面临困难较多的企业列入联系名单，予以重点指导和帮扶。进一步完善工作制度，创新工作方法。调研前，对 24 家企业的情况进行了摸底调查，提出了需重点关注的 405 个问题。调研过程中，通过深入基层，与企业各级员工沟通交流，全面剖析影响企业改革发展的深层次、结构性问题，并形成调研报告，提出建议措施。随后进一步梳理各企业发展中的问题，持续跟踪，千方百计采取有效解决措施，为企业发展创造了良好条件。

2. 大力开拓市场

认真分析市场形势，积极投入力量，大力捕捉商机，实现新签合同额 536 亿美元，同比增长 1.9%；合同成交额 450 亿美元，同比增长 4.6%。CMEC 签约安哥拉索约联合循环电厂建设与安装项目，合同金额 9.9 亿美元；中工国际签约斯里兰卡南部调水项目，合同金额 6.9 亿美元；中国重机签约老挝两项输变电项目，合同金额 6 亿美元；中通公司开发波兰市场，签订 80MW 太阳能发电项目；苏美达签约希腊 80MW 风力发电项目、在日本成立本土化机构，实现了开拓国际市场的新突破；国机汽车与华晨宝马、特斯拉等合作，在国内率先开拓了高端新能源汽车租赁市场；中国一拖推动渠道下沉，形成近千家一、二级销售渠道，提高了东方红产品在市场终端的影响力。

3. 深入开展降本增效

所属企业深度挖掘管理潜力，狠抓降本增效，提升了发展效益。中工国际建立税务筹划体系，重点研究项目所在国的税务法律法规，合理降低税务成本；CMEC 等企业充分利用海外融资平台，实现了境外低成本融资；中国一拖打造采购供应链竞争优势，生产物资集采比重达 80%，实现采购降本率 2.5%。

4. 加强内部协同

继续推进所属企业内部协同，不断拓展合作的广度和深度。2014 年，集团协同发包签约额 31 亿元。CMEC 设立国机制造产品出口专项基金，投入 300 万元用于国机制造产品的推广和合作。中国中元、中机六院、中国联合、中汽工程、沈阳仪表院、桂林电科院、中国建设、重材院等充分发挥各自优势，加强与兄弟企业的协同合作，实现了互利共赢。

5. 积极推进节能减排

2014 年，集团万元产值综合能耗同比下降 0.24%，万元营业收入能耗同比下降 2.8%，二氧化硫排放量同比下降 14.1%，全部实现年初目标。所属企业积极投入绿色国机建设，中国一拖通过全国首批“两型”企业试点单位预评价验收；中国联合建设的杭州西溪国家湿地公园三期游客服务中心，获美国绿色建筑 LEED 铂金级认证；中机六院设计的博思格西安工厂，获 LEED 新建筑白金奖和国际碳金奖；中国中元设计的中国农科院哈尔滨兽医研究所项目，获国家三星级绿色建筑设计评价标识；中汽工程设计的洛阳新天地红太阳花园住宅项目，获国家二星级绿色建筑设计标识。

（二）攻坚克难，中国二重改革振兴取得进展

针对中国二重面临的资金紧张、订单缺口、管理薄弱等严峻挑战，集团通过抓市场、促协同、保资金、推清理、强管理，多措并举推进改革振兴。

1. 加强经营团队建设

组建了中国二重董事会，从集团总部和所属

企业选派了资本运营、经营、财务、法律、科技等方面的精干力量，赴中国二重进行干部交流，加强业务指导和重点工作推进。

2. 争取多方资金支持

持续跟踪中国二重的资金缺口情况，按照“新旧分开、封闭运行、风险可控”的原则，系统研究资金支持方案，并通过积极争取国有资本金，加强与中行、建行等主要债权银行以及四川省相关政府部门的沟通交流，争取各方支持，确保中国二重正常生产运营。

3. 开展协同合作

大力推动中国二重与其他所属企业的内部协同，开展多层次业务合作，签订协同合同6.4亿元；充分利用丰富的海外渠道资源，加强中国二重产品的海外推介，加快“走出去”步伐。积极推动中国二重与中石油、鞍钢集团等企业开展业务交流和合作。着眼长远，研讨制定了中国二重长线产品规划，为加快产品结构调整奠定了基础。

4. 推进资产盘活调整

以分块盘活资产、发挥存量效益为原则，初步确定了镇江公司项目盘活方案；与中航工业就盘活8万t模锻压机项目初步达成合作共识；制定了通过国机资产收购中国二重成都工程中心、帮助其减负增利的方案，并推动完成项目的竣工验收和取得土地房产权属证明；制定了资产清查总体方案，加快低效无效资产的清理处置工作；推动实施中国二重与CMIC重组，加快提升其工程总承包能力。

5. 深化内部管理改革

优化管理流程，梳理关键控制环节，完善经济责任考核机制，强化了基础管理；着力推进干部人事、劳动用工和分配制度改革，稳步推进人员分流，降低了人工成本；分类管理应收账款，加大催收力度，提高资金周转效率；积极应对上市公司监管风险危机；大力推进投资项目的清理收尾工作。

（三）积极稳妥，企业改革稳步推进

1. 深入研讨，统一思想

为深入贯彻十八届三中全会精神，全面落实中央和国务院国资委关于全面深化改革的决策部署，加快改革发展步伐，集团成立了全面深化改革领导小组。小组以中心组学习、头脑风暴会等形式，深入研讨集团发展现状，明确改革方向：集团层面，将按国家关于国资管理体制改革的部署，以改组为机械行业国有资本投资公司为目标，开展产业布局调整和市场化改革，为转变管控模式创造条件；所属企业层面，将在优化资源配置、改善产权结构、转换经营机制、提高企业活力、避免国有资产流失的目标和原则下，稳步深化改革。

2. 有效推进简政放权

创新总部管理方式，变“管得过多”为“管得更好”。授权10家所属企业董事会选拔任免经理层副职，逐步落实董事会自主选人用人权，切实将集团履行出资人职责和企业董事会自主决策有机结合，推进了简政放权，促进了所属企业法人治理结构的有效运作。

3. 积极探索混合所有制改革

深入开展混合所有制改革调研，积极与相关战略投资者交流接洽，为适时出台相关改革方案创造条件。所属企业积极尝试推进混合所有制改革，广州机械院以产权关系为纽带，与民营企业合资合作，进入工业机器人本体制造领域，为转型升级打下了良好基础；中国一拖与全球最大的传动部件生产制造商德国ZF集团合资合作，引进高端车桥产品的先进技术和生产工艺，助推拖拉机整机产品的技术升级。

4. 健全内部激励约束机制

完善了绩效考核与工资总额联动机制，努力实现“效益长、工资长，效益降、工资降”；积极探索推行股权激励、分红权激励，中工国际实施了“限制性股票激励计划”，有效激发了员工的工作热情。严格规范了企业管理人员履职待遇和业务支出，督促其履职尽责。

（四）创新驱动，转型升级取得积极成效

1. 科技创新成果不断涌现

2014年，集团继续深化科技创新工作，获省部级和全国行业性以上各类优秀成果奖325项，其中科学技术奖90项，勘察设计咨询奖149项。申请专利1 446项，其中发明专利555项；授权专利1 055项，其中发明专利215项。主持与参加制修订标准657项，其中国家标准222项。新增升级资质108项。中国建设获“房屋建筑工程施工总承包特级资质”，中国电器院获得中国标准化领域的最高荣誉“中国标准创新贡献奖组织奖”。

合肥通用院负责完成的“极端条件下重大承

压设备的设计、制造与维护”项目获国家科技进步奖一等奖，国机集团负责完成的“工业工程振动控制关键技术研究与应用”项目获国家科技进步奖二等奖。中国农机院参与的“花生低温压榨制油与饼粕蛋白高值化利用关键技术及装备创制”项目获国家技术发明奖二等奖。中国二重参与的“大型先进压水堆核电核岛主设备超大型锻件研制及工程应用”、中国重型院完成的“12 000t航空级铝合金板材张力拉伸机装备”项目获中国机械工业科学技术奖特等奖。

2. 创新平台建设进一步加强

积极推进科研与服务平台建设。获批设立省部级以上科研与服务平台 14 家，工业（仪表功能材料）产品等 5 家质量控制和技术评价实验室获工信部批复建设，压缩机技术国家重点实验室通过科技部验收，工程机械及液压件产品质量监督检测中心成为国家级检测中心。着力开展两化融合平台建设，中机六院获批两化融合贯标咨询服务机构，中国一拖与国机重工被列入贯标试点企业。

3. 重大科技项目稳步推进

认真组织科研项目申报，2014 年获批国家项目 80 项，争取国拨资金 3.6 亿元。“高精度面板智能化冷连轧生产线”项目获国家资金 6 000万元，成为 2014 年度最大的国家智能制造专项项目。积极推动科技项目实施，集团牵头的“农业与食品机械行业制造与自动化生产线关键技术与示范”“六自由度空间关节型工业机器人研制及产业化”两个项目均按计划完成阶段目标。大力推进项目验收，完成 45 项国家项目、集团技改项目与科技发展基金项目的验收工作。

中国重型院自主研发的世界最大吨位的19 500t 自由锻造油压机、世界最大夹持力及力矩的 300t/750t • m（3MN/7.5MN • m）全液压锻造操作机一次热负荷试车成功；中国二重在第三代核电技术设备供应领域获得突破，成功研制了AP1000 蒸汽发生器水室封头；CMEC 成功研发高速列车铸钢制动盘，打破了国外产品在中国市场的垄断。

4. 业务模式不断创新升级

为进一步推进有质量增长，所属企业不断加快创新升级步伐。中工国际中白工业园项目受到两国领导人的高度重视，顺利举行奠基仪式，正式启动项目建设；苏美达整合多方资源打造投融资平台，推动实施单机贸易业务“贸工技金”模式、工程承包业务“EPC+F”模式，取得积极成效：中国重机顺利实施柬埔寨达岱水电站BOT项目，三台机组全部建成发电，投入运营；中国电器院积极探索电商运营模式，与阿里巴巴、1 号店等电商平台合作，拓展线上检测业务。

5. 新兴产业进一步拓展

集团不断加强新产品、新技术开发，新兴产业得到进一步拓展。开展“清洁城市、清洁乡村、清洁生产”、机器人、高端装备等 8 项专题研究，为后续深入发展奠定了基础。中国电器院首条机器人家电自动化装配生产线交付使用，实现了装备的升级换代。中工国际签署国内首个正渗透技术项目，开启了此项技术在中国的商业化应用。

（五）突出重点，资源整合不断加强

1. 推进内部资源整合

继续推进专业板块整合，完成国机汽车重组中汽进出口工作，解决了同业竞争问题，为汽车业务进一步整合奠定了基础；在基本完成农业装备资源整合第一阶段工作的基础上，成立农机板块整合领导小组，修订完善方案并有序推进；启动了部分要素资源、核心企业业务资源整合的论证工作；完成了国机重工等整合项目的后评价工作。

2. 开展战略资本投资与并购

积极加强与外部战略资本的沟通，与中投公司、中建投、弘毅投资等进行了业务对接，正在结合集团转型升级需求探讨合作模式。

根据产业发展需要，加强外部并购。2014年完成并购项目 10 项，投资总额 18.8 亿元。国机汽车并购宁波宁兴汽车投资有限公司，巩固了长三角地区的零售网络，进一步推动了零售战略的实施；CMEC 并购土耳其配售电公司项目，将促进“投资拉动业务”战略的实施。

3. 加强上市与融资工作

一是加快所属企业上市步伐。化解国通管业暂停上市风险，推动合肥通用院主营业务资产重组上市。二是做好上市企业再融资工作。蓝科高新、轴研科技完成配股融资，募集资金 4.6 亿元；国机汽车资产注入配套融资 2.36 亿元；现代农装新三板实现再融资，募集资金 3.2 亿元。

（六）严守底线，风险管控能力持续增强

集团不断强化全面风险管理，针对任洪斌董事长在 2014 年工作会议上提到的四大风险事件做了大量补救工作，有的取得了积极进展，挽回了部分损失；首次开展了全面风险动态识别工作，进一步梳理经营管理活动中的薄弱环节和潜在风险点，及时消除了可能造成的重大隐患。

在工程项目方面，加强了风险排查和防控工作，搭建国际工程总承包项目风险排查系统，通过信息化手段，每季度定期更新在手执行项目运行情况，提高了风险排查效率。

在投资方面，一是加强对投资项目的监督与考核。与7家企业签署投资目标考核责任书，落实投资风险管控责任。二是加强投资项目的过程管理与事后监管。第一次在全集团开展投资项目后评价，在自查自评2009年以来所有重大投资项目的基础上，选择5个项目聘请咨询机构完成独立后评价工作。三是梳理和提炼立项、决策、实施和运营等阶段存在的共性问题，有针对性地提出风险提示和管控要求。

在内控管理方面，初步搭建了内控体系，修订完善了不同层面的32项内控指引；根据监事会检查反馈问题，督促所属企业完善制度，32家企业完成内控手册编制，大部分企业开展了内控自我评价，内控体系持续优化机制初步形成。

在审计稽查方面，重点做好经济责任审计、工程承包项目审计和基本建设项目审计，加强合规性审计、重大合同审计和不良资产审计，持续跟踪检查审计结果，促进企业提高内部控制水平。

在法律服务方面，法律风险防范意识不断增强，法制思维、依法经营、依法治企能力持续提高。法律管理规章制度进一步完善，法律管理与经营管理工作的融合程度不断加深。重大法律纠纷案件数量得到有效控制、案件金额明显下降。

在效能监察方面，集团总部围绕2014年主要工作开展执行力效能监察，自查项目39项，重点跟踪检查项目16项，做到处室自查面和部门跟踪检查面两个100%；所属企业牢牢抓住招标采购等生产经营中的薄弱环节开展效能监察，发现管理缺陷，纠正行为偏差，防范经营风险，向规范经营要效益。

所属企业强化风险管理措施，提升了风险管理能力。中国电器院建立了营运资金控制和风险预警机制，形成了闭环资金风险管理；中国农机院、中国建设等企业在财务公司搭建母子公司资金集中结算平台，资金运用效率和抗风险能力稳步提升；中国海航实施资金风险分类预警方案，对高风险子企业进行了重点监控。

（七）苦练内功，企业基础管理进一步夯实

1.管理提升再上新台阶

着力抓好管理提升活动的“总结经验、表彰先进”环节，全面总结活动经验，召开总结视频大会，表彰了活动先进单位和专项提升先进单位，开展了部分先进单位的经验交流，部署了构建管理提升长效机制的措施，启动了集团总部管理提升“回头看”工作，推进管理提升再上新台阶。

管理提升活动开展以来，集团紧密结合实际，做了大量艰苦细致的工作，圆满完成了各项任务，取得了显著成效，被国务院国资委评为“中央企业管理提升活动先进单位”。

2.战略管理稳步推进

一是修订完善了战略管理制度。重点加强对重要子公司战略规划的质询审核。二是加强对集团发展战略的研讨和培训。召开了头脑风暴会、战略研讨培训会，探讨集团发展战略；召开了工贸企业国际市场研讨会等会议，探讨集团业务板块和核心职能的发展。三是进一步深化了对外战略合作。逐步推进已签署的战略协议落地；与中国银行、中国外运长航、白俄罗斯等签署了战略合作协议。

3.人力资源管理不断加强

一是优化干部考核。不断完善所属企业领导班子考核指标体系；完成年度所属企业行政领导班子和党委换届考核及有关专项考核，动态掌握重点难点企业的班子运行情况，发现问题及时调整解决。二是强化干部监督。开展了领导干部报告个人有关事项工作，并抽查核实报告材料，不留监管缝隙。三是加强人才队伍建设。选派了16家企业的19名干部到不同类型企业任职；开展了百千万人才工程国家级人选、首席专家和首席技师等多层次人才的选拔；完善人才培训体系和培训制度，加强在线学习平台建设，强化培训流程管理，总部组织实施了31期培训项目，培训人数2 000多人次。

4.财务管控能力进一步提升

深化全面预算管理，通过发布全面预算管理办法、加强预算执行分析监督等措施，进一步推动管控体系落地。加强资金集中管理，截至2014年年底，集团资金集中度达53.3%，各所属企业在财务公司结算规模同比增长30%以上，财务公司向集团企业累计发放贷款72亿元，办理票据贴现 21 亿元，为各企业节约财务费用 2.6 亿元。深化与银行间“总对总”合作，银行授信规模扩大到 2 600 亿元。优化提升资产质量，修订发布资产评估制度，进一步规范评估管理工作，完成评估备案 70 余项。组织开展了产权管理专项自查和重点检查，及时纠正瑕疵事项，办理产权登记 350 余项。

5. 安全生产管理保持平稳态势

制定和完善了集团《安全生产责任目标考核办法》等安全管理制度，修订了企业综合应急预案、专项应急预案、现场处置方案等；摸底调查了集团重大危险源点，建立了重大危险源数据库，对所属企业综合应急预案开展评审工作；加强安全生产培训，举行了 9 次安全生产大检查，并对部分境外工程项目开展安全生产监督，深入排查治理安全隐患；加强安全突发事件的应急处置，统一协调相关单位、部门，妥善处置了越南打砸抢烧严重暴力事件、伊拉克萨拉哈丁电站项目 1258 名中方工作人员撤离等生产安全事故及突发事件。

6. 信息化的支撑作用不断增强

继续加强信息化建设，总部新建或升级了 14 个信息系统；建设集团网站群，搭建了统一的对外宣传与业务窗口；参与 3 项国家级信息化课题，提升了信息安全防护水平和能力。国机汽车建立零售管理系统、港口服务质量管理系统等，实现了管理规范化、服务产品化、信息集成化，优化了流程，统筹了资金，提高了效率；CMEC 移动办公系统获评 2014 移动生产力十大优秀案例。

7. 企业文化和品牌建设取得有效进展

开展了“践行企业核心价值理念”案例征集、“做最美国机人”等系列活动，为“五个国机”建设凝聚精气神、传播好声音、汇聚正能量。2014 年集团荣获全国机械行业十大企业文化建设优秀单位。中国二重举办“攻坚克难——班组现在进行时”等活动，为企业改革发展营造良好的文化氛围；苏美达入选中宣部、国务院国资委《从“一般制造”向“服务制造业”转型》专题采访计划，接受了人民日报、新华社等主流媒体的访谈，有力提升了品牌影响力。

8. 社会责任积极履行

正式对外发布了 2013 年社会责任报告。在海外市场开拓中，积极履行对东道国的社会责任，2014 年通过对外投资等方式，为东道国创造了大量就业岗位。2014 年，集团获得首届中国工业履责五星级企业、全球契约中国最佳实践奖项等荣誉称号。所属企业积极践行社会责任，CMEC 等企业发布了社会责任报告，提高了社会责任品牌形象；国机汽车独立开发了进口汽车市场数据库，定期发布市场研究报告，再次入选上证社会责任指数样本股。

2014 年，在党中央、国务院的坚强领导下，经过国资委、监事会的悉心指导和帮助，依靠董事会的科学决策、党委政治核心作用的充分发挥、各位企业负责同志的努力拼搏，以及广大员工的辛勤工作，集团在艰难情势下保持了良好发展，列“世界企业 500 强”第 278 位、“全球最大 250 家国际工程承包商”第 25 位、“国际工程设计公司 225 强”第 72 位、“中国企业 500 强”第 46 位、“中国机械工业百强”第 1 位、“中国对外贸易 500 强企业”第 17 位，获得国务院国资委中央企业业绩考核 A 级。在此，我代表经营班子，向各级领导、向各位企业负责同志及广大员工表示衷心的感谢！

同志们，在总结成绩的同时，我们更要清醒地认识到，经过十多年的高速增长，集团发展进入了调整期，发展中的一些问题和矛盾不断显现，面临异常严峻的挑战。

一是核心竞争力有待提升。2014 年，集团部分企业 EVA 指标下滑幅度较大。尽管 EVA 下降的部分原因是某些企业改制和上市、某些投资项目尚未形成产能和效益，但根源在于转型升级步伐缓慢，一些业务与产品仍处于产业链的中低端，产品和服务附加值较低，核心竞争力不强，距离实现有质量的增长还有差距。

二是风险管控及问责不够。有的企业投资风险管控能力不足，对项目的可行性研究不充分、自有资金实力与投资规模不匹配、监管不到位，导致部分投资项目未达预期效果，企业经营效益出现下滑，甚至造成亏损。有的企业工程项目风险管理能力不足，无法掌控质量、进度和资金等关键要素，出现了较大的执行问题。有的企业产销协同能力不强，经营成本难以控制，应收账款、存货长期居高不下且恶性增长，经营风险持续加大。出现这一系列风险问题，关键原因在于风险预警报告机制还不健全，无法及时发现风险苗头，迅速采取有效应对措施；风险事故问责机制尚未完善，导致部分领导干部风险管理意识薄弱、责任心不强、能力不足。

三是退出机制不健全。虽然集团多次强调对连续亏损、扭亏无望的企业要坚决退出，但由于“只扩不缩”“只买不卖”“只进不退”的惯性思维模式还未打破，健全的企业退出机制尚未建立，集团在资源整合过程中只做加法、不做减法，资源优化配置能力不强。

四是中国二重改革振兴仍然面临严峻的挑战。尽管集团在资金支持、市场拓展、管理改革等方面做了大量工作，但中国二重目前仍面临包袱沉重、资金压力大、订单不足、可持续发展能力弱等问题，未来仍需集全集团之力，持续推动解决。

对于这些问题和挑战，我们要高度重视，在今后的工作中切实加以改进。

二、2015 年工作部署

当前，国内外经济形势正在发生深刻变化。从全球看，世界经济仍处在国际金融危机后的深度调整期，2015 年世界经济增速可能会略有回升，但总体复苏疲弱态势难有明显改观，国际金融市场波动加大，国际大宗商品价格波动，地缘政治等非经济因素影响加大。

从国内看，我国经济正步入新常态。经济增速从高速增长转向中高速增长；经济结构不断优化升级，第三产业、消费需求逐步成为拉动经济增长的主体；发展方式从要素驱动、投资驱动转向创新驱动。认识新常态，适应新常态，引领新常态，是当前和今后一个时期我国经济发展的大逻辑。

从产业发展看，当前，新一轮科技和产业革命已经来临，全球科技创新呈现出新的发展态势，信息技术、生物技术、新材料技术、新能源技术广泛渗透，带动几乎所有领域发生了以绿色、智能为特征的群体性技术革命。制造业革命已现端倪，生产制造方式正在发生深刻变化，制造过程越来越智能化，按需生产、体验式生产、参与式生产越来越普遍，基于互联网的远程个性化定制、异地设计、就地生产的协同化生产新模式将可能重塑全球制造业。

从企业改革大势看，国家关于中央企业改革的方案将在 2015 年陆续出台，中央企业领域将掀起新一轮改革大潮，在产权制度、管控模式、产业布局、治理结构、运营模式、激励机制等方面将发生重大变化，必将对国机集团未来发展产生重要而深刻的影响。

从国机集团自身看，2015 年，随着改革的不断深入、结构的不断优化，新型工业化、信息化、农业现代化和城镇化的不断推进，京津冀、长江经济带等区域经济的发展，以及国家提出的“一带一路”、亚太自贸区等战略的实施，都将给我们带来许多发展机遇；同时，集团多年积累的丰富发展经验，以及在相关行业形成的优势地位，为我们进一步发展创造了良好条件。但总体上，对我们来讲，2015 年仍将是非常艰难的一年，制约集团发展的突出问题可能在较长时期内存在，推动问题解决的内外部环境更趋复杂严峻，集团面临转型升级的压力持续加大，新形势新挑战对我们提出了更高要求。

根据集团董事会的部署安排，结合国内外环境变化和集团自身发展状况，研究决定，2015 年经营工作的总体思路是：全面贯彻党的十八大、十八届三中、四中全会、中纪委五次全会以及中央经济工作会议和中央企业、地方国资委负责人会议精神，积极适应新常态，大力推进二次创业，紧紧围绕发展第一要务，以提高发展质量和效益为中心，统筹“保增长、控风险、调结构、促升级”协调发展，推进业务稳健增长，深化企业改革，狠抓企业管理，强化创新驱动，优化资源配置，促进转型升级，深入推进有质量的增长，确保国机集团平稳健康发展。

围绕发展目标和总体工作思路，2015 年，我们要重点抓好以下工作。

（一）积极适应新常态，努力确保业务稳健增长

我们要改变以往在高速、扩能、粗放增长条件下形成的发展理念和经营模式，确立适应经济新常态的战略定位和市场策略，以二次创业的决心，凝聚发展新动力，努力保持业务稳健增长。

1. 加大市场开发力度

一是积极抢抓新常态下的改革红利、结构优化红利和消费升级红利，大力开拓国内市场。要充分利用相关领域技术、品牌优势，抓住各种红利带来的市场细分需求，创新营销模式，提高市场份额。

二是积极抢抓国家推进国际战略布局的机遇，加大国际市场开拓力度。要按照任洪斌董事长的要求，认真研究“一带一路”等战略的相关

政策和有关国家市场需求，充分发挥和利用多年来开发国际市场的优势，创新“走出去”模式，不断开拓国际工程和国际贸易业务，加大研发与制造业务的国际合作力度，适时开展以完善产业链薄弱环节为目的的并购和股权投资，积极发挥国机资本公司投融资功能，大力促进产融结合，争取在海外再造一个新国机；加大国机制造产品出口工作力度，努力完成国机制造产品出口倍增目标；聚合集团在农机贸易、研发、制造等领域的综合优势，延伸服务链条，大力实施“农业走出去”战略，明确重点区域和重点领域，开辟新的增长点。

三是积极运用互联网思维和技术，着力开拓新市场新领域。我们要紧紧抓住移动互联、物联网、云计算、大数据带来的发展机遇，用互联网思维创新发展模式，用高新技术嫁接改造传统产业，进而开创新市场新需求。

四是积极创造条件，大力推动项目生效。我们要明确一批重点推进项目，认真分析影响生效的关键节点问题，加强和客户、相关政府部门、金融机构的沟通协调，尽快促成一批项目生效。

2. 抓好项目执行

目前，集团在手执行项目 495 亿美元，执行压力较大。这几年，我们的个别项目出现了一些风险，主要是项目执行出了问题。所属企业要进一步强化项目执行管理，严控项目执行风险。要健全项目管理制度，规范项目管理流程，强化合同意识，优选分包商资源，完善采办管理体系，降低项目成本；要建立完善项目督查制度，重点关注项目进度、质量、安全，并以项目督查为契机，及时发现和解决问题；要建立完善项目管理知识共享系统，鼓励员工及时总结在项目管理中的知识、技术、经验、教训等，通过共享系统在一定范围内分享、更新和完善，将其转化为企业的知识资产，增强企业持续发展能力。

3. 实施非实体经营

根据任洪斌董事长的要求，丰富非实体经营内涵，扩展非实体经营范围，创新非实体经营模式，积极拓展非实体经营业务，强化集团内部协同能力，增强集团的凝聚力和向心力。着力整合集团技术资源优势，由集团牵头申报国家重大工程项目、特别是国家重大战略和民生项目，组织中央研究院和科研院所联合开展技术攻关，改变在国内重大项目上各企业单兵作战的模式，提升集团在国内的知名度；根据业绩和资源情况指定相关企业作为牵头单位，充分运用集团平台，整合内部资源，打造培育集团主业领域的系统集成解决方案；进一步发挥集团综合优势和品牌影响力，积极承担海外大型工程承包项目；健全内部合作工作机制，充分发挥集团引导作用，着力推进所属企业采取多种方式开展互利共赢的内部合作，提升市场竞争力。

4. 强化降本增效

不断提高全员降本增效意识，健全降本增效管理制度，全面加强成本管理。一要明确成本费用指标。各企业要进一步细化原材料、财务、管理等各项费用指标，加强对标分析，提出有效措施，加大实施力度。二要重点抓好关键环节和核心点的成本控制。加强全面预算管理，把生产经营全过程纳入预算管理范围，严格按照申请、核实、批复和支付的流程开展工作，严格管理非生产类别的资金支出；重视项目设计成本，大力集成相关专家的智慧，不断优化完善项目、产品的设计方案，降低因设计考虑不周而产生的项目成本，做到质量效益双丰收；严格控制采购成本，大力推进通用采购管理信息平台建设，健全采购管理制度，促进所属企业上网采购，逐步实现集团采购工作的公开透明、全程记录、永久追溯，大幅降低采购成本。

5. 推进节能减排

一是促进清洁生产。开展清洁生产试点工作，争取政策和资金支持，培育清洁生产创新体系，努力实现“节能、降耗、减污、增效”的目标，以清洁生产、绿色制造助推业务的转型升级。二是建立健全节能减排监测体系。进一步夯实节能减排计量、统计等基础工作，抓紧完善节能减排监测网络，加强对生产作业现场的监测，及时发现和处置资源浪费和环境污染现象。三是健全节能减排考核体系。完善考核办法，将节能减排情况纳入业绩考核体系，将目标和任务逐级分解到下属企业、基层单位和个人，层层落实节能减排责任。

（二）创新方式方法，持续推进中国二重改革振兴

2015 年，继续把中国二重的改革振兴作为重中之重，在国务院国资委的领导和支持下，认真执行《中国二重改革振兴实施方案》，围绕 2016 年扭亏脱困总体目标，创新方式方法，加

快推进工作步伐，尽快使中国二重走出生存困境，回归依托自我发展的良性轨道。

集团要积极争取各方的支持帮助，稳步推进中国二重的资产盘活、债务减负、业务转型等主要工作，为其发展创造良好环境。一是盘活存量资产、清理调整低效不良资产、处置无效资产。加快调整盘活镇江公司和八万吨模锻压机项目，择机完成成都工程中心项目收购工作。二是继续推进债务重组谈判，努力减轻中国二重债务负担，为其改革脱困创造条件。三是认真做好上市公司的相关工作，积极应对上市公司的监管风险。四是大力协助中国二重开拓市场。引导中国二重与主要客户、特别是与央企客户加强合作，帮助中国二重争取订单；积极组织中国二重与集团所属企业之间的内部协作，进一步开展多层次的业务合作。五是继续挖掘市场有潜力、中国二重有能力的长线产品，积极推进中国二重科技成果转化和国家科技项目申报，为其长远发展奠定基础。

中国二重要以市场为导向，着力抓好深化改革、市场开拓、降本增效、强化管理等重点工作，确保企业稳健经营。一是推进管理机制改革。建立市场化选人用人机制，实施公开招聘制度，推进干部、职工竞聘上岗，形成定期轮岗竞争机制；按照责、权、利对等的原则，改革考核激励机制。二是加大市场开拓力度。探索冶金装备运营服务模式，逐步打造提供全面系统解决方案的能力，加大力度开发环保、矿山装备等市场；加强清洁高效水、火电机组铸锻件市场的开拓，重点发展精深加工市场；以 CMIC 为海外业务平台，加大力度推动优势产品从国内市场走向国际市场。三是强化成本管控。在可变成本方面，落实各业务单元的利润中心责任，层层分解建立成本费用中心；以项目为独立核算主体，建立项目成本预算机制。在固定成本方面，完善以预算管理为核心的财务管理体系，严格预算的审查和执行；从紧控制管理费用支出，从严清理专项费用；健全科学规范的投资管理体系，推进投资项目实现全过程闭环管理。

（三）不断深化改革，激发企业活力

认真落实中央和国务院国资委关于全面深化国有企业改革的工作部署，紧密结合集团实际，大力推进企业改革，积极释放改革红利。

一是积极推进国有资本投资公司改革。以改组为机械行业国有资本投资公司为目标，努力争取成为国务院国资委改革试点单位。

二是稳妥推进混合所有制改革。在国家相关政策的基础上，按照试点先行、成熟一个实施一个的原则，引入各类资本参与集团混合所有制改革，优化集团资本结构布局。

三是深入推进三项制度改革，加大简政放权力度。完善人才选用体系，拓宽人才选用渠道，改进人才选用方式，扩大从市场选聘经营管理人员的范围；深化干部选拔任用制度改革，及时总结授权所属企业董事会选聘经理层副职的经验，适时扩大董事会选聘经理层试点的范围，探索将二级企业经理层正职纳入授权董事会自主选聘的范围，进一步激发释放企业活力。推进上市公司股权激励改革，对业绩稳定、管理规范的上市公司以及人力资本为主导的企业专业骨干和核心管理人员实施股权激励，激发其创新创效的动力。

四是以深化改革促进关键问题的有效解决。深入分析制约集团有质量增长的体制机制问题，结合党的群众路线教育实践活动和管理提升活动查摆出的突出问题，以及职工群众反映强烈的热点难点问题，借鉴先进企业的经营理念和管理模式，进一步深化改革，着力破除影响发展质量和效益的体制机制壁垒，加快形成与转型升级相适应的，有利于激发活力、增强动力的体制机制。

（四）强化科技创新，提升发展质量

2015 年，围绕创新驱动战略的要求，编制集团“十三五”科技发展规划，完善科技创新体系，加大科技创新力度，积极承担重大科技项目，进一步强化知识产权管理，为集团发展注入强有力的创新基因。

1. 加大科技创新力度

积极适应新一轮科技和产业革命需要，加大科技投入力度，加强科技资源整合，超前部署，尽快研发、掌握一批相关核心关键技术，充实技术储备，增强发展后劲；加快培育和发展科技服务业务，积极探索服务模式创新，形成新的科技服务业态；修订经营业绩考核管理办法，将研究开发费用的增量视同利润，鼓励企业增加科研投入；积极完成军品配套科研项目，着力推进军工技术民用化，扩大市场份额。

科研院所要更加注重科技创新，紧密结合市场需求，加强研发、制造与市场的有效融合，合理推进产业化，强化生产管理、成本控制、市场营销、投融资等能力建设；相关设计院和成套设备研究院要围绕重大工程项目，进一步提升技术集成能力；制造企业要充分利用现代技术改造传统产品和制造工艺，优化产品结构，向智能化、数字化方向发展，增强产品竞争力；工贸公司要结合自身实际，积极补充和完善业务所需的技术能力，提升核心竞争力。

2. 积极承担重大科技项目

重大科技项目是先进技术、集成技术、前沿技术的重要载体。紧紧抓住国家相关产业政策机遇，利用集团的整体科技优势，积极争取更多的国家科技计划项目，占领行业技术制高点；积极承担地方重大科技攻关计划项目，引领区域技术及产业发展；依托重大工程项目开展技术研究，为重大工程项目提供技术支撑，进一步推动国内首台（套）工程化应用。

3. 强化知识产权管理

全面提升知识产权创造、应用、保护和管理能力，在主导产业的关键技术领域，形成一批重要自主知识产权，确保授权发明专利超过125项；加强专利、商标以及非专利技术等知识产权的转让与许可工作，促进知识产权的广泛应用；完善企业知识产权管理制度，推动知识产权由企业分散管理向集团与所属企业两级集中管理的转变；发挥现有标准工作的基础和优势，推动科技创新活动与标准工作的互动，支持企业积极参与行业、国家和国际标准的研究与制定，力争制修订标准数量达到400项，进一步增强行业话语权。

（五）加快转型升级，推进提质增效

1. 推进传统主业升级

当前，我们要加强机械装备研发与制造、工程承包、贸易与服务三大传统主业细分领域的转型升级，巩固并扩展在传统主业领域的优势地位。所属企业要紧盯主业所在行业的发展趋势和变化，加大资金、技术、人才等要素的投入和集成力度，更多依靠科技进步、人才素质提高和管理创新等智力资源，努力推进产品、业务的技术改造和模式创新，从产业链中低端向高端延伸，提升产业的层级，提高产品和业务的附加值。针对装备制造企业面临的严峻形势，集团要加强检查督促、指导培训，促进装备制造企业转型升级。

2. 积极发展新兴产业

近年来，信息网络、新能源、新材料、高端装备制造等领域涌现了大批技术密集度高、资源消耗少、辐射带动效应强、成长性好的新兴产业。我们要利用自身比较优势，以物联网、云计算等技术为支撑，统筹部署，整合资源，集中力量，积极推进新能源、高端装备制造、新能源汽车等领域的业务拓展。2015年要在完成“清洁城市、清洁乡村、清洁生产”整体解决方案等八个专项研究的基础上，力争在部分专项方面有所突破，为培育集团新业务和经济增长点奠定基础。

3. 持续创新业务模式

纵观世界经济发展史，发展最快的领军企业无不是商业模式创新的典范。美国苹果公司的成功既得益于技术上的重大突破，更得益于它开创了“硬件＋终端软件＋应用内容”的新型商业模式，确立了在移动互联网世界的王者地位。近年来，集团内部一些企业也进行了大量有益的探索，形成了比较独特的业务竞争模式。但总体来讲，我们的许多企业仍徘徊在同质化竞争的老路上，一些企业商业模式还处于模仿阶段，转型升级步伐缓慢艰难。当前，信息革命迅速延伸至各产业领域，为我们实施商业模式创新提供了各种潜在的可能性。我们要紧跟时代步伐，顺势而为，大胆突破，以客户需求为切入点，结合自身产品和服务特点，创新竞争模式，积极探索和发现细分市场、细分领域，争取开辟一片“蓝海”，形成新的核心能力和竞争优势。

（六）有进有退，加快资本运营步伐

按照集团发展战略的要求，进一步完善集团资本运营规划，加大资本运营力度，加强内外部资源整合，积极探索退出机制，充分发挥国机资本公司的平台功能，优化集团资源配置。

1. 加快内部资源整合

根据集团业务分布状况，积极推进专业板块整合、上市公司为平台的整合、要素资源整合和核心企业整合等多层次整合模式；继续做好磨料磨具、工程设计等业务重组事项的后续工作，加快制定落实资源整合方案和工作措施；创新整合模式，因企制宜，一企一策，积极推进工业机器人、太阳能、检测、展览资源的整合；进一步完善重组整合全过程管理，强化对部分重点重组项目的后评价工作。

2. 加强外部并购重组

统筹考虑外部环境条件和内部资源状况，以完善产业链关键环节和推动业务向高端布局为目的，择机并购外部优势资源。一是加强与目标公司的沟通和联系，适时推进并购项目的商务谈判，积极主动争取国家相关部委的支持，要有新的突破；二是维护更新并购目标数据库信息，及时与中介机构联系沟通，寻找、筛选合适的并购目标；三是继续加强与外部资本资源的交流合作，充分发挥集团产业资本优势，共同寻求合作项目。

3. 积极探索退出机制

根据集团业务板块的发展定位，结合有关行业的发展趋势，做好“减法”，评估和论证退出有关行业的可行性及退出路径。落实投资主体对低效无效资产的清理责任，进一步加大对五级及五级以下企业的清理力度，落实集团已批复的27家五级企业的清理整合工作方案，加快集团已批复的61.2亿元低效无效资产的处置进度。各二级企业要对连续三年亏损、且所有者权益为负数的所属企业以及低投资回报的控股或参股企业提出清理整治方案，坚决退出扭亏无望、产业实力不强、没有市场前景、无力加大投入、人才匮乏的企业。为减少出血点，截断亏损源，集团不仅要对二级企业合并利润总额进行考核，而且要增加对二级企业亏损面和亏损额的考核。以资源的优化配置为原则，对当前独立运营且缺乏竞争优势或增长潜力的企业，依托资产、品牌或其他资源，引入不同性质的战略投资者。

4. 推进上市和再融资工作

集团要充分利用好现有上市公司平台，以集中优势资源、壮大上市公司、优化产业链为目标，采取多种形式推进上市公司并购重组。充分发挥上市公司的融资功能，以引入增量、转让存量等形式实现资本的放大效应，增强企业发展的资本实力。

（七）强化风险管控，确保经营安全

1. 完善风险管控体系，健全风险问责机制

进一步健全风险管控制度，优化风险管理流程，完善风险信息监控覆盖面，提升风险识别能力；加强风险预警，健全风险报告制度，着力将风险化解于萌芽阶段；深入剖析风险典型案例，认真吸取经验教训；完善风险防控手段，优化重点风险领域的内控措施，将内控体系延伸至各级企业，着力推进内控机制与业务管理流程关键环节相结合，切实提高风险管控能力；建立健全一级抓一级、层层抓落实的问责机制，严格落实风险损失责任追究制度。

2. 防控投资风险

进一步明确各业务板块和企业的投资方向与重点，聚焦主业，推动核心业务做优做强；进入新的业务领域要始终坚持审慎原则，严格论证，把握节奏，有序进入。加强对宏观经济、行业和市场的分析研究，提升投资项目运营预测和投资回报的准确率，提高投资项目可研报告的科学性。推进集团投资管理信息系统建设，加强对重大投资项目的动态跟踪和检查，及时识别和纠正项目执行中出现的问题。完善集团重大投资项目后评价工作机制，制定集团投资后评价管理办法，进一步规范后评价工作。加大对投资完成项目的监管力度，促其大力开拓市场，尽快达产增效，提高回报率。

3. 防控财务风险

加大应收款项清理力度，加快资金回笼，全面揭示逾期应收账款的回收风险，规范计提坏账准备；加强存货的实地盘点，排查仓库管理漏洞和质量瑕疵，做好减值测试，加快处置变现，减少资金占用；加强担保管理，严禁对外担保，严控内部担保规模；加强融资风险管理，及早介入项目前期筹划，增强资金管控能力；加强负债常态化管理，实时关注高负债企业经营情况，避免局部风险引发系统风险；加强资金运行监控，规范资金操作，杜绝资金“体外循环”，完善防控“小金库”的长效机制。

4. 加强审计稽查

把风险导向原则贯穿于审计工作始终，使内部控制监督评价工作常态化，重点做好经济责任审计、基建审计、工程承包审计和审计结果跟踪检查；加强对企业重大经济事项、损失浪费现象、三公经费、小金库的监督检查力度，促进企业依法合规经营，降低成本费用。

5. 加强法律服务

结合集团法制工作实际需求，制定落实集团法制工作五年规划。切实落实规章制度、经营合同和重大决策的法律审核制度，坚决避免法律风险防范工作表面化、形式化，努力实现法律工作重心从“事后救济”到“事先防范”的转变。继续充实企业法律顾问队伍，加强所属企业总法律顾问制度建设，支持企业总法律顾问发挥应有的法律服务和风险防范职责。加大重大法律纠纷案件的处理力度，提高胜诉率，努力追回损失。对于违反集团要求，继续从事高风险贸易业务的企

业，要严肃追责。

6. 加强效能监察

以强化执行力、持续提升企业管理水平和经济效益为出发点，牢牢盯住制约企业健康发展的“难点”和“热点”问题继续深入开展效能监察，做到监督有力、监察有效；积极推进集团效能监察信息化建设，及时总结和推广效能监察工作经验，全面提升效能监察工作水平。

（八）深化企业管理，提高执行力

完善管控体系，夯实管理基础，加大战略管理、人力资源管理、财务管理等方面的协同力度，推进标准化、制度化、流程化、信息化建设，加强目标分解，强化考核力度，狠抓责任落实，进一步提升执行力。

1. 强化战略管理

根据形势变化和集团发展需要，启动编制集团“十三五”发展规划，督促指导所属企业完成发展规划的制修订工作。加强对宏观经济形势、行业态势、集团重难点问题的战略研究，重点研究集团工程承包板块的发展思路和措施，为业务持续发展提供战略引领。开展集团战略规划的年度评估，着力评价发展规划实施成效，深入分析存在问题及原因，提出对策建议。进一步推进集团对外交流合作，积极搭建对外战略合作平台，不断促进合作共赢。

2. 加强人力资源管理

一是加强人才交流。深入推进人才交流工作，动态了解交流人员工作状态，及时掌握新情况，遵循人才成长规律，探索科学合理配置人才资源的有效途径。二是健全薪酬考核制度。研究建立与分类管理相适应、选任方式相匹配的差异化薪酬分配制度；完善工资总额和职工收入水平的双重调控，推进工资总额与效益增长的有效联动。三是加强人才开发培训。加大人才选拔力度，健全培训制度，完善培训体系，打造精品培训，提高人才素质，优化人才结构。

3. 深化财务管理

推进全面预算管理。以战略引领和价值导向为基础，科学确定预算目标；以调结构、促转型为重点，合理安排投资预算；以现金流管理为核心，优化资本结构，严控融资规模。

强化财务基础管理。切实加强财务信息管理，提供及时准确的决策支持，严禁人为调节收入和利润；拓展产权管理功能，实现产权管理与财务信息管理的联动和信息共享，为改革重组提供决策保障。

深化资金管理。严格执行集团资金集中结算规定，全力做好资金集中与服务工作，上市公司要继续努力与股东及监管机构沟通，最大限度提高资金集中限额；充分把握国家外汇管理政策，提高外汇资金管控水平，有效降低资金成本。

4. 推进信息化建设

围绕集团新形势下创新驱动、转型升级的发展要求，结合信息技术的发展趋势，参照工业 4.0 等理论，深化集团网站群、协同办公系统、信息集成平台与决策支持等系统的应用，进一步支撑协同整合能力、决策支持能力的提升；加快主营业务信息化创新工作步伐，以信息技术手段助推国机制造产品走出去，汽车服务、检测认证服务等领域的商业模式创新，培育新的增长点；持续做好信息安全工作，更加规范、有效地保障信息资产、信息化设施的安全。

5. 严格安全生产管理

一是完善集团安全生产规章制度。结合学习贯彻新颁布的国家《安全生产法》，修订完善集团《安全生产管理办法》等制度。二是进一步加强隐患排查治理。通过部署安全生产自查、互查和监督检查活动，加大安全生产的检查力度，重点检查境内外工程总承包项目和生产制造现场的安全管理状况。所属企业要全面加强日常检查和专项检查，深入排查和治理各类安全隐患。三是切实加强境外安全风险防范工作。所属企业要全面检查境外总承包项目安全管理方案和应急预案，针对不同国家和地区的安全状况，有针对性地开展外派人员安全教育，排查安全管理漏洞，完善人员和财产安保措施，健全突发事件应急预案，做好预案的培训和演练，最大程度降低境外安全风险。

6. 推进企业文化和品牌建设

深入推进制度文化建设，研究编制集团总部员工行为规范。结合集团实际情况，进一步加强绿色文化、创新文化、安全文化、廉洁文化等专项文化建设。创新文化品牌传播载体，通过挖掘品牌内涵、加强品牌宣传，着力打造 SINOMACH 品牌，统一集团品牌形象。加强社会责任信息披露，编制发布 2014 年集团社会责任报告，适时编制发布集团海外社会责任报告，推动更多所属企业发布社会责任报告。加强社会责任信息化系统平台建设，不断增强社会责任工作的及时性和有效性。积极履行海外社会责任，营造有利于海外业务发展的和谐环境。加强责任品牌宣传，扩大集团影响力，塑造集团负责任的品牌形象。

同志们！在新形势下，我们面临新挑战，也迎来新机遇。让我们按照党中央和国务院的要求，在国资委的正确领导下，在监事会的监督指导下，在董事会的科学决策下，在党委的政治保障下，坚定信心，正视困难，抢抓机遇，以更加务实的作风、更加有效的举措、更加昂扬的斗志，在推进有质量增长和全面深化改革中寻求新的突破，为全面完成 2015 年目标任务而努力奋斗！

在国机集团 2015 年工作会议上的总结讲话

石 柯

（2015 年 1 月 21 日）

这次会议是在我们进一步贯彻落实党的十八大和十八届三中、四中全会，中纪委十八届五次全会，中央经济工作会议，国务院国资委中央企业、地方国资委负责人会议精神，深入学习贯彻习近平总书记系列重要讲话精神，持续深入推进集团改革发展的关键时期召开的一次重要会议；是集团面对新形势新任务新要求，进一步明确目标、理清思路、统一思想、鼓足干劲的动员部署会，对集团未来一段时期的发展具有十分重要的意义。

任洪斌董事长作的重要讲话，明确提出了 2015 年及中长期集团工作的总体思路和奋斗目标。徐建总经理总结了 2014 年工作，部署了 2015 年任务。监事会刘顺达主席应邀出席并全程指导，肯定集团一年来取得的成绩，并就集团 2015 年的工作提出希望和要求。会议期间，与会同志进行了分组讨论，集团与所属企业签署了经营目标责任书，还表彰了一批先进单位和在保增长、科技创新等方面业绩突出的优秀企业。

在讨论中，大家反映，这次会议形式新颖、内容丰富、安排紧凑、会风朴实，是一次团结、高效、务实的大会，达到了预期目的。大家谈到，任洪斌董事长的讲话着眼全局、内涵丰富、重点突出，思想性和指导性很强，徐建总经理全面系统回顾和总结了集团各项工作的新进展，听了以后很受鼓舞、倍感振奋，进一步增强了搞好企业改革发展的信心。大家一致认为，任洪斌董事长在讲话中始终将集团置身于全球经济体系之中，对标国际知名大公司，角度站得高、问题剖析深、工作要求严，充分展现了国际化战略思维，为集团下一步发展指明了前进方向，其宏伟蓝图给人以信心和勇气，是我们做好今后一段时期各项工作的行动纲领。徐建总经理围绕任董事长所提出的重点工作逐项进行了部署安排，贯穿了从严管理的理念，既有目标和思路，又有方法和路径，抓住了当前集团工作的关键，体现了高度的责任感和使命感，使我们进一步明确了落实全年部署和工作要求的着力点。大家表示，2015 年是集团全面深化改革关键之年，发展任务繁重，攻坚责任艰巨，风险压力巨大，但是在集团党政领导班子的坚强领导下，有决心、有信心排除万难，勇往直前，圆满完成这次会议提出的各项任务，以良好的业绩推动集团各项工作再上新台阶。

回顾集团一年来的工作，方方面面都取得了丰硕的成果，党群系统也一样，围绕重点工作持续改进和创新，充分发挥了党委的政治核心作用和组织保障作用，成效显著。一是深入学习贯彻习近平总书记系列重要讲话精神，统一了思想认识，增强了政治定力；二是扎实深入开展党的群众路线教育实践活动，强化了作风建设，提升了干部形象；三是着力加强各级领导班子建设、人才队伍建设、基层党组织建设，提高了整体素质，夯实了工作基础；四是突出落实党风廉政建设“两个责任”，严格党的纪律，强化监督查处，促进集团形成了风清气正的廉洁氛围；五是充分发挥工青妇等群团组织的联系和服务作用，稳定了队伍，凝聚了人心，营造了集团和谐发展环境。这些成绩的取得，离不开党中央、国务院的坚强领导，离不开国资委、国企监事会的悉心指导和帮助，离不开集团广大干部员工的勤勉尽责、辛勤努力。在此，请允许我代表集团再次向在过去的一年里为国机集团改革发展大业，倾注极大心血、投入大量精力、做出无私奉献的人们表示最诚挚的谢意！

同志们，2015 年目标已经明确，任务已经下达，关键是抓落实、见实效。下面，围绕本次会议精神的贯彻落实，我重点强调三点意见。

一、关于对干部的要求

本次年会上任董的重要讲话和徐总的工作报告，已经把 2015 年集团工作大的格局、抓的目标、干的内容摆得清清楚楚。下一步工作的重中之重就是抓紧贯彻落实。我们各级领导干部，从一定角度讲，既是贯彻落实的组织者和推动者，也是贯彻落实的执行者和示范者，这一双重角色充分说明了领导干部在推进贯彻落实中的决定性作用。因此，我在这里要首先对干部提几点要求。

一是要常在状态。良好的精神状态是做好一切工作的重要前提。当前，我国经济发展进入新常态，这是中央审时度势做出的重大战略判断。面对新常态，我们各级领导干部一定要有清醒的认识，当前的新常态没有改变我国发展仍处于可以大有作为的重要战略机遇期的判断，改变的是重要战略机遇期的内涵和条件；没有改变我国经济发展总体向好的基本面，改变的是经济发展方式和经济结构。虽然增长速度放缓了，但发展机会依然很多，对我们集团来说，是难得的新机遇，对我们干部来说，更是干事创业的大舞台。这点，在任董事长的讲话中，已经分析得十分透彻。为此，我们一定要按照习近平总书记的要求，振奋精神，常在状态。新常态下，要抓改革、谋发展，难题、挑战肯定不会少，这对我们领导干部的思想认识和工作能力都是一次全面的考验。因此，我们既要强化战略思维，保持“平常心”，也要坚持底线思维，保持“忧患心”，更要增强机遇意识，保持“进取心”，主动适应，科学把握，积极作为，在应对困难和复杂局面的过程中，大胆正视“最坏处”、着力解决“最难处”、积极争取“最好处”，以良好的精神状态推进集团改革发展提质增效升级。

二是要敢于担当。责重山岳，能者当之。2014 年通过党的群众路线教育实践活动，很好地解决了我们干部的作风问题，带动和唤醒了每个干部的状态问题，最明显的就是我们的干部敢于承担责任了。有了敢于担当的自觉，更要有善于担当的本领。2015 年，随着集团改革的不断深化，发展中的问题和发展后的问题、一般矛盾和深层次矛盾、有待完成的任务和新提出的任务，肯定会层出不穷、交织叠加、错综复杂。越是这种时候，越能看得出我们的干部到底是不是敢担当、能担当、善担当，也越是最能磨炼我们干部的意志、提升履职尽责能力的时候。因此，我要求，我们的各级领导干部要切实担负起推进集团改革发展的重任，结合各自企业的实际，正确理性分析和判断所处行业的发展态势，处理好全局和局部、长期和当前的关系，不断把集团各项改革发展举措引向深入。尤其要以深入研究解决影响集团改革发展的重大问题和群众反映强烈的突出问题为导向，抓住主要矛盾和矛盾主要方面、重要领域和关键环节，有重点、有步骤、有秩序地推进改革，努力实现改革发展稳定的有机统一，力促改革稳中求进，蹄急步稳，取得实效。

三是要勇于创新。改革，最本质的要求就是创新。推进集团深化改革，我们的干部光有愿望和干劲还不够，更需要以新方法解决新问题，以新思路谋求新发展，以新眼光把握新机遇。比如对于 2015 年重点工作中所提到的，加快推进转型升级，如何用好互联网，又要防范互联网带来的风险；发展混合所有制，既要提高国有资产的活力、影响力和带动力，又要防止国有资产的流失，等等。这种种“两难”，都需要我们各级领导干部进一步强化问题意识，以创新精神直面最突出的矛盾，都需要我们各级领导干部善于“集成创新”，到基层企业中、职工群众中寻找创新的灵感，以创新的能力不断提升凝聚改革共识，寻找攻坚克难的“两全”之策。

四是要作风过硬。作风问题，2014 年解决得比较彻底，2015 年坚决不能回潮。各级领导干部要继续深入落实中央八项规定精神，持续巩固和拓展党的群众路线教育实践活动成果，定期不定期地“回头看”，锲而不舍，狠抓节点，推进整改落实，要在坚持中深化，在深化中坚持，紧盯“四风”问题新形式新动向，驰而不息纠正“四风”，扩大成果。同时，作为国企的领导干部，一定要学会站得更高去看问题，要不断加强学习，才能站得更高，看得更远；一定时刻反省“我是谁”“为了谁”“依靠谁”，要学会用感情去做工作，爱护职工，要像对待自己的兄弟姐妹一样，善于感情投资，团结和凝聚起广大职工，一起攻坚克难。试想，如果我们的企业在一线、在基层，有若干个十分得力的攻关小组，我们的任务又何愁完不成？还有，一定要学会严格按制度规定办事。习近平总书记讲过一句话，发人深省，他说，“一些油水多的地方，很容易滑倒，一旦滑倒了，想站起来都难。”事实上，我们所属的各个企业很多部门部位，特别是一些重点岗位、敏感岗位，不可谓“油水”不多，但是只要你严格执行制度规定，那在别人看来再多的“油水”，也不会粘到你的身上，你也就不会滑倒。所以，我再次提醒各级领导干部，包括一些敏感岗位上的工作人员，违反制度规定的事坚决不要想、更不要去做。

二、关于2015年的党建工作

关于2015年的党建工作，任董事长在讲话中已经代表集团党委作了明确的指示和要求，在这里，我重点围绕贯彻落实任董事长的指示和要求，就几项重点工作再作一强调。

作为集团党委书记，我始终认为，抓党建就是发展生产力，管好党才有战斗力。因此，集团各级党组织和广大党员干部都要认真落实全面从严治党的要求，把在党爱党、在党言党、在党忧党、在党为党，体现到推进集团改革发展的各个环节。

一是要主动抓好思想舆论工作。坚持思想建党，把不断深入开展习近平总书记系列重要讲话精神的学习教育作为重要政治任务，引导各级党员干部在坚定理想信念上下工夫、在增强政治定力上下工夫、在锤炼党性修养上下工夫，打牢思想政治基础。同时，要加强新闻宣传和舆论引导工作，尤其是针对媒体对集团推进改革发展过程中出现的矛盾和焦点问题的误读和曲解，要着力占领舆论制高点，主动发声，增信释疑，凝集正能量。

二是要积极创新基层党建工作。各级党组织要以改革精神推进基层党建工作创新，要在组织覆盖、工作方式、发挥作用、提升基层民主等方面不断探索新经验，把党组织的政治优势、组织优势转化为统筹推进集团改革发展任务的强大合力。要在以往建立学习型党组织的基础上，深入推进基层服务型党组织建设。我认为，基层党组织工作的出发点是服务，着力点是服务，落脚点还是服务。因此，各企业的党委书记一定要以服务统领基层党建的各项工作，引导广大基层党组织和党员牢固树立群众观点，切实解决好广大员工最关心最直接最现实的利益问题，增强广大员工对党组织的认同感和党员对党组织的归属感。

三是要加强人才队伍建设。国以才立，政以才治，业以才兴。当前，集团正值改革发展关键期，改革攻坚，创新驱动，转型发展，尤需人才。而选贤任能，关键在领导干部。因此，集团各部门各企业领导干部要有强烈的人才意识，要树立“人人皆能成才”的人才观。事实上，每个人都有潜在的能力和天赋，一旦被激发和挖掘出来，就是人才。当然，一个人才，用对了地方，能力得到了充分发挥，才能称其为一个好的人才，任人唯贤也是这个道理。当今市场竞争的核心其实就是人才的竞争，每个人才都会给集团改革发展带来意想不到的效益，所以，各企业要把人才工作摆上突出位置，认真落实集团人才发展规划，立足全局和长远，遵循人才发展规律，大力实施人才强企战略，在人才引进、培养、使用、激励等多个环节上狠下工夫，以用好用活人才、提高人才效能为主线，持续创新人才工作机制，不但要重视引进人才，更要重视培养和关心人才，想方设法用好人才、留住人才，在全集团树立强烈的爱才、护才、用才意识，形成求贤若渴、爱才如金的浓厚氛围，真正依靠强大的人才智力，促进集团各项事业的持续健康稳步发展。

四是认真落实党风廉政建设“两个责任”，强化责任追究。时代在变，情况在变，抓党风廉政建设的要求和方式方法也在变。在十八届中纪委五次全会上，对国有企业落实党风廉政建设“两个责任”，强化监督执纪问责提出了严格的要求，刚才，克伟书记传达了上级两个反腐倡廉重要会议的主要精神，并结合我们企业实际，提出了具体要求，这也是我们集团党委2015年工作的一个重点。任董事长在讲话中对集团反腐倡廉工作提出的明确要求，我认为这些要求非常适合集团目前的发展形势，对当前和今后一段时期的党风廉政建设工作具有重要指导意义。2015年，中央将对53家重点骨干央企全面开展巡视。从2014年中央对一些央企的巡视情况来看，很多问题都出在二级单位（或三级单位），这应引起我们的高度警惕。我们要强化对二级企业的管理，尤其要加强对基层重点岗位的监督检查。这次会议结束后，集团党委将专门召开会议研究部署对集团各二级企业经济运行情况和党风廉政建设情况的检查，在中央巡视组巡视之前，我们自己先做一次“体检”，对于存在的问题认真整改，对于发现的苗头性问题予以提醒和及时纠正，对于制度漏洞要加快健全和完善，形成制度的刚性和约束力。各企业党政“一把手”要高度重视这次内部检查，主动配合，积极参与，同时，要以此为契机，不仅自身要带头接受监督，而且要主动对班子成员进行监督，看好自己的门、管好自己的人，做到敢抓敢管，善抓善管，管好干部，带好队伍，做到思想监督不留“盲区”、严格管理不挂“空挡”，对存在的苗头性问题早发现、早提醒、早纠正，多做“保健医生”，少动“外科手术”，确保干部既干事、又干净。要通过各级领导干部的共同努力，让“不想”贪腐、“不敢”贪腐、“不能”贪腐成为集团干部队伍的思想和行为自觉，让“廉洁”成为国机人修身做人的基本遵循、干事创业的行为准则，成为集团打造百年老店、保持基业长青的重要基石。

为发挥好集团改革攻坚、创新发展的保驾护航作用，2015 年集团党群工作任务也很重，集团和各企业党群系统的干部都要大胆创新，主动作为，努力形成党群工作的独特优势。2015 年将在适当的时候，集团党委将召开一次党建工作会，既是对各二级企业党委及行政工作的一次全面检查和考核，也是为各二级企业党建工作经验和体会的交流搭建一个平台，希望各企业党委都去积极挖掘和提炼本单位的好经验、好做法，到时候带到会上来，大家一同分享，相互借鉴，有力推动集团党建工作的持续改进和创新。

三、关于这次会议精神的贯彻落实

常言道，“一分部署，九分落实。”经验昭示我们，再理想的目标、再正确的决策、再科学的计划，如果没有落实，也将是一事无成。为什么 2014 年在遇到巨大困难和挑战的情况下，我们集团的各项工作仍能逆势进取，取得来之不易的成绩？答案就是四个字“狠抓落实”，或者讲，是“落实到位”了。事实证明，落实出生产力、落实出创造力、落实出战斗力、落实出竞争力。2015 年我们肩负的改革发展任务，繁重而艰巨，丝毫不亚于 2014 年，要想把 2015 年的改革发展目标变成现实，尤需狠抓落实。集团各部门、各企业一定要进一步增强抓落实的自觉性和责任心，大兴抓落实的风气，突出抓落实的地位，改进抓落实的方法，健全抓落实的机制，提高抓落实的能力，真正在狠抓落实上下功夫、见实效。

一是要突出重点抓好落实。越是改革头绪多、发展任务重，越要突出重点、抓住重点、抓好重点。任洪斌董事长提出的 5 个方面任务，徐建总经理强调要抓好的 8 项工作，是我们 2015 年工作的重点，必须全力以赴抓好落实。同时，在落实这些重点任务的过程中，要注意抓主要矛盾、抓关键环节、抓重点项目的突破。比如，推进经营发展，努力实现保增长，2015 年要升级非实体经营，通过加强协同形成合力，实现整体价值最大化，打造集团新的竞争优势；深化改革，激发增长新活力，要稳妥、规范、有序发展混合所有制经济，注重提高国有资本利用效率，提高国有资本活力、影响力和带动力；瞄准提质增效升级，在新常态下勇于打破“只扩不缩”“只买不卖”的惯性思维，做好“减法”，推进资源优化配置；实施创新驱动，释放发展新动力，要注重前沿性、关键共性技术、应用基础技术、战略性新兴产业及重大装备技术的研发，同时要着力加强科技人才队伍建设，等等。这些工作都是集团 2015 年的重点工作，都要不折不扣地落到实处，见到效果。但这些工作均是从集团层面来讲的，具体到不同部门、不同企业、不同层级，工作基础和工作条件等各有不同，大家要善于把全局性要求与本单位具体实际结合起来，确定本部门本企业的工作重点，做到确定一个重点，就要紧抓不放、一抓到底，集中力量抓出成效。

二是要破解难题推动落实。任洪斌董事长在讲话中强调，面对旧问题的缠绕，新情况新问题的挑战，要放下包袱，面向未来，主动作为，以二次创业的坚定决心，采取有效措施，攻坚克难，切实解决改革发展难题。因此，抓好 2015 年工作落实，我们必须要按照集团主要领导的要求，直面矛盾，迎难而上，努力在破解改革发展难题上有所作为。比如，针对二重的改革振兴和扭亏脱困工作，要注重争取多方支持，推动业务布局调整，加强市场开拓，深化业务协同，妥善应对风险，确保 2015 年奋斗目标的实现；比如，针对解决历史遗留问题，要积极推进厂办大集体改革和部分企业分离移交“三供一业”工作，为企业轻装上阵创造有利条件；再比如，针对不良资产的处置，要坚持有所为有所不为的原则，积极探索和落实退出机制，等等。破解难题离不开基层的实践创造。各企业要尊重基层的首创精神，鼓励基层从实际出发，积极探索，大胆创新，充分动员各方力量，集中各方智慧，形成破解难题的合力。要坚持问题导向，老问题要限期解决；新问题不出不可能，一旦出现要有人认领，不该出现的问题坚决不能出现，如若一而再、再而三地出现，势必会影响我们的工作。因此，各级领导干部一定要善于发现问题、敢于认领问题、勇于解决问题，从问题的考验和磨炼中不断提升自身应对复杂问题的能力和水平。

三是要强化责任层层落实。实践证明，责任不落实，工作就难落实；责任不到位，工作就不会到位。一些工作虽然我们反复强调了要狠抓落实，但往往效果仍然不够理想，一个重要原因，就是责任不明确，措施不具体，层层抓落实的机制不完善。因此，抓好2015年工作任务的落实，首先，各企业要把这次会议上与集团签署的经营目标责任书落实到位。要结合实际对2015年的任务层层分解，每项任务都要明确责任，落实到人，真正做到千斤重担万人挑、人人身上有指标，事事有人管、人人都管事，一切都要全覆盖。尤其是对一些重点工作，要探索实行项目化管理方式，定目标、定责任、定进度要求，加强对落实情况的考核和评估，形成一级一级抓落实、一项一项抓落实的工作机制。其次，集团各部门各企业要加强督促检查。要建立严格的督查制度，对重点工作的落实情况定期进行检查，认真总结和推广好经验、好做法，及时发现和纠正落实中存在的问题，主动帮助解决落实中遇到的困难。同时，各部门各企业还要加强信息沟通和反馈。严格建立和执行定期报告制度，准确反映工作进展和落实情况，加强对落实情况的研判和分析，形成有利于促进工作落实的信息工作机制。

本次会议上，各小组召集人就大家前一天讨论情况进行了汇报，大家站在集团的高度，结合自身企业所处的行业发展态势，为集团深化改革、持续发展提出了许多很好的建议和意见，我们将认真研究，在集团党委和行政年度工作安排中予以采纳。对一些需要集团部门解决的实际问题，要限期完成，并做到举一反三，主动发现问题，主动为企业排忧解难，主动为企业提供最优质的服务。

开弓没有回头箭，攻坚关头勇者胜。面对新形势新任务新要求，让我们紧密团结在以习近平同志为总书记的党中央周围，同心协力，奋力拼搏，以踏石留印、抓铁有痕的精神抓落实，以持之以恒、锲而不舍的态度促改革，以持续创新、转型升级的行动谋发展，为建设“价值国机、创新国机、绿色国机、责任国机、幸福国机”做出新的更大的贡献！

第二篇

集团公司发展概况

经济运行概况

【发展综述】 2014年，面对严峻复杂的国内外经济形势和艰巨繁重的集团改革发展任务，国机集团贯彻落实党中央、国务院、国资委的决策部署，以保增长为中心，把握发展大势，坚持稳中求进，攻坚克难，扎实做好各项工作，不断推进有质量的增长，较好地完成了全年主要目标任务。

与此同时，国机集团的综合实力和各项社会排名也不断提升，连续六年获得中央企业年度业绩考核A级；继续蝉联中国机械工业百强首位；连续第四年入选世界500强企业名单，列第278位，比上年提高48位。

【主要指标】 2014年，国机集团保持健康稳定增长的发展态势，全面超额完成国资委考核目标和保增长任务，实现营业收入2 447.5亿元；利润总额0.9亿元；实际上缴税费113.3亿元。其中，原国机实现营业收入2 402.1亿元，同比增长3.0%；利润总额84.5亿元，同比增长5.9%。2014年中国机械工业集团有限公司主要经济指标见表1。

表1 2014年中国机械工业集团有限公司主要经济指标

指标名称	2013年	2014年	比上年增长（%）
资产总额（亿元）	2 104.7	2 407.9	14.4
所有者权益（亿元）	577.7	735.1	27.2
营业收入（亿元）	2 366.2	2 402.1	3.0
利润总额（亿元）	79.8	84.5	5.9
净利润（亿元）	58.3	62.0	6.3
归属母公司所有者的净利润（亿元）	38.7	43.4	12.1
技术开发投入（亿元）	42.0	42.6	1.4
利税总额（亿元）	167.6	197.8	18.0
应交税金总额（亿元）	86.4	114.0	31.9
全员劳动生产率（万元／人）	20.6	24.4	18.4
净资产收益率（%）	10.7	9.2	下降1.5个百分点
总资产报酬率（%）	4.6	4.5	下降0.1个百分点
国有资本保值增值率（%）	110.0	111.6	增加1.6个百分点
经济增加值（亿元）	42.7	38.2	-10.5

注：表中为原国机集团数据，不含中国二重数据。

【中国二重改革振兴】 中国二重的改革振兴是党中央和国务院赋予国机集团的光荣使命。国机集团临危受命、勇担重任，作为工作的重中之重，举全集团之力推进二重的扭亏脱困。针对二重面临的重重困难和棘手难题，国机集团以十八届三中、四中全会精神为指南，按照“内科手术”与“外科手术”并行的总体思路，研究制定了《中国二重扭亏脱困总体实施方案》，明确了二重浴火重生、扭亏脱困的总目标：力争2016年末营业收入超100亿元，利润总额超1亿元，资产负债率低于60%。围绕总目标，国机集团和中国二重多措并举、背水一战，全面打响了关系企业生死存亡的“二重保卫战”。

针对中国二重面临的资金紧张、订单缺口、

管理薄弱等严峻挑战，国机集团通过抓市场、促协同、保资金、推清理、强管理，多措并举推进改革振兴。

2014 年，国机集团从总部和所属企业抽调精干力量，充实二重领导团队；提供资金支持，确保生产经营正常开展和职工工资发放；加大资产盘活调整力度，积极推动外部引资；主动与相关金融机构开展债务重组谈判，解决债务问题的总体思路获得了债权银行的认可和理解；大力开展集团内部业务协同，启动非实体经营；促进二重与集团科研院所合作，推进长线产品论证开发，加快二重的产品结构调整；集团领导班子成员根据二重业务开发需要，分别带队走访央企大客户；积极主动争取各级政府、监管机构和银行对二重改革振兴的政策支持。集团领导班子就二重改革振兴重点工作进行了明确分工，纳入绩效考核，强化责任担当。目前中国二重扭亏脱困各项举措正在全面有序地推进，改革振兴的步伐日益加快。

（一）经营管理方面

制定了《中国二重改善经营方案》，聚力聚焦在紧贴市场、快速反应、提供优质服务和产品竞争力的提升上，着力做好市场营销、产品质量、成本控制、精细高效制造、考核激励等关键环节的优化完善工作。

1. 加强经营团队建设

组建了中国二重董事会，从集团总部和所属企业选派了资本运营、经营、财务、法律、科技等方面的精干力量，赴中国二重进行干部交流，加强业务指导和重点工作推进。

2. 争取多方资金支持

持续跟踪中国二重的资金缺口情况，按照“新旧分开、封闭运行、风险可控”的原则，系统研究资金支持方案，并通过积极争取国有资本金，加强与中行、建行等主要债权银行，以及四川省相关政府部门的沟通交流，争取各方支持，确保中国二重正常生产运营。

国机集团加强对中国二重专项资金支持力度，严格评审专项资金的使用，2014 年 7 月 14 日集团总经理办公会通过“陆丰核电厂一期工程 1 号机组”和“国核示范工程 1 号机组”反应堆主冷却剂管道和波动管设备两个项目的资金支持，批准支持资金 15 927.32 万元。截至 2014 年 12 月 31 日，已经拨付资金 9 646 万元。

3. 开展协同合作

大力推动中国二重与其他所属企业的内部协同，开展多层次业务合作，签订协同合同 6.4 亿元；充分利用丰富的海外渠道资源，加强中国二重产品的海外推介，加快“走出去”步伐。在与央企协同方面，组织中国二重先后对中核集团、中石油、中石化、中国神华等央企进行走访，积极寻求核电压力容器、液化反应器等重大项目的合作机会，推进相关业务对接工作。着眼长远，研讨制定了中国二重长线产品规划，为加快产品结构调整奠定了基础。

4. 深化内部管理改革

优化管理流程，梳理关键控制环节，完善经济责任考核机制，强化了基础管理；着力推进干部人事、劳动用工和分配制度改革，稳步推进人员分流，降低了人工成本；分类管理应收账款，加大催收力度，提高资金周转效率；积极应对上市公司监管风险危机；大力推进投资项目的清理收尾工作。

在市场销售管理方面，一是准确研判市场需求；二是发挥体制优势，使营销、技术、生产、质控抱团争抢市场；三是抓紧制定和完善内部市场化运行规则；四是强化服务，加大货款回收的硬性要求；五是加大外贸订货和国机集团协同的工作力度。

在质量管理方面，一是狠抓质量管控，强化质量责任；二是健全完善制度，改善日常考核方式；三是针对当前特殊时期的特殊要求，重新制定《产品重大质量责任事故问责处罚条例》，加大问责处罚力度。

在生产进度管理方面，一是组织制定体现中国二重整体利益的规章制度和确保生产衔接有序、运行流畅的运行规则，并运用这些政策、制度、规则，确保集团公司的意志得以贯彻落实；二是对重要客户、重要项目实行归口管理，确保用户的要求得到及时回应，用户的意见得到落实；三是强化主要生产运行指标的动态考核管理；四是加大主营单位或子公司间的横向协调力度；五是坚持安全第一，警钟长鸣。

在技术创新与产品开发方面，一是围绕市场急需，大力开展冷、热工艺创新；二是按照项目管理的要求，抓好设计、工艺源头；三是要瞄准落地项目，狠抓新产品开发；四是加强信息化建设。

（二）资产盘活方面

以分块盘活资产、发挥存量效益为原则，初步确定了镇江公司项目盘活方案；与中航工业就盘活800MN模锻压力机项目初步达成合作共识；制定了通过国机资产收购中国二重成都工程中心、帮助其减负增利的方案，并推动完成项目的竣工验收和取得土地房产权属证明；制定了资产清查总体方案，加快低效无效资产的清理处置工作；推动实施中国二重与CMIC重组，加快提升其工程总承包能力。

一是将镇江公司转让给国机集团，依托国机集团及项目已具备的条件，推进完成后期建设，完善功能条件，寻求对外合作，为进一步发挥投资效益打下良好基础。为解决同业竞争以及后续镇江公司的运营管理问题，发挥资源协同效应，国机集团把镇江公司托管给二重股份管理。2014年已经完成镇江基地的股权转让和托管协议，未来将根据工作进展情况进行签署。

二是将800MN模锻压力机相关资产连同万航公司构建形成的航空模锻板块，与相关中央企业进行合资合作，以发挥800MN模锻压力机产能，更好地推动航空模锻业务的发展。2014年已经与多家央企进行沟通，初步达成意向。

【主要领导变化】 2014年机集团领导情况见表2。

表2 2014年国机集团领导情况

姓 名	职 务
任洪斌	董事长、党委副书记
石 柯	党委书记、副董事长
徐 建	党委常委、董事、总经理
孙德润	党委常委、副总经理
曾祥东	党委常委、副总经理
骆家駹	党委常委、总会计师
谢 彪	党委常委、副总经理
丁宏祥	党委常委、副总经理
王克伟	党委常委、纪委书记
陈 忘	总工程师
刘大功	总经济师
刘敬桢	总经济师
刘 冰	董事会秘书
王 强	总法律顾问
魏 锋	职工董事、工会主席（2014年4月退休）
苏维珂	职工董事、工会主席（2014年4月开始任职）
皮安荣	纪委副书记（2014年4月退休）
王锡岩	纪委副书记（2014年4月开始任职）
陈学东	副总工程师（2014年7月开始任职）

2014年国机集团二级子公司名录见表3。

表3 2014年国机集团二级子公司名录

序号	单位名称	序号	单位名称
1	中国机械设备工程股份有限公司	22	中国一拖集团有限公司
2	中工国际工程股份有限公司	23	江苏苏美达集团有限公司
3	中国福马机械集团有限公司	24	中国浦发机械工业股份有限公司
4	中国海洋航空集团有限公司	25	国机精工有限公司
5	中国地质装备集团有限公司	26	中国联合工程公司
6	中国机械工业建设集团有限公司	27	中国汽车工业工程有限公司
7	中国机床总公司	28	机械工业第六设计研究院有限公司
8	中国重型机械有限公司	29	沈阳仪表科学研究院有限公司
9	中国通用机械工程有限公司	30	合肥通用机械研究院
10	中国自动化控制系统总公司	31	甘肃蓝科石化高新装备股份有限公司
11	中国成套工程有限公司	32	洛阳轴研科技股份有限公司
12	中国国机重工集团有限公司	33	天津电气科学研究院有限公司
13	国机财务有限责任公司	34	中国电器科学研究院有限公司
14	国机汽车股份有限公司	35	广州机械科学研究院有限公司
15	中国汽车工业进出口有限公司	36	济南铸造锻压机械研究所有限公司
16	中国汽车工业国际合作有限公司	37	重庆材料研究院有限公司
17	国机资产管理公司	38	成都工具研究所有限公司
18	中国农业机械化科学研究院	39	中国重型机械研究院股份公司
19	中国中元国际工程有限公司	40	苏州电加工机床研究所有限公司
20	北京起重运输机械设计研究院	41	桂林电器科学研究院有限公司
21	中国第二重型机械集团公司		

董事会建设情况

2014 年，国机集团董事会不断深化完善自身建设，切实提高运行规范性和有效性。面对严峻的经济形势，国机集团董事会始终将发展作为第一要务，通过战略引领、科学决策，推动转型创新和有质量的发展，带领集团全面超额完成各项考核目标和保增长任务，各项指标均创历史新高。

【机构设置与制度建设】 国机集团董事会根据国资委的整体部署，结合企业改革发展的实际需要，不断优化董事会机构设置，持续完善董事会制度体系，为董事会规范运行提供有效保障。

（一）机构设置

2014 年，根据国资委安排，国机集团第二届董事会的人员构成进行相应调整。6 月，韩锡正不再担任集团外部董事；9 月，国资委重新任命集团的外部董事，其中，张来亮、吴晓根为续聘董事，高福来、盛世英为新任外部董事。目前，国机集团董事会共有董事 8 人，其中，外部董事 4 人（京外董事 1 人），分别为张来亮董事、吴晓根董事、高福来董事、盛世英董事；非外部董事 4 人，分别为任洪斌董事长、石柯副董事长、徐建董事、苏维珂职工董事。

2014 年 7 月和 10 月，根据董事会成员变动，国机集团第二届董事会第六次、第七次会议按照公司章程调整董事会专门委员会的人员组成。目前，国机集团董事会下设四个专门委员会：常务委员会、提名委员会、薪酬与考核委员会、审计与风险管理委员会。其中，提名委员会外部董事占多数，薪酬与考核委员会、审计与风险管理委员会成员全部由外部董事担任。除常务委员会根据董事会授权在一定范围内行使决策权外，其他委员会没有决策权。

需要说明的是，董事会常务委员会的设置为两名外部董事和三名非外部董事，延续第一届董事会上外部董事的提议：党委书记和总经理进入常务委员会，以提高工作效率。同时，为确保外部董事意见在常务委员会得到充分尊重，集团董事会常务委员会议事规则规定：如果出现外部董事意见一致，而因委员占少数，意见不能被采纳的情况，常务委员会决议以外部董事的意见为准。

根据公司章程和董事会工作制度，国机集团设立董事会办公室，主要负责集团董事会的日常事务。同时，规定战略规划部、人力资源部、资产财务部、审计稽查部、法律事务部、经营发展部等部门分别作为董事会各专门委员会的支撑部门，协助专门委员会开展工作。

（二）制度建设

随着工作的深入推进，国机集团董事会根据企业运行和管理实际，认真研究和总结运行经验，不断完善运行制度。2014 年上半年，为进一步规范董事会议案，制定并发布《中国机械工业集团有限公司董事会议案管理办法》。办法对董事会议案的分类、内容、格式以及议案的提出和审核都作出相应的要求，并对董事会各类议案主报告应重点说明的内容和应提供的附件作出详细规定。该办法为董事会决策提供有效保障的同时，也为议案准备工作提供科学指引。

此外，在总结梳理第一届董事会运行情况的基础上，国机集团董事会结合集团发展实际，对董事会治理文件进行全面梳理，使其在符合法律法规要求的基础上，更加适合国机集团的运行特点和实际。

中国机械工业集团有限公司第二届董事会成员名单见表 1。中国机械工业集团有限公司第二届董事会专门委员会及成员名单见表 2。

表 1 中国机械工业集团有限公司第二届董事会成员名单

序号	姓　名	职　务
1	任洪斌	董 事 长
2	石　柯	副董事长
3	徐　建	董　　事

（续）

序号	姓　名	职　务
4	张来亮	外部董事
5	吴晓根	外部董事
6	高福来	外部董事
7	盛世英	外部董事
8	苏维珂	职工董事

表 2　中国机械工业集团有限公司第二届董事会专门委员会及成员名单

序号	姓　名	职　务
常务委员会		
1	任洪斌	主 任
2	石　柯	委 员
3	徐　建	委 员
4	张来亮	委 员
5	吴晓根	委 员
提名委员会		
1	石　柯	主 任
2	高福来	委 员
3	盛世英	委 员
薪酬与考核委员会		
1	张来亮	主 任
2	吴晓根	委 员
3	盛世英	委 员
审计与风险管理委员会		
1	吴晓根	主 任
2	张来亮	委 员
3	高福来	委 员

【日常运行】　2014 年，国机集团董事会认真贯彻落实《公司法》和国资委关于建设规范董事会工作的相关要求，严格按照公司章程和相关治理文件规范运行。在此基础上，不断加强沟通交流，提高董事会运行效率。

（一）规范议事决策程序，不断提高决策效率

合法、规范、完整的会议程序是董事会规范运行、科学决策的基础。一年来，集团董事会结合相关法规要求和企业发展实际，严格按照流程组织召开各类会议。2013 年年底，董事会制定并发布 2014 年定期会议计划，明确定期会议的时间和主要议题；会前，严格按照要求收集整理会议材料，及时送达各位董事；会上，各位董事按时参加会议，在董事长主持下认真执行会议议程，充分发表意见，审慎表决；会后，及时形成会议决议、会议纪要和会议记录等文件，认真整理归档。目前，国机集团董事会会议各项程序合法合规，各项会议材料和法律文件完备。

2014 年，国机集团董事会共召开 7 次董事会会议，其中定期现场会议 5 次，临时会议 2 次（以签署书面决议形式召开）。上述会议共审议表决议案 39 项，涉及集团发展规划与经营指标计划、企业改制与资产重组、重大项目与投资、重要干部任免、财务预算及财务管理、制度建设与管理等重要工作。此外，董事会还听取各类汇报 5 项。

董事会专门委员会共召开会议 10 次，听取和讨论议题 28 项。其中，提名委员会召开 1 次会议，薪酬与考核委员会召开 5 次会议，审计与风险管理委员会召开 4 次会议。

根据董事会授权，董事长共完成授权审批事项 5 项，且均在随后召开的董事会会议上对授权行使情况向全体董事进行报告，全体董事均表示同意。

除上述会议外，2014 年 4 月，国机集团董事会召开年度述职考核会，对集团高管人员 2013 年工作完成情况进行考核评价。此外，还两次召开专题汇报会，在董事会会议召开前对重大、紧急议案进行细致研究和深入讨论，提高董事会决策的科学性。

（二）积极组织考察调研，完善董事决策依据

考察调研作为国机集团董事会常抓不懈的一项重要日常工作，为各位董事深入了解集团及所属企业发展现状，进行科学决策提供有力保障。非外部董事的考察调研一般结合日常工作开展，外部董事则以考察调研组的形式不定期开展。

按照年初制定的调研计划，2014 年，国机集团董事会共组织两次外部董事调研。5 月 5—9 日，调研组对集团驻兰州、西安的所有二级企业和部分三级企业进行考察调研。11 月 25—28 日，结合部分外部董事新任职和改革振兴中国二重的实际，调研组对中国二重及其他驻川二级企业和

部分三级企业进行考察调研。

调研期间，董事会调研组认真听取各企业生产经营情况与重大决策、重大项目的情况汇报，深入了解现代企业制度建设情况，并就下一步重点工作安排及面临的主要问题与调研企业进行深入交流。两次调研对集团相关决策执行情况进行了有效监督检查，同时也为新任职董事深入了解集团所属企业生产经营情况提供了条件。

（三）推进所属企业公司制改革，完善法人治理结构

2014 年，国机集团继续加快建立规范的董事会，一方面，进一步建立健全派出外部董事工作制度。一是加强派出外部董事获取信息的渠道。设立专用邮箱，便于派出外部董事及时获得包括重要文件、领导讲话、简报动态、规章制度、会议通知等有关信息，为履职提供了良好的条件。二是加强派出外部董事之间的工作交流。2014 年 1 月和 11 月，组织召开两次派出外部董事座谈会，取得了较好的效果。三是组织开展派出外部董事年度述职工作。根据集团制度要求，全体派出外部董事 2014 年第一次向集团提交年度工作报告，2015 年工作会期间组织召开了首次派出外部董事述职交流会。

派出外部董事作为集团利益的代表，积极参与所属企业的战略决策，加强运行情况监控和重大风险防控，维护集团利益；通过与各个层面的沟通联络，做到“上情下达”和“下情上达”，推动集团战略意图的贯彻落实；同时，通过派出外部董事的规范履职，推动所在企业董事会建设工作的深入开展，传播集团董事会文化。

另一方面，进一步加强对派出外部董事的培训和指导。2014 年 11 月，国机集团董事沟通培训班召开，共有来自 31 家所属企业的 22 名派出外部董事和 22 名董事会秘书、董事会办公室负责人参加培训和交流。在沟通培训班期间组织召开所属企业董事会秘书座谈会，共同探讨推进所属企业规范董事会建设的方向思路，进一步密切集团与所属企业的沟通联系。

（四）采取多项措施，确保董事会决议有效落实

国机集团董事会一直将决议落实情况的监督检查作为一项重点工作。

一是严格按照《中国机械工业集团有限公司董事会决议落实监督管理暂行办法》的要求，充分发挥董事会会议纪要作用，提高纪要编写时效，做到“会议闭，纪要出”。同时，不断提高纪要的质量，准确、高效地传达董事会对各议案的要求和建议，便于经理层落实实施。

二是定期召开会议，听取经理层关于董事会决议落实情况的汇报，整体把握董事会决策的执行情况，并对执行中出现的问题及时给予指导。2014 年，通过半年一次的定期现场汇报和定期会议书面报告，董事会实现了对审议通过决议的横向全面检查和纵向全程跟踪，提高了董事会决议落实监督检查工作的制度化、规范化水平。

三是以董事会信息系统为依托开展动态跟踪。根据《中国机械工业集团有限公司董事会议案管理办法》的要求，不断调整完善董事会信息系统的功能设置，完善议案分类，提高动态跟踪和查询检索的效率。

【决策效果】 2014 年，国机集团董事会积极贯彻落实中央及国资委的政策要求，推动企业转变增长方式，调整优化结构，狠抓市场开发，强化科技创新，倡导有机增长，提高发展质量，促进国机集团经营业绩持续增长，管理水平和核心竞争力进一步提升。

（一）强化战略引领，注重风险管控，忠实体现出资人意志

按照国资委关于中央企业做强做优、培育具有国际竞争力的世界一流企业的要求，国机集团董事会认真分析集团的比较优势和劣势，加强战略引导，强化有质量增长的理念，不断提升集团的发展质量和综合实力。同时，认真贯彻落实有关政策要求，加强风险控制和防范，积极开展风险管理体系建设和宣贯工作，推进集团风险管理工作稳步运行，逐步构建起国机集团全系统的全面风险管理体系。同时，集团以重点领域专项风险管理为工作重点，不断强化投资业务闭环管理，提高投资项目过程管理的风险防范能力，不断梳理和完善投资管理制度的实施流程、监管模式。对所属企业出现的风险事项，董事会及时向经理层做出风险提示和工作要求。审计与风险管理委员会多次组织会议，听取有关风险事项的汇报，并对相关工作做出指导。

国机集团董事会始终将代表出资人利益、促进企业健康快速发展、确保国有资产保值增值作为自己的首要任务和行为标准。在审议决策过程中，董事会认真分析研判企业内外部形势

变化，强化战略引领作用，加强项目风险管控力度，注重体现中央企业的政治责任、经济责任和社会责任。2014年，面对严峻复杂的国内外经济形势和艰巨繁重的改革发展任务，国机集团积极贯彻落实党中央、国务院、国资委的决策部署，着力推动转型升级、改革创新，大力发展国际化经营，集团有质量增长的势头良好，核心竞争力不断增强。

（二）理顺决策流程，强化监督考核，董事会与经理层有机融合、配合高效

国机集团董事会与经理层有机融合，决策流程更加科学、高效。董事会一方面作为出资人代表，督促、考核经理层的战略执行效果和管理水平，同时，为经理层工作开展提供必要的咨询指导。

第一，严格遵守有关政策法规和《公司章程》及《董事会工作制度》等公司治理文件的规定，明确董事会和经理层的职责划分。董事会准确把握自身职责定位，注重研究决定公司发展的重大事项，董事会及各位董事不干预日常生产经营，董事长不参加总经理主持召开的总经理办公会，不干预总经理的工作，确保决策权与执行权分开。同时，董事会注重加强与经理层的沟通交流，在明确职责分工的基础上不断理顺决策流程，通过重大事项提前汇报等方式加强信息沟通。

第二，在对经理层的考核方面，2014年4月24日，集团董事会组织召开2013年度高级管理人员述职会议，听取高级管理人员工作述职并进行考核评价，从财务经营指标完成情况、年度任务完成情况和个人素质能力三个方面对经理层进行全方位的考核。同时，为进一步完善高管考核评价体系，国机集团董事会加强对高管人员的日常评价工作。一是在原有绩效合约考核内容的基础上，根据集团发展实际，增加“董事长在年度工作会上重要讲话分解任务完成情况”“中国二重改革振兴工作”“经理层重点联系企业经营目标完成情况”三个考核指标；二是增加季度汇报环节，将年度考核与季度汇报相结合，既加强对经理层重点工作的监督指导，又实现董事会对经理层静态考核与动态评价、定性考核与定量评价的结合，提高考核评价的科学性。

（三）加大对所属企业授权力度，探索股权激励机制，加快改革步伐

2014年，国机集团董事会按照中央十八届三中、四中全会有关精神和国务院国资委关于全面深化改革的决策部署，进一步加快集团改革发展的步伐。

一是加大对所属企业投资授权权限。国机集团董事会认真研究和总结近年来对所属企业分类授权管理的效果和经验，按照企业净资产规模调整上市公司投资管理权限，进一步提高决策效率和科学性的统一。

二是授权部分二级企业董事会选聘经理层副职。为进一步落实所属企业董事会自主选人用人权，切实将集团履行出资人职责和所属企业董事会自主决策有机结合，国机集团选取10家建设完备、治理有效的所属企业董事会，授权其选拔任免经理层副职，进一步推动所属企业法人治理结构的有效运行。

三是积极探索股权激励机制。国机集团董事会在进一步完善绩效考核与工资总额联动机制的基础上，探索推行股权激励机制，以中工国际为试点，实施“限制性股票激励计划”，将核心骨干员工的利益与企业发展紧密结合在一起，使员工与企业成为利益共同体，同命运、共发展，极大地激发了员工的工作热情，起到了很好的效果。

（四）董事会文化建设不断推进

国机集团董事会运行五年来，从自身实际出发，积极吸收国内外先进企业的经验，初步形成既符合法律法规要求，又符合国情和集团实际，并具有国机集团特色的董事会文化。董事会决策流程不断完善，决策效果科学显著，特别是在规范重大事项决策、引领集团战略转型、提高风险防范能力、增强双层董事会管控力度等方面取得积极成绩，得到各个层面的高度认可，也使得集团上下对规范董事会建设工作有了更加深刻的认同和支持。

2013年年底，国资委选定国机集团作为中央企业建设规范董事会案例研究单位，以期通过对国机集团董事会运作实践的全面总结和梳理，为其他中央企业提供借鉴和参考。以此为契机，集团开展对董事会运行实践的全面总结和梳理，自主完成五万字的课题研究报告。

报告提炼总结并系统阐释国机集团董事会“和实”文化。国机集团董事会的“和实”文化，除具有集团“和”文化的一般属性，以及尊重规则、分权制衡、合理授权、守信尽责、战略引领

等董事会共有的文化属性外，还有其独特的文化属性。这种独特性主要表现为分担分享的责任文化、客观公正的求实文化、平等包容的民主文化、开放透明的互信文化。

国机集团董事会“和实”文化在各方面产生积极效果：在治理层面，奠定深化改革的体制基础；在企业层面，引领推动健康发展；在管控方面，推动全集团的现代企业制度建设。

主业经营

【经济运行情况】 2014年，世界经济复苏艰难，国内经济下行压力不断加大，国机集团所在行业发展形势十分严峻。在恶劣的外部形势下，国机集团深入贯彻党的十八大和十八届三中、四中全会以及中央经济工作会议、中央企业与地方国资委负责人会议精神，落实董事会决策部署，紧紧围绕发展第一要务，保增长、控风险、调结构、促转型，全面超额完成了国务院国资委、董事会下达的各项目标任务。

2014年，原国机集团实现营业总收入2 402.1亿元，同比增长3.0%；实现利润总额84.5亿元，同比增长5.9%。经济增加值（EVA）全面超额完成国务院国资委全年考核目标和董事会的争取目标。

2014年国机集团（原国机）主要经营指标完成情况见表1。2014年国机集团获得主要排名情况见表2。2014年国机集团各类业务新签合同额见表3。2014年国机集团各类业务合同成交额见表4。

表1 2014年国机集团（原国机）主要经营指标完成情况

序号	指标名称	金额	同比增长（%）
1	营业收入（亿元）	2 402.1	3.0
2	利润总额（亿元）	84.5	5.9
3	经济增加值（亿元）	38	-10.5
4	进出口总额（万美元）	1 234 554	33.4
	其中：出口额（万美元）	759 964	33.8
	进口额（万美元）	474 590	32.9
5	新签合同额（万美元）	5 286 437	2.8
6	合同成交额（万美元）	4 418 109	5.0

注：其中指标未考虑因改制、重组、上市等因素的影响。

表2 2014年国机集团获得主要排名情况

国际工程新闻记录	国际工程新闻记录	中国对外经济贸易统计学会	中国企业联合会	中国企业联合会	中国机械工业联合会	世界财富500强
ENR全球250家最大国际工程承包企业	ENR全球225强国际工程设计咨询企业	中国对外贸易企业500强	中国企业500强	中国服务企业500强	中国机械工业百强	美国《财富》杂志
27	62	14	56	22	1	288

表 3　2014 年国机集团各类业务新签合同额

业务类别	2014 年（万美元）	2013 年（万美元）	同比增长（%）
工程成套	1 619 716	2 159 909	-25
设计咨询	141 306	142 591	-1
进出口贸易	1 179 279	667 154	77
国内贸易	2 158 406	1 841 023	17
研发生产	265 602	394 086	-33
合计	5 364 309	5 204 763	3

表 4　2014 年国机集团各类业务合同成交额

业务类别	2014 年（万美元）	2013 年（万美元）	同比增长（%）
工程成套	1 029 070	1 257 867	-18
设计咨询	140 517	143 525	-2
进出口贸易	788 427	616 263	28
国内贸易	2 197 072	1 834 901	20
研发生产	349 536	380 062	-8
合计	4 504 621	4 232 619	6

【主业经营】　2014 年，国机集团遇到了前所未有的困难，但还是较好地完成了保增长任务。国机集团多次召开会议，传达部署国务院国资委保增长的目标和任务，明确提出集团保增长的要求和奖惩措施，继续实施重点联系企业制度，大力开拓市场，加强内部协同，促进降本增效，推进节能减排，保持了生产经营的平稳运行。

2014 年，在面对外部复杂形势和内部突出问题的复杂形势下，集团攻坚克难，努力完成了国资委下达的经营指标。在国资委经营业绩考核结果中，国机集团 2014 年度进入 A 级。这是国机集团连续七个年度业绩考核结果进入 A 级。在世界财富 500 强排名第 288 位。ENR“国际工程设计公司 225 强”排 62 位，ENR“国际工程承包商 250 强”排 27 位。

国机集团是海外业务收入占 60% 的外向型企业，也是国内最早走出去的骨干企业之一，主要从事工程承包、贸易和装备制造业务。

国机集团的经营特点是规模大、覆盖面广、研发能力强，在众多的领域具有影响力，如所属中国二重的重型设备加工能力、中国一拖的大中型拖拉机产品、中国农机院的农牧机械研发能力、以CMEC和中工国际为代表的海外承包工程业务、国机汽车的汽车贸易服务、苏美达集团的机电产品贸易等，均在业界屈指可数。所属众多科研院所更是站在了行业领域的技术研发、技术标准的制高点，起着引领行业技术发展的重要作用。

一、装备制造板块

2014 年国机集团装备制造板块实现营业收入 215.8 亿元，同比下降 14.31%；亏损 85.9 亿元，与上年同期相比增亏 55.68 亿元（主要由于中国二重集团一次性计提资产减值损失和辞退福利影响）；实现经济增加值 -48.49 亿元，与上年同期相比减少 11.35 亿元。

2014 年国机集团主要经营指标完成情况见表 5。

表 5　2014 年国机集团主要经营指标完成情况

指标名称	2014 年（万元）	2013 年（万元）	同比增长（%）	同比增加额（万元）	年度考核值（万元）
营业收入	2 157 821	2518 137	-14.31	-360 316	-
利润总额	-859 408	-302 577	-184.03	-556 831	-230 800
EVA	-484 892	-371 353	-30.57	-113 539	-276 950

除中国二重外，2014 年装备制造板块实现营业收入 170.2 亿元，同比下降 14.17%；亏损 2.34 亿元，与上年同期相比增亏 3.78 亿元；实现经济增加值 -6.57 亿元，与上年同期相比减少 2.44 亿元。2014 年国机集团主要经营指标完成情况（不含中国二重）见表 6。

表 6　2014 年国机集团主要经营指标完成情况（不含中国二重）

指标名称	2014 年（万元）	2013 年（万元）	同比增长（%）	同比增加额（万元）	年度考核值（万元）
营业收入	1 702 957	1 984 089	-14.17	-281 133	-
利润总额	-23 427	14 323	-263.56	-37 750	29 200
EVA	-65 665	-41 253	-59.18	-24 412	-7 950

2014 年装备制造企业中，营业收入仅中国福马同比保持增长，增幅为 18.06%, 增额 4.6 亿元，其余企业均出现不同程度的下降。营业收入下降幅度较大的中国一拖同比下降 21.36%，中国二重和中装集团同比分别下降 14.83% 和 15.68%；利润总额中国二重同比下降 51.68 亿元，中国一拖同比下降 3.43 亿元，降幅为 81.79%，国机重工亏损 3.59 亿元，同比增亏 7 092.71 万元，中装集团 2014 年实现了扭亏为盈，同比增利 6 115 万元；经济增加值仅中国一拖维持正值，其余企业均为负数，中国二重同比减少 89 128 万元，中国一拖同比减少 39 176 万元，其余企业均有所增长，中装集团、国机重工和中国福马分别增长 7 372 万元、7 005 万元和 388 万元。

截至 2014 年年底，装备制造板块总资产 462.42 亿元，占集团比重为 18.3%，所有者权益 60.53 亿元，占集团比重为 9.5%，期末从业人员 43 295 人，占集团比重为 35.8%；营业收入占集团比重为 8.82%。EVA 值和利润总额对国机集团的总体贡献率均为负。

1. 2014 年开展的主要工作　2014 年，装备制造企业在改革振兴、扭亏脱困、转型升级、优化产品结构等方面做了大量工作，取得了一定的成效。其中，中国二重以改革振兴为目标，在推进镇江基地和 800MN 模锻压力机资产盘活工作、加快人员分流工作、加快传统产品转型升级和开拓新市场、加快培育发展新产品以及深化业务协同等方面做了大量卓有成效的工作；中国一拖实现了动力换档拖拉机的批量销售，完成了主机配套国Ⅲ柴油机的上市准备工作，加快了重型柴油机的商品化进程，主导产品结构调整迈出了关键一步；国机重工 2014 年制定了《国机重工扭亏脱困方案》，紧紧围绕改革调整年的战略目标和“一大战役、两个提升、三项突破”的工作任务，推进改革调整；中国福马大力提升动力机械板块自主销售比重，加大技术研发力度和核心部件制造能力建设，工程贸易板块积极推进海外工程项目、集中和分布式光伏电站的开发，加快推进福马木业公司和苏林机改革调整的步伐；中装集团创新平台建设进一步加强，科技项目稳步推进，所属亏损企业扭亏取得进展，工业园搬迁稳步按计划进行，制定了改革发展方案，编制并实施《中装集团 2014—2016 年三年产品发展规划》。

2. 主要问题　一是装备制造板块经济运行质量有待提升。装备制造板块营业收入、利润总额、EVA 值等指标整体呈现下滑，且下滑幅度较大。装备制造板块对集团经营业绩的贡献率持续下滑，并面临着异常艰巨的转型升级和保增长任务。

二是中国二重改革振兴工作任重道远。800MN 模锻压力机资产、镇江公司资产盘活工作虽已取得一些阶段性进展，但尚未取得较大突破；中国二重主要经营指标与集团考核指标存在较大差距，且企业生产经营仍处于十分困难的局面。

三是协同工作有待进一步加强。装备制造板块内部企业之间，装备制造板块与工贸、科研院所板块之间业务和能力协同不足，现有的技术研发平台、生产制造体系、营销网络等资源的协同效应发挥不足。利用总部平台优势拓展央企间的协同发展能力还不强。

3. 分行业分析

（1）重机行业。受宏观经济形势的影响，近几年来重机行业出现产能过剩，需求严重不足，价格下跌情况。虽然2014年行业增幅在10%左右，但增量主要以物料搬运机械为主。从细分行业来看，冶金设备市场价格持续低位运行，新上大型项目急剧下降，产品价格大幅下滑；清洁能源设备市场，随着重机行业产能的不断释放，市场竞争逐步加剧，市场价格下行；石化容器市场需求稳定，受制于企业自身产能有限，满足市场需要的能力相对较弱；锻压设备等其他设备市场需求较为稳定，但企业间相互压价竞争呈上升趋势。成套装备市场方面，钢铁行业将在“高成本、严环保”的双重巨压下，市场需求仍将低位运行；水泥设备方面，行业产能严重过剩，就国际市场而言，从总体上看潜藏着巨大的市场空间；模锻件方面，目前国际航空工业正处于上升期，新型航空器正在加大研制力度和进度，钛合金飞机框架、发动机涡轮盘、起落架等高技术含量的模锻件市场需求呈稳定增长态势。

2014年，金属轧制设备行业产量228 213t（数据来源于中国重型机械工业协会），同比下降23.32%，国机集团所属企业中国二重行业占有率23.97%，位居行业第三，太原重工和中国一重位于行业前两名，占有率分别为25.07%和24.85%；炼油化工设备行业销售2.7万t，同比下降23.92%，中国二重行业占有率为27.3%，位居行业第二，中国一重位居行业第一，占有率为71.3%；锻件行业全年销售20万t，同比增长4.86%，中国二重行业占有率39.7%，位居行业第一，太原重工和中信重工行业占有率分别为34.4%和11.5%，位居行业第二和第三。

（2）农机行业。拖拉机销量经过多年快速增长，部分区域容量已经渐近饱和，2014年全价购机补贴政策的全面实施导致终端用户资金实力经受考验，购机决策及行为均相对理性。另外，在土地流转的不确定性、作业竞争环境激烈、收益低于预期、自然灾害终端传导等诸多因素作用下，2014年农机刚性需求锐减。在这种需求下滑的市场大环境下，为了实现对市场有限用户资源的争夺，价格竞争成为市场各品牌所采取的主要竞争手段，使得2014年农机行业整体呈现较为严峻的市场运行态势。

国内主要农机企业雷沃重工、中联重科、山东五征等企业创新营销模式，行业发展及竞争格局变化将会逐步呈现。目前国内二三线品牌企业，以低价竞争为主要促销手段、深入终端用户的渠道策略抢占市场份额。外资和其他行业资本大举进入农机行业，外资企业以优质高价、打造良好的品牌为竞争策略，农机企业间的竞争更加激烈。

中国农机工业在连续十年高速增长之后，2014年出现了比较明显的变化和调整，全年实现农机工业产值近4 000亿元，但行业增速明显趋缓，预计增长10%左右，拖拉机、小麦收获机等主要产品出现了负增长。农机行业除玉米收获机呈现增长这一亮点外，其他主要产品市场出现不同程度的下滑，全年大中型拖拉机销量同比下降17.1%。农机行业呈现转型升级期，中高端农机产品将迎来新一轮发展机遇，小型低端产品将加快退出步伐，市场竞争进一步加剧。由于低端小型产品基数较大，尽管整体销量会出现下降，但产业结构会进一步优化、升级。

国机集团所属的中国一拖继续保持在拖拉机领域的领先优势，特别是在大中型拖拉机领域，一直保持在行业前两名。2014年大轮拖行业销售11.3万台，同比下降12.8%，中国一拖位居行业第一，行业占有率29.7%；福田雷沃和东风农机分别位居行业第二和第三，占有率分别为25.1%和10%。中轮拖行业销售19.48万台，同比下降19.3%，福田雷沃位居行业第一，市场占有率22.7%；中国一拖位居行业第二，市场占有率为20.6%；东风农机位居行业第三，市场占有率为17.3%。小轮拖行业销售27.5万台，同比下降17.1%，山东时风保持行业第一，市场占有率为75.6%；山拖农装和福田雷沃分别位居行业第二、第三，占有率分别为13.5%和6.5%。

（3）工程机械行业。2014年，中国工程机械行业处于筑底阶段，个别产品类别销量企稳回升，但大体量、通用性产品却仍徘徊在谷底；与此同时，企业层面的分化正加速进行，运行效率决定着生存状况。部分生产企业由于规模有限，出现较大亏损面，甚至退出行业。

2014年行业发展复苏趋势仍不明显，保持底部运行态势。从宏观经济来看，GDP下行确定性较大，CPI仍有一定压力，PMI保持在荣枯线附近，国家货币保持适度宽松。工程机械行业作为周期性行业，面临的压力较大。

从工程机械主要产品情况来看，2014年压路机行业销售1.4万台，同比下降9%，国机集团所属的国机重工公司位居行业第四，市场占有率10.8%，徐工位居行业第一，占有率为24.11%；平地机行业销售3 662台，同比下降10%，国机重工位居行业第二，市场占有率为21.4%，徐工位居行业第一，占有率为33%；推土机行业销售7712台，同比下降19%，国机重工位居行业第六，市场占有率为3.2%，山推位居行业第一，占有率为61.45%；挖掘机行业销售11.24万台，国机重工位居行业第26，市场占有率为0.5%，三一重工位居行业第一，市场占有率为15.1%；汽车起重机行业销售1.4万台，同比下降21%，国机重工位居行业第五，市场占有率为2.4%，徐工位居行业第一，占有率为51.2%。

（4）林业机械与动力机械行业。人造板机械制造行业随着人造板市场需求的疲软，一直处于低迷徘徊的境况，众多企业仍然面临着产能过剩，结构仍需调整等问题。可以预计未来市场，既要考虑人造板行业保持缓慢复苏的态势，也要充分考虑到市场的诸多不确定性和复杂性，市场需求不旺仍将在以后的一段时间内影响传统的加工制造业。

从2014年行业销售情况来看，规格锯当年销售9条线，国机集团所属的中国福马当年生产8条；连续压机行业共计14条，中国福马仅1条，亚联机械销售8条；削片机行业销售52台，中国福马销售36台；刨片机行业销售15台，中国福马销售9台；打磨机行业销售8台，中国福马销售3台。

2014年全地形车行业累计出口约4.7亿美元，同比上升10%左右，但总体在低位，其中美国市场稳中上升。中国福马销售收入为240万美元，同比增长34%，市场占有率为5.1%。摩托车行业总体低迷，全年完成产销分别为2 127万辆和2 129万辆，同比分别下降7.1%和7.6%。中国福马摩托车销售18.6万台，同比增长0.2%，市场占有率为0.8%。跨骑车、弯梁车和踏板车三大车型销量占二轮车总销量的比重约为60.9%、21.4%和17.7%。与上年同期相比，跨骑车、弯梁车份额略有下降，踏板车份额略有提升。

（5）地质装备行业。2014年地质勘探行业投入继续下降，一年来未有回暖迹象，市场形势仍不乐观。特别是固体矿勘查工作量大幅缩减，将使主业中岩心钻机市场下滑幅度继续加大，行业内钻探机械产品销售已同比下降50%左右。地质装备行业的不景气更加剧了行业竞争态势，民营企业基本上采取压价手段维持客户，这种局面更使成本高、机制欠灵活、冗员多的国有企业雪上加霜。

2014年是地质装备行业最为严峻的一年，勘查任务和市场需求减半，国家地质调查工作重点已逐步向“水工环”方向转移。中装集团一方面着力推进“深部地质矿产勘查产业技术创新战略联盟”建设，充分利用政府项目带动主业增长；另一方面在巩固原有传统产品的市场份额的同时，加快深部钻探产业化产品的研发，力求在短时间内增强企业和产品的竞争力。

二、工程承包

1．经营情况概述 2014年，国机集团工程成套及设计咨询业务快速增长，在各业务板块中表现较为突出，实现营业收入和毛利润均有较大幅度的增长。

（1）工程成套（含船舶制造）。工程成套（含船舶制造）业务实现收入624.5亿元，同比增长7.6%，占比25.1%；实现毛利润84.2亿元，同比增长3.3%，占比37.5%。

（2）设计咨询。设计咨询业务实现收入63.9亿元，同比增长2.3%，占比2.6%；实现毛利润17.9亿元，同比下降12.8%，占比8.0%。

（3）截至2014年年底在手执行项目情况。截至2014年年底，国机集团在手执行工程成套（含船舶）及设计咨询项目总计10 438个，合同总金额493.5亿美元。其中境外项目607个，合同总金额366.0亿美元。

上述项目中合同金额超过1 000万美元的项目525个，合同总金额437.9亿美元。其中境外项目270个，合同总金额360.5亿美元。

合同金额超过5 000万美元的项目159个，合同总金额353.2亿美元。其中境外项目124个，合同总金额323.0亿美元。

合同金额超过1亿美元的项目79个，合同总金额295.9亿美元。其中境外项目68个，合同总金额282.0亿美元。

2．工程承包和勘察设计企业变化情况 2014年机勘院划入中设集团。

3．主要工程领域 从行业分布看：上述项目分布在电力、交通、房建等多个行业，其中电力工程项目仍为集团公司传统优势行业，项目数为437个，合同总金额为199.9亿美元，占全体项目合同金额的40.5%。境外项目中，电力行业项目150个，合同总金额190.9亿美元，占全体境外项目合同金额的52.2%。

2014年国机集团正在执行境外项目行业分布情况见表7。

表7 2014年国机集团正在执行境外项目行业分布情况

序号	行业	合同金额（万美元）	占境外合同总金额比重（%）	序号	行业	合同金额（万美元）	占境外合同总金额比重（%）
1	电力工程建设	1 909 293.00	52.20	7	通信工程建设	70 712.00	1.90
2	其他	563 300.30	15.40	8	石油化工项目	44 615.26	1.20
3	交通运输建设项目	474 653.60	13.00	9	工业建设项目	39 029.89	1.10
4	房屋建筑项目	240 035.50	6.60	10	废水（物）处理项目	20 988.72	0.60
5	制造加工设施建设项目	160 818.10	4.40		合计	3 659 714.37	100.00
6	水利建设项目	136 268.00	3.70				

4. 主要区域和国别市场

从项目所处国别地区看：上述境外项目分布在103个国家和地区，其中合同金额较大的国家有委内瑞拉、老挝、阿根廷、尼日利亚、印度尼西亚等。

2014年国机集团部分国别正在执行合同金额分布情况见表8。

表8 2014年国机集团部分国别正在执行合同金额分布情况

序号	国别	合同金额（万美元）	占境外合同总金额比重（%）	序号	国别	合同金额（万美元）	占境外合同总金额比重（%）
1	委内瑞拉	404 498	11.1	8	土耳其	133 182	3.6
2	老挝	257 926	7.0	9	孟加拉国	124 329	3.4
3	阿根廷	247 000	6.7	10	菲律宾	111 724	3.1
4	尼日利亚	244 750	6.7	11	安哥拉	104 341	2.9
5	印度尼西亚	200 554	5.5	12	白俄罗斯	104 137	2.8
6	伊拉克	192 582	5.3	13	马来西亚	103 858	2.8
7	赤道几内亚	146 539	4.0				

5. 非实体经营 根据业务发展的需要及集团领导要求，国机集团积极开展工作，2014年非实体经营工作重新启动，新立项项目7个。

2014年，赤道几内亚输变电项目、印度尼西亚英格拉玛尤3×330MW项目、赞比亚房建项目等先后取得项目完工证书（FAC），保函全部释放完毕，项目收益良好，剩余未执行完成的非实体项目安哥拉卡宾达基础设施（一期）项目、安哥拉北隆达省基础设施项目、印度尼西亚阿瓦阿瓦2×350MW项目进展良好。利比亚扎维亚4 000套住宅项目处于停滞状态，菲律宾北吕宋铁路项目已进入国际仲裁程序。

2014年国机集团新签1亿美元以上合同项目见表9。2014年国机集团在手执行1亿美元以上项目见表10。

表 9 2014 年国机集团新签 1 亿美元以上合同项目

单位	项目名称	国别	行业	合同类型	签约日期	生效日期
中国机械设备工程股份有限公司	SOYO I 联合循环电厂建设及安装项目	安哥拉	电力工程建设	设计/采购/施工(EPC)/交钥匙(Turn-key)	2014-08-22	2015-03-31
中国电力工程有限公司	老挝第一钢厂一期年产 200 万 t 钢材项目	老挝	工业建设项目	设计/采购/施工(EPC)/交钥匙(Turn-key)	2014-02-01	
中工国际工程股份有限公司	几内亚科纳克里自治港东区扩建项目	几内亚	交通运输建设项目	设计/采购/施工(EPC)/交钥匙(Turn-key)	2014-08-01	
中国机械设备工程股份有限公司	巴基斯坦塔尔 2×330MW 燃煤电站项目	巴基斯坦	电力工程建设	设计/采购/施工(EPC)/交钥匙(Turn-key)	2014-09-10	
中国机械设备工程股份有限公司	莫桑比克（卡亚）西姆阿拉－那米亚洛－纳卡拉 400kV 输变电项目	莫桑比克	电力工程建设	设计/采购/施工(EPC)/交钥匙(Turn-key)	2014-08-04	
中国机械设备工程股份有限公司	巴基斯坦塔尔年产 380 万 t 煤矿项目	巴基斯坦	其他	设计/采购/施工(EPC)/交钥匙(Turn-key)	2014-09-10	
中国重型机械有限公司	老挝沙拉湾－色贡（旺尚村）500kV 输变电项目	老挝	电力工程建设	设计/采购/施工(EPC)/交钥匙(Turn-key)	2014-01-22	2014-12-30
中工国际工程股份有限公司	乌兹别克 PVC 生产综合体建设项目	乌兹别克斯坦	石油化工项目	设计/采购/施工(EPC)/交钥匙(Turn-key)	2014-08-19	
中国自动化控制系统总公司	加纳 DORMMA、BEREKUM、SUHUM 水厂项目	加纳	水利建设项目	设计/施工(D/B)	2014-01-28	
中国电力工程有限公司	英加（2）水电站改造工程	民主刚果	电力工程建设	设计/采购/施工(EPC)/交钥匙(Turn-key)	2014-05-23	
中国电力工程有限公司	罗马尼亚火电站机组大修及新建脱硫项目	罗马尼亚	电力工程建设	设计/采购/施工(EPC)/交钥匙(Turn-key)	2014-09-01	
中国机械设备工程股份有限公司	刚果（布）黑角洛美水厂项目	刚果	水利建设项目	设计/采购/施工(EPC)/交钥匙(Turn-key)	2014-02-25	
中工国际工程股份有限公司	尼泊尔博卡拉国际机场项目	尼泊尔	交通运输建设项目	设计/采购/施工(EPC)/交钥匙(Turn-key)	2014-05-22	
中国重型机械有限公司	老挝 230kV Nabong-Nam Ngum1-Hinheup 输变电项目	老挝	电力工程建设	设计/采购/施工(EPC)/交钥匙(Turn-key)	2014-07-28	2014-12-30
中工国际工程股份有限公司	俄罗斯水泥厂改造项目	俄罗斯联邦	其他	设计/采购/施工(EPC)/交钥匙(Turn-key)	2014-05-21	

（续）

单位	项目名称	国别	行业	合同类型	签约日期	生效日期
中国中元国际工程有限公司	泸州医学院附属医院新院区一期工程建设项目设计施工总承包	中国	房屋建筑项目	设计/采购/施工(EPC)/交钥匙(Turn-key)	2014-09-02	2014-11-20
中国机械设备工程股份有限公司	泰国宽带网路建设项目	泰国	通信工程建设	设计/采购/施工(EPC)/交钥匙(Turn-key)	2014-12-22	2014-12-23
中国重型机械有限公司	塔铝冰晶石工厂、氟化铝工厂和硫酸工厂项目	塔吉克斯坦	工业建设项目	设计/采购/施工(EPC)/交钥匙(Turn-key)	2014-07-24	2014-11-07
中工国际工程股份有限公司	赞比亚粮仓项目（三期）	赞比亚	房屋建筑项目	设计/采购/施工(EPC)/交钥匙(Turn-key)	2014-10-17	

表10　2014年国机集团在手执行1亿美元以上项目

单位	项目名称	国别	行业	合同类型	签约日期	生效日期
中国机械设备工程股份有限公司	阿根廷贝尔格拉诺铁路改造项目	阿根廷	交通运输建设项目	设计/采购/施工(EPC)/交钥匙(Turn-key)	2010-06-23	2014-09-19
中国电力工程有限公司	老挝洪沙水电站	老挝	电力工程建设	设计/采购/施工(EPC)/交钥匙(Turn-key)	2010-01-05	2011-03-01
中国机械设备工程股份有限公司	委内瑞拉中央电厂600MW机组扩建	委内瑞拉	电力工程建设	设计/采购/施工(EPC)/交钥匙(Turn-key)	2010-12-10	2012-05-31
中国电力工程有限公司	尼日利亚宗格鲁700MW水电站	尼日利亚	电力工程建设	设计/采购/施工(EPC)/交钥匙(Turn-key)	2012-12-18	2013-02-09
中国机械设备工程股份有限公司	伊拉克萨拉哈丁电站项目	伊拉克	电力工程建设	设计/采购/施工(EPC)/交钥匙(Turn-key)	2011-12-15	2012-08-14
中国机械设备工程股份有限公司	SOYO I联合循环电厂建设及安装项目	安哥拉	电力工程建设	设计/采购/施工(EPC)/交钥匙(Turn-key)	2014-08-22	2015-03-31
中国电力工程有限公司	博茨瓦纳Morupule B 4×150MW电站EPC项目	博茨瓦纳	电力工程建设	设计/施工(D/B)	2008-11-15	2009-03-04
中工国际工程股份有限公司	比西亚电力综合项目	委内瑞拉	电力工程建设	设计/采购/施工(EPC)/交钥匙(Turn-key)	2010-10-11	2011-05-11
中国重型机械有限公司	马来西亚金狮高炉公司炼铁炼钢项目	马来西亚	制造加工设施建设项目	设计/采购/施工(EPC)/交钥匙(Turn-key)	2010-06-22	2010-12-17
中国机械设备工程股份有限公司	斯里兰卡PUTTALAM二期2×300MW燃煤电站	斯里兰卡	电力工程建设	设计/采购/施工(EPC)/交钥匙(Turn-key)	2009-06-29	2010-02-22

（续）

单位	项目名称	国别	行业	合同类型	签约日期	生效日期
国机集团工程事业部	PLTU 1 JAWA BARAT 3×(300 ～ 400MW) INDRAMAYU 燃煤电站	印度尼西亚	电力工程建设	设计 / 采购 / 施工 (EPC)/ 交钥匙 (Turn-key)	2007-03-12	2007-11-21
中工国际工程股份有限公司	白俄罗斯纸浆厂项目	白俄罗斯	工业建设项目	设计 / 采购 / 施工 (EPC)/ 交钥匙 (Turn-key)	2010-10-11	2012-05-04
中国机械设备工程股份有限公司	塞尔维亚 KOSTOLAC-B 电站二期项目	欧洲其他国家(地区)	电力工程建设	设计 / 采购 / 施工 (EPC)/ 交钥匙 (Turn-key)	2013-11-20	2015-05-25
中国机械设备工程股份有限公司	土耳其 AYAS1×600MW 电站	土耳其	电力工程建设	设计 / 采购 / 施工 (EPC)/ 交钥匙 (Turn-key)	2009-08-19	2010-01-31
国机集团工程事业部	赤道几内亚吉布劳水电站输变电工程项目	赤道几内亚	电力工程建设	设计 / 采购 / 施工 (EPC)/ 交钥匙 (Turn-key)	2007-04-01	2008-10-15
国机集团工程事业部	利比亚 ZAWIYAH 市住宅建设项目	利比亚	房屋建筑项目	设计 / 采购 / 施工 (EPC)/ 交钥匙 (Turn-key)	2008-01-23	2008-05-15
国机集团工程事业部	菲铁一期一段项目	菲律宾	交通运输建设项目	设计 / 采购 / 施工 (EPC)/ 交钥匙 (Turn-key)	2003-12-31	2004-07-23
国机集团工程事业部	PLTU 3 JAWA TIMUR 2×350MW TANJUNG AWAR-AWAR,EAST JAVA 燃煤电站	印度尼西亚	电力工程建设	设计 / 采购 / 施工 (EPC)/ 交钥匙 (Turn-key)	2008-04-25	2010-07-09
中国重型机械有限公司	柬埔寨达岱水电站 BOT 项目	柬埔寨	电力工程建设	建设 - 经营 - 转让 (BOT) 等	2008-06-20	2009-09-24
中国海洋航空集团有限公司	苏丹港供水工程	苏丹	交通运输建设项目	工程总承包类其他	2009-12-10	2009-12-10
中国机械设备工程股份有限公司	巴基斯坦 N-J 水电站	巴基斯坦	电力工程建设	设计 / 采购 / 施工 (EPC)/ 交钥匙 (Turn-key)	2008-01-31	2008-04-15
中工国际工程股份有限公司	委内瑞拉农副产品加工设备制造厂工业园项目	委内瑞拉	其他	设计 / 采购 / 施工 (EPC)/ 交钥匙 (Turn-key)	2010-12-03	2011-09-14
中国机械设备工程股份有限公司	尼日利亚二期 500MW 单循环电站	尼日利亚	电力工程建设	设计 / 采购 / 施工 (EPC)/ 交钥匙 (Turn-key)	2007-04-01	2010-05-18
中国电力工程有限公司	俄罗斯 KIMKAN 铁矿选矿厂 EPC 项目	俄罗斯联邦	其他	设计 / 采购 / 施工 (EPC)/ 交钥匙 (Turn-key)	2011-01-22	2011-12-02
中国重型机械有限公司	老挝沙拉湾 - 色贡（旺尚村）500kV 输变电项目	老挝	电力工程建设	设计 / 采购 / 施工 (EPC)/ 交钥匙 (Turn-key)	2014-01-22	2014-12-30

（续）

单位	项目名称	国别	行业	合同类型	签约日期	生效日期
中国机械设备工程股份有限公司	苏利亚州应急供电项目	委内瑞拉	电力工程建设	设计/采购/施工(EPC)/交钥匙(Turn-key)	2011-11-23	2012-05-31
国机集团工程事业部	赞比亚房建项目	赞比亚	房屋建筑项目	设计/采购/施工(EPC)/交钥匙(Turn-key)	2009-12-28	2011-03-15
中国机械设备工程股份有限公司	尼日利亚萨贝里500MW燃机电站项目	尼日利亚	电力工程建设	设计/采购/施工(EPC)/交钥匙(Turn-key)	2013-07-11	2013-11-01
中国机械设备工程股份有限公司	安哥拉罗安达地区索约电站连接线合同第一包与第二包	安哥拉	电力工程建设	设计/采购/施工(EPC)/交钥匙(Turn-key)	2012-09-30	2013-01-31
中国机械设备工程股份有限公司	白俄罗斯别列佐夫电站	白俄罗斯	电力工程建设	设计/采购/施工(EPC)/交钥匙(Turn-key)	2010-09-21	2011-02-28
中国机械设备工程股份有限公司	白俄罗斯卢克木里电站	白俄罗斯	电力工程建设	设计/采购/施工(EPC)/交钥匙(Turn-key)	2010-09-21	2011-02-28
中国联合工程公司	哥伦比亚Gecelca 3.2燃煤电站	哥伦比亚	电力工程建设	设计/采购/施工(EPC)/交钥匙(Turn-key)	2013-10-24	2013-10-24
中国机械设备工程股份有限公司	土耳其BIGA三期1#机组	土耳其	电力工程建设	设计/采购/施工(EPC)/交钥匙(Turn-key)	2008-02-26	2008-05-30
中国机械设备工程股份有限公司	赤道几内亚马拉博大学城项目	赤道几内亚	房屋建筑项目	设计/采购/施工(EPC)/交钥匙(Turn-key)	2013-08-08	2013-10-01
中国机械设备工程股份有限公司	刚果（布）吉利水厂	刚果	水利建设项目	设计/采购/施工(EPC)/交钥匙(Turn-key)	2007-07-11	2008-11-30
中国电力工程有限公司	印度尼西亚SUMSEL-5 2×150MW燃煤坑口电站项目	印度尼西亚	电力工程建设	设计/采购/施工(EPC)/交钥匙(Turn-key)	2012-02-11	2012-07-01
中工国际工程股份有限公司	伊朗大不里士省2号输水管线项目	伊朗	水利建设项目	设计/采购/施工(EPC)/交钥匙(Turn-key)	2010-10-12	2015-02-17
中工国际工程股份有限公司	孟加拉PADMA水厂项目	孟加拉国	水利建设项目	设计/采购/施工(EPC)/交钥匙(Turn-key)	2012-09-25	2014-02-26
中国机械设备工程股份有限公司	土耳其SILOPI电站二期	土耳其	电力工程建设	设计/采购/施工(EPC)/交钥匙(Turn-key)	2008-01-22	2011-02-28
中工国际工程股份有限公司	伊朗沙珐如德水坝和水电站项目	伊朗	水利建设项目	设计/采购/施工(EPC)/交钥匙(Turn-key)	2012-05-10	2014-03-19

（续）

单位	项目名称	国别	行业	合同类型	签约日期	生效日期
中国联合工程公司	哥伦比亚 Gecelca 3 号电站	哥伦比亚	电力工程建设	设计/采购/施工(EPC)/交钥匙(Turn-key)	2010-12-22	2010-12-22
中国联合工程公司	哥伦比亚 Gecelca 3 号电站	哥伦比亚	电力工程建设	设计/采购/施工(EPC)/交钥匙(Turn-key)	2011-06-30	2011-06-30
中国机械设备工程股份有限公司	伊拉克卡拉乔 6000TPD 水泥厂	伊拉克	工业建设项目	设计/采购/施工(EPC)/交钥匙(Turn-key)	2013-10-26	2013-10-26
中国电力工程有限公司	菲律宾 Calaca 2×150MW 燃煤电厂项目	菲律宾	电力工程建设	工程分包	2011-12-27	2012-03-01
中工国际工程股份有限公司	委内瑞拉中西部电网扩建之科赫德斯州项目	委内瑞拉	电力工程建设	设计/采购/施工(EPC)/交钥匙(Turn-key)	2014-12-05	2015-04-14
中国机械设备工程股份有限公司	马拉博城市电网项目二期工程	赤道几内亚	电力工程建设	设计/采购/施工(EPC)/交钥匙(Turn-key)	2011-10-06	2012-11-01
中工国际工程股份有限公司	中工加拿大普康公司项目	加拿大	其他	设计/采购/施工(EPC)/交钥匙(Turn-key)	2013-01-01	2013-01-01
中国机械设备工程股份有限公司	IZMIR 1×350MW 燃煤电站	土耳其	电力工程建设	设计/采购/施工(EPC)/交钥匙(Turn-key)	2011-01-31	2011-02-28
中国机械工业建设集团有限公司	印度尼西亚 T.J.AWAR-AWAR 2×350MW POWER PLANT 施工总承包	印度尼西亚	电力工程建设	工程分包	2011-03-11	2011-03-11
中国机械设备工程股份有限公司	尼日利亚包奇州联合循环电厂项目	尼日利亚	电力工程建设	设计/采购/施工(EPC)/交钥匙(Turn-key)	2013-07-11	2013-11-01
中工国际工程股份有限公司	奥里诺科三角洲综合农业项目	委内瑞拉	其他	设计/采购/施工(EPC)/交钥匙(Turn-key)	2010-12-03	2011-05-23
中国重型机械有限公司	老挝 230kV Nabong-Nam Ngum1-Hinheup 输变电项目	老挝	电力工程建设	设计/采购/施工(EPC)/交钥匙(Turn-key)	2014-07-28	2014-12-30
中国电力工程有限公司	白俄罗斯维捷布斯克 4×10MW 水电站	白俄罗斯	电力工程建设	设计/采购/施工(EPC)/交钥匙(Turn-key)	2010-12-27	2012-04-11
中国电力工程有限公司	孟加拉 Meghnaghat 337MW—305MW 双燃料联合循环电站项目	孟加拉国	电力工程建设	设计/采购/施工(EPC)/交钥匙(Turn-key)	2012-02-16	2012-05-23
中国联合工程公司	浙江海外高层次人才创新园项目设计、采购、施工总承包	中国	房屋建筑项目	工程总承包类其他	2011-01-24	2011-01-24

（续）

单位	项目名称	国别	行业	合同类型	签约日期	生效日期
中国机械设备工程股份有限公司	哈萨克斯坦卡拉干达3号电站110MW扩建项目	哈萨克斯坦	电力工程建设	设计/采购/施工(EPC)/交钥匙(Turn-key)	2012-03-01	2012-06-04
中工国际工程股份有限公司	尼加拉瓜配油厂项目	尼加拉瓜	石油化工项目	设计/采购/施工(EPC)/交钥匙(Turn-key)	2012-04-27	2013-04-18
中国机械设备工程股份有限公司	科斯托拉克热电站项目一期	欧洲其他国家(地区)	电力工程建设	设计/采购/施工(EPC)/交钥匙(Turn-key)	2010-12-08	2012-06-04
中工国际工程股份有限公司	赞比亚穆巴拉—纳孔德公路建设项目	赞比亚	交通运输建设项目	设计/采购/施工(EPC)/交钥匙(Turn-key)	2011-04-15	2014-04-30
中国联合工程公司	寿昌中心镇——农村住房集中安置建设项目建设-转让（BT）及工程总承包	中国	房屋建筑项目	工程总承包类其他	2011-02-28	2011-02-28
中工国际工程股份有限公司	第斯纳托斯综合农业项目	委内瑞拉	水利建设项目	设计/采购/施工(EPC)/交钥匙(Turn-key)	2010-12-03	2011-05-24
中国机械设备工程股份有限公司	罗安达市城市电网改造四期	安哥拉	电力工程建设	设计/采购/施工(EPC)/交钥匙(Turn-key)	2007-08-01	2010-02-28
中工国际工程股份有限公司	斯里兰卡延河灌溉项目	斯里兰卡	水利建设项目	设计/采购/施工(EPC)/交钥匙(Turn-key)	2011-11-03	2013-12-02
中国机械设备工程股份有限公司	巴新高地公路Kisenepoi-Kaugel River段升级改造项目	巴布亚新几内亚	交通运输建设项目	设计/采购/施工(EPC)/交钥匙(Turn-key)	2013-10-01	2013-11-01
中工国际工程股份有限公司	玻利维亚圣布埃纳文图拉糖厂建设EPC项目	玻利维亚	其他	设计/采购/施工(EPC)/交钥匙(Turn-key)	2012-03-05	2012-09-06
中国电力工程有限公司	赞比亚LUSIWASI水电站	赞比亚	电力工程建设	设计/采购/施工(EPC)/交钥匙(Turn-key)	2011-07-21	2011-08-26
中国联合工程公司	中安联合煤化有限责任公司煤制170万t/a甲醇及转化烯烃项目动力中心设计、采购、施工（EPC）总承包	中国	电力工程建设	设计/采购/施工(EPC)/交钥匙(Turn-key)	2014-07-16	2014-07-16
中国机械设备工程股份有限公司	住宅建设二期工程项目	马尔代夫	房屋建筑项目	设计/采购/施工(EPC)/交钥匙(Turn-key)	2011-03-15	2012-09-30
中国机械设备工程股份有限公司	津巴布韦水厂改造项目	津巴布韦	水利建设项目	设计/采购/施工(EPC)/交钥匙(Turn-key)	2012-12-11	2013-06-30

（续）

单位	项目名称	国别	行业	合同类型	签约日期	生效日期
中国联合工程公司	杭州市卫生事业发展中心下沙医院建设工程项目	中国	房屋建筑项目	工程总承包类其他	2008-07-01	2009-02-01
中国机械设备工程股份有限公司	科特迪瓦阿比让－大巴萨姆高速公路项目	科特迪瓦	交通运输建设项目	设计/采购/施工(EPC)/交钥匙(Turn-key)	2009-08-31	2011-10-31
中国机械设备工程股份有限公司	孟加拉国家宽带基础二期项目	孟加拉国	通信工程建设	设计/采购/施工(EPC)/交钥匙(Turn-key)	2012-09-19	2013-06-30
中国机械设备工程股份有限公司	也门巴吉尔水泥厂	也门共和国	工业建设项目	设计/采购/施工(EPC)/交钥匙(Turn-key)	2007-01-31	2009-05-29
中国机械设备工程股份有限公司	恩贾梅纳90kV环城输变电线路项目	乍得	电力工程建设	设计/采购/施工(EPC)/交钥匙(Turn-key)	2010-04-30	2011-12-01
中国中元国际工程有限公司	泸州医学院附属医院新院区一期工程建设项目设计施工总承包	中国	房屋建筑项目	设计/采购/施工(EPC)/交钥匙(Turn-key)	2014-09-02	2014-11-20
中国机械设备工程股份有限公司	厄瓜多尔索普拉多拉（SOPLADORA）水电站机电设备分包	中国	电力工程建设	工程分包	2011-05-31	2011-08-31
中国机械设备工程股份有限公司	泰国宽带网路建设项目	泰国	通信工程建设	设计/采购/施工(EPC)/交钥匙(Turn-key)	2014-12-22	2014-12-23
中国电力工程有限公司	马来西亚沙巴州亚庇190MW联合循环电站	马来西亚	电力工程建设	设计/采购/施工(EPC)/交钥匙(Turn-key)	2008-07-01	2009-01-08
中国电力工程有限公司	埃塞俄比亚REPPIE垃圾发电项目	埃塞俄比亚	电力工程建设	设计/采购/施工(EPC)/交钥匙(Turn-key)	2013-10-04	2014-01-06
中工国际工程股份有限公司	印度尼西亚三林糖厂	印度尼西亚	其他	设计/采购/施工(EPC)/交钥匙(Turn-key)	2008-09-24	2009-04-02
中国重型机械有限公司	塔铝冰晶石工厂、氟化铝工厂和硫酸工厂项目	塔吉克斯坦	工业建设项目	设计/采购/施工(EPC)/交钥匙(Turn-key)	2014-07-24	2014-11-07
中国电力工程有限公司	海南金海浆纸业有限公司动力厂二期扩建工程	中国	电力工程建设	工程总承包类其他	2007-08-18	2007-08-28
中国机械工业建设集团有限公司	新疆庆华5 000t/d水泥线带余热发电项目	中国	电力工程建设	设计/采购/施工(EPC)/交钥匙(Turn-key)	2012-12-26	2013-02-04
中国联合工程公司	浙江大学医学院附属儿童医院滨江院区扩建工程一期项目代建	中国	房屋建筑项目	工程总承包类其他	2010-09-13	2010-09-13

（续）

单位	项目名称	国别	行业	合同类型	签约日期	生效日期
中国联合工程公司	杭州市滨江医院筹建处滨江医院建设工程项目	中国	房屋建筑项目	工程总承包类其他	2008-07-01	2009-07-07
中国机械设备工程股份有限公司	老挝 500kV 输电线路	老挝	电力工程建设	工程总承包类其他	2012-12-20	2013-06-13
中国电力工程有限公司	泰国 TPI PP 60MW 垃圾焚烧与 30MW 余热电厂项目	泰国	电力工程建设	设计 / 采购 / 施工 (EPC)/ 交钥匙 (Turn-key)	2012-05-16	2013-07-22
中国汽车工业工程有限公司	上汽通用五菱宝骏二期涂装车间 M+E+U1	中国	制造加工设施建设项目	设计 / 采购 / 施工 (EPC)/ 交钥匙 (Turn-key)	2014-12-02	2014-12-02
中工国际工程股份有限公司	玻利维亚蒙特罗 - 布洛布洛铁路建设项目	玻利维亚	交通运输建设项目	设计 / 采购 / 施工 (EPC)/ 交钥匙 (Turn-key)	2013-10-02	2014-05-12
中工国际工程股份有限公司	委内瑞拉灌溉三期三段	委内瑞拉	其他	设计 / 采购 / 施工 (EPC)/ 交钥匙 (Turn-key)	2010-12-03	2011-05-24
机械工业第六设计研究院有限公司	洛阳轴研科技股份有限公司伊滨科技产业园建设项目	中国	其他	工程总承包类其他	2012-03-31	2012-03-31

三、贸易与服务

2014 年，国机集团克服国内外市场需求大幅下降的影响，贸易服务板块业务保持了一定的发展速度，国内外贸易业务实现收入 1 462.7 亿元，同比增长 4.1%，占集团整体比重 58.7%；实现毛利润 54.3 亿元，同比增长 13.5%，占集团整体比重 24.2%。

进出口贸易业务平稳发展，实现进出口总额 124.0 亿美元，同比增长 33.4%, 其中：出口 76.4 亿美元，同比增长 34.6%, 进口 47.6 亿美元，同比增长 33.1%。

金融服务业务的毛利出现了一定程度的下滑，实现收入 4.6 亿元，同比增长 12.5%，占集团整体比重 0.2%；实现毛利润 2.2 亿元，同比下降 4.7%，占集团整体比重 1.0%。

社会服务较往年有大幅提高，实现收入 112.8 亿元，同比增长 85.2%，占集团收入的 4.8%；实现毛利润 17.1 亿元，同比增长 10.0%，占集团毛利润的 7.7%。

【经营管理】

1. 国资委对集团公司的考核 2014 年国机集团面对严峻的经营环境，不断增强整体实力，社会影响力持续提升，连续七年荣获国资委中央企业业绩考核“A”级企业，并继续蝉联中国机械工业百强首位；位列中国企业 500 强第 56 位；位列 2014 年“全球 250 家最大国际工程承包商”第 27 位；位列“国际工程设计企业 225 强”第 62 位；2014 年再次入选世界 500 强，列第 288 位。

2. 国机集团对所属企业考核 按照国机集团《“经营管理指标”考核实施细则》的规定和要求，依据企业 2014 年度财务决算和相关指标完成情况，在资产财务部与其他相关部门的配合下，经营发展部对所属企业 2014 年度经营业绩考核完成情况进行核算工作，并将相关核算结果下发所属企业进行核对及确认，并在核算完成后，按照集团相关工作流程和规定，将核定结果提交人力资源部。

【转型升级】

1. 优化产品结构调整，促进企业转型升级 为履行“引领机械工业前进方向，创新机械工业发展道路”的使命，担当起振兴中国机械工业的重任，结合国机集团 2014—2016 年发展规划的总体部署，深入落实 2014 年工作会议的重要指示和要求，进一步打造具有核心优势的高附加值产品，提升装备制造业务的市场竞争能力，实现有质量的增长，制定了《装备制造企业优化产品业务结构实施方案》。

主要目标：强化装备制造业务的设计研发、渠道运营和品牌建设能力，提高产品质量，打造具有核心优势的高附加值产品，装备制造企业逐步向智能化、数字化、网络化和服务化的方向迈进。

主要措施：①在产品发展规划方面，国机集团所属装备制造企业要认真研究国家重型机械、农机、工机、林机、地勘等产业政策，准确把握行业发展趋势，加强对标管理，对照集团发展规划和企业发展战略，力争在 2014 年年底形成具有各企业鲜明特点、紧跟时代发展、满足客户需求的产品发展规划。②在主导产品竞争力提升方面，装备制造企业要在对自身主导产品的技术、质量、管理等优势进行深入研究分析的基础上，以行业规划和产品特点为指引，在 2014 年底前集团主要装备制造企业形成重点主导产品提升方案，并尽快组织实施。③在研发体系建设方面，一是研发理念要实现从封闭保守到开放整合的转变，突破自我积累、滚动发展的传统模式，按照“以我为主、联合开发”的原则，多种方式整合外部科研力量与技术资源，强强联合成立产学研联盟，积极借助并打造海外研发平台；二是要在持续加大研发投入的同时，以市场需求为导向，优化研发流程，装备制造企业要打造多层级的主导产品研发平台，积极争取国家级或省部级的技术中心、实验室和检测中心，为新产品的开发提供硬件支持，引领行业的技术发展方向；三是加强与科研院所、高等院校的合作，培育实力雄厚的研发团队，提高研发速度，尽快形成企业的盈利增长点。④在产品业务转型升级方面，持续推进产品业务转型升级，培育新的增长点：一是对处于重型、农机、林机、地勘等行业领先地位、具有市场竞争力和性价比优势的产品，不断整合产业链，优化供应链，获取更高水平的规模效应；二是对发展乏力、缺乏竞争优势、市场占有率低、长期处在盈亏平衡点以下亏损经营的产品，对标先进企业，着力打造性价比优势，实现效益，仍无法创造效益的产品，要实施倒逼机制，及时坚决调整或适时退出；三是以产业政策和行业规划为指引，对未来的优势产业和产品要配置有效资源，尤其加快量大面广的传统主导产品转型升级的推出步伐。2014 年，装备制造企业在巩固提升现在主导产品市场占有率和利润空间的同时，适时推出一批代表行业发展方向的高端产品和技术，形成新的竞争优势。⑤在提升管理水平方面，一是应用精益化管理方式，加强企业各环节成本费用结构的研究和分析，通过与竞争对手成本结构对比分析，发现成本关键控制点，实施持续有效监控和改进；二是提升产销协同能力，提高市场预测、预控水平，提升产销协同能力，提高存货周转率和快速响应市场需求的能力；三是推进三大能力建设，提高企业产品研发的管理水平为核心，积极打造设计开发、制造工艺、试验检测等三大保障能力，形成产品研发的闭环管理机制，加快新产品的商品化进程；四是提升风险管控能力。以财务内控为主线，向全部业务领域扩展和延伸，进一步加大应收账款、存货的管理，重点控制好存货管理、应收账款管理和现金流管理等环节的风险。⑥在渠道建设方面，不断创新营销模式，提高市场响应速度，实现企业和客户共赢。随着市场竞争的加剧和客户需求的不断提高，2014 年装备制造企业要从转变观念、健全制度、渠道运营和优化流程等环节入手，通过自身核心渠道与社会营销相结合的方式，形成科学高效的渠道运营体系，给客户提供个性化、差异化的高品质服务，不断创造市场机遇，实现企业的持续发展。⑦在品牌建设方面，装备制造企业在做好做优产品的基础上，通过媒体、展会、论坛、协会等各种渠道，不断巩固提升品牌知名度和影响力，充分发挥 Sinomach、中国二重、东方红、常林、林海、中装等行业知名品牌的优势，提高企业的市场占有率，为企业创造效益。⑧在培养战略新兴产业方面，按照《高端装备制造业“十二五”发展规划》的指引，结合集团装备制造行业的发展现状，积极培育发展高端装备制造、新能源、新材料、节能环保等战略性新兴产业，尤其是加大涉及航空装备、海洋工程装备、核电设备、大型矿山机械、环卫机械、森林采育机械、轨道交通装备、智能制造装备等领域产品的投资和人才培养的力度，并建立相应的激励机制，不断提升集团装备制造产业的核心竞争能力，抢占未来经济和科技发展制高点，推进集团持续健康发展。

各装备制造企业根据国机集团方案要求，结合企业行业和自身发展情况，制定了具有企业特色且有较强操作性的2014—2016年实施方案，确定了重点领域和重点项目，明确了转型升级项目的实施路径、时间节点和责任单位，同时制定了重点项目观测表，按季度对项目进行监督评估，保证转型升级项目落地。

2. 推进制造服务业转型，加快实施两化融合 在国机集团整体发展战略的引领下，为进一步落实2014年工作会议提出的国机集团装备制造企业要推动装备制造业与现代服务业融合、传统产业与信息技术融合的要求，加快推进装备制造业务向自动化、数字化、信息化、智能化、网络化和服务化的方向迈进，有效降低运营成本，提高企业的市场竞争力，制定了《装备制造企业推动制造与服务融合、传统产业与信息技术融合实施方案》。

任务目标：推动装备制造业与现代服务业的融合，推动传统产业与信息技术的融合，创造出更加高效的新业态和新模式。

主要措施：①在两个融合的体系建设方面，要求装备制造企业进一步提高认识，加强两个融合的产业政策研究，加快结构调整，促进产业优化升级，培育壮大现代服务业，围绕行业发展形势和产品需求，加强顶层设计和战略部署，明确重点任务，完善组织管理，推进制造与服务、传统产业与信息技术融合发展，不断提升装备制造企业的创造力与竞争力。②在向产业链前后端延伸方面，加快推进由生产型制造向服务型制造转变是装备制造业结构调整的重要任务。围绕制造业生产过程中的产品研发设计、市场研究、咨询服务等前端业务和远程监测、诊断及健康危害、集成服务提供商、整体解决方案、设备成套、工程总包、再制造等后端业务，开展专业化增值服务，建立以提供产品和增值服务为中心的全生命周期的服务体系和服务网络，提高企业的赢利水平。③在研发设计创新能力方面，以信息化为手段推动创新研发设计，促进产业自主创新能力提升。不断提高计算机辅助设计应用水平，提升工业产品的智能化水平，推动信息技术在重点产品的渗透融合，推动产品数字化、智能化、网络化，提高产品信息技术含量和附加值，实现工业产品向价值链高端跨越。④在生产制造智能化方面，推动生产装备智能化和生产过程自动化，加快建立现代化生产制造体系。积极推进制造管理系统（ERP/MES）在生产过程管理方面的应用，实现产品信息全程追踪、监控，为质量统计、分析、追溯提供基础数据，进一步提高工作效率和产品质量管理水平，装备制造业要加快生产设备的数字化、智能化、网络化，提高精准制造、高端制造、敏捷制造能力，提升制造水平。⑤在供应链提升方面，装备制造行业的供应链管理是对供应、需求、原材料采购、市场、生产、库存、订单、分销发货等的管理，包括了从生产到发货、从供应商到顾客的每一个环节。⑥在管理现代化方面，装备制造企业应大力推进企业管理信息系统的综合集成，加快建立现代经营管理体系，建设统一集成的管理信息平台，实现产品开发、生产制造、经营管理等过程的信息共享和业务协同。⑦在提升产品服务能力方面，推动信息技术与现代服务业融合发展，加快生产性服务业的现代化。装备制造企业在提高工业设计水平的同时，积极推动电子商务和现代物流业发展，围绕推动产品的智能化、高端化和服务化，创新商业模式，积极发展在线检测、实时监控、远程诊断、在线维护、位置服务等新业态。⑧在人才队伍培养方面，围绕两个融合对专业技术人才的需求，加大人才培养力度，加快实施装备制造和现代服务领域、信息领域专业技术人才培养计划，大力培养各领域的骨干专业技术人才。

各装备制造企业根据国机集团实施方案，深入研究分析，结合自身制造服务业和两化融合的水平，制定了三年实施方案，确定了重点的项目和实施路径，明确了重点工作的时间节点，制定了重点项目观测表，按季度对项目进行检查评估，对于未按期完成或变更的项目重点监督。

【规划与协同】 国机集团2014年继续推进所属企业内部协同，不断拓展合作的广度和深度。2014年，国机集团协同发包签约额31亿元。CMEC设立国机制造产品出口专项基金，投入300万元用于国机制造产品的推广和合作。中国中元、中机六院、中国联合、中汽工程、沈阳仪表院、桂林电科院、中国建设、重材院等充分发挥各自优势，加强与兄弟企业的协同合作，实现了互利共赢。

1. 跟踪行业发展动态，做好企业发展规划 国机集团充分利用行业展会平台，积极走访行业协会，加强信息交流与沟通。2014 年参加了全国农机展、工程机械宝马展（BAUMA）、北京木工展等相关展会，走访了中国农业机械工业协会、中国工程机械工业协会、中国林业机械协会等行业协会，打通了信息沟通渠道。同时及时跟踪国内外装备制造产业发展的动态，做好集团装备制造板块产业政策和行业信息的收集、分析工作，编制及发布《装备资讯》。

装备制造企业加强了产业规划工作，2014 年国机重工编制了《国机重工 2014—2016 年三年发展规划》，中装集团为面对市场下滑局面，编制了《中装集团 2014—2016 年三年产品发展规划》，两个规划均通过了评审并开始实施。

2. 开展经营动态分析与交流，提升企业管理水平 通过对装备制造企业 2013 年经营情况、市场竞争力、运营质量、综合评价等方面深入研究分析，编制《装备制造企业 2013 年运行分析及发展建议》；2014 年做好国机集团装备制造企业的经营情况、发展趋势、存在问题等方面分析，定期编制《装备制造板块经济运行动态》，为相关部门及企业决策提供参考。

2014 年，面对科研院所产业化能力不足，装备制造企业资源利用有待提高等方面问题，在提升企业装备制造管理水平做了大量卓有成效的工作，6 月份，组织召开“集团装备制造企业和部分科研院所产业化经济运行情况研讨会”，对科研院所产业化情况进行研究分析；12 月份，组织召开“装备制造企业优化资源配置、盘活存量资产专题研讨会”，以促进装备制造企业提高资产的使用效率。

3. 开展内外部协同，助力企业业务拓展 2014 年，国机集团加强与央企之间装备制造业务的协同合作，9 月协调组织集团及所属中国二重、蓝科高新、国机重工、中国联合、合肥通用院等企业前往神华宁煤进行拜访，促进双方在压力容器、煤化工装备、工程总包和工程机械设备采购方面的合作；10 月份组织国机重工和中装集团前往中国铁建进行拜访，促进双方在工程机械、地质勘探装备和施工设备的合作；10 月协调组织集团及中国二重前往中核工业进行拜访，促进双方在核电机组反应堆压力容器方面的合作；12 月协调组织中国二重、蓝科高新、合肥通用院、中装集团、国机重工、中国联合等相关人员前往中国石油进行拜访，促进双方在采油装备、炼油装备、通用设备、动力站项目和工程机械设备等方面的合作；12 月协调组织集团及中国二重前往中石化进行拜访，促进双方在加氢反应器方面的合作。

在外部协同的同时，推进集团内部企业之间的协同，实现内部制造资源共享。2014 年组织中国福马前往中国二重镇江公司调研，对大型零部件的加工协作达成初步意向；积极协调轴研科技阜阳轴承公司与中国福马林海集团轴承项目的沟通对接。

【节能减排】 2014 年，国机集团深入贯彻落实党的十八大和十八届三中全会精神，牢牢把握新时期“生态文明建设”这一主题，以建设“资源节约型、环境友好型”企业为目标，立足于国务院国资委提出的“着力推进转型升级和绿色发展，积极淘汰落后产能，不断推广应用先进节能减排技术”的总体要求，以“加快推进国机集团节能项目创新平台建设，充分发挥内部协同，打造集团新型业务合作模式，实现产业链深度融合”为工作抓手，全面深入推进节能减排工作。

一、国机集团节能减排工作实施说明

（一）国机集团节能减排统计监测涉及的行业

按照《中央企业节能减排统计监测报表》的划分标准，国机集团所属企业从事的业务分别涉及机械行业、化工行业、其他工业行业、建筑行业、交通运输行业和非工业其他行业 6 大领域。

（二）国机集团节能减排统计监测情况

1．统计范围 按照《中央企业节能减排统计监测报表》文件相关规定，国机集团节能减排的统计范围为：国机集团总部和所属具有独立法人资格的企业（上述企业范围涵盖财务报表合并范围内的全部企业）。

2．计算口径 按照填报要求，根据收集的各所属企业资料汇总形成《中央企业节能减排统计监测汇总表》。另外，因国机集团财务决算尚未完成，报表中总产值、营业收入、增加值等经济指标均采用快报数。同时，二氧化碳排放量指标值主要采用“系数法”计算。

二、国机集团 2014 年节能减排主要指标完成情况及分析

（一）国机集团 2014 年节能减排主要指标完成情况

2014 年，国机集团坚持把节能减排工作与企业发展战略和结构调整紧密结合，大力推进整合优化和转型升级，强化监督管理，加大投入力度，注重提升全员节能减排意识，通过扎实推进节能减排工作，取得了较好成绩。

1.2014 年国机集团全年能源消费和主要污染排放指标

（1）能源消费总量 28.567 8 万吨标煤，比上年同期下降 16.54%，其中：综合能源消费量 19.992 7 万吨标煤，比上年同期下降 15.88%。

（2）万元产值（可比价）综合能耗 0.069 6 吨标煤 / 万元，比上年同期下降 15.534%。

（3）万元营业收入（可比价）综合能耗 0.004 3 吨标煤 / 万元，比上年同期下降 23.214 3%。

（4）万元增加值（可比价）综合能耗 0.182 2 吨标煤 / 万元，比上年同期下降 2.043%。

（5）SO_2 排放量 599.7t，比上年同期下降 16.742 8%。

（6）COD 排放量 44.117t，低于上年同期 82.827 4%。

2. 国机集团 2013—2015 年任期节能减排考核目标阶段性完成情况

（1）万元产值综合能耗（可比价）实际完成 0.069 6 吨标煤/万元，比 2013 年下降 15.534%，比 2012 年下降 13.54%。〔注：该项指标国机集团三年任期（2013—2015 年）考核值为 0.073 5 吨标煤 / 万元，比 2012 年下降 8.62%〕

（2）万元营业收入能耗（可比价）实际完成 0.004 3 吨标煤/万元，比 2013 年下降 23.21%，比 2012 年下降 44.15%。（注：该项指标国机集团三年任期（2013—2015 年）考核值为 0.006 4 吨标煤/万元，比 2012 年下降 16.88%）

（3）二氧化硫排放量实际完成 599.935 2t，比 2013 年下降 16.74%，比 2012 年下降 38.86%。〔注：该项指标国机集团三年任期（2013—2015 年）考核值为 841.28t，比 2012 年下降 14.26%〕

此外，国机集团所属中国一拖集团有限公司作为纳入国家“万家单位节能行动”的企业（用能单位），能够完成国家下达的节能减排目标。

因此，国机集团整体可以按计划完成三年任期考核值及“十二五”目标值。

（二）所属行业指标增减情况分析

综合能耗总量指标下降主要原因一是由于装备制造企业市场需求放缓，各企业用能减少，如：中国一拖产值下降超过 30%，相应能耗减少 25% 以上；中国福马、国机重工等企业主要耗能车间开工率不足，设备开动台数、批次减少，致使电力、汽油、煤油（该项指标原基数较低，同比下降比例明显）、柴油、天然气等消耗下降；此外，在 2014 年，多家企业的生产制造环节进行工艺技改，实施节能技改后，能耗指标同比下降近 10%。此外，国机集团所属工程贸易类企业在 2014 年营业收入增幅超过 6% 的基础上，能耗指标均有所下降（主要是日常办公能耗，如电能、公务车用油等），主要原因一是前期项目收益体现到当期，所以收入增长；二是原能耗指标基数较低，企业通过节能管理降低能耗，减少的绝对量不大，但降低的百分比的比例值较大。

排放类指标中，COD 排放量同比下降 82%，绝对值减少 121t，主要原因是由于 COD 在工业其他行业中，所属科研院所企业 2014 年涂装等产生 COD 的业务没有开展，分行业的 COD 绝对值减少超过 110t，占到 2013 年同期总量的 50%。此外，二氧化碳排放量指标值在 2014 年已要求所属企业全部按照“系数法”计算，更正了以往从地方环保部门获取数据来源的方式。因此，该项指标值按新方法测算同比增长 39%。

分行业情况：

（1）交通运输行业。国机集团所属只有 1 家航运企业，即中国海洋航空集团公司所属中海航凯姆莱（北京）国际船舶管理有限公司。中海航凯姆莱公司主营业务涉及航运业，2014 年节能减排监测数据变化较大：一方面是航运业务能耗指标变化较大，上年同期该企业消耗柴油为 3 520t、汽油 4 499t，2014 年同期消耗柴油为 938t、汽油 1 382t，同比分别下降 73% 和 69%。能耗指标下降幅度较大的主要原因是其名下 CK GLORY 轮 2014 年经大修后，船舶主机恢复正常工作，同时以燃料油消耗为主，燃油经济性有所提升。而汽油、柴油作为辅助用油，用量大幅减少。

另一方面，中凯公司在 2014 年航运业务以长航线为主，进出港频次不高，空载率降低，运输周转量增长；另外，运费由于市场情况较好，企业千吨海里能耗下降明显。

（2）化工行业。国机集团所属企业只有中国电器科学研究院有限公司涉及化工行业。该企业所属擎天公司的化工生产导热油加热部分能耗，从原来的油、电混合加热，逐步改造为天然气加热。2014 年基本都是天然气加热，使得排放更环保，因此 2014 年的天然气使用量同比增加较大，电力、汽油消耗降幅明显。

（3）机械行业。机械行业能耗及排放指标变化原因主要体现在中国一拖和国机重工两家企业。其中中国一拖 2014 年焦炭消耗同比下降 37%，主要是其所属姜堰动力公司不再使用焦炭作为主要能源，而采用相对清洁的天然气以及汽油、煤油作为主要生产能源；此外，2014 年一拖铸造公司全面取消冲天炉，不再使用焦炭，也是指标同比大幅下降的主要原因。电力和其他能源消耗同比下降，主要原因一是企业通过技改升级，改变用能结构，有效降低能源消耗；二是部分车间开工不足，产能和用能下降；三是国机重工所属常林股份公司搬入新工业园后，原老厂区不再使用蒸汽，因此 2014 年该企业本项指标为 0，总量减少 1 万吨标煤。

二氧化硫和 COD 排放指标降低的原因主要是实施搬迁技改，采用了新工艺、新设备，降低了污染物排放。另外，二氧化碳排放量增加的原因主要是 2014 年要求所属企业全部按照“系数法”计算，更正了以往从地方环保部门获取数据来源的方式。因此，该项指标值按新方法测算同比增长 51%。

（4）工业其他行业。国机集团其他工业行业主要涵盖科研院所类企业。因上述企业 2014 年运营情况较好，而且这类企业近年十分重视减排技术的应用与推广，通过技改措施和项目，继续保持能耗和排放指标大幅下降，综合节能效果明显。

（5）非工业其他行业。国机集团非工业其他行业主要集中在工贸企业中，上述企业主要业务为工程总承包和商务贸易。该类企业能耗主要为办公能耗，包括办公用电、公务用车用油等。2014 年，国机集团所属工贸企业通过公车改革，削减公车使用频次，汽柴油消耗下降明显，同时注重节约用电。在二氧化碳排放量测量计算方面，全部按照“系数法”计算，更正了以往从地方环保部门获取数据来源的方式。因此，该项指标值按新方法测算同比增长 25%。

（6）建筑行业。2014 年，国机集团所属建筑施工企业淘汰落后取暖方式进，出现煤炭消耗量指标下降，其他能源（煤油）和天然气消耗量指标上升；但因业务量增长，电力、汽油、煤油等需求量增加，指标上升明显。

三、国机集团 2014 年节能减排管理工作开展情况

（一）以国资委召开《中央企业安全生产和节能环保工作视频会议》为契机，进一步贯彻落实国家有关政策，夯实国机集团节能减排管理基础，完善集团节能减排管控体系

2014 年，国机集团以国资委召开《中央企业安全生产和节能环保工作视频会议》为契机，深入剖析自身节能减排工作现状和存在问题，围绕确保完成国家“十二五”节能减排目标任务，从“三大体系”建设和完善入手，对所属企业的责任目标向下延伸，逐级实行年度责任目标考核，夯实“十二五”期间节能减排工作的基础。

通过不断完善节能减排组织管理体系、统计监测体系和考核体系建设工作，夯实节能减排管理基础，提高节能减排管理水平。主要开展工作包括两方面内容：

一是完成对所属企业年度节能减排工作的考核。根据《中国机械工业集团有限公司节能减排工作考核暂行规定》，国机集团完成了对所属 43 家二级企业年度节能减排专项工作的目标绩效考核工作，其中考核结果为优秀的企业 7 家、良好的 7 家、合格的 29 家，没有考核不合格企业。同时，为全面完成国资委下达的“十二五”节能减排工作目标，切实加强集团对所属企业节能减排目标管理考核工作，我们又根据国务院国资委相关要求，及时与所属企业签订了 2014 年度“节能减排目标责任书”。各所属企业在签订责任书后，及时将目标任务进行分解，并层层落实，做到责任到位、措施到位，形成一级抓一级、层层抓落实的工作局面，确保下达的目标任务全面完成。

二是进一步贯彻落实国资委《中央企业节能减排监督管理暂行办法》，重点推进国机集团节能减排制度建设。在 2014 年，国机集团继续加大贯彻落实国务院国资委等上级部门关于节能减排的工作要求，重点是按照《中央企业节能减

排统计监测报表》（修订稿）的要求，完善了集团节能减排统计监测数据网上直报系统，夯实“十二五”期间节能减排工作的基础。其中中国机械设备工程股份有限公司建立了从总部管理到能源使用单位直至基层作业单元三级管理制度，形成从管理部门到使用终端的节能管理网络。通过岗位责任制，将能源使用管理制度落实到基层并纳入经济责任制考核。同时，国机集团所属重点企业还先后制定了《节能措施计划管理制度》《能源管理报告制度》《能源计量及监测制度》《能源消耗成本管理制度》《能源统计制度》和《节能管理奖惩制度》等。

（二）立足创新、精心策划、上下协同，认真组织所属企业共同参与节能宣传周活动

在2014年的活动周策划阶段，国机集团以全国节能宣传周活动主题“携手节能低碳，共建碧水蓝天”为核心，并将“建设绿色国机，做强机械工业”作为国机集团配套的特色主题。在节能宣传周活动具体开展中，确立了“带头履行节能减排低碳的社会责任，深入开展创建节约型企业活动”的指导思想；并进一步把倡导节能、低碳、绿色的模式作为宣传重点；遵循员工参与度高、社会影响面广、与媒体紧密结合、活动集中紧凑等原则，开展形式多样的节能宣传活动，把节能宣传周活动办得“隆重、参与、节约、有效”。

在活动开展过程中，国机集团所属二级企业及时部署、层层贯彻，做到了全员动员，积极参与。各所属企业还以开展节能宣传周活动为契机，对照集团公司关于节能减排工作的要求和部署，认真开展了节能减排工作的全面自查。此外，还依托“国机集团节能减排宣传网站”（网址为www. sinomach-jnjp.com），发挥网络平台作用，大力宣扬节能环保重要性；开展节能减排相关政策和制度的学习等活动。

（三）积极推进“两型”企业创建和验收工作，促进节能减排工作

为深入贯彻落实科学发展观，组织推动工业企业走节约发展、清洁发展之路，加快工业发展方式转变，工业和信息化部、财政部和科技部于2010年在工业领域组织开展创建资源节约型、环境友好型企业（以下简称“两型”企业）工作。国机集团所属中国一拖积极参与该项工作，并成为首批117家入选创建“两型”试点企业之一。为有效推进该项工作，国家工信部在2014年特别选取中国一拖作为承担预评价验收工作的第一家企业。

预评价验收工作历时2天，经过企业总结自评、专家组实地验收考察及答疑交流三个阶段。专家评价组一致认为：中国一拖在创建“两型”企业过程中，经过3年的努力，圆满完成原上报方案的既定目标，在产品结构、产出效率、资源节约、环境保护等方面都达到行业先进水平，其中：企业资源产出效率达到国内领先水平；单位产品能源、水、原材料消耗显著降低，远远低于行业平均水平；废物循环利用水平大幅度提高，固体废物基本上实现综合利用，废水实现循环利用和零排放，废气、余热余压等充分合理利用；污染排放量大幅度降低，“三废”排放达到国内领先水平，同意中国一拖通过“两型”企业预评价验收。

通过预评价验收工作，中国一拖有效地落实了节能环保和产业升级的相关工作，同时，工信部亦进一步完善了“两型”企业评价管理办法，优化了评价指标体系，尤其对行业特色指标进行了细化，使之在机械行业评价中具有更广泛的适用性，为正式评价体系的出台和应用打下了基础。

在后续工作中，国机集团将继续配合工信部“两型”企业创建验收工作，并及时总结经验、弥补不足，在所属企业中尝试开展“两型”企业对标工作，引导集团所属更多企业开展“两型”企业创建工作。

（四）对标行业先进，鼓励引导企业实施重点节能项目

国机集团引导所属企业开展行业节能对标，积极采用先进的节能减排技术，对现有生产装备和加工工艺进行升级改造，同时，对社会项目的设计施工采取节能环保技术，开发研制更多的节能新产品。在提高自身节能减排水平的同时，不断提高社会化节能减排水平。

国机重工2014年总计投入资金500余万元用于节能改造，当年节能量折合资金300余万元，其中节电240万kW·h，节油140多t，减少二氧化碳排放量340t。具体项目包括常林工业园区车间通风系统用能改造、洛阳基地燃煤锅炉改造和四川基地节能电动机应用等。

中国一拖集团通过推进所属铸造公司环境污染治理工作，实现工程节能减排，具体包括：一

是其所属铸造公司投资600万元开展一期KW线配砂系统污染治理项目，主要治理任务是24条皮带41个粉尘污染点，10套单机除尘机和3套除尘系统已投入运行，经监测评价，粉尘点达标率由治理前的27.3%提高到81.8%（以混合粉尘10mg/m^{3}标准核定），完成11台单机除尘器和5台除尘系统的安装调试，经监测全部达到环保排放标准要求。

中国福马2014年节能技改实际投入376万元，具体项目涵盖环评、清洁生产领域，通过节能攻关研制出的大排量节能环保型发动机，全方位提高了我国大排量全地形车和摩托车专用发动机产品的技术含量，排放达到欧美等国的法规要求，提升了在发动机及全地形车行业的地位，增强了企业的综合竞争力。

中国电器院将节能减排工作与清洁生产工作相结合，加大公司相关产业的技术改造、技术提升和节能新产品、新措施的资金投入。2014年投入资金300多万元，重点进行了污染物减排的技术改造，其中擎天工业园废水处理站升级改造项目和威凯试验室无害化减排项目得到当地环保部门的表彰。

（五）发挥科技企业支撑研究性优势，主动承担节能减排社会责任

广州机械科学研究院有限公司2014年承担了“全国绿色制造技术标准化技术委员会”《金属加工液有毒有害物质的限量要求》《液压传动马达噪声测定规范》和《液压系统 通用技术条件》国家标准的起草制定工作，代表国机集团参与并主持工业润滑油类国家标准的制定任务，对推动我国相关行业的绿色制造及转型升级发挥出积极作用。

中国电器院根据自身服务国内电器行业的定位特点，重点立足于通过标准贯彻、科技创新、新产品、新工艺应用等手段，推进电器行业节能减排和环境保护的社会成效，先后制定了《家电企业的能效检测评价技术》《家电企业绿色设计与制造》等行业标准，并对相关企业开展咨询服务，取得公司效益与社会效益双赢的远大的目标。

合肥通用院通过承担国家重点基础研究发展计划（“973”计划）中的“压缩机工作过程数值仿真与节能关键技术研究”课题，成功开发出适应于往复压缩机气量无级调节系统，最大可节省系统功耗40%左右，工业样机在中石化广州公司试运行时，节能效果显著，市场应用前景广阔。同时，该院还在2014年为一些企业实施了节能改造，如：中国烟草总公司安徽公司的烟叶烘干装置、阳谷祥光铜业有限公司的鼓风机系统，成都富士康科技有限公司的空压站系统，合肥太古可口可乐饮料有限公司的制冷空调系统和压缩空气系统等。

中国农业机械化科学研究院承担的“食用油绿色清洁生产设备及工艺研究与科技示范”项目是北京市科技计划项目之一。该项目实施后，成功实现了油脂脱臭干式冷冻真空工艺及技术装备，填补了国内外空白，达到国际先进水平，有效地解决了现行精炼工艺蒸汽消耗量及废水产生量较大的不利问题，实现了油脂的绿色清洁生产。

（六）聚焦新能源，提升企业绿色竞争力

国机集团在2014年组织所属15家二级企业举办分布式能源项目推广应用研讨会，同时国机新能源研究院正式挂牌。该次会议是落实2014年3月召开的《国务院节能减排及应对气候变化工作会议》的一项重要举措。为促进以分布式光伏发电为代表的国机集团新能源节能减排项目更快更好的发展，国机集团已为分布式光伏发电产业发展营造了良好环境，所属企业也创建出多个国机集团新能源应用示范项目。

【安全生产】 2014年，国机集团深入学习贯彻习近平总书记、李克强总理关于安全生产的重要指示精神，围绕强化红线意识，建立健全责任体系，进一步加强安全生产管理，夯实安全生产基础，妥善处置境外公共安全突发事件，防控安全风险。全年未发生较大及以上生产安全事故，继续保持安全生产平稳态势。

1．学习贯彻中央领导安全生产重要指示，进一步落实企业安全生产主体责任 国机集团召开党委常委专题会议，率先认真学习、深刻领会习近平总书记等中央领导的重要指示精神，徐建总经理要求所属企业牢固树立安全发展理念，强化红线意识，全面落实安全生产责任，做到责任到位，工作到位，深入排查安全隐患，切实加强安全生产工作。所属企业逐级传达、学习贯彻中央领导的重要指示精神，进一步落实企业安全生产主体责任。

2014年，国机集团全面贯彻落实国家安全生产的各项工作部署，健全安全生产责任制，强化“一岗双责”和责任落实，开展安全生产责任

制适宜性评审，逐级签订安全生产责任书，在集团总部和集团4家一类监管企业设置安全总监，进一步建立健全安全生产组织机构和责任制度。中国海洋航空集团有限公司等企业在重点企业设置安全总监。多家企业修订完善安全生产考核制度，细化、量化考核指标。

2. 进一步完善规章制度，深化安全生产标准化建设 国机集团总部和所属企业不断完善安全生产管理制度和操作规程，规范管理，持续改进安全生产工作。如：国机集团为规范职业卫生管理工作，预防、控制和消除职业病危害，根据《中华人民共和国职业病防治法》等法律法规的要求，制定并发布国机集团《职业卫生管理办法》。中工国际工程股份有限公司编制完成《项目部安全生产管理制度汇编》《项目部安全基本知识手册》《中工国际项目HSE管理指南》。中国联合工程公司编制完成《EPC项目管理手册》和《安全工作手册》。中国一拖集团有限公司新制定安全操作规程55个，修订6个，安全操作规程总数2 285个。

国机集团所属企业继续开展安全生产标准化达标认证，持续改进安全生产工作，进一步强化安全生产基础，规范管理，提升安全能力。截至2014年年底，集团有104家企业通过安全生产标准化达标认证，同比增加17家。其中，安全生产标准化一级企业3家，二级企业60家，三级企业41家。

在中国安全生产协会开展的安全管理标准化示范班组创建活动中，集团的4个班组荣获全国“安全管理标准化示范班组”荣誉称号，4位班组长荣获全国“安全管理标准化优秀班组长”称号，国机集团荣获“优秀组织单位”称号。

3. 大力开展“安全生产月”活动，进一步加强安全宣传、教育和培训 为发出安全生产最强音，国机集团首次召开“安全生产月”工作动员视频会议，集团徐建总经理和孙德润副总经理出席会议并发表重要讲话，要求所属企业深刻吸取事故教训，警钟长鸣，进一步强化安全生产“红线”意识，以敬畏之心来对待安全生产工作。并围绕“强化红线意识、促进安全发展”的活动主题，全面部署2014年“安全生产月”活动。在安全生产月活动期间，国机集团组织总部员工和办公楼内所属企业员工共同观看《生命的红线》和《盲洞·迷途》等警示教育片，深刻学习领会习近平总书记有关安全生产系列重要讲话和指示精神，用事故教育推动企业落实安全责任，完善工作措施，防范安全事故。2014年，国机集团以强化班组和项目部安全管理为重点，加大安全生产教育培训力度，进一步提高全员的安全意识、安全素养和安全能力。相继举办“班组安全生产管理培训班”和“总承包项目安全生产管理培训班”，邀请6个先进班组和6个项目经理分别介绍班组安全管理经验、境内外总承包项目现场安全管理经验及境外应急处置工作经验。举办“国机集团安全文化讲座”，邀请有关专家介绍金川集团安全文化建设先进经验。国机集团通过多种方式，分享安全生产管理经验，不断提高安全生产工作质量和管理水平。

国机集团所属江苏苏美达集团有限公司为学习落实习总书记重要讲话的精神，特别策划两次宣讲活动，由工作在一线的安全生产管理人员组成的宣讲团，对企业180名班组长和部分一线员工进行面对面的宣讲，取得非常好的效果。中国重型机械有限公司编制项目经理、安全工程师、出国人员和新员工安全教育培训4套教材，包括培训教材使用说明、PPT培训教案、PPT培训教案讲义、相关学习资料和培训考试题等内容。中国机械设备工程股份有限公司组织境外项目部开展主题签名、会议宣讲、安全知识竞赛、录像、宣传栏、横幅等形式多样的宣传教育活动。喀麦隆体育场项目部邀请外方安全专家对当地劳务人员进行安全施工管理制度、安全操作规程等方面的安全教育。赞比亚水电项目部聘请赞比亚国家电力公司安全专家进行安全专题讲座，介绍当地安全规范，人文习惯及风俗。中国一拖集团有限公司充分发挥典范引领作用，组织优秀班组长“以身边的人，讲身边的事”，集中宣讲本单位岗位安全达标示范班组先进经验，进一步推动基层班组安全建设。济南铸造锻压机械研究所有限公司专门聘请济南市安监局专家，对公司涂装人员进行安全作业知识培训，并针对企业近年起吊事故举办案例分析警示讲座。中国国机重工集团有限公司常州挖掘机公司和常林股份组织开展“行车技能比武大赛”活动，对员工掌握正确的安全操作规程起到很好的作用。中国电器科学研究院有限公司举办一次别开生面、充满活力的安全生产知识竞赛活动。六支青年职工参赛队伍打出“爱妻爱子爱家庭，没有安全等于零”“生产再忙，安全不忘”口号，给全体员工留下深刻印象。中国第二重型机械集团公司选取23个先进班组，开展“我的安全家园”班组安全管理成果展示活动，公司还分别开展班组长、青工、工程外包人员等安全培训，共计培训12 000余人次，强化基层员工的安全生产意识和技能。

2014年，国机集团和所属企业举办安全生产培训1 884次，参加培训人员达61 928人次，此外还参加企业外部安全培训5 246人次。各单位采取请进来、送出去、内训等方式加强安全生产培训工作，全面提高员工安全素质。

4．开展安全生产检查、加强重大危险源点管控 2014年，国机集团共10次部署开展安全生产大检查工作，深入排查治理安全隐患。其中，国机集团分管领导孙德润副总经理5次带领集团安全检查组，对10家企业的境内外生产制造现场、总承包项目现场，开展安全生产监督检查，重点检查放射源、动能动力、热工燃爆、大巴客运、受限空间作业、危险性较大分部分项工程等重大危险源点。在集团组织的安全生产互查活动中，七个检查组对6个工程总承包项目现场、10家企业的生产制造现场进行安全生产检查，受检企业对检查出来的隐患进行整改和复验。

所属企业针对本企业生产经营特点，开展多种形式的安全生产检查活动。中国机械设备工程股份有限公司各级领导多次带队到土耳其、斯里兰卡、委内瑞拉、老挝等国检查指导境外项目现场安全生产工作。并开展起重吊装、高处坠落、疾病防治等专项检查，排查整改安全隐患。中工国际工程股份有限公司由公司领导带队对委内瑞拉电厂、玻利维亚糖厂等12个重点执行项目进行安全生产检查，特别对脚手架、模板支撑、深基坑等危险性较大的分部分项工程和起重等机械设备进行安全隐患的排查。国机汽车股份有限公司聘请安科院专家，对公司6处重点库房进行安全管理隐患及现场安全隐患的排查，对发现的安全隐患全部整改。中国联合工程公司在安全生产月期间，对危险源、环境因素进行重新辨识和评价，共辨识、评价出危险源394项，识别和评价出的环境因素120项，其中重大危险源69项，均按要求制定安全管理方案。中国汽车工业工程有限公司组织22名项目经理对在建的上海通用五菱汽车重庆基地工程建设项目进行安全检查和观摩交流。机械工业第六设计研究院有限公司组织安全生产检查组共检查施工现场59个，排查出一般安全隐患724项，全部整改。中国一拖集团有限公司针对夏季高温、汛期季节性气候特点，组织各单位对防暑降温、安全用电、防火防爆、临时用电、危化品管理、特种作业人员持证上岗等开展专项安全生产检查和隐患治理，保证现场作业和设备设施安全。

2014年，国机集团开展安全生产检查活动共计3 613次，排查安全隐患15 203项，完成整改15 092项，整改率99.3%。总体上看，集团所属企业安全生产基本处于受控状态。

5．加强应急管理，妥善处置境外突发事件 国机集团2014年共13次发布境外有关国家和地区的安全预警；共发生6起境外突发事件，其中，越南多地连续发生针对外资企业的打砸抢烧严重暴力事件、伊拉克萨拉哈丁燃油气电站项目人员遭受严重威胁紧急撤离、土耳其斯洛皮电站二期项目分包单位3人被劫持等事件发生后，集团3次启动《境外项目突发事件专项应急预案》Ⅰ级响应机制，成立集团总部、所属企业、境外现场的三级应急工作组，全力做好应急指挥、沟通、组织、支持、服务等应急处置工作。据统计，全年集团境外项目因发生突发事件撤离回国人员3 374人。

国机集团召开“生产安全事故及境外突发事件应急预案编制研讨视频会”，邀请6家企业进行应急预案编制工作的经验交流，研究解决应急预案的针对性、实用性和可操作性问题。所属企业按要求完成企业应急预案的全面修订工作。

召开“国机集团所属企业综合应急预案的评审会”，对所属企业综合预案进行形式评审和要素评审。将发现的所属企业在应急组织体系、应急工作职责、危险源辨识与风险分析、危险源管理、应急响应、保障措施等方面存在的问题，反馈给所属企业。32家所属企业通过综合预案的评审并获准备案，7家企业修订完善后报备。

国机集团及所属企业结合本单位安全生产应急管理工作重点，制定应急演练计划和具体工作方案，分层次、分类别组织开展多种形式的应急预案培训和演练，检验预案的可行性和可操作性，提高事故事件的应急指挥、协调和处置能力。

国机集团总部为强化员工消防安全意识，提升紧急疏散能力，与物业公司联合组织年度消防演习和培训。中工国际工程股份有限公司尼加拉瓜油料配送厂项目组织地震撤离和火灾急救演习，以提高员工处理应急突发事故的能力。本次演习共有605人参与，所有人员在15min内完成撤离。济南铸造锻压机械研究所有限公司组织《油漆涂装作业安全事故专项应急预案》《生产事故伤员救援专项应急预案》的演练，通过演练员工们学到应急救援、防护知识并掌握逃生方法。中国汽车工业工程有限公司上海通用五菱汽车重庆基地建设项目，在涂装车间组织消防疏散和急救演练，正在现场作业的300多名人员全部参加演练。中国一拖集团有限公司在安全生产月期间组织9个单位完成7个生产安全事故预案、8个生产安全事故处置方案的培训和演练工作，共有232人次参加培训和演练，涉及35个车间和部门，有效提高了生产安全事故预防、预警、应急响应和处置能力，基本达到突发事故下的应急救援实战效果。中国重型机械有限公司为增强境外代表处、工程项目现场员工突发疾病的应急处置能力，根据所在国家的具体情况，配备11类27种药品和13种常备医护用品。中国通用机械有限公司组织开展全员应急预案的培训，并对公司《境外安全突发事件应急预案》和《员工食堂食物中毒应急处置方案》进行演练，通过演练查找问题，完善预案。中国浦发机械工业股份有限公司马来西亚项目部联合业主安全官、当地消防局，对现场刚刚注入500m^{3}柴油的油罐区，进行一次大规模的消防演练，得到业主和相关部门的认可和好评。中国国机重工集团有限公司聘请消防急救专业人员，对总部150多人进行消防安全和急救知识培训，并进行楼宇逃生演练，应急知识竞赛等活动。中国联合工程公司山西潞安热电装置EPC项目部组织安装单位进行“触电事故应急演练”，邀请业主、监理、各分包单位HSE相关人员现场观摩和点评，检验应急预案的有效性和可操作性，提高现场应急处置能力。中国电器科学研究院有限公司威凯检测公司在动力电池试验室组织一次模拟电池爆炸事故的应急演练。在演练过程中，各应急小组听从指挥、相互配合，有序进行现场灭火、人员疏散、伤员救助等应急处置。中国中元国际工程有限公司新中元大厦项目部组织现场施工人员、工程管理人员和部分安全生产管理人员，开展“高空坠落事故应急预案”的演练活动，增强施工人员的安全防范意识，检验和提高项目部处置突发事件的快速反应能力。中国第二重型机械集团公司修订完善23个事故应急救援预案，统一部署安排起重伤害、机械绞碾、液氧泄漏、气瓶爆炸、密闭空间作业、油库等应急演练活动，进一步提高应急预案的实用性和可操作性，提高员工的现场应急处置能力。

2014年，全集团开展应急演练1 607次，其中，综合演练201次，参加演练人数11 385人次；专项演练762次，参加演练人数19 684人次；现场处置演练779次，参加演练人数15 794人次。参加应急管理培训20 579人次。

6. 加强基础工作，完善安全生产管理 国机集团在原有的集团安全生产信息报送平台的基础上，策划并组织完成国机集团安全生产管理信息系统，拓展安全风险地图、通知公告发布、安全状况分析、信息资料和管理经验共享等功能。进一步提高安全工作效率和安全资源利用率，促进企业之间互帮互学、经验分享。

为全面了解掌握全集团重大危险源的数量、状况和分布情况，国机集团对所属企业重大危险源点进行调查统计，建立重大危险源数据库。同时，进一步强化各级企业对重大危险源的有效管控，更有针对性地开展安全生产监督检查，严防重特大安全事故的发生。

国机集团还对所属企业职业卫生管理工作情况进行摸底调查，了解掌握集团职业卫生基本状况和管理现状，为集团下一步开展职业健康工作打好基础。

7. 从严要求，完成2014年度全生产考评工作 2014年，国机集团再次修订《安全生产考核办法》，进一步加大安全生产重伤及以上生产安全责任事故、工程分包单位生产安全责任事故的扣分力度。同时，对获得省部级以上安全生产奖励、在境内外突发事件应急处置中表现突出、对本单位规章制度、操作规程、培训课件和教材等安全生产管理经验积极分享的，增加加分奖励条款。在年度考核中，国机集团结合各所属企业报送的年度安全生产责任目标完成情况自查报告及相关证实材料，从安全生产管理工作指标、安全生产事故控制指标和安全生产奖励指标三大项对所属企业的安全生产责任目标完成情况进行考核和评定，对发生生产安全亡人事故、分包单位生产安全亡人事故、事故迟报以及因安全事故造成企业形象受损的有关企业，进行从严处罚。2014年，39家所属企业年度考评结果是：21家优秀、11家良好、7家合格，没有不合格的企业。

科技发展

【基本情况】 2014年是贯彻落实党的“十八大”、十八届四中全会、全国科技创新大会精神，落实国机集团“十二五”发展战略和科技规划的重要一年。面对持续复杂的经济环境，围绕国家和国资委对科技工作的新要求，以及努力建设“五个国机”的新目标，以进一步提升国机集团综合创新能力，提升技术水平和核心竞争力，实现国机集团产业结构调整，促进发展方式转变，实现有质量增长为目标，大力推进全国创新型试点企业建设，开展科技创新有关工作，通过组织实施科技创新管理提升专项活动、加大科技投入、夯实科技创新平台、提升科技创新条件、提高科技管理与服务水平，国机集团科技创新工作取得了显著成效和良好业绩。

【科研成果】 2014年，国机集团获得省部级和全国行业性以上各类优秀成果奖329项，其中科学技术奖93项(含国家科技进步奖一等奖1项、二等奖1项，国家技术发明奖二等奖1项)，勘察设计咨询奖149项。申请专利1 711项，其中发明专利661项；授权专利1 323项，其中发明专利260项。登记软件著作权99项。主持或参加标准制定441项，其中国际标准19项、国家标准120项。截至2014年年底，拥有专利7 668项，其中发明专利：1 342项；国机集团共拥有省部级（全国行业性成果奖）以上各类成果6 526项，其中，国家科学技术奖175项。

合肥通用院牵头完成的“极端条件下重要压力容器的设计、制造与维护”项目获国家科技进步奖一等奖；国机集团牵头完成的“工业工程振动控制关键技术研究与应用”项目获国家科技进步奖二等奖；中国农机院相海研究员参与完成的“花生低温压榨制油与饼粕蛋白高值化利用关键技术及装备创制”项目获国家技术发明奖二等奖。中国重型院牵头完成的“12 000t航空级铝合金板材张力拉伸机装备”和中国二重参与的“大型先进压水堆核电核岛主设备超大型锻件研制及工程应用”获中国机械工业科学技术奖特等奖。

2014年国机集团科研成果产出情况见表1。

表1 2014年国机集团科研成果产出情况

序号	成果名称	数量（项）
1	获得省部级以上各类成果奖	329
	其中：国家科学技术奖	3
	科学技术奖(含国家科学技术奖)	93
	勘察设计咨询类奖	149
	其他	87
2	申请专利数量	1 711
	其中：发明专利数量	661
3	授权专利数量	1 323
	其中：发明专利数量	260
4	制定标准数量	441
	其中：国际国家标准数量	139
5	发表论文数量	2 511
6	软件著作权登记数量	99
7	科技型企业主营业务收入	278亿元

获得国家科技进步奖项目介绍：

1.项目名称：极端条件下重要压力容器的设计、制造与维护

项目简介：压力容器等承压类特种设备广泛用于石化、化工、电力、冶金、燃气及国防军工领域，直接影响国民经济建设和国防安全。近年来伴随世界经济形势变化、资源品质劣化和能源结构调整，压力容器逐渐向高温、深冷、复杂介质腐蚀等极端服役条件和超大直径、超大壁厚、超大容积等极端尺度方向发展，传统设计制造与维护技术面临严峻挑战。该项目围绕这一难题，历时近十年攻关，取得四个方面创新：

（1）揭示了极端条件压力容器的失效模式和失效机理，拓展了我国压力容器设计边界，适应高温、深冷、超高压等苛刻服役条件和多

种复杂腐蚀环境，成果被 TSG R0004《固定式压力容器安全技术监察规程》、TSG R0002《超高压容器安全技术监察规程》等国家安全技术规范采纳。

（2）建立和完善了我国极端条件压力容器低温防脆断设计、复杂腐蚀环境材料适应性评价与选材设计、超高压弹塑性设计、高温蠕变疲劳交互作用强度设计、超大直径稳定性设计等方法，成果被 GB 150.1 ～ 4《压力容器》等国家和行业技术标准采纳。

（3）探明了极端条件压力容器设计制造与全寿命周期服役风险演化的内在联系，建立了基于全寿命周期风险预测和控制的压力容器设计制造与维护共性技术方法，开发了行业共享应用工具软件和数据库，形成 GB/T 26610.1 ～ 5《承压设备系统基于风险的检验实施导则》系列国家标准。

（4）攻克了高韧性材料开发、特殊结构优化、传热传质分析、焊接热处理工艺筛选等多项难题，完成了 50 万 t/a 醋酸工程大型镍基合金 B-3 容器、煤化工和炼油装置大型缠绕管式换热器、化工装置大直径超厚锻件管板环氧乙烷反应器等 6 类重要压力容器的首台（套）国产化研制。

项目成果在全国 30 多个省、自治区、直辖市的石油化工、煤化工、燃气、化肥、军工等领域成功应用，打破了发达国家技术垄断，保障了国家重大工程建设顺利进行，为我国大型工业装置和国防军工重要压力容器长周期安全保障发挥了重要作用，取得了显著的经济和社会效益。

2. 项目名称：工业工程振动控制关键技术研究与应用

项目简介：工业工程振动控制是基于土木工程的多专业综合技术，通过对地基基础、建筑结构、工业装备等构成的复杂系统的振动进行控制，为装备正常运行提供可靠的振动环境保障。随着我国工业化发展，工业工程振动控制要求越来越高、难度越来越大，如果振动控制不当，不但直接影响工业装备正常使用，还不利于环境保护和人员健康，振动控制已成为工业工程建设的关键技术。

该项目研究和应用之前，我国的振动控制技术滞后于工业工程的发展，特别是精密和大型装备的振动控制技术只能从国外引进，不仅价格昂贵，涉及国家安全和高科技的关键技术还会受到限制。

为满足我国高端装备制造业发展规划的需要，提升我国工业工程核心竞争力，结合建设部下达的国家标准编制任务，项目组通过十多年联合攻关，进行了理论方法、标准体系及成套技术研究，解决了工业工程振动控制关键技术难题。取得的主要科技创新成果如下：

（1）为解决工业工程振动控制理论分析和应用中存在的难题，系统地建立了基于振动在工程介质中传递规律的工业振动控制分析方法，首次提出了振源等效量化技术和振动精细化控制技术，确定了完整的振动控制指标和评价准则，创立了工业装备复杂激励下多元振动控制理论分析方法。

（2）在精密装备振动控制方面，国内外首次提出了微振动传递函数相似比快速分析算法、模型自修正和智能优化动态配置方法，建立了微振动控制系统自由度解耦、微振动稳定低频模态分布设计方法和复杂振动系统一体化控制技术，研制了低频微幅高性能振动控制装置，形成了精密装备振动控制成套技术。

（3）在大型装备振动控制方面，建立了振动控制系统整体分析、荷载精确定和抗疲劳优化技术，国内外首次进行了大型回转装备振动控制系统模型试验研究，创建了大型冲击装备振动响应预测技术，发明了高承载、高性能振动控制装置，形成了大型装备振动控制成套技术。

研究成果显著提升了我国工业工程振动控制技术水平，经专家鉴定，总体达到国际先进，其中部分成果达到国际领先。该项目获得国家授权专利 14 项，其中发明专利 5 项，出版学术专著 5 部，发表论文 42 篇，编制国家标准 2 部，推动了我国振动控制技术领域的科技进步。实现了科技成果的工程化和产业化，近三年创造直接经济效益达 42.9 亿元，据不完全统计的间接经济效益近百亿元。

项目研究成果已广泛应用于航空航天、国防军工、电子信息、电力工程、机械制造等领域，典型工程包括：嫦娥探月工程、风云气象卫星、光电跟踪装置、惯性制导、核潜艇、激光核聚变等项目中的精密装备试验环境振动控制保障系统；20 多座核电站和火电站中 50 多台大型汽轮发电机组、3 座水电站中 10 多台水轮发电机运转平台、几十个汽车厂中数百条车身冲压生产线、数百台高精度轧辊磨床和三坐标测量机以及包括世界最大规模的 3.55 万 t 电动螺旋压力机在内的几十台大型成型装备等工程中的振动控制。

3. 项目名称：花生低温压榨制油与饼粕蛋白高值化利用关键技术及装备创制

项目简介："花生低温压榨制油与饼粕蛋白高值化利用关键技术及装备创制"由中国农业科学院农产品加工研究所、中国农业机械化科学研究院、山东省高唐蓝山集团总公司等 5 家单位共同完成。

针对我国传统高温压榨花生油色泽深、营养素损失严重，花生粕中蛋白质变性程度高、利用率与附加值低等问题，研发了低温压榨制油关键技术及装备，与传统热榨花生油相比，冷榨花生油具有色泽浅、烟点高、过氧化值和酸值低等优点，冷榨花生粕中蛋白变性程度显著低于热榨粕；研究建立了短链烷烃高效萃取制备低残油、低变性花生蛋白粉技术，产品中短链烷烃残留显著低于目前采用的 6 号溶剂；建立了国内首条年产 2 万 t/a 冷榨花生油的新型花生制油和残油低、氮溶指数高的花生蛋白同步制取产业化生产线；研发了花生浓缩蛋白的清洁、高效制备技术，花生浓缩蛋白质含量达 72.11%（干基），实现产业化生产；揭示出花生浓缩蛋白改性机理，并开发了其改性关键技术，显著增强其凝胶性与溶解性；建立了中性蛋白酶复合酶解制备花生短肽新技术，实现了花生短肽中试生产；研究了花生短肽的降压效果，揭示了降血压活性机理与构效关系。

近三年来，该成果累计实现总销售收入 104.39 亿元，累计新增利税 5.72 亿元，有力地促进农业增效，带动农民致富，取得了显著的社会和经济效益；发表论文 27 篇，其中 SCI 收录论文 5 篇，获得国家发明专利 3 项，制定农业行业标准 1 项。

【科技政策、规划的制修订】 《中国机械工业集团有限公司标准制修订工作资助实施办法》（以下简称《办法》）经过 5 年运行，对提升国机集团的可持续发展能力，推进标准战略实施起到了积极的作用，也大大提高了所属企业标准编制工作的热情和质量。为进一步促进所属企业参与国家、行业标准、工程建设工法和国家建筑标准设计图集制修订工作的积极性，并结合国机集团标准信息集成管理平台建设不断完善的情况，对《办法》进行了修订。主要修订的内容如下：一是按照住建部相关文件要求和集团所属设计院、工贸企业参与工程建设工法的编制情况，增加了对工程建设工法资助的内容；二是为鼓励所属企业参与国家建筑标准设计图集编制的积极性，提升企业在建筑行业中的话语权，增加了对国家建筑标准设计图集资助的内容；三是随着集团标准信息集成管理平台的不断升级完善，为进一步提高工作效率，标准资助申报由传统纸质申报方式改为信息系统申报，同时提交纸质材料；四是按照国家标准从颁布到实施的一般时间规律（标准正式印刷出版时间一般在国家主管部门批复之后的半年左右），应多数所属企业要求，为方便申报，将原资助申报的截止时间从每年的 3 月 30 日推迟到 6 月 1 日。

【科技创新体系及平台建设】 在国家级科研机构和科技服务平台培育和建设方面，合肥通用院的"国家企业技术中心"获批，国机重工的"工程机械及液压件产品质量监督检测中心（天津）"升级为国家级质检中心。此外，重材院的"工业（仪表功能材料）产品质量控制和技术评价实验室"、成都工具所的"工业（切削工具及量具量仪）产品质量控制和技术评价实验室"、轴研科技的"工业（滚动轴承）产品质量控制和技术评价实验室"、蓝科高新的"工业（钻采炼化设备）产品质量控制和技术评价实验室"和天津电气院的"工业（发配电及电控）产品质量控制和技术评价实验室"5 家实验室获批设立。截至 2014 年年底，国机集团拥有国家工程技术研究中心 7 家，国家工程研究中心 2 家，企业国家重点试验室 4 家，国家工程实验室 4 家，国家企业技术中心 8 家，国家级技术创新联盟 7 家，国际合作基地 4 家，博士后工作站 16 家，国家生产力促进中心 6 家，国家级质检中心 22 家，全国标准化委员会 58 家（其中分会 15 家）。国机集团国家级科研及服务平台数量超过 130 家，标志着我集团在相关技术领域处于科技创新优势地位，将在推动行业的技术进步，探索构建产学研合作的长效机制，带动中小企业创新发展，提升产业核心竞争力等方面发挥更大的作用。

在推进省部级研发及科技服务平台建设方面，新获批 7 家机构和平台。中国重型院的"陕西省企业技术中心"、中国福马的"江苏省企业技术中心"、苏美达机电公司的"江苏省企业技术中心”获得认定；中国福马的“江苏省大型成套木材数控加工机械工程技术研究中心”、广州机械院的“广东省工业润滑材料与设备状态监测工程技术研究中心”和“汽车零部件及工业装备检测咨询服务平台”获批；中国一拖的“农机铸件快速成型技术河南省工程实验室 ”获批。此外，中国农机院呼和浩特分院的“太阳能干燥技术装备国家地方联合工程实验室建设项目”、合肥通用院的“合肥压缩机技术省级实验室”、沈阳仪表院的“沈阳市光学薄膜工程技术研究中心”等平台通过验收。2014 年度新获批设立的省部级科研平台，涉及重型装备、石化装备、农林机械、基础零部件、新材料以及检测服务等技术领域，分布在江苏、广东、河南、安徽、重庆、陕西、甘肃、四川等地区，将为区域的科技进步和经济发展发挥积极作用。2014 年国机集团新批准的省部级以上科技创新及服务平台统计见表 2。

表 2　2014 年国机集团新批准的省部级以上科技创新及服务平台统计

序号	新批准的科技平台名称	单位名称
国家级科研及服务平台		
1	国家企业技术中心	合肥通用机械研究院
2	工程机械及液压件产品质量监督检测中心（天津）	中国国机重工集团有限公司
国家产品质量控制和技术评价实验室		
3	工业（仪表功能材料）产品质量控制和技术评价实验室	重庆材料研究院有限公司
4	工业（切削工具及量具量仪）产品质量控制和技术评价实验室	成都工具研究所有限公司
5	工业（滚动轴承）产品质量控制和技术评价实验室	洛阳轴研科技股份有限公司
6	工业（钻采炼化设备）产品质量控制和技术评价实验室	甘肃蓝科石化高新装备股份有限公司
7	工业（发配电及电控）产品质量控制和技术评价实验室	天津电气科学研究院有限公司
省部级科研及服务平台		
8	陕西省企业技术中心	中国重型机械研究院股份公司
9	江苏省认定企业技术中心	中国福马机械集团有限公司
10	江苏省大型成套木材数控加工机械工程技术研究中心	中国福马机械集团有限公司
11	农机铸件快速成型技术河南省工程实验室	中国一拖集团有限公司
12	江苏省企业技术中心	江苏苏美达集团有限公司
13	广东省工业润滑材料与设备状态监测工程技术研究中心	广州机械科学研究院有限公司
14	汽车零部件及工业装备检测咨询服务平台	广州机械科学研究院有限公司

【科技投入】 通过充分利用国家支持自主创新方面的有关税收优惠政策、集团科技发展基金引导、争取国家项目与资金支持等多种有效途径，国机集团 2014 年度科技投入达到 44 亿元，占主营业务收入（2 445 亿元）比为 1.8%；其中科技型企业科技投入达到 21 亿元，占其主营业务收入 7.6%。

1. 开展科技奖励工作 完成 2014 年“中国机械工业集团科学技术奖”的评审与奖励工作。根据《中国机械工业集团科学技术奖励办法》，组织完成了 2014 年集团科学技术奖的申报、评审、报批、公告、奖证制作、奖金拨付等工作，本年度共奖励项目 30 项，其中一等奖 5 项，二等奖 9 项，三等奖 16 项，奖励个人 240 余人。

该奖始终依法规范运行，坚持公开、公平、公正原则，评审工作建立了评审规章制度，评审结果均在集团报纸、网站上进行了公示，并实行异议制度。该奖评审坚持并实行专家评审制度，遴选专家过程中，十分注重权威性和代表性，均为机械工业行业知名专家，依据项目所属专业选择该专业所在机械工业分行业内的权威知名专家组成评审委员会，包括院士、国家科学技术奖评审专家、大型企业资深专家等在内各领域专家，保证了专家对项目的客观权威的评价，从而确保奖项评审的高质量和高水准。该奖的运作均纳入到集团 ISO 9000 质量管理体系范围内，保证奖励运作的规范性。该奖实行严格和高水平的评价标准，在机械工业行业内具有代表性，为进一步推进机械行业的技术进步发挥了积极作用。科技奖励活动贵在坚持，自注册以来，一直坚持每年一次的奖励周期，许多获奖项目已经得到广泛推广和应用，并取得了突出的经济效益和社会效益，为行业营造良好创新环境和氛围发挥了重要作用。

2014 年度“中国机械工业集团科学技术奖”获奖项目名单见表 3。

表 3 2014 年度“中国机械工业集团科学技术奖”获奖项目名单

序号	项目名称	主要完成单位	主要完成人
一等奖项目（5 项）			
1	通用型桥式起重机轻量化设计技术及应用	北京起重运输机械设计研究院	张喜军、孙吉泽、张毅、张韦微、汤秀丽、刘静、王正勇、王睿、邹丽、张玉、潘俊萍、岳文翀、梁鑫、丁力、吴雪涛
2	酸性石油井下工程用高强韧耐蚀合金	重庆材料研究院有限公司	王东哲、李永友、刘海定、魏捍东、黄国平、段民江、汤时才、万红、祁宏、刘虹、王金太、李济林、孙威、刘庆华、曲湘春
3	汽车智能化装备系统关键技术研究及工程化	中国汽车工业工程有限公司	陈有权、李正校、冯飚、常亮、张兴耀、黄海涛、张海康、王笑飞、庞洛明、徐英、何志武、唐红梅、贾云涛、李书远、王海洲
4	精准农业智能化变量作业装备技术开发与应用	中国农业机械化科学研究院	李树君、张小超、杨学军、苑严伟、赵博、严何荣、毛文华、伟利国、吴海华、张俊宁、周利明、刘阳春、刘丽晶、李长荣、刘昱程
5	超宽幅 O5 级汽车面板生产——精整机组关键工艺及装备研发与应用	中国重型机械研究院股份公司、广州 JFE 钢板有限公司	任玉成、晁春雷、范胜标、张康武、李剑、马兰松、景群平、刘渭苗、刘新营、崔卫华、陈勇、范海峰、程志强、李俊辉、冀俊杰
二等奖项目（9 项）			
1	大型同步电机 EXC 智能化励磁系统	中国电器科学研究院有限公司、广州擎天实业有限公司	孙君光、张兴旺、曹成军、熊巍、解建伟、秦茂、黄志豪、李孔潮、辛文军、李海燕
2	动力换挡拖拉机传动系制造成套工艺研发	中国一拖集团有限公司	郭志强、蔡安克、刘耀、宋玉平、王林军、徐成慧、谷书伟、王建军、李锋军、杨智才
3	高性能光学薄膜滤光器件	沈阳仪表科学研究院有限公司	费书国、李野、阴晓俊、王银河、赵帅锋、张勇喜、姚春龙、刘新华、王瑞生、高鹏
4	中国一拖集团技术中心提升能力项目	中国汽车工业工程有限公司	丁跃达、苑全红、万叶青、魏朋玺、徐胜兵、马同峰、张鹏、李军波、刘炬炜、史洪宇
5	神华宁煤 400 万 t/a 煤炭间接液化示范工程大件组装项目	中国联合工程公司	郭杭锋、吕贵东、赵红兵、吴彦彪、宓红烈、梅占魁、胡建林、王严飞、冯秋红、程媛
6	端面非加工超薄超硬材料树脂切割砂轮的研制	郑州磨料磨具磨削研究所有限公司	羊松灿、冯克明、陈锋、殷珂、王威、杜晓旭、赵永芹、李洪涛
7	1 450mm 五机架全连续冷轧机组工艺与设备的研制及应用	中国重型机械研究院股份公司、燕山大学	晁春雷、黄煜、高林林、夏宇、张凯、赵晓辉、李俊明、辛静泰、尤磊、李俊辉
8	太原重工大型铸锻件国产化研制项目工程设计	中国中元国际工程有限公司	朱吉禄、王漪、于俊祥、肖洪芳、张作运、孙放、廖耀青、马杰、郝立文、范守宏

（续）

序号	项目名称	主要完成单位	主要完成人
9	中工国际项目管理体系及项目管理信息化建设项目	中工国际工程股份有限公司	陈育芳、潘旭龙、周海龙、周明宇、杨康、洪浩、李华、徐旸、王惠岚、骆颖
三等奖项目（16 项）			
1	ZG3365LC-9C 履带式液压挖掘机	国机重工（常州）挖掘机有限公司	殷鹏龙、黄鸣辉、刘浩、王辉、庞晓燕
2	全浸泡式精密电加工机床专用密封精密数控回转工作台	苏州电加工机床研究所有限公司	周新明、刘斌、朱红月、顾林峰、许庆平
3	中国石油天然气集团公司咸阳石油钢管钢绳厂搬迁改造项目	中国联合工程公司、咸阳宝石钢管钢绳有限公司	张伟光、王树春、董研、王利建、高伟
4	高速轴承纳米润滑脂开发及关键技术研究	洛阳轴承研究所有限公司、洛阳轴研科技股份有限公司	叶军、何强、牛青波、雷建中、李泽强
5	宽幅薄钢板生产线核心设备“二轧一平整”机组的研制及应用	中国重型机械研究院股份公司、河南鸽瑞复合材料有限公司	黄煜、李平、尤磊、苏明、袁欢媚
6	智能化通用控制系统及开发平台	天津电气传动设计研究所有限公司	许希、楚子林、袁媛、杨建新、金雪峰
7	大流量耐蚀型离心萃取机	合肥通用机械研究院、合肥通用环境控制技术有限责任公司	张德友、陈崔龙、李传祥、陈道林、卓培忠
8	节能环保型发动机自主研发与产业化	江苏林海动力机械集团公司、林海股份有限公司	孙峰、王三太、高峰、孙朋山、黄玉军
9	东方红—LX700H-LX900H 系列高地隙拖拉机	中国一拖集团有限公司、第一拖拉机股份有限公司、洛阳拖拉机研究所有限公司	靳润生、杨东山、王艳萍、陈文波、王志超
10	玉米免耕精密播种机的研制	现代农装科技股份有限公司、中国农业机械化科学研究院	刘立晶、刘忠军、苑严伟、李长荣、范云涛
11	全尺寸海役管道海洋环境模拟疲劳寿命试验机	长春机械科学研究院有限公司	王海春、丁国龙、孙宝瑞、马伟、韩广卓
12	桂林福达重工锻造有限公司 6 300T 控温冷却生产线	中国汽车工业工程有限公司	杨剑姿、王玉辉、赵林、冯志远、张会义
13	特种合金钢管热态输送多功能热处理连续生产线	中国联合工程公司	刘德荣、史德华、袁瑞龙、董元、李晓蓉
14	电镀废水深度处理及资源化利用技术	中联西北工程设计研究院	阮建林、王了辽、于寒松、赵兴建、孔德炳
15	交流变频多电机传动的 7.5MV·A 试验电源系统	中机国际工程设计研究院有限责任公司、山西汾西重工有限责任公司	王林春、杨彦东、袁凯南、叶瑨、易凡
16	工艺制件智能化柔性数据库顺序控制技术的应用	中国三安建设有限公司	郝磊、王福朝、张锦元、王晓龙、文鸿涛

针对国机集团取得的优秀成果，通过遴选，向国家科学技术奖推荐“工业工程振动控制关键技术研究与应用”为科技进步奖候选项目。

2. 国家项目的申报、管理和重大项目的实施工作 编制国机集团2014年科技项目综合计划。截至2013年年底项目数共计394项，项目总投资148.7亿元。其中：国家重点项目（含国家重点建设及产业化项目、国家科技重大专项项目、“973”计划项目、“863”计划项目、科技支撑计划项目、国家高技术产业发展项目、中央国有资本经营预算重大技术创新及科技成果转化项目、军品配套科研和条件保障项目等）共计277项，累计总投资99.6亿元，其中，国拨资金20.7亿元。包括：①国家重点建设及产业化项目31项，总投资54.3亿元，其中，国拨资金4.2亿元。②国家重点科研项目204项，总投资38.9亿元，其中，国拨资金11.2亿元。③军工项目42项，总投资6.4亿元，其中，国拨资金5.4亿元。集团重点项目共计117项，累计总投资49.0亿元。包括：①集团技术改造项目13项，总投资28.4亿元。②集团科技发展基金项目104项，总投资20.6亿元，其中，集团支持1.4亿元。2013年新增项目共计129项，其中，国家重点建设及产业化项目6项，国家重点科研项目77项，军工项目14项，集团科技发展基金项目32项。2013年验收结题项目共计92项，其中，国家重点建设及产业化项目1项，国家重点科研项目49项，军工项目20项，集团科技发展基金项目22项。

国家资金补助项目的申报工作。积极争取与承担各类国家项目，累计获批国家项目80项，争取国拨资金3.6亿元。2014年重点围绕国家各部委相关项目的申报渠道，进一步强化国家项目的组织申报工作。先后完成了国家科技支撑计划、智能制造专项、产业振兴和重点技术改造项目、军工项目等20批次的项目申报工作，获批项目18项，获国拨资金超过20 100万元。其中，“高精度面板智能化冷连轧生产线”的获批，成为2014年度最大的国家智能制造专项项目，获得国家6 000万元的资金支持。

国家项目管理工作。针对目前集团管理的国家项目较多，对项目执行情况掌握不够深入的现状，为进一步加强项目跟踪和监管力度，深入了解项目执行的真实情况，2014年开展了国家项目的专项检查，共计检查国家项目107项，对项目购置设备情况和工程建设情况做了深入了解，帮助项目实施单位梳理和查找问题，并协助解决问题，尤其是针对实施内容进行了调整的项目，及时要求并指导其进行报批，为项目验收消除隐患。期间，组织了国机集团牵头的国家科技支撑计划“农业与食品机械制造项目”的中期评估、项目年度财务决算和年度执行情况报告；中央国有资本经营预算重点产业转型升级与发展资金专项“iSNM-150六自由度空间关节型工业机器人研制及产业化项目”按计划进行，已完成样机研制；组织完成中国一拖“200～300马力（1马力＝0.735kW）系列大功率轮式拖拉机研制”等12个项目的验收。

3. 科技发展基金收尾工作 继续做好基金项目管理。在国机集团拟对“三金”进行整合的情况下，科技发展基金于2014年停止立项审批。针对已批准且正在执行和已验收并处于考核期的项目，继续加大管理力度，做好项目执行管理和推广应用考核，2014年度共完成104个项目的执行考核（其中28个项目完成验收工作）和85个项目的推广应用情况考核。

《集团科技发展基金项目》简报工作。为了进一步加强对科技发展基金项目的跟踪管理，及时掌握科技成果推广应用的情况，力争较全面地评估科技发展基金对带动科技投入、引导科技创新的作用，通过每半年编制一期《国机集团科技发展基金项目》简报的形式，将基金项目的总体实施情况、基金项目科研成果的推广应用情况，客观、全面地反映出来。到目前为止已编制了18期科技基金简报（2014年完成第17、18期的编制）。

科技发展基金专项总结。对科技发展基金设立十年以来的运行情况进行全面总结，为后续工作提供参考。集团科技发展基金十年共审批立项科技基金项目265个，带动项目总研发投入30.64亿元。根据立项情况，计划拨付资助金额总计25 945万元（平均每年2 594.5万元），占基金项目研发总费用的8.47%。截至2014年年底，已提交验收申请的项目共计188个，占全部项目的70.9%；正在执行的项目共计75个，占全部项目的28.3%。集团通过科技基金项目的实施，取得了一系列科研成果和经济效益，实现了“一个推进、两项牵引、三方面培育、四个提升”。

一是有效推进集团整体科技创新，科技基金自设立以来，累计获得省部级以上各类奖项 111 项、申请专利 992 项（发明专利 352 项）、获得授权专利 617 项（发明专利 176 项）、获软件著作权 77 项、制（修）订各级标准 470 项、发表论文 500 余篇、颁布国家级工法 3 部、制定规范 78 项，累计实现销售收入 228.09 亿元，累计实现利润 34.79 亿元。二是实现企业研发投入和协同创新两项牵引，十年来，通过 25 945 万元的基金配套，带动所属企业 30.64 亿元项目研发投入，得到了近 12 倍的放大效应，促进国机集团科技投入实现较快增长；围绕支撑集团主业发展，组织了一批项目的协同攻关并取得显著成效，为集团探索协同创新积累经验。三是带动新技术、新产品、新产业的培育，取得了包括数百项发明专利、几百项国家行业标准在内的一大批自主知识产权和技术成果，一批技术处于国内领先或国际先进水平；成功研制了包括大功率拖拉机、大型板式换热器等 99 种新产品，为企业产品升级换代发挥了重要作用；培育了以光伏为代表的一批新兴产业，累计直接经济效益 12 亿元，带动相关产业数十亿元。四是实现了技术水平、创新能力、集团凝聚力和影响力的进一步提升。在总结成绩的同时，还对基金存在的问题和不足进行了梳理。

4. 开展国机集团专利及软件著作权的奖励工作 依据国机集团《知识产权管理办法》和《关于全面加强科技创新工作的实施意见》规定，集团对所属单位的授权专利和软件著作权实行一次性奖励支持，自该项支持措施实行以来，集团申请专利由 2007 年的 338 项增长到 2013 年的 1 594 项，授权专利由 2007 年的 205 项增长到 2013 年的 1 184 项，年平均增长 34%；2013 年软件著作权登记数量达 81 项，较上一年度增长 35%。集团申请专利、授权专利以及软件著作权登记数量得到快速增长，该项支持措施对集团知识产权工作发挥了积极引导和促进作用。2014 年度按工作计划，组织完成了 2013 年度授权的专利资料的申报，经审查，集团所属 35 家单位共获得授权专利 1 184 项，其中，发明专利 218 项，实用新型专利 900 项，外观设计 66 项；共登记软件著作权 81 项。2014 年度国机集团所属单位授权专利和软件著作权奖励情况见表 4。

表 4　2014 年度国机集团所属单位授权专利和软件著作权奖励情况

序号	单位名称	授权专利与软件著作权数量（项）				
		发明专利	实用新型	外观设计	软件著作权	合计
1	中国重型机械研究院股份公司	25	120	0	0	145
2	中国一拖集团有限公司	15	122	24	1	162
3	中国农业机械化科学研究院	27	54	1	2	84
4	洛阳轴研科技股份有限公司	20	42	0	0	62
5	中国联合工程公司	9	69	0	1	79
6	甘肃蓝科石化高新装备股份有限公司	5	75	5	2	87
7	沈阳仪表科学研究院有限公司	16	38	0	0	54
8	中国电器科学研究院有限公司	7	27	15	14	63
9	中国国机重工集团有限公司	6	50	8	1	65
10	合肥通用机械研究院	13	7	0	9	29
11	中国地质装备总公司	6	32	1	4	43
12	济南铸造锻压机械研究所有限公司	6	27	1	9	43
13	桂林电器科学研究院有限公司	12	17	0	0	29
14	中国福马机械集团有限公司	7	22	4	0	33
15	中国浦发机械工业股份有限公司	8	22	0	1	31
16	国机集团科学技术研究院有限公司	14	0	0	1	15
17	中国第二重型机械集团公司	9	11	0	0	20
18	长春机械科学研究院有限公司	1	23	0	0	24
19	机械工业第六设计研究院有限公司	1	10	0	12	23
20	重庆材料研究院有限公司	4	9	0	0	13

（续）

序号	单位名称	授权专利与软件著作权数量（项）				
		发明专利	实用新型	外观设计	软件著作权	合计
21	江苏苏美达集团有限公司	0	16	5	0	21
22	中国汽车工业工程公司	0	21	0	0	21
23	中国电力工程有限公司	0	15	0	2	17
24	中国机械工业建设集团有限公司	1	11	2	0	14
25	中国海洋航空集团有限公司	1	13	0	0	14
26	北京起重运输机械设计研究院	0	12	0	3	15
27	广州机械科学研究院有限公司	0	10	0	4	14
28	中工国际工程股份有限公司	0	3	0	7	10
29	天津电气传动设计研究所有限公司	0	10	0	0	10
30	国机精工有限公司	0	9	0	0	9
31	中国机械设备工程股份有限公司	2	2	0	0	4
32	中国中元国际工程公司	2	0	0	0	2
33	国机汽车股份有限公司	0	0	0	5	5
34	成都工具研究所有限公司	0	1	0	3	4
35	苏州电加工机床研究所有限公司	1	0	0	0	1
	总计	218	900	66	81	1 265
	专利合计	1 184				

5. 标准资助工作 2014 年共对国机集团所属 31 家企业参与制修订的 464 项国家、行业标准给予资助。其中国家标准 141 项，主编标准 315 项。同时对《中国机械工业集团有限公司标准制修订工作资助实施办法（试行）》进行了修订。修订办法中增加了对工程建设工法、建筑标准设计图集的资助内容。2014 年度国机集团所属单位获标准资助情况见表 5。2014 年度国机集团所属单位获批国家级工法名录见表 6。

表 5 2014 年度国机集团所属单位获标准资助情况

编号	单位名称	数量	编号	单位名称	数量
1	中国电器科学研究院有限公司	66	17	中国福马机械集团有限公司	7
2	合肥通用机械研究院	53	18	甘肃蓝科石化高新装备股份有限公司	6
3	中国农业机械化科学研究院	53	19	天津电气传动设计研究所有限公司	5
4	北京起重运输机械设计研究院	36	20	中国包装和食品机械有限公司	5
5	沈阳仪表科学研究院有限公司	34	21	中国联合工程公司	5
6	成都工具研究所有限公司	29	22	重庆材料研究院有限公司	5
7	济南铸造锻压机械研究所有限公司	24	23	苏州电加工机床研究所有限公司	4
8	桂林电器科学研究院有限公司	21	24	中国中元国际工程有限公司	3
9	天津工程机械研究院	17	25	白鸽磨料磨具有限公司	2
10	洛阳轴承研究所有限公司	16	26	机械工业第六设计研究院有限公司	2
11	中国一拖集团有限公司	13	27	长沙汽电汽车零部件有限公司（长沙汽车电器研究所）	2
12	长春机械科学研究院有限公司	12	28	中机国际工程设计研究院有限责任公司	2
13	中国重型机械研究院股份公司	11	29	江苏苏美达五金工具有限公司	1
14	郑州磨料磨具磨削研究所有限公司	9	30	兰州电源车辆研究所有限公司	1
15	中国第二重型机械集团公司	9	31	青岛市海青机械总厂	1
16	中国农业机械化科学研究院呼和浩特分院	9	32	中国机械工业集团有限公司	1

表 6　2014 年度国机集团所属单位获批国家级工法名录

工法编号	工法名称	完成单位
GJYJGF109—2012	大型离合器式螺旋压力机安装工法	中国机械工业第五建设有限公司、中信建设有限责任公司
GJYJGF117—2012	大吨位、大跨度龙门起重机现场建造工法	中国机械工业机械工程有限公司、江苏华能建设工程集团有限公司
GJYJGF121—2012	大直径、长距离热力管道非开挖定向穿越施工工法	中国机械工业建设集团有限公司
GJEJGF151—2012	大型钢结构整体提升与滑移施工工法	中国机械工业建设集团有限公司
GJEJGF398—2012	大型桥式起重机安装施工工法	中国机械工业第一建设有限公司、中信建设有限责任公司
GJEJGF405—2012	大型综合性模块建造施工工法	中国机械工业建设集团有限公司
GJEJGF432—2012	LPG 地下液化气库竖井安装施工工法	中国机械工业机械工程有限公司

【重大事件与重要工作】

1. 推进中国二重长线产品、技术合作及国家项目相关工作　围绕中国二重改革振兴，密切配合并服务中国二重科技相关工作开展，并与中国二重科技管理部门建立起定期的工作联系单沟通制度。一是积极推进长线产品工作，组织中国二重完成《2014—2016 年产品及技术发展规划》，并在此基础上，围绕传统产品转型升级和新兴领域业务拓展两大板块，研究制定《中国二重长线产品规划》，为后续长线产品项目实施提供指引。二是引导中国二重与院所进行技术合作，先后组织中国二重与蓝科高新、合肥通用院等十余家院所就可能合作的技术领域、项目进行了探讨和沟通，并持续跟踪、协调、引导其间的合作交流。三是组织集团科技成果向二重转化，完成了集团所属院所可以转化二重生产的成果和产品征集，推进集团内部科技成果在二重实施转化工作，并先后组织二重与集团内单位就产品的合作进行了多次沟通。四是积极组织并协助中国二重承担国家任务，争取项目支持，成功获批 5 项军工项目，获得国拨资金 7 786 万元。

2. 开展战略性新兴产业研究　积极落实任洪斌董事长在 2014 年工作会上关于发展战略性新兴产业的指示精神，推进集团战略性新兴产业研究。通过集团与所属单位协同，遴选并开展了“三清”、工业机器人、光伏太阳能、新材料、海水淡化、云计算、3D 打印、高端装备八个专题的研究，从国内外产业发展现状、市场容量、技术趋势、集团基础及优劣势等多个方面进行了综合分析，并针对国机集团相应产业的发展方向、组织模式、商业模式、支撑条件等提出了建议，为后续具体工作开展提供参考。

3. 跟踪国机集团科研设计企业 2014 年经济运行情况　在 2013 年开展国机集团内科研设计企业经济运行分析工作的基础上，2014 年度继续跟踪科研设计企业的经济运行情况，按季度对科研设计企业的经营数据进行统计分析，并与近三年的同期数据进行对比，分析各季度科研设计企业的经济运行走势，及时掌握企业的经济运行现状，为科技管理工作的开展提供参考。

4. 开展集团国家工程研究中心和国家认定企业技术中心自评估工作　为进一步加强研发平台的监督管理，掌握研发平台运行情况，提高平台运行质量和效益，切实发挥研发平台在推动技术进步和支撑产业升级中的作用，开展了国机集团内 2 家国家工程研究中心、7 家国家认定企业技术中心的自评估工作。在认真理解消化国家相关管理办法的基础上，组织平台依托单位进行了相应评价指标的核算与填报，并结合管理办法，对指标的符合度和波动情况进行了分析，向所属企业指出了各平台在评价指标体系中的薄弱环节。通过该项工作的开展，及时发现了平台运行的不足之处，并向依托单位进行了预警，明确了改进方向，为提高平台运行质量以及迎接国家评估起到了积极作用。

【质量与资质工作】

1. 质量管理　2014 年继续按照国机集团管理体系运行要求开展各项工作。

① 结合国机集团机构和职能调整，对集团总部四标一体管理体系的《管理手册》和全部

78 个程序文件进行了全面修订。②继续对集团所有职能部门向所属企业进行满意度调查，共回收 44 份有效调查问卷，收集总有效项数为 2 288 项，总体满意度得分为 96.07 分。调查结果及分析报告分别向集团领导和各部门进行了通报。③继续认真组织集团总部内审员培训、扎实深入地开展管理体系内审和管理评审，对于发现的问题均与相关部门进行了细致的沟通并研究改进方案。④审核认证公司对集团总部的四标管理体系进行了 4 次外部审核（包括 1 次境外承包工程现场审核），均未出现不符合项，确保集团体系认证证书的顺利延续。⑤体系办公室针对满意度调查、内审、管理评审以及外审提出的改进建议均进行分解、发放相关部门，并切实监督各部门进行整改。

作为重点联系中央企业，积极配合国家质检总局完成制定 2014 年“质量月”活动计划、活动内容，组织所属企业开展“质量月”活动，质量月期间组稿在国机集团报上刊发专版，形成了万余字的《2014 年全国“质量月”活动总结》，传达了党和国家领导人在全国首届质量大会上对质量工作的最高指示精神，同时分享了所属企业开展质量工作的成效和经验，受到了质检总局和所属企业的好评。

积极组织相关企业参与国家质检总局发起的企业品牌价值评价等活动，对于促进所属企业树立质量责任意识，加强质量管理起到了良好的推动作用。

2014 年质量管理大事记：

5 月 27—29 日，组织国机集团总部内审员进行管理体系培训。

5 月 12 日，接受通标标准技术服务有限公司（英文缩写：SGS）对集团总部社会责任管理体系进行监督审核。

6 月 5—6 日，集团总部四标一体化管理体系内审。

7 月 25 日，集团总部四标一体化管理体系管理评审。

7 月 28—29 日，接受中国船级社质量认证公司对国机集团总部质量、环境和职业健康安全管理体系进行复评换证审核。

11 月 14 日，接受通标标准技术服务有限公司（英文缩写：SGS）对集团总部社会责任管理体系进行换证审核。

2. 资质管理 2014 年，继续对国机集团所属企业各类企业资质以及部分个人资格的延续、升级、变更、年审等申报、登记工作进行管理。共审核上报各类企业资质 342 项，包括甲级资质 213 项，乙级资质 24 项，丙级资质 105 项。上报率和上报通过率均为 100%。

作为注册登记机构，全年共完成 44 名设备监理人员的注册工作。

作为资质初审部门，积极参与并组织所属企业参与国家资质政策和标准的制修订工作，先后对住建部、发改委《建筑业企业资质标准》《工程咨询单位资格认定办法》等 8 项政策文件制修订文稿提出建议和修改意见，多条意见被采纳。

按照住建部《关于做好建设工程企业资质申报业绩核查工作的通知》要求，国资委管理的有关中央企业要对其下属企业资质申报材料当中的业绩开展核查工作，按照相关文件要求及时制定了相关办法下发所属企业并开始执行。

2014 年资质管理大事记：

1 月 20 日，《关于批准 2014 年第一批建设工程企业资质资格延续的通知》（建市资函〔2014〕6 号）、《关于核准 2014 年第一批建设工程企业资质资格名单的公告》（住房和城乡建设部公告第 282 号）中，国机集团所属中联西北工程设计研究院获得市政行业热力工程甲级、机械行业甲级、建筑行业建筑工程甲级、轻纺行业家电电子及日用机械甲级、轻纺行业食品发酵烟草工程甲级、环境工程设计专项大气污染防治工程甲级，中机国际工程设计研究院有限责任公司获得电子通信广电（电子工程）乙级，中工武大设计研究有限公司获得水利行业灌溉排涝甲级、水利行业（围垦、水库枢纽、引调水、城市防洪、河道整治）乙级资质。

2 月 27 日，《关于批准 2014 年第二批建设工程企业资质资格延续的通知》（建市资函〔2014〕16 号）中，国机集团所属中国中元国际工程有限公司获得建筑装饰装修工程设计与施工资质壹级资质。

3 月 24 日，《住房城乡建设部关于核准 2014 年度第二批建设工程企业资质资格名单的公告》（住房和城乡建设部公告第 339 号）中，国机集团所属中机建筑工程有限公司获得矿山工程施工总承包叁级、建筑装修装饰工程专业承包壹级、化工石油工程施工总承包贰级资质。

4月3日，《关于核准2014年度第三批建设工程企业资质资格名单的公告》（住房和城乡建设部公告第358号）中，国机集团所属中国机械工业第一建设有限公司获得机电安装工程施工总承包壹级资质，中机十院国际工程有限公司获得机电安装工程施工总承包贰级资质。

5月12日，《关于批准2014年第六批建设工程企业资质资格延续的通知》（建市资函〔2014〕53号）中，国机集团所属天津中机建设工程设计有限公司获得建筑行业（建筑工程）专业甲级资质。

6月23日，《关于批准2014年第八批建设工程企业资质资格延续的通知》（建市资函〔2014〕77号）中，国机集团所属中机十院国际工程有限公司获得建筑行业（建筑工程）专业甲级、机械行业甲级、环境工程设计专项水污染防治工程甲级资质。

7月5日，《住房城乡建设部关于核准2014年第六批建设工程企业资质资格名单的公告》（住房和城乡建设部公告第470号）中，国机集团所属天津辰鑫石化工程设计有限公司获得化工石化医药行业甲级、轻纺行业纺织工程化纤原料工程甲级、轻纺行业纺织工程化纤工程甲级资质。中国机械工业建设集团有限公司获得建筑行业甲级、房屋建筑工程施工总承包特级资质。

8月14日，《国家发展改革委批准的2014年工程咨询单位资格名单》（中华人民共和国发展和改革委员会公告2014年第10号）中，国机集团所属中机中联工程有限公司等7家单位295项工程咨询资质获批准。

8月26日，《关于批准2014年第十一批建设工程企业资质资格延续的通知》（建市资函〔2014〕111号）中，国机集团所属中机中电设计研究院有限公司获得建筑行业（建筑工程）甲级、机械行业甲级、商物粮行业（冷冻冷藏工程）专业甲级、建筑智能化系统设计专项甲级、商物粮行业（批发配送与物流仓储工程）专业甲级、市政行业（热力工程）专业甲级、商物粮行业（成品油储运工程）专业甲级、电子通信广电行业（电子工程类（电子特种环境工程））专业乙级资质。中机十院国际工程有限公司获得房屋建筑工程监理甲级、机电安装工程监理甲级、市政公用工程监理甲级资质。中机国际工程设计研究院有限责任公司获得房屋建筑工程监理甲级、市政公用工程监理甲级资质。中国机械设备工程股份有限公司获得工程建设项目招标代理机构甲级资质。

9月5日，《住房城乡建设部关于核准2014年度第八批建设工程企业资质资格名单的公告》（住房和城乡建设部公告第542号）中，国机集团所属中机国能电力工程有限公司获得电力行业甲级资质。中工武大设计研究有限公司获得水利行业河道整治甲级、水利行业城市防洪甲级资质。

10月29日，《关于批准2014年第十四批建设工程企业资质资格延续的通知》（建市资函〔2014〕148号）中，国机集团所属杭州信安建设监理有限公司获得电力工程监理甲级、房屋建筑工程监理甲级、机电安装工程监理甲级、市政公用工程监理甲级、冶炼工程监理甲级资质。

11月6日，《住房城乡建设部关于核准2014年第十批建设工程企业资质资格名单的公告》（住房和城乡建设部公告第625号）中，国机集团所属中机建筑工程有限公司获得机电安装工程施工总承包贰级资质。

11月17日，《关于批准2014年第十五批建设工程企业资质资格延续的通知》（建市资函〔2014〕157号）中，国机集团所属中工武大诚信工程顾问（湖北）有限公司获得市政公用工程监理甲级、房屋建筑工程监理甲级资质。

【产业化建设】 目前国机集团在实施的产业化项目40余项，项目总投资近100亿元。为促使项目尽快形成产能，产生效益，国机集团积极推进在建项目的建设进程，对在建项目进行了全面梳理和清查，对项目建设存在的问题向项目承担单位给予了反馈，对项目的建设起到了引导和促进作用。

1. 新产品开发情况 2014年新产品开发经费支出11.8亿元，当年完成新产品新技术787项，新产品销售收入189.6亿元，其中出口额29.3亿元。在技术转让方面，2014年技术转让收入为11.6亿元。在“走出去”方面，出口额达到76.4亿美元。

2. 产业化问题研究与梳理 在推进产业化的同时，国机集团对产业化过程中出现的问题，特别是院所大规模产业化后经营状况下滑的问题进行了研究和梳理。从目前所属院所情况来看，立足高端、瞄准高精尖特优，走差异化发展院所，经营情况总体较好，走大规模产业化、阵地战的院所都遇到较大的困难。院所走大规模产业化带来了以下几方面困难：一是从院所产业化来看，大规模建设投资带来了明显的资金压力和资金成本；二是由于大规模建设需要大量资金，从而减少了科技投入和研发能力的不足，新产品新技术研发速度较慢、水平不高和市场认可度低，尤其是缺乏高端技术产品，不足以支撑规模产业的发展；三是院所普遍存在市场营销能力较弱、生产管理水平不高、成本控制和融资能力较低、产品质量不够稳定等问题，导致市场竞争力下降；四是企业大规模建设后，产能没有得到释放，企业效益急剧下滑，员工收入下滑，导致技术人才流失严重，进一步削弱了企业的新产品新技术的研发，形成恶性循环的局面。

【军品配套专项工作】 2014 年，国机集团从事军品配套科研生产的所属企业共 14 家，主要配套产品包括：航空模锻件、特种轴承、特种金属波纹管、传感器、制冷装置、机泵阀、特种合金材料及制品、测温材料及元件、绝缘材料、特种电站、飞机牵引车等。2014 年，为武器装备配套科研生产提供了 35 大类 400 余个品种近 40 万件（台 / 套 /kg/m）的基础机电零部件、特种材料和整机等军品配套供货任务，军工主营业务收入首次突破 10 亿元。另有 7 家企业从事国防军工工程设计咨询、军工贸易和服务以及提供制造装备等。军品配套科研项目和产品涉及航空、航天、船舶、兵器、核工业、电子等军工领域，以及总装、海、空部队和后勤保障系统，为国防科技工业和武器装备科研生产提供了有力的技术支持和装备保障。

1. 争取和落实国防军品配套任务 国机集团所属军品配套企业结合各配套企业专业特点和优势，积极跟踪配套科研项目信息，组织所属企业提前开展科研项目的前期预研工作。2014 年，共向 9 家企业提供了 110 余项配套科研项目指南信息，组织了 6 家企业 2 个批次共 18 项科研项目建议书的审查、申报、答辩和协调服务等项工作。第一批获批 10 项，国拨经费近亿元，为所属企业承担更多的军品配套科研项目提供了有力的支撑和服务。

中国二重军工业务纳入集团公司管理之后，根据二重军品配套科研项目承接能力和企业的实际情况，及时向国防主管部门反映了二重万航模锻件的研发条件和能力以及牵头承担科研项目的诉求，经过多方努力，2014 年，中国二重德阳万航模锻有限责任公司第一批申报的 5 个军品配套科研项目全部获批，国拨资金数千万元，有力地提升了二重在军品配套科研项目模锻领域的地位和影响力。

2014 年，共有 6 家所属配套企业承担了 11 个国防军工建设项目，这是国机集团成立以来在建项目最多、建设单位最多的一年。11 项在建项目中，研制保障条件建设项目 7 项，生产能力建设项目 3 项，基础研发条件 1 项。其中，2014 年获得中国二重德阳万航模锻有限责任公司和北京金轮坤天特种机械有限公司的 2 项某型号研制保障条件建设项目可研报告批复。为提升中国二重航空模锻生产能力，完善现有模锻生产工艺流程，解决模锻件生产能力存在的工艺瓶颈和短板问题，国机集团及时向国防主管部门反映情况，经过多方努力，2014 年年底国防主管部门已完成对二重万航配套模锻件生产能力建设项目生产纲领的核定工作，并进入项目建议书的编制阶段，对进一步提升二重军品配套生产能力起到了重要作用。

2. 军品配套重点工作 2014 年是“十三五”军品配套规划的启动之年，根据国防主管部门的要求，集团公司作为机械行业军品配套“十三五”规划编制的牵头单位，组织开展“十三五”军品配套规划的编制起草工作，已完成机械系统“十三五”规划的前期调研和资料收集以及规划初稿的编写和上报工作。

在科研项目管理方面，加强项目的组织实施和过程管理，采用重点项目关键节点进度检查关口前移，远程监督和现场检查相结合，积极协调项目进度等有关问题，制定后墙不倒实施计划等管理手段和措施，在研的 40 余项军品配套科研项目中 9 项已完成了研制任务，全面完成了国防主管部门下达的研制工作计划，确保了武器装备型号的科研生产任务。其中，轴研科技承担的航发轴承重点研究专项，经过三年多的共同努力，按期完成航发轴承规划的第一阶段研究任务，为第二阶段研究工作的开展奠定了良好的基础。

在建设项目管理方面，依据国防主管部门的有关规定和要求，在项目的申报、组织实施等方面按照各项目节点进度要求，提出明确的工作重点和关键节点，帮助和指导建设单位组织实施。对当年计划验收的建设项目，除季报外执行月报制度，及时掌握实施进度，协调解决有关问题，确保了建设项目按计划组织实施。根据国防主管部门对在建项目开展监督检查的工作计划安排和要求，集团公司及时编制检查的实施方案和工作计划，组织相关专家20余人次对4家企业的4个在建项目进行了现场检查，配合国家主管部门和地方工办完成了2家配套企业的5个在建项目的检查工作，帮助建设单位发现问题、解决问题，指导和规范建设单位的项目组织实施和管理，为所属企业在建项目的规范实施和管理提供了有力支撑。按照国防军工固定资产投资项目管理有关规定，组织专家对中国二重、沈阳仪表院和重材院等建设项目的建设周期及有关事项的调整进行评审，按期办理批复手续，确保了在建项目的合规运行和组织实施。

在完成国防主管部门安排的《中国共产党军工史》（军品配套机械部分）史稿的统稿工作的基础上，国机集团充分利用已掌握的各种相关史册及背景资料，编撰了一部《中国机械工业集团有限公司军品配套史（1949—2013年）》（约33万字），完整客观系统地记载、总结了国机集团所属配套企业各个历史时期军品配套科研生产的发展状况和前进轨迹，为了解和研究国机集团军工发展历史提供了丰富而详实的史料。

在完善军工数据信息系统模块功能升级的基础上，2014年，完成了系统数据更新和补充的组织和指导工作，对13家单位进行了电话指导和现场培训，对中国二重首次使用该系统的管理部门、操作人员以及信息系统的维护人员进行了现场培训和一对一的指导。目前该系统可以满足数据信息快捷、高效的填报使用要求。

完善了新版军工关键设备设施管理系统相关数据信息，组织填报和审核以及指导2014年集团公司所属企业军工关键设备设施的登记、变更和处置等信息管理工作。

3. 涉军资质管理 加强所属企业军工保密资质和科研生产许可证等资质的管理。截至2014年，国机集团共有14家所属配套企业获得武器装备科研生产保密资质，其中，二级保密资质6家，三级保密8家；12家企业获得武器装备科研生产许可证资质，其中，一类资质1家，二类资质11家；9家企业获得总装备部颁发的装备承制单位资格证书；14家企业获得相关机构颁发的军标质量管理体系认证证书；4家企业列入军工涉密业务咨询服务备案名录，其中，中机六院2014年列入咨询服务备案名录，中国电工、中设集团和中国联合所属的3家企业2014年申请并获批（2015年下发备案名录）。并指导协助4家配套企业的保密资质和许可证的复查和审验工作。

资本运营

【外部重组】 2014年，国机集团外部重组主要是在前期工作的基础上，结合实际情况的变化，适时调整工作思路和节奏，扎实开展相关工作。

1. 把握并购战略方向，加强项目服务与管理 对并购项目的管理从产业、市场布局的战略出发，不仅严格评价其经济效益的可实现性，同时按照后评价管理工作的节奏明确项目后续管理的措施，为所属企业的并购重组提供服务，加强监督管理。

2. 推进国际合作，促进集团产业升级 为促进产业转型升级，推进KUKA公司、SCHUNK公司、FFT公司、EISENMANN公司、UMICORE等与所属单位合作。KUKA公司与中汽工程的合作项目，双方就以下方面达成共识：一是进一步深入研究在汽车白车身及TCF方面的合作，寻找最佳合作路径。二是共同推进弧焊机器人和搬运机器人的业务发展。三是择机联合收购从事表面涂装技术、物流自动化业务的国际知名企业。

3. 从投融资战略出发，引进战略投资人 结合企业实际，从投融资战略出发，积极与弘毅投资、中投公司、中银国际、中建投资本等进行业务对接，寻求双方合作的机会，引进增量资源。如与弘毅投资签订了保密协议并草拟了下步工作计划，将根据集团现有的项目及资源引入弘毅投资作为财务投资。

4. 完善并购指导意见，开展并购实务培训 为支持所属企业的并购工作并有效识别、防控并购及整合工作中的风险，根据国资委《关于规范中央企业并购的意见》等有关文件，在与兄弟央企交流学习的基础上，制定了《关于加强并购管理工作的指导意见》，就选择并购标的的原则，并购前期的尽职调查、价值评估、可研分析、审批环节的要求以及后期整合及评价工作的目标都逐一说明，并对海外并购及上市公司并购的特殊性做出提示。组织“企业海外投资并购实务培训讲座”，针对集团总部及所属十余家企业约 30 名相关负责人就并购中涉及跨境并购法律尽职调查、交易概述、并购协议审阅和谈判、香港资本市场介绍等四项专题展开讲座和交流。

5. 推动落实外部资源整合项目 在组建国机精工后，进一步推进白鸽公司重组整合的后续工作。落实完成郑州市政府向白鸽公司首期增资 2 亿元和先期 15.7 万 m^2 土地到位及项目开工建设的基础上，积极推进白鸽公司加快产品结构调整，推动白鸽公司向郑州市新材料产业集聚区搬迁建设工作。同时，进一步推进重组贵州达众的工作，中磨公司与贵州达众签订了托管达众七砂的《托管协议》，对七砂进行了经营托管，托管目标全部实现，为重组七砂各项工作的顺利推进奠定了基础。

【内部重组】

1. 加大力度落实中国二重振兴方案，大力推进中国机械对外经济技术合作总公司（简称 CMIC）与中国二重的重组工作 按照“先托管后重组”的思路，启动了中国二重与 CMIC 的重组工作。作为落实中国二重改革振兴方案的重要举措，按照重组方案，启动了 CMIC 的改制重组工作。面对 CMIC 瑕疵资产、资本收益、税收风险等诸多矛盾和问题，适时调整重组方案，多次召开专题会议，协调国机资产和 CMIC，平衡各方利益诉求，在时间紧迫情况下，完成了 CMIC 改制工作，具备了注入二重的条件，无偿划转工作将根据债务重组的统筹安排适时启动。

这项工作意义重大。重组后 CMIC 作为二重开展工程承包业务和集团协同经营业务平台，加快推动双方的资源共享和业务协同，培育和打造二重的工程总承包能力，延长二重产业链条，推动二重由纯粹的制造企业向制造服务型企业转型升级。

2. 继续推动优质资源向上市公司集中 在前一阶段工作的基础上，2014 年国机汽车通过资产重组、现金收购等不同形式，完成了中汽进出口、国机丰盛整体注入工作，实现了以国机汽车为平台的汽车业务资源整合，消除了同业竞争。同时，国机汽车通过非公开发行募集配套资金 2.36 亿元，降低了企业运营的财务成本。通过资产注入和再融资，增加了国机汽车总资产和净资产，降低了资产负债率，使公司的抗风险能力得到进一步提高。同时，本次资产重组兑现了解决同业竞争的有关承诺，按照集团战略规划，进一步发挥了上市公司作为集团汽车贸易及服务业务板块资本运作平台的作用，提升了汽车业务品牌优势、连锁优势和规模优势，进一步提高业务的核心竞争力，实现汽车贸易及服务业务的可持续、稳健发展。

【改制工作】

1. 深入研究，明确企业改革方向 认真贯彻党的十八大和十八届三中全会关于深化国有企业改革的精神，积极研究探索集团争取国有资本投资公司试点和发展混合所有制经济改革等工作。

（1）密切跟踪国资委改革动向。2014 年，先后多次走访国资委有关司局及有关老领导和专家，密切跟踪国资委改革工作部署，获取了中央改革的最新动向；关注国资委有关政策的出台情况，积极参加国资委及中介机构组织的企业改革的研讨会、座谈会和培训会，深刻理解混合所有制改革的精神实质和主要实现途径，摸准国企改革的思路脉络，保证准确理解深化改革的方向、目标和途径。尤其是对两类公司的功能定位、改组目标、试点条件、改组方式等获得较深入的认识，为管理者明确国机集团的改革定位提供了对标和决策依据。

（2）密切跟踪地方国企改革动向。及时收集整理了各省市出台的改革指导意见、有关实施细则等，了解地方国企改革的思路、动向和举措。

（3）广泛开展有关国企改革的调研。先后赴国开投、中化集团、五矿集团、宝钢集团等兄弟央企，获取有益的经验；通过与民营企业、中介机构的交流，了解民营企业在参与国企改革中的做法和经验，职工持股的历史与现状，为下一步推进符合集团特点的改革工作奠定基础；先后赴中福马、中地装、北起院等企业调研，多次与中国电器院沟通，收集所属企业关于企业改革的意见和建议，意愿和诉求，加强深化改革的针对性。

在上述工作基础上，取得了如下成果：

一是起草了《关于深化国机集团体制机制改革的思考》，提出了有关改革的建议，为集团领导明确“机械行业国有资本投资公司试点企业”的改革定位，并在此前提下开展一系列体制机制改革的总体思路，提供了参考。

二是根据集团部署制定了关于“国有资本投资公司试点”和“发展混合所有制改革”工作方案，明确了改革的思路和方向，为下一步启动改革试点进行了谋划，奠定了基础。

三是根据国务院国企改革办的部署，组织提交了有关改革《指导意见》的修改建议和《关于深化国有企业改革有关问题及政策建议的报告》。

四是筹备启动混合所有制及职工持股改革试点工作。明确了以中国电器院作为职工持股试点单位，就改革方案进行了初步研究探讨；启动了上市公司引入民资工作，在双方领导达成共识的基础上，工作层面进行了实质性研究探讨，形成了初步框架方案，履行了内部决策程序，具备了正式启动的条件。

2. 实施完成部分企业的改制工作 主要包括中国机械对外经济技术合作总公司、机械工业勘察设计研究院、中联西北工程设计研究院、内蒙古华德新技术公司（中国农机院所属）、中国汽车工业咨询发展公司（中汽国际所属）五家企业的改制工作，同时启动了中国机床专用技术设备公司的改制工作，这些企业的改制为顺利推进相关资源整合奠定了基础。

继续关注和积极推动北起院改制工作，就改制涉及的土地出让手续问题，积极组织当面沟通并多次报文，争取国管局的支持。

3. 解决历史遗留问题取得阶段性成果 2014年，国资委将剥离企业办社会职能、解决历史遗留问题，纳入国家层面深化国企改革的重点工作，得到国务院有关领导的大力支持，并大力推进。根据国资委的具体要求和节奏，结合企业实际情况稳步推进。

一是积极推进厂办大集体改革。在对厂办大集体摸底统计的基础上，制定完成了4家二级企业涉及50多家厂办大集体的改制初步方案；邀请国资委分配局主管处长对相关企业人员进行了培训，解读政策，指导设计改革方案及操作中需要重点关注的问题。目前，天传所厂办大集体改革工作已基本完成，制定了集团厂办大集体改革总体方案并上报国资委。

二是稳步推进驻豫湘渝企业分离移交“三供一业”工作。对驻豫湘渝企业分离移交“三供一业”情况进行了统计摸底，分别在洛阳、重庆等片区召开了“三供一业”移交工作协调会，对相关企业进行了政策宣贯辅导和工作部署，建立了工作协调机构，为有效推动移交工作奠定了基础。13家驻豫湘渝企业分离移交“三供一业”工作按照地方的工作节奏开展。

三是有效推动解决国机重工历史遗留的“天津五厂”所需资金问题。加强集团相关部门协调，解决“天津五厂”所需资金的拆借问题，下半年聘请中介机构对相关费用进行了精算，确定了费用数额，按照既定方案落实资金后，“天津五厂”人员安置问题将得到切实解决。

四是启动了一拖集团小股东退出工作。研究论证了中国一拖集团小股东退出的基本思路和初步方案，履行了审批程序，该项工作的开展将有利于理顺股东关系，为后续资本运作扫除障碍。

【资产管理】

1. 资产质量优化提升专项工作取得实效 为贯彻落实国机集团2014年工作会议精神，加快推进长期股权投资的优化调整，有序推进应收款项、存货等重要流动资产的清理盘活，经深入调研，下发了专项工作通知，按照“清单式管理”模式，进一步加大力度推进资产质量优化提升专项工作。

（1）大力清理调整五层企业。深入企业调查研究，稳步推进五层及以下企业的清理调整工作，提出力争实现预定目标。2013年财务决算反映，集团有五层及以下企业42家，经与所属企业沟通并初步确定，拟在2015年前进行清理调整的五层企业26家、六层企业1家，占全部五、六层企业的64.3%。另外，由于五层企业自身或其母公司为股权多元化以及具有特殊资质等不宜清理调整等原因，部分企业建议继续保留或暂无清理调整预案的五层企业有 15 家。目前上述 27 家企业全部按照清理调整预案的清理调整数量执行。按计划 2014 年应清理调整 11 家，已基本完成。

（2）持续推进其他资产质量优化提升工作。针对所属企业长期股权投资、应收款项、预付账款、固定资产、非正常存货、无形资产等资产质量优化提升专项工作，批复 26 家二层企业，涉及子企业 44 家，长期股权投资 29 项。在清理应收账款、存货、预付账款等项目中，涉及可处置资产 61.2 亿元。其中可收回金额 22.87 亿元、拟核销金额 4.89 亿元、需补充证据 16.16 亿元、可处置资产 17.28 亿元。

2. 完善管理制度，修订并下发《国机集团资产处置管理办法》 为贯彻十八届三中全会和国务院关于深化企业改革的相关精神，落实国务院国资委 2014 年有关资产转让管理的最新要求，结合国机集团各级企业近年来资产处置的实际情况，修订下发了《国机集团资产处置管理办法》，落实了国资委的最新文件要求，补充和完善了集团实物资产转让进场交易的相关管理规定，补充了对国有股权置换、资产分立等行为的相关规定和操作规范，指导所属企业合规、充分地利用新政策优化企业资源配置，降低资产处置成本。

3. 抓好集团及所属企业资产管理日常工作 2014 年，完成集团所属企业资产处置事项的前期论证、审查、批复等项目 15 项，涉及资产额 5.1 亿元。

4. 完成土地房产信息系统建设，提升重大资产管理水平 2014 年启动了国机集团土地房产信息管理系统，年内已完成验收工作，系统达到可使用状态，可以实现建立完整的土地和房产信息台账，准确掌握土地房产全生命周期状况的管理目的。截至 2014 年底，已经全面采集和录入了项目一期土地的历史数据，正在对项目二期房产数据进行完善。

5. 规范产权关系，深度挖掘资产价值

（1）解决了长春机械院各股东持股比例与权益比例不一致的历史遗留问题。因长春机械院增资工商变更登记程序有误导致各方持股比例与权益比例不一致，给重组进入中国农机院及筹备三板上市等工作造成了困难。经多方调研和协调，解决了历史遗留问题，规范了集团对长春机械院的产权关系，完成了中国农机院重组长春机械院的工作。

（2）顺利推进“拨改贷”项目的清理处置工作。配合北京市尚公律师事务所推进 36 项“拨改贷”项目的清收工作，涉及“拨改贷”原值 4 827 万元。自 2013 年以来，涉及诉讼、调解的项目 12 项，“拨改贷”原值 2 608 万元，已回收到账 463.8 万元，回收率在 60% 以上，2014 年 12 月还有 241 万元到账，回收率 100%。

【投资工作】

1. 投资基本情况

（1）投资审批情况。2014 年国机集团审核办理的投资项目共 126 项，其中集团审批 49 项、备案 77 项，平均每月处理投资项目 11 项，审查投资项目总额达 119 亿元。已经审核通过的投资项目共 122 项，其中集团审批 45 项、备案确认 77 项，审核通过的投资项目总额约 85 亿元，其中集团审批 63 亿元、备案确认 22 亿元。国机集团审核通过的投资项目中，按照项目类型分，长期股权投资项目 45 项、投资总额约 42 亿元；固定资产投资项目共 77 项、投资总额约 43 亿元；按照国机集团三大主业分，机械装备研发与制造板块投资 43 亿元，工程承包板块投资金额约 23 亿元，贸易与服务板块投资金额约 19 亿元。

2013 年，国机集团组织召开投资审查会议 10 次，审查重大投资项目 16 项次，项目金额合计 85 亿元；审查通过的重大投资项目 14 项，审查通过的投资总额 83 亿元。

（2）投资完成情况。2014 年国机集团（含中国二重，下同）计划投资总额为 163.5 亿元，其中境内计划投资为 142.3 亿元，境外计划投资为 21.2 亿元。实际完成投资总金额约 84.6 亿元，完成全年计划的 51.7%。

2014 年国机集团完成的投资中，固定资产投资完成 47.2 亿元；长期股权投资完成 37.4 亿元。按投资方向分，完成主业投资 83.9 亿元，非主业投资 0.7 亿元；按投资地点分，境内投资 73.0 亿元，境外投资 11.6 亿元；按业务板块分，机械装备研发制造类企业完成投资 31.6 亿元，工程承包类企业完成投资 22.4 亿元，贸易服务类企业完成投资 30.6 亿元。其中：

2014 年国机集团全年固定资产投资计划总

额 101.9 亿元，实际完成 47.2 亿元，完成计划的 46.3%。截至 12 月末，集团总部及所属企业完成的固定资产投资中，按项目状态分，新开工项目 15.9 亿元，续建项目 31.3 亿元；按业务板块分，机械装备研发制造类企业完成投资 25.4 亿元，工程承包类企业完成投资 7.9 亿元，贸易服务类企业完成投资 13.9 亿元。

2014 年国机集团长期股权投资计划总额 61.6 亿元，实际投资完成 37.4 亿元，完成计划的 60.8%。截至 12 月末，集团总部及所属企业完成的长期股权投资，按业务板块分，机械装备研发制造类企业完成投资 6.2 亿元，工程承包类企业完成投资 14.5 亿元，贸易服务类企业完成投资 16.7 亿元。2014 年国机集团固定资产投资完成情况见表 1。2014 年国机集团股权（产权）投资完成情况见表 2。

表 1　2014 年国机集团固定资产投资完成情况　（单位：万元）

项目	计划投资总额	完成投资总额	按投资方向划分		按项目阶段划分		到位资金	按资金来源划分		
			主业	非主业	新开工	续建		自有资金	贷款	其他
合计	1 019 090.02	472 059.97	465 574.32	6 485.65	159 003.19	313 056.78	474 621.92	393 579.84	69 007.24	12 034.84
境内	934 864.20	433 744.07	427 258.42	6 485.65	158 196.19	275 547.88	436 306.02	378 030.67	46 240.51	12 034.84
境外	84 225.82	38 315.90	38 315.90	–	807.00	37 508.90	38 315.90	15 549.17	22 766.73	–

说明：表中填写的数据应为本企业全部固定资产投资额的有关情况。

表 2　2014 年国机集团股权（产权）投资完成情况　（单位：万元）

项 目	计划投资总额	完成投资总额	按投资方向划分		按资金来源划分		
			主业	非主业	自有资金	贷款	其他
合计	615 841.63	374 612.26	372 905.09	1 707.17	365 087.26	800.00	8 725.00
境内	487 770.43	296 327.96	294 620.79	1 707.17	286 802.96	800.00	8 725.00
境外	128 071.20	78 284.30	78 284.30	–	78 284.30	–	–

说明：表中填写的数据应为本企业全部股权（产权）投资额的有关情况。

2. 并购工作　2014 年国机集团新增的并购项目共 10 项，并购投资总额 18.8 亿元。其中海外并购 2 项，投资总额 2.8 亿美元；涉及上市公司并购 5 项，投资总额 18.0 亿元。按照集团三大主业划分，机械装备研发与制造板块投资 0.2 亿元，工程承包板块投资金额约 17.6 亿元，贸易与服务板块投资金额约 1.0 亿元。2014 年所属企业多通过纵向并购，即沿着产业链上下游并购从而达到业务转型或获得相关资质提升市场开拓能力。如：中设集团收购土耳其配售电公司，旨在“熟悉的市场、熟悉的行业”实现业务转型，开拓新的增长点；中汽工程收购新兴福田建筑工程有限公司可获得土建施工一级资质，增加了企业的 EPC 总承包能力，提升了企业核心竞争能力。

3. 再融资工作　2014 年，国机集团所属蓝科高新和轴研科技完成了配股融资工作，分别募集资金 2 亿元和 2.6 亿元，为企业发展提供了资金支持。此外，完成了现代农装新三板再融资工作，募集资金 3.24 亿元，其中外部资金 1.3 亿元，为企业解决资金难题提供了帮助。

4. 投资工作效果　从投资工作效果看，主要发挥了以下六个方面的作用：

（1）服务国家战略，发展国家战略性产业。在国资委的大力支持下，中白工业园项目在建设、招商引资等方面的工作按计划向前推进。2015 年 1 月 29 日召开了在白中资企业座谈会和中白企业对接咨询会，国资委有关司局领导、中国机电商会领导及国内 40 多家企业视察了中白工业园一期工程现场。中白合资公司已与中国长城工业集团、长安汽车、娃哈哈等企业及集团内部中国一拖、中设集团等企业开展了对接工作，多家企业表示有意入驻。

（2）优化产业结构，促进企业转型升级。苏美达集团摆脱了传统贸易模式，积极转型升级向具有科技含量、高附加值的新能源领域，实施了多项光伏发电项目。通过整合多方资源打造投融资平台，推动实施单机贸易业务“贸工技金”模式、工程承包业务“EPC+F”模式，取得积极成效。

（3）做大做强主业，增强企业盈利能力。国机精工超硬材料及制品工程中心产业化基地项目二期工程交付使用，建成高效、精密陶瓷、树脂、金属结合剂超硬磨料砂轮及研磨抛光精细制品生产线。使公司产品技术水平达到国内一流水平，实现可替代进口。

（4）深化科技创新工作，加速提升企业技术水平。国机集团及所属企业通过一系列科技研发与技术改造项目的实施，改变了企业产品档次、技术含量和附加价值低的粗放式发展模式；促进了企业新技术、新工艺、新设备、新材料应用步伐，提高了关键零部件的加工能力和精度，加快了企业新产品、新技术、新工艺等科技成果转化能力。

（5）促进节能减排，增强企业可持续发展能力。中国一拖通过全国首批“两型”企业试点单位预评价验收。2014 年继续积极推进铸造绿色科技升级改造项目污染治理项目的实施，完成了铸造公司污染治理项目。加快高能耗设备退出，降低能源消耗，带动主机产品的升级换代和企业经济效益提高。中国农机院自主研发投资实施的“板式制冰蓄冷技术装备产业化项目”可以减少发电装机容量，减少环境污染治理费用，降低发电成本，减少粉尘烟尘的污染，对于促进节能减排、提高我国电力资源利用率有着积极意义。

（6）境外投资项目的效果及对本企业发展的协同效应。2014 年中工国际通过投资并购老挝岱梧公司获得了当地的土地特许经营权，为公司在老挝综合开发储备了土地资源，与正在进行中的万象滨河综合开发项目以及琅勃拉邦酒店项目形成协同效应，使公司在老挝乃至整个东南亚的影响力得到进一步提升。

5. 投资风险控制 为有效防范投资风险，确保企业投资目标的实现，2014 年主要开展了以下几方面工作：一是积极落实投资项目责任人制度，推进重大投资项目目标考核责任书的签订，促使企业投资项目经济预测更趋于理性和实际，避免可行性报告成为“可批性报告”。2014 年集团总部共与 5 家单位就 9 项重大投资项目签署了投资目标考核责任书，涉及总额约 26.5 亿元，取得了良好效果。二是全面开展投资项目的后评价，加强投资项目的过程管理与事后监管。按照前期准备、企业自查自评、咨询机构独立评价和后评价报告评审四个阶段，2014 年第一次开展了全集团范围内的投资项目后评价工作，涉及 14 家企业、19 个重大投资项目，其中一拖股份收购法国 MCC 资产项目、济南铸锻所绿色铸造系统成套装备产业化项目、国机重工常林工业园项目、中机建设中山重钢结构产业化基地建设项目和中汽工程天津静海汽车装备产业化项目 5 个项目由集团聘请专业咨询机构完成独立后评价工作。三是在后评价工作基础上，梳理和提炼企业在投资项目立项、决策、实施和运营等不同阶段存在的共性问题，并针对性地提出风险提示和管控要求，发布了《国机集团关于进一步加强投资管理，严格防范投资风险的指导意见》，从而提高企业投资项目全过程管理水平。

综合管理

【战略管理】

1. 修订完善战略管理制度 根据新形势和新要求，结合企业实际，重新修订完善国机集团战略管理制度。重新修订的制度进一步规范了集团及所属企业战略规划的编制、实施、评估和修订工作，强化了对国机集团所属企业（特别是重要所属企业）战略规划的管理工作，提升了战略管理工作的有效性和科学化、规范化水平。

2. 加强发展战略研讨和培训 召开“头脑风暴会”，聚焦全面深化改革主题，对国机集团定位及发展战略、产业发展与转型升级、混合所有制改革等方面进行研讨，取得预期效果；召开战略研讨培训会，通过专家授课、现场发言交流、书面交流等形式，有效促进战略管理能力提升；召开工贸企业国际市场研讨会等会议，积极探讨国机集团业务板块和核心职能的发展。

3. 深化对外战略合作 逐步推进已签署的战略协议落地，例如，建立与湖北省央企办的长效沟通机制，有效推动双方合作；建立新的合作联盟，与白俄罗斯、中国银行、中国外运长航、北京外国语大学等政府、企业、大学签署战略合作协议；不断开启新的合作领域，与印度、四川省、施耐德集团、中航工业等国内外政府和企业进行业务交流，为进一步深入开展合作奠定基础。

【信息化建设】

2014 年，信息化相关政策密集发布、宏观环境发生巨大变化、部分最新信息技术应用方案逐渐成熟。国机集团信息化工作重点仍然是支撑有质量的增长、服务集团战略目标实现、促进主业发展、不断提升信息化工作能力与水平。

1. 提升集团管控力度 依托“国机集团信息集成管理平台”，国机集团基本建立集团全业务、全层级覆盖的信息化管理模式，形成具有工作载体电子化、统计汇总自动化、过程跟踪可视化、原因分析精准化、决策支持图形化“五个特点”的集团化管控新手段体系，提高了总部各部门摆脱事务性工作、聚焦价值创造、体系化工作的能力，强化了各部门对所属企业的垂直管控力度，以及集团领导对所属企业的宏观信息的整体把握。

在集团管控的多维度支持方面，以综合信息展示平台、企业内网门户等系统为通道，以手机、iPad、电脑等为终端，初步实现决策支持图形化、访问方式多样化。集团管控的信息化支持跃上新台阶，集团领导身处世界任何地方，可随时掌控集团宏观数据、重大项目风险、重要合同审批等信息。

2. 服务三大主业发展 按照统分结合信息建设模式，国机集团根据所属企业的业务特点、工作需要，持续推动信息化与三大主业融合，不断完善信息集成管理体系，以信息化助力企业核心竞争力提升。因管理提升获集团表彰的先进单位，基本上是以信息化为突破口，在降本增效、转型升级等方面取得丰硕成果的单位。

在工程承包板块：中工国际应用项目管理系统，大幅度提高了项目按时完成率、项目费用控制水平；六院大力推进“建筑模型应用”，建立200 余人的专业 BIM 团队，不仅可以通过 BIM 实现快速建模，而且能够快速进行成本估算，在国内首屈一指。

在贸易与服务板块：国机汽车通过建设可视化的批发业务管理系统，实现精准的商品车辆全过程管控，获得内部业务部门、外部合作伙伴的好评；苏美达集团建立打通上下游供应商和分销商管理体系，固化了自身的行业优势。

在科研与装备制造板块：中国一拖集团通过实施电子化集中采购，以 1 000 万元投入，累计降低 1.8 亿元左右的采购费用，并大大提高了采购管理能力；广州机械院应用物联网技术实现油品检测信息化，走在行业前列，为持续强化该业务核心竞争力打下了坚实基础；中国电器院开展的协同检测业务，在强化主业的同时，也为企业以检测为抓手，提高后续设计优化服务能力、实现检测业务转型升级打下了坚实基础；国机重工的大型挖掘机、装载机置入智能装置，能够帮助用户快速定位设备故障，提供远程诊断服务，同时简化设备操作难度，降低操作门槛。

3. 促进企业优化管理 国机集团建立覆盖总部各部门、绝大部分下属企业的信息系统体系。部分信息系统采用云架构，在主要职能管理领域，实现对管理的大幅提升。如：在董事会议案管理方面，率先在中央企业中实现议案管理信息化，得到国务院国资委认可；在应用移动办公系统方面，实现随时随地查阅有关情况、审签办理文件，进一步方便了各级领导、集团员工开展工作；在安全生产管理、劳动用工管理等方面，改变传统手工汇总统计模式；减轻工作负担、缩减事务性工作时间 90% 以上、避免差错的同时，提高了相关部门查找问题、聚焦解决的能力；在过程跟踪方面，通过协同办公系统、信息集成管理平台，实现文件办理、项目申报等事项的可视化跟踪、关键节点预警提示，以及可视化过程跟踪；在法律管理和风险控制方面，通过信息系统进行风险事项、风险原因定位，提高了工作的及时性和措施的针对性。

4. 创新经营发展模式 经过 10 多年的信息化建设，国机集团信息化工作重心从最初的对日常工作效率的提升，发展到对职能管理和主营业务的支持，再到集团管控的辅助支撑，时至 2014 年，工作重心逐渐转变为对经营发展模式的服务，不仅要支持和融合，更要创新和发展。

围绕国资委对中央企业转型升级和国机集团自身发展、增强核心竞争力的客观内在要求，三大主业的经营实体均主动应用信息化手段应对新常态下经营面临的挑战。在科研与装备制造板块，加大信息技术投入，促进智能工厂、机器人、精密仪器制造等高端制造业务的研发和推广，响应国家相关政策的要求；在贸易与服务板块，鼓励所属企业主动尝试集团产品的电商模式，一旦条件成熟，充分借助国家“互联网 +”营造的良好氛围，利用集团已有的海外资源开展跨境电商业务。国机集团下属企业牵头成立车联网联盟，在未来车联网市场占据先机；在工程承包的海外热点业务区域，利用大数据、CDN 等技术手段，推广国机集团工程承包典型案例。

【人力资源管理】

1. 职工队伍情况 截至 2014 年年底，国机集团从业人员 119 839 人，其中在岗职工 104 801 人、劳务派遣人员 12 433、其他从业人员 2 605 人。离退休人员 69 008 人，其中离休 1 012 人、退休 67 996 人。技术人才 49 134 人。技能人才 40 969 人。

2. 人力资源管理 国机集团从制度建设、机制保障入手，以干部人才队伍的选、用、育、留为支撑点，不断深化干部人事制度改革，逐步完善薪酬考核和激励约束机制，努力打造一支高素质的干部人才队伍，为集团有质量发展提供人才保障和智力支持。

（1）围绕选才用才，扎实开展人才队伍建设。一是以考核为抓手，强化市场化选聘和干部交流，稳步推进所属企业领导班子建设。修订《中国机械工业集团有限公司全资、控股企业领导干部管理办法》，按计划扎实开展所属企业行政领导班子和党委换届考核以及有关专项考核工作；针对部分重点难点企业出现的问题、主要负责人到龄退休、班子成员配合不够默契等情况，及时调研、调整配置班子；通过干部交流、补充班子成员等方式，实现班子新老更替，保障企业平稳运行。2014 年，组织完成所属企业行政换届 13 家，专项考核 6 家，党委换届 7 家，干部任免 343 人次（其中任职 229 人次、涉及提任 39 人、免职 114 人次）。根据企业实际需要，开展部分所属企业财务总监公开招聘，启动生产管理总监、车间主任等不同层次专业人员公开招聘。通过不断加大市场化选聘工作力度，让系统外优秀专业人员通过公开选拔途径进入国机集团，使干部队伍在年龄结构、知识结构、专业结构等方面得到不同程度的优化，整体素质得到较大提升。加大干部交流力度，继续推进国机集团与有关部委、总部和所属企业、所属企业之间的干部交流工作。2013 年启动的第一批 10 名干部集中交流的工作圆满完成，在企业促发展、干部促成长方面取得预期效果。采取所属企业自主申报拟交流人选以及拟交流去向的方式，选派 16 家企业的 19 名非领导班子干部，到不同类型企业任职。此外，积极选派优秀干部，支持中国二重改革振兴。根据现代企业法人治理结构要求，组建中国二重董事会，选调总部和所属企业人员组成精干团队赴中国二重工作，加强业务融合和重点工作推进，积极主动投入改革振兴中国二重的工作中。二是依托人才规划，做好后备人才和专业人才选拔。关键岗位继任人才选拔方面：按照《党政领导干部选拔任用工作条例》要求，严格标准，从一贯表现、考核排名、班子的年龄结构、企业推荐情况等方面进行客观、公正考量，精心选拔第三批共 20 名“百”层次继任人才。首席技师选拔方面：国机集团“首席技师”在行业和企业中带动作用明显，是国机集团高技能人才成长通道的重要层级，是该职业（工种）的技能带头人，是行业内或企业内部广泛认可的高技能人才。结合集团实际情况，选拔 8 人为国机集团首席技师。三是加强国家级人才选拔申报，完善职称评审体系。百千万人才工程申报方面：经过评审选拔，向国家人社部报送百千万人才工程国家级人选 9 人。国务院特贴申报方面：经过评审选拔，向国家人社部报送享受国务院政府特殊津贴人员 41 人，其中专家技术人员 36 人、高技能人员 4 人，另有 1 人获评 2013 年国家百千万人才工程人选（不占推荐报送指标）。“千人计划”申报方面：所属合肥通用机械研究院吴晓东博士入选中组部第十批“千人计划”。专家评委推荐方面：向国家人社部推荐百千万人才评审专家 15 人。完善职称评审方面：在原工程、经济、会计、政工系列基础上新增法律系列职称评审。推荐近 250 人参评，5 个系列评审共通过 182 人，平均通过率 78.1%。

（2）优化考核体系，完善激励约束机制。一是完善集团高管考核。配合完成国机集团高管 2013 年考核工作，并根据国机集团 2014 年经营管理目标和重点工作，制定2014年度国机集团高管绩效合约，科学拟定年度考核方案。进一步完善董事会对经营层高管的考核和薪酬管理制度，强化绩效考核结果对高管薪酬的决定机制，使高管薪酬与国有资产保值增值、国资委考核指标紧密挂钩。二是改进所属企业考核，强化业绩导向。制定印发《中国机械工业集团有限公司所属企业领导班子和领导干部综合考核评价办法》，扩展考核内容，丰富考核指标，着重体现国机集团用人导向。开发“中国机械工业集团有限公司领导班子、领导干部综合考核评价信息系统”，运用信息化技术固化干部综合考核评价工作的内容和程序，实现干部考核的数字化管理，在提高选人用人工作的严谨性和科学性的同时，提高综合考核评价工作的准确性和及时性，为探索领导干部成长规律打下良好基础。根据国机集团完善所属企业负责人薪酬管理办法的要求，重新修订国机集团企业负责人薪酬管理暂行办法和中长期激励办法，强化了薪酬激励与国机集团总体战略、经营目标、管控模式的联动关系。加大利润总额对企业负责人薪酬的决定作用，强化了企业经济效益与负责人薪酬的联动关系。同时，按照国资委对央企负责人在绩效考核和薪酬管理方面的监管要求，健全对重大违规行为的问责制度，进一步强化对企业负责人的约束机制，明确追索扣回制度适用于已离职或退休的企业负责人。积极探索实施股权激励、分红权激励。上半年完成中工国际股权激励方案的审核和报批，“中工国际实施限制性股票计划”获得国资委批复同意。下半年启动“中国机械设备工程股份有限公司H股股票增值权计划”的审核和申报工作。此外，为建立有效的激励机制，起草《中国机械工业集团有限公司先进单位、单项奖评选及奖励办法》，按照保增长工作要求，制定《对2014年度及近三年保增长做出贡献企业的奖励方案》，对在保增长方面做出贡献的企业和经营者予以政策倾斜和物质奖励。三是持续推进总部BSC考核。将国机集团发展战略、高管考核指标进行层层分解，使总部员工的工作业绩与集团整体发展紧密结合。考核指标整体兼顾定量与定性，既有延续也有创新，既紧密围绕国机集团年度重点工作，又兼顾总部管理与服务的科学发展。四是关注派出董事、监事履职绩效。通过邀请派出董事、监事参加其任职企业的行政换届考核，听取派出董事、监事对企业运行情况分析，对班子成员履职情况进行评价，并对派出董事、监事的履职情况进行评分。通过对派出董事、监事履职绩效的关注，促进企业法人治理结构的持续完善。

（3）改革管理体制，加强干部监督。一是开展董事会选聘经理层试点，释放管理活力。为不断加快推进所属企业规范董事会建设，深化干部选拔任用制度改革，在10家企业开展董事会选拔任免经理层副职试点工作，逐步落实董事会自主选人用人权，切实将国机集团履行出资人职责和企业董事会自主决策有机结合。二是强化干部监督。按照有关规定和要求，开展领导干部报告个人有关事项工作，根据干部管理权限受理集团管理的316名“领导干部报告表”，并及时将数据上报中组部。同时，制定抽查核实工作方案，开展对报告材料的抽查核实工作。指导所属企业严格落实有关规定和要求，按照干部管理权限逐级组织领导干部填报个人有关事项，确保此项工作落到实处，并积极做好干部兼职清理等有关工作。配合中组部、国资委在国机集团年度工作会期间，完成国机集团2013年度“一报告两评议”工作。组织所属企业党委完成“一报告两评议”工作。

（4）实施总部机构调整，明晰总部部门职责。为进一步明晰总部部门职责，提高工作效率，提升总部管理与服务水平，将改革发展部、投资管理部合并成立资本运营部，并发布调整后的部门岗位说明书。

（5）细化工资总额预算管理。根据国机集团年度总体效益情况，细化和完善绩效考核与工资总额的联动机制，指导企业按照经济效益完成情况对工资总额做出预算安排；根据工资总额与经济效益同向变动的原则，严格按企业的实现利润预算核定当年工资总额预算。完善企业内部工资总额和职工收入水平的双重调控。严格按照当年利润总额增长情况，合理确定工资总额预算，推进企业工资总额与效益增长的有效联动。建立覆盖全部所出资企业，贯穿事前、事中和事后各环节的内部管控制度和流程，确保工资总额增长与经济效益提高、平均工资增长与劳动生产率提高相适应，实现“效益长，工资长，效益降，工资降”目标。

在企业收入分配工作中，认真落实国资委对人工成本控制的各项要求，在压缩人工成本，细化管理制度方面采取一系列措施，完善工资总额预算编制、执行、结算、清算的管理流程，强化预算的过程管理。

（6）企业年金工作进展顺利。在国机集团企业年金计划启动以来，各项工作进展顺利，年金基金规模和人员规模不断扩大，截至2014年年底，共115家企业43 809人加入了集团年金计划，参加职工人数达到38.9%，全集团企业年金基金累积9.2亿元。

国机集团年金监管会与受托人、投资管理人、账管人和托管人建立了良好的沟通机制，关注对年金运行、投资、收益及账户的全过程管理，加强对基金安全的监管，协调企业提出的问题，不断充实和改进管理制度和操作流程，使企业年金逐步进入正常化、程序化管理。

3. 培训工作 国机集团紧紧围绕战略和经营中心，牢固树立“人才第一，培训先行”理念，按照人才战略和人才队伍建设规划的总体部署，建立健全培训制度和培训体系，组织实施各类人才培训，不断推进人才培养工作和人才队伍建设，提升广大干部的素质和能力，开创培训工作新局面。

2014年，组织实施31期培训项目，其中29期线下培训项目、2期在线培训项目，培训人数合计2 019人次。培训项目10多项类别：在线培训2期；国机大讲堂2期；出国培训1期；所属企业领导班子培训4期；市场营销培训6期；项目管理培训5期；科技干部培训2期；经营管理培训2期；70、80人才培训2期；董事培训、工会培训、党务培训、投融资及高级财务人员培训、新员工培训各1期。

（1）在线培训。组织2期。10月试点运行国机集团在线学习系统，开设2期试点班次：针对集团总部处长及以下员工开设“集团总部员工岗位能力提升班”，172人参训；针对企业培训主管部门负责人和培训专员开设“企业培训专员岗位能力提升班”，113人参训。试点班次运行时间为半年，规定公共基础课、必修课、选修课，以学分制考核学员，要求学习不少于6门课程和8个学分。在线培训拟重点提升集团总部干部和所属企业培训管理者的素质和能力，试点阶段将为全面推广在线培训积累经验。

（2）国机大讲堂。组织2期。第一期于4月在总部举办，邀请瑞士洛桑管理学院（IMD）院长涂尔攀讲授《全球化思维》，所属企业部分班子成员、中层管理人员和总部人员总计150余人听取讲座。第二期于9月举办，由国机集团副总经理丁宏祥等第一期赴法国培训团代表作汇报交流，分享施耐德电气在战略转型、国际化、并购整合、能效管理、系统解决方案等方面的经验和模式，在京企业领导班子成员、总部处长及以上领导干部等近250人听取汇报。

（3）出国（境）培训 。组织1期。8月24日—9月6日，国机集团副总经理丁宏祥率所属企业22名领导班子成员前往法国施耐德电气总部，参加国家外国专家局组织的“国有企业科技创新战略与领导力提升”培训，深入学习施耐德电气在战略转型、能效管理、解决方案、协同创新等方面的理念和模式，旨在借鉴、吸收、消化、提升集团科技创新能力和领导力水平。该项目计划2014年实施2期，但因施耐德电气培训资金未到位及日程调整等因素，第二期拟推迟至2015年实施。

（4）领导班子培训。组织4期。7—8月在北京举办4期“科学决策和领导艺术”培训班，所属企业主要负责人、新提任领导班子成员和其他班子成员共177人参训。培训邀请中国管理学专家刘持金等讲授战略思维、创新力、领导力、执行力和价值管理等课程，重点提升领导干部的科学决策和领导力水平。培训充分挖掘需求，紧密联系实际，科学设计课程，运用大量案例，加强研讨力度，同时组织撰写研讨题、学习体会，增强培训效果。集团董事长任洪斌、书记党委石柯、总经理徐建、纪委书记王克伟分别出席培训班开班仪式，并作重要讲话。

（5）市场营销培训。组织6期。3—4月组织4期市场营销人员培训，5月组织1期客户管理培训，9月组织1期销售流程管理培训。集团选拔的市场开拓人才，以及所属企业市场营销中层领导、骨干人员等298人参训。培训引入国际化的营销理论和案例，邀请美国CCS咨询公司董事长、总经理华林女士，讲授以客户为中心的营销流程，力求重点提升市场开拓能力和营销水平。培训形式灵活，注重在教室布局、小组划分等方面创新，同时加强研讨与实践，从多方面保证学习效果。

（6）项目管理培训。组织5期。6月举办2期项目管理培训，11—12月举办1期PMP培训、2期PPAC培训。集团选拔的项目管理人才，所属企业项目经理、主管等250人参训。培训邀请美国项目管理协会（PMI）认证讲师何毅铭、笪儒村、陈兆辉，分别讲授国际化的项目管理理念、模式和方法，重点加强项目管理人员的能力素质。每期培训均设置专业进修学分（PDU），该学分与PMI认证学分通用。

（7）科技干部培训。组织2期。10月在京举办2期培训，集团各层次高科技人才、高技能人才，所属企业主管科技工作的领导班子成员、科技部门负责人共101人参训。培训邀请集团科技发展部部长赵兵、中国管理专家刘持金和国家科技部、北京邮电大学、中央企业等有关老师，分别讲授战略思维、执行力提升、团队管理、大数据、工业化信息化融合、机械行业新趋势新技术、科技项目申报等内容，促使集团科技干部对中国经济发展的新常态、机械行业的新趋势新技术有了全新认识。参训人员普遍提升了战略思维和创新能力。

（8）经营管理培训。组织2期。11月举办1期EMBA核心课程培训班和1期经营管理人才培训班，所属企业从事经营管理工作的负责人及相关人员共139人参训。培训安排战略思维、商业模式创新、财商提升、团队管理、领导力、执行力、大数据等课程，重点提升了学员的企业管理和思维创新能力。

（9）投融资与财务人员培训。组织1期。9月在西安举办投融资风险管理及高级财务人员培训班，集团第一批资本运营人才、风险评估人才、高端财务人才，以及所属企业主管投融资、风险管理及财务工作的领导班子成员和相关部门负责人共64人参训。培训班邀请安永咨询、摩根士丹利的高级经济学家与合伙人等12名老师，讲授“中国经济新常态、集团管控与运营模式、资本市场解决方案”课程，深入讲授了资本运作、投融资、并购重组、风险管理、财务转型等专业知识。

（10）其他培训。绕5支人才队伍建设和重大人才专项，11月底至12月初，集团相关部门联合组织1期董事沟通培训班、1期高级党务干部培训班、1期工会主席培训班。12月组织第2批70人才培训和80人才培训班，重点提升学员的领导力和执行力。10月组织在京地区新入职员工培训班，重点宣讲集团战略和企业文化，增强集团凝聚力，引导新员工爱岗、敬业、成才，实现人生价值。

【财务管理】

国机集团财务会计工作紧紧围绕提高管理创造价值主线，以“做强做优”“实现有质量的增长”战略目标为引领，以“保发展、夯基础、控风险”为主题，持续推进“六大体系，一套标准”工作，着重打造财务价值创造能力。各项工作进展顺利，成效显著，为集团健康可持续发展提供了坚实保障。

1. 保发展，促进经营运行质量提升

（1）资金集中管理成效显著，资金管理能力稳步提升。一是财务公司的资金集中平台作用效果明显。各企业积极参与集团资金集中管理，资金集中比重较高；搭建母子公司资金集中结算平台，用以提高资金运用效率和抗风险能力。二是集团与银行间“总对总”合作进一步深化。集团与银行签署战略合作协议，授信规模不断扩大品种结构合理，授信条件优惠，为经营发展提供了有力的资金保障。三是各所属企业统筹资金安排，防范资金风险能力进一步提高，建立了营运资金控制策略和风险预警机制，资金风险管理形成闭环，细化资金预算，深入管控资金风险，切实保障了资金运营安全。

（2）全面预算管理持续深化，确保集团战略落地。经过两年来的积极推进，国机集团全面预算管理理念显著增强，管理体系进一步完善。2014年预算管理工作主要围绕“制度优化、经验推广、专项提升”展开。一是发布《国机集团全面预算管理办法》。二是将预算执行分析监督工作与集团经营运行分析会相结合，确保预算目标落实；将预算管理与风险管理相结合，开展“两金”专项清理，及时有效防范风险。三是积极推广企业先进经验和做法，同时充分发掘所属企业预算管理的新亮点，统一预算分析模板，加强业务与财务衔接，强化重点指标预算管控、细化分析颗粒度等。

（3）对所属企业重点扶持有力。一是积极争取国家政策，支持下属企业经营发展。支持所属企业业务转型升级、科技产业化和产业布局调整等项目的建设和发展。二是帮助经营状况不佳或资信条件不够的企业获取银行授信和贷款支持，缓解资金困境和危机。

2. 夯基础，持续深化财务管控能力

（1）强化财务信息质量，提升决策支撑水平。一是通过会计核算标准化，提升财务信息质量，加快信息发布速度，为经营决策提供及时有效的信息支撑。二是首次全面下达决算批复，挖掘财务信息价值，督促各企业持续改进经营管理。三是拟订“集中 + 分步”提升方案，推动财务信息化水平稳步提升。

（2）规范资产管理工作，促进产权结构调整和优化。修订发布《国机集团资产评估管理办法》《资产评估机构业务质量考核暂行办法》，指导企业规范办理评估备案工作，组织开展全集团境内外产权登记管理情况专项自查和重点检查工作，梳理掌握集团产权分布状况，为加快结构调整，优化资源配置，促进集团投资有进有退、合理流动奠定基础。

（3）注重人才队伍建设，提升财会人员综合能力。国机集团 2014 年继续按照“重点培养、全面提高”思路开展财会人员梯队建设工作。集团高级财务管理人员队伍进一步壮大，派出财务总监 28 名履职重点子企业。举办 5 期基层会计人员专题培训，内容涉及内部控制、跨境税收、会计准则等，将新政策、新理念贯彻至基层财务人员，效果显著。此外，各企业在加强人才体系建设，优化财务组织绩效方面开展了大量有益探索和实践。

3. 控风险，全面优化风险管理体系

（1）完善内控管理体系，推动持续优化改进。一是初步搭建“以体系建设和监督机制为主体，以制度、组织、信息系统为保障”的内部控制管理体系。二是分层次开展专项培训，强化企业内部控制意识，提升内控建设业务能力。三是结合监事会集中重点检查问题整改，督促企业完善制度，推动内控措施规范化、精细化、制度化。

（2）全面推进风险管理，有效防范经营财务风险。一是针对近年外部环境多变、风险事件频发的现状，国机集团首次开展全面风险动态识别工作，组织所属企业认真开展全面清查，提升全集团风险管控意识。二是交流有关试点企业的先进经验，推动经验移植。三是发布《关于强化“两金”管理，严控营运资金风险的通知》，督促企业及时管控“两金”风险，切实减少损失。各所属企业结合自身经营特点，细化措施，提升风险管理能力。

4. 完善内控体系建设和财务基础管理

围绕风险内控管理重点，落实具体措施。围绕风险内控管理重点任务，主要在“完善体系、全面评估、分层宣贯、重点监控”方面开展重点工作，初步搭建全面风险管理体系，推动风险管理能力建设。一是完善制度，融合风险内控管理体系。根据新制定的《国机集团内部控制管理办法》以及修订后的《内部控制规范指引》，初步形成符合集团管控特色的“两主体、三保障”管理体系（即以风险为导向，内控体系建设和风险管理责任机制为主体，以风险监控、内控监督、信息系统为保障）的全面风险与内部控制管理体系。二是首次开展全面评估风险，进行动态监控。为防范重大风险，开展首次覆盖全集团及主要经营管理活动和业务领域的风险自查工作，识别出集团六项重大风险，并帮助各企业及时发现风险隐患，提高风险应对能力。逐步建立全面风险动态识别机制，部分企业根据集团要求对重点风险进行半年滚动识别。三是分层宣传贯彻理念，增强风险管理意识和能力。针对所属企业高管及内控业务骨干组织分层培训。强化风险管理与内部控制责任意识，并提高业务骨干内控建设能力。总结全面风险管理活动阶段经验提升成果，整理 CMEC、中工国际等 5 户风险管理试点企业的先进经验，在 2014 年第 15 期国机报上组织经验交流专刊，供内部学习、借鉴。四是监控重大风险，落实重点内控措施。根据风险自查结果及风险监控情况，重点关注“应收账款、存货”资金占用和资产减值风险，发布《关于强化“两金”管理，严控营运资金风险的通知》，提出“完善管理制度、规范账务处理、强化风险控制”的管理要求，明确“两金”风险控制目标，组织所属企业开展全面清查，及时发现管理问题及可能存在的资产风险，减少损失。五是推动所属企业内部控制措施落到实处。结合财务决算及监事会集中重点检查意见整改工作，分解内控薄弱环节，督促企业补充完善。督促所属企业补充、完善 52 项规章制度，涉及应收账款、合同管理、资金管理、招投标、供应商管理等方面，推动了内控措施的规范化、精细化、制度化。继续指导所属企业内部控制体系建设，

32 户二级企业完成内部控制手册建设。

【审计稽查】

国机集团内部审计工作紧密围绕集团工作中心，以风险为导向，以内部控制为主线，充分利用审计工作中心人力资源，加强合规性审计、重大合同审计和不良资产审计，促使企业提高经营管理水平和风险管控能力。

1. 完善审计制度 规范内部控制自我评价工作。根据财政部等 5 部委《企业内部控制基本规范》及配套指引、国资委《关于加快构建中央企业内部控制体系有关事项的通知》（国资发评价〔2012〕68 号），制定《内部控制评价暂行办法》。修订《中国机械工业集团有限公司审计工作中心管理办法》。

2. 加大经济责任审计力度 充分利用审计工作中心人力资源，人力投入比原来增加 40%。资产规模较小的企业，审计人员增加到 6 人，中型企业增加到 8 人，大型企业增加到 10 人以上。审计现场工作时间增加到 2 周 10 个工作日，比原来增加 40%，保证审计人员有充足时间完整履行审计程序，按要求完成审计任务。

现场审计的单位数量原则上在 50% 以上，审计的资产额在 70% 以上，为审计结论的客观性、完整性提供保证。

3. 把“三公”经费纳入审计范围 贯彻落实国机集团第一批群众路线教育实践活动“两方案一计划”，在经济责任审计中，把“三公”经费纳入审计范围，并在审计报告中披露。对“三公”经费的审计内容、工作底稿、审计报告等进行了规范。

4. 进行内部控制自我评价 按照国资委统一要求，根据《内部控制评价暂行办法》，国机集团组织实施 2013 年度国机集团内部控制自我评价。内部控制评价报告，经董事会审议通过后，上报国资委。

5. 召开 2014 审计工作会议 国机集团总经济师刘敬桢出席会议并讲话。他在讲话中，充分肯定了集团内部审计工作取得的成绩，强调内部审计工作对集团持续健康发展的重要作用，并提出了 7 个方面的工作要求。

6. 继续举办审计人员后续教育培训 培训会邀请专家对风险管理审计、内部控制评价、舞弊审计、潜亏及不良资产等内容进行讲解，不断提升审计人员的理论和实务水平。

7. 推进审计管理信息化 8 月 1 日，审计管理信息系统正式上线运行。所属二级、三级企业全部启用该系统，审计机构和人员信息、审计工作开展情况纳入系统管理。审计稽查部可随时了解掌握集团整体和各企业审计情况，并监督指导所属企业审计工作。

【法律管理】

国机集团法律工作全面完成国务院国资委有关“2012—2014 年法制工作目标”，实现规章制度、合同审查和重大决策法律审核率 100%，企业法律顾问持证上岗率、总法律顾问专职率 80% 等规划目标。在此基础上，秉承“法律工作服务企业中心工作”的指导思想，在总部层面立足于为集团公司重大决策提供法律支持服务；在所属企业层面重点加强重大法律纠纷案件的指导、协调和督办力度，通过点面结合、有的放矢的工作思路和不断创新的法律服务模式，不断推动法律工作有宽度、有厚度地持续深入开展。

1. 为企业重大决策项目和执行项目提供持续、高效的法律服务和法律保障 对苏美达投资设立单船公司系列项目、国机重工常挖股份股权融资项目、苏美达光伏电站系列项目、CMEC 土耳其输售电公司股权收购项目等一批重大项目进行法律风险分析论证并出具法律意见。

2. 通过创新法律管理和服务模式，拓展法律工作宽度 将法律服务的触角拓展到更多更广的业务领域。继 2013 年对国机集团所属贸易型企业的贸易业务法律风险予以关注并出具指导意见后，2014 年将关注重点放在国机集团科技型企业知识产权法律保护的研究工作中。对国机集团商标现状及存在的问题进行分析，深入论证驰名商标的取得对于知识产权保护的重要意义，并据此提出商标保护的具体措施，最终以《科技型企业知识产权法律保护制度（试点）研究之商标篇》的形式将研究成果予以呈现，力争在今后几年中将研究成果在所属企业逐步推广。此外，就当前“国机”商标的使用现状，提出《关于规范集团所属企业名称提升“国机”品牌竞争力的相关建议》。

通过“前期规划拟定目标；中期抽查督促执行；后期检查总结验收”的方式，力促所属企业将法律工作做实做优。第一阶段，要求各企业上报本企业具体的工作规划及目标；第二阶段，对 CMEC、苏美达集团等部分企业进行现场抽查，就抽查情况与企业交换意见，督促其认真执行规划内容，合理防范法律风险；第三阶段，要求所属企业开展全面自查并上报"三年法制工作规划"完成情况的总结自查报告；第四阶段，派专员赴个别企业进行现场检查、核实；第五阶段，法律部根据检查、验收情况，形成《国机集团三年法制工作总结报告》，报送国务院国资委。

2014年，召开三年一次的法律工作视频会议，传达国资委法制工作会议精神，开展企业经验交流，提出制定下一个"法律工作五年规划"的总体要求，并就今后一段时期的重点法律工作进行部署和说明。

3. 通过多种形式加强法制宣传教育，提高全员法律风险防范意识 国机集团通过编撰、出版《国机集团法律风险防范实务文集》，召开国机集团法律工作视频会议，组织专业培训等多种形式，培育、提升企业人员守法意识。

（1）出版《国机集团法律风险防范实务文集》（第二辑）。近年来，国机集团通过"以案说法""以理讲法"方式，已编撰、出版2本案例集和1本论文集。2014年，法律部延续这一做法，通过从所属企业征集案例和论文，经过法律部的筛选、整理、修改、编撰，完成并出版《国机集团法律风险防范实务文集》（第二辑）。文集内容包括企业真实案例、法律实务经验总结、法律风险防范措施等多项内容，是全集团法律人员多年来参与业务实践活动积累的实务经验的总结和提炼，对培育和提升企业人员守法守规意识具有积极作用。

（2）赴所属企业进行法律风险案例培训。除编辑案例汇编外，国机集团继续派员赴国机重工、中机建设等所属企业进行普法宣传和案例宣讲，进行国际工程和贸易业务的法律风险防范培训，增强企业管理人员、业务人员的法律风险防范意识。

（3）组织投资并购、公司法等专业培训。邀请美国众达、英国高伟绅等国际知名律师事务所的专业律师到国机集团进行"企业海外投资并购实务"等专业法律知识讲座，邀请中国人民大学公司法专家给集团总部及所属企业高级管理人员、法律人员进行公司治理方面的专题培训讲座。通过各类培训活动，不仅提升了法律人员专业素养，而且提高了所属企业经营管理人员的法律意识。

【企业文化与品牌建设】

1. 举办征集企业文化价值理念活动 4月，为进一步推进企业文化理念体系建设，集中展示和宣传所属企业文化建设成就，国机集团举办了征集企业文化价值理念的活动。征集内容涵盖企业形象标识、文化定位、企业使命、企业愿景、核心价值观、企业精神、经营管理理念及其释义等多方面内容，共36家二级企业提交了相关资料。《国机文化与品牌》杂志开辟4期专题，对本次活动进行宣传和推广，取得良好的文化传播效果。

2. 开展"践行企业核心价值理念"案例征集活动 8月，为进一步推动国机集团践行企业核心价值理念，挖掘宣传具有示范效应的典型案例，凝聚企业发展共识，在集团系统内开展企业主要负责人"践行企业核心价值理念"案例征集活动。案例征集的主要内容为2003年以来国机集团各二级企业或其下属企业历任或现任主要负责人践行传播企业核心价值理念的典型案例和生动故事。如：以企业核心价值理念指导言行，做到知行合一；带头宣讲传播企业文化，营造文化氛围；在企业重大决策中，体现企业核心价值观要求；不断创新经营管理理念，丰富企业核心价值理念的内涵；以文化理念为导向，健全企业制度，提高管理水平等。案例征集活动得到系统各级企业的积极响应，1个月收到14家二级企业和18家三级企业的41个案例，共计近12万字材料。此次征集的案例材料完整、生动、具体、可读性强，具有典型性和示范性；案例形式丰富多样，包含许多企业领导人在践行核心价值观过程中的好经验、好做法。通过本次活动的开展，集团广大干部员工进一步认识到文化软实力的重要性，对提升内部凝聚力、传播企业文化影响力起到了积极的推动作用。

3. 开展"践行核心价值观，做最美国机人"岗位实践活动 9月，集团以弘扬社会主义核心价值观和践行企业文化为主旨，围绕"做最美国机人"主题，深入挖掘、评选树立和宣传典型人物、感人故事，开展"践行核心价值观，做最美国机人"岗位实践活动。通过开展活动，引导广大员工立足岗位、学习先进、自我激励、奉献社会、实现价值，以实际行动践行社会主义核心价值观及集团"和"文化，着力培养广大职工的责任意识、服务意识、效率意识和规范意识，进一步形成学习先进、争当先进、争创一流的浓厚氛围，为加快建设“五个国机”，实现有质量的增长，凝聚精气神、传播好声音、宣传好故事、汇聚正能量，树立集团践行社会主义核心价值观的良好形象。

4.《国机文化与品牌》杂志创刊5周年 2009年初，为进一步促进企业文化建设的蓬勃发展，集团创刊了《国机文化与品牌》杂志，希冀成为国机集团宣传企业文化、弘扬国机精神的重要载体。伴随着国机集团的持续健康发展，《国机文化与品牌》向大刊迈进，创刊5年来，汇集70余万字的篇幅，以其鲜明的个性、丰富的信息、厚实的内容、深刻的主题、锐意的呈现、不可或缺的视角，展现了集团企业文化和品牌建设的发展脉络与厚重的文化底蕴，讴歌了广大员工倾其心力、积极探索的主人翁精神，颂扬了集团企业文化取得的成绩以及国机集团日新月异的变化与文化风采，传承了国机集团的光荣传统，提升了国机品牌价值。

5．设立图书角 为营造崇尚学习、积极向上的整体氛围，引导和推动职工形成常读书、勤思考、爱学习、善钻研的良好习惯，8月国机集团总部开展了捐书活动。广大职工积极响应，将自己认为确有价值、可推荐阅读的书捐赠出来。活动收到职工捐赠图书157册。经汇总整理，分为管理、历史、文学、文化等12个类别。为鼓励大家交流阅读，特设立图书角，供干部职工借阅。借阅采取自助登记方式。同时，设立阅读室，供大家在工休时间阅读和交流。

6．举办第二届“中农机杯”在京企业职工篮球赛 9月10—26日，国机集团举办第二届“中农机杯”在京企业职工篮球赛。本届篮球赛自9月10日拉开战幕，历时16天，共有来自集团总部及在京所属企业的17支代表队参加比赛。经过40场激烈角逐，产生了冠亚季军和前八强。9月26日，国机集团第二届“中农机杯”在京企业职工篮球赛决赛于中国农机院篮球场开赛。两支夺冠热门球队中国农机院和CMEC为现场观众献上了一场高水准的对决，CMEC队最终以61∶52战胜卫冕冠军中国农机院队，首度折桂。

此外，还组织所属企业间的体育友谊赛、交流赛、互访赛。组织举行CMEC、中国一拖与中国二重之间的职工篮球、乒乓球友谊赛，促进了所属企业职工间的交流。

7．举办第四届职工书画、篆刻、摄影大赛作品展 在“十一”前夕，为庆祝新中国成立65周年华诞，国机集团举办“迎改革春风、扬时代风采”第四届职工书画、篆刻、摄影大赛，共收到所属32家企业的931件作品。本届作品展甄选的165件佳作，吸引了包括集团领导在内的大批观众参观。作品多取材于广大职工的日常工作与生活，内容广泛、形式多样，集中反映了国机职工较高的文化素养和艺术水准，抒发了广大职工热爱党、热爱祖国、热爱国机、热爱家园的深切情怀，展现了“国机人”百折不挠、顽强拼搏、积极进取、昂扬向上的精神风貌。

国机集团工会对获奖人员进行了表彰。9月下旬，在中国电子大厦举办获奖作品展，并在集团内、外网同时开通了电子浏览平台。

8．获奖情况 国机集团企业文化建设工作成绩突出，公司文化软实力增强，相继获得“全国机械行业十大企业文化特色单位”“企业文化顶层设计与基层践行优秀单位”等荣誉称号。

【履行社会责任】

1.发布国机集团社会责任报告 7月，国机集团发布2013年社会责任报告，全文3万余字。报告延续了“五个国机”——责任国机、价值国机、创新国机、绿色国机、幸福国机的主体结构，以丰富的文字、案例、图表和图片，生动详实地披露了2013年1月1日—12月31日期间，国机集团在践行社会责任、经济责任、环境责任等方面所付出的努力和取得的成绩，让读者全方位地了解国机集团在履行社会责任道路上所取得的丰硕成果。与以往不同的是，报告首次披露了集团以“社会责任理念”为社会责任管理方向；首次在“责任专题”中披露了集团员工感人事迹，突出了国机人为中国医疗建筑事业作出的重要贡献。

2．开展责任品牌宣传活动 国机集团与《机电商报》合作，开展一系列责任品牌宣传活动：以《集团社会责任报告》发布为契机，通过新闻报道的方式展示国机集团在践行企业社会责任方面所做的工作与骄人业绩，树立国机集团在企业社会责任方面的品牌形象；以新闻报道配合企业社会责任彩版广告的形式，强化核心内容传播与版面视觉冲击力，全面阐述集团社会责任报告，达到最佳的传播效果；结合 2014 装备制造业企业社会责任专题活动——“寻找责任企业”，以报道、高层专访等的形式讲述国机集团社会责任履行，以及企业核心价值观，展示国机集团在企业社会责任方面的战略规划和展望；充分利用《机电商报》官方微博、微信等网络新媒体，报道展示国机集团在企业社会责任领域所做的工作等。借助外部媒体的大力宣传，树立集团负责任的品牌形象，提升了国机集团的社会影响力。

3. 举办节能宣传周活动 6月，国机集团举办以“建设绿色国机，做强机械工业”为主题的节能宣传周活动。通过媒体宣传、节能减排优秀成果展示、专家政策解读等多个活动环节，全面展示了绿色国机的建设成果。通过活动号召全体员工“携手节能低碳，共建碧水蓝天”，从小事做起，积极投身节能减排活动，共同推进节能减排工作。

4. 荣获“社会责任管理最佳实践”案例 2月，联合国全球契约中国网络年会在北京举行，国机集团报送的“提升社会责任管理，促进企业可持续发展”案例，被年会评为“2013 社会责任管理最佳实践”案例，并入选《全球契约中国网络年鉴》。联合国全球契约是世界规模最大的可持续发展倡议组织，在中国拥有 276 名成员、240 多家企业。国机集团于2012年1月加入这一组织。多年来，国机集团秉持“合力同行，创新共赢”的核心价值观，积极承担责任、回报社会。通过不懈追求，努力促进员工、企业、国家和社会利益的长期化与最大化，初步形成一套具有企业特色的社会责任管理体系。

5. 获评中国工业行业履行社会责任五星级企业 7月，“2014 中国工业经济行业企业社会责任报告发布会暨首届中国工业企业履责星级榜发布仪式”在北京人民大会堂召开。会上，国机集团获评“中国工业行业履行社会责任五星级企业”。“中国工业企业履责星级榜”是中国工业领域第一个针对企业社会责任管理水平进行的综合评价活动，遵循公正、公平、公开的原则，围绕社会责任价值观与战略、社会责任推进管理、经济、环境、社会影响和履责创新6个方面的表现，对提出申报的90余家工业企业进行了综合评价。

荣获此殊荣，是对国机集团长期以来积极履行社会责任的充分肯定，对进一步提高公司的知名度、美誉度，提升国机集团的品牌形象和价值具有重要意义。

党建工作

【党组织基本情况】 截至 2014 年 12 月 31 日，国机集团共有党组织 2 014 个，其中党委 156 个、党总支 109 个、党支部 1 749 个；共有党员 44 209 人，其中在岗党员 29 500 人、离退休党员 13 265 人、其他 1 444 人。女性党员 11 198 人，在岗工人党员 7 244 人，35 岁及以下党员 13 393 人。

【深入学习党的十八届三中、四中全会精神和习总书记系列重要讲话精神】 把学习贯彻十八届三中、四中全会精神和习近平总书记系列重要讲话精神作为全年重点任务，突出抓好各级领导班子和党员干部学习教育，用习总书记讲话精神武装头脑、指导实践、推动工作。国机集团以党委中心组学习和党委（常委）各次会议为主要载体，及时传达学习中央和习总书记重要讲话精神。通过举办集中轮训，组织全系统各级领导干部围绕习总书记系列重要讲话精神开展集体学习和专题研讨。以举办基层党组织负责人、党务干部等 5 个培训班为抓手，推动学习活动“走进基层、走入一线”。结合开展教育实践活动，举办各类辅导讲座和视频教学 330 多场次，召开学习研讨会 1 930 余次，近 31 000 名党员参加了专题学习讨论。具体工作如下：

1. 下发通知 国机集团党委及时下发《关于认真学习贯彻习近平总书记在河南省兰考县调研指导党的群众路线教育实践活动时讲话的通知》《国机集团党委关于认真组织开展中央

企业领导干部学习贯彻习近平总书记系列讲话精神集中轮训工作的通知》；国机集团向所属企业下发通知，要求各单位认真学习贯彻党的十八届四中全会精神。

2. 举办培训班 为了深入学习贯彻党的十八大精神，并通过学习使企业广大干部党员全面系统掌握习近平总书记系列重要讲话的丰富内涵、精神实质和实践要求，掌握贯穿其中的立场、观点和方法，增强贯彻落实中央决策部署的思想自觉和行动自觉，真正做到认识上一致、政治上同心、思想上统一、行动上同步，3 月 17—21 日，国机集团党委在北京举办国机集团领导干部学习贯彻习近平总书记系列重要讲话精神培训班。集团领导班子成员，总部各部门主要负责人，集团所属企业党政负责人参加培训。培训班重点对习近平总书记系列重要讲话精神、中国崛起的外部挑战、中国梦的思想内涵与精神实质、十八届三中全会后的宏观经济形势与国企发展等内容进行了培训。培训后下发文件监督所属企业持续做好培训工作。

3. 举办讲座 5 月 8 日，国机集团举办贯彻习近平总书记系列重要讲话精神集中学习讲座，总部处以上干部、在京企业主要领导干部、基层党组织书记和党务干部近 150 人参加了学习。

4. 学习系列重要讲话精神 8 月 28—29 日，国机集团党委在召开部分企业信访维稳交流座谈会议期间，组织学习贯彻党的十八大、十八届三中全会和习近平总书记系列重要讲话精神。

5. 学习四中全会精神 12 月 2 日，国机集团在组织总部及所属企业党务干部集中培训期间，认真学习党的十八届四中全会精神。

【群众路线教育实践活动】 国机集团把开展教育实践活动作为一项重要的政治任务和推进企业全面深化改革、完成“保增长”任务的有力抓手，认真总结借鉴第一批教育实践活动成功经验，深入开展第二批教育实践活动。

1. 基本情况 国机集团领导班子、领导干部和集团总部与中国第二重型机械集团公司（简称中国二重）参加了第一批教育实践活动。第一批教育实践活动自 2013 年 7 月正式启动，到 2014 年 1 月基本结束，覆盖各级党委 14 个、党总支 17 个、党支部 149 个，共 8 173 名党员参加。

国机集团 38 家所属二级企业及其下属单位参加第二批教育实践活动。第二批教育实践活动自 2014 年 3 月正式启动，到 2014 年 9 月基本结束，覆盖各级党委 146 个、党总支 89 个、党支部 1 620 个，共 36 194 名党员参加。

在中央的坚强领导下，在中央教育实践活动领导小组的组织领导和中央第十四巡回督导组与国资委第二督导组的有力督导下，国机集团党委带领各级党组织按照“照镜子、正衣冠、洗洗澡、治治病”的总要求，坚持为民务实清廉主题，以贯彻落实中央八项规定精神为切入点，突出问题导向，贯彻整风精神，紧扣思想和工作实际，深入查摆和解决形式主义、官僚主义、享乐主义、奢靡之风问题。通过摆问题、明方向、转作风、抓整改，进一步强化了党员干部的政治意识、宗旨意识、忧患意识、责任意识，增强了遵守党的纪律、严格党内政治生活的自觉性，密切了党群干群关系，提高了解决实际问题、推动改革发展的能力，形成了勤俭办企业、廉洁促发展的良好风尚。教育实践活动起得实实在在的思想和作风建设新成果，为推动企业做强做优、实现有质量的发展提供了坚强保证。

国机集团党委充分认识开展教育实践活动的重大意义，把开展教育实践活动作为一项重要的政治任务和推进企业全面深化改革、完成“保增长”任务的有力抓手，坚持高标准、严要求，两手抓、两促进，高质量抓好活动的各个环节。

国机集团领导班子成员带头开展教育实践活动，带头贯彻落实中央八项规定精神和集团党委关于进一步改进工作作风密切联系群众的 6 个方面 14 条具体措施，以身示范，树立标杆，为基层党员干部反对“四风”（形式主义、官僚主义、享乐主义、奢靡之风）树立榜样，以致形成教育实践活动的良好带动态势和强大推力。

国机集团党委常委履职尽责，建立联系点，深入实地调研，推动学习教育，听取群众意见，开展谈心交流，全程出席领导班子专题民主生活会，指导班子成员认真开展批评和自我批评，认真审阅有关材料，督促抓好整改落实、建章立制等工作。

在集团党委的领导下，国机集团教育实践活动领导小组充分结合企业实际，科学制订实施方案，加强分类指导，精心组织活动分层分类开展并压茬有序推进。

各所属企业党委认真贯彻中央和国机集团党委部署，以习近平总书记关于教育实践活动的一系列讲话、指示和批示精神为指导，发扬认真务实精神，坚持从严从实抓好各项工作，围绕国企整改重点，紧密联系实际，突出增强政治意识、强化责任担当、规范管理监督、推动改革发展这个重点，紧紧依靠职工群众，开门听意见，检查找问题，以问题倒逼整改，以整改积极作为，使教育实践活动成为进一步深化企业改革、推动科学发展、服务人民群众、履行央企责任的重要推动力。

2. 主要做法

（1）扎实做好活动准备。国机集团党委将开展教育实践活动作为重要政治任务，列入2014年党委工作重点，超前谋划，提早准备。按照活动要求，逐级成立活动领导小组及办公室，落实工作责任，明确工作任务。认真学习领会中央精神要求，结合企业实际，分别制定第一批和第二批活动实施方案。在第二批活动中逐级组建派出187个督导组，建立党员领导干部联系点308个。区分不同对象，为参加第一批活动的党员领导干部和普通党员分别编写2个版本的《学习手册》，进一步突出明确重点任务、目标要求。及时总结并充分运用第一批教育实践活动经验和成果，提前对参加第二批活动的所属企业，以及督导组进行工作培训；为所属企业和督导组分别编制详细的工作指导手册，并将学习资料、视频文件和工作模板汇编成电子文档，方便基层企业应用。

（2）充分进行思想发动。中央和国资委党委召开教育实践活动工作会议和动员大会后，国机集团党委在一周内召开三次会议，认真学习贯彻习近平、刘云山、赵乐际等中央领导同志和国资委党委书记张毅的讲话精神，结合企业实际深入讨论，进一步明确开展教育实践活动的重大意义，以及对推动国机集团改革发展稳定的现实意义，为确保活动扎实推进奠定良好的思想基础。

结合2014年庆“七一”纪念活动，召开大会传达学习教育实践活动有关精神及工作部署，邀请中央党校教授叶笃初作学习党章专题辅导报告，为全面启动活动进行充分的思想预热。国机集团活动办按照集团党委部署，先后在洛阳、杭州、北京召开4个座谈会，邀请基层党委负责人和各方面代表80余人参会，传达活动精神要求，征求听取意见建议，为推动活动深入开展作进一步的思想发动。集团党委分别召开第一批和第二批动员大会，对开展教育实践活动进行深入动员部署，并围绕活动主题，认真抓好所属企业2013年度党员领导干部专题民主生活会，为组织开展好第二批活动夯实思想和工作基础。

（3）坚持把学习教育贯穿始终。各级党委坚持从解决思想问题入手，通过深入学、反复学、持续学，不断深化对群众路线精神实质的把握，增强反对“四风”的思想自觉和行动自觉。一是持续强化理论武装。以自学、党委中心组学习和支部学习会为主要抓手，认真抓好对中央精神和必学必读书目的学习；逐级组织开展学习贯彻习近平总书记系列重要讲话精神集中轮训，及时传达学习习近平总书记关于教育实践活动的一系列讲话、指示、批示精神；广泛深入展开专题研讨，在思想碰撞中加深理解、深化认识、学深学透。二是联系实际明确任务。根据企业特点，重点针对危机意识减弱、改革精神不强、责任担当不够、开拓能力不足等问题，深化学习教育，明确央企使命，强化责任担当；围绕生产经营实际问题和职工群众意见建议，开展主题研讨，狠挖“四风”表现，认清“四风”危害。三是对照先进查找差距。把学习弘扬焦裕禄精神作为引领红线，引导党员干部以先辈先进为镜，围绕“三严三实”（严以修身、严以用权、严以律己，谋事要实、创业要实、做人要实）要求，在思想境界、素质能力和作风形象等方面查找差距，发现不足；在全系统深入开展向教育实践活动先进典型、“国机精神楷模”黄锡璆同志学习活动，以身边的人为榜样，把改进作风要求转化为可感知、可学习的鲜活样本。四是丰富形式增强实效。精心设计学习内容，采取专家辅导、视频教学、实地参观等多种方式，增强学习效果；通过案例学习、情况通报、参观监狱等方式，深入开展反腐倡廉警示教育；在企业网站开设活动专栏，宣传中央精神、共享学习资料、编发观点荟萃、刊登学习体会，方便驻外机构和项目现场远程学习交流。各级企业先后发放学习材料30多种，邀请专家举办辅导讲座和集中收看教学视频330多场次，组织观看《焦裕禄》《天上的菊美》等主题影片940余场，开展实地参观学习70余次，召开党委中心组（扩大）学习会议近480次，组织专题学习研讨会1 930余次，近1 400名干部参加各级党委中心组学习，近31 000名党员参加各类集中学习活动。

（4）聚焦“四风”找准突出问题。各级领导班子和党员干部认真落实中央要求，采取“群众提、自己找、上级点、互相帮、集体议”方式，认真查找“四风”问题。一是真开门开大门，广泛听取群众意见。采取民主测评、基层调研、座谈访谈、问卷调查、设置意见箱和电子信箱、开通热线电话等方式，广泛征求基层单位和职工群众意见。组织开展“我为企业献一策”活动，认真听取“两代表一委员”和民主党派、无党派人士等各方意见建议。由领导干部带队，走访经销商和终端用户，开展上门调研活动。一些企业结合出差出访，到国内外项目现场开展座谈交流，努力做到征求意见不留死角。二是把自己摆进去，对照“四风”问题，一一检查。按照“三严三实”和防止“四个代替”（防止以工作问题代替“四风”问题、以班子问题代替个人问题、以共性问题代替个性问题、以形式主义和官僚主义问题代替享乐主义和奢靡之风问题）要求，以群众意见和反映问题为切入点，紧密联系自身思想和工作生活实际，认真开展“六查”（查修身严不严、查用权严不严、查律己严不严、查谋事实不实、查创业实不实、查做人实不实），找出“四风”具体表现，滤出“四风”突出问题，由表及里，触及实质，反复深化，见事见人。领导班子梳理突出问题在 12 个左右，党员领导干部梳理突出问题在 10 个左右。三是坚持从严从实，严肃点明突出问题。各级党委和督导组根据民主测评、个别谈话和征求意见情况，结合纪检、组织、巡视、审计、信访等方面的意见，对下级领导班子和班子成员在“四风”方面存在的突出问题、企业在改革发展稳定工作中存在的突出问题，以及职工群众集中关心的突出问题，原汁原味地进行反馈和提醒，引导领导班子、领导干部对照职工意见、实际问题、群众期盼等查找自身问题，使其改进作风找准落脚点、落实工作抓住着力点、改革发展选好突破点。对不愿找问题、找不准问题、不触及实质问题的个别人员，严肃教育，指出问题所在，并责令改进到位。四是勇于抛开面子，互相帮助共同查找。引导领导干部打消顾虑、放下包袱，围绕班子问题、自身问题和对方问题，主动开展谈心交心，诚恳交换意见看法，互相帮助共同提高。五是开展集体会诊，找准病根统一认识。召开党委专题会议，逐项梳理分析群众提出的意见、上级党组织和督导组反馈的问题，按“六个对照”（对照党章和中央改进作风要求；对照习总书记列举的“四风”问题 25 中表现、中央教育实践办梳理的 37 项共性问题；对照群众期盼；对照廉政准则；对照先进典型；对照所在地区实际情况）要求，理清共性问题和个性问题、班子问题和个人问题、本级问题和下级问题、眼前问题和长远问题，进而共同探讨解决的思路和措施，统一思想，凝成合力，狠抓落实，取得实效。

（5）开好高质量专题民主生活会。把召开专题民主生活会作为进一步深入学习、剖析、反思和提高的过程，在会前准备上狠下工夫。贯彻整风精神，做到批评和自我批评有辣味，使党员干部受到严肃的党内生活锻炼。一是进一步深化学习，从思想上树立高标准。组织各级领导班子、领导干部在前一阶段学习讨论的基础上，进一步深入学习习近平总书记系列重要讲话精神和中央规定必读“5 本书”（《论群众路线重要论述摘编》《党的群众路线教育实践活动学习文件选编》《厉行节约反对浪费重要论述摘编》《关于党的群众路线教育实践活动论述摘编》《党的群众路线教育实践活动工作指导文件选编》），学习中央政治局常委同志联系点开好专题民主生活会的做法经验，进一步联系思想、工作和生活实际，对照群众意见，从思想上找问题、从认识上找差距，为召开专题民主生活会打牢思想准备。二是广泛开展谈心交心活动，把意见谈开、把思想谈通、把问题谈透。按照中央要求，全面深入开展“四必谈”（党委（党组）主要负责同志与班子每个成员必谈，班子成员相互之间必谈，班子成员与分管部门主要负责同志之间必谈，督导组与班子成员必谈，并主动接受党员、群众约谈）。党政正职带头与班子成员和分管部门主要负责同志谈心。各督导组结合反馈意见，与班子成员逐一见面，点明问题、坦诚沟通。班子成员之间、班子成员与分管部门主要负责同志逐一开展谈心谈话。为切实打消思想顾虑，真正把问题找准找实，不少领导班子还开展了集体谈心。一些领导干部接受了部分党员、干部和群众的约谈。集团党委常委结合调研指导和审阅对照检查材料等工作，与联系点班子和班子成员进行谈心谈话。三是严格把关，确保剖析检查高质量。认真学习把握中央活动办和巡回督导组工作要求，对撰写对照检查材料进行多轮具体指导。各级党委主要负责同志切实履行责任，组织做好材料撰写和审查工作。各督导组按照“四看、三把关”要求，认真审阅材料，提出修改意见，严格审核把关。集团党委常委对联系点班子和班子成员的材料进行认真审阅，党委书记对各二级企业班子和主要负责同志的材料进行认真审阅。各级班子和班子成员对照检查材料反复修改，达4次以上。四是动真碰硬，批评和自我批评有“辣味”。集团党委召开活动推进会，专题部署民主生活会各项工作，重点对开展批评和自我批评提出严格要求。各督导组在会前认真审查参会人员的“拟列批评意见”，对遮遮掩掩、不疼不痒、不触及实质问题的，及时进行提醒纠正。各级领导班子在一把手的示范带动下，认真开展批评和自我批评，查摆遵守党的政治纪律方面的情况，以及“四风”方面突出问题及其具体表现，剖析问题根源，提出整改方向和措施，并主动亮出房产、配车等八项情况，接受大家批评和监督。在民主生活会上，每个班子成员分别对参会人员提出多条批评意见，很多意见一针见血、辣味十足。领导干部们纷纷表示，这是多年来开得最认真、最严格、最有实际效果的民主生活会。

（6）认真召开基层党组织专题组织会、抓好民主评议党员工作。在开好党员领导干部专题民主生活会的基础上，各级党委统筹组织基层党组织专题组织生活会，并认真开展民主评议党员工作，把从严从实要求落实到“最后一公里”。一是深化学习教育，加强思想引导。针对部分党员存在“与己无关、不以为然”等模糊认识，进一步组织开展学习讨论，引导这一部分党员补课赶队，端正态度、明确标准、积极参与。二是加强组织领导，防止走过场。在充分分析基层党组织和党员状况基础上，结合企业实际，制订具体方案，确保工作有序推进、有效开展。一些企业还专门召开推进大会和党支部书记培训会，指导帮助基层党支部书记熟悉政策、把握要求、掌握方法、清楚程序。三是加强指导检查，领导以身示范。各级党委分别派人参加基层党支部专题组织生活会，对会议进行点评，对民主评议党员工作进行具体指导。党员领导干部普遍以普通党员身份参加所在党支部的专题组织生活会。各督导组按照要求，分别对各单位有关情况进行督促检查。四是紧扣工作实际，开展批评和自我批评。各基层党组织结合具体情况，由支部书记带头，对照上级要求和群众意见，结合岗位特点和履职情况，对自身问题进行认真查摆，并开展相互批评。一些企业针对海外机构实际特点，通过网络视频方式召开专题组织生活会，确保了工作全覆盖。五是坚持实事求是，开展民主评议党员工作。以党支部、党小组为单位，召开党员大会，重点围绕履行党员义务、遵守党的纪律、强化岗位职责、发挥先锋模范作用等内容，组织开展个人自评、党员互评和民主测评。从评定结果看，好的占70.26%、一般的占29.64%、差的占0.1%。

（7）强化问题导向，狠抓整改。国机集团党委坚决贯彻中央要求，从活动一开始，就“改”字当头，把解决作风问题与解决实际问题紧密结合起来，坚持边学边查边改，研究制定10条具体措施，从进一步降低管理费用、规范职务消费和福利待遇、精简会议发文、完善会议管理、加强统筹协调、增强沟通交流、提高办公效率、狠刹公款送礼和公款吃喝入手，把反对“四风”落到实处，以作风改进促工作效率提升。将“两方案一计划”（整改方案、专项整治方案和制度建设计划）整改任务逐项分解落实到每名常委，明确推进步骤、目标要求、落实部门和完成时限，把整改责任具体化、整改任务项目化、整改成果制度化。国机集团活动办加强组织协调，根据整改台账，每月组织责任部门开展自查，每季度进行汇总检查，定期向党委报告进展情况。至2014年年底，集团领导班子“四风”问题整改方案15项任务48项措施、“四风”突出问题专项整治方案17项措施、24项新增和修订制度计划、9名领导班子成员112项个人整改措施全部完成。集团各级企业领导班子教育实践活动整改措施完成1 171项，“四风”问题专项整治措施完成691项，制定和完善相关制度1 002个。

为进一步深化第一批活动整改工作，切实抓好第二批活动整改落实、建章立制工作，国机集团党委认真贯彻中央要求，特别是习近平总书记在中央政治局第十六次集体学习时的重要讲话精神，坚持以上率下、以下促上、上下联动，抓住职工群众反映强烈的突出问题，以整改落实、解决问题体现活动成效。一是突出重点，明确方向。根据国有企业深化整改要求，从自身实际出发，进一步明确各级企业、各级领导班子和领导干部、职能部门、业务部门，以及基层单位和组织的整改重点，切实加强分类指导。二是定期通报进展，主动征求意见。结合召开集团年度工作会和第二批活动动员大会、工作推进会等，向所属企业和干部职工通报第一批活动整改工作进展情况，认真征求意见建议，不断深化整改工作，为参加第二批活动单位做好示范。三是认真制定整改方案。召开所属企业和督导组专项培训会，对起草“两方案一计划”和个人整改措施进行详细指导，提出明确要求。按照“四个回应”（回应征求到的群众意见、回应对照检查出的突出问题、回应专题民主生活会上提出的批评意见、回应上级党组织和督导组点明的问题）要求，对整改方案进行认真审查，切实保证整改措施与“四风”问题一一对应，并且可操作、可落实、可检查、可考核。四是自上而下开展专项整治。按照中央部署，在全系统助推21项专项整治进程，达到“持续用力，拧紧螺丝”要求。五是即知即改立说立改。指导督促各级党委从活动开始就“改起来”，以整改的深入促进活动的深化：通过边学边改，从思想问题入手抓整改；通过边查边改，从实际问题入手抓整改；通过边整边改，从工作落实入手抓整改。六是强化正风肃纪。高度重视做好信访举报查办工作，由党委、纪委负责同志亲自牵头，组织专门力量，对活动中转来的和收到的群众举报进行认真查实，对相关问题进行严肃处理。

（8）加强工作指导，抓好检查督导，推动宣传引导。国机集团党委及时传达学习中央精神部署，吃透精神，把准实质，结合企业实际提出具体要求，定期听取活动情况汇报，研究解决实际问题。国机集团教育实践活动领导小组把握总体进度，在活动每个关键节点组织举办工作培训，指导所属企业和督导组把握活动要求，统筹工作安排。集团活动办定期编发文件汇编、跟踪活动进展，上报活动情况，并通过QQ群与所属企业保持热线联系，加强指导和协调。

各级督导组认真贯彻活动要求，坚持“五个不放过”（思想认识不提高不放过、查摆问题不聚焦不放过、自我剖析不深刻不放过、整改措施不到位不放过、人民群众不满意不放过），对各环节工作严格审查把关，督促做好“回头看”，对出现的问题及时督促、限期改正，为活动高质量推进起到重要作用。

各级企业还充分利用内部报刊、网站、闭路电视、广播、宣传栏和活动简报等载体，大力宣传中央精神，报道活动进展，展示活动成效，为活动营造良好氛围、凝聚正能量。

3. 取得的活动成效 通过教育实践活动，使国机集团党员干部和广大党员经历一次严格的党内生活锻炼，受到一次深刻的思想政治洗礼，思想认识提高，政治觉悟增强，认清了差距不足，明确了努力方向，解决一批“四风”问题，作风改进，形象好转，变化深刻，得到职工群众的充分肯定和积极评价。

（1）进一步坚定理想信念，增强同以习近平同志为总书记的党中央保持高度一致的自觉性坚定性。通过教育实践活动，党员干部和广大党员深化了对以习近平同志为总书记的党中央的执政理念、治国方略、工作思路的把握，从而强化了建设中国特色社会主义的道路自信、理论自信、制度自信；对实现中华民族伟大复兴中国梦的理解深化，明确了中央企业肩负的重大使命责任和改革方向，增强了贯彻落实中央决策部署的思想自觉和行动自觉；对作风建设重要性紧迫性长期性的认识深化，作风建设永远在路上的思想意识强化，聚精会神抓党建的责任感使命感增强；进一步解决了世界观、人生观、价值观这个“总开关”问题，加强了思想理论武装，指导实践的能力提高。

（2）进一步增强群众观念，密切党群干群关系。党员干部和广大党员更加准确理解把握新的历史时期加强作风建设的新要求，更加突出为民务实清廉的价值追求，更加明确“我是谁、为了谁、依靠谁”，更加强化全心全意依靠职工群众办企业的指导思想。活动中，各级领导班子成员深入基层一线，面对面倾听意见，实打实解决问题，用服务群众、转变作风、解决问题赢得职工群众的信任和支持，增进了党员干部同职工群众的思想感情。国机集团主要领导以身示范，带头贯彻落实中央八项规定精神，到所属企业不乘坐头等舱、住企业招待所、在企业食堂或生产现场与职工一同用餐、不安排领导接送、不搞长篇汇报、直接扎到基层调研，职工群众纷纷表示“领导离我们更近了”。

（3）进一步提高解决自身问题的能力，集中解决一批“四风”突出问题。通过教育实践活动，进一步健全落实民主集中制、党内组织生活等制度，增强党员组织纪律观念，批评和自我批评的优良传统得到进一步弘扬，党性原则基础上的团结得到进一步增强，各级领导班子发现和解决自身问题的能力得到进一步提高。通过开展专项整治，集团总部和所属企业压缩会议 1 075 个，下降 20.9%；精简发文 1 582 个，下降 17.2%；减少评比表彰活动 121 项，下降 15.2%；减少领导小组 85 个，下降 22.2%；清理清退超标车辆 5 辆；“三公”经费降低 5 005 万多元、下降 27.1%；减少因公临时出国（境）161 批次 411 人；免去党政领导干部兼职 5 人；新增和修订完善一批制度规范，与活动开展以来中央、国资委颁布的制度规定形成有效承接；党员干部直接联系群众制度进一步完善，职工群众诉求反映渠道进一步畅通，“四风”问题得到有效遏制。

（4）进一步形成抓落实、敢担当的良好风气，推动企业改革发展稳定。国机集团各级党委坚持把作风建设的成效体现在狠抓落实、敢于担当上，体现在奋发有为、改革攻坚上，紧紧围绕“稳增长、促改革、调结构、惠民生、防风险”工作大局，围绕中央企业利润要“保五争六努力实现八”的任务指标，大力弘扬“钉钉子”精神，坚决克服“只要不出事、宁可不干事”的不良倾向，引导党员干部特别是领导干部不断强化“丧失机遇是最大的失误，不负责任是最大的错误，企业不发展是最大的风险”的意识，保持开拓进取的精气神，增强干事创业的责任心，为推进企业全面深化改革、促进科学发展增添了强大动力。集团领导班子以身作则，迎难而上，由主要领导亲自带队，深入基层一线特别是困难企业，同职工群众一起直面问题、攻坚克难，使职工群众受到极大鼓舞，进一步坚定了搞好国有企业、实现有质量增长的信心和决心。各级企业从快从实查“四风”，从快从严抓落实，以改进作风为牵引，形成企业改革发展稳定各项工作特别是解决深层次问题和历史遗留问题的强大推力。

群众测评结果显示：国机集团党员群众认为集团开展教育实践活动“好”和“较好”的 97.6%；认为解决“四风”问题特别是群众反映强烈的突出问题“好”和“较好”的 95.8%。

4. 开展活动的收获体会 通过开展教育实践活动，国机集团广大党员深刻地认识到，必须坚持党对国有企业的领导，坚定政治立场，才能保证国有企业改革发展的正确方向；必须贯彻党的群众路线，坚持全心全意依靠职工群众办企业，充分调动发挥职工群众的积极性，才能为企业改革发展汇聚起强大的正能量；必须深化对作风建设重要性紧迫性长期性的认识，持续用力，锲而不舍，才能促进作风根本好转；必须毫不放松抓好思想政治建设，解决好世界观、人生观、价值观这个“总开关”问题，才能在党员思想意识中牢固树立为民务实清廉的价值追求；必须坚持教育与实践并重，以知促行，以行促知，才能使改进作风要求真正落到实处；必须坚持问题导向，从小事抓起，从具体问题改起，才能保证改进作风收到扎实成效；必须坚持开门搞活动，请群众参与、受群众监督、让群众评判，才能使活动不闭门造车、自我循环，形成良性互动；必须坚持领导带头，发挥示范表率作用，才能坚定党员群众的信心和决心，使其一同积极参与教育实践活动，取得丰硕成果；必须贯彻整风精神，拿起批评和自我批评的有力武器，形成健康的党内生活气氛，才能不断增强党组织的凝聚力、战斗力；必须从严管理，严肃纲纪，对违规违纪行为“零容忍”，才能维护党章党纪的权威性和严肃性，使规章制度真正发挥“防火墙、防波堤”的作用。

【建立健全基层组织工作】 国机集团注重在改革重组企业中及时调整和理顺党的关系，建立健全党的组织，确保在改革发展稳定的关键时刻发挥党组织的战斗堡垒作用。调整了中国电力工程有限公司、中国成套工程有限公司、中国汽车工业进出口有限公司党组织领导关系。完成各所属企业党代会代表任期制的调查统计和情况上报工作。

【党内生活】 结合推进教育实践活动，细化工作要求，规范程序标准，加强督促检查。

1. 做好集团党委中心组学习会、党员领导干部民主生活会、党委会、常委会等会议组织工作 组织召开集团 4 次中心组学习会议、1 次党委全委会和 17 次党委常委会、1 次书记办公会，每次会议都做了会议纪要的整理和发放工作。组织召开 2013 年度党员领导干部民主生活会。完成 2014 年度党员领导干部民主生活会前期大量工作，如确定民主生活会方案；采取调查问卷、组织召开座谈会、个别谈话等多种形式广泛征求意见等。

2. 抓好所属企业党委中心组学习、做好党员领导干部民主生活会监督检查工作 下发《2014年度党员领导干部民主生活会有关要求的通知》《关于报送2014年度党委中心组学习计划的通知》，规范所属企业党委中心组学习计划报备工作；督促检查所属企业开好中心组学习和民主生活会，确保各级企业148个专题民主生活会、1 320个基层组织生活会高标准、高质量。

【评选表彰】 认真开展集团“一先两优”（先进基层党组织、优秀共产党员、优秀党务工作者）评比表彰工作。下发《国机集团党委关于开展2012—2013年度先进基层党组织优秀共产党员优秀党务工作者推荐评选工作的通知》，启动集团“两优一先”评选工作。通过对申报材料的初选、评审会的二选、集团党委常委会最终审议通过，完成国机集团“一先两优”评选工作；6月27日，召开“一先两优”表彰大会；下发《关于表彰2012—2013年度国机集团先进基层党组织、优秀共产党员、优秀党务工作者的决定》，对34个先进基层党组织、152名优秀共产党员、53名优秀党务工作者予以表彰。

完成中央企业“一先两优”申报工作。合肥通用院党委、二重德阳万航模锻有限责任公司模锻厂支部委员会被评为中央企业先进基层党组织。中国二重的裴长盛和中国一拖的李继光被评为中央企业优秀共产党员；苏美达杨永清获得中央企业优秀党务工作者称号。

完成中央企业党建思想政治工作研究先进个人的申报工作。

开展“最美一线员工”主题宣传活动，征集各类典型事迹材料54篇，通过国机报等平台广泛进行宣传报道。

【党内年报数据统计工作】 完成党内年报数据统计工作。2014年党内统计年报工作历时1个半月，高效优质地完成36张报表、900多项指标、近1万个统计数据的填报工作。在国资委2014年党内统计年报审核结果通报中，国机集团又一次被评为“全优报表单位”。同时，完成了春节慰问老党员和困难党员工作以及党内统计、党费汇集公示上缴、党员手续接转等日常党务工作。

【党员队伍建设】

1. 党员发展 国机集团党委制定年度党员发展计划，组织开展入党积极分子培训和党员发展工作培训，规范发展流程，严把党员入口关。一是按照中组部和国资委党委有关要求，对在京所属企业2014年党员发展计划进行测算，并将国资委党委下发的发展党员名额根据在京企业实际进行分解下发，并检查所属企业实际发展完成情况，将完成情况上报国资委党委。2014年，在京企业发展党员98名，全系统共发展626名党员。二是向在京企业下发《国机集团党委关于做好学习贯彻<中国共产党发展党员工作细则>工作的通知》，对在京所属企业各级党委提出明确要求。要求加强组织领导，明确工作责任，采取有效措施，切实抓好《细则》的学习、贯彻和实施，加强督促检查，确保发展党员工作严格标准不走样、严明程序不变通、严肃纪律不放松。同时，利用集团党务干部培训班机会，对集团总部及所属企业进行《中国共产党发展党员工作细则》的学习贯彻培训。所属40家单位都参与了学习。三是总部党总支组织完成对1名预备党员的转正工作。

2. 党员培训 向所属企业转发国资委党委办公室《关于贯彻落实〈2014—2018年全国党员教育培训工作规划〉实施意见的通知》，要求各所属企业认真贯彻执行。举办基层党组织书记和党务干部培训班、2014年度国机集团党务干部培训班，其中党委书记、党委副书记、党办主任、党支部书记等共150人参加了培训。培训系统、重点突出：一是围绕深入学习党的十八届三中、四中全会精神，进一步加强党务干部的法制教育，提高党务干部法治思维和依法办事能力；二是学习党的章程，加强党风、党纪教育，自觉培育和践行社会主义价值观；三是贯彻落实中央关于做好发展党员工作的有关要求，进一步做好企业发展党员工作；四是党务知识学习，交流经验，提高开展党务工作的实践能力等。通过培训加强了党务干部的理论与实战能力。

举办2014年度入党积极分子培训班，在京单位（含集团总部）102人参加培训。

【领导班子建设】 2014年，根据中央和国资委党委部署要求，国机集团党委认真落实党要管党、从严治党要求，以深入开展党的群众路线教育实践活动为主线，带领集团各级党组织全面加强和改进思想建设、组织建设、作风建设、反腐倡廉建设和制度建设，为推动企业全面深化改革、实现有质量的增长，提供了坚强的思想政治和组织保证。

1. 强化思想引领 把学习贯彻党的十八大和十八届三中、四中全会精神，以及习近平总书记系列重要讲话精神作为全年重点任务，以集中轮训、专题学习、交流研讨等方式，组织集团各级党组织和党员干部认真学习党的最新理论和中央方针政策，用习近平总书记系列重要讲话精神武装头脑、指导实践、推动工作。

2. 加强领导班子自身建设 组织4次党委中心组专题学习，围绕贯彻落实中央精神部署，结合集团发展实际，深入研究全面深化改革发展的思路和措施，推动国机集团实现有质量的增长。认真组织召开2014年度领导班子民主生活会，按照中央部署和中央第三十六督导组要求，广泛征求意见，深入查摆问题，严肃开展批评和自我批评，严格党内生活，严守党的纪律，深化作风建设。

3. 严格规范履职 按照《党委会议制度》有关规定，召开1次党委全体会议和17次常委会会议，集体研究审议干部任免事项（343人次），抓好集团总部和所属企业领导班子选拔配备工作。不断完善领导干部联系点制度，深入开展调查研究，充分了解基层实际情况。举办高层“头脑风暴”活动，发挥集体智慧，坚持重大决策集体讨论、集体决定，贯彻落实民主集中制。

4. 持续深入加强作风建设 由主要领导亲自主持，党委常委分工负责，认真推进完成领导班子教育实践活动“两方案一计划”整改任务和个人整改事项，提出深化整改方案和措施。在全系统认真组织开展第二批教育实践活动，推动“反对四风、改进作风”走进基层、走向深入。

5. 夯实基层基础 及时调整和理顺重组企业党组织关系。加强党员教育管理，做好民主评议党员和处置不合格党员工作。规范发展党员程序，严把党员入口关。组织举办基层党务干部工作培训，提高基层党建工作水平。

6. 加强党风廉政建设和反腐败工作 认真履行党风廉政建设主体责任，充分发挥纪委监督作用，完善相关制度，强化责任追究，加强监督检查，加大案件查处力度，通过一级抓一级，层层传导压力，级级落实责任，坚定不移地推进党风廉政建设和反腐败斗争。

【党风廉政建设和反腐败工作】 认真落实“两个责任”（党风廉政建设主体责任、监督责任），制定印发《国机集团党委关于落实党风廉政建设主体责任的意见（试行）》《国机集团纪委、监察室关于落实党风廉政建设监督责任的意见（试行）》，以及《惩防体系建设实施意见》。召开集团干部大会，对党风廉政建设和反腐败工作进行全面部署。坚持以法治思维完善监督执纪相关制度，制定《关于对领导干部进行廉政约谈的暂行办法》等制度。以督促落实党风廉政建设责任制为抓手，对所属企业落实“两个责任”和党员领导干部“一岗双责”（在具体的工作岗位上，既要对承担的业务工作负责，又要对党风廉政建设负责）情况开展监督检查。突出抓节假日等重要时间节点和关键环节，强化作风建设，规范庆典活动，开展会员消费卡等专项整治工作，进一步规范公务用车、办公用房、履职待遇和业务支出等事项。加强对下级企业纪委案件线索管理和办案工作的领导与指导，对所属企业重要案件进行督办。大力加强纪检干部队伍建设，组织近年新任纪委书记参加纪检监察业务培训，开展所属企业纪委书记述职述廉。

【纪检监察】

1. 协助党委抓好廉政建设和反腐败工作 认真学习领会党的十八届三中、四中全会和十八届中央纪委三次、四次全会精神，学习领会习近平总书记系列重要讲话精神。党委常委会多次专门研究并听取有关党风廉政建设和反腐败工作。及时召开集团公司反腐倡廉建设工作会议，结合实际全面部署反腐倡廉工作。组织有关干部培训6场，参加培训460人。切实把党风建设和反腐败工作与集团抓改革、保增长同部署、同实施、同检查。

抓好顶层设计，明确工作责任。研究制定《国机集团贯彻落实中央建立健全惩治和预防腐败体系第二个五年工作规划的实施意见》。按照党的十八届三中全会关于“落实党风廉政建设责任制，党委负主体责任，纪委负监督责任”的要求，制定《国机集团党委关于落实党风廉政建设主体责任的意见(试行)》《国机集团纪委、监察室关于落实党风廉政建设监督责任的意见（试行）》。集团党委每年与总部各部门和所属企业领导班子签订“党风廉政建设责任书”，明确目标任务，强化主体责任、监督责任和领导人员的“一岗双责”等有关事项。

把好选人用人关。认真执行《党政领导干部

选拔任用工作条例》《中央企业领导人员管理暂行规定》，修订《中国机械工业集团有限公司全资、控股企业领导干部管理办法》等制度，坚持党管干部和市场化选聘经营管理者相结合，进一步完善选人用人机制和考核评价体系。国机集团选拔任用干部均履行考核程序，纪检监察部门派工作人员参加考核过程；拟提任干部人选提交集团党委常委会讨论前都要听取纪委、纪检监察部门领导的意见；对拟提任干部人选一律在集团网上公示，接受干部群众监督，防止发生选人用人上的不正之风和腐败问题。

2. 严明党的纪律，严格落实中央八项规定精神 以深入开展党的群众路线教育实践活动为契机，聚焦“四风”，正风肃纪。在第二批教育实践活动中，集团党员领导干部和广大党员经历了一次严格的党内生活锻炼，解决了一批“四风”问题。从群众测评的结果看，群众对解决“四风”问题给予“好”和“较好”的评价达 95.8%。

开展执行中央八项规定精神专项治理和督促检查。着重对为企业负责人办理理疗保健、运动健身和会所、俱乐部会员、高尔夫等各种消费卡，公款购买百科全书、中外名著、古籍文献等与工作无关的图书等问题，领导人员未如实报告个人有关事项问题，自建培训疗养机构和“会所中的歪风”问题，进行了自查和整改；开展清理和规范庆典活动；规范领导干部公务用车、办公用房、履职待遇和业务支出等事项。

坚持抓好每一个节点，落实好每一个具体问题。与 2013 年相比，集团总部会议费减少 71.34%、业务招待费减少 68.35%、因公出国（境）费用减少 51.95%、公务车运行费减少 13.38%、差旅费减少 4.18%。各所属企业会议费、业务招待费、差旅费、办公费等均有较大幅度下降。

3. 加强案件线索管理，查办案件取得新进展 国机集团高度重视信访举报受理和案件线索规范处置工作。2014 年，集团纪委自收和国资委纪委转来信访件 75 件（次），属纪检监察业务范围内的 66 件，同比增加 175%，其中实名反映 13 件、匿名 53 件、重复件 17 件。清理遗留线索 33 件。集团纪委直接办理信访举报 15 件，按照有关规定转所属企业办理 42 件。对信件反映的问题进行认真甄别和核查，对转交下级纪委的重要信件加强督办。对一般性、苗头性、倾向性问题进行约谈提醒，抓早抓小，对涉及违纪违法问题严肃处理，做到有案必查、有腐必惩。集团各级纪委查办违纪违法案件 26 起，处理 60 人，同比增加 140%。

4. 加强管理和教育，强化对领导干部监督 扎紧制度的“笼子”，防范廉洁风险。制订完善《集团总部招标管理暂行办法》《所属企业领导班子和领导干部综合考核评价办法》等多项制度；编制《国机集团规范权力运行，促进作风转变，强化廉洁从业制度汇编》。认真执行《党风廉政建设责任制实施办法》《“三重一大”决策制度实施办法（暂行）》等各项制度规定。

（1）持续开展党风党纪教育，党员干部自觉自警自省。一是紧扣中央八项规定精神和纠正“四风”、廉洁从业要求，坚持每月 1 日及重大节假日发送廉洁提醒短信，常关怀常警示。二是利用集团门户网站及楼宇电子屏滚动宣传廉洁文化，将上级要求、工作部署、制度法规放在集团网站“集团反腐倡廉建设专栏”宣传，供企业领导人员和纪检监察干部浏览学习。三是强调领导人员的廉政责任，按《关于实行党员领导人员廉洁承诺制的实施办法（试行）》，组织新提任的领导人员及时签订“廉洁承诺书”。四是购买廉洁教育系列光盘发放所属企业观看，给总部处以上干部发放《十八大以来廉政新规定》等学习使用书籍。五是因地制宜开展反腐倡廉教育实践活动，总部和所属企业组织 614 场次，参加教育活动约 3 万人。六是以上率下，集团主要领导从自身做起，带领班子成员发挥示范引领作用，带头遵守中央八项规定，带头廉洁自律，带头接受监督，带头落实“一岗双责”制度。

（2）强化监督措施，落实监督责任。一是制订《关于对领导干部进行廉政约谈的暂行办法》，按照干部管理权限落实工作约谈、责任约谈、信访约谈和廉洁约谈。2014 年，总部和所属企业共谈话提醒 308 人、诫勉谈话 33 人。二是组织各企业开展党风廉政责任制落实情况自查，并对苏美达集团、CMEC、中装集团、中国建设、中国机床、中国海航等企业进行抽查。对抽查企业领导班子和班子成员落实责任制情况进行民主测评，帮助其查找差距，并督促改进提高。三是把教育实践活动中好的做法固化，严格执行党员领导干部参加双重民主生活会制度，深入查找问题、剖析根源、落实整改。四是抓好效能监察，堵塞管理漏洞，提升管控水平。集团总部开展执行力效能监察。各企业效能监察立项总数209个，涉及企业内部管理、工程建设、招投标和采购合同、落实中央八项规定精神、“三重一大”决策等方面，各单位针对发现的问题提出了处理建议。五是严格执行述职述廉、领导干部报告个人有关事项制度，强化了纪检、监察、审计、法律、干部考核监督的协调配合与信息共享。六是强化“一岗双责”“一案双查”（既要追究当事人责任，又要倒查追究相关领导责任，包括党委和纪委的责任），对5起涉及37人因责任不落实、工作不力导致责任事故或大的损失的案件进行了责任追究。

5. 打造过硬的纪检监察队伍 推动纪检监察“三转”（转职能、转方式、转作风）进程，适应新形势新要求。国机集团纪委书记、副书记和总部纪检监察部门人员实现专职专责，所属企业有部分纪委书记不再兼任其他职务，其他的正按要求逐步调整落实。2014年各级纪检监察机构退出议事协调机构28个，聚焦党风廉政建设和反腐败中心任务，强化监督执纪问责。加强纪检监察干部业务培训，全系统举办培训90场，培训专兼职纪检干部840人次。组织开展反腐倡廉建设工作调研及论文征集活动，推荐41篇参加中国监察学会机械分会优秀论文评选交流，有3篇论文获一等奖。组织所属企业纪委书记进行述职述廉。总部纪检监察干部严格律己律人，履行监督责任，在督促大家坚守责任担当的同时，全部参加了述职述廉和年度考核。

【贯彻落实中央八项规定精神】 2014年，国机集团认真落实中央要求和国资委党委部署，持续狠抓中央八项规定精神的贯彻落实，坚持领导带头，切实抓好整改，以实际行动推动国机集团整体作风建设。

1. 领导以身作则，发挥表率作用 国机集团党委对贯彻落实中央八项规定精神高度重视，建立“一把手负总责，班子成员分工负责，各部门具体落实”的责任机制，并在各项工作中着力发挥好党员领导干部的示范带头作用。

（1）及时学习掌握中央和国资委关于作风建设的各项规定和要求。国机集团领导班子多次通过党委常委会、中心组学习、党风廉政工作会议，认真学习贯彻落实中央八项规定和国资委《关于中秋、国庆节日期间严格落实中央八项规定坚决纠正“四风”问题的通知》等一系列文件精神和制度规定，严格对照标准规范，统一思想认识。

（2）深入调查研究，紧密联系群众。按照年度调研工作计划，深入基层加强实地调研，调查覆盖80%以上的所属企业。在广泛调查的基础上，厘清家底，分门别类，把困难企业列为重点，进一步深入了解基层急需和实际问题，予以重点关注、帮扶和指导。

（3）多渠道多层次听取基层意见。结合实地调研和具体工作，广泛开展座谈访谈活动，面对面听取基层职工意见。一是设立集团董事长电子信箱，收集掌握群众意见建议，并逐一办理落实。二是组织开展“我为企业献一策”等主题活动，进一步拓展基层职工意见建议反映渠道。三是通过网络等媒体加强对舆情的搜集和分析，第一时间了解掌握行业动态和涉及集团各级企业的新闻报道。

（4）建立领导联系点，以点带面推动工作。集团领导班子9名成员在第二批教育实践活动中建立联系点，结合联系工作内容，指导联系点单位深入征求和听取群众意见，并与联系点班子和班子成员进行谈心谈话。同时，认真审阅班子和班子成员的对照检查材料，全程参加联系点领导班子专题民主生活会。

（5）坚决落实自身公务用车和办公用房整改，规范履职待遇。国机集团领导班子成员办公用房整改工作全部完成，正职办公用房面积严格控制在80平方米以下，副职办公用房面积严格控制在60平方米以下。公务用车严格按规定标准执行，按职数以租赁方式配备。具体情况如下：正职3名，租赁3辆奥迪A6L2.0T，车价37万元／辆（租期2013—2018年）；副职6名，租赁3辆尼桑天籁2.0，车价21万元／辆（租期2014—2019年）；另有在规定实施前已租3辆赁奥迪A6L3.2（租期2008—2016年），因租赁期尚未结束，暂配备使用，待租赁期满后替换为尼桑2.0。

（6）自觉以严格的标准和纪律要求自己。领导班子成员坚持从自身做起、从小事抓起，出行不乘坐头等舱，到基层调研住企业招待所、在食堂或生产现场与职工一同用餐、不安排领导接送、不搞长篇汇报，直接扎到生产一线调研、听取意见，以实际行动为基层党员干部作示范。

2. 厉行勤俭节约，规范业务支出 国机集团按照中央八项规定精神，以厉行勤俭节约、规范支出管理为重点，开展一系列专项整治工作，集中力量解决作风建设中的重点焦点问题。

（1）从严从紧控制，压缩会议活动。印发《关于进一步加强会议管理的通知》，统筹制定2014年会议计划，严格控制会议数量和费用，进一步简化会议程序、减少出席领导数量。截至2014年12月19日，集团召开会议14个，比上年减少22%；发生会议费用104.55万元，比上年减少71.34%。

（2）改进方式方法，提高工作效率。在切实改进文风，减少文件简报的基础上，加强集团信息化建设，国机集团内部发文全部改为OA运转，实行无纸化办公。同时，进一步强化对总部公文、审批等工作流转环节的时限要求，在OA系统中新建所属企业来文督办功能，提高办公办事效率。

（3）规范管理使用，清理公务用车和办公用房。进一步改革公务用车管理办法，取消领导专车和专职司机，由后勤部门根据工作需要统一调配，严格派车单管理，杜绝超标配备、公车私用现象。公务车运行费比上年下降13.38%。同时，集团还按照国资委有关会议精神，抓紧制定办公用房调整方案，集团领导班子成员的办公用房改造全部完成，其他人员办公用房待上级文件下发明确标准后严格执行。

（4）严格成本控制，规范业务支出。下发4个文件，对总部各部门和各所属企业严格落实中央规定提出明确要求，明令禁止，狠刹公款吃喝和奢侈浪费等不正之风，并修订完善了礼品管理、业务招待费支出等相关制度规定，严控费用支出。与上年相比，2014年差旅费减少4.18%，因公出国（境）费用减少51.95%，业务招待费减少68.35%。此外，集团行政管理部门还下发了《关于物业后勤管理工作厉行节约的通知》，通过OA系统、楼层和客用电梯电视加强对厉行节约、反对浪费、绿色环保的宣传，组织开展午餐和休息时间办公室“关灯一小时”、用餐“光盘”、人走灯关设备关等活动，增强员工勤俭节约意识。

3. 建立健全规章制度，以长效机制规范企业行为 从长计议狠抓作风建设，国机集团全面推动制度建设，确保八项规定在执行中不走样、不放松。

（1）围绕作风建设，制定制度规范。国机集团党委制定印发《中国机械工业集团有限公司关于进一步改进工作作风密切联系群众的措施》，从改进调研工作、加强会议管理、优化工作方式、规范因公出国（境）管理、厉行勤俭节约、抓好督促落实6个方面，制定14条具体措施，使制度规定更具操作性。

（2）结合中央各项制度规定，做好细化、配套和衔接工作。按照《党政机关厉行节约反对浪费条例》，相应制定《国机集团总部全面预算管理实施细则》《总部采购管理相关制度》《办公用品费用支出管理细则》等6项制度措施。按照《党政机关国内公务接待管理规定》，相应出台《国机集团费用支出管理办法》《业务招待费用支出管理细则》等配套细则。此外，还按中央精神，结合企业实际，先后制定修订了《国机集团领导干部报告个人有关事项的规定》《总部职务消费管理暂行办法》《企业负责人职务消费管理暂行办法》《总部会议管理办法》《总部机动车辆管理办法》《派遣因公出国（境）人员审批办法》等45项制度规定，从加强管理、严格要求的角度，将企业各类业务活动纳入有规可依、规范运行的范畴。

4. 加强监督检查，确保中央精神落地 为保证中央八项规定精神在集团各级企业的贯彻落实，国机集团党委成立贯彻落实八项规定监督检查领导小组及领导小组办公室，专门负责开展督促和检查工作。

（1）下发《国机集团党委关于进一步贯彻落实党中央厉行节约、反对浪费，改进工作作风、密切联系群众的通知》，要求各所属企业进行自查自纠，抓好整改落实。

（2）由监督检查领导小组办公室统筹派出3个检查小组，对所属企业贯彻落实八项规定情况进行定期抽查，重点对党员领导干部调研出差、住房、公务用车、公务出国、厉行节约等情况进行监督检查。

（3）加强审计监督。把各级企业“三公经费”单独列为审计的一项内容，重点关注被审计单位“三公经费”制度建设情况、合理性和执行有效性及各项经费支出规模，以及是否存在以举办会议、培训等名义列支、转移、隐匿接待费开支等方面，并在审计报告中进行披露。

【信访维稳工作】 认真做好来信、来访接待及处理工作。接待上访人员 45 批 210 余人次，收到来信 28 封，接到电话来访 20 余次。按期完成国资委信访月报统计报送工作。

修订并下发《国机集团党委关于印发 < 中国机械工业集团有限公司信访工作暂行规定 > 的通知》；起草并下发《国机集团党委关于印发 < 中国二重改革振兴维护稳定工作应急预案 > 的通知》，并在部门内对预案进行推演，为二重稳定工作提前做好准备；下发《关于做好中国二重改革振兴工作中信访维稳工作的函》。完成信访接待室改造。

2014 年 8 月 28 日，国机集团党委组织召开部分企业信访维稳交流座谈会议，近 60 人参加。

【宣传工作】 2014 年，为适应集团新形势、新发展、新要求，完善国机集团新闻宣传工作机制，创新方式方法，在推动落实“走、转、改”，以及提升国机集团社会影响力和文化软实力等方面发挥了重要作用。

1. 加强新闻宣传工作的组织管理和队伍建设

（1）有效发挥新闻信息管理平台作用。经过一年多的实践，平台的主要功能得到集团总部、所属企业的认同和广泛应用，初步实现新闻宣传工作数字化、一体化、网络化管理，在提升管理效率和管理水平方面作用明显。

（2）改进文风，推动“走、转、改”进一步落实。结合中央八项规定要求，推动新闻宣传报道作风和文风的改变。减少集团领导一般事务性活动和专题工作的专题报道量和报道方式。记者深入基层、深入一线现场采访报道 50 多人次，为历年之最，形成大量反映基层、鲜活可感的好报道。

（3）加强“三个工作机制”建设。完善评价体系，建立《国机集团报》月评和每期好稿评选制度；建立选题策划机制，初步形成重大选题立项、讨论、决策、实施等环节工作的规范和要求；强化发行管理，对涉及 1 000 多个报纸发行管理数据进行调整更新和信息化集成管理。

（4）加强通讯员队伍建设。9 月 22—25 日，国机集团在洛阳组织召开内刊编辑培训班，共有 37 家所属企业百余人参加培训。“稿件修改与版面编排技巧”“新闻评论的选题与写作”“会议新闻和领导活动报道”“企业内刊现状与发展趋势”四个方面邀请业内专家学者授课指导。

2.《国机集团报》出版发行工作 《国机集团报》全年完成编辑出版 22 期 184 个版，折合标准期数为 23 期，总字数近 70 万字，总发行量 22 万份。同步完成《国机集团报》共 22 期电子版、Ipad 版的发布。

秉承“平稳办报，常办常新”办报方针，2014 年《国机集团报》不论是采编思路还是版面风格都发生了一定变化，呈现 6 个特点：

（1）稿件条目化。为更加符合现代快速阅读的习惯，对于大篇幅文字报道，《国机集团报》采用多种方式打破沉闷感，使读者阅读更为轻松，更容易抓住重点，理解核心内容。方法主要包括：通过提炼文章核心制作导读、核心提示等；采用条目化、板块化等手段将长文章化整为零，带活版面；制作表格，以及用制图方式进行直观表现。

（2）版面图形化。美编在排版过程中，把版面当作品创作。运用大量插图、漫画、表格制作多点阅读点，增强版面的吸引力和可读性；运用现场感强的新闻图片，增强版面的视觉冲击力。一期报纸，为了达到锐利呈现，往往是精益求精，精心设计，以两三倍的工作量为之。

（3）栏目特色化。打造特色栏目。在继续办好既有栏目的同时，着力打造《国机电灯泡》漫画栏目，全年共创作“电灯泡”系列漫画 13 组。该栏目以虚拟的卡通人物形象电灯泡为主角，每期以 4 格漫画讲述 1 个故事、描述 1 个现象或者表达 1 个观点，内容贴切员工日常生活和企业生产经营。《国机电灯泡》栏目以其生动、亲切、直观的特点深受读者喜爱。围绕《国机电灯泡》栏目，《国机集团报》编辑部初步搭建了漫画师队伍，并锻炼了编辑队伍的漫画脚本创作能力。

（4）采写精品化。经过精心策划，提前细化采访提纲，《国机集团报》记者分别赴中国联合、新疆中收、重材院、中国建设、中国重型院等企业采访，在短时间内高质量完成稿件。由于前期策划得当、写作中又反复打磨，一般经记者自行采写的稿件刊出后能获得广泛认可，较高评价，在集团报的好稿评选中获选率 100%。2014 年，《国机集团报》编辑自采稿件总字数 48 000 字，约占报纸总字数 10%。

（5）社论常态化。《国机集团报》共刊发社论 12 篇，同比增长 30%，数量上达到平均每月 1 篇。这些社论紧跟形势、紧跟大局，为集团中心工作服务。其中一些社论因较深刻地触及集团改革发展过程中面临的普遍性问题，而受到广泛关注，引发了干部员工的思考和探讨，很好地发挥了《国机集团报》引导集团舆论的作用。

（6）办报开放化。为使更多的通讯员更深入、更积极、更专业地参与到《国机集团报》的采写编评中来。为激发更多有相关专长的国机集团干部员工的创造性，把“编辑部办报”开放为“国机人办报”，《国机集团报》在现有编辑部专职记者和各所属企业通讯员队伍的基础上，建立外部作者队伍库。至 2014 年底，入库的有：漫画、插画类作者，集团系统内的行业专家，特约评论员，文艺类作者，共计 4 个类别 236 人。库内数据包括作者的擅长领域及联系方式等基本信息，便于编辑日常联络。

3. 对外宣传工作 国机集团对外宣传工作坚持正面宣传，积极贯彻落实“走、转、改”精神，讲好企业改革发展故事，为国机集团持续健康发展营造良好舆论环境。主流媒体、战略合作媒体和网站累计发稿 38 篇，各类品牌和形象广告 17 幅次，总发稿量 18 万字。

（1）加强战略合作，大力宣传品牌。加强与《机电工业》杂志、《英才》杂志、机电商报社的战略合作。在这些平台，持续开展日常动态新闻报道、深度专题采访报道、品牌传播等宣传活动。国机集团在战略合作媒体发稿 23 篇，字数超过 12 万字；广告 17 篇；大型活动现场宣传 5 次。在国机集团主动策划或参与的重要报道活动中，这些战略合作媒体都以专题特稿形式进行了广泛、深度报道。

（2）推动落实“走、转、改”。国机集团参加国资委大型报道活动 1 次，自主策划组织报道活动 3 次。

在年初集团工作会期间，策划、邀请新华社和《经济日报》《光明日报》《工人日报》等 10 多家媒体到会采访，对国机集团下一步改革发展思路、重点工作和 2013 年取得的成绩进行报道。新浪、搜狐、凤凰网等 20 多家网站转载大量相关报道。

五四青年节前夕，邀请《中国青年报》《中国建设报》《机电商报》，以及《国企》杂志、《机电工业》杂志、《WTO 经济导刊》等媒体，对中通公司在中国盲人图书馆开展青年志愿者服务活动进行采访报道。北青网、和讯网、经纬网等多家网络媒体转载了相关报道。

7 月中旬，国机集团上报国资委的“苏美达光伏产业转型发展”新闻线索被采纳，成为国资委、中宣部共同组织的“转型·活力”中央企业采访报道活动内容之一。《人民日报》《光明日报》，以及新华社、中央电视台等 10 多家媒体报道了苏美达在光伏产业方面的改革发展情况。中央电视台财经频道《经济信息联播》节目播出特别报道《聚焦中国制造服务业》，对苏美达光伏业务从“单一制造”向“制造服务业”延伸、突破产业发展瓶颈的转型实践作了重点报道。进行了报道的平面媒体 10 家、电波媒体 3 家、网络媒体 21 家（其中原发媒体 10 家、转载媒体 11 家），总发稿字数 2 万余字。

11 月底，邀请《董事会》杂志对国机集团董事长任洪斌进行主题为“国机集团董事会建设”的专访。专访文章深入剖析了国机集团董事会“和实”文化，总结分析了国机集团董事会建设的经验与历程。

（3）舆情管理工作保障重点。按照国资委《中央企业新闻发布工作指引》要求，国机集团重点推进以“监测、研判、处置”为核心的舆情管理工作，基本覆盖了重点子公司和重要产业领域。不断加强舆情风险、声誉风险管理，初步建立了“重大舆情即时发现、负面舆情快速妥善应对”的良好工作机制。

为加强舆情监测和管理工作，一季度，对国机集团舆情监测关键词进行重新梳理和调整。重新调整后的关键词定位更加精确、重点突出，规避了其他无用信息。将微博监测结果纳入日常展现范围，以便及时了解新媒体情况。

2014 年，重点对二重重装暂停上市事件进行专项监测。2013 年 12 月 13 日，国机集团否决中国二重与二重重装资产转让协议后，资本市场反应强烈，连续 7 个交易日一字跌停，期间累计下跌 50%，中小股民及舆论媒体的关注度较高。2014 年 1 月中旬至 3 月底，媒体对二重重装保持较低关注度，舆情总体平稳。4 月初以来，随着 *ST 长油发布公告将成为央企退市第一股，部分媒体再次将注意力集中到中央企业上市公司，特别是可能步 *ST 长油后尘的二重重装等企业。4 月 29 日二重重装公告 2013 年年报、二重重装暂停上市事件成为媒体和股民关注的焦点。

为积极应对由此而可能产生的市场及监管风险，国机集团改革发展部牵头，法律事务部、党委工作部参与，并邀请媒体公关公司、律师事务所等中介机构，结合中外运所属中国长江航运集团南京油运股份有限公司（简称 *ST 长油）舆情及风险实例，对二重重装下一步危机应对工作进行研究部署。形成“进一步强化内部沟通，统一口径，二重为主，国机为辅”的应对思路，成立危机公关专项工作小组，建立新闻发言人制度，做好 24 小时舆情监测工作，在重新梳理上市公司此前公告，做好潜在风险点排查的基础上，拟定对外口径和应对策略。

国机集团密集监测舆情，重点关注《证券时报》《中国证券报》《上海证券报》《证券日报》《21 世纪经济报道》《第一财经日报》《每日经济新闻》等主流财媒和《时代周报》《大众证券报》《北京商报》等社会关注度高的媒体，以及《新京报》《新闻晨报》等影响较大的都市报。同时，对于股吧和百度二重贴吧进行监测和管理。形成二重舆情周报 24 份、月报 10 份，季报 4 份。同时，有节奏、有重点、适度进行正面宣传，适度引导舆论，塑造国机集团负责任央企的形象。通过舆情应对“组合拳”的应用，使二重重装整体舆情得以平稳。

（4）网站建设。国机集团官网作为集团与社会沟通最为重要的官方渠道，在企业宣传、塑造品牌形象和企业文化、提供业务服务等方面，发挥着日益显著的作用，网站访问量屡刷新高。2014 年浏览量 1 480 万人次，较上年 780 万人次增加近 2 倍，日均点击量超过 3 万人次。为满足集团快速发展需求，加强网站建设，发挥“线上”作用，2014 年主要完成了网站运维工作、官网手机版建设工作，重点进行了中英文官网改版、集团网站群建设等有关工作。

信息发布数量质量质均有升。国机集团网站发布信息 1 490 条次，新闻动态稿件发布量较上年提升 55%，日均发布量 7 条次，较上年提升 2 条次。通过进一步强化对信息采集发布环节的审核，信息错漏情况较往年持续降低，基本保持在 3/1 000 以下。

中英文官网改版、集团网站群建设取得进展。结合年度工作计划，从 3 月起，对国机集团各级公司的网站建设工作进行调研和深入分析，形成《国机集团网站群建设可行性研究》。该《研究》建议对集团内外部网站、中英文网站进行全新改版，开展网站群建设工作，由集团统一搭建软硬件技术平台、供所属企业共同使用，通过推行网站建设和管理规范，提高集团各级企业网站建设水平。同时，对网站群咨询规划和网站建设厂商，以及相关同类型央企优秀网站进行广泛调研。至 8 月末，招标准备工作基本完成。

9 月，招标工作完成，确定由网站规划领域最高水平的国脉互联信息顾问有限公司和网站建设业内实力最强的拓尔思公司，共同承接集团网站改版及网站群建设工作。至 12 月，如期完成官网改版的内容规划、页面设计及切图、技术规划设计和网站实施等工作。在项目建设的同时，新闻处完成网站内容更新、梳理和填充等工作。

从 2014 年起，计划通过 3 年的建设和推广，建立覆盖国机集团总部、全部二级企业、部分其他层级企业的网站群，站点数量占集团全部网站的 70%，建立起规范的网站建设和管理制度。建成后的国机集团网站群将具备安全级别高、品牌形象统一度高、宣传效果显著、对业务促进明显等特点。

官网手机版配套上线。为满足国机集团受众现代化阅读需求，提升集团品牌宣传效果，新闻处会同信息处对同类 WAP 手机版应用进行调研，并在 3 月末上线国机集团官网手机版应用，实现集团网站在智能手机操作系统上的在线浏览。上线以来，新闻处对手机网站内容进行优化和同步更新，进一步突出了用户体验，获得集团用户特别是通讯员队伍的广泛好评。与集团官网改版同步，集团手机网在 2014 年进行了全新改版。

内容维护侧重阅读深度。2014 年，国机集团网站专题数量较往年有所提升，新增《中白工业园》《走进新国企》《最美一线工人》《集团节能减排宣传周》等 4 个专题，《国机集团党的群众路线教育实践活动》持续更新维护，在实现集团重点宣传的同时，进一步丰富了网站内容，增加了稿件的深度。

在网站维护工作中，及时、定期地更新企业文化、人力资源、通知公告等栏目信息，保证网站的整体活力，持续提升了集团网站的关注度。

4. 英文杂志的采写出版工作 英文杂志《SINOMACH TODAY》完成全年 4 期的策划、组稿和出版工作，共 7 万余字。英文杂志以提升自身质量为目标，对稿件策划和版式设计进行探索，使杂志内容更加符合国机集团国际化定位和外向型业务特点，满足集团对外宣传和品牌推广需求，贴合海外读者阅读习惯和兴趣点。

在内容方面：进一步优化栏目设置，将高层往来栏目进行机动处理，适时添加科技要闻和行业分析；将工程进展栏目按照签约，开、竣工等时间节点分类进行编辑集纳；开掘国机要闻深度，加强集团下属各主要业务领域重点公司、具有较强市场竞争力的业务领域，以及完成的重大工程项目等方面的专题报道。

在版式设计方面：突出图形化、条目化，以及传播力更强、接受度更高的版式和图表设计；在图片的选择上更加贴合文章内容；主题、栏标设计注重系列化、整体化。

【共青团和青联工作】 截至 2014 年年底，国机集团 35 岁以下青年 38 908 人，团员 18 436 人，团组织 785 个，团干部 1 605 人。集团二届青联委员 91 名。

2014 年，国机集团团委在集团党委和中央企业团工委的领导下，紧紧围绕企业中心任务，大力加强青年思想引导，努力服务青年成长成才，组织青年建功立业，在做强做优国机集团、争创具有国际竞争力的世界一流企业的进程中发挥了积极作用。

1. 协作区工作交流会在国机集团召开 1 月，中央企业共青团第四协作区（机械类）工作交流会在国机集团召开。中央企业团工委副书记（主持工作）、中央企业青联主席赵玉坤，国资委群工局青年处处长、中央企业青联秘书长巴清宏，中央企业团工委组织部副部长党津巍出席会议，来自协作区的 6 家在京成员单位团委负责人参加会议。会上，各在京成员单位团委负责人分别就各自团工作的开展情况、特色和亮点工作、青年志愿者工作情况及下一步计划等方面作了交流发言。赵玉坤对协作区各企业的共青团工作给予肯定，强调了中央企业共青团协作区工作的重要意义、形式载体和未来目标，希望各中央企业团组织充分利用协作区作为交流平台，推动共青团工作迈上新台阶，取得新成果。

2. 召开在京所属企业团组织负责人会议 1 月，国机集团团委组织召开在京所属企业团组织负责人会议。集团团委负责人及各在京所属企业团组织负责人 20 余人参加会议。会议对 2013 年集团共青团工作进行了总结，并对 2014 年工作计划做出安排。参会代表围绕“如何更有效地开展今后的工作”主题进行了讨论。

3. 进行应急救护培训 4 月，国机集团团委举办“国机集团青年志愿者应急救护知识培训”活动，在京 16 家所属企业的 60 余名青年志愿者和奥运志愿者参加培训。本次应急救护知识培训活动使青年志愿者掌握了自救互救技能，丰富了健康安全知识，同时也加深了青年志愿者的相互交流，增强了青年志愿者组织的吸引力和凝聚力。

4. 先进集体和个人获得表彰 3—5 月，国机集团团委组织各级团组织参加申报中央企业团工委组织的五四评选活动。经评审，国机集团共青团系统 8 个集体、6 名个人获得中央企业团工委表彰。国机集团团委组织开展 2014 年五四评比活动，对 88 个集体和 143 名个人进行了表彰。

5. 开展分享活动 根据中央企业团工委部署，国机集团团委于 4 月开始在全集团范围内开展“奋斗的青春最美丽 —— 对话央企青年”分享活动。4 月，国机集团团委与中国北车集团团委联合在西安举办“奋斗的青春最美丽 —— 对话央企青年”访谈活动，陕西省团委副书记段小龙等领导出席活动。来自国机集团、中国北车两家企业在西安的 6 家所属单位的 6 位青年典型，与近百名团员进行交流。各所属企业团委也纷纷开展了形式多样的分享活动。整个活动充分发挥了青年典型的示范带动作用，解答了青年员工心中的困惑，并为他们成长成才提供了宝贵的借鉴经验，使广大国机青年实现“中国梦”和为企业改革贡献青春力量的信心和决心更加坚定。

6. 开启“请进来”爱心公益活动 6 月，国机集团团委组织青年志愿者代表 10 余人，邀请北京昌平雨竹学校二年级的 36 名小朋友走进中机实验站，开启“请进来”爱心公益活动。根据孩子们的年龄特点和生长环境，国机集团团委充分发挥志愿者专业特长和业务专长为他们精心准备了知识讲座。活动期间，国机集团团委还向学校捐赠了学习绘画用品。本次活动是国机集团团委创新工作方式的一次具体实践，传承和弘扬了国机志愿精神，使务工人员的子女开阔了视野、增长了知识。

7. 举办“幼升小、小升初”政策讲座 6月，国机集团工会、团委联合举办两场北京市幼升小、小升初政策讲座，集团总部及在京所属企业近500名青年职工参加讲座。北京青华园教育副总裁、青少年教育研究专家、北京市幼升小政策第一人闻风受邀做专题讲座。此次讲座为帮助青年职工了解掌握升学政策，更好地为子女入学提供了便利，深受广大青年职工的欢迎。

8. 举办团干部培训班 7月，国机集团团委举办2014年团干部培训班，集团所属企业40余名团干部参加了培训。培训内容包括团队拓展、经验交流和专题讲座等板块。在提高共青团理论水平的同时，引导团干部加强交流学习，打破惯性思维，提高统筹能力，为进一步加强国机集团团组织凝聚力，提升团干部队伍整体素质，更好地引领青年服务企业打下了坚实的基础。

9. 开展学习习近平总书记重要批示精神系列活动 根据中央企业团工委工作部署，国机集团共青团系统于7—9月开展传达学习习近平总书记重要批示精神系列活动。

（1）7月，召开在京所属企业团组织负责人专题学习会议，在京所属企业团组织负责人20余人参加。会上，集团党委工作部副部长、团委书记王为民传达习近平总书记重要批示精神，与会代表对批示精神进行学习讨论。会议对下一步集团共青团系统开展学习贯彻落实习近平总书记重要批示精神及开展共青团基层调研系列活动进行了研讨和部署。

（2）启动全系统学习活动。国机集团团委下发《国机集团团委关于学习习近平总书记对共青团工作重要批示精神和开展共青团专题调研活动的通知》，对各级团组织开展专项学习活动进行安排部署。所属各级团组织积极行动，通过座谈会、专题学习会等多种形式组织开展学习活动，广泛宣传习近平总书记重要批示精神，号召广大团员青年切实提高思想认识，把批示要求转化为自觉行动。许多团员青年结合工作、学习情况撰写了心得体会。

（3）8月，开展为期3周的实地调研活动和网络问卷调查活动。活动期间，调研了10家所属企业，与259名团员青年和团干部代表进行座谈，对580份问卷样本进行分析，最终形成调研报告，上报中央企业团工委。

10. 开展“绿色国机·青年创意大赛” 6—12月，国机集团团委组织开展“绿色国机·青年创意大赛”。各级团组织和广大团员青年积极参与，踊跃投稿，报送大批优秀作品。参赛作品以创意DIY、多媒体影像及活动策划方案等艺术形式，表达国机青年践行“绿色国机”理念的青春志愿，展现国机青年勇于创新、敢于实践的青春风貌。经专家评审，国机集团团委对《沙雕拖拉机》等31件创意DIY作品、《办公室情景剧》等8件新媒体文化作品，以及《节能环保系列活动》等13件低碳环保活动类作品进行了表彰。同时，中国海洋航空集团有限公司团委等3家企业团委荣获“优秀组织奖”。通过活动，弘扬了“绿色国机”文化理念，进一步调动了团组织的积极性和创造性，增强了广大团员青年勤俭节约、环保节能、低碳生活的意识和责任感，激发了团员青年的创新思维和实践能力。

11. 召开国机集团青联二届三次会议 12月，国机集团青联二届三次全体会议在南京召开，国机集团党委书记石柯、副总经理丁宏祥、总经济师兼青联主席刘敬桢等领导出席会议，集团青联委员约70人参加会议。石柯在会上发表重要讲话，对国机青联在集团发展进程中作出的积极贡献给予充分肯定，并结合集团发展形势对国机青联和青联委员们提出了希望和要求。丁宏祥与青联委员们分享了赴海外学习的心得体会。刘敬桢作年度工作报告，与会委员围绕“创新转型”主题展开研讨交流。

在此前召开的青联二届四次常委会上，审议通过了青联领导机构调整方案，聘任丁宏祥同志为青联名誉主席，替补刘敬桢同志为青联主席，增补张淳同志为青联副主席，并按有关规定对青联常委、委员进行了调整增补。

【精神文明建设、统战及军转干部工作】

1. 精神文明建设综合治理领导小组名称及组成人员 根据工作需要及人员变动情况，对国机集团精神文明建设综合治理领导小组名称及组成人员进行了调整。调整后的成员名单如下：

组 长：石 柯

副组长：徐 建、丁宏祥、王克伟

成 员：苏维珂、魏 锋、皮安荣、史 辉、王锡岩、韩晓军、王玉琦、赵 飞国机集团精神文明建设领导小组下设办公室，日常工作由党委工作部负责。

2. 中工国际、国机汽车股份被评为“2012—2014 年度首都文明单位” 组织在京所属企业参加首都文明单位评选申报活动。8 月，国资委文明办考核组抽取国机汽车股份有限公司进行实地考核。经评审，中工国际工程股份有限公司、国机汽车股份有限公司被评为“2012—2014 年度首都文明单位”。

3. 推荐中工国际参加“第四届全国文明单位”评比 根据国资文明办通知精神，国机集团党委经过遴选审核，推荐中工国际工程股份有限公司申报“第四届全国文明单位”，参与评比。

4. 开展“我为企业献一策”活动 4 月，国机集团党委组织开展统战人士“我为企业献一策”活动。集团系统内统战人士踊跃参加活动，积极为公司的发展献计献策。

5. 与国资委党委统战部、中央企业侨联相关领导座谈基层侨联工作 9 月，国资委党委统战部与中央企业侨联相关领导到国机集团调研基层侨联工作，召开座谈会。调研座谈会由国机集团党委工作部部长苏维珂主持，中央企业侨联副主席（兼）秘书长、国家电网公司总经理助理张文亮等领导出席座谈会。中央企业侨联调研组一行听取了国机集团关于侨联工作开展情况的汇报，并与集团侨联代表就新形势下企业侨联工作面临的主要问题等展开研讨。

6. 完善侨联组织基础数据库建设，开展系统内侨联组织情况调查统计工作 截至 2014 年 11 月，国机集团共有侨联组织 13 个、归侨 41 人、侨眷 193 人、归国留学人员 399 人。

7. 慰问集团侨联委员及归侨侨眷代表 在“两节”及重大纪念日期间，国机集团党委对集团侨联委员及归侨侨眷代表进行慰问，表达对归侨侨眷的关怀、关心，并听取他们对于集团发展的意见和建议。

8. 完成军转干部信息管理统计报送工作 根据国资委要求，完成 2014 年中央企业军转干部信息管理系统统计报送工作。据统计，截至 2014 年 7 月底，集团军转干部 2 376 人，其中在职职工 340 人、离退休人员 1 988 人。

9. 开展对复转军人代表的慰问活动 “八一”前夕，国机集团党委开展对复转军人代表的慰问活动。党委工作部分别对 2 名在京所属企业生活有困难的复转军人进行了慰问。

10. 开展军转干部解困和稳定自查工作 根据国资委要求，国机集团党委组织开展 2014 年度军转干部解困和稳定自查工作，对实际工作中存在的问题，认真进行分析研判。针对个别军转干部生活困难问题，积极开展帮扶救助。经自查，军转干部整体情况良好。

【老干部管理工作】

1. 在京离休干部医疗信息核查摸底工作 根据国资委要求，国机集团党委工作部对在京离休干部医疗信息进行核查摸底工作，将相关信息与国资委及卫生部等上级有关部门对接。此项核查工作，完善了在京离休干部的相关医疗数据，确保了医疗信息的准确性和完整性。

2. 离休干部医药费补助资金申报工作 根据财政部通知精神，国机集团党委工作部完成 2015 年离休干部医药费补助资金申报工作。共申报困难企业 20 家，涉及离休干部人数 280 人，申请补助金额共 495.6 万元。

3. 离退休干部年报统计工作 根据中组部通知要求，组织开展 2014 年度离退休干部年报统计工作。经统计，截至 2014 年年底，国机集团离休干部 1 031 人、退休干部 20 043 人，其中在京 4 117 人、党员 8 592 人。

4. 总部退休人员的日常服务工作 集团党委工作部积极开展对总部退休人员的日常服务工作，发放《培育和践行社会主义核心价值观》《习近平总书记系列重要讲话精神读本》《习近平关于实现中华民族伟大复兴的中国梦论述摘编》等书籍，并组织退休党员学习。完成收缴党费、健康体检、费用报销、家庭帮扶等日常工作。

【工会工作】

1. 集团工会工作

（1）推进工会组织自身建设。①完成国机集团工会换届。7 月 16 日，国机集团工会第三次会员代表大会在北京召开。会议听取审议了集团工会第二届委员会工作报告、第二届工会经费审查委员会报告，总结了集团工会过去 4 年的工作，部署了今后一个时期工会工作的主要任务，选举产生集团工会第三届委员会和经费审查委员会，以及工会第三届委员会主席、副主席，第三届经费审查委员会主任。②修订完善工会工作制度。经广泛征求各单位工会意见，在原有制度的基础上，修订完善《中国机械工业集团有限公司工会工作实施办法》等5项规章制度，并经集团工会三届二次会议审议通过后颁布执行。③加强工会统计工作。在“国机集团信息集成管理平台”中建立“工会信息系统”，进一步便利工会工作的开展。④加强工会干部队伍建设。在德阳举办第四期集团工会干部培训班，来自36家二级企业的41名工会主席或负责人参加。期间，培训班成员到中国二重参观、座谈。⑤召开集团工会三届二次会。11月28日，集团工会召开三届二次会议，就集团工会有关工作制度修订稿、2015年工作思路等议题进行了研究和审议。⑥加强工会宣传工作。在内网开通“工会动态”专栏，作为工会工作的宣传阵地。

（2）加强职工队伍素质建设。①加强班组长培训。5月11—16日，在北京举办第一期优秀班组长培训班，来自集团所属各企业的51名一线优秀班组长参加培训；组织37名一线班组长参加国资委与清华大学合办的班组长远程教育培训；推荐5名优秀班组长赴昆明、杭州等地参加中央企业班组长面授培训；推荐3名一线职工赴德国参加模具制造专业技能提升研究培训。②举办网络安全技能大赛。10月13—17日，在河南洛阳举办国机集团网络安全技能大赛，来自集团所属28家单位的69名选手参加了此次大赛。

（3）抓好女职工工作。①“三八”妇女节前，举办“职业女性的魅力塑造”专题知识讲座，集团在京企业女职工代表近240人参加。②成立新一届集团工会女职工委员会。

（4）深入基层“送温暖”。春节前夕，工会陪同集团领导赴江苏地区所属企业，深入基层一线走访慰问困难职工，为职工送上浓浓的暖意和新春祝福。春节前，工会同集团领导一起慰问老党员、老干部，看望“国机精神楷模”黄锡璆，祝愿他们身体健康，在“传帮带”上继续发挥重要作用。

（5）开展职工文体活动。举办职工书画篆刻摄影大赛及作品展。集团工会举办“迎改革春风、扬时代风采”第四届职工书画、篆刻、摄影大赛，共收到所属32家企业的931件作品。经专家组认真评审，甄选出165件获奖作品。集团工会对获奖人员进行了表彰，于9月下旬在中国电子大厦举办获奖作品展，并在集团内、外网同时开通了电子浏览平台。

举办在京企业职工篮球赛。9月10日至26日，在中国农机院举办国机集团“中农机杯”在京企业职工篮球赛，来自在京单位的17支代表队参赛，经过40场激烈角逐，产生了冠亚季军和前八强。

组织所属企业间的体育友谊赛、交流赛、互访赛。组织举行CMEC、中国一拖与中国二重之间的职工篮球、乒乓球友谊赛，促进了所属企业职工间的交流。

2. 爱心基金工作 66 857名职工参与集团“爱心一日捐”活动，捐款金额共537.29万元，捐款人数和捐款金额分别较上年度增长35%和26.8%。爱心基金发放方面：2014年9月和2015年1月分两批向696名所属企业职工（或职工子女）发放爱心基金341.4万元。国机集团爱心基金部分资助发放情况：

国机集团启动“国机爱心日”捐款活动3年来，爱心基金管委会办公室共收到职工捐款1 382万元（2012年421万元、2013年423.7万元、2014年537.3万元）。截至2014年年底，集团爱心基金账户累计余额1 112.2万元（含2012年之前爱心基金账户余额55.7万元）。

部分所属企业工会向国机集团反映，个别职工因身患重大疾病，承担医疗费用数额巨大，生活面临较大困难，希望集团爱心基金能够及时给予救助。针对此情，国机集团爱心基金管理委员会于9月29日召开会议进行研究审议，同意向患重大疾病的5名职工发放国机集团爱心基金。向5名职工发放基金的详情如下：

杨心怡，女，中工国际工程股份有限公司，患重大疾病，2014年4月起开始治疗，经济负担重。王庆武，男，张家口探矿机械总厂（中地装所属企业），患重大疾病，1996年起长期治疗，经济负担重。谭策，男，中国自动化控制系统总公司，患重大疾病，2008年开始治疗，经济负担重。王光兴，男，四川长江工程起重有限责任公司（国机重工所属企业），患重大疾病，2013年9月开始治疗，经济负担重。唐民升，男，威凯检测技术有限公司（中国电器院所属企业），患重大疾病，2013年12月开始治疗，经济负担重。

以上职工个人承担医疗费用均在20万元以上。经审核，向该5名职工发放国机集团爱心基金，发放标准为每人10万元。

同时，向598名困难职工发放爱心基金，发放标准为每人3 000元；向80名困难职工子女发放爱心基金，发放标准为每人4 000元；向13名患重大疾病的职工发放爱心基金，发放标准为：向中国二重万信公司马荣平、中国二重铸锻公司林鹏、中国联合中机中联工程有限公司高龙共3名职工每人发放10万元。

向中国农机院呼和浩特分院张欣、中国农机院行业技术中心高金成、中国二重精衡公司王正伟、苏美达集团行政部陈卫彪、苏美达车轮有限公司许瑞帮、中国联合杭州本部卢杰、中国联合中机中联工程有限公司赵宇英、沈阳仪表科学研究院有限公司杨国立、合肥通用机械研究院吴生盼、苏州电加工机床研究所有限公司周刚共10名职工每人发放5万元。

综上，本次发放爱心基金共291.4万元。

3. 总部工会工作

（1）加强组织建设。11月4日，召开总部工会会员大会。审议总部工会工作总结、工会经费审查报告；对下一步的工作安排进行部署；选举产生新一届总部工会委员会和工会经费审查委员会，以及新一任总部工会主席、副主席及经审委主任。

（2）开展丰富多彩的文体活动。①围绕年度文体活动开展情况在总部职工中进行问卷调查，并根据调查结果拟定全年文体活动计划。②收集总部职工篮球、足球、羽毛球、乒乓球等文体协会活动信息，向总部职工公布。③组织职工郊游登山活动，4月和10月，总部工会先后组织职工前往香山、凤凰岭开展郊游登山及采摘活动。④启动工间操。6月起，总部工会组织职工工间操培训，发放工间操图解及光盘，并推动办公区音响设备改造工作，为启动工间操做准备。8月初，总部职工工间操正式启动。9—10月，以各部门为单位组织工间操比赛，评选出一等奖1个、二等奖3个。⑤开展太极拳教学活动。4月，总部工会牵头成立太极拳协会，并开展3期太极拳、太极剑教学活动。⑥组织心脑血管健康知识讲座。5月，邀请北京阜外医院专家，就心脑血管健康保健进行讲解和答疑。⑦组织总部职工篮球队参加集团在京企业职工篮球赛，进入前八强，获得团体第六名的历史最好成绩。

（3）推动总部学习型组织建设。8月，面向总部职工开展捐书活动，累计收集各类图书近500册。总部工会制定图书管理规定，对图书进行分类整理，在办公楼适当区域设立“国机书柜”，供广大职工借阅。

（4）做好职工关爱工作。①为职工办理和发放北京市公园年票、电影券。②当月向过生日的职工每人发放200元生日卡。③向直系亲属逝世的职工每人发放1 000元慰问金。

4. 扶贫捐赠

（1）国机集团扶贫工作办公室（设在工会办公室）组织河南地区4家所属企业前往河南省固始县、淮滨县就定向扶贫工作进行专题调研，召开对口扶贫工作座谈会，与县扶贫办、部分乡镇和相关局办人员进行对接和沟通，了解县里情况和需求，参观考察县内工业园区，并深入当地贫困村和村办小学实地了解农舍、校舍状况，以及村民生产生活情况。通过调研，4家在豫企业也与2个定点扶贫县建立了直接的联系渠道。调研结束后，集团研究形成定点帮扶工作思路，并在2个县贫困村分别建立联系点，向2个县捐赠价值80万元的“东方红”农机设备，支持贫困村的生产经营活动。

（2）11月19日，中国残疾人福利基金会和部分央企在中国聋儿康复研究中心举行“中央企业集善工程”项目捐赠仪式，国机集团捐赠100万元，实施救助100名听力残疾人植入国产人工耳蜗项目。

第三篇

子公司发展概况

中国机械设备工程股份有限公司

【基本概况】

中国机械设备工程股份有限公司(简称CMEC)，于2011年1月18日由中国机械设备进出口总公司通过整体改制更名，于2012年12月21日在香港上市。CMEC成立于1978年，是中国第一家大型工贸公司，由中国机械工业集团有限公司（简称国机集团）控股。

CMEC保持国际工程承包业务行业领先地位。专注于EPC项目的承包与服务，其中电力能源、交通运输和电子通信等行业保持协调发展，电力能源行业板块继续作为工程板块的核心行业。

项目履约情况良好，在建项目超过70个，精准的技术能力和卓越的施工水平保障着项目总体执行状况平稳。完工项目获得项目业主好评。荣获国机集团颁发的“保增长突出贡献奖”“业务协同贡献奖”，以及中国对外承包工程商会和中国机电产品进出口商会“2014年度AAA级企业信用等级评价”。

响应国家“一带一路”战略布局，推进项目开发及新市场开拓。在“投融资一体化”发展方向指引下，多渠道探索多元化融资，搭建投融资平台，努力实现投融资业务在国内外市场的突破，2014年跟踪投资项目30余个。

至2014年年底，CMEC在国内外设有38家附属公司，驻外代表处26家；职工2 892人，其中中级以上职称1 261人（高级职称543人）。

【主要指标】

CMEC资产总额372.23亿元，全年营业收入230.08亿元，利润总额27.38亿元。成本费用占主营收入比重87.98%，经济增加值（EVA）14.11亿元，净资产收益率16.93%。完成进出口总额28.67亿美元，其中贸易板块完成进出口总额10.83亿美元。

国际工程承包业务新成交项目13个，成交额40.71亿美元。签约待生效项目总额128.58亿美元，未完成合同量总额81.23亿美元。

工程承包业务实现营业收入154.61亿元，占公司营业收入的67%；实现毛利30.94亿元，占毛利总额的83%。主要经济指标详见表1。

表1　中国机械设备工程股份有限公司2014年主要经济指标

项　目	2013年	2014年	同比增长（%）
资产总额（万元）	3 195 316.40	3 722 334.20	16.49
净资产（万元）	1 175 606.10	1 305 358.80	11.04
营业收入（万元）	2 142 627.20	2 300 774.50	7.38
利润总额（万元）	266 410.50	273 814.40	2.78
技术开发投入（万元）	72 603.08	57 396.29	-20.95
利税总额（万元）	265 599.85	279 128.58	-50.94
全员劳动生产率〔万元 /（人·年）〕	90.81	86.65	减少4.15个百分点
净资产收益率（%）	18.11	16.93	减少1.18个百分点
总资产报酬率（%）	7.90	7.88	减少0.02个百分点
国有资产保值增值率（%）	119.77	117.72	减少2.05个百分点

【重大决策及重大事项】

1. 成功应对境外突发安全事件 2014 年，伊拉克萨拉哈丁电站面临恐怖组织武装袭击威胁、土耳其 SILOPI 项目现场发生绑架人质事件。面对这 2 起突发安全事件，CMEC 临危不乱，日夜工作，在外交部、商务部的统一部署下，采取有力措施，成功将萨拉哈丁电站项目现场 1 258 名员工安全转移回国，成功解救土耳其 SILOPI 项目现场被绑架员工，向全社会彰显 CMEC 责任、忠诚、勇气、担当的企业精神，为中国对外工程承包企业应对境外安全事件积累了成功经验。

事件发生后，及时跟进商务谈判，保证项目利益，体现了 CMEC 全方位的安全防控体系、出色的应急处理能力及深厚的商务运作功力。

2. 响应“一带一路”战略布局，结合投资拉动战略，开拓市场 2014 年 9 月，成功促成巴基斯坦塔尔煤电一体化项目签约。该项目是 CMEC 应对国际市场竞争新形势需求，创新市场开拓模式，以投资撬动 EPC 项目的大胆尝试。同时，基于在巴基斯坦电力市场的品牌效应和深耕细作，从众多“中巴经济走廊”项目中脱颖而出，被获准纳入“走廊”优先项目并排名第一。该项目的签约，充分证明 CMEC 落实投资拉动 EPC 战略具有独特优势，对构建 CMEC 新的核心竞争力具有重大意义。结合国家相关战略，初步形成一批投资拉动项目清单。

【科技创新】

向高端铸锻件业务方向发展，攻克生产技术难关，自行研发并成功试制高技术含量的“高铁刹车盘”产品，成功用于国内城际动车组（试跑）。该产品有望在中国高铁关键部件——高铁列车用铸钢刹车盘上，打破国外产品在此领域的垄断，实现替代进口，在高端关键零部件产品上实现新突破。

【市场开拓】

1. 工程承包业务逆势求进，稳保核心地位

（1）板块化管理见成效，制度建设迈上新台阶。工程成套管理部成立以来，促进成套业务板块化管理。形成项目工作动态监管体系；完成核心市场深度开发规划；建立以中机国际工程设计研究院、中南公司为主体的项目报价支持团队，开展电力类项目技术交流；在完善产业链和项目管理专业化方面开展有益尝试，出台相应设备监造管理办法，为整合项目施工监理队伍、打造一站式服务能力打下基础。

对现有制度进行梳理并借鉴国际工程管理经验。完成《工程成套项目全生命周期制度建设规划》，修订及发布项目管理相关规章制度 10 余个；《集中采购及合格供应商管理制度》完成初稿。

（2）狠抓履约，妥善处理问题，提升品牌形象。工程承包业务完成进出口总额 17.84 亿美元，同比增长 60%。在手执行项目超过 70 个，金额约 148.62 亿美元，完工项目金额共 24.09 亿美元，主要包括安哥拉罗安达城市电网改造四期项目、白俄罗斯别列佐夫 400MW 燃气电站及卢克木里 400MW 燃气电站项目、土耳其 IZMIR1×350MW 燃煤电站、斯里兰卡普特拉姆燃煤电站二期项目等。

各项目总体执行状况平稳，缅甸道耶卡项目取得业主颁发的 FAC，在东欧电力市场首次承建的白俄罗斯别列佐夫和卢克木里电站项目提前、保质完成项目移交，赢得白俄罗斯政府、社会各界及中国驻白俄罗斯使馆的高度认可和赞许，为 CMEC 在东欧市场树立了良好的口碑与品牌形象。

调动资源，采取措施，全力以赴保证斯里兰卡普特拉姆燃煤电站一期和二期项目共 3 台机组在中国领导人访问时的安全稳定运行，得到中斯两国领导人的高度赞许。

成立以主要领导为首的“在手执行项目督查小组”，对在手执行的重点项目进行全方位督查，发现问题，及时整改。

（3）抓住机遇，转型升级，市场开拓砥砺前行。工程承包业务新签约项目金额 37.65 亿美元（剔除成套中的单机贸易），主要分布在非洲、亚洲，仍以电力行业为主。

新成交项目金额 40.71 亿美元，主要分布在南美洲、亚洲，以交通运输为主。

成功抓住国家领导人访问时机促签约成交。2014 年 7—9 月，中国国家主席习近平连续 3 次出席 CMEC 承建的国际工程项目典礼；11 月，李克强总理见证巴基斯坦塔尔电站和煤矿项目融资框架协议签字仪式。紧抓机遇，促成阿根廷铁路项目成交，推进马尔代夫住房二期、塞尔维亚电站二期等项目的进程。

响应世行“照亮非洲”计划，与美国 GE 等合作伙伴携手开发非洲电力市场。在双方共同努力下，与 GE 合作的安哥拉索约电站项目顺利签约；双方以此为契机，发挥各自优势，有望在尼日利亚、加纳、莫桑比克等非洲国家展开全方位合作。

探索海外项目融资的开发模式，在加拿大菲利普学生公寓一期等项目上取得突破。

此外，在开拓大型项目的同时，不放弃开拓中小型项目，赢得业主肯定，为巩固市场、锻炼队伍、项目属地化打下良好基础。

（4）区域化、属地化战略成效逐步显现。推进区域化战略，加大设立海外机构力度，以区域化经营为目标的新加坡区域中心成功注册。

在“深耕”区域市场方面取得一系列成绩。新签约项目中80%以上来自区域市场。

属地化工作取得阶段性成果，当地分包、采购及当地雇员比重加大，积极探索建立海外员工制度及加大当地分包力度的新途径。

（5）贸易与服务业务止跌企稳，转型升级方向明确。贸易与服务板块完成营业收入75.45亿元，与上年持平；实现毛利6.56亿元，同比增长10.25%；完成进出口总额10.83亿美元，同比增长74%。

向产品研发和质量控制、提供解决方案、创新经营模式方向发展。贸易业务初步遏止了各项经营指标持续下滑的局面，在新市场、新模式、新领域建设方面有一定突破。

（6）板块化管理成效显著，制度引导有序有力。贸易与服务管理部自成立以来，实施全方位服务与管控，组织落实贸易业务评审工作；多次组织召开进口业务研讨会、贸易业务评审研讨会，探讨业务发展模式、路径、优化改进内部流程等，取得显著效果。

开展系统性的制度建设工作，制定、完善10余项重要业务制度，为贸易与服务业务的发展打下坚实基础。

（7）核心市场、核心品牌、核心产品培育初见成效。中经东源拓展泰国化肥原料供货业务，开创两头在外的“三国间”贸易新模式，促成泰国1.2亿美元电信工程成套项目成交，成功培育泰国核心市场。同时，尝试在泰国投资兴建橡胶厂，探索贸易实体化。

中设装备公司向高端铸锻件业务方向发展，自行研发并成功试制高技术含量的“高铁刹车盘”产品，有望打破国外产品的垄断，实现替代进口，在高端关键零部件产品上实现新突破。

华东事业部致力于新能源产品及项目的开发，以发展分布式光伏电站项目、光伏组件产品及节能照明产品为核心，打造“中设新能源”品牌，其首个无锡威克分布式光伏电站的成功并网发电，标志着CMEC向新能源（光伏电站）领域发展迈出一大步。

（8）板块重组进展顺利，区域集成优势显现。全面完成中设装备和华东事业部的重组工作，初步打造中设装备、华东事业部及中经东源三大贸易“子板块”。“子板块”依托各自的核心产品与业务，均呈现良性发展态势。同时，为打造粤港投融资中心，制定中设香港和华盛昌公司先行重组方案并获董事会批准。

（9）集团内部合作全面升级。响应国机集团制造出口倍增计划，带动直接出口金额1 669万美元；同国机集团下属装备制造企业和科研院所间的协同有较大进展，完成成套及贸易合作项目20余个，其中与中国二重的合作深化，双方在南美及非洲海外工程项目上内部合作签约金额5亿元。

2. 服务业务稳中求进，寻找新增长点 工程物流、境外展览业务保持行业领先地位。中设商运公司根据国内外经营环境的变化，将原来单一的依托国内平台开展工程物流业务，改为依托国内外2个平台开发、开展工程物流业务。西麦克展览公司拓展服务链条，实施大客户战略加定制服务；利用自身商展平台优势，发挥与主营业务的协同作用。

3. 投融资业务取得突破性进展 在投融资一体化发展方向指引下，推进各项投融资业务，取得良好进展。

（1）统筹资源，搭建投融资平台。统筹各类资源，强化对投融资业务板块的管理：梳理制定投资类业务规章制度，为开展投资业务打下基础；制定《开展出口卖方信贷业务指导意见》，推进融资模式多元化；搭建财务、税务、技术等中介机构库，为开展投资业务提供专业支撑；不断完善资金预算管理机制等。

（2）投资业务在国内外市场实现重要突破。实现国内新能源领域投资业务重大突破——中设国联无锡新能源发展有限公司成功注册与运营；以电力行业为主，跟进国外各类投资并购类业务，累计跟踪投资项目30余个。其中，土耳其OEDAS电网收购、巴基斯坦塔尔煤电、老挝南奔水电站等被列为公司重点推进项目；巴基斯坦塔尔煤电项目签约；土耳其电网收购项目完成程序性报批手续，进入实质性交割阶段。

（3）多渠道探索融资多元化取得进展。加大力度研究融资新模式、拓展融资新渠道，在稳固发展出口买方信贷、两优贷款及互惠贷款等传统融资模式的基础上，重启出口卖方信贷，拓展海外融资，以及特险融资、项目融资、融资租赁、债权保单融资等融资模式。同时，探寻股票增发、境外发债等银行融资以外的融资模式。

4. 重点基建项目总体进展顺利 北京总部综合楼、深圳投融资中心大楼、上海贸易与物流中心大楼、长沙研发中心大楼等 4 个基建项目是战略性重点投资项目，除北京总部综合楼项目外，其余 3 个基建项目进入全面施工阶段（长沙研发中心大楼封顶）。

【产权制度改革】

联合无锡市国资委下属企业无锡国联环保能源集团公司，共同出资 2 亿元设立中设国联无锡新能源发展有限公司，对国内分布式光伏电站项目进行投资、开发、建设及运营。同时，推进中设装备公司与华晋公司及天传所的实体化合作。全面深入开展中电工、中成套托管工作。

【主要管理经验】

1. 夯实管理基础，全面提升管理效能 结合战略规划，分解落实年度工作任务。从制度和流程两个层面持续推进合规管理专业化，完成董事会、监事会和公司管理层的换届工作，形成股权层、治理层、经营层“三位一体”的良性互动关系。获“中国证券金紫荆奖”。投资者关系维护和市值管理工作步入常态，形成具有 CMEC 特色的体系架构。形成摩根、高盛、瑞银、花旗等 4 家国际顶级投行，以及 4 家中资国际投行和若干国内主要证券机构共同覆盖的良性架构。加大精细化管理力度，对现行规章制度进行全面梳理，编制 2014 年度《规章制度文件汇编》。出台多项鼓励业务发展的政策办法及管理制度。在国机集团管理提升专项活动中取得优异成绩，被评为“国机集团管理提升活动先进单位”；在“国际化经营”“产权管理”“全面风险管理”“法律管理”等 4 个领域获评“专项提升先进单位”。

2. 完善人力资源管理系统 进一步完善绩效管理体系、内部三级培训体系；完成大学生海外现场实习规范编制工作等。

3. 突显价值型财务特征 落实全面预算闭环管理，实现预算管理与公司战略有机结合。加强财务风险防控，拟定境外分支机构财务管理制度等。在国机集团的 2014 年财务成熟度评价中，评价级别提升到“规范级”，获财务信息质量评比第二名。

4. 加大“依法治司”力度 制定《CMEC 全面风险管理办法》；多起诉讼案件取得重大进展：中设国贸重油案、建行履约保函案均获得二审终审胜诉，并被作为典型案例收入最高人民法院指导案例中，对整个工程承包行业和贸易业务意义重大，将影响深远。

5. 加强审计规范化建设 搭建审计信息化平台，提升审计效果。

6. 安全生产常抓不懈 组织相关人员参加安全生产培训；同时，派出多个安全生产专项检查组到项目现场进行安全检查，并提出整改要求。未发生重大安全事故。

【信息化建设】

坚持围绕企业战略目标，完善信息标准体系、信息技术体系、安全保障体系、应用系统架构、IT 管控和服务体系的建设，保证信息化发展规划与实施计划落地，为战略落地提供有效支撑。

加深和扩大系统应用深度和广度，从数据层、应用层和协同层多维度提高信息化水平。在应用层，启动集中采购管理平台项目建设，进一步规范采购工作流程、保障采购工作质量及实现可追溯的过程管控。在数据层，启动企业主数据咨询设计和系统建设项目，为应用系统的数据交互建立通道和标准，从人员、项目、商品、合同、客户、供应商等维度建立数据标准，为实现商业智能分析奠定基础。在应用协同层，完成移动办公系统建设，建设跨平台、跨应用、跨网络的原生系统，增强信息系统的易用度，极大地提高工作效率；通过移动办公平台逐步实现 OA 办公系统审批、邮件推送及收发、内网门户信息展示、数据分析展示平台等模块建设。公司移动办公系统获评“工业和信息化部 2014 移动生产力十大优秀案例”。

加强网络管理、安全管理、服务器虚拟化等基础建设，逐步完善计算机类的资产统一管理和维护。完善企业的信息化安全体系建设，确保信息系统的安全可靠运行；搭建服务器虚拟化环境，实现服务器资源统一管理和调配，增强应用系统的容灾能力和应急响应能力。规范电脑设备采购行为，实现对设备供应商的集中、规范管理，提升办公设备的产品质量、售后服务。

【企业文化】

通过多种形式的企业文化主题活动，进一步明确“创新、多元、包容”的企业文化精神。在品牌建设方面，拟定公司的品牌战略发展规划；参与由国家质检总局组织的企业品牌价值评估，获行业排名前 10 名。

开展“战略引领我争先　文化引领我先行”主题实践活动、“我与 CMEC 共奋进　奋斗的青春最美丽”主题团日活动，使党建、团建工作与发展战略、CMEC 文化、经营管理有机融和。开展“传承好传统、共筑中国梦”庆祝建党 93 周年主题教育活动，将群众路线教育活动与传承党的优良传统和 CMEC 文化有机结合。在 CMEC 组建 36 周年当天，举办主题为“CMEC 不会忘记”青年主题演讲活动，传播企业理念和企业文化。举办多种形式的文体活动，如“五月杯”羽毛球比赛等。CMEC 联队获国机集团篮球比赛冠军。

此外，举办“关爱女职工身心健康”讲座；开展送温暖、慰问困难和大病职工活动；参加“国机爱心一日”捐助活动等，丰富职工的文体活动，增强企业凝聚力。

【党建工作】

CMEC 党委加强党建工作在针对性、实效性和创造性方面的探索。CMEC 董事长、党委书记孙柏提出“三个引领、三个结合”的 CMEC 党建工作指导思想和工作模式（简称“CMEC‘3+3’党建工作法”）。“三个引领”是战略引领、领导力引领和文化引领；“三个结合”是党建与发展战略相结合、党建与经营管理相结合、党建与企业文化相结合。

CMEC 开展党建工作的着力点是“三个引领”，落脚点是“三个结合”。实施“CMEC‘3+3’党建工作法”，CMEC 党建工作面貌一新，增强了党员干部员工的使命感、责任感、归属感，提升了党建工作的战斗力、执行力、凝聚力，CMEC 党建工作呈现出勃勃生机与活力。同时，增强了 CMEC 党建工作的针对性、实效性、可操作性。一是由“被动”到“主动”，化“无为”为“有为”，提升党建工作的针对性。二是党建由“虚”到“实”，化“无形”为“有形”，提升党建工作的实效性。党建工作由“两张皮”到“一盘棋”，实现党建、经营“双驱动”，党建工作更加“有的放矢”。三是党建由“弱”到“强”，化“无声”为“有声”，提升了党建工作的可操作性。

【社会责任】

召开“CMEC 首份社会责任报告”发布会，受到社会各界好评，并在“金蜜蜂 2014 优秀企业社会责任报告”评估中被评为“首发报告奖”。

1. 履行企业公民责任　安全转移 CMEC 在伊拉克 1 258 名员工，践行对员工负责的责任。在与时间赛跑的生死撤离过程中，CMEC 秉承员工安危大于天的理念，信守诺言，永不放弃，彰显大爱、有责任、有担当的国际大型企业的形象。

2. 参与各项社会事业　开展“温暖大家庭”行动，帮助员工的孩子战胜疾病，恢复健康；向科布车村希望小学捐赠 1 座 5.4kW 分布式并网电站；举办“关爱藏区儿童冬衣募捐活动”、温暖“衣”冬捐赠活动；参与第六届“大爱无国界”国际义卖活动，捐赠 30 万元。在斯里兰卡，积极传播绿色环保理念，举办“让创想成真”绘画比赛活动；投身斯里兰卡公益慈善活动，为滑坡灾区居民捐款 500 万卢比，为法显石村小学设立奖学金并捐助物资，为斯里兰卡国家肿瘤医院、残疾军人康复中心共捐赠 40 万卢比的护理和生活用品；参与“爱的回馈”中斯友好光明行活动，为提高当地教育文化水平、应对突发灾难和提高人民生活水平作贡献。在马尔代夫，率先向“水危机”伸出援手，捐赠 25t 饮用水。

中工国际工程股份有限公司

【基本概况】

中工国际工程股份有限公司（简称中工国际）隶属于国机集团，成立于2001年5月，并于2006年6月在深圳证券交易所挂牌上市，为中国股市实施全流通股改后第一家获准发行新股（IPO）的公司。

核心业务有国际工程总承包、海内外投资和贸易，具有丰富的国际工程总承包管理经验。完成数十个大型交钥匙工程和成套设备出口项目，业务范围涉及亚洲、非洲、美洲和东欧地区，业务领域涵盖工业工程、农业工程、水务工程、电力工程、交通工程、石化工程及矿业工程等。完成的项目获得所在国家业主的广泛认可和好评。

拥有广泛的信息获取渠道和高效的管理团队，拥有长期而稳定的战略合作伙伴和良好的融资能力。

【主要指标】（主要经济指标详见表1）

表1 中工国际工程股份有限公司2014年主要经济指标

项 目	2013年	2014年	同比增长（%）
资产总额（万元）	1 650 273.08	1 790 002.49	8.47
净资产（万元）	521 508.20	580 875.04	11.38
营业收入（万元）	923 571.77	953 287.75	3.22
利润总额（万元）	86 017.60	96 815.35	12.55
技术开发投入（万元）	25 460.86	36 785.31	44.48
利税总额（万元）	87 479.95	99 305.24	13.52
EVA值（万元）	43 712.22	46 549.27	6.49
全员劳动生产率（万元/人·年）	68.05	68.25	0.30
净资产收益率（%）	16.11	17.36	增加1.25个百分点
总资产报酬率（%）	5.32	5.92	增加0.60个百分点
国有资产保值增值率（%）	113.30	108.35	减少4.95个百分点

【改革改制】

1.全面推进体制机制改革 成立体制机制改革小组，在各区域同步推行事业部改革。制定《中工国际事业部管控方案》，在业绩考核、授权、薪酬激励机制等方面进行大幅改革。4月，以区域为基础的各事业部正式进入运行。事业部制推出以后，项目审批流程较以前明显缩短，效率显著提高；相关职能人员前移到业务一线，更加贴近市场，及时提供对策建议和专业支持，对业务开发效率和管理水平提升有很大帮助；体制机制改革的推进和逐步落实，优化了业务管理流程，加强了专业支撑，激发了组织活力，对业务发展起到显著的推进作用。

2.实施员工股权激励计划 为保障中长期战略目标的实现，实施员工股权激励计划。年度激励对象241人，限制性股票授予总量909.55万股。限制性股票激励计划的实施，进一步完善了公司长期激励与约束机制，将核心骨干员工的利益更为紧密地与企业发展绑定在一起，使企业和员工成为利益共同体，有助于管理层、核心骨干与公司同命运、共发展，增强了核心骨干员工对公司的忠诚度、凝聚力，将为公司可持续发展提供强劲动力。

【重大决策与重大项目进展】

1. 中白工业园项目 该项目高度符合国家“一带一路”战略，作为中白两国最重要的经济合作项目，得到中国政府的高度重视，各项工作取得实质性的推进。

9月26—28日，国务院副总理张高丽访问白俄罗斯期间，两国领导人就加快推进中白工业园建设达成重要共识。双方商定由中国商务部和白俄罗斯经济部牵头成立中白工业园协调工作组，共同促进项目的开发。

此后，中国国家主席习近平和国务院总理李克强、副总理汪洋，相继对项目作出批示。

在国务院召开的专题会议上，副总理张高丽明确要求商务部、国资委、金融机构、国机集团积极推进园区工作。10月，国机集团董事长任洪斌与白俄罗斯经济部部长斯诺普科夫协商决定：中白工业园合资公司资本金增资至7 000万美元，国机集团投资并控股合资公司。国机集团向合资公司注资2 800万美元，完成注资后，国机集团成为中白工业园合资公司控股股东，占股40%并承担主体责任。中工国际投资1 200万美元，占股17.14%。中工国际的增资及国机集团入资完成。国家各相关部委、金融机构对中白工业园项目的支持举措在陆续推进和落实，为园区建设融资等工作创造良好条件。

12月22日，国家商务部与白俄罗斯经济部在京签署共建丝绸之路经济带合作文件。商务部副部长钟山表示，中白双方将通过中白工业园平台启动一批机械制造、通讯信息和基础设施大项目，开展物流和运输合作，力争把中白工业园打造成丝绸之路经济带上的典范项目。

12月23日，中白工业园项目在国机集团举行推介会，国资委副主任黄丹华、商务部部长助理张向晨、白俄罗斯经济部部长斯诺普科夫、国机集团董事长任洪斌出席会议，来自央企、国企、民企和媒体的100余位嘉宾参会。推介会取得圆满成功。

中白工业园项目是丝绸之路经济带上的重要节点，其建设发展对公司在白俄罗斯、在中亚地区乃至整个丝绸之路经济带的业务发展和品牌形象的树立都起到了至关重要的作用。

2. 沃特尔水技术股份有限公司 沃特尔公司与华能国际签订国内首个正渗透技术处理脱硫废水零排放合同，标志着正渗透技术的成功落地。沃特尔公司“MBC正渗透高浓盐水处理技术”被中国石油和化学工业联合会、中国化工环保协会评为“石油和化工行业环境保护、清洁生产重点支撑技术”。“正渗透高浓盐水处理技术和解决方案”荣膺“2014年十大节能环保创新品牌”。

3. 老挝万象新世界项目 万象新世界购物广场年初正式开工。完成万象新天商业街一期商铺整体工程量的85%，二期实施方案正在落实。中工老挝积极开展项目营销，召开项目推介会。11月8日，举办万象新世界广场开盘典礼，展开商铺销售。

官邸别墅项目继续采取租售结合的销售策略，加强传播和推广力度，完成投资可行性分析及别墅估值，为租售提供有力支持，签署18套别墅租约。老挝中国文化中心等一批优质客户，正式落户亚欧峰会官邸别墅。

4. 斯里兰卡延河农业灌溉项目 开始设计及土建相关工作。

5. 伊朗沙珐如德水电站项目 完成3批设备出运。

6. 肯尼亚电网升级改造项目 5个新建变电站的土建工程完工。12月，开始安装工作及另外2个新建站的土建施工。

7. 埃塞俄比亚输变电升级改造项目 完成大部分设备出运，11月开始现场施工。

8. 安哥拉隆格农场项目 采取边建设、边运营模式，6月基础设施建设竣工移交，全部投入使用；1 000公顷水稻种植工作有序进行。

9. 安哥拉卡玛库巴农场项目 完成全部设备采购和发运，完成主场部、加工区土建施工及设备安装工作。

10. 安哥拉库茵巴农场项目 生效进入执行阶段，开始进行地质勘查工作，土建、开垦、种植单位进场，第一季试种工作开始。

11. 孟加拉水厂项目 生效进入执行阶段，6月开始铸铁管道生产，完成4批次新型铸铁管道的发运，吹填施工工作开始。

12. 孟加拉雨水泵站项目 项目包括拉玛普拉和卡马拉普2个泵站，其中拉玛普拉泵站完工。

13. 赞比亚公路项目 一标段完成21km全路面施工，箱涵全部完成；二标段土方施工展开。

14. 玻利维亚糖厂项目 土建总体完成约60%，设备安装完成约30%。项目部克服洪水和雨季影响，规划重点抢工期，保障按计划施工。

15. 委内瑞拉比西亚电站项目 单循环 2 台机组均移交业主，联合循环主体土建工程完成，并交付安装；联合循环各系统安装调试工作进入高峰期。

16. 委内瑞拉农副产品加工设备制造厂工业园项目 设计、采购工作全部完成，施工完成 90%。委内瑞拉灌溉项目群（三角洲灌区完成合同额 93.3%、第斯那托斯灌区完成合同额 98.6%、瓜里科灌区完成合同额 100%）处于收尾阶段。

17. 厄瓜多尔医院建设项目 蒙特西纳依、索伏拉瓜医院主体结构封顶，进入砌体和安装施工阶段；波多维耶霍医院结构完成 50%；埃斯梅拉达医院主体结构完成 20%。

18. 尼加拉瓜油料分配厂项目 管廊及阀门站土建完成，主要建筑物主体钢结构完成，开始安装屋面和砌墙。

19. 白俄罗斯纸浆厂项目 设计工作及设备材料采购基本完成，设备到货 70%。基本完成主体结构施工，土建基础通过验收并交付安装，土建施工完成 80%。

20. 蒙古扎门乌德基础设施改善项目 土建施工及设备采购工作完成，安装工作总体完成 90%。

【市场开拓及签约】

国际政治经济形势复杂多变，市场竞争愈加激烈。随着国家支持“走出去”力度加大，“一带一路”“互联互通”的伟大战略逐步落实，为公司的市场开发提供了良好的政策保障。针对国家改革相关政策进行专题调研与讨论，充分领会国家政策细则，把握市场机会。各事业部不断加大市场开发力度，深入挖掘市场潜力，采取多种方式激励员工进行业务开发。集中公司资源开发大型项目，从源头介入，加强与政府相关部门联系，抓住“高访”机会，积极推进落实，取得开发成果。

随着上述经营管理措施的落实，工程承包业务开发取得丰硕成果。新签合同额 38.81 亿美元，位居全国同行业排名第 10 位。合同额 1 亿美元以上项目 9 个，其中 4 亿美元以上项目 4 个，包括几内亚科纳克里自治港东区扩建项目（8.53 亿美元）、斯里兰卡南部调水项目（6.9 亿美元）、南苏丹布罗驰电站项目（4.49 亿美元）、乌兹别克 PVC 生产综合体建设项目（4.39 亿美元），分布在工业、农业、水务、交通、电力、石化领域。1 亿美元以上大项目累计签约 33.14 亿美元，占公司总体签约 85.5%。至 2014 年年底，公司在手合同余额 91.95 亿美元，创历史新高。

【科研成果】

获实用新型专利证书 24 件、外观设计专利证书 1 件、软件著作权证书 1 件。

【产权制度改革】

为落实《国家出资企业产权登记管理暂行办法》（国资委令第 29 号）等文件精神，成立产权管理工作小组，专门负责产权管理工作，对产权管理工作进行梳理，对境内外产权管理工作进行分析和总结，形成报告。落实子公司产权管理岗位人员，对产权管理子公司负责人进行产权管理业务培训，对产权管理制度进行宣讲，规范产权登记工作业务流程，产权管理水平提升。

【管理经验】

在经营管理方面积累了丰富的经验。为把握市场机遇，促进项目的签约和生效，确保整体经营指标的完成，采取了以下经营管理措施：

1. 启动体制机制改革，深入开展专题研究 组织宣传贯彻“新三年发展战略”，启动体制机制改革，确定事业部授权及绩效方案，优化公司管控流程；开展大金融战略和区域市场规划工作，建立跨区域项目备案制度，加强投资后管理和驻外机构管理工作，为战略目标落实打下良好基础。

深入开展属地化发展模式、PPP 业务、光伏行业发展、正渗透膜技术、海水淡化技术等专题研究，为公司转型升级提供支持。

2. 优化人力资源体系，打造人力资本优势 为配合体制机制改革，不断完善人力资源管理体系，制定《事业部薪酬管理暂行办法》等制度。完成股权激励授予工作，并对薪酬激励机制进行改革。完成标准工资普调工作，对骨干员工提高工资浮动幅度。

开展第六期“赢在中层”职业经理人培训，组织多场专业培训，提升员工国际化视野和业务能力；录用员工 49 人，其中引进中高端人才 8 人。开展多次海外企业文化交流活动，将公司对员工的关怀有效传递到海外一线，促进海外员工对公司企业文化的理解和认同。

3. 优化项目管理，完善信息平台 对项目审批流程进行梳理和调整，促进工作效率提升。概预算、采购管理人员下沉至事业部，为一线提供良好支持。

不断完善项目信息管理系统，实用性明显提高。从项目前期策划和在执行项目风险监控、采购、合作伙伴等方面，加强管理，项目成本控制效果明显，执行风险降低。

4. 完善财务制度，落实全面风险管理 财务组织架构和管理支持体系向各事业部派出事业部财务总监和财务管理团队；完善分层次的财务管理和支持体系，做到对海内外分支机构、项目财务管理全覆盖；修订并完善相关财务制度、流程和授权体系；推进业务系统与财务系统对接，实现成本季报、境外资金和资产管理的实时在线、信息共享，工作效率大为提升；全面推进《境外财务管理规范》落实，加强对各境外机构财务工作的检查；着手研究资产质量提升，完善产权管理工作。颁布、实施《中工国际全面风险管理与内部控制制度》，修订完善《全面风险管理与内部控制手册》。对拉美在执行项目开展专项审计和财务检查工作。

5. 管理服务加强，业务支持不断完善 技术支持部深入一线为重大项目开发和执行提供技术支持，把控技术风险；启动文档管理和协同办公信息化平台建设，完善技术知识库，与战略规划部联合开展大协同专题调研。做好专利申报工作，申报发明专利2项、实用新型专利24项、软件著作权1项；获19项专利授权证书和1项软件著作权。

融资部推进融资落实工作。安哥拉库茵巴农场项目、白俄罗斯溶解浆项目、伊朗沙玹如德水电站项目、孟加拉水厂项目、赞比亚公路项目等5个项目生效。另外，伊朗大不里士输水管线项目、埃塞俄比亚瓦尔凯特糖厂项目、俄罗斯水泥项目生效。

完成年报、半年报等信息披露工作，连续（第四年）获得深交所信息披露考核为A的荣誉。

6. 法律机制不断完善，支持作用凸显 法律部为正在实施的各类重大投资、工程项目、贸易业务和分支机构管理提供专业支持，处理法律纠纷和索赔。按照事业部管控方案，调整岗位职责，为每个事业部配备专职法律人员，加强参与度；根据业务链条梳理工作要点，建立内部沟通机制，严控风险。

【党建工作】

中工国际党委深入学习贯彻党的十八大和十八届三中、四中全会精神，以党的群众路线教育实践活动为抓手，围绕公司提出的“责任担当年”主题，开展党风廉政、企业党建工作和海外党组织活动，以多种形式组织宣传教育活动，促进员工队伍建设和企业文化建设，将企业党建工作与经营管理工作有机结合，为公司发展服务。

以实践活动为契机，开展一系列党员学习教育活动。经过充分准备和调研，全面、认真、规范地开展党的群众路线教育实践活动。按照活动实施方案，较好地完成了动员启动、教育学习、对照检查、建章建制、总结提高等各阶段工作。党委多次组织中心组集中学习与研讨会，领导班子深入海外项目一线调研和征求意见，开展批评和自我批评，找准整改提高的着力点，解决公司发展中的突出问题、难点问题。用“真、敢、严、实”的整风精神，召开高质量民主生活会。同时，组织和指导所属5个党支部和5个海外党小组，开展多轮党员学习、座谈、征文活动。组织海内外的党员观看《焦裕禄》《杨善洲》《天上的菊美》等先进人物影视片，实现学习教育活动全覆盖。

中工国际党委组织全体在京党员到西城区行政服务中心，参观由中央档案馆、北京市西城区委联合主办的“党的群众路线档案展览”，使党员对党的群众路线有了更深刻的理解和认识。

创先争优，加强组织建设。召开党员代表大会、第二届纪委改选工作，按照党员大会和改选流程，较好地完成了改选工作。

结合“责任勇担当年，共铸中国梦”主题，增强和创新境外党组织活动。充分发挥海外党组织的负责人和党员的模范带头作用。以委内瑞拉电站项目为抓手，组织党组织和党员攻坚克难，为实现2台机组发电和联合循环发电，勇于责任担当，发挥党员的模范带头作用，创造“中工人奇迹”。指导和组织中工国际厄瓜多尔党小组创新活动方式，党员队伍站在项目第一线，勇于担当，克服困难，成为中坚力量，获得驻外大使和当地政府的称赞。该党小组创新活动方式成果，为中工国际党委探索和创新境外党员教育管理方式和境外党建工作方法，发挥党组织政治核心作用，建立和健全相关党建工作的体制和机制等方面树立了样板。

4 名员工加入中国共产党，7 名预备党员转正，5 名入党积极分子参加 2014 年国机集团组织的党课学习。

进一步提高党组织的影响力、凝聚力和战斗力，促进党建水平提高。6 名党员被评为优秀党员、3 名党员党务工作者。获得 2012—2014 年度首都优秀文明单位标兵和全国文明单位等荣誉。

“做好节日期间对老党员、老干部、伤病员工、海外人员家属的慰问工作”形成一种文化，为经营管理工作和健康发展凝聚力量。

将党建工作融入经营活动，通过较好的组织协调、精细化的工作方式、创新的活动载体，提升党支部和境外党组织的工作实效，为深化中工国际转型升级、“一带一路”经营发展，在思想上和组织上提供强有力的支撑。

【信息化建设】

完成项目物资管理系统一期建设，白俄罗斯纸浆厂项目先行使用，采用手机客户端和二维码的方式，实现项目设备和物资全过程管理，降低了项目管理风险。

完成项目文件和协同办公平台建设，实现项目文档全生命周期管理，项目文档管理水平大为提高。

完善各类信息系统的应用和功能，完成 KOA 日程管理 IPAD 版功能开发、知识管理等功能模块，为业务的顺利开展提供了保障。

进行“项目管理信息系统应用情况问卷调查”，并针对问卷调查，进行认真分析，结合事业部管控特点，形成项目管理信息系统优化方案，最终完成系统界面和操作便利性的进一步优化。

开展经营管理驾驶舱（BO）的完善开发工作，完成企业级驾驶舱四排指标的公司级、事业部级的 3 个主题页面建设；完善企业级经营数据报表功能，实现从项目管理信息系统中准确调取数据进行各类运算汇总。

【企业文化建设】

继续加强企业文化的宣传贯彻活动，全年组织 26 次“责任勇担当 共铸中工梦”——企业文化宣传贯彻交流会，国内外累计 400 余人参加，使公司的文化理念更加深入人心，切实发挥了文化先行的重要作用。此外，中工国际特别注重对青年员工的人文关怀和企业文化的熏陶。通过组织青年员工知识讲座、青年员工专项调研、运动友谊赛、青年员工座谈会等一系列活动，为青年员工融入公司、贡献智慧与力量营造了良好的氛围，提供了有益的指引。

【社会责任】

重视社会责任履行。在海外承揽上百个交钥匙工程，涉及农业灌溉、农产品加工、道路建设、工业工程、电力工程等惠及当地百姓的领域，受到所在国人民的高度赞誉。

在海外承揽业务，严格遵守当地劳工法律法规，大量聘用当地员工，长期雇佣的海外员工比例占公司员工人数 20%。同时，实现大量当地分包和当地采购，为有关国家提供数万个就业岗位。在海外业务过程中，注重与当地社区沟通，经常开展活动，加强交流沟通，促进共识；积极开展社会公益活动，获得当地社区和人民的广泛认可，赢得良好的口碑。

中国福马机械集团有限公司

【基本概况】

中国福马机械集团有限公司（简称中国福马），成立于 1979 年，由原国家林业部机械局及所属部分企业组建而成。1996 年成为全国现代企业制度试点企业，2003 年纳入国务院国有资产监督管理委员会直接监管，2007 年重组并入国机集团。中国福马是中国专用设备研发、制造、销售的大型企业，是中国林业机械协会的会长单位和中国工程机械工业协会副理事长单位。拥有全资及控股子公司 13 家，其中包括上市公司林海股份有限公司。以林业装备、动力装备、工程与贸易为主业，业务领域涉及汽油机及配套机械、柴油机及配套机械、新能源动力及配套机械、人造板机械、造纸机械、森林种植采伐机械、机电产品贸易工程总承包等七大板块。

作为中国最大的国有林业机械制造企业和木材综合加工设备集成商，中国福马研制的中高密度纤维板等设备，都具有独到的技术特色和优势，处于国内行业领先水平，在市场中享有较高声誉。

中国福马是国内最大的林业机械开发制造与贸易企业，以及重要的动力机械制造企业，也是全国最大的摩托车发动机定点生产企业之一。通用汽柴油机、小型发电机组、摩托车发动机及摩托车、助力车、特种车辆等在国内外用户中树立了良好形象；草坪修剪机、割灌机、风力灭火机、油锯等营林采伐和园林机械，以及带锯条、圆锯片、锯链、导板、各种木工成型铣刀等林木工具和刃具，技术性能及质量均处于行业领先水平。

在新能源领域积累了丰富的建设利用太阳能和生物质发电工程项目的经验。利用光伏发电的同时，与沙地治理相结合，可有效兼顾生态效益和经济效益。

以产品出口、工程总承包等业务方式，成功进入欧洲、南美洲、非洲、东南亚等国家和地区，成为国内外客户放心的合作伙伴。

至 2014 年年底，在职职工 3 171 人。拥有总资产 358 727 万元，净资产 153 887 万元。

【主要指标】（主要经济指标详见表 1）

表 1 中国福马机械集团有限公司 2014 年主要经济指标

项 目	2013 年	2014 年	同比增长（%）
资产总额（万元）	325 889	358 727	10.08
净资产（万元）	151 711	153 887	1.43
营业收入（万元）	256 980	303 398	18.06
利润总额（万元）	2 427	2 643	8.90
技术开发投入（万元）	8 952	9 165	2.38
利税总额（万元）	17 204	13 796	-19.81
EVA（万元）	-5 030	-4 642	-7.71
全员劳动生产率（万元 / 人 • 年）	10.66	12.41	16.42
净资产收益率（%）	0.51	0.81	增加 0.30 个百分点
总资产报酬率（%）	1.32	2.04	增加 0.72 个百分点
国有资产保值增值率（%）	99.60	102.56	增加 2.96 个百分点

【改革改制】

1. 调整福马木业公司 该公司作为中国福马连续压机生产线的示范线和主机设备的试验线，为集团公司连续压机的开发、推广和人造板机械的技术创新作出了贡献。但受市场下滑，原材料价格上涨，福马木业公司所在经营地区超过半数的人造板厂出现停产或半停产状况。为此，成立专项调研小组，经过深入调研分析，决定暂时停产，减少损失。同时，积极寻找合作对象，在对设备做进一步改造的基础上，争取形成更有竞争力的经营机制和经营团队。

2. 加快天津林业工具厂改革调整步伐 与天津市有关部门签署土地收储协议，选定了搬迁厂房和土地，正着手制订天津厂改革调整的总体方案和搬迁计划，力争 2015 年完成搬迁，预计两年内完成改革调整工作。

3. 苏州林业机械厂进入清算程序 年初，集团公司制定苏林机公司股权调整退出方案，成立专项工作组，以利益最大化为原则，实施股权退出方案。首先采取与部分自然人股东联合在北交所公开挂牌交易的方式，但经两次招拍挂后，未产生受让方，终止挂牌。已成立清算组，进入清算程序。

4. 注销苏美达林海公司 完成对江苏苏美达林海动力机械有限公司的注销工作。

【重大决策与重大项目进展】

1. 广西得力"年产 30 万 m^3 8 尺中纤板连续压机生产线"项目 该项目是中国福马连续压机

生产线进行技术升级之后正式进入市场和采用买方信贷融资销售模式的第一单，意义重大。项目采取集团公司总部和有关子企业协同销售的模式。2014 年开始设备安装调试；7 月完成主要机械结构安装；10 月 30 日成功进行首次全线联机自动化试生产，生产出合格产品；12 月 11 日实现全线贯通并连续生产。在项目实施过程中，通过制定、实施《首套连续压机合同实施方案》，质量提升。该项目的实施，既为市场销售提供了支撑，又为人造板机械板块的业务模式创新摸索了一条新路，并且为人造板机械的融资销售提供了可复制、可推广的经验。

2. 成立美国林海动力机械有限公司并运营 公司位于美国亚特兰大市，11 月在美国注册成立，并投入运营。

3. 宁夏振启 30MW 光伏电站项目 该项目是中国福马依托林业行业背景优势，按“立体开发、综合利用，沙地治理和新能源产业有机结合”理念，建设的第一个沙地光伏电站，对实现和保持公司的盈利具有重要意义。加强电站各项管理工作，办理“建设用地规划许可证”“电力许可证”等行政许可手续，进行绿化主体建设，通过灌草覆盖提高项目区的林草盖度（80% 以上）。项目具有较高的收益水平，增强了总部生存和资源整合能力，积累了光伏电站运营管理规律，为集团公司治沙与光伏发电结合模式的推广发挥了示范作用，并且为促进银川地方经济发展作出了积极的贡献。

【市场开拓】

1. 动力机械板块提升自主销售比重，加大技术研发力度和核心部件制造能力建设 不断完善特种车辆国际营销体系，开始在美国设立公司，直接面对国际市场；组织召开摩托车战略研讨会，并与国机财务公司合作创新销售模式，通过参加 2014 全国公路摩托车锦标赛、广西摩托车友狂欢节、“江苏产品万里行－走进昆明”等活动提升品牌影响力，林海品牌摩托车产品销量大幅度增长；林机通机业务不断拓宽森林消防和城市消防销售渠道，重点推广 ATV 及 CUV 消防车、8 马力消防泵等新产品，各类产品市场销售同比增长 20% 以上。

2. 人造板机械板块狠抓市场开拓和产品结构调整，着力做好技术创新和产品链延伸 连续压机生产线以营销能力提升为重点，发挥各方优势，形成营销、研发、制造的协同能力，广西得力项目顺利完成生产制造、安装调试，进入试生产阶段。签订广东开平连续压机生产线项目合同，连续压机生产线市场销售不断拓展。优势单机产品的市场地位巩固，砂光机市场占有率有较大幅度提升，并取得向金属砂光机领域延伸的新成效；完成热磨机产品规划里程碑计划确定的战略目标，积极调整营销策略，主动参与大规格热磨机市场的竞争。

3. 工程贸易板块推进海外工程项目、集中和分布式光伏电站的开发，跟踪落实合同 与南非国家林木公司签署合作备忘录；与厄瓜多尔当地机构签订纸浆和小水电项目合作意向书；与马里 KAMA 公司签署拓展新能源战略合作协议。

在光伏集中电站建设市场趋紧和分布式电站政策不明朗的情况下，积极开展电站开发建设前期工作，签署部分项目意向书。结合光伏电站项目开展相关的组件——逆变器、一体机等产品贸易。在不断提升风险控制能力和水平的基础上，业务规模大幅度增长，为集团公司和总部经营目标的实现作出了贡献。

宁夏振启公司建立和完善生产运营体系和管理制度，提高设备完好率；探索提高发电量的途径和措施，生产经营进入正常轨道，经营指标达到投资预期并超额完成年度目标；有序开展沙漠治理的各项试验工作，探索沙地光伏电站的综合开发。

【科研成果】

促进技术创新产业化发展，在动力机械、林业机械等领域开发多项新产品、新工艺、新技术。

1. 开发新技术 加强技术研发和科技创新，加快新产品成熟上市速度，特种车辆加快整车耐久、零部件单项试验考核，以及产品设计和认证进度；组建试制工场，完成 LH700U 双排座、LH500CUV 等产品的样机试制；“ATV 专利分析系统”获国家版权局颁发的计算机软件著作权证书（首次）；“节能环保型发动机自主研发与产业化”项目获国机集团科学技术奖三等奖。由林海集团公司主持起草的《背负式动力修枝锯》（GB 20888.2—2013）国家标准获批准，并于 2015 年 1 月 1 日正式实施。

2. 实施一系列重大设计改进 完成得力项目连续压机生产线配套产品的开发试验；完成 54/58 热磨机配套组件设计、30 万 m^3 木片风洗系统主机等系列产品的开发设计；油磨线等延伸产品的配套单机开发、设计、试验基本完成。“BPY74265宽幅人造板连续压机成型压制系统”被科技部认定为“2014年度国家重点新产品”。镇江中福马公司与北京林业大学合作的森林采育机首台样机在雷州进行实地试车，获得圆满成功。

3.“远程森林救援车”实现产业化 林海集团公司根据市场需求，与汽车底盘厂家合作，在消防车底盘内置由林海独立设计并开发的远程供水灭火系统，以满足不同森防使用需求。林海远程森林救援车还有一个显著特点就是可作为火场的灭火平台，装载2～6t水，除独立作业、直接灭火外，还能同时为消防泵、细水雾灭火机、多功能水枪等提供水源，形成综合战斗群，大大降低人力投入，显著提高灭火效率。林海“远程森林救援车”广受好评。

4.LH152QMI-3四气门发动机 该发动机具有高品质、高功率、大扭矩、低油耗、低排放、低噪声、长寿命及稳定的供电系统等八大优越表现。配备该发动机的林海极光摩托车，投放市场后得到广泛好评。

【产权制度改革】

完成国家出资企业产权登记工作及各企业产权信息资料收集工作。完成江苏苏美达林海动力机械有限公司、福华公司注销工作；南福公司进入清算程序；国林竹藤公司、安徽国林公司的股权转让工作完成。

【管理经验】

1.深化战略管理 围绕培育和提升产品（业务）竞争力，深化战略管理，精心编制产品（业务）发展规划。年中发布实施首批4个重点产品（业务）发展规划，并将规划中的里程碑目标确定为2014年子企业的战略规划考核指标。坚持每半年对战略规划年度实施计划进行总结分析，持续推进重大战略项目的顺利实施。

2.加强经营目标管理，适时调控 制订EVA指标的分解落实办法，为适应保增长的工作要求，通过调整子企业年度考核目标值和计分方法，更好地发挥导向和激励作用。坚持和强化对经营目标完成情况和经营计划执行情况的跟踪和调控，确保经营目标有效落实。

3.全面预算和财务管理水平不断提升 按照全面预算管理的要求，集团公司层面基本形成全面预算编制网络程序。各子企业积极贯彻全面预算管理的理念和方法，初步建立预算编制和审核组织网络。推动财务信息化建设，完成宁夏振启纳入国机财务集中管理信息系统。结合对财务成熟度的评价分析，提出改进财务基础管理水平的计划。稳定对外融资授信规模，实现公司重大项目的融资保障。

4.信息化支撑能力进一步增强 以总部和子企业近年新上项目的评估、完善、深化应用为重点，扩大信息化在主营业务流程和主要产品的覆盖面，初步建成集团公司信息集成系统，以及总部合同执行和管理核心模块，基本形成贯通总部和子企业的经营管理信息流，提升了总部内控的信息化水平。完善PLM、CAPP系统，实现总部与相关企业间稳定的协同开发。

5.审计和风险控制水平提高 进行内控体系评价和运行维护工作；重大项目执行监督小组积极开展工作，形成具有福马特色的风险管控体系，保障生产经营的平稳运行。

6.人力资源管理取得新成绩 制定人力资源中长期发展规划，明确未来几年人力资源建设的方向和具体目标；开展重大人才工程人员的选拔培养，选拔集团公司“7080”人才52人、专业骨干人才70人，并根据各类人才的职业特点、发展需求，制定并实施各具特色的人才系统培训方案；加强人员交流，根据统一安排，4人在国机集团兄弟单位之间交流，安排3名子企业负责人短期交流，1名子企业中层干部到林机协会交流。通过这些措施，搭建平台让各类人才有用武之地，增强青年人才的综合素质和适应能力，发挥人力资本的增值作用；广泛开展人员培训，按集中力量对重点对象员工进行培训的指导思想，制定并实施年度培训计划。集团公司全年组织各类培训174班次、参训人员2 880人次，其中总部组织各类培训42班次，参训人员367人次。参加国机集团组织的多层次、高水平培训，共24次79人次。

【党建工作】

1.开展党的群众路线教育实践活动 集团公司党委带领各级党组织按“照镜子、正衣冠、洗洗澡、治治病”总要求，坚持为民务实清廉主题，以贯彻落实中央八项规定为切入点，深入查摆和解决形式主义、官僚主义、享乐主义、奢靡之风问题，强化党员干部的政治意识、宗旨意识、忧患意识、责任意识，密切党群干群关系，提高解决实际问题、推动改革发展的工作能力。各级党组织狠抓整改落实工作，为推动集团公司做强、做优提供坚强保证。

2. 党风廉政建设保持较好局面 各级纪检监察部门围绕中心工作开展监督检查工作，努力探索更加切合企业实际的工作方式，为企业正常运行提供了很好的保障。

3. 表彰先进与论文评选 集团公司表彰2012—2013年度5个先进基层党组织、13名优秀共产党员和6名优秀党务工作者，展示集团公司党组织和共产党员的风采，激发广大党员为企业发展作出更大贡献的热情；开展党建思想政治工作优秀论文评选活动。

【社会责任】

在“雷锋宣传月”，中国福马总部团支部用废旧物资回收处置的全部收益，向农民工子弟学校——怀柔区育才学校再次捐赠一批文具，给外来务工子弟们带去丰富的精神食粮，并鼓励孩子们努力读书、奋发向上、积极生活。

响应国机集团开展的“国机爱心日”捐助活动，积极捐款上交国机集团工会，2 077人捐款114 068元。

林海集团公司获得2014年度泰州市十佳和谐企业。

集团公司爱心基金及林海职工救助互济会组织开展帮困、助学、疾病救助等帮扶活动，资助33 000元，帮助26名员工渡过难关。

3月12日，苏福马公司志愿者队成立。3月17日，苏州苏福10名志愿者代表前往苏州市盲聋学校，与聋哑学生一起度过两个半小时欢乐时光。志愿者的丰富礼物和有趣游戏，受到老师和同学们的热烈欢迎。

7月28日，苏福马公司41人义务献血9 600mL，体现了苏福马员工无私奉献爱心和关爱社会的责任感。

中国海洋航空集团有限公司

【基本概况】

中国海洋航空集团有限公司（简称中国海航）1999年9月注册，前身是海军所属的中国海洋航空公司，主营通用航空、海洋运输和国际贸易等。1999年，根据党中央关于军队不再经商办企业的决定，经国务院批准，原海军直属的3家企业、4个地区企业管理局及所属68家企业并入中国海洋航空公司，成立中国海洋航空集团公司，由海军移交中央企业工委管理。2003年归由国务院国有资产监督管理委员会管理，2007年12月成为国机集团全资子公司。2013年12月27日，中国海航本级完成公司制改制，更名为现名。

主营业务：工程成套、国际经贸、航运航空、酒店旅游、区域开发及研发制造。总部设在北京，子公司及分支机构主要分布于中国沿海地区。在工程建设方面：传承原海军工程建设总局的优秀资质，将水工工程建设发展为这一领域的特色与核心优势。拥有4个总承包或专业承包一级资质、9个二级资质，集港口与航道、建筑与装饰、市政公用、设备成套等工程于一体，施工建设能力雄厚，工程管理经验丰富。以过硬的实力，建设完成大批国内外港口、码头、道路、桥梁、清淤疏浚、工业与民用建筑等国家或地区重点项目。国际经贸业务涉及工业成套设备、医疗设备、电子设备、建筑材料等领域，客户分布于50多个国家和地区。拥有外派劳务权，可向世界各国和地区外派海员、渔工及各类技术劳务人员。作为最早获得通用飞行资质的企业，中国海航参股的中国中海直有限责任公司，为海洋石油勘探开发提供直升机专业飞行服务；3家航运公司可承运原油、矿石、煤炭、散杂品及各类集装箱等货物。具有区域开发的有关资质和能力。所属旅行社及分布在沿海城市的数十家宾馆，可为社会各界提供优质服务。在研发制造方面：研制生产80余类中西药品，设有企业博士后科研工作站，荣获国家高新技术企业认定；自主研发的铜铝焊接技术节约能源，绿色环保，荣获“中国专利金奖”等多个国家级、省级奖项。

注重建立质量、环境、职业健康安全管理体系，通过ISM规则认证，GMP认证，ISO9001、ISO14001及ISO18001等认证。至2014年年底，员工2 836人。

在坚持“壮大母体、带动整体”的战略构想和“稳健经营、和谐发展”指导思想的基础上，以保增长为中心，推动6个事业部的业务发展，探索结构调整和转型升级，扎实做好各项工作。企业层级清理成效显著，加强贸易和工程等领域的风险防范；同时，着手推进混合所有制改革工作，创新发展模式。在工作绩效、财务管控、企业文化、安全生产、制度建设等方面，开展大量工作，内部管理效率提升，科学性、规范性增强。

【主要指标】

至2014年年底，资产总额49.43亿元，负债总额42.20亿元，少数股东权益0.25亿元，归属于母公司所有者权益6.98亿元。主要经济指标详见表1。

表1 中国海洋航空集团有限公司2014年主要经济指标

指标名称	2013年	2014年	同比增长（%）
资产总额（万元）	501 315.67	494 339.62	-1.39
净资产（万元）	72 242.72	72 287.24	0.06
营业收入（万元）	356 879.08	356 137.99	-0.20
利税总额（万元）	12 053.17	13 774.52	14.28
利润总额（万元）	3 215.39	1 710.35	-46.80
技术开发投入（万元）	1 474.50	1 903.26	29.08
全员劳动生产率（万元／人·年）	7.14	9.57	34.03
总资产报酬率（%）	1.69	1.59	减少0.10个百分点
净资产收益率（%）	3.11	0.84	减少2.27个百分点
国有资本保值增值率（%）	102.96	100.88	减少2.08个百分点

【要事与重大决策】

6月，召开保增长专题会议，分析保增长工作形势，明确经营任务，制定“落实责任制、扭亏增盈、考核激励、风险防控、降本增效”等一系列措施。

树立服务经营、降本增效的意识，财务部门通过将预算监控与经营分析会结合，分阶段组织开展预算偏差分析汇报工作，积极研讨纠偏方案，调整工作思路，确保实现年度经营目标。

1月28日，上海海虹实业（集团）有限公司与上海友佳公司原股东签署股权收购协议，支付2 158万元的股权对价，收购上海友佳公司剥离无关营业大客车业务的其他资产及全部债权债务后的100%股权，上海友佳公司成为上海海虹实业（集团）有限公司的全资子公司。随后，上海海虹实业（集团）有限公司派出经营管理团队，开展海虹友佳股权、资产交割和业务交接等工作。在资产和业务交接完成后，加大优质业务的拓展，增加9条大巴班线业务，企业效益稳步提升。上海海虹实业（集团）有限公司通过此次收购，成功解决了无租赁经营资质的问题，为进一步拓展租赁业务、实现客运板块业务结构转型奠定了基础。

【重大项目】

2月16日，总部工程成套事业部印度Pioneer余热锅炉项目完成所有批次货物发运和现场安装，通过印度IBR检验。至此，印度备品备件项目完成。

11月，国机中洋公馆项目进入总体验收，规划、水务、环保、气象、抗震、绿化、消防取得验收合格意见书，人防验收合格意见书办理中。售出商品房9套，5 148m^2商铺全部招租完毕。

【市场营销】

所属上海海虹今辰药业有限公司准确研判市

场走势，调整市场营销模式，强化内部挖潜，发挥市场销售的利润中心作用，经营情况明显好于上年。今辰医药有限公司多措并举狠抓产品配送，在安徽省政府药品采购平台的点击配送率稳中有升，市场销售显著提升。天龙制药有限公司在 GMP 改造期间，科学安排销售计划，合理控制经销商的产品库存，认证通过后加速生产，保证了市场销售的平稳增长。

所属青岛海青机械总厂深入拓展固有市场，将印度市场作为潜力市场重点培育。印度 LG 累计下达订单约 43 万套，较上年增长 28%。印度常年高温，对单冷空调的需求量极大。针对印度这一独特市场，海青机械总厂积极研发 3003 系列的平行流铜铝接头，以满足巨大的市场需求，订单稳步增加，为海青品牌的多样性提供较好的成长空间。与此同时，海青机械总厂开拓国内新兴市场，浙江盾安公司借助海青铜铝焊接领域的技术，共同开发平行流换热器，并获量产。海青机械总厂接到浙江盾安公司的量产（40 万根）订单。

【质量及标准】

申请专利 14 项，其中发明专利数 12 个、授权发明专利数 2 个；主持制定、修订国家标准 11 个，其中青岛海滨实业总公司所属海青机械总厂主持修订的中华人民共和国机械行业标准 JB/T 11525—2013《空调与制冷设备用铜端铝连接管》发布；上海海虹实业（集团）有限公司正在制定及修订的标准各 5 项。

上海海虹实业（集团）有限公司所属 3 家生物医药企业全部完成国家新版 GMP 和 GSP 认证，为企业经营发展进一步夯实了基础。今辰药业有限公司 5 月取得国家新版 GMP 证书、6 月获得 GSP 证书。苏州天龙制药公司 GMP 认证技术改造工程规模最大，投资 2 200 万元，9 月顺利通过国家认证现场检查，10 月获 GMP 证书。

【深化改革】

深入推进企业改革：一是治理体制改革，二是管理机制改革。

1. 治理体制方面 投入大量时间和精力研究企业“混合制”改制事宜，多次与申银万国证券沟通交流并签订相关合作协议，掌握一定的具体操作流程与相关问题的处理方法，同时积极与相关战略投资者进行实质性交流接洽。

2. 管理机制方面 根据国机集团领导班子及成员管理考核评价办法，起草相应管理制度，不断完善所属企业领导班子考核指标体系，增强干部管理工作的规范化、制度化、科学化。同时，初步建立总部职能部门员工的考核评价机制。

此外，完成 2013 年国机集团批准的 11 家改制企业（包括上海海虹实业（集团）有限公司 4 家法人企业吸收合并式改制）工商登记变更等后续工作。完成 10 家企业改制。

【管理经验】

1. 经营管理方面 吸收合并式改制。10 月，上海海虹实业（集团）有限公司完成对其所属 4 家法人企业吸收合并式改制的实施工作，不仅削除所属企业“小、散、弱”劣势，增强企业的抗风险能力，同时有效解决纯管理机构的弱点，使自身由管理型机构转变为管理与经营并进模式。吸收合并后，上海海虹实业（集团）有限公司根据经营业务分类，推行事业部制管理，压缩管理层级，优化管理机构，减少管理人员，资产得到整合，经营业务得到合并，管理效率得到提升。吸收合并是国有企业整合资源、增强市场竞争力的有效手段，也是国有企业缩短管理层级，提升管理效率的可行方法。统一领导，周密计划是成功的前提；准确了解政策，加强咨询协调是工作的关键。企业纵向吸收合并意义重大，具有很强的借鉴示范效应，国机集团资本运营部拟将这种做法列为国机集团企业纵向吸收合并案例加以推广。

做好风险防控。一方面，继续深化全面风险管理体系建设，加强风险管控，保证企业平稳运行。结合总部职能转变需要，发布《项目评审管理暂行办法》，对所有项目及合同进行法律审核，为更好地履行法律风险防范职能提供制度和流程保障。加大法律风险的事前、事中控制，严格项目资金管理，基本实现 3 个“百分之百”：规章制度的法律审核 100%、新签合同法律审核和出具律师意见 100%、项目决策过程中法律部门或人员参与率 100%。另一方面，认真落实安全生产责任制，任命安全总监，加强隐患排查和整改，做好安全预案和应急演练。在国机集团年度安全生产责任目标完成情况考核中荣获 A 级，被评为国机集团 2014 年安全生产先进单位。同时，被国务院安委会办公室评为 2014 年“全国安全生产月”优秀活动单位。

2. 财务管理方面 细化标准应用，提升财务管控能力。一是转型，重新明确财务职能定位，从传统的“账房先生”向“业务伙伴”和价值创造转变；二是规划，建立适合企业实际的财务发展规划，健全财务管理体系，结合业务特点，提高会计信息可靠性与准确性；三是优化，进一步优化财务组织架构，明确上游流程的引领和下游流程的支撑；四是提升，从基础核算工作中解放大量人工，腾出大量人力、物力、财力，有效发挥财务决策及合理配置资源的职能。

完善内控建设，强化全面风险管控。重新修订完善板块内部控制指引，特别强调并指出贸易风险管控的相关内容，突出业务主要风险关键控制要求。同时，成立风险检查专项小组，对业务管理、资金管理、投资管理等 8 个方面内容进行全面清查，有效提升风险管控水平。

此外，对所有重大投融资进行专项评审，对风险大、资金占用多、投资回报效益不佳的业务进行有效控制。

3. 信息化建设方面 在现有协同办公系统基础上，不断进行功能模块的二次开发和优化。对协同办公系统进行版本升级，新版本在跨浏览器支持、工作流程引擎加速、页面安全性等方面有很大提升。在此基础上，将协同办公系统与微信企业号对接，使员工通过手机微信即可进行内部邮件、公文管理、工作流程、信息管理等功能的操作，提升企业的移动办公能力。

4. 企业文化及品牌建设方面 启动中国海航 VI 系统更新工作，对全称、简称联合标识进行相应调整，并逐步应用至名片、信纸、司旗、背景墙、OA 系统、门户网站等办公系统及宣传系统，形成“中国海航 2014 版 VI 系统规范”。以新版 VI 规范为基础，结合总部新办公楼装修工作，推进视觉识别体系的建设、融合及实施，进一步扩展新标识的使用范围，完成前台、会议室背景墙、科室牌、文化灯箱等内容的设计制作，从细节入手，强化品牌形象传播，为树立全新的企业形象提供保障。

进一步深化《企业文化建设规划》主要内容，强化文化推进传播，丰富传播体系内容。一方面，注重对员工的人文关怀和企业文化熏陶，积极开展文化交流活动：赴敬老院开展学雷锋活动，赴河南兰考实地学习焦裕禄精神，组织专题观影及爱心捐助，参观抗日战争纪念馆，赴优秀企业学习交流，开展“风雨同路十五载，和谐实干创辉煌”15 周年主题征文活动等，开阔眼界，增进沟通，传递温暖，指导和督促全体员工提高综合素质，培育和弘扬企业正能量。另一方面，不断丰富文化宣传贯彻形式与手段，通过多种传播渠道进行形象和视觉强化，系统性地开展理念引导和宣传贯彻。制作企业宣传片，填补影像宣传空白；在新办公楼制作文化展板，把企业文化核心理念体系作为重要展示内容之一；编制《中国海航文化手册》，从视觉、理念、行为 3 个识别系统突出核心价值观和企业精神，发放范围涵盖本级及所属二级企业全员，为更好地实现文化落地夯实基础。根据“丹尼森组织文化模型”，结合自身实际，组织企业文化问卷调研，加强过程监控，分析文化理念与企业发展的协同性，探索文化落地途径和措施的适用性。

【党建工作】

1. 深入开展党的群众路线教育实践活动 教育实践活动自 2014 年 3 月动员大会正式启动，至 2014 年 10 月总结大会结束，历时 7 个月。活动中，各级党组织坚持深入基层和群众听取意见，找准找实突出问题，坚持边查边改、立行立改。各级领导走基层活动调研 50 余次，召开座谈会近 40 个，与 400 余名干部职工群众进行面对面交流，征求到意见建议 297 条，形成对企业领导班子、领导干部的建议 137 条。

民主生活会上，各级党员领导干部发言态度诚恳、内容实在、表态积极，很多意见一针见血、辣味十足。此外，活动领导小组结合实际制定专题组织生活会具体开展方案，各级基层党组织“压茬”推进召开专题组织生活会，围绕履行党员义务、遵守党的纪律、履行岗位职责、发挥先锋模范作用等内容，开展个人自评、党员互评和民主测评。

各级领导干部认真遵循中央八项规定精神，从进一步降低管理费用、规范公车使用、精简会议发文、提高办公效率、狠刹公款送节礼等方面入手，把反对“四风”落到实处。同时，以解决实际问题为导向，将查摆的问题逐项分解，明确整改措施、目标要求、责任部门、责任人和完成时限。至 2014 年年底，领导班子“四风”问题整改方案 18 项，整改任务 43 项中完成和基本完成 23 项，占 53.5%；完成阶段性目标的 19 项，占 44.2%；领导班子“四风”突出问题专项整治方案 18 项整治措施中，完成和基本完成的 10 项，占 55.6%；完成阶段性目标的 8 项，占 44.4%；教育实践活动制度建设计划 12 项，完成和基本完成的 8 项，占 66.7%；完成阶段性目标的 4 项，占 33.3%。

2. 强化党风廉政建设 开展反腐倡廉教育，努力构筑思想防线，提高自律和守纪意识。利用手机短信平台，及时发送廉政从业短信；层层签订党风廉政建设责任书，认真履行领导人员重大事项报告和约谈、诫勉谈话等制度；印发党风廉政建设责任制实施办法和考核办法等制度文件，强调主体责任和监督责任落实，并对党风廉政的责任内容、责任书签订、检查考核与监督和责任追究等作进一步明确和说明。

3. 完善基层党组织建设 印发 2014 年党员发展计划，对党员发展工作提出进一步要求。具体执行过程中，各级党组织根据控制总量、优化结构、提高质量、发挥作用的总要求，严格把控党员发展教育关，层层筛选推荐，全方位考察，按程序有计划地开展相关工作。1 家企业党委、4 名党员、1 名党务干部受到国机集团表彰。

【社会责任】

1. 节能减排 所属医药板块企业结合国家新版 GMP 进行重新认证，引进更新部分优质的节能生产设备；今辰药业有限公司按照机器设备更新改造计划，逐步停止使用烧煤锅炉，改用天然气，有效降低能耗；同时，根据生产经营的季节性，对主要耗能设备实施能耗定额管理，严格按照国家药监局 GSP 改造标准中关于节能减排的要求进行设计和施工建设。今辰药业有限公司于 5 月取得国家新版 GMP 证书；今辰医药有限公司于 6 月底获得 GSP 证书；苏州天龙制药公司 GMP 认证技术改造工程规模最大，投资 2 200 万元，9 月顺利通过国家认证现场检查，10 月底获得 GMP 证书。

2. 员工关爱 重视员工工作和生活的平衡，执行年休假、产假等规章制度，保障员工合法休假权利。针对困难职工，每年组织各所属企业进行申报，各级企业共慰问困难职工 54 人，发放慰问金 68 500 元；向患重病及直系亲属去世的职工，（第一时间）送去慰问，慰问 5 人，累计发放慰问金 1 万元。

3. 安全培训 被国务院安委会办公室评为全国“安全生产月”优秀活动单位。“安全月”活动期间，全系统召开动员大会 24 场次；组织观看主题宣教片 3 230 余人次；组织安全培训 95 次，内容涉及相关制度、各级岗位职责、项目安全管理制度、操作规程、作业安全管理及应对境外突发事件等；进行各级安全检查 79 次，发现隐患 389 项，整改率 100%；组织应急预案演练 53 次。通过“安全生产月”活动，强化安全生产意识、风险防范意识和责任意识，推动安全生产过程控制管理。

【合作交流】

1 月 15 日，与中国二重签署伊朗 Azad 抽水蓄能电站项目意向合作协议，约定中国海航将积极促成该项目主设备供货方优先选择中国二重作为配套供应商，迈出实现双方战略合作框架协议落地的第一步。

中国海航所属广东新海俊发展有限公司中标柬埔寨达岱河水电有限公司组织的营地承包管理项目。该项目为国机集团所属中国重型机械总公司投资柬埔寨国公省水利发电 BOT 项目，由柬埔寨达岱水电有限公司负责建设与运营，2014 年投产发电。经过一年的运作，各项营地服务管理工作有序推进，双方合作良好。中国海航借助与达岱公司合作的契机，积极开拓海外新市场，寻找新机遇。

所属中海工程建设总局与中国机械设备工程股份有限公司（CMEC）多次开展合作，执行中的项目包括赤道几内亚房建技术服务项目、赤道几内亚住宅与马拉博大学城建筑材料设备集成采购代理项目、双方联合开发的柬埔寨云仰码头及船坞建设项目。此外，还与中工国际工程股份有限公司联合开发几内亚科纳克里自治港扩建项目，7 月与业主方正式签约，合同金额约 8.53 亿美元。

中国地质装备集团有限公司

【基本概况】

中国地质装备集团有限公司(简称中装集团)成立于1987年，前身是原地质矿产部中国地质机械仪器工业公司，为国机集团所属全资子公司。

作为全国最大的地质专用设备的生产企业，中装集团跻身于行业技术发展前沿，并发挥着引领和带头作用。在经济总量不断提升、经济效益不断提高的同时，充分发挥大型国有企业社会责任和行业主力军作用。

产品涵盖地质勘探的主要流程：从地面地球物理勘探，到地质钻探、取岩心，再到井中探测，以至于矿产的化学分析。经营业务主要包括物探仪器(重力、磁法、电法、地震、放射性和井中仪器等)，钻探机械(岩心钻机、汽车钻机、水井钻机、工程钻机、泥浆泵、钻塔、钻机配件等)，钻探工具(钻杆、钻头、孔底钻具、凿岩钎具、人造金刚石及制品、硬质合金及制品等)，分析仪器(原子吸收、原子荧光、等离子光谱仪、电化学分析仪、测汞仪等)等产品的研发、制造与销售，以及售后服务。产品的应用领域覆盖地质、冶金、有色、煤炭、石油、核工业、国防、建筑、水利水电、交通、环保等行业，总生产能力和市场占有率处于国内地质装备制造行业前列。

作为中国地质装备制造行业的龙头企业，多项产品为国内外首创：在地质机械领域，研发生产了国内首台全电驱电控岩心钻机、首台立轴式岩心钻机、首台变量泥浆泵、首台机械动力头式基础工程施工钻机；在地质仪器领域，研发生产了世界首台全自动双道氢化物发生原子荧光光度计、唯一采用直流塞曼技术背景的原子吸收分光光度计、亚洲唯一的高精度石英弹簧重力仪。

磁力仪和绳索取心钻具等产品居国内领先水平。20多项产品获国家银质奖，50多个产品获省部级优质产品奖和科技成果奖；其主导产品在国内地质装备市场占主导地位，直接服务于多项国家重点建设项目。

拓展新的经营领域，实施“走出去”战略，发挥企业自身在行业内优势，延伸产业链，拓展工程承包和贸易业务，构建外贸经营平台。成功承担50多项国家技术创新项目和重点新产品开发项目，有多项产品运用于国家重点建设项目中，取得良好的经济和社会效益。

中装集团技术中心是当前中国地质装备行业唯一一家国家级企业技术中心。5个下属企业获省级“科技创新企业”称号。与国土资源部、国家地调局，以及大专院校、科研院所保持长期紧密的合作关系，在产品发展方向和技术创新等方面，得到大力支持和具体指导。

牵头申报的“深部地质矿产勘查产业技术创新战略联盟”被科技部列入第三批联盟试点单位名单。联盟由17家单位组成，其中大专院校4家、科研院所和中心8家、省局3个、企业公司2家。这17家单位在深部地质矿产勘查行业中具有重要地位。中装集团作为理事长单位，对外承担主体责任。

总部现设10个职能部门、2个事业部、1个行业内唯一的国家级企业技术中心、1个行业协会。下属9个全资子企业：张家口中地装备探矿工程机械有限公司（简称张探公司）、衡阳中地装备探矿工程机械有限公司（简称衡探公司）、重庆探矿机械厂（简称重探厂）、北京地质仪器厂（简称北仪厂）、重庆地质仪器厂（简称重仪厂）、无锡钻探工具厂有限公司（简称无锡公司）、北京钻探工具厂（简称北工厂）、北京中地装机械仪器有限责任公司、北京华钻建设工程有限责任公司；有1个参股子公司（派力工程有限公司）。

【主要指标】

至2014年年底，资产总额117 972.89万元；负债总额62 290.19万元；资产负债率52.80%。实现营业收入64 009.55万元，利润总额1 604.17万元。成本费用总额66 912.15万元。主要经济指标详见表1。

表 1　中国地质装备集团有限公司 2014 年主要经济指标

项　目	2013 年	2014 年	同比增长（%）
资产总额（万元）	122 406.21	117 972.89	-3.62
净资产（万元）	51 537.26	55 682.70	8.04
营业收入（万元）	75 910.32	64 009.55	-15.68
利润总额（万元）	-4 510.87	1 604.17	
技术开发投入（万元）	4 195.03	4 295.03	2.38
利税总额（万元）	1 138.51	6 336.37	456.55
EVA（万元）	-6 353.21	1 018.59	
全员劳动生产率（万元 / 人 · 年）	13.51	11.66	-13.69
净资产收益率（%）	-10.60	2.24	增加 12.84 个百分点
总资产报酬率（%）	-3.57	1.43	增加 5.00 个百分点
国有资产保值增值率（%）	101.97	102.46	增加 0.49 个百分点

注：因 2014 年度完成企业改制工作，2013 年度的主要财务数据有所调整。

【重大决策与重大项目】

1. 张探公司搬迁技改项目　受“保兑仓”案影响，项目土地出让搁浅，但是各项工作仍在推进中。

2. 无锡公司搬迁改造二期项目　项目于 2013 年 11 月正式开工，2014 年年底进入收尾阶段，最终的总投资额约 3 800 万元。

3. 北仪厂煤改气项目　在项目推进中，北仪厂克服困难，不到 2 个月完成煤改气工作，于 2014 年 11 月 15 日前实现 80 万 m^2 建筑物的供暖。

4. 重探、重仪两厂搬迁改造项目　积极推进前期工作：一是抓住沙坪坝区台资园土地出让契机，以较低的土地价格签订土地出让协议；二是成立“产业园综合项目指挥部”、指挥部办公室及 3 个项目部；三是推动项目运作；四是重探厂老厂区土地盘活工作取得进展，与地方政府和开发商达成基本共识，形成土地盘活的初步方案。

【市场营销】

1. 市场开拓　面对下行经济形势，以保增长为基本目标，坚定信心，沉着应对，狠抓市场开拓。

（1）分析市场，掌握信息。与陕西省地质勘查开发局所属单位现场对接，前往福建煤田 121 地质队、河北四队、山东六院等单位调研，与长期使用中装产品的一线单位进行深入交流，获取信息，知彼知己，打牢合作基础；所属企业负责人定期走访市场，巩固和扩大市场份额。

（2）开拓国内市场。张探公司与中核地矿事业部的战略合作进展顺利，实现销售收入 850 万元；重探厂取得煤安认证，拓展了产品在煤矿领域的应用；重仪厂抓住西南铁路建设机遇，调整产品结构重心，提高工程勘察仪器研发和市场推广比例。

（3）推进产品“走出去”策略。各企业遵循“两条腿走路”战略，实现产品出口。一是赴哈萨克斯坦进行市场调研，形成钻具产品部分出口；二是邀请伊朗外商对中东市场需求进行分析，洽谈合作方式。

（4）推进中装集团总部 3 个平台建设。一是技术平台建设：梳理平台业务，明确岗位职责；出台内部绩效考核方案，完善管理系统；紧盯电传动钻探设备和空气钻进技术两大发展方向进行技术储备和产品开发经营。与张探公司联合研制完成 XY-8DB 电驱动立轴岩心钻机；完成定位在 2 000 ～ 3 000m 深部钻探的产业化产品 XD30DB/TD 钻机总体方案定型和核心部件高速顶驱的全新设计；集成开发 RC-5 空气反循环快速取样钻探成套设备，完成第一阶段生产试验。与重探厂联合研发的 XT-6R 多功能钻机进入组装调试阶段。与无锡公司合作进行 RC 空气反循环钻进专用双壁钻杆的研发试制。二是贸易平台建设：参加 2014 年国际矿业展会，为直接宣传产品、建立合作积极尝试；对伊朗和中亚市场进行调研，分析市场供需走势，探讨新的开发和贸易合作模式，与当地知名企业达成合作意向；建立专业多语言网站，运用高级国际搜索终端，在更广、更专业范围内宣传产品，寻求更多的国外客户，为拓展国际市场提供有效信息渠道。三是工程施工平台建设：加强与国机集团内兄弟企业间的合作，加大业务开拓力度。

2. 生产、销售分析 3个主机企业共完成营业收入30 832.4万元，同比下降14.8%，其中张探公司同比增长17.5%、衡探公司同比下降42.0%、重探厂同比下降17.3%；共完成利润总额-170.7万元，上年同期-5 783.8万元，其中张探公司完成-145.6万元、衡探公司完成-295.1万元、重探厂完成270.0万元。2个仪器企业共完成营业收入17 154.9万元，同比下降0.9%，其中北仪厂同比增长2.6%、重仪厂同比下降8.2%；共完成利润总额1 319.5万元，上年同期1 167.5万元，其中北仪厂完成755.7万元、重仪厂完成563.8万元。2个工具企业共完成营业收入11 294.5万元，同比下降22.6%，其中无锡公司同比下降26.1%、北工厂同比下降9.6%；共完成利润总额627.4万元，上年同期440.5万元，其中无锡公司完成532.1万元、北工厂完成95.3万元。

钻机产品：完成销售收入8 085万元，同比下降18.7%，其中张探公司下降15.6%、衡探公司下降32.1%、重探厂下降1.6%。

抽油杆产品：完成销售收入9 079万元，同比增长22.8%。

泥浆泵产品：完成销售收入5 852万元，同比下降46.1%。

物探仪器：完成销售收入6 256万元，同比增长0.8%，其中北仪厂增长19.1%、重仪厂下降4.1%。

分析仪器：完成销售收入6 538万元，同比下降5.7%。

工具产品：完成销售收入8 522万元，同比下降28.5%，其中无锡公司下降28.1%、北工厂下降33.5%。

【科技创新】

1. 创新平台建设 一是全面推进“深部地质矿产勘查产业技术创新战略联盟”建设。依托联盟申报国家科技计划项目；建立健全联盟机构，召开联盟试点启动会议，启动联盟规划编制，开展科技万里行等联盟运营活动。二是争取国家科技计划项目和政策资金支持。总部和所属企业承担的4个国家“863”课题启动实施，重仪厂和北仪厂承担的3个“国家重大科学仪器设备专项”项目正常开展。无锡公司申报获得“无锡市国际国内顶尖人才项目”“2014年度江苏省‘双创计划’团队项目”。

2. 科技项目稳步推进 深化科技创新工作。中装集团及所属企业获省部级和行业以上优秀成果奖3项；共申请国家专利27项，其中发明专利11项；共获专利授权35项，其中发明专利4项；主持或参与制定修订国家标准2项，其中无锡公司参与制定的《地质岩心钻探钻具》国家标准在年度颁布实施，相关产品作为国家标准被应用，奠定了企业在地勘行业的主导地位。

3. 科技成果不断涌现 张探公司自主研发的杆体墩粗式扶正抽油杆，其制造技术申报的国家发明专利被受理；衡探公司完成BWF-300型泥浆泵和DPP100-5C车载钻机的研制工作；重探厂加大MGY-135L、RK-100A、XT-6R钻机的技术和资金投入，有望形成新的经济增长点；无锡公司瞄准非开挖市场，推出140mm大口径钻杆。

【改革改制】

与有关机构积极探讨“混合所有制”改革的途径和模式，为争取国企新一轮改革做准备。

明确中装集团企业改制第二步工作重点，确定改制企业及工作切入点。

按照国资委和国机集团要求，加快推进厂办大集体改革工作。

审核批复所属公司制企业章程修订草案，印发《关于加强所属公司制企业董事会工作的通知》，加强对所属公司制企业董事会工作的指导。

完成衡探公司法人治理结构调整。

【管理经验】

1. 加强经营管理 一是明确任务目标。分解下达年度所属企业经营目标指标，签订企业经营目标责任书和总部3个平台工作目标责任书；跟踪、通报企业经营情况，检查落实经营目标完成进度。二是完善经营管理制度。完善考核体系，修订《企业负责人经营业绩考核暂行办法》；颁布《经营计划管理暂行办法》《业务外包管理暂行办法》。三是做好经营分析和对标管理。按月印发经营动态，按季提交经济活动分析报告；以经济增加值、营业利润、成本费用等反映企业盈利能力的指标作为内部对标重点，同时进行外部对比分析，提高对标管理水平。四是及时部署保增长工作。召开企业半年经济运行情况分析研讨会，研究保增长措施；召开总部 3 个平台经营工作专题会，分析存在问题，提升运行质量。

2. 加强人才队伍建设 一是健全、完善激励约束机制，推进全员绩效考核工作。二是加强工资总额预算管理。颁布实施《中装集团工资总额预算管理办法》，实现人工成本的有序管理和控制。三是加强领导班子建设。完成 5 家企业的领导班子调整，加强领导班子履职情况的考核。四是加强各级后备干部梯队建设。制定《教育培训管理办法》"2014 年度职工培训计划"，加强对后备干部、专业技术人才和高技能人才的培训。五是加强人才引进和培训。中装集团总部通过招聘、人才交流、接收应届大学生等方式引进 8 人，所属企业共引进大学生 32 人、技术工人 47 人；加大培训力度，组织参加各类不同层面的培训近 20 期。

3. 加强基础管理 在投资管理方面，修订完善《中装集团投资审查委员会工作暂行办法》，梳理工作流程，加强对投资项目的监督考核。在资产财务方面，修订印发《中装集团内部控制管理手册》，完成内部控制的自我评价，开展风险自查和补充排查，重点控制所属企业在存货管理、应收款管理、现金流管理等环节的风险，完成存货和应收账款"两金"自查工作。在资金管理方面，对所属企业的资金归集进行监控，严防现金流风险，加大资金平衡动态管理力度，提前研究资金平衡方案和融资计划，提早落实重点项目资金来源。加强融资风险管理，增强资金管控能力和风险防范能力。在审计稽查方面，开展任期经济责任审计和经济运行审计，持续跟踪审计结果，提高内部控制水平。在法律服务方面，中装集团总部加强对张探公司"保兑仓"案件的指导，为北仪厂历史遗留问题、无锡公司货款诉讼等单位提供多项法律服务。在效能监察方面，开展对无锡公司二期项目、北仪厂煤改气项目的全过程效能监察，开展降本增效专项效能监察。在合同管理方面，制定《总部合同管理制度》和实施细则，完善合同评审流程，实现 OA 上线使用，同时加强合同备案管理。在资产管理方面，成立中装集团资产质量优化提升专项工作小组，制定《中装集团资产质量优化提升实施方案》。持续对长期投资无回报，连续 3 年经营亏损的三、四级公司进行清理。

4. 加强安全管理 一是检查企业安全生产工作情况。二是召开安全生产工作会议，针对国机集团考核，提出相对应的整改目标。三是推进安全生产达标，完成 5 家企业的安全生产认证工作。

【信息化建设】

中装集团总部深化 OA 流程应用，增加合同评审、资金收支计划审批等流程，完成外部网站产品信息录入及网页修改工作，完成英文网站的制作和上线。提高与所属企业的信息共享水平，为各所属企业管理部门开通 OA 端口，制定《视频会议系统管理办法》，减少会议费用支出。所属企业信息化支撑作用加强。无锡公司将 ERP 项目列为企业管理提升的重点项目，完善管理制度，规范操作流程，通过 ERP 的上线，使库存物资账、卡、物正确率达到 95%，主要产品正确率在 98% 以上；衡探公司全面完成成台产品序列号的管理工作，初步实现型材的计算机优化下料，全面推行三维 CAD 设计软件，提升设计质量和工作效率，完善办公自动化信息系统。

【党建工作】

中装集团党委深入学习贯彻党的十八届三中、四中全会和习近平总书记系列重要讲话精神，扎实开展党的群众路线教育实践活动，围绕企业中心工作，凝心聚力，合力同行，为完成中装集团的任务目标提供有力保证。

1. 扎实开展党的群众路线教育实践活动 全体党员参加。活动时间：2014 年 3 月—9 月。在教育实践活动中，重点在总部及所属企业两级班子中，深入查摆和解决"四风"问题，开展批评与自我批评。制定 38 项整改措施、11 项专项整治措施和 40 项制度建设计划，并狠抓落实。活动中，坚持把学习教育贯穿始终，坚持领导带头，做好示范表率；坚持聚焦"四风"，找准突出问题；坚持"真、敢、严、实"，以整风精神开好民主生活会；坚持问题导向，以"钉钉子"精神抓整改，确保活动质量，达到预期效果。

教育实践活动使全体党员经历一次严肃的党内生活锻炼，受到一次深刻的思想政治洗礼，展现了领导班子的新作风，树立了领导干部新形象，增强了责任担当，提高了工作效率，解决了一些职工群众反映强烈的问题，得到督导组的充分肯定和职工群众的积极评价。根据群众测评结果，认为中装集团开展教育实践活动“好”“较好”的占 97.1%，认为解决“四风”问题“好”“较好”的占 97.1%。

2. 落实中央八项规定，抓好干部作风建设 贯彻中央八项规定，按照上级党组织的部署要求，围绕改进调研工作、加强会议管理、优化工作方式、厉行勤俭节约、抓好督促落实等方面，开展自查自纠，各级领导干部以身作则，从本级抓起，从自身做起，带头改进工作作风，主动接受监督。开展降本增效活动，进一步规范职务消费，倡导节约之风，坚决杜绝浪费，把领导干部职务消费等列入效能监察范围。组织两级领导班子成员对不出入私人会所、不接受和持有私人会所会员卡作出公开承诺。各级领导班子带头厉行节约，树立勤俭办企业精神，总部业务招待费同比下降 33%、会议数量同比减少 36%、会议费用同比下降 76%、出国费用同比下降 60%；各所属企业相关费用也有不同程度的下降。

3. 抓好领导班子和人才队伍建设 提出建设“四好”班子新要求。加强对所属企业领导班子考核，改进考核工作，优化班子结构。完成所属企业任期考核和届中考核 7 次，对 5 家所属企业班子进行调整和补充，采取集体谈话和诫勉谈话的方式，对存在问题的班子和班子成员进行提醒。实行干部选拔工作“一报告两评议”制度。总部和各所属企业加强人才队伍建设，加大人才招聘和引进的力度，新进大学生和引进人才共 32 人，为中装集团的发展增添了新的活力。

4. 围绕企业改革发展，发挥党委的政治核心作用 各级党组织把贯彻党的十八大和十八届三中、四中全会和习近平总书记系列重要讲话精神作为政治任务，结合中装集团 3 年发展规划和改革发展、转型升级的目标要求，主要领导亲自作辅导报告，统一思想，将学习同谋划企业改革发展新思路、新举措，以及解决制约企业科学发展的突出矛盾和问题结合起来，以问题为导向，推动改革发展实践。面对市场低迷情况，各级党组织引导职工提振信心、卓越工作，为完成任务提供了有力保障。各级党委根据企业治理结构的新变化，深入分析和把握企业党建工作面临的形势和任务，探索发挥政治核心作用的方式方法，党组织在“参与决策、带头执行、有效监督”方面发挥作用。党建工作的规范化、程序化和科学化的水平不断提高。

5. 加强反腐倡廉建设 召开反腐倡廉建设工作会议，对党员干部提出廉洁从业工作要求。中装集团党委负责人与所属企业党委负责人签订《党风廉政建设责任书》《廉洁承诺书》等，并完成“会所中歪风”专项整治情况的上报工作。坚持每月给党员领导干部发廉政短信，提醒党员领导干部保持清醒的头脑和清廉的本色。

6. 发挥工会、共青团作用，营造良好的企业氛围 各级工会工作加强，民主管理和民主监督工作日趋制度化和规范化，企业主要负责人的民主意识提高，涉及职工利益的重大事项通过职代会讨论决定。各企业建立健全共青团组织，开展系列活动，增强企业的凝聚力。各级工会、共青团组织围绕企业生产经营中心工作，开展多种形式的岗位练兵和岗位创效活动，积极为推动中装集团的发展凝聚共识和力量。开展“送温暖”活动，全年国机集团和中装集团两级共投入 45.2 万元，用于补助困难职工和看望离退休人员。

中国机械工业建设集团有限公司

【基本概况】

中国机械工业建设集团有限公司（简称中国建设，SINOCONST）前身是始建于 1953 年的中国机械工业建设总公司，是中国成立最早的大型国有施工企业之一，是住房和城乡建设部批准的工程施工总承包特级企业，注册资金 6.7 亿元。

拥有房屋建筑工程施工总承包特级资质、建筑行业甲级设计资质、AAA 级资信等级和商务部批准的对外经营权、对外贸易权、对外派遣劳务资质和许可证书，通过 ISO9000 质量管理体系、ISO14001 环境管理体系、GB/T28001 职业健康安全管理体系审核认证。

现有 12 家全资子公司、6 个工程事业部、4 家托管企业、5 家参股企业和 1 所国家示范性工程技术学校。员工 1 万余人，其中各类专业技术人员 3 000 多人。

改革开放以来，中国建设积极面向国际市场，适时调整经营结构，全面创新管理机制，在全球 40 多个国家和地区承建一大批具有重要影响的工程建设项目，在国际工程承包与项目管理方面积累了丰富的经验，形成了为业主提供从经济技术咨询、项目规划设计、技术设备成套、项目施工管理到人才技术培训、产品达产达标等一揽子服务的竞争优势。

中国建设与国内外的科研院所、知名企业和金融机构建立了全方位、深层次的战略合作关系。以市场为导向，以创新为动力，着力提升市场营销、项目管理、技术工程和资本运营“四个能力”，重点打造电力工程、交通工程、市政环保工程、钢结构工程、工业工程、公共与民用建筑“六大业务板块”。

【主要指标】

主要经济技术指标连年持续快速增长，详见表 1。

表 1　中国机械工业建设集团有限公司 2014 年主要经济指标

指标名称	2013 年	2014 年	同比增长（%）
资产总额（万元）	571 133.94	592 877.75	3.90
净资产（万元）	84 073.03	89 232.15	6.14
营业收入（万元）	655 140.29	665 832.88	1.54
利税总额（万元）	25 994.69	30 523.65	17.42
利润总额（万元）	9 389.57	9 650.63	2.76
技术开发投入（万元）	8 053.10	9 760.23	21.20
全员劳动生产率（万元 / 人・年）	10.45	12.64	20.96
总资产报酬率（%）	3.51	3.76	增加 0.25 百分点
净资产收益率（%）	8.91	7.16	减少 1.75 百分点
国有资本保值增值率（%）	109.49	107.14	减少 2.35 百分点

【要事与重大决策】

1 月 20 日，中国建设控股公司 —— 天津中机建设工程设计有限公司挂牌成立。

4 月，越南发生针对在越外资企业和人员的暴力袭击事件，及时应对并将参建员工安全撤回国内。

6 月底，在伊拉克北部地区安全局势急剧恶化的情况下，果断将在伊项目现场的 1 258 名员工全部安全撤回国内。

8 月，印尼项目现场工地发生当地居民打砸抢事件，公司领导及时应对处理。

7 月 10 日，取得“房屋建筑工程施工总承包特级”“建筑行业甲级设计资质”资质证书。

11 月 21 日，新一届董事会、领导班子成员履新。

在党的群众路线教育实践活动中，作出系列重大决策，收到良好成果。

【重大项目】

1. 伊拉克萨拉哈丁 2×630MW 燃油气电站工程　位于伊拉克萨哈拉丁（Salah-Aldeen）省萨迈拉（Samarra）市东南 16km 处，底格里斯河北岸。由于当地安全形势问题，项目处于停滞状态。截止到业主最后一次（2014 年 5 月）确认工程量，累计完成产值 72 054.00 万元，占总工作量的 39.13%。项目人员于 7 月初全部安全撤回国内。

2. 印度尼西亚 2×350MW 电站工程　位于印度尼西亚东爪哇省。至 9 月底，累计完成产值 123 976 万元，占总工作量的 94.64%。现场管理人员 36 人、施工作业人员 110 人。

3. 印尼氧化铝项目工程　位于印度尼西亚西加里曼丹岛可达邦县肯达望甘镇港口北 20km 处。至 9 月底，累计完成产值 5 445.94 万元，占总工作量的 5.22%。现场管理人员 56 人、施工作业人员 444 人。

4. 新疆庆华环保建材有限公司 5 000t/d 水泥工程　位于新疆伊宁县庆华工业园。至 9 月底，累计完成产值 57 796.23 万元，占总工作量的 80.88%。现场人员 581 人，其中项目部自有管理人员 59 人、分包管理人员 20 人、施工人员 502 人。

5. 广州萝岗宏康福港线坑村改造项目　位于广州市萝岗区香雪大道北侧，北二环高速西侧。项目分四期开发，总造价 64 000.00 万元。至 9 月底，累计完成产值 27 532.88 万元，占总工作量的 43.02%。现场人员 381 人，其中管理人员 41 人、作业人员 340 人。

6. 宁波爱思开 5 万 t/a 乙丙橡胶工程　位于宁波石化经济技术开发区，年产 5 万 t 三元乙丙橡胶。项目完工，进入办理竣工手续和结算阶段。

7. 科特迪瓦阿比让至大巴萨姆公路项目　位于科特迪瓦首都阿比让至第二大城市大巴萨姆之间。项目的主要工程为 2 座城市之间的公路改造，其中城市段 8.5km、城际段 19.9km、既有路面修复 16.3km。至 9 月底，累计完成产值 26 538.46 万元，占总工作量的 55.42%。现场管理人员 47 人、施工人员 250 人。

8. 恒天然（应县）牧场有限公司阳光、牛铃牧场工程　位于山西省朔州市应县。阳光牧场建筑面积 114 166.18m^2。至 9 月底，累计完成产值 22 614.29 万元，占总工作量的 53.49%。项目部人员 907 人，其中管理人员 47 人、作业人员 860 人。

9. 白俄罗斯 40 万 t 纸浆厂项目　位于白俄罗斯共和国南部戈梅利州斯韦特洛戈尔斯克市工业区。至 9 月底，累计完成产值 29 782.04 万元，占总工作量的 74.79%。现场中方人员 891 人、当地雇员 60 人。

10. 越南高平钢铁股份有限公司年产 22 万 t 钢厂工程　位于越南高平省和安县周贞乡。至 9 月底，累计完成产值 28 116.55 万元，占总工作量的 70.61%。由于越南发生暴力事件，大部分人员撤离，现场留守 72 人，当地雇佣人员解雇。

【科技创新】

1. 施工工艺创新成果　施工企业科技管理重点之一是施工工艺总结，而工法是工艺创新成果的具体体现。围绕在建项目总结评选集团企业级工法 12 项（详见表 2）。这些工法为企业成功管好在建项目，提高企业经济效益和社会效益发挥了作用。

表 2　中国机械工业建设集团有限公司评选集团企业级工法目录（2014 年）

序号	工法编号	工法名称
1	SJGF01-2014	大型氧化铝槽罐电动葫芦提升倒装法施工工法
2	SJGF02-2014	大面积超平混凝土地面激光整平施工工法
3	SJGF03-2014	60m 方型烟囱滑模施工工法
4	SJGF04-2014	大型牧场建设施工工法
5	SJGF05-2014	15CrMoG 及 12Cr1MoVG 低合金耐热钢焊接工法
6	SJGF06-2014	煤气管道不停气带压开孔施工工法
7	SJGF07-2014	自动化系统中 PROFIBUS DP 现场总线的安装工法
8	SJGF08-2014	GB1 类 PE 管道热熔对接施工工法
9	SJGF09-2014	网架内管道施工工法
10	SJGF10-2014	大型工业功能模块中的冶金电炉安装施工工法
11	SJGF11-2014	船舶分段制造拼装施工工法
12	SJGF12-2014	锅炉钢架叠合大板梁制作施工工法

2. 专利数量再创新高　加强对企业自主知识产权的开发和保护，专利注册数量创新高。持续保持 3 年来专利申请工作的执行力度，开展实用新型专利和发明专利的申报工作，取得 4 项实用新型专利、2 项发明专利，另有 1 项实用新型专利正在受理中。专利获得情况详见表 3。

表 3 中国机械工业建设集团有限公司专利获得情况（2014 年）

序号	属性	专利名称
1	发明专利	大型压力机部件液压提升滑移就位设备
2	发明专利	造型线设备安装过程中 30m 尺寸链放线方法
3	实用新型	半自动切割机用导向装置
4	实用新型	甲板片预制用可顶升墩装置
5	实用新型	管道无推力套筒补偿器的安装结构
6	实用新型	管道自动焊接节气装置

3. 完成国家级工法的申报工作 2014 年是国家级工法评选年度。国家级工法是建筑企业特级资质评定的重要条件之一。积极筹备、组织申报国家级工法，“大型离合器式螺旋压力机安装工法”等 3 项工法获国家一级工法，“大型钢结构整体提升与滑移施工工法”等 4 项工法获得国家二级工法。公司申报国家级工法情况详见表 4。

表 4 中国机械工业建设集团有限公司国家级工法申报情况（2014 年）

序号	工法名称
1	大型钢结构整体提升与滑移施工工法
2	大型综合性模块建造施工工法
3	大直径、长距离热力管道非开挖定向穿越施工工法
4	LPG 地下液化气库竖井安装施工工法
5	大型桥式起重机安装施工工法
6	大型离合器式螺旋压力机安装工法
7	大吨位、大跨度龙门起重机现场建造工法

【市场营销】

1. 市场开拓 面对复杂的国内国际经济形势，积极应对困难与挑战，精心组织、科学谋划、管揽并重、踏实工作，努力完成各项指标。至 10 月，新签合同额 602 296.35 万元。其中，专业承包项目合同额 272 330.89 万元，占签约总额的 45.22%；施工总承包项目合同额 307 861.56 万元，占签约总额的 51.11%；贸易项目合同额为 14 353.00 万元，占签约总额的 2.38%；EPC 项目合同额 7 011.58 万元，占签约总额的 1.16%；其他合同额 739.32 万元，占签约总额的 0.12%。

全系统的经营开发工作呈现平稳发展态势。从签约项目的亮点看：全系统开发过亿元项目 10 项，合同总额 22.21 亿元。其中，总部牵头开发的白俄罗斯 40 万 t 纸浆厂项目合同额 3.5 亿元；北京市通州区漷小路一期道路工程项目合同额 2.77 亿元；二公司承接的龙海家园 C 区房建项目合同额 7.77 亿元；三公司承接的恒天然（应县）牧场有限公司养殖场项目合同额 4.14 亿元；四公司承接的北京通州区老旧管网改造工程合同额 1.62 亿元；中机工程承接的汪清县富鑫矿业有限公司石墨矿项目合同额 1.3 亿元。

2. 业务转型升级 2007 年，新《建筑业资质管理规定》实施；同年，修订后的《特级标准》发布。根据新《特级标准》及资质管理办法的要求，总部相关部门经过近 3 年准备，于 2013 年 7 月向住房和城乡建设部提交申报材料。7 月 5 日，住建部发布第 470 号公告《住房城乡建设部关于核准 2014 年第六批建设工程企业资质资格名单的公告》，中国建设申报的“房屋建筑工程施工总承包特级”“建筑行业甲级设计资质”获得核准通过（7 月 10 日，取得资质证书）。

施工特级资质是中国建筑业企业施工资质的最高级别，是衡量建筑企业整体实力的重要指标。取得特级资质标志着集团成为工程建设施工领域一流队伍，在占领高端市场、扩大市场份额、加快发展方面，拥有广阔发展空间和行业最高资质。

【管理经验】

1. 营销管理 提升市场营销能力和营销质量为公司 2014 年营销工作的“第一要务”。围绕“抓市场、促签约、保增长”工作重心，加大营销力度。在战略上，规划市场、统筹市场、经营市场；在战术上，跟踪市场、甄别市场、融入市场、巩固市场、抓大放小、适度集中。在确保完成年度经营任务的同时，大力促进签约未生效项目的落实生效，为后续经营工作打好基础。

2. 品牌建设 以加强工程质量管理、塑造精品工程为抓手，通过不断提高在建工程质量，推行规范标准的企业视觉识别系统，打造“有实力、可依赖”企业形象，推动企业文化战略和品牌战略实施，打造中国建设的品牌形象。

在中国建设成立60周年之际，把企业简称从“中机建设”改为“中国建设”，并结合公司简称更名，组织一系列形象推广活动，重新设计制作公司铭牌、形象墙、业绩展板和理念展板等，塑造中国建设品牌。此外，通过两上两下的全员参与、网络投票等形式，征集提炼新时期中国建设“诚信、务实、创新、奉献”企业精神，深化公司核心理念体系。

3. 全面预算管理 总结编制和执行预算经验，对《全面预算管理办法》进行修订，制定《事业部考核奖励实施细则》，形成以效益为中心、以责权利为纽带的考核体系，把费用控制成果与各事业部效益及职工收入挂钩，建立严格的奖惩制度，实行全员、全过程成本管理。

4. 人力资源管理 主要有两方面经验：

（1）加强培训开发工作，关注人才成长。一是参加国机集团举办的各项培训。高级技术人才、营销人才、资本运营人才、高层领导赴法培训及国机大讲堂等培训。二是开展骨干及高层领导培训，提升企业管理者、领导者的科学决策能力，提升领导力和执行力。三是稳妥推进企业内部培训工作。各职能部门年度内训不得少于3次，且该指标作为年度目标责任书的考核指标之一。

（2）完善绩效考核体系，实现全员业绩考核。下发《全员绩效考核管理制度》，指导全系统全员业绩考核工作。

5. 产业链与客户管理 7月10日，取得“房屋建筑工程施工总承包特级”“建筑行业甲级设计资质”资质证书。为便于公司经营工作开展，组织所属单位及事业部填报综合管控系统中的“客户管理”模块，录入客户信息近百条，实现客户信息的有效管理。

6. 质量管理 全系统工程质量总体形势平稳发展。全系统竣工单位工程175项，一次交验合格率100%，顾客满意度96.36%。未发生重大质量事故。合同履约率100%。

【信息化建设】

1. 完善、优化模块 信息化系统围绕企业管理提升的要求，对采购储运、项目管理、人力资源管理等综合管控系统各模块进行完善、优化，通过住建部特级资质企业信息化实地核查。

2. 加强网络基础管理 推动网络宣传工作，形成“一报（《中国建设集团报》）、一网（集团门户网站）、两微媒（公司微信公众号＋新浪微博）”联动的“全媒体”格局；完成国机集团vpn设备更新及集团专网建设工作，通过专线访问国机集团财务NC系统及各业务，系统更加稳定、快捷、安全。

3. 启动远程监控解决方案的论证工作 按“工程建造互联网”新要求，启动项目远程监控、管理与视频一体化解决方案的调研与论证工作，技术中心对BIM的应用进行专题研讨。

【党建工作】

1. 扎实开展党的群众路线教育实践活动 通过活动推动，进一步形成勤俭办企业、廉洁促发展的良好风尚，为推动公司改革发展、实现有质量的增长提供了坚强的保证。

2. 加强党员队伍管理和组织建设，提高党员发展质量 严格按照党员发展有关规定和程序，经党委批准，发展党员11名。

3. 创新监督机制，形成监督预防体系 通过资产财务预算、工程项目投标、领导任期审计、干部选拔任用、制度规划建设、法律事务审核等方式，把纪检监察日常工作融入企业经营管理和全面风险防控之中，提高反腐倡廉建设科学化水平。

4. 开展反腐倡廉征文活动 下发《关于开展2014年反腐倡廉建设工作调研及优秀论文征集活动的通知》，征集上报国机集团论文10篇，其中所属中机四建吴秋德的《施工企业基层职业腐败预防浅析》获评一等奖。

【社会责任】

1. 彰显公司崇高责任 进一步把企业社会责任融入企业使命、愿景、精神和作风中，植入企业各项管理制度中，深入企业全体员工的思维和行为方式中。

2. 履行国有企业社会责任 将经济责任、社会责任、市场责任和环境责任有机结合，在创造利润对股东利益负责的同时，积极承担对员工、客户、环境，以及政府等相关利益者的社会责任——春节来临之际，公司领导慰问离退休老领导、困难职工（此为中国建设领导班子长期坚持的优良传统）；3月，（连续第7年）举行“学雷锋”扶贫帮困捐款活动，帮助系统困难职工和家属。

中国机床销售与技术服务有限公司

【基本概况】

中国机床销售与技术服务有限公司（简称中国机床销售）1983 年 8 月经机械工业部机床工具工业局批准成立。成立之初为中国机床总公司销售技术服务部，2011 年 12 月 27 日，国机集团以《关于同意搭建机床总公司经营新平台的批复》（国机改字〔2011〕715 号），同意中国机床销售成为机床公司系统新的经营平台，并将中国如意技贸中心、北京国机展览中心、北京海洲贸易有限责任公司、华嘉（北京）机床工具公司 4 家公司划归其所有。2013 年 12 月底更名为现名。2014 年 7 月取得对外承包工程资格证书。

【主要指标】

在经济新常态下，推进业务转型升级，加快“走出去”步伐。至 2014 年年底，中国机床销售合并范围内共完成经营收入 59 055 万元，完成利润总额 523 万元。完成进出口总额 7 543 万美元，其中进口 293.5 万美元、出口 7 249.5 万美元。经营工作经受住了日元、卢布贬值，以及乌克兰政局动荡、国际国内市场持续低迷等困难考验。主要经济指标详见表 1。

表 1　中国机床销售与技术服务有限公司 2014 年主要经济指标

项　目	2013 年	2014 年	同比增长 (%)
资产总额（万元）	75 880.1	180 371.79	137.71
净资产（万元）	8 960.9	9 273.29	3.49
营业收入（万元）	71 570.5	59 055.21	-17.49
利润总额（万元）	1 080.0	523.00	-51.57
技术开发投入（万元）	–	–	–
EVA（万元）	287.0	-992.00	-445.64
全员劳动生产率（万元 / 人・年）	-42.9	-29.14	32.07

【重大项目进展】

2013 年初，与乌克兰签订的通信设备成套出口项目，合同总额 30 亿元。2014 年执行期间，因受乌克兰政局持续不稳的影响，经与业主方沟通，交货期调整为 2013 年至 2016 年度。

【市场开拓与产品销售】

1. 主要出口业务开拓　主要在三方面发力：

（1）以对日贸易为主。主要业务是向三菱重工、栗本铁工所等企业出口整机、铸件、功能部件等产品，主要包括洗石机、球磨机和燃气轮机的功能部件等。同时，利用多年来立足于对日贸易，经年累月地在日本许多大型企业集团中赢得的较高声誉和人脉资源优势，尝试选择一些适销对路的日本产品在国内市场代理销售。相继开发了肿瘤放射治疗仪、小型电子设备回收生产线、日本花方包装机等产品的代销。

根据公司销售渠道和业务人员配备、产品档次和市场定位，制订利于产品销售推广的运作模式，并作适应性调整，成效日见显著。

确定对日出口领域方针：在确保出口业务规模的基础上，开拓出口产品的新渠道，通过由单机业务逐步向成套业务转变，由单件业务逐步向小成套方向发展等方式，提高产品的附加值，从而达到出口规模持续提升的目标。

（2）向俄罗斯出口机床，设立中国机床销售莫斯科代表处。应国内市场要求，继续组织国内机床企业及具有代表性的机床产品，参加莫斯科国际机床展览会，并配合展会在俄重工业生产较为集中的乌拉尔等地区举办中国机床产品推介会，以及与当地政府主管部门、重点客户广泛沟通交流。在增进彼此了解的同时，扩大公司和中国机床制造业的影响，提升中国机床产品的整体形象，取得很好的品牌推广效应。

制订开发俄罗斯市场工作步骤：一是在俄罗斯建立现货仓库，用于批量出口机床的存放和参加展会机床会后的存储。进而建立保税仓库，以提高机床出口的品种、数量和产品档次。二是建立中国机床销售技术服务中心和备件中心，全面负责销售到俄罗斯的全部机床的安装调试和售后服务，以及机床操作人员的培训，并建立中国机床展示中心。三是2016年在图拉州建立中俄合作机床生产企业，生产当地注册品牌的以五坐标数控机床为主要产品的高端金属切削机床，初期实现国产光机出口达到2 000万美元以上。

为实现开拓俄罗斯机床市场的预期，配套制定“三步走”发展规划：第一步建立“服务贸易平台和电子商务网络”；第二步创建俄罗斯机床品牌，实现本土化制造；第三步推动境外经贸合作区建设。

（3）“一带一路”战略，拟在有关国家推广建立“机床展示和售后服务中心”，通过搭建第三方贸易平台，引领国内“专、精、特”机床企业抱团进军国际机床市场。先期以俄罗斯市场作为试点，取得经验后再逐步向俄语区（独联体）国家和“一带一路”范围内的其他国家复制推广，从而提升国产机床工具产品“走出去”的速度和规模。

2. 主要进口业务开拓 进口板块的业务除每年一定量的机床产品进口外，主要是代理销售日本川崎公司的液压件产品给国内工程机械生产企业。该业务一直是公司支撑性业务。由于川崎公司的液压件产品为“量身定制”产品，相比竞争对手德国力士乐公司的液压件产品对工程机械使用的稳定性和延长使用寿命等的表现更为突出，具有更好的性价比，因此受到国内广大用户欢迎。在维持现有业务的同时，尝试在日本市场寻找国内销售前景好的产品（不局限于工业产品），通过销售推广和资源积累，争取逐步形成多元化的产品销售局面。

【产业化发展】

根据公司手中没有自己产品这一问题的日益凸显——失去很多贸易和对外开展生产合作的机会，确定向实体化转型的发展思路——选择恰当的方式兼并资产优良、体量相当、生产中高端机床产品为主的机床制造企业，使之成为制造基地，并以其产品作为抓手，结合使用中国机床的品牌、宣传、渠道等优势资源，围绕提高产品质量、提升服务水平、促进产品销售这一核心，从而带动公司整体业务的提升和发展，最终解决制约企业发展的主要矛盾。

【产权制度改革】

1. 产权登记工作的基础管理 由资产财务部管理，设专人负责，经营发展部配合相关工作，并提供产权登记工作所需的有关材料等。

2. 自查工作的组织 学习《关于组织开展2014年度企业国有产权登记检查工作的通知》等有关文件。在提高认识，明确“国有产权是企业正常经营的保证，管好国有产权是企业的责任”的前提下，对所属企业逐个检查，找出不足，提出改进意见。

3. 产权登记业务办理 加强国有资产产权登记的监管工作，杜绝“应登未登”现象，做到应登即登。

（1）企业产权登记基本情况。至2014年年底，中国机床销售各级企业5户（含公司本部），其中三级企业4户，占已登记企业总户数的80%。

（2）产权变动情况。8月，下属产权单位中国如意技贸中心就其固定资产——东城区方家胡同46号院土地及地上建筑物的转让、置换工作，向国机集团进行国有资产评估备案，并于当年取得集团的备案批复。2014年公司及所属子公司未发生股权变动、组织形式变动等应办理变动产权登记事项。

（3）2014年无产权注销情况。

（4）公司及所属企业的产权登记表及相关资料由专人妥善保管。

【管理经验】

1. 营销管理方面 努力提高自身经营能力，确保公司持续良性发展，主要有4条经验：

（1）满足客户的需求。企业依存于顾客。《ISO9000质量管理体系质量手册》中对中国机床销售的服务宗旨描述是：顾客至上、质量第一。中国机床销售的目标为：满足顾客需求，增强顾客满意，实现企业持续发展。中国机床销售通过明确管理职责、梳理工作流程和控制要素的方法，对组织、资源和过程进行严格管理，建立一个具有证实性、预防性、系统性和迅速反应能力，并拥有持续改进的质量保证体系。同时，通过质量手册的贯彻落实，提高员工质量意识、工作能力、个人素质和服务水平，以最大限度地满足顾客的需求。

（2）满足销售团队的需求。任何营销政策，都靠销售队伍执行，销售员执行力的大小，比政策本身的好坏更为重要。因此，加强对相关业务人员的专业知识培训，为打造一支过硬的销售和管理团队创造了必要条件。

（3）建立中长期人才培养计划，建立科学的考核评价制度，激励多劳多得。对单一专业管理人员，通过培训、轮岗、实践等方式，逐步把他们培养成为复合型人才；对中高层后备人才的培养不仅注重实地锻炼，也给予理论学习机会，以适应公司经营业务和管理工作的需要；同时加大对中青年干部的培养与提拔，为青年人才提供发展和锻炼的空间。

（4）利用薪酬分配、绩效考核、中远期激励等办法，建立完善的、能够鼓励职工多创效益、多作贡献、多拿薪金的机制，从而提高职工队伍的凝聚力。

2. 财务管理方面 主要有 6 条经验：

（1）以全面预算为主线加强财务管控。完善财务管理制度，会计工作从单一从事会计记账工作发展到事前预测、事中控制、事后改进的系统管理上来，跟踪监督整个预算年度的执行情况，及时发现偏差，并提出改进建议。

（2）合理控制成本（费用）。加强会计基础工作的规范性，合理控制成本，发挥企业内部监督职能。对财务工作进行全面分析，为全面增效，降低成本，从源头抓起，从合同签订、借款、费用报销等多重环节把控，不放过每一细节。无论是出纳岗位还是会计岗位，都坚持原则、不讲人情、不做假账。年度管理费用、销售费用、财务费用同比下降。

（3）保障资产保值增值，加强现金流管理。对股权投资、固定资产投资等，严格执行内控体系程序。严格做到依权限履职，财务决策、执行、监督等做到权责明确、流程清晰、运行规范。

加强资金日常调度和控制，及时掌握资金用度，确保现金流通畅。资产财务部随时与业务人员核对账务，确认收入，及时结算报销费用，加大催、收款力度，保证各应收款项及时、准确到位，使公司资金运转处于良性循环状态；及时准确地为经营管理和经营决策提供可靠的依据和信息。

（4）加强财务基础工作。严格执行《财务审核审批制度》，对各项单据认真审核，确保单据齐全、金额正确、手续完整；对各类报表及其他资料按要求及时编制上报；对各类财务档案资料进行归类保管。

（5）注重沟通，加强培训，提高素质。资产财务部加大与各部门的沟通协调，使各项工作顺利开展。定期组织全公司会计人员参加继续教育培训，提高业务水平。积极参加国地税局办税人员岗位培训，熟练掌握税务局各项报表的填制工作，提高纳税申报工作质量。

（6）高质量完成年度决算审计。对 2014 年度财务工作进行全方位审计，圆满完成 2014 年度财务决算审计和 2015 年的财务预算工作。

【审计与法务管理】

1. 完善法律顾问制度，化解法律风险 加强对经营管理中潜在的法律风险的预警，提高风险预判能力，对风险进行防控，避免出现重大法律纠纷。规章制度、经济合同、重要决策达到 100% 法律审核要求。朝着“中央企业法制工作三年目标”努力工作，将法律审核工作落到实处。

2. 完善《内控手册》，风险管控能力进一步提升 在内控试运行阶段，针对反馈意见，修订完善《内控手册》，力求以制度管人、按制度办事，规范工作行为，提高工作效率，使公司各项工作更加规范化、制度化和科学化。

3. 了解经营状况，确定审计重点，进行专项检查，提出整改意见 对业务处室进行专项成本审计，推进降本增效工作。审计建议完善销售公司制度体系建设，制订公司层面的职务消费管理办法，向精益管理要效益。

4. 开展形式多样的法律培训活动 邀请法学专家进行国际贸易术语方面的培训，使员工更好地运用基本的国际贸易知识维护公司合法权益。

将各类《法律法规读本》发放给公司管理与业务人员，同时坚持收集公司管理系统范围内诉讼或非诉典型重大或较大法律风险案例，以案释法、以案宣法，用身边事、用通俗易懂的语言向广大职工普及法律知识，进而剖析公司业务中可能遭遇的法律陷阱，带动公司职工学法讲法的热情。

【人力资源管理】

1. 注重员工整体素质提升，完善招聘工作管理流程 一是拓展招聘应届毕业生工作渠道，广纳人才。为提高招聘录用人员的整体素质，改变以往单一通过互联网筛选毕业生简历的做法，直接深入学校毕业生中，通过参加毕业生专场招聘会或与高校就业办公室直接取得联系的方式，主动寻找适合公司发展的人才。二是完善招聘管理流程，使招聘工作制度化。

2. 加大人才培养力度，进一步加强职工素质培训 注重从职工需求入手，围绕公司发展目标，提升职工培训质量。主要做法：一是要求各部门年初申报人员培训计划及需求，从了解职工培训需求，分析职工现状与公司发展要求所需人才差异入手，科学安排培训内容；二是根据业务部门和管理部门的不同需求，安排不同层次的培训内容；三是内部培训与外部培训相结合；四是将培训管理规范化；五是增加培训反馈，提升培训效果。

全年组织国际贸易术语培训、新员工入职培训、商务礼仪培训、职工安全常识培训、无纸化报关培训、内控管理工作培训各 1 期，参与培训 170 人次；参加国机集团培训 12 期，参与培训 24 人次；参与财务、统计等行业外部专项培训 2 期，参与培训 6 人次。

3. 完善人力资源管理制度 随着中国机床销售业务的发展，管理规模的扩大，一些人力资源制度及工作流程不适应了。为理顺劳动关系，提升人事管理的透明度，制定《返聘人员管理暂行办法》，明确协议双方的权责关系，以简化的表格形式将有关情况信息直观呈现，保证返聘职工安心上岗，发挥作用。

【社会责任】

1. 责任融入企业管理 推进社会责任融入公司整体战略，把节能减排、安全生产等责任指标列入公司总体战略目标，从战略高度将企业社会责任与公司战略规划紧密结合起来。梳理公司有关制度，推进社会责任理念与全面风险管理、安全生产、节能环保、员工关怀等方面的制度建设整合，提升公司社会责任管理的规范化、制度化、常态化。

2. 参加活动，提升社会责任能力 以集团推行的企业文化活动为契机，开展“帮困助学”“爱心基金”等活动。活动的展开，对广大干部员工认知、理解和践行社会责任理念，起到推进作用，同时提高了公司社会责任管理能力。具体做法：一是倡导绿色责任，树立环保节俭意识。二是注重人文关怀和公平正义，实现职工与企业共同发展；开展丰富多彩的文体活动，关心困难职工和离退休人员，提高员工幸福指数。积极参与国机集团组织的“国机爱心日”活动，在职员工在这一天（二月 28 日）自愿捐献“一日工资”注入“爱心基金”。108 人捐款 15 378 元。三是加强安全生产管理。高度重视隐患排查治理工作，加大监督检查力度，严格督查落实公司的安全履责情况。为提高企业安全保障能力，定期开展安全生产教育和强化培训，组织公司员工参观消防博物馆，保证从业人员具备与本企业所从事的生产经营活动相适应的安全生产知识和管理能力。四是承担公益责任。投身社会公益事业，发挥自身优势，参与国机集团工会“帮困助学”活动，捐款捐物。

【展会与信息化建设】

1. 进一步做强、做优“中国国际机床工具展览会” 6 月 18 日—22 日，联同国机集团、励展博览集团，共同主办“第十二届中国国际机床工具展览会”。展览场地 12 万 m^2，中国、美国、德国等 30 个国家近 1 300 家企业参展，70 多个国家和地区近 14 万名专业观众到会参观。展会期间总成交额 28.4 亿元。

2. 扩大“中国机床工具行业发展论坛”影响力 由中国机床主办的“第 27 届中国机床工具行业发展论坛暨 2015 年运营形势研讨会”，于 11 月 12 日在河南省洛阳市召开。会议邀请到工业和信息化部、洛阳市人民政府、机械工业信息研究院、中国机械工业联合会、国务院发展研究中心产业经济研究部代表，以及西安航空动力、中国南车集团、东风汽车、一拖集团等机床工具行业用户企业的专家出席。经过 30 年的发展，该论坛成了机床行业内的灯塔。

3. 新媒体与传统媒体深度融合，编织信息时代网络 继续编制《机床工具信息》（半月刊）；运用公司网站、微博、微信等社交平台，搭建与客户、用户、供应商、合作伙伴，以及关联企业等角色互动的自媒体阵地，增加与粉丝的黏性，提升品牌活跃度。

新老交织，服务于不同用户，用纸媒带给机床行业内最新的行业信息；用新媒体接收同行的反馈，形成“线上”互动。

【企业文化】

1. 文化培训 为使集团公司文化及机床公司文化深入人心，分批给员工进行文化方面的培训，使其深刻了解集团“和”文化的内涵。通过实施多层次培训计划，职工对公司共同价值观有了新认识，并为公司奋斗目标而努力。

2. 文化传播与展示 一是拓宽文化传播渠道。通过公司网站等传播渠道，及时深入地报道公司重大决策，深入地开展讨论，巩固文化传播主阵地。二是对接集团 VI。公司新办公室的装修严格按照集团 VI 要求设计；公司按照集团 VI 重新设计了商标；对外展览严格按照集团 VI 规定，进行整体视觉规划。

3. 专项文化建设 一是安全文化。大力创新安全文化建设模式，营造浓厚的安全文化氛围。组织各类安全教育培训，加强突发事件应急演练，将安全文化落实到广大员工的日常工作和生活中。二是廉洁文化。贯彻国机集团“企业廉洁文化建设指导思想”，在中国机床销售内部进一步深化集团“廉洁从业、诚信守法、行为规范、道德高尚”的廉洁理念，积极引导广大员工自觉化廉于心、践廉于行。三是绿色文化。积极传播绿色文化，将环保宣传做到位，使每位员工都能够从小事做起，最终实现公司的节能减排目标。

中国重型机械有限公司

【基本概况】

中国重型机械有限公司（简称中国重机）成立于 1980 年 9 月，是以工程总承包、带资运营、贸易和服务为主营业务的工程总承包综合服务企业。业务领域覆盖冶金、矿山、交通、建材、电力、水务、环保、化工、生物能源、农产品加工及仓储等行业领域。至 2014 年年底，职工人数 366 人。经商务部批准，在缅甸、越南、柬埔寨、塔吉克斯坦、印度尼西亚、土耳其、泰国、斯里兰卡、埃塞俄比亚、南苏丹、肯尼亚、几内亚、老挝等 13 个国家设立驻外代表处。

先后承担了上海宝山钢铁（集团）公司二期、三期工程，内蒙古元宝山露天煤矿工程，秦皇岛三期煤码头工程，广州港新沙煤、矿石码头工程等一大批代表国家重大技术装备水平的大型成套项目和以美国通用汽车公司泰国、英国汽车冲压生产线，缅甸甘蔗制糖厂、铁路公路大桥、露天煤矿、燃煤电站、水电站，越南水泥厂、水电站，柬埔寨水电站、城市环网输变电工程、农村电网扩建工程，土耳其新蒸汽锅炉工程为代表的海外 EPC 总承包和海外 BOT 投资项目，为全球 40 多个国家和地区的建设项目提供了专业化服务，完成的项目获得所在国家业主的广泛认可和好评。

面对复杂多变的外部环境，以增强企业实力、提高经济效益、提升发展质量为中心，稳增长，求发展，开拓国内外市场，全面深化企业管理，着力风险防控，实现年度经营平稳发展，海外 BOT 投资项目提前建成，成功实现业务转型战略目标。

【主要指标】

至 2014 年年底，资产总额 47.97 亿元，同比减少 3.8%；净资产 11.71 亿元，同比增长 4.2%。

全年实现营业收入 8.63 亿元，同比减少 45.8%；实现利税总额 6 898 万元，同比增长 9.8%；技术开发投入 1 278 万元，同比减少 45.8%；全员劳动生产率 23 万元 / 人 · 年，与上年持平；总资产报酬率 1.97%，同比减少 0.01 个百分点；净资产收益率 5.28%，同比增加 0.17 个百分点；国有资本保值增值率 104.41%，同比增加 0.57 个百分点。主要经济指标详见表 1。

表 1 中国重型机械有限公司 2014 年主要经济指标

指标名称	2013 年	2014 年	同比增长（%）
资产总额（万元）	498 588.00	479 701.00	-3.8
净资产（万元）	112 381.00	117 059.00	4.2
营业收入（万元）	159 261.00	86 328.00	-45.8
利税总额（万元）	6 281.00	6 898.00	9.8
利润总额（万元）	5 786.00	6 502.00	12.4
技术开发投入（万元）	2 357.00	1 278.00	-45.8
全员劳动生产率（万元 / 人·年）	23.00	23.00	-
总资产报酬率（%）	1.98	1.97	减少 0.01 个百分点
净资产收益率（%）	5.11	5.28	增加 0.17 个百分点
国有资本保值增值率（%）	103.84	104.41	增加 0.57 个百分点

【重大决策】

召开董事会现场会议 4 次、非现场会议 2 次，形成董事会决议 6 项。决议事项包括：董事会建设、干部任免、年度经营计划、重要管理制度、融资担保等 5 类。

11 月 21 日，根据国机集团建议，公司二届董事会第一次会议决定：聘任陆文俊为公司总经理（兼）；薛非（兼）、朱旭、肖平、金仁哲、王卫国、朱忆丹、吴勇为公司副总经理。

【重大项目】

1. 柬埔寨达岱水电站并网发电，业务转型升级成功 柬埔寨当地时间 8 月 13 日 10 时 8 分，中国重机投资建设的达岱水电站 1 号机组完成调试并一次成功并网发电。至 9 月 11 日，所有 3 台机组全部建成并通过 72 小时满负荷考核。在柬埔寨国家电力公司组织的总装机考核试验中，单机发电能力和总装机发电能力均超过设计水平，各项性能指标达到或优于相关国际标准。

通过 BOT 项目建设，有力地提升了企业的发展质量，改善了资产结构，培养和集聚了一批专业人才队伍，树立了中国重机企业品牌，有力地提升了企业在柬埔寨的市场地位，带动了企业在柬埔寨市场的“区域滚动”发展，为持续稳定发展奠定了坚实基础。

2014 年是工程建设任务最为繁重、特别关键的一年，是冲刺发电、建设完工的一年，也是项目开启运营、收获果实的一年。创造了首台机组 7 天并网和 1 月之内 3 台机组全部投产的良好业绩，标志着中国重机响应国家“走出去”战略，实施海外 BOT 投资、推动业务转型升级取得重大突破。

2. 柬埔寨农网一期提前竣工 7 月 21 日，柬埔寨国家电力公司总经理签发柬埔寨农村电网扩建 EPC 项目一期工程完工证书，标志该项目自 2014 年 4 月 30 日起正式竣工并移交柬埔寨电力公司投入运行。农村电网扩建一期工程于 2011 年开始建设，在项目实施区域取得良好社会效益和综合经济效益，促使柬埔寨政府加快加大农网扩建的步伐，逐渐从金边周边省份覆盖到边境地区的大部分省份。

柬埔寨农村大部分地区缺电，电网输送成为制约瓶颈。柬埔寨政府提出“2020 年在所有村庄普及电力供应，2030 年全国 70% 的家庭都可以用上电”的农村供电目标。中国重机积极参与柬基础设施建设，深度开发柬埔寨电力市场，致力于把电力输送到柬埔寨村村寨寨，点亮乡村，造福居民。

【市场营销】

按照“巩固传统市场，扩大非洲市场，布局拉美市场”总体思路，优化海外市场布局，开拓国外市场，开拓国内市场，实现合同生效额和新签合同额双增长。

1. 强力推进，促合同生效工作见成效 把推进合同生效工作放在经营工作的首位，采取“举全公司之力促生效”工作措施。全年合同生效额 6.15 亿美元，折合人民币 37.71 亿元，同比增长 187.89%。

推进柬埔寨农村电网改造二期工程合同生效，实现柬埔寨农村电网改造三期和四期、老挝230kV输变电，以及塔吉克斯坦冰晶石、氟化铝和硫酸工厂项目当年签约当年合同生效。

2. 调整布局，东南亚新市场取得突破 在老挝市场重点跟踪开发电力项目，取得重大突破。1月22日，与老挝国家电力公司签订老挝沙拉湾—色贡500kV高压输变电项目EPC合同，合同额4.07亿美元。7月28日，在国家主席习近平和老挝国家主席朱马里的共同见证下，中国重机与老挝国家电力公司签订老挝230kV纳邦－南俄1-欣赫输变电项目EPC合同，合同金额1.91亿美元。该项目使用中国政府优惠买方信贷建设，通过中国进出口银行的评审批准，实现当年签约当年生效。

3. 巩固优势，传统市场实现滚动发展 深度开发柬埔寨市场，深化电网建设领域合作，实施农村电网改造工程，改善当地电力供应紧张状况。1月24日，与柬埔寨国家电力公司签订柬埔寨农村电网扩建二期EPC合同，合同金额4 956万美元；11月13日，签订柬埔寨农村电网扩建三期和四期工程EPC合同，合同金额9 986万美元，项目覆盖柬埔寨11个省份。以上2个项目实现当年签约当年生效，在柬埔寨电力市场实现项目签约、合同生效、项目执行和项目开发储备的良性循环，保持了“区域滚动”发展的良好局面。

在孟加拉建材市场，推进立磨粉磨站项目合同生效，合同金额1 650万欧元。

4. 把握机遇，中亚市场迎来新起点 塔吉克斯坦冰晶石项目于2008年开始由中国重机总包建设，受金融危机影响，业主资金遇到困难，项目停工。“一带一路”战略构想给项目融资创造了机会。中国重机积极配合业主和塔吉克斯坦财政部，抓住建设丝绸之路经济带机遇，及时向中国政府提出贷款申请，积极推进塔铝冰晶石项目的重新开启。2014年7月24日，中国重机与塔吉克斯坦铝业管理有限公司打包签订年产12 000t冰晶石、18 000t氟化铝，以及新增的年产10万t硫酸工厂的设计、设备供货、安装和调试EPC合同，合同金额1.17亿美元。

11月7日，北京APEC峰会期间，在国家主席习近平和塔吉克斯坦总统拉赫蒙的共同见证下，项目贷款协议正式签署，标志着该项目建设迎来新起点。

5. 内外并举，传统领域开创新局面 面临全球经济复苏缓慢、外部环境依然严峻复杂形势，认真落实国机集团关于市场开拓要“内外并举保增长”部署要求，加大对国内市场铁路、港口、矿山、水处理等传统业务领域的开拓力度。在国内铁路电气化项目设备采购的国际招标中，先后连中5标，实现合同签约2.99亿元。在北部湾钦州港岸桥、场桥设备采购招标中，中标8台岸桥设备，签订合同3.75亿元。在利用欧洲投资银行贷款的济南热电有限公司汽改水改造项目的国际招标中，中标材料、设备供货2个包，合同金额6 236万元。

【管理经验】

1. 战略管理深化 完成中国重机《2013年度总体战略执行情况报告》；编制《中国重机2012—2016年战略分解方案》《中国重机战略实施方案》；推进战略落地实施，开展专题调研，提供决策参考。

2. 财务管控能力增强 进一步加强全面预算管理工作。强化成本费用预算控制，推进实施预算控制和财务信息化相结合的管控体系。强化预算执行监控，按月提供分析报告。

加强财务日常核算工作，提高核算水平。加强税务管理工作，保持北京市纳税A级企业资格。加大应收账款和库存商品所涉及的清理和催收工作力度。加强投融资管理工作，为经营活动提供有力支持，配合相关项目资金落实工作，积极推进贷款项目生效。

3. 人力资源管理强化 加强人才招聘引进工作力度，全年招聘录用29人，人员引进率11.24%。改进培训管理，强化培训工作。开展培训需求调研，加强内部培训课程设计，组建内部培训师队伍，完善培训评估体系，拓宽培训方式，增强培训效果。

4. 经营管理工作加强 加强项目评审管理，在项目标书、主合同的评审中，加强对项目建设条件、重要合同条款的评审。在采购分包合同的评审中，对设备材料采购合同，坚持货比三家原则，重点加强对设计、施工合同的评审，严格执行项目管理制度，规范评审管理，防范风险，降本增效。

加强项目监督监管工作。定期对在手执行项目进行综合性检查，按期编制《项目季度报告》，对存在的主要问题提出处理意见并督促整改。

5. 风险管理细化 编制相关风险事件的管控措施。细化和规范工程项目风险评估的内容，有效防范项目执行风险。完成《金边环网风险事件库》的编制，指导其他输变电项目的风险防控，实现项目风险管理从事中管理到事前预防的关口前移。

6. 强化法律服务 加强各类经营合同的法律审查，从条款上把关。积极应对诉讼，尽最大可能维护企业经济利益。为经营管理工作提供日常的法律咨询服务。

【安全生产】

健全规章制度，做好施工现场的安全监管，系统开展安全培训。组织开展安全生产月活动，开展安全生产“打非治违”专项整治活动。强化所属企业的安全管理，加强对三联国投和佳德监理公司的安全生产工作的监管，签订年度安全生产责任书。高度重视在高风险国家及非洲埃博拉疫情地区坚守岗位职工的人身安危。全年没有发生重伤及以上生产安全事故，连续8年获国机集团安全生产A级企业，并被评为国机集团安全生产管理专项提升先进单位。

【信息化建设】

完成OA协同办公系统的全面升级换代，完善原有流程40个，新增流程36个，全部上线运行，实现OA协同办公系统的移动办公。完成宽带扩容，新增一路100M带宽，改善上网环境。完成国机集团内网门户和视频会议专线的升级改造工作。

完成视频会议系统搭建，与5个海外代表处实现视屏联络。完成新增法语、俄语、西班牙语3个对外网站站点系统的搭建。做好终端设备的更新与维护，保障终端设备正常运行。

【党建工作】

1. 扎实开展教育实践活动，加强领导班子建设 开展党的群众路线教育实践活动，认真学习贯彻落实中央有关文件精神和习近平总书记系列重要讲话。按“照镜子、正衣冠、洗洗澡、治治病”总要求，突出作风建设，贯彻整风精神，全面加强学习教育、广泛深入听取意见建议，聚焦“四风”，查摆问题、开展批评与自我批评，整改落实、建章立制。做好各个环节的工作，并注重把开展活动同做好企业各项工作紧密结合，做到两手抓、两不误、两促进，为完成公司各项任务提供有力保障。

领导班子加强中心组学习；召开教育实践活动专题民主生活会，对照群众意见，查找问题，查摆“四风”问题，逐一对照检查，开展自我批评，剖析产生问题的根源，明确整改方向，提出具体整改措施，并接受广大职工群众监督。班子成员进一步坚定理想信念，增强宗旨意识，提高群众工作能力，改进工作作风，增强勤俭办企业意识。

2. 加强党支部和党员队伍建设 以教育实践活动为契机，组织支部党员学习中发〔2013〕4号和中办发〔2014〕4号文件、《论群众路线——重要论述摘编》《厉行节约 反对浪费——重要论述摘编》，提高广大党员对群众路线教育实践活动的重要意义的认识，并结合自身工作实际，努力改进作风、服务职工群众。围绕理想信念、道德教育主题和反腐倡廉、开展党性党风党纪教育主题，开展主题教育活动，促使广大党员增强党的意识、党员意识和党的组织纪律性。

组织在岗党员开展“承诺一句话，落实一件事”承诺践诺活动。承诺在内部OA平台上公开，接受监督。坚持做好民主评议党员工作，增强广大党员发挥先锋模范作用的自觉性。

依据《中国共产党章程》《中国共产党发展党员工作细则》及党内有关规定，修订印发《中国重型机械有限公司党委发展党员工作实施细则》。贯彻中共中央办公厅《关于加强新形势下发展党员和党员管理工作的意见》，按“控制总量、优化结构、提高质量、发挥作用”总要求，做好组织发展工作。

3. 开展反腐倡廉建设工作 中国重机党委认真落实党委党风廉政建设主体责任，支持纪委落实党风廉政建设监督责任。一是持续广泛深入地开展反腐倡廉宣传教育。在《中国重机报》、内部网站和“中国重机反腐倡廉宣传教育专栏”，持续开展反腐倡廉宣传教育。二是落实党风廉政建设责任制。签订《党风建设和反腐倡廉工作责任书》；制定实施《中国重型机械有限公司党委关于落实党风廉政建设主体责任的措施》《中国重型机械有限公司纪委和监察室落实党风廉政建设监督责任的措施》；对2014年落实责任制情况进行系统检查；在《企业内控手册》中明确反腐倡廉措施。三是做好监督检查工作。对企业落实中央“八项规定”、中层以上管理人员是否持有各种会员卡、领导干部如实报告个人有关事项、规范各类庆典活动、评选活动、全员竞聘上岗等情况进行监督检查。

【精神文明建设】

开展主题教育活动。开展理想信念和道德教育主题活动，用“国机精神楷模”黄锡璆、党的好干部焦裕禄，以及雷锋、郭明义等先进事迹教育广大党员。用中纪委录制的《拒腐防变 每月一课》进行警示教育。

加强民主管理，落实司务公开制度。修订完善领导联系群众制度，加强工作调研，加强情况通报。发挥职代会在企业民主管理中的作用，在涉及企业发展的重大问题上，在涉及广大职工切身利益的问题上，注意听取职工意见，及时回应职工群众的呼声和期待。

支持企业工会、团委开展丰富多彩的文体活动。组织参加国机集团第四届职工书画、篆刻、摄影大赛和第二届“中农机杯”在京职工篮球比赛；组织开展“三八节”女职工参观国家博物馆、园博园户外踏青、金秋职工健康快乐行，以及八小时以外兴趣小组活动。

做好“送温暖”活动，加强员工关爱。各级领导坚持做好“送温暖”工作，及时探望伤病住院及有特殊困难的职工，探望常驻国外及春节因公不能回京的职工家属。支持工会办好绿色蔬菜基地。

【问题、形势与任务】

面对世界经济处于深度调整期，中国经济发展进入新常态、且经济下行压力较大的经营环境，中国重机的市场竞争环境更加严峻，直接影响合同生效进展，推进合同生效的任务艰巨。

做强工程总承包业务、拓展贸易业务、扩大经营规模、提高经济效益、壮大总部经济实力，仍然是经营工作的重点。

【社会责任】

开展“国机爱心日”捐献“一日工资”活动，244 名在职职工捐款 51 737 元，汇至国机集团“爱心基金”管理委员会账户。

在实施“走出去”战略，开展海外工程建设和投资运营业务中，注重质量安全，注重环境保护，融入当地社区，开展公益活动。参加柬埔寨“国际红十字和红新月运动 151 周年纪念日”活动，向柬红十字会捐款。和中国驻柬埔寨大使馆一道，向柬埔寨政府新设立的矿产能源部捐赠办公用品，帮助其改善办公条件，增添友谊光彩。

中国通用机械工程有限公司

【基本概况】

中国通用机械工程有限公司（简称中通公司）成立于 1979 年，原名中国通用机械技术设计成套公司，是原机械工业部直属专业公司之一。注册资本 1.83 亿元，是集工程承包、设备集成、技术服务和进出口贸易为一体的专业工程公司。主业为工程承包、设备集成、技术服务、进出口贸易等。主要在环保节能（城市污水治理、工业废水治理、湖泊水体治理、垃圾处理、粉尘处理、管网节能等）、市政基础设施建设（城市供水、城市电网改造、城市热力等）、城市轨道交通（地铁和轻轨交通）、清洁能源（火电、水电、核电辅机；太阳能发电、风力发电；输变电工程等），以及其他领域（石油、化工、医药、轻纺、建材、冶金、机械、农林、地矿、冷冻空调、给排水、流体输送、节能、节水等）承揽项目。

至 2014 年年底，员工 199 人，专业技术人员 168 人（占员工总数的 84.4%）。公司获得 2014 年中国标准创新贡献一、三等奖。团委组织青年员工参与青年志愿者助残“阳光行动”，被《人民日报》《中国青年报》等新闻媒体报道。

【主要指标】

中通公司处于业务转型升级阶段，虽投入大量人力、物力，受全球经济增速放缓影响，海外市场开拓及国内 PPP 项目开展均未能取得显著效果。全年实现营业收入 40 876 万元，利润总额 -2 808 万元。公司资产总额年末余额 91 103 万元，比年初增加 7 902 万元；负债总额年末余额77 712万元，比年初增加10 625万元；主要是因为应付账款、预收账款增加。

年度公司营业收入、利润总额等，同比降幅较大，其主要原因：一是执行项目大多为国内项目，合同额较小、执行周期相对较长、项目毛利偏低。二是受国内外经济大环境影响，近年签约的较大项目暂未生效，影响到公司后续利润的实现。三是在手执行项目收款拖期的情况较严重，一方面因业主款项不到位，另一方面因项目验收、审计期较长，直接影响公司的回款进度及项目收益的实现。主要经济指标情况详见表1。

表1 中国通用机械工程有限公司2014年主要经济指标

指标名称	2013年	2014年	同比增长（%）
资产总额（万元）	83 201.00	91 103.00	9.50
净资产（万元）	16 114.00	13 391.00	-16.90
营业收入（万元）	45 734.00	40 876.00	-10.62
利税总额（万元）	1 349.00	-1 469.00	-208.90
利润总额（万元）	243.00	-2 808.00	-1 255.56
全员劳动生产率（万元/人·年）	17.56	1.39	-92.08
总资产报酬率（%）	1.16	-2.40	减少3.56个百分点
净资产收益率（%）	0.96	-18.20	减少19.16个百分点
国有资本保值增值率（%）	100.75	82.75	减少18.00个百分点

【要事与重大决策】

领导班子换届后，认真梳理情况，适时提出“业务转型升级”发展战略，强调“闯海外、强特色、补短板、争效益”，调整经营和管理机构。在巩固提升传统业务领域的基础上，实现业务转型升级。着重发展环保节能领域，密切关注“合同能源管理”相关领域，在国际、国内环境工程市场，打造“中通环境”发展平台。

编写《2015—2017年发展规划》。公司领导班子成员召开专项战略研讨会，确定新规划的编制提纲，于10月底完成规划（草案）起草工作。

重新对内控体系和相关制度进行修订，通过梳理业务流程，细化优化控制措施，将各项经营活动纳入控制体系，做到依法管控。同时，发挥法律、审计、效能监察的监督作用，做到规章制度审查、经济合同评审、重大事项决策3项法律审核率100%。

打破原有工资体系，依据人员的岗位、薪酬、工龄、业绩等综合情况，编制并实施新的薪酬管理办法；强化能力和业绩的考核，制订完善绩效考核管理办法、项目提奖管理办法等规章制度。

在北京市政府的倡导下，与北京市排水集团等8家公司发起成立“首都水环境治理产业联盟”（简称联盟）。联盟以“立足首都、面向全国、放眼世界、增强整体竞争优势”为发展目标，积极推进首都污水处理与再生水利用事业健康发展；与联盟企业优势互补，参与北京市各区县，以及京津冀地区的污水处理厂新建或改建工程的承包工作，对公司发展意义重大。

决定成立波兰、土耳其分公司。

【重大项目】

国内传统优势市场保持稳定。北京高安屯再生水厂二程项目的签约，为公司打造“中通环境”品牌，提升公司核心竞争力打下良好基础。

昆明市经开区污水处理厂项目进入全面执行阶段。此项目的水处理工艺设施全部为地下式，地面将建成居民休闲娱乐的园林绿地。该项目的建成，将对昆明供水品质的提高及对环境的改善产生较好效益，对探索资源循环利用新途径，保护环境，造福社会方面具有较大意义。

在与中工国际合作的孟加拉达卡供水项目执行中，发挥公司在执行项目中的技术与经验优势，全面介入项目的管理，成为该项目的强力支撑。

【科技创新】

加强技术创新体系建设。以北京市水处理环保材料工程技术研究中心为平台，依托北京化工大学，由国家碳纤维工程技术研究中心、有机无机复合材料国家重点实验室和北京化工大学环境科学与工程技术中心提供技术支撑，将新型生物碳纤维材料及新型碳纤维双层平板膜材料研发和装备集成，以污水处理厂水质提标、微污染水体修复、养殖废水净化及回用等研究为重点，以企业为主体、市场为导向，深化产学研相结合的技术创新体系建设。

【市场营销】

面对复杂的经济形势和激烈的市场竞争，提出“业务转型升级”发展战略，强调“闯海外、强特色、补短板、争效益”。在巩固提升传统业务领域的基础上，实现业务转型升级。

将开拓国际市场作为业务转型升级的突破口。加大力度独立开发国际市场，与波兰业主单位 Boska Sp. z o.o 签订“波兰 80 兆瓦太阳能发电项目”框架合同协议，迈出了公司独立开发国际市场的坚实步伐。同时，保持并促进对泰国市场的强开拓，签约泰国大城府新建水厂项目，并与当地的合作伙伴签订开拓市场的合作协议，为进一步开拓泰国市场奠定了基础。另一方面，继续加强与大型外贸公司合作，发挥公司在执行项目中的技术与经验优势，从简单的供货合作向全面介入项目的管理转变。

【质量及标准】

打造管理体系升级版。通过持续滚动式内审和集中式内审，推进管理体系持续改进，并且通过船级社质量认证公司年度审核认证，保证公司项目质量管理工作的规范运行。

【深化改革】

按照改制后企业发展的需要，不断深化改革，逐步建立与改制后相匹配的运营机制和管理体制。

为了使公司快速发展，扩大经营规模，实现有质量的发展，公司提出“闯海外、强特色、补短板、争效益”经营思路，调整经营战略，迈出企业转型升级关键一步，新签项目取得显著成绩。

对项目执行和管理组织形式进行改革探索，试行事业部制，以强强联合、强弱结合、优势互补等不同特点和方式，组建 4 个工程事业部，调整充实新部门的领导班子，强化一线项目执行和市场开拓团队的能力。

建立以项目组为基本单位，以项目经理为主要对象的经济效益综合评价机制，加强以项目组为考核单位的绩效考核体系，逐步扩大考核结果的应用范围，使个人业绩考核结果与岗位调整、职级晋升、工资薪酬、绩效奖金、干部任免紧密结合起来，建立公平、公正、合理、透明的考核激励机制。

【管理经验】

1. 经营管理方面 对规章制度进行全面梳理与修订，以适应公司经营发展的需要。增强职能部门在项目管理中的评审、审批功能，以期规避项目的经营风险。

2. 人力资源方面 为增强人员管理创新、技术创新能力，拓宽管理团队的视野，提高员工创新性工作意识和职业素养，重视员工培训工作，采取送出去、请进来、网络培训、现场实践等方式，全年培训 766 人次，人均 4.03 次。完善人才选拔、引进、考核、激励机制，修订人力资源管理规章制度。以公司业务发展需要为导向，做好人力资源规划，适时采取社会招聘和接收高校毕业生等方式，配置相关专业人员，以满足公司人力资源需求。

3. 财务管理方面 加强预算管理，从控制环节入手，将预算细化到业务层面，通过“控制总量、分解指标、加强检查、适时修正”，发挥预算管理在战略落实、决策支持、资源配置等方面的作用。争取扩大授信额度，确保经营工作需要，利用信用工具和支付手段缓解资金压力，降低资金成本。落实成本管控措施。将采购成本和项目费用支出作为主要控制对象，通过归口管理、责任挂钩、细化费用台账、实施比价采购、加强成本核算等措施，实现降本增效。

4. 法制建设方面 以完善企业法律风险防范机制为核心，以不断提升法律顾问队伍素质为抓手，以深化改善法律工作体系为基础，在企业法人治理结构、决策机制、经营行为上做到合法合规，合同、规章制度、重要经营决策的法律审核率做到 100%，实现“全覆盖、零死角、层层落实、责任到人”，为企业改革发展、做强做优提供更加坚实的法律支撑和保障。

【信息化建设】

实现全面信息化管理，“综合信息管理系统”

运行良好。结合公司现有业务，对“综合信息管理系统”功能及流程中的问题进行梳理，为公司应用系统升级做准备。

加强网络运行及安全管理，更新完善信息化工作管理制度，为信息化可靠运行提供保障。

【企业文化建设】

从经营发展大局出发，加强企业文化建设，培育具有积极、乐观、团结、向上的企业文化。以“勇创新、重实效、敢担当、顾大局”为主题，开展为期 1 个月的企业文化宣传教育月活动，提高员工创先争优意识，营造全体员工开拓市场的良好局面，营造了积极向上的企业氛围。

工会开展各种形式的文体活动，丰富员工生活。

团委组织员工参加培训、比赛、参观等活动；组织青年员工参与中国盲文图书馆志愿服务，彰显社会责任。

中通公司获得“国机集团青年文明号”“青年安全生产示范岗”等荣誉。

【党建工作】

深入开展党的群众路线教育实践活动，加强党的组织建设、制度建设、作风建设。公司党委按“党委负主体责任，纪委负监督责任”要求，严格执行党风廉政建设责任制，落实中央八项规定，签订“党风建设和反腐倡廉工作责任书”“公司干部廉洁从业承诺书”，做到党建工作与业务工作同部署、同落实、同检查、同考核。履行“三重一大”决策程序，重点事项均通过集体讨论决策，未出现违规事项。

【合作交流】

加强与集团内部企业的合作，以自身的技术及经验上的优势，赢得兄弟单位的信任。在项目承揽及执行中发挥自身的优势，为集团内部兄弟公司海外项目做好技术服务和项目管理工作。

同时，加强行业间合作。响应北京市政府倡导，与其他 7 家在水环境行业领域处于领军地位的单位一同作为发起者，成立“首都水环境产业联盟”。协助北京各区县编写“十三五”污水处理专项规划，完成了北京市各郊区县水污染源调查工作。

【问题、形势与任务】

1. 国际商务能力较弱 公司业务转型升级，凸显具有全面指挥和领导管理团队独当一面的领军人物短缺、执行大中型总承包项目的项目经理偏少短板的制约性；具体执行人员国际商务能力较弱，国外项目承揽、商务谈判、国际项目资金运作的能力明显不足。

2. 资金运作能力不强 对资本市场的了解、熟悉存在较大差距，金融人才、募集资金经验、专业知识等准备不足，尤其是在项目启动和建设资金募集方面缺乏经验。由于融资方面手段不多，缺乏承揽工期较长的大型项目的实力，失去了赢取更大利益的机会。

3. 面临的形势及任务 公司主营业务的行业市场发展前景良好。

（1）环保节能项目市场：产业发展潜力巨大，项目市场前景广阔。公司作为专业的环保工程承包商，环保工程特别是城市污水处理、工业废水处理回用项目仍然是公司的主业务。

（2）城市轨道交通项目市场：城市轨道交通处于快速发展时期，市场前景十分广阔。2015 年，全国城市规划交通总投资将达 1.2 万亿元；到 2020 年，将有 40 个城市建设地铁，总规划里程达 7 000km。公司进入城市轨道交通建设领域 10 多年，在场站环境控制系统工程项目中取得良好业绩，具有精湛专业技术和丰富的实践经验，拥有一批专业技术人才，具备在城市轨道交通市场中获取更大份额的能力。

（3）城市基础设施建设市场：在城市供水工程、城市湖泊治理工程、城市电网改造、城市及工业热力等公用设施建设项目实施中，积累了丰富的经验，树立了良好的企业形象，形成了区域项目滚动发展良好态势。

（4）清洁能源建设市场：近年来，公司与大型外贸公司合作承建了多个电站项目。核电作为清洁能源，是国家重点发展的方向，公司自主研发的核电气体贮存分配系统成功应用于国内多座核电站，技术水平处于国内领先地位。从长远发展看，国外电站辅机及国内核电市场前景依然看好。

中通公司成立 30 多年来，发挥专业特长，坚持创新，先后执行了国内外项目 3 000 多个，获国家和省部级奖励 70 多项，在行业中享有较高声誉。拥有一支了解国内外项目市场、具有丰富实践经验、懂经营、善管理、技术强、作风硬的人才队伍。在环保节能、轨道交通、市政基础建设、清洁能源等领域形成了公司独特的专业技术特色和经营特色。

为实现公司转型升级的发展目标，必须以业务经营为重点，落实各项发展战略，推进系统化、整体化的改革措施，保证公司的经济增长及各项工作稳步推进。

【社会责任】

履行央企社会责任，秉承“服务顾客、贡献社会、回报股东、造福员工”企业宗旨，在创造经济效益的同时，取得良好的社会效益，为国家的发展、社会的进步作出了贡献。

在环保节能、污水处理、清洁能源、城市基础设施建设等主业领域，开拓市场，承揽项目，并在合同能源管理、餐厨垃圾处理等新业务领域取得突破，在改善群众生活环境质量和城市卫生环境方面作出了贡献，维护了良好的政府形象，履行了社会责任。

全面提高节能意识，使节能减排工作深入人心；督促员工合理使用资源，提高能源利用效率，保护资源环境，为打造“绿色国机”作出了贡献。

中通青年志愿者长期为中国盲人图书馆残疾朋友提供一系列助盲服务，志愿服务人数 86 人次，志愿服务时间 270 余小时。

中国自动化控制系统总公司

【基本概况】

中国自动化控制系统总公司（简称中国自控）成立于 1981 年，隶属国机集团，是集科、工、贸、金于一体的国有独资公司。

自成立以来，凭借自身雄厚的技术研发实力、丰富的工程实践和项目管理经验，完成国内外各种项目数千余项，与世界 80 多个国家和地区建立工程项目和贸易往来。曾荣获国务院重大项目办公室颁发的国家技术装备研制成果特等奖、突出贡献奖等，以及省市等各级项目单位的奖励与表彰。

中国自控不仅从事国内外电力、石化、冶金、轻纺、建材、交通、矿山、市政等传统行业的工程建设，还涉足节能环保、新能源、信息化等新兴领域的开发建设。主要业务包括工业自动化、建筑智能化、计算机管理系统集成；机电产品的研发、制造和销售；工程项目的设计、咨询服务、软件开发、设备成套、施工、安装调试、投运、运维服务等，具有相关行业的工程总承包能力。

秉承“诚信、和谐、创新、发展”的企业文化理念和核心价值观，中国自控致力于为全球多门类工程领域客户提供全方位优质的服务，实现公司、合作伙伴及社会各方的多赢合作及长远发展。

【主要指标】

在执行项目累计 628 个，总金额 10 亿元。新签合同 141 个，总金额 22.6 亿元，同比增长 79%。累计实现营业收入 7.7 亿元、利润总额 1 324.21 万元。

中国自控三级子企业无锡电缆厂有限公司不再纳入报表合并范围，直接影响 2014 年合并资产规模及营业收入规模。但利润总额比上年提高 504.88%，EVA 值比上年提高 4.76%，全员劳动生产率比上年提高 100.76%，总资产报酬率比上年增加 0.39 个百分点。主要经济指标详见表 1。

表 1 中国自动化控制系统总公司 2014 年主要经济指标

项 目	2013 年	2014 年	同比增长（%）
资产总额（万元）	114 435.10	83 014.70	-27.46
净资产（万元）	25 761.80	22 940.16	-10.95
营业收入（万元）	128 241.52	77 273.43	-39.74
利润总额（万元）	218.92	1 324.21	504.88

（续）

项　目	2013 年	2014 年	同比增长（%）
技术开发投入（万元）	200.52	196.82	-1.85
利税总额（万元）	2 765.00	2 221.54	-19.65
EVA 值（万元）	-1 229.60	-1 171.00	4.76
全员劳动生产率（万元 / 人 • 年）	9.21	18.49	100.76
净资产收益率（%）	4.38	-0.74	减少 5.12 个百分点
总资产报酬率（%）	1.28	1.67	增加 0.39 个百分点
国有资产保值增值率（%）	104.43	99.23	减少 5.20 个百分点

【改革改制】

根据国机集团《关于启动第二批所属企业改制工作的通知》精神，中国自控属于第二批纳入改制范围的企业。但由于公司办公楼土地仍为划拨性质，办公楼产权办理工作受阻，导致整体改制工作暂时搁置。

【要事与重大决策】

5 月，公司领导班子完成换届后，重新调整公司领导的工作分工；之后，完成对公司组织机构、中层干部的调整和聘任工作。

公司本部为控股企业中自控自动化技术有限公司继续提供贷款担保事项。

中自控（陕西）工程有限公司法人变更。

公司本部对市场开拓资金的使用明确了刚性条件，支持大项目市场开拓，并规定了申请、审批流程及后期跟踪监管措施。

根据国机集团的相关规定及无锡电缆厂的实际情况，不再将无锡电缆厂纳入合并报表范围。

3—9 月，公司党委在全体党员，重点是领导班子和领导干部中深入开展第二批党的群众路线教育实践活动，取得阶段性成果。

【重大项目】

1. 加纳多马阿亨克罗，贝雷库姆和 Suhum 供水项目设计—建造项目　1 月 28 日，中国自控和联合体成员——金州环境股份有限公司，在加纳首都阿克拉与加纳水务公司签署合同。该项目为加纳 3 个地区的供水改造扩容项目，是当地极为重要的民生工程，备受新一届政府关注。项目合同金额 2.99 亿美元；项目规模为水处理量总计约 4 万 t/d，总输水管网长 70km，总配水管网 293km；主要包括河坝工程、原水引水工程、水处理厂、净水输水管网工程、配水管网工程等；建设工期 36 个月。

该项目是中国自控发挥综合优势、贯彻实施“积极进取，创新务实”战略、调整海外业务结构、实现企业升级取得的又一重要成果。

2. 南非纽卡斯尔铁合金产业园项目　2 月 17 日，与南非 ONE SOURCE 公司签署合作框架协议。该铁合金产业园项目包括：2 座发电厂、多个冶炼厂和冷轧厂，其中 2 座电厂重建改造后，可实现产能 1 000MW, 发电量可满足产业园需求，剩余部分并入南非国家电网。冶炼厂产品包括：锰铁、硅铁、铬铁等铁合金，项目规划年产 100 万—150 万 t 铁合金，产值约 20 亿美元，预计年收益率不低于 18%，产品可销往中国、东南亚、日本、韩国等，也可供应当地市场；项目建成后将为当地创造 8 000 个左右的工作岗位。

该项目定位为低消耗、可自给项目，拟用成熟技术打造一体化产业园区，在具备社会和经济效益的同时，推进当地社会的和谐发展。

【市场开拓】

1. 基本情况　坚持“走出去”战略，充分利用国家有关政策和集团内外部资源，推进结构调整，清晰定位业务发展方向。为此，采取了一系列措施：

（1）建立健全项目管理规章制度，提高项目管理水平，加强项目风险防范。为更好地支持业务部门做好项目开拓工作，进一步加强项目投标管理，规避风险，修订《总公司立项管理办法》。

（2）开展国内外业务整体布局。一方面，不断丰富和完善传统优势行业——自动化控制的业务链，开拓自控以外的关联行业，促使公司由传统自动化业务向信息化、智能化外延发展，力争摆脱传统自动化行业的低价格竞争，提高利润水平；另一方面，积极开拓海外工程承包市场，重点打造电力与输变电、矿山与冶金、基础设施3个板块。

（3）建立市场开拓月例会制度，做到及时掌握市场开拓进展情况，加强内部信息沟通和资源共享，提高市场开拓工作成效，推动年度工作计划落实。

2. 国内市场

（1）6月，签署“甘肃省武威市影剧院建设项目建筑智能化系统工程合同”。武威市影剧院是集剧场、影院、会议、办公等多功能为一体的文化类公共建筑，建筑面积21 640m^2，占地面积10 521m^2。

（2）6月，所属企业中自控自动化技术有限公司（简称技术公司）中标“青岛港董家口港区原油储罐一期工程生产执行系统”项目。该系统是青岛港董家口港区未来业务生产日常管理的重要组成部分，技术水平处于国内同行业领先地位。

（3）9月，中标“中德财政合作利用德国促进贷款改造呼和浩特市集中供热项目”。合同金额800余万欧元。供货范围包括：呼和浩特集中供热项目中的换热机组、电气和控制设备。该项目是呼和浩特市城发投资经营有限责任公司利用德国复兴信贷银行（KFW）促进贷款扩建桥靠热源厂、三合村热源厂，旨在缓解供热能力不足的现状，实现节约能源，改善环境。

3. 国外市场

（1）4月，成功中标“柬埔寨KCC二线日产2 500t水泥生产线工程——高压变频柜供货”项目，并于8月签署该项目DCS控制系统的承包合同。此项目为柬埔寨水泥熟料生产线及余热发电项目。

（2）9月，与中国电力工程有限公司签订“TPI PP 60MW垃圾焚烧和30MW水泥窑余热电站项目热控仪表采购合同”。该项目是世界上首座垃圾焚烧与水泥窑余热相结合的节能环保发电站，同时也是单机出力最大的垃圾焚烧电站和水泥窑余热电站。项目实施后，将有效减少当地垃圾填埋占用土地，实现在水泥生产中对垃圾燃烧灰渣以及水泥生产工艺中产生的废热的充分利用，将对泰国当地的节能环保产生深远影响。

【产权制度改革】

完成全系统国有产权登记自查工作。公司本部通过进场交易方式完成对中国自动化控制系统北京思远公司、西南公司全资子企业的改制工作；通过进场交易方式完成对参股企业北京中自控创新科技发展有限公司的全部股权转让；完成中控成套设备厂产权清理工作。

控股子企业中国电缆工程有限公司清理所属埃及交联电缆加工厂，收回投资款248万元。

【资产财务管理】

1. 风险管控工作加强 完成全系统内部控制自我评价工作以及全系统全面风险自查工作，掌握了风险控制的途径和手段。对重点项目和重点案件，资产财务部会同计划经营部和法律人员实时跟踪和监控，将风险消灭在立项和评审环节，有效规避盲目投标、盲目签约风险。对出现的风险严格控制，把损失降至最低程度。

2. 财务管理工作取得实效 本部及所属控股子企业中国电缆工程有限公司分别在资金、应收账款、境外办事处管理、会计基础等方面完善制度规范；加强资金计划管理，降低资金成本及应收账款风险；积极与国机集团合作银行及财务公司展开合作，寻求多种金融产品满足业务需求，并向银行争取优惠政策努力降低财务成本；推动全系统全过程的财务信息化管理工作；加强所属企业财务管理、项目风险管理，逐步实现财务由后勤服务职能向管理职能的转变。

3. 预算管理工作不断强化 加强预算精细化控制，逐步发挥预算在经营业务中的指导作用；加强资金预算管理工作，运用信息化手段，保障资金使用的计划性、控制力。

【管理经验】

1. 改善经营条件 12月，办理公司经营范围变更事项，增加国内外工程总承包、资产管理、项目投资、劳务派遣等内容，并着手办理增资事宜。为扶植业务部门开拓市场，设立市场开拓基金，并完成首次申报论证和批准工作。完成申办“电子工程施工叁级资质”工作，并顺利通过对“建筑智能化设计施工一体化资质”审查。中缆公司于3月更名为“中国电缆工程有限公司”；技术公司积极申办“计算机系统集成”“电子工程专业总承包”“保密资格证书”。上述举措大大增强了全系统企业参与市场竞争的软实力。

2. 全面提升经营工作能力 巩固传统优势领域，开拓新兴市场，提高新签合同额。国内市场上：坚持从系统集成商向整体解决方案提供商转变，为业主提供专业化项目解决方案，逐步形成精、专、特的业务板块，提高细分市场竞争力、议价能力和获利水平。国际市场上：借融资和产能输出的便利，发展及寻找 EPC/BOT 工程总承包机会。同时，积极争取公司具有业务优势的专业承包项目。此外，做好项目执行中的降本增效工作，加强对分包单位和劳务人员的管理工作，实现项目管理的标准化、制度化，打造精品工程，提高企业品牌知名度。加大集团和全系统内部合作力度，利用优势互补承接和执行各类工程项目。

【党建工作】

完成党政分设，成立党群工作部（纪检监察办），配备专职工作人员；调整总公司惩防体系领导小组在内的多个机构组成人员，进一步完善健全公司党群机构，夯实组织基础，推动党建工作；精心组织党的群众路线教育实践活动，以实实在在的作风建设成果推动公司管理提升；中国自控党委坚持从解决思想问题入手，全年组织集体学习 30 余次，并组织召开多次专题民主生活会，积极开展批评与自我批评。

【企业文化建设】

与移动通信合作，搭建公司短信平台，为公司内部交流开辟新通道；利用网站、展板、微信等形式加大对公司党务、政务信息公开，把员工参与作为推动文化建设的动力和压力；公司工会以关心关爱职工切身利益为主线，积极帮扶解困，为身患重病的职工申请爱心基金 10 万元；开展一系列文体活动：三八妇女节彩妆教学活动，以及参加国机集团职工篮球比赛等。

【社会责任】

将社会责任融入企业管理中，重视员工职业健康和环境建设，并建立相关管理制度。在人才制度管理方面，严格遵守《公司法》《劳动法》等国家法律法规，维护员工在就业、薪酬、休假、社保等方面的合法权益。同时，积极参加企业所在社区及工程项目现场所在地的有关活动，为促进属地建设添砖加瓦。

中国国机重工集团有限公司

【基本概况】

在经济结构调整期、增速换档期、前期政策消化期的“三期叠加期”，中国国机重工集团有限公司(简称国机重工)把 2014 年定为“推进改革调整、保增长”元年，围绕改革调整年的战略目标和任务，以党的群众路线教育实践活动为抓手，落实国机集团保增长精神，锐意进取，真抓实干，确保了困难之年企业的基本稳定和各项工作的顺利开展。

【主要指标】（主要经济指标情况详见表 1）

表 1　中国国机重工集团有限公司 2014 年主要经济指标完成情况

项　目	2013 年	2014 年	同比增长 (%)
资产总额（万元）	752 532.00	758 545.00	0.80
净资产（万元）	337 634.00	324 128.00	-4.00
营业收入（万元）	289 167.00	264 456.00	-8.55
利润总额（万元）	-26 597.00	-35 910.00	-35.02
技术开发投入（万元）	11 410.00	10 378.00	-9.04
利税总额（万元）	-19 377.00	-25 561.00	-31.91
EVA（万元）	-60 168.00	-53 163.00	11.64
全员劳动生产率（万元 / 人・年）	32.48	25.08	-22.78
净资产收益率（%）	-8.11	-11.09	减少 2.98 个百分点
总资产报酬率（%）	-1.75	-2.75	减少 1.00 个百分点
国有资产保值增值率（%）	91.91	87.96	减少 3.95 个百分点

【扭亏脱困】

1. 制订方案 11月，制订《国机重工扭亏脱困方案》，从企业现状、扭亏总体思路、主要措施、风险防范、保障措施等方面对3年扭亏脱困工作进行总体部署。

总体思路：围绕“一个总部、两个中心”战略定位，推进业务结构优化、产品竞争能力提升；通过采取“加法”与“减法”措施并重，突出重点、统筹兼顾、上下联动、攻坚克难，至2016年实现经营性扭亏和企业竞争力的明显提升。“加法”：从传统业务改善和新兴业务突破寻求增量，扩大营业规模。通过主导产品核心竞争力提升、市场能力建设增强企业盈利能力。“减法”：从实施资产重组，盘活和剥离低效资产，增加企业现金流。通过减员分流和管理能力提升实现降本增效，降低企业运营成本。主要措施：加快产品经营中心建设，做强核心业务；明晰研发中心业务定位，提供核心技术支撑；做大总部经营规模，实现新兴业务快速增长；优化资产结构，提高资产运营效率；开展管理提升，推进降本增效；深化改革调整，增强发展活力。

2. 扭亏脱困进展 8月15日，成立国机重工扭亏脱困工作组，制定扭亏脱困方案，各项工作积极推进。一是开展国机重工重组后评估工作。二是召开产品内部协同推介会，开展与中国铁建等央企业务对接活动。三是压缩调整国机重工洛阳产业园投资计划。四是围绕挖掘机业务发展，推进常挖股权融资方案实施，缓解企业资金紧张压力。五是推动国机集团关于国机重工专题会议决议事项的跟踪落实。

【改革改制】

按建设的总体思路，启动组织机构顶层设计和管控模式再造工程。产品经营中心建设方案和天津基地资产重组方案通过董事会审定；完成挖掘机业务下沉和国重常挖组织构架、业务、人员、资产的整合和体系的有效运营。国机重工和天工院联合完成对鼎盛重工的债转股。常林股份投资3 226万元增资控股成立国重矿科，并完成道机公司资产处置。依法依规全力推进天津三厂的退出分流和有关精算等系列工作。

为支持挖掘机业务发展，强化公司治理结构，积极从市场上寻求战略投资者。12月国重常挖成功引进战略投资者。8月，出资成立国机重工集团上海自贸区有限公司。6月，完成国机重工（巴西）有限公司的商务部投资证书核准工作，国内公证、认证工作完成，进入海外注册工作。

【重大决策与项目进展】

1. 国机重工购置办公用房项目 至2014年年底，签订《北京市商品房预售合同（商业、办公等非住宅类）》，购置房款支付完成，进入总部7层办公用房的装修设计及招投标工作。

2. 工程机械高新技术研发中心项目 至2014年年底，累计完成投资35 075万元。研发大楼、新产品试制中心（一）正在建设。基于企业运营情况拟对项目投资进行缩减，缓建研发大楼。企业内部决策程序进入履行程序。

3. 国机重工（洛阳）产业园项目 至2014年年底，累计完成投资41 609万元，建安工程基本完成，步入工艺设备招标工作。

4. 国机重工（西南）泸州产业园建设项目 至2014年年底，累计完成投资15 936万元。用地规划、工程规划等报建、审批等工作完成。联合厂房、办公楼、食堂三大主体工程完成70%。

【市场开拓】

对现有代理商进行等级测评，组织参加上海宝马展。2月，邀请12家国机集团在京工程施工的兄弟单位，召开主题为“合力同行、倍增互赢、共创未来”的国机重工业务洽谈会。

9月，吉尔吉斯斯坦粮仓工程承包项目生效执行。项目总金额4 160万美元，为国机重工第一个签约并正式生效执行的工程承包项目，实现在工程承包领域零的突破，为争取后续工程承包项目打下坚实基础。

10月，与云南金鹏实业有限公司签订5年期“铅锌矿剥采工程合作协议”，并实现首批成套矿业设备25台矿用卡车和5台挖掘机的销售。成套设备合同总额1 825万元，标志着国机重工在矿山业务领域“以项目推进带动设备销售”的合作模式获得成功。

11月，首家8S店在四川建成开业。依托8S店平台，将为四川乃至西南广大用户提供集最优质的整机销售、最便捷的售后服务、最及时的零配件供应、最全面的信息反馈、最适用的个性化售车、最优惠的集拍销售、最专业的培训、最先进的再制造技术为一体的全方位立体服务。

【科技攻关和产业化】

实现科技投入12 167万元，占销售收入比例4.2%。申请专利75项，授权专利48项，软件著作权3项。主持制修订国家标准16项、行业标准6项。新立项目19项，获政府资助资金3 356.23万元，其中常林股份“大型液力变速器与湿式制动驱动桥研发及产业化”获2 040万元国有资本金。

国机重工天工院工程机械及液压件产品质量监督检测中心，通过国家级产品质量监督检测机构审查认可验收。工程机械液压无级变速器等4个项目获科技部及天津市项目立项。牵头申报的2015年国家科技支撑计划“工程机械节能减排共性技术研究”“基于制动能量回收的液压混合动力节能技术研究”课题获得批准。由天工院作为第一完成单位的《土方机械安全标准研究》（GB 25684—2010）获中国机械工业科学技术奖二等奖。

开展主导产品核心竞争力的提升工作，强化附加值较高、发展前景好的产品升级调整，5t装载机、161.81kW（220马力）以上平地机、25t以上中大吨位起重机等升级机型分别占销售产品的56%、19%、75%，其中25t以上起重机同比增加9个百分点。常林股份3个车型系列、9个特车产品顺利通过3C证书的生产一致性及质量保证能力检查。洛阳公司试制完成全球最大功率D320E电传动履带式推土机。国重常挖ZG3365LC-9C履带式液压挖掘机获国机集团科技进步奖三等奖。长起公司G系列汽车起重机完成可靠性试验、公告、3C、环保等的申报及发布。长起公司、洛阳公司分别开发了“右驾”汽车起重机和非公路自卸车产品，及时满足海外市场需求。

【管理经验】

在经营管理方面，以“保增长，抓落实”为工作主线，紧紧围绕“一大战役（扭亏脱困）、两项提升（质量、资产）、三项突破（结构调整、业务融合、管理创新）”主要目标任务，制定“保增长”工作实施方案。从总部和所属企业两个层面分别制定15条和8条具体工作措施，明确改革调整的重点任务，加强保增长措施的细化落实。

发挥由总经理为组长、所属企业和总部经营部门负责人组成的保增长领导小组和下设的海外市场推进、质量提升、资产运营效率提升3个工作组的作用，重点督促下半年工作落实。

同时，成立重点企业、重点业务、重点产品、资金保障等专项工作小组，以及建立董事会，对保增长专项工作进行检查、质询，加强问责力度。采取全力抢市场、拓渠道、控风险、抓质量和加快业务结构调整，以及着力提高资源整合能力及全面改善和提升经济运行的质量等措施，加快改革调整步伐，长短结合，确保“保增长”目标实现。

【党建工作】

开展第二批党的群众路线教育实践活动。3月18日，国机重工群众路线教育实践活动正式启动。活动按照统一部署、压茬进行的原则，紧扣“为民、务实、清廉”主题，以中层以上干部为重点，全体党员队伍广泛参与，在总部及所属7家企业中开展。成立领导机构、制订实施方案，逐级派出9个督导组，建立47个党员领导干部联系点，涉及各级领导班子成员36人。活动按照学习教育听取意见、查摆问题开展批评、整改落实建章立制等步骤进行。领导班子集体及成员按照要求认真撰写对照检查材料，并形成整改落实方案、专项整治方案和制度建设计划。活动各个环节取得良好效果，顺利通过国机集团第三督导组的审查和验收。

【信息化建设】

1. 科技管理信息系统实施上线 年初启动并实施上线国机重工科技管理系统，针对项目管理、科技统计、成果管理、科技创新、GZB认证等内容进行开发设计。至2014年年底，对41个集团内外项目、180项专利、31项标准、107篇论著及39项其他成果进行了在线管理，审批GZB认证43条，按组织、按项目形成8类科技统计报表。

2. 营销管理信息系统建设 该信息系统一期项目于3月27日启动，形成以单台设备为主线的全生命周期管理，为销售、服务、经销商管理及风险管控提供有力的信息系统保障，于12月29日成功验收。另外，营销系统二期项目（进出口事业部）进入前期调研阶段。

3. “两化融合”管理体系贯标 5月，申报并成功入围工业和信息化信部“两化融合”管理体系贯标工作试点企业名单，获启动资金10万元。该项目是《信息化和工业化深度融合专项行动计划（2013—2018年）》的关键行动，旨在通过试点探索“两化融合”体系规范的最佳实践，提炼形成两化融合管理体系标准规范，以规范企业“两化融合”相关过程，形成获取可持续竞争优势所要求的信息化环境下的新型能力。计划于2015年通过工业和信息化部组织的第一批贯标认证。

"两个融合"实施方案：根据国机集团提出的关于推动装备制造业与现代服务业融合、传统产业与信息技术融合工作的要求，结合国机重工战略发展规划及扭亏脱困实施方案，为加快推进国机重工制造业务向自动化、数字化、信息化、智能化、网络化和服务化的方向迈进，有效降低运营成本，提高企业的市场竞争力，12 月编制发布《国机重工推动制造与服务融合、传统产业与信息技术融合实施方案》。该方案提出紧紧围绕"一个总部，两个中心"建设工作，以服务于扭亏脱困工作为中心，重点围绕产品智能化升级、协同研发平台搭建、产业链前后端延伸、信息技术创新商业模式、生产制造智能化、集团管控一体化方面、体系建设和人才队伍培养七大方面开展"两化融合"工作，涉及工作 21 项。

【企业文化建设】

实现 VI 规范和文化理念在所属企业的落地实施；制订员工行为规范和国机重工企业文化手册；编制完成了国机重工首卷年鉴；开展首届"常林杯"职工技能大赛，组队参加国机集团京内企业篮球联赛等多项活动。

【社会责任】

发布《中国国机重工集团有限公司社会责任建设体系工作方案（2014-2016）》，明确集团公司 3 年社会责任工作的目标和相关措施。

在 2 月 10 日贵阳火灾救援中，国机重工挖掘机随救援队伍于第一时间赶到火灾现场协助救援工作，为消防人员拆除和清理路障，保证了对火灾的控制。

2 月 23 日，由鼎盛重工研制的军用维和 PY180 平地机出现在央视的新闻联播中，在当地维和行动中发挥了积极作用，也为中国维和部队荣获联合国"和平勋章"提供了装备支持。

在 8 月云南鲁甸地震救援中，国机重工的挖掘机"力拔山兮气盖世"，并在灾后重建工作中发挥了积极作用。

国机财务有限责任公司

【基本概况】

国机财务有限责任公司（简称国机财务）是 2003 年 7 月经中国银行业监督管理委员会批准成立的非银行金融机构。公司股东为国机集团及 26 家集团成员单位，注册资本 11 亿元。

经营范围包括：为成员单位办理财务和融资顾问事务，以及信用鉴证及相关的咨询、代理业务；协助成员单位实现交易款项收付；为成员单位提供担保；办理成员单位之间的委托贷款及委托投资；为成员单位办理票据承兑与贴现；办理成员单位之间的内部转账结算及相应的结算、清算方案设计；吸收成员单位存款；为成员单位办理贷款及融资租赁；从事同业拆借；承销成员单位企业债券；经批准发行财务公司债券；对金融机构股权投资；有价证券投资；成员单位产品的消费信贷、买方信贷及融资租赁。

为有效应对复杂多变的经营环境，在与商业银行的竞争中形成差异化、特色化的优势，着力打造集团产融结合服务平台，坚持以创新促发展，实现资金规模与服务规模稳步增长，日均信贷规模 53.29 亿元，结算金额 6 978.85 亿元。

【主要指标】（主要经济指标详见表 1）

表 1 国机财务有限责任公司 2014 年主要经济指标

项 目	2013 年	2014 年	同比增长（%）
资产总额（万元）	1 255 533 .00	1 688 116 .00	34.45
净资产（万元）	143 742 .00	179 633 .00	24.97
营业收入（万元）	41 453 .00	49 402 .00	19.18
利润总额（万元）	15 257 .00	16 922 .00	10.91

（续）

项　目	2013 年	2014 年	同比增长（%）
技术开发投入（万元）	-	-	-
EVA（万元）	3 023.00	4 012.00	32.72
利税总额（万元）	17 550.14	19 215.44	9.49
全员劳动生产率（万元 / 人・年）	382.57	405.77	6.06
净资产收益率（%）	7.85	8.28	增加 0.43 个百分点
总资产报酬率（%）	1.08	1.15	增加 0.07 个百分点
国有资产保值增值率（%）	105.32	128.80	增加 23.48 个百分点

【市场开拓与产品销售】

1. 加强资金集中平台建设，稳定并扩大存款规模　推进与上市公司合作，通过研究确定个性化金融服务方案和应对措施，突破关联交易瓶颈，提高上市公司在财务公司关联存款额度。至 2014 年年底，集团上市公司在财务公司存款余额 35.5 亿元，比上年同期增长 49.8%；以结算带动企业存款，提升推广网银功能服务，不断丰富服务产品，通过开发建设财企直联系统实现成员企业内部管理系统与公司网银系统的无缝对接、与主要合作银行搭建直连通道实现成员企业资金自动入账和提升成员企业资金账户管理水平等措施，使国机集团所有二级企业及大部分三、四级企业在财务公司开立网银账户，网银开户数量 342 户，同比增长 18%，网银结算量 698.5 亿元，同比增长 33%；通过完善票据池业务功能由“票据集中”向“资金集中”转化，通过开立保函、转开保函、信用证等金融服务与产品创新，实现成员企业项目资金封闭结算和管理，稳定扩大存款规模。至 2014 年年底，公司日均存款规模 96.32 亿元，超过年初确定的日均存款 80 亿元目标，资金集中平台作用进一步显现。

2. 丰富品种、优化信贷结构，稳步扩大金融服务规模　在外部融资环境偏紧、尤其在国机集团部分企业对外融资困难和融资成本居高不下的情况下，财务公司积极融入企业生产、销售等经营环节，扩大有利于促进企业产品销售提升企业综合竞争能力的买方信贷、融资租赁、厂商一票通、汽车信贷、项目担保、保函、财票等业务品种。同时，充分利用财务公司同业授信资源，为成员企业提供财务公司担保、转开保函、信用证及票据承兑等项目担保业务，有效解决成员企业银行授信不足、银行授信保证金占压过大、影响企业项目推进及企业正常资金周转的问题，助推企业抢抓机遇、开拓市场，使财务公司的金融服务从提供单一信贷产品，逐步扩展至介入企业经营的上下游链条，为客户提供更为全面有效的金融解决方案，发挥内部资源配置功能以满足成员企业的资金需求。至 2014 年年底，实现日均信贷规模 53.29 亿元，同比增长 28.35%。其中，买方信贷余额 2.74 亿元，同比增长 195.58%；累计办理“厂商一票通”贴现业务 143 笔 9.81 亿元，是上年同期的 3.22 倍；项目担保余额 22.16 亿元，同比增加 11.52 亿元，增长 108.27%，撬动企业经营业务 50 亿元，节省担保占用资金上亿元，降低了成员企业财务费用。

3. 完善专业化运行机制，提高资金运营管理能力　为有效应对市场变化，财务公司加大对金融市场跟踪力度，提升市场价格变动趋势预判准确度，增强资金定价和调度能力，提高短期资金运用效率和效益，有效冲抵存款价格不断上升所带来的成本压力；有效运用同业资源能力，拓宽外源融资渠道，从 12 家合作银行获得 151 亿元授信额度，缓解集团成员企业银行授信不足，从央行申请再贴现业务及时补充流动性缺口；健全内部协调机制，提高资金运用计划的准确性和资金管理工作的精确度，在日均存款增长 14.5 亿元的同时，日均贷款增长 11.6 亿元，将新增存款有效运用到主业；制定并严格执行定期流动性监测制度及时反映公司重大资金变化，建立流动性预警机制和危机处理预案提高应对风险的能力。

4. 调整投资规模和结构，充分发挥支撑主业的作用　确定“控规模、调结构”为 2014 年投资业务基本策略，增发股票持续减仓，适度降低权益类产品投资比例，增加货币基金、高级别金融债、企业债等流动性好、低风险的固定收益类品种，同时进一步发挥投资咨询业务功能，为公司主业奠定有力的支撑。

【管理经验】

在经营管理方面主要有三个方面：

1. 提升经营管理模式 面对日趋复杂多变的经营环境，通过金融服务和产品创新，形成自身差异化、特色化的比较优势，在为集团成员企业服务的同时，提升自身价值与创造能力，使公司在市场化环境中保持持续不断的发展。对自身的功能定位、经营理念、运行机制和服务模式进行一系列调整：一是在功能定位上确立“以集团发展战略为导向，以促进产融结合，支持集团实体经济发展为目标，打造集团的产业链金融综合服务商”的基本功能定位和发展愿景。二是在经营理念上提出“立足于改进完善自身服务能力、立足于客户服务中的团队化合作、立足于与客户建立多层级和全方位的信息沟通渠道、立足于满足客户个性化的金融需求”的“四个立足”指导思想，持续推进公司转型升级。三是在运行机制上加强向精细化管理转变，更加注重质量和效率的增长，以责任落实为总体要求，紧密结合公司发展需求，着力完善、提升部门的职能，实现部门职能与公司总体经营方向的高度统一；坚持并不断优化专项重点工作领导分工负责制，达到公司资源的高效协调配合；进一步规范业务审批体系，建成管理层次分明、经营责任到位、有效制衡权利、业务程序规范的运营体系；通过流程管理、过程控制和客户体系的完善和精细化，提升内部管理水平。这些措施使国机财务“团队化、规范化、专业化、市场化”的运行机制得以成型和完善。四是在服务模式上以构建创新型信贷、结算产品与财务管理增值服务相结合的较为完备产业链金融服务体系为目标，强化围绕客户业务特点，深度挖掘客户需求，增强金融产品研发的针对性和适用性，提升财务公司的金融服务能力和品质，增强公司持续发展的能力。

2. 持续产品创新，增强服务能力 为适应经营环境新变化，不断推出产业链金融新产品和新服务。在推广资金池、买方信贷、厂商一票通等产品的同时，研发和推出财企直联、电票系统、汽车信贷、经销商票据融资、项目融资租赁、设备售后回租等新的服务手段和产品，使国机财务金融服务从提供单一信贷产品逐步扩展到介入企业经营的上下游链条，为客户提供更为全面、有效的金融解决方案，通过产业链金融服务和产品创新，进一步提升财务公司金融服务能力和品质，增强公司核心竞争能力，取得较好的经营效果。

3. 强化内部控制，防范潜在风险 以提高风险识别能力，强化管控措施为重点，通过完善制度、规范流程等措施，加强操作风险控制，保证各类票证、硬件、密钥及资金收付的安全；以多年资金运行规律保持较为合理的资金备付比率，同时开拓并保持同业拆借、人民银行再贴现等外源性融资渠道，加强公司流动性风险控制。在信用风险控制方面：从贷后监控前移至业务洽谈和贷中审批环节，密切跟踪企业经营动态和项目进展，做好项目资金封闭、资产抵押、资金主动扣划等保障措施，有效化解潜在信贷风险，使国机财务不良资产率为零。在内部控制建设方面：通过强化内部审计监督，提高业务合规管理水平，对国机财务业务部、资金结算部、投资咨询部进行常规业务审计，并对绩效、票据、高风险、机房改造、信息系统建设、同业 6 项业务进行专项业务审计，对整体内部控制情况进行内控评价，发现并督促相关部门整改落实审计意见 17 条，进一步提升了业务部门的合规意识及公司整体规范运营水平。

【信息化建设】

加强信息系统建设，为金融业务持续发展提供安全保障与技术支撑。按国家有关计算机房 B 级标准，完成机房改造及存储、备份系统更新建设，消除影响业务高效稳定运行的安全隐患；开发“票据管理信息系统”“银行代理收款信息系统”，并在部分成员企业投入使用，大幅提升成员企业票据管理及资金结算的便利性，进一步密切成员企业与财务公司的业务融合度；完成电子票据直连及外汇即期结售汇等业务信息系统的选型及前期开发，为申请并成功开展新业务奠定基础。

【党建工作】

扎实推进作风建设。党总支紧密联系推进转型发展的经营实践，按照“照镜子、正衣冠、洗洗澡、治治病”的总要求，坚持为民务实清廉主题，以贯彻落实中央八项规定精神为切入点，突出问题导向，贯彻整风精神，推进党的群众路线教育实践活动各环节工作。领导班子成员带头落实八项规定和国机集团党委关于进一步改进工作作风密切联系群众的六方面14条具体措施，认真查找问题，深入进行整改，充分调动广大党员干部和职工群众的积极性、创造性，凝聚公司发展动力，激发党员群众干劲，推动国机财务改革发展，使作风建设取得成果。坚持把党风廉政建设责任制与公司经营管理体系相结合，逐级明确相应责任，达到层层落实党风廉政建设责任、“一级抓一级”“一岗双责制”的基本要求，促进了“目标责任制”“分级负责制”的常态化管理。

国机汽车股份有限公司

【基本概况】

国机汽车股份有限公司（简称国机汽车）按公司董事会提出的“稳健积极、提升能力、改革创新、提质增效，全面推进国机汽车向有质量的增长转型”工作方针，直面新常态、新政策、新模式带来的机遇与挑战，主动适应变化、积极转型升级、巩固优势业务、推动模式创新，在战略升级、资本运作、业务开拓、管理提升、文化建设等方面，全面完成全年既定目标。实现营业收入903亿元，同比增长20.64%；净利润7.82亿元，同比增长18.92%。实现利润总额11.26亿元，完成国机集团考核值的160.82%；实现经济增加值（EVA）7 611万元，达到国机集团考核值7 600万元。

【主要指标】（主要经济指标详见表1）

表1　国机汽车股份有限公司2014年主要经济指标

项　目	2013年	2014年	同比增长（%）
资产总额（万元）	2 176 806.00	3 453 048.00	58.63
净资产（万元）	376 264.00	534 854.00	42.15
营业收入（万元）	7 488 784.00	9 034 354.00	20.64
利润总额（万元）	92 020.00	112 572.00	22.33
技术开发投入（万元）		3 908.00	
利税总额（万元）	454 354.00	739 903.00	62.85
EVA（万元）	5 668.00	7 611.00	34.28
全员劳动生产率（万元/人·年）	-	-	-
净资产收益率（%）	20.87	18.92	减少1.95个百分点
总资产报酬率（%）	5.97	5.91	减少0.06个百分点
国有资产保值增值率（%）	121.80	125.85	增加4.05个百分点

【改革改制】

将中汽进出口资产重组作为首要工作进行重点推进。3月下旬经证监会审核获得有条件通过，仅30余天落实证监会审核意见并反馈，于5月初获得证监会批复。7月1日，中汽进出口取得股东工商变更登记营业执照，标志资产交割工作完成。7月18日，中汽进出口取得中国证券登记结算有限责任公司上海分公司股份变更登记证明；7月30日，发行股份工商变更登记完成。至此，资产重组工作完成。

通过“改制+吸并+资产重组+非公开发行”的方式，实现中汽进出口全民所有制企业“一站式”上市，解决了同业竞争问题。重组工作实现国机集团汽车贸易及服务板块相关资产与业务的全面整合，提升了国机集团汽车业务品牌优势、连锁优势和规模优势，全面提高了国机集团汽车贸易及服务板块的核心竞争力，助力了国机集团实现产业与资本的转型与升级。

为加快推动资本战略实施，实现资本市场股权融资，对配套融资工作进行首次尝试。8月13日启动非公开发行，认购邀请书发送给147家投资者；8月18日，进行非公开发行申购报价簿记，在规定的时限内收到29单申购报价单，有效申购金额20.87亿元，认购倍数8.8倍。按非公开发行确定价格及发行对象的原则，最终确定发行价格16.00元/股，相对于发行底价13.52元/股的溢价比率为118.34%，远高于市场平均水平；相当于发行询价截止日（8月18日）前20个交易日股票交易均价16.49元的折价率为97.03%，仅折价2.97%。该次合计发行14 755 322股，相对于发行底价少发行270万股，成功募集2.36亿元资金。发行工作的圆满完成，实现了国机汽车资本市场融资的突破，为公司后续的资本运作及再融资拉开了序幕。

进行产权制度改革。颁布《国有产权登记管理暂行办法》（国机汽车发〔2014〕54号），并组织相关培训和交流，要求所属企业产权登记管理工作明晰职责，确保产权登记管理工作体系化。

因收购、投资、新设等情形办理产权占有登记18户；因发生股权变动、组织形式变动等情形办理产权变更登记22户；因解散、破产等情形办理注销产权登记7户。

【重大决策】

1. 对外投资方面 及时调整投资战略部署，对标先进上市公司，打造内生增长、外延扩张的“双轮驱动”模式：全年累计审议18个项目，10个项目履行投资决策审批，年度审批投资金额41 307.8万元，实际出资金额31 176.94万元。通过实施对外投资项目，优化产业布局，为继续探索可持续业务模式奠定坚实基础，促进了国机汽车实现有质量的增长。

2. 清理整合方面 加大对低效无效长期股权投资的清理整治力度，制定《低效无效资产3年清理调整整治规划》，对所有者权益为负值、连续3年亏损的企业实施清理整合，全年实际启动9个清理整合项目，完成2个清理整合项目。同时，加强对下属企业的经营管理工作，改善亏损企业的经营状况，持续优化提升国机汽车的整体资产质量。

【重大项目进展】

1.Tesla进口汽车项目 2月，与Tesla签订首份进口物流服务协议。9月，再次赢得Tesla汽车公司认可，完成物流合作合同的续签工作。在滚装船操作的基础上，完成集装箱方式进口车辆的港口操作和清关、商检工作，全年累计完成2 986台车辆的进口物流服务；并配合厂家销售需求，实现商检线直发车辆的服务，提升了物流操作时效。同时，实现多种运输方式并存、商检直发、小板车配送、直接发送客户等可供客户选择的菜单服务方式。

2. 克莱斯勒进口汽车项目 签订进口贸易合同“补充协议”，扩展克莱斯勒上海分公司销售中国进口汽车贸易有限公司车辆。推动港口业务管理系统的再升级，做好技术、质量服务团队建设，持续改进港口整备、维修设备升级与配套设施建设，进一步提升港口服务业务全链条操作的核心竞争力。践行公司港口发展战略，开始从上海洋山港进口整车，推动国机汽车向多港口运作能力体系拓展延伸。全面完成克莱斯勒项目年度任务，实现贸易服务共赢，整车销售量首次突破11万台，荣获克莱斯勒年度“合作伙伴奖”。创新融资模式，开通经销商融资182家次，开通额度规模36.1亿元。通过综合服务核心竞争力的进一步提升和业务系统的持续升级，将“批发贸易、港口服务、零售管理”三大业务，串联打造成进口汽车完整业务链条。同时，探索拓展经销商融资业务模块，坚持打造各业务板块互为支撑、互为推动的业务格局。

3. 大众进口汽车项目 与进口大众完成合作期限为“2+1”年的大众批发业务合作协议签署，于2014年1月1日生效，为进口大众提供12大类47项服务。全年实现大众进口汽车销售批发83 258辆。

4. 福特进口汽车项目 作为福特锐界3.5、锐界2.0、探险者、福克斯ST、嘉年华ST、玛斯丹6款进口车型国内唯一分销商和服务代理商，为福特汽车及福特中国提供包括市场调研、认证支持、报关报检、港口服务、整车分销、金融服务、市场推广、车辆上牌等全方面全链条管家式服务。在向合作伙伴提供高质量、高效率服务的同时，加强公司软硬件建设，增强核心竞争力。福特进口车批发业务信息化系统及港口服务质量管理系统的建设及投入使用，实现批发业务全链条服务的质量精准把控和高效运作，为国机汽车未来发展奠定了坚实的基础。

5. 长沙日立股份转让 根据国机集团国机资函〔2014〕85号文的批复精神，长沙汽电汽车零部件有限公司转让所持长沙日立汽车电器有限公司（简称长沙日立）40%股份事项，经过评估备案后，于2014年12月5日—2015年1月5日在上海联合产权交易所挂牌。挂牌期间，征集到日立汽车系统(中国)有限公司为意向受让方；上海联合产权交易所按照产权交易规则确定日立汽车系统（中国）有限公司为产权交易标的受让方。2015年1月14日股权转、受让双方签约，同意按照10 626万元人民币的挂牌价格，以此对价完成40%股权交割。2015年1月20日，受让方将对价款10 626万元人民币一次付清，交易程序完成，股权转让交易手续结束。已办理工商变更手续，此转让工作顺利完成。

【市场开拓】

1. 进口汽车批发及贸易服务业务 提升全链条服务能力，致力港口配套设施全面升级，打造软硬件相结合的全链条进口服务综合平台；通过精细化管理和增值服务，提高资金有效利用率和服务效率。在巩固互信的同时，以超越客户期待的综合服务能力为合作伙伴创造价值，进一步深化与跨国汽车厂商的战略合作伙伴关系。

获得未来4年福特中国全系进口车型国内分销合同；与大众新一轮合作批发服务协议开始生效；公司与Tesla签订物流服务合同，成为第一家大规模进口纯电动车服务商。

为进一步促成新的增量业务，配合跨国汽车厂商开展新车型进口工作。完成福特、林肯、野马、昂科雷等多款产品的全过程认证，实现向“全链条认证解决方案提供商”转型。同时，公司瞄准医护用车市场，拓展进口大众T5及后续车型的救护车改装业务，与大众签署为期3年的《救护车改装及销售批发服务协议》。

全面提升港口服务能力体系建设。在天津港、上海洋山港所拥有的仓储库容年吞吐能力超过24万辆；并建有9条标准化PDI检测线，日上线检测能力600台次。实现克莱斯勒、福特两大品牌在天津、上海的双港运作。

以业务需求为导向，灵活调整、预先布局进口汽车贸易服务信息系统，实现与厂家业务系统深度融合对接；此外，质量管理系统投入使用，实现了港口服务的质量精准把控和高效运作。

2. 汽车零售服务业务 发挥“批发＋零售”模式优势，在天津、上海等地新建、收购4S店，并在北京成立1家高性能车体验中心，深化与跨国汽车厂商在零售业务领域的合作。

为加快在具有增长红利的区域拓展高端品牌，6月完成对长三角区域经销商——宁波宁兴汽车投资有限公司51%的股权收购。宁波宁兴位居中国汽车流通协会100强经销商第76位，参、控股4S店包括捷豹路虎、奔驰、沃尔沃、雷克萨斯、一汽丰田等中高端品牌。8月完成对中汽进出口的重组，拥有宝马、雷诺、菲亚特等品牌。至2014年年底，参、控股4S店50余家，比上年新增20家。

3. 汽车后市场业务 在汽车租赁业务领域，国机汽车深化“公务通”产品，巩固“高端客户长期租赁”业务，重点加强对中央企业、政府机关及事业单位公务车细分市场的拓展。为拓展客户，率先开拓新能源汽车租赁市场，与华晨宝马、Tesla、江淮汽车合作开展电动车租赁业务；同时，探索房车及高端SUV特色租赁项目，根据客户需求细分租赁市场。加速网络化布局，在杭州、佛山、湛江与惠州成立分公司，在全国20个重点城市设立分公司或办事处，奠定了连锁经营的基础。此外，开拓融资租赁新业务，6月，“良好租赁”获国家商务部、国家税务总局批准，拥有融资租赁业务试点企业资质。

在汽车改装业务领域，探索电商模式，将运营产品融入电商平台，并与CASTEC终端店及实体经销商紧密合作，将线上集客能力转化为线下销售业绩；在二手车业务方面，为进口大众二手车竞拍提供线上、线下服务支持，并在北京设立准新车交易中心，以专业化、多元化服务模式开拓二手车市场。

在车联网业务领域，与四维图新成立的合资公司——北京图新智盛信息技术有限公司成为进口大众车联网运营服务提供商。图新智盛为进口大众提供车联网业务整体运营，包括导航服务、远程诊断、安防、呼叫中心服务质量监控与质量管理，为进口大众258个4S店提供车联网服务，开通支持与业务受理等业务。

拓展整合外部资源，形成适应国机汽车资产业务特点的汽车金融业务架构雏形，根据公司业务领域涉及的存量和增量保险业务，与多家保险公司达成创新合作共识。

【科技创新】

1. 优化“多品牌进口汽车综合贸易服务系统” 全新定制开发、可 100% 贴合实际业务操作的“多品牌进口汽车综合贸易服务系统”正式上线运行。2014 年，适应业务增加了 Tesla 品牌的需要，结合电动车的特点和要求，努力贴合实际，满足电动车特殊的操作需求；继续完善可视化库位管理的功能，可视库位涵盖常规使用的 2 个仓库，库位数字为 2 200 个。实现库存操作精细化管控；操作流程不断完善，调整信息系统的监控关键点和报表内容，更好支持实际业务。全年完成 51 批次 36 947 台车辆进口跟踪任务。

2. 完善“批售应用管理信息系统” 一季度，WAIMS 全面实现对进口大众经销商网络的上线服务。下游经销商作为该系统的使用者，可实时参与并分享系统服务：可自主筛选车辆，提交采购需求，跟踪采购车辆的工作流进展，并能够个性化配置诸如融资选择、促销政策查询、经销商返利使用、增值税发票开具、车辆手续文件下载等批售领域全业务信息服务。该系统还与批售融资平台中的银行内部审批系统融合，实现经销商批售融资一站式登录，不仅进一步提高了批发及贸易服务的高效运行，还大大提升了经销商的操作便利性，可避免线下不规范操作可能带来的法律风险，大幅提升了服务伙伴的满意度。

3.EAS 零售管理系统形成自主上线能力并持续深化开发 通过一期、二期的零售管理系统的建设，形成自己的零售板块信息化建设团队。在不依赖乙方的情况下，信息化团队把控业务需求，制订实施方案，结合经销店情况，完成 13 家门店的自主实施上线工作。在二期开发的 23 张业务报表的基础上，自主编制个性化需求报表，满足经销店需求，使集团、经销店在多层面上可以展示经营数据的分析、挖掘。在零售业务主流程不断优化的基础上，针对潜客、购车意向、会员管理及客服管理功能进行试点探索，加强经销店的精细化管理，通过延伸应用获取更大的潜在利润增长点。

4. 建设国机宁兴百日融合管理系统 5 月底，通过股权收购，持有宁兴汽投 51% 股权，宁兴汽投更名为宁波国机宁兴汽车投资有限公司。完成股权交割后，进行百日融合。至 2014 年年底，完成在财务方面的 CBS、NC 系统上线、业务方面的 EAS 系统上线、行政方面的 OA 系统上线。通过 3 套系统的上线管理，强化财务、业务、行政管理三方面能力，确保“集团化管控与精细化管理”实施。7 月，导入针对 4S 店销售、售后精细化分解的单机版运营管理分析模板。模板可针对每台车辆的销售毛利构成进行分析，也可细化到对每个业务员的量化考评，逐步使国机宁兴现有管理理念转向以利润考核为导向的数据化管控模式。

【经营管理】

1. 规范运作机制和合规管理体系，完善公司治理结构 重组上市近 4 年来，以致力于成为“优秀的上市公司”为目标，以完善的治理结构、稳定的经营业绩，树立合规、透明、高效的企业形象，赢得资本市场和监管机构的广泛认可。

及时制定、发布《审计与风险管理委员会工作规则》《高管绩效管理与薪酬激励暂行办法》《累积投票细则》《内部问责制度》等，进一步完善公司治理制度体系。健全完善的治理体系，有力地保障和推动了企业的持续发展。

在确保真实、准确、完整地披露各类报告，保障所有投资者能够及时、公平、公正地行使知情权的同时，搭建与公司战略相结合的主动信息披露体系，形成多元化的投资者关系管理渠道。董事会立足“战略引领”，在持续优化治理结构、强化风险管控的同时，适应形势变化，推进战略升级和模式创新，助力国机汽车向有质量的增长转型。董事长定期召集、组织经济形势分析会，对公司战略路径及经营规划、风险控制展开讨论；董事会多次邀请金牌分析师面向管理层针对汽车行业及资本市场进行前瞻分析与案例分享，并组织召开政策解读研讨会、市场分析会、情况交流会等，研究行业发展趋势、探讨公司转型升级的有效路径、推动企业创新等。为推动战略的有效落地，董事会推进对高管的述职和评价，通过完善以“价值创造—价值评价—价值分配”为核心的制度体系，强化对管理层的引导，推动公司决策力、执行力的全面提升。

加强对子公司，特别是重组、并购企业的指导，通过建立有效的沟通、执行、监督、反馈机制，全面强化风险管控，促进子公司合规运作。

2. 加快转型，加强管控，构建价值型财务管理体系 在国机集团财务成熟度测评中，国机汽车再次被评为集团最高级别“规范级”，位居集团5家“规范级”公司的第2名。在国机集团年度财务信息管理考核评比中，荣获财务信息管理先进企业二等奖。主要做法：一是推进公司资本运营战略，加快资本结构优化。二是强化财务价值创造战略，实现财务创新增值。三是强化财务信息质量战略，提升决策支撑能力。四是加强财务基础管理，建立风险防范机制，提升风险防范能力。

3. 构建人力资源管理支撑体系 秉持“人才第一”“以奋斗者为本”人才理念，构建行业领先的人力资源管理支撑体系。人力资源管理向体系化、规范化和精细化方向提升，获国机集团管理提升专项奖。

坚持以奋斗者为本的价值导向，在人员的调整和新员工的招聘中，注重考量其价值的大小及奋斗精神的强弱。按《国机汽车股份有限公司职能部门绩效管理办法》，与各部门负责人签订“2014年度目标责任书”；按《国机汽车股份有限公司二级企业高管绩效考核与薪酬管理暂行办法》，组织制定各二级企业“2014年度的目标责任书”，并按绩效考核周期进行评价及反馈；按《工资总额预算管理办法》，进行工资总额核定，完成绩效奖金计算发放工作，以及年中预算调整及年终决算工作。指导二级企业制订各自的人力资源制度建设计划并按进度组织实施，完成对二级企业65个人力资源制度征求意见稿的审核修订并逐一作反馈工作。强化忠进学堂的共建工作和培训服务下沉管理，将在线学习平台定义为忠进学堂网络学院，启动移动端在线学习模式。整体完成全年在线学习目标任务。

4. 构建市场研究产品与推广、品牌总部管理与服务的能力体系 加强建设市场研究产品与能力体系、巩固行业研究优势地位方面：一是建立多层次的市场研究及报告体系，加强对行业政策的预知与解读、对市场发展趋势的预判与风险预警、对公司各个业务板块发展方向的研发与建议，在集团内部形成业务运营支撑，实现从行业宏观“面”的研究向产品及项目“点”的研究的转变。二是构建行业研究及咨询服务平台。

品牌管理方面：按国机汽车“行业领先的汽车综合服务提供商”“优秀的上市公司”的品牌定位，优化总部品牌管理与服务体系。通过制订符合国机汽车实际的品牌建设目标和策略，组织实施品牌建设计划和推广方案，整合资源、形成品牌建设的合力，推进品牌提升战略的实施。同时，建立适应企业成长的品牌管理模式和高效的传播方式，对内印发企业内刊《忠进》、创新“微忠进”传播平台；对外拓宽企业品牌传播范围，创造企业官网，强化品牌形象宣传，以及通过中国进口汽车高层论坛、中国进口汽车风云榜、天津国际汽车贸易展览会等大型品牌传播活动，不断提升行业强势品牌形象与国机汽车在汽车行业、消费者中的品牌认知度和美誉度，推动品牌价值与公司实力、业务成长相得益彰，成为推动企业持续成长的重要竞争力之一。

5. 提升零售及园区管理能力 一是提升管理效率、完善管理体系，逐步提升单店盈利能力。二是适应业内新形势与新政策，创新商业模式及盈利模式。三是努力改善汽车园的经营绩效，在克服困难的过程中积累经验，逐步探索可复制的园区商业模式和盈利模式。

6. 构建具有风控能力的审计稽核体系 打造“以风险管控为导向、以审计监督为职能、以专项审计、调研及咨询服务为增值”审计稽核体系，实现公司发展战略，改善公司运营管理，提高效率和效益目标工作。年度累计检查、审计、提供咨询服务等涉及子公司28家（次），提出相关审计问题及管理建议80余条，并落实整改。

7. 完善“上下对称、左右协同”集团化行政管理体系 在前期公司总部制度体系建设的基础上，重点推进二级企业制度体系建设，组织各职能部门制定所属二级企业必须修订的核心制度指引目录，以及制作制度模板，并督促落实。实现制度流程化、流程信息化，使集团化管控体系从总部向各所属二级企业延伸，确保管控要求落地，并推动二级所属企业OA建设工作。

建立职能部门协调会议制度，加强总部各部门的合作交流。每月定期进行专题征集、议题收集、会议研讨及决议督办，提高了总部工作效率。

【信息化建设】

推进信息化系统建设推广工作，完善信息化管理体系搭建工作，实现信息化工作流程化、规范化。实现管理信息系统对主营业务运营及核心管理内容的覆盖，为实现集团统一管理提供有力支撑。

1. 批发业务方面 正式上线福特进口整车批售管理系统，实现批发业务系统对所有品牌批发业务的全覆盖。提升服务效率和服务满意度，实现经销商服务的全程在线目标：一是重新开发财务开票系统；二是批发系统实现与相关银行供应链金融系统的对接。经销商服务全程在线化在进口大众品牌实现，得到厂家和经销商的一致认可和高度评价。相关系统获得 3 项国家软件著作权登记：《中进汽贸财务票据管理系统》《车辆单证远程管理系统》《车辆仓储物流质量系统》。

2. 零售方面 为进一步支撑零售业务规模化发展并快速复制，实现业务流程优化、优势资源整合共享、资金统筹管控、客户关系持续改善，零售管理系统在成功完成二期 25 家门店推广的基础上，自主实施并交付 17 家门店的推广。全面提升零售服务板块核心竞争能力，实现零售服务板块的集团化管控。重点进行零售系统功能优化与深化应用，完善 4S 店管理、优化业务流程、降低运营成本，提升系统的易用性、安全性和全面性，加强品牌化管理水平，提升单店运营能力。OA 系统建设逐步推进，进行角色权限的重新定义、流程的梳理优化等系统优化完善工作，深化应用，优化业务流程，提升系统的易用性、安全性和全面性。

3. 人力系统方面 在子公司内推广使用系统，扩大使用范围，同时重点对薪资报表进行梳理。

4. 运维体系搭建方面 随着各信息系统的陆续上线，信息工作重点逐步由系统建设向系统运维方向转变，完成“国机汽车股份有限公司 IT 运维管理规范总则”等信息化运维体系的搭建及相关制度的编制工作。

5. 基础运维方面 对 IT 基础设施进行日常维护及日常故障处理；同时，对机房、交换机、日常桌面、网络环境等进行日常维护及巡检，确保基于信息化业务高效运转。

6. 提升网络安全方面 更新升级防病毒软件 200 个终端，提高用户终端设备安全性；增加上网行为管理策略，合理规划公司内网带宽，规范员工上网行为，确保网络办公流畅。

7. 机房基础环境方面 进行机房双电路改造，确保服务器运转，减少因每年例行电路维护造成的服务器重启，延长服务器寿命，节约成本。

8. 创新技术方面 利用闲置服务器，搭建虚拟化平台，以节约硬件成本，为进一步虚拟化提供经验。在此虚拟平台上部署流量监控平台、IT 监控平台、零售管理系统测试数据库及零售管理系统数据库备份服务器等 4 套服务器环境。

建立和形成“业务与财务同步、经营与监管同时、业务内外联动、信息资源共享”的信息化管理体系，实现了信息化管理的新跨越。

【党建工作】

国机汽车党委发挥党建工作的引领、推动、保障、监督作用，以国机汽车发展战略和经营管理工作为中心，深入学习十八大和十八届三中、四中全会精神，开展党的群众路线教育实践活动，完善党建工作体系，宣传贯彻企业战略和文化，以党建工作成效保障国机汽车资本运作、经营管理和工作任务完成，较好地推动了公司战略落地，保证了国机汽车经营目标任务的完成。

1. 开展党的群众路线教育实践活动，推进国机汽车向有质量增长转型 国机汽车党的群众路线教育实践活动，自 2014 年 3 月正式启动，到 2014 年 10 月结束。活动期间，派出督导组 1 个、建立党员干部联系点 39 个；征求干部群众意见 131 条，经梳理形成对国机汽车领导班子、班子成员意见建议 100 条；召开专题民主生活会和组织生活会 35 场，领导班子查摆问题 31 条，班子成员查摆问题 119 条；制订领导班子“四风”问题整改措施 74 条、班子成员整改问题措施 133 条；修订完善制度 63 项，新建制度 53 项，解决员工困难 9 个。教育实践活动做到了“两不误、两促进”。

2. 完善国机汽车党建科学体系，夯实党建工作基础 在思想建设方面：通过学习十八届三中、四中全会精神，学习习近平总书记系列重要讲话精神，推进国机汽车战略落地。4 月，在国机汽车全系统广泛开展对标学习国机精神楷模黄锡璆和国机汽车优秀党员、优秀党务工作者先进事迹。5 月，组织全体党员收看电视系列片《践行群众路线的好榜样》，引导党员见贤思齐，进一步树立群众观念，更好地联系服务群众。7 月，严格执行《中国共产党发展党员工作细则》，按规定发展党员，严把党员“入口关”。

在组织建设方面：做好基层党组织调整设置工作，严格落实组织生活制度，规范组织工作程序。全年发展党员 15 名。

在作风建设方面：7 月 1 日，举办“学党史 知企情 转作风 促转型——庆祝建党 93 周年主题活动”。12 月，为进一步加强领导班子作风建设，检查党的群众路线教育实践活动整改落实情况，推进管理提升工作，开展“2014年领导干部联系基层工作、班子成员深入联系企业，大兴考察务实”群众路线实践活动。

在党风廉政建设方面：党委认真贯彻落实中央精神，全面落实党委的主体责任和纪委的监督责任，推进完善惩防体系建设。党委书记与32个总部部门、子国机汽车第一责任人签订“领导人员廉洁承诺书”“党风建设和反腐倡廉工作责任书”，实行“一岗双责”“一票否决”。5月，开展企业效能监察工作，确立《所属二级企业制度建设效能监察》《企业内部控制进一步推广及评价效能监察》监察项目，促进所属企业经营管理水平提升。

在完善党风廉政制度体系建设方面：制定《国机汽车党委关于落实党风廉政建设主体责任意见实施办法》《国机汽车纪检监察室关于落实党风廉政建设监督责任的意见》等，进一步充实构筑科学规范的国机汽车源头反腐工作体系。国机汽车全年无违法违纪问题。

【工会、共青团工作】

8—11月，举办第一届员工文化节，并成功举办了足球等活动。在开展活动的同时，员工们自发组建足球等俱乐部（协会），加强团队建设交流。篮球俱乐部组队参加国机集团第二届“中农机杯”在京企业职工篮球赛，并荣获优秀组织奖。8月1日，工会组织复转军人员工开展“庆八一、叙友情、话转型”主题活动。9月，组织退休老员工开展“相聚金秋”团聚活动。组织各部室、所属各企业员工参加国机集团“爱心捐款”活动，共募集捐款17万元。5月，召开第一次团员代表大会并选举产生第一届团委；9月，成立青年志愿者协会，并组建爱心车队；10月，举办共青团系统团干部培训活动；所属企业各级团支部开展爱心捐赠、野外拓展等特色鲜明的共青团活动。

【企业文化建设】

丰富企业文化内涵。参加2014—2016年度创建首都文明单位申报活动。编撰《变革创新 提质转型》企业文化文集和《学党史 知企情 转作风 促转型——国机汽车庆祝建党93周年主题活动纪念册》，开展“国机最美一线工人”“践行核心价值观 做最美国机人”岗位实践活动，引导员工践行社会主义核心价值观。同时，利用OA网持续更新党建工作、企业文化建设、基层党组织学习、工会共青团活动信息；各基层党组织围绕国机汽车文化，针对各时期、各阶段工作重点，组织开展一系列活动，促进文化生根落地。

【社会责任】

1. 构建上市公司特色的社会责任体系 以构建具有上市公司特色的社会责任体系为契机，明确公司社会责任管理的五方面核心内容：“稳健成长，构建全流程责任管理体系”“合规经营，夯实可持续发展基础”“合作共赢，创造持续增长的市场价值”“成就员工，以奋斗者为本成就企业”“企业公民，共建和谐美好的绿色家园”。

2. 践行行业责任，推动产业生态链和谐共赢 2011—2014年，在进口汽车领域批售市场占有率从13.1%、16.6%、19.3%提升至21.96%。在“共享价值”理念上，通过打造行业主流活动，践行行业责任。

（1）行业研究。独立开发国内最专业、权威的中国进口汽车市场数据库；同时，联合各主流跨国汽车公司和中国汽车流通协会，共同发起成立中国进口汽车市场信息联席会，开展各类预测性强的市场分析、预警工作。定期发布市场研究报告，反映进口汽车市场发展趋势，为各方提供重要参考。

（2）中国进口汽车高层论坛（每年举办一届，为行业年度盛会）。此论坛旨在服务于中国进口汽车市场，为国家相关行业主管部门、行业协会、汽车生产和销售企业、跨国汽车厂商、进口汽车经销商等业界搭建分享平台，提供交流机会。

（3）中国进口汽车风云榜：作为中国进口汽车行业的年度盛典，风云榜旨在寻找消费者最喜爱的进口汽车，融合国际汽车市场，把脉年度中国进口汽车市场，前瞻市场趋势，推动进口汽车市场产品结构调整。

3. 社会责任贯穿企业文化理念，提升文化竞争力 将社会责任理念融入企业使命和核心价值观。围绕“为造车人服务、为卖车人服务、为用车人服务，让汽车生活更美好”的企业使命和“创新、增值、吃亏、共生”的企业文化核心，将企业社会责任融入管理和日常运营之中，形成文化引领型的社会责任管理模式。

出版企业文化系列丛书：统一思想、凝聚共识。从2008年起，公司已连续7年出版企业文化系列丛书，2014年出版《变革创新 提质转型》，为员工中树立“目标、战略、标准、价值观”共识提供学习资料。

定期出版企业内刊《忠•进》，传播优秀文化，树立企业形象。为推广国机汽车优秀企业文化，创新建立适应企业成长的高效传播平台——“微忠进”官方微信公众号。

举办多种形式的社会责任活动，丰富企业文化内涵。举办党建活动、团建活动，以及员工文化活动等，进一步丰富企业文化内涵。成立读书、舞蹈、篮球等8个俱乐部的同时，开展书画、摄影、棋类比赛，组织员工开展野外拓展活动。此外，各分子公司通过举办植树活动、低碳环保行、爱车课堂、希望小学关爱行动等践行企业“善举”。

通过“内化于心、外化于形”的企业文化提升，国机汽车在履行社会责任的同时，也赋予了品牌更丰富的责任内涵，使品牌升华为员工和广大利益相关方的一种文化认同和精神信仰，提升了企业品牌的认知度和美誉度，树立了企业负责任的品牌形象。

中国汽车工业国际合作有限公司

【基本概况】

中国汽车工业国际合作有限公司（简称中汽国际）是国机集团的全资子公司。主要从事国际展览、国际贸易、工程成套和文化传媒业务，以及与这些业务相关的实业投资，发展为中国汽车会展界规模最大、实力最强的中央企业。近年，连续被评为“中国会展业十大影响力会展公司”“最具影响力展览公司”，获“中国最佳出展组织奖”“中国汽车贸易最具影响力品牌”等荣誉。

拥有24个投资企业。至2014年年底，在岗员工206人。

国际展览是核心主业，拥有20多年办展经验和专业办展团队。本着“为造车人服务、为卖车人服务、为用车人服务”的办展理念，形成国内外自主办展、代理出国展览、展览工程服务等完整的展览业务体系。在国内30多个大中城市举办了众多国际性和地域性相结合的汽车展览，每年独立或参与主承办的展览会的面积超过200万 m^2。

参与主承办的“北京国际汽车展览会”“上海国际汽车零配件、维修检测诊断设备及服务用品展览会”，成功跻身世界百大商展。

在国际贸易领域：积极开展全球性经济技术合作，主要从事汽车整车、汽车零部件，以及其他机电类产品的进出口贸易，市场范围遍及亚洲、欧洲、拉丁美洲和非洲等众多国家和地区。在汽车整车出口和关键零部件进口方面具有较强的市场竞争优势，也是国内实力较强的嘉实多车用油品服务商和经销商。

在工程成套领域：主要从事电站设备成套出口业务，是中国电站设备出口印度的主要服务商。

在文化传媒领域：立足于汽车与机械等传统行业领域，为客户提供广告策划、行业咨询及人才交流为主导的相关服务。

秉承“求实创新、和谐共赢”价值理念，坚持走“展贸结合、展贸并举”特色发展道路，致力于成为国内领先、国际知名，以现代会展服务和国际贸易为主体的综合性汽车服务贸易企业。

【主要指标】

2014年是中汽国际实施三年发展规划的关键之年，也是公司的“创新年”。面对错综复杂的内外部环境和保增长巨大压力，圆满完成全年工作目标。合并户13家，13家实现营业收入12.54亿元；预算数13.45亿元，完成年计划的93.23%；实现利润总额2 731.19万元、经济增加值154.13万元。主要经济指标详见表1。

表 1　中国汽车工业国际合作有限公司 2014 年主要经济指标

项　目	2013 年	2014 年
资产总额（万元）	138 585.00	106 582.91
净资产（万元）	39 702.00	27 394.90
营业收入（万元）	193 376.00	125 371.63
利润总额（万元）	8 753.00	2 731.19
技术开发投入（万元）	–	–
利税总额（万元）	10 830.00	4 480.60
全员劳动生产率（万元 / 人•年）	21.00	17.14
净资产收益率（%）	18.45	8.56
总资产报酬率（%）	7.65	3.17
国有资产保值增值率（%）	107.48	108.19

注：2013 年数据包含 6 个参股公司，由于改制，2014 年不再包含参股公司数据。因此，两年的数据没有可比性。

【业务发展】

1. 各板块业务保持稳中有进态势

（1）国际展览业务：展览板块营业收入完成年计划的 120.4%，同比增长 8.8%；实现利润同比增长 11.7%。

第十三届北京国际汽车展览会由中汽国际负责的部分零部件及商用车展区新开设品牌馆，重新规划门禁系统和安检系统，创新现场运营模式，使商用车展区更好地融入北京车展的整体布局。该次车展（首次）邀请到车联网服务商参展，组展效果良好。

第十届上海汽车零配件、维修检测诊断设备及服务用品展览会在受场馆条件制约的情况下，合理布局，挖掘潜力，各项数据都有不同程度的增长：整体展出面积同比增长 5%；参展企业和专业观众数，同比分别增长 6% 和 8%；项目利润实现近 1 成的增长，超过规模的增长。

第四届中国（澳门）国际汽车博览会期间，作为新能源汽车的“国家队”—— 中央电动车产业联盟首次以联合展台的形式参展，同时北汽集团、兵器工业集团携旗下最新技术及产品首次参展。展会减少对国内传统媒体的投入，增加国外媒体、新媒体及自媒体传播渠道投入，提升了展会在境内外的影响力。

二、三线城市国内自主办展项目也呈现较好势头。第三届中国 – 东盟（柳州）汽车、工程机械及零部件博览会，呼和浩特国际汽车展览会和呼和浩特汽车文化，以“一展一节”方式获得良好的经济效益和社会效益。中国包头国际汽车展览会、中国（大同）国际汽车文化节，在成本控制和项目管理上下工夫，实现扭亏。

境外出国代理展成效明显，全年完成组展面积 7 000m^2，完成出展项目 23 个，比上年增长 109%，利润额较上年增长 52%。

会展工程与服务发展势头良好，各项经济指标均实现较快增长。完成春秋两季全国农机展主场运营工作，合计面积 25 万 m^2。同时，承担 7 679m^2 特装展台设计、搭建任务，成为中国国际农业机械展览会 150 多家搭建商中特装面积最多的单位。国机联创营业收入和利润总额均实现较大幅度的增长。

第七十五届全国汽车配件交易会首次在重庆举办，展会规模 8 万 m^2，参展企业 1 600 家，凸显一线城市的会展魅力和蕴藏着的无限的市场商机。

第三十四届全国摩托车及配件展示交易会分别在西安和广州举办。“西安会”同期举办新能源车展。交易会克服摩托车行业渐行渐衰的影响，展位数分别达到 1 500 个和 1 800 个标位，为历年之最，展会口碑和展会效益也为历年最佳。

此外，首次参与创办中国 – 东盟博览会农业机械展区首届中国 – 东盟农业机械发展论坛，收到较好效果。

（2）国际贸易业务：贸易板块保持良好的上升势头，营业收入完成年计划的 114.0%，同比增长 11.3%；利润完成年计划的 101.7%，同比增长 8.2%。

战略型贸易业务仍然保持较高的增长速度。在充分调研国内自主品牌海外业务整体布局前提下，对公司整车海外营销策略进行差异化定位，大力开发伊朗、泰国、老挝、尼日利亚、南非、古巴等市场，自主品牌整车出口 3 200 台，销售收入同比分别增长 57%、25%。加强与日本加特可自动变速器公司和吉利汽车公司的合作，用于配套的进口自动变速器近 3 000 台，实现销售收入同比分别增长 74%、89%。

对古巴的机电产品和工业原材料出口项目稳中有升。良好的履约能力和信誉，得到古巴外资外贸部、古巴驻中国大使馆等政府部门和古巴国民银行等组织的高度评价，树立了良好的品牌形象，也获得良好效益。

代理整车进口业务，梳理科学的业务流程，制定规范的管理措施，实施业务部门与物权监管部门分离的监管办法，设置物权管理岗位，建立港口现场派驻人员制度，有效控制了执行层面各个环节的风险。进口 1 500 台整车，销售收入和利润均超额完成公司下达的经营指标。

汽车后市场贸易服务以嘉实多油品营销为主线，围绕汽车养护、美容、配件、技术支持及人员培训等内容开展多元经营模式，实现销售收入同比增长 36.4%。此外，把握国内汽车消费新动向，成功开发车载电子产品和直流充电桩国内贸易项目。在内贸业务多元发展方面，做了有益的尝试。

（3）工程成套业务：营业收入完成年计划的 108%，利润是年计划的 10.5 倍。

出口印度 2×350MW 电站项目进入实质性执行阶段。项目团队加强与新业主沟通，聘请外部专家常驻现场把控关键节点，提高质检能力和质量，得到 13 个发运许可证书，完成 4 批次设备出运，项目实现较好收汇和正现金流，获得国机集团财务公司好评。

2×150MW 电站项目完成 1#机组的大修和消缺任务，2 台机组均达到安全满负荷运行状态；NAVA 1×55MW 旧机改造项目货物在约定时间内顺利运抵印度港口，并完成全部货款收汇和退税手续。

（4）文化传媒业务：在围绕展览主业的协同发展方面取得较好收效，营业收入完成年计划的 113.5%，同比增长 40.1%；利润完成年计划的 100%，同比增长 24.2%。

（5）实业投资方面：对外投资企业经营形势良好，依然是公司重要的利润来源。

2. 新市场、新项目开拓取得一定成效 首次介入中国（合肥）国际汽车展示交易会。中国洛阳国际汽车文化博览会开发一年双季展。上海汽车零配件、维修检测诊断设备及服务用品展览会，扭转汽保和用品 2 个板块多年较弱现状，招展首次达到 1 万 m^2；同时，成功挖掘多种会展广告项目。

出国代理展在夹缝中求发展，新开发 7 个出展项目，初步形成以传统汽配展为主，商用车、乘用车、改装车及新能源车为新生力量的五大领域配件出展的整体布局。会展工程与服务除新开发的风能展、环保展、珠海航展、部分 4S 店展厅等设计特装搭建项目外，还在传统项目——全国农机展上“纵向”深耕细作，成功开发物流、交通、安保调动等管理项目，新承接 5 000 多 m^2 的特装展台设计搭建项目，以及整个展会的前期宣传和后期拍摄制作等项目。在增加服务功能、丰富服务内容的同时，创造了良好收益。

在尼日利亚、老挝、牙买加等 3 个国家，开拓自主品牌整车出口市场。出口商品从轿车延伸到中巴车、大客车、自卸车等。进口汽车自动变速箱项目，在国内获得 10 个生产企业的配套授权。泰国是中汽国际轻卡出口的主要市场，在这个市场上“横向”开发了中巴车出口项目。

印度电站 2×150MW 项目，在 1#机组顺利大修消缺后，与业主谈判开发电站后续业务，准备实施 2#机组大修及整厂备件的供应项目。

【管理经验】

1. 强化综合行政保障能力 围绕规范管理与提升服务，加强对会议决策与领导批示的督办管理，建立督办派发系统，明确督办范围，定期发布督办报告，形成落实情况汇报机制，解决了督办事项无反馈的弊病，达到“有决策、有执行、有跟踪、有反馈”效果，执行力明显提升。

2. 完善安全管理体系 新增《职业健康安全管理体系》《信息安全管理体系》，并通过第三方认证。新增 44 个程序文件，补充部分业务项目安全新制度；普查与专项结合，加强安全检查，督促落实整改；赛训结合，加强安全生产宣传教育培训，举办中汽国际首届职工安全技能竞赛。首次被国机集团评为安全生产 A 级。

3. 推进战略管理 一是狠抓战略基础研究，编撰并以集团名义印发《国机集团展览业务发展研究报告》。二是努力推动三年规划实施。对展贸结合、创新发展、业务核心能力体系建设等提出许多有价值的建议、意见，制订并印发相关管理制度。

4. 全面加强经营管理 在经营目标绩效考核与管理方面：围绕落实公司绩效考核管理办法和薪酬管理办法的有关规定，以及公司改革发展的需要，制定配套制度方案的建立完善和调整工作，使经营业绩考核更科学合理，对经营业务的开发起到积极的促进作用。在经营协调与项目管理方面：优化项目审批管理流程和模式，提高审批和监管效率；加强对经营项目的动态管理，出台相关制度，全面规范经营业务的采购行为。

5. 提升法律事务管理服务能力 一是大力夯实法律事务管理基础，建立健全制度流程，拟定数十件业务合同范本；二是全面规范合同评审与管理，全面评审各类合同850余件，实现合同签约阶段的法律风险管控；三是不断丰富法律风险防范形式内涵，就主要业务有针对性地提出防范和化解法律风险的措施和建议；四是建立风险管控的联动机制，实现各相关部门在项目立项预算合同评审的联动和资源信息的共享。

6. 提升财务管理水平 在资产财务管理方面：细化完善财务管理制度，对财务管理规程、财务管理制度及核算方法，予以整理和修订，明确标准，统一口径，形成《财务管理规程》《会计核算办法》《税务管理》3本制度手册，并严格执行，实现管理方法制度化、管理制度流程化。全面预算管理实现全覆盖，所有业务部门的业务项目全部纳入预算管理，同时延伸至子公司管理之中。基本实现预算管理信息化，在经过前期沟通和测试基础上，开发预算的在线查询功能，实时监控，实时调整，提高了效率。可控费用较上年减少17.9%，其中业务招待费降幅明显，比上年下降35.8%。全面预算管理的实行，加强了财务管控，实现管理精细化。

在财务风险管控方面：完成财务风险自查及相应整改。在对存货、应收账款（两金）进行全面清理的基础上，按要求进行合法合规处理。

7. 资金管理为业务活动提供保障 在资金收支动态管理、合理使用金融工具、拓展差异化的融资渠道、资本运作等方面，均取得突破性进展。首次提出并编制“年度资金及授信计划”，包括“年度融资担保计划”，总体融资担保规模和综合授信规模较上年增长22%，为业务部门提供了稳定的资金支持及授信资源的保障。同时，因流动资金贷款的减少，全年利息支出较上年下降44%。利用金融工具实现资金效益最大化。开发资金管理软件，以及与国机财务公司建立“财企直联”信息化建设，实现财企直联功能，大大提高了工作效率。

8. 加强人力资源管理 实施《干部管理办法》《员工招聘管理办法》，规范公司干部管理和员工招聘工作；合理安排公司培训，中高层领导及业务骨干90余人参加集团培训；完善劳动合同台账管理机制，配合公司双本部调整，完成81人的劳动合同、工资社保关系等人事调整；启动人力资源信息化建设。

9. 信息化建设推动经营管理上台阶 实现管理流程信息化，巩固管理提升成果。各个部门利用信息化技术开展创新工作：综合管理部建立重要事项督办程序，事事跟踪落实；资金管理部搭建“资金管理”业务台账，提高资金管理效率；财务审计部升级预算功能模块，预算管理又有新起色；新闻中心完成中汽国际官网升级，实现官网、移动官网、微官网，以及其他业务平台的整合；展览一部完成“整车展网站”升级改造，展览三部的“汽配展服务平台”、展览四部的“外展网站”上线运行。

【新闻宣传与品牌建设】

不断寻求创新突破口，着力构建新常态下公司新闻宣传体系和新媒体平台。一是深入一线，服务员工，紧跟行业，开创多个专题报道和系列报道。在构建精品展会项目的同时，创建良好的服务品牌和项目品牌，营造良好的舆论氛围。二是适应全媒体时代，官网、微官网和微信平台3网融合，建起立体宣传渠道，全面宣传品牌，着力提升形象。三是启动公司舆情监测，第一时间监测舆情，编制每周舆情简报，防范经营风险，为经营决策提供新闻信息服务。四是着手新闻宣传公共资源平台建设，为大数据建设做准备。

【党建工作】

1. 以十八大精神为指导，确保经营工作顺利 组织全体党员和广大员工学习贯彻党的十八大和十八届三中、四中全会精神，以及习近平总书记系列重要讲话精神，全面理解和准确把握党中央的精神实质及新思想、新举措、新要求。紧密联系改革发展实际，围绕中心工作、服务发展大局，以改革创新的精神推动中汽国际党建工作，着力提高企业战略决策、经营管理、市场竞争、创新发展、应对复杂局面的能力和水平。深入基层党支部和重大项目现场，破解发展“瓶颈”，确保稳中有进和有质量的增长。

2. 以群众路线教育实践活动为契机，加强领导班子作风建设 高度重视抓好党委中心组理论学习，建设学习型领导班子。全年组织 4 次党委中心组（扩大）理论学习，及时传达贯彻十八大和十八届三中、四中全会精神，提高班子成员的政治理论水平和思想素质，增强党性观念，提高政策水平和解决实际问题的能力。

按“红红脸、出出汗、治治病”要求，开展批评与自我批评，加强作风建设。在群众路线教育实践活动中，精心准备，认真组织，召开高质量领导班子民主生活会。班子成员在开展批评与自我批评时，抛开面子、直面问题，逐项列出“四风”的具体表现。重点从理想信念、宗旨意识、党性修养、政治纪律，以及“三严三实”要求等方面分析原因，针对问题提出整改措施。

3. 重视抓好党支部和党员队伍建设 结合部门和人员调整，科学调整各党支部构成，做好党支部书记选配和培训工作，提升党支部一班人的整体水平。通过制度建设和活动开展，完善和巩固管理提升活动成果，创新基层党建工作机制，建立一套能相互衔接、协调统一、严格有序的党建工作运行机制，并把各项组织活动与企业生产经营和党员队伍特点相结合，发挥党支部的战斗堡垒作用和党员先锋模范作用。重视组织发展工作，坚持优先吸收一线甘于奉献、业绩突出的入党积极分子加入组织。

4. 保持党组织和党员队伍的纯洁性 以党员干部“不愿腐败、不能腐败、不敢腐败”为目标，完善教育、制度、监督并重的惩治和预防体系。增强反腐教育渗透力，提高党风建设执行力。通过学习培训、警示教育、谈话提醒等方式进行系统教育，使绝大多数党员干部筑牢预防腐败的思想道德防线，做到廉洁从业、淡泊名利、忠实履职、严明纪律。

强化党风廉政建设。通过加强审计、效能监察和专项治理，形成良好的过程监督制约机制。积极查办违纪案件，及时教育党员领导干部严守党的纪律，坚守道德底线，把加强党性修养作为优良作风养成的重要基础和动力，增强党员意识、党性观念。

国机资产管理公司

【基本概况】

国机资产管理公司（简称国机资产）于 2011 年 1 月 26 日挂牌，注册资本约 4.7 亿元，是国机集团的全资子公司；是以资产管理、资产运营业务为主，以国际贸易、战略投资业务为辅的综合性资产管理公司。

全资拥有中机机械基础件成套技术有限公司、国机时代置业（北京）有限公司、江苏华隆兴进出口有限公司、厦门华隆进出口公司、上海华隆进出口公司、机翔房地产开发公司、华隆香港有限公司等下属企业，并参股万向钱潮股份有限公司、福建龙溪轴承（集团）股份有限公司、中国光大银行股份有限公司、万向钱潮传动轴有限公司等。

围绕国机集团改革重组总体部署，服务国机集团内部资源整合，国机资产坚持市场化、企业化运作原则，促进资产流转和资本流动，参与新兴产业孵化培育，为实现国机集团产业结构调整、快速成长为具有国际影响力的大企业集团服务。

至 2014 年年底，职工 1 278 人，其中在岗职工 1 259 人。公司离退休人员 311 人。

【主要指标】

完成利润总额 1 774 万元，完成集团年初考核指标 600 万元的 296%；经济增加值（EVA）-2 100 万元，比集团考核值 -4 360 万元高 2 260 万元；成本费用总额占营业收入比重 108%，比集团考核值 115% 降低 7 个百分点，优于考核指标；资产负债率 59%，低于集团经营考核值下发的 61%，优于考核指标；流动资产周转率 0.362，优于集团经营考核值下发的 0.36。主要经济指标详见表 1。

表 1 国机资产管理公司 2014 年主要经济指标

项 目	2013 年	2014 年	同比增长（%）
资产总额（万元）	234 318.00	358 206.25	53
净资产（万元）	87 367.82	120 673.81	38
营业收入（万元）	174 580.90	184 992.93	6
利润总额（万元）	-1 747.33	-2 247.18	-29
技术开发投入（万元）	-	-	-
利税总额（万元）	-52.90	-420.63	-695
EVA 值（万元）	-9 348.78	-10 183.37	-9
全员劳动生产率（万元 / 人・年）	-2.95	-7.95	-170
净资产收益率（%）	-2.81	-2.35	增加 0.46 个百分点
总资产报酬率（%）	0.38	1.35	增加 0.97 个百分点
国有资产保值增值率（%）	98.21	133.82	增加 35.61 个百分点

注：1. 国机资产经营考核范围为国机资产总部及实际管理公司，不包括托管的中国汽车工业进出口有限公司（简称中汽）划入资产，以及中国机械对外经济技术合作有限公司（简称 CMIC）资产。

2.CMIC 在 2014 年初由中国二重托管，剔除 CMIC 考核指标后，国机集团的考核计算值为利润总额 600 万元和 EVA-4 360 万元。

【改革改制】

4 月，国机集团从二重改革振兴的全局出发，决定国机资产所属 CMIC 与中国二重实施重组。至 2014 年年底，国机资产将所属 CMIC 托管给中国二重，并配合国机集团完成 CMIC 整体改制为一人制有限责任公司。

【要事与重大决策】

3 月 28 日，国机资产第二届董事会第二次会议审议通过《关于中汽进出口公司划转资产财务处理及增加公司注册资本金的议案》，决定将审计后的股权净值计入长期股权投资和实收资本，视作集团对公司总部的增资，公司注册资本金增加至 4.7 亿元。

3 月 28 日，国机资产第二届董事会第二次会议审议通过《关于在上海自贸区设立投资公司的议案》。

4 月 8 日，国机资产管理公司 2014 年第 4 次总经理办公会决定选择北大纵横作为合作方，实施管理咨询项目。

6 月 6 日，国机资产第二届董事会第四次会议审议通过《关于香港华隆配合集团投资“中国北车”H 股的议案》，决定参与中国北车 H 股投资；并决定以香港华隆作为投资主体，通过内保外贷方式或是股票质押方式解决投资资金来源。

6 月 6 日，国机资产第二届董事会第四次会议审议通过《关于国机集团委贷 5 亿元给二重重装的议案》，决定国机资产先向二重重装提供 5 亿元委托贷款，二重重装以二重成都工程中心土地作为抵押物。

8 月 8 日，国机资产管理公司 2014 年第 8 次总经理办公会同意设立市场开发基金。

10 月 10 日，国机资产第二届董事会第七次会议审议通过《关于上报中国机械对外经济技术合作总公司改制实施方案的议案》。

【资产管理和运营】

接收中汽进出口剥离资产。对具备条件的 13 家公司，进行工商登记变更并派出必要高管人员。同时，完成对中汽沈阳、重庆公司、国机节能、中汽武汉、中汽湖南、中汽黑龙江和中汽哈尔滨公司实地调研，并根据调研情况制定接管方案。

7 月，完成对中国成套紫竹院 3 号房产接收，并委托国机置业管理房产。同时，应中国成套要求，国机置业对紫竹院 3 号房产物业进行接管，在市场化受托物业管理方面迈出重要一步。

8 月，中电国信股权协议转让至公司总部工作完成。

【战略投资】

10 月 17 日，与北京信中利投资有限公司签订“合作框架协议”，双方约定围绕国机集团产业布局，共同发起设立国机装备制造产业投资基金。首期基金规模 10 亿元，重点投资高端装备制造及产业链上下游相关行业，重点关注国机集团内部优质企业。

【重大项目及业务发展】

落实国机集团“保增长，促改革”要求，调整业务思路，加强业务开拓，取得新亮点。

1. 新市场新客户开发渐有成效 开发客户 30 余个。开发的新产品包括：气动执行器、涡轮增压器、不锈钢焊管、冲压件、铜弯头、联合打捆机、家电板等。新市场增加克罗地亚、墨西哥、爱沙尼亚、俄罗斯、拉脱维亚、喀麦隆、尼日利亚、伊朗等，市场从欧美逐步向中南美洲、非洲、南亚延伸。业务开发途径体现主动和多样化，包括：广交会等展会参展、出访、国外黄页筛选、电子商务平台的有效运用、客户介绍等。

2. 提升产品质量 在产品上下工夫，根据客户和市场要求，与工厂共同进行产品方案的设计、开发，并对产品进行欧盟、日本等市场认证，从寻求更合适的货源厂等多方面着手，更上一层楼。照明产品的出口较上年增长 50%，净利润也有长足进步。

3. 商务平台运用发挥实效 为有效利用在手的电子商务平台，为业务开展提供新的途径，采用设专人监督、鼓励各业务小组策略，通过监督人员、业务小组双方共同对平台询盘的有效性进行先期筛选，对筛选出的有效询盘开展报价处理。同时，加强学习优秀的操作经验。平台监督人员全程跟踪业务员的报价回复过程、跟踪报价后续维护工作，以及分析报价结果等。通过电子商务平台，开发新西兰、俄罗斯、德国、美国等市场的新客户，并成功下单。

【管理经验】

1. 公司战略 对公司战略进行修订，通过分析内外部环境和竞争态势变化，最终形成《国机资产管理公司战略规划及实施报告》。

2. 人力资源管理 主要有 3 条经验：

（1）完善绩效薪酬激励约束机制，健全考核评价体系。修订完善《薪酬管理暂行办法》《绩效考核管理办法》《子公司总经理业绩考核、薪酬管理办法》，构建岗位任职资格体系，实现行政职务、专业技术职务双通道发展；建立经营类岗位人员薪酬激励制度；细化考核指标，增强管理岗位和业务岗位的业绩导向性；对子公司根据主要业务类型进行细分，对其总经理薪酬绩效考核进行了优化。

（2）有针对性地开展培训，强化员工培养。继续以岗位需求为导向，开展职业技能、通用管理培训，并组织员工报名参加各类专业职称、职业资格培训及考试。

（3）导师制与专家库丰富人力资源。启动第二期员工培养导师制培训计划，明确新入职员工的培养目标；公司专家顾问信息库建设迈入实质性阶段，提名财务、税务、法律、人力等各方面专家 11 名。

3. 财务管理 以内控建设为基础，以管理创新为引领，致力价值创造和风险管控，提高会计信息质量、构建资金集约机制、完善财务管理职能，提升企业财务工作水平。

（1）内控建设：完成国机资产总部层面制度修订和子公司内控体系建设，初步完成覆盖全系统的内部控制体系。

（2）资金管理：一是通过加强与财务公司的理财合作和抓住香港地区银行吸储人民币契机，大幅提高资金利息收益；二是通过在上海自贸区成立公司，搭建跨境双向人民币资金池，实现人民币境内外流通，为提高资产运作效率和提升资金使用效益构建新通道。

（3）税务筹划：对中汽划转资产采取增资和企业所得税特殊重组分立备案，规避资产划转税务风险、承继股权计税成本，为后期股权处置和争取税收抵扣资源打牢基础；梳理 1.8 亿元股权计税基础，为增加税前抵扣资源做好铺垫。

（4）管理机制：在资产财务部下设财务直管中心，专职负责管理特定子公司，为资产处置、资产运营工作提供财务管理支撑。

（5）战略投资：下属子公司华隆（香港）有限公司配合国机集团完成中国北车 H 股的战略投资工作。

（6）内部审计：完成中汽划转的国机节能、南通、重庆和华联汽车 4 家子公司的接收审计工作，审理资产 2.5 亿元，提出 18 条审计建议，为后续资产运作方案提供有力支持。

【企业文化建设】

企业文化体系建设是国机资产2014年重点工作之一。选定北大纵横为公司咨询项目服务商。项目启动后，通过多方收集企业文化资料，配合北大纵横项目组有关工作，企业文化咨询项目完成。建立公司企业文化体系，取得《国机资产企业文化诊断报告》《国机资产企业文化手册》《国机资产企业文化管理手册》《国机资产企业文化推广实施方案》等成果。

【内部控制】

将总部层面的《内部控制体系手册》下发各部门，进行内控体系试运行，并启动针对内控体系相关的制度修订工作。完成23项制度修订，通过管理制度化，以制度的完善促进管理的规范化、决策的科学化。

同时，在完成项层内控体系建设的基础上，启动子公司内部控制体系建设。按由点及面原则，通过召开内控培训会议，审阅流程目录、流程图和内控矩阵；并对重点子公司实施现场审核等方式，辅导子公司完成各自的内控体系建设工作，建立了覆盖全系统的内部控制体系。

【安全生产】

落实安全生产责任制，修订安全生产规章制度，开展“安全生产月”活动，及时排查、消除安全生产事故隐患，全年无安全生产事故。主要完成的工作：颁布《食物中毒专项应急预案》《突发疾病专项应急预案》；开展食物中毒、突发疾病救护理论培训并实施演练；组织全员学习习近平总书记关于安全生产的重要讲话，观看《生命的红线》主题宣教片；完善安全设施，为办公区域增配灭火器、消防箱及应急逃生路线图；加大安全投入，为员工配发防雾霾环保口罩等。安全生产态势持续稳定，获得国机集团安全生产年度考核B级。

【党建工作】

1. 党的群众路线教育实践活动扎实开展 从3月中旬开始，国机资产党委组织开展党的群众路线教育实践活动。活动历时7个月，覆盖国机资产党委所属2个党总支、7个党支部、97名党员。国机资产党委组织举办习近平总书记系列重要讲话精神学习培训班，聘请中央党校、清华大学教授进行集中学习辅导；通过调研、座谈会等形式征求群众意见建议；召开专题民主生活会，领导班子成员依次进行个人对照检查，自我批评，相互批评；整改落实坚持问题导向，建章立制形成长效机制。

2. 两委换届工作完成 2014年是国机资产党委、纪委换届之年。党委从上半年开始，周密计划、精心安排、建立台账，对换届工作时间节点有效控制，于11月召开党员大会，选举产生国机资产新一届党委和新一届纪委，圆满完成两委换届工作。

3. 廉洁从业 由党委书记与每个下属公司领导班子成员、中层干部及所属企业领导签订“党风廉政建设和反腐倡廉工作责任书”；组织国机资产公司及下属公司领导班子成员填写“中国机械工业集团有限公司领导干部个人有关事项报告表”；组织国机资产公司及下属公司所属党员领导干部集体观看警示教育片；成立由纪委书记、纪委委员，以及党委工作部、资产财务部负责人组成的效能监察工作领导小组，以督导加督查的方式，对总部及所属企业落实中央“八项规定”情况进行效能监察。

【离退休人员管理服务与社会责任】

按照国机集团董事长任洪斌提出的“爱心、真心、耐心”离退休管理服务工作要求，践行“创新管理，用心服务”“幸福国机、责任国机”理念，履行社会责任。领导在春节前夕走访生活困难的老人。

人力资源部主抓离退休人员管理服务工作，实现规范管理，完善公司系统离退休人员信息库，完成退休军转干部审核申报工作。

为离退休人员做实事：为全系统离退休人员编写寄发《温馨提示》；组织关爱活动，丰富离退休人员晚年生活，提高其生活质量；为80岁以上的离退休人员逢五逢十生日送去总部的祝福；为确有困难的老人上门取报销单，及时报销医药费；开展党的群众路线教育实践活动“送学上门”工作；组织老干部团拜会、重阳慰问等活动。

组织全系统职工参与“国机爱心日”捐助活动，共募集爱心基金43 973元。

中国农业机械化科学研究院

【基本概况】

1. 现代高科技制造企业 中国农业机械化科学研究院（以下简称中国农机院）成立于1956年，1999年整体转制为中央直属科技企业，2009年重组进入中国机械工业集团有限公司，是以自主创新为核心竞争力、以高端农机产品制造为主体，集科工贸、产学研为一体的现代高科技制造企业集团。业务涵盖现代农业装备、畜牧业装备、农产品与食品加工装备、可再生能源装备、军工与特种装备、勘察设计与工程施工以及信息传媒7大领域，是国家首批创新型企业和高新技术企业。

2. 开放流动的国家级平台 建有1个国家重点实验室、2个国家工程实验室，拥有2个国家级工程技术研究中心，设有农机具、食品机械和试验机3个国家级质量监督检验中心，是国家农业装备产业技术创新战略联盟、食品装备产业技术创新战略联盟和首都生物质能产业创新战略联盟理事长单位。

3. 构建“四位一体”产业链创新体系 从完善技术创新链和延伸产业发展链的角度系统部署实施，建成了以国家重点实验室为支撑的技术核心层、以国家工程技术研究中心为依托的技术转化层、以产业技术创新服务平台为中心的技术辐射层以及以产业技术创新战略联盟为纽带的产学研联合攻关机制的“四位一体”技术创新体系，实现了科技支撑产业、产业回馈科研的良性循环。

4. 纵贯全国的产业布局和市场网络 逐步完善了高端装备制造产业基地和市场格局。形成了分布全国东、西、南、北、中的五大产业园区、13个产业基地和一个物流科技园，研发制造了一批具有高技术附加值的产品，从收获机械到耕作机械，再到植保和节水机械、生物质能源和农产品加工等，向社会提供3 000多种农机产品。大型谷物联合收割机、大型喷灌机、高地隙中耕机械、精准高效施药机械、精密播种机、高速插秧机、智能采棉机、青饲收获机、马铃薯收获机、秸秆收获机等始终占据市场前沿。这些高水平的产品与技术的转移辐射与推广应用，满足了我国经济社会发展和现代农业的急需。

5. 中国农机工业的国际交流中心 与国外40多个学术团体、国际组织以及80多个国家的政府部门、科研机构和企业有着广泛交流与合作。随着亚洲农业工程学会落户中国农机院，承办国际农业与生物系统工程学会（CIGR）的学术期刊，建成科技部农业装备国际合作基地，依托成熟技术、集成工程成套能力，在津巴布韦建立了农业技术示范中心，打造了以国际合作与交流为载体，技术输出去、产品走出去的国际化发展平台。2014年成功举办了CIGR第18届世界大会，李树君院长当选CIGR继任主席（2017—2018年）。

6. 高素质的研发队伍 是国务院首批博士、硕士学位授予单位，设有博士后科研工作站，具有学科门类齐全，研究、设计、生产经验丰富的专业队伍。现有从业人员8 000余人，具有高级职称的近700人，享受政府特殊津贴专家77人，涵盖耕整、种植、收获、排灌与节水、植保、畜牧饲养、农副产品加工、生物质能工程机械以及相关材料工艺、液压、结构强度等研究领域，培养和造就了一大批具有行业影响的专家和优秀的高级管理人才。

【经营业绩与财务分析】

至2014年年底，资产总额819 274.74万元，同比增长13.35%；净资产252 666.8万元，同比增长11.28%。资产总额增长的主要原因：随着产业规模的扩张，各生产基地新建和改扩建，产品产业链不断丰富，以及受农机行业影响农业机械产品销售下滑，造成存货同比增长较快。

年度营业收入508 130.47万元；技术开发投入24 228.25万元，利润总额9 374.63万元；上缴利税总额26 764.03万元；经济增加值（EVA）1 370.86万元。主要原因：因工程承包、设计咨询业务继续保持快速增长，促使营业收入平稳增长；受农机行业业务毛利率下降、人工成本增加等因素影响，利润总额大幅下降；受惠于国家营改增税收政策影响，上缴利税总额小幅下降；受净利润下降、资产规模增长等因素影响，EVA值同比大幅下降。年度全员劳动生产率12.7万元／人·年，同比下降7.03%；净资产收益率1.73%，同比减少4.54个百分点；总资产报酬率3.1%，同比减少1.47个百分点；国有资产保值增值率101.35%，同比减少5.9个百分点。主要原因：因经营积累归属于母公司净利润大幅下降的影响，使得国有资产保值增值率增长放缓。主要经济指标情况详见表1。

表1 中国农业机械化科学研究院2014年主要经济指标

项　目	2013年	2014年	同比增长（%）
资产总额（万元）	722 801.43	819 274.74	13.35
净资产（万元）	227 059.52	252 666.80	11.28
营业收入（万元）	466 916.83	508 130.47	8.83
利润总额（万元）	19 299.87	9 374.63	-51.43
技术开发投入（万元）	24 889.19	24 228.25	-2.66
利税总额（万元）	33 327.74	26 764.03	-19.69
EVA（万元）	11 109.43	1 370.86	-87.66
全员劳动生产率（万元／人·年）	13.66	12.70	-7.03
净资产收益率（%）	6.27	1.73	减少4.54个百分点
总资产报酬率（%）	4.57	3.10	减少1.47个百分点
国有资产保值增值率（%）	107.25	101.35	减少5.90个百分点

【改革改制】

根据国机集团《关于同意中国农业机械化科学研究院与长春机械科学研究院有限公司实施重组的批复》（国机改〔2013〕495号）文件精神，国机集团将其持有的长春机械科学研究院有限公司的全部股权无偿划转给中国农机院。在处理完成长春机械科学研究院有限公司股权结构历史遗留问题以后，8月8日，中国农机院与国机集团签署“股权无偿划拨协议”，11月完成工商变更，长春机械科学研究院有限公司成为中国农机院控股子公司。

【重大决策与重大项目】

4月，经国机集团批准（国机投〔2014〕157号），院属中机农业投资有限公司发起设立中机华港（长春）机动车市场开发有限公司，公司注册资本1 200万元，中机农业投资有限公司出资612万元，持股比例51%。

4月，院属中机农业投资有限公司发起设立中机（长春）城市物流发展有限公司，公司注册资本1 000万元，中机农业投资有限公司出资510万元，持股比例51%。该投资项目获国机集团备案通过（国机资备〔2014〕5号）。

9月，院属北京卓众出版有限公司发起设立北京卓远科技有限公司，注册资本1 000万元，北京卓众出版有限公司出资550万元，持股比例55%。该投资项目获国机集团备案通过（国机资备〔2014〕31号）。

9月，为有效解决院属中机西南能源科技有限公司在压力容器设计、制造环节的资质问题，延长中机能源产品链，促进中国农机院新能源业务的快速发展，中机西南能源科技有限公司完成对重庆䓁力冷冻机设备制造有限责任公司100%股权的收购，收购金额300万元。该项目获国机集团备案通过（国机资备〔2014〕38号）。

12月，院属阳春白雪（北京）食品科技有限公司参股发起设立海禾央联（北京）科技有限责任公司，公司注册资本500万元，阳春白雪（北京）食品科技有限公司出资50万元，持股比例10%。该项目获国机集团备案通过（国机资备〔2014〕51号）。

12月，院与另外5个出资方共同成立了中地海外农业发展有限公司，公司注册资本为5 000万元，经营范围为：种植农作物、种业开发、农资农化产品生产包装贸易销售、农机具农业装备组装销售贸易、农林牧渔产品生产加工包装储运贸易、农林牧渔园艺工程关联产业设计咨询总承包、区域农业发展规划咨询、农业项目投资咨询、农业技术开发培训推广、与农业及以农产品为原料加工业相关的其他业务及农业投资、自营和代理各类农业相关商品及技术的进出口业务、其他与农业相关的其他未被中国政府和当地政府禁止的其他农业领域对外经济技术合作业务等。

【资本性支出项目管理】

1. 院属洛阳中收机械装备有限公司“大型智能自走式玉米联合收割机产业化项目”

⑴项目概况：投资总额约2亿元，其中建设投资约1.2亿元、新增铺底流动资金约8 000万元。建设目标是每年将新增大型联合收割机产能7 000台，其中智能化自走式玉米联合收割机6 000台、其他作物收割机1 000台；联合收割机年综合生产能力约1.3万台。年新增销售收入5.75亿元，新增利润总额3 187万元。项目建设内容：①新增洛阳工业产业集聚区1号、3号厂房技术改造；②空港产业集聚区占地323亩（1亩=666.6m²），新增1号联合厂房的建设及工艺设备的购置，完成新厂区110亩建设用地第一台阶（约78.32亩）公用配套基础设施建设。新增厂房建筑面积10 161m²。

（2）项目进展：国有资本金累计支出4 816万元，暂未支出总额5 184万元（根项目进度统计，国有资本金支出6 972.98万元，暂未支出3 027.02万元）。项目于5月9日正式开工。由于该项目建设用地未及时落实等原因，进展缓慢。

2. 院属中机西南能源科技有限公司“板式制冰蓄冷技术装备产业化（二期）项目”

（1）项目概况：投资总额约9 943万元，其中建设投资约7 975万元（含建设期利息133万元）、新增铺底流动资金约1 968万元。建设内容包括新建3、4号厂房和1号库房，同时购置工艺设备等必要设施。总建筑面积80 050m²，其中3号厂房39 446m²、4号厂房29 693m²、1号库房10 911m²。目标是达产后新增夹芯板180万m²，每年新增冷库设备400台（套）；达产后营业收入49 800万元，利润总额4 457万元，投资回收期5.46年。

（2）项目进展：累计投资10 830万元，年度完成投资5 430万元。1号库房建设完成；3、4号厂房建设完成，聚氨酯保温夹芯板生产线和冷库设备制造、装配生产线安装完毕。总体完成形象进度100%。

3. 院属内蒙古华德牧草机械有限责任公司“牧草收获机械搬迁扩能改造项目”

（1）项目概况：投资总额16 562.72万元，包括新增建设投资8 449.54万元，建设期利息155.10万元和新增流动资金7 958.08万元。建设目标包括项目建成达产后形成年产割草机3 300台、搂草机1 600台、方捆机1 200台、三道绳方捆机300台、圆捆机300台及零配件生产能力。该项目占地面积15万m²，建筑面积23 439m²，硬化道路面积40 500m²，绿化面积38 250m²，绿化率25.5%。10月，经国机集团批复（国机资〔2014〕457号）同意，对该项目进行调整，调整后项目投资总额20 400万元。建设目标是年产传统小型产割草机和搂草机3 500台、切割压扁机60台、圆捆机370台、压捆机2 140台、水平转子搂草机200台、方草捆集捆车24台。预计2017年达产，达产后实现营业收入约2.5亿元。

项目建筑面积49 291m²。购置涂装生产线3套，跨行式方草捆捡拾压捆机生产部装线1套及各种工艺设备497台套。

（2）项目进展：建设内容全面完成，于2013年底投入生产运营，达到竣工验收条件，计划2015年完成项目竣工验收工作。

4. 院属北京金轮坤天机械设备有限公司“通州产业基地厂房及附属设施建设项目”

⑴项目概况：投资总额11 845.32万元，其中建设投资9 256.02万元、铺底流动资金约2 589.30万元。建设目标是达产后形成各种车辆320台、环保装置220套、热障涂层2 112m²、其他涂层（薄膜涂层、防腐涂层、耐磨涂层等）56 200m²、各种粉末（陶瓷粉末、金属粉末等）10 000kg的生产能力。实现年产品销售收入61 197.44万元（含税），年利润总额10 513.99万元。项目建设内容包括购置土地60亩，新增建筑面积26 230m²，利用原有设备129台（套），新增设备61台（套）。

（2）项目进展：累计投资10 057.84万元，年度完成投资500万元。建设工程全面完成，生产用电开通，并着手设备安装。总体完成形象进度95%。

【市场开拓与产品及发展】

推动高端装备制造和现代制造服务业两大领

域七大板块均衡发展，继续实施重点联系企业制度，深化企业改革、加强科技创新、大力开拓市场、促进降本增效、持续改进企业管理，实现工程勘察设计与施工、可再生能源装备、液压军工及特种装备较高质量快速增长，保持畜牧业装备、信息传媒、食品加工和包装机械板块、农业装备板块生产经营的平稳运行。

农业装备板块伴随着行业发展阶段性调整、收入增速有所下降、利润率负增长的困难情势，实现营业收入 17.48 亿元，同比减少 0.57%；利润 -8 416.56 万元，同比减少 4 290.21 万元。面对增长乏力、利润急剧下滑的严峻局面，院属现代农装科技股份有限公司加快组织结构调整，开拓市场，加强品牌建设，打造转型发展新平台，提升制造能力和质量水平，不断夯实走出困境的基础。

畜牧业装备板块营业收入 2.04 亿元，同比增长 0.64%；实现利润 1 240 万元，同比减少 470 万元。院属呼和浩特分院致力于“华德”品牌打造和提升，主导产品打捆机再次赢得行业销量冠军，饲料搅拌车、新能源产品和离网通电工程等项目取得新突破。

食品加工和包装机械板块营业收入 3.16 亿元，同比增长 22.19%；利润 318 万元，同比减少 256 万元。院属中国包装和食品机械有限公司狠抓产品资源整合和工程成套推广，承接并完成多项总承包项目，采用自有创新技术打造新工艺、新设备。

可再生能源装备板块营业收入 4.89 亿元，同比增长 15.43%；利润 3 117 万元，同比增长 14.28%，全面超额完成全年目标。院属中机西南能源科技有限公司营业收入 4.29 亿元，同比增长 17.92%；利润 2 707 万元，同比增长 15.46%，连续 4 年快速发展，不断迈上新台阶，国有资本和民营机制有效嫁接与聚变的正能量进一步释放。生物质能工程技术研究中心营业收入 6 023 万元，同比增长 0.37%；利润 410 万元，同比增长 7.09%，自主创新产品盈利能力进一步提高。

液压军工及特种装备板块营业收入 3.85 亿元，同比增长 20.25%；利润 4 055 万元，同比增长 11.91%。院属北京天顺长城液压科技有限公司营业收入 3.05 亿元，同比增长 27.29%；利润总额 2 455.37 万元，同比增长 17.30%。面对行业持续低迷局面，加快资金周转，加大货款回收力度，加强市场维护和开拓，适时推出新产品，发展新战略合作伙伴，研发与服务实力提升。北京金轮坤天特种机械有限公司营业收入 8 000 万元，利润 1 600 万元，同比增长 4.54%；坚持技术创新，巩固军品市场，推进基地建设，提升产业能力，盈利基础更加坚实。

工程勘察设计与施工板块收入 13.33 亿元，同比增长 19.91%；利润 5 579 万元，同比增长 47.98%。院属中机建筑工程有限公司营业收入 5 亿元，同比增长 25.14%，利润 2 429 万元，同比增长 102.37%；成功签约多个总承包项目，企业诚信、资质等级和类别进一步提升和完善。中机三勘岩土工程有限公司营业收入 4.25 亿元，同比增长 12.11%，利润 907 万元，同比增长 39.15%；承接并完成多项国内国际重大工程项目，并屡获优秀工程勘察奖项。中机十院国际工程有限公司营业收入 4.08 亿元，同比增长 22.49%，利润 2 243 万元，同比增长 16.95%；培育新增长点，推进转型，不断中标新工程，发展新的战略合作单位。

信息传媒板块营业收入 2.18 亿元，利润 2 152 万元，同比增长 4.14%。院属北京卓众出版有限公司提速打造数字化平台，持续推出新媒体产品，荣获 2 项中国出版政府奖大奖，承接多项政府项目，服务能力和行业地位持续提升。

院属新疆中收农牧机械有限公司巩固和拓展业务领域，发挥地域优势，深化与集团企业协同合作，实施“一体两翼”发展战略，成为高新技术企业，营业收入 2.77 亿元，同比增长 41.77%，利润 1 227 万元。中机农业发展投资有限公司营业收入 3 500 万元，利润 368 万元；以品牌促经营盘活物流园区，综合拓展招商与销售、推行相关多元化发展模式，打造新型平台。长春机械科学研究院有限公司完善产业与产品结构，科技创新，强化企业管理，营业收入 1.27 亿元，同比增长 1.41%，利润 1 709 万元，同比增长 0.56%。行业技术服务中心精心巩固和扩展检测资质，持续开拓服务空间，强化复合人才培育，注重能力条件建设，助推中国农机院行业地位和影响力提升。机电技术应用研究所培育高端技术专家、团队，把握行业前沿技术，助推科研成果产业化取得新突破。

【重大科研项目进展】

完成国家科技支撑计划“现代多功能农机装

备制造关键技术研究”重大项目。完成对所有课题验收及项目验收。取得400马力级重型拖拉机及配套多功能田间作业装备、10kg/s谷物联合收割机、智能采棉机、番茄收获机等一批支撑产业发展的核心技术和产品。水稻机械精量旱穴直播技术装备融合农机农艺，经新疆生产建设兵团农一师一团旱直播水稻百亩示范区测产，水稻平均亩产1 029.4kg；创新开发智能施肥施药机械、基于机器视觉识别技术的田间除草机器人、有效载荷70kg的农田施药无人机，实现传统精耕细作与现代物质技术装备相辅相成；400马力级重型拖拉机、10kg/s大喂入量谷物联合收割机是中国农机行业具有里程碑意义的成果，可满足国内新型农业经营体系生产需要，参与国际产业竞争。

实施863计划“智能化农机技术与装备”重大项目。召开年度执行工作会，组织项目专员对项目课题进行监督检查。项目在高速栽插、高效收获、自动监控、智能分选等方面取得新产品技术突破，基本构建形成三大粮食作物和瓜茄类蔬菜从种子、种植生长过程、保质采收、产后加工的生产装备智能技术及体系，解决高品质规模化制种、高质量秧苗规模化生产、精量播种与精细管理、高效低损收获、保值增值分选等制约现代农业生产的智能化难题，奠定了以智能化水平的提升带动中国农机装备技术升级换代前期研究基础。

启动实施国家科技支撑计划“现代节能高效设施园艺装备研制与产业化示范”重大项目。召开项目启动会。项目统筹发展一批产业急需的设施园艺、设施养殖共性技术和重大装备，适应规模化、集约化、标准化设施农业生产的发展需求，在设施园艺与设施健康养殖两个领域，开展能源高效利用、基于动植物生理生态信息环境调控、提高产能与质量的高效生产技术研究，夯实自主创新发展的基础；创新研制园艺、畜禽、水产养殖关键设备与成套设施，显著提升中国设施园艺的机械化、信息化、智能化水平。

【重大项目与科研成果】

围绕培育和发展高端装备制造产业，以国家科技计划项目为引导，统筹科技和产品创新，推进企业创新驱动战略实施，支撑产业发展及转型升级。全院科技投入超过2.1亿元，占主营业务收入比重4.87%。实施各类科技计划项目、企业产品技术开发项目154项。围绕田间种植全程机械化、畜牧养殖智能化、农产品加工精细化、农业废弃物利用资源化的集成技术发展，统筹推进农机装备、生物信息、畜牧养殖、农产品加工、机电液压等技术融合。推进新型深松机械、寒地玉米收获、农资储运物流、农用机井成井、现代果园装备、主食工业化等共性关键技术、市场急需产品、高端重大装备开发。玉米精密播种机系列、三行通用型采棉机、切段式甘蔗收获机、暗管改碱成套设备、马铃薯联合分级与包装和半成品配送、高端试验机、静压支撑伺服液压缸等新产品投放市场；大型打捆机、多功能谷物收割机、玉米收割机、大型采棉机等产品在智能化技术应用上又迈出了新步伐，促进了产品向智能控制、高端制造转型。同时，开展对智利、柬埔寨等国的科技援助，助推走出去战略实施，支撑国家外交工作。取得国内领先以上水平鉴定科技成果27项；获各类科技奖15项，其中国家发明二等奖1项，省部级科技特等奖1项、一等奖2项；获各类设计奖12项。申请专利119项，其中发明专利55项；授权专利107项，其中发明专利19项、有效专利674项。主持和参与制修订标准88项，其中国家标准9项、行业标准62项、地方标准3项、企业标准14项。

【经营管理】

1. 提升中国在世界农业与生物系统工程领域的影响力 承办国际农业与生物系统工程学会（CIGR）第18届世界大会。国务院副总理汪洋出席大会开幕式并致辞。这是该组织自1930年成立以来，首次在亚洲举办，第一次登陆中国的大会。来自全球51个国家和地区近2 000名科学家、学者和企业家齐聚北京，共同探讨应用农业与生物系统工程的先进科研成果提升人类生活品质，全面推动中国农业工程的国际化进程。大会期间举办的CIGR第69届常务理事会议上无异议，同时在此期间举办的CIGR全体成员大会上最终通过中国农机院院长李树君博士当选CIGR继任主席（2017—2018），成为该国际组织成立至今首位中国籍主席，极大地提升了中国在世界农业与生物系统工程领域的影响力，对中国农机院在该领域的发展起到积极推动和宣传作用。“CIGR大会首次在中国召开的重要意义，以及李树君院长成功当选CIGR继任主席”的新闻入选2014年中国农机化十大新闻。

2. 夯基础搭平台，国际化经营实现新突破 开拓国际化经营，打造新的业务极，海外网络开拓和建设、业务项目承揽工作有效地开展，与中地海外农业合作完成公司注册；借助印度铸管和越南水稻全程机械化工厂项目，在南亚和东南亚市场建立桥头堡，并逐步向农业综合开发领域拓展；签订并完成印度ECL公司消失模管件工程项目；继续开展援外培训、中小企业开拓海外市场资金申请、境外技术考察团组等工作。

3. 全面风险管理强化 强化投资项目和资金需求预审制度。开展资本性支出项目执行情况月度报告制度，推进重大投资项目过程监管；发挥投资、资金审查委员会作用，加强资金使用、风险管控科学化、制度化、规范化；搭建母子公司资金集中结算平台，资金运用效率和抗风险能力稳步提升；开展全面风险动态识别工作，梳理经营管理活动中的薄弱环节和潜在风险点；增强法律风险防范意识，法制思维、依法经营、依法治企能力持续提高；法律管理规章制度进一步完善，法律管理与经营管理融合程度加深。

【科技创新】

强化创新协同，打造持久竞争优势。一是围绕国家加快转变农业发展方式的重大需求，结合中国农机院实际和发展战略，坚持科技创新、领先半步，解决科研与产业协同发展的深层次问题，加强基础性、战略性和前瞻性高技术研究，提升自主创新能力、高端制造能力和行业引领能力。二是立足高端引领，推进国家重点实验室、工程实验室、工程技术研究中心等国家级创新载体能力提升，打造高水平农机装备研发基地，以重大技术创新项目为牵引，提升信息化、智能化等高新技术研究，以及农业全产业链装备系统集成水平。三是瞄准市场，稳定增加科研投入，推进技术创新与产业发展融合，引导院属企业加大新技术产品开发力度；在主导产业领域、重点技术方向、重大关键装备等方面，深化技术升级换代，推进产业转型升级和结构调整。

【党建工作】

以贯彻党的十八大精神为主线，以扎实开展党的群众路线教育实践活动为切入点，以思想和作风建设的新成效凝聚思想共识和发展合力，为推动中国农机院健康稳定发展提供有力保证。一方面，开展党的群众路线教育实践活动，抓好各环节重点工作，强化学习教育，广泛听取意见；聚焦“四风”，找准突出问题；狠抓整改落实，确保活动实效，将教育活动贯穿院党委年度工作的始终，完成各项工作任务，加强领导干部作风建设。另一方面，坚持从严要求，夯实党建工作基础。一是抓好基层党组织建设，健全各级党组织工作机构；加强党务干部培训工作，提高队伍的理论水平和工作能力；推动基层组织开展形式多样的主题活动，增强党建工作的吸引力和实效性。二是加强党员队伍建设，落实《中国共产党发展党员工作细则》，做好党员发展工作，同时通过多种方式和途径全面加强党员教育管理。三是建立健全工作制度，进一步规范和完善各级党委中心组学习的组织和管理，制定《关于进一步加强和改进院各级企业党委中心组学习的意见》；建立健全领导干部联系服务基层和广大职工群众的长效机制，制定《院领导干部联系基层工作制度》《领导干部与基层职工交流机制》。四是推进党风建设和反腐倡廉工作，狠抓学习，营造良好的宣传教育氛围；制定《中国农机院党委关于落实党风廉政建设主体责任的意见（试行）》《中国农机院纪委、监察审计部关于落实党风廉政建设监督责任的意见（试行）》，推进院党风廉政建设两个责任落实；出台《中国农业机械化科学研究院党风廉政建设责任制实施办法》《中国农业机械化科学研究院党风廉政建设责任制考核办法》，进一步健全完善党风廉政建设责任制的制度体系。

【国际科技合作】

1. 国家国际科技合作项目申报执行情况 立项执行1项，即中美“激光光谱小麦品质信息智能在线获取技术合作研发”获中国科技部专项资金190万元；正在执行5项：中意“高品质橄榄油加工工艺技术及装备联合研发”、中澳“甘蔗生产全程机械化关键技术装备合作研发”、中加“基于壳仁分离技术的亚麻籽生物活性成分联合研究及设备开发”、中澳“玉米规模化制种关键技术装备合作研发”、中美“酿酒葡萄生产机械化关键技术装备合作研发”。

2. 对发展中国家科技援助项目申报执行情况 中智“智利海产品真空冷冻干燥技术研究与推广应用”项目正式立项执行，获中国科技部专项资金180万元；参与浙江大学主持的中智“智利果蔬产品安全监控与真空冻干技术研究与推广”项目结题，建立3种智利代表性果蔬低温安全流通监控管理系统和技术规范、研发水果有机磷农药残留光学快速检测核心技术与系统 1 项、开展技术讲座 1 次、发表学术论文 15 篇、联合培养研究生和培训智方技术人员 11 名，申请专利 5 项（授权 3 项）、授权软件著作版权 1 项、科技成果鉴定 1 项、参编英文专著 1 册。

3. 中比项目 由中国科技部与比尔及梅琳达盖茨基金会共同支持的“埃塞俄比亚苔麸小型机械发展项目”正式立项执行，获中国科技部专项资金 100 万元人民币，比尔及梅琳达盖茨基金会支持 55 万美金。

4. 中拉项目 中国科技部国际合作司中外创新对话专项拉美地区研究课题“中国与拉美地区在清洁能源及可再生能源领域的科技合作政策和机制研究”正式立项执行，获中国科技部专项资金 10 万元。

【信息化建设】

中国农机院信息化建设以“深化应用，提升效果”为主题，围绕“十二五”信息化发展规划既定目标，确保战略执行落地，加强信息化工作的全局规划和组织管理，强化对院属单位信息化建设的指引与监管。确立信息化工作统一规划、统一标准、统一实施与管理的“三统一原则”，同时“兼顾多元性与个性化需求”。

在院整体信息化工作中，确立统筹与主导、监督与管理的核心作用。通过将信息化工作重大决策权上移，建立集团化集中管控的数据中心、灾备中心、ERP 平台、全面预算平台，以及统一协同办公平台，集中信息化资源，统一信息化建设思想，确保院属企业信息化建设与院整体步调一致，使院信息化工作聚合集成优势，形成对主营业务、管理决策强有力的手段支撑。通过信息化发展规划、规范制度、考核指标的宣传贯彻执行，逐步完善了信息化制度体系建设。

统一规划建设的院总部中心机房托管网站 14 个。由院统一建设的 CMS 网站管理平台有效管理 9 个独立的网站，对网站（群）的优化整合效果明显。同时，院属企业现代农装科技股份有限公司、中机十院国际工程有限公司、北京卓众出版有限公司等 11 个关键业务系统也统一托管在院总部中心机房。

经过 3 年三期的 ERP 项目实施，实现主营业务 —— 农业装备制造板块业务全覆盖的既定建设目标，新加入的长春机械科学研究院有限公司的 ERP 项目启动，并于年底完成上线，将 ERP 系统支持向其他（非农）装备制造板块（企业）延展。该项目的实施，为中国农机院提供了“非农装备制造，小批量、多品种、MTO 订单制造型企业的 ERP 项目实践”案例。

从系统运维的角度，逐步“以（他）人为主”转向“以我为主”常态机制，强调 ERP 技术支持团队的自我建设和学习能力提升，对上线企业的运行情况进行跟踪和指导，监督院属各企业的 ERP 运行规范性，提升运行效果。

作为国机集团首家全面预算系统试点企业，中国农机院 2014 年实现 Hyperion 全面预算系统正式上线。全面预算系统通过一个完整财年真实业务数据的运行，验证了 Hyperion 全面预算系统自身，以及与 Oracle EBS 财务接口的合理性和稳健度，为中国农机院（乃至国机集团）提供了全面预算体系建设的重要案例依据。

协同办公平台在院属各企业中的应用效果明显，各企业积极应用推广，应用日益深入。尊重并满足院总部 3 个职能部门及 7 家院属企业自发提出的协同办公应用建设需求，子企业内部协同、与院总部协同显现成效。新建和修订业务审批流程 81 个，业务流程审批数量同比增长 211%。

【企业文化建设】

开展院领导与青年员工座谈会、优秀青年员工交流活动，关心青年成长成才；开展青年健康关爱系列活动知识讲座、“青春农机人，幸福中秋夜”庆中秋联谊活动，关注青年员工生活；组织职工参加“中央企业班组长岗位能力资格认证远程培训”、国机集团网络安全技能大赛，抓好职工技能培训。

开展丰富多彩的文娱体育活动。开展庆“三八节”小型运动会、迎新年环院跑等职工群众喜闻乐见的比赛项目；组织京内外职工参加国机集团“书画、篆刻、摄影”大赛；承办国机集团在京企业男子篮球赛，中国农机院获男子篮球赛第二名；举办春节联欢娱乐活动、离退休人员春季运动会、离退休人员春秋游、集体生日会、书画展等活动。

【社会责任】

1. 把“节能减排，控制能源消费总量”作为根本任务 推进节能减排工作，同比工业企业万元产值综合能耗减少 4.59%，非工业企业万元营业收入综合能耗减少 3.93%、二氧化硫排放量减少 1.84%。再次获评国机集团节能减排优秀企业。开展内部动员和外部宣传，推动交流合作，培养节能文化；启动以“携手节能低碳，共建碧水蓝天”为主题的节能减排宣传周活动，开展形式多样的宣传活动；在“全国低碳日”组织青年员工参加奥林匹克森林公园 5km 徒步走竞赛活动；上百人参与国机集团“2014 年节能宣传周网上答题”活动。

2. 依托综合优势，创建绿色生态模式，成立生态农业示范园区　该园区集种植机械化、养殖福利化、食品有机化、农业剩余物资源化于一体，实现生产、生活、生态的有机结合，成为增产增效并重、良种良法配套、农机农艺结合、生产生态协调的高产、优质、高效、生态、安全的现代农业发展样本。该模式对全国各地发展现代农业起到示范作用。

3. 开展社会公益活动，为构建和谐社区发挥作用　一是将“爱心帮困、送温暖，构建和谐农机院”作为一项长期性、基础性工作。依托国机集团“爱心基金”，结合院福利委员会制度，建立“国机集团 + 院工会 + 基层工会”纵向帮困网络。“爱心基金”中的一部分用于资助上大学有困难的职工子女。全院 3 890 人为“爱心基金”捐款 360 334.83 元，捐款总额位列集团前列。完善关爱职工、扶贫帮困的爱心平台，让更多需要帮助的职工切身体会到国机大家庭的温暖和关爱。二是院属北京世奥物业管理有限公司工会及团支部组织为玉树贫困山区孩子捐赠旧衣服活动，共募集 12 个邮包 245kg 衣物。三是做好离退休职工的稳定工作，坚持为老干部排忧解难，走访探望离退休老人、住院病号和生活困难人员，给生活有特殊困难人员发放困难补助，帮助解决实际问题。院属中机农业发展投资有限公司青年员工在长春市绿园区城西敬老院开展义工活动，为孤寡老人们送上关怀和温暖。

中国中元国际工程有限公司

【基本概况】

中国中元国际工程有限公司（简称中国中元）是以中元国际工程设计研究院（原机械工业部设计研究总院）为核心，与中国机械工业电脑应用技术开发公司，以及机械工业规划研究院联合重组的集工程咨询、工程设计、工程总承包、项目管理、设备成套和技工贸为一体的工程公司。

具有甲级工程设计综合资质、房屋建筑工程施工总承包壹级资质（建筑智能化、消防设施、机电设备安装工程专业承包壹级），以及对外承包工程资格证书及其相关资质。可以承接全行业、各等级的工程设计业务和从事工程设计资质标准划分的建筑、机械、医药、船舶、兵器、市政、商业、化工、能源、建材、轻工等 21 个行业的工程总承包、项目管理等业务及境外工程承包等业务，以及房屋建筑工程壹级资质范围内的施工总承包、工程总承包和项目管理业务。

具有城乡规划、建设监理、工程咨询、工程造价咨询甲级资质；具有压力管道设计资格；具有独立的进出口经营贸易权、对外经济合作资格证书、进出口企业资格证书、自理报关单位注册登记证书、施工图设计文件审查许可证书及建筑装饰工程设计与施工壹级资质证书。

拥有 30 多个专业类别的工程技术人员 2 200 多人，各学科博士、硕士等 450 余人，各类注册工程师 600 余人次。组织机构设置 9 个直属生产部门、9 个职能管理部门，在北京、海南、厦门、上海、长春、南京设 10 个二级法人单位，在深圳、吉林、昆明、四川、塔吉克斯坦、乌兹别克斯坦等地区和国家设分公司。

秉承“质量是生命，精心设计、创优工程、诚信服务，保护环境、珍爱生命”管理方针，质量、环境、职业健康安全管理体系健全，数十年来一直跻身全国勘察设计综合实力、工程承包和项目管理百强单位行列。

【主要指标】（主要经济指标详见表 1）

中国中元国际工程有限公司 2014 主要经济指标

项　目	2013 年	2014 年	同比增长（%）
资产总额（万元）	179 175.50	197 915.72	4.9
净资产（万元）	80 960.60	88 345.83	9.1
营业收入（万元）	227 829.10	223 020.40	-2.1
利润总额（万元）	16 741.50	10 177.59	-39.2
技术开发投入（万元）	19 129.10	18 336.46	-4.1
利税总额（万元）	33 877.86	22 090.73	-34.8
EVA 值（万元）	14 888.20	8 885.68	-40.3
全员劳动生产率（万元 / 人·年）	31.00	27.00	-12.9
净资产收益率（%）	18.26	9.84	减少 8.4 个百分点
总资产报酬率（%）	9.51	5.71	减少 3.8 个百分点
国有资产保值增值率（%）	119.23	115.77	减少 3.5 个百分点

【改革改制】

依据国家住房和城乡建设部的 13 号“部令”及 111 号“通知”要求，北京市规划委员会明确“审查机构是专门从事施工图审查业务，不以营利为目的的独立法人”。为配合北京市建设主管部门工作，确保公司的施工图审查资格，经公司董事会研究决定，中国中元于 2014 年 3 月 19 日出资 300 万元，注册成立北京国机中元国际工程设计咨询有限公司，专门从事施工图审查业务。

【重大决策】

北京国机中元国际工程设计咨询有限公司、中元海南三亚分公司相继成立，扩大了中国中元实力，开启了兼并整合成长模式的新篇章。

【重大项目进展】

1. 国机重工西南（泸州）产业园项目 是在国机集团“合力同行、创新共赢”核心价值观的引领下，中国中元和国机重工及所属四川长江工程起重机有限责任公司合作的重要项目。项目总用地面积 542 亩（1 亩＝666.6m^2，下同）。中国中元将运用先进的现代生产运作方式和精益生产的理念进行工艺设计，使生产制造工艺达到国内先进水平，同时满足现有设备搬迁后的对接。基础工程和主体工程完成。

2. 北京新发地 12 万 t 冷库及配套工程设计、冷库及物流设备成套总承包项目 是国内自动化程度最高、物流设备规模最大、立体货架最高、功能最齐全的第三方物流冷库。项目列入北京市 2014 年重点建设项目及北京市绿通项目，于 10 月 6 日在北京市新发地项目现场举行奠基仪式。

3. 中航飞机股份有限公司西安飞机分公司 660$^{\#}$锅炉房安装工程项目 建设规模为 660$^{\#}$锅炉房 2 台燃煤热水锅炉及所有设备和系统的采购、安装工程。项目于 2 月中标，4 月开工，7 月初通过西安市锅检所的安装质量检验，整体施工作业于 9 月 30 日完成锅炉本体与所有设备的安装工作。

4. 北京大学第一医院城南院区项目 位于北京市大兴新城，是在 7.23hm^2 的建设用地上，新建一座以妇产、儿科为特色的综合医院。总建筑面积 18.2 万 m^2，总床位数 1 200 张。方案采用“矩阵演变”设计理念，形成单元化、组团化、分中心的模块组合方式；利用元素的传承、色彩的突破充分体现新时期新院区的时代特色，以适应北大医院的管理模式所需。

5. 佛山市妇女儿童医院项目 工程总用地面积 6 万 m^2，总建筑面积 19 万 m^2，设置床位数 1 000 张，方案设计充分利用地形特点，发挥地域特色，合理安排急诊、门诊、医技、住院、感染性疾病、妇幼保健、行政、后勤保障等功能，并预留二期发展建设用地。

6. 首都医科大学附属北京安贞医院医技病房楼项目 总建筑面积 8.2 万 m^2，规划床位 729 张，主要为解决老病房楼拆除后的病床缺口，并整合全院的医技科室，集中建设；同时，从医院发展的角度着重建设优势科室，增加导管室、手术室、影像检查科室等重点医技科室。将分散在各医疗楼内的病理科、检验科、消毒供应中心等集中建设在医技病房楼内。与此同时，设计连廊联系门诊综合楼和心外综合楼，保证供应科室、医技科室为全院服务的便利，将医疗流线合理化、医疗资源共享化。

7. 九江禧徕乐国际商业中心项目 是九江市重大商贸流通产业项目、市重点商业工程。总投资40亿元，总占地面积520亩，总建筑面积约76万 m^2。项目包括购物中心、家居广场、商贸中心等综合室内空间的设计。

8. 中白工业园招商展示中心及商务服务中心项目 总建筑面积5 000 m^2，其主要功能为展示体验、招商接待、会议洽谈等。建筑方案以“桥”为基本设计理念，力争为中白工业园区打造1座集招商接待、展示体验、会议洽谈于一体的连接政府与企业的“沟通之桥”，使其成为中华人民共和国与白俄罗斯共和国之间经济贸易及投资合作的“友谊之桥”。项目将打造1座富有文化内涵的，且现代、简约、时尚而又符合当地气候与环境的标志性建筑物。

9. 上海浦东国际机场西货运区（FedEx）国际快件和货运中心工程项目 总用地面积17.21万 m^2，总建筑面积8.54万 m^2，总投资额7亿元。设计力求能够有效利用空间、设备、人员和能源，最大限度地减少物料搬运，简化作业流程，缩短生产周期，有效控制投资。

10. 援塞内加尔竞技摔跤场项目 是世界首个2万人规模的竞技摔跤场。项目用地面积7万 m^2，竞技摔跤场可容纳观众2万人，总建筑面积1.8万 m^2，建筑高度45m，总投资3.5亿元。中国中元通过对传统竞技摔跤运动的深入解读，采用完备的体育工艺，合理的功能布局，契合的立面元素，整体设计具有“传统竞技摔跤场”的民族特色。

【市场开拓】

医疗板块运行管理注重统筹协调，注重整合公司的医疗技术资源，更好地发挥研究、设计、工程总包一体化的优势。在大型高端医疗建筑设计保持领先的同时，在整体综合医疗康健建筑项目的总承包领域取得较大突破，获得较好的市场影响力。

机场物流板块依托核心技术优势，初步形成物流系统工程全过程服务能力。同时，注重由航空配餐向食品产业园拓展；航空物流向适应新形势的自贸区拓展；社会物流向符合新环境电商物流拓展。在物流工程领域，原有物流承包工程领域得以保持与稳定，在冷链物流、食品物流、电商物流等新领域，进行积极开拓并取得成绩。同时，努力争取由设备成套、专项工程向物流系统一揽子工程扩展。

工业工程保持在重型机械领域、无损检测在海关、集装箱车无损检测系统的优势地位，承接并实施多个烟草机械工程项目，积累了丰富的工程技术经验，在行业中产生一定的影响力，成为公司工业板块新的增长点。

生物工程利用在P4实验室上的成功经验和优势，扩展与提升大空间的空调、恒温、净化、消防、安全和高等级生物安全实验室的空调气密、污水处理、结构防护及安全措施的工程技术，保持国内的较强竞争力，并向纵深发展，扩展到生物制药、净化工程等领域。

以产业、科技园区规划的城市规划设计，在行业中正形成越来越大的影响力。通过开展国际合作，研发国内生态城市规划技术，积极提升新领域的优势地位。

在挖掘地区历史文化资源，综合制定老城更新规划策略，开展完整的大型景观项目的工程设计，充分发挥规划—方案—施工设计的完整价值链条作用，逐步发展新的业务领域和社会影响力。

依托技术中心，注重在特殊结构、节能、低碳、绿色、生态环保等民用建筑领域，大力开展技术创新，综合提升民用建筑设计水平。推进BIM技术，运用BIM设计的水平大幅提升，为公司参与市场竞争提供了有力的支持。

能源工程在巩固集中供热、煤改气及节能改造市场的技术优势和市场占有率基础上，业务技术在节能工程、余热回收、余热发电、三联供等领域取得实际业绩。根据国家能源政策，积极涉足分布式能源项目，培育综合能源利用核心竞争力。能源板块注重国家西部市场开拓，并取得进展。

顺应国际工程承包业务的发展趋势，提高跨国界的管理能力和文化适应能力；熟悉市场进入规则和有关的标准规范，尽早获得所在领域从业的资质认证；加强与国外相关产业企业合作，不仅包括工程承包企业，也涉及科研机构或拥有专业技术的企业，以快速增强企业核心竞争力。

援外项目作为重点进行推进，培养了一批国

际工程人才，逐步形成合理的人才梯队，承担的许多援外工程项目得到国家相关部门以及受援国的好评。特别注重在援外工程中，充分发挥公司医疗、文化建筑的核心技术，提升援助项目的完成质量，保证援助项目为国家带来良好影响。

【科研成果】

完成国机集团科技发展基金项目《机场行李系统验收检测方法研究》《自动旋转货架系统》结题验收工作。

完成公司立项的主要科研项目：可持续性的观演建筑研究、展览建筑设计技术研究、空港物流园区规划设计研究、物流中心工艺布局及作业流程研究、国际标准实验动物设施规划与设计研究、医疗建筑隔震设计导则、绿色建筑评价工具等。

主持及参与完成 5 项国家标准及 1 项行业标准的编制。

取得国家发明专利授权 1 项、实用新型专利授权 12 项；软件著作权登记 2 项。

有关情况详见表 2、表 3、表 4。

表 2　中国中元国际工程有限公司 2014 年主持、参与制订的标准

序号	标准名称	标准编号	国标 / 行标	制订 / 修订	主编 / 参编
1	消防给水及消火栓系统技术规范	GB50974—2014	国标	制订	主编
2	精神专科医院建筑设计规范	GB51058—2014	国标	制订	主编
3	传染病医院建筑设计规范	GB50849—2014	国标	制订	主编
4	建筑设计防火规范	GB50016—2014	国标	修订	参编
5	综合医院建筑设计规范	GB51039—2014	国标	制订	参编
6	城镇供热直埋蒸汽管道技术规程	CJJ/T 104—2014	行标	修订	参编

表 3　中国中元国际工程有限公司 2014 年获得的国家专利授权

类别	专利名称	专利号	授权时间
发明	燃气锅炉烟气余热回收装置和方法	ZL201210286823.5	2014-07-16
实用新型	绿地节约用水的自动浇灌系统	ZL201320316493.0	2014-03-19
	办公工位装置	ZL201320656019.2	2014-05-07
	兼具环境照明的工位照明灯具	ZL201320656811.8	2014-05-07
	受拉实验平台及受拉实验地坪	ZL201320649461.2	2014-05-07
	湿蒸汽中液相水含量检测装置	ZL201320649401.0	2014-05-07
	电刷磨损自动报警的滑触线	ZL201320630221.8	2014-05-07
	双层通风砌体墙	ZL201320541649.5	2014-05-07
	环境测试舱湿度控制装置及环境测试装置	ZL201420110041.1	2014-08-20
	智能建筑照明远程监控系统	ZL201320829180.5	2014-09-10
	大型建筑太阳能光伏发电装置	ZL201320829211.7	2014-09-10
	洁净手术室	ZL201320830514.0	2014-09-10
	一种车位自动照明装置	ZL201420435930.5	2014-12-31

表 4　中国中元国际工程有限公司 2014 年登记计算机软件著作权

软件名称	登记号	证书编号
中国中元综合信息系统 V1.0	2014SR177855	0847091
工程设计、咨询项目管理监控检查系统 V1.0	2014SR007566	0676810

【产权制度改革】

配合中元国际（长春）高新建筑设计研究院有限公司 (简称长春院) 另一股东 —— 长春高新技术产业发展总公司，将其持有的长春院 25% 股权转让给长春高新创业投资集团有限公司。

中国中元及下属企业中，除机械工业规划研究院和中元国际工程设计研究院涉及划拨用地依然为全民所有制企业外，其余全部完成产权制度改革。

【管理经验】

经营管理方面的主要管理经验有3条：

1. 加强项目运行控制，注重从基础入手提升管理 加强合同执行过程监控，规范各类合同模板。逐步将法律风险控制的工作重点，向经营项目前期合规审查及后期项目执行阶段的纠纷预防工作转移。

做好应收账款催收工作。将该项工作落实到责任部门和具体责任人；通过努力经由法院判决胜诉一些案件，为追款工作奠定了基础。

管理标准更加系统化，全年修订和完善管理标准19项、体系文件11项，从管理源头上完善制度建设。

2. 有效监督，推进风险管控 建立规范的预算闭环管理体系，加强预算日常管理工作，发挥预算管理在经营指导、执行监控、沟通反馈、资源协调等方面的作用。

开展风险自查活动。活动实现“全面覆盖、突出重点、强化意识、完善机制”。

首次聘请外部专业审计事务所，对所属二级法人单位进行任期经济责任审计。通过审计工作，提升管理水平。

3. 强化安全意识和安全技能，落实安全责任 加大安全教育和培训力度，制定“加强安全生产标准化管理、落实安全生产责任制”安全生产月主题。

通过交通安全培训、境外安全应急培训、安全生产知识培训、安全生产消防应急演练、施工项目安全生产检查等具体工作，提高安全保障能力，有效防范和坚决遏制安全事故发生。安全生产工作保持平稳态势。

【党建工作】

以开展党的群众路线教育实践活动为主线，以加强作风建设为抓手，聚集发展正能量，为公司改革发展提供强劲动力。

群众路线教育实践活动，坚持高起点开局、高标准开展、高质量推进。成立教育实践活动领导小组，组建办公室，建立公司党员领导干部联系点，精心制定活动实施方案，开好动员大会，坚持把学习和整改工作贯穿活动始终。在广泛征集意见的基础上，领导班子召开专题会议“会诊”；同时，认真撰写对照检查材料，深入开展谈心交心，召开领导班子专题民主生活会，形成领导班子整改方案和“四风”问题专项整治方案，并制定制度建设计划。

针对部分行政组织机构调整，加快相应党组织调整步伐。做好党委、纪委换届准备工作，完成党代会代表、两委委员候选人人选的推荐工作。

做好内部控制评价工作。首次聘请外部专业审计事务所对所属二级法人单位进行任期经济责任审计，将审计结果通报全集团，发挥警示作用，避免问题发生，进一步提升管理水平。

【信息化建设】

至2014年年底，完成位于上海、厦门、海南、南京子公司的综合管理系统，推进中国中元信息化全面覆盖。

10月，中国中元综合知识管理平台上线运行。知识平台作为中国中元核心信息资源整合平台，将为公司全员提供完备的资源体系，为企业发展及各类决策提供信息支持。

12月，中国中元移动办公平台发布，支持Android和ios两种操作系统，可满足50个流程的在线审批和消息推送，丰富了管理和办公手段。

完成中国中元与国机集团VPN专线升级改造工作；配合集团财务公司信息化试点，开发国机集团财务公司与中国中元财务管理直连的“财企接口”。

【企业文化建设】

深化职工素质教育工程，建立评选表彰先进机制，弘扬楷模精神。积极组织参加国机集团及有关部门的先进模范评选等树先进典型活动。宣传优秀基层党组织和优秀共产党员的典型事迹，聚集促进公司发展的正能量。

弘扬爱国主义精神，进行集体主义和革命传统教育。通过听讲座、看电影、参观展览等方式集中教育，学习党的优良传统，缅怀老一辈无产阶级革命家的丰功伟绩，激发干部职工的爱国热情和工作积极性。

利用公司内网、资讯等平台载体，围绕承接的国家重大重点工程项目、救灾援建等急难险重任务，以及公司改革发展等重点工作，开展宣传思想工作。

秉持“奉献社会、回报国资、惠及员工”企业发展理念，坚持以人为本，在加快企业发展的同时，提高职工收入，增加职工幸福感。

组织参加国机集团第二届“中农机杯”在京企业职工篮球赛，获得季军。

做好“国机爱心日”捐助活动，1 463 名在职员工捐款 16 万元，彰显了中元人的爱心。

【社会责任】

经广泛征集、申报、评选和公示，中国中元成为北京市 25 家绿色建筑评价标识技术依托单位之一。作为 4 家涵盖绿色建筑设计、咨询范围的企业之一，中国中元代表了绿色建筑方面的高水准。

致力于长期推动绿色建筑设计，并承担工程项目绿色建筑设计咨询服务，以及配合政府部门绿色建筑评审工作，为北京市相关政策制定、项目评审等工作提供技术支持。

北京起重运输机械设计研究院

【基本概况】

北京起重运输机械设计研究院（简称北起院）成立于 1958 年，由原机械工业部直属的国家起重运输机械行业技术归口研究所发展成为集科研、设计、生产制造、安装调试、工程承包、检验检测、咨询监理服务为一体的国有高新科技型企业，隶属国机集团。

具有客运索道、自动化物流仓储、起重机械、物料输送等四大工程业务板块，承包建设的各类工程近 2 000 项，获国家及省部级科技成果奖 300 余项，是中国起重运输机械行业综合技术实力最强的企业之一。在职职工 500 多人。

具有起重运输机械、索道、矿用机械 3 个国家特种设备检验检测证书，以及 ISO9001 认证、ISO14001 认证、OHSMS18001 认证 3 体系认证证书及项目前期咨询、设备监理甲级资格证书和国内唯一的索道甲级设计资质证书。

承担国际标准化组织起重机技术委员会（ISO/TC96）主席工作。拥有 1 个院级技术研发平台——院技术中心；3 个省部级科技研发平台——机械工业物料搬运工程技术研究中心、机械工业起重机械轻量化重点实验室、北京市自动化物流装备工程技术研究中心。

设在北起院的国家起重运输机械质量监督检验中心、国家客运架空索道安全监督检验中心、北京矿用起重运输设备检测检验中心等 3 个国家级检验中心，承担行业的检验检测业务。全国起重机械、连续搬运机械、物流仓储设备、工业车辆等 4 个标准化技术委员会秘书处，以及中国索道协会、中国机械工程学会物流工程分会、中国工程机械工业协会工业车辆分会、中国重型机械工业协会物流与仓储机械分会、桥式起重机专业委员会等 5 个国家行业协会、学会秘书处设在北起院并管理运行，为中国物料搬运机械行业的技术进步发挥着重要作用。

【主要指标】（主要经济指标详见表 1）

表 1　北京起重运输机械设计研究院 2014 年主要经济指标

项　目	2013 年	2014 年	同比增长（%）
资产总额（万元）	81 050.24	92 567.40	14.32
净资产（万元）	20 152.63	22 940.70	13.83
营业收入（万元）	51 684.34	53 925.48	4.34
利润总额（万元）	4 459.31	5 215.96	16.97
技术开发投入（万元）	2 718.55	3 197.27	17.61
利税总额（万元）	6 472.64	8 272.16	27.80
EVA 值（万元）	3 059.92	3 081.40	1.00
全员劳动生产率（万元 / 人·年）	24.88	31.68	27.37
净资产收益率（%）	19.42	19.75	增加 0.33 个百分点
总资产报酬率（%）	5.90	6.01	增加 0.11 个百分点
国有资产保值增值率（%）	123.02	121.24	减少 1.78 个百分点

【改革改制】

1. 组织机构调整 对9个职能管理部门机构和职责进行优化和调整，使得职能更加清晰，职责更加明确。在生产单位的组织机构调整中，把握“资源向核心主营业务集中，形成合力，全面发展”原则，在技术保密没有问题的前提下，撤销任务量不足的电气加工厂，将人员整合到更需要的部门中。

2. 探索搭建核心业务事业部制机构 在事业部制的探索和实践中迈出关键一步，将仓储工程部、市场二处（仓储）、软件中心合并，成立物流仓储工程中心。物流仓储工程中心的成立，有利于资源整合，统筹协调，把控行业全局，制定板块发展战略；有利于项目全过程的市场开发、项目执行、人力调配、技术保证、采购管理、科技创新、人才全面培养、售后维保服务等管理。

3. 改制情况 按国家国有企业改革中划拨土地使用权管理暂行规定，将划拨土地使用权出让。

2013年9月—2014年11月，多次向国管局报送“北起院土地使用权类型变更的请示”文件。同时，与北京市国土资源局、北京市东城区国土资源分局及东城房屋登记管理中心，就“进行有限公司改制可否土地保留划拨”进行沟通，得到市国土资源局答复：“实际操作中国有企业改制单位性质为工业或仓储的，可以保留划拨土地，保留时间为5年，北起院土地证显示性质为科教用地故不予批准。”

北起院将继续与国管局相关部门沟通，推动土地使用权类型由划拨变更为出让工作的进程。

【重大项目】

1. “恒大冰泉”长白山二期立体库物流设备系统集成项目 该项目是2014年度承接的首个矿泉水立体库项目，技术含量高、创新点多。双立柱双叉双伸位堆垛机、剪叉升降台、回转台、旋转台都是为该项目特殊设计；输送线同进口灌装线对接，双伸货位的管理系统和RFID标签系统都是首次应用于矿泉水立库项目。按照工程进度调动各方资源，超常规安装，确保按照合同工期执行，得到用户好评。

如期履约合同，为打入中国矿泉水立体库领域奠定了坚实基础。

该水厂项目的投入使用，为当地提供2 000个就业岗位，带动了就业，促进了当地经济社会发展。矿泉水产业拉动靖宇县30%左右的GDP增长。

2. 青岛世园会脱挂索道 该项目是北起院承建的国产第一条带转角站的八人吊厢脱挂索道，于2014年4月25日，伴随2014青岛世界园艺博览会（简称青岛世园会）的开幕正式投入运营。这是中国承办的国际级大型博览会中首次采用观光索道，开创了空中游览世园会的先河。

该索道线路水平全长2 071m，纵贯青岛世园会园区，依次跨越中华园、花艺园、草纲园、莲花馆、观景台，直至北端童梦园。为满足用户需求，在该索道工程中首次采用中间转角站结构形式，从而使索道依山傍势与整个园区景观巧妙地融合在一起。该索道投入运营，在很大程度上缓解了南部园区游客集中的压力，改写了中国国产索道运力的历史。

3. 张家口万龙雪场高速1号索道 该项目是北起院承接的国产第一条八人吊厢六人吊椅混合编挂的脱挂索道。采用下站驱动、上站液压张紧及地下车库布置，最高运行速度5m/s，单向运量2 000人/h，极大地提升了万龙滑雪场的接待能力，高峰期每天可运输15 000多人次。许多技术和配置要求都是国产首创最新技术，有工期紧、配置高、技术创新多、难度大等特点。

该项目的建成标志着北起院具备独立设计制造脱挂抱索器滑雪索道的实力，并成功进入滑雪领域，在以往被众多进口脱挂抱索器索道垄断的滑雪领域中占有一席之地，为北京申办2022年冬季奥运会提供了强大的技术支撑和硬件设施保障。

4. 华新珠海垃圾吊项目 该项目是为华新环境工程有限公司设计、制造、安装、调试的2台10t×31.3m和2台11t×25.2m，共4台半自动控制垃圾抓斗桥式起重机的交钥匙工程。项目位于广东省珠海市，日处理垃圾1 000t，为水泥协同处理垃圾用抓斗起重机研制工程项目。

该项目垃圾吊所采用的新技术达到国内垃圾抓斗起重机领域领先技术水平。

【市场开拓】

用战略性和前瞻性思维引领市场，拓展新领域，培育新市场，扩大新的服务范围。拓展各板块服务领域，在保持新签合同稳步增长的同时，加强利润率较高的索道项目的经营力度，保障签订合同额有质量的增长。

1. 将市场拓展和开发作为重中之重 院领导带队，定期走访关键客户，促进同重大客户的战略合作。

2. 筛选重点项目 加大与业主及相关部门的沟通力度，集中力量重点突破。以重点跟踪的项目和关键项目的落实为抓手和突破点，强化项目的跟踪力度和资源的统筹。

3. 调整营销策略 一方面巩固并扩展传统市场，另一方面加快业务、产品的结构调整，提高产品、服务的质量和水平，创新市场营销模式，积极发展新客户、新市场。

4. 从以国内市场为主，向国内外市场并重发展转型 充分利用国机集团广泛的国际市场信息，加强与集团外贸工程公司的内部合作，拓展国际市场。

【产品销售与签约】

适应经济新常态发展态势，以国机集团“保增长”要求为基本目标，克服国内经济增速放缓、市场竞争日趋残酷等不利因素，强化关键项目和重点项目落实，经营业绩逆势而涨，全年实现新签合同额 8.6 亿元，创历史新高，其中工程和产品销售类新签合同额 7.97 亿元，比上年同期增长 32.08%。主要工程板块经营屡创佳绩，创历年来市场新签合同额的新高。有关核心信息详见表 2。

表 2 北京起重运输机械设计研究院 2014 年经营业绩分布情况

部 门	合同额（万元）		占全院比率	同比增长（%）
	2013 年	2014 年		
索道经营部	20 105.20	24 043.08	28.19%	19.59
物流仓储工程中心（市场）	22 091.35	39 196.8	45.97%	77.43
起重经营部	11 493.60	15 456.03	18.13%	34.48
产品销售部	507.92	501.35	0.6%	-1.29
中起公司（散料）	6 105.92	509.32	0.6%	-91.72
质检中心	3 529.06	3 342.14	3.92%	-5.30
索检中心	1 113.21	1 187.81	1.4%	6.70
安检中心	329.85	385.84	0.5%	16.97
设备监理部	149.77	372.54	0.44%	148.74
杂志与广告	265.51	279.02	0.33%	5.09
合 计	65 736.39	85 273.93	100%	29.72

【科技成果】

加大科技创新投入，推出新的科研成果。获上级科技奖励 5 项，其中一等奖 2 项、二等奖 1 项、三等奖 2 项。

北起院评出科技进步奖二等奖 3 项、三等奖 4 项。

10 月，北起院荣获“2014 年中国物流十大知名品牌（物流系统集成）”称号，在物流集成品牌类别里，北起院名列榜单第一。该荣誉的获得，提升了北起院在行业中的影响力和市场竞争力。

1. 知识产权平稳增长 获实用新型专利授权 8 项、获软件著作权 1 项（详见表 3）。

表 3 北京起重运输机械设计研究院 2014 年度获得知识产权汇总

序号	授权项目名称	申报部门	类型
1	一种堆垛机自动控制系统	仓储工程中心	实用新型
2	一种带升降称重的链条 / 辊子输送机	仓储工程中心	实用新型
3	一种用于钢丝绳卷筒和电缆卷筒的传动机构	起重工程部	实用新型
4	一种托辊防水性能试验台	质检中心	实用新型
5	一种火车棚车内进行装卸集装袋的叉车	质检中心	实用新型
6	一种手拉葫芦的手拉力及性能测试系统	质检中心	实用新型
7	一种用于桥式起重机的缓冲器安装结构	起重工程部	实用新型
8	一种用于起重机的电缆跳槽检测装置	起重工程部	实用新型
9	U 型拣选输送机控制系统	仓储工程中心	软件著作权

修订《科技进步奖奖励办法》《知识产权管理办法》，并通过对知识产权保护的宣传和加大相关奖励措施，加深研发人员对自主知识产权的认识，为知识产权战略实施打下坚实的基础。

2. 加强科技创新管理工作 30 项课题列入科研计划，其中国家科技支撑计划课题 2 项、国家发改委智能制造装备发展专项项目 1 项、科技部科研院所技术研究开发项目 3 项、国机集团科技发展基金项目 5 项、国家质检总局及安检总局试点项目 1 项。新增科研项目 7 项，申请并获得上级科研专项经费 591 万元。完成科研项目 6 项，其中国家发改委智能制造装备发展专项项目 1 项、北京市工程技术研究中心专项项目 1 项。

积极申报国家级科研项目。完成 2015 年度国家科技支撑计划申报工作，4 个课题通过评审，其中作为承担单位课题 1 项、作为参加单位课题 3 项。

3. 科研创新平台建设顺利 着力建设院级研发平台和省部级研发平台，完善科技创新体系建设。

“机械工业起重机械轻量化技术重点实验室”授牌。

依托国家科技支撑计划项目的申报工作，由北起院发起，成功组织“起重机械减量化产业技术创新战略联盟”。联盟由致力于发展起重机械减量化技术及相关技术的近 30 家生产企业、科研单位、高等院校、技术服务机构等共同组成。

至 2014 年年底，建成 3 个省部级科技创新平台、1 个战略联盟，完善了科技创新体系建设。为此，北起院研发水平提高，技术开发能力、核心竞争力和市场竞争优势增强，为争取科研项目创造了条件；同时，以在行业的影响力，带动行业技术进步。

4. 成果转化 开展通用型桥式起重机轻量化技术成果推广及技术转化工作。与江阴凯澄公司、象王重工股份有限公司等行业企业开展技术合作，为企业提供技术服务，推广起重机轻量化技术成果，快速将课题成果转化为生产力。

5. 产业化发展 由北起院承担的北京市重大专项“高速大运量脱挂式客运索道规模制造关键技术研究”项目，是首个北京市重大专项，获得支持专项资金 450 万元。该项目成功申报，不仅为北起院打开了北京市项目申报的渠道，也为其索道产业化发展起到极大的促进作用。为此，北起院多次召开索道板块产业化项目工作讨论会，成立专项工作小组，对此项工作进行探索和研究。

通过开展高速大运量脱挂抱索器客运索道产业化关键技术研究，建立脱挂抱索器和重载托压索轮 2 条关键核心部件的生产线及安全检验检测系统，研发专用的工艺工装，可提高北起院脱挂抱索器客运索道的制造能力和质量，满足国内市场需求，增强其核心竞争力。

【管理经验】

主要管理经验有 8 条：

1. 确定工作思路，强化工作重点 以“一个坚持、两个加强、三个关注、四个创新”（即坚持核心技术研发；加强市场开发，加强项目管理；关注安全生产，关注项目利润，关注职工收入；理念创新、技术创新、管理创新、模式创新）为基本工作思路，并狠抓落实。2014 年，全院的生产经营工作主要围绕着 7 个方面展开：一是开展党的群众路线教育实践活动。二是推进改制工作。三是中层干部换届。四是做好院办公环境综合治理。五是重点研究解决北起百莱玛公司历史遗留问题。针对生产经营亏损问题，制定解决方案，三方达成和解协议。2014 年年底开始股权转让工作，于 2015 年一季度完成股权转让任务。六是重点研究河南分院和长垣基地建设。七是资质升级工作。

2. 推进信息化建设 成立院信息化专项工作小组，对信息化工作提出短期和长期发展规划，对办公系统进行逐步升级。一期包括综合办公、人力资源、财务、市场和运营 5 个管理模块，计划于 2015 年交付使用。

3. 政务公开 为落实“三重一大”制度，强化院办公会例会制度，每次会议后形成会议纪要，向助理以上中层干部通报，实现政务公开，民主集中。

4. 加强干部管理，创新管理机制 一是业务板块内干部轮岗交流。实行干部交流制，索道经营部与索检中心副职干部轮岗、起重经营部与起重工程部副职干部轮岗。轮岗是为了加强部门之间的融合，对彼此的工作相互理解和支持，以共同促进业务板块的发展。二是部长助理岗位竞聘上岗。10 人通过竞聘部长助理岗位上岗，进入院中层管理层，强化了中层管理干部人才梯队建设。

5. 建立多种沟通机制，加强协作 建立市场部和工程部沟通机制，以板块为单位，市场部和工程部每月一次交流；建立工程部内部工作经验交流机制，以 3 个工程板块和中起公司为主，每

2 个月召开经验交流会；院级管理项目建立项目管理微信群，项目组内部、部门内部、领导层建立各自的微信群，实现部门领导、项目负责人和院领导实时沟通。

6. 深入座谈，促进各板块业务提升 院领导深入一线生产经营部门，召开物流仓储、索道、起重、检验检测、设备监理、中起公司等 6 个板块工作座谈会。通过互动交流、相互启发，增强了凝聚力和发展信心。

7. 营销管理与品牌建设 “以抓大额项目为主保障年度经营指标完成，不放弃小额项目提高市场占有率为辅”的经营理念，进行营销管理；同时，利用行业优势地位，参与行业会议、展览会，抓住各种机会宣传品牌。

8. 开展职能部门绩效考评 开展职能部门绩效考核评议会：找出自身不足，抓紧落实改进；交流总结管理方法和经验；各职能部门间相互了解，增强团队合力。

【科技创新】

加强关键技术研究。成立科技创新专项工作小组，研究科技创新课题、贯标管理等工作。完成轻量化起重机项目课题的申报和落实；完成索道脱挂关键部件生产线申报和批复。着力智能化物流装备、钢材料场堆码起重机研发；关注与研究新的物流整体解决方案、关键的高性能高可靠性零部件等研究。

【党建工作】

以党的十八届三中、四中全会精神和习近平总书记一系列重要讲话精神为指导，以开展党的群众路线教育实践活动为抓手，以落实中央八项规定为切入点，密切联系群众，不断改进工作作风，创新党建工作，加强领导班子作风建设，加强基层党支部建设，为构筑和谐北起院、完成工作目标和任务，提供精神动力和组织保障。

1. 思想武装 深入学习贯彻落实党的十八届三中、四中全会精神，进一步加强党员干部思想建设。

2. 作风建设 3—9 月，扎实开展党的群众路线教育实践活动，进一步改进作风。活动覆盖全院党支部 14 个、党员 171 名。

3. 支部建设 以整改和创先争优活动为动力，推进基层党支部建设。不断改进基层党支部工作；开展创先争优交流与评比活动；继续开展“双培养、一输送”活动，做好组织发展工作。

4. 廉政建设 落实中央“八项规定”，推进党风廉政建设。完善制度，加强监督，修订党风廉政建设责任书，增强对领导干部执行“三重一大”监控的力度。

【工会、共青团工作】

结合机构调整、中层干部换届，院党委加强工会小组和团支部换届领导工作，健全工会、团支部的基层组织，并组织共青团评优表彰活动。

【企业文化建设】

在原有企业文化“明德、汇智、致勤、尚和”的基础上，强化“诚信、担当、实干、创新”的企业精神，树立“搬动世界，传递真情”的企业愿景，从而丰富了企业文化内涵。

利用北起院报、OA 网络平台、东西科研楼大厅、楼道、院内宣传橱窗、广告牌，加大对新企业文化、企业形象和践行社会主义核心价值观，以及在完成 2014 年度工作目标和任务中涌现出的先进事例的宣传力度，推动北起院精神文明建设与企业文化建设。

【社会责任】

1. 帮困扶贫献爱心 组织为国机集团“爱心基金捐一日工资”和向北起院“互助帮困基金”捐款活动，405 名职工捐“一日工资”，共 51 132 元；443 名职工向北起院互助帮困基金捐款 69 270 元。

开展地区帮困工作，与北京市东城区北新桥街道等联合开展春节期间走访慰问街道困难居民家庭的送温暖活动。

起重工程部党支部开展“迎七一、送温暖”走访慰问主题活动，支部党员积极奉献自己的一份爱心，捐款 1 500 元，走访慰问街道重病居民，送去价值 1 000 余元的生活必需品。

2. 节能减排 在追求经济效益大幅提高、营业收入大幅增加的同时，注意节约能源、绿色环保，全面完成国机集团节能减排考核指标。

持续进行国家科技部项目——轻量化节能起重机的系列设计研究工作。该项目典型样机经国家起重运输机械质量监督检验中心型式试验及测试，符合国家及行业相关标准要求。与国内现有系列产品相比，减重大于 25%，节能大于 15%，运行效果良好。该产品总体技术达到同类产品国际先进水平，是中国桥式起重机的更新换代产品，推广应用前景广阔，经济效益和社会效益显著，是北起院在技术创新、发展低碳经济方面的一项重要成果。

中国第二重型机械集团公司

【基本概况】

中国第二重型机械集团公司（简称中国二重）始建于1958年，是中国最大的重大技术装备研制基地之一，是关系国家安全、关系国民经济命脉的基础性及战略性企业。2013年，经国务院批准，与国机集团实施联合重组，成为国机集团全资子企业。重组后，依托国机集团国家级研究院所和海外服务机构，以及国际市场营销网络，形成强大的产品研发、制造能力，工程总包、系统集成能力，贸易与服务能力，成为中国高端重型装备企业。

中国二重具有强大的产品研发、设计和制造能力，旗下有国家级技术中心、工程实验室和博士后工作站，有以当今世界最大的800MN模锻压机、160MN自由锻压机为代表的生产设备4 000余台，具备一次性冶炼1 000t钢水、浇注600t钢锭、产出550t成品铸件及400t成品锻件的能力，可按国际、国内标准及不同等级、规格和用户需求提供冶金成套设备、核电、水电、火电成套铸锻件、重型压力容器、大型传动件、大型航空模锻件等重大技术装备制造服务。

50多年来，中国二重为冶金、矿山、能源、交通、汽车、石油化工、航空航天等国民经济各部门和国防建设提供了重大技术装备，积淀了深厚的技术实力和服务经验，在国家重大技术装备国产化的进程中发挥了不可替代的重要作用。

中国二重着力走有质量、有效益、可持续的发展道路，大力开拓市场，加快产品结构调整，增强自主创新能力，提升企业管理水平，为振兴民族装备制造业、推进中国从装备制造大国走向装备制造强国不懈努力。

中国二重使命是致力于将人类科学技术最新思想和成果熔铸于企业永无止境的创造中，以卓越的产品和服务满足国民经济发展和国防建设的需要，为中国二重员工提供个人发展的最大空间；愿景是装备中国、创造卓越；精神是诚信、创新、坚毅、感恩；品质是坚韧不拔的意志、海纳百川的胸怀、雷厉风行的作风、卓越超凡的品格；战略目标是建设世界著名的铸锻钢基地、建设世界知名的成套装备基地、建设世界知名的大型模锻件产品制造基地，以及建设世界知名的大型石化、核电设备制造基地。

联合重组以来，建立分工落实机制，扎实推进实施各项重点工作。

1. 企业改革 一是制定扭亏脱困实施方案，明确重点工作，建立对应组织机构，狠抓落实。二是全面谋划，明确集团公司持续深化改革的指导思想、目标任务和实现路径。三是实施体制改革，加快布局结构调整，推进主辅分离改制方案研究及实施工作。四是推进人事制度改革，优化人力资源结构。至2014年年底，公司使用劳务工1 156人，比上年同期减少1 143人。

2. 经营生产 按“抓订单”重点工作思路，借助国机集团资源优势，采取差异化营销策略，增强客户信心，保持市场份额。2014年实现经营订货55亿元，营业收入45.4亿元。完成重钢1780轧机等项目历史遗留问题整改，公司售后服务形象提升。生产运行保持平稳有序，合同拖期情况改善。全年实现业务协同订货7.3亿元。加强公司产品的海外推介。加快提升工程总包能力，推进产品“走出去”步伐。

3. 科研开发 编制《2014—2016年产品及技术发展规划》《中国二重长线产品规划》。加强冶金等传统产业的转型升级与新产品研发，拓展页岩气等新型产品领域；煤气化项目取得突破，首套示范工程签订工作顺利。争取国家、省市政策支持。21项国家（省）研发项目实施，组织6项国家重大科技专项和2项省重大科技专项的验收准备。完成4项国家重大科技专项、5项四川省科技支撑计划项目申报工作。寻求与国机集团院所合作，达成一些合作意向，或初步形成战略合作协议。

4. 质量管理 一是开展质量提升工程，重点开展以“全面提升热加工技术质量水平工程”为代表的系列质量提升活动，NCR 频次平均降幅超过 20%，废品损失率控制在 0.6% 左右。二是落实质量责任，增强过程合规的约束力。三是注重全员质量意识教育，提高员工质量意识及相关技能。

5. 资产盘活 一是实施技改项目，完成投资额 4.01 亿元。2014 年新增生产设备 13 台，改造设备 1 台。二是盘活低效资产清理。对低效无效资产进行专项清理工作，2014 年清理非正常存货 12.68 亿元、低效无效固定资产 0.35 亿元，对内盘活资产 1.25 亿元，为公司减负运行打下了基础。

6. 管理提升 一是财务管理既确保资金链安全又着力成本控制。二是基础管理既强调从严又注重实效性与服务性。各业务单元、子公司主动落实从严管理，亮点凸显。

【主要指标】（主要经济指标详见表 1）

表 1 中国第二重型机械集团 2014 年主要经济指标表

项　目	2013 年	2014 年	同比增长（%）及备注
资产总额（万元）	2 427 853.00	1 856 403.00	-23.54
净资产（万元）	193 390.00	-625 528.00	-423.45
营业收入（万元）	534 048.00	454 865.00	-14.83
利润总额（万元）	-319 150.00	-835 981.00	161.94
技术开发投入（万元）	34 999.00	14 713.00	-57.96
利税总额（万元）	-301 755.00	-819 454.00	171.56
经济增加值 EVA（万元）	-329 228.00	-452 985.00	37.59
全员劳动生产率〔万元 /（人・年）〕	-9.35	-34.80	272.19
净资产收益率（%）	-91.69	387.64	（2014 年净利润、平均净资产均为负，不具有可比性）
总资产报酬率（%）	-9.96	-35.24	减少 25.28 个百分点
国有资产保值增值率（%）	37.43	-332.48	减少 369.91 个百分点

【企业改革】

1. 推进中国二重改革振兴重点工作 联合重组以来，成立中国二重改革振兴领导小组和工作小组，制定中国二重改革振兴实施方案。集团公司建立分工落实机制，扎实推进实施各项重点工作。

2. 制定中国二重扭亏脱困实施方案 在分析研究公司情况和与相关部门充分沟通的基础上，制订集团公司扭亏脱困实施方案，得到国机集团、国务院国资委认可。集团公司明确重点工作，建立对应的组织机构，明确班子成员分工，落实牵头责任部门。

3. 全面谋划集团公司深化改革工作 成立集团公司深化改革领导小组和工作小组，制定集团公司深化改革实施意见，确定科技创新、评价考核等 17 个改革方向，明确集团公司持续深化改革的指导思想、目标任务和实现路径。

4. 实施体制改革，加快布局结构调整 围绕做精、做专、做优主业，组建 5 个独立业务单元，实施独立法人或模拟利润主体运作；完成机构调整工作，精简总部管理部门 11 个，二级机构总数由 46 个压缩至 28 个；成立业务布局结构调整领导小组及相关业务改制筹备组，积极推进主辅分离改制方案研究及实施工作。

5. 继续推进人事制度改革，优化人力资源结构 全面开展中层以上领导人员公开竞聘工作，二级单位领导人员较上年底精简 17%，主体部分中层干部较年初精简 20%；提前离岗退养分流 2 635 人；确定核心人员 256 人、骨干人员 1 766 人；开展劳务派遣人员的清理工作，至 2014 年年底，公司使用劳务工 1 156 人，比上年同期减少 1 143 人。

【经营生产】

按照“抓订单”重点工作思路，借助国机集团资源优势，采取差异化营销策略，千方百计增强客户信心，最大限度地保持市场份额。全年实现经营订货55亿元，营业收入45.4亿元。同时，通过加强考核激励、量化指标，在货款催收和售后服务方面也取得较好成绩，应收账款余额下降至48亿元，完成重钢1780轧机等项目24项的历史遗留问题整改，公司售后服务形象提升。

1. 生产运行平稳有序 面对订单不充足、生产资金、能源及原辅材料保障困难等问题，在内部运行措施方面充分挖潜。通过开展一个理念、一本计划、一扇窗口、一面旗帜的“四个一”活动，加强市场意识和按期交货理念，采取统筹指挥、疏通瓶颈，开好例会、密切跟踪，领导挂帅、专项推动等重要措施，生产运行保持平稳有序，合同拖期情况改善。

2. 实现业务协同订货7.3亿元 在国机集团协同保障机制和相关激励措施的支持下，与国机集团兄弟企业开展多层次业务合作，借助国机集团丰富的海外资源优势，加强公司产品的海外推介。以中国机械对外经济技术合作有限公司（CMIC）为海外业务平台，加快提升中国二重工程总包能力，加快推进中国二重产品“走出去”步伐。

3. 节能减排和安全环保工作常抓不懈 通过强化红线意识和安全责任意识、强化应急管理、深入开展打非治违、隐患排查治理和危险场所定期检查等专项活动，提高公司的本质安全性，有效杜绝了重特大事故的发生，全年事故总量比上年下降20.5%。中国二重被评为四川省安全生产先进单位和德阳市职业健康先进单位。

【科研开发】

1. 编制规划 科研及新产品研发工作以现有主业转型升级和长线产品研发为抓手，以支撑中国二重可持续发展为目标，反复研究，科学论证，编制《2014—2016年产品及技术发展规划》《中国二重长线产品规划》，为下一步产品发展指明了方向。

2. 转型、升级、研发、市场并举 继续加强冶金、核电容器、大型铸锻件、矿山、环保等传统产业的转型升级与新产品研发，积极向海工、页岩气、高铁、新能源汽车、特种钢板、专用焊材等新型产品领域拓展，取得国内第一套自升式海洋平台锁紧装置40套齿轮箱订货；煤气化项目取得突破，首套示范工程签订前期工作顺利。

3. 争取国家、省市的政策支持 21项国家（省）研发项目实施，组织6项国家重大科技专项和2项省重大科技专项的验收准备工作。完成4项国家重大科技专项、5项四川省科技支撑计划项目申报工作。

4. 与国机集团院所合作 与蓝科高新、合肥通用机械研究院、重庆材料院进行交流和沟通，在共同联合申报国家有关科技专项、联合投标等方面达成合作意向。积极策划寻求与合肥通用机械研究院，在重型容器轻量化设计、换热器等项目上进行技术合作，初步形成战略合作协议。

【质量管理】

1. 开展质量提升工程 紧紧围绕“打一场三年质量翻身仗，实现一年上一个新台阶”目标，通过狠抓体系建设、过程控制、质量考核和质量改进四方面，重点开展以“全面提升热加工技术质量水平工程”为代表的系列质量提升活动，NCR频次平均降幅超过20%，废品损失率控制在0.6%左右。

2. 有效落实质量责任 修订《经济责任制质量考核办法》《领导人员质量责任追究办法》，构建新的质量考核机制和领导人员质量责任追究机制，形成以废品损失率为核心指标的综合性考核机制，考核重点由重结果调整为结果和过程并重，增强了“过程”约束力。

3. 注重全员质量意识教育 组织开展大规模质量教育和员工技能培训活动，营造“重视质量、追求质量、崇尚质量、关注质量”良好氛围，提高了员工质量意识及相关技能。

【资产盘活】

1. 技改项目方面 完成对德阳和镇江2个基地共7个在建技改项目的清理工作，提出镇江基地后续建设的总体思路。积极推动7 500t筒节轧机、200MN模锻压机等项目及配套的建设。全年完成投资额4.01亿元，其中德阳基地完成固定资产投资额3.822亿元、镇江基地完成固定资产投资额0.188亿元。投资完成额比上年同期（7亿元）下降45%。新增生产设备13台，改造设备1台。

2. 低效资产清理盘活方面 组织开展成都研发中心、镇江公司、800MN模锻压机的资产盘活工作，制订成都工程中心大楼和镇江公司的资产处置方案；完成对陈旧和闲置设备的处置，以及对二级库备件的清查。对低效无效资产进行专项清理工作，清理非正常存货12.68亿元、低效无效固定资产0.35亿元，对内盘活资产1.25亿元，为公司减负运行打下了基础。

【管理提升】

1. 财务管理既确保资金链安全，又着力成本控制 通过加强资金筹集与收支管控，全年周转借款60多亿元，确保了公司经营活动正常开展。针对外部逾期债务问题，制定应对预案。在成本控制方面，开展全面预算管理，推行过程成本控制体系建设，完善封闭贷款使用机制，营造了全员降本增效的氛围。

2. 基础管理既强调从严，又注重实效性与服务性 各管理部室以“履好职、尽好责、用好权、服好务”为宗旨，落实从严管理要求。物资采购工作完善“阳光采购”机制，杜绝“暗箱操作”，实现“阳光作业”。加大公务车清理和处置力度，处置公务车51辆，进一步规范和完善了公务车管理工作。从严审计工作，加强和重视财务及工程投资的管理力度。加强招标、比价采购与合同谈判监督工作，公开招标文件、评标结果，主动接受群众监督。内保工作推行“区域防范”机制，全面提升内部防范能力。工会工作以“寻找止血点，我为企业扭亏脱困出主意作贡献”专项合理化建议和班组建设为抓手，融入中心，服务大局。全年共提合理化建议2 871条，其中1 974条获奖；帮扶困难职工3 589人次，帮扶资金170万元。更加注重创新文化、安全文化、质量文化、廉洁文化等专项企业文化建设，使之成为企业文化建设的有机组成部分，促进了企业文化建设与企业管理的有机融合。“信息化工程”在公司成本管理、协同办公、库存信息共享管理平台，以及各业务系统的维护管理上发挥了积极的支撑作用。法律部积极运用法律手段，提高公司债权质量，采取措施，收回3年以上欠款7 860多万元。

3. 各业务单元、子公司落实从严管理，亮点凸显 中国二重（什邡）万方铸锻厂严格执行工艺纪律三级检查制度，狠抓系统问题整改，成效明显；电站轧辊厂以TQC为抓手，从严考核，质量管理水平明显提升；重机厂抓提前、争主动、重落实，确保重点产品按期出产；核容事业部坚持“抓大不放小”营销理念，不放过任何市场信息；核容事业部金结厂改革创新管理和考核机制，强化生产计划管理和考核；核容事业部金工厂以责任制考核体系为抓手，建立成本监控预警体系，夯实成本管理工作；核容事业部万航公司弘扬“咬住指标不松口”精神，全面实现全年经济预期目标；核容事业部万安公司坚持“合同价格下行，但服务质量绝不打折”理念，提升服务水平；核容事业部万信公司注入先进企业管理理念，优化内部管理模式，固化组织流程，完善质量和成本控制体系；核容事业部万路公司创新改革分配机制，试点推行“总挂总提”改革，调动员工积极性；核容事业部精衡公司创新“以服务助推市场”新型经营模式，市场活力增强。

同时，各系统、各单位围绕中心任务，做了大量富有成效的工作，成效显现。

中国一拖集团有限公司

【基本概况】

中国一拖集团有限公司（简称中国一拖）始建于1955年。经过60年艰苦创业，现已成长为以农业机械制造为核心，动力机械、零部件等协同发展的大型装备制造企业集团。

中国一拖农业机械业务：具有国内最完整的拖拉机系列产品，拥有国际先进、国内领先的具有自主知识产权的产品技术。其中，大中型拖拉机国内市场份额第一；动力机械业务在国内大功率轮拖、小麦联合收获机领域配套份额第一。拥有的“东方红”商标为“中国驰名商标”。

1997年6月23日，所属子公司第一拖拉机股份有限公司在香港联交所上市。2001年中国一拖实施债转股，成为多元股东持股的有限公司。

2008年2月20日，国务院国资委批准国机集团无偿接收洛阳市国资国有资产经营有限公司（简称国资公司）持有的中国一拖67%股权，对中国一拖实施战略重组。2009年2月，国机集团和国资公司分别对中国一拖增资17亿元和1.05亿元。2012年，国资公司单方对中国一拖增资1.87亿元后，中国一拖注册资本为28.76亿元。其中，国机集团持股82.02%；国资公司、中国华融资产管理股份有限公司、中国建设银行股份有限公司河南省分行和中国东方资产管理公司分别持股12.72%、2.65%、1.49%和1.12%。

2014年12月，国机集团单方对中国一拖增资7亿元。增资后，中国一拖注册资本为31.75亿元，其中国机集团持股83.71%，国资公司、中国华融资产管理股份有限公司、中国建设银行股份有限公司河南省分行和中国东方资产管理公司分别持股11.53%、2.40%、1.35%和1.01%。

【主要指标】（主要经济指标详见表1）

表1 中国一拖集团有限公司2014年主要经济指标

项 目	2013年	2014年	同比增长（%）
资产总额（万元）	1 445 134.00	1 532 565.00	6.05
净资产（万元）	624 826.00	697 150.00	11.58
营业收入（万元）	1 356 838.00	1 063 413.00	-21.63
利润总额（万元）	45 225.00	8 235.00	-81.79
技术开发投入（万元）	43 902.00	42 583.00	3.00
利税总额（万元）	67 444.00	28 448.00	-57.82
EVA值（万元）	32 637.00	-7 442.00	-122.80
全员劳动生产率〔万元/（人·年）〕	10.76	10.20	-5.26
净资产收益率（%）	7.44	-1.20	减少8.64个百分点
总资产报酬率（%）	4.18	1.76	减少2.42个百分点
国有资产保值增值率（%）	107.33	98.97	减少8.36个百分点

【财务分析】

1. 从发展能力看 资产规模153.3亿元，同比增长6.05%。实现营业收入106.3亿元，同比减少21.63%；实现工业总产值72.26亿元，同比减少22.34%；实现销售产值75.7亿元，同比减少15.61%；实现出口额5 723万美元，同比减少43.79%。

2. 从盈利能力看 实现利润总额1.58亿元（剔除国机重工影响），同比减少67.45%，完成国机集团年度考核目标（2亿元）的79%。净资产收益率-1.2%，同比减少8.64个百分点。

3. 从偿债能力看 资产负债率54.51%，同比减少2.25个百分点。速动比率97%，同比降低4个百分点，企业长期偿债能力尚可，但短期变现用于偿还流动负债的能力有所减弱。

4. 从营运能力看 资产管理效率有所下降。总资产周转率0.72次/年，同比下降0.26次。流动资产周转率1.39次/年，同比降低0.36次。存货周转率4.93次/年，同比降低1.05次。

【改革改制】

一拖股份对一拖（洛阳）叉车有限公司（简称叉车公司）启动改制工作。近年来，叉车公司业务发展不佳、人员包袱沉重，为最大限度维护股东利益，一拖股份决定以公开征求意向受让方的方式转让所持有的叉车公司100%股权；同时结合政府规定与职工诉求制订叉车公司职工安置方案，并获得叉车公司职工代表大会通过。12月，叉车公司100%股权在北京产权交易所挂牌转让。叉车公司转让项目是一拖股份作为上市公司依据国资委的要求清理低效、无效资产的典型。股权转让工作完成之后，将使一拖股份减轻发展负担，聚焦管理资源。

【重大决策与重大项目进展】

1. 固定资产方面 主要有4项：

（1）新型轮式拖拉机核心能力提升项目。项目总投资59 630万元，建成达产后，可形成年产200马力(1马力＝735.499W)以上新型动力换挡轮式拖拉机1 000台的生产能力。至2014年年底，完成进口设备的招标采购。项目预计

2015 年建成。

（2）铸造系统绿色科技升级改造项目。项目总投资 48 097 万元，建成达产后，与原产能一起形成年产高品质铸件 191 400t 的能力（其中新增生产能力 101 400t/a）。至 2014 年年底，中频电炉改造全部完成并投入生产；铸钢业务升级改造砂处理项目、造型设备及辅助设备项目投入生产；完成 KW 线改造；新建消失模厂房按计划施工，新建消失模电炉及配套设备完成安装。第一批环保设施升级改造项目按计划投入生产，第二批环保设施升级改造项目进入调试和预验收阶段。旧砂再生系统施工设计完成，进入建筑工程招标程序。项目第一阶段改造内容预计 2015 年完成。

（3）锻造曲轴机加工生产线项目。项目总投资 14 902 万元，建成达产后，可形成年产 5 万根曲轴的数控柔性机加工生产能力。至 2014 年年底，项目完成，准备竣工验收。

（4）黑龙江现代农业装备基地（一期）项目。项目总投资 49 780 万元，项目建成达产后，将具备年产 80 ～ 400 马力拖拉机 3 300 台和大型农机具 3 900 台（套）能力。至 2014 年年底，一期项目中全部建设内容基本完成，建设轮拖联合厂房、轮拖调试车间、农机具联合厂房、道路及能源供应等综合设施近 10 万 m^2，完成综合配套设施及公用设备、大轮拖联合厂房和调试车间工艺装备的安装和调试，基本具备年产 80 ～ 400 马力拖拉机 3 300 台和大型农机具 3 900 台（套）生产能力。项目一期预计 2015 年全部建成并投产。

2. 股权投资方面 主要有 4 项：

（1）合资设立“采埃孚一拖（洛阳）车桥有限公司”。随着轮拖驱动桥的市场竞争态势日益严峻，基于车桥业务面临的市场竞争环境及自身发展局限性，一拖股份近年来积极探寻持续做强车桥业务的出路，其中与国际上技术雄厚、知名度高的跨国公司开展合作不失为破解车桥业务发展困局的理想途径。在此背景下，中国一拖 2011 年开始与德国公司 ZF Friedrichshafen AG 接触，2013 年签订合作意向书，2014 年 7 月 21 日签订“合资合同”及各项分协议、12 月 26 日合资设立“采埃孚一拖（洛阳）车桥有限公司”。ZF 公司持股 51%、一拖股份持股 49%。结合一拖股份农机驱动桥成熟业务及 ZF 公司国际领先的经验和技术水平，建立互利共赢、可持续发展的合作模式。

（2）与一拖中成重组。对一拖（洛阳）中成机械有限公司（简称一拖中成）股权结构实施重组。实施自然人股权退出，并通过交易所摘牌完成收购一拖中成 100% 股权，使之成为中国一拖的全资子公司，按中国一拖对农机具业务的发展规划注入资源，促进发展。

（3）实施资产业务整合。一拖（洛阳）福莱格车身有限公司、一拖（洛阳）铸造有限公司、一拖（洛阳）车桥有限公司实施资产业务整合，将相关资产及业务转让给一拖股份，一拖股份承接与转让资产有关的负债，并将承接的资产设立专业厂予以经营管理并独立核算，实现调整管理结构、提高管控能力，降低管理成本的目的。

（4）设立“洛银金融租赁股份有限公司”基于金融租赁行业向好发展前景，一拖股份与洛阳银行等 5 家单位共同发起设立“洛银金融租赁股份有限公司”。公司于 2014 年 11 月设立，注册资本 6 亿元，一拖股份持股 18.34%。

【市场开拓】

1. 国内市场开拓方面 受用户购机需求降低、农机补贴政策变化，以及东北、新疆等重点市场自然灾害传导至市场终端等因素的综合影响，拖拉机行业出现整体下滑。中国一拖积极应对市场形势变化。强化营销策划作用发挥，多策并举，组合出击，策划并实施“红五月”促销、动力换挡新产品上市推广，以及大力开展“工厂体验”等活动，实现大、中型拖拉机行业位势“双第一”，巩固和提升东方红产品的市场竞争力。为此，大型拖拉机产品继续保持国内市场占有率第一；中轮拖产品首次实现国内市场占有率第一。

在实现市场占有率“双第一”的同时，主导产品盈利能力持续提升，大中轮拖产品毛利率达到 16.5%，同比上升 2.3 个百分点。

2. 国际市场开拓方面 面对全球经济复苏缓慢，工农业产值呈低水平增长，农机出口下行压力巨大的不利局面，坚持在业务模式上不断创新，稳步扩大“YTO”产品市场影响力。其中，所属单位一拖国贸公司，通过调整组织结构、整合业务区域、实施新的绩效考核办法、强化技术培训和售后服务等措施，在与古巴签订价值 5 300 余万美元（1 000 余台大中轮拖项目）的合同尚未实施的情况下，全年实现利润 891 万元，实现扭亏为盈（同期亏损 769 万元）；所属单位一拖中非重工在总结埃塞俄比亚项目（一期）经验的基础上，将项目模式推广至坦桑尼亚、乌干达、莫桑比克等地区，向国际化迈出坚实步伐。

【产品销售】

大中型拖拉机销售 7.43 万台，市场占有率第一。其中，大轮拖累计销售 33 634 台，市场占有率 30.11%，同比增长 1.26 个百分点，行业位势第一；中轮拖累计销售 40 073 台，市场占有率 22.59%，同比增长 1.12 个百分点，行业位势第一；小轮拖累计销售 7 753 台，同比减少 58.6%，市场占有率 2.82%，行业排名第 4 位；柴油机累计销售 15.71 万台，同比下降 13.4%。

【合作共赢】

7 月 21 日，与德国 ZF 公司签署战略合作协议，一拖股份公司旗下车桥公司与德国 ZF 公司进行战略合作。

7 月 28 日，一拖股份首笔境外借款签约仪式举行，一拖股份向中国工商银行（亚洲）有限公司首笔借款金额 3 860 万美元。

10 月 31 日，YTO-AVL 战略合作签约仪式暨技术交流论坛举行。中国一拖董事长赵剡水、党委书记王二龙、总经理闫麟角等出席签约仪式和论坛活动。奥地利 AVL 公司执行副总裁 Marko Dekena 博士、中国总裁 Michael Laske 先生等 6 人出席。双方签署战略合作协议，把合作推向新高度。

【重大项目进展】

1. 重点研发项目稳步推进 完成 LF2204/1504 动力换挡拖拉机的产品性能、可靠性及适应性试验；完成 LF1804 拖拉机的整机方案及 TCU 控制系统等设计工作；对新一代 110 ～ 160 马力系列拖拉机，进行传动系及整机试制和试验，完成 16+16 挡动力换向传动系的功能试验；推进实施柴油机国Ⅲ排放切换准备工作，完成国Ⅲ YT4A2L 等机型排放达标试验等工作。

2. 推进重点技改项目 完成新型轮拖核心能力提升项目中的热处理改造、部分壳体和齿轮加工设备的采购及安装工作；完成大功率柴油机（二期）项目中的设备采购及部分到货设备的安装工作；完成铸造系统绿色科技升级改造项目中的环保设施升级改造、消失模生产线厂房建设及设备安装调试工作。

【科研成果】

“东方红 LZ2704/2404 轮式拖拉机”项目获河南省科学技术进步奖二等奖；“东方红 LF2204 轮式拖拉机”“快速铸造成套技术开发及集成应用”等 6 个研发项目通过河南省科技成果鉴定，其中 2 项达到国际先进水平、4 项达到国内领先水平。“动力换挡拖拉机传动系制造成套工艺研发”项目获国机集团科学技术奖二等奖。“东方红 LY1004/LY1104/LY1100 轮式拖拉机”等 2 个项目获中国一拖科技进步奖一等奖，“东方红 ME304/354 窄轮距轮式拖拉机”等 4 个项目获中国一拖科技进步奖二等奖。

【产业化发展】

东方红－MK550/554/600/604/650/654 轮式拖拉机、东方红－ME304/354 窄轮距轮式拖拉机、东方红 -LF2204 轮式拖拉机、东方红 -LF904/954 拖拉机等新产品实现批量销售。2014 年实现新产品销售收入 322 775 万元。

【产权制度改革】

依据国机集团新颁布的相关制度，修订《股权投资管理办法》，明确股权投资制度规定，完善管理流程。新《办法》于 2014 年 9 月 1 日下发执行。

【管理经验】

1. 战略管理方面 围绕未来业务架构、产品发展方向，以及基地建设等战略性问题，召开系列战略研讨会。通过深入研讨，在对涉及公司未来发展的重大战略问题上的认识逐步深刻，一些方面达成共识，为制定“十三五”发展规划打下了基础。

加强对年度业务计划执行情况的跟踪与评价。根据经营情况，组织开展年度业务计划执行情况检查暨“保增长”调研活动。通过对 28 家经营单位的走访座谈、深入沟通，了解到形势变化对所属企业产生的影响和面临的经营困难，在综合判断、系统分析的基础上，提出了保增长、促发展的 10 项重点任务与举措（涉及市场营销、成本控制、应收及存货管理、激励约束等方面内容），并狠抓落实、逐步实施，为保持平稳发展起到了关键作用。

2. 质量管理方面 一是落实质量责任，增强经营层的质量责任意识；二是加大对关键过程检查评价，强化对新产品、采购件等的质量控制；

三是从提升技术标准、制造工艺水平和采购质量管理入手，全面解决质量问题；四是梳理、提升部件总成技术标准、部件与整机匹配验收／准入标准，下力气夯实质量基础；五是强化动力换挡拖拉机生产制造全过程的质量控制，确保产品品质满足用户要求，综合外赔率同比下降 8.4 个百分点、外部直接质量损失同比降幅 24.9%，大中轮拖、柴油机等主导产品 MTBF 提高 11 个小时左右。

3. 财务管理方面 按照提升精益财务管理能力的要求，强化财务管控，为企业的平稳发展提供财务支持。一是强化年度预算目标分解与责任落实，优化预算编制模型，完善动态预算考评机制，实现预算的闭环管理。二是通过改进成本优化工作机制，加大技术降本力度，建立正向激励评价机制等措施，全年降本增效 1.22 亿元，完成年度目标的 122%。三是充分利用融资规模和授信评级优势，努力降低成本融资。全年平均融资成本费用率为 3.87%，同比降低 1.48 个百分点。同时，通过加强财务决算管理和财务信息化建设、优化财务分析模型等措施，不断夯实财务管理的基础。

4. 采购管理方面 深化采购平台管理，着力提升六大采购能力，各项工作取得成效。供应商队伍更新率 12.8%，供应商队伍得到持续优化；全年完成类别整合 32 个小类，整合规模涉及金额 15.1 亿元，整合供应商 314 家，淘汰 91 家，淘汰率 29%；集采比例达到 79.7%，同比提升 10 个百分点；全年实现采购降本 1.1 亿元，实现降本率 2.63%，完成年度指标的 219%。同时，有效推进准时化付款工作，全年付款合规率 90% 以上。

5. 生产管理方面 “抱团取暖”取得明显成效，全年累计回收 489 种外委零部件（工序），涉及金额近 6 700 万元；扩大内部 13 家供方单位 288 个品种的配套供货比例，全年累计新增内部供方产值约 3 600 万元；加强产销衔接，提高生产保供能力，全年主机（总成）产品订单履约率 99.5% 以上，其中动力换挡产品完成率 100%。同时，推进企业创建工作，6 月，通过工业和信息化部资源节约型环境友好“两型”企业预评价验收。

6. 人力资源管理方面 一是探索可经营化职能转型路径，专项研究组织机构调整和可经营化职能转型方案。二是开展人员总量控制工作。至 2014 年年底，一拖公司从业人员 17 965 人，比年初减少 1 730 人。三是成立激励机制改革工作小组，完成激励机制改革调研报告，制定职能部门和所属企业负责人的中长期激励办法，完善对国际贸易、市场营销、技术研发等关键岗位人员的绩效激励办法，激发员工创效增收热情。四是做好人才招聘工作。全年招聘高校毕业生 200 人，其中研究生 48 人，同比增加 50%。

【党建工作】

中国一拖党委深入贯彻党的十八届三中、四中全会和习近平总书记系列重要讲话精神，开展形势任务教育，充分发挥党组织的政治核心作用，为企业持续平稳发展提供思想保证、政治保证和组织保证。

1. 扎实开展党的群众路线教育实践活动 3—10 月，中国一拖党委带领各级党组织按照“照镜子、正衣冠、洗洗澡、治治病”总要求，坚持为民务实清廉主题，以贯彻落实中央八项规定精神为切入点，深入查摆和解决形式主义、官僚主义、享乐主义、奢靡之风问题。通过摆问题、明方向、转作风、抓整改，进一步强化了党员领导人员的政治意识、宗旨意识、忧患意识、责任意识，增强了遵守党的纪律、严格党内政治生活的自觉性，密切了党群干群关系，提高了解决实际问题、推动改革发展的工作能力，为深入落实“聚核铸强”战略思路、推动企业健康持续发展提供保证。

2. 强化领导班子和领导人员队伍建设 开展培训需求调研，分职类建立在职及后备领导人员课程体系框架，提升领导人员的理论水平和管理能力。根据企业实际需求和个人特点，对公司后备领导人员进行提任职务或挂职锻炼；组织所属单位后备领导人员选拔推荐工作，充实企业后备人才梯队；组织百名优秀青年骨干专题培训；制定《中国一拖科级人员管理指导意见》。

3. 深化党风廉政建设 制定《落实党风廉政建设主体责任的意见（试行）》，对各级党委落实履行党风廉政建设主体责任提出明确措施要求。修订《党风廉政建设责任制考评办法》，重新界定领导班子和领导班子成员的考评内容，构建责任分解、监督落实、责任追究的闭环链条。加大问责力度，对因失职渎职发生的违规违纪案件，按规定追究相关领导人员责任。制定《关于落实集团公司党委转变作风相关规定的监督检查办法（试行）》《关于领导人员操办婚丧嫁娶事宜的若干规定》，强化日常监督、严格执行纪律、严肃责任追究、严肃查办案件。立案11起，给予纪律处分44人次。

4. 有序推进党组织建设工作 一方面党建政研会作用得到发挥。围绕企业中心工作，结合党建、思想政治工作和企业文化建设遇到的热点和难点问题，开展理论与实践问题的研究，完成12个重点课题，为促进党建工作创新发挥积极作用。另一方面持续深入开展“创先争优”活动，推动“创先争优”活动和党的群众路线实践教育活动有机结合。同时，以注重活动开展的过程控制与指导为重点，对20家所属党组织“创先争优”活动开展情况进行调研、考评，针对问题提出指导性建议，推动“创先争优”活动的扎实开展。

【信息化建设】

按“业务主导、联合推进”原则，以“YTO-e拓展”工程为核心，完成备配件电子商务平台的搭建工作，搭建起国内农机行业首个配件在线查询和交易平台；完成经销商档案系统开发，为加强经销商选择、评价和管理创造条件；推进ERP系统、CRM及综合指挥中心等项目的深化和应用，企业信息化和工业化“两化”融合水平持续提升。5月，成功入选工业和信息化部信息化和工业化融合管理体系贯标试点企业，标志着中国一拖信息化水平步入新的发展阶段。

【企业文化建设】

1. 着力推进企业文化考评工作 按照企业文化12维度考评办法，以问题为导向，在抓好整改落实的基础上，完成集团公司30家单位的企业文化考评工作，提升了企业文化建设水平。

2. 深入推进职业化员工队伍建设 在进一步规范职业化员工评选流程的基础上，评选出年度十佳职业化员工和40名季度优秀职业化员工；探索职业化团队评选工作，明确职业化团队标准，开展优秀职业化团队评选活动，评选出10个优秀职业化团队。通过《拖拉机报》及公司内网等载体，大力宣传先进事迹，营造人人争做职业人的良好氛围。

3. 坚持典型案例发布 利用报纸、内网等宣传载体，继续组织企业文化典型案例发布工作，发布《TCL：鹰已重生》等6个典型案例。“典型案例”成为推进文化理念深入人心、结果实的重要形式，成为发现问题、解决问题、提升企业管理水平的重要载体，有力地促进着文化体系和管理体系的有机融合。

4. 出版发行《2014中国一拖年鉴》 下发《关于做好＜中国一拖志＞（第二卷）组稿工作的通知》，明确厂志撰稿分工、撰稿要求及时间任务；组织召开厂志编纂工作推进会，做好撰稿的指导和协调推进工作。厂志编纂工作按时间节点稳步推进。

【社会责任】

1. 开展帮扶救助送温暖活动 组织开展“国机爱心日”活动，为国机爱心基金捐款62.29万元；规范爱心基金管理救助程序，扩大爱心基金救助范围，134位职工及家属得到28.5万元救助；强化互助互济基金作用，救助患大病职工268人，发放救助金21.89万元；慰问职工收入较低单位9个，发放慰问金13万元。

2. 发挥职工服务体系作用 引进社会服务功能，为6 000多名职工办理积分宝消费养老积分卡；探索扶贫新路子，帮助栾川县纸房村销售爱心粉条93 000斤、豆腐85 500斤。

3. 开展系列关爱活动 为213名新入职大学生发放棉被，为420名考上大学的职工子女发放“东方红伴你成长”拉杆箱；走访慰问失独家庭13户；为63名孕产职工提供生育关怀；组织劳动模范、优秀党员、先进职工等共308人荣誉休养；为375名公司以上级劳动模范和4 800余名女职工免费健康体检。

江苏苏美达集团有限公司

【基本概况】

江苏苏美达集团有限公司（简称苏美达集团）经过40多年的发展，已成为专注于贸易与服务、工程承包、投资发展三大领域的国际化、多元化、现代化的制造服务业集团。贸易与服务领域包括进出口、国内贸易、自主品牌、综合解决方案和金融服务等；工程承包包括环境工程、能源工程、船舶工程等；投资发展包括战略投资、产业投资、项目投资和财务投资等。

围绕三大领域的发展，一方面通过持续投入和建设，不断增强在市场营销、技术研发、生产制造、品牌建设、投融资运作等方面的核心能力，拥有全球化营销网络、自主研发中心、测试中心、核心产品制造工厂；另一方面，着力打造贸易、实业、技术及投融资相结合的卓越人才队伍，创新推动公司治理、体制机制、组织架构、管理体系、企业文化和信息系统再造，构筑企业有质量、可持续发展的牢固根基。

秉承“融汇全球资源，共享人类文明”使命，创新超越，行稳致远，苏美达集团致力于成为世界一流企业。

【主要指标】（主要经济指标详见表1）

表1　江苏苏美达集团有限公司2014年主要经济指标表

项　目	2013年	2014年	同比增长（%）
资产总额（万元）	1 582 609.97	1 916 926.26	21.00
净资产（万元）	337 765.47	366 726.21	9.00
营业收入（万元）	4 113 933.60	3 939 124.84	-4.00
利润总额（万元）	127 840.52	123 739.71	-3.00
技术开发投入（万元）	9 526.33	15 146.87	59.00
利税总额（万元）	157 403.20	188 762.26	20.00
全员劳动生产率〔万元 /（人·年）〕	14.76	11.16	-3.60
净资产收益率（%）	30.23	26.49	减少3.74个百分点
总资产报酬率（%）	9.78	8.34	减少1.44个百分点
国有资产保值增值率（%）	121.06	118.77	减少2.29个百分点

【改革改制】

直面经济下行态势，持续推动“价值创造型”总部建设，加大改革创新力度，对组织架构、人事进行调整。

1. 组织方面　横向上，对投资、经营、品牌等职能进行专业化、集中化运作，合并、重组相关部门，形成新的架构和职能体系；纵向上，推进结算、物流等职能前移，融入业务子公司，实现对业务需求的快速响应。

2. 人事方面　开展“定岗、定编、定员”工作，调整相关职能部门领导班子，精简机构和人员。引进和配置涵盖管理、金融、投资等方面的专业人才，优化人才结构，为集团长远发展提供人才储备。规范绩效考核和薪酬体系，制定《总部人员绩效考核管理制度》，实现考核结果和薪酬挂钩，有效传递岗位目标、责任和压力；制定《总部人员薪酬管理制度》，规范薪酬定级和调整程序，实行绩效工资制，打破职能部门原有的固定工资制度，激发内部活力和动力。

【重大决策】

1. 苏美达澳洲公司成立 5月，该公司在澳大利亚悉尼挂牌营业，负责向包括澳大利亚、新西兰、斐济等在内的南太平洋岛国，提供本土化的销售、质保、客服、物流及新能源项目开发等服务，逐步建立本土化的下游合作伙伴团队。通过澳洲公司，不仅提供产品和服务，同时参与当地项目开发，并与下游合作伙伴、行业协会、研究机构、政府相关部门合作，创造更多的业务机会。

2. 苏美达日本公司成立 9月，在东京设立。苏美达集团很早就针对日本的可再生能源市场，规划和启动一系列商业计划，包括太阳能设备的销售、服务及可再生能源电站的总包服务等，并为一批日本客户提供了高质量的专业电站服务。该公司的成立，标志着苏美达集团新能源日本市场战略的全面启动。

【重大项目】

1. 日本千叶最大单体地面光伏电站 该项目为日本千叶县八街市最大单体地面光伏电站，作为为唯一的光伏组件供应商，苏美达集团为项目提供4.5MW高效率光伏组件。项目正式并网发电，预计在未来25年的有效运行期内，发电总量达11 450多万度，累计减少97 671t的二氧化排放量。

2. 巴基斯坦首座兆瓦级光伏电站 该项目为巴基斯坦伊斯兰共和国的首座地面光伏电站，位于该国人口最多的旁遮普省，装机容量1.254MW，由苏美达集团作为EPC工程总承包，已完成验收，并正式投入发电运营，为巴基斯坦近110个村庄提供清洁能源电力，也为中国企业在“一带一路”国家实现光伏装备和工程总承包“走出去”增添了生动案例。

3. 山东东营30MW光伏并网发电项目 该项目为国家电价上网补贴项目，总投资约3.5亿元，占地面积约1 125亩（1亩＝666.6̇m²），总容量33MW。预计25年年均发电量3 599.83万度。每年为国家节约标准煤12 552t，同时将减少多种有害气体和废气排放。

4. 山东曹县黄河故道20MW电站项目 为国家电价上网补贴项目，总投资约2.1亿元，总规模22MW，占地608亩。预计该项目25年年平均发电量2 255.89万度，每年为国家节约标准煤9 599t。相应每年可减少多种有害气体和废气排放，其中减少二氧化硫排放量约825t、减少二氧化氮排放量约78.4t、减少二氧化碳的排放量约2.1万t。

5. 六安城北污水处理厂升级改造工程 该工程是德国复兴银行促进性贷款实施的污水治理项目。项目采用氧化沟＋活性砂过滤深度处理＋紫外消毒工艺，对已建的8万t/d处理规模的氧化沟、中心控制室等设施，以及机电设备进行全面改造升级；并在现有工艺基础上，新建二次提升泵房、活性砂滤池、紫外消毒池等深度处理构筑物，使处理后水质等由原来的国家二级标准上升到国家一级A标准。改造后的处理厂提高了污水净化能力，保护了淮河流域的生态环境，对提升六安市的水环境保护能力具有重要意义。

6. 39 000t多用途散货船和48 500t多用途杂货船项目 该项目由苏美达集团分别联合知名航运公司南京远洋、德运船务，共同投资建造。两船的开工建造标志着苏美达集团自建船业务初现规模。相比传统的灵便型散货船，这两艘首制船均为当前最新一代散杂货船。设计将根据未来航线的货物及码头特点度身定造，能为大件及散杂货兼运提供良好的解决方案。两船型设计具有极高的技术含量，搭载能力和设备配置在相似吨级同类型船中最为先进，且兼具节能环保、操作方便、高效等特点。

该项目的成功实施，为苏美达集团探索船舶业务模式转型，发挥自身在造船及融资管理方面的优势，涉足现货船和航运领域，实现转型升级、创新发展奠定了基础。

7. 中国国际信息技术（福建）产业园数据中心项目 该项目是中国国家商务部重点扶持的高端项目。整个技术产业园区规划建设10 000亩，总投资60亿元，建成后有望形成产值200亿元以上的产业集群。园区数据灾备中心总工程项目共需24台1 800kW高压柴油发电机组并联，堪称华东地区之最。一期工程采用的3台主用1 800kW高压柴油发电机组由苏美达集团提供，并于2014年9月成功交付使用。该项目的成功实施标志着苏美达集团进军数据中心领域、打造精品工程迈出坚实步伐。

8. 南京中电熊猫平板显示科技有限公司G108项目 该项目是中国电子、江苏省和南京市为改变中国平板显示产业"缺芯少屏"局面，落实国家电子信息产业振兴规划，加快产业结构调整，引进夏普先进技术合力，打造的"南京市一号重点工程"。项目电力保障系统采用6台备用2 000kW高压机组，对产品稳定性要求较高。苏美达集团的FIRMAN产品品牌作为唯一国产品牌，在众多国际一线原装进口厂商品牌竞争中脱颖而出，打破了南京"液晶谷"一直选用原装进口产品的固化思维。

9. 南京创思特服饰有限公司项目 该项目总投资1亿元，占地41亩，有工人1 200人，年产值3亿元。项目着力打造"产品专业化、管理精细化、生产精益化"实业建设能力，引进先进的IE工艺，广泛运用模板生产，年产400万件服装。近年中国纺织服装行业遭遇严峻挑战，但苏美达集团对欧盟服装出口全国第一、对美国毯子出口全国第一，并且保持良好的发展态势，自有实业为此作出了重要贡献。苏美达集团正在深入推进转型升级，正在向中高端品牌客户、向高附加值产品迈进，该项目的投入营运必将对新一轮快速发展提供强大动力。

10. 缅甸双赢服饰有限公司项目 11月，苏美达集团首家海外工厂——缅甸双赢服饰有限公司在缅甸仰光市开业。该项目采用轻资产方式运营，现有仰光和耶尼2个服装生产基地，共有工人1 800人，年接单能力超300万件，为客户提供着"高品质订单"生产。该公司的成功投产是苏美达集团秉持全球视野理念，打造全球无疆界生产供应链，整合全球优质资源，提升企业竞争优势的重要举措，标志着苏美达实业建设国际化迈出了实质性步伐。

11. 济南历下区校服政府采购项目 3月6日，苏美达集团旗下伊顿纪德品牌成功夺得具有广泛影响的大型政府统一招标采购项目——济南历下区中小学生校服招标项目。项目总额约2 000万元。

【市场营销】

坚持"贸工技金"相结合的发展战略，以贸易为龙头，努力打造贸易竞争新优势，不断加强市场营销工作，推动公司业务持续健康发展。

1. 在国际市场开拓方面

（1）深挖市场需求。"割草机器人"具有低噪声、节能环保等优势，将逐步取代传统汽油类草坪修护设备，成为未来行业发展的趋势产品。该产品的目标客户主要是欧洲专业市场。目前，苏美达集团自主品牌G-FORCE割草机器人获得德国莱茵全球首张GS认证；同时，该产品以欧洲各国建立分销代理商的方式进入各地市场，快速响应服务到位，贴近终端用户，对客户具有很强的"黏性"。

针对国际主流市场对高压清洗机需求量庞大、国外众多老牌制造商旗下品牌产品占据绝大部分市场份额的情况，苏美达集团通过开展创新研发，掌握高压清洗机的核心技术，建立自主实业平台，设计具有行业领先水平的柔性生产线，并依托所设的海外公司，建立有效销售渠道，实现自主制造清洗机产品的出口突破。2014年，苏美达集团出口清洗机80万台，入围全国行业前3位。目前，在北美和欧洲的市场占有率位列前3位，实现"国机制造"产品在国际市场的业务拓展。

（2）强化品牌推广。采用创新工艺的ECO-LINE发电机组，将可移动性和降噪效果发挥到极致，树立汽油发电机市场无可置疑的高端品牌形象，FIRMAN品牌在非洲已成为一流品牌，处于市场领先位置。集团在尼日利亚市场，加快推进品牌助跑战略，集展示、选购和售后服务等功能为一体的FIRMAN品牌旗舰店，密集分布各主要城市，市场占有率40%。并于2014年初启动FIRMAN品牌北美直销项目，成立北美营销团队，年底直销网站正式上线，开启形成"线上线下"齐头并进的全新模式。

（3）紧跟国家战略。钢铁、建材等产品出口业务紧跟国家"一带一路"战略，推进国际化区域发展步伐，致力于打通上游资源渠道、中游区域市场和下游最终客户等供应链各环节，发挥苏美达集团在国际化市场拓展方面的商务、物流与金融优势，实现中国资源与世界市场的无缝对接。出口钢材产品超6亿美元/（120万t）、木制品等建材超1亿美元，首次位居非钢铁生产企业出口规模全国第1位。

2. 在国内市场的开拓上 机电设备进口和大宗商品国内贸易，扎实推进"一湾（渤海湾）、两角（长三角、珠三角）、三区（东南区、西南区、中南区）"的国内区域发展战略，在上海、天津、北京、厦门、广州、成都等地成立多家区域性子公司，并坚持属地化运营思路，招纳当地贤才、拓展属地区域业务，为实现存量业务优化和增量业务发展提供强劲动力。苏美达集团钢铁产品国内贸易、机电产品进口贸易，均在全国具有极佳的市场美誉度和行业领先的市场地位。

自主品牌国内贸易业务在行业渗透中逐步建立口碑，大型柴油发电机组业务在电力、通信、交通等领域逐渐产生品牌效应，成功赢得青奥、禄口机场等大型项目。HONEYME 女装品牌致力为东方女性提供优雅舒适的时尚着装，在华中、华东地区商场拥有 80 家店铺。ETON KIDD 校服产品成功进入全国 30 个省直辖市的 2 000 多所知名学府。美国《商业周刊》刊发特写称："在国际校服业，伊顿纪德被称作'世界校服工厂'……销售额和产量在中国校服行业排名第一。"

【科技创新】

坚持以市场化为研发导向，推进自主研发体系建设，推动科技成果转化。全年授权专利37项，其中发明专利 8 项，不仅实现自有发明专利的数量倍增，而且在专利水平和市场融合度上也有较大提升。

与南航等高校联合研发的黑硅、双玻组件等实现中试生产，拥有自主知识产权的第二代割草机器人、高效能高压清洗机成功研制，并逐步实现产业化，先后获江苏省科学技术奖等荣誉。

与江苏大学、哈尔滨工业大学等单位，合作研发重载汽车用高性能铝合金轮毂关键技术，取得实质性进展，并实现小批试制；相关技术及产品通过江苏省新技术新产品鉴定，达到国际先进、国内领先水平。

同时，持续打造科技平台，国机集团"国机新能源研究院"顺利落户；动力工具技术中心被评定为"江苏省重点企业研发机构"，并获批组建"江苏省新能源动力工具工程中心"。

科技协同创新体系的不断完善，将为苏美达集团主业的研发能力提升和业务持续发展，发挥强大的支撑力。

【管理经验】

1. 深化投资管理 随着苏美达集团投资项目的增多和投资领域的延伸，加强投资管理，确保收益性和安全性成为重要工作。强化和业务子公司之间的业务需求对接，以及与国机集团审批流程的衔接，提升项目决策和审批效率。围绕重大创新项目，组织职能部门与业务子公司跨部门协同，深度介入项目论证、评估和决策过程，推进交易架构和风控方案设计和实施，为项目安全出海提供方向指引和资源支持。规范投资审批流程，修订制定《投资管理办法》《境外机构管理办法》《投资项目预审管理办法》，构建起贯通制度、办法及操作细则的投资管控体系，提高投资决策的规范性和有效性。

2. 提升财务运筹 财务管理通过资金运筹、投融资模式创新及全面预算管理，为业务发展提供一揽子财务解决方案，推进从"财务会计"向"管理会计"转型，从"专业管理"向"价值创造"提升。拓展政策性融资资源，获取中国进出口银行、国家开发银行等政策性银行的低成本融资。着力发展项目融资，争取光伏电站、船舶、基建等项目贷款和中长期贷款，匹配业务发展需求。充分利用香港公司平台，推动海外融资平台进入有序轨道。推进发行公司债，为对接债券市场奠定基础。

3. 加强全面风险管控 推进全面风险管理和内控制度建设，深度参与光伏电站项目法律评审，出台《光伏电站业务风险管理指引》，为业务健康发展提供指引；推进大额应收账款清收，大额合同、大额资金及大额内贸库存管控，及时消除隐患和潜亏，确保经营安全；重点开展对总部费用、光伏电站经营、机电科技和创思特服饰等实业工程项目的专项审计，排查业务经营和项目建设过程中的问题 通过优化关键流程和制度体系，促进风险控制能力和整体管理水平的提升。

4. 推进信息化建设 从二次报关及工厂管理功能扩展、出口与内贸流程优化、大客户与自由供应商服务等方面，对原有系统进行升级，推进了新系统的基础框架建设，提升了办公效率和业务响应能力。

5. 强化安全生产 "抓好安全生产"是重大政治使命和责任。苏美达集团严格落实安全生产责任制，强化"一把手问责制""一票否决制"，坚持预防、预控为主，全面排查、治理安全生产隐患，深化重点岗位的安全整治，全年未发生人员重伤以上及一般财产损失的生产安全责任事故，获"安全管理标准化示范班组""安全管理标准化示范组创建活动优秀班组长"等国家级荣誉。

【党建工作】

苏美达集团党委紧扣"有质量增长"主题，充分发挥政治核心作用，坚持求真务实、持续创新，为开创事业发展新局面提供坚强保障。以党委中心组学习为龙头，持续推进学习型党组织建设，带领各级党组织和广大党员系统学习十八届三中、四中全会和习近平总书记系列重要讲话精神，深入思考、联系实际、明确方向，为有质量发展凝聚智慧和力量。以“为民、务实、清廉”为主题，坚持“规定动作”不走样、“自选动作”有特色，扎实开展党的群众路线教育实践活动，作风建设取得明显成效。探索党建工作融入经营管理中心的有效形式，策划推出“高管大讲堂”项目，打造内部高水平的学习交流平台。加强基层党组织建设，适时调整组织架构，着力加强人员配置。系统开展季度学习，有效激发组织活力。坚持党管干部原则，着眼顶层设计，系统提出干部队伍建设纲要，明确干部队伍建设方向。制定干部考核工作细则，着力实现干部年度考核工作制度化、规范化。落实“两个责任”，党委担负主体责任，增强对党风建设和反腐败工作的领导力度，纪委认真履行监督责任，强化年度党风建设和反腐倡廉工作责任制检查。以预防和教育为重点，开展领导干部“庆七一、倡廉洁”警示教育活动，举行廉洁从业专题辅导报告，努力营造风清气正的企业环境。

【企业文化与社会责任】

开展企业文化专项提升工作，学习标杆企业，增强做好企业文化建设的主动性和自觉性。成功举办“苏美达最美员工”主题演讲比赛、第八届职工摄影展和第五届职工篮球赛，集中展示企业风貌和员工风采。召开青年员工座谈会，倾听青年心声，寄语青年成长。组织团员、青年参与青奥盛会，分享青春，共筑未来。

此外，认真履行企业社会责任，广泛开展挂钩帮扶、捐资助学、扶贫济困等工作，努力提升企业社会形象。

中国浦发机械工业股份有限公司

【基本概况】

1992 年 10 月，由原机械电子工业部响应中央号召和上海市在“部市共建，开发浦东”的大背景下，成立中国浦发机械工业股份有限公司(简称中国浦发)。1997 年，隶属国机集团。

依托上海的区位优势，发挥在机械行业中的影响，经过创业、调整、恢复、转型 4 个不同时期 20 余年的辛勤耕耘，现拥有 13 家控股子公司、1 800 多名职工，其中工程技术人员占比 70%。年营业收入超过 70 亿元，实现总公司、子公司同步协调发展的多元结构模式。确立以设计带动工程总承包和以技术研发带动产业发展的工程业务、以机电产品进出口和原材料采购物流服务为主的贸易业务、以工业园区和商业房地产开发为主的房地产业务等 3 项业务板块。初步形成工程业务为支撑、贸易业务为后盾、房地产业务为基石的企业发展定位。

近年来，按“改革创新为驱动，调整转型为抓手，包容发展为目标”指导思想，开拓创新，积极进取，管理能力提升，实现业务转型。将继续以股东权益、企业效益和职工利益最大化为目标，努力打造集技术、工程、贸易、投资为一体的综合性服务公司。

【主要指标】（主要经济指标详见表 1）

表 1 中国浦发机械工业股份有限公司 2014 年主要经济指标

项 目	2013 年	2014 年	同比增长 (%)
资产总额（万元）	1 241 436.00	1 626 719.00	31.04
净资产（万元）	79 117.00	127 804.00	61.54
营业收入（万元）	740 640.00	753 373.00	1.72
利润总额（万元）	15 339.00	25 787.00	68.11

（续）

项 目	2013 年	2014 年	同比增长 (%)
技术开发投入（万元）	17 076.00	17 994.00	5.38
利税总额（万元）	18 418.00	28 237.00	53.31
EVA（万元）	16 824.00	25 728.00	52.92
全员劳动生产率（万元 / 人 · 年）	26.48	36.72	38.67
净资产收益率（%）	12.11	15.67	增加 3.56 个百分点
总资产报酬率（%）	2.16	3.38	增加 1.22 个百分点
国有资产保值增值率（%）	69.00	116.00	增加 47.00 个百分点

【改革改制】

对制度管理体系进行全面修订。一是结合内控体系建设对公司制度的系统性、整体性进行完善，努力搭建起有效的制度管控体系；二是结合公司转型发展的要求，对公司重点业务、重点管控环节进行重点制度修订；三是抓紧厘清过时制度，督促各方抓紧修订；四是对现有重要制度中存在的局部不完备或不合理的地方进行修订。全年修订 27 项制度，新增 37 项制度，经过梳理不需修订制度 45 项，涉及制度 118 项，其中 109 项制度发布。

【重大项目】

辽宁抚顺热电厂“上大压小”EPC 总承包工程 1$^{\#}$供热站基本封闭，2$^{\#}$主厂房进行屋面结构和围护结构施工，1$^{\#}$炉进行本体吊装，2$^{\#}$锅炉进行水冷壁安装。

4 月，重庆中机龙桥热电联产项目 EPC 工程机组并网发电。

5 月份，金昌迪生金川区 100MWP 光伏发电工程完成全部光伏组件安装，实现并网发电。

8 月 9 日，马来西亚沙巴州 100MW 联合循环电站项目顺利完成机组联合循环满负荷 15 天的可靠性试运行，各项指标满足合同要求；8 月 13 日，通过当地政府的性能考核验收，进入商业运行。

河南晋开集团 100 万 t 液体肥料及 60 万 t 复合肥项目配套 2×480t/h 锅炉燃煤项目，完成除氧煤仓间和烟囱的基础，进入上部结构施工。

空分杭州研发基地项目 13 层以上二次结构，内墙砌筑全部完成，水电安装同步跟进，施工进度正常。

南京龙翔 20 000m^3 低温乙烯储存装置 EPC 项目，项目设计和采购任务完成，现场施工进入尾声，准备单机试车、三查四定和联动试车。

12 月，浦发广场 F 地块公寓式办公楼项目取得施工许可证。该工程建设“四证”齐全，正式开工。

12 月，76$^{\#}$地块工程项目开发建设前期准备工作进展顺利，取得施工许可证，桩基施工合同签订，施工场地平整完毕，临时用电完成。

【市场开拓】

1. 工程业务方面 中机国能（中机国能工程有限公司）在稳固国内火电项目市场的同时，开拓海外工程项目和新能源市场。光伏项目新签合同占比接近 15%。日照钢铁输配电项目开工后，得到业主认可，随后另外增加 3 个合同，年内投产 7 个变电站。中国空分（中国空分设备有限公司）在保持传统空分业务的同时，环保（废气、废水）业务取得较快发展，业务合同额占比接近 50%，成为重要的新兴支柱业务。

2. 贸易业务方面 在立足于原有硅钢、机电产品、工程配套业务基础上，通过产品结构调整，优化采购渠道，打破传统的库存销售模式，转变为客户提供物资采购服务外部和解决方案的服务模式。中浦供销(上海中浦供销有限公司)在松江建设的超薄硅钢铁芯工厂投入试生产，为公司贸易业务“技工贸”转型发展探路，取得成效。

【科技创新】

近年来，所属中国空分公司调整产业结构，转变发展方式，发挥自身低温专业技术优势，加强低温技术项目研发，成功申报多项拥有自主知识产权的专利技术，并加快科技成果转化步骤，将企业的自有专利技术（如用于大型低温储罐的绝热基础装置、平底立式双层金属低温储罐吊顶环隙密封装置、平底立式双层金属低温储罐内外罐压力平衡装置和一种低温液化气储存装置）成功应用于业务中，实现自有技术的产业化，切实把提高经济效益转到依靠技术进步和产业升级的轨道上来。

与华东电力设计院和中机生产力促进中心，共同参与 GB/T17116《管道支吊架》国家标准起草工作。中机国能为《管道支吊架第 2 部分：管道连接部件》的第一起草单位。

专利申报工作再创佳绩，全系统获得授权专利和软件著作权 43 项，其中获得授权发明专利 3 项、实用新型专利 38 项及软件著作权 2 项。

【产权改革】

为加强对产权的有效管理，有计划地处置部分股权和房产，按时收回 F 地块合作开发全部资金，国机财务公司、蓝科高新股权转让、北京上海房产出售等均取得实质性进展，从而得以梳理并精简公司产权结构，加速资金回笼，降低融资规模，缓解资金周转压力，稳定公司现金流。同时，按照国有资产产权管理相关文件，建立“归属清晰、权责明确、保护严格、流转舒畅”的现代产权管理工作思路，对公司及所属子公司的产权信息重新登记，为公司转型发展和合理科学管理国有产权奠定了基础。

【管理经验】

经营管理方面的经验主要有 6 点：

1. 加强结构调整，狠抓财务管理 确立“三个统一、二个集中”（人员统一委派、制度统一执行、会计信息统一细化，资金集中管理、人员集中办公）财务管理体系，并将财务职能分成会计、资金管理和财务综合，为财务履职加强管理提供基本保障；推进会计核算精细化和财务管理精细化；以风险管控为核心，建立前台（业务）、中台（风险管理）和后台（财务）相互监督制约的内控体系，完成内控手册及自评价手册编制。财务管理工作通过集团 FCM 验收，并获得“发展级”。

2. 提高法律工作水平，规避风险 一方面加强法律宣传工作，开展法务培训，提高员工法律意识；一方面在工作中引入法律支持环节，确保各项工作合规合法。法律事务部向贸易事业部派驻法务专员参与合同评审，在业务开展初期即对业务提出法律意见，做到动态化把控风险，法务工作的重心从被动应对诉讼纠纷向主动防范风险转移。

3. 加强人力资源管理 一是对薪酬体系、绩效考核、员工日常管理等基础制度进行修订完善，并加强执行力度，使职能部门薪酬体系更具弹性，发挥杠杆作用。二是加强工资总额预算管理，并在中期分析公司系统工资总额异动情况，提出要求，严格控制工资总额增长。三是有计划地组织开展年度员工的教育培训工作，组织大课 14 次，430 多人次参加；小课培训 63 人次。四是组织做好年度职称评审工作，全年全公司通过高级工程师任职资格 20 人、工程师任职资格 35 人、助理工程师任职资格 52 人；报集团评审通过教授级高级工程师 1 人。

4. 开展安全生产工作 结合组织机构调整，对原有的安全生产管理机构调整，对规章制度和应急预案等进行全面修订；各部门、各下属企业主要负责人与单位签订“年度安全生产责任书”，并予以考核；积极履行对下级企业的安全监管职责，重点对公司安全发展影响较大的工程总承包企业开展监管工作。通过不定期地对在建项目的安全生产检查和每月项目安全生产简报报送，及时了解各主要项目的安全生产状况。被国机集团评为“安全生产管理先进单位”，并在国机集团安全生产责任目标考核中继续保持“A 级”考评成绩。

5. 加强审计监察 按“以风险为导向、以内部控制为主线”审计模式，将风险导向原则贯穿审计工作始终。召开案例分析会和廉洁从业宣传贯彻会议，达到举一反三、以案警示的目的；对年度重点工作开展监察督办。内部审计工作坚持“提高岗位履职能力、加强内控制度执行、加强经营风险防范、加强重要工作督办”，发挥内部审计在公司管理、风险管控等方面的作用。

6. 加强科技、质量管理 所属中机电力完成电力行业资质升甲工作，中国空分完成化工专业资质升甲。报送的公司授权专利证书和软件著作权登记证书 31 项。ISO9001：2008 质量管理体系通过年度复审，完成海关管理年审工作，保持海关 A 类管理企业资格。

【信息化建设】

建立并健全信息化工作板块制度 8 项；按年度重点，深化 OA 系统利用，设立信息和工作活动沟通平台，并对工作流程重新梳理；按照信息安全等级保护要求，开展VPN网络升级改造及无线网络覆盖；利用现有网络资源构建远程应用，统一所有外部应用接入资源，规范内部网络访问管理，降低网络应用安全风险。

【党建工作】

中国浦发党委深入学习贯彻党的十八大和十八届三中、四中全会精神和习近平总书记系列重要讲话精神，将党建工作融入企业的转型发展的战略与实践。

1. 开展党的群众路线教育实践活动 通过上门授课、实地参观、观看教育片、案例分析等形式，组织党员、干部集中学习16次；年内发展党员6名，预备党员转正8名。结合下基层征求的群众意见，制订解决方案，并认真整改。党员和职工代表对党委开展教育实践活动的总体评价较高，好和较好占比97.2%；对解决“四风”问题评价是：好和较好合计占比95.3%。通过活动，改进党员领导干部的工作作风，强化干部的政治意识、宗旨意识、忧患意识和责任意识，加强党员干部的队伍建设，发挥党员干部引领示范作用，提高企业科学发展的能力。

2. 落实“三重一大”决策机制 在职能机构调整、贸易业务整合、重要人事任免、重大事项等方面，充分发扬民主，进行集体讨论，防止重大事项盲目性主观性，确保了公司的生存需要和改革发展的稳定。

3. 抓实党内基础工作 对直属基层党组织进行重新调整，将11个直属支部整合为8个，并建立党政领导干部基层党组织联系点，加强领导、指导，提高基层组织的凝聚力、战斗力。

4. 注重发挥好群众组织的作用 党委在公司转型发展中坚持党要管党、党建先行，建立和完善公司总部和所属企业的工会、共青团组织，实现基层群众组织全覆盖。同时，通过开展职工代表大会，落实司务公开、民主管理。

【企业文化】

为有效推进年度重点工作，内网OA系统设立“年度工作聚焦”专栏，及时发布各板块重点工作的动态和工作进度统计，引导激励各部门员工在完成年度重点工作中形成“比、学、赶、帮、超”氛围。启用员工论坛，并指定专人加以维护。通过员工论坛，加强干部和职工的沟通交流，特别是加强了公司领导与员工之间的沟通互动。

为加强制度的宣传贯彻工作，在OA系统首页开设制度宣传贯彻专栏，通过重点突出、浅显易懂的PPT等图表表达形式，使制度宣传贯彻达到较好效果。

继续做好公司内网、外网、国机集团、经信委党建网等平台的新闻发布和上报，认真做好《中国浦发报》（月刊）的组稿、制作、印刷、发行工作；做好公司外网组织结构、企业文化等板块、企业宣传展厅及展板的更新等工作，加强对外宣传力度，提升公司形象。

开展职工篮球比赛和职工室内羽毛球、乒乓球等业余健身活动，以及“三八节”女职工健康自我保健辅导讲座；组织职工年度健康体检；组织参加上级工会的体育、书画等娱乐比赛并获奖。

【社会责任】

帮扶和慰问困难职工，年内慰问41人，使用帮困金26 100元；落实与上海市金山区吕巷镇和平村第二轮的城乡结对帮扶工作，送去慰问金5万元、100套文具和100条羊毛被；组织14名员工参加年度无偿献血；组织员工广泛参加国机集团“爱心一日捐”活动；所属浦景化工公司在华东理工大学等9所高校设立“飞扬奖学金”，为134位学子发放奖学金44.6万元；继续组织员工定期向捐赠的2所“飞扬希望小学”送去各种学习和生活用品；所属空分公司在浙江大学设立“中国空分”奖学金，向15名学生共颁发5万元奖学金；所属中机电力公司分别在1月和6月援建甘肃陈户乡中机阳光希望小学和重庆三合街道中机阳光希望小学，为600多名师生重塑希望。

国机精工有限公司

【基本概况】

国机精工有限公司（简称国机精工）成立于2013年，是由中国机械工业国际合作有限公司（简称中机合作）、郑州磨料磨具磨削研究所有限公司（简称三磨所）、白鸽磨料磨具有限公司（简称白鸽公司）、贵州达众第七砂轮有限责任公司（简称达众七砂）等重组设立而成的精密工磨具产业发展平台，致力于打造“国内领先、国际知名”的工磨具行业优秀制造服务商。

产品及产业链条较为完整，是国内生产能力最大的综合性磨料磨具制造企业，业务遍及世界60多个国家和地区。具有普通磨料、普通磨具、涂附磨具、超硬材料及制品、磨料磨具行业专用设备与检测仪器等产品的研发、生产、销售，以及磨料磨具检测、标准、计量、信息等行业服务和进出口业务。

所属4家企业，均为行业领域具有重要影响的企业：中机合作是中国最大的磨料磨具经销商；三磨所是中国磨料磨具行业唯一的综合性研发机构；白鸽公司前身是第二砂轮厂，系国家一五期间重点引进项目，其白鸽牌商标是国家工商局商标局认定的“驰名商标”和河南省国际知名品牌；达众七砂前身为第七砂轮厂，其“山牌”棕刚玉磨料是世界同行业知名品牌。

【主要指标】（主要经济指标详见表1）

表1　国机精工有限公司主2014年要经济指标

项　目	2013年	2014年	同比增长(%)
资产总额（万元）	154 035.00	178 438.00	15.84
净资产（万元）	837 634.00	865 189.00	3.29
营业收入（万元）	101 622.00	102 856.00	1.21
利润总额（万元）	5 586.00	3 080.00	-44.86
技术开发投入（万元）	7 541.00	4 793.00	-36.44
利税总额（万元）	10 557.00	8 036.00	-23.88
EVA（万元）	3 010.00	-761.00	-
全员劳动生产率（万元／人·年）	21.10	20.80	-1.42
净资产收益率（%）	5.42	3.00	减少2.42个百分点
总资产报酬率（%）	3.64	1.85	减少1.79个百分点
国有资产保值增值率（%）	103.87	103.29	减少0.58个百分点

【改制改革】

1月，对达众七砂实施托管。实现当年托管当年扭亏为盈，实现利润179万元，减亏1 201万元，职工人均收入增长23%。达众七砂、三砂、六砂的股权划转工作计划于2015年完成。

【重大决策与重大项目】

1. 战略规划　高度重视企业战略发展导向作用，通过把握企业发展基本规律和突出问题，研究宏观经济、行业演进、模式变革等发展趋势，分析企业内部优劣势和外部环境的机会威胁，对企业发展的战略目标、战略路径、战略工具等进行系统思考、总体设计，初步形成国机精工第一个中长期发展规划纲要（草案）。规划3个“3年阶段性目标”：通过3年努力，做实主营业务；再通过3年努力，做强主业务；后3年，强化综合服务优势，推进业务扩张，到2023年国机精工成立10周年之际，实现“国内领先，国际知名”目标，向世界一流企业迈进。

从支撑国机精工发展战略、总体目标，以及形成核心竞争优势的高度出发，制订国机精工3年科技发展规划，从而初步构建了国机精工整体发展战略体系。

2. 迁建提升 白鸽公司迁建到国机精工产业园项目，完成新厂区规划及迁建提升方案，高效有机磨具项目和金刚石微粉项目建设接近尾声；办公大楼、检测中心等建设工程施工有序开展。

三磨所“国家超硬材料制品工程技术研究中心产业化基地二期工程”顺利竣工，通过验收、投入使用。三磨所整体生产规模扩大1倍，形成年产值6亿元的生产能力。

3. 科技项目

（1）“河南省高性能超硬材料制品重点实验室”通过验收。项目投资2 023万元。12月26日，河南省科技厅以“豫科〔2014〕207号”文件，批准由三磨所（与河南工业大学联合）承担的“河南省高性能超硬材料制品重点实验室”建设项目正式开放运行，标志着具有国内领先水平、能够有力支撑和引领河南超硬材料制品研究与开发的共用实验平台建成。

（2）12月31日，三磨所博士后科研工作站经“河南省博士后管委会办公室”批准成立，隶属于郑州高新技术产开发区博士后科研工作站。

（3）河南省重大科技专项“高速高效精密超硬材料磨具关键技术研发及产业化”项目，经豫财教〔2013〕416号文批准实施，项目实施周期为3年（2014.01—2016.12）。项目总预算2 006万元，河南省财政拨款300万元。2014年为技术开发阶段，完成项目关键技术的开发。

【市场营销】

1. 多种渠道、多方式开拓市场 始终把开拓市场、加快企业发展作为工作的重中之重，积极利用参加国内外展会、出访、网站、B2B平台等渠道和形式，宣传企业形象，努力开发市场。

作为贸易类企业的中机合作，通过对公司网站进行全面改版升级，积极利用网络渠道开拓市场；通过转变企业发展方式，调整产品结构，扩大出口产品范围，打造国机精工的国际市场销售窗口，改变过去单一的产品贸易方式，向成套设备贸易、工程承包配套服务等综合性贸易转变，实现由传统贸易向贸工技结合、成套装备进出口和国际工程总承包配套服务转型。成功开拓了南美、俄罗斯的工程机械、小型发电机组等市场。

科技型企业三磨所整合内部资金、技术、服务等资源，集中力量开拓市场，以客户为中心，以直销为主、经销为辅，重点开发国内外重点领域、重点市场、重点客户和重点产品，成立专家销售团队。通过“四个重点”的开发，对高效生产、质量提升提出了高要求，使其不断跟踪国际先进水平，引领国内行业发展、技术进步。部分产品做到研发一代、生产一代、储备一代，始终处于主动，并形成大客户效应及辐射其他领域和客户效应。三磨所开发重点大客户30个。

白鸽公司围绕“把产品做好，做好的产品”，促进主营业务转型升级和产品结构调整。对营销机构进行调整，设立市场部，建立市场信息收集系统，细分市场，做好市场预测，为营销决策提供依据，把“网点销售＋代理＋其他销售”转变为“直销＋代理商＋其他销售”，推行专业化直销为主，代理商和其他销售为辅的组合销售模式。通过重点客户座谈会，沟通信息，把资源配置向确定的重点产品倾斜。运用整体联动方法，从客户选择、标准提高、质量保障、市场推广、有效服务、跟踪改进等环节建立激励约束机制，下足功夫把重点产品“做好、做专、做精、做长”，提高重点产品在市场上影响力、占有率。

2. 市场开拓能力不断增强 注重拓展新的产品应用领域，随着国家节能减排政策的推进，LED照明行业发展较快，三磨所紧跟市场需求，开发LED行业加工用的配套磨具，并大力推广。LED行业加工用磨具实现销售2 220万元，同比增加98%，其中LED减薄砂轮同比增长245%。

3. 核心产品市场竞争力进一步提升 汽车行业用磨由轴砂轮增势依然较大，全年经营收入1 300万元；电子行业半导体封装用金属超薄切割砂轮（M）、半导体封装用树脂超薄切割砂轮（B）、陶瓷吸盘增速分别为176%、295%和

6%，全年经营收入分别达到 550 万元、332 万元和 526 万元。电镀金刚石划片刀和金刚石研磨液经过几年的培育，经营收入分别达到 248 万元和 657 万元，同比增长 140% 和 225%。

4. 借力出口倍增计划，拓展海外市场 中机合作依托国机集团平台，发挥自身国际贸易资源和商务能力优势，借力国机制造产品出口倍增计划，联手二重、苏美达、国机重工、洛拖、蓝科高新、六院、三磨所、成都工具所等兄弟单位，瞄准南美、俄罗斯、美国、非洲等重点市场，开拓集团石化产品、工程机械、工程承包等各项业务。多项大型业务洽谈进展顺利，部分产品成功打入国际市场。

中机合作在巴西市场实现产品销售额 720 万美元。同时，乌拉圭深水港项目、非洲可再生能源工厂项目等均在顺利推进中。

【科技创新】

申报 5 个纵向项目：超硬材料制品国家重点实验室、河南省博士后工作站、2014 年国家重大专项《汽车齿轮高效精密磨削砂轮/工艺的示范应用》、郑州市引进国外人才项目“轻量化高持续性超高速磨削技术”，以及郑州市中原区科技攻关项目“高耐磨性硅基金刚石聚晶拉丝模芯的研制”。

年度国机精工所属企业承担科研项目 70 余项，完成鉴定验收 21 项。其中，国机集团科技发展基金项目“超硬材料砂轮安全性能检测与评定技术”研制的系列超硬材料砂轮回转强度试验机、超硬材料砂轮安全性能检验方法，移交给国家磨料磨具制品质量监督检验中心，并为行业提供相关技术服务；国家重大专项项目“120 ～ 200m/s 高速/超高速磨削用陶瓷 CBN 砂轮”，研制出汽车、船舶发动机曲轴高速磨削、凸轮轴及轴类零件加工用系列高速/超高速超硬磨料砂轮成套制造技术，成功替代进口产品；河南省重大国际合作项目“大直径高速高效数控磨削重负荷砂轮”，获得 300 万元国拨资金支持；郑州市引智项目《磨曲轴高效精密陶瓷结合剂 CBN 砂轮研究》启动；国家项目“轿车变速器齿轮磨削用陶瓷微晶刚玉齿轮磨削蜗杆砂轮”进入产业化阶段。

年度申报专利 92 项，其中发明专利 39 项；授权专利 37 项，其中发明专利 2 项。制修订标准 3 项，其中国家标准 1 项、行业标准 2 项。

三磨所“轻量化超高速 ZLAS 基陶瓷 CBN 砂轮关键技术开发”项目荣获郑州市科学技术进步奖特等奖；“组合式和大直径高精度超硬材料切割砂轮研究”项目荣获机械工业科学技术二等奖；精密高效双端面磨削用超硬材料磨盘关键技术，获得河南省科学技术进步奖三等奖；“端面非加工超薄超硬材料树脂切割砂轮的研制”分别荣获国机集团科学技术二等奖、河南省装备协会科学技术一等奖。

【产权制度改革】

《国机集团关于同意将中磨公司和郑州三磨所 100% 股权无偿划转给国机精工的通知》（国机资〔2014〕229 号）决定，将持有的中机合作与三磨所 100% 股权无偿划转给国机精工有限公司。中机合作于 2014 年 7 月、三磨所于 2014 年 8 月完成工商登记变更。

【管理经验】

1. 着眼卓越运营能力体系建设，导入战略绩效闭环管理办法 积极导入战略绩效闭环管理先进理念和方法，通过有效开展市场洞察与差距分析、创新焦点、业务设计、运营体系设计 4 个阶段工作，完成战略目标可信性论证以及目标导向的业务运营体系设计，具体项目在强化市场论证、形成关差闭环、实现业务突破方面取得较大成效。骨干人员在思想观念、精神风貌、专业知识、管理技能上获得较大改观。

2. 加强财务管理，提高资金运行效率 加强财务统一核算及资金集中管理工作，制订实施财务核算、资金管控、应付账款管理等管理办法和业务流程，形成财会业务统一平台，推进资金“统一调配、内部融通”，实现资源协同、盘活存量资金、降低财务费用。三磨所在财务核算、应付账款、发票管理等方面加强财务基础管理，改善财务管理环境，缓解资金压力。中机合作加强外汇、应收账款等方面的风险管理。白鸽公司深化和改进全面预算管理，加强过程控制，强化基础管理。

3. 加强学习和培训，提高业务素质和能力 致力于打造学习型组织，十分重视学习和培训工作，提高素质，提升能力。围绕企业战略和生产经营中心开展战略管理、供应链管理与库存管理、市场营销、员工职业化、新员工入职、行政管理、党务知识、产品专业知识等 10 余期培训项目，组织 80 多人参加国机集团举办的

CCS培训、所属企业领导班子培训、项目管理培训、科技干部培训，以及70、80人才培训和EMBA培训等28期培训项目。

2013年4月—2014年8月，三磨所和白鸽公司联合在河南工业大学举办2期磨料磨具专业知识培训班。

4. 推进业务整合与协同 为提升国机精工整体市场竞争力，精工总部围绕深化业务资源重组整合，开展包括营销平台、外贸平台、财务集中管控、研发管理体系等业务资源聚合利用的前期研究论证；把握资金内部融通，风险可防可控原则，推进中机合作、白鸽公司与达众七砂上下游之间的内部合作，有效地发挥了协调效应。同时，寻求与国机集团内部兄弟单位合作，共同开发国内外市场，获得贸易额和市场开拓的双丰收。

5. 突出重点，推进总部建设 在围绕国机精工总部定位，设置组织机构，明确部门职责，制定相关管理制度的同时，抓住重点，着力推进价值总部建设，制定发展规划，打造卓越运营能力。围绕构建产业链竞争优势，协调地方政府及有关部门，持续推进白鸽公司、达众七砂重组和行业资源整合工作。引导所属企业资源共享的内在需求，搭建公共管理服务平台，统筹规划并实施基建技改、信息化、科研基础条件等项目建设。

6. 文化融合，促进和谐共赢 高度重视融合发展工作，通过干部交流、员工培训、协同合作、文体活动等方式促进各所属企业文化融合，使国机精工有包容性、凝聚力和奋发有为的“和”文化内涵深入人心，提升员工对国机精工的认同感。实现干部交流17人次，促进了国机精工文化融合、合力合作、干部成长。

【信息化建设】

为实现企业经营全过程中的信息流、物流、资金流的有机集成和优化运行，增强企业应变能力和综合竞争能力，精工总部制定信息化建设整体方案，全面启动信息化建设工作，构建统一涵盖总部及所属企业财务、科研、人力资源、产供销一体化管控平台、协同办公信息平台及综合服务平台等内容的信息化系统。财务、协同办公、人力资源等信息化建设一期项目，全部或部分上线试运行。

【党建工作】

认真学习贯彻十八届三中、四中全会精神和习近平总书记系列重要讲话精神，积极开展党的群众路线教育实践活动，按要求，聚焦“四风”突出问题，制定整改方案，认真进行整改。

加强基层党组织建设，规范程序标准，加强督促检查，确保各所属企业专题民主生活会高标准、高质量；加强党员思想教育，组织党员到兰考县焦裕禄纪念园参观学习，开展重温誓词活动等，提高党性认识，提升基层党组织战斗力和凝聚力。

通过完善制度、签订责任书和廉洁承诺书，以及到郑州市监狱参加现场警示教育、干部任前廉政谈话等形式，加强党风廉政建设和反腐败工作。

加强群团组织建设，12月成立国机精工有限公司工会委员会，并选举产生了第一届工会委员会、经费审查委员会和女工委员会。

【企业文化建设】

以国机集团“和”文化为统领，秉承国机集团“合力同行，创新共赢”核心价值观，以规章制度、机制体制、学习培训、作风建设、绩效考核、干部选拔任用、宣传教育及丰富多彩的文化活动，引领广大干部职工团结包容、爱岗敬业、改革创新、积极向上、奋发有为、责任担当等，把企业精神与员工发展愿景相结合，使之成为企业与员二的共同价值观，切实把企业文化打造成企业核心竞争力的重要组成部分。

开展以“和”为主题的国机精工迎国庆暨成立一周年文艺汇演。充分调动员工的积极性，挖掘其聪明才智，创作了形式多样、内容丰富的文艺节目，取得良好效果。

【社会责任】

以“为客户善事利器，让员工成长成功”为使命，积极履行社会责任。坚持为客户创造价值的理念，以成为“国内领先、国际知名”的工磨具行业优秀制造服务商为愿景，以人为本，利用科技进步和现代经营管理手段和理念，为客户提供优质产品和服务。在企业发展的同时，促进行业发展，助力客户、员工成长成功。

中国联合工程公司

【基本概况】

中国联合工程公司（简称中国联合）是以原机械工业第二设计研究院为核心，联合多家国家甲级勘察设计单位组建的大型科技型工程公司，隶属于国机集团，总部设在杭州。

现有员工 5 000 多人，专业技术人员占 95% 以上。设有工业工程、民用工程、能源工程、工程建设、工业装备、规划市政、国际业务等业务板块。作为国内最早组建的国家大型综合性设计单位之一，中国联合圆满完成了以上海电气、东方电气和哈尔滨电气三大动力基地为代表的一大批国家装备制造业骨干企业的整体设计，设计和建设了 300 多座电厂，以及数以千计的标志性民用建筑。60 多年创业，成为国内首批获得工程设计综合甲级资质的企业，服务方式从工程设计向前后延伸到工程建设全过程。在做精做强设计咨询业务的同时，积极开拓工程总承包和项目管理业务，大力提升 EPC 能力，积极参与国际竞争。

多年来，公司始终遵循“与顾客共同创造价值”经营理念，完成 1 万多项大中型工程；主编、参编国家、地方和行业标准、规范 80 余项；获国家科技进步奖 26 项（一等奖 2 项）、国家级各类工程技术奖 100 多项、各类省部级奖 1 000 多项。公司连年被授予“重合同守信用”企业称号，获 AAA 企业信用评定等级。

【主要指标】（主要经济指标详见表 1）

表 1　中国联合工程公司 2014 年主要经济指标

项　目	2013 年	2014 年	同比增长（%）
资产总额（万元）	817 667.37	880 315.50	7.66
净资产（万元）	112 011.80	135 902.69	21.33
营业收入（万元）	502 911.18	554 644.57	10.29
利润总额（万元）	24 462.26	27 116.41	10.85
技术开发投入（万元）	25 330.49	46 651.00	84.17
利税总额（万元）	40 663.51	33 965.78	-0.16
EVA 值（万元）	28 462.81	30 911.68	8.60
全员劳动生产率（万元 / 人・年）	18.52	21.37	69.38
净资产收益率（%）	23.98	18.41	减少 5.57 个百分点
总资产报酬率（%）	3.46	3.21	减少 0.25 个百分点
国有资产保值增值率（%）	129.33	119.91	减少 9.42 个百分点

【改革改制】

中联西北工程设计研究院更名为中联西北工程设计研究院有限公司、机械工业勘察设计研究院更名为机械工业勘察设计研究院有限公司，按公司制模式运行。

【要事与重大决策】

积极应对市场变化，推进转型升级，提升增长质量。6 月，公司杭州总部整体乔迁滨江新大楼，实现杭州员工“在一个大楼办公、一个食堂就餐、一个地库停车、一个运动场运动”的梦想。开拓工业工程、民用工程、能源工程、工程建设、装备工程、规划市政和国际业务七大板块市场，加强内部管理，继续呈现稳中求进的良好势头。职能部门干部员工践行“积极服务，有效管理”

指导思想，按“目标数字化，预算精细化，管理透明化，工作高效化”总体要求，服务公司总体发展战略和生产一线。

面对经营形势严峻的局面，审时度势，加快企业转型步伐、重视有质量的发展，以项目实施为抓手，加大项目经营力度，取得重大项目实施和经营双丰收。重大决策主要有：

2 月 21 日，公司审议并通过工业工程板块组织机构调整方案，成立中联工业工程公司，并将原有 2 个工业院变更为 4 个工业院。

7 月 9 日，召开党的群众路线教育实践活动专题民主生活会，领导班子成员都做了专题剖析发言。国机集团党委常委、副总经理谢彪，国机集团群众路线教育实践活动第五督导组组长樊高定、副组长王为民等一行 4 人参加了专题民主生活会。

8 月 20 日，党政联席会审议通过西北院、勘察院改制事宜报告。

12 月 27 日，召开党政联席会审议：公司总部2014年度各类优秀项目和科研成果评审结果，以及 2014 年度各类行政、党委先进评选结果；公司总部 2014 年工作总结和 2015 年工作安排；公司二院第十八届工会会员代表大会暨第十次职代会议程；2014 年度干部、员工考核结果；公司总部 2015 年度管理经费预算和生产发展基金预算等。

【重大项目进展】

2 月，浙江海外高层次人才创新园项目竣工交付业主使用；6 月，中化泉州石化项目动力站工程项目建成交付业主使用；10 月，山东神达化工有限公司化工园区供热中心总承包项目建成交付业主使用；11 月，国遥地块联建产业大楼建设工程项目建成交付业主使用。

高度重视海外市场的经营和开拓，加大海外项目的实施力度，完成哥伦比亚 G3 项目锅炉点火烘炉工作。加强哥伦比亚 G3.2 项目领导和实施力量，调整实施方式，由公司自主组织当地人进行土建项目实施，加快项目实施进度和管控力度；G3.2 锅炉钢架安装至 5 层，主厂房图纸通过设计监理审核，开始施工。

重大项目的顺利实施，提升了在 EPC 工程总承包工程建设模式上的影响力。在牢牢抓住原有客户的同时，开拓一批新的经营市场：7 月，与委内瑞拉玻利瓦尔共和国人民政权住宅部签订安索阿特吉州西蒙玻利瓦尔市巴塞罗那及新埃斯帕塔州马里尼奥市波拉马尔 4512 套住宅、市政规划及基础设施建设合同。大临设施开始建设，工程勘探、施工图纸审批及建安招标工作顺利进行；7 月，与中安联合煤化有限责任公司签订中安联合煤化有限责任公司动力中心设计、采购及施工（EPC）总承包合同（项目全面进入安装高峰）；12 月，签订九堡文体中心 EPC 项目，该项目进展顺利。

【要事与市场开拓】

1 月 10 日，机械工业勘察设计研究院与中铁第一勘察设计院集团有限公司等单位共同完成的“湿陷性黄土地区高速铁路修建关键技术”和与浙江大学等单位共同完成的“长期循环动载下饱和软弱土地基灾变控制技术及应用”2 项科研成果，同时荣获 2013 年度国家科学技术进步二等奖。

2 月 22 日，负责设计和代建的义乌上溪镇“新社区・和苑”一期工程开工。该项目是自 2013 年 9 月 30 日义乌市政府与公司签订战略合作框架协议以来首个落地项目，标志着公司与义乌市政府全面合作的开启。

7 月 16 日，中安联合煤化有限责任公司动力中心设计、采购及施工（EPC）总承包合同签字仪式在公司总部成功举行。中安联合煤化一体化项目是中国石化、安徽省重点建设项目，淮南市“一号工程”，对促进安徽省、淮南市地方经济转型发展、结构优化调整，推动安徽省煤化工基地建设，具有重要的战略意义。

7 月 21 日上午，在国家主席习近平对委内瑞拉进行国事访问期间，中国联合作为委方重要的国际承包商、高访签约企业，参加由习近平主席和委内瑞拉总统尼古拉斯・马杜罗共同出席的中委高级混合委员会第十三次会议闭幕式。闭幕式上，在国家主席习近平和委内瑞拉总统尼古拉斯・马杜罗共同见证下，公司副总经理、财务总监钱向东代表中国联合工程公司同委内瑞拉住房部部长里卡多・安东尼奥・莫利纳先生签署“委内瑞拉安索阿特吉州和新埃斯帕塔州住房建设、规划和基础设施服务项目 EPC 总承包合同”。

7 月 24 日，工业二院中标沈阳鼓风机集团股份有限公司 CAP1400 屏蔽电机主泵试验台建设项目。这是继 AP1000 主泵试验台建设项目和沈鼓集团营口基地建设项目后，双方的又一次重要合作，标志着与沈鼓集团的战略合作伙伴关系更加紧密。

7 月 25 日，浙江舟山群岛新区金塘管理委员会与中国联合签订战略合作框架协议。

8 月 21 日，作为在浙央企之一，中国联合与诸暨市人民政府签署战略合作框架协议。

哥伦比亚当地时间 2014 年 9 月 16 日 9 时 18 分，由中国联合哥伦比亚 G3.2 项目部主办，业主 Gecelca、G3.2 监理 BV-TC 参加的哥伦比亚 G3.21×273MW 燃煤电站锅炉基础土方开挖启动仪式举行。

【管理经验】

1. 营销管理与品牌建设方面 加强营销管理，注重品牌建设，在《小康》杂志、《中国人大》杂志、《浙江日报》等省内、全国性的媒体上刊登介绍公司转型升级经验的文章，扩大公司的影响力和知名度。同时，利用公司新大楼的条件，先后主办或协办第二届中法城市与建筑可持续发展论坛、浙江省对外承包工程商会一届六次理事会、浙江省工程总承包试点工作座谈会等会议，进一步树立了公司在行业内的标杆性地位。

利用新大楼启用契机，充分利用各种媒介载体，加强企业形象宣传：出版《中国联合报》20 期、《联合》杂志 5 期。定期更新公司宣传 PPT 等宣传内容，完成重要客户宣传任务 90 余次；出版搬迁新大楼专刊；完成集团“群众路线实效成果”“最美一线员工”“企业纵横”等栏目约稿。完成中联工业、中联民用、中联建设商标的注册工作，使品牌建设更加立体。

在美国《工程新闻记录》（ENR）和中国《建筑时报》2013 年中国工程设计企业 60 强排名中列第 10 位；中国联合位列“浙江省高新技术企业百强”中高技术服务业十强；在全国机械工业劳动模范表彰大会上，中国联合荣获“创新型优秀企业”称号，总经理郭伟华荣获“优秀企业家（院长）”称号。中国联合再次荣获“全国守合同重信用单位”“全国大学生就业最佳百家企业奖”等荣誉。

2. 财务管理方面 强化财务预算管理，完成年度财务决算工作，较大幅度超过集团考核指标；完成年报审计工作，完成所得税汇算清缴工作和高新企业研发费用加计抵扣工作。完成服务外包企业人员补贴等专项审计。加强与地方财政、税务部门的沟通，积极争取财政补贴、税收减免和税收返还事宜。加强出口退税管理，力争缩短退税时间，全年获得地方财政补贴和税收返还 500 多万元。完成杭州市税务系统的综合评级，连续获得 3A 级纳税信用等级单位；完成浙江省发改委“企业招投标信用评估”工作，再次被评为 3A 企业；完成 2014 年度银行 3A 等级评定工作。

充分利用留用资金开展短期理财，在确保本金安全、操作合法合规的前提下，努力提高理财收益。兑现青年员工购房贷款利息补贴，为首批 54 名青年员工办理贷款的还款续贷手续和第二批 19 名青年员工新增贷款手续。协调工商银行在新大楼安装 ATM 机；联系银行定期上门服务，满足员工办理金融业务的需要。

根据国机集团要求，完成公司土地资产基础信息统计和财务管理职能提升成果自我评价工作；加强对各子公司的投资管理，开展公司国有产权登记情况自查，并及时进行整改；完成国机集团 2013 年度境外国有产权管理情况的管理报告。召开成员单位财务工作交流会。协调各子公司企业改制工作，完成子公司中联西北院和机勘院的改制协调和申报工作。

3. 人力资源管理方面 组建专门招聘小组赴 24 所重点院校开展 39 场宣讲会；与行业知名网站合作，拓展社会招聘渠道。继续加强与清华大学、东南大学、合肥工业大学、华中科技大学等高校的实训合作，进一步提高公司在校园的知名度和雇主品牌。全年引进社会招聘人才 254 人，新进应届大学毕业生 183 人。

持之以恒建设学习型企业，组织各类培训 79 场，培训 2 300 人次。开展各专业技术交流系列讲座、青年主师系列培训班、工程项目管理专项培训班、青年岗位能手培训班、新员工之星培训班、职能管理专题培训班、新入职员工培训等。组织整合型管理体系内审员培训班，100 人通过培训和考试取得相应资格。完成各类注册考试报名 278 人次，完成各类执业资格注册 145 人次，完成各类注册继续教育 94 人次。完成公司及本部工程系列专业技术职务任职资格评审工作，351 人取得高一级专业技术职务任职资格。

推荐和申报国家、行业、省市区等各类专家、人才 15 项 47 人次。其中赵拥军获“全国勘察设计行业科技创新带头人”称号；赵拥军、郭杭锋被授予首届“浙江省工程勘察设计大师”荣誉称号；方晔被授予“浙江省优秀科技工作者”和“杭州市首届青年建筑师”荣誉称号；陆锋获省“151”人才工程第二层次培养人员；郭晔获“下城区优秀科技工作者”称号。

继续开展中国联合管理的干部述职考评。加强70后中层干部培训，选派14名中层干部参加省委党校为期3年的进修。职能管理部门试行考核结果与创新性工作挂钩，促进管理服务工作持续改进提升。

4. 自主创新及科技投入方面 加大创优评优工作力度，共申报各类外部工程技术奖4类89项，获各类外部工程技术奖55项，各部门申报公司优秀项目83项。

制定并发布“公司本部技术发展基金项目立项方向指引”。对2014年立项和历年结转的102个课题进行年中检查；对60项结题的科研业务建设及知识中心项目，进行初评和资料汇总。首次申报的浙江省重大项目专项“CAP1400核电主泵试验装置研发”获得立项资助，实现重大科研专项零的突破。同时，积极开展申报省市区的其他科研项目（6项）及其他科技资助工作。对国机集团的科技基金项目进行检查，维护公司承担的科技发展基金资助项目。

推进标准规范编写工作，受到机械工业勘察设计协会和住建部标准定额司的好评。编写的2项国家标准通过评审；主编的2个国家标准通过修订立项。正在编写的国家标准、行业标准18项。加强专利申报和管理工作，全年申请专利27项，其中发明专利4项，实用新型专利23项；获授权发明专利33项，其中发明专利1项。做好高新技术企业的日常维护和研发费用加计抵扣工作；加强学会、信息网的管理工作；做好节能减排报表及总结考核工作。

完成档案室各类图书档案（约20万卷/件及130多万张图纸）的搬迁及相关工作，确保中国联合60多年知识宝藏的安全平稳有序迁移。响应生产部门需求，对不同业务板块分别开展档案管理宣传贯彻培训及相关业务指导，确保归档文件材料的质量。

进一步开展档案信息化工作，走访调研同行单位，初步完成中国联合本部数字档案信息系统的需求分析及阶段建设方案的规划；引进图书档案管理软件，初步实现图书档案资料的条形码扫描入库、借阅、归还等基础管理工作。

5. 质量管理方面 制订“2014年设计质量提升行动计划”。修订《公司重大项目管理办法》。根据设计人员流动性大等特点，加强日常工程咨询、工程设计人员资格动态审核认定工作。组织设计评审会议，提高内在设计质量。加强对各设计部门施工图产品检查的力度和频次，对外审和抽查意见及时进行改正和剖析。

6. 安全生产方面 进一步落实安全生产“谁主管，谁负责”要求，开展安全、进度、质量等联合检查，及时发现问题隐患，严格开具整改通知单，并组织整改。培训项目管理人员。积极组织推进安全生产月活动，开展安全培训、隐患排查、应急演练等活动。

接受国机集团对中化泉州项目的安全生产互查、接受省安监局互查组检查并均获检查组好评。完成安全经理及安全管理员人员资格初审，对安全经理及安全管理员人员进行总承包安全管理知识和典型事故案例培训，完成考核认定。完成2014年度管理体系内审和管理体系手册、程序文件、危险源、重大危险源、环境因素、重要环境因素清单等资料修订。组织管理评审和外审工作。完成环境因素清单等资料修订，组织管理评审和外审工作。

【节能减排】

完善工作制度，强化责任落实。把节能减排目标和任务逐级分解到每个部门，建立从管理层到一线员工的责任体系，加强基础管理。切实加强组织领导，负起领导责任，统筹谋划公司节能减排工作，确保思想认识到位、目标责任到位、工作措施到位、制度保障到位。加大对员工培训力度，组织员工学习国家有关节能减排的政策法规，学习新发布的标准规范，并与业务挂钩，进行业绩考核，增强员工责任感。

在设计产品质量抽查中，重点对设计产品的经济性指标和国家强制性标准，尤其是涉及节能环保标准条文的执行情况进行检查，将检查结果作为质量考核依据。检查结果显示，公司设计产品经济性指标普遍提高，国家强制性标准得到贯彻落实；特别是涉及节能减排的国家、地方法律法规和标准规范的要求得到完美贯彻，相关的新技术、新材料、新结构、新工艺得到积极推广应用。

中国联合为非工业行业企业，主要能源消

耗是办公大楼供电、空调、汽车油耗等，无COD、二氧化硫、氨氮、氮氧化物、二氧化碳等高污染物排放，无环境污染情况。

【信息化建设】

投入586万元，进行信息化系统2大板块21个子系统建设。在完成好中国联合信息化系统运维支撑的同时，做好中国联合新大楼的信息化基础建设工作。为核心生产系统信息化建设，组织调研工业院的设计项目管理、档案信息化系统、总承包项目管理系统，将信息安全建设纳入信息化工作中。完成工作时间上网行为监控。参加集团组织的信息安全大赛，获得第六名。

落实信息化中心对信息化管理和服务的职能，逐步体现信息化中心价值。拟定信息化中心部门职责、员工岗位职责，重新拟定并发布3个信息化工作的管理办法；召开2次信息化协调会，专题讨论公司软件管理的模式。制定软件统购方案。加大信息化管理和前方生产的融合度，完成统一出图管理系统的上线工作，为公司财务信息化提供定制开发服务，为海外板块开发考核管理系统。在全公司推动三维设计，提供软硬件平台的支撑和培训工作。不断满足职能部门和生产部门对信息化工作日益提高的新需要。

【审计与法律事务】

严格管理经费和生产发展基金的预算审核，动态监督检查各项预算费用的支出，严格审核各类专项费用预算；对中联西北院和机勘院两家子公司的领导进行任期经济责任审计；结合内部管理、考核等情况，对建工一院、深圳分公司等部门进行管理审计；开展生产部门考核计奖、后勤公司考核计奖、现金流量、5年以上应收账款清理等专项审计；对哥伦比亚G3等重点工程总承包项目的财务收支、合同执行等情况进行跟踪审计，对历年来收付款尚未结束的工程总承包项目进行集中清理审计；对中化泉州项目进行完工效益审计；参与重大物资采购、工程项目分包采购的开评标监督。

加强风险控制，建立重大项目风险信息库，组织项目承接风险评估14项，涉及金额110多亿元。防范法律风险，审查公司各类合同、招标文件等2 000余份，涉及合同金额70多亿元。加强重大法律纠纷案件管理，制订公司《所属企业重大法律纠纷案件管理办法》。提高法律服务工作效率，开发并启用项目风险评估、律师函、催款函办公流程。协同生产部门处理各类诉讼及非诉纠纷，维护中国联合合法权益。落实《公司“六五”法制宣传教育规划》，开展普法宣传工作。

【党建工作】

在全公司，历时219天，深入开展群众路线教育实践活动。通过动员启动、学习教育、听取意见、查摆问题、开展批评、整改落实、建章立制、回顾总结、持续改进等活动环节共48个步骤，完成了活动方案制订、专题民主生活会、党员民主评议、两方案一计划、整改材料、总结材料等20余项材料，以及12期简报、20期周报、3期小结（总计14万余字）等大量任务。活动的开展使公司各级干部和广大党员得到了洗礼。

根据《中国联合工程公司2014年党委工作计划》《2014年度党建工作要点》，制定“党支部党建工作汇总表”，将党建的各项工作进行数字化、目标化管理。

7月7日—8日，召开中国联合党委第一届党代会，选举产生中国联合第一届委员会和纪律检查委员会。会后对公司总部的29个党支部进行换届选举，加强了企业党组织基层建设，优化了基层党组织结构，促进了党建工作顺利开展。

【文化建设】

发挥党、工、团组织作用，做好离退休人员的服务工作，促进内部和谐。工会、团组织及各文体俱乐部组织多项文体活动，营造积极向上的企业文化氛围，创造和谐美好的生活环境，进一步提升了中国联合的凝聚力和向心力。组织人员编写出版《企业文化手册》《综合管理手册》；利用大屏幕循环播放企业文化宣传图片，让员工多层面、多方面受到企业文化魅力的熏陶。

【社会责任】

作为一家以工程服务为主业的国企，中国联合最大的社会责任是为社会提供各类精品工程。公司每年完成数百项国家和地方的大中型工程，其中多个项目获国家级和省部级优秀设计奖、科技进步奖和优秀项目奖。

积极承担社会责任，开展缙云县大源镇结对专项扶贫工作；组织全公司职工响应国机集团号召，开展2014年爱心捐款，共26万余元；申领国机集团“爱心基金”补助重病职工共10.8万元。

中国汽车工业工程有限公司

【基本概况】

中国汽车工业工程有限公司（简称中汽工程）2005年10月28日成立，是由国机集团所属的四院、五院合并重组，创立的国际型工程公司，总部在天津。公司拥有国家40余项各类资质证书，其中甲级资质证书近30项。是中国机械行业规模最大、拥有甲级资质最多的公司，是中国第一批通过ISO9001质量管理体系认证、拥有开展国外经济技术合作业务的公司，是国际FIDIC成员单位。现有职工3 100余人，其中专业技术人员1 931人、教授级高工69人、高级工程师491人、工程师498人、助理工程师512人；并拥有一批高素质的管理人才。

汽车工程项目设计、承包，是国机集团打造汽车板块、为“造车人”服务的主要业务之一。以工程技术为基础、工程设计为龙头、工程承包为主要业务，以汽车生产工艺及专用生产装备的承包为核心竞争力，承担着汽车工程及其他机械、医药、电子、民用等项目的规划设计、工程总承包，具备从咨询、设计到制造、安装、调试、陪产服务等完善的技术服务产业链业务。

近年来，承接了奔驰、沃尔沃、捷豹、福特、通用、宝马、戴克等合资企业，以及福田、江淮、长安、中华、东南、中国重汽、陕西重汽等各大汽车集团（公司）的设计和总承包任务；并走出国门，承接印度、越南等国家的汽车工程设计和总承包任务，是改革开放后中国首家承担国外汽车生产线总承包并获成功的公司。

秉承“为顾客创造价值”发展理念，致力于“更高的追求，更好的生活”企业愿景，中汽工程将全力打造机械工厂建设新理念，把高质低价、绿色节能的科学发展观贯穿工程建设全过程，朝着国际知名的工程系统服务商品牌和业务发展目标不断迈进。

【主要指标】

顺应形势，发挥主观能动性，坚持创造市场，抢抓机遇，实现良好经营业绩。新签合同额51.5亿元，同比增长9.83%，比目标值超出19.8%；实现营业收入53.1亿元，同比增长39.32%，比目标值超出39.87%。主要经济指标详见表1。

表1　中国汽车工业工程公司2014年主要经济指标

指标名称	2013年	2014年	同比增长（%）
资产总额（万元）	541 067.00	586 697.00	8.43
净资产（万元）	76 351.00	166 263.00	117.76
营业收入（万元）	295 403.00	410 784.00	39.06
利税总额（万元）	42 461.00	49 428.00	16.41
利润总额（万元）	20 977.00	23 093.00	10.09
技术开发投入（万元）	18 246.00	19 364.00	6.13
全员劳动生产率（万元 / 人·年）	24.00	28.00	16.67
总资产报酬率（%）	4.28	4.20	减少1.87个百分点
净资产收益率（%）	25.41	15.47	减少39.12个百分点
国有资本保值增值率（%）	128.96	126.04	减少2.26个百分点

【要事与重大决策】

2 月 19 日，召开中汽工程董事会会议，审议通过《关于增设职工董事、职工监事的议案》和 2014 年度董事会、监事会会议计划。

2 月 21 日，召开管理评审会。分析在技术质量等管理活动，把 2013 年未完成的内容作为 2014 年的重点工作。

4 月 21 日—5 月 15 日，北京中设认证服务有限公司审核组一行 3 人对中汽工程（一监）、四院（二监）跟踪审核。

6 月 24 日上午，中汽工程召开信息化大会暨第二次信息化领导小组会议（视频会议）。

10 月 20 日下午，中汽工程党的群众教育实践活动总结大会召开。

11 月 12 日，《中国汽车工业工程有限公司十二五信息化发展规划》发布。

【重大项目】

1. 上汽通用五菱新区涂装项目 项目占地约 16 800 亩（1 亩＝666.6m^2），一期项目占地 4 335 亩，年产 40 万台整车。总投资约 80 亿元。整车工厂主要产品：宝竣 630、LEICHI 及未来车型。中汽工程承担了全厂工程设计、项目管理及涂装车间总承包任务。工厂规划遵循通用汽车公司的标准工艺、设备要求，结合 SGMW“低成本、高价值”策略，力求实现精益化、柔性化、模块化生产，进而建设成为与世界级接轨的整车工厂，打造绿化、环保、低碳的现代化乘用车生产基地。

2. 中嘉汽车成都 VOLVO 涂装项目 规划产能 12 万辆 / 年。涂装车间的 VP 车下线仪式，标志着该项目取得圆满成功。Volvo 成都涂装车间项目是中汽工程成功进入 Volvo 的第一个涂装项目，开创了该公司与 Volvo 公司合作的新纪元。中嘉汽车成都涂装项目 VP 车的顺利下线，标志着该公司进军高端汽车品牌的业务规模进一步扩大，为中汽工程品牌价值的提升，并为在高端汽车品牌领域业务的深层拓展打下坚实基础。

3. 北京奔驰总装项目 项目为总装车间生产线总承包，是中汽工程迄今为止合同金额最大的总装总承包工程，也是国内总装机运线线投资之最。该项目是建成德国奔驰全球产能最大的工厂（也是技术最先进、适应奔驰除 S 级以外的所有后驱车的全柔性工厂）。项目产品为 C 级车、E 级车、GLK 紧凑型越野车，都是后驱动和四轮驱动豪华车。几乎涵盖总装所有高端输送设备。是轿车总装领域生产线配置最高的工厂。

4. 北京现代总装项目 由中汽工程承担三工厂总装车间部分设备及 PDI 车间部分设备的总承包项目，合同额 1.25 亿元，项目技术标准要求高，生产组织要求高。量产第一天就把目标运行率定在 95%，经过 2 个月的生产爬坡，每天双班生产净时间 16h 左右，产量基本稳定在 1 000 台以上，生产节拍 66JPH，完成率平均 99%。在此高标准的要求下，中汽工程所提供的设备状态及设备运行率均达到较高目标要求。

5. 沈阳华晨宝马项目 为华晨宝马汽车有限公司新工厂项目，是宝马汽车集团在世界上规模最大、技术最先进的工厂。广泛采用汽车制造领域最先进设施设计和能源管理技术理念，使该工厂在节能环保、以人为本、环境优美、数字化、信息化等方面，树立汽车工厂新标杆。特大型汽车冲压焊接总装联合厂房，总规划建筑面积 120 万 m^2。为当前中国在用汽车制造联合厂房中面积最大的汽车制造联合厂房。成功突破特大型厂房扩建、消防、排水等系列问题。

为最大限度地满足汽车生产场地布置灵活性，厂房结构采用双向绗架标准模块结构，厂房主结构为完全装配式，易于不停产扩展或改造，构件可重复使用，节能环保。按照 LEED 标准设计厂房采光保温等环节，达到最大建筑节能可能性。大型通风采光天窗，自然光透光面积达到屋面面积的 5%。墙板、屋面均采用加厚保温隔热层，减少散热。

项目技术难度大，多项技术处于国际先进水平。项目工程设计总收费 1.5 亿元，是中汽工程有史以来收费最高的设计项目。项目一期工程投产后，以其技术先进、环境友好、美观实用等特点引起国内外各大汽车企业广泛重视。

6. 上海大众新疆生产基地乘用车工厂项目 项目按上海大众 60JPH 标准化工厂总体规划，总用地面积 2 175 亩，为新疆工业发展历史上具有里程碑意义的项目，将填补新疆乘用车制造领域的空白。

7. 上海大众六厂项目 是上海大众按照德国大众全球工厂标准建设的又一个高标准工厂，产能 60JPH 车间总面积 8 万多 m^2，生产车型为 SKODA 全系列产品。

工程严格按照大众全球标准，采用基于 LJU 集成控制器的 DKZ 工程解决方案，生产线上的所有输送设备的位置状态信息等参数，实现职能化控制未来新车型导入所需要的工位高度变化等需求，在主控系统中更改工位参数即可实现，极大地提高了制造系统的敏捷化程度。

8. 奇瑞捷豹路虎汽车有限公司年产 13 万辆乘用车项目 位于江苏省常熟市经济技术开发区，总投资 109 亿元，厂区占地 84 万 m^2，总建筑面积 42 万 m^2。项目建设规模为年产 13 万辆乘用车和配套 13 万台发动机。

【科技创新】

以提高设计水平、减少设计差错为工作重点，以规范化、标准化、电子化为管理手段，以过程监控、检查整改为落脚点，在技术管理、质量监控等方面进行完善细化。出台《设计方案评审细则》，制订《公司精品工程设计评价办法》，出台《高端项目工程土建公用专业施工图设计深度》，修订发布中汽工程标准《机械工厂综合能耗计算、汇总方法》。

获行业以上奖励 21 项。其中，《汽车智能化装备系统关键技术研究及工程化》获 2014 年度中国机械工业集团科学技术一等奖，填补了中汽工程在该奖项的空白；“中国一拖集团技术中心提升能力项目”获该奖项的二等奖。“北京奔驰汽车有限公司 MRA 总装厂——智能化生产系统总承包项目”获 2014 年度中国机械工业科学技术二等奖等。

组织申报专利 45 项，授权 50 项，其中发明 3 项；中汽工程授权 112 项专利，其中发明 4 项，获国机集团专利奖励 2.5 万元。

【市场营销】

完善营销体系建设，加强营销创新，积极开拓市场。各生产部门深耕细作，在出色完成营销任务的同时，响应中汽工程提出的价值竞争战略，保障中汽工程的价值创造能力和客户服务品质提升。

营销方面保持稳定增长，业务量与上年相比增幅较大，超额完成营销目标。除传统老客户之外，实现东风日产、广汽集团等客户在项目承包上的新突破。通过长期策划，与北汽集团建立战略合作关系，取得规模性成果。在国际化合作及涂装专业核心装备与技术引进方面取得阶段性进展，中北涂装研发、试验、制造基地按计划进入建设阶段。项目管理强化规范管理，加大专业人才引进力度，在合理动态使用人力资源方面做了有益的尝试。技术质量管理和内部管理更加强调精细化和目标考核导向，确保全年过负荷情况下各项工作的有效开展和最终目标的实现。

【深化改革】

1. 着眼全局，调整完善发展战略 1 月，召开战略发展研讨会，对公司发展战略进行重新诊断和梳理，确定公司未来发展方向。研讨会重点就公司所面临的内外部形势进行全面、客观分析，研判未来市场变化和客户的需求，预判公司发展的有利、不利因素，为公司发展制订有效措施提供决策保障。根据研讨会的讨论要点以及实际情况，及时对中汽工程《第二个五年发展规划纲要》进行修订，重点强调“致力成为国际知名的工程系统服务商”品牌目标，提出“增强竞争比较优势，推动价值竞争”工作思路。

2. 增强竞争比较优势，推动价值竞争 根据战略发展研讨会提出的工作思路，对当前业务板块中的重点问题，利用 3 个月时间比较分析、查找不足、明确目标、研究应对措施，于 7 月发布“工程设计、项目管理、涂装、工艺院、铸造、勘察、监理等 7 个业务板块的价值竞争目标、要点”，并狠抓落实。内化产生强大的执行力，将“要点”进行任务层层分解，列出短期目标、中长期目标，并将执行情况纳入年度目标考核，使年度工作成为价值竞争战略落地的载体。

【管理经验】

1. 以管理提升活动为契机，开展对标活动及建立工作交流制度 将管理提升活动纳入年度工作目标中，确立管理提升活动重点突破方向和专项提升并课题，确定 35 项年度管理提升重点课题，并加强监督、实施、评价。各部门以管理提升活动为契机，从管理、技术、质量等方面进行优化改进，向对标企业学习优秀的管理经验，提升核心能力，转变优化管理方式，积极探索管理的新思路、新方法。

建立职能管理部门工作交流制度。每年确定 1～2 个部门为“主讲部门”向大家介绍自己部门的工作职责、岗位分布情况、实际运行状态等，其他部门围绕主题进行交流沟通，帮助主讲部门查找管理上的瓶颈与短板，并提出工作建议，从而使其改进。综合管理部率先进行交流研讨，取得很好效果。

2. 完善内控体系，防范经营风险 根据“统一机构、归口管理、自查为主、重点抽查”原则，成立风险管理委员会，按照国机集团要求开展风险自查工作，把全面风险管理贯穿生产经营及各项管理工作中。通过问卷调查和走访调查的形式，进行排查摸底，自查工作覆盖 12 家控股子公司，覆盖面 100%，对查出的风险点要求各业务单元采取控制措施，并制订具有时间节点的整改计划，在年度逐步落实。

3. 以资金成本管理为重点，严格履行财务管理职责 制订财务战略规划，对公司财务管理工作作出纲领性指导，明确投资战略、筹资战略、资金战略、预算管理等；并制订财务管理提升规划，从而促进财务管理的价值转型。建立较为科学完善的全面预算管理系统并正式上线，实现报销与预算科目的统一。加强制度建设和流程优化，完善对总承包项目的会计核算，尽量减少核算办法对高新技术企业各项比例的影响。加强银企合作，保障公司运营资金，把资金尽量集中到财务公司，增大银行授信额，累计取得“双免”条件下的银行授信 30 亿元。加强税收管理，规避税务风险，既按国家法律、法规及时足额缴纳各项税收，又充分利用国家政策享受各项优惠。编写资金周报，对公司营运资本进行实时控制，通过对公司本部及下属三级公司银行存款实时数据进行统计，实现资金的统筹使用。

4. 加强人力资源建设，队伍素质上台阶 基于业绩和能力的绩效管理考核体系全面运行，在很大程度上有助于领导干部总结经验、寻找不足、持续改进、稳步提高。在招聘工作中，共引进清华大学、天津大学等知名高校的应届毕业生 124 人，在难点专业招聘上较以往有较大突破，荣获由国家教育部主导评选的首届“2014 全国大学生就业评选百佳企业”。持续实施人才激励措施，评选首届首席专家及第三届优秀专家、优秀青年员工、优秀生产作业员工，使各个岗位的职工都有施展才能的平台和发展空间。人才培养聚焦实效，举办 SGMW 重庆第三基地和沈阳宝马现场培训班，将讲师请到项目现场，提升了培训的针对性、有效性、及时性；选拔青年骨干及新进优秀员工，参加“中基层职业化特训营”；有针对性地选派中高层管理者参加“实效管理总裁沙龙”。制度建设及时改进，颁布《公司专业首席专家选拔管理办法》，制定《公司管理部门员工考核管理办法》，改进《员工休假、考勤管理制度》《公司优秀专家选拔管理办法》等标准。e-HR 系统完成员工档案、绩效管理、薪酬管理、劳动合同管理模块的基础信息导入，初步实现人力资源数据库权限下的信息联动。承办天津市蓝领薪酬调研启动大会，促进在津知名企业对公司的了解，提高公司的品牌度，加深企业之间的人力资源技术交流。

5. 完善体系，提升总承包管理能力 进一步完善工作制度，创新工作方法。制定《总承包管理能力提升工作计划》，确定未来 4 年总承包管理能力提升的主要工作、负责人和完成日期；制定《总承包管理能力提升考核办法》；制定《采购管理提升实施方案》《框架协议采购管理指导意见》，从采购管理理念、管理体制、运行机制、信息化管理、供应商管理等方面提升采购管理水平。组织上汽通用五菱重庆基地项目现场管理观摩会，增进部门之间项目管理沟通，促进总承包现场形象的规范化。完成总承包项目税务筹划和税务管理，以及对外总承包工程资质的维护及统计上报等工作。

6. 改进管理流程和制度，提高生产效率 通过对生产组织各环节严格有效的控制和管理，确保各项工程设计任务的有序实施和有效完成。制定 6 项生产管理办法和规定，保证项目设计在受控状态下运行。对生产情况实行动态管理及提供月、季动态报告，保证人力资源的合理调配和使用，为市场营销提供决策依据。组织生产例会、设计策划会议等生产会议，及时协助解决生产过程中的问题，确保设计按进度计划完成。按《设计人力资源分类管理规定》，对设计人力资源进行首次评估，分析和判断设计人力资源保障能力使用的合理性、科学性，对未来各专业设计人力资源的统筹和规划提供数据支持。

7. 推动二维协同设计和 BIM 应用 启用二维协同设计系统，有效促进设计标准、绘图标准、专业设计软件的统一，更深层次提高设计质量和效率。持续推进、加强 BIM 设计工作，发布《面向 Autodesk Revit 的 BIM 技术标准》，规范 BIM 项目负责人的工作方法、BIM 数据的管理方法等，为中汽工程各工程院在 BIM 设计实践中提供指导性建议。成立 Bentley 平台研究小组，并与 Bentley 软件培训机构进行多次技术交流。在上汽通用五菱工程建设、上海大众发动机研发试验中心、上海盛德曼铸造基地建设、郑州宇通客车委内瑞拉等项目中，共完成BIM项目建筑面积23万m^2。宝马项目团队引入3D工程设计手段，按照德国汽车制造行业统一标准建立Microstation 3D设计平台，实现“3D为核心工具、3D空间管理优先于施工图、3D成果指导设计全过程”设计流程和设计理念的根本转变，获得业主的高度赞扬。

8. 加快信息化建设，提高信息化手段 修订《中汽工程十二五信息化发展规划》，按“规范、实用、创新、高效”原则，明确未来5年信息化建设的总目标。在信息系统建设中，完成信息平台的升级工作，处理速度上显著提升，提高了使用者的满意度，完成新增模型500个。手机移动办公系统正式上线，新增手机版RTX服务，满足移动办公需求，通过手机可以对OA系统进行一般查询，公司领导可以进行出差备案、财务等模块的审批。编制《网管员操作手册》，详细记录软硬件的安装部署、使用维护、常见故障排除等，助力各项工作的顺利开展。

9. 提升装备研发能力，强化基地建设 强化装备研发工作的管理和服务职能，规范装备研发规划、项目立项等方面的管理。推动装备研发信息化管理并督导落地执行效果，积极申报节能环保、绿色高效和高端智能型装备研发项目。通过召开立项评审会，年度立项12项，同比增长17.12%。工艺工程院“总装CPC系统的开发研究”、涂装工程院“重型滑橇输送系统开发”和“轻量化IMC开发”3个项目通过中汽工程内部验收。开展产学研联合创新，推动各专业与外部技术交流常态化，同天津理工大学的合作实现从实践到理论再到实践的提升。中汽工程中北和静海2个产业化基地建设项目快速推进。中北基地项目总体进度受控；静海基地扩建项目完成，移交静海基地中汽装备使用。

10. 进一步提高法务审计水平，加强法律风险防范 以坚持企业法律风险防范为主线，强化法务审计的基础管理，加强法制宣传教育工作。处理诉讼与非诉讼案件18起，维护中汽工程的形象和合法权益。下发《法律工作手册》，结合生产经营管理中经常遇到的问题，将相关法律法规、司法解释汇总，便于查询使用。依照法规、制度，稳步推进审计工作，促进中汽工程管理制度的贯彻执行，发挥了内部审计对生产经营的保障作用。

11. 抓实安全生产，规范安全管理 建立安全生产责任制，与下属各分公司、管理部门、各工程院（所）负责人签订年度安全生产责任书。完善安全生产考核制度，制定总承包现场HSE考核暂行办法并运行，完成15次总承包项目现场安全检查及巡视，收集相关资料并进行管理状态统计分析。开展消防疏散暨急救演练，提高现场施工人员的消防安全意识和自救能力。召开3次安全生产例会和消防专题会，提高员工安全管理能力。对安全隐患、矛盾纠纷、重点人员、社会治安等情况进行排查，全年对办公区进行8次安全检查，同时加强对电梯、灭火器、监控系统等设备的检查，组织应急演练工作。

【企业文化与品牌建设】

1. 加强企业文化与品牌建设 提升社会形象，扩大影响力。以“整体提升公司文化战略，重点抓好以制度建设为主，以理想、信念、企业精神和价值观念为核心的文化建设”为着力点，强化企业文化价值理念建设。修订《企业文化手册》《员工手册》，宣传倡导企业文化作风内涵。强化系统服务商品牌建设，在上海、北京、重庆等有关汽车方面的展会上，展示创新成果，树立新形象；工艺工程院、涂装工程院、铸造工程所、中汽昌兴、中汽装备先后派人到展会与客户和来宾深度交流。首次参加由国家技术质量监督总局开展的企业品牌价值评价活动，经评价，公司品牌强度767.5，品牌价值6.29亿元。

2. 开展活动 以丰富多彩的活动为载体，增强企业凝聚力，组织“我的中国梦”及公司企业文化为主题的教育实践活动，开展“奋斗的青春最美丽”讲座；董事长与青年员工分享个人成长、成才、成功经验，并在学习、工作、生活、感情等方面，为青年员工排忧解惑。

组织多种体育竞赛项目，以及中汽好声音歌唱比赛、首届职工文化艺术节等活动。

3. 鼓励职工岗位建功 用评选先进工作者、先进单位引领企业新气象。中汽工程获国机集团“先进单位”“科技创新奖”“管理提升活动先进单位”“五四红旗团委”等荣誉；涂装工程院获全国总工会“全国工人先锋号”；阮兵获天津市总工会“五一劳动奖章”等荣誉。

【党建工作】

深入学习贯彻党的十八届三中、四中全会和习近平总书记系列重要讲话精神，组织开展党的群众路线教育实践活动。活动以务实清廉为主题，坚持把学习教育贯穿始终，广泛听取群众意见，着重组织抓好整改落实和建章立制工作。组织党委中心组学习，结合公司党政班子联席会议、领导干部民主生活会和党的群众路线教育实践活动，进行 4 次中心组学习。强化党员干部培训，组织各基层党组织开展学习教育活动。落实党风廉政建设责任制和廉洁承诺制度，加强领导干部廉洁自律和作风建设。完成年度创先争优活动工作交流和党内评选表彰工作，做好党员教育和组织发展工作。

同时，加强对团员青年的培养、教育和引导，通过多种形式的交流论坛、技能比赛和志愿服务等活动，提高团员青年正确认识自身和客观事物的能力，增强社会责任感，为他们健康快速成长搭建激励平台。

【企业发展中的问题、面临的形势与任务】

1. 国际业务未能有效开展 没有实现“走出去”发展目标，国际项目管理人才欠缺，需要进一步建立标准和制度保障，形成较完善的体系；需要制订系统完整的国际化开发战略措施和相应的配套政策。

2. 各工艺专业高端人力资源的引入没有达到预期 各相关部门缺乏紧迫感，重视程度不够，方法措施不到位，需要加快引入步伐。

【社会责任】

主旨是加强和谐中汽建设。一是举办各类文体活动。二是做好职工年度体检工作。三是帮助职工解决实际困难，对患病住院职工进行探望慰问；针对职工子女入托难，在联系对口幼儿园的基础上，工会牵头开设公司幼儿托管班。四是重视离退休干部管理工作，关注有关政策、待遇的落实情况。五是大病互助基金继续运行，解决职工经济困难。六是编制发布《公司总部服务指南》，提高服务工作的效率。

机械工业第六设计研究院有限公司

【基本情况】

机械工业第六设计研究院有限公司（简称中机六院）创建于 1951 年，是拥有工程设计综合甲级资质的国家大型综合设计研究院，隶属国机集团。

至 2014 年年底，拥有 14 个工程院、1 个工程技术研究中心、3 个分院、5 个子公司、3 000 多名员工，其中中国工程院院士 1 人、中国工程设计大师 1 人、英国皇家特许建筑设备注册工程师协会荣誉资深会员 1 人、享受政府特殊津贴专家 24 人、研究员级高级工程师 106 人、高级工程师 489 人、各类国家注册工程师 830 多人次。

60 多年来，完成大中型工程项目 2 万余项，主编、参编国家和行业标准、规范 32 项；荣获国家科技发明二等奖 1 项，中国土木工程创新最高奖詹天佑奖 1 项、鲁班奖 12 项，国家科技进步及优秀工程设计金、银、铜奖 25 项，省部级奖 300 余项；获国家授权专利 54 项，其中发明专利 7 项；软件著作权登记 47 项。

拥有住房和城乡建设部颁发的工程设计综合甲级资质、工程监理综合资质、房屋建筑工程施工总承包一级资质、工程造价咨询甲级资质、建筑智能化工程设计与施工一级资质；国家发改委颁发的工程咨询甲级资质；国家商务部颁发的对外工程承包经营资格证书及援外设计、援外监理等资格；质量技术监督局颁发的压力容器、压力管道设计许可证；拥有城市规划、机电设备安装等资质。

可承接工程设计全部 21 个行业和 8 个专项资质范围内的所有工程咨询、设计、工程总承包、项目管理和工程监理业务。21 个行业包括机械行业、建筑行业、市政行业、冶金行业、建材行业、铁道行业、轻纺行业、公路行业、煤炭行业、化工石化医药行业、石油天然气（海洋石油）行业、电力行业、军工行业、商物粮行业、核工业行业、电子通信广电行业、水运行业、民航行业、农林行业、水利行业、海洋行业；8 个专项资质包括建筑装饰、建筑智能、建筑幕墙、轻型钢结构、风景园林、消防设施、环境工程、照明工程。

工业工程涵盖机床工具、铸造、无机非金属材料、重矿机械、轻工烟草、石化机械、轨道交通装备、新能源装备、轻纺机械、工程机械、通用机械、农用机械、电工电器、仪器仪表、标准件、汽车及汽车零部件、军工等 20 多个行业，涵盖 16 大类机械行业。

民用工程涵盖大型公建、会展、文化、体育、交通、办公、商业、金融、医疗、教育、宾馆、酒店、住宅等，尤其在大型公用建筑、高层建筑、高智能化建筑等方面具有突出的技术优势。

市政与环境工程涵盖市政道路、市政桥梁、市政景观、市政照明、城市给排水、城市污水处理、城市垃圾处理、城市污泥处理、城市供热、城市道路、商业物流等方面。

中机六院是国内机床工具、烟草、民用建筑、铸造、无机非金属材料、煤矿机械、重型机械、风电机械、轨道交通装备、石化机械等行业和领域的设计强院，在信息智能化、绿色工业建筑、大型工厂和园区规划、企业生产流程再造、高难度结构、暖通空调、工业除尘、市政和环境工程等方面具有国内一流的工程技术。

中机六院秉承“务实创新，拼搏共赢”的企业精神，竭力“打造中国著名的国际化工程服务公司”，为社会、客户、员工创造更大价值。

【主要指标】（主要经济指标详见表 1）

表 1　机械工业第六设计研究院有限公司 2014 年主要经济指标

项　目	2013 年	2014 年	同比增长（%）
资产总额（万元）	121 270.63	104 726.61	-13.64
净资产（万元）	66 701.50	67 692.11	1.49
营业收入（万元）	144 438.91	111 560.62	-22.76
利润总额（万元）	18 022.60	8 239.69	-54.28
技术开发投入（万元）	17 180.57	16 660.00	-3.03
利税总额（万元）	24 344.40	13 220.42	-45.69
EVA（万元）	16 855.80	9 264.54	-45.04
全员劳动生产率（万元 / 人・年）	20.60	19.60	-4.85
净资产收益率（%）	24.44	10.23	减少 58.14 个百分点
总资产报酬率（%）	17.02	7.74	减少 54.52 个百分点
国有资产保值增值率（%）	126.75	110.31	减少 12.97 个百分点

【改革改制】

为减少内部同质化竞争，合并冷加工和热加工 2 个工程院；集中各生产部门工程承包资源，成立工程公司；整合境外业务资源，成立国际工程院；将各工程院工程监理业务并入中兴监理公司。加强公司经营管理和重大项目组织，成立综合经营部。

【重大决策与重大项目】

中机六院新址用地于 7 月完成土地招拍挂，项目可行性研究报告完成，并通过董事会审定。但由于地方政府调整公司新址所在的产业园区控制性规划，该项目尚不具备开工建设条件。

中机六院产业园用地于 12 月完成部分土地招拍挂，进入项目可行性研究工作。

10 月，在国机集团资本运行部的主持下，中国浦发与中机六院就中机六院并购中国长江磨床进出口有限公司相关事宜达成一致，签订股权转让协议。长江磨床停止对外承接任务，基本完成人员补偿安置工作，资产处置工作加紧进行。双方就后续工作制定详细的工作计划，计划 2015 年完成并购工作。

2 月 25 日，中机六院第十届职工代表大会第二次会议暨第十一届工会会员代表大会第二次会议召开。

5月23日，中机六院领导班子宣布大会召开。国机集团人力资源部（党委组织部）部长韩晓军宣读任免文件：孟庆利同志任公司党委书记；孟庆利、谢东钢两位同志任公司董事会董事。

【市场营销】

1. 经营范围及生产经营变动 主营：对外派遣工程勘察、咨询、设计、规划、规划服务、项目管理、监理劳务人员，国（境）内工程勘察设计、咨询、规划、规划服务、项目管理、总承包、监理，国（境）外工程勘察设计、咨询、规划、规划服务、项目管理、总承包、监理及项目所需设备材料出口，建筑智能化工程的设计与施工，机电设备安装工程的设计与施工，建筑信息模型的应用与培训，设备、材料购销，自有杂志的出版与发行，设计和制作印刷品广告，利用自有杂志发布广告。兼营：综合技术开发、转让、服务，产品开发，研发销售，工程文印制图。

新的营业执照办理完毕，完成房建施工、人防甲级、两化融合等经营范围的变更、增项。

2. 市场开拓情况 签订合同总额18.18亿元，其中设计咨询类合同15.59亿元、承包类合同2.6亿元。

（1）业务市场。结合业务开拓计划，依托BIM、数字化技术、绿色工程技术优势，重点推进高端业务、绿色数字智能、装备制造、生产线承包等市场拓展，开拓了冶金、军工特种材料、食品发酵、蜂窝陶瓷、通用航空等5个行业。

在工业工程领域：开拓数字化车间设计、数字化工厂设计、物流园区设计、绿色工业建筑评价咨询与设计以及综合性工业工程EPC总承包、烟草物流中心EPC总承包、智能炉窑和成套智能装备研究制造与总承包、BIM技术服务和基于BIM的数字化工厂全生命周期服务及增值业务、信息化咨询和设计。

在民用市政领域：开拓大型公共建筑、超高层建筑、医卫建筑、体育建筑、教育建筑、城镇规划、景观设计等高端业务市场，开拓市政道路、桥梁、给排水、污水处理、固体废弃物处理等市政工程市场。

（2）区域市场。持续深耕省内及中原经济区区域市场，并拓展了河北、山东、安徽、湖北、湖南、江西、甘肃、青海、广西、贵州、辽宁等省外地区市场。

【科研成果及产业化发展】

1. 科技创新平台 成功申请勘察设计行业唯一一家获得工业和信息化部首批认证的“两化融合”贯标咨询服务资格，获批建设“绿色建筑信息模型化国家地方联合工程实验室”。8月15日，在中机六院设置的河南省绿色与智能工程技术诊断院士工作站通过考核验收，郑州市“基于信息模型的可视化绿色建筑评价系统研究”科技创新团队通过中期评估验收。中机六院博士后科研工作站正式运行管理。

2. 科研课题 8月8日，成功申请郑州市重大科技专项“装备制造业数字化工厂集成应用”1项，获得郑州市财政专项资助200万元。该项目是至2014年郑州市资助金额最大的项目。

承担的国家发改委、工业和信息化部、财政部首批智能制造装备发展专项“树脂切割片及钹型砂轮数字化车间和智能物流系统智能化成套装备”项目顺利完成研究任务，12月19日在广东省中山市通过验收。此标志着中国首套树脂切割片及钹型砂轮数字化车间和智能物流系统智能化成套装备的研制成功，具备为树脂切割片及钹型砂轮行业提供具有自主知识产权成套装备的能力；填补了国内同类装备的空白，生产效率和产品品质达到国际先进水平。

自主科研课题年初立项42项，完成39项，年度课题完成率92.8%。

3. 新技术的研究和应用 绿色工程技术得到应用和实践，郑州大学第一附属医院项目按绿色理念进行工程设计，中煤张家口煤机项目成为国内首个在运行阶段被评为三星级绿色工业建筑的工程。自主研发形成“报废汽车拆解智能生产线”“废电机热处理装置”“树脂切割片及钹型砂轮数字化车间和智能物流系统智能化成套装备”等3项专有技术。

4. 主编及参编标准规范 参与制定行业标准3项、国家标准（图集）6项，其中《制造工业工程设计信息模型应用标准》是制造工业工程设计领域的第一部信息模型应用标准，弥补了国内外该领域的空白，将对中国制造工业工程设计信息模型应用技术的推广和使用、绿色工厂设计、全生命周期数字工厂设计技术水平的提升起到巨大的推动作用。

5. 知识产权 重视加强科研成果的转化和保护，积极申报国家专利、软件著作权登记、科研成果登记。申报专利35项，其中发明专利12项；获国家授权专利14项，其中发明专利1项。软件著作权登记6项。

【产权管理】

根据《国机集团关于同意机械工业第六设计研究院有限公司出资设立郑州绿苑智能装备有限公司暨购买研发制造基地土地的批复》（国机投〔2014〕35号），注册成立“郑州绿苑智能装备有限公司”（简称绿苑公司）。绿苑公司注册资本为3 000万元，为中机六院全资子公司。绿苑公司出资约2 700万元，征购荥阳新材料产业园土地150亩，用于绿色与智能工程高端装备的研发与制造。

【管理经验】

1. 经营管理方面 主要有3点：

（1）整合资源，推进协同经营和专业化生产。优化调整组织架构，整合关联业务部门，形成资源优势和技术优势抢占细分市场；制定一系列考评办法，加强资源协同与共享，合力开拓市场。

（2）推进平台化建设，强化经营管理服务支撑。推进经营管理平台建设，成立综合经营部，重点做好大型企业集团的拜访和经营公关工作；推进经营服务平台建设，整合业绩资源，构建包括信息库、资源库等经营大数据中心；推进资质平台建设，申请取得房建施工一级资质、人防甲级资质、“两化融合”等资质，为新业务开拓打好基石；推进营销平台建设，统一品牌资源，建立微信平台探索基于互联网的在线品牌推广方式。

（3）推进风险管理，加强风险防范。对经营类各项借款、应收账款、预付款情况，进行全面梳理并作出明确要求，进一步加强资金风险管控；制定相关办法，严控工程承包业务及分公司运行；对无收益、高风险、无法执行的合同进行全面清理和终止，有效加强合同风险管控。

2. 全面预算管理方面 根据国机集团和中机六院深化全面预算管理的要求，制定《预算管理办法》，推进各部门逐步建立本部门预算管理体系。财务核算体系涵盖各工程院、子公司、分公司及各职能管理部门，建立工程院到工程所的独立财务核算和管理体系。促进预算执行控制，主要抓住了3个关键环节：

（1）做好合同额、收入额预算目标的分解、下达，使计划指标提升到位。

（2）狠抓经营、生产工作各环节日常考核。认真组织经营、生产例会，加强经营、生产过程管理与考核。重视月度生产分析例会，每月对各生产部门各项指标完成情况进行公示和分析，以促进各工程院完成下达的经济指标。

（3）指标完成与薪酬挂钩，使计划指标考核到位。制定《2014年度各生产部门工资总额发放控制办法》，将各生产部门指标完成与薪酬挂钩、严格兑现，提高员工的积极性。

（4）加强财务管理，严格控制成本支出。发布《公司与生产部门两级分配办法》，确定生产部门内部利润上交办法。

抽调专人强化资金管理工作，制定《应收账款、承包预付账款、其他应收款的信息化管理办法》；实现EEP平台信息化动态管理；制定《电子报销签字审批暂行办法》，开发自主知识产权结算系统，实现日常报销的电子化及银企直联实时到账；制定《关于财务报销签字的补充规定》，下发《关于加强借款及报销管理的补充通知》，完善资金审批内控制度建设，堵塞资金管理漏洞；制定《公司银行保函业务办理规定》《关于汇票的风险识别及公司收款方式的确定》，明确保函办理流程；修订《分公司设立及运行管理办法》，对分公司的成立、注销、运行做出明确规定，注销无生产实体或人员规模较小、风险不可控的分公司13个。

【党建工作】

1. 落实责任，推进党风廉政建设 中机六院党委制定《党风廉政建设责任制实施办法》，党风廉政建设工作实行党委统一领导，党政齐抓共管，纪委组织协调，部门各负其责，谁主管、谁负责，一级抓一级，形成层层抓落实的领导体制和工作机制。

2. 严格监督检查，推进执纪问责 一是明确纪委监督检查的内容；二是明确基层党组织纪检委员监督检查的内容；三是明确“一案双查”要求。

3. 严格组织建设，推进规范化管理 一是严格党组织委员的选拔、任用和培训。二是推进基层党组织活动的开展。推进党支部活动规范化；推进“创先争优”活动的开展。

4. 严格党内监督，推进思想素质提升 一是认真开展民主评议党员活动。二是认真组织召开党内民主生活会。三是加强党员义务履行的检查，增强党性意识。

【信息化建设】

进行顶层设计，调整、完善信息化软件开发；完善二维协同设计平台，加快图层级设计协同管理，提高设计效率；完成三维参数化设计软件开发的顶层设计，搭建三维设计平台建设；完成主要信息流动的信息化顶层设计，整合企业信息门户网、EEP 协同管理平台等，完善扩展综合办公系统，推行财务报账系统，收入分配系统、移动办公系统（六院效率助手）等，搭建起企业级信息管理平台。

【人力资源管理】

1. 调整工资结构，体现多劳多得 降低岗位工资比重，根据考核情况提高绩效岗位工资、效益工资比重，加快提高优秀员工收入，拉开收入差距。

2. 改进竞争上岗机制，挖掘员工潜力 设置岗位、岗级体系，按照公平、合理和向一线倾斜的原则，对岗位、岗级及薪酬标准进行调整。

3. 加强干部队伍建设，进一步规范员工晋升通道 严格执行中层干部晋升条件，重点对专职经营干部、专职管理干部的岗位、岗级进行核定。

4. 补充人才缺口，提高人才活力 修订社会招聘条件，把工作经历、工作经验及工作能力作为社会招聘的重点考量指标。

5. 稳定骨干队伍，降低员工离职率 及时监测人力资源状况的异常变动，整理《中机六院员工离职分析报告》，提出对策和建议。

6. 从实际出发，修订完善招聘条件 发布《机械工业第六设计研究院有限公司招聘管理办法》，以各高校专业强弱作为招聘依据，符合生产实际需要；强调各部门进人与劳动生产率挂钩，根据劳动生产率的不同制定不同的进人标准。针对国内建筑学专业实力最强的 10 所高校优秀毕业生出台住房保障政策，吸引优秀建筑学专业毕业生，加强建筑方案人才队伍储备。

7. 调整考核要素，完善考核办法 修订完善《各部门第一负责人绩效考核办法》。职能管理部门第一负责人增加年度工作计划考核维度，增加被考核人述职等考核形式，并为逐步推行以关键绩效指标考核为主体的量化考核工作。

8. 加强培训，提高干部队伍素质 与咨询公司合作举办“变革中的领导力”“薪酬与绩效管理能力提升”培训，着重提升领导干部管理能力和综合素质。

【社会责任】

1. 履行经济建设和发展的社会责任 贯彻国家当前经济发展的战略部署，积极转型升级。

2. 履行节能环保的社会责任 研究和应用绿色工程设计技术，在工程项目中应用绿色、环保材料，在投标项目文件中设立绿色专篇，提供绿色智能建筑设计和承包服务，为社会贡献众多绿色建筑。

3. 履行志愿公益、扶贫捐助的社会责任 向国机集团爱心捐款 242 267 元。根据《公司职工困难补助实施办法》，为患有重大疾病、家庭困难的 108 名职工共拨付困难补助 237 000 元。

沈阳仪表科学研究院有限公司

【基本概况】

沈阳仪表科学研究院有限公司（简称沈阳仪表院）始建于 1961 年 5 月 5 日，为国家级科研院所；1999 年 7 月 1 日转企，是中国首批转制的 242 家国家级科研院所之一。从 2003 年开始，重组杭州照相机械研究所、秦皇岛视听机械研究所和沈阳真空技术研究所。2013 年 1 月 25 日，完成改制。至 2014 年，拥有 3 个国家级质检中心、1 个部级质检中心、2 个国家级标准化技术委员会、2 个省部级标准化技术委员会；1 个国家级工程中心——传感器国家工程研究中心，以及 2 个省级企业技术中心、1 个部级工程研究中心；为中国仪器仪表学会仪表元件学会、仪表工艺学会、中国仪器仪表行业协会传感器分会的行业领军企业。

现拥有两大产业园区，建成国内最强的硅基传感器产业化基地、国内最强的高压组合电器补偿器及配套产品产业化基地，以及国内最强光学干涉滤光片产业化基地。至2014年年底，员工903人。其中：教授级高工43人、高级工程师82人；享受国务院政府津贴7人，高层次科技人才7人（集团高层次科技人才5人、院级高层次科技人才2人）；辽宁省百千万人才百层次人才1人、千层次人才3人；外聘两院院士2人、国内专家2人、海外专家1人。拥有2个全资子公司、3个研究所、1个检验所、3个二级子公司。建立全国性营销网络，产品广泛应用于航天、石化、冶金、供热、供电、水电、煤炭、轻工、建筑、制药等行业，部分产品远销国外。

科研开发实力逐步增强，共完成科研项目1 765项，获国家、省部、市级等奖励382项，其中国家级发明奖和国家科技进步奖11项、省部级科技进步奖106项。获授权专利290项，其中发明专利52项；主持或参与国家和行业367项标准制定工作，其中国家标准77项。作为重点协作配套单位，研制生产多项军工产品，成功应用于"高新工程""神舟""天宫"系列载人航天，以及"嫦娥"系列卫星等重点工程。

2014年，实现营业收入3.2亿元，创历史新高；首次取得辽宁省重大科技专项项目，获批专项资金600万元；获科技成果奖励11项，其中省部级奖6项；集团内部合作成效显著，签订合同的金额6 000余万元，为沈阳仪表院经济平稳增长奠定了基础；"汇博"商标被评为中国驰名商标；软件著作权实现零的突破；首次被评为全国"百强制造工艺创新基地"；全面完成战略规划体系的制定和薪酬体系的修订。

【主要指标】

2014年，全院签合同3.77亿元，较上年增加7 298万元，增长24%；总合同4.33亿元，较上年增加7 200万元，增长20%；实现营业收入3.2亿元，增加7 298万元，增长26.99%。其原因主要是受与中工国际签订的出口配套合同影响；利润总额实现610万元，较上年大幅上涨；净利润及归属于母公司所有者的净利润较上年均大幅上涨，原因主要是受上年消化潜亏及本年扩大规模因素影响，资产负债率主要受"汇博装备产业园"项目建设因素影响，较上年上升2.8%；现金及现金等价物净增加额较上年大幅减少，减少的原因主要受"汇博装备产业园"项目建设因素影响；各项责任指标全面完成，主要经济指标完成情况详见表1。

表1　沈阳仪表科学研究院有限公司2014年主要经济指标

项　目	2013年	2014年	同比增长（%）
资产总额（万元）	70 214.97	80 381.51	14.48
净资产（万元）	23 399.80	24 168.72	3.29
营业收入（万元）	25 429.59	32 407.46	27.44
利润总额（万元）	-4 248.62	605.29	
技术开发投入（万元）	2 905.38	3 160.80	8.79
利税总额（万元）	-2 135.49	2 776.59	
全员劳动生产率（万元/人·年）	7.04	12.45	76.84
净资产收益率（%）	-16.64	2.48	
总资产报酬率（%）	-5.35	1.59	
国有资本保值增值率（%）	-4 840.67	-103.79	

【重大决策与重大项目】

1.完成《2015—2017三年战略规划》的制订工作　该规划包含院和产业部门两个层面：一是院总体规划和4个子规划（科技发展规划、人才发展规划、市场拓展规划、军品配套拓展规划）。二是3个研究所和6个产业部门的"三年规划"及分年度行动计划。

规划明确了沈阳仪表院的总体战略定位：一

是完善研发体系，引进吸收人才，以创新驱动发展；增强制造基础，提高生产效率，以质量巩固市场；优化产业结构，培育优势产业，打造核心竞争力；成为在细分领域具有领先地位的科技型企业。二是重点支持金属弹性元件及装置产业的产业化发展，引进自动化生产设备，提高生产效率。三是重点解决制约传感器发展的技术瓶颈问题；智能仪器仪表产业向系统化、自动化、智能化方向发展。四是光学器件及仪器的设计与制造向国际领先水平看齐。五是智能专用装备向数字化、网络化、智能化方向发展。六是通过逐步改善检测业务条件和扩大检测业务领域，提高和扩大科技服务的能力和范围。七是拟经过 3 年努力，全院营业收入突破 6 亿元，实现倍增；利润突破 4 000 万元。

2.“传感器产业发展规划”提前实现主要发展目标 2014 年是沈阳仪表院贯彻实施《传感器产业发展规划》的第二年，传感器产业体系产业规模突破 1 亿元，提前实现产业化发展目标。该《规划》以科技创新驱动院传感器产业发展为指导思想，围绕传感器国家工程研究中心涵盖的产业技术范围和方向，明确沈阳仪表院大传感器产业体系概念，确定从芯片—元器件—传感器—仪器仪表—系统成套的传感器产业链发展模式，制定 2013—2015 年发展目标、行动纲领和措施，提出到 2015 年系统成套产品成为仪表院新的经济增长点，传感器产业规模实现翻番的产业发展目标。

按照该《规划》的措施和行动纲领，至 2014 年年底，沈阳仪表院建成 3 个传感器国家工程研究中心分中心、7 个重点实验室、2 个传感器检测服务平台，基本完成传感器产业科技创新体系平台建设任务目标。

3. 浑南装备产业园建设情况 至 2014 年年底，完成汇博装备产业园厂房、综合楼建设及内外部装饰工程；厂房地面、园区道路和设备基础、综合管网等基础条件工程建设基本结束；生产制造设备安装条件和生活保障条件基本具备。一期产业园建设预计总投资 19 657 万元，至 2014 年年底支出 15 609 万元。

【市场营销】

1. 市场开拓、产品销售情况 一是拓展集团内部合作市场，成效显著。年初确立“加强集团内部合作”思路，按“盯准信息、顶层设计、分层沟通、技术先行、团队营销”工作思路，以“纵向到底、横向到边、协同配合”工作方法，锁住集团内重点客户，稳扎稳打，开拓市场，中标 7 个仪表成套项目，中标率 100%，全院共签订仪表成套合同金额 6 000 余万元。二是热能产业业绩大幅提升。受益于国家经济微刺激政策对电网建设的大力投入，热能产业走出低谷，业绩大幅提升，创历史新高。全年签订 GIS 补偿器合同金额 7 800 万元，较上年增长 3 888 万元，增长率 100%。三是开发军工纵横向市场。对军品科研生产实施有效管理，成立军工办公室、保密办公室，与科技发展部合署办公。推动军工市场的开拓。申报总装新品项目 2 项、参与申报军企集团项目 1 项、申报国防科工局配套科研项目 1 项。全院取得军品市场合同 2 218 万元，较上年增长 26%。四是各产业部门经营呈现亮点。光学公司瞄准高端市场，加紧培育竞争力；巨资引进国际先进设备，搭建优秀团队，开展等离子反应溅射镀膜工艺开发，试制出 160 层膜的高端滤光片样品。国际业务出口总额 375.8 万元，同比增长 10.2%。装备公司挖掘市场机会，跻身内部合作领域，寻求集团内部合作，首次成功实现与蓝科高新和中国联合的实质性合作，全年签订合同金额 185 万元，指定合同金额 60 万元。行业发展部开拓市场，实现检测业务连年增长。该部加强检测技术研究及技术储备，开发核电、海洋工程、电力、石化等新领域检测业务，新增 17 项产品检测授权，实现多项检测技术国内首创。核电用卡套接头认可检验，成为核电系统唯一指定的检验机构；“节流和压井胶管总成”型式试验，为亚洲首创，成为除美国之外，唯一一家可完成该产品检验的检测机构；ASTM F1387-1999(2012) 中的防火试验检测项目，成为 LR、ABS 等国际船级社唯一认可检验机构。检测业务连续 6 年稳步增长，《仪表技术与传感器》杂志被选为《中国学术期刊影响因子年报》统计源期刊，提升了期刊的学术地位。

2. 科研成果、产业化发展情况 沈阳仪表院获国家拨款 1 076.5 万元；通过技术评审或公示待批项目 4 项，待批国家拨经费 763.6 万元；到位国家拨款 1 642 万元。

（1）科研攻关工作。依据沈阳仪表院专用装备产业的发展，利用 IC 装备 —— 自动砂轮划片机设计、制造和产业化的基础优势，联合沈阳工业大学、东北大学和中科院半导体所，申报辽宁省科技创新重大专项“高精密激光划片工艺技术及装备研究”，获批专项资金600万元。该项目是沈阳仪表院获批的首个辽宁省科技创新重大专项项目，也是近5年来获得地方财政支持额度最大的科研项目。项目的立项对促进该院IC装备产品升级和专用装备产业化发展起到积极作用。

国家863项目“高精度硅压力传感器技术研究与产业化开发”获批。该项目依据传感器产业的发展，利用MEMS压力敏感芯片设计、制造的优势资源，联合中科院自动化所和北京仪综所，由福建上润精密仪器有限公司牵头，共同研究“高精度硅压力传感器设计、制造和产业化技术”，开发应用于石油、化工的高性能传感器。该合作能够有利促进沈阳仪表院MEMS压力敏感芯片的产业化发展，带动相关产品产业化发展。

（2）项目管理工作。沈阳仪表院研发中心立项研究开发项目2项：传感器仿真设计应用技术研究、基于无线传感网的传感器数据融合技术研究。共完成22项院管项目的结题验收工作，其中新产品开发项目12项、新技术和新工艺研究项目3项、数字化平台开发项目4项、设计与分析方法研究项目2项、标准技术研究项目1项。新立项院管项目14项，标准项目7项。

（3）科技成果情况。沈阳仪表院获科技成果和发明专利奖励11项，其中省部级科技奖励6项（二等奖4项）、市级科技奖励5项（专利奖2项），为近年新高。科技成果奖励情况详见表2。

（4）标准工作。完成24项标准报批，其中国家标准6项、机械行业标准18项。批准发布行业标准17项。

（5）专利工作。引导知识产权成果由数量到质量的转变，重点引导申报发明专利、发表收录科技论文、申报软件著作权。全年申请受理专利37项，其中发明专利14项；授权专利39项，其中发明专利7项；获沈阳市专利二等奖1项、三等奖1项；首次获得沈阳市大东区专利经费资助。发明授权专利情况详见表3。

表2　沈阳仪表科学院有限公司2014年科技奖励情况

序号	项目名称	奖励名称	奖励级别
1	高压开关SF_6微水含量传感器	辽宁省优秀新产品奖	二等奖
2	数字影像精密反光镜	辽宁省科技进步奖	三等奖
3	高可靠抗冲击位移传感器	辽宁省科技进步奖	三等奖
4	补偿器性能评价试验技术研究	中国机械工业科学技术奖	二等奖
5	非相似成像光学系统研究及在特种数字影像工程中的应用	中国机械工业科学技术奖	二等奖
6	高性能光学薄膜滤光器件	国机集团科学技术奖	二等奖
7	核电站阀门用金属波纹管国产化研究	沈阳市科技进步奖	二等奖
8	智能齿轮升降机控制器及远程监测平台的研制	沈阳市科技进步奖	二等奖
9	城市集中供热SCADA系统	沈阳市科技进步奖	三等奖

表3　沈阳仪表科学院有限公司2014年度发明授权专利情况

序号	专利号	专利名称	专利类型
1	ZL201210048261.1	大直径力平衡波纹管补偿器组对装置及制造方法	发明
2	ZL201110410038.2	小直径厚壁管管坯纵缝焊接卡具	发明
3	ZL201210235133.8	一种通用于数字投影机的变焦投影鱼眼镜头	发明
4	ZL201210153192.0	一种单机立体数字电影双通道放映镜头结构	发明
5	ZL201210020255.5	一种基于色谱分离技术的单机立体数字电影放映系统	发明
6	ZL201210326827.2	测温探头缩径封装结构及其加工方法	发明
7	ZL201310019636.6	电磁搅拌加压离心大开孔真空熔铸炉	发明

（6）行业工作。完成工业和信息化部重大战略咨询项目“工业强基战略研究”暨“四基”项目——“仪器仪表制造业强基战略研究”。此项目是该院首次承担的国家级重大战略咨询项目。主办杭州（国际）物联网暨传感技术与应用高峰论坛。完成中国仪器仪表学会仪表工艺分会换届工作。召开传感器分会和仪表元件分会2014年度年会。在2014年全国机电企业工艺年会上，沈阳仪表院被确定为全国“百强制造工艺创新基地”。

【管理经验】

1. 经营管理 完善两级营销体系，强化市场拓展，取得显著成效。确立“把市场开拓作为企业生存发展的生命工程来抓”要求，继续实施“顶层设计、分层沟通、技术先行、团队营销”经营思路，完善两级营销体系。院、部门两级营销组织，合力拓展市场。拓展集团内部合作，跟踪具体项目，强化市场拓展部作为沈阳仪表院产品市场营销平台的功能，利用院方资源助推产业营销。集团内部市场开发取得阶段性成果，中标7个仪表成套项目，合同额度共6 000余万元。各产业部门继续实施一把手市场开拓工程，把握市场动态，积极开拓市场。新签合同的额度共37 702万元，比上年增长24%。

在品牌建设方面，实施品牌战略，细化品牌实施步骤，提高了品牌的知名度。沈阳仪表院连续10年被辽宁省、沈阳市工商局评为守合同重信用单位，其“汇博”商标被评为“中国驰名商标”“辽宁省著名商标”“沈阳市著名商标”；“汇博”牌产品被沈阳市人民政府评为“沈阳名牌产品”。

2. 质量管理 夯实质量管理基础，提升质量管理水平。开展“以顾客满意为焦点，优化业务流程，强化过程监管，实现企业有质量的增长”为主题的质量月活动，提升全员质量意识。组织开展全院“第一届质量管理知识竞赛”。组织“内审员质量管理体系审核知识考试”活动，提升对标准的理解和应用能力。完成力敏传感器中心ISO9001质量管理体系的扩项准备。ISO9001质量管理体系、武器装备质量管理体系和压力传感器贯标生产线通过第三方认证审核。全年接受8次第二方审核，全部通过审核。

在全院导入和推行GB/T19004-2011《追求组织的持续成功 质量管理方法》。在年度的内部审核中增加GB/T19004-2011《追求组织的持续成功 质量管理方法》标准作为审核依据，结合卓越绩效评价准则，通过对“战略和方针，资源管理，过程管理，监视、测量、分析和评审，改进、创新和学习”等方面的实施与落实情况进行综合评审，客观地评价沈阳仪表院2014年质量管理体系的运行质量。

3. 安全生产 梳理安全生产管理制度，新制（修）订6个安全生产管理制度和操作规程。全年开展安全生产相关检查76次，排查安全生产隐患95项。通过对隐患的排查整改，有效提升了沈阳仪表院本质安全水平。

4. 信息化建设 加强信息安全建设，制定《沈阳仪表科学研究院有限公司局域网管理办法》。使用上网行为管理设备，对全院上网计算机进行有效控制，提升网速。购入结构优化设计软件、仿真设计软件，提升设计能力和研发水平。各部门利用院OA平台、国机集团信息集成管理平台提高工作成效。

【党建工作】

1. 扎实开展党的群众路线教育实践活动，改进工作作风，为经济发展提供坚实保障 从2014年3月开始，沈阳仪表院及所属9个单位、9个职能部门、26个基层党组织、355名党员同步开展党的群众路线教育实践活动。在国机集团第七督导组的有力督导下，精心组织，狠抓落实，较好地完成了学习教育、听取意见，查摆问题、开展批评，整改落实、建章立制等各环节的任务。

在集中学习环节中，党委理论中心组组织学习10次，主要学习习近平总书记关于群众路线的重要论述，以及调研指导河南省兰考县党的群众路线教育实践活动时的重要讲话精神；组织观看《深入开展党的群众路线教育实践活动专题系列讲座》《苏联亡党亡国20年祭——俄罗斯人在述说》。

在征求意见环节中，院党委深入3个所属研究所、6个产业部门、9个管理部门，召开座谈会8次，与56名各方面代表开展访谈，以支部为单位，发放征求意见表，征求到各类意见建议38条，经梳理汇总，形成17项意见建议。根据集团群众路线督导组反馈的意见及从职工群众征求到的意见，院领导班子主动深查细照、认领问题。2014年7月8日院领导班子召开民主生活会。会上班子成员开展认真的批评与自我批评，查摆遵守党的政治纪律方面的情况，以及“四风”方面突出问题及其具体表现，剖析问题根源，提出整改方向和措施，并主动亮出房产、配车等八项情况，接受大家批评和监督。

在教育实践活动中，院领导班子确定“四风”问题整改方案14项任务25项措施、“四风”突出问题专项整治方案9项措施、22项新增和修订制度计划。

通过开展专项整治，规范领导人员职务消费行为。招待费同比下降50%；差旅费同比下降50%；公务用车费用同比下降23.7%。规范出国（境）管理。出国同比减少66.7%，减少费用4万余元。

2. 加强组织建设，为发展奠定扎实的组织基础 院党委按照《党委议事规则》，2014年召开党委会6次，分析研究解决仪表院重大事项、党建工作问题。做到参与决策、带头执行、有效监督。以党的群众路线教育实践活动为契机，建立完善《领导干部联系点制度》《党员领导干部民主生活会的有关规定》《进一步加强和改进党委中心组学习的意见》等制度。

院党委做好所属三所所级领导和院中层以上干部的考核工作，推进干部考察工作的科学化民主化进程。1名干部被提拔使用，对中层领导干部进行民主测评。被测评的领导有41名，其中7名被评定为“优秀”。对真空所3名所领导进行年度考核，对视听所、真空所、杭照所领导班子进行任期考核，并组织对下任班子人选的推荐。

3. 以加强党的先进性和纯洁性建设为重点，为全面完成各项任务目标提供有力的组织保证 党委带领各支部围绕中心工作开展活动，发挥党支部和共产党员在应对挑战中的中流砥柱作用，取得一些成效。

高校、科研院所服务沈阳重点项目“智慧城市热网集中控制系统及节能”获得项目支持4 000元。

教科系统优秀“共产党员工程”300万元以上大型自控仪表成套项目由沈阳仪表科学研究院有限公司自动化仪表公司党支部担纲完成。持续开展评先表彰活动，营造“学赶超”氛围。评出先进党支部3个、优秀共产党员7人、优秀党务工作者3人。

加强党员队伍建设，做好党员教育、培养、发展工作。发展新党员2人，从党员骨干中选拔中层管理干部1人。为提高党务工作者理论水平和业务能力，举办党务知识培训学习班。

【企业文化建设】

完成集团布置的年度专项工作任务，按期提交《2013年企业社会责任报告》。组织开展各项企业文化活动。

【社会责任】

严格执行《劳动法》，加强员工权益保护，维护职工合法权益；通过岗位培训及专业知识讲座等形式，提高职工素质，促进员工职业发展；通过开展丰富多彩的文体活动，丰富职工文化生活；帮扶关爱困难员工，增强企业凝聚力，营造和谐工作环境。走访慰问病困职工20多人，有61人次得到救济，发放困难补助费29 800元。为构建和谐社会献爱心，全院852名职工共捐款16 999元。开展关爱女职工健康活动，为201名女职工购买安康保险。组织参加沈阳市总工会组织的职工财产保险，3名职工得到理赔。

强化安全生产管理、完善安全应急预案、营造安全文化氛围，为职工提供安全舒适的工作环境。

依法经营，未出现违背国家法律法规的行为，未发现现违纪、腐败等现象。

重视参与社会公益事业，参与扶贫捐赠及社区建设等社会公益事业，企业形象良好。

合肥通用机械研究院

【基本概况】

历史悠久、积淀深厚。合肥通用机械研究院（简称通用院）1956 年成立于北京，1969 年搬迁至合肥，是原机械部直属的国家一类科研院所，1999 年转制为科技型企业，并加入国机集团。主要围绕压力容器与管道安全工程、流体机械技术两大专业：一方面，承担国家科研任务，研发国产化首台套重大技术装备，为国家重大工程建设与相关行业发展提供支撑；另一方面，为我国石化、能源、冶金、电力、军工等领域的重要装备的安全可靠、高效节能、长周期运行提供技术服务和支持。近年来，围绕建设“国际著名、国内一流的现代化科技型上市企业”的发展战略，坚持有质量的增长，在改革发展、技术创新等方面取得良好的成绩。自 2009 年以来，连续 6 年获得“国机集团先进单位”。

行业归口、平台聚集。通用院是国家创新型企业，是国家压力容器与管道安全工程技术研究中心、压缩机技术国家重点实验室的依托单位，是国家国际科技合作基地（国际联合研究中心）、国家级企业技术中心、国家中小企业公共服务示范平台，是国家级“极端环境重大承压设备设计制造与维护技术创新战略联盟”的牵头单位，有 3 个国家质检中心、1 个国际标委会和 10 个全国标委会、20 多个省部级科研与检测平台，以及可独立招生的博士后科研工作站和企业院士工作站。

成果丰硕、业界翘楚。建院近 60 年来，取得各类科研成果 3 000 余项，获国家科技进步奖 30 余项、省部级科技进步奖 400 余项。创造了化肥、化工、石化等领域重大工程装备的多个“中国第一”；近年来，立足国家战略和行业需求，为西气东输、千万吨炼油、百万吨乙烯、国家战略油储备等国家重大工程建设提供了一批长寿命、高可靠性的关键设备，解决了诸多行业共性和关键技术难题。

人才济济、实力雄厚。现有职工近 1 500 人，其中具有高级职称的近 400 人，具有博士、硕士学位的近 300 人。在职职工中入选国家首批“万人计划”第一批科技创新领军人才 1 名、国家“千人计划”引进特聘专家 1 名、“新世纪百千万人才工程”国家级人选 6 名；享受国务院津贴 43 名、安徽省政府津贴 24 名；涌现出一大批全国劳动模范、中国青年科技奖、香港“何梁何利基金科学与技术创新奖”、全国优秀科技工作者、安徽省重大科技成就奖、“五一”劳动奖章和安徽省劳动模范、“三八”红旗手等荣誉获得者。形成若干支具有国际先进水平、居于国内领先地位的技术创新团队，入选国家重点领域创新团队 1 支、安徽省“115”产业创新团队 3 支。荣获安徽省十大优秀“115”产业创新团队 2 支等。

【主要指标】

实现主营业务收入约 13.38 亿元（不含国通管业）；实现利润约 2.61 亿元，同比增长 4.32%；实现经济增加值（EVA）约 2.53 亿元，同比增长 0.8%。资产总额 24.40 亿元，归属母公司的所有者权益约 14.34 亿元。主要经济指标详见表 1。

表 1　合肥通用机械研究院 2014 年主要经济指标

项　目	2013 年	2014 年	同比增长（%）
资产总额（万元）	247 564.53	244 376.40	-1.29
净资产（万元）	133 525.20	144 498.75	8.22
营业收入（万元）	164 941.57	134 037.41	-18.74
利润总额（万元）	25 067.32	26 151.15	4.32
技术开发投入（万元）	17 048.73	13 071.74	-23.33

（续）

项　目	2013 年	2014 年	同比增长（%）
利税总额（万元）	34 353.38	31 388.72	-8.63
EVA（万元）	25 079.75	25 279.33	0.80
全员劳动生产率（万元 / 人 · 年）	36.90	38.95	5.56
净资产收益率（%）	17.62	17.10	减少 0.52 个百分点
总资产报酬率（%）	11.24	10.56	减少 0.68 个百分点
国有资产保值增值率（%）	122.74	118.30	减少 4.44 个百分点

【改革改制】

重组工作取得进展。按照将通用院环境公司与国通管业（股票代码 600444）实施重组的要求，通用院环境公司建立健全公司相关运营制度 56 项，保证公司规范运行；完成重组过程中的审计、评估、盈利预测等工作；加强完善资质建设工作。2014 年 12 月，国务院国资委批复重组事项，国通管业董事会、股东大会通过重组方案，重组方案成功上报证监会审批。

【重大决策】

1. 三重一大决策制度完善及执行情况　坚持凡属重大决策、重要人事任免、重大项目安排和大额度资金运作事项都由集体研究决定。明确决策范围、规范决策程序、强化监督检查和责任追究，既防止决而不议、盲目决策，带来损失；又防止议而不决，丧失发展机遇。

2. 完善民主决策制度　坚持以职代会为基本形式的民主管理和民主决策制度，通过职工代表大会、中层干部会议、专家座谈会、离退休人员座谈会、青年座谈会等形式，听取各方面意见，实行民主决策。

3. 完善监督程序，加大决策监督　建立党务公开制度，加强党内监督。完善党务公开实施方案，除应当保密的事项外，及时公开，接受党员干部的监督；完善定期向职代会报告情况制度，接受职工代表质询和监督；通过各种会议通报情况，设立院领导信箱等接受群众监督。

4. 完善责任追究制度，强化决策执行力　严格按照决策权限和程序决策，对不符合决策程序的坚决纠正，对执行不力的向中层干部或职代会通报，对造成损失或不良影响的责任人予以责任追究。

【重大项目进展情况】

1. 投资项目　为加强创新平台建设，推进技术研发和创新工作，保持在关键技术领域的领先地位，根据院区规划方案，拟建研发中心。至 2014 年年底，研发中心项目施工现场的基坑支护工程完成，同时流体机械产业园建设基本完成。

2. 科研项目　牵头承担国家重大科研项目近 20 项，所有项目研究进展顺利。部分代表性项目执行情况如下：

（1）“863”计划课题“超大型压力容器轻量化的可靠性设计制造研究”完成研究工作并具备结题验收条件。课题面向千万吨炼油、战略油储备等国家重大建设工程，以超大型加氢反应器、超大型原油储罐、超大型换热器等高耗材重型容器为突破口，开展轻量化的可靠性设计制造与安全服役关键技术研究，在确保轻量化压力容器“本质安全”的同时，实现节材 5% ～ 20%，技术成果在石化企业千万吨炼油、国家战略油储备、大型煤化工等国家重大工程建设 50 多台（套）超大型压力容器的建造中得到应用，取得显著的经济效益和社会效益。

（2）国家重大仪器设备开发专项 —— 极端环境承压设备安全性能测试仪研发、应用与产业化，完成样机研发。项目面向石油化工、航空航天、电力、核能等领域，围绕承压设备所处的高温、腐蚀等极端环境，开展多种气氛环境高温蠕变疲劳性能测试仪的研发，首次研制的 4 台（套）由结构独特的机电伺服加载机构、超高温与多种气氛环境装置组成的蠕变疲劳性能测试仪，填补了国内空白，提升了我国极端环境承压设备的设计与制造能力。

（3）国家“973”计划项目“高端压缩机组高效可靠与智能化基础研究”进展顺利，中期评估后研究进展显著。项目立足于国际压缩机技术前沿，开展高端压缩机组高效可靠的基础理论与方法研究。现已设计搭建压缩机关键部件温度场、力场、化学场等多场共同作用下的性能测试系统。深入研究基于主动控制的叶轮抽吸扩稳方法和往复压缩机流量自适应无级调控技术，多场共同作用下压缩机关键零部件的载荷分布规律和失效劣化机理，预期将突破压缩机基于寿命的设计制造与在役延寿关键技术，拓宽压缩机高效稳定运行边界，修订完善现有国家行业技术标准，从而为实现压缩机组在宽工况范围内的高效稳定运行、提高我国高端压缩机组设计制造水平提供基础理论和方法支撑。

【市场营销】

1. 工程承包与设备成套业务 在环保设备与成套工程领域，在拓展污水处理与泵站设备成套工程方面收到实效，实现收入 1.5 亿元。新签合同 3 亿元。在试验室装备工程领域保持良好增长，实现收入近 2.6 亿元。球罐与储运装备工程，受国内市场需求下滑的大环境影响，同比有所下降。

2. 技术服务 在检验检测业务方面：合肥通用机械研究院特种设备检验站和合肥通用机电产品检测院两个子公司承担的检测检验业务，保持平稳增长势头，检验检测业务实现收入超过 3.24 亿元，比上年增长 4 000 万元。在监理监造业务方面：继续积极开拓工程与设备监理业务市场，新签合同 83 项，承担东南亚天然气管道有限公司和东南亚原油管道有限公司阀门监造项目，监造现场涉及东南亚和德国、英国、美国等多个国家，客户服务群不断扩大。

3. 产品生产销售 通用院流体机械类产品种类较多，包括：化工泵、压缩机、特种风机、高压水射流设备、特种阀门、过滤与分离机械、机械密封、非金属材料配件、压缩机阀片、抽油烟机组及其配件等。签订合同额 2 亿元，较往年有较大增长。

【科技创新】

1. 取得成果 获各级科技奖励 13 项，其中获国家科技进步一等奖 1 项；获安徽省专利优秀奖 2 项、安徽省优秀工程咨询成果三等奖 1 项。

“极端条件下重要压力容器的设计、制造与维护”项目获国家科技进步一等奖。“大型储油罐射流清洗油泥成套装备的研发应用”项目获中国机械工业科学技术奖一等奖。

申请专利 46 项，其中发明专利 40 项；获授权专利 27 项，其中发明专利 22 项；获软件著作权 14 项；主持和参与编制并发布的国家和行业标准 56 项；获得国家重点新产品 1 项、安徽省重点新产品 1 项、安徽省高新技术产品 3 项。

通用院被认定为第一批安徽省工业和信息化领域标准化示范企业；“高效缠绕管式换热器结构与工艺技术”“10 万 m^3 储油罐油泥清洗回收成套设备”两项发明专利，被授予安徽省专利优秀奖；科普展品在第六届科博会上获优秀科普展品金、银、铜奖各 1 项，这是通用院自首届科博会以来，连续 6 届荣获优秀科普展品金奖；参建的“独山子改扩建炼油及新建乙烯工程”项目，被中国石油工程建设行业协会评为“石油优质工程”金质奖；通用院环境公司、机电产品检测院、特种设备检验站，分别被认定为安徽省“创新型试点企业”；机电产品检测院还被认定为 2014 年度国家火炬计划重点高新技术企业，至此通用院入选国家火炬计划重点高新技术企业有 3 家。

2. 积极申报重大科研项目 申请国家、省部级各类科研项目 52 项；新获批立项纵向科研项目、课题 29 项。至 2014 年年底，在研项目国家级有 50 项、省部级有 56 项。

3. 创新平台建设持续推进 国家压力容器与管道安全工程技术研究中心试验能力和手段进一步提高和完善，保持在行业的领先地位；压缩机技术国家重点实验室通过国家科技部组织的验收；安徽压力容器与管道安全技术省级实验室通过运行评估；牵头组建的“极端环境重大承压设备设计制造与维护技术创新战略联盟”启动，并有条不紊地开展工作；企业技术中心被认定为国家级企业技术中心；申报的过程工业装置传热强化与节能国家重点实验室通过国务院国资委初选，以及国家安全监管总局评审；还组织申报了安徽省通用机械复合材料技术省级实验室等创新平台。

4. 行业技术交流深入开展 挂靠通用院学会、协会，召开各类全国性行业技术交流会议 27 次，组织各类专题学术技术交流会24次。全年院外专家和团体组织到通用院调研考察访问59次。加强与有关方面的合作，扩大了通用院行业影响力。举办《压力容器缺陷评定规范》（CVDA—1984）推广应用30年暨《在用含缺陷压力容器安全评定》（GB/T19624—2004）发布10周年纪念报告会；举办中国机械工程学会压力容器分会2014年度常务理事扩大会议、安徽省机械工程学会第八届会员代表大会暨学会成立50周年大会、2014年安徽省机械工程学会年会等会议，挂靠通用院的泵、阀门、压缩机、分离机械等标委会，分别组织委员会年会、标准工作组会议和相关标准审查会。

【管理经验】

1. 科技创新管理 一是围绕国家和行业科技发展需求，加强科技创新平台建设，承担国家重点项目，提升自主创新能力。二是寻求国际合作，将国内自主创新与国际科技合作紧密结合，通过引进消化吸收以及再创新。三是发挥企业创新主体的作用，加快高技术新产品开发，占领技术高地，保障企业持续实现有质量的发展，保持在行业的核心竞争力。四是实施人才兴院战略，将高水平创新团队建设与行业领军人才打造相结合，建立人才梯队，保持对行业技术发展的掌控能力。五是注重基础研究到工程应用全链条的延伸。六是加强行业服务能力建设，提升行业技术水平，提升对行业技术的掌控能力和话语权。

2. 人力资源管理 一是将技术领军人才培养与团队建设密切结合，“在技术高地上构筑学术高峰，在优秀团队中产生领军人才”。二是培养具有科学家素质的工程师和具有工程师素质的研究员。派遣10余位青年工程技术人员参加中石化企业的培训和实地参观，促进理论知识与工程实践的结合。以科研课题、工程项目为平台，注重工程实践与学科知识的结合，培养思考与创新能力。4名青年工程技术人员获批国家自然科学基金立项；完成第四批院青年科技基金项目的发布，8名青年科技人员获得基金支持，对青年科技人员起到较好的激励和鞭策作用。三是重视青年员工的培养。为促进青年员工，特别是青年干部的成长，打造复合型人才，派遣青年干部到地方挂职；选派青年管理干部参加各类专业培训，提升业务能力。四是以人为本，关心关注员工发展。建立较为完备的选人用人制度，并根据不同类型的人员，建立选人用人的具体操作流程；在劳动合同签订、员工休假等方面保障员工权益；逐步建立和完善培训体系，促进全员综合能力提升；通过不断完善管理，在制度和机制上保障员工职业发展的路径通畅。

3. 风险防范 完善各类风险防范制度，以防控经营风险为主线，强化内部控制，完善内部控制实施细则，防范投资风险；强化依法合规经营，避免经营风险。制定各类风险防范规章制度12项。

4. 降本增效 一是加强管理费用预算管理。管理服务部门按照管理费用预算执行，禁止没有预算或不在预算范围内的开支。二是加强业务招待费用管理和会议管理。在公务接待方面，实行统一接待标准、统一陪客人数、统一安排用餐，禁止超标准接待、禁止公款报销烟酒、禁止用公款聚餐。

【和谐幸福院所建设】

凝练核心价值观，开展特色主题文化活动，工会、共青团和离退办组织开展20多项丰富多彩的活动，丰富职工的文化生活，促进身心健康；建立和完善职工工资福利增长机制，提高员工收入和福利水平；建立和完善职工医疗帮困机制，完善基本医疗保险、大病医疗保险、医疗补贴、住院医疗补贴、特殊医疗困难补贴和特殊困难补贴为一体的医疗帮困体系；建立由工会、人力资源部、离退办为一体的职工住院慰问机制，形成节假日对困难职工慰问机制；建立爱心救助体系，参加集团公司爱心日活动，设立帮困基金，用于帮助家庭生活困难的职工；建立和完善沟通交流机制，发挥职工代表参与民主管理事务的作用，听取职工代表对通用院改革发展的意见建议，讨论通过或决定一系列重要规章制度和事项。通过召开离退休人员、青年和专家座谈会等形式，加强同各个群体人员的沟通交流，听取意见建议，解决职工实际问题；完善职工健康管理体系，把职代会后半天作为健康培训日，开展心理咨询和健康知识讲座，同时保证职工每年一次健康体检。获“安徽省直机关精神文明单位”“全国机械行业文明单位”等荣誉。

【社会责任】

1. 科技服务于事故分析处理 利用高科技手段和丰富的经验、精湛的技术，承担大量的特种设备安全事故分析处理任务，查找事故原因，提出应对措施，为保障国家财产和人民生命安全作贡献。

2. 以技术创新和平台建设引领行业发展 作为国家创新型企业、高新技术企业，通用院注重科技创新，勇于突破，把国家的需要作为研究方向；将核心竞争力的提升，放在解决国家所需领域的关键技术难题上；通过加快技术创新平台建设，积极承担科技任务，提升自主创新能力，推动行业发展；制定国家和行业标准，走创新驱动发展之路，在引领和推进行业技术进步方面作贡献。

3. 践行绿色设计和绿色制造理念 发挥自身技术研发优势，围绕国家“十二五”节能减排目标，开展节能减排关键技术研究；通过相关技术在行业推广应用，为促进机械制造业的环保低碳发展、促进环境友好型社会建设奉献力量，较好地履行了科研院所的社会责任。一是注重开展节能减排工作。二是积极承担各类节能减排科研课题，在机械装备绿色设计制造、工业生产节能减排关键技术和设备、建筑节能降耗、废污排放防治等技术领域，研究开发出轻量化设计制造、余热发电、蒸汽及凝结水回收、流体机械系统节能改造、废热锅炉、大型原油储罐清洗成套设备等节能技术和产品。产品技术指标达到国际先进、国内领先水平，填补了国内空白。

【党建工作】

1. 思想武装 认真学习贯彻党的十八大以来的重要精神和习总书记系列重要讲话精神。编辑出版学习十八大精神论文集《憧憬》。

2. 开展活动 务实开展党的群众路线教育实践活动。在教育实践活动中，按照统一部署，紧扣“为民务实清廉”主题，以贯彻落实中央八项规定为切入点，认真按照“照镜子、正衣冠、洗洗澡、治治病”总要求，对照“三严三实”作风建设要求，突出问题导向，以院领导班子和班子成员为重点，紧密结合通用院发展改革、党员干部思想和工作实际，查摆和解决“四风”问题。通过学习教育、听取意见，查摆问题、开展批评和整改落实、建章立制等环节的工作，教育实践活动取得积极成效，得到肯定和好评。认为院党委开展教育实践活动“好”“较好”的100%，认为解决“四风”问题“好”“较好”的99.12%。

3. 落实规定 把八项规定融入各项规章制度中，融入经营管理的各个环节中，融入每个党员特别是领导干部具体行动中。在执行《合肥通用院关于领导干部加强廉洁自律的通知》等要求的基础上，制定完善多项制度，深入落实中央八项规定。

4. 组织建设 一是完成院党委和纪委换届筹备工作。二是落实基层组织工作条例。落实《中国共产党党和国家机关基层组织工作条例》，通过2014年省委和省直机关党建工作考核并获好评。三是严肃党内生活。15个基层党支部按照从严从实的要求，召开基层专题组织生活会、开展民主评议党员活动。四是发展党员。全年发展党员23人。五是强化典型引路。召开庆“七一”暨“一先两优”表彰大会，表彰先进。六是参加上级党组织开展的“两优一先”评选，院党委被国资委党委、集团公司党委分别授予“中央企业先进基层党组织”“国机集团先进基层党组织”。七是加强舆论引导工作。注重内外宣传，全年出版院报12期、网络报道270条、在集团公司网站和报纸发稿近60篇。

甘肃蓝科石化高新装备股份有限公司

【基本概况】

甘肃蓝科石化高新装备股份有限公司（简称蓝科高新，股票代码：601798）是以甘肃蓝科石化设备有限责任公司为平台，由兰州石油机械研究所（简称兰石所）整体改制并引进战略投资者设立的股份有限公司，注册资本35 453万元，已成为国有控股、产权多元化，在中国装备制造业颇有影响、业绩骄人的现代高科技企业集团公司之一。

蓝科高新是中国石油石化装备的开拓者，是

中国海洋与沙漠石油的先驱，主要从事石油钻采机械、炼油化工设备、海洋与沙漠石油设备和工程、炼油化工和天然气处理及液体回收工程、轻工与食品机械的研究、开发、设计、制造，以及石油钻采机械和炼油化工设备的性能测试与评定、石油和石油化工及其装备的计算机软件引进与开发、技术咨询及相关工程设计与总承包、施工、制造监理、监造等工作。

50 多年来，为国家贡献科技成果 1 032 项。其中，国家发明奖 3 项、国家科技进步奖 3 项、重大技术装备成果 3 项、全国科学大会奖 10 项、部（省）级科技进步奖 147 项。获国家级新产品和国家火炬计划产品 22 项。拥有授权专利 279 项，其中发明专利 26 项、实用新型专利 253 项，软件著作权 8 项。

拥有国家主管部门颁发的 A1/A2/A3/SAD 级特种设备（压力容器）设计许可证和 A1/A2/A3 级特种设备（压力容器）制造许可证、GB/GC 类特种设备（压力管道）设计许可证、ASME 制造许可证及 U 型和 U2 型钢印证书、美国石油学会（API）4F/7K/8A 证书、乙级工程设计和工程咨询证、“三位一体”（质量、环境、职业健康安全）管理体系认证证书、国家安全生产标准化二级企业证书（机械）等重要资格证书 28 项。2008 年 12 月，被科学技术部等三部委认定为高新技术企业。2010 年 1 月，被甘肃省列为首批“甘肃省创新型企业”。2011 年 12 月，被甘肃省列为甘肃省首批“技术创新示范企业”。2012 年 10 月，被工业和信息化部、财政部列为“国家技术创新示范企业”。2012 年 12 月，被甘肃省知识产权局列为“甘肃省第一批企事业知识产权试点单位”。2013 年 11 月，被国家发展和改革委员会、科学技术部、财政部、国家海关总署、国家税务总局认定为“国家企业技术中心”。

长期为国家编制有关石油机械工业的发展规划，从“六五”到“十二五”时期为国家编制重大规划 42 项。主持和组织编制的经国家批准的石油化工设备行业国家和行业标准 80 余类 416 余项。主办的全国中文核心期刊《石油矿场机械》《石油化工设备》（系美国工程信息公司数据库收录期刊）被认为是行业技术发展的见证。

国家石油钻采炼油化工设备质量监督检测中心、中国石化总公司兰州设备失效分析与预防研究中心、机械工业石油钻采设备质量监督检测中心、机械工业换热器产品质量监督检测中心、省级兰州传热与节能工程技术研究中心均设在蓝科高新。

蓝科高新是中国石油和石油化工设备工业协会石油钻采机械专业委员会、全国锅炉压力容器标准化技术委员会热交换器分技术委员会的主任委员及秘书长单位，并长期主持日常工作。

由兰石所整体改制后的蓝科高新，具有石油钻采机械和石油化工装备专业技术开发的雄厚实力；具有 50 年积累的技术、经验及改革开放以来参与市场竞争的丰富实践；具有一支专业化的技术队伍和管理人才队伍；具有一批有自主知识产权的蓝科高新特有技术和专有产品；具有 27 种国家级重要资格证书和完善的质量保证体系；具有以制造 A1/A2/A3 级及 ASME 压力容器为代表的、有相当规模及制造能力的产业化基地；具有对产品质量提供技术保证的国家石油钻采炼油化工设备质量监督检验中心等质量检验机构和现代化的测试基地；具有强大的技术支援能力；具有稳定的用户市场和广阔的市场领域；具有适应市场竞争的管理制度；具有较高的知名度和良好的信誉；具有优秀的企业文化和很强的企业凝聚力。

2014 年，围绕实现跨越发展主线，凝聚全员智慧，群策群力，实施多元化经营发展战略，取得较好成绩。16 次和 18 人次分别受到国机集团、甘肃省暨兰州市、上海市暨金山区，以及中国石油、中国石化、中国海洋石油、中国石油和石油化工工业设备协会等部门的表彰奖励。

执行合同额 18.37 亿元，其中当年新签合同 11.7 亿元。

至 2014 年年底，员工 1 414 人，其中各类专业技术人员 665 人。在专业技术人员中，教授级高级工程师 41 人、高级工程师和其他系列高级技术职务人员 128 人，工程师和其他系列中级技术职务人员 114 人，初级专业技术人员 145 人，其他技术职务人员 237 人。

【主要指标】

实现归属于母公司所有者净利润 5 536.56 万元，实现每股收益 0.16 元。所有者权益期末余额 193 586.93 万元。主要经济指标详见表 1。

表 1 甘肃蓝科石化高新装备股份有限公司 2014 年主要经济指标

项目	2013 年	2014 年	同比增长（%）
资产总额（万元）	291 679.89	282 492.07	−3.15
净资产（万元）	172 181.62	194 198.71	12.79
营业收入（万元）	91 738.35	86 467.10	−5.75
利润总额（万元）	10 086.69	6 550.84	−35.05
技术开发投入（万元）	3 933.89	3 529.33	−10.28
利税总额（万元）	12 596.51	10 072.72	−20.04
EVA（万元）	1 006.16	−2 063.10	−305.05
全员劳动生产率（万元 / 人·年）	19.64	19.72	0.40
净资产收益率（%）	4.99	3.09	减少 1.90 个百分点
总资产报酬率（%）	4.75	3.14	减少 1.61 个百分点
国有资产保值增值率（%）	104.99	103.22	减少 1.77 个百分点

【产业化基地建设】

上海蓝滨三期板束制造单元及检测试验中心工程通过验收，并陆续投入使用。上海蓝滨研发办公区项目主体完工，装修进入收尾阶段，绿化及厂区区域工程完成工程量的 70%，完成弱电系统设计、招（投）标，并开始施工。至 2014 年 12 月，完成公司上海实验室实验台架安装，全部进入设备调试阶段。自制的大型四辊卷板机试车成功并投入使用，顺利卷校 15 节厚壁筒体，为后期重型容器制造奠定了基础。循环换热分离器制造中的关键设备——循环换热分离器激光切专机调试成功，激光焊正在调试过程中。自主开发研制的大型板片焊缝气密试验机、可拆式板式换热器组装生产线进入收尾阶段。电站空冷绕片机、钎焊炉试车成功，并制出合格部件，为产品多元化发展、进入电站空冷市场创造了基础条件。上海蓝滨洁净车间改造工作启动，开始设计工作。

【要事与重大决策】

1.“三会”有关情况 召开 2013 年年度股东大会，2014 年第一次临时股东大会及 7 次董事会、6 次监事会，先后审议各项议案 78 个。

2. 融资配股情况 根据中国证监会《关于核准甘肃蓝科石化高新装备股份有限公司配股的批复》（证监许可〔2013〕1534 号），进行融资配股工作。以 2014 年 1 月 13 日为股权登记日，2014 年 1 月 14 日—20 日为配股缴款日，配股新增股份于 2014 年 2 月 7 日上市交易。该次配股有效认购 354 528 198 股，募集资金 196 120 164.64 元，占本次可配股份总数 35 200 000 股的 98.09%。按照募投项目所需资金量，拟将募集资金按以下方向投入：一是增资全资子公司——上海蓝滨石化设备有限责任公司实施“特种材料设备洁净车间技改项目”；二是剩余部分全部用于补充流动资金。

3. 董事会改革试点工作 积极配合国机集团董事会改革试点工作，于 2014 年 12 月完成公司第三届董事会、监事会、经理班子换届工作，以及董事会各专业委员会调整工作。

4. 发起人股东有限售条件上市流通 至 2014 年 8 月 11 日，公司发起人股东中国机械工业集团有限公司、中国联合工程公司、中国工程与农业机械进出口有限公司、中国浦发机械工业股份有限公司和全国社会保障基金理事会，先后解除限售所持有的部分或全部股份，开始有限售条件的上市流通。为此，公司总股本为 354 528 198 股。

5. 利润分配情况 2014 年 7 月 16 日，完成以派发现金红利方式的 2013 年度利润分配工作。该次分配以公司总股本 354 528 198 股为基数，向全体股东每 10 股派发现金红利 0.60 元（含税），扣税后每 10 股派发现金红利 0.57 元，共派发现金 21 271 691.88 元（含税）。

【重大项目进展】

承担的国家“863”计划——海洋技术领域

深水油气勘探开发技术与装备重大项目“水下分离器关键技术研究”课题通过阶段检查，并完成功能性能水池试验。

具有自主知识产权的，当前中国最大的换热面积为13 000m^{2}大型板壳式换热器开发研制成功，并在中国石油云南石化公司1 000万t/a炼油项目连续重整——芳烃联合装置现场完成安装。

具有自主知识产权的国产首台液化天然气（LNG）开架式海水气化器进入生产关键阶段。

自主开发研制的“随钻仪器/定向工具水平实钻及循环实验系统研制”项目，通过国机集团科技成果鉴定。这套在国内首次实现带有3 000m大直径循环系统的定向工具和随钻仪器室内试验系统的成功应用，达到国际先进水平，并打破国外企业对中国在这一领域的技术垄断。

实施跨界发展，业务首次进入建筑材料机械市场，开辟了新的业务市场。与卓达新材料科技集团有限公司签订战略合作协议，签订新型建材层压线、辊平线部分设备开发和制造工作，部分设备开始安装。

为中国科学院上海高等研究院开发研制的20kW气液换热器试验台进入试验、验收阶段。该项目使公司在高温、高压、固态变液态、气态和有毒、有害气体等介质换热控制过程中积累了丰富的经验，为公司向这一业务领域进军迈出坚实步伐。

为宁夏启元药业有限公司开发研制的，用于热敏性极强、腐蚀性较大的古龙酸、维生素C两套板式超低温三效蒸发装置及5套管式强制循环结晶装置，通过整体验收。这7套装置为国内同行业蒸发量最大、结晶量最大的设备，填补了国内空白。

为伊泰新疆能源有限公司200万t/a煤制油项目设计的4台循环换热分离器，标志着公司技术和产品进入煤制油领域。

首次采用ASME U2标准设计制造的尼加拉瓜米拉玛尔油料分配厂3台球罐现场安装项目开始油漆涂装，现场技术服务项目接近尾声。

同时，在军工领域取得突破性业绩。

【安全生产】

完成产品制造2 020.5台，产品总重量18 169.96t。与上年相比，产品台数减少125.5台，同比下降10.95%；产品重量减少15 152.49t，同比下降45.47%。

完成宁夏石化45万t/a/80万t/a大化肥国产化项目——合成气余热回收器的制造。这是蓝科高新截至2014年12月生产的最大余热回收器装置。

完成中国石化普光气田5台克劳斯炉的制造。完成中国石化元坝气田12台硫冷器的制造，为推进硫冷器国产化进程打下良好基础。

完成8台大型板壳式换热器的制造工作，特别是为中国石油云南石化分公司开发研制的板壳式换热器，其换热面积13 000m^2，创最高纪录，成为当前国内最大板壳式换热器。

完成3台废热锅炉的制造，其中1台实现管板与管子坡口对接深孔焊结构，焊接质量居国内外领先水平，并通过丹麦托普索公司的评审。

组织实施神华宁煤集团煤化工项目100台干空冷器生产，至2014年年底，完成任务的80%。这是蓝科高新首次大规模承接煤化工项目装备制造任务，为公司进入煤化工市场奠定了基础。

【市场营销】

1. 市场开拓 巩固老市场，开拓新市场，业务区域和范围逐渐扩大，新增多个市场，并进入煤化工和煤制油市场，与新客户签订多项合同；检验检测市场新增内蒙古、新疆煤化工项目和岳阳壳牌、云南水富、天津碱厂、枝江化肥等气化炉项目；中石油西部管道公司、中石油西北销售公司成为公司2014年检验检测经营工作新的增长点。

在中国石油元坝气田建设竞标中取得突破，签订并提供89台（套）各类设备供货合同，合同额近2亿元，创造了在同一项目中承接合同额最大和供货数量、品种最多的纪录；承接山西科工巴彦浩特空冷岛项目，合同额超过1亿元。

蓝科高新国际市场出口合同实现5 620.41万元；分别与中设公司、中工国际、中国电工等密切合作，就埃塞俄比亚18万t/a合成氨项目、南美钻机、中美洲储罐厂、中亚PVC项目、老挝300万t/a钢厂项目等达成初步合作意向；中标伊朗PGSOC公司硫黄回收反应器项目和套管换热器项目。

2. 产品销售、签约

（1）产品销售。在产品销售方面立足新技术、新产品销售，其销售额占公司产品总销售额的30%以上。

（2）签约。至 2014 年 12 月，公司主要客户基本没有规模以上投资项目，仅有的只是针对部分装置的改造和检修项目。面对严峻经营形势，公司另辟蹊径、多路并进，重点在煤制油、煤化工、军工民用配套、检验检测等市场实现突破，完成了年度经营考核指标。

【科技创新】

1. 基本情况

（1）甘肃省科技重大专项计划项目——核电站大型可拆卸板式换热器框架结构优化设计与应用研究，通过甘肃省科学技术厅验收。

（2）高效旋流橇装分离器研制、循环换热分离器、闭式循环空冷器、铝基管电站空冷、废热锅炉研制等开发研制工作进展顺利。

（3）与中国纺织科学研究院合作，开发用于绿色纤维纺织品提取液的大蒸发量板式多效蒸发和板式 MVR 蒸发装置进展顺利。该装置具有较大社会效益和经济效益，应用前景广阔。

（4）自主开发研制的液化天然气（LNG）终端接收站用浸没燃烧式气化器（SCV）、液化天然气（LNG）终端接收站用中间介质式气化器（IFV）进展顺利。

（5）自主研发和制造的分离器内件进展顺利。对该项目核心技术的掌握和实现自主制造，将打破长期依赖国外和国内厂商的局面。

（6）完成高温烟气空气换热器、乏汽板式空冷凝汽器试验、火管式高温空气冷却器、烟道式大型高温空气冷却器的研发。

（7）承接的甘肃省重大专项液化天然气（LNG）储罐支撑项目——江苏泰兴 20 000m^3 低温乙烯储罐设计进展顺利。

（8）用于 XH475 动力系统变速箱润滑油冷却器的可拆式板式换热器开发研制成功，具有热效率高、低流阻、低温差传热、紧凑、抗冲击能力强的特点，受到高度评价。

（9）完成 LT3B-2205 空气预热器专用 2205 板材、LTB5-300 气－水焊接板式热交换器用板型、RZ4-400/RZ4-200H 焊接板式热交换器用板型和煤化工行业用无触点、免结焦纯逆流试验板型的模具开发工作。

（10）开发研制的 BF05 型板式蒸发器达到预期目标，取得良好效益。

（11）开发研制的用于葡萄糖浓缩的 MVR 板式蒸发成套装置，以菊芋为原料的具有药用功能的低聚果糖板式蒸发成套装置，用于酵母提取液的板式蒸发成套装置，以及用于热敏性极强、腐蚀性较大的古龙酸板式低温三效蒸发装置及管式强制循环结晶装置投入工业运行。

（12）自主开发管壳式换热器 CAD 专家设计系统、蓝科高新项目进度计划管理系统（PSMS V1.0）、技术开发维护信息管理系统（TDMM V1.0）、压力容器制造信息管理系统（PVDMS V1.0）等。

2. 政府资助项目、科技发展基金项目等情况

（1）申报的 6 个项目获得立项，获补助资金 629.4 万元。

（2）实施公司基金项目 18 项，其中 2 项通过验收，1 项结题；在重新申报评审的 7 个项目中，2 项（换热器管头焊缝超声波检测工艺研究、304 不锈钢板片涂覆聚苯并噁嗪涂层的工业研究）获得批准。

（3）与上海市特种设备监督检验技术研究院等合作，参加由中国特种设备检测研究院主持的国家质检公益科研项目——基于损伤模式的承压设备合于使用评价技术研究及应用，进展顺利。

（4）完成国家质检标准化公益基金项目——热交换器节能测试方法系列标准研究（201010217）。该项目通过国家质检总局组织的课题验收。

3. 专利、标准情况

（1）申报专利 51 项，其中发明专利 9 项、实用新型 42 项；全年获授权专利 83 项，其中发明专利 4 项、实用新型 79 项；申请软件著作权 6 项，授权 6 项。

（2）主持修订国家标准（GB/T 151《热交换器》、GB 12337《钢制球形储罐》、GB/T 20663《囊式蓄能用压力容器》）；主持制订行业标准 1 项，主持修订行业标准 1 项，申请国家标准和行业标准 11 项。

（3）完成《压力容器实用技术丛书》（6 册）其中 4 册的改版工作。

（4）员工在国内外学术刊物和专业会议上发表论文 60 篇，其中 EI 收录 36 篇。

4. 科研成果情况

（1）“轻质油品纤维液膜精制工艺与设备成套技术的开发”项目获甘肃省科技进步奖二等奖。

（2）“20万t/a硫黄装置末级硫冷器国产化研制”项目获中国石化科技进步奖二等奖。

（3）“特大型高压差硫冷器的研制与应用”项目获四川省科技进步奖三等奖（蓝科高新为第二完成单位）。

（4）大型及中高压板壳式换热器系列产品入选国家《名优新机电产品目录（第二批）》。

（5）机械工业兰州石油化工设备检测所有限公司被认定为工业和信息化部“工业产品质量控制和技术评价实验室”。

（6）甘肃省传热与节能工程技术研究中心被甘肃省科技厅评为“优秀”。

（7）上海蓝滨重型石化设备及电站空冷设备研发制造——重容及石化装备制造单元，被评为2013年上海市建设工程金属结构“金钢奖”（市级优质工程）。

（8）上海蓝滨荣获上海市金山区2013年度区长质量奖。

（9）蓝科高新研发类二等奖（2项）：升式钻井平台悬臂梁及钻台移动系统研发、LNG接收站系统BOG再冷凝器产品的研发。

（10）蓝科高新工程类一等奖（1项）：上海蓝滨工程项目施工管理。

（11）蓝科高新推广类二等奖（1项）：MVR膜式蒸发结晶装置的推广与应用。

（12）蓝科高新软科学类二等奖（1项）：天然气处理装置承压设备及管道适用性评价方法研究及应用；三等奖（3项）：波纹板片模具数控成型技术的开发及应用、B/12337—2014《钢制球形储罐》标准修订、NB/T 47041—2014《塔式容器》标准修订。

（13）蓝科高新“生产技术革新”成果一等奖（3项）：可拆式板式换热器生产线全自动板片压力试验机，气体冷却器的制造和抗冲击，高承压、钛材质板式换热器产品的加工制造；二等奖（7项）：自保护焊丝TIG焊在空冷器管箱焊接中的研究和应用、全自动钨极氩弧焊在坡口深度5mm柔性管板与换热管的焊接、空冷器不锈钢半圆管箱生产方式的改进、等离子切割在不锈钢空冷器管箱中的应用、换热管与管板对接连接的内孔焊接、旋转超声IRIS技术在镍基换热器上的创新应用、双壳体换热器管束组装工艺的改进；三等奖（12项）：开卷纵横剪切生产线自适应出料上料举升装置、坡口深度5mm的ϕ38×2.5 TA1管头数控脉冲TIG自动焊接、封头中心ϕ200开孔内侧实现自动焊接、马鞍焊在筒体补强圈（外侧）角焊缝上的应用、裙座C缝内环缝和浮头盖内外环缝自动化焊接应用、特殊设备翻转方法创新、2 000t油压机液压系统冷却装置改造、过跨平车直流驱动系统改造、可拆卸焊接板式换热器的制造、大直径超薄管板加工方案的改进、管头坡口加工和铣平管头工具设计及改进、分离器内壁堆焊工序改进。

【管理经验】

1. 经营管理方面

（1）专人负责对用户有关项目进行跟踪和分析，通过系统综合分析，拟定公司具有技术竞争优势的项目入选名单，并持续开展业务沟通和技术交流；而对技术含量低、附加值低的项目则予以剔除，旨在确保优质项目在人力、物力等方面的有效投入，使有限的资源发挥最大的效益。

（2）采取项目跟踪制，通过对有关项目的科学分析和合理划分，再安排相关技术人员和经营人员同被跟踪项目负责人员进行项目评估和技术交流，以减少项目的“流失率”。

（3）严格执行《蓝科高新经营工作管理办法（试行）》《蓝科高新经营人员经营业绩奖励办法（试行）》《蓝科高新项目任务下达及项目跟踪管理办法（试行）》等制度，加强经营管理工作，提高对经营人员的支持力度；充分利用公司经营政策，加强内部合作机制，做到“优势互补、资源共享”，注重产品资源的集约度，并加大市场推广应用力度，提高特色技术和专有产品市场占有率。

（4）坚持“东进西出”“借船出海”海外市场经营方针，通过中国石油、中国石化和中国海洋石油及其他企业，凭借专有技术和特色产品的支撑，在稳定已有海外市场的基础上，扩大海外市场份额，成功进入刚果（布）石油石化市场。

2. 科技管理方面

（1）蓝科高新总部以及上海蓝滨。公司工程监理施工现场，分别接受中国船级社质量认证公司质量/环境/职业健康安全管理体系再认证审核，并获得再认证证书；各项工作均按“体系文件”要求有效执行，运行良好。

（2）制定供方现场评价控制程序，并按此程序重点对7家供应商进行现场评价。

（3）上海蓝滨通过上海市清洁生产审核。

3. 财务管理方面

（1）完善内控制度。聘请第三方专业机构编制相关内部控制手册并宣传贯彻执行。通过内部控制手册的编制，将业务与财务相互结合，明确关键风险点，形成覆盖全业务链的内部控制制度。

（2）编制会计核算手册，提高日常会计核算的规范性；原始凭证管理规范，确保所有原始凭证符合三级复核；会计核算基础较为扎实，有利于完善企业内部控制循环。

（3）财务部和计划调度部协调配合，编制部门每月资金收款计划、资金付款计划，并据此考核；在战略发展框架下，对预算编制方法、控制目标、管理流程统一规范，并设计预算模板，初步完成部门费用预算。

（4）积极配合经营部门，做好应收账款的催收工作。

（5）财务成本核算较上年度有所改善，成本核算人员管理工作与生产计划一线紧密结合，跟踪生产进度，初步实现成本精细化管理，做到账务与生产无缝对接。

（6）积极办理税收优惠政策。根据国家高新技术企业认定和《企业所得税法》相关政策，高新技术企业均享受 15% 的所得税优惠税率，以及根据《关于西部大开发税收优惠政策问题的通知》（财税字〔2001〕202 号）、《关于西部大开发税收优惠政策适用目录变更问题的通知》（财税〔2006〕165 号）规定，蓝科高新全资子公司——兰州蓝亚石油化工装备工程有限公司、机械工业兰州石油钻采炼油化工设备质量检测所有限公司和控股子公司 —— 兰州冠宇传热与节能工程技术研究有限公司，在年度内享受 15% 的所得税优惠税率。

4. 安全生产管理方面

（1）严格落实“安全生产责任书”，做到责任到人；安全生产组织机构健全，安全生产应急体系完善，安全生产投入加大，安全生产过程规范控制，生产设备处于安全状态，安全生产隐患及时排查，安全生产管理得到有效保障；安全生产监督检查覆盖蓝科高新中国石油元坝气田设备安装现场。

（2）设备和仪器仪表完好率均达到规定要求，各种污染物排放达到排放标准，处罚次数为零；全面实现蓝科高新与国机集团签订的“安全生产责任书”目标；蓝科高新在国机集团年度安全生产责任目标完成情况考核中评为 B 级（良好）。

（3）完成蓝科高新总部安全生产标准化（二级）资质延期审核。

（4）围绕“强化红线意识、促进安全发展”活动主题，开展“安全生产月”“安全生产万里行”系列活动，组织全体员工开展 2014 年安全生产答题活动及参加全国职业病防治知识竞赛活动，普及全员安全教育。

（5）举办 1 期班组长安全生产培训班，培训 39 名班组长。

（6）以继续推进现场“6S”管理为契机，开展安全生产隐患排查治理自查自纠活动，做到安全生产、文明生产。

（7）开展 3 次大规模突发事故应急演练（含尼加拉瓜球罐项目部海啸、地震预警应急撤离演练）。

（8）在安全生产方面投入 158.46 万元。

5. 综合管理方面

（1）制定规章制度 14 部，修订规章制度 3 部；至 2014 年年底，正在实行和试行的规章制度 168 部。

（2）引进、录用各类专业技术人员 18 人；至 2014 年年底，各类专业技术人员 665 人，其中教授级高级工程师 41 人、高级工程师和其他系列高级技术职务人员 128 人、工程师和其他系列中级技术职务人员 114 人、初级专业技术人员 145 人、其他技术职务人员 237 人。

（3）加大员工培训力度和广度，培训率保持在 92% 以上，生产系统 180 人次进行了换证和取证工作，100 多人参加焊工、铆工培训。

（4）开展“质量月”活动，生产、技术质量系统推荐评选出“优秀质量工段、班组”“质量标兵”“质量卫士”，有力地推进了质量管理工作。全年无重大产品质量事故。

（5）落实《物资采购管理办法》《招标采购管理办法》，采购管理模式完善，降低了采购成本，强化了采购的透明性、公开性、公正性和公平性，全年节约采购成本 1 986.97 万元。

（6）图书档案规范管理；同时，开通链接甘肃科技文献共享平台，实现较大科技文献公共资源共享，全年下载资料 5 312 份，原文传递 307 份。

（7）法律事务工作顺利进行，成立公司劳动争议调解委员会；通过《蓝科高新报》，开展《安全生产法》《保密法》《职业病防治法》等普法教育活动。

（8）办理并按时足额缴纳基本养老、基本医疗、失业、工伤、生育“五项社会保险”和职工住房公积金等。

（9）内部安全保卫工作任务落实到位，社会治安综合治理和创建平安企业相结合，先后在兰州、上海两个基地破获3起盗窃案件，为公司挽回了经济损失，受到地方公安机关的赞许。

6. 信息化管理方面

（1）对公司网络、电子监控、语音通信、网站等现有系统进行及时维护，降低故障，有效防止病毒和“黑客”侵入，保障网络系统的安全、顺畅运行。

（2）完成上海蓝滨三期基础网络设施建设项目。

（3）根据公司兰州与上海两地生产需要，完成“蓝科高新项目计划进度管理系统”软件编制。

（4）完成“蓝科高新员工信息管理系统”软件编制，并上线试运行。

7. 内部控制体系建设方面 依据企业内部控制规范体系、质量/环境/职业健康安全管理体系手册及程序文件，组织开展内部控制评价工作。

董事会确定适用于公司的内部控制缺陷具体认定标准，并与以前年度保持一致。公司确定的内部控制缺陷认定标准如下：

（1）财务报告内部控制缺陷认定标准。①确定的财务报告内部控制缺陷评价的定量标准详见表2。

在评价内部控制缺陷时，分为利润总额潜在错报、资产总额错报、营业收入潜在错报、所有者权益潜在错报4种类型。

②确定的财务报告内部控制缺陷评价的定性标准详见表3。

表2 蓝科高新财务报告内部控制缺陷评价定量标准

项目 \ 重要程度	一般缺陷	重要缺陷	重大缺陷
利润总额潜在错报	错报＜利润总额的3%和300万元	利润总额的3%和300万元≤错报＜利润总额的5%和500万元	错报≥利润总额的5%和500万元
资产总额潜在错报	错报＜资产总额的0.5%和1 500万元	资产总额的0.5%和1500万元≤错报＜资产总额的1%和3 000万元	错报≥资产总额的1%和3 000万元
营业收入潜在错报	错报＜营业收入总额的1%和1 000万元	营业收入总额的1%和1 000万元≤错报＜营业收入总额的2%和2 000万元	错报≥营业收入总额的2%和2 000万元
所有者权益潜在错报	错报＜所有者权益的0.5%和1 000万元	所有者权益的0.5%和1 000万元≤错报＜所有者权益的1%和2 000万元	错报≥所有者权益的1%和2 000万元

表3 蓝科高新财务报告内部控制缺陷评价定性标准

重要程度	认定标准
重大缺陷	1. 董事、监事和高级管理人员舞弊 2. 更正已公布的财务报表 3. 注册会计师发现而未被公司内部控制识别的当期财务报告中的重大错报 4. 审计委员会和内部审计机构对内部控制的监督无效 5. 影响收益趋势的缺陷
重要缺陷	1. 未依照公认会计准则选择和应用会计政策 2. 对于非常规或特殊交易的账务处理没有建立相应的控制机制或没有实施且没有相应的补偿性控制 3. 对于期末财务报告过程的控制存在一项或多项缺陷且不能合理保证编制的财务报表达到真实、准确的目标
一般缺陷	重大缺陷、重要缺陷以外的其他缺陷

（2）非财务报告内部控制缺陷认定标准。

①确定的非财务报告内部控制缺陷评价的定量标准如下表 4：

表 4 非财务报告内部控制缺陷评价的定量标准

重要程度	直接财产损失额
重大缺陷	直接财产损失额＞ 500 万元
重要缺陷	500 万元≥直接财产损失额＞ 300 万元
一般缺陷	直接财产损失额≤ 300 万元

公司主要根据缺陷可能造成直接财产损失的绝对金额，确定非财务报告内部控制缺陷评价的定量标准。上述标准按每起事故事件认定，如果出现多起事故事件，按照各自造成的直接财产损失分别认定重要程度。

②确定的财务报告内部控制缺陷评价的定性标准如下表 5：

表 5 财务报告内部控制缺陷评价的定性标准

重要程度	认 定 标 准
重大缺陷	1．缺乏民主决策程序，如缺乏“三重一大”决策程序 2．重大决策程序不科学，决策程序导致重大失误 3．违反国家法律法规 4．中高级管理人员和高级技术人员流失严重 5．媒体频现负面新闻，涉及面广 6．重要业务缺乏制度控制或制度体系失效 7．内部控制重大缺陷未得到整改
重要缺陷	1．民主决策程序存在但不够完善 2．决策程序导致出现一般失误 3．违反企业内部规章，造成损失 4．关键岗位业务人员流失严重 5．媒体出现负面新闻，波及局部区域 6．重要业务制度或系统存在缺陷 7．内部控制重要缺陷未得到整改
一般缺陷	1．决策程序效率不高 2．违反内部规章，但未形成损失 3．一般岗位业务人员流失严重 4．媒体出现负面新闻，但影响不大 5．一般业务制度或系统存在缺陷 6．一般缺陷未得到整改 7．存在其他缺陷

根据上述财务报告内部控制缺陷的认定标准，报告期内不存在财务报告内部控制重大缺陷、重要缺陷；报告期内未发现非财务报告内部控制重大缺陷、重要缺陷。

8. 投资者管理方面

（1）信息披露工作及时完整，全年公开披露定期报告等 52 份。

（2）与投资者关系进一步密切，应邀参加甘肃辖区上市公司 2014 年投资者网上集体接待日活动，先后接待 6 批来自台湾、香港特别行政区，以及内地投资者；同时，通过电子邮件、电话与上百人次就投资业务进行沟通和交流，借此宣传推介公司跨越发展进程，及时澄清和解答投资者关注的问题，维护了与投资者的良好互动关系，扩大了投资者基础。

（3）董事会办公室和证券部重点对“三会”筹备、定期报告编制与披露、投（融）资及资本运作、分红派息工作，以及与监管机构和主管部门、与中介机构和媒体、与投资者的关系管理、培训等工作，开展管理提升活动，规范日常工作，提高工作效率，夯实管理基础，保证公司董事会工作的顺利进行。

【工会工作】

注重发挥职工代表作用，随时接收职工建议和意见，动员职工献计献策，关注一线职工关心的热点、难点问题，组织职工和职工代表开展合理化建议活动，集中民智，群策群力，促进企业发展。

定期参加职工劳动环境安全、职业健康安全的监督检查。

继续做好职工团体补充医疗保险、航空水路陆路出行保险、女职工妇科疾病保险、派遣人员和外聘人员意外伤害及意外医疗保险的投保、理赔等管理服务工作。

组织在岗员工 903 人进行身体健康检查，未发现重大疾病。组织新入职员工体检工作、特殊工种职工年度体检、注射乙肝疫苗、餐厅用餐人员年度查体等工作。

组织职工为国机集团“爱心基金”捐款。继续开展做实“送温暖”活动，为因特殊疾病造成困难的职工发放应急困难补助。

推荐 4 名班组长参加中央企业班组长岗位管理能力资格认证第六批班组长培训。推荐 2 名班组长参加国机集团第一期优秀班组长培训班，选派 1 名优秀班组长参加国务院国有资产监督管理委员会组织的中央企业第一届优秀班组长培训活动；组织公司员工参加国机集团工会首届网络安全技术大赛。

【企业文化建设】

制定《2014年精神文明建设实施计划》，做到“三个文明”齐抓共管。

上海蓝滨与上海市公安边防总队海警支队三大队签署“军企共建协议书”，开展军企共建活动。

党工团及各部门、单位组织开展迎新春猜谜等文化娱乐活动；参加国机集团职工书法绘画摄影篆刻比赛，2人获奖；组织选拔员工参加国机集团第三届“和谐杯”职工羽毛球、乒乓球比赛。

配合中心工作，《蓝科高新报》编辑出版12期52版，重点宣传报道了科研、经营、生产等重大工作；开展《安全生产法》《保密法》《职业病防治法》等普法工作。

首次编辑印发《蓝科高新员工手册》，同时对蓝科高新综合样本进行改版。

安装制作所属上海蓝滨三期的灯光亮化工程项目，成为上海金山吕巷一道靓丽的景观。

【行业服务工作】

特种设备检验检测工作。完成压力容器、压力管道定期检验、尼加拉瓜球罐无损检测、常压储罐及气化炉专项检验、特殊项目检验等现场检测项目共320项，对2 050台压力容器、9 600条压力管道、200km埋地管道、37台油专设备（储罐等）、7台煤气化炉、315台非承压设备类和3台球罐进行现场检验检测，检验检测总量较上年大幅增加。

完成30家板式热交换器、空冷器安全注册企业的审（复）查工作；完成44家井口装置、管件、有色金属管制造企业的鉴定评审工作。

《石油矿场机械》《石油化工设备》编务人员，进一步提高编辑水平，刊物质量提高，并向市场化方向发展，业内影响力扩大；同时，向国家新闻出版广电总局呈报认定“两刊”为学术期刊申请。

【党建工作】

1. 开展党的群众路线教育实践活动 活动时间：3—9月。活动期间，蓝科高新党委按“照镜子、正衣冠、洗洗澡、治治病”总要求，研究部署、检查督促、认真落实各环节工作。通过召开动员大会、党员大会、制订方案等，积极动员部署；通过下发学习资料、组织集中讨论、开展“每天一小时”学习活动、撰写心得体会、开展辅导讲座等，深入学习；通过发放“征求意见表”、召开座谈会、电话网络反馈等，认真听取意见；通过民主生活会、组织生活会，查摆认领问题；通过制定整改措施、抓好专项整治和整章建制，认真落实整改。教育实践活动取得实实在在的效果。强化了党员干部宗旨意识、服务意识和责任意识，增强了遵守党的纪律、严格党内政治生活的自觉性，转变了工作作风，密切了党群干群关系，解决了实际问题，树立了勤俭清廉的良好风气。群众对活动总体评价认为好和较好的达到98.5%。

2. 深入抓好各级领导班子建设 在教育实践活动中，领导班子成员为广大党员作示范、当表率，带头学习讨论、带头深入基层、带头听取意见、带头查摆问题、带头落实整改，增进党员干部同职工群众的感情，拉近与职工群众的距离，改进工作作风，密切党群干群关系，赢得职工群众的信任和支持。落实党委中心组学习制度，召开专题民主生活会，党的政治纪律和党内组织生活制度得到进一步落实，增强了干部党员的党性观念、组织观念和纪律观念，领导班子成员之间的沟通交流更加顺畅，传承了党的批评和自我批评优良传统和作风，形成团结好、风气正、作风实的良好氛围。

进一步落实党管干部原则，组织完成领导班子个人事项报告工作和90名副处长以上干部集中报告个人有关事项工作；组织完成公司2013年度“一报告两评议”工作，对干部选拔任用工作和2013年新选拔任用的5名中层副职干部进行民主评议，并上报国机集团党委；制定《蓝科高新干部管理办法》，组织完成4名干部任职考察、8名部门领导和11名处长、副处长岗位公开竞聘工作；制订《蓝科高新干部教育培训制度》，组织开展副处长以上干部集中学习培训，兰州、上海两地80余名副处长以上干部参加关于提升管理能力专题培训；完成上海市金山区党外人士和党外优秀人才专项调研工作。

3. 继续加强基层组织和党员队伍建设 在教育实践活动中，各党支部充分发挥作用，组织党员深入开展学习教育，并把开好专题组织生活会和做好民主评议党员工作，作为对党员党性觉悟的重要考验和严格党内政治生活、增强党组织活力、加强党员教育管理、确保教育实践活动取得实效的重要举措，组织党员重点围绕履行党员义务、遵守党的纪律、履行岗位职责、发挥先锋模范作用等内容，开展个人自评、党员互评和民主测评，每位党员撰写书面对照检查材料，197名党员参加民主测评。从评定结果看，好的占94.4%、一般的占5.6%、差的为0。

召开2014年党员大会，总结、安排、部署党建工作，表彰奖励在全年工作中表现突出的2个先进党支部和5名优秀共产党员；完成向国机集团推荐“两优一先”工作，1个先进党支部、2名优秀共产党员、1名优秀党务工作者受到国机集团党委表彰。全年发展党员4名、11名预备党员按期转正；完成上海蓝滨党委第二党支部委员增补工作；组织上海、兰州两地党员、入党积极分子，开展迎“七一”党员活动日活动。

4. 落实党风廉政建设工作责任 结合党的群众路线教育实践活动，认真落实党风廉政建设和反腐倡廉工作责任制，落实中央“八项规定”。同时，推动蓝科高新廉洁文化建设，组织开展廉洁从业格言、警句、箴言征集活动；不定期通过手机短信向干部职工推送反腐倡廉格言、警句、箴言；公司设立廉政账户。

【群团组织工作】

工会、共青团、女职工委员会等群团组织，继续在民主管理、文化建设、创新创效、社会责任、职工关爱等方面积极开展工作。

工会组织在发挥职代会作用、参与公司民主管理和安全生产管理、优秀班组长培养和先进人物推荐、关爱员工身心健康和组织爱心捐款等方面，开展大量富有成效的工作，对调动好、发挥好、保护好职工群众的工作积极性和创造性起到积极作用。

团委以促进青年成长为主线，强化思想建设、加强组织建设，在组织创先争优表彰先进、丰富青年员工文化生活、开展青年志愿者活动等方面，较好地发挥了共青团的作用。

女职工委员会切实维护女职工合法权益，减少和解决女职工在劳动和工作中因生理特点造成的特殊困难，保护其健康；通过举办健康知识专题讲座，提高女职工自身保护意识。

【社会责任】

主要有七点：一是保持兰州安宁、上海金山重点纳税单位称号。二是参加国机集团“国机爱心日”活动，组织爱心捐款活动，331名职工爱心捐款55 181元，全部汇入国机集团爱心基金。三是根据中共甘肃省委、省政府安排，庆阳市合水县固城乡王昌寺村被确定为蓝科高新“双联”帮扶联系村。成立“联村联户为民富民”行动领导小组及工作组，并两次派人赴王昌寺村考察调研，确定帮联干部、发展规划和重点工作计划。四是上海蓝滨组织开展“小红帽进车间”“小红帽进社区”青年志愿者活动；张添刚、赵哲龙、方力平、张彦军、孙海生、汪保卫、张磊7人参加金山区“点燃生命的起源”造血干细胞血样采集活动。五是上海蓝滨42名职工参加金山区组织的献血活动。六是坚持绿化工作，在所承包的绿化地种植侧柏600株、核桃200株、枣树200株。七是蓝科高新定向班2014届53名学生分别在兰州、上海两地顶岗实习；蓝科高新定向班2014级按计划开班，来自甘肃、四川、河南、湖南和重庆贫困地区的98名学生开始在校学习。

洛阳轴研科技股份有限公司

【基本概况】

洛阳轴研科技股份有限公司（简称轴研科技）是中国机械工业集团有限公司所属的控股上市公司（2005年在深交所挂牌上市，股票代码为002046）。总资产23亿元，拥有1个研发中心、5个产业基地，占地面积1 500余亩（1亩＝666.6m^2）。拥有4个全资子公司、1个控股子公司：洛阳轴承研究所有限公司、洛阳轴研科工有限公司、阜阳轴研轴承有限公司、阜阳轴承有限公司和洛阳轴研精密机械有限公司。具有先进的轴承制造装备和国际一流的测试仪器，在高精度、高可靠性轴承及相关零部件制造、检测与试验方面具有雄厚的实力。在轴承基础理论、润滑技术、设计、材料、试验及信息标准等方面保持着领先地位。

轴研科技重点为国民经济和国防建设关键主

机研制高性能轴承产品，批量生产内径 0.6mm 至外径 6.8m 的各种类型的轴承产品和组件。产品广泛应用于航空航天、舰船兵器、机床工具、风力发电、矿山冶金、石油化工、医疗器械、汽车与轨道交通、工程机械等领域。

轴研科技设有国家滚动轴承产业技术创新战略联盟、盾构及掘进技术（轴承）国家重点实验室、国家轴承质量监督检验中心、国家轴承认可实验室、高性能轴承重点实验室、工业（滚动轴承）产品质量控制和技术评价实验室、国家专利交流站、全国滚动轴承标准化技术委员会、ISO/TC4 中国秘书处、中国轴承工业协会技术委员会、院士工作站、博士后科研工作站、机械工业高速精密轴承工程研究中心、军品轴承技术开发中心、数控机床主轴单元工程技术研究中心、机械工业职业技能鉴定轴承行业分中心等科技机构，是中国轴承工业科技型领军企业。

轴研科技是中国航天航空领域的主要配套单位，圆满完成了中国航天发展史上具有里程碑意义的“东方红”系列人造地球卫星，“神舟一号”到“神舟十号”系列载人飞船，“嫦娥”探月工程，“神八”“神九”“天宫”交会对接的轴承及组件的配套任务。也是国内外数控机床、船舶重工、汽车及风电等行业重要零部件供应商。

【主要指标】（主要经济指标详见表 1）

表 1 洛阳轴研科技股份有限公司 2014 年主要经济指标

项　目	2013 年	2014 年	同比增长（%）
资产总额（万元）	200 750.91	232 694.79	115.91
净资产（万元）	104 481.11	138 077.59	32.16
营业收入（万元）	64 842.15	51 324.23	-20.85
利润总额（万元）	4 897.38	2 572.32	-47.48
技术开发投入（万元）	4 504.50	6 782.77	50.58
利税总额（万元）	7 077.00	6 249.61	-11.69
EVA（万元）	-1 052.00	-4 809.00	-357.13
全员劳动生产率（万元 / 人·年）	34.00	33.00	-2.94
净资产收益率（%）	3.79	1.48	减少 2.31 个百分点
总资产报酬率（%）	3.43	1.88	减少 1.55 个百分点
国有资产保值增值率（%）	100.98	100.56	减少 0.42 个百分点

【发展战略】

重新制定的公司发展战略是：以“高新技术产业、现代制造服务业”为核心产业，实施双核驱动；打造中国轴承工业科技型领军企业。依靠技术创新、管理创新、机制创新，支撑产业转型升级，实现由规模扩张向效益提高转变，走质量效益型的发展之路。

主要发展措施是：产业园的布局要聚集，经过调整，使产业园的布局相对集中合理；重要产业要聚焦，核心产业调整为特种轴承、精密轴承、离合器、精密零部件（包含主轴、卫星组件、精密轴系）、智能仪器与试验装备、检测试验及服务；核心产品要聚力，重点做好特种轴承、精密轴承、主轴和现代制造服务业。以“创新支撑、高端引领、特色发展”为指导思想，以提高质量效益为出发点和落脚点，优先发展高端特色产业。

【科技创新】

承担国家、省、市等各级科研项目 21 项。其中，国家级科研项目 12 项，省、市级重大项目各 1 项；组织申报国家各级政府项目 7 项（国家“863”计划 2 项、洛阳市重大专项 2 项、工业和信息化部“十三五”建议项目 2 项）；安排公司基金项目 25 项。

2014 年获授权专利 48 件，其中发明专利 22 件（详情见表 2）。当年申请专利 71 件，其中发明专利 50 件。

通过国机集团组织申报了“国家高性能轴承技术重点实验室”；负责编制并申请组建的河南

省滚动轴承产业技术创新战略联盟和“河南省高性能轴承科技型创新团队”，获河南省科技厅批复。

通过科研项目攻关与创新，在半球空气轴承、陀螺力矩低噪声轴承、双列无磁薄壁轴承和火箭发动机低温高速轴承等产品和技术上取得重要突破。为满足市场对油脂润滑高速精密角接触球轴承的需求，开展油脂润滑主轴轴承项目研究，首批 4 个型号的样品进行了装机试验。

表 2　洛阳轴研科技股份有限公司 2014 年授权专利

序号	申请类别	授权公告日	专利号	专利名称
1	发明	2014-02-12	201210047682.2	双向推力角接触球轴承保持架的装球方法
2	发明	2014-02-12	201110230431.3	背对背配对微型球轴承施加轴向载荷下摩擦力矩测试方法
3	实用新型	2014-02-12	201320462772.8	一种超高速复合滚动轴承
4	实用新型	2014-03-12	201320540372.4	一种高转速推力圆柱滚子轴承
5	发明	2014-03-12	201210017403.8	微型球轴承的简易装配方法
6	发明	2014-03-26	201210089095.X	轴承外圈基准端面弯曲度的检测方法
7	发明	2014-05-07	201210089111.5	外圈斜面滚道相对基准端面夹角偏差的检测方法
8	实用新型	2014-05-07	201320226976.1	一种外引导圆柱滚子轴承保持架
9	发明	2014-05-21	201210089101.1	两条直角滚道交叉圆柱滚子轴承的设计方法
10	实用新型	2014-06-04	201320738718.1	一种超高速电主轴用浮动轴承
11	发明	2014-06-25	201210047687.5	分离型保持架进行整体铆合的加工方法
12	发明	2014-06-25	201210047684.1	特大型薄壁轴承套圈基准端面和非基准端面的加工方法
13	实用新型	2014-06-25	201320812725.1	一种电主轴用的角接触球轴承
14	实用新型	2014-06-25	201320807293.5	一种圆柱滚子轴承用的压装滚子装置
15	实用新型	2014-06-25	201320826874.3	一种内引导圆柱滚子轴承保持架
16	发明	2014-07-16	201110414614.0	一种圆锥滚子轴承及该轴承用保持架
17	发明	2014-07-16	201110422445.5	一种弹簧圈数测量装置
18	发明	2014-07-16	201110106818.8	高速精密双列混合陶瓷圆柱滚子轴承
19	实用新型	2014-07-16	201320854696.5	一种涡轮泵用高速长寿命密封轴承
20	发明	2014-07-30	201210439054.9	脱水防锈油的配置方法
21	发明	2014-07-30	201310059169.X	一种抗乳化研磨油的配制方法
22	实用新型	2014-07-30	201420000197.4	一种防打滑的轴承结构
23	实用新型	2014-07-30	201420022061.3	一种高温工作环境中电主轴的冷却装置
24	实用新型	2014-07-30	201320466403.6	一种无磁轴承内表面磨削加工夹具
25	发明	2014-08-06	201110176008.X	用于提高转台轴承角位移准确度的控制方法
26	发明	2014-08-13	201110141864.1	一种测量挡边角度的方法及装置
27	实用新型	2014-08-13	201420102215.X	一种保持架和球轴承
28	实用新型	2014-08-13	201420022062.8	一种空心转轴的通水密封结构
29	实用新型	2014-08-27	201320812633.3	一种磁悬浮轴承
30	实用新型	2014-08-27	201420206424.9	一种无内圈满装圆柱滚子轴承

（续）

序号	申请类别	授权公告日	专利号	专利名称
31	实用新型	2014-09-10	201420215132.1	一种车载起重机用的三排滚子转盘轴承与车体的连接结构
32	实用新型	2014-09-10	201420215131.7	一种双唇密封式转盘轴承
33	实用新型	2014-09-10	201420215522.9	一种用于装载机的楔块式超越离合器
34	实用新型	2014-09-10	201420206508.2	一种改进的双列圆柱滚子轴承保持架
35	发明	2014-09-17	201210010468.X	动量轮飞轮体焊接工装
36	发明	2014-09-17	201210156648.9	一种高速全钢角接触轴承用导热润滑脂及其制备方法
37	发明	2014-10-22	201110408629.6	一种锯齿形孔冷挤压装置及其凹模、凸模
38	实用新型	2014-10-15	201420215110.5	一种用于装载机的二轴总成
39	实用新型	2014-10-29	201420206348.1	一种检测环形零件上圆周均布孔的模具
40	发明	2014-10-29	201210178632.8	电主轴中后轴承座在匀速转动时其内孔同轴度的检测方法
41	发明	2014-11-05	201210409700.7	带有凹孔的波形弹簧折弯方法
42	发明	2014-11-05	201210409701.1	保持架内径端面具有两圆弧面的设计方法
43	实用新型	2014-11-05	201420324730.2	一种超高速滚动轴承
44	实用新型	2014-11-19	201420352276.1	一种 RV 减速器由轴支撑专用薄壁轴承
45	实用新型	2014-11-19	201420323540.9	一种角接触球轴承或圆锥滚子轴承装配高的测量装置
46	发明	2014-11-19	201310079912.8	一种球轴承的轴向载荷测试方法
47	实用新型	2014-12-10	201420215521.4	一种游动支撑球轴承
48	实用新型	2014-12-10	201420429063.4	一种用于高速重载轴承的插入式薄壁保持架

【市场营销】

1. 在品牌宣传方面，调整思路，着力提高宣传内涵 参加 14 个国内展会和 3 个国外展会，在 14 种平面媒体上进行公司形象及产品广告宣传。在参加上海轴承展时，调整往年以展示产品为主的思路，在展示特色产品的同时，组织 3 个专家咨询团队（专利及科研成果咨询团队、轴承行业技术咨询团队和配套高端产品咨询团队），重点展示轴研科技的制造服务能力，取得非常好的效果。

2. 加大营销体系建设 组织专人对国内不同地区进行市场调研，掌握市场动态。聘请国内外专家对销售人员进行轴承专业知识培训，提高销售人员的专业技能，培育轴承应用工程师。制定客户备案制，对重大客户进行客户备案，组建大客户开发服务小组。对经销商进行信誉评价。出台相关销售制度，起草《销售佣金管理办法》《内部人员销售信息共享管理暂行办法》《应收账款管理暂行办法》《销售人员业绩考核指导政策》，修改完善了《经营单位负责人薪酬管理办法》。

【质量管理】

产品质量稳定，未发生重大产品质量事故和用户投诉，质量管理体系持续有效运行。以“提质增效升级”为中心，开展各种形式的质量改进活动和质量攻关项目，细化过程质量控制要求，提升了产品质量。

9 月，开展“以顾客满意为焦点，优化业务流程，强化过程监管，实现企业有质量的增长”为主题的“质量月”活动。通过办公楼电子屏上每天滚动播出“质量月”活动宣传口号、各部门采取车间内张贴“质量月”宣传标语、召开质量专题会议等形式开展“质量月”宣传活动。邀请武器装备质量管理体系国家标准起草人之一马绍力，对技术人员、质量管理人员进行“六性”知识培训，使大家加深了对“六性”概念的理解。

各部门梳理产品技术标准，与国内外同类高品质产品进行对比、分析，研究提高产品技术标准的可行性方案并组织实施，推动产品升级；深入剖析制约产品质量提升的薄弱环节，开展专项攻关活动，提质增效升级。

为加深全体员工对质量体系文件的理解，确保影响产品质量的人员掌握与本岗位有关的质量要求，实施质量体系文件宣传贯彻活动。活动分两个阶段：第一阶段为“自我推进阶段”，各部门分析、识别、确定与本部门质量管理体系运行相关的体系文件，制订计划并组织实施，对效果进行考核，并将疑难问题报质量保证部汇总。第二阶段为“深入推进阶段”，质量保证部汇总各部门开展活动中的疑难问题，针对较为集中的问题，集中相关知识培训。于 2014 年 9 月 26 日和 30 日分别组织质量体系文件宣传贯彻活动，对公司质量管理体系文件中有关“产品实现过程策划及控制要求”“设计开发过程控制要求”进行了详细讲解。质量管理体系内审员、各部门设计人员、质量管理人员共 70 余人参加了培训。

【法律事务管理】

通过法律审核把关，参与风险尽职调查、意向接触、关键问题谈判和法律文本的起草签署，将法律审核把关环节纳入业务流程和工作程序中，形成日常工作机制，严把法律风险关，切实保障合法权益。5 月，在国机集团管理提升活动中成绩突出，被评为“法律管理专项提升先进单位”。

始终注重知识产权管理、保护，把用自主知识产权构建企业市场竞争优势作为重要工作之一。至 2014 年 9 月底，在国内注册商标 17 件、境外注册国际商标 176 件。

建立预防法律纠纷为主的工作方式，实现由被动处理纠纷向主动预防纠纷转变的法律管理体系，定期对发生的典型法律纠纷案件进行排查和总结，将事后救济的经验教训作为加强事前防范的基础和前提。近年未发生被诉讼或被仲裁的案件。

为维护“ZYS”商标权，于 2005 年对株洲雅马哈摩托车减震器有限公司向国家工商行政管理总局商标局申请注册“ZYS”商标事宜提出异议。通过行政程序和诉讼程序的 4 个阶段，于 2014 年 10 月，北京市高级人民法院作出轴研科技胜诉的终审判决，维护了“ZYS”商标所享有的合法在先权利。

【人力资源管理】

为适应经营管理和改革发展新形势，逐步建立“干部能上能下、员工能进能出、收入能增能减”机制，制定印发《公司领导干部管理暂行办法》《公司领导干部综合考核评价暂行办法》《公司专务人员聘任管理暂行办法》，规范干部管理（包括培养、选拔、任命、考核、晋升、退出）的制度文件和考核评价办法。在梳理人力资源管理制度的基础上，出台《员工工资收入分配管理办法》，进一步规范工资管理工作，做到员工岗变薪变，动态调整；出台《员工退出管理暂行办法》，为员工建立退出机制。

招录大学毕业生 27 人（硕士 21 人、本科 6 人），其中首次为阜阳轴承定向招聘 4 名大学毕业生（硕士 2 人、本科生 2 人）。为实现专业技术人员招聘录用工作的规范化、制度化，9 月份下发了《公司专业技术人员招聘管理暂行办法》。

为了建设轴研科技高层次科技人才队伍，首次开展技术专家评选，评选并聘任 28 人为公司技术专家，其中首席专家 3 人、一级专家 10 人、二级专家 15 人。

组织完成员工培训 56 项，其中管理提升培训 30 项、技能培训 14 项、专业技术培训 11 项、新员工培训 1 项，累计培训 1 152 人次。全年完成各类管理培训 30 项 347 人次。职业技能培训完成 14 项 399 人次。开展技术人员学习培训，组织高铁轴承专题学术报告、高铁轴承及精密轴承润滑技术和滚动轴承现代设计技术培训、轴承应用工程师技术培训、TRIZ 创新方法培训等，参加学习培训的技术人员比往年大幅增加。

为降本增效，控制劳务派遣用工数量，3 月印发《关于严格控制劳务派遣用工的通知》，对公司劳务派遣用工的招聘做到严格控制。8 月下发《关于人工成本管理和调控的通知》。10 月下发《关于规范退休返聘工作的通知》《规范职能部门劳务用工的通知》。12 月印发《关于进一步控制人工成本的通知》，对职能部门、事业部规范和减少各类用工，控制人工成本进行引导。

【安全生产】

安全生产形势平稳，没有发生重伤及以上人身伤害事故，没有发生职业病及职业中毒，也没有发生损害企业形象的其他事故或事件。

在治理各类隐患、职业劳动保护、教育培训、环境保护、环境卫生等项目中投入资金185万余元，有效改善了生产条件，使企业生产在符合国家安全生产的条件下顺利进行。

根据检查制度及2014年工作安排，开展年度公司级安全大检查4次，对检查出的隐患，进行现场整改或限期整改，对于整改难度较大，部门无法单独完成的隐患，由部门出具书面申请报告，公司出面组织协调，给予技术及资金上的支持。查处各类登记在册隐患40余项，投入整改资金40余万元。

构建“自上而下”“自下而上”立体交叉的隐患排查治理机制。持续开展“自上而下”的隐患排查和隐患治理工作，对安全生产问题和事故隐患，按照PDCA闭环管理的原则循环追踪落实，每周小循环，每月大循环，直到隐患全部整改完成。

【节能减排】

轴研科技“十二五”节能减排目标为万元产值综合能耗（可比价）0.021 07吨标煤/万元，COD排放量为6.146 1t。2014年，轴研科技万元产值综合能耗（可比价）为0.022 181吨标煤/万元，COD的排放量为6.278t。

轴研科技的污染物主要有废水和固体废物，污染物排放接受地方政府环保部门的监管。公司排放的废水主要有：车、磨加工过程中所排的各类乳化液、含油废水，磨、装、热处理间清洗机的含油废水，酸洗及表面处理间的酸碱废水，其中绝大部分为生活污水。生产过程中产生的废乳化液，经一体化超滤设备处理后循环使用，更换后的废乳化液由河南天辰环保有限公司进行无害化处理；生活污水经隔油池、化粪池预处理排入城市污水管网，通过城市污水管网进入污水处理厂进行深度处理，污染物均可满足GB8978—1996三级标准。固体废物为金属屑、胶木屑和生活垃圾，废金属屑由公司回收外售；生活垃圾统一运往洛阳市制定的垃圾填埋场卫生填埋。

【党建工作】

轴研科技党委结合经营发展的新形势、新任务，推进基层党建工作，健全完善基层组织体系，加强对基层党支部和党支部书记的培训、考核和日常管理，提高基层党建工作程序化、规范化水平。2014年2月对基层党支部设置进行调整，3月组织开展基层党支部换届工作。换届工作于4月底基本完成，基层党支部结构更加合理。

高度重视制度建设，修订、印发《洛阳轴研科技股份有限公司党风廉政建设责任制实施办法》，出台《洛阳轴研科技股份有限公司“三重一大”决策制度实施办法》，完成《洛阳轴研科技股份有限公司党风廉政建设责任制考核办法》初稿，着手制定《洛阳轴研科技股份有限公司党委关于党风廉政建设主体责任的意见（试行）》《洛阳轴研科技股份有限公司纪委、监察部关于落实党风廉政建设监督责任的意见（试行）》。通过制度建设，强化党风廉政建设责任制的落实，对权力运行进行有效监督。重视基层党组织和党员推优评优工作，出台《洛阳轴研科技股份有限公司先进党支部、优秀共产党员、优秀党务工作者评选办法》，充分调动和发挥党组织的战斗堡垒作用和党员的先锋模范作用。

围绕企业文化建设开展大量工作。按照《进一步推进轴研科技廉洁文化建设实施方案》的目标进度，统筹推进廉洁文化建设，研究制定廉洁文化建设活动具体内容，出台了《洛阳轴研科技股份有限公司廉洁文化建设活动方案》。

4—5月，分两批组织中层以上领导干部和具体管理人、财、物的管理人员，以及销售人员130人次到河南省豫西监狱参观，接受警示教育；6月，制作廉洁文化宣传展板，宣传习近平总书记有关廉政建设的讲话精神；8—9月，开展廉政建设和反腐败工作征文活动，推荐4篇优秀论文参与国机集团相关征文活动；9—10月，在中层以上领导干部中开展廉洁箴言征集并结集出版活动，一一对应制作桌牌，发给中层以上领导干部，提醒绷紧廉政弦；10月，开展学习优秀共产党员龚全珍、杭兰英、刘伦堂活动；11月，向全体中层以上领导干部发放《中共中央关于全面推进依法治国若干重大问题的决定》等学习材料，组织学习十八届四中全会精神。

组织各党支部发动广大党员订阅、使用共产党员微信、易信，借用微信、易信网络信息平台宣传党的方针、政策，传播党的思想理论，弘扬先进典型。

天津电气科学研究院有限公司

【基本概况】

天津电气科学研究院有限公司（简称天津电气院）经过60年的发展，具有优越的系统集成能力。公司致力于提供卓越的工业领域电气控制系统解决方案，帮助工业企业提高产品质量、生产效率，节能降耗，助力转型升级。

依托智能电气创新园、电气装备产业基地、检测认证基地三大基地，围绕科技产业、科技研发、科技服务三大板块发挥创新优势，为电气传动、自动化、水力发电、电控配电、新能源等领域的工业企业提供节能的核心产品、优化的电气系统集成工程、创新的超值服务，以系统解决方案与工业企业共创“智・造未来”。

在系统工程方面：以高端装备制造业领域电气控制系统工程为基础，推进新能源和节能装备产业，发展相关机电装备产品贸易与技术服务，提供以闭环服务为导向的系统解决方案，为客户创造卓越价值。

在核心产品方面：借助电气传动国家工程研究中心、国家能源中小水电设备重点实验室、天津市配电自动化工程技术研究中心、天津市光伏逆变器及调速装置企业重点实验室，在工业自动化、直流调速装置、通用变频器、光伏逆变器及光伏储能逆变器等新兴领域推进产业化。

在超值服务方面：以相关国家／行业标委会、学会、协会等组织为依托，以国家电控配电设备质量监督检验中心、机械工业中小型水力发电设备质检中心、国家级科技企业孵化器为平台，在行业归口管理服务、标准、认证、检测、仲裁、咨询等方面服务行业技术进步。

【主要指标】（主要经济指标详见表1）

表1 天津电气科学研究院有限公司2014年主要经济指标

项 目	2013年	2014年	同比增长（%）
资产总额（万元）	99 443.72	102 423.37	3.00
净资产（万元）	46 825.41	47 492.46	1.42
营业收入（万元）	38 890.65	30 094.76	-22.62
利润总额（万元）	950.94	1 130.23	18.85
技术开发投入（万元）	3 075.55	2 437.68	-20.74
利税总额（万元）	3 971.68	3 439.07	-13.41
EVA（万元）	668.94	385.99	-42.30
全员劳动生产率（万元／人・年）	13.91	14.68	5.54
净资产收益率（%）	1.70	2.43	增加0.73个百分点
总资产报酬率（%）	1.24	1.41	增加0.17个百分点
国有资产保值增值率（%）	101.70	102.45	增加0.75个百分点

【重大决策】

1. 公司更名 7月，为适应业务领域拓展、产业化实施，以及提供解决方案的转型升级，构建“服务能力卓越、研发实力强大、产业优势突出”的一流应用科研机构的需求，公司更名为现名。

2. 出台战略规划 制定《天津电气科学研究院有限公司2014—2016年战略规划》，明确致力于提供卓越的工业领域电气控制系统解决方案的愿景，引领技术，创新服务，创造价值的使命等，以及合力共享的核心价值观、发展定位、业务定位；制定战略蓝图，形成战略规划、战略实施、战略监控和战略调整闭环的计划、组织、领导、控制制度，并规定根据业务发展，适时调整战略，使战略规划切实指导经营发展。

【重大项目】

1. 以千万级关键项目实现船舶海工市场新突破 准确定位并积极拓展非冶金市场，进军船舶海工等新领域。承接“7 000m^{3}耙吸挖泥船疏浚设备”项目，合同额 1 778.9 万元。该项目实现天津电气院在船舶海工领域里程碑式的突破，标志着天津电气院在产业转型升级道路上又迈出了坚实一步。

2. 以 4 000 万元项目引领铝制品加工行业技术进步 在克服冶金行业诸多困难的情况下，承接“河南明泰铝业 3300/2800 双机架热轧机组电气控制系统”项目，预计 2015 年投产试运营。

3. 以新能源设备检测及相关电气产品产业化项目开拓发展新空间 致力于提供系统解决方案的战略，需要更广阔的平台支撑，而项目的实施将助力于公司未来发展。项目占地面积 85 000m^2，建筑面积 43 655m^2。整体项目一期计划投资 2.97 亿元，至 2014 年年底，累计完成投资 2.5 亿元。

【科技创新】

1. 知识产权工作 申请国家专利 49 项，授权国家专利 20 项，授权量同比增长 50%，其中发明专利 8 项，累计有效发明专利 16 项，累计有效专利 107 件。天津电气院被天津市河东知识产权局评为“专利优秀企业”。

2. 科技成果及产业化 拓展申报渠道，利用中国电器工业协会平台，推荐的项目“GCK2 低压成套开关设备”获中国机械工业科学技术奖二等奖。“智能化通用控制系统及开发平台”等 3 个项目分别获中国机械工业联合会、国机集团、天津市科学技术成果奖三等奖。科技成果鉴定、登记项目 21 项。申报天津市、国机集团、中国机械工业联合会、天津市滨海新区科学技术成果奖 7 项，其中 4 项分获省部级科学技术奖二等奖、三等奖。

3. 注重科技成果转化 加快变频器、光伏逆变器等产品产业化工作，通过优化产品生产流程、生产工艺，提高产品一次合格率，并加大市场开拓力度，取得市场销售业绩；实现通用逆变器并联运行，将产品系列从 1.2MW 扩展到 2.2MW，丰富系列产品型谱；研发 IGBT 整流电源，满足工程需求；开发 1MW 集装箱式逆变房、具有 DC-DC 功能的智能汇流箱、经济型绝缘电阻检测仪，并成功应用于工业现场，实现对外销售。研制变频器自动测试台、板卡自动测试台，为标准产品生产提供自动化测试手段，提高测试效率，为产品稳定性分析积累大量数据。

4. 标准制订 主持制定 6 项标准，其中国家标准 4 项、行业标准 2 项。

【深化改革】

1. 布局战略规划，促进转型升级 着重在战略规划、绩效与薪酬、内控体系建设等方面实施专项管理提升，使公司“顺应转变经济发展方式的大势，把握创新驱动、战略转型的趋势，秉承创新成长，合力共享的核心价值观，肩负引领技术，创新服务，创造价值的使命，实现致力于提供卓越的工业领域电气控制系统解决方案的愿景”的战略方向更加深入人心。

2. 构建扁平化组织结构，提升效率 进行组织结构扁平化调整，撤销子公司职能部门，加强公司统筹管理；同时，以分公司模拟法人的形式，下放业务权，激发经营活力，用经济管理的手段促进管理效率的提升。

3. 实现非冶金业务突破，助推转型升级 对产业结构进行战略调整。在激烈的市场竞争环境下，非冶金业务规模比上年同期增长 92%；在船舶、智能试验台等新领域实现新突破，助推转型升级。

4. 实现自主产品产业化，提升竞争能力 自主研发产品如光伏逆变器、水电调速器、调压阀、通用变频器开始在市场上形成销售规模，初步实现产业化，销售规模有望拓展。

【管理经验】

1. 以内控建设提升抵御风险能力 围绕经营风险，完善 51 项相关制度，规范操作程序，修订《内部控制实施细则》。按《全面风险管理制度》，对各个环节的风险定期测试、评估，管控制度逐渐完善，抵御风险的能力不断提高，着重加强对应收账款、存货、重大工程和国外项目的风险管控工作；实行全面预算管理，通过加强预算管理，加强财务分析，促进财务与业务的对接，提高分公司财务管理，促进独立经济体运作，公司财务成熟度通过国机集团的现场评测，由初始级上升为发展级。

2. 形成绩效导向薪酬体系，完善人才机制 实施绩效薪酬体系，实现绩效指标逐级分解。完善培训体系建设，建立“外部培训、内部分享”机制。开办“天传大讲堂”系列讲座，分享前沿技术知识与创新理念，引发员工思考。

形成适应公司发展的高端人才引进机制初步构想。针对子公司订单波动特点，探索劳务外包等更加灵活的用工方式；针对子公司业务不均衡特点，促进内部人员流动，推动人力资源有效配置。通过公开竞聘的方式，给年轻人自我展示平台的同时，便于公司发现人才，进行梯队式培养。

3. 通过 6S 理念提升生产质量管理，为精益管理奠定基础 加强 6S 生产管理，对班组长、生产骨干进行 6S 管理培训，强化生产秩序，摒弃生产中不规范操作。完善安全生产责任制，实行安全生产责任目标考核；进行安全生产事故专项应急预案演练，保障企业全年无安全生产责任事故。相关举措为公司逐步实现精益化管理奠定了基础。

4. 通过集团内部合作，实现共赢 与中国福马、苏美达集团等结成战略合作伙伴，以典型工程项目为契机，在污水处理、大气治理等方面承接项目，积累环保工程业绩，发挥天津电气院整体资源优势；在技术积淀和创新服务方面，提供令客户满意的解决方案，争取后继的长期合作。

【党建、工会与文化建设】

落实“八项规定”，开展群众路线教育实践活动，发挥基层党支部的战斗堡垒作用和党员的先锋模范作用，依靠广大职工群众，推进产业转型升级，努力为实现有质量的发展营造良好环境。领导班子坚持科学的发展观和正确的政绩观，以新作风新动力推动企业新发展，启用一批年轻干部，形成富有朝气的干部梯队。

学习《习近平总书记系列重要讲话读本》、贯彻十八届四中全会精神，引发职工思考学习并形成共同的价值取向；召开党的群众路线教育实践活动动员大会，开展“七·一”系列活动，召开领导班子专题民主生活会，组织党员观影等，提高党员干部拒腐防变的自觉性，强化公司经营发展的政治保障；通过优秀党员、优秀党组织、优秀党务工作者评先活动，引导党员“互学、互比、互看”，发挥先锋模范作用。同时，完善 OA“企业文化与党建”讨论区，举办“颂党的光辉、扬天传精神”职工文艺汇演、五四青年歌手大赛等文艺活动，创新方法，加强企业文化宣传与思想政治工作，传递正能量，用与时俱进、深入人心的企业文化鼓舞员工勇担使命，致力于共同愿景。

召开第二届工会代表大会暨职工代表大会，利用职代会议事平台，发扬民主管理，发挥职工群众的积极性和创造性。

开展庆祝建院 60 周年系列活动，举办庆祝三八妇女节、运动会等形式各异的活动，营造充满活力的企业文化氛围；建立“职工之家”健身活动中心，成立乒乓球、羽毛球等体育协会，搭建员工锻炼身体、相互交流、陶冶情操的平台，丰富职工文化生活。

通过海报、OA 讨论区等宣传阵地，发表引发员工思考和学习的文章，传播正能量，弘扬企业精神和价值观，并加深对精品意识的理解，使精益管理理念融入日常工作中。

【社会责任】

1. 树立“绿色企业”品牌形象 严格遵守和执行国家关于节能减排的相关法律法规和能耗限额标准，将绿色环保理念贯穿设计、生产、应用等运营的全过程，树立节能减排“绿色企业”品牌形象，提高企业的社会影响力。

通过加大新能源和节能装备的研究开发力度，在通用变频器、光伏逆变器等产业化产品研究开发方面取得突破性进展，为国家节能减排，绿色发展作贡献；通过严格落实节能举措、强化日常管理，实现国机集团下达的节能减排目标；通过合理调整各生产环节，无超标污染物排放，无各类投诉事件发生。

2. 组织及参加公益活动 注重履行社会公益责任，造福社会。参加所在地区的环境保护、教育、文化、科学、卫生、社区建设、扶贫济困等社会活动 10 余次，并安排专人协助当地开展各项公益活动，促进公司所在地区的和谐发展；遵循“创新成长、合力共享”核心价值观，实现与客户、员工、股东和社会乃至合作伙伴、供应商等所有利益相关方的共同成长与进步，让员工在付出的同时得到自我价值的提升和体现；通过改善职工食堂、改造装修职工单身公寓，为员工创造良好的生活环境；定期体检，提高全员健康水平；打造职工健身之家，供员工休闲锻炼；关爱离退休人员生活，让其老有所依、老有所养、老有所乐。

中国电器科学研究院有限公司

【基本概况】

中国电器科学研究院有限公司（简称中国电器院）始建于1958年，总部位于广州市海珠区新港西路，隶属国机集团，前身是广州电器科学研究所，2006年国机集团将中机机械基础件成套技术有限公司划转为院全资子公司，2010年改制重组变更为现名。2011年根据国机集团《关于重组组建国机资产管理公司的通知》（国机资〔2011〕23号）文件，将中机机械基础件成套技术有限公司无偿划给国机资产管理公司。

经过半个多世纪的发展，中国电器院已成为集科研开发、国家检测和科技产业为一体的国家级创新型企业，战略布局华东、华南、华中、西北等处，在检测认证、励磁设备、电池检测设备、成套试验装备、新型环保材料生产等领域处于国际先进水平。

【主要指标】

完成经营额（新签合同额）207 866万元，同比减少3%；全年实现销售收入155 225万元，同比增长1.82%；实现利润总额8 226万元，同比增加6%。主营业务利润率较上年同期增加0.55个百分点、毛利率增加2个百分点。主要经济指标详见表1。

表1 中国电器科学研究院有限公司2014年主要经济指标

项　目	2013年	2014年	同比增长（%）
资产总额（万元）	172 147.00	166 164.00	-3.48
净资产（万元）	65 544.00	70 194.00	7.09
营业收入（万元）	152 443.00	155 225.00	1.82
利润总额（万元）	7 584.00	8 226.00	8.47
技术开发投入（万元）	9 621.00	9 300.00	-3.34
利税总额（万元）	12 177.00	12 273.00	0.79
EVA（万元）	9 362.00	9 753.00	4.18
全员劳动生产率（万元／人·年）	109.50	100.10	-8.59
净资产收益率（%）	9.95	10.42	增加0.47个百分点
总资产报酬率（%）	3.75	4.17	增加0.42个百分点
国有资产保值增值率（%）	102.37	112.12	增加9.75个百分点

【改制与产权制度改革】

1. 改制 根据实现股权多元化、促进持续健康发展的目标，结合中国电器院战略投资者引进情况，决定终止上市战略投资者引进工作，并开始调研员工持股改制方案。

2. 产权制度改革

主要有3项：

（1）规范运作投资事项。严格按国机集团和中国电器院要求，根据中国电器院发展需要处理下属子公司股东变更、增资、利润分配等事宜，及时进行有关投资和重组项目的备案和报告，行使在中工国际的股东权益。

（2）加大处置闲置资产。完成广州电器科学研究院名下广海花园两处房产处置，完成原中机公司上海房产无偿划转至国机资产管理公司，以及挂牌处理广州电器科学研究院名下上海别墅房产和兰电所名下北京房产等。

（3）继续清理公司股权投资。完成广州擎天新材料公司、威凯检测技术研究院、工业与日用电器促进中心注销，推进参股的广州中联分马力电机公司、广州市华南自动化有限公司股权清算等工作。

【要事与重大决策】

重点开展公司薪酬分配机制改革工作，编制《2014 年度业务公司及其经营者薪酬分配办法》、修订公司《员工薪酬分配原则》并实施。新的薪酬分配机制明确了公司薪酬分配的两级管理，扩大了业务公司薪酬分配权限。对业务公司薪酬分配，加强了薪酬与利润完成情况和绩效考核结果的关联。根据业务公司经营规模、效益和目标完成情况，确定业务公司经营者薪酬。对员工薪酬，明确按岗位和绩效分配薪酬原则，加强了员工薪酬和绩效的关联度。

【主营业务】

主营业务分两块：检测认证和科技产业，其中，科技产业包括三方面：电气设备、成套工程、化工材料。

1. 检测认证类业务 保持稳步增长，下大力气在关键产品领域、自主认证业务、攻克高端市场壁垒、与崭新领域伙伴合作，开展一系列市场开拓，取得较为显著成果。具体包括：所属威凯检测技术有限公司(CVC)被国家认监委授予家电、电器附件和小功率电机三类产品的 CCC 发证机构。其中，家电类是全国三家发证机构之一（唯一的认证、检测和标准一体化机构）；电器附件和小功率电机是全国两家发证机构之一。

获得 CCC 认证发证资格，可以独立开展 CCC 认证业务，形成新的收入增长点，为发展奠定基础。主要在关键产品领域、自主认证业务、攻克高端市场壁垒、与崭新领域伙伴建立合作、开展线上检测业务等方面进行一系列市场开拓，具体包括家电、电机、汽车、认证、检测、培训等方面。

2. 科技产业类业务

（1）电气设备。四川锦屏一级、二级电站，共 14 套 600MW 水电机组。至 2014 年年底，12 套投运，运行良好。与天津力神公司共同承担工业和信息化部“节能与新能源汽车技术创新工程动力电池”项目。该项目预计年均销售收入(不含税)9 000 万元，其中样机充放电流、电压测控精度和放电电能回收效率等关键技术指标，满足合同规定节点，达到国内先进水平。

（2）成套设备。印度家电产品设计、模具设备总承包项目合同总额 1 250 万美元，为拓展印度市场奠定了基础。成功开拓埃及冰箱制造工厂总承包项目，合同总额约 500 万美元，与 U 公司和 F 公司成功签订 2 个冰箱工厂总承包项目。该合同的签订扩大了公司在中东和非洲地区的影响，并奠定了中国电器院品牌基础。承接越南协荣公司电泳涂装线项目，合同金额 131 万美元，为涂装公司发展及市场开拓提供了新的增长点。承接印度本田摩托车有限公司第四厂 SPC 涂装线项目，合同金额 892 万美元。该项目进一步巩固了公司在印度本田工厂的地位，同时增强了公司在印度市场的品牌效应。

（3）材料。推行产品结构调整和 OEM 生产，集中精力大力发展低碳、环保的水溶性涂料产品，市场推广工作取得良好成效；塑胶漆产品逐步升级改造到 3C、汽车内饰等高端涂装领域；金属漆产品进一步完善，如高固含量象牙白水溶性面漆获日立电梯公司认可。粉末产品逐步扩大汽车轮毂市场的销售额，确保在该领域的龙头地位。根据中国电器院市场结构调整战略，重点开拓了 IT 粉、金属粉、绝缘粉、丙烯酸透明粉，以及家具领域等高附加值产品市场，并在以上领域均取得一定突破。

【产业化发展】

1. 机器人在空调工程的应用研究 实施时间：2011—2014 年。项目从空调器装配线生产工艺的系统研究入手，开展生产线虚拟仿真、视觉引导定位、柔性工装夹具设计和机器人系统集成等技术研究，将中国电器院原有的自动检测、抽真空、检漏等技术，进行集成应用，建立包括空调室外机安装底板、压缩机上线、抽真空、包装、码垛等 9 个自动化工位的空调器室外机机器人装配生产示范线和冰箱钣金冲压自动线。建立的空调室外机装配线是当前国内应用机器人和自动化工位最多的生产线。

至 2014 年年底，争取政府项目 3 项，经费支持 740 万元以上，项目成果应用于美的和国外用户，项目合同额超过 1 000 万元。

2. 24 冷吨阀件容量检测系统 实施时间：2013—2014 年。该项目是根据浙江三花股份有限公司的要求，开发研制适用于 R410A 制冷工质的电子膨胀阀、四通阀等阀件的容量检测系统。项目按期完成合同书规定的技术指标和相关要求，正式交付使用，并获得用户好评；系统在阀件容量测试的设计方案的技术填补了国内行业空白，属国内首创，达到国际先进水平；获受理发明专利2项、实用新型专利2项、软件登记1件；项目获合同金额450万元，利润率30%。与其他两个单位初步达成合作意向。项目成果可在各制冷阀件厂商、空调器厂商及相关检测机构推广应用，具有较好的市场前景。

3. 基于双环境因素量化模型的高分子材料寿命预测新方法 实施时间：2012—2014年。项目来源于国家“973”计划，研究了PS和PC两种高分子材料在我国典型湿热、干热自然环境，以及多种人工模拟环境下的老化规律，建立辐照、温度双环境因素量化模型，对典型环境区域辐照和温度进行综合量化。通过高分子参考材料自然老化和人工模拟环境加速老化相关性研究，初步确定对应中国湿热和干热自然环境的人工加速老化试验方法，建立高分子材料服役寿命预测新方法，具有创新性。课题发表论文8篇、申请发明专利3项、出版专著1部、主持制定行业标准1项。课题研究成果应用于中国自主品牌汽车耐候性技术和建筑材料湿热环境试验技术的开发，形成相关行业和企业标准，取得良好的经济效益和社会效益。

4. 采用载冷剂的空气处理系统的研究 实施时间：2014年。项目采用制冷机组集中冷量调节及载冷剂二级冷量分配等方法，解决多工况不同冷量的集中供给及精准控制问题，实现实验室的高精度、低功耗运行，并减小实验室的总容量配置，技术先进，整体性能达到国内领先水平。项目成果在珠海格力成功推广，合同额1 500万元，且市场前景广阔。

5. 方形电池多级自动分选系统的研制 实施时间：2014年。项目研制了方形电池多级自动分选系统项目机电一体化设备机械系统和上位计算机控制系统，并在客户中成功应用，申请实用新型专利1项。研究的具有托盘自动拆分和堆垛功能的自动分档机电一体化系统，技术先进、成熟、具有国内先进水平。项目技术成果应用取得较好的经济效益，发展前景很好。

6.LED路灯长效节能及可靠性评价技术的研究 实施时间:2013—2014年。项目主要围绕LED路灯产品的节能及产品可靠性技术，开展评价技术研究，提出LED路灯长效节能所使用的可靠性试验条件和试验方法，确定加速试验的加速因子和LED路灯长效节能的指标值，形成LED路灯长效节能的评价体系，形成多项标准并申请1项发明专利。承担检测项目168项，具有良好的经济效益和社会效益。

7. 快速固化易流平粉末涂料用聚酯树脂合成研究 实施时间：2013—2014年。项目成功合成适合热转印粉末涂料专用的快速固化易流平聚酯树脂NH3295,并实现产业化。同时，开发低酸值聚酯树脂NH8805,搭配公司原有高酸值NH8081干混可以制备成消光转印粉末涂料，涂层转印效果良好。项目申请发明专利1项。该项目产品批量应用于国内睿制、俊美、道顿、钮邦等多家粉末涂料厂商，市场前景良好。

8. 带锈钢结构设备涂装用水性涂料的研究及应用 实施时间：2014年。通过研究，掌握了树脂的流平性能与机械冲击性能以及附着力影响的关键技术，解决了高流平树脂的机械冲击性能差、固化后涂层与丙烯酸透明层的附着力差的技术难题；使合成的树脂具有合适酸值和黏度，涂膜具有优异的流平性、耐冲击强度、储存稳定性；解决了高流平树脂老化，性能差的重大难题。项目申请发明专利1项。项目产品获广州镭纳公司试用认可，产品成功取代溶剂型醇酸防护漆应用于电机、大型注射机、楼宇管道等钢结构件上，并已实现批量生产。

【科研成果】

继续探索建立和完善科研成果快速转化的运行机制，强化技术集成和总成能力，以平台为依托进行资源和信息共享，提高仪器设备的使用效率。科技活动经费支出13 130万元，组织开展院内科技研发项目154项，其中新增科技项目76项。

通过推进科技成果创新，形成一批重要科技成果，成果转化率70%以上。年度申请专利72项，其中发明专利33项；获授权专利44项，其中发明专利12项。取得软件著作权12项；发表论文110篇，SCI收录4篇。获得院外科技奖励7项，其中省部级以上科技奖励6项。

【管理经验】

经营管理方面主要有3条：

1. 开展对外交流、加强集团内部合作、强化资源优势互补、提升企业综合竞争力 依靠国机集团强大产业链的资源优势，加强与集团兄弟单位的内部业务对接交流。与中国汽车工业工程有限公司签订战略合作协议，拟围绕家电产品、汽车工业、电池生产等领域开展全方位的合作，实现技术成果应用与产业发展双赢；与苏美达集团保持原有的电池包检测设备合作项目，并积极寻找新的包括检测认证、科技开发、新能源领域、环保工程等的合作方向；从“互惠互利、实现共赢”角度出发，与CMEC合作开展“太阳能分布式电站”示范项目，为进一步合作和发展打下良好基础。

2. 加强经营合同和应收账款管理 严格督促超1 000万元重大合同执行评审程序。在新OA办公系统建立重大合同评审流程，使重大合同评审更规范严谨、时效性更强。建立问题重大合同定期追查制度，时刻关注下属公司经营情况，对以往和正在执行的合同进行监督，对有问题的重大合同采取及时介入或补救措施。组建联合检查工作组，开展对业务部门应收账款相关制度贯彻落实情况的专项监督检查。在不良应收账款处置方面，严格按程序进行核销。

3. 提升内控管理，强化重点环节监管，保证公司合规经营 在流程建设方面：加强销售管理、客户管理和合同审核签订、履行、变更、解除、归档、监督与评估等方面的管理，以及应收账款管理等容易产生漏洞的部分的监管力度。严格把关重大合同评审，通过各部门专业分工、规范操作、责任明晰，保证业务处理流畅，加强企业运行风险管控，提高工作效率。在规章制度建立方面：制（修）订《年度经营目标制定管理程序》《营销成果奖评审办法（第1版）》《客户信用等级评定管理办法》等规章制度；并通过制度约束管理、促进管理，督促公司依法经营，使目标制定、营销评审、客户管理等经营工作更规范、更完善。

【安全生产】

1. 坚持安全生产常抓不懈，落实安全各项工作 对安全生产责任书内容进行修订，并落实到位，层层签订安全生产责任书。修订《安全生产责任目标考核试行办法》，促进安全生产责任的落实。清查重大危险源，制（修）订应急预案。关注国际形势，在越南局势紧张时期，及时做好在越南项目的安全应急工作。配合国机集团完成泰国、埃及、利比亚等地区人员情况清查工作。2014年有6人参加注册安全工程师考试，4人参加注安师继续教育。

2. 严格安全生产检查，排除安全隐患 每季度开展1次安全生产大检查；根据工作特点，组织6次专项检查（防雷设施安全检测、重大危险源辨识和评价工作、安全责任书签订情况、安全生产月活动项目、降温避暑安全措施、车辆安全性能检测）。通过安全检查，加强全员危险源排查及自我整改意识，安全工作改进，为遏制和杜绝重大安全责任事故发生奠定了坚实基础。

3. 开展多元化教育，进一步强化员工安全生产意识 开展新员工培训、班组长培训、特种作业人员及其他持证上岗人员复审培训、注册安全工程师继续教育等各层级培训教育活动。6月，开展以“强化红线意识，促进安全生产”为主题的一系列“安全生产月”宣传教育活动；首次举办安全生产知识竞赛。

【党建工作】

认真贯彻中央决策，落实党要管党、从严治党方针，围绕深入开展党的群众路线教育实践活动这条工作主线，各级党组织全面加强和改进思想建设、组织建设、作风建设、反腐倡廉建设和制度建设，为推动企业全面深化改革、实现有质量的发展，提供了坚强的思想政治和组织保证。

深入学习贯彻党的十八届三中、四中全会精神和习近平总书记系列重要讲话精神。扎实推进党的群众路线教育实践活动。坚持把查摆问题、整改落实、制度建设贯彻始终，推进作风建设常态化、长效化。重新制定《中国电器院干部管理办法》《绩效述职管理办法》等制度，抓好各级领导班子建设和人才队伍建设。加强党风廉政建设和反腐败工作。坚持服从服务于生产经营中心工作，建立健全各项规章制度，打牢惩防体系建设基础，打造“不想腐”“不能腐”“不敢腐”的教育防范与监督惩戒机制。开展“党纪在我心中”干部教育活动，创新生动的活动形式起到寓教于乐的作用。落实以党建带群团建设要求，发挥各级群团组织作用，促进和谐发展。

建立健全基层组织，严肃党内生活，严格党员发展。坚持把政治标准和发展质量放在首位，注重从一线骨干中发展党员，突出先进性。2014年，中国电器院发展党员5名、预备党员18名转正。

【企业文化建设】

秉承“以人为本，幸福电器院”发展理念，推进以“和”“实”为核心价值观的企业文化建设。开展职工喜闻乐见的各类活动。组织作品参加国机集团“迎改革春风、扬时代风采”职工书画、篆刻、摄影大赛，共上报作品46件。举办职工系列运动会，进行篮球、足球、羽毛球、乒乓球等9项比赛，共1 796人次参加。举办“职工梦相秀”活动。举行职工田径运动会，进行34个田径项目比赛，共466人次参加。

【信息化建设】

1. 打造办公协同平台促进管理提升 通过对OA系统的升级，实现企业门户、员工自助、移动办公和信息平台的“四合一”，显著提升审批效率和信息沟通效率，为员工和公司提供更高效、更有价值的信息。

2. 推广视频会议系统应用，降本增效 提倡视频会议替代现场会议，增加会议灵活性，提升工作效果，显著降低会议差旅成本和沟通成本，全年会议费用降低约30%。

【社会责任】

1. 加强企业自身建设，切实履行经济发展责任 积极应对激烈的市场竞争，以业务国际化和转型升级为主要抓手，加强科技创新步伐，务实推进企业管理提升活动，经营工作稳中有进。

2. 坚定不移地加强科技创新，推动行业技术进步 重点推进“十二五”国家科技支撑计划“制冷类家电易拆解及新材料替代设计技术”、“973”课题“基于双环境因素量化模型的高分子材料寿命预测新方法研究”等项目。加强科研平台建设，推动标准化工作的开展，获得中国标准化领域最高荣誉“中国标准创新贡献奖组织奖”。

3. 倡导绿色发展，践行节能减排 继续将节能减排工作与清洁生产工作相结合，加大公司相关产业的技术改造、技术提升和节能新产品、新措施的资金投入。全年实现万元产值（现价）综合能耗0.014吨标准煤/万元；实现万元营业收入（现价）综合能耗0.034 5吨标准煤/万元；实现化学需氧量（COD）排放量2.76t。

4. 关爱员工，帮扶困难职工 在员工中弘扬“感恩回报”理念，传递爱心正能量。员工个人向集团“爱心基金”捐款201 040元。工会为12名患重大疾病的员工发放重大疾病补助款44 712.5元。

广州机械科学研究院有限公司

【基本概况】

广州机械科学研究院有限公司（简称广州机械院）始建于1959年，是原机械工业部直属综合性一类研究机构、国家机械行业技术归口单位之一；是国家首批91家创新型企业之一、三级军工保密资格单位、国家火炬计划重点高新技术企业、广东省专利试点企业、全国机械行业文明单位、广东省高新技术企业。设有博士后科研工作站。“广研”商标被评为广东省和广州市著名商标。先后承担了大批国家、省、市各级科技攻关项目，取得1 000多项科研成果。其中，200多项成果获国家、部省、市级科技奖励；67项填补国内空白（或居国内第一）、38项替代进口、2项填补国际空白，为国家机械装备核心部件国产化作出了重大贡献。

主要从事机械基础技术、基础材料、基础元件领域的高新技术和产品的研发，在智能装备、液压、光机电一体化、密封、润滑、汽车零部件检测、设备润滑状态监测等方面的研究水平居国内先进水平。是我国最早开展工业机器人研究的科研院所之一，致力于研究和发展面向行业需求的工业机器人本体技术和应用技术，以及智能装备等自动化生产线，为工业客户提供系统的解决方案。

在技术研发方面：拥有国家橡塑密封工程技术研究中心、国家汽车零部件技术研究开发平台（广州）等10多个高端研发平台。在检测技术方面：拥有广州机械科学研究院检测实验室（国家认可实验室）、机械工业工业机器人质量监督检测中心等多个认证检测平台；在行业服务方面，组建广东省院士工作站，是“广州市工业机器人制造及应用产业联盟”常务副理事长及秘书长单位。在专业期刊方面：出版的《机床与液压》《润滑与密封》《汽车零部件》

杂志成为行业权威技术、最新技术的发布平台。其中，《机床与液压》《润滑与密封》是全国中文核心期刊和全国机械行业优秀期刊；《机床与液压》杂志入选“2013 中国国际影响力优秀学术期刊”；《润滑与密封》入选中国科协精品科技期刊示范项目和“RCCSE 中国核心学术期刊”。

【主要指标】

实现营业收入 11.18 亿元，完成年度预算指标的 80%；实现利润总额 3 385 万元，完成年度预算指标的 82%，是国机集团考核目标的 85%；经济增加值（EVA）完成 4 386 万元，完成国机集团考核目标的 97%；流动资产周转率 1.57；技术投入比 6.91。主要经济指标情况详见表 1。

表 1　广州机械科学研究院有限公司 2014 年主要经济指标

项　目	2013 年	2014 年	同比增长（%）
资产总额（万元）	85 920.00	93 838.00	9.22
净资产（万元）	32 877.00	34 532.00	5.03
营业收入（万元）	116 931.00	111 763.00	-4.42
利润总额（万元）	3 652.00	3 385.00	-7.31
技术开发投入（万元）	6 460.00	6 303.00	-2.43
利税总额（万元）	6 991.00	7 514.00	7.48
EVA（万元）	4 646.00	4 386.00	-5.60
全员劳动生产率（万元 / 人·年）	12.86	19.44	51.17
净资产收益率（%）	7.28	5.84	减少 1.44 个百分点
总资产报酬率（%）	5.66	5.47	减少 0.19 个百分点
国有资产保值增值率（%）	107.54	105.92	减少 1.62 个百分点

注：收入与利润指标含北京中汽零公司。

【改革改制】

进一步突出产业转型升级，推动战略新兴产业加快发展。

为加快推进工业机器人集成应用的产业化进程，通过与东莞启帆公司和华南理工大学合作，组建广州启帆工业机器人有限公司，于 2014 年 3 月 20 日注册成立，6 月 1 日运营。至 2014 年年年底，初步形成国内领先的工业机器人制造能力。

【重大决策与重大项目】

作出加大力度发展工业机器人产业的重大决策，并提出“做好整体部署，找准市场定位，抢占发展先机，掌握行业话语权”战略方针。

工业机器人是广州机械院战略性新兴产业，决定着未来的发展高度，并将成为未来很长一段时间工作的重中之重。为全力推进工业机器人的战略性成长，广州机械院在确立行业形象、架设发展布局及基地建设上开展了大量的工作，实现了良好开局。

通过控股成立广州启帆工业机器人有限公司，牵头组建广州工业机器人制造和应用产业联盟，广州机械院的工业机器人产业在国内树立了领航者的形象。工业机器人项目列入广东省和广州市重点新兴产业发展项目规划中，中央电视台、中央人民广播电台、广东电视台、湖南卫视等国内主流媒体，纷纷给予报道，在业界引起了强烈反响。

工业机器人检测中心获中国机械工业联合会授牌，为广州机械院工业机器人产业的未来发展，打下了坚实基础。

【市场营销】

1. 创新营销　各产业积极推动营销管理和营销模式的创新。

（1）设备润滑与检测产业从为满足客户需求开办培训班、以培训带动营销开始，到与行业协会合作举办设备润滑管理高峰论坛，以会议宣传品牌，再到集成技术与管理资源为客户提供全面的设备润滑管理咨询，以技术服务优势带动业务能力全面提升。

（2）汽车零部件检测产业合理调整市场拓展模式，对现有检测客户按区域、产品线进行整合，配备合适的业务员分区跟踪，对重点客户优化服务，提高效率和技术支持力，以业务团队为单元进行业务量考核。

（3）密封产业颁布的《新行业市场开发管理办法》成为指导新行业、新市场开拓的指南，营销项目式管理模式经近年不断地丰富和补充，已成为新市场开拓的典范模式。合理的资源配备、积极的市场激励、政策的引导和领导的带头工作，焕发了密封所市场的新面貌，在风电、盾构机等新市场、新行业发展迅速。

（4）密封胶产业派专业人员在OEM电子行业现场服务，了解客户真正需求，帮助客户产品快速更新换代并提供包含涂胶设备的整体解决方案，赢得客户青睐。

（5）液压产业“以行业分小组、客户分重点、人员分层次”的思路和以老带新、交叉合作、分工负责的模式开发市场。

2. 聚焦重点 在强化“为顾客创造价值”的经营理念的基础上，明晰发展定位，定期组织各产业分析客户和产品的盈利能力，加强对占销售收入80%的客户的资源投入和服务，强化占采购金额80%的供应商的管理和考核。

（1）吉盛公司自主品牌车用油销售额1 200万元，比上年660万元，增长82%。

（2）在中机润滑销售额前20名的客户中，广研品牌经销商增至11个，并积极推进国机集团内部协作。

（3）密封所重点客户需求的准时交货率由过去的50%提高到2014年75%，重点产品的合格率由87.3%提升到93.8%。

（4）胶业所聚焦家电、汽车、轨道交通和矿山维修等新行业市场的开发，工业客户销售回款比上年增长43.7%。

3. 塑造品牌 加大线上宣传，设计上线广州工业机器人制造与应用产业联盟、国家橡塑密封工程技术中心等网站，同时对公司网站群进行优化整合，在百度等搜索引擎投放关键词，提高了公司网站群的曝光度和知名度；开通广州机械院、广研检测、广研传媒等公众微信号，为客户提供高效的资讯服务，提高品牌知名度；在《中国工业报》《机床与液压》《润滑与密封》《煤矿开采》《中国设备工程》《中国机械工业集团年鉴》等媒体刊登平面广告，或进行形象宣传。在阿里巴巴、检测行业我要测网、中国润滑油网站等网络媒体投放网络广告，有效地宣传了“广研”品牌；组织“第十二届中国国际机床工具展览会”“2014北京国际风能大会暨展览会”“中国国际工程机械展（宝马展）”“2014中国国际机器人展览会”“2014第十六届中国国际高新技术成果交易会”等展览活动。在深圳高交会上，国务院副总理刘延东等国家领导人参观了广州机械院展台，并对广州机械院工业机器人产业给予了高度评价。

【重大项目进展】

1. 工业机器人项目 积极推进工业机器人产业发展，渐次明晰产业发展格局，快速打造行业影响力，抢占发展先机。一是在行业服务方面，牵头组建“广州工业机器人制造和应用产业联盟”，得到中央和省市各级政府的高度肯定。二是打造智能产业园，集聚各方资源和力量，由广州机械院主导开发，拟将原院区100亩（1亩＝666.6m^2）工业用地，加上周边共750亩土地，开发为智能产业园（一期）。三是加快产业化步伐，由广州机械院控股的广州启帆工业机器人有限公司正式运营，形成了国内领先的机器人本体（含六关节及行业机器人）制造能力。四是在检测方面，为提升工业机器人产品质量、产品稳定性及服务水平，广州机械院成立工业机器人检测中心，并获得中国机械工业联合会授牌。

2. “高性能橡塑密封关键技术研究及应用”项目 该项目面向大型水轮发电机组、高端煤矿液压支架、冶金AGC油缸等重大装备对规格大、精度要求高、使用工况苛刻的橡塑密封产品的配套与运行需求，开展密封结构设计、密封材料研发、密封件加工与可靠性验证成套技术等关键技术研究及成果转化工作，实现多项技术创新：一是利用新技术，创新设计一系列新密封结构形式；二是利用新材料、新工艺，开发一系列密封件材料；三是开发成套无模车削密封件技术。

通过对上述技术的创新，研制出性能优良、能替代进口产品的高性能密封产品，实现了重大装备关键密封件的国产化，降低了重大装备对国外进口关键基础件的依存度。项目累计销售收入超过3亿元，新增利润超过5 600万元；为用户直接节约配件采购成本超过3亿元；减少停机、泄漏、污染带来的损失以数十亿元计；获得

2014 年度广东省科学技术奖二等奖。

3.“大型数控冲压装备橡塑密封件关键技术研究及应用”课题 该课题是广州机械院承担的国家科技重大专项“高档数控机床与基础制造装备”中的一部分，主要开展汽车自动冲压生产线气垫密封、平衡器密封、离合器/制动器密封和大型冲压锻造机床密封等橡塑密封元件密封材料研究、产品结构设计、制造工艺研究，以及密封性能仿真研究和可靠性验证方法研究。课题组成功开发出汽车自动冲压线的密封产品，且在济南二机床集团有限公司装机应用 1 年以上，使用情况良好；开发出万吨级大型冲压锻造机床主缸成套密封产品，并在西安三角航空科技有限责任公司配套使用，产品性能达到进口同类产品水平。此外，课题形成的最终产品和技术将通过示范应用，在生产基地产业化后形成辐射效应；关键共性基础技术成果将在其他相关高端工业装备领域得到应用；为替代进口产品，提供 200 套以上国产化汽车自动冲压机密封件和 4 万 t 冲压锻造机床成套密封件，产生良好的经济和社会效益。

4.“iSNM-150 六自由度空间关节型工业机器人研制及产业化”项目 该项目是财政部中央国有资本经营预算重点产业转型升级与发展资金项目。该项目可提高中国工业机器人在国际上的地位，也对机器人技术和产业发展具有重要的支撑和引领作用，将从技术上打破发达国家的壁垒，实现国产化，大幅降低单台机器人的成本，形成国内的工业机器人产业，从而提升中国装备制造业的技术水平，提升国家经济发展的技术保障能力，促进产业转型升级。同时，对培养一批中国工业机器人相关领域的研发、制造、应用的高端技术人才，形成中国高端人才的竞争优势具有重要意义。

5.“重大装备油液在线监测与智能诊断系统的研制”项目 该项目是广东省教育部产学研结合项目，顺利通过项目验收。研制的“重大装备润滑磨损在线监测诊断系统”，能够实现设备在用油液的黏度、水分、污染度、温度、大磨损颗粒数、小磨损颗粒数、磨损颗粒形貌特征等多参数的集成式实时在线检测，具有自动实时故障报警和专家诊断功能。产品经长江航道局、交通运输部救助打捞局等用户使用，反映良好，并已成功应用于亚丁湾巡洋舰、远洋船舶等领域。项目申请发明专利 1 项，获授权实用新型专利 2 项、软件著作权 1 项。通过在线检测的研究与开发，不仅提高了广州机械院在智能装备方面的自主创新能力，而且还巩固了在工业润滑及故障诊断领域的领头羊地位。

【科技创新】

以中央研究所为核心，整合国机集团资源，与高校及科研院所广泛合作，开展科技攻关活动，强化科技投入和平台建设，研发成果再创新高。

广州机械院研发体系获得“广东省省级企业技术中心”认定，“广东省工业润滑材料与设备状态监测工程技术研究中心”获得省科技厅认定，“机器人检测中心建设”“工业机器人技术创新公共支撑平台建设”分获广州市发改委和广州市科信局立项支持，“汽车零部件及工业装备检测咨询服务平台能力建设项目”获得国家科技部补贴支持，“广东省院士工作站”“广东省工业摩擦学重点实验室”通过广东省科技厅验收，“国家橡塑密封工程技术研究中心”完成建设任务。

通过整合产业链的产学研用资源，课题“基于产业链面向机床自动化生产的机器人研发与应用示范”获得广州市协同创新重大专项立项；“大型风电场智能化状态监控与运维调度系统研究及示范”以小组第一的成绩通过国家科技部组织的立项答辩，为进军风电智能运维市场打下坚实的基础。

共申请专利 13 项，其中发明专利申请 8 项；授权专利 16 项，其中发明专利授权 10 项；登记软件著作权 4 项；发明专利授权量创历史新高；主持修订的 4 项行业标准正式发布；发表论文 44 篇，其中 EI 收录 4 篇、SCI 收录 4 篇。科技成果“高性能橡塑密封关键技术研究及应用”于 2014 年 4 月获广东省政府颁发的“广东省科学技术奖二等奖”；“大型水轮发电机组关键密封件”获国家科技部认定的“国家重点新产品”；2 项新产品获广东省高新技术产品认定。

【产业化发展】

为加快推进工业机器人集成应用的产业化进程，广州机械院与东莞启帆公司、华南理工大学合资，投资成立广州启帆工业机器人有限公司，通过对业务、人员等进行整合，协调落实广州启帆公司生产及办公用地。位于广州永和经济区田园路的机器人制造基地，使用面积 13 500m^2，2014 年试产，生产的机器人产品在经济型机器人本体领域国内市场占有率排名前三甲。

通过联合用户承担纵向课题、联合市场人员策划研发课题、加大成果转化激励水平、组成专业化的转化推广项目组等形成，不断促进科技成果的转化和应用，提升产业化水平。如联合国内工程机械龙头企业三一重工，共同申请并承担国家“十二五”“科技支撑计划”课题“大型及行走式工程机械密封关键技术研究与应用”的技术攻关。此外，联合市场人员组成风力发电密封项目组，策划、申请并成功立项了工业和信息化部成果转化项目“大型风力发电装备关键密封件产业化”，提前实现年销 1 000 万元的市场目标。另外，通过对特聘专家谢友柏院士在线检测成果的商业化和产业化转化，首次将重大装备油液在线检测技术从专利技术转化成可用于国内某特种船舶发动机实时状态监测的产品，并通过不断地技术创新和升级，将在线检测技术应用于海事救助船、长航挖泥船中；为三峡电站 700MW 机组开发了实现推导油槽在用油液的黏度、水分、污染度、温度、大磨损颗粒数、小磨损颗粒数、磨损颗粒形貌特征等多参数的集成式实时在线检测，实现对水轮机组多参数状态监测信息的融合，是我国水电行业水轮机组多参数状态监测的集成创新，属国内首创。

【管理经验】

1. 持续推进资金的有效管控 本着“合理调配使用资金，全面压缩各项开支，降低成本、节约费用，提高资金使用效率”的目的，继续推进预算管理。从预算的编制、执行、跟踪和控制等方面着手，使企业的预算管理水平得到明显提升。

2. 持续推进内控体系建设 开展内部控制制度基础管理和重大风险缺陷整改两方面的工作。一是组织各部门对制度、流程进行新增、修订、升级。二是由审计监察室组织开展内部控制自我评价工作，涵盖企业层面与业务层面两大核心内容共 170 余个流程的重新审核和完善。

3. 持续推进精益管理 精益管理将体系标准化和精益管理人才队伍培育作为推行的两大重点。全年各部门共编制 QC 图 46 份，作业指导书 25 份，检验规格书 543 份，开展异常会诊 617 项次，解析品质不良 84 份，编制设备清扫和点检标准 193 份；员工全年提出改善提案 1 156 份，编制 OPL 514 份，自主培训参与人次超过 2 000 人次；开展“金牌班组长管理技能提升”培训和实操训练。立项的 10 个焦点改善课题中，密封所“提高风电夹布油封一次交检合格率”课题从改善前的 78.7% 提升到 92.16%；胶业所“降低胶浆生产中颗粒不良率”课题，通过大量工艺改善，胶浆的颗粒不良率明显下降。

4. 持续推进人力资源管理 全年招入 2014 届大学毕业生 15 人。同时，通过外部引进和内部培养相结合，努力打造中高端技术和管理人才队伍。选任中层副职 2 人、后备干部 3 人；新增高级工程师 4 人、教授级高级工程师 2 人。

配合国机集团“7080”人才规划，建立“7080”人才培训计划，强化对中青年核心骨干人才的培养和引导。

5. 持续推进信息化建设 一是在决策支持系统建设方面，全面优化升级 BI 系统，提高了用户体验感和数据质量，增强了报表应用开发的灵活性和方便性。二是在支撑主营业务核心竞争力提升方面，开发 ERP 系统集中付款功能模块，强化信用管控系统的应用，通过 MRP 结合 PMC 的深入优化应用，初步实现生产电子排单和无纸化的订单评审。三是在信息化基础保障能力建设方面，启动信息安全项目的一期建设。

设备润滑与检测所十分重视“两化融合”，将流程再造与信息化深度融合，形成检测过程的智能化管理。近 3 年，检测业务增长 4.5 倍，但检测人员没有增加。

6. 推进安全生产保障能力建设 安全生产管理规章制度、安全生产责任制得以健全和落实，职业健康安全管理体系运行平稳；安全生产标准化建设工作持续改进，安全生产“双基”工作得到加强和提高；安全生产检查中发现的隐患得到有效整改，整改率 100%；年度内无职业病、重伤、轻伤、火灾、重大经济损失、突发事件、损害企业形象及对社会影响恶劣的事件；建设项目安全、职业卫生执行率 100%，特种设备及安全附件检测合格率 100%；接触有毒有害人员体检率 100%，有毒有害岗位监测率 100%。

7. 持续降本增效 除继续通过精益改善促进降本增效外，还尝试了快递业务的集中采购管理，建立了统一招标竞价制度，为企业降本增效管理探索了一条新路径。

液压－宝力特公司开展费用管控、质量成本管控、采购成本管控、库存物资管控和销售类管控，配合以制度跟踪反馈措施，推进全员、全过程、全方位成本管理，控制降低产品的总体成本，增加经济效益180多万元，形成了良好的文化氛围。

【党建工作】

1. 开展群众路线教育实践活动 自2014年3月启动党的群众路线教育实践活动以来，广州机械院党委积极部署，党政领导班子率先垂范，紧紧围绕保持党的先进性和纯洁性，以为民务实清廉为主要内容，以落实中央八项规定精神为切入点，按照“照镜子、正衣冠、洗洗澡、治治病”的总要求，突出问题导向，深入查摆和解决“四风”问题。

通过及时成立活动领导小组及办公室，认真拟写“活动实施方案”，组织召开活动动员大会，并按照国机集团的要求开展了一系列活动，紧密结合公司工作实际，切实围绕活动的基本要求，将“规定动作”与“自选动作”相结合，持续推进活动的深入开展。

领导班子自查和收到群众反馈的各类意见和建议共51条，经汇总梳理，形成18个方面39个整改项目，内容涉及领导干部思想和工作作风、干部队伍建设、党风廉政建设、群众利益诉求、民生福利和企业经营发展等一系列重大事项，对广州机械院营造更加良好的工作氛围、进一步推动科学发展具有重要的现实意义。

2. 党建工作有序推进 广州机械院党委重点从抓好党政领导班子建设入手，围绕中央八项规定和开展群众路线实践教育活动要求，积极推进党建工作规范化和制度化。一是对班子建设和班子成员的行为进行更加明确的规定和约束，强化领导班子民主生活会和中心组学习会的组织要求，切实开展批评和自我批评，努力营造风清气正的团队氛围；二是强化党支部建设和支部委员的教育培训，通过加强支部组织建设和制度建设，完善支部工作考评，不断提升党员领导干部的党性修养和自觉意识，提高党支部的凝聚力和战斗力；三是认真开展反腐倡廉教育活动，通过党员领导干部签订廉洁承诺书、组织开展纪律教育月知识竞赛和纪检监察征文活动，不断强化廉洁自律意识。全年本着“严格控制”“成熟一个发展一个”的基本原则，批准预备党员转正8名，发展党员7名。

【文体活动与社会责任】

开展丰富多彩、形式多样的创先争优、劳动技能竞赛、团队建设、文体才艺和帮扶助困活动。组织开展各类劳动技能和知识竞赛六大类20多场次；组织开展篮球、足球、羽毛球、乒乓球、户外健身拓展等系列体育运动，以及广研好声音、棋牌、厨艺、迎新等才艺展示活动；全年组织发放员工困难补助33人次4.8万多元、大额医疗补助32人12.1万多元；新春送温暖慰问55人，发放慰问金和慰问品共计7万多元；申请发放国机集团和省直爱心帮扶资金2.5万元；组织员工捐献国机集团爱心基金2.5万余元；组织无偿献血活动，完成33人11 100mL献血量；组织购买2015年春运外来工团体火车票120张。

扶贫“双到”工作有效落实。落实广东省扶贫“双到”工作指标和要求，做好对口帮扶韶关南雄市坪田镇小塘村的各项工作。通过单位自筹、“一事一议”奖补和争取行业资金等方式，向小塘村投入扶贫资金199.87万元，开展到村、到户扶贫项目13个，惠及316户1 264人。

济南铸造锻压机械研究所有限公司

【基本概况】

济南铸造锻压机械研究所有限公司（简称济南铸锻所）始建于1956年，前身为济南铸造锻压机械研究所，是原机械工业部直属专业从事铸造机械、锻压机械、液压技术等多专业综合性应用技术研究\开发和行业归口管理的国家一类科研机构。1999年7月，根据国务院对国家所属242家首批重点科研院所改革的要求，济南铸锻所转制为科技型企业，成为国机集团的成员企业；同年12月，由国机集团和宝钢集团有限公司、中国重型机械研究院股份公司、中国浦发机械工业股份有限公司、中机中联工程有限公司共同发起、组建。现有员工700余人，各类专业技术人员占70%，其中高级专业技术职务人员占20%、拥有一批享受国务院特殊津贴的专家和学科带头人。

主要业务：铸造机械及铸造工程机械化、自动化成套技术及装备，锻压机械及锻压工程机械化、自动化成套技术及装备，数控锻压和激光加工技术及设备、数控板材加工成套设备，各种大型闭式通用和专用机械压力机、液压机及自动化生产线，液压元件及系统的新技术、新产品开发、设计、制造，铸造锻压机械产品质量检测，相关技术的咨询服务。

产品主要应用于汽车、电力、电子、电器、冶金、轻纺、军工、航空、农机及建筑等领域。现行产品的发展方向为六大产业：清洁高效绿色铸造成套装备、高档数控开卷校平生产线、数控冲剪折设备、高端汽车纵梁成套装备、数控激光加工设备、高档中大型冲锻压设备。

承担着全国铸锻机械行业技术组织和技术服务工作。设有国家铸造锻压机械产品质量监督检验中心，以及国家铸造机械标准化技术委员会和国家锻压机械标准化技术委员会等组织机构，负责编制中国铸锻机械科技发展规划、制定铸锻机械产品标准及质量标准和产品质量分等规定，以及组织产品监督质量检查和工艺攻关等工作。是全国铸锻机械行业学会、协会的挂靠单位，编辑出版并面向国内外发行专业杂志《中国铸造装备与技术》《锻压装备与制造技术》。

50多年的历史积淀和行业背景，以及卓越的专业人才、雄厚的技术实力，培育和推动着中国铸造锻压机械行业发展。济南铸锻所一以贯之地坚持“以市场为导向，以产品为龙头，以科技为后盾，以创新为动力，面向国内外两个市场”的企业方针，竭诚为国内外新老用户提供高效、节能、安全、可靠的新技术、新产品。

【主要指标】（主要经济指标详见表1）

表1　济南铸造锻压机械研究所有限公司2014年主要经济指标

指标名称	2013年	2014年	同比增长（%）
资产总额（万元）	91 511.00	86 966.00	-5.00
净资产（万元）	9 144.00	1 544.00	-83.11
营业收入（万元）	35 854.00	31 429.00	-12.34
利税总额（万元）	-25 548.00	-7 078.00	-72.30
利润总额（万元）	-27 853.00	-8 738.00	-68.63
（EVA）（万元）	-23 003.00	-6 810.00	70.40
技术开发投入（万元）	9 133.00	3 465.00	-62.06
全员劳动生产率（万元/人·年）	-16.00	4.00	125.00
总资产报酬率（%）	-118.23	-6.66	增加111.57个百分点
净资产收益率（%）	-24.53	-163.25	减少138.72个百分点
国有资本保值增值率（%）	24.73	16.94	减少7.79个百分点

【要事与决策】

2014年2月22日，召开二届三次职工代表大会，审议通过《2013年工作总结和2014年主要工作任务的工作报告》《2013年度财务情况报告》《2013年度业务招待费使用情况报告》《关于2013年度召开公司领导班子民主生活会情况的通报》。

3月20日，召开深入开展党的群众路线教育实践活动动员大会，济南铸锻所党的群众路线教育实践活动正式启动。

4月9日，召开2014年度第一次股东会暨二届五次董事会、监事会，分别审议通过并形成有关决议，内容涉及董事会工作报告、财务预决算、2013年利润分配、向金融机构申请授信、担保等事宜。

4月18日，召开第三届银企座谈会。围绕“银企合作，共谋发展”主题，加深银企双方相互了解和信任，促进实现“银行资金与企业技术、人才、产品等资源优势相结合，协同开拓市场，共同发展”的目的。

4月23日，变更企业法定代表人，由原法定代表人刘家旭，变更为张波。

5月29日，举行2014年“安全生产月”活动启动仪式。

6月12日，召开2014年度第二次股东大会暨二届六次董事会，审议并通过《关于公司第二届董事会董事调整的决议》《关于更换公司董事长的决议》《关于更换公司总经理的决议》。张波任公司董事长、总经理。

8月29日，召开2014年"质量月"活动启动会。

10月22日，召开党的群众路线教育实践活动总结大会，全面总结公司教育实践活动，对巩固和深化活动成果、加强作风建设进行了安排部署。

【科技创新】

1. 科技成果 获省部级以上科技奖5项、市级科技进步奖3项、其他奖励3项。其中："车架纵梁柔性制造成套生产线"获国家重点新产品奖；"D53K-5000-400/315型5 000mm数控径轴向辗环机"项目获2014年度山东省科学技术进步奖二等奖；"CL612Ai型石油管材高效激光切割加工单元""SP型高性能数控伺服转塔冲床"项目获2014年度中国机械工业科技进步奖三等奖；"镁合金冷室压铸机（GB/T 25716—2010）"国家标准项目获2014年度中国机械工业科技进步奖二等奖。"汽车半桥壳热压成形自动生产线"项目获济南市科学技术进步奖一等奖；"高效五主机数控三面冲孔生产线"项目获济南市科学技术进步奖二等奖；"S-JL31-1250/630/250重型数控轮辐精密成形生产线"项目获扬州市科技进步奖三等奖。"SPE21250数控伺服转塔冲床"项目获中国数控机床展览CCMT2014春燕奖；制定的国家标准《黏土砂混砂机安全要求》（GB 28759—2012）获济南市创新型城市建设"国家标准制定单位奖"；"高端金属板材成形装备创新团队"获济南市优秀创新团队奖。

2. 专利情况 申报专利37项，其中发明专利13项。授权专利32项，其中授权发明专利12项、实用新型专利18项、软件著作权1项、外观设计1项。

3. 科技成果鉴定 "ZS-JL36C-500Q型数控开卷校平落料压力机自动化生产线""ZS-JL36C-1600Q型数控高速级进模压力机生产线"两项新产品通过省级科技成果鉴定，技术水平处于国际同类产品先进水平。

"YJ27E-1000Q大型多工位数控液压机""S-JL31-1250/630/250重型数控轮辐精密成形生产线"两项产品被认定为江苏省高新技术产品。

4. 国家重大科研项目 至2014年年底，承担18项"高档数控机床与基础制造装备"国家科技重大专项，其中主承担5项、作为课题支撑单位参加13项。

【市场营销】

签订经营合同较上年下降30.8%，实现销售收入较上年下降14.8%。对外出口情况低迷，合同数量少，主要市场仍在亚洲。

至2014年，机械行业持续低迷4年，产能过剩、市场需求不足情况仍然存在。"一带一路"战略的实施，为机械行业开拓国际市场创造了良好机遇。机械企业唯有积极建立并维护好海外经销网络，巩固拓展在海外市场的成果，同时加强技术革新和产品升级，才可在"一带一路"建设的中赢得商机。

加强与国机集团所属工贸公司的沟通与交流，合理利用对外销售渠道，从产品外销开始，在实现已有产品的对外销售的同时，发挥整体资源优势，共同寻求开发适销对路新产品，逐步由产品销售过渡到公司间的合作，为转型升级和经济增长找到发展新路。

【质量及标准】

主修订行业标准3项，参与制定行业标准4项，基本情况详见表2。

表2 济南铸造锻压机械研究所有限公司2014年主修订及参与制定的行业标准

序号	标准名称	制定、修订情况	承担编制角色
1	滚筒落砂机技术条件	修订	主编
2	碗形树脂砂混砂机技术条件	修订	主编
3	螺旋叶片式树脂砂连续混砂机技术条件	修订	主编
4	纵剪机 第2部分：技术条件	制定	参编
5	纵剪机 第3部分：精度	制定	参编
6	移动式剪板机 第2部分：技术条件	制定	参编
7	移动式剪板机 第3部分：精度	制定	参编

【深化改革】

1. 定岗定编 对职能管理部门进行机构与职能调整，部门从原来的15个精减到6个。

2. 建立KPI考核体系 完善KPI考核体系，为充分调动干部职工的工作积极性，提高工作绩效，修订和完善职能管理部门和业务部门的部门及干部考核办法，实现定性和定量相结合。

3. 职能剥离或优化与变更或设立部门 将原采购与制造公司的采购、仓储、运输和工艺等管理职能剥离，机构名称变更为制造公司；将原采购与制造公司的工艺管理职能划出，归入生产管理部；将审计稽查部的内控体系建立、完善与实施的管理及风险管控职能划出，归入资产财务部；为加强公司产业、业务部门产品技术的归口管理，设立技术管理部；将资产财务部的成本管理与控制职能及采购与物流公司合并，设立成本管控部。

【管理经验】

1. 经营管理方面 通过重组与调整组织机构，按照产品全价值链管理模式对内部业务逐步实现全过程管理。业务管理，采取以“定规则、抓执行、严考核”为准绳，以“计划、质量、成本”为核心内容，开展生产三级网络管理，对产品质量实行“卡死两头、管住过程”，对产品成本推行目标成本管理。

2. 人力资源管理方面 建立科学分工、相互协作的全员及全方位的人力资源管理模式，实现统一规范的人力资源管理流程，提升总体人力资源管理水平。

（1）全力推进定岗定编工作。为促进人尽其才，体现择优选用，建立干部择优选员工，员工自愿选岗位的双向动态管理机制，9月对现有管理岗位实施竞聘上岗。此项工作使人工成本得以控制，事务性、辅助性岗位上的冗员得以精简，并且为工作饱和度的定量分析提供了依据。

（2）加强干部管理，完善干部业绩考评度量标准，使干部绩效考评更加科学。根据不同的工作内容设置不同考核项目，将经营主要指标完成情况用具体数字体现。既使考核具有针对性，又把能够量化的指标实施量化考核，充分发挥考评的激励作用。

（3）加强培训。2014年是济南铸锻所自成立以来开展培训次数最多的一年。组织各类培训46次，参训人数712人。建立员工培训档案；聘请有工作经验的技术专家定期针对产品设计、质量等相关问题，进行技术交流和技术培训，从而促进产品技术、质量提升。

3. 财务管理方面

主要有4条经验：

（1）以营运资金管理为核心，强抓营运资金管控，重新修订并严格执行《营运资金核算和管理办法》，促进加速两金周转，最大限度地管控好经营活动净现金流。

（2）以降本增效为目标，严控融资规模，制订资金运营策略，采取商业承兑汇票方式结算，延迟资金流出，节约财务费用。

（3）以《成本管控框架思路》制度为保障，以合同项目成本构成为起点，强化成本动因分析，切实采取有效的成本优化措施，加大对产品成本费用的控制，实现合同项目成本事前评审，过程跟踪，事后评价的闭环流程。

（4）以《会计核算手册》为依据，规范费用及相关业务支出核算制度，提高会计信息质量，为公司生产经营决策及时准确地提供数据支持。

【信息化建设】

着重开展以提高业务管理系统应用水平等系列工作：ERP系统版本升级、账套数据升级、服务器系统及客户端重新安装；开展网上报销系统调研、方案制定与实施工作；配合公司机构调整，对OA系统组织架构进行大幅度调整与完善，优化和固化管理审批流程，充分发挥OA系统在提高协同办公效率，实现管理信息化、规范化，提升管理水平等方面的重要作用。

【法制建设】

1. 法律事务管理制度建设 建立完整的制度体系，制定法律风险管理规定、诉讼案件管理规定、内部普法宣传规定、法律档案管理规定、法律事务咨询制度、合同审查制度、重大法律纠纷案件管理办法，使法律事务工作实现制度化和规范化管理。

（1）法律事务管理体系建设。构建独立法务机构，配备专业法务人员，制定完整规章制度体系，形成以制度建设为基础、以业务流程管理为核心、以风险管控为重点、以非诉与诉讼管理相结合的法律事务管理体系，在公司各项业务活动中发挥重要作用。

（2）举办法律知识研讨会。研讨会内容包括：融资租赁合同、诉讼时效、证据收集等方面。

研讨会通过业务人员结合自身遇到的相关法律问题与律师沟通和交流，提高自身的法律风险的防范能力。

【企业文化建设】

1. 价值梳理与应用 对公司企业文化价值理念进行重新梳理，进一步明确公司愿景、使命、核心价值观及其释义，初步确定公司的企业文化体系。

拓展公司 VI 系统与国机集团 VI 系统的对接与融合，强化公司门户网站建设、企业形象墙建设等，制作企业宣传片和画册、产品标识等。

完成公司新版宣传片和多项产品宣传片的制作工作，在拓展潜在市场，提升公司形象，扩大品牌与产业（产品）的知名度和影响力等方面收到较好效果。

2. 开展活动 工会和团委开展丰富多彩的文体活动，通过组织机械技能加工竞赛、三八妇女节乒乓球比赛等一系列活动，增进集体凝聚力，促进企业文化建设。

【党建工作】

深入学习贯彻党的十八届三中、四中全会精神和习近平总书记系列重要讲话精神，围绕生产经营中心工作和改革发展稳定大局，以“加强管理，提高盈利能力”为主线，以深入开展党的群众路线教育实践活动为重点，加强党的思想、组织、作风和反腐倡廉建设，为公司生产经营发展提供政治保障。

1. 开展党的群众路线教育实践活动 成立活动领导小组，制定《济南铸锻所有限公司深入开展党的群众路线教育实践活动实施方案》，圆满完成各阶段各项工作。

2. 加强学习，努力实践 学习贯彻党的十八大和十八届三中、四中全会精神和习近平总书记系列重要讲话精神，制定《济南铸锻所 2014 年中心组理论学习安排意见》，继续解放思想，把理论学习贯穿于公司经济发展和经营生产各个环节，以学习的新成效促进公司领导干部思想作风、工作作风、领导作风和生活作风的根本改变，为推动公司健康稳定发展提供强有力的精神动力和智力支撑。

3. 加强制度建设 在群众路线教育实践活动第四阶段，整章建制，修订《厂务公开实施方案》《党风廉政建设和反腐倡廉工作责任制实施办法》，制定《党员干部诫勉谈话制度》。

4. 加强和改进党的组织建设 严格抓好党员发展工作中的培训、政审、考察、审批、转正等环节，发展 1 名党员，2 名预备党员按期转正。

5. 聚焦“四风”抓整改 结合党的群众路线教育实践活动，公司领导干部及全体党员认真自查，聚焦“四风”，撰写对照检查材料，并进行整改。

6. 加强党风建设和反腐倡廉工作 党政领导班子成员和所属部门负责人逐人签订党风建设和反腐倡廉“责任书”“廉洁从业承诺书”，明确责任，确保企业廉洁从业各项工作取得实效。

【合作交流】

11 月 4 日，济南铸锻所与德国 DATA M SHEET METAL SOLUTIONS 公司在上海签署汽车大梁辊弯成形技术合作协议。本次合作研发生产汽车大梁变截面辊弯成形装备，将充分发挥两家企业在不同领域的技术生产优势，全面提升冷弯成形工艺技术及汽车成套装备的技术水平，满足国内外高端产品的市场需求，在汽车轻量化技术进步与发展方面发挥重要的支撑作用。该协议的签署，标志着 3D 辊弯成形技术在中国实现突破，进入实际应用阶段。

【存在问题及面临形势与任务】

1. 销售规模下降 全年销售收入较上年下降 12%。主要原因是继续受国际国内经济形势下行影响，公司所处的机床工具市场在延续整体回落的态势下逐步趋稳，市场形势严峻，市场需求进一步萎缩，竞争异常激烈，新签合同减少；同时，部分客户暂不提货，致使部分完工产品积压，无法实现销售，直接影响当期主营业务收入。

2. 人才流失严重，且培养力度不够 受全球经济下行影响，公司订单减少，导致人才流失比较严重，高水平的营销管理人才和高技术水平的销售服务人员缺乏。一支研究水平高、设计水平高、工程经验丰富的人才队伍尚处于形成之中。

3. 创新体系建设任重道远 创新不足。创新队伍尤其是稳定创新顶尖人才，急需一系列科技管理制度、措施保障。

【社会责任】

牢记承担的使命与责任，在加快企业改革发展的同时，积极履行社会职责。

1. 支持和参与慈善公益事业 2 月，组织员工参与年度爱心捐款活动，募集捐款 45 290 元，全部上缴国机集团。

春节前期，工会为经济相对贫困的6名职工每人发放1 000元救助金。

2. 推进节能减排工作 坚持以科学发展观为指导，强化措施，狠抓落实，制定节能减排工作制度。对公务用车实行统一管理，严格控制办公用品消耗；利用OA系统强大功能，逐步实现无纸化办公；优化水、电、暖节能措施；强化生产管理与设备改造；加强宣传等措施增强员工节能减排工作的责任感和使命感。

重庆材料研究院有限公司

【基本概况】

重庆材料研究院有限公司（简称重材院）原名重庆仪表材料研究所，创建于1961年，为原机械工业部直属一类研究所，1999年转制进入国机集团，是专门从事功能材料共性基础技术、工程化技术研究与产业化开发的综合性研究机构；经国家批准建立“材料物理与化学”博士学位授予点、博士后科研工作站，以及“国家仪表功能材料工程技术研究中心”“全国仪表功能材料标准化技术委员会”“院士工作站”，是全国仪表功能材料行业自律性组织和学术、技术组织的挂靠单位。主办的《功能材料》中文核心期刊（EI收录）、《功能材料信息》技术期刊、“中国功能材料网”网站和“中国功能材料及其应用”大型系列学术会议，成为中国功能材料领域具有较高权威性和品牌地位的核心服务平台。

公司占地面积200亩（1亩=666.6m^2），现有科研生产设备仪器1 500多台，固定资产原值4 870万元。现有职工418人，专业技术人员260人，其中教授级高级工程师12人、高级工程师52人。

保持ISO9001质量管理体系认证和GJB 9001A、GJB/Z9001A军工质量管理体系认证注册资格，通过武器装备科研生产单位保密资格审查认证及武器装备科研生产许可审查。

50多年来，形成金属功能材料及制品等6条中试工艺生产线。测温材料、特种合金、工程仪表三大优势专业领先国内。取得科技成果近1 000项，获国家级奖励12项、部省级科技成果奖200余项，其成果广泛应用于机械、航天与国防军工等领域，解决了国家一系列重点工程、重大设备和军工配套所需的关键材料与元件，为国民经济发展和国防军工技术进步作出了卓越贡献。

【主要指标】（主要经济指标详见表1）

表1 重庆材料研究院有限公司2014年主要经济指标表

项 目	2013年	2014年	同比增长（%）
资产总额（万元）	99 443.72	102 423.37	3.00
净资产（万元）	46 825.41	47 492.46	1.42
营业收入（万元）	38 890.65	30 094.76	-22.62
利润总额（万元）	950.94	1 130.23	18.85
技术开发投入（万元）	3 075.55	2 437.68	-20.74
利税总额（万元）	3 971.68	3 439.07	-13.41
EVA（万元）	668.94	385.99	-42.30
全员劳动生产率（万元/人·年）	13.91	14.68	5.54
净资产收益率（%）	1.70	2.43	增加0.73个百分点
总资产报酬率（%）	1.24	1.41	增加0.17个百分点
国有资产保值增值率（%）	101.70	102.45	增加0.75个百分点

【生产经营与经营生产能力】

1. 生产经营概况 狠抓“保增长”，生产经营保持平稳运行。全年实现产值 4.59 亿元，比上年增长 19%；合同完成率 96%；产品质量抽检合格率 100%。申报各类纵向项目 33 项，获批 25 项，获得拨款金额 2 296 余万元。

2. 经营生产能力变动情况

（1）经营范围及年度变动情况。经营范围：仪表功能材料及元器件，汽车、摩托车用特种材料、元件及部件，耐腐蚀仪表及元件，标准热电偶、热电阻研制、技术开发、技术转让、技术咨询、技术服务。经营自产产品及技术出口业务，将自行研制开发的技术代理出口转让给其他企业其所生产的产品；进口本公司所需原辅材料、机械设备、仪器仪表、零配件；咨询、技术服务仪器仪表，以及工业自动化控制系统安装、调试及技术服务；物业管理、社区服务；机电设备、工程机械、仪器仪表的制造、维修、销售及技术开发；自动化系统、计算机软件系统及原辅器件的集成配套；高温合金、耐蚀合金、精密合金、特殊不锈钢及制品制造及销售。

（2）经营能力及年度变动情况。与上年基本持平，主导产品的市场占有率和市场排名无明显变化。工程仪表部及时出台“员工临时调配原则”“督促做好合同生产策划的措施”，确保重要合同的按时完成，实现产值 4 547 万元，同比增长 21%；全年承担科研项目 18 项，完成 5 项。贵金属部克服原材料降价负面影响，力保市场份额，实现产值 8 370 万元；由于原材料价格大幅下降，导致产值下降 2%。全年承担科研项目 7 项，完成 3 项。难熔金属部克服钢铁行业低迷，产品需求下降带来的强烈冲击，改善产品使用性能，提高市场销量；开发新领域，优化市场结构，降低单一产品带来的风险，实现产值 1 061 万元，同比增长 21%。承担科研项目 8 项，完成 2 项。工程成套部克服进入市场晚，行业竞争激烈的艰巨条件，与 CMEC、中工国际签约项目合同，进入国机集团主要市场，实现历史性突破，完成产值 2 402 万元，同比增长 176%。特种合金部通过完善生产计划管理，进行积极的工艺革新、加强成本控制和员工培训考核等措施，实现产值 7 904 万元，同比增长 21%；承担科研项目 27 项，完成 9 项。

【产业化基地建设】

4 月 26 日，重材院从老区搬迁至产业化基地试生产。9 月 28 日完成全部验收工作，获“重庆市建设工程竣工验收备案登记证”。12 月，完成固定资产转固工作。

【耐腐蚀合金重点和测温材料重点实验室】

机械工业耐腐蚀合金和机械工业高性能测温材料实验室是重材院产业化基地建设的重要组成部分，不仅是国机集团科技发展基金项目，而且被列入中国机械工业联合会行业重点实验室建设计划和重庆市重点实验室建设计划。耐腐蚀合金重点实验室通过重庆市科委组织的专家验收，并被重庆市科委推荐申报国家企业重点实验室。这两个重点实验室在 2014 年中国机械工业联合会科技大会上获得授牌。

【市场开拓】

董事长兼总经理刘庆宾分管营销部，一把手抓市场、抓营销，整合营销资源，成立营销部，组建航空航天、石油石化、核电能源、军工、仪表、外贸 6 个专业营销团队，加强公司产品在以上领域的市场推广和应用。

通过产品宣传，提升产品知名度，寻求新市场。参加各种展会 7 场次，其中北京国际仪器仪表展和宁波新材料展以展商身份参展。

关注重点客户市场需求，制订重点客户走访调研计划，由公司领导带队调研，巩固大客户现有市场，积极从大客户市场寻求新的商机。

主导产品的国内市场占有率持平：热敏电缆约 50%、钨铼偶丝约 50%、贵金属热电偶丝约 30%、差压变送传感器用特种合金约 70%, 其特种合金市场占有率约 10%。

着力业务升级和新业务开拓。探索新的转型升级业务范围，投资成立以稀贵金属产业和普通热电偶产业为主的子公司。一是投资成立以稀贵金属产业为市场的子公司。12 月，成都爱美科技材料有限公司正式开展生产经营。开业后，积极探索在玄武岩纤维生产企业、光学玻璃生产企业、工艺品玻璃生产企业、激光器玻璃生产企业的市场调研工作，选出一些重点企业进行重点开发；进行卫生玻璃生产企业市场调研工作（国外这一行业发展较快），希望在光学玻璃领域取得重大突破。二是投资合作成立开发普通热电偶的子公司。完成出资及重庆爱瑞法温度测控技术有限公司注册。

【科研工作】

1. 科技开发概况 将科技研发作为与生产经营齐头并举的重要任务。狠抓项目申报质量，争取各类科研项目。申报各类科技项目 33 项，获批 25 项，批准拨款 2 296 万元。年度国家科技支撑计划项目获批，国家科技部有关转制科研院所创新能力建设项目获批 2 项，国家科技部中小企业创新基金平台项目获批 1 项，竞标获得民品配套科研项目 3 项，7 个国家级科研项目共获中央财政资金科研经费 1 843 万元，创历史新高。

获科技奖励 6 项，其中获国机集团科技进步奖一等奖 1 项、二等奖 1 项；获重庆市科技进步奖三等奖 1 项，企业技术创新奖二等奖 1 项。全年论文投稿 25 篇，申请专利 44 项；授权专利 18 项，其中发明专利 9 项。

2. 重大项目进展 功能材料产业化基地主要围绕项目单项验收开展工作。各施工单位档案资料通过验收，相关档案已归档。获基地职业卫生现状评价备案。推进环保验收。

【行业工作】

利用搭建的“中国功能材料核心服务平台”，实现功能材料行业领域影响力提升，获绩效考核双指标双超的优异成绩。《功能材料》学术期刊继续被 EI 收录，并入选第三届“中国精品科技期刊”“2014 年度中国国际影响力优秀学术期刊”。成功主办和参与主办“2014 两岸磁学与磁性研讨会”“2014 功能材料国际会议”“2014 中国功能材料科技与产业高层论坛”等行业领域高层会议，在行业领域颇受好评，承担起了引领行业发展的责任，具有推动行业发展和进步的重要意义。

采用国际标准，主持修订国家标准和行业标准，标准化工作在获得重庆市北碚区政府表彰的 13 家先进企业中排名第一。成功申报“工业（仪表功能材料）产品质量控制和技术评价实验室”，以及“重庆市中小企业创业服务重点机构”。

【企业改革和管理】

1. 改制重组及业务整合 在保持新建产业化基地建设项目有效运转的前提下，考虑国际国内材料领域的特点及形势，探索转型升级业务范围，投资子公司。

2. 营销管理与品牌建设 董事长兼总经理刘庆宾分管营销部，加强产品推广与销售，积极寻求新市场。参加各种展会，关注重点客户市场需求，寻求新的商机。打造产品品牌，连续 3 年在全国同类产品评选中获得市场占有率第一。近 3 年，先后获得重庆市“守合同重信用单位”“重庆市创新型试点企业”等荣誉，提升了企业形象和影响力，提高了产品品牌的知名度。

3. 产权管理 落实国机集团产权管理精神，遵循依法合规、市场机制的工作理念，把握推动流转、防止流失、优化配置、提升价值的工作定位，坚持制度化、程序化、信息化、规范化的工作方法，进一步完善产权管理工作体系和管理制度，优化公司的产权结构和配置，增强资本运作能力，为全面发展打好基础。

4. 全面预算管理 提高管理水平和经营效益。详细预测，客观、合理地制定预算表，下达各部门预算指标并严格执行，不仅圆满完成了国机集团下达的预算指标任务，还使公司招待费支出同比下降 16%。

5. 人力资源管理 在人才队伍建设方面：利用各种平台资源，注重人才的招聘引进与教育培养。按各部门提出的用人需求公开组织招聘员工 20 人，其中博士 1 人、硕士 6 人、本科 10 人，实现人员招聘向实用型人才倾斜。此外，利用博士后科研工作站平台，针对特种耐蚀合金材料、磁流变智能减振器重点创新领域，分别与高校招收培养 2 名博士后，其中 1 名博士后获重庆市优秀博士后项目、国家优秀博士后项目的支持。同时，借助“两江学者”特聘教授，加强对光纤智能传感器领域人才的培养。

注重创新人才的培养。围绕核心产业和技术优势，建有创新团队 9 个，每个创新团队有首席专家 1 名，形成结构合理、层次分明、多学科交叉，在行业有影响力的专业团队。强化创新团队建设的考核，制订创新团队年度任务书，使创新团队的考核有目标性和针对性，并通过创新团队建设的考核促进科技创新工作和人才培养工作上台阶。

培训遵循战略发展要求，重点突出，既有班组长专题类培训，又有针对性的专项技能培训。全年实施培训 760 余人次。针对需要，把班组长等基层管理人员的专题培训作为培训工作重点，开展 6 个专题的系列培训。此外，继续加强岗前培训。

在人力资源信息管理方面：补充和完善人力资源数据库和职工电子档案。通过数据库查询，为职工晋升、评优推荐等提供有力支撑和客观依据。

6. 自主创新及科技投入 将科技研发作为与生产经营齐头并举的重要任务。获科技奖励6项，获重庆市科技进步奖三等奖1项、企业技术创新奖二等奖1项，获重庆市北碚区科技进步奖一等奖1项、二等奖1项。加强科技创新平台建设，为科技研发和生产经营提供强有力支持。耐腐蚀合金重点实验室，通过重庆市科委组织的专家验收；机械工业耐腐蚀合金和机械工业高性能测温材料两个重点实验室在2014年中国机械工业联合会科技大会上获得授牌。完善科技项目两级管理模式，强化项目过程管控，全年科技项目进展顺利。其中，承担的两个国家科技支撑计划课题通过国家科技部组织的年度考核。两个民用配套科研项目通过科工局组织的专项审计并通过国机集团组织的项目验收，两个能力建设项目通过集团军工办和重庆市国防工办组织的中期检查。项目研发成果大都处于国内领先水平，部分成果在航空、航天、核电、舰船、石化等高端装备领域应用，引领了行业技术发展，产生了显著的社会经济效益。

7. 产业链与客户管理 在测温领域具有传统优势，为突出优势，满足客户对中低端测温产品的市场需求，合资成立重庆爱瑞法温度测控技术有限公司，重点从事普通热电偶等中低端产品的生产。合资公司于8月组建并运营。现有客户2 000余家，通过常规产品供给、产品加工、新品开发、技术服务等差异化战略，满足不同客户个性化需求，从而提升公司盈利能力。老客户维持率100%，客户满意度在90%以上，与客户形成“合力同行，互利共赢”良好局面。

8. 质量管理 完善质量管理体系文件，组织标准宣传贯彻及内审员培训，按月对体系巡检，完成质量体系内审1次、再认证1次，配合用户两方体系审核10次、重要项目招投标质量评审及其他用户的供方调查34项。维持武器装备科研生产许可证、装备承制资格等资质。承担38项核电、军工产品合同的质保工作。

推进核安全许可证取证工作，完善公司核电产品质保体系；获中核供应商资格；获中广核“华龙一号”技术规格书，推动民用核安全取证工作。申请获批企业标准10项、工艺规程10项。3人通过总装备部组织的标准化培训，分别获总装电子元器件标准化责任人资格和标准化专职人员任职资格。

处理营销部反馈的质量信息97项，并对其问题进行归零和处罚。

【安全生产】

1. 安全生产目标责任纳入绩效考核范围 无死亡事故、重伤事故、轻伤事故和突发事件，安全生产平稳运行。安全生产责任制逐级分解落实。年初，主管领导分别与17名部门责任人及子公司负责人签订“安全生产责任书”，班组长与部门责任人签订“安全生产责任书”。

2. 保持安全生产标准化二级企业资质 3月，启动职业卫生基础建设活动，被评为职业卫生基础建设示范企业。完成新区基地项目安全生产验收工作。接受国机集团安全生产互查并完成整改。向集团申请将公司安全生产监管类别由四类调整为三类。

3. 活动推动 开展特种作业技能竞赛、库房火灾事故疏散演练、液氨泄漏应急处置演练等安全生产月系列活动。开展为期1个月的打非治违专项行动，开展安全生产打非治违和深入整改治理。

4. 检查、评比推进 除安全生产月度检查、日常巡查外，在每季度均开展6S星级评价。各部门6S星级评价均达4星级以上，公司整体达到4星级。加强日常巡查，公司领导经常到生产一线视察并现场部署工作，全年组织12次安全文明生产月度检查，发布《安全生产简报》12期，有效推进了整改活动开展。通过《安全生产简报》共提出问题及整改意见86项，完成整改86项。

【节能减排】

坚持以科学发展观为指导，创建节约型企业为目标，把节能减排作为重要工作，强化措施、狠抓落实，紧紧围绕既定的工作目标，开展节能减排工作。对产业部门制定谷段用电量比例进行考核制度，每月的谷段用电量和上年的平均值相比提高约10%，共节约电费20余万元。同时，完成产业化基地联二辅房、熔炼车间辅房过道及部分房间、门卫室等合计118组节能灯具的改造工程，全年减少用电量约2万余kW·h。

【信息化建设】

通过加强网络系统巡检，重点保证公司网络畅通，内部系统以及集团包括信息集成平台、视频会议系统在内的各软硬件系统的正常运行。完善销售管理系统的功能，扩展现有门禁考勤功能，实现打卡人员信息实时显示及更为准确的考勤统计。开始推进公司官方网站的改版工作，预计在2015年完成。

切实做好非数据业务系统和基础软硬件日常管理工作。维修维护和提供非数据业务系统信息服务，开发用于登记信息化日常服务的在线系统，包含联系人、服务事项（故障描述）、完成状态等信息，提高了日常服务效率。坚持信息化设备的公开和集中采购，相对降低了采购成本。

【法律事务管理】

发生法律纠纷诉讼案件3件，均胜诉并结案。其中被诉1件，案由为相邻权纠纷；起诉2件，案由均为票据纠纷，挽回经济损失9万元。

严格执行合同法律审核工作。至11月30日，年度新签合同额4.53亿元。公司所有合同由营销部归口管理，安排专职合同审核员审核，合同审核率100%。此外，为防范贸易业务风险，将工程项目采购合同全部纳入合同评审范围，实现工程项目采购合同审核率100%。

加强应收账款管理，实行客户授信管理制度，对赊销账款根据客户信用情况进行授信额度控制。同时，公司法律顾问积极介入应收账款的催收，发送催款函3件，以非诉讼方式收回欠款12.7万元。

开展法律知识宣传和普及教育工作。举办合同法律知识培训，营销部、生产供应部等部门生产经营管理人员参加培训。

【企业文化建设】

通过“院务公开栏”《重材院报》“公告栏”，以及OA平台、“重材院工会”QQ群、“重材院通讯员”QQ群及微信平台等，及时公开各项重要事项，增强事务公开的时效性。利用党员大会、职代会等形式，通报企业重大决策、经营状况、重要事件等情况，事务公开形式多样化。积极向国机集团和重庆市科委上报企业新闻信息。

组织职工参加“国机爱心日”活动，共向国机爱心基金募集爱心善款27 298元。

【党建工作】

把开展教育实践活动作为2014年重点工作，成立以党政一把手为双组长的教育实践活动领导小组和办公室，下设4个工作小组。于3月11日召开党的群众路线教育实践活动启动大会，国机集团第七督导组亲临会场指导。

围绕要求，制定活动实施方案和计划。活动开展7个多月，覆盖6个党支部152名党员。活动期间，召开6次领导小组专题会议和5次党委中心组学习会。召开民主党派和无党派人士座谈会、团员青年座谈会，开展“我为企业献一策”等主题活动，广泛听取群众意见建议。组织中心组成员和党员集体观看活动主题影片，听取重庆市党的十八届三中全会精神宣讲团专题讲解和参观重庆市九龙监狱。根据活动要求，组织召开专题组织生活会，进行民主评议党员工作。

院领导分别深入6个基层党支部和一线生产部门，用召开座谈会和个别访谈的方式，与群众面对面交流，收集意见，累计听取意见327人次，收集各类意见建议133条，汇总整理为6个方面的76条意见。公司领导班子主动认领“四风”问题，认真撰写对照检查材料，并做好整改落实工作。

通过活动，加强了党员领导干部队伍建设和作风建设，畅通了与群众沟通的渠道，达到了聚同化异、凝心聚力、共谋发展的目的，为推动公司创新发展奠定了思想基础。

【重点科研项目】

1. 基于大型压水堆的核级测温材料及应用技术研究 编号：2014BAE11B00。该项目根据中广核“华龙一号”自主三代核电机组多个关键测温仪表的国产化任务需求，按国内国际最先进标准，研制堆芯出口温度测量核级铠装热电偶、主回路直接测温核级铠装铂电阻及组件、反应堆压力容器水位监测组件等工程样机（3项），通过1E级质量鉴定试验；以及严重事故堆腔熔融物测温铠装热电偶、严重事故安全壳内氢浓度测量用铠装热电偶等工程样机（2项），通过NC*（严重事故环境条件）级质量鉴定试验。

2. 基于磁流变技术的车辆振动控制系统 联合重庆大学、重庆铁马集团、重庆后勤工程学院，承担这一“十二五”国家科技支撑计划课题。历时3年，研制了满足车辆服役环境的磁流变液、轿车磁流变液减振器、装甲车磁流变液减振器、轿车磁流变悬架系统、装甲车磁流变悬架系统，并在长安轿车、特种车辆上进行应用试验。课题申请国家发明专利25项，制定行业标准、企业标准各1项，发表论文30篇。本课题为磁流变技术在特种车辆领域的工程化应用奠定了坚实基础，2014 年底完成验收。

3. 恶劣环境油气工程用高性能耐腐蚀合金 恶劣环境油气工程用高性能耐腐蚀合金包括：镍基高性能耐腐蚀合金、时效硬化型高性能镍铜合金、形变强化型铁镍基合金等。该类合金是高端油气勘采装备急需的关键材料，主要用于制造恶劣环境油气勘采仪器与设备的重要功能部件。

重材院承担的国家“863”计划课题“含硫油气工程用高性能铁镍基耐蚀合金及产业化关键技术”“海洋（深海）油气勘探开发用高强韧耐腐蚀轴类合金”获国家科技部院所专项资金项目等支持。项目开发的新一代系列耐腐蚀合金获国外知名油田服务商持续订货，并在国内石油机械行业推广应用。“酸性石油井下工程用高强韧耐蚀合金”获国机集团科技进步奖一等奖。

科技成果和学术活动详见表 2；各类学术会议和发表的论文详见表 3。

表 2 重庆材料研究院有限公司 2014 年科技成果和学术活动

序号	项目名称	科技奖名称	获奖等级	获奖人员	获奖部门
1	酸性石油井下工程用高强韧蚀合金	中国机械工业集团科学技术奖	一	王东哲、李永友、刘海定、魏捍东、黄国平、段民江、汤时才、万红、祁宏、刘虹、王金太、李济林、孙威、刘庆华、曲湘春	特种合金部
2	GB/T1598—2010《铂铑 10- 铂热电偶丝、铂铑 13- 铂热电偶丝、铂铑 30- 铂铑 6 热电偶丝》	重庆市科学技术奖	三	谌立新、刘庆宾	行业中心
3	线式温敏传感器产业化关键技术研究	中国机械工业科学技术奖	二	张忠模、赵彦、唐光明魏小明、徐丽艳、王剑星、黄河、申超	工程仪表部
4	油气勘探开采用镍基高强韧耐腐蚀合金	北碚区科技进步奖	一	王东哲、李永友、刘海定、段民江、汤时才、刘虹、王金太	特种合金部
5	连续热电偶测温系统	北碚区科技进步奖	三	张忠模、赵彦、唐光明、魏小明、徐丽艳、王剑星、黄河	工程仪表部

表 3 重庆材料研究院有限公司 2014 年学术会议和发表论文

序号	文章题目	作者	发表刊物
1	不同固溶温度对 IN718 合金组织及力学性能的影响	王明波、刘海定、李永友、赵安中、代礼斌、王春光	《材料导报》
2	磁电及多铁材料研究进展	张平	《材料导报》
3	锻造及热处理工艺对 GH4169 合金组织与性能的影响综述	王春光、王东哲、万红、葛峰、刘微、刘虹、黄敏	《金属热处理》
4	热辐射型光纤高温传感器及其性能研究	王剑星、申超、赵彦、唐光明、魏小明、黄河、张忠模、李万伟	《传感器世界》
5	剪切式磁流变弹性体变刚度隔振器动态性能研究	居本祥、张登友、杨百炼、唐锐、余淼、廖昌荣	《功能材料》
6	高稳定磁流变液制备和性能研究	唐龙、卢利平、岳恩、罗顺安、赵光明、张平、唐锐、张登友、杨百炼	《材料导报》
7	熔断式切割器热刀及工作特性	袁杰、罗顺安、唐锐、唐龙、岳恩、张平、陈磊	《军民两用技术与产品》
8	电解抛光对超细镀金钨丝镀层的影响	王小宇、刘奇、阳浩、薄新维、陈德茂	2014 郑州中西部第七届有色金属工业发展论坛

（续）

序号	文章题目	作者	发表刊物
9	高强度长持久时间 GH738 棒材试制研究	代礼斌、李济林、万红、王金太、莫燕、王明波、李永友	2014 年中国材料大会·高温合金会议
10	基于 PHP、Mysql 的销售管理系统的设计与实现	孙号夕、胡伟、杨中宇	《电脑知识与技术》
11	热处理工艺对钨铼 5/20 热电偶机械性能的影响	薄新维、刘奇、王小宇、陈德茂	《工业计量》
12	科研院所产业化道路下的用电方式及节能探讨	田虎、袁先伦	《科技与创新》
13	AISI HB 热作模具钢激光表面改性的研究	赵恒、王华、刘庆宾	《功能材料》
14	用酰胺试剂萃取铑的研究	翟步英、潘雄、吴宝安、胡伟、罗凤兰、陈小军	贵金属年会
15	低转速数控绕线机的研制	袁先伦、田虎	《科技与创新》
16	925 合金在饱和 H_2S 盐水环境下的腐蚀电化学特征	王春光、王东哲、万红、刘微、黄国平、刘海定、欧永文、葛峰	《石油化工腐蚀防护》
17	W90Ni7Fe3 合金制备工艺	王小宇、刘奇、薄新维	《功能材料》
18	基于 FSI 分析方法的温度计套管应力分析	冯邻江、王华、张立新、罗松	《自动化技术与应用》
19	基于人工神经网络的电阻电焊质量监测	刘庆宾、冯邻江、冀春涛、王华、赵彦	《自动化技术与应用》
20	铂电阻温度计长期稳定性的试验研究	吴承汕	《仪器仪表标准化与计量》
21	NTC 热敏电阻粉体材料的制备	罗凤兰、薄新维、吴宝安	《工业计量》

注：未含英文论文。

【经营管理困难与问题】

主要表现在 8 个方面：

由于冶金行业、光伏行业经济形势仍然处于低迷状态，对公司稀贵金属产业造成严重影响。

由于科研院所转型面向市场起步较晚，主营业务赢利能力不强。

由于产业化基地建设，资产增值，折旧加大，银行贷款利息多，财务成本增加，EVA 和利润指标完成困难加大。

由于战略调整，涉足新领域，如核电和仪表成套方面等，需要资质和业绩，这是一个渐进过程。

由于科研院所从小规模的生产方式转变到大规模低成本方式生产管理运营经验不足，运营成本增加。

营销模式老套，亟待提高。

工资水平在同行业中较低，“拴心”留人机制亟待建立。

干部和员工的成本意识不强、成本控制方法欠缺、市场竞争意识不强。

【社会责任】

重视与尊重企业与员工在劳动关系中的权利和义务，督促在依法参加员工基本医疗保险的基础上，为在职和离退休职工购买补充医疗保险，为在职女职工办理女职工专项保险。

组织职工参加“国机爱心日”活动，向国机集团爱心基金募集爱心善款 27 298 元。

履行国有企业社会责任，除对本单位老弱病残送关爱外，对三峡库区移民贫困县重庆市巫山县给予支持。自 2009 年开始每年为巫山县捐赠 5 万元扶贫建设财物，支持巫山县发展。

成都工具研究所有限公司

【基本概况】

成都工具研究所有限公司（简称工具所）1956 年创建于北京，1965 年迁至成都，是原机械工业部直属的中国机械行业唯一的综合性工具科研开发机构。1998 年经国家科技部批准，成为“国家精密工具工程技术研究中心”“国家工具生产力促进中心”的依托组件单位。1999 年转制为科技型企业，进入国机集团。

工具所是中国工具行业技术归口单位，担负着全国工具行业发展规划和全国刀具、量具、量仪产品质量监督检验认证工作，负责起草制定全国刀具、量具、量仪产品标准；是中国机械工业金属切削刀具技术协会、中国机床工具工业协会工具分会、中国仪器仪表学会机械量测试分会等行业社会团体组织挂靠单位，出版国家一级综合性技术刊物《工具技术》。全国刀具、量具、量仪产品质量检验国家认证实验室，以及全国刀具标准化委员会、全国量具量仪标准化委员会设在该所。

至 2014 年年底，在岗职工 498 人，其中在读博士生 1 名、硕士 22 名、本科 162（其中工程硕士 10 名、在读研究生 7 名）、大专 72 名、中专及以下 242 名。国家级突出贡献专家 3 人，享受政府津贴 22 人，研究员级高工 16 人，高级工程师 84 人。

主要从事精密切削刀具、精密测量仪器和表面改性技术三大类机械产品共性技术研究及其高新技术产品的开发与生产。形成了以硬质合金石油管螺纹梳刀为主导，并逐步发展为轴承刀具、超硬刀具、数控刀具、深孔加工刀具、汽车刀具、精密复杂硬质合金成形刀具、配套刀具、齿轮测量仪器、主动量仪、激光干涉仪、工具专机，以及 PVD、CVD、PCVD 涂层技术服务和第二代 QPQ 盐浴复合处理技术与装备等产品并存的产业结构。产品和技术均拥有自主创新核心技术，从科研开发、新材料、新工艺、专用装备、市场等方面形成完整体系。

【主要指标】

面对严峻的经济下滑形势，以发展为第一要务，通过强化内部管理、狠抓市场营销、深化创新驱动、推行降本增效，确保了安全生产，经营秩序和职工队伍稳定，各项工作基本保持稳定。实现营业收入 11 117.8 万元、利润总额 64.08 万元。主要经济指标详见表 1。

表 1　成都工具研究所有限公司 2014 年主要经济指标

项　目	2013 年	2014 年	同比增长（%）
资产总额（万元）	36 336.00	36 171.24	-0.45
净资产（万元）	25 132.00	24 921.66	-0.84
营业收入（万元）	14 097.00	11 117.78	-21.13
利润总额（万元）	933.00	62.42	-93.31
技术开发投入（万元）	1 459.00	2 568.94	76.08
利税总额（万元）	2 083.00	1 257.05	-39.65
EVA（万元）	-593.10	-1 239.56	-108.94
全员劳动生产率（万元 / 人 . 年）	11.93	12.07	1.17
净资产收益率（%）	3.16	0.26	减少 2.90 个百分点
总资产报酬率（%）	3.00	0.55	减少 2.45 个百分点
国有资本保值增值率（%）	103.20	100.25	减少 2.95 个百分点

【重大决策】

明确决策范围、决策程序，强化监督检查，坚持“三重一大”事项集体商议制度。全年召开党政联席会27次。根据“公司法”“公司《章程》”，召开股东大会1次，审议通过并形成有关决议。

7月，编制《2015—2017年公司战略规划》，到2017年产值预计1.8亿元，人均收入达到7万元左右。4个方面的发展方向是：发展现代高效刀具及专、特、精刀具；主动量仪、激光量仪、刀具数控专机研发；PVD、CVD、PCVD、QPQ、抛光、毛刷、钝化等表面改性技术；行业技术服务与整体解决方案。

对机构改革进行试点，年初决定：将测量仪器研发部分拆，成立精密制造装备项目组、测控技术产品项目组、激光测量项目组；根据市场需求，成立精密复杂刀具项目组，对电站用刀具进行集中开发。各项目组采用承包方式经营，实行人财物等方面的全成本独立核算，充分调动业务骨干的积极性。经过一年的运行，部分项目组打开了局面，经济效益大为好转，为项目组进一步实施承包式自主经营提供了支撑。

【科技创新】

共35个科研项目，公司基金项目12项、青年科技创新基金5项。在限项不能承担重大专项申报的情况下，申报4个国家科技重大专项和3个省区市项目。全年申请5项专利，其中2项发明专利、3项实用新型专利；授权5项专利，其中1项发明、4项实用新型。另外，申请并获得1项软件著作权。全年申报的中央和地方科研项目资金到账1 978万元。获“四川省博士后创新实践基地”“四川省技术标准创制中心”“四川省著名商标”“成都市重点新材料企业”等荣誉或认证。

创新驱动初见成效，全年科技经费投入1 981万元。主要在激光测量系统、航空发动机加工用刀具、叶片，以及转子轮槽加工用刀具、蒸汽发生器管板加工刀具、PVD/PCVD刀具涂层技术等领域，进行自主创新及研发。专利获得情况详见表2。

表2　成都工具研究有限公司2014年专利获得情况统计

序号	类型	专利号	名称	授权日
1	发明专利	ZL201210259888.1	激光准直系统中光束漂移补偿装置	2014-12-10
2	实用新型专利	ZL201320552655.0	带复合刃的螺纹刀片	2014-3-5
3	实用新型专利	ZL201320854874.4	化学气相沉积设备的工件装夹工具	2014-6-18
4	实用新型专利	ZL201320859987.3	复杂成形强力切削梳齿刀具	2014-6-18
5	实用新型专利	ZL201420111510.1	正三角形螺纹刀具系统	2014-7-30
6	软件著作权	2014SR157195	检测技术数据库软件（简称：DTDB）V1.0	2014-6-15

【行业工作】

检测中心完成检验业务102项，成功申报组建工业和信息化部“工业（切削工具及量具量仪）产品质量控制和技术评价实验室”。全年开展30项刀具、量具标准制修订工作，进行26项国家标准、33项行业标准的立项工作，圆满完成量标委和刀标委的相关换届组织工作。在积极开展行业质检业务的同时，全力为公司的质量工作服务，对公司的科研项目进行产品检验工作，出具产品检验报告。

完成《工具技术》12期、《工具展望》6期的编辑出版任务；紧跟发展趋势建立“工具技术”公众微信，成为行业主流公众平台之一；实现纸媒、网络、微信信息同步，强化了读者和企业获取行业信息的及时性和便利性。举办工具行业技术层面最高会议“第六届现代切削与测量工程国际研讨会”，提升了公司的影响力和品牌形象，发挥了在行业发展中的重要作用。

【管理经验】

1. 经营管理方面　针对严峻的市场形势，倡导全员销售模式，制定“收缩产品线，稳固传统市场，集中优势开发”市场策略。抓住重点产品，稳固传统市场；开拓新市场，挖掘螺纹刀具、深孔刀具、汽车刀具及配套产品、焊管刀具、轴承刀具、超硬刀具，以及智能型、主动化设备仪器等市场和客户，为持续经营奠定基础。同时，加大市场宣传力度，参展形式从传统大型展会向行业展会、地方展会、国外展会渗透；销售职能从单纯营销向项目带动销售、市场策划职能转变，着力创建新的销售增长点。

在销售队伍建设上，实施末位淘汰、区域轮岗、有进有出，积极培养新人；在考核激励上，加强制度建设、优化激励政策，用销售业绩、绩效提成、回款率等考核指标明确销售人员的责权利，将销售人员业绩同薪酬紧密挂钩；在产品知识培训上，根据产品特点，不定期组织专业技术人员对销售人员进行培训，做到让销售人员熟知产品，找准目标市场、目标客户，有的放矢；在渠道建设中，充分结合产品行业细分的特点，分品种找合作商、经销商。

2. 财务管理方面 在市场整体资金持续趋紧的形势下，根据国机集团全面风险管理要求，分析提炼企业风险防控点和注意事项，起草全面风险管理办法，规范各方面风险管理；提高资金收益和资金安全意识，推动资金预算执行；建立统一支付制度，将资金收入计划和资金支付计划有效衔接，达到资金收支平衡；充分运用商业信用，降低资金成本率。

修订应收账款管理办法，加大3年以上应收账款的回收力度，对每笔账款落实到人，限定期限，明确奖惩，清收处置部分长期欠款，降低坏账损失风险，保证企业资金链安全。

3. 人力资源管理方面 在深化以提高人均产值、人均利润，实现有质量发展的战略规划的基础上，确立优化人员配置，减员增效工作方针，在岗人数由591人减至498人。

在减员增效的同时，为稳定人才队伍，出台并完善公司首席工程师、主任工程师、主管工程师的评聘管理办法，打破工龄、学历、职称等限制，不拘一格选拔人才。激励机制向创新性科技新产品研发人员、能够解决关键技术及工艺难题的骨干人员倾斜。为稳定科研技术人才队伍，提高科研技术人才的积极性，聘任首席工程师2人、主任工程师44人、主管工程师60人。为稳定操作技能人才队伍，提高技能人才的专业素质和综合素质，组织操作岗等级晋升培训，14人通过技师考评、7人通过高级技师考评。

以效益为导向，实行部门季度考核制度，实现“有标准、有进度、有奖惩、有兑现”工作完整流程，把职工收入与效益和效率相挂钩，切实体现“干多干少不一样、干好干坏不一样、干与不干不一样”，提振员工的信心和干事的积极性。同时，积极组织公司职工参加各类培训，各层次人员参加国机集团组织的培训13项16期。

4. 生产与安全管理方面 重点是转变生产管理模式，不断提高科学化、精细化管理水平，适应产业化发展要求。实现生产管理部门从服务型向管理服务型转变，生产组织管理逐步实现从分散型向集中型过渡。

通过ERP系统，对生产计划制订和实施进行全过程管理，做到以销定产、规范管理、提高效率，合同履约率不断提高，当期产销比提高8%。同时，加大库存占用的清理工作，将库存产品分为原材料、产成品、在制品3类处理，使库存占用费用下降近600万元，下降比例6.2%。

围绕做好安全生产，组织签订“安全生产责任授权书”，逐级落实安全生产责任；修订安全生产应急预案，组织相关部门进行安全生产应急预案演练；通过国机集团安全生产互查组评审，取得B级考核成绩，获得新都区“安全生产管理先进单位”。无安全生产伤亡事故、无火灾事故、无环境污染事故。

5. 质量管理方面 提出废品率下降30%目标。根据目标，制订废品率控制工作计划，督促各部门分解实施，找出降低废品率的关键控制点，分析产生废品的原因，提出解决措施，并将责任落实到人，实现了废品率控制目标。

通过一系列措施，提高全员质量意识，推动质量改进。以“强化落实废品率控制措施，持续促进产品可靠性工程”为主题开展质量月活动；组织质量问题研讨会；加强工艺纪律监督、实施质量抽查通报、开展检验人员培训。

【信息化建设】

继续优化与完善ERP系统，扩大ERP系统覆盖面。将生产计划与在制品绑定，严格控制库存增加；严格在制品工序检测，在制品管理增加工序合格率；增加对外服务的管理、外协管理、贸易管理。

对原有官网（www.ctri.cn）进行改版，从界面、企业动态、产品信息、客户服务等方面进行全面升级；对工业品的互联网消费进行探索，持续打造“中国工具集市”网站，为提升工具所整体形象、提高产品市场占有率起到积极的作用。

【党建工作】

1. 开展活动 以“反对四风，服务群众”为宗旨，认真开展党的群众路线教育实践活动。通过贯彻中央八项规定、规范三公经费支出、解决群众关心热点、精简文件会议等为切入点，带动公司转变作风，将思想统一到中央精神上来，将行动具体化到攻坚发展的各项工作中去。会议经费同比下降 34%，发文同比下降 15%，“三公”经费同比下降 42%。

2. 进一步加强党风廉政建设，切实落实“两个责任” 贯彻落实中央“八项规定”和反对“四风”要求，组织观看《四风之害》等廉洁警示教育片，强化干部廉洁教育引导；与中层以上干部签订廉洁从业责任书和党风廉政建设责任书，对新任职的干部进行任前廉政谈话；对企业管理风险点（如物资采购、设备引进、经销商管理），开展专项效能监察工作，做到监督有力、监督有效，为企业健康发展提供保证。

【企业文化建设】

在着力推进国机集团“和”文化建设基础上，结合工具所战略发展规划，以“求实创新、追求卓越”的企业精神为主线，全面推进企业文化建设工作，不断提升企业持续发展的“软实力”。

1. 系统实施 VI 战略 通过拍摄企业文化建设专题片，制作企业文化宣传画册，统一企业稿纸、信封、企业纸袋、水杯等用品，以及加强内刊《工具所报》、工具所网站的宣传力度等，提升企业品牌知名度。

2. 把“面对面、心贴心、实打实服务员工在基层”作为文化建设的着力点 在“国机爱心基金”申领、困难慰问、夏送清凉冬送温暖等传统项目上，不断加大关爱的覆盖面，开展老员工慰问、三八节为女员工购买特殊疾病保险、为病重员工捐款、为困难员工发放子女助学金等，切实为员工办好事、办实事，为企业发展凝结起内聚人心的正能量。

3. 以员工文化艺术活动为载体 通过开展新春游园、技能比武、PPT 竞赛、经典观影等活动，为员工搭建发展平台，满足员工日益增长的求知、求美、求乐的精神文化需求，激发员工的积极性、创造性和团队精神。

中国重型机械研究院股份公司

【基本概况】

中国重型机械研究院股份公司（原西安重型机械研究所，简称中国重型院）创建于 1956 年，1999 年转制为科技型企业，以资产划转方式加入中国机械工业集团有限公司（简称国机集团）。2006 年 9 月，国家工商行政管理局批准组建成立中国重型机械研究院。2009 年 1 月，国机集团和宝钢集团有限公司作为出资人，中国重型机械研究院改制为中国重型机械研究院有限公司。2012 年 6 月，经国务院国资委批准，中国重型机械研究院有限公司变更设立为中国重型机械研究院股份公司。

中国重型院具有国家发改委颁发的建筑、钢铁、市政公用工程（燃气热力）工程咨询甲级资质，以及住房与城乡建设部颁发的建筑工程设计甲级资质、冶金、市政公用燃气工程设计乙级资质。主营业务涵盖：采矿、钢铁冶炼、二次精炼、连续铸造、板（带箔）管（棒）型材轧制、精整处理、金属锻造/挤压、拉伸塑性成形、工业烟气净化回收、油页岩炼油与油气输送等所需各种大型、高端工艺装备的研发设计、成套和工程总包。

中国重型院下设 15 个专业研究所、7 个子公司、2 个中试工厂、4 个分院。2000 年以来建成 15 个国家、地方和行业研发平台，在建研发平台 6 个，获得上级单位命名的创新基地和团队 10 个，覆盖中国重型院精炼、连铸、轧制、锻压、环保、煤化工专业技术领域。拥有“国家冶金重型机械质量监督检验中心”“全国冶金设备标准化技术委员会”，作为秘书处单位，设博士后科研工作站，是行业中文核心期刊《重型机械》的主办单位。

至 2014 年年底，公司在岗员工 905 人，科研人员占员工总数的80%以上，其中中国工程院院士1人、"百千万人才工程"人选3人、全国优秀科技工作者2人、全国工程科技领域突出贡献者杰出工程师1人、享受国务院政府特殊津贴专家14人。

自成立以来，取得丰硕科研成果，有300多项科技成果获国家、省部、市级奖励；获800多项授权专利。

【主要指标】

应对国内外复杂严峻的经济形势，主抓经营和清欠重点工作，强化科技创新，加强风险管控，各项工作平稳运行与发展。实现营业收入14.34亿元，利润总额4 018.41万元。主要经济指标详见表1。

表1 中国重型机械研究院股份公司2014年主要经济指标

指标名称	2013年	2014年	同比增长（%）
资产总额（万元）	375 660.58	378 647.92	0.80
净资产（万元）	114 125.09	116 858.52	2.40
营业收入（万元）	167 056.98	143 431.86	-14.14
利税总额（万元）	17 490.06	9 315.11	-46.74
利润总额（万元）	8 065.58	4 018.41	-50.18
技术开发投入（万元）	17 840.67	17 906.58	0.37
全员劳动生产率（万元／人·年）	36.94	26.88	-27.23
总资产报酬率（%）	2.32	1.07	减少1.25个百分点
净资产收益率（%）	5.91	3.76	减少2.15个百分点
国有资本保值增值率（%）	105.90	104.49	减少1.41个百分点

【重大决策】

5月30日，子公司西安重型机械研究所有限公司与中国浦发机械工业股份有限公司签订股权转让协议，拟购买其持有的国机财务有限公司的2 000万股股权，投资金额2 613.4万元。至2014年年底，中国重型院支付投资款1 306.7万元。

【科技创新】

被国家科技部确定为"国家创新人才培养示范基地"、被陕西省工信厅确定为"陕西省认定企业技术中心""陕西省知识产权运用示范企业"。

1. 科技项目 在研科技项目83项，2014年立项包括国家、省市、国机集团、区科技计划项目23项，获批资金支持4 054万元，到位资金1 184万元，其中承担国家级项目2项、承担省部级项目16项。

针对各专业特点及发展战略，在高端装备制造、新材料、节能环保、新一代信息技术等领域开展技术储备和前瞻性科研课题研究。自定科研课题13项，投入资金1 822万元。

完成科研项目10项（6项通过科技成果鉴定、2项科技项目通过验收、申请验收科技项目2项）。其中，"超大型环件径轴向轧制关键技术基础研究"通过国家科技部验收；"36MN油压双动卧式反向铝挤压生产线"通过陕西省科技厅验收；"1 450mm五机架全连续冷轧机组工艺与设备的研制及应用""超宽幅O5级汽车面板生产—精整机组关键工艺及装备研发与应用"通过陕西省科技厅成果鉴定。

2. 获奖项目及专利 11项科技成果分获14项省市级以上科技奖。其中，"120MN航空级铝合金板材张力拉伸机装备"获中国机械工业科学技术特等奖；"铝及铝合金十二辊型材矫整机""ϕ340排管锯机组的开发与关键技术研究"，获中国机械工业科学技术奖三等奖；"高效喷粉脱硫RH炉外精炼工艺及设备的应用及开发"获陕西省科技进步奖二等奖和中国机械工业科学技术奖二等奖；"自冷却润滑的频繁往复运动液压缸"获陕西省专利奖一等奖；"有色金属材料反向挤压设备及工艺研究"获陕西省科技进步奖三等奖；"高效节能厚壁管淬火成套设备核心技术研究"获绿色制造科技进步奖三等奖；"超宽幅O5级汽车面板生产——精整机组关键工艺及装备研发与应用”获国机集团科学技术奖一等奖；“1 450mm 五机架全连续冷轧机组工艺与设备的研制及应用”获国机集团科学技术奖二等奖；“宽幅薄钢板生产线核心设备‘二轧一平整’机组的研制及应用”获国机集团科学技术奖三等奖。

专利申请量和授权量均创历史新高。全年申请专利 206 项，其中发明专利 100 项、实用新型专利 106 项；授权专利 208 项，其中发明专利 57 项、实用新型专利 151 项。

3. 新产品及新工艺研究 创造 6 项国产首台（套）项目：一是年产 30 万 t 家电板镀锌生产线，属国内首套大规模高档冷轧家电板镀锌线。二是湛江国产化汽车板重卷机组，属国内首套国产化汽车面板生产机组。三是 195MN 自由锻造油压机，最大锻造能力 195MN，最大锻件能力可达 450t，是当前投产的世界最大吨位的自由锻造油压机。四是 3 000kN/7 500kN · m 全液压锻造操作机，与 195MN 自由锻造油压机配套，可实现手动、半自动、自动、联动等操作功能，整体技术水平达到国际领先。五是 LG730 两辊伺服冷轧管机，该机组是已投产的世界最大口径两辊伺服冷轧管机，整机装机水平国际领先。六是 ϕ89 ～ ϕ508mm 双金属管生产线，该生产线复合的双金属管接合力高 21t，达到 API 标准，其关键装备及核心技术达到世界领先水平。

研发 6 项新产品和新领域创新技术：一是 2 000t 高精度宽幅薄板拉伸机。二是 60MN 油压双动反向卧式铝挤压机。三是自冷却润滑的频繁往复运动液压缸。四是 75t/h 流化床锅炉烟气湿式电除尘系统。五是规模化低阶粉煤与油页岩热解工艺及装备研究。六是数控钣金拉形机的研制与开发。

【市场营销】

1. 市场经营基本情况 全方位多层次开拓市场，围绕重点专业领域开拓新项目，同时兼顾工程技改项目开展经营，签订合同 19.33 亿元，其中合同额 3 000 万元以上的大型成套装备合同 19 项 13.67 亿元。冶金装备专业签订的青岛特殊钢铁有限公司 3 台特殊钢方坯连铸机合同，是国家发改委批准的项目之一。板带精整装备专业签订的武钢防城港钢铁基地 2 030mm 冷轧项目 1#、2# 重卷检查机组，首次实现武钢全线主要设备全国产化。重型锻压装备专业签订的江苏亚太 60MN 反向挤压机，是国内当前自行设计最大的双动反向挤压机。管棒型材装备专业签订的浙江久立集团 LG-15、LG-25、LG-40 高速断面成型机，共 10 台（套），是中国重型院一次性签订数量最多的高速冷轧管机合同。环保与节能装备专业签订的广西盛隆、日照钢铁、唐山东海等多套转炉煤气干法回收系统总承包项目，标志着中国重型院全面掌握煤气干法除尘回收新技术，打开了新市场。

2. 市场经营特点 一是加大环保业务板块的投入力度，拓展环保与节能装备领域业务，环保装备专业签约合同 43 项，合同金额 2.59 亿元。二是拓展民营企业市场。主营业务民营企业合同 267 项，合同额 8.04 亿元，占全院合同总额的 41.59%。三是设立无锡分院，以拓展在多辊轧机领域的经营业绩及加大市场推广力度。四是加大研发新技术的市场推广力度。将市场经营和技术创新相结合，实行技术创新、市场经营一体化，加大在新产品、新技术的市场开拓，积极寻找新用户，全年开发新用户 12 家。五是紧盯企业技术改造。加大用户的回访力度，积极服务于投产设备的升级换代和技术改造。全年签订技术改造项目协议 40 项，合同金额约 5 588 万元。六是紧抓备件合同签约。为延伸工程项目产业链，紧抓备件的签约和生产组织工作。签订备件合同额约 2.37 亿元。七是开拓国际市场。全年组织与外商合作交流 36 次，跟踪项目 24 项。签订出口项目 8 项，合同额 2.78 亿元，同比增长 13%，其中与伊朗 MSCO 钢厂签订的“双流板坯连铸机平台及后部设备”合同额 1.6 亿元。

【质量及标准】

1. 质量管理 3 月 11 日，中国重型院质量、环境和职业安全健康管理体系通过中国质量认证中心认证审核，满足 GB/T19001：2008、GB/T24001：2004、GB/T28001：2011 管理体系要求和相关法律法规要求，中国重型院管理体系持续有效。

通过日常项目抽查、检验检查、合同评审、监督检查、宣传贯彻培训、内部审核等方式，确保质量、环境和职业健康安全管理体系有效运行。对于中试工厂的产品生产，对进货检验、过程检验、外协检验、不合格品处置及最终检验的记录进行重点抽查，确保所有检验记录齐全，产品符合检验大纲要求，根据终检记录编制终检报告经批准出具产品合格证。

2. 标准化工作 中国重型院作为全国冶金设备标准化技术委员会秘书处单位，积极参与国家和行业技术标准的制（修）订工作。负责起草和参与制定、修订的冶金设备国家、行业标准 33 项。其中，包括 1 项国家标准《铜冷却壁》在内的 7 项标准发布，其余行业标准上报工业和信息化部；在环保装备领域，负责起草的《湿式电除尘器》标准已于 2014 年 3 月发布。

【管理经验】

1. 经营管理 一是持续加强招投标管理。修订《市场合同外委招标管理办法》，并于 2014 年 7 月执行。按照该管理办法，组织相关部门进行外委采购招标，大大降低外委制造、采购成本。在进行投标时，重视用户对咨询、技术服务、资金、备品备件管理等方面的需求，实施差异化、个性化、精细化设计，提高中标有效性。二是加强合同管理。项目管理系统软件中的合同管理模块投入使用，实现网上合同评审、网上实时监控合同付款、到款情况、合同款超期预警等，提升了合同管理能力，强化了合同风险管理。三是完善售后服务管理。加强用户回访，为新技术推广，以及争取用户技术改造项目创造有利条件。

2. 科研管理 一是紧抓科研立项，加强技术储备。在高端装备制造、战略性新兴产业技术领域开展科研开发和前瞻性储备研发。申报国家、省市等部门科技计划 43 项，新立项目 23 项；在院内针对各专业特点及发展战略，确定院管科研课题 13 项。二是完善科技管理制度，严格执行奖励办法。修订《科研工作管理制度》。执行《中国重型机械研究院股份公司专利奖励条例》《中国重型机械研究院股份公司青年科技创新奖奖励办法（试行）》，以激励广大科技工作者科技研发和技术创新的热情。三是科研项目精细化管理。按国家及上级主管部门颁发的科研项目管理办法和中国重型院科研工作管理制度，实施科研项目节点精细化管控，采用项目经理制，对科研项目实施“申报—立项—实施—验收—考评”全过程控制，使项目进度符合计划，资金使用符合预算，项目验收按期完成。四是创新方法应用与推广。成立技术创新领导工作组，通过创新方法及应用的培训，将 TRIZ 理论宣传推广应用于工程项目。重视创新方法种子团队建设，组织创新方法应用种子成员参加陕西省科技厅组织的集中培训，培养创新方法种子成员 20 余人。五是加强知识产权保护管理。落实《国家知识产权战略纲要》，建立知识产权工作规范体系，以加强知识产权创造、运用、管理和保护。邀请中国质量认证中心专家进行《企业知识产权管理规范》国家标准宣传贯彻工作，完成贯标前期工作。组织“企业发展如何应对知识产权冲击”学术报告，强化科技人员知识产权保护意识。

3. 人力资源 重视人才队伍培养。利用中国重型院博士后工作站、国家重点实验室、技术中心等资源，联合高校、较强的设计院等，合作培养人才。中国重型院入选国家“创新人才培养示范基地”。评审晋升高级工程师 10 名、工程师 21 名、教授级高级工程师 6 名、高级会计师 1 名。招收高校毕业生 29 名，博士后出站 1 人、入站 2 人。加强员工培训力度，参加国机集团等上级部门组织的培训，提升员工综合能力。全年培训 600 余人次，主要包括营销知识、创新技能、质量、安全、各类注册资质、技术晋级和特殊工种培训等。

4. 外事工作 修订《中国重型院外事管理办法》，健全外事办理流程。

【信息化建设】

加强信息化研发手段建设。引进 3D 锻压模拟仿真软件 DEFORM、电子图文档数据加密软件等，并对防病毒安全软件赛门铁克（Symantec 260 套）服务升级，提升办公软件信息化水平，提高安全性；改造连铸仿真试验室，引进运算速度每秒 2 万亿次的高性能超算服务器（11 个刀片机）和 5 个终端工作站，以及大型通用计算分析软件 ANSYS、FLUENT、PROCAST 等，推动信息化建设；另一方面，推动 3D 设计、结构模拟分析与优化设计工作的普及应用，以及推进 2D/3D 机械设计平台的统一。

【企业文化建设】

加强与国机集团“和”文化的对接与融合，完善自身企业文化内容。对员工特别是新员工进行企业文化内容及发展战略的宣传贯彻工作，在全院营造创新文化和廉洁文化氛围。在面临的行业市场持续下行等不利形势，带领员工，发扬企业文化精神，凝心聚力，共同开拓市场，以突破困境作为最大担当，把直面市场、破解难题作为增长才干的重要途径，把不怕苦难、迎难而上作为企业员工的精神名片，践行“溯源、惟新、尚德、大成”的企业精神。

【党建工作】

党支部25个，党总支2个，党员653名。2014年发展党员3人，预备党员转正7人。3—10月，在全体党员中开展党的群众路线教育实践活动。通过学习教育、听取意见，查摆问题、开展批评，整改落实、建章立制3个环节，圆满结束教育实践活动。落实中央八项规定精神，干部严格遵守廉洁从业规定，恪守“三严三实”要求，以上率下，严于律己，带头执行中央廉洁自律各项规定，营造风清气正氛围，在发文、召开会议、业务招待费、“三公经费”支出等方面的数量，同比明显下降。

【社会责任】

响应国机集团“爱心一日捐”活动，员工共捐款7.8万余元。继续参与陕西省“两联一包”扶贫工作，对陕南贫困山区安康市紫阳县向阳镇址风村进行扶贫援助，与县镇村三级干部一起实地了解情况，制定“两联一包”帮扶脱贫三年规划，为帮扶村核桃种植示范园采购3台高压喷雾器和30把高枝修剪刀，价值2万余元；购买帮扶村茶叶，作为员工防暑降温品。

【合作交流】

坚持“产学研用”合作方式，确保专业技术瞄准国际高新技术前沿。结合现有的创新平台，在多项重大项目中与国内知名高校和大型企业广泛合作，与西安交通大学、重庆大学等共同承担“高档数控机床与基础制造装备”科技重大专项；与北京科技大学、内蒙古科技大学等共同承担国家智能制造专项；与燕山大学、太原科技大学、西安建筑科技大学等，在多专业领域联合申报国家协同创新中心；与西安文理学院共同申报陕西省“表面工程与再制造”重点实验室；与陕钢集团、西安建筑科技大学冶金学院建立科技交流平台，探讨设立产业联盟，建立钢铁冶金技术装备产学研基地。

广泛开展学术交流，丰富员工专业技能知识，拓宽视野。参加中国机械工程学会、中国金属学会、陕西省机械工程学会、中国科研院所联谊会等各级学会活动。

结合相关专业发展情况，邀请专家、教授举办多场专题讲座以及学术交流会议。

苏州电加工机床研究所有限公司

【基本概况】

苏州电加工机床研究所有限公司（简称苏州电加工）创建于1958年，原隶属于机械工业部，1999年7月，转企改制，进入国机集团。

苏州电加工是中国特种加工行业归口所和行业研发、信息和服务中心；具有所有电加工核心技术的研发能力，是国内电加工行业中综合实力最强的研发机构，是国家认定的高新技术企业和江苏省首批科技创新型企业。主要从事电加工、特种加工技术与装备的研发、生产和销售，技术及产品主要应用于航天、航空、军工、汽车、精密模具、能源装备、电子通信、钢材生产等重要制造领域。

【主要指标】

公司营业收入3 795万元，其中主营业务收入3 630万元，其他业务收入165万元；营业成本1 777万元，其中主营业务成本1 720万元，其他业务成本57万元；营业利润183万元，营业外收入692万元，营业外支出361万元，实现利润总额512万元，比上年504万元增加8万元，增长1.59%，净利润472万元。完成技术开发投入1 100万元，技术投入比38.14%，比上年增加23.08个百分点。EVA完成值为521万元，比上年412万元增加109万元，增长26.46%。主要指标完成情况详见表1。

表 1　苏州电加工机床研究所有限公司 2014 年主要经济指标

项　目	2013 年	2014 年	同比增长（%）
资产总额（万元）	10 749.00	11 416.00	6.20
净资产（万元）	7 384.00	7 682.00	4.03
营业收入（万元）	4 886.00	3 795.00	-22.33
利润总额（万元）	504.00	512.00	1.59
技术开发投入（万元）	713.00	1 100.00	54.27
利税总额（万元）	1 050.00	1 002.00	-4.57
EVA（万元）	412.00	521.00	26.46
全员劳动生产率（万元 / 人 • 年）	21.00	20.00	-4.76
净资产收益率（%）	6.39	6.27	减少 0.12 个百分点
总资产报酬率（%）	4.87	4.79	减少 0.08 个百分点
国有资产保值增值率（%）	107.18	109.46	增加 2.28 个百分点

【重大项目】

参与实施的“航空发动机零件微小群孔制造装备研究及应用示范”课题进入第二年，11 月 25 日通过工业和信息化部组织的课题中期完成情况检查。课题责任单位是武汉华工激光工程有限责任公司，联合单位有：苏州电加工、贵州黎阳航空动力有限公司。苏州电加工承担的主要任务：一是“柔性化电火花电解复合加工装备的关键技术研究及系统集成”子课题的研发任务；二是“航空发动机关键零件微小群孔复合加工工艺研究”子课题涉及电火花电解复合小孔加工部分的工艺研究。

牵头申报的 2014 年度国家科技重大专项“精密、高效、数控单向走丝电火花线切割机床”课题正式实施。课题分 3 个研究方向。方向一：高效数控单向走丝电火花线切割机床；方向二：七轴联动数控电火花高速小孔加工机床；方向三：新一代飞机钛合金格栅网板数控电火花高效加工技术及专用机床。共有“产、学、研、用”8 家单位参与课题研发，课题总经费预算 2 300 万元，其中中央财政资金 1 160.11 万元、自筹资金 1 139.89 万元。

参与申报的 2014 年度国家科技重大专项“基于开放式数控系统二次开发平台的航天领域专用数控系统开发”课题正式实施。课题责任单位是北京航天数控系统有限公司，联合单位有：苏州电加工、华中科技大学。苏州电加工负责“电加工关键技术及工艺数据库与数控系统集成开发”研发，获国家财政拨款 155 万元支持。

申报的 2014 年度国家科技部科研院所专项基金项目“电加工专用开放式可二次开发数控系统”获批，课题总经费预算 289.7 万元，其中专项资金 134 万元、自筹经费 155.7 万元。

【科技创新】

科技创新工作取得明显成效。全年承担 7 项纵向科研项目，其中 2 项为“高档数控机床及基础装备制造”国家科技重大专项、1 项为“863”计划项目、4 项为国家科技部院所基金项目。获实用新型专利 3 项，另 3 项为专利受理。获国机集团科学技术三等奖 1 项、中国机械工业科学技术奖二等奖 1 项。

1.“高档数控机床与基础制造装备”国家科技重大专项“精密、高效数控单向走丝电火花线切割机床” 主要针对中国飞机制造领域关键零件高效、微细、精密加工及量产需求，在前期专项研究的基础上，开发更高性能的精密、高效、数控电火花加工机床，主要技术指标达到国际同类机床产品水平，实现产业化，可满足我国飞机制造领域对高端电火花加工机床日益增长的需求，逐渐替代进口。课题完成总体方案和技术路线的确定及 3 个方向的试验平台建设，进入工艺试验、样机设计和部件制造阶段。

2.“高档数控机床与基础制造装备”国家科技重大专项“基于开放式数控系统二次开发平台的航天领域专用数控系统开发” 该项目以国产

数控系统为基础，开展航天领域专用数控系统加工工艺与特殊运动控制技术研究，开发面向航天特殊应用的专用数控系统，开展专用数控系统配套应用与可靠性试验技术的研究，通过专有加工工艺与数控系统的集成，在航天领域典型零部件的制造中得到应用，形成专门化数控系统的配套方案，扩大国产数控系统覆盖机床的种类，提高市场占有率，苏州电加工作为课题子项目参加单位，完成总体方案确定及平台建设，完成3种验证机床电控箱设计，进入装配接线阶段。

3. "863" 计划项目"柔性电解电火花复合加工装备的关键技术研究及系统集成"课题 完成样机主机、脉冲电源、电气控制系统的设计及生产制造，进入联机调试阶段，并针对电火花电解复合加工进行大量工艺试验，基本达到项目的指标要求。

4. 国家科技部科研院所基金项目"八轴数控电火花高速小孔加工工艺及设备" 该项目完成样机制造、联机调试，进入工艺试验、电气性能及数控软件的验证程序。

5. 国家科技部科研院所基金项目"无电阻数字化脉冲电源电火花成形技术及装备"课题 完成试验样机制造，在样机上进行大量工艺试验，加工指标基本达到项目要求。

6. 国家科技部科研院所基金项目"发动机燃油倒锥精密喷孔电火花加工技术设备"课题 形成成果样机，经检测，加工倒锥喷孔的孔圆度和离散性等指标与国际知名企业生产的同类机床相当，达到项目指标要求，准备提交验收申请，成果的产品实现销售。

7. 国家科技部科研院所专项基金项目"电加工专用开放式可二次开发数控系统" 完成总体方案确定，结合数控专项的实施，进行数控系统试验平台建设。

此外，还狠抓其他新产品开发，进行了"大型DK7663数控单向走丝电火花线切割机床""数控电火花倒锥加工机床""五轴数控聚晶刀具电火花磨床""四头汽轮机涡轮盘数控电火花成形加工专用设备"等近10个新产品的研制。

【市场营销】

根据产品的结构现状和营销工作的要求，进一步完善营销责任制，调整部分营销人员，按地域明确责任分工，加大激励，引导销售工作着力于公司的微小孔、轮胎模、轧辊磨等主要细分市场产品的营销。一方面，在加强新老用户的开拓中，积极追寻用户产品的上游客商，并与之沟通合作，全力搜索市场需求信息；另一方面，通过展会、广告等有选择地做好产品宣传，特别是通过加强网络宣传，让公司主要产品都能在百度、搜狗等主要搜索引擎上第一页面出现，使客户方便、快捷地浏览。

在营销活动中，发挥研发团队力量较强、技术积累丰富的优势，为客户提供专业的系统解决方案，做好售前技术服务，取得用户信赖，以此赢得更多用户。

【质量及标准】

1. 质量管理 完善制度体系。制定《产品质量控制和检验制度》《电加工机床主机制造通用技术条件》，修订12类产品、17个机种《产品调试细则》。修订《导电材料加工部管理制度》《航空零件价格操作规范》等，为抓产品质量提供较为完善的制度保障。

从加强质量教育入手，利用质量月活动广泛动员，签订"产品质量承诺书"，落实质量追责制度。数控机床整机一次合格率95%，导电材料电加工产品检验批次合格率100%，客户满意率95%。

2. 标准工作 苏州电加工是全国特种加工机床标准化技术委员会的挂靠单位，承担着全国特种加工行业标准制修定及宣传贯彻工作。开展标准化研究及标准制（修）订工作，推进标准宣传贯彻工作，为促进中国特种加工机床行业的发展作贡献。

完成《特种加工机床 术语 第7部分：增材制造机床》等6项国家标准及行业标准的审查和上报工作；完成《电火花金刚石砂轮修整机床第1部分：精度检验》等4项行业标准的制定工作；在中国电火花线切割机床的主要生产基地江苏泰州举办"数控往复走丝多次切割电火花线切割机床（中走丝机床）系列标准宣贯会"；针对增材制造（3D打印）技术的快速发展，在已有增材制造机床标准工作组的基础上，进行增材制造分技术标准化技术委员会的筹建工作。

【深化改革】

为充分调动一线人员的积极性，适应市场的变化，建立健全事业部的技术经济责任制、销售处的营销经济责任制和事业部部长的年薪制；为加快人才培养，加强人才队伍建设，强化对事业部科技人员的“能力—绩效”导向。深化改革的举措均收到明显的效果。

【管理经验】

在人力资源管理方面有3条经验：

1. 强化能力绩效导向，持续对一线技术人员进行水平能力量化评价 强化对科技人员的“能力—绩效”导向，精心组织，实施以“能力—绩效”为导向的科技人员能力素质评价。通过分类、分档，对科技人员各项能力、水平进行24个大项90多个小项的细化打分，精准地反映每个人的综合能力和素质。在明确职务岗位的同时，明确技术岗位，评定技术职务岗位工资；在鼓励承担责任的同时，鼓励个人技术能力、素质的提升，为了让科技人员充分了解自身的不足，进行有针对性的提升，特将打分结果反馈给个人，使广大科技人员明确努力方向，科技人员能力、素质全面提升，为加强科技人才队伍建设，起到有力的促进作用。

2. 构筑人才制高点，增强核心竞争力 坚持以人才战略为主导，推动自主创新，推动转型升级，打造以国务院特殊津贴专家、国机集团高层次专家为核心的人才队伍。通过国机集团“70、80”英才工程，申报、实施重大科技专项和国家“863”项目，开展行业学术交流活动；加强与高校合作，招聘研究生学历以上人员，依托国机集团培训中心平台，多层次、多渠道培养，引进人才，构筑电加工行业人才高地，为苏州电加工发展战略的实施提供人才保障。

3. 技能型人才队伍建设提档晋级 制订《内聘技师办法》，引导、鼓励和招聘相结合，把更多大专以上学历人员充实到技能人才队伍，依托国机集团和地方职业技能鉴定机构平台，进一步提升高技能人才的整体素质。

【法制建设】

以法治企。法律事务管理规范化、制度化程度显著提升。企业法务工作同中心工作更加紧密结合，仅下半年，就审核采购合同55份，涉及金额400多万元；审核销售合同84份，涉及金额1 700多万元。与此同时，法务工作人员直接参与到规章制度的制（修）订工作中，完成14项制度的制（修）订工作，提升了规章制度的合规性，实现了规章制度、经济合同、重要决策100%纳入法律审核的目标。

【企业文化建设】

调整、补充和发展企业文化价值理念，提出建设“创新、价值、绿色、责任、幸福”苏州电加工愿景，明确把企业文化定位为“特”。

“特”是和而不同，是在国机集团“和”文化下，发展苏州电加工特色文化。“特”宣示了特种加工的基本内涵，体现苏州电加工人的管理理念，饱含着苏州电加工的人文情怀，兼容企业个性与社会文化的共性，融汇苏州电加工半个多世纪的企业文化积淀。

“特”就是要发挥特种加工的技术特质，把握苏州电加工资源特点，打造苏州电加工特有的竞争优势，肩负对国家的特殊责任，走有苏州电加工有特色有质量的发展道路。

在国机集团“和实”文化的引领下，通过网络、内刊、宣传栏加强企业文化传播。在内刊编发7期《电加工简讯》，把企业价值观、愿景、道德等要素传达到全体职工中，让员工从更全面的视角了解企业文化内涵。

【党建工作】

落实十八届三中、四中全会精神和习近平总书记系列重要讲话精神，把党建工作渗入企业深化改革的方方面面，渗透到以法治企的方方面面。

从3月份开始，领导班子、各基层党支部和全体党员参加第二批党的群众路线教育实践活动。在活动中，党委坚持为民务实清廉主题，深入查摆和解决形式主义、官僚主义、享乐主义和奢靡之风问题，使领导干部和全体党员普遍受到一次马克思主义群众路线的洗礼。党委强化问题导向，“改”字当头，边学边查边改，立说立行立改，解决职工群众反映强烈的问题，打通联系服务群众的“最后一公里”。至2014年年底，领导班子“四风”整改方案明确13项整改任务45整改措施，如期完成7项整改任务；领导班子“四风”突出问题专项整治方案的11项整改任务100%完成。计划新建制度10项，完成9项；计划修订10项制度完成3项。4名党员领导干部75项个人整改措施落实63项。通过教育实践活动，领导班子和领导干部作风建设加强，解决了世界观、人生观、价值观“总开关”问题，企业党建工作加强，水平提升，支部战斗堡垒和党员先锋模范作用越来越突出。

【合作交流】

注重与国机集团内部企业的合作交流，与集团内部企业共同研发专用特种加工设备，如与成都工具所合作研发聚晶金刚石刀具电火花刃磨专用机床，为新疆中收威斯特剪毛设备有限公司研发剪毛刀片刀头电化学侧圆专用设备等，为他们解决了研发、生产、制造过程中的技术难题，受到国机集团领导的充分肯定。

【社会责任】

以促进行业技术进步、推动行业持续发展为己任，践行国家赋予的引领特种加工行业前进方向，创新特种加工行业发展道路的使命。完成4项国家标准和2项行业标准的制订；举办电火花成形、线切割电解加工、激光加工、增材制造等学术技术交流活动；编写出版机械工程学科发展报告《特种加工与微纳制造》；组织特种加工展团参加上海数控机床展和国际模展；继续做好行业专业期刊《电加工与模具》的编辑出版工作。

全体党员向党员关爱基金捐款，扶贫帮困；全体职工参加“国机爱心日”活动，捐出“一日工资”，为国机集团爱心基金“添砖加瓦”；参加“阳光助残日”活动，吸收安排残疾人就业。

倡导绿色产品与绿色制造，为国家环境保护作贡献。研发的“单向走丝电火花线切割高效无电阻脉冲电源”“数控电火花精密微孔加工机床”“无电阻数字化脉冲电源电火花成形加工技术及装备”等项目，为航空、航天、汽车、模具等行业提供了节能降耗的绿色装备。

桂林电器科学研究院有限公司

【基本概况】

桂林电器科学研究院有限公司（简称桂林电科院）前身为第一机械工业部电器科学研究院，1954年在北京成立，1970年搬迁桂林，2013年1月改制成立桂林电器科学研究院有限公司，注册资本22 000万元，现隶属国机集团，发展成为以电触头材料、电工塑料、双向拉伸聚酰亚胺薄膜、薄膜成套装备、特种电动机为主导产品的高科技型企业。至2014年年底，从业人员734人。

经营范围：新型电工材料（包括触头材料、绝缘材料、磁性材料、薄膜材料、电工塑料等）；特种电动机及电动轮毂；电子束装置及真空加热炉；机电一体化设备及模具设计制造；变压器；电工材料产品检测及仪器制造；期刊出版及行业技术培训；相关专业的技术咨询、服务。

拥有国家级“电工材料行业生产力促进中心”、国家认可的检测实验室和博士后科研工作站；设有“广西院士工作站”“广西电器产业工程院”“广西电工材料工程技术研究中心”等自治区级科研开发平台，被广西壮族自治区认定为“高新技术企业”“广西创新型企业”“企业技术中心”，是中国电工合金、薄膜成套装备、绝缘材料等重要的研发和生产基地。

公司拥有1个研发中心、1个产业中心、7个职能管理部门，拥有电工材料、成套装备及机电一体化、聚酰亚胺薄膜、特种电动机四大高新技术产业，拥有国际水准的专用生产设施，先进的检测手段和完善的质量保证体系，是国内重要的电工材料、成套装备和电机研发、生产基地，是中国电工行业的主导力量。长期以来承担着国家部委下达的科研任务，共取得900多项科技成果，获国家、自治区（省）、部级科技进步奖140多项。

电工材料是桂林电科院最具竞争力的支柱产业。其研发力量及技术水平在行业中始终处于领先地位，所生产的各种国内领先、且具有国际先进水平的新型高性能航空航天触头材料、工业及民用电器用触头材料产品的销售收入和市场占有率在行业中名列前茅，是中国电工行业的一流品牌。桂林电科院是国内唯一能自行设计、制造、安装调试双向拉伸薄膜生产线的单位，已成功研制幅宽1.2m、2.5m、4m、6.7m、8.2m，速度100m/min的薄膜双轴定向拉伸机组近50条，占据国内75%的市场份额。其成熟的工艺设备设计、自动控制装置制造和生产工艺技术的综合实力、研发力量和技术水平在国内拉膜机行业中始终处于国内领先地位，部分达到国际水平，基本具备与世界知名拉膜机供货商同台竞争的实力。

桂林电科院凭借自身在材料、工艺及机电技术方面的综合优势，在国内率先开发生产30～7000W 各种型号规格的印制绕组直流伺服电动机，其产品成功地运用于中国神舟飞船，并在导航、测控、雷达等军工领域以及数控、汽车、机械等民品领域得到广泛应用，除满足国内市场外，还销往美国、韩国等国家。

桂林电科院是国内电工合金、绝缘材料和模具 3 个行业标准化技术委员会秘书处挂靠单位，也是中国电器工业协会电工合金、绝缘材料分会的秘书处所在地，负责相关国内技术归口管理工作，参与国际标准的制修订工作，并组织制定国家标准、行业标准和国家军用标准，是行业领域国内权威的信息中心和中介服务机构。编辑出版《模具工业》《绝缘材料》《电工材料》3 种国内发行的中文核心技术刊物。

几十年来，桂林电科院人坚持“创新为本，顾客至上”经营理念，致力于电器科学技术研发及成果转化，以科技精品和优良服务赢得客户和市场的普遍信赖。

【主要指标】

资产总额 74 569 万元，同比增长 8.42%。实现销售收入 53 968.65 万元，同比下降 14.76%；实现利润总额 1 475.26 万元，同比下降 20.90%。国有资产保值增值率 104.90 万元，同比增加 1.28 个百分点。主要经济指标详见表 1。

表 1　桂林电器科学研究院有限公司 2014 年主要经济指标

项　目	2013 年	2014 年	同比增长（%）
资产总额（万元）	68 776.90	74 569.00	8.42
净资产（万元）	42 507.31	44 060.10	3.65
营业收入（万元）	63 310.97	53 968.65	-14.76
利润总额（万元）	1 865.03	1 475.26	-20.90
技术开发投入（万元）	4 350.11	3 475.62	-20.10
利税总额（万元）	4 691.42	3 310.45	-29.44
EVA（万元）	-15.37	606.98	
全员劳动生产率（万元 / 人・年）	15.16	14.66	-3.30
净资产收益率（%）	4.06	2.39	减少 1.67 个百分点
总资产报酬率（%）	2.83	2.28	减少 0.55 个百分点
国有资产保值增值率（%）	103.62	104.90	增加 1.28 个百分点

【要事与重大决策】

以改制为有限责任公司、建立和完善现代企业法人治理结构为契机，完善管理机制，构建决策科学、沟通快捷的内部管理机制，以管理促经营，以经营促发展，促进经营管理活动的良性互动。主要实施了战略调整和完善公司治理结构。完成《电工电子新材料产业基地建设项目投资规模调整方案》《桂林电器科学研究院有限公司增资扩股方案》《桂林电器科学研究院有限公司章程修正案》的制定、报批和实施工作，完成对股东派出董事的改选和补选等工作。

8 月 22 日，完成行政班子换届。新一届班子组成：陈仲任董事长、董莎任党委书记兼副总经理、李恒任总经理、刘亮任副总经理。

进一步整合资源、精简机构。撤销产业中心及下属的综合办公室，将原产业中心下属及挂靠的金格公司、物流中心、成套装备部、特种薄膜部、电机事业部等，以公司、事业部管理形式进行运作，减少管理环节，节约人力资本。撤消党群工作部，其职责并入综合管理部。

【重大项目】

电工电子新材料产业基地建设稳步推进。

低压元件厂房8月31日通过验收；薄膜生产厂房（Ⅰ）5月1日开工，至年末完成40%工程量。全年完成投资4 450万元，累计完成投资22 443.51万元。

产业园区获国机集团专项资本金1.2亿元，申报的“高性能聚酰亚胺薄膜产业化项目”获260万元政府资助，缓解了产业基地建设资金的压力。此外，年内全面解决了产业园区的用地问题。

【科技创新】

1. 科研管理成效明显 在重构技术创新体系的基础上，重新制定科研人员薪酬激励制度，修订科技成果奖励规定，提升科研人员的积极性，缩短研发周期，推进创新资源的协同效应和科研开发的规模效应。

全年安排科研项目41项，申报各类科技项目14项。新增科研项目25项，组织鉴定/验收各类项目21项，其中“高性能银镍触头材料研制”项目技术水平被鉴定为国内领先。

提交专利申请61件，获授权专利22项（发明专利7项、实用新型专利15项）。至2014年年底，拥有有效专利81件，其中发明专利31件、实用新型专利50件。

依托重点工程和重大科技专项，培养和造就能够站在行业科技前沿、勇于开拓创新的领军人才。通过开展“锂电池隔膜湿法工艺研究”“低膨胀（CET）系数聚酰亚胺薄膜开发”等重点项目研究，为公司在新材料、新能源领域培养一批骨干青年科技领军人才。6人纳入广西“十百千知识产权（专利）人才”库。

桂林电科院通过高新技术企业认定，完成武器装备科研生产许可证变更申请工作，获得广西壮族自治区“产学研用”一体化企业认定。年内发表论文38篇，其中发表国际会议论文（英文）3篇。

2. 全面开展科技创新 “低热膨胀系数聚酰亚胺薄膜配方研究”项目，通过提高聚酰亚胺薄膜的弹性模量、挺度，改善了薄膜产品外观出现条纹和褶皱的问题；“化学共沉积法银氧化锡触头材料制备工艺研究”成果产业化，新产品小批量销售；“接触器用AgNi(15)W触头材料研究”项目成果，在空调接触器等电器产品中获得应用；“酚醛模塑料PT-205工艺性能改进”课题成果，在交流接触器的触头支架上得到应用，有望打开酚醛模塑料的销售局面。

除了开展正式立项课题的研究工作外，还组织研发人员开展新材料、新工艺预研及相关调研工作（如派人到标杆公司考察开展热喷涂工艺前期研究工作、组织开展新型触头材料调研及前期预研工作），为公司低压触头产品结构转型奠定基础。

3. 申报各级平台建设项目 积极申报“产学研用一体化企业”“自治区知识产权优势培育企业”，并获得批准；申报“广西汽车模具技术服务中心建设与服务能力提升”“模具行业技术转移服务体系建设”；成功入选“国家科技转移示范机构”。此外，大力推进和提升“广西电器产业工程院”“广西电工材料工程技术研究中心”“桂林电工材料工程技术研究中心”（处于编制结题报告阶段）和“中国创新驿站广西站点”等平台建设。

【市场营销】

1. 低压触头材料 桂林电科院是国内唯一拥有各类高、中、低压和真空全系列触头生产能力的企业，产品品种齐全。低压触头等产品赢得国内规模最大的世界知名电器厂商的认同，并与知名电器厂商建立了长期战略合作伙伴关系，综合竞争力在行业内排名第四。以市场需求为导向，逐渐调整产品结构，从原来只生产触点材料逐渐过渡到触点元件，向产业链的下游方向发展。电工材料市场持续回落，市场需求下降，行业竞争激烈，白银价格波动，严重影响电工材料的营业收入和利润总额。

2. 薄膜生产线成套装备 薄膜成套装备综合技术水平一直处于国内绝对领先地位，在国内小型线领域占有约50%的市场份额，湿法电池隔膜生产线的占有率在85%以上，幅宽8.2m BOPP生产线技术水平国际先进，打破了国外垄断局面。积极主导建设品牌组合体，如与欧美主要供应商签订OEM协议；生产线上关键设备与供应商建立长期合作关系；与北京理工大学、桂林电子科技大学展开合作。

3. 特种电机 电机产品仅在特殊应用领域具有一定的市场竞争力，行业中地位一路下滑，当前只能在市场边缘徘徊。

4. 行业检测服务 通过近年平台能力建设投入、组织标准制（修）订和业务拓展，已成为多个国内著名大型电气装备制造商的签约实验室，成为国内一流、最具权威性和影响力的专业检测实验室。拓展 70 余家国内外知名公司的检测业务，在超高 / 特高压输变电、轨道交通、核电相关的绝缘结构评定方面再创新绩，成功拓展“无色聚酰亚胺薄膜”“电力用抢修计量周转箱”“10kV 高压无源电力滤波保护补偿系统”等新材料、新产品、新领域。

【质量及标准】

组织开展年度内部审核、管理评审工作，使公司质量管理体系的运行效率和管理水平逐步提高，各项质量活动日趋规范。10 月，通过中联认证中心对公司管理体系的年度监督审核，同时加强了质量管理队伍建设。

完成制（修）订标准 42 项。其中国标 18 项、行标 24 项；制定 34 项、修订 8 项。另有 29 项标准正处于制（修）订中，其中国标 19 项、行标 10 项。

由桂林电科院承担秘书处工作的全国电工合金标准化技术委员会、全国模具标准化技术委员会、全国绝缘材料标准化技术委员会分别召开年会，审议通过 10 项国家标准和 23 项行业标准送审稿草案。

6 月，由桂林电科院负责起草的国家标准 GB/T 26872—2011《电触头材料金相图谱》，获中国电器工业协会标准化工作委员会和浙江正泰公益基金会颁发的 2014 年度“电工标准 - 正泰创新奖”三等奖。

【深化改革】

全面深化薪酬体制改革，激发员工活力。推行以岗位绩效工资、计件/计时工资制为主体，个性化分配为补充的适应市场需求和公司发展的多元化、多层次的薪酬体系。

1. 完善以业绩考核为导向的薪酬分配体系 按“效益涨、工资涨，效益降、工资降”原则，将公司部门划分为产业、研发、职能管理三大类，推行以岗位绩效工资、计件/计时工资制为主体，个性化分配为补充的适应市场需求和公司发展的多元化、多层次的薪酬体系；对岗位进行梳理，明确岗位绩效考核指标，为薪酬发放的科学化、合理化建立基础；制订并试行成套装备部、研发中心薪酬分配方案。通过对部门、部门领导、员工的科学评价，为公司选才、育才提供支撑条件；按照绩效管理的要求，加强对管理人员的考评，实行定量考核与定性评价相结合的考评制度，并依据考评结果进行奖励或处罚。

2. 调整企业人员结构，合理控制人工成本 以生产经营为目标，以精简、高效、节约为原则，设置企业内部机构和用工总量，确保用工总体规模与生产规模和效益规模相适应。下属金格公司在岗位梳理的基础上进行人员调整，极大地降低了人工成本。通过加强工资总额预算管理，不断调整企业人员结构，控制企业非生产经营人员增长，提高一线员工比例，完善管理人员能上能下、员工能进能出、收入能增能减的用工机制和分配机制，努力实现开源节流、降本增效“保增长”目标。

【管理经验】

1. 创新人力资源管理 一是加强制度建设。制定并实施《职工内部待岗规定》《员工绩效考核和行为奖励处罚暂行规定》《领导干部报告个人有关事项的规定》等规章制度；完成《绩效考核管理办法》《专业技术专家管理办法》《企业年金实施方案》等草案的编制。二是出台《后备人才参加社会实践活动管理办法》，选送 8 名后备人才到龙胜西腰小学支教锻炼；提拔 3 名中层管理人员，平均年龄 33 岁，增强了中层管理人员活力。

2. 加强财务管控能力 一是推动用友 ERP 管理软件一期上线，完成系统搭建、方案论证及测试、系统数据补录等；二是经过 3 次资产清查，清理并核销 5 年以上的不良资产，提升了库存资产的质量；三是进一步强化财务管控，细化预算管理，完善成本核算，修订《付款及报销审批权限实施细则》《差旅费开支规定》《现金和存款收支规定》；四是建立内控风险体系，编制《内控手册》。

3. 安全生产成绩显著 高度重视安全工作，逐级建立完善安全生产管理体系；定期组织检查整改和培训；通过安全演练和安全知识竞赛，强化广大员工的安全理念；根据识别的危险源清单，统一制作危险源公示牌。2011—2014 年，安全管理逐步从人管人过渡到制度管人。2014 年未发生重大责任事故，连续 4 年在国机集团安全生产考核中被评为“优秀”。

4. 积极推动物流系统建设 物流中心坚持“廉洁奉公、稳质及时、保质降本”的采购基本原则，规范工作流程。建立“采购日志”制度，对采购的全过程及关键点进行监控管理；

制定固定资产采购管理办法，并在其中引入招标模式，加强采购的询价对比；建立业务部门对采购的监督机制；通过对供应商分类、分级，进一步加强对供应商的管理。

5. 信息化建设再上台阶 一是稳步推进新信息系统建设，完成用友NC信息系统的项目准备、方案设计、系统测试、上线切换4个阶段的工作，并加强人员培训，有效地提升了各部门信息化专兼职人员的业务素养和对故障的处理能力。二是通过对协同OA办公、即时通信等系统的优化、应用和评价工作，深度挖掘系统的管理价值。三是逐步建立健全与自身信息化水平相适应的运行维护体系，优化运维操作流程。四是加强信息安全防护技术保障，做好网络边界、基础设施、应用系统和桌面终端信息安全状态的监测预警和加固防护。

各部门及下属公司开发各种管理系统：如金格公司开发样品试制与反馈管理系统、建立批次追踪系统、质量指标统计系统、铆钉终镦模库存管理系统、工艺人员持银管理系统等；成套装备部开发综合信息管理系统；研发中心上线模具标准化技术委员会官方网站和3个运营管理网站。这些管理信息系统的建立，从多方面推进了管理进步。

6. 增强纪检监察保障作用 全年组织参与完成内部审计和监督检查21项，涉及资金28 627万元，节约资金347万元。其中，企业内部开展基建、维修项目审计13项，涉及资金6 431万元，节约资金347万元；大宗物资采购审计6项，涉及资金140万元；任期经济责任审计1项，涉及资金22 056万元；开展群众路线实践教育活动效能监察1项，为规范有序运营保驾护航。

7. 法律事务管理加强 一是加强合同、制度、文件的法律审核，基本实现国资委及国机集团3个100%要求；年度草拟、修改、审核合同135个。二是聘请常年法律顾问出具法律意见、参与协商调解和案件代理。三是通过法律培训、知识竞赛、普法考试、普法宣传和书籍发放、学习等途径，努力提高职工的法律素质。

8. 企业文化与精神文明建设有序推进 充分利用企业内刊、宣传橱窗、公司网站、OA平台等阵地，对企业文化进行全方位宣传；完成公司新宣传册编印；通过行业网站、工作年会、展览会、交流会等大力宣传企业形象，桂林电科院的影响力不断提升。

开展年度优秀员工评选活动、“节能降耗、绿色环保”主题实践活动、“最美国机人”推荐活动等，释放和传播正能量，助推桂林电科院各项事业健康发展。

开展羽毛球、气排球、乒乓球比赛和桂林电科院成立60周年趣味运动会等群众性的文体娱乐活动，增强职工的集体意识和团队精神。

【党建工作】

1. 抓好班子建设，形成坚强有力的领导集体 开展“四好”领导班子创建活动，中心组学习制度化规范化；密切联系群众，同时不断健全和完善班子议事规则与决策程序、班子内部情况通报、班子成员谈心交心等制度；注意抓好党风廉政建设和民主生活会质量。行政领导班子换届，重新对桂林电科院组织机构进行科学调整，党群工作部撤销，与综合管理部合并；进一步健全集体领导和个人分工负责相结合的制度，明确领导班子成员职责和权限，缩短决策流程，提高决策效率；强化履职履责检查与考核，提高执行力。“三重一大”集体决策率100%、个人分工履职率100%；修订完善《“三重一大”决策制度》，重新制订《党政联席会议事规则》《党委会议事规则》《总经理办公会议事规则》《领导班子联系群众制度》。

2. 思想武装 深入学习贯彻十八届三中、四中全会精神和习近平总书记系列重要讲话精神，加强党的思想建设，从严治党。通过组织召开各类报告会、学习会、座谈会、研讨会等，把党员、干部职工组织起来，开展丰富多彩的学习和讨论活动，深化对中央精神的理解，统一大家的思想认识和行动。

3. 扎实开展党的群众路线教育实践活动 活动时间：2014年3—9月。完成了学习教育、听取意见，查摆问题、开展批评，整改落实、建章立制三个环节的工作。

活动重点突出、特色鲜明、成效明显。

为切实做好整改落实、建立长效机制，制定《桂林电科院领导班子“四风”问题整改方案》《桂林电科院“四风”突出问题专项整治方案》《桂林电科院教育实践活动制度建设计划》（即“两方案一计划”）。

整改方案突出整改措施的针对性、可操作性

和可检查性。整改方案共 12 大类 39 项具体措施，涵盖领导班子在“四风”方面存在的主要问题，以及改革发展方面反映强烈的问题，其中落实到位的措施 26 项，完成率 67%。专项整治方案对照中央提出的 21 个专项整治项目，结合实际情况，制订 13 项具体措施，其中 12 项措施基本完成，完成率 92%。对现行的 117 项管理制度进行梳理，列出需要拟制或修订的管理制度 18 项，完成 16 项，完成率 89%。

另外，2 名党员领导班子成员个人整改措施 36 项同步落实完成，完成率 100%。

4. 加强党的组织建设，发挥“两个作用” 一是做好党务公开工作。认真执行《桂林电科院党务公开实施方案》，增强党组织工作的透明度，使党员群众更好地了解和参与党内事务，发展党内民主，加强党内监督。二是充分发挥党支部的战斗堡垒作用和党员的模范带头作用。各党支部针对所在部门存在的突出问题特别是瓶颈问题，或迫切需要突破的关键性问题等，组织党员和相关员工攻坚克难，开展各具特色的专项工作。

5. 加强党风廉政建设 发挥效能监察和内部审计作用，筑牢防腐防线。以严格贯彻落实中央八项规定为重心，坚持定期报送制度，做到警钟长鸣。同时，对多项重点项目开展效能监察和内部审计，对检查中发现的问题立即反馈，立即改进，提高经营管理水平，有效防范企业风险。

【社会责任】

坚持科学发展观，牢固树立创新理念，切实把履行社会责任融入企业生产经营，在安全生产、环境保护、参与社会公益事业等方面做了大量工作。一是重视安全生产，将安全生产月活动落到实处，细化安全规章制度，强化安全例行检查，全年零安全事故。二是开展“节能降耗减排”活动，注重生产工艺的改进和优化，降低能源及原材料消耗，减少污染物排放，为绿色环保作贡献。三是推进志愿者服务活动，组织参与网络文明传播、学雷锋便民服务、城乡清洁、环境综合治理活动。四是开展社会公益活动，组织开展无偿献血、植树造林、清明节为烈士扫墓、科技咨询等爱心公益活动。五是全员参加国机集团“爱心一日捐”活动。六是继续帮扶西腰银桥小学，履行央企社会责任。

【合作交流】

受全球宏观经济下行形势影响，国内市场大多低迷。成套装备板块积极主导建设品牌组合体，分别派员赴法国、印度洽谈考察，与供应商、研究院所、客户等反复磋商，与欧美主要供应商签订 OEM 协议；在产线上关键设备方面与供应商建立长期合作关系；与北京理工大学、桂林电子科技大学展开合作。

第四篇

规章制度选编

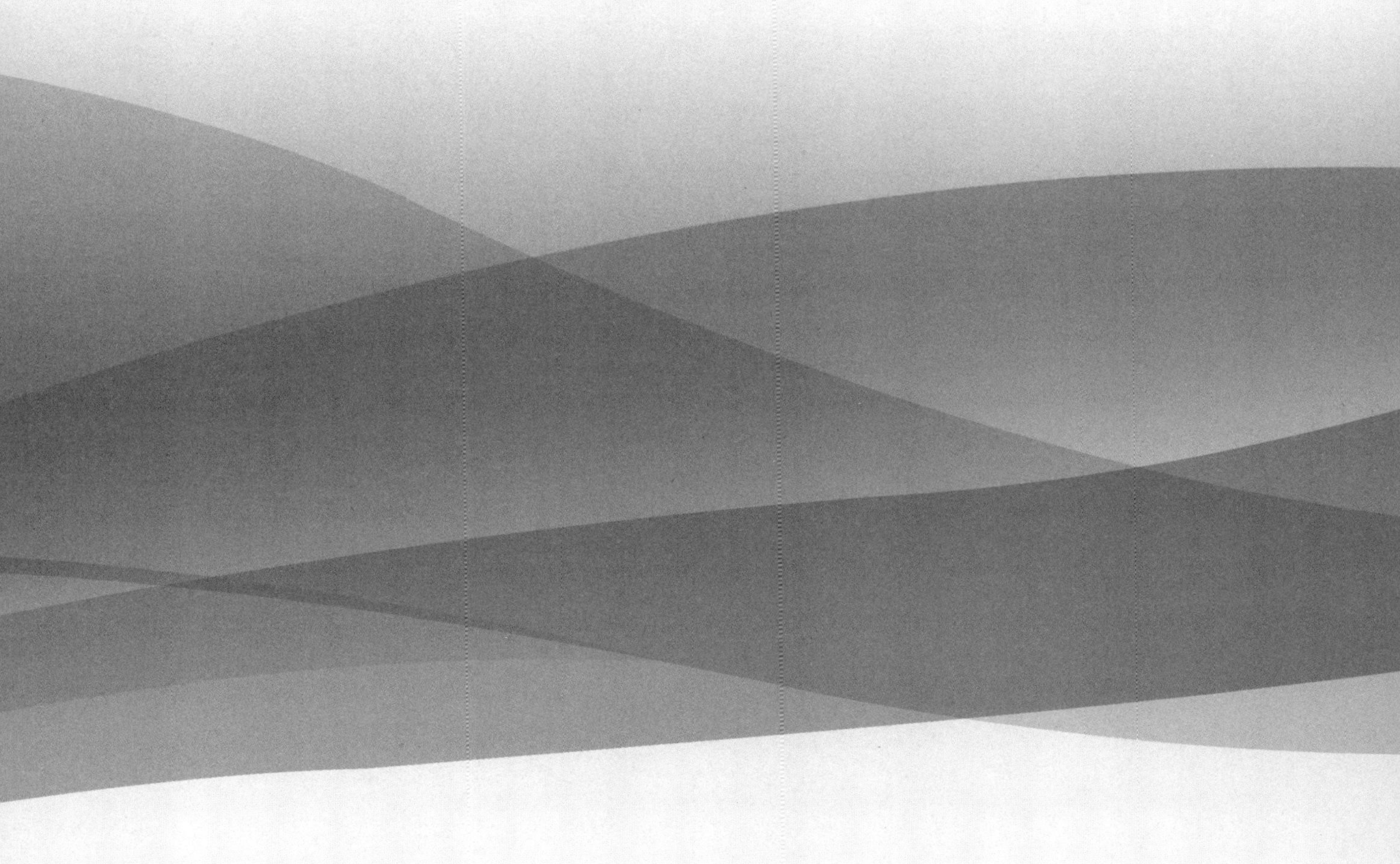

中国机械工业集团有限公司
战略管理办法（修订稿）

第一章　总　则

第一条　为了规范中国机械工业集团有限公司（以下简称国机集团）战略管理工作，依法履行出资人职责，提高国机集团及所属企业战略决策与执行的科学性和有效性，根据《中华人民共和国公司法》《中央企业发展战略和规划管理办法（试行）》《中国机械工业集团有限公司章程》及有关文件规定，制定本办法。

第二条　本办法所称战略包括发展战略和规划，是指企业根据国家发展规划和产业政策，在分析内外部环境及其变化趋势的基础上，为了企业的长期生存与发展，对未来一定时期内的发展定位、发展目标、发展思路、实施方案等所作出的具有方向性、整体性和全局性的总体谋划。

第三条　本办法中战略管理是指战略的制订、审核、实施、评估与修订等工作。

第四条　本办法适用于国机集团总体战略、业务战略以及职能战略的管理。总体战略是集团的战略总纲，是最高管理层指导集团发展的最高行动纲领，面对集团整体。业务战略指在总体战略指导下，集团子公司或业务板块负责部门根据发展要求制定的战略，是为集团总体战略服务的子战略，是在具体的产品和服务市场上，利用核心竞争力获取竞争优势而采取的系列相互协调的承诺和行动，包括业务板块战略、子公司战略等。职能战略是为贯彻、实施和支持总体战略、业务战略而在特定职能管理领域制定的战略，包括人力资源、科技发展、财务管理、资本运营、风险管理、信息化建设、文化与品牌建设、社会责任等战略。

第五条　本办法中子公司是指国机集团所属全资及控股子公司。

第六条　本办法中的各类战略，在制订、实施等过程中，应注重与时俱进和开拓创新，更好发挥创新在战略引领中的作用。

第二章　管理机构

第七条　国机集团董事会为国机集团战略管理的决策机构，负责审批国机集团总体战略，并对其实施进行监督。国机集团董事会常务委员会成立发展战略管理小组（国机董〔2010〕3号），落实董事会对集团发展战略的研究和管理工作。

第八条　国机集团董事会授权董事会常务委员会审核重要子公司发展战略。

第九条　国机集团董事会授权经理层对国机集团职能战略、业务板块战略进行审批，并对其实施进行监督。

第十条　战略规划部归口管理国机集团总体战略的制定、组织实施、实施效果的评估和修订，协调国机集团职能战略、业务板块战略的制定、实施、评估和修订，进行子公司战略的审核（对重要子公司战略进行初审）、实施指导和监控检查。

第十一条　国机集团职能部门负责相关职能战略、业务板块战略的制定、实施、评估和修订。

第十二条　子公司负责本单位战略的制定、实施、评估和修订。

第三章　制订与审批

第十三条　战略内容主要包括：企业愿景与使命、内外部环境分析、战略定位、发展目标、保障措施、实施方案等。

第十四条　国机集团总体战略要在充分分析、研究集团内外部环境和资源能力等因素的基础上由战略规划部负责组织制订，报国机集团总经理办公会审议、董事会审批。总体战略经国机集团董事会批准后报国务院国资委备案。

第十五条 国机集团职能战略、业务板块战略要在总体战略的框架下由相应职能部门负责组织制订，征求战略规划部等相关部门意见后由相应职能部门报国机集团总经理办公会审议批准。

第十六条 职能战略、业务板块战略经国机集团总经理办公会审批后，报董事会办公室、战略规划部备案。

第十七条 子公司战略要以国机集团总体战略、相关职能战略及业务板块战略为依据，结合自身实际情况制订，并在子公司最高决策机构审批前报战略规划部审核，战略规划部在二十个工作日内将审核意见反馈给子公司。重要子公司战略经战略规划部初审后，报国机集团董事会授权的董事会常务委员会质询审核。

第十八条 子公司根据国机集团审核意见对战略进行修改，经子公司最高决策机构审批后，将正式文本（一式三份）及其电子文档报国机集团备案。

第四章 实施、评估与修订

第十九条 战略的实施要对发展目标和战略任务进行分解，结合年度计划和财务预算，制定具体措施，建立保障机制，加强执行力，并对实施情况进行跟踪、评估和反馈。

第二十条 战略规划部对国机集团总体战略在每年年初（五年规划中期评估当年及下一年除外，以下第二十一条、第二十二条同样）进行评估，4 月底前完成评估报告报集团领导审阅，并通报董事会办公室。

第二十一条 国机集团职能部门对相关职能战略、业务板块战略在每年年初进行评估，评估结果报相关领导审阅，3 月底前报战略规划部备案。

第二十二条 子公司要在每年年初对上一年的战略执行情况进行评估，国机集团对子公司的评估情况进行抽查。子公司战略评估报告应于每年 3 月底前报送国机集团备案。

第二十三条 国机集团总体战略的修订应在充分评估集团内外部环境发生较大变化的基础上，由国机集团董事会下达修订工作任务，战略规划部组织进行修订。

第二十四条 国机集团职能战略、业务板块战略的修订应在充分评估集团内外部环境、总体战略及相应子公司战略发生较大变化的基础上，由国机集团总经理办公会下达修订工作任务，相应职能部门组织进行修订。经国机集团总经理办公会审批后报董事会办公室、战略规划部备案。

第二十五条 子公司根据国机集团总体战略、职能战略及业务板块战略的调整或企业内外部环境的变化，适时对战略进行调整修订，并报国机集团战略规划部审核。重要子公司战略的调整修订报经国机集团董事会授权的董事会常务委员会质询审核，重要子公司根据审核意见作出修改。

第二十六条 子公司经营者对本公司战略的实施负有领导责任。战略的执行和完成情况逐步纳入对经营者任期考核的内容。

第五章 附 则

第二十七条 国机集团对控股、参股的公司制企业的战略，通过派出的股东代表、董事根据集团战略在股东会或董事会上充分表述意见。

第二十八条 子公司可参照本办法制订本单位战略管理办法。

第二十九条 本办法经国机集团董事会授权，由国机集团战略规划部负责解释。

第三十条 本办法自发布之日起执行，原《中国机械工业集团有限公司战略管理办法》（国机规〔2011〕458 号）同时废止。

中国机械工业集团有限公司
人才引进实施办法

第一章 总 则

第一条 为贯彻落实全国人才工作会议精神和国务院国资委《关于加强和改进中央企业人才工作的有关意见》，积极推进人才强企战略，加快人才引进步伐，结合中国机械工业集团有限公司（以下简称国机集团）实际，制定本办法。

第二条 国机集团各级企业要把人才引进摆在突出重要位置，切实抓好政策引导和规范，引进企业发展所急需的优秀人才，不断增加人才总量，优化人才结构，为企业持续、健康发展提供人才保障和智力支持。

第三条 人才引进基本原则：

（一）按需引进的原则；

（二）竞争择优的原则；

（三）才尽其用的原则；

（四）急需和紧缺人才优先的原则。

第二章 人才引进的主体和对象

第四条 用人企业是人才引进、培养、使用的主体，负责人才引进的具体工作。国机集团积极创造条件，努力营造引才、育才、用才的良好环境。

第五条 用人企业要大力引进和用好以下各类优秀人才：

（一）中国科学院、中国工程院院士；

（二）“千人计划”专家；

（三）“万人计划”专家；

（四）国家百千万人才工程人选、国家有突出贡献的中青年专家、享受国务院政府特殊津贴人员；

（五）期满出站的博士后研究人员、全日制博士研究生；

（六）创新型业务人才以及经验丰富、能力突出的经营管理人才；

（七）国机集团战略性新兴产业发展急需、紧缺的优秀人才；

（八）关键操作岗位的高技能人才。

第三章 人才引进的途径和方式

第六条 人才引进的途径：

（一）公开招聘；

（二）内外部推荐。

第七条 人才引进的方式：

（一）通过建立劳动关系方式引进人才。国机集团鼓励用人企业对引进人才实行劳动合同制，在双方完全自愿的前提下，签订固定期限劳动合同、无固定期限劳动合同或以完成一定工作任务为期限的劳动合同。

（二）通过劳务派遣建立用工关系方式引进人才。国机集团通过签订劳务派遣合同，以劳务派遣方式引进人才。

（三）建立和完善柔性人才引进机制，通过聘用协议等不建立劳动关系方式引进人才。国机集团支持各类人才通过柔性流动方式从事兼职、咨询、讲学、科研和技术合作等服务，支持各级企业以岗位聘用、项目聘用和人才租赁等方式引进优秀人才。

第四章 人才引进的激励

第八条 对引进人才，用人企业可实行协议工资制、年薪制，收入与岗位责任或科研成果挂钩。国机集团支持用人企业建立多元化的分配机制，有条件的用人企业可采用股权、期权、分红权等分配方式。

第九条 各级企业通过建立劳动关系方式引进的人才或"千人计划"专家，享受以下待遇。

（一）优先承担国机集团重大科研项目、重大项目咨询论证和重点工程建设等工作。

（二）引进人才原有的专业技术职务，国机集团给予认可；引进人才在申报高一级专业技术职务时，工作年限可连续计算。

（三）引进人才的配偶安置、子女入学等，用人企业要协助落实。

（四）引进人才优先作为各类奖励和各级专家选拔的候选人。

第十条 各级企业通过建立劳动关系方式引进的人才或"千人计划"专家，国机集团给予相应支持。

（一）引进的中国科学院、中国工程院院士，国机集团给予专家津贴每人每年 15 万元。

（二）引进的"千人计划"和"万人计划"专家，在国机集团专项基金中给予每人 100 万元的项目资助经费。

（三）引进的国家百千万人才工程人选、国家有突出贡献的中青年专家、享受国务院政府特殊津贴人员，可以优先推荐为国机集团首席专家候选人。

（四）对出站后到国机集团各级企业工作的博士后研究人员，给予每人 5 万元的项目资助经费；对所属企业在站博士后研究人员，每人给予 5 万元的项目资助经费。

（五）引进的高技能人才，可以优先推荐为国机集团首席技师候选人。

（六）引进的其他优秀人才，可视情况给予支持。

第十一条 国机集团原有中国科学院、中国工程院院士，"千人计划"和"万人计划"专家，享受同等待遇和相应支持。

第十二条 对在京企业引进人才，符合条件的，优先解决进京户口。

第五章 人才引进的措施

第十三条 所属企业引进人才，纳入经营管理指标考核体系，在企业负责人年度经营业绩考核中给予加分，具体加分细则另行制定。

第十四条 国机集团所属企业引进中国科学院、中国工程院院士，"千人计划"和"万人计划"专家的工资支出，不计入企业的工资总额。

第十五条 建立集团领导直接联系引进人才机制，定期听取引进人才的意见建议，及时解决引进人才的各类问题。

第六章 附 则

第十六条 用人企业必须与引进人才签订协议，明确服务期限、工作职责和违约责任等，并报国机集团备案。

第十七条 各所属企业可依据本办法，制定相应的实施细则。

第十八条 本办法由国机集团人力资源部负责解释。

第十九条 本办法自颁布之日起执行。

中国机械工业集团有限公司
首席技师选聘管理办法

第一章 总 则

第一条 为贯彻落实人才强企战略，推进中国机械工业集团有限公司（以下简称：国机集团）高技能人才队伍建设，完善高技能人才职业发展通道，调动高技能人才工作的积极性和创造性，建设一支政治坚定、业务精湛、爱岗敬业、作风优良的高技能人才队伍，结合国机集团实际，制定本办法。

第二条 本办法所指国机集团首席技师（以下简称：首席技师）是指工作在生产、服务一线，具有高超技能水平、良好职业道德、丰富实践经验、突出工作业绩，在本行业和企业中带动作用大，得到广泛认可的、能够起到带头人作用的高技能人才。

第三条 本办法适用于首席技师的选聘和管理工作。

第四条 首席技师选聘坚持公开公正、竞争择优、注重技能、突出业绩的原则。

第二章 选聘范围和条件

第五条 首席技师从国机集团所属企业中从事技能岗位的在职员工中选聘；距离退休时间不足一年，且退休后不再返聘的，所属企业不得推荐。

第六条 首席技师应具备以下条件：

（一）忠诚于国机集团事业，贯彻落实国机集团中长期发展战略，具备较强的技术革新能力和实干精神；

（二）具备本职业（工种）技师、高级技师职业资格；

（三）具有扎实过硬的职业技能和较强的技能指导能力；

（四）在生产运行，设备试制、安装、调试、检修中，或在技术革新和新技术研究中，作出了突出贡献；

（五）拥有与所在企业生产有关的专利或专有技术，解决了生产过程中的重大技术难题，参加编写操作规程、技术标准、岗位培训评价标准等，被本行业或所在企业推广应用，并取得显著社会效益；

（六）在本职业（工种）工作中，总结出先进可行的技能操作方法，或提出了具有重要影响的合理化建议，显著提升工作效率和工作质量，被本行业或所在企业推广应用，并取得重大经济效益；

（七）国机集团职业技能大赛获奖选手，可优先推荐。

第七条 近五年内，在产品质量、安全生产、保密责任事故中负有主要责任的，所属企业不得推荐。

第三章 选聘职数和任期

第八条 首席技师选聘设置的职业（工种），由国机集团研究确定。

第九条 首席技师实行聘任制，聘期三年；聘期期满后，重新参加选聘；距离退休时间不足三年的，聘期以退休时间（劳动合同）为限。

第四章 选聘程序

第十条 首席技师选聘程序：

（一）人选推荐。各所属企业向国机集团上报推荐人选；

（二）资格审查。国机集团对推荐人选进行资格审查，符合申报条件的推荐人选作为候选人参加评审；

（三）专家评审。国机集团成立首席技师专家评审委员会进行评审：

1.实绩评价部分。采用综合评审方式，重点评价申报人的工作效率、工作质量、所取得的业绩成果以及技术革新能力，辅以候选人工作实例录像、现场实操等方式。实绩评价部分占总成绩的80%。

2.素质测评部分。对申报人的素质进行测评，重点测评申报人的教育程度、技艺传授、安全生产和技术研究能力等。素质测评部分占总成绩的20%。

（四）研究决定。根据评审情况，首席技师专家评审委员会提出拟聘人选，报国机集团党委研究决定。

（五）公示聘任。对首席技师人选进行公示，时间为7个工作日，公示无异议者，国机集团下发聘任文件，颁发聘书。

（六）符合申报条件的中华技能大奖和全国技术能手荣誉称号获得者，不占用推荐指标。所在企业根据工作和实际需要，研究决定是否推荐并上报推荐材料，经首席技师专家评审委员会审核，报国机集团党委研究决定；公示无异议后，国机集团一并下发聘任文件，颁发聘书。

第十一条 首席技师选聘工作由国机集团人力资源部牵头，相关部门配合，纪检监察部门对选聘工作进行监督。

第五章 职责与权利

第十二条 首席技师在聘期内，应承担以下职责：

（一）努力钻研新技术，不断更新知识，着

力提高岗位技能水平；

（二）发挥技能带头人的示范和引领作用，参与企业重大生产建设、技术革新、技术攻关等项目，解决生产服务中的技术难题，创造新的业绩；

（三）积极传授技艺和经验，培养后备人才；

（四）主动承担国机集团高技能人才培养和重大职业技能竞赛技术指导等工作。

第十三条 首席技师纳入国机集团人才库，国机集团向国家部委推荐奖项候选人时，优先从首席技师中选拔。

第十四条 国机集团定期组织首席技师培训。

第六章 管理与考核

第十五条 实行目标管理，首席技师除履行所在企业岗位的职责外，还应履行首席技师承担的有关职责。所在企业要制定首席技师的任期目标，与其签订《任期目标责任书》，明确任期内工作业绩、技术革新、传艺带徒等任务。《任期目标责任书》报国机集团人力资源部备案。

第十六条 实行年度考核。首席技师考核工作由所在企业组织开展，采取年度考核方式，所在企业按照《任期目标责任书》分解年度工作目标，首席技师提供述职报告或进行个人答辩。考核结果报国机集团人力资源部审核、备案。

年度考核结果分为优秀、称职、不称职三个等级：

（一）年度考核为“优秀”或“称职”的，国机集团支付首席技师津贴每人每年人民币24 000.00元；

（二）年度考核为“不称职”的，不享受首席技师津贴；

（三）任期内，有两次考核为“不称职”的，取消首席技师称号，且三年内不得参加首席技师选聘。

第十七条 出现下列情况之一的，取消首席技师称号：

（一）发生违法违纪行为的；

（二）弄虚作假、剽窃他人成果的；

（三）因个人行为不当，严重损坏公司形象或造成严重经济损失的；

（四）其他原因按公司有关规定应该解聘的。

第七章 附 则

第十八条 首席技师所在的各所属企业根据本办法制定管理细则。

第十九条 本办法由国机集团人力资源部负责解释。

第二十条 本办法自颁布之日起实施，原《中国机械工业集团有限公司首席技师选拔管理办法》（国机人〔2012〕612号）同时废止。

中国机械工业集团有限公司
内部控制管理办法

第一章 总 则

第一条 为加强和规范中国机械工业集团有限公司（以下简称“国机集团”或“公司”）内部控制管理工作，提高公司经营管理水平和风险防范能力，实现国机集团稳健经营和可持续发展，根据财政部等五部委发布的《企业内部控制基本规范》及配套指引的要求，结合国机集团实际，制定本制度。

第二条 本制度适用于国机集团，以及所属全资及控股子企业（以下简称“所属企业”）。

第三条 本制度所称“内部控制”，是指由企业董事会、监事会、经理层和全体员工实施的、旨在实现控制目标的过程。内部控制的目标是经营管理合法合规、资产安全、财务报告及相关信息真实完整，提高经营效率和效果，促进企业实现发展战略。

第二章 组织体系与职责分工

第四条 国机集团内部控制管理组织体系包括董事会、审计与风险管理委员会、内部控制管理领导小组、内部控制管理工作小组。

第五条 公司董事会为内部控制管理的最高决策机构，职责如下：

（1）审批内部控制建设总体目标及规划；

（2）审批内部控制重要制度文件；

（3）审批内部控制评价报告；

（4）审批内部控制管理的其他重大事项。

第六条 公司董事会下设审计与风险管理委员会。主要职责为：

（1）审核需要董事会决议的内部控制相关制度和内部控制评价报告，为董事会决策提供意见；

（2）指导企业内部控制体系建设；

（3）监督、评估、检查公司内部控制体系运行质量和效果，并向董事会报告；

（4）审核内部控制管理的其他重大事项。

第七条 内部控制管理领导小组（以下简称领导小组）由总经理担任组长，总会计师担任副组长，各副总经理担任领导小组成员。职责包括：

（1）审核内部控制建设总体目标及规划；

（2）组织内部控制体系建设工作，推动企业内部控制体系的良好运行；

（3）审核内部控制重要制度文件；

（4）审核年度内部控制工作重点；

（5）审核内部控制评价报告；

（6）指导所属企业的内部控制管理工作，并监督其执行效果；

（7）审核与内部控制管理相关的其他工作。

第八条 内部控制管理工作小组（以下简称工作小组）在领导小组的指导下，具体实施内部控制管理工作。由国机集团总部各部门部长组成，工作小组办公室设在资产财务部。工作小组具体职责及分工如下：

资产财务部为内部控制建设牵头部门，具体职责为：

（1）组织拟定内部控制建设总体目标和规划；

（2）拟定内部控制管理制度，组织拟定、完善《中国机械工业集团内部控制规范指引》（以下简称“内控规范指引”）；

（3）组织拟定《国机集团总部内部控制手册》，并持续优化；

（4）根据年度风险评估结果，组织拟定年度内部控制工作重点；

（5）组织指导所属企业内部控制管理工作，并监督执行；具体负责与财务职能相关的内控制度的建设和执行，对所属企业与财务职能相关的内控制度的建设进行指导和监督；

（6）组建国机集团内部控制建设团队，开展相关培训指导；

（7）按要求定期向审计与风险管理委员会报告集团内部控制工作开展情况；

（8）其他与内部控制建设有关的工作。

集团总部其他部门内部控制管理职责包括：

（1）建立、完善相关职能管理制度，根据制度编写、完善内控规范指引、《国机集团总部内部控制手册》及权限指引；

（2）根据部门职责，结合管理要求，完成本部门为控执行评价、整改、优化等工作；

（3）配合内外部机构对国机集团的内部控制的检查、评价；

（4）对所属企业相关内部控制制度的建设予以指导和监督检查。

审计稽查部为集团内部控制评价机构，具体职责为：

（1）制定、修订内部控制评价相关制度文件；

（2）根据财政部《企业内部控制评价指引》，组织集团内部控制评价工作，包括制定内部控制评价方案，确定内部控制缺陷认定标准，编制并提交内部控制评价报告；

（3）组建集团内部控制评价团队并进行相关培训，对所属企业内部控制评价工作进行规范及指导；

（4）配合外部与内部控制有关的检查及其他与内部控制评价相关的工作。

第九条 国机集团总部各部门设内控管理员，内控管理员应熟悉本部门主要控制活动，负责协调、组织与本部门职能相关的内部控制制度建设及执行、优化管理。

第十条 所属企业应根据实际情况，确定本企业的内部控制组织机构及管理体系，并根据企业规模大小和业务复杂程度，设立内部控制管理机构或专职岗位。岗位主要职能包括：

（1）根据《国机集团内部控制规范指引》，组织本企业的风险评估工作，制定、完善本企业的内部控制手册；

（2）指导并协调本单位内部控制管理工作；

（3）组织本单位内部控制评价工作，并遵循内部控制监督检查及评价独立于内部控制设计和运行的原则开展工作；

（4）配合内外部各种与内部控制相关的检查；

（5）按要求定期向国机集团报告本企业内部控制工作开展情况；

（6）完成与内部控制管理相关的其他工作。

从事内部控制管理岗位的人员应具有丰富的企业工作经验，熟悉本企业业务及控制活动，具备风险管理和内部控制相关知识，具有较强沟通和协调能力。

第三章　主要工作内容及流程

第十一条　国机集团内部控制工作以全面风险为导向，在体系建设与运行中，应充分结合风险评估结果，采取有效控制措施，将企业风险控制在可接受程度内。

第十二条　内部控制体系建设。国机集团制定并发布内控规范指引，指导国机集团内部控制体系建设，并与质量管理体系等各项体系相融合，确保一致；总部及各所属企业应依据内控规范指引，结合管理特点，制定本企业内部控制手册，有条件的企业应通过信息系统固化控制措施。

各二级企业应将国机集团内控规范指引的要求传递至三级及以下企业，确保相关控制要求覆盖主要业务单元及主要业务流程。

第十三条　内部控制体系执行监督及持续改进。国机集团通过内部控制评价、管理体系审核、专项检查等方式，对内部控制体系的建设及执行有效性进行监督检查。监督检查的结果作为评价企业内部控制有效性及推动企业持续完善控制体系的依据。

所属企业应建立完善的自我监督评价机制，至少每年开展一次内部控制自我评价，上市公司应根据监管要求，聘请中介机构出具内部控制审计报告。所属企业应根据内部控制评价及审计结果，纠正执行偏差，完善内部控制体系。

第十四条　内部控制报告管理。国机集团对所属企业内部控制体系建设情况及相关报告实行备案管理。所属企业应提交备案的报告包括：内部控制管理制度及管理手册，内部控制评价报告等。

所属企业应在完成内部控制管理制度、内部控制手册的制定或修订后一个月内将相关制度报国机集团备案，首次备案应于本制度下发之日起一个月内上报。

所属企业应于每年 3 月中旬前完成上一年度内部控制评价报告及上市公司内部控制审计报告，报国机集团备案。

第四章　附　则

第十五条　所属企业应参照本制度，制定本企业内部控制管理制度。

第十六条　本制度由国机集团资产财务部负责解释。

第十七条　本制度自发布之日起执行。

中国机械工业集团有限公司
资产处置管理办法

第一章　总　则

第一条　为加强国有资产的管理，积极维护国有资产的权益，根据《公司法》、《企业国有资产监督管理暂行条例》（国务院 378 号令）、《企业国有产权转让管理暂行办法》（国资委、财政部令第 3 号）及其相关配套文件的精神，特制定本办法。

第二条　本办法旨在规范中国机械工业集团

有限公司（以下简称国机集团）总部及所属企业（含集团全资、控股子公司及其二级以下子企业）的资产处置行为。具体包括资产的转让、置换、分立、报废、报损，以及公司的合并、分立、解散、破产等事项。

第三条 本办法适用的资产处置类型：

（一）国机集团总部及所属企业持有的企业股权的处置事项；

（二）国机集团总部及所属企业在建工程、固定资产、无形资产等各类非流动资产的处置事项和需转让、置换、分立的债权的处置事项；

（三）对于国机集团总部及所属企业转让、置换所持上市公司股份的管理参照《国有股东转让所持上市公司股份管理暂行办法》（国资委、证监会19号令）等文件规定执行，本办法不再单独规定；

（四）对于国机集团总部及所属企业在经营过程中形成的流动资产等，按照企业经营活动的有关程序和规定管理，不属于本办法管理范围；

（五）对于国机集团总部及所属企业在从事证券投资活动中持有的债券、证券的处置，不属于本办法管理范围。

第四条 在资产处置的过程中，应坚持以下基本原则：

（一）公开公正公平的原则。即处置资产的方式必须公开透明，转让价格的确定必须公正公平，受让方的选择必须公正公开。

（二）规范性原则。即资产处置行为必须依照国家有关法律法规和国机集团的管理规定，规范办理。

（三）效益最大化原则。即处置资产的目的应当是谋求资产效益的最大化，保障国有资产的权益。

第五条 企业拟对相关资产实施处置时，应先对拟处置资产的产权状况进行确认。产权不清或存在产权纠纷的资产，原则上应在产权明晰后，再行处置。

第六条 国机集团总部及所属企业与资产处置有关的资产评估事项按照《中国机械工业集团有限公司国有资产评估管理暂行办法》执行。

第二章　职责与权限

第七条 国机集团资产处置的归口管理部门设在资本运营部，主要职责如下：

（一）研究与企业资产处置相关的政策法规，监督、指导所属企业贯彻落实国家的相关法律法规，制定集团资产处置管理制度。

（二）根据集团战略规划的要求、当期资本运营工作的需要以及集团资产质量管理的标准，统筹规划一定时期内的集团及所属企业资产清理处置方案，并组织实施。

（三）牵头负责集团审批决策范围内资产处置事项的前期论证、审查等工作，履行集团审批流程，并按照集团最终决策意见出具相关审批文件。

（四）指导、监督所属企业依法、合规落实资产清理调整方案和实施资产处置行为，协助企业实现资产处置收益最大化。

（五）负责所属企业资产处置实施效果的跟踪、检查和备案。

第八条 资产财务部参与对企业资产处置行为的会审，主要负责审查所属企业上报拟处置资产的真实性，评估的规范性及确认资产的评估结果，并负责监管企业资产处置后产权登记等有关事项。

第九条 国机集团总部业务归口管理部门及其他相关部门根据资产处置项目的具体要求，参与项目会审。

第十条 资产处置项目的审批，根据国机集团董事会所授权限，分级报请国机集团主管领导、总经理、总经理办公会和董事长、董事会常务委员会、董事会分级审批。

第三章　股权（产权）转让的审批

第十一条 股权（产权）转让指集团总部和所属企业通过公开挂牌转让、协议转让、无偿划转、国有产权置换等方式转让所持有的企业股权（产权）。

第十二条 国机集团所属企业需要转让所持有的企业股权（产权）时，应事先向国机集团提出申请，经集团批准同意后，方可正式实施。

第十三条 企业提出转让所持股权（产权）

的申请时，应按照《国机集团国有资产产权管理申报文件规范指引》的规定制定申报文件和提供相关资料。国机集团资本运营部收到企业股权（产权）转让申请材料后，应提出初步的审查意见，商资产财务部和业务归口管理部门等相关部门，报集团主管领导同意后，根据国机集团董事会所授权限，履行审批程序。

第十四条 批准权限：

（一）集团经理层审核权限

1. 国机集团总部及所属企业拟转让股权（产权）预期转让价格在 1 000 万元以下（含）的，由集团主管领导审批。

2. 国机集团总部及所属企业拟转让股权（产权）预期转让价格在 1 000 万元至 3 000 万元（含）的，经集团主管领导审核后，提交集团总经理审批。

3. 国机集团总部及所属企业拟转让股权（产权）预期转让价格在 3 000 万元至 5 000 万元（含）的，经集团主管领导审核后，提交集团总经理办公会审批。

（二）集团董事会审核权限

国机集团总部及所属企业拟转让股权（产权）预期转让价格高于 5 000 万元的，经集团总经理办公会审议通过后，提交集团董事会审核。

集团董事会对董事长和董事会常务委员会授权如下：

1. 对董事长的授权

国机集团总部及所属企业拟转让股权（产权）预期转让价格在 5 000 万元至 8 000 万元（含）的，授权集团董事长审批。

2. 对董事会常务委员会的授权

属于下列情形之一的，授权集团董事会常务委员会审批：

（1）国机集团总部及所属企业拟转让股权（产权）预期转让价格在 8 000 万元至 10 000 万元（含）的；

（2）被转让企业的主营业务属于集团主营业务范畴且具有一定经营规模，同时我方处于控股地位的；

（3）被转让企业的业务对集团主营业务的发展具有重大影响的；

（4）股权（产权）转让过程中涉及大量职工安置和社会稳定问题的。

国机集团资本运营部根据审批意见，批复企业的股权转让行为。

企业改制重组过程中涉及到股权（产权）的转让问题，国机集团在审查企业改制重组方案时，一并审批。

第四章 股权（产权）转让的实施

第十五条 企业实施股权（产权）转让，必须按照国务院国资委《企业国有产权转让管理暂行办法》及其相关配套文件的规定和要求办理。

第十六条 企业的股权（产权）转让行为，在获得最终批准和完成资产审计评估后，除得到国资委和国机集团的特别批准外，均应在政府设立的产权交易市场进行公开挂牌交易。

第十七条 企业实施股权（产权）公开转让时，应选择在上海联合产权交易所、天津产权交易中心、北京产权交易所和重庆联合产权交易所中的任意一家发布国有产权转让信息并办理股权转让手续。

第十八条 企业国有股权（产权）的受让方应具有良好的财务状况和支付能力；具有良好的商业信用；受让方为自然人的，应当具有完全民事行为能力。

企业国有股权（产权）转让涉及到受让方为外国的企业和其他经济组织或个人的（以下简称外商），应对照《外商投资产业指导目录》及相关规定，对国家对外商受让标的企业产权有限制性或禁止性规定的，应在公告中明示。受让方最终确定为外商的，应由转让方按照国家有关管理规定报政府相关职能部门审核批准。

第十九条 企业应在广泛征集国有股权（产权）转让受让方的条件下，根据转让标的企业的实际情况，制定受让条件。受让条件应表述清晰，且不违反公平竞争原则。未经公开发布的受让条件不能作为否定意向受让方资格的依据。

第二十条 企业国有股权（产权）转让价格的确定，应当依据以下规定：

（一）企业国有股权（产权）转让价格应以资产评估结果为参考依据，并在产权交易市场中公开竞价，积极寻求国有产权的保值、增值。

（二）转让企业国有股权（产权）的首次挂牌价格不得低于经核准或备案的资产评估结果。经公开征集没有产生意向受让方的，转让方可以根据标的企业情况确定新的挂牌价格并重新公告，再次挂牌的价格，原则上不得低于评估值的90%。如拟确定的新的挂牌价格低于资产评估值的90%的，应当获得国机集团书面批准同意。

（三）企业国有股权（产权）转让中涉及的职工安置、社会保险等有关费用，不得在评估作价之前从拟转让的国有净资产中先行扣除，也不得从转让价款中进行抵扣。

（四）在产权交易市场中公开形成的转让价格，不得以任何付款方式为条件进行打折、优惠。

第二十一条 企业国有股权（产权）转让交易方式的确定，应依据以下规定：

（一）经公开征集产生两个或两个以上受让方时，转让方应与产权交易机构协商，根据转让标的的具体情况采取拍卖、招投标或场内竞价的方式组织实施产权交易。

（二）经公开征集只产生一个受让方时，转让方可以采取协议转让的方式实施产权交易。

（三）企业国有股权（产权）转让成交后，转让方与受让方应当签订产权转让合同，并取得产权交易机构出具的产权交易凭证。

第二十二条 企业国有股权（产权）转让价款原则上应当一次付清。如金额较大、一次性付清确有困难的，可以采取分期付款的方式。采取分期付款方式的，受让方首期款不得低于总价款的30%，并在合同生效后5个工作日内支付；其余款项应当提供合法银行担保，付款期限不得超过1年。

第二十三条 企业国有股权（产权）转让涉及到职工安置的，应积极保护转让标的企业职工的合法权益。职工安置方案应经过职代会审议，并由当地劳动保障部门审核。

应当按照有关政策规定处理好与职工的劳动关系，解决拖欠的职工工资、欠缴的各项社会保险费及其他有关费用，并做好企业职工各项社会保险关系的接续工作。

第二十四条 企业国有股权（产权）转让涉及管理层收购、国有划拨土地使用权转让和由国家出资形成的探矿权、采矿权转让的，应符合国家法律和相关政策规定。

第二十五条 企业股权（产权）交易完成后，应及时办理产权注销手续，并在两周内将交易情况及产权交易凭证副本报集团资本运营部备案。

第五章 国有股权（产权）的直接协议转让

第二十六条 企业应严格控制国有股权（产权）场外协议转让行为，尽量提高国有股权（产权）转让进场交易比例。对于国民经济关键行业、领域的结构调整中对受让方有特殊要求，或企业内部资产重组中确需采取直接协议转让的，国机集团将对协议转让行为严格审核和监控。

第二十七条 允许协议转让的范围

（一）在国民经济结构调整中，拟采取直接协议转让国有股权（产权）的，应当符合国家产业政策以及国有经济布局和结构调整的总体规划。受让方的受让行为不得违反国家经济安全等方面的限制性或禁止性规定，且在促进企业技术进步、产业升级等方面具有明显优势。标的企业属于国民经济关键行业、领域的，在协议转让企业部分国有股权（产权）后，仍应保持国有绝对控股地位。

（二）在国机集团内部的资产重组中，拟采取直接协议方式转让国有股权（产权）的，转让方和受让方应为国机集团或国机集团全资、绝对控股（持股比例＞50%）子企业。

第二十八条 国机集团内部实施资产重组，符合协议转让范围的转让事项，由国机集团负责审批，同时抄报国务院国资委。其中涉及股份有限公司段份转让的，按照国家有关规定办理。

第二十九条 国机集团内部实施资产重组，转让方和受让方均为集团及集团直接或间接全资拥有的境内子企业的，转让价格可以用资产评估或审计报告确认的净资产值为基准确定，且不得低于经评估或审计的净资产值；转让方或受让方不属于集团或集团直接或间接全资拥有的境内子企业的，转让价格须以资产评估报告确认的净资产值为基准确定。

以审计报告确认的净资产为基准确定转让价格的，应当采用由专业机构出具的上一年度的年度审计报告或最近时点的审计报告。

第三十条 国机集团与其他中央企业或地方国资委监管企业之间协议转让国有股权（产权）的，应符合各自主业范围和发展战略规划，有利于做强主业和优化资源配置，并符合国资委相关文件规定。转让事项由国机集团报国务院国资委批准后实施。

第三十一条 国机集团各子企业要严格执行相关法律法规及国务院国资委关于企业国有股权（产权）转让的相关规定，严格遵循国有股权（产权）协议转让的划定范围。

直接协议转让涉及职工安置、国有划拨土地使用权转让和由国家出资形成的探矿权、采矿权转让的，应符合国家法律和相关政策规定。

第三十二条 企业国有股权（产权）协议转让应在批复之日起一年内完成，完成后应及时办理产权登记或注销手续，并将转让结果报集团资本运营部备案。

第六章 国有股权（产权）无偿划转

第三十三条 国机集团及所属各级全资子公司之间国有股权(产权)的无偿划转适用本章规定。

第三十四条 企业国有股权（产权）无偿划转应当遵循以下原则：

（一）符合国家有关法律法规和产业政策的规定；

（二）符合国有经济布局和结构调整的需要；

（三）有利于优化产业结构和提高企业核心竞争力；

（四）划转双方协商一致。

第三十五条 被划转企业国有股权（产权）的权属应当清晰。权属关系不明确或存在权属纠纷的企业国有股权（产权）不得进行无偿划转。被设置为担保物权的国有股权（产权）无偿划转，应当符合我国担保法的有关规定。有限责任公司国有股权（产权）的划转，还应遵循我国公司法的有关规定。

第三十六条 企业国有股权（产权）无偿划转应当做好可行性研究，具体应包括以下内容：

（一）被划转企业所处行业情况及相关产业政策规定；

（二）被划转企业主业情况及与划入、划出方企业主业和发展规划的关系；

（三）被划转企业的财务状况及或有负债情况；

（四）被划转企业的人员情况；

（五）划入方对被划转企业的重组方案，包括投入计划、资金来源、效益预测及风险对策等；

（六）其他企业认为应说明的情况。

第三十七条 划转双方应当在可行性研究的基础上，按照内部决策程序进行审议，并形成书面决议。已设立董事会的，由董事会审议；尚未设立董事会的，由总经理办公会审议。涉及职工安置事项的，应经被划转企业职工代表大会审议通过。

第三十八条 划出方应当就无偿划转事项通知本企业债权人，并制定相应的债务处置方案。划出方债务未有妥善处置方案的，不得实施无偿划转。

第三十九条 划转双方应当组织被划转企业按照有关规定开展审计，以中介机构出具的审计报告作为企业国有股权（产权）无偿划转的依据。

中介机构对被划转企业划转基准日的财务报告出具否定意见、无法表示意见或保留意见的审计报告，不得实施无偿划转。

第四十条 划转双方协商一致后，应当签订企业国有股权（产权）无偿划转协议。划转协议应当包括下列主要内容：

（一）划入划出双方的名称与地址；

（二）被划转企业的基本情况；

（三）被划转企业国有股权（产权）数额及划转基准日；

（四）被划转企业涉及的职工分流安置方案；

（五）被划转企业涉及的债权、债务（包括拖欠职工债务）以及或有负债的处理方案；

（六）划转双方的违约责任；

（七）纠纷的解决方式；

（八）协议生效条件：无偿划转事项应按规定履行程序获批后，划转协议生效。划转协议生效以前，划转双方不得履行或者部分履行划转行为。

（九）划转双方认为必要的其他条款。

第四十一条 国有股权（产权）在国机集团内部无偿划转的，由国有股权（产权）划转涉及的各二级企业共同报国机集团审批，由国机集团批准并抄报国务院国资委。国有股权（产权）在国机集团与外部企业进行划转的，应根据国资委相关规定履行相应报批程序。

第四十二条 无偿划转批复后，划转双方应依据批复文件及划转协议，进行账务调整，按规定办理产权登记等手续。

第四十三条 企业国有股权（产权）无偿划

转事项经批准后，划入划出双方调整划转比例或者划转协议有重大变化的，应当按照程序重新报批。

第四十四条 符合上述无偿划转条件，且划转双方均为集团同一二级企业所属全资子企业之间的国有股权（产权）的无偿划转行为，由二级企业审批，并将决策文件抄报集团资本运营部。

第四十五条 股份有限公司及上市公司的股份无偿划转事项，应按照国家有关规定办理。

第七章 国有股权（产权）置换

第四十六条 国有股权（产权）置换指国机集团实施资产重组时，集团及所属企业相互之间以所持企业股权（产权）进行交换，或者其他国有单位以所持企业产权与集团及集团所属企业所持产权、资产进行交换，且现金补价占整个资产交换金额比例低于 25% 的行为。

第四十七条 国有产权置换应当遵循以下原则：

（一）符合国家有关法律法规和产业政策的规定；

（二）符合国有经济布局和结构调整的需要；

（三）有利于做强主业和优化资源配置，提高企业核心竞争力；

（四）置换标的权属清晰，标的交付或转移不存在法律障碍。

第四十八条 拟实施国有产权置换的所属企业应当做好国有产权置换的可行性研究，认真分析本次置换对经营业绩和未来发展的影响、与集团和本企业结构调整和发展规划的关系，并提出可行性论证报告；如涉及职工安置和债权债务处理等事宜，应当制订相关解决方案。

第四十九条 置换双方应当以经备案的资产评估结果，作为确定置换价格的依据。

第五十条 置换双方协商一致后，应当签订置换协议。置换协议应当明确置换价格及补价方式、置换标的交割、违约责任和纠纷解决方式以及协议生效条件等。

第五十一条 置换双方均为集团所属企业的，应由双方共同报集团审批，同时由集团抄报国务院国资委。

第五十二条 置换一方为集团所属企业的，由集团所属企业报集团审批，集团批准后由国机集团报国务院国资委审批，其中集团所属企业与地方国资委监管企业之间的产权置换，地方国资委监管企业应事先报经地方国资委批准。

第五十三条 集团资本运营部接到企业国有股权（产权）置换申请材料后，提出初审意见，会商资产财务部和业务归口管理部门等相关部门会审后，根据交易价值（预期转让价格）的大小按照股权（产权）报请相应审批层级审批和决策。

第五十四条 国有股权（产权）置换项目审批权限根据所置换资产的性质比照股权、实物资产转让的批准权限，双方置换资产性质不同时，按照孰高原则进行审批。

第五十五条 股份有限公司及上市公司的股权（产权）置换事项，按照国家有关规定办理。

第八章 实物资产转让的审批

第五十六条 本办法所称实物资产指除股权（产权）以外的在建工程、固定资产、无形资产等各类非流动资产和债权。

第五十七条 国机集团所属企业需要转让预期转让价格在 1 000 万元以上的实物资产时，实施前应先向集团提出申请，在集团批准同意后，方可正式实施。企业提出的申请报告，应对资产的具体状况和处置理由进行说明，并按照《国机集团国有资产产权管理申报文件规范指引》的规定制定申报文件和提供相关资料。

第五十八条 国机集团资本运营部收到所属企业实物资产转让申请材料后，应提出初步的处理意见，并在商资产财务部和业务归口管理部门等相关部门会审，报集团主管领导同意后，根据国机集团董事会所授权限，履行审批程序。

第五十九条 批准权限：

（一）二级企业审核权限

国机集团所属企业转让预期转让价格在 1 000 万元（含）以下的实物资产时，由集团所属二级企业按照集团的有关要求和自身的管理规定进行决策，并将决策文件抄报集团资本运营部。

（二）集团经理层审核权限

1. 国机集团总部及所属企业拟转让实物资产预期转让价格在 1 000 万元至 3 000 万元（含）的，由集团主管领导审批。

2. 国机集团总部及所属企业拟转让实物资产预期转让价格在 3 000 万元至 5 000 万元（含）的，

经集团主管领导审核后，提交集团总经理审批。

3. 国机集团总部及所属企业拟转让实物资产预期转让价格在5 000万元至8 000万元（含）的，经集团主管领导审核后，提交集团总经理办公会审批。

（三）集团董事会审核权限

国机集团总部及所属企业拟转让实物资产预期转让价格在8 000万元以上的，经集团总经理办公会审核后，提交集团董事会审批。

集团董事会对董事长和董事会常务委员会授权如下：

1. 对董事长的授权

国机集团总部及所属企业拟转让实物资产预期转让价格在8 000万元至20 000万元（含），授权集团董事长审批。

2. 对董事会常务委员会的授权

国机集团总部及所属企业拟转让实物资产预期转让价格在20 000万元至50 000万元（含）的，或该部分资产的转让涉及企业稳定，关系重大的，提交董事会常务委员会审批。

国机集团资本运营部根据审批意见，批复企业的实物资产转让行为。

国机集团及所属企业（以下称为被分立企业）将部分或全部资产分离转让给现存或新设的企业（以下称为分立企业），被分立企业股东换取分立企业的股权或非股权支付，即企业的资产分立行为比照实物资产转让的审批权限执行。

第九章　实物资产转让的实施

第六十条　国机集团所属企业对外转让实物资产，应当遵循公开、公平、公正的原则，预期转让价格高于100万元的实物资产原则上应在国务院国资委规定的具有中央企业资产转让交易业务条件的国有产权交易机构公开进行。

第六十一条　国机集团及集团所属控股企业之间的实物资产转让，可以进行协议转让。特定行业、特定用途的实物资产，确需进行协议转让的，在取得集团批准后，可以协议转让。

第六十二条　实物资产进场公开转让的，首次挂牌价格不得低于经核准或备案的资产评估结果。

第六十三条　挂牌价格高于100万元的实物资产转让项目，信息公告期不少于10个工作日；挂牌价格高于1 000万元的实物资产转让项目，信息公告期不少于20个工作日。

第六十四条　经公开征集产生2个及以上意向受让方的，应当采用竞价方式进行交易。经公开征集没有产生意向受让方的，转让方可以根据标的情况确定新的挂牌价格并重新公告，如拟确定新的挂牌价格低于资产评估结果的90%，应当重新取得集团批准。

第六十五条　除国家法律法规或相关规定有明确要求的，实物资产转让不得对受让方的资格条件作出限制。

第六十六条　实物资产转让成交后原则上应当一次性支付全部交易价款。

第十章　企业合并、分立、解散、破产的审批

第六十七条　国机集团所属企业进行合并、分立、解散、破产等，均应事先报集团审批。上报时，应同时报送企业的相关资料和财务报表，以及实施合并、分立、解散、破产的具体方案。

第六十八条　国机集团资本运营部在对企业上报的申请材料和方案进行审查后，提出初步意见，并在商资产财务部和业务归口管理部门等相关部门会审后，报集团主管领导。

第六十九条　批准权限：

属以下情况之一的，经集团主管领导审议后，提交集团总经理办公会审批。

（一）国机集团所属二级子公司的合并、分立、解散、破产行为；

（二）国机集团所属含有“中国”字头的各级子公司的合并、分立、解散、破产行为；

（三）国机集团所属总资产超过5亿元以上的各级子公司的合并、分立、解散、破产行为；

（四）国机集团所属各级子公司在企业合并、分立、解散、破产过程中牵涉到大量人员安置问题的；

（五）国机集团所属各级子公司的企业合并、分立、解散对集团主业经营有较大影响的。

其余的企业合并、分立、解散、破产事项由集团主管领导审批。

第七十条　国机集团所属企业合并、分立、解散、破产的申请在得到集团批准后，应严格按照集团批准的方案实施。实施过程中出现重大问题和有与集团批准方案严重违背的地方，应及时

向集团报告。

实施完成后，应及时将实施情况报集团资本运营部备案。

第七十一条 由法院判定企业进行解散、破产的，企业需及时向集团报告，并按有关规定组织实施。实施完成后，应将实施情况报集团资本运营部备案。

第七十二条 企业实施合并、分立、解散、破产后，应及时办理产权变更和注销手续。涉及到资产的处置时，应遵照国资委和国机集团的有关规定办理。

第十一章 企业资产报损、报废的审批

第七十三条 国机集团总部及所属企业对外投资所形成的产权或股权，在所投资企业进行清算前，原则上只能进行转让，不得作为投资损失处理。只有在所投资企业的经营期限已满，并且已连续两年停止经营的情况下，如果所投资企业资产状况确实很差或资不抵债，股权已无转让价值，并且企业的控股方不能组织对企业进行清算时，方可申请进行投资损失处理。

第七十四条 集团资本运营部在对企业上报的申请材料进行审查后，提出初步意见，并在商资产财务部和业务归口管理部门等相关部门会审后，报集团主管领导审批。

第七十五条 国机集团总部及所属企业的资产报损、报废、投资损失及账务核销参照《中国机械工业集团有限公司不良资产管理暂行办法》执行。

第十二章 监管与处罚

第七十六条 国机集团对所属企业的资产处置情况进行不定期的检查和抽查。集团资本运营部、资产财务部和业务归口管理部门具体负责对所属企业资产处置行为的监督检查。

第七十七条 国机集团所属企业在年末应对本年度资产处置事项进行全面清理和总结，对未按规定完成的处置事项，须说明原因，并将清理总结结果向集团报告。已获集团批复的资产处置行为中止执行的，企业应及时报送中止执行备案报告。

第七十八条 国机集团所属企业的资产处置行为应严格按照本规定办理。对于违反国资委和国机集团规定处置资产的行为，国机集团将视情节进行严肃处理。

第七十九条 国机集团所属企业违规处置资产，情节严重的，国机集团将追究企业主要负责人和当事人的责任；造成资产重大损失的，要给予企业主要负责人和当事人经济处罚，直至追究刑事责任。

第十三章 附 则

第八十条 本办法由国机集团资本运营部负责解释。

第八十一条 本办法自发布之日起实施，国机集团原有有关制度与本办法相抵触的，按本办法执行。

中国机械工业集团有限公司及所属企业控股上市公司投资管理办法

第一章 总 则

第一条 为加强中国机械工业集团有限公司（以下简称国机集团）国有资产监督管理工作，促进国有资产保值增值，贯彻实施国机集团发展战略，积极推动国机集团产业结构调整，有效防范投资风险，优化决策流程，提高决策效率，使投资工作规范化、科学化，依据《中华人民共和国公司法》、《企业国有资产监督管理暂行条例》和上市公司有关法律法规以及国机集团的相关规定，制定本办法。

第二条 本办法适用于国机集团及所属企业实际控制的上市公司（以下简称企业）的投资项

目，包括企业股权投资和固定资产投资等。

集团公司对所属企业依法行使出资人权利，对投资项目进行管理和控制。

第三条 本办法所指股权投资系指企业以现金、实物资产、无形资产（包括土地使用权等）投入等形式，或者以购买股票等有价证券的方式，以取得标的企业股权为目的的并购投资和新设公司、增资扩股等行为。

第四条 本办法所指固定资产投资系指企业进行基本建设、技术改造、房屋装修改造等投资行为，以及购置其他固定资产、无形资产（包括土地使用权等），以及为执行 BOT、BOO 项目实施的经营性投资等事项。

第二章 投资审查原则

第五条 企业应当按照本办法的规定制定或修订相应的投资决策程序和管理制度，明确相应的管理机构，遵守“三重一大”决策制度的要求。企业投资管理制度的制定与修订须报国机集团备案。

企业投资管理制度主要包括下列内容：

（一）企业负责投资管理机构的名称、职责，管理构架及相应的权限；

（二）投资活动所遵循的原则、决策程序和相应的定量管理指标；

（三）项目可行性研究和论证工作的管理；

（四）项目组织实施中的招投标管理、工程建设监督管理体系与实施过程的管理；

（五）固定资产投资和股权投资项目实施与过程的管理；

（六）项目后评价工作体系建设与实施的管理；

（七）投资风险管理，重点是法律、财务方面的风险防范与重大投资活动可能出现问题的处理预案；

（八）责任追究制度。

第六条 国机集团对企业投资决策程序与管理制度中存在的问题，应及时与企业进行沟通并给予指导完善。

第七条 企业的投资决策应依据其公司章程和相关投资管理制度由其股东大会、董事会和经理层作出。国机集团及所属企业派出的董事应在企业的投资项目提交其董事会审议之前，与国机集团相关管理部门充分沟通并征求集团意见。

第八条 国机集团审核项目以及派出董事对企业投资项目进行审议表决时，应坚持以下原则：

（一）符合国家发展规划和产业政策。投资必须依据市场需求及未来市场发展趋势，符合国家经济结构、产业结构和产品结构的调整要求。

（二）符合国机集团总体和企业本身发展战略。投资要符合国机集团总体以及企业本身发展战略的重点和方向，保持公司可持续发展，实现股东利益最大化。

（三）确保投资效益，有利于提高企业核心竞争力。企业要努力降低投资成本，改善投资结构，争取最佳投入产出效果；要注意长远效益与近期效益相结合。投资项目内部收益率原则上不低于行业基准收益率。

（四）科学规范操作的原则。投资应认真做好可行性研究，进行充分的论证；要坚持集体决策、科学决策和民主决策，重要投资项目应征求有关专家或咨询机构的意见。

（五）在风险可控的前提下，鼓励企业在投资商业模式上勇于创新，积极推动企业转型升级，实现可持续、有质量的发展。

第九条 国机集团对企业投资相关活动按以下实行归口管理：

（一）企业投资凡涉及设立公司、收购股权（含境外股权）和增资扩股等股权投资，基本建设、购置土地房产、房屋装修改造等固定资产投资，以及 BOT、BOO 等经营性投资，由投资管理部管理。

（二）企业实施股票、证券、债券等单一有价证券类的财务性投资以及开展融资租赁业务等金融性投资等，由资产财务部管理。

（三）企业为从事进出口贸易和对外工程承包业务而在国外及我国港、澳、台出资设立代表处、分公司、子公司等办事机构以及机构的终止和撤销，根据国家商务部或其他部委要求办理的海外企业年检和对外投资统计等事项，由经营发展部管理。

（四）企业申报国家技改资金，包括中央预算内投资补助和贴息项目以及国防固定资产投资项目，有关项目申报和资金申请由科技发展部和军工管理办公室管理。

（五）企业实施固定资产和股权等资产处置行为，根据《中国机械工业集团公司资产处置管理暂行办法》相关规定执行。

第三章 投资计划管理

第十条 企业应加强投资的科学性和计划性，避免盲目投资。根据国务院国资委相关要求，集团公司对投资实施计划管理，企业应在规定时间内报送本年度的投资计划和上年度所有投资项目的实施情况并进行综合分析。

第十一条 企业的年度投资计划编制须依据其发展战略和规划，主要应包括投资项目基本情况、投资规模、资金来源与构成，项目必要性、可行性，投资估算、投资预期收益、实施时间与年限等。

第十二条 列入年度投资计划的投资项目，一般应为完成前期调研论证，提出投资方案的项目，并按照全面预算管理要求，列入企业年度财务预算范围。

第十三条 企业在年度投资计划外追加项目，应当及时将有关情况报告国机集团，国机集团按规定向相关主管部门履行备案或核准手续。

第四章 投资审核权限

第十四条 根据企业内控制度的完善程度和防范风险能力，国机集团对企业投资进行授权管理。企业的投资项目根据金额大小分为企业自行决策项目和集团审核项目。提交集团审核的项目为重大投资项目，须经国机集团投资审查委员会评审通过。

第十五条 企业投资项目的投资审核权限标准根据企业的净资产规模大小设置，同时为将企业自行决策权限控制在合理适度的范围之内，上一年度经审计的净资产在50亿元以上的企业，其投资审核权限的计算标准均按50亿元（整）计算；上一年度经审计的净资产在5亿元以下的企业，其投资审核权限的计算标准均按5亿元（整）计算；上一年度经审计的净资产在5亿元至50亿元之间的，其投资审核权限的计算标准按净资产实际值计算，计算结果四舍五入取整到千万位。

（一）企业自行决策权限

企业单个投资项目规模不超过上一年度经审计的净资产值10%，可自行决策。

（二）集团公司总经理办公会审核权限

企业单个投资项目规模在上一年度经审计的净资产值10%至16%（含）的，经集团投资审查委员会评审通过后，提交集团总经理办公会审核。

（三）集团公司董事会审核权限

企业单个投资项目规模超过上一年度经审计的净资产值16%的，经集团投资审查委员会、总经理办公会审议通过后，提交集团董事会审核。

为提高决策效率，根据国机集团《董事会工作制度》，集团公司董事会对董事长和董事会常务委员会的投资审核进行授权如下：

1. 对董事长的授权

企业单个投资项目规模在上一年度经审计的净资产值16%至18%（含）的，授权集团董事长审核。

授权集团董事长审核的投资项目，董事长认为必要时，可将该项目提交集团董事会常务委员会或董事会审定。

2. 对董事会常务委员会的授权

企业单个投资项目规模在上一年度经审计的净资产值18%至20%（含）的投资项目，授权董事会常务委员会审核。

第十六条 为防范企业投资过度的风险，集团对企业自行决策项目实行年度总量控制。企业年度内自行决策项目累计投资总额超过其上一年度经审计的净资产30%，则本年度内新增投资按提高一级的审核标准执行。

第十七条 企业利用资本公积和留存收益等转增企业资本，均不列入该企业自行决策权限的年度总量控制范围。如金额超出企业自行决策权限的，由国机集团主管领导审核。

第十八条 企业与集团总部联合投资的项目，由集团投资管理部牵头组织协调，并负责投资项目申报，完成相关的审核流程。该投资项目的审核权限按集团总部的审核标准确定。

第十九条 企业与国机集团内其他所属企业联合投资的项目，应由出资额最多的企业牵头负责投资项目申报，完成相关的审核流程和总体推进工作。该投资项目的审核权限应根据出资额最多的企业的审核标准确定。

第二十条 国机集团按照本办法规定，受理企业年度投资计划的报送、重大投资事项的报告，对投资项目实行备案和审核管理：

（一）备案管理。国机集团对企业自行决策项目中的股权投资和投资规模高于500万元的固定资产投资实行备案管理。备案通过的项目，国机集团将出具备案确认函。

（二）审核管理。国机集团对企业重大投资项目实行审核管理，并以书面方式正式回复。

第五章 投资审核程序

第二十一条 为保证投资项目评审工作的质量，做到科学、客观、公正、有效，国机集团设立投资审查委员会，投资审查委员会工作按《中国机械工业集团有限公司投资审查委员会工作暂行办法》执行。

第二十二条 需由集团审核的投资项目，须首先提交投资审查委员会进行评审。经投资审查委员会评审通过的投资项目，再根据投资审核权限报请集团总经理办公会、董事会审核决策。

第二十三条 企业对提交集团审核的投资项目，应履行如下审核决策程序：

（一）先由企业总经理办公会对投资项目进行审议，有集团派驻外派董事的，外派董事需列席所任职企业的总经理办公会，听取有关项目情况汇报。

（二）集团对企业报送的项目进行审核，并将集团的审核意见回复给所属企业及集团委派的董事，集团委派的董事应依据集团公司的审核意见在企业的董事会上进行表决。

第二十四条 企业报请国机集团审核投资项目时，应按照《国机集团投资项目申报文件规范指引》的要求提交相关材料。凡国机集团委派财务总监的企业，在提交集团审核投资项目时，应附上财务总监的专项独立意见。

第二十五条 企业提请投资项目决策时，应明确项目资金筹措方式、资金来源、资金使用计划等。各企业投资资金的筹措应保持合理的资产负债结构。

第二十六条 企业应做好投资项目的可行性分析。可行性研究报告是项目决策的重要依据，企业提交的可行性研究报告，内容应客观真实，依据充分，分析准确。具体格式见附件一。可行性研究报告原则上应由具有相应专业甲级资质的咨询机构编制。

第二十七条 对于企业自行决策需报集团备案的投资项目，企业必须严格履行报送相关材料的责任，以便落实扩大企业经营自主权与加强风险管理的统一。

企业报送资料的范围包括：

（一）投资项目的申请文件（申请文件中应明确项目责任人）；

（二）表明已经过集体决策的文件（如总经理办公会决议等）；

（三）项目可行性研究报告（适用于固定资产投资类项目）；

（四）商业计划书（适用于股权投资类项目）；

（五）财务尽职调查报告，经企业法律事务部门审核的法律尽职调查报告或出具的专项法律意见和经国机集团审核的资产评估报告（适用于产权收购及股权投资类项目）；

（六）投资主体近期的审计报告；

（七）与合作方签署的合作意向书；

（八）项目合作方背景资料、资信状况及证明材料；

（九）风险评估及应对措施；

（十）凡国机集团派有财务总监的，应附上财务总监的专项意见；

（十一）其他需要提供的材料。

根据投资项目类型、金额大小等实际情况，企业可与集团公司投资管理部门提前沟通，确定需报送材料的具体要求。

第二十八条 国机集团对固定资产投资项目批复（或备案）的有效期为两年，对股权投资项目批复（或备案）的有效期为一年。

批复有效期内未启动实施的项目，企业应及时向集团书面报告，否则其批复（或备案）逾期自动失效。批复（或备案）失效后，企业拟开展项目实施工作的，必须重新履行项目报批报备程序。

第二十九条 国机集团已经批复的投资项目发生以下重大变化之一，按规定须重新报集团公司审核，原则上应履行原审核程序。

（一）预计实际投资额超过原批准方案10%以上；

（二）资金来源及构成发生重大调整，超过

企业承受能力或影响企业正常发展；

（三）股权投资中股权结构等发生重大变化，导致企业控制权转移；

（四）投资合作方严重违约，损害出资人权益；

（五）对投资项目进展及收益产生重大影响的其他情况。

（六）其他重大变化。

第三十条 未经国机集团特许，各企业均不得从事证券、期货、外汇交易和金融衍生品等高风险投资业务。

第三十一条 企业应从严控制参股性质的股权投资，参股投资必须设定好退出机制和风险防范措施。

第三十二条 根据国务院国资委要求，为避免企业管理层级增多，企业应从严控制新设四级公司。特殊情况确需设立四级公司的，应进行必要的分析或论证，严格履行决策程序，并采取相应措施确保管理和控制到位。

第三十三条 属以下任何情况之一的，该企业原则上不得投资：

（一）不符合集团整体战略的；

（二）对企业完成集团经营指标有重大影响的；

（三）企业自有生产经营资金不足，总投资规模超过企业财务承受能力的；

（四）投资项目的收益率预计低于所属行业或业务板块的平均收益率。

第三十四条 企业发生以下情形之一，国机集团原则上不受理审核其实施新的投资项目：

（一）未按规定报国机集团审核或备案；

（二）未获集团批准擅自更改国机集团批复内容；

（三）有多个股权投资处于不良状态，且未提出有效整改措施；

（四）与原方案或可行性研究报告内容偏差较大且未及时报告。

第三十五条 集团总部投资管理部门应在规定时限内办理企业上报的项目申请，对申请材料的完整性、规范性及合规性缺陷及时提出意见和建议。根据企业需要，及时组织召开项目事前沟通会和投资审查委员会，履行向总经理办公会、董事会的报批程序。按国家有关规定需要上报国家相关部委的，及时履行报批报备手续。

第三十六条 企业上报资料完整合规后，投资管理部门将在 3 个工作日内出具项目备案确认函，10 个工作日内会同相关职能部门完成项目资料审核并出具审核意见，履行投资审查委员会审核程序。若企业上报材料不符合审核条件，集团投资管理部门收到项目材料后，将在 3 个工作日内书面通知企业补充完善相关材料，则上述时间相应顺延。

企业提交项目通过集团投资审查委员会评审后，若需按会议要求补充和完善材料，集团投资管理部门将在收到企业补充材料后的 5 个工作日内，将项目材料提交集团公司总经理办公会承办部门。

第六章 责任追究和监督管理

第三十七条 国机集团投资管理实行投资主体责任制。投资项目承担单位作为投资主体，承担项目管理和经济效益的首要责任，负责对投资项目实施有效的管理，确保投资收益，实现资产的保值增值，完成投资内容，实现投资预期目标。投资项目需确定项目责任人，重大投资项目的项目责任人须由集团所属企业的法定代表人或主要领导担任。

第三十八条 重大投资项目，集团公司投资管理部将会同相关部门共同确定投资项目具体考核要求，与项目承担单位签订《国机集团投资项目目标责任书》（模板详见附件二）。根据《国机集团投资项目目标责任书》确定的有关指标，对项目进行检查、考核，并将考核结果上报集团公司领导，考核结果将作为项目责任人任期考核的重要参考依据。

第三十九条 企业应对投资项目实施规范的财务管理，不得将对外投资长期挂账。企业的总会计师或财务总监应当依照《中央企业总会计师工作职责管理暂行办法》和《国机集团财务总监管理暂行办法》对投资项目实施财务监管。

第四十条 投资企业应加强对项目的过程监督管理，确保项目质量和实施进度，按季度在“投资管理信息系统”中填报、更新项目进展情况。对于提交集团审核的重大投资项目，企业须每半年向集团公司报送《投资项目进展报告》，提交报告的日期分别为 1 月 10 日和 7 月 10 日。

有关投资项目执行与监督管理的具体规定，

按照《中国机械工业集团有限公司投资监督管理实施意见》的要求执行。

第四十一条 国机集团投资管理部门应积极掌握企业投资项目的实施情况和投资收益情况。集团投资管理部门将委托审计稽查部对重大投资项目进行专项审计，并根据投资项目后评价的计划和要求，参与配合审计工作。

第四十二条 国机集团投资项目实施后评价管理，建立两级后评价工作体系，后评价工作采取企业自评和集团公司组织评价相结合的方式。后评价范围将不仅限于集团审核项目，也包括企业自行决策项目。

第四十三条 集团公司将在每年年初制定后评价工作实施计划，确定企业自评项目清单，同时根据需要，有重点地选择由集团进行后评价的投资项目。企业自行评价的项目，须将后评价报告报集团投资管理部门备案。

后评价工作将由集团投资管理部归口管理，按照《中国机械工业集团有限公司投资项目后评价管理暂行办法》的要求执行。

第四十四条 企业应严格按照本办法的要求，按程序申报并实施投资项目。凡出现以下几种情况之一造成资产损失的，集团将追究项目承担单位和相关责任人责任：

（一）提供的申请材料存在虚假成分，导致后续工作出现重大失误；

（二）未履行规定的投资决策程序实施或擅自扩大投资规模或超预算投资，给企业造成损失或不良影响；

（三）对投资项目未进行有效监管，导致项目存在质量缺陷和安全隐患并造成责任事故，或发生重大自然灾害或其他突发事件时，未及时采取有效措施尽力减少损失；

（四）为躲避审查，将大额投资项目拆解为小项目进行投资；

（五）未按照规定造成资产损失的其他情形。

第四十五条 责任追究方式根据《中央企业资产损失责任追究暂行办法》和国机集团相关规定执行。

第七章 附 则

第四十六条 国机集团有关企业投资管理文件，如与该企业适用的法律、法规、规范性文件或上市监管规则不一致，以该企业适用的法律、法规、规范性文件或上市监管规则为准。

第四十七条 本办法由国机集团投资管理部负责解释。

第四十八条 本办法自发布之日起实施，国机集团原有相关制度与本办法相抵触的，按本次修订内容执行。

附件一：企业投资项目可行性研究报告的基本要求

一、总说明：项目名称、项目负责人、项目合作方、项目描述等

二、项目提出的依据和必要性

三、企业简况：现有主要产品经营状况、员工状况、固定资产现状、财务状况等

四、市场分析及竞争能力预测

五、总体方案

（一）技术方案和设备方案及费用估算

（二）土建工程方案及费用估算

（三）对原有固定资产的利用情况

六、厂址的选择、建设条件及开发费用等

七、项目实施计划

八、总投资估算和资金筹措：包括资金来源组成、资本金来源说明、资金运用计划等

九、经济分析

（一）财务预测：对投资成本、销售收入、产品成本、利润、外汇收支状况、现金流量、资产负债状况等进行预测。

（二）财务分析

1. 盈利性分析：财务内部收益率、投资回收期、财务净现值、投资利润率等；

2. 清偿能力分析：主要包括借款偿还期；

3. 不确定性分析：盈亏平衡分析、敏感性分析。

十、风险分析及应对措施

十一、可行性研究的结论及建议

说明：企业在编制投资项目可行性研究报告时，可根据投资项目的实际情况对以上格式内容进行调整补充，并按以下规定执行。

1. 应提请集团总经理办公会及以上审核的投资项目，可行性研究报告原则上必须包括规定格式中所有内容。

属于其他情况的，可行性研究报告内容可适当简化，但必须内容详实，分析清晰，依据充分。

2.国家中央预算内投资补助和贴息项目以及国防固定资产投资项目可行性研究报告的要求按国家有关规定执行。

附件二：企业《投资项目目标责任书》的格式

投资项目
目标责任书
（通用版式）

项目名称：______________________________
所属企业名称：____________________________

备注：本目标责任书设计为通用版式，可根据投资项目的不同类型和特点，有针对性地进行调整和完善。

甲　方：中国机械工业集团有限公司
总经理（或授权代表）：

乙　方：
法定代表人：
项目责任人：

按照《中国机械工业集团有限公司上市公司投资管理暂行办法》和《中国机械工业集团有限公司投资监督管理实施意见》的要求，甲方与乙方签订本目标责任书。

××××年××月××××公司××××项目（项目名称）经国机集团审核通过。根据国机集团投资管理办法要求，甲方将对重点投资项目实施有效监督，乙方应对提交的可行性研究报告的真实性和客观性负责，甲方以乙方提交的可行性研究报告为考核依据。

第一条　国机集团投资项目目标考核

为确保投资项目实现预期目标，甲方对乙方××××项目（项目名称）行使监督管理职能，并以签订目标责任书的方式对乙方进行考核；乙方有义务完成本责任书第三条确定的考核目标，并接受甲方的监督、检查和考核。

第二条　考核期

自本目标责任书签订之日起至××××年××月××日，考核期为××个月。

第三条　考核目标

以集团批复的项目可行性研究报告和批复意见为依据，乙方在××××项目（项目名称）执行及完成后，应实现如下目标：

（一）建设内容

1、总建设面积　平方米，包括　；

2、购置工艺设备、实验检验设备，主要设备包括：　。（可附明细）

（二）投资估算

1、总投资：　万元。

2、固定资产投资额：　万元，其中，建设投资　万元，设备投资　万元。铺底流动资金：　万元。

（三）进度计划

本项目建设期　个月，计划开工日期　年　月，竣工日期　年　月。

（四）达产目标

考核期第一年预计产能（量）：

考核期第二年预计产能（量）：

……

第N年达预计产能（量）：

（五）收益目标

考核期第一年预计实现收入和净利润：　万元；

考核期第二年预计实现收入和净利润：　万元；

……

第N年达产预计实现收入和净利润：　万元。

另：净资产收益率，内部收益率等指标（如适用）。

第四条　考核

（一）甲方根据乙方上述目标的完成情况对乙方投资项目进行考核。

（二）考核结果将书面形式汇报集团领导和相关部门，并作为被考核单位相关责任人任期考核和后续新增投资项目评审的重要参考依据。

（三）甲方将根据工作需要采用乙方自查上报、现场检查和组织专项评价等方式对乙方进行考核，乙方应在甲方规定时间内向甲方提交自查报告和项目进展报告等相关材料。

（四）考核结果将作为编写项目后评价报告的重要内容。

（五）造成重大资产损失的投资项目，甲方将根据《中央企业资产损失责任追究暂行办法》和国机集团相关规定追究项目承担单位和相关责任人责任。

（六）考核期满，责任书履行完毕，本责任书自行终止。

第五条 附则

本责任书一式二份，甲、乙双方各执一份，经双方签字并盖章后生效。

甲方：________（签字） 乙方：________（签字）

（盖章） （盖章）

年 月 日 年 月 日

中国机械工业集团有限公司
非上市企业投资管理办法

第一章 总 则

第一条 为贯彻实施中国机械工业集团有限公司（以下简称国机集团）发展战略，积极推动国机集团产业结构调整，正确引导投资方向，有效防范投资风险，使投资工作规范化、科学化，依据《中华人民共和国公司法》、《企业国有资产监督管理暂行条例》和《中央企业投资监督管理暂行办法》等国家有关法律法规以及国机集团的相关规定，制定本办法。

第二条 本办法适用于国机集团及其所属非上市企业的投资项目，包括企业股权投资和固定资产投资等。

集团公司对所属企业依法行使出资人权利，对投资项目进行管理和控制。国机集团所属企业应通过其公司章程、已经建立董事会的子企业应通过董事会决议等方式确认执行本办法的规定。

第三条 本办法所指股权投资系指国机集团及所属企业，以现金、实物资产、无形资产（包括土地使用权等）投入等形式，或者以购买股票等有价证券的方式，以取得标的企业股权为目的的并购投资和新设公司、增资扩股等行为。

第四条 本办法所指固定资产投资系指国机集团及所属企业进行基本建设、技术改造、房屋装修改造等投资行为及购置其他固定资产、无形资产（包括土地使用权等），以及为执行 BOT、BOO 项目实施的经营性投资等事项。

第二章 投资审查原则

第五条 企业应当按照本办法的规定制定或修订相应的投资决策程序和管理制度，明确相应的管理机构，遵守“三重一大”决策制度的要求。企业投资管理制度的制定与修订须报国机集团备案。

企业投资管理制度主要包括下列内容：

（一）企业负责投资管理机构的名称、职责，管理构架及相应的权限；

（二）投资活动所遵循的原则、决策程序和相应的定量管理指标；

（三）项目可行性研究和论证工作的管理；

（四）项目组织实施中的招投标管理、工程建设监督管理体系与实施过程的管理；

（五）固定资产投资和股权投资项目实施与过程的管理；

（六）项目后评价工作体系建设与实施的管理；

（七）投资风险管理，重点是法律、财务方面的风险防范与重大投资活动可能出现问题的处理预案；

（八）责任追究制度。

第六条 国机集团对企业投资决策程序与管理制度中存在的问题，应及时与企业进行沟通并给予指导完善。

第七条 已经设立董事会的企业，其投资决策应依据其公司章程和相关投资管理制度由其股东大会、董事会和经理层作出。国机集团及所属企业派出的董事应在企业的投资项目提交其董事会审议之前，与国机集团相关管理部门充分沟通并征求集团意见。

第八条 国机集团及所属企业投资，必须坚持以下原则：

（一）符合国家发展规划和产业政策。投资必须依据市场需求及未来市场发展趋势，符合国家经济结构、产业结构和产品结构的调整要求。

（二）符合国机集团总体和企业本身发展战略。投资要符合国机集团总体以及企业本身发展战略的重点和方向，保持公司可持续发展，实现股东利益最大化。

（三）确保投资效益，有利于提高企业核心竞争力。企业要努力降低投资成本，改善投资结构，争取最佳投入产出效果；要注意长远效益与近期效益相结合。投资项目内部收益率原则上不低于行业基准收益率。

（四）科学规范操作的原则。投资应认真做好可行性研究，进行充分的论证；要坚持集体决策、科学决策和民主决策，重要投资项目应征求有关专家或咨询机构的意见。

（五）在风险可控的前提下，鼓励企业在投资商业模式上勇于创新，积极推动企业转型升级，实现可持续、有质量的发展。

第九条 国机集团对企业投资相关活动按以下分类实行归口管理：

（一）企业投资凡涉及设立公司、收购股权（含境外股权）和增资扩股等股权投资，基本建设、购置土地房产、房屋装修改造等固定资产投资，以及BOT、BOO等经营性投资，由投资管理部管理。

（二）企业实施股票、证券、债券等单一有价证券类的财务性投资以及开展融资租赁等金融性投资等，由资产财务部管理。

（三）企业为从事进出口贸易和对外工程承包业务而在国外及我国港、澳、台出资设立的代表处、分公司、子公司等海外办事机构以及海外机构的终止和撤销；根据国家商务部或其他部委要求办理的海外企业年检和对外投资统计等事项，由经营发展部管理。

（四）企业申报国家技改资金，包括中央预算内投资补助和贴息项目以及国防固定资产投资项目，有关项目申报和资金申请由科技发展部和军工管理办公室管理。

（五）企业实施固定资产和股权等资产处置行为，根据《中国机械工业集团公司资产处置管理暂行办法》相关规定执行。

第三章 投资计划管理

第十条 企业应加强投资的科学性和计划性，避免盲目投资。根据国务院国资委相关要求，集团公司对投资实施计划管理，企业应在规定时间内报送本年度的投资计划和上年度所有投资项目的实施情况并进行综合分析。

第十一条 企业的年度投资计划编制须依据其发展战略和规划，主要应包括投资项目基本情况、投资规模、资金来源与构成，项目必要性、可行性，投资估算、投资预期收益、实施时间与年限等。

第十二条 列入年度投资计划的投资项目，一般应为完成前期调研论证，提出投资方案的项目，并按照全面预算管理要求，列入企业年度财务预算范围。

第十三条 企业在年度投资计划外追加项目，应当及时将有关情况报告国机集团，国机集团按规定向相关主管部门履行备案或核准手续。

第四章 投资审批权限

第十四条 根据企业内控制度的完善程度和防范风险能力，国机集团对所属二级企业投资进行分类授权管理。企业的投资项目根据金额大小分为企业自行决策项目和集团审批项目。

第十五条 集团所属企业根据净资产规模分

为三级，集团根据企业分级分别授予投资决策审批权限。企业具体的分级标准如下：

序号	级次标准	
1	第一级	净资产超过 5 亿元
2	第二级	净资产 2 亿至 5 亿元（含 5 亿）
3	第三级	净资产 2 亿元以下（含 2 亿）

第十六条 集团对二级子企业进行授权，在国机集团授权框架内所属企业对授权权限可进行分解和再授权，并制定相应制度明确权利和责任。

第十七条 为防范企业投资过度的风险，集团对所属企业自行决策投资项目实行年度总量控制。企业年度内自行决策累计投资总额超过总量控制的，则本年度内新增投资项目按提高一级的审批标准执行。

第十八条 国机集团所属二级企业投资管理授权标准为：

一、第一级

（一）单项金额在 2 亿元以上（不含）的股权投资项目和单项金额在 5.5 亿元以上（不含）的固定资产投资项目，经国机集团总经理办公会审议通过后，提交国机集团董事会审批。

（二）单项金额在 1.4 亿元（不含）至 2 亿元（含）之间的股权投资项目和单项金额在 4 亿元（不含）至 5.5 亿元（含）之间的固定资产投资项目，经国机集团总经理办公会审议通过后，提交国机集团董事会常务委员会审批。

（三）单项金额在 1 亿元（不含）至 1.4 亿元（含）之间的股权投资项目和单项金额在 2.5 亿元（不含）至 4 亿元（含）之间的固定资产投资项目，经国机集团总经理办公会审议通过后，提交国机集团董事长审批。

（四）单项金额在 7 000 万元（不含）至 1 亿元（含）之间的股权投资项目和单项金额在 1.2 亿元（不含）至 2.5 亿元（含）之间的固定资产投资项目，经国机集团主管领导审查通过后，提交国机集团总经理办公会审批。

（五）单项金额在 4 000 万元（不含）至 7 000 万元（含）的股权投资项目和单项金额在 8 000 万元（不含）至 1.2 亿元（含）的固定资产投资项目，经国机集团主管领导审查通过后，由国机集团总经理批准。

（六）单项金额在 1 000 万元（不含）至 4 000 万元（含）的股权投资项目和单项金额在 3 000 万元（不含）至 8 000 万元（含）的固定资产投资项目，由国机集团主管领导审批。

（七）单项投资金额低于人民币 1 000 万元（含）的股权投资项目和单项金额低于人民币 3 000 万元（含）的固定资产投资项目，由企业自行决定。

（八）企业自行决定的股权投资项目年度累积的总量控制金额为人民币 7 000 万元（含），固定资产投资项目年度累积的总量控制金额为 1.2 亿元（含）。

二、第二级

（一）单项金额在 1.5 亿元以上（不含）的股权投资项目和单项金额在 4.5 亿元以上（不含）的固定资产投资项目，经国机集团总经理办公会审议通过后，提交国机集团董事会审批。

（二）单项金额在 1 亿元（不含）至 1.5 亿元（含）之间的股权投资项目和单项金额在 3 亿元（不含）至 4.5 亿元（含）之间的固定资产投资项目，经国机集团总经理办公会审议通过后，提交国机集团董事会常务委员会审批。

（三）单项金额在 8 000 万元（不含）至 1 亿元（含）之间的股权投资项目和单项金额在 1.5 亿元（不含）至 3 亿元（含）之间的固定资产投资项目，经国机集团总经理办公会审议通过后，提交国机集团董事长审批。

（四）单项金额在 4 000 万元（不含）至 8 000 万元（含）之间的股权投资项目和单项金额在 8 000 万元（不含）至 1.5 亿元（含）之间的固定资产投资项目，经国机集团主管领导审查通过后，提交国机集团总经理办公会审批。

（五）单项金额在 2 000 万元（不含）至 4 000 万元（含）的股权投资项目和单项金额在 5 000 万元（不含）至 8 000 万元（含）的固定资产投资项目，经国机集团主管领导审查通过后，由国机集团总经理批准。

（六）单项金额在 500 万元（不含）至 2 000 万元（含）的股权投资项目和单项金额在 2 000 万元（不含）至 5 000 万元（含）的固定资产投资项目，由国机集团主管领导审批。

（七）单项投资金额低于人民币 500 万元（含）的股权投资项目和单项金额低于人民币 2 000 万元（含）的固定资产投资项目，由企业自行决定。

（八）企业自行决定的股权投资项目年度累积的总量控制金额为人民币 4 000 万元（含），固定资产投资项目年度累积的总量控制金额为 8 000 万元（含）。

三、第三级

（一）单项金额在 1 亿元以上（不含）的股权投资项目和单项金额在 3.5 亿元以上（不含）的固定资产投资项目，经国机集团总经理办公会审议通过后，提交国机集团董事会审批。

（二）单项金额在 8 000 万元（不含）至 1 亿元（含）之间的股权投资项目和单项金额在 2.5 亿元（不含）至 3.5 亿元（含）之间的固定资产投资项目，经国机集团总经理办公会审议通过后，提交国机集团董事会常务委员会审批。

（三）单项金额在 5 000 万元（不含）至 8 000 万元（含）之间的股权投资项目和单项金额在 1.5 亿元（不含）至 2.5 亿元（含）之间的固定资产投资项目，经国机集团总经理办公会审议通过后，提交国机集团董事长审批。

（四）单项金额在 3 000 万元（不含）至 5 000 万元（含）之间的股权投资项目和单项金额在 5 000 万元（不含）至 1.5 亿元（含）之间的固定资产投资项目，经国机集团主管领导审查通过后，提交国机集团总经理办公会审批。

（五）单项金额在 1 000 万元（不含）至 3 000 万元（含）的股权投资项目和单项金额在 3 000 万元（不含）至 5 000 万元（含）的固定资产投资项目，经国机集团主管领导审查通过后，由国机集团总经理批准。

（六）单项金额在 1 000 万元（含）以下的股权投资项目和单项金额在 1 000 万元（不含）至 3 000 万元（含）的固定资产投资项目，由国机集团主管领导审批。

（七）单项投资金额低于人民币 1 000 万元（含）的固定资产投资项目，由企业自行决定。

（八）企业自行决定的固定资产投资项目年度累积的投资金额为 5 000 万元（含）。

第十九条 国机集团按照本办法规定，受理企业年度投资计划的报送、投资事项的申请，对投资项目实行备案和审批管理：

（一）备案管理。国机集团对企业自行决策项目中的股权投资和投资规模高于 200 万元的固定资产投资实行备案管理。备案通过的项目，国机集团将出具备案确认函。

（二）审批管理。国机集团对企业超过自行决策权限的投资项目实行审批管理，并以书面方式正式回复。

第二十条 国机集团及所属企业及其子企业利用资本公积和留存收益等转增企业资本，超出企业自行决定权限的，均由国机集团主管领导审批，且不列入该企业年度总量控制范围。

第二十一条 按规定授权集团董事长审批的投资项目，董事长认为必要时，可将该项目提交集团董事会常务委员会或董事会审定；按规定授权集团总经理审批的投资项目，总经理认为必要时，可将该项目提交集团总经理办公会审定。

第二十二条 国机集团总部的投资管理比照所属企业第三级的规定权限执行，无备案权。

第二十三条 集团总部与所属企业联合实施的投资项目，由集团投资管理部牵头组织协调，负责投资项目申报并完成相关的审批流程。该投资项目的审批权限按集团总部的审批标准确定。

第二十四条 企业与国机集团内其他所属企业联合投资的项目，应由出资额最多的企业牵头负责投资项目申报，完成相关的审核流程和总体推进工作。该投资项目的审核权限应根据出资额最多的企业的审核标准确定。

第二十五条 同一项目，同时存在股权投资和固定资产投资，按就高原则确定审批权限。

第二十六条 国机集团对所属企业的授权，仅限于二级公司。拥有上市公司的二级企业，其上市公司的投资项目按照上市公司的授权标准执行，其非上市部分的投资项目按照本办法规定的标准执行。

第五章 投资审批程序

第二十七条 为保证投资项目审批工作的质量，做到科学、客观、公正、有效，国机集团设立投资审查委员会，负责开展对重大投资项目的评审工作。投资审查委员会工作按《中国机械工业集团有限公司投资审查委员会工作暂行办法》执行。（重大投资项目指按本办法需提交集团总经理办公会及以上决策层级审批的投资项目）

第二十八条 国机集团投资管理部门负责牵头组织相关部门，对国机集团及所属企业的投资项目进行审核与论证，重大的投资项目须提交投资审查委员会进行审查。经投资审查委员会审查通过的投资项目，根据投资审批权限报请集团总经理办公会、董事长、董事会常务委员会和董事会审批决策。

第二十九条 项目申报审批的一般程序分为申请、初审、论证、审核、审批等几个阶段。所属企业申请投资项目并报齐相关材料后，由国机集团投资管理部门对项目组织审查、论证，并提出初审意见。

第三十条 项目初审意见为否决，经国机集团主管领导同意，该初审意见即为最终意见。初审意见为通过，即可依据前述投资项目审批决策权限的有关规定执行。初审意见为补充调整，由所属企业对投资项目进行补充论证、说明或调整投资方案后，再次向集团申请。

第三十一条 国机集团所属企业设立有董事会的，对按规定须提交国机集团审批的投资项目，应履行如下决策审批程序：

（一）先由所属企业总经理办公会对投资项目进行审议，有集团派驻外派董事的，企业应将项目相关材料同时抄报外派董事。

对于重大投资项目，外派董事需列席所任职企业的总经理办公会，听取有关项目情况汇报。

（二）集团对企业报送的项目进行审核，并将审核意见。

回复给所属企业及集团外派董事，所属企业的董事会应根据公司章程的规定以董事会决议的形式落实集团的决策意见。

第三十二条 报请国机集团审批或备案的投资项目，应按照《国机集团投资项目申报文件规范指引》的要求提交相关材料。凡国机集团派有财务总监的，还应附上财务总监的独立专项意见。

第三十三条 企业提请投资项目决策时，应明确项目资金筹措方式、资金来源、资金使用计划等。各企业投资资金的筹措应保持合理的资产负债结构下，积极利用银行贷款及其他筹融资方式。

第三十四条 对于开发周期较长、前期费用和投资规模较大的BOO、B0T项目和境外并购项目，以及其他按国家相关规定需提前报告的项目，建议企业及早与集团投资管理部门沟通。

第三十五条 企业应做好投资项目的可行性分析。可行性研究报告是项目决策的重要依据，企业提交的可行性研究报告，内容应客观真实，依据充分，分析准确。具体格式见附件一。

第三十六条 对于重大投资项目，可行性研究报告原则上应由具有相应专业甲级资质的咨询机构编制。

第三十七条 企业应按规定将项目相关信息录入“国机集团信息集成管理平台”中的“投资管理信息系统”。各企业要高度重视投资项目信息的报送工作，明确机构负责人，配备必要的专（兼）职信息报送人员。所填报的数据要真实、准确、完整，不得迟报、漏报、虚报、瞒报。

第三十八条 国机集团对固定资产投资项目批复（或备案）的有效期为两年，对股权投资项目批复（或备案）的有效期为一年。

批复有效期内未进行实施的项目，企业应及时向集团书面报告，否则其批复（或备案）逾期自动失效。批复（或备案）失效后，企业拟开展项目实施工作的，必须重新履行项目报批报备程序。

第三十九条 国机集团已经批复的投资项目发生以下重大变化之一，按规定须重新报集团公司审核，原则上应履行原审核程序。

（一）预计实际投资额超过原批准方案10%以上；

（二）资金来源及构成发生重大调整，超过企业承受能力或影响企业正常发展；

（三）股权投资中股权结构等发生重大变化，导致企业控制权转移；

（四）投资合作方严重违约，损害出资人权益；

（五）对投资项目进展及收益产生重大影响的其他情况。

（六）其他重大变化。

第四十条 未经国机集团特许，各企业均不得从事证券、期货、外汇交易和金融衍生品等高风险投资业务。

第四十一条 企业应从严控制参股性质的股权投资，参股投资必须设定好退出机制和风险防范措施。

第四十二条 根据国务院国资委要求，为避免企业管理层级增多，企业应从严控制新设四级公司。特殊情况确需设立四级公司的，应进行必要的分析或论证，严格履行决策程序，并采取相应措施确保管理和控制到位。

集团所属四级及以下子公司均不允许实施长期股权投资。

第四十三条 属以下任何情况之一的，该企业原则上不得投资：

（一）不符合集团整体战略的；

（二）对企业完成集团经营指标有重大影响的；

（三）企业自有生产经营资金不足，总投资规模超过企业财务承受能力的；

（四）投资项目的收益率预计低于所属行业或业务板块的平均收益率。

第四十四条 企业发生以下情形之一，国机集团原则上不受理审核其实施新的投资项目：

（一）未按规定报国机集团审核或备案；

（二）未获集团批准擅自更改国机集团批复内容；

（三）有多个股权投资处于不良状态，且未提出有效整改措施；

（四）与原方案或可行性研究报告内容偏差较大且未及时报告；

（五）填报“国机集团信息集成管理平台”中的“投资管理信息系统”数据不及时、不准确、不完整。

第四十五条 集团总部投资管理部门应在规定时限内办理企业上报的项目申请，对申请材料的完整性、规范性及合规性缺陷及时提出意见和建议。根据企业需要，及时组织召开项目事前沟通会和投资审查委员会，履行向总经理办公会、董事长、董事会常务委员会和董事会的报批程序。按国家有关规定需要上报国家相关部委的，及时履行报批报备手续。

第四十六条 企业上报资料完整合规后，投资管理部门将在3个工作日内出具项目备案确认函，10个工作日内会同相关职能部门完成项目资料审核并出具审核意见，履行投资审查委员会审核程序。若企业上报材料不符合审核条件，集团投资管理部门收到项目材料后，将在3个工作日内书面通知企业补充完善相关材料，则上述时间相应顺延。

企业提交项目通过集团投资审查委员会评审后，若需按会议要求补充和完善材料，集团投资管理部门将在收到企业补充材料后的5个工作日内，将项目材料提交集团公司总经理办公会承办部门。

第六章 责任追究和监督管理

第四十七条 国机集团投资管理实行投资主体责任制。投资项目承担单位作为投资主体，承担项目管理和经济效益的首要责任，负责对投资项目实施有效的管理，确保投资收益，实现资产的保值增值，完成投资内容，实现投资预期目标。投资项目需确定项目责任人，重大投资项目的项目责任人须由集团所属企业的法定代表人或主要领导担任。

第四十八条 重大投资项目，集团公司投资管理部将会同相关部门共同确定投资项目具体考核要求，与项目承担单位签订《国机集团投资项目目标责任书》（模板详见附件二）。根据《国机集团投资项目目标责任书》确定的有关指标，对项目进行检查、考核，并将考核结果上报集团公司领导，考核结果将作为项目责任人任期考核的重要参考依据。

第四十九条 企业应对投资项目实施规范的财务管理，不得将对外投资长期挂账。企业的总会计师或财务总监应当依照《中央企业总会计师工作职责管理暂行办法》和《国机集团财务总监管理暂行办法》，对投资项目实施财务监管。

第五十条 投资企业应加强对项目的过程监督管理，确保项目质量和实施进度，按季度在“投资管理信息系统”中填报、更新项目进展情况。对于提交集团审核的重大投资项目，企业须每半年向集团公司报送《投资项目进展报告》，提交报告的日期分别为1月10日和7月10日。

有关投资项目执行与监督管理的具体规定，按照《中国机械工业集团有限公司投资监督管理实施意见》的要求执行。

第五十一条 国机集团投资管理部门应积极掌握企业投资项目的实施情况和投资收益情况。集团投资管理部门将委托审计稽查部对重大投资项目进行专项审计，并根据投资项目后评价的计划和要求，参与配合审计工作。

第五十二条 国机集团投资项目实施后评价管理，建立两级后评价工作体系，后评价工作采取企业自评和集团公司组织评价相结合的方式。后评价范围将不仅限于集团审核项目，也包括企业自行决策项目。

第五十三条 集团公司将在每年年初制定后评价工作实施计划，确定企业自评项目清单，同时根据需要，有重点地选择由集团进行后评价的投资项目。企业自行评价的项目，须将后评价报告报集团投资管理部门备案。

后评价工作将由集团投资管理部归口管理，按照《中国机械工业集团有限公司投资项目后评价管理暂行办法》的要求执行。

第五十四条 企业应严格按照本办法的要求，按程序申报并实施投资项目。凡出现以下几种情况之一造成资产损失的，集团将追究项目承担单位和相关责任人责任：

（一）提供的申请材料存在虚假成分，导致后续工作出现重大失误；

（二）未履行规定的投资决策程序实施或擅自扩大投资规模或超预算投资，给企业造成损失或不良影响；

（三）对投资项目未进行有效监管，导致项目存在质量缺陷和安全隐患并造成责任事故，或发生重大自然灾害或其他突发事件时，未及时采取有效措施尽力减少损失；

（四）为躲避审查，将大额投资项目拆解为小项目进行投资；

（五）未按照规定造成资产损失的其他情形。

责任追究方式根据《中央企业资产损失责任追究暂行办法》和国机集团相关规定执行。

第七章 附 则

第五十五条 本办法由国机集团投资管理部负责解释。

第五十六条 本办法自发布之日起实施，国机集团原有有关制度与本办法相抵触的，按本次修订内容执行。

附件一：企业投资项目可行性研究报告的基本要求

一、总说明：项目名称、项目负责人、项目合作方、项目描述等

二、项目提出的依据和必要性

三、企业简况：现有主要产品经营状况、员工状况、固定资产现状、财务状况等

四、市场分析及竞争能力预测

五、总体方案

（一）技术方案和设备方案及费用估算

（二）土建工程方案及费用估算

（三）对原有固定资产的利用情况

六、厂址的选择、建设条件及开发费用等

七、项目实施计划

八、总投资估算和资金筹措：包括资金来源组成、资本金来源说明、资金运用计划等

九、经济分析

（一）财务预测：对投资成本、销售收入、产品成本、利润、外汇收支状况、现金流量、资产负债状况等进行预测。

（二）财务分析

1.盈利性分析：财务内部收益率、投资回收期、财务净现值、投资利润率等；

2.清偿能力分析：主要包括借款偿还期；

3.不确定性分析：盈亏平衡分析、敏感性分析。

十、风险分析及应对措施

十一、可行性研究的结论及建议

说明：企业在编制投资项目可行性研究报告时，可根据投资项目的实际情况对以上格式内容进行调整补充，并按以下规定执行。

1.应提请集团总经理办公会及以上审批的投资项目，可行性研究报告原则上必须包括规定格式中所有内容。

属于其他情况的，可行性研究报告内容可适当简化，但必须内容详实，分析清晰，依据充分。

2.国家中央预算内投资补助和贴息项目以及国防固定资产投资项目可行性研究报告的要求按国家有关规定执行。

附件二：企业《投资项目目标责任书》的格式

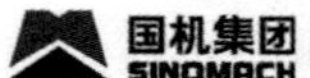

投 资 项 目

目 标 责 任 书

（通用版式）

项 目 名 称：______________________________

所属企业名称：______________________________

备注：本目标责任书设计为通用版式，可根据投资项目的不同类型和特点，有针对性地进行调整和完善。

甲 方：中国机械工业集团有限公司
总经理（或授权代表）：

乙 方：

法定代表人：

项目责任人：

按照《中国机械工业集团有限公司上市公司投资管理暂行办法》和《中国机械工业集团有限公司投资监督管理实施意见》的要求，甲方与乙方签订本目标责任书。

××××年××月××××公司××××项目（项目名称）经国机集团审批通过。根据国机集团投资管理办法要求，甲方将对重点投资项目实施有效监督，乙方应对提交的可行性研究报告的真实性和客观性负责，甲方以乙方提交的可行性研究报告为考核依据。

第一条 国机集团投资项目目标考核

为确保投资项目实现预期目标，甲方对乙方××××项目（项目名称）行使监督管理职能，并以签订目标责任书的方式对乙方进行考核；乙方有义务完成本责任书第三条确定的考核目标，并接受甲方的监督、检查和考核。

第二条 考核期

自本目标责任书签订之日起至××××年××月××日，考核期为××个月。

第三条 考核目标

以集团批复的项目可行性研究报告和批复意见为依据，乙方在××××项目（项目名称）执行及完成后，应实现如下目标：

（一）建设内容

1. 总建设面积 平方米，包括 ；

2. 购置工艺设备、实验检验设备，主要设备包括： 。（可附明细）

（二）投资估算

1. 总投资： 万元。

2. 固定资产投资额： 万元，其中，建设投资 万元，设备投资 万元。铺底流动资金： 万元。

（三）进度计划

本项目建设期 个月，计划开工日期 年 月，竣工巨期 年 月。

（四）达产目标

考核期第一年预计产能（量）：

考核期第二年预计产能（量）：

……

第N年达预计产能（量）：

（五）收益目标

考核期第一年预计实现收入和净利润： 万元；

考核期第二年预计实现收入和净利润： 万元；

……

第N年达产预计实现收入和净利润： 万元。

另：净资产收益率，内部收益率等指标（如适用）。

第四条 考核

（一）甲方根据乙方上述目标的完成情况对乙方投资项目进行考核。

（二）考核结果将书面形式汇报集团领导和相关部门，并作为被考核单位相关责任人任期考核和后续新增投资项目评审的重要参考依据。

（三）甲方将根据工作需要采用乙方自查上报、现场检查和组织专项评价等方式对乙方进行考核，乙方应在甲方规定时间内向甲方提交自查报告和项目进展报告等相关材料。

（四）考核结果将作为编写项目后评价报告的重要内容。

（五）造成重大资产损失的投资项目，甲方将根据《中央企业资产损失责任追究暂行办法》和国机集团相关规定追究项目承担单位和相关责任人责任。

（六）考核期满，责任书履行完毕，本责任书自行终止。

第五条 附则

本责任书一式二份，甲、乙双方各执一份，经双方签字并盖章后生效。

甲方：________（签字） 乙方：________（签字）

（盖章） （盖章）

年 月 日 年 月 日

中国机械工业集团有限公司
国有资产评估管理暂行办法

第一章 总 则

第一条 为了加强中国机械工业集团有限公司（以下简称国机集团）国有资产管理，规范境内外国有资产评估行为，根据《企业国有资产评估管理暂行办法》(国资委令第12号)、《中央企业境外国有产权管理暂行规定》（国资委令第27号）、《关于印发<企业国有资产评估项目备案工作指引>》（国资发产权〔2013〕64号）等文件要求，制定本办法。

第二条 本办法适用于国机集团及所属全资、控股及拥有控制权的参股企业（以下简称企业，含境外企业）涉及的资产评估事项。

第三条 国机集团资产评估工作由国机集团资产财务部归口管理。

第二章 资产评估

第四条 企业发生下列行为之一的，应对相关国有资产进行评估：

（一）整体或部分改建为有限责任公司或者股份有限公司；

（二）以非货币资产对外投资；

（三）合并、分立、破产、解散；

（四）非上市公司国有股东股权比例变动；

（五）产权转让；

（六）资产转让、置换；

（七）整体资产或者部分资产租赁给非国有单位；

（八）非货币资产偿还债务；

（九）确定涉讼资产价值；

（十）以拥有的境内国有产权向境外企业注资或者转让，或者以其拥有的境外国有产权向境内企业注资或者转让；

（十一）法律、行政法规规定的其他需进行评估的事项；

（十二）企业其他经济行为，当事人认为需要的，可以进行资产评估。

第五条 企业发生下列行为之一的，应对相关非国有资产进行评估：

（一）收购非国有单位资产；

（二）接受非国有单位以非货币资产出资；

（三）接受非国有单位以非货币资产抵债。

第六条 企业有下列行为之一的，可以不对相关国有资产进行评估：

（一）经国务院国有资产监督管理委员会（以下简称国务院国资委）或国机集团批准，对企业整体或者部分资产实施无偿划转；

（二）国有独资企业与其下属独资企业（事业单位）之间或其下属独资企业（事业单位）之间的合并、资产（产权）置换和无偿划转。

第七条 企业应当向资产评估机构如实提供有关情况和资料，并对所提供情况和资料的真实性、合法性和完整性负责，不得隐匿或虚报资产。

第八条 企业应当积极配合资产评估机构开展工作，不得以任何形式干预其正常执业行为。

第三章 资产评估项目的备案管理

第九条 经国务院国资委批准的经济行为涉及的资产评估项目，由国机集团审核后上报国务院国资委备案；经国机集团及各级子企业批准的经济行为涉及的资产评估项目，由国机集团备案。

第十条 资产评估管理工作流程

（一）资产评估项目的事前立项

企业发生符合第四条、第五条需进行资产评估的行为时，需事先取得经济行为的书面批复文件，并对拟发生的资产评估项目、评估范围、评估基准日、拟聘请的审计机构和资产评估机构以及评估工作时间进度安排等情况进行事先立项。评估立项一经国机集团审核批准后，不得随意变更。资产评估立项备案表见附件 1。

企业应结合经济行为目的合理选择评估基准日。其中：对于涉及股份公司的项目，其股权价格确定的基准日应与国有股东资产评估的基准日一致。国有股东资产评估的基准日与国有股东产权持有单位对该国有产权变动决议的日期相差不得超过一个月。

（二）资产评估项目的事中管理

企业在开展资产评估工作时，应对评估对象在评估基准日的状况进行资产清查。其中：涉及单项资产或资产组合的项目，企业应明确其法律权属状况、经济状况和物理状况；涉及企业价值评估的项目，企业还应委派国机集团年审中介机构开展专项审计。委托方和被评估企业应共同做好审计机构和评估机构的现场组织和沟通协调工作。

在资产评估过程中，如因特殊原因导致立项内容发生变更的，或出现影响资产评估结果以及国有权益、资产评估工作进度等重大事项的，应及时向国机集团汇报。必要时，国机集团可对资产评估项目进行跟踪指导和现场检查。

涉及企业价值评估的项目，以持续经营为原则进行评估的，原则上要求采用两种以上方法进行评估，并在评估报告中列示，依据实际状况，充分、全面分析后，确定相对合理的一个评估结果作为评估报告使用结果。同时应提供与企业评估经济行为相对应的评估基准日审计报告。

（三）资产评估项目的备案管理

1. 企业收到评估机构出具的评估报告后，应于评估基准日起 9 个月内将备案申请材料逐级报送国机集团。在报送国机集团之前，企业应对以下事项进行初步审核：

（1）相关经济行为是否符合国家有关规定，是否经有权力的机关批准；

（2）评估基准日的选择是否合理；

（3）执业评估机构和人员是否具备相应资质；

（4）评估范围是否与经济行为批准文件或重组改制方案内容一致；

（5）纳入评估范围的房产、土地及矿产资源等资产权属是否清晰，权属证明文件是否齐全；对资产权属资料不全面或存在瑕疵的，企业是否已妥善解决；

（6）被评估企业是否依法办理产权登记事宜；

（7）评估报告、审计报告等资料要件是否齐全。

2. 企业提出资产评估项目备案申请时，应向国机集团提交以下资料：

（1）资产评估项目备案申请文件。申请文件中应说明本次评估目的、经济行为的审批情况及其合规性、评估方法及评估结果、企业对评估报告的审核情况等。对于股权交易以及资产交易的项目，企业还需特别说明意向交易价格与评估值之间的关系，以及对国有权益的影响；

（2）国有资产评估项目备案表或接受非国有资产评估项目备案表一式三份；（见附件 2、附件 3）

（3）与评估目的相对应的经济行为批准文件或其他有效文件，包括相关单位批复文件以及企业董事会决议或总经理办公会纪要等；

（4）评估所涉及的资产改制重组、产权流转方案或发起人协议等资料；

（5）评估机构提交的评估报告（包括评估报告书、评估说明、评估明细表及其电子文档等）及其主要引用的报告（包括审计报告、土地估价报告、矿业权评估报告等）；

报送备案的资产评估报告书及说明等相关资料应为中文文本，内容及格式必须符合《资产评估报告基本内容与格式的暂行规定》（财评字〔1999〕91 号）、《企业国有资产评估报告指南》的相关要求。

（6）被评估资产权属证明文件；

（7）与经济行为相对应的无保留意见标准审计报告。如为非标准无保留意见的审计报告时，对其附加的说明段、强调事项段或修正性用语，企业需提供对有关事项的书面说明和承诺；

（8）拟上市项目或已上市公司的重大资产重组项目，评估基准日在 6 月 30 日（含）之前的，需提供最近三个完整会计年度和本年度截至评估基准日的审计报告；评估基准日在 6 月 30 日之后的，需提供最近两个完整会计年度和本年度截至评估基准日的审计报告。其他经济行为需提供最近一个完整会计年度和本年度截至评估基准日的审计报告；

（9）需要提供的其他资料。

3. 备案方式

企业资产评估备案采取网上申报与提交纸质资料审核相结合的方式，具体流程为：

（1）项目预审

为保证评估备案项目审核质量，所属企业应将电子版评估报告、评估说明、评估明细表及相关经济行为批准文件等资料通过电子邮件发送至国机集团，由审核人员对报告基本格式与内容进行审核。

（2）项目审核

通过项目预审后，二级企业登录国资委网站（www.sasac.gov.cn）中办事系统板块，通过“中央企业资产评估管理信息监测系统”填写资产评估项目基本情况，上传备案资料，按要求完成自审后，提交国机集团审核。二级企业同时将备案所需纸质资料邮寄至国机集团。

国机集团在收到备案申请材料的 10 个工作日内组织报告审核工作并向企业出具审核意见。国机集团对评估报告的审核实行内外结合，交叉互审。对于预期交易价格在 5 000 万元以上的重大股权交易、重大资产交易项目以及资产评估结果异常的项目，国机集团将组织 3 ～ 5 名专家参与项目评审工作。评审专家由国机集团在专家库中随机选择。

企业应及时组织相关中介机构对审核意见进行书面反馈，并对资产评估报告、审计报告等备案资料进行修改补充。修改完善后的备案申请材料和审核意见答复应在 5 个工作日内报送国机集团。经国机集团复审，符合备案要求的，应当在 7 个工作日内完成备案手续。

第四章　资产评估中介机构的管理

第十一条　国机集团对资产评估机构实行统一管理。国机集团负责选聘、组建评估机构备选库，为集团内资产评估事项提供服务。

国机集团和所属企业在每个评估备案项目完成后应对评估机构执业情况进行综合评价，评价结果作为国机集团评估机构备选库调整依据。原则上，评估机构备选库名单每两年调整一次。

第十二条　资产评估中介机构应由产权持有单位选择并委托。产权持有单位在选择资产评估机构时，应从国机集团评估机构备选库内实行差额竞争选聘。个别临时业务中确有特殊原因不能在国机集团评估机构备选库内选聘的，应当在国资委公布的中央企业备选评估机构名单中竞争选聘，并就选聘情况单独向国机集团提出申请，经国机集团审核同意后，方可委托该机构从事资产评估业务。

境外企业在境外发生的资产评估项目，除可在集团指定的评估机构备选库中选择外，也可选择境外评估机构或估值机构开展评估工作。选择时应关注其相应资质、行业经验、信誉情况，并遵守标的物所在国家或地区对评估或估值机构专业资质的相关规定。

第五章　罚　则

第十三条　国机集团每年定期总结并通报上年度资产评估备案情况，对企业违反本办法，有下列情形之一的，由国机集团通报批评并责令改正：

（一）应当进行资产评估而未进行评估；

（二）应当办理备案手续而未办理；

（三）未经国机集团批准聘请国机集团评估机构备选库外的评估机构从事国有资产评估活动；

（四）提交资产评估备案内容与事先立项报备不符的；

（五）向评估机构提供虚假情况和资料，或者与评估机构串通作弊等导致评估结果失实的。

企业有前款第（三）、（四）、（五）项情形的，国机集团可以决定原评估结果无效。

第十四条　有关部门及其工作人员违反国有资产评估管理的有关规定，造成国有资产流失的，由所在单位对有关责任人给予行政处分，涉嫌犯罪的，依法移送司法机关处理。

第六章　附　则

第十五条　本办法由国机集团资产财务部负责解释。

第十六条　本办法自下发之日起实行，原《中国机械工业集团有限公司国有资产评估管理暂行办法》（国机财〔2012〕485 号）同时废止。

附件：1. 资产评估立项备案表（略）

2. 国有资产评估项目备案表（略）

3. 接受非国有资产评估项目备案表（略）

中国机械工业集团有限公司爱心基金管理办法
（2014 年修订）

第一章　总　则

第一条　为切实解决职工困难，增强企业凝聚力，履行企业社会责任，促进国机集团和谐健康发展，推动扶贫帮困工作经常化、制度化、规范化，特设立中国机械工业集团有限公司爱心基金（以下简称爱心基金）。

第二章　爱心基金管理机构及职责

第二条　设立爱心基金管理委员会，由国机集团党委工作部、综合管理部、人力资源部、资产财务部、审计稽查部、经营发展部部长和纪检办公室主任组成，主任由集团党委书记担任；委员会下设办公室，办公室设在国机集团党委工作部（工会办公室），主任由党委工作部部长兼任。

第三条　爱心基金管理委员会作为爱心基金的管理机构，具体职责为：

（一）制定、修改管理办法及配套规章制度；

（二）制定捐款的原则和标准；

（三）研究确定爱心基金的使用范围、条件及标准；

（四）负责基金使用的审核批准；

（五）决定其他重大事项。

爱心基金管理委员会办公室作为委员会的日常工作机构，具体职责为：

（一）爱心基金募捐活动的组织；

（二）爱心基金的账目管理；

（三）申报材料的汇总和初审；

（四）根据爱心基金管理委员会的审批意见，负责基金的公示、拨付和发放：

（五）定期向爱心基金管理委员会汇报爱心基金的筹集和使用情况；

（六）爱心基金相关档案材料的管理工作。

第四条　爱心基金账户设在国机集团工会委员会，单独设立账目，由国机集团工会委员会财务人员专门管理或委托国机集团资产财务部代为管理。

第三章　爱心基金来源及使用范围

第五条　爱心基金来源：

（一）国机集团拨款；

（二）国机集团各所属企业捐赠；

（三）国机集团各所属企业在职职工捐款；

（四）其他合法捐赠款；

（五）爱心基金的利息收入。

第六条　爱心基金使用范围：

（一）帮困：资助国机集团所属企业生活困难的在职职工；

（二）助学：资助国机集团所属企业上大学有困难的在职职工子女；

（三）疾病：资助国机集团所属企业患重大疾病且生活困难的在职职工；

（四）其他社会公益事业；

（五）爱心基金管理委员会确定的特殊情况。

第四章　爱心基金资助对象及条件

第七条　帮困对象及条件：

（一）家庭生活困难的“低保户”在职职工家庭（家庭人均收入低于当地城市低保标准）。

（二）家庭生活困难的“低保边缘户”在职职工家庭(家庭人均收入高于当地城市低保标准，但未达到该标准的 130%）。

（三）因职工本人、无业配偶及未成年子女重病、久病造成生活特别困难的在职职工家庭(职工本人因重大疾病个人自付费用在 10 万以上的纳入疾病救助对象）。重病、久病造成生活特别困难的职工家庭按以下条件掌握：职工本人、无业配偶、未成年子女因病住医保定点医院或按规定转诊，当年个人负担费用（不含自费、自购医药费）占家庭年收入60%以上的。住院跨年度的，个人负担费用以一个医疗期（指入院治疗开始至出院结算为止）为准。

（四）因突发事件造成生活特别困难的在职职工家庭。

第八条 助学对象及条件：

（一）国机集团所属企业在职职工子女；

（二）在读或当年已被录取的全日制普通高等学校本、专科大学生（全日制普通高等学校以教育部公布的名录为准）；

（三）属于“低保户”或“低保边缘户”的职工家庭，承担学费困难；

（四）未享受社会团体、个人提供的其他助学金或学校免除学费等优惠；

（五）品学兼优，无违法违纪行为。

第九条 疾病救助对象及条件：

（一）国机集团所属企业在职职工；

（二）就诊医院应为本地区职工基本医疗保险制度定点二级以上医院或医疗保障制度管理部门准许的外地医疗机构；

（三）在享受医疗保险、商业保险、其他救助等以后，治疗费用巨大（个人自付费用在10万以上），造成家庭特别困难。

本办法中的重大疾病主要指下列疾病：恶性肿瘤、急性心肌梗死、脑中风后遗症、重大器官移植术或造血干细胞移植术、冠状动脉搭桥术（或称冠状动脉旁路移植术）、终末期肾病（或称慢性肾功能衰竭尿毒症期）、多个肢体缺失、急性或亚急性重症肝炎、双目失明、瘫痪、严重阿尔茨海默病、严重脑损伤、严重帕金森病、严重Ⅲ度烧伤、严重运动神经元病、重型再生障碍性贫血、主动脉手术、严重多发性硬化症、严重系统性红斑狼疮性肾病、严重重症肌无力等。

第十条 爱心基金用于其他社会公益事业时，由爱心基金管理委员会决定有关事项。

第五章 资助程序及原则

第十一条 资助程序：

（一）本人申请。由要求救助的困难职工或要求助学的困难职工子女本人提出申请（填写国机集团爱心基金助学申请表、帮困申请表或疾病救助申请表，并出具相关证明材料）。

（二）调查核实。所在企业工会对申请救助职工的困难情况进行调查核实，并通过公示通知、公告栏、内网公告等形式进行公示，公示期10天。公示后无异议的，由所在单位工会负责人签署意见。二级企业对所属基层企业报送的申请表审核把关，并填报汇总表，统一报爱心基金管理委员会办公室。

（三）审查汇总。爱心基金管理委员会办公室对各企业上报申请救助人员情况进一步审查核实后，整理汇总并提出救助建议，报爱心基金管理委员会研究。

（四）研究确定。爱心基金管理委员会集中研究审核救助职工名单及救助标准。

（五）集中公示。发放救助款前，由爱心基金管理委员会办公室将爱心基金的使用及发放名单，通过公示通知和内网公告的形式在国机集团范围内进行公示，公示期7天。

（六）发放资助。如经公示无异议，由爱心基金管理委员会办公室将资助款发放到救助职工所在企业。

第十二条 接受资助需提交的证明材料：

（一）在读助学对象需提供学校出具的在校表现情况、是否享受其他资助的证明。当年新录取入学的，需提供录取通知书复印件。

（二）疾病救助对象需提供医院的诊断证明、医疗费用总单据（复印件）、社会医疗保险承担的费用单据（复印件）、商业医疗保险承担的费用单据（复印件）、其他特殊医疗保险承担的费用单据（复印件）。

第十三条 爱心基金的使用每年集中审议两次。第一次审议助学、疾病救助、涉及突发事件的帮困事项，7月份启动，8月20日前发放；第二次审议帮困、助学（面向当年8月1日后录取、未能纳入8月份助学对象的新生）、疾病救助、涉及突发事件的事项，11月启动，春节前发放。

第十四条 帮困、助学、疾病救助，每年每个家庭只能申请一项。

第十五条 享受资助者出现以下情形之一者，不予资助或终止资助：

（一）经查实，在申报中弄虚作假者；

（二）因特殊原因，暂时休学或不能继续学业者；

（三）家庭经济状况明显改善或通过其他途径能支付继续学习费用者；

（四）违反校纪、校规及法律受到处分者；

（五）年度期末有一门或一门以上功课经补考仍不合格者；

（六）因交通事故、意外伤害、打架斗殴、酗酒、自残、自杀及其他违法活动致病者。

第六章　资助标准

第十六条　帮困对象原则上一次性资助2 000—3 000元。

第十七条　助学对象原则上每学年资助3 000—4 000元。

第十八条　疾病救助对象，原则上自付费用在10万至20万元之间的，一次性救助5万元；自付费用在20万元以上的，一次性救助10万元。

第十九条　爱心基金资助标准可根据社会物价水平变化进行适当调整，经爱心基金管理委员会审定后实施。

第七章　附　则

第二十条　爱心基金收支严格按本制度和财务规定执行，做到账目清楚，使用合理，并接受国机集团审计稽查部的监督。针对爱心基金的审计每年进行一次，审计报告在国机集团范围内进行公示。

第二十一条　本办法自印发之日起实行。

第二十二条　本办法由爱心基金管理委员会负责解释。

中国机械工业集团有限公司
工会工作实施办法

第一章　总　则

第一条　为加强中国机械工业集团有限公司（以下简称国机集团）工会工作，切实发挥各级工会维护职工合法权益、加强职工职业教育、参与企业民主管理、促进企业经营发展的职能作用，依据《中华人民共和国工会法》和《企业工会工作条例》，结合集团实际，制定本办法。

第二条　国机集团工会是在集团党委领导下，由集团职工根据《中华人民共和国工会法》和《中国工会章程》，自愿结合起来的群众组织，是党委开展群众工作的有力助手和密切联系集团广大职工的桥梁纽带，是集团工会会员和职工合法权益的代表者和维护者。

第三条　国机集团工会及所属企业各级工会深入贯彻落实党和国家的方针政策，执行同级党组织和上级工会的决议、决定和指示精神，以推动国机集团改革发展为中心，以表达和维护职工合法权益为基本职责，以打造“五个国机”、建设和谐企业为目标，关心职工生产生活，充分调动职工参与企业经营管理的积极性，不断增强工会组织的吸引力和凝聚力，团结动员广大职工为实现国机集团科学发展做出贡献。

第二章　工会组织机构

第四条　国机集团及各所属企业依法建立工会委员会、工会经费审查委员会。职工人数较多的企业工会，可以根据工作需要设立专门的工作机构，承担工会委员会的有关工作。

国机集团三级及以下企业，会员25人以上的应当建立工会委员会；不足25人的可以单独建立工会委员会，也可以由两个以上企业的会员按联合建立基层工会委员会。同时按照有关规定建立经费审查委员会。

各级工会可根据工作需要，建立工会支（分）会或工会小组，组织开展工会活动。

第五条　工会委员会委员名额，按会员人数确定：25人以下者，设主席1人；200人以下者，设委员3至5人；201至1 000人，设委员7至15人，1 000人以上者，设委员15至21人。各级工会可根据单位实际情况，统筹考虑工会委员会的设置。大型企业工会委员会，经上级工会批准，可以设常务委员会，常务委员会由 9 至 11 人组成。

第六条 各级工会组织接受同级党组织和上级工会组织双重领导，以同级党委领导为主。国机集团在京所属企业工会，由集团工会直接领导和管理；京外所属企业工会，实行地方工会和集团工会双重领导。上级工会经费审查委员会对下级工会经费审查委员会进行监督和业务指导。

第七条 国机集团所属企业依法配备工会主席。由同级党组织负责人担任工会主席的，应配备专职工会副主席。

第八条 各级工会组织按照民主集中制原则建立。工会委员会、经费审查委员会经会员大会或会员代表大会选举产生。工会主席、副主席可以由会员大会或会员代表大会直接选举产生，也可以由工会委员会选举产生。工会经费审查委员会主任委员、副主任委员，由经费审查委员会选举产生。

国机集团所属企业工会主席、副主席、常委、经费审查委员会主任委员、副主任委员人选，在选举前须报同级党委和集团工会审查同意。选举结束后，工会主席、副主席、常委和经费审查委员会主任委员、副主任委员报集团工会批准，委员报集团工会备案。在京所属企业工会进行换届，还须就召开会员大会（会员代表大会）有关事项报集团工会批准。

第九条 国机集团工会每届任期 4 年。各所属企业工会和基层工会委员会每届任期 3 年至 5 年。任期届满仍未进行换届的，上级工会有权督促其限期进行换届。

第十条 各级工会主席、副主席在任期内应保持相对稳定。工会主席因工作调动或其他原因空缺时，应及时按照民主程序进行补选。补选前征得同级党委和上级工会的同意，可暂由一名副主席或委员代理主席职务，代理时间不得超过半年。

罢免工会主席、副主席必须召开会员大会或会员代表大会讨论，非经会员大会全体会员或者会员代表大会全体代表无记名投票过半数通过，不得罢免。

第十一条 基层工会组织所在企业终止，该工会组织相应撤销，并报上一级工会备案。

第三章 工会职责任务和工作机制

第十二条 工会会员大会或会员代表大会是国机集团工会及其所属企业各级工会的权力机关。

第十三条 会员大会或会员代表大会行使以下职权：

（一）审议和批准工会委员会的工作报告。

（二）审议和批准工会委员会的经费收支情况报告和经费审查委员会的工作报告。

（三）讨论决定工会工作的重大问题。

（四）选举工会委员会和经费审查委员会。

（五）撤换或罢免其所选举的代表或工会委员会组成人员。

第十四条 工会委员会是会员大会或会员代表大会的常设机构，向会员大会或会员代表大会负责，接受会员监督，在会员大会或会员代表大会闭会期间，负责日常工作。

第十五条 工会委员会实行民主集中制，重要问题须经集体讨论作出决定。

第十六条 工会委员会的基本任务：

（一）执行会员大会或会员代表大会决议和上级工会决定。

（二）负责职工代表大会或职工大会的日常工作。组织职工通过职工代表大会、职工大会、厂务公开等形式，参加企业的民主管理和民主监督，检查督查职工大会或职工代表大会决议的执行。

（三）参与协调劳动关系，协商解决涉及职工利益的问题。

（四）组织职工开展劳动竞赛、合理化建议、创新创效、技术攻关、技术协作、发明创造、岗位练兵、技术比赛等活动。

（五）组织培养、评选、表彰劳动模范，总结推广先进经验。

（六）对职工进行思想政治教育，组织职工学习文化、科学和业务知识，提高职工素质，引导职工弘扬企业优秀文化。

（七）办好职工文化、教育、体育事业，开展健康有益的文体活动。

（八）协助和督促有关部门做好职工薪酬福利、劳动安全卫生、社会保障等工作，协助企业办好职工集体福利事业，关心和改善职工生活。

参与劳动安全卫生事故的调查处理。

（九）对企业管理中涉及职工切身利益的重大问题的决策和重要规章制度的制定、修订提出意见和建议。

（十）做好困难职工帮扶救助工作，为职工办实事、做好事、解难事。

（十一）维护女职工的特殊权益。

（十二）搞好工会自身组织建设，健全相关工作制度，做好会员会籍管理工作。

（十三）做好工会经费收缴、使用、管理工作，管理好工会资产和工会企（事）业。

第十七条 工会委员会每年至少召开一次会议，讨论或决定以下问题：

（一）贯彻执行会员大会或会员代表大会决议和党组织、上级工会有关决定、工作部署。

（二）工会工作计划和总结。

（三）向企业提出涉及企业发展和职工权益重大问题的建议。

（四）工会经费预算及重大财务支出。

（五）涉及工会建设的规章制度。

（六）由工会委员会讨论和决定的其他问题。

第十八条 工会经费审查委员会的基本任务：

（一）审议工会年度财务预算、决算。

（二）监督同级工会贯彻执行党和政府的财经政策、纪律、法规，上级工会关于财务工作的规章制度。

（三）督促工会建立健全内部控制制度。

（四）对收好、管好、用好工会各项经费，加强工会财产管理，提出意见和建议。

（五）检查对经费审查委员会全体会议决议的执行情况。

（六）国家和上级工会规定的其他审查事项。

第十九条 基层工会经费审查委员会向同级工会会员大会或会员代表大会负责并报告工作；在大会闭会期间，向同级工会委员会负责并报告工作。

基层工会经费审查委员会接受上级工会经费审查委员会的业务指导和督促检查。

第二十条 凡设立董事会、监事会的企业，工会应依法督促企业建立职工董事、职工监事制度。

职工董事、职工监事人选由企业工会提名，通过职工代表大会或职工大会民主选举产生，表达职工意愿和诉求，接受职工监督。企业工会主席、副主席一般应分别作为职工董事、职工监事的候选人。

第四章 工会干部

第二十一条 各级工会组织按照革命化、年轻化、知识化、专业化的要求，努力建设一支坚持党的基本路线，熟悉本职业务，热爱工会工作，受到职工信赖的干部队伍。

第二十二条 企业工会委员会专职工作人员一般按不低于企业职工人数的千分之三配备，也可根据企业实际情况作适当调整，具体人数由上级工会、企业工会与企业行政协商确定。

根据工作需要和经费许可，工会可从社会聘用工会工作人员，建立专兼职相结合的干部队伍。

第二十三条 工会主席的职责：

（一）负责召集工会委员会会议，主持工会日常工作。

（二）参加企业涉及职工切身利益和有关经营管理重大问题的会议，反映职工的意愿和要求，提出工会的意见。

（三）以职工方首席代表的身份，代表和组织职工与企业进行平等协商、签订集体合同。

（四）代表和组织职工参与企业民主管理。

（五）代表和组织职工依法监督企业执行劳动安全卫生等法律法规，要求纠正侵犯职工和工会合法权益的行为。

（六）制订年度工会活动计划，审定工会经费预算。

（七）向上级汇报工会工作情况。

第二十四条 工会支（分）会主席及工会小组组长职责：

（一）协助所在部门党政组织维护职工合法权益，开展思想政治工作，协调劳动关系，促进部门内部和谐稳定。

（二）以完成经营任务目标为中心，组织职工开展工作创新和劳动竞赛活动，遵守劳动纪律，保障安全生产，完成经营任务，争创先进集体。

（三）组织职工积极参加各类学习活动，参与民主管理，建言献策提建议。

（四）关心职工生活，随时了解掌握职工生产生活中的困难，及时开展互助活动。

（五）组织职工积极参与企业工会活动，完成好工会小组担负的工作任务。

第五章 经费和财产

第二十五条 工会依法设立独立银行账户，自主管理和使用工会经费、会费。

第二十六条 工会应督促企业依法按职工工资总额的百分之二向工会拨缴经费、提供工会办公和开展活动的必要设施和场所等物质条件。工资总额的计算按照国家统计局《关于工资总额组成的规定》执行。

第二十七条 工会应督促企业按国家有关规定支付工会会同企业开展的职工教育培训、劳动保护、劳动竞赛、技术创新、职工疗休养、困难职工补助、企业文化建设等工作所需费用。

第二十八条 工会经费应当主要用于为职工服务和开展工会活动。工会经费支出范围包括：

（一）工会为会员及其他职工开展教育、文体、宣传等活动产生的支出。

1. 职工教育方面。用于工会开展职工教育、业余文化、技术、技能教育所需的教材、教学、消耗用品；职工教育所需资料、教师酬金；优秀学员（包括自学）奖励；工会为职工举办法律、政治、科技、业务、再就业等各种知识培训等。

2. 文体活动方面。用于工会开展职工业余文艺活动、节日联欢、文艺创作、美术、书法、摄影等各类活动；文体活动所需设备、器材、用品购置与维修费；文艺汇演、体育比赛及奖励费；各类活动中按规定开支的伙食补助费、夜餐费等；用会费组织会员观看电影、开展春游秋游等集体活动。

3. 宣传活动方面。用于工会开展政治、时事、政策、科技讲座、报告会等宣传活动；工会组织技术交流、职工读书活动、网络宣传以及举办展览、板报等所消耗的用品；工会组织的重大节日宣传费；工会举办的图书馆、阅览室所需图书、工会报刊以及资料费等。

4. 其他活动方面。除上述支出以外，用于工会开展的技能竞赛费用及其他活动的各项支出。

（二）工会直接用于维护职工权益的支出。包括工会协调劳动关系和调解劳动争议、开展职工劳动保护、向职工群众提供法律咨询、法律服务、对困难职工帮扶、向职工送温暖等发生的支出及参与立法和本单位民主管理、集体合同等其他维权支出。

（三）工会培训工会干部、加强自身建设及开展业务工作发生的各项支出。包括开展工会干部和积极分子的学习和培训所需教材资料和讲课酬金等；评选表彰优秀工会干部和积极分子的奖励；组织劳动竞赛、合理化建议、技术革新和协作活动；召开工会代表大会、委员会、经审会以及工会专业工作会议；开展外事活动、工会组织建设、建家活动、大型专题调研；经审经费、基层工会办公、差旅等其他专项业务的支出。

（四）工会从事建设工程、设备工具购置、大型修缮和信息网络购建而发生的支出。包括房屋建筑物购建、办公设备购置、专用设备购置、交通工具购置、大型修缮、信息网络购建等资本性支出。

（五）对工会管理的为职工服务的文化、体育、教育、生活服务等独立核算的事业单位的补助和非独立核算的事业单位的各项支出。

（六）由工会组织的职工集体福利等方面的支出。主要用于工会组织逢年过节向全体会员发放少量的节日慰问品，会员个人和家庭发生困难情况的补助，以及会员本人过生日的慰问等。

（七）以上支出项目以外的必要开支。

第二十九条 工会经费收支情况接受同级工会经费审查委员会审查，接受上级工会审计，并向会员大会或会员代表大会报告。

第三十条 企业工会经费、财产和企业拨给工会使用的不动产受法律保护，任何单位和个人不得侵占、挪用和任意调拨。

企业工会组织合并，其经费财产归合并后的工会所有；工会组织撤销或解散，其经费财产由上级工会处置。

第七章 附 则

第三十一条 本办法适用于国机集团工会及所属企业各级工会。

第三十二条 本办法由国机集团工会负责解释。

第三十三条 本办法自发布之日起施行。

中国机械工业集团有限公司纪委、监察室关于落实党风廉政建设监督责任的意见（试行）

为认真贯彻落实党的十八届三中全会和十八届中央纪委三次全会关于落实党风廉政建设责任制、纪委负监督责任的要求，按照中纪委、国资委纪委、集团党委的部署和要求，就集团纪委、监察室履行党风廉政建设监督责任提出如下意见。

一、纪委、监察室监督责任的主要任务

（一）协助党委加强党风建设和组织协调反腐败工作。

1. 协助党委结合实际研究制定党风廉政建设工作计划、目标要求和具体措施，将党风廉政建设和反腐败工作融入企业改革发展全过程。

2. 协助党委召开集团公司反腐倡廉建设工作会议等会议，抓好工作部署。

3. 协助党委健全党风廉政建设和反腐败工作协调机制，抓好责任分解。

4. 加强集团公司党风廉政建设和反腐败工作情况调查研究，为党委决策提出意见和建议。

5. 按照党委的部署，组织所属企业纪委书记、监察机构负责人开展工作研讨交流，分析企业党风廉政建设和反腐败工作形势，推动工作。

（二）督促检查各部门、所属企业落实惩治和预防腐败工作任务。

1. 会同集团总部党总支，协调督促总部各部门及时完成党风廉政建设和反腐败工作任务，帮助解决难点问题。

2. 协助党委对集团总部部门副部长级以上领导人员执行党风廉政建设责任制情况进行检查考核。

3. 定期听取所属企业党委报告党风廉政建设责任制落实情况。

4. 协助党委对所属企业党风廉政建设责任制执行情况开展检查，并根据检查情况对企业领导人员薪酬管理、选拔任用等提出意见和建议。

（三）经常进行监督检查。

1. 加强对集团党委领导班子成员和集团党委管理的领导人员遵守中国共产党党章以及党内其他法规、执行党的路线方针政策和决议、执行党的纪律、落实中央八项规定精神、遵守廉洁自律规定、行使权力等情况的监督。

2. 通过定期约谈、“签字背书”等方式，督促所属企业党委履行主体责任、纪委履行监督责任。

3. 指导所属企业针对腐败案件易发多发的重点领域和关键环节选题立项，开展监督检查，推动廉洁风险防控工作。

4. 按照干部管理权限，对违反党风廉政建设责任制的领导班子、领导人员进行责任追究。对发生重大腐败案件和不正之风长期滋生蔓延的企业和部门，实行“一案双查”，既要追究当事人责任，又要追究相关领导责任。

（四）严肃查处腐败案件。

1. 检查、处理集团党委管理的总部党员干部及所属企业党组织、党员和领导人员违反党纪政纪的重要案件；协助中央纪委、监察部和国资委纪委、驻委监察局查处有关领导人员的违纪案件。

2. 严肃查处贪污贿赂、失职渎职、违反财经纪律、违反廉洁从业规定等案件，严肃查处发生在企业改制重组、产权交易、投资决策、物资采购、招标投标等重点领域、关键环节的腐败案件，重点查处不收敛不收手、问题线索反映集中、群众反映强烈、现在重要岗位且可能还要提拔使用的党员干部。

3. 加强案件管理，严格执行党内审查审批程序。加强信访举报受理工作，严格按照“拟立案、初步核实、谈话函询、暂存、了结”等标准，对问题线索提出处置意见，线索处置情况向集团党委报告的同时向国资委纪委报告。严格遵守审查程序和保密纪律，依纪依法安全文明办案，加强案件审理工作。案件办理过程中的立案报告、拟处分意见报告等材料向集团党委报告的同时向国资委纪委报告。

4. 受理对集团总部党员干部及所属企业党组织、党员和领导人员的检举、控告；受理总部党员干部及所属企业党组织、党员和领导人员的申诉。

5. 坚持对重大案件进行剖析，适时通报案件查办情况，加强对反腐倡廉网络舆情的收集、研判、处置和引导工作。

6. 加强对所属企业查办案件工作的领导。

7. 承办中央纪委、监察部和国资委纪委、驻委监察局及集团党委交办的其他事项。

二、落实监督责任的职责要求

（一）纪委、监察室履职要求

1. 认真贯彻落实中央、中央纪委、国资委纪委和集团党委的要求，组织传达学习，研究贯彻措施，抓好工作落实。

2. 每年定期向上级纪委、集团党委汇报党风廉政建设和反腐败工作，及时请示报告涉及反腐倡廉建设的重要情况和问题。

3. 在中央纪委、国资委纪委和集团党委领导下，推进反腐败体制机制创新，加强所属企业纪检监察组织和队伍建设，会同党委组织部做好所属企业纪委书记、纪委副书记的提名和考察工作。

4. 聚焦中心任务，围绕监督执纪问责，深化转职能、转方式、转作风，做到情况明、数字准、责任清、工作实、作风正。

（二）纪委主要负责人履职要求

1. 纪委主要负责人是履行监督责任的第一责任人，领导纪委、监察室履行监督责任，组织研究集团及所属企业党风廉政建设和反腐败形势，协调相关部门解决重点难点问题，组织查处领导人员的违纪问题及腐败案件，重要工作靠前指挥、全程督导。

2. 加强对集团党委成员廉洁从业、作风建设和行使权力等情况的监督，发现苗头性问题及时提醒，发现重大问题线索及时向集团党委和国资委纪委报告。

3. 了解掌握所属企业领导班子和集团总部党员领导干部，特别是各企业、总部各部门主要负责人廉洁自律情况，发现重要线索和问题，及时向党委主要负责人报告。

4. 对纪委、监察室领导人员履行责任的情况进行监督，对落实责任不到位的，及时提醒、纠正。

（三）纪委其他领导人员、监察室负责人履职要求

1. 按照职责分工，抓好牵头任务的组织落实。

2. 了解掌握所属企业领导班子、领导干部和集团总部党员干部廉洁自律情况，发现重要线索和问题，及时向纪委主要负责人报告。

3. 定期约谈所属企业纪检监察机构负责人，督促落实监督责任。

三、其他

（一）纪委、监察室定期向上级纪委、集团党委报告履行监督责任情况，主动接受上级纪委、集团党委的领导和监督。

（二）纪委、监察室领导人员带头落实党风廉政建设部署，带头遵守廉洁从业各项规定，将落实监督责任情况作为述职述廉、民主生活会等环节的重要内容，自觉接受干部群众的监督。

（三）加强对纪委、监察室干部的教育、管理和监督，完善内部监督机制，严肃查处泄露秘密、以案谋私等违纪违法行为，坚决防止“灯下黑”问题。

（四）加强对所属企业纪检监察机构履行监督责任情况的考核。对履行监督责任不力，发生严重违纪违法案件的企业，严肃追究企业纪委的责任。

该意见落实过程中涉及的有关问题，由集团纪检办（监察室）负责解释。各所属企业纪检监察机构要结合实际制定本单位落实监督责任的意见，切实履行好监督责任。

中国机械工业集团有限公司
关于贯彻落实中央建立健全惩治和预防腐败体系
第二个五年工作规划的实施意见

根据中共中央《建立健全惩治和预防腐败体系2013—2017年工作规划》精神和国资委党委关于贯彻落实工作规划的实施办法，为加强集团公司惩防体系建设，推进党风廉政建设和反腐败工作，制定本实施意见。

一、总体要求

加强惩治和预防腐败体系建设，要深入贯彻落实党的十八大以来，中央、中央纪委历次全会精神和习近平同志系列重要讲话精神，紧紧围绕集团公司改革发展中心任务和建设“价值国机、创新国机、绿色国机、责任国机、幸福国机”愿景目标，结合企业生产经营管理的实际，坚持标本兼治、综合治理、惩防并举、注重预防的方针，加强反腐倡廉体制机制创新和制度保障，全面构建具有国机集团特色的惩治和预防腐败体系，突出作风建设，突出改革创新，突出责任落实，坚定不移改进作风，坚定不移反对腐败，为企业持续、健康、稳定发展提供有力保障。

经过不懈努力，作风建设不断深入，“四风”问题得到较好纠正，惩治腐败力度进一步加大，纪律约束和办案惩戒作用有效发挥，预防腐败工作扎实开展，党风廉政建设责任体系和制度体系进一步完善，各级领导人员、管理人员“一岗双责”进一步落实，党员干部廉洁自律意识进一步增强，权力运行制约和监督体系更加健全，党风廉政建设和反腐败工作取得职工群众比较满意的进展和成效。

二、坚持不懈抓好党的作风建设

（一）从严抓党的作风建设，大力弘扬党的优良传统

各级党组织要坚持党要管党、从严治党的方针，坚持对党员领导人员严格要求、严格教育、严格管理、严格监督，落实抓党风建设的工作责任，一级管好一级，一级带动一级，采取有力措施切实巩固党的群众路线教育实践活动成果。各级党员领导人员要发扬党的“三大作风”，牢记“两个务必”，自觉践行“三严三实”，带头讲党性、讲原则、讲正气，清正廉洁，保持共产党人政治本色。

（二）持之以恒深入落实中央八项规定精神，进一步改进工作作风

继续深入落实中央八项规定精神不放松，按照中央加强和改进作风的要求，严格执行《国机集团关于进一步改进工作作风密切联系群众的措施》，坚决纠正“四风”，不断改进学风文风会风，贯彻执行《中央管理企业负责人薪酬制度改革方案》和《关于合理确定并严格规范中央企业负责人履职待遇、业务支出的意见》两个文件，严格执行相关开支标准。严禁党员领导人员到私人会所活动，严禁用公款互相宴请、赠送节礼、违规消费等行为，厉行勤俭节约，反对铺张浪费，善始善终、善做善成，防止虎头蛇尾。要坚持把落实中央八项规定精神纳入监管范围，完善制度并与领导人员综合考核、薪酬管理、选拔任用等挂钩，形成常态化的激励约束机制。要抓正反两方面典型，既弘扬正气，释放正能量，又狠刹歪风，起到警示作用。要求各级领导人员带头落实好中央八项规定精神和国机集团六个方面14项措施，做出表率。各级纪检监察机构要加大监督检查力度，坚持一个时间节点一个时间节点地盯，及时发现问题，督促整改，铁面执纪，严肃查办和点名道姓通报违纪违规行为，防止“四风”问题反弹。

（三）严明党的纪律，为党的作风建设提供保证

各级党组织和广大党员领导人员要自觉学习党章、遵守党章、贯彻党章、维护党章，自觉按

照党的组织原则和党内政治生活准则办事，牢固树立组织纪律观念，在思想上、政治上、行动上同以习近平同志为总书记的党中央保持高度一致，自觉维护党的团结统一。要严格执行党的政治纪律、组织纪律、财经纪律、工作纪律和生活纪律等各项纪律，严格执行民主集中制和请示报告等制度，坚决克服组织涣散、纪律松弛问题，坚决纠正无组织无纪律、自由主义、好人主义等问题。要加强执纪监督，严肃处理违反党的纪律行为，以严明的纪律确保中央关于加强作风建设的决策部署落到实处。

三、坚决惩治腐败行为

（一）加大查办违纪违法案件力度

纪检监察机构要严格审查和处置各类违反党纪政纪、涉嫌违法的行为。严肃查办贪污贿赂、失职渎职、违反财经纪律和廉洁从业规定的案件。严肃查办违反政治纪律和违反中央八项规定精神等案件。畅通举报渠道，严格查办案件程序，严明办案纪律，依纪依法安全文明办案。加强问题线索管理，防止线索失控和失管。加大对重点案件的交办、督办和查办力度，对查办案件的相关工作进行组织协调。坚持抓早抓小，对苗头性、倾向性问题，早发现、早教育、早查办，防止小问题变成大问题。对掌握的问题线索，及时采取约谈、函询等方式向本人和组织核实，加强诫勉谈话工作。落实“一案双查”，对疏于监督管理，致使领导班子成员或直接管辖的下属发生严重违纪违法问题的，严肃追究责任。

（二）严格查处企业经营管理重点领域、关键环节中的腐败问题和损害职工群众利益问题

在完善国有资产管理体制、完善现代企业制度等过程中，立足企业实际，突出重点，严肃查办发生在企业改制、兼并、重组、破产、资产评估、产权交易、投资决策、物资采购、招标投标、重大项目执行等重点领域、关键环节的腐败案件。严肃查办违规关联交易和利用企业内幕信息、商业秘密谋取非法利益案件以及商业贿赂等案件。严肃查办群体性事件、重大责任事故、重大项目亏损背后的腐败案件，严肃查办发生在职工群众身边的腐败案件。坚决纠正滥用职权、侵占职工群众合法利益的问题，坚决纠正违规收送礼金、有价证券和支付凭证等问题，坚决纠正利用职权和职务影响为配偶、子女及其他特定关系人从事营利性经营活动提供便利条件的行为，维护企业改革发展稳定。

（三）严肃查处选人用人上的腐败问题

坚持党管干部和党管人才的原则，坚持正确用人导向，严格选人用人工作程序，从严要求，从严管理，从严监督。对违反组织人事纪律的行为决不放过，坚决纠正跑官要官不正之风；对买官卖官的腐败行为决不姑息，发现一起查办一起；对违规选人用人问题及时发现、迅速处理、严格问责，不仅查处当事人，而且追究责任人。

四、科学有效预防腐败

（一）推进反腐倡廉教育和廉洁文化建设，筑牢思想道德防线

1. 以党员、领导人员为重点开展反腐倡廉教育。完善党组织政治理论学习制度，深入开展中国特色社会主义和中国梦、理想信念和宗旨、社会主义核心价值体系、党性党风党纪教育、廉洁自律教育。坚持将反腐倡廉教育列入领导人员培训课程，强化底线思维和红线意识。坚持集中教育和日常教育相结合，区分不同教育对象，采取灵活多样的教育形式，提高教育针对性、广泛性和实效性。完善各级党组织民主生活会制度，定期安排领导人员以廉洁自律为主题的民主生活会、述职述廉和民主评议活动。

2. 深入推进廉洁文化建设。认真落实《进一步推进国机集团廉洁文化建设实施意见》，不断加强廉洁文化基础设施建设，完善廉洁文化推进制度机制，建设具有国机集团特点的廉洁文化体系，开展具有自身特色、形式多样的廉洁文化促进活动，形成贴近管理实际、表现形式多样、员工广泛参与的企业廉洁文化环境和干部清正、班子清廉、企业清明的良好局面，推动反腐倡廉工作深入开展。

3. 切实做好反腐倡廉宣传和舆论引导工作。逐步完善舆论宣传工作制度机制，以《国机集团报》、企业网站等多种形式积极客观宣传国机集团反腐倡廉成效。做好反腐倡廉网络舆情的收集、研判、处置和引导工作，更好地应对重大舆情，回应社会关切。

（二）以规范权力运行为主线，把反腐倡廉要求贯穿于企业各项制度中

1. 健全改进作风常态化制度。完善与中央八项规定精神有关的管理制度，合理确定并严格规范企业管理人员薪酬水平、履职待遇和业务支出，完善预算管理制度，建立严格的预算编制、执行

监控和审计制度，公开相关管理事项、费用预算及执行情况。健全相关制度，坚决落实《党政机关厉行节约反对浪费条例》以及集团公司因公出国（境）、商（公）务接待管理、办公设施和办公用房管理、公务用车配备使用管理等方面的制度规定，严格禁止违反规定和超标准享受有关待遇。

2.完善反腐倡廉制度。按照党风廉政建设党委负主体责任、纪委负监督责任和各级领导人员“一岗双责”的要求，进一步完善党风廉政建设责任制实施办法和考核评价办法。按照有关要求完善领导干部报告个人有关事项制度、企业纪检监察工作有关制度，健全领导人员责任追究制度等。

3.完善企业监管与经营管理制度。以“三重一大”决策制度为核心内容，进一步健全国有产权（资产）转让、投资决策、领导人员管理、业绩考核、产权管理、薪酬分配、物资采购、工程建设、境外投资等重点领域和关键环节的管理与监督制度，健全对控股参股企业、境外企业的监督制度，指导所属企业建立健全有关制度。

4.增强制度有效性和执行力。坚持深入调研、科学论证，适时开展规章制度评估和清理，提高制度的科学性和可操作性，确保制度刚性运行。广泛宣传制度，强化制度约束理念，营造学习和掌握制度的文化氛围，夯实认真执行制度的群众基础。加强制度执行情况的监督检查，健全制度落实情况的反馈整改机制，对严重违反制度的行为问责追责，推动制度建设持续改进，扎紧制度“笼子”。

（三）加强监督制约，打造阳光国机

1.加强党内监督。强化对民主集中制执行情况的监督检查，贯彻执行党内监督条例、廉洁从业规定、廉政准则。改进对党员领导人员特别是企业主要领导人员的制约和监督，认真执行集体领导和分工负责、重要情况通报和报告、领导人员重大事项报告、民主生活会、廉政谈话、廉洁从业承诺等制度。结合企业实际开展巡视工作，突出监督重点，创新监督方式，加强成果运用，实施分类处置，确保整改落实。

2.加强经营管理行为监督。各职能管理部门要坚持以重大问题和风险为导向，做深做实做细当期监督，着力增强监督的权威性和有效性。加强对落实“三重一大”制度情况的监督，强化民主决策和科学决策。健全和落实经济责任审计制度，做到离任必审，加大任中审计力度。加强对企业改制重组、产权转让、投资项目等重大事项专项审计。发挥财务预决算、绩效评价对企业经营管理的监控和指导作用，推进资金集中管理等工作，加强企业投融资、担保、抵押、对外捐赠等重大财务事项管理。加强法律监督，建立健全防范投资和经营风险的法律监督机制。加强全面风险管理及内部控制体系建设，把监督纳入管理流程、嵌入操作程序，在企业业务运营、资金配置、投资决策、产权交易、资本运营、选人用人等业务管理环节，形成科学有效的相互制约和监督。

3.加强信息公开和民主监督。探索企业信息公开的方式方法，推进党务公开、司务公开，依法依规公开重大决策事项、生产经营重要情况、涉及职工切身利益事项、干部选任和管理及党风廉政建设等信息。坚持开好领导人员民主生活会、企业重大情况通报会、各级管理人员或职工多种形式的座谈会，构成多层次和全方位的监督合力。坚持和完善职工代表大会制度，发挥职工董事、监事作用，畅通职工参与管理和监督的渠道，组织和引导职工群众有序参与和支持反腐倡廉建设。

4.加强效能监察。以监督检查经营管理人员履行职责行为为重点，围绕执行力建设、“三重一大”决策事项、改制重组、重大工程建设、资产评估、物资采购、招标投标和成本管理等方面存在的突出问题，选题立项，开展效能监察，查错纠偏、查漏补缺，充分发挥促进管理、提高效益、加强反腐倡廉建设的综合作用。完善效能监察工作实施办法，规范操作流程，对效能监察项目进行备案管理，组织优秀项目评审，推进效能监察工作制度化、规范化、专业化。

5.加强廉洁风险防控。推动企业在完善全面风险管理体系过程中，建立健全廉洁风险预测预警、纠错整改、考核评价和责任追究的动态管理机制和制度体系，加强对廉洁风险信息的监测分析预警工作，探索开展廉洁从业风险防控后评估。按照网上监察、动态预警、实时反馈、在线防控的思路，用“制度＋科技”的手段，规范权力运行，把监督纳入管理流程、嵌入操作程序，以管理信息化实现权力运行透明、行为过程可控、责任过失可追溯。

（四）深化体制机制改革，促进源头防腐

完善公司法人治理结构，建立健全股东会、董事会、监事会和经营层，形成协调运转、有效制衡的决策、执行、监督体系。逐步压缩管理链条，提高集团在战略管控、投资决策、财务管理、资本运作、人才管理等方面的管控能力。加强对境外项目的管控，保障境外资产和人员安全。进一步深化人事、劳动、分配制度改革，推动干部交流轮岗，完善考核评价制度，实现干部能上能下、员工能进能出、收入能增能减。推动混合制改革，探索即期考核与中长期激励相结合的激励约束机制，深化经济增加值考核，强化对经营违规和投资责任追究。推进集中采购、规范招标投标管理和国有产权（资产）进场交易，防范权力寻租。

五、加强对党风廉政建设和反腐败工作的统一领导

（一）落实各级党组织在党风廉政建设和反腐败工作中的主体责任

各级党委、领导班子要切实承担起全面领导党风廉政建设和反腐败工作的政治责任，列入重要议事日程，与企业改革发展同部署、同落实、同检查，定期对本企业反腐倡廉情况进行综合分析，了解态势，解决突出问题，制定切实可行的责任追究制度。党组织主要领导负总责，对反腐倡廉建设重要工作亲自部署、重大问题亲自过问、重点环节亲自协调、重要案件亲自督办；其他班子成员按照"一岗双责"要求，认真抓好职责范围内的惩治和预防腐败体系建设工作。选好用好干部，防止出现选人用人上的不正之风和腐败问题；坚决纠正损害群众利益的行为；强化对权力运行的制约和监督，从源头上防治腐败；领导和支持纪检监察机构查处违纪违法问题。党组织要定期向上级纪检监察机构报告党风廉政建设责任制落实情况，加强纪检监察机构和干部队伍建设，切实支持和保证纪检监察机构发挥监督执纪作用。

（二）各级纪检监察机构要履行好监督责任

各级纪检监察机构要协助党组织履行好加强党风建设和组织协调反腐败工作的职责，推动党的纪律检查工作双重领导体制具体化、程序化、制度化，强化上级纪检监察机构对下级纪检监察机构的领导。线索处置和案件查办在向同级党委报告的同时必须向上级纪委报告。各级纪委书记、副书记的提名和考察以上级纪委会同组织部门为主。加强对同级党委特别是班子成员的监督，重点监督落实党风廉政建设责任制、执行"三重一大"制度、遵守廉洁从业和中央八项规定精神等情况。加强自身建设，实现转职能、转方式、转作风，强化监督执纪问责，以更高的标准、更严的纪律要求自己。加强日常管理，强化基础工作，做到情况明、数字准、责任清、工作实、作风正。

（三）完善惩治和预防腐败体系建设协调机制

各职能部门要落实惩治和预防腐败体系建设有关工作责任，相互支持配合。组织人事部门要加强对干部经常性的管理监督；党委宣传机构要抓好党风廉政建设和反腐败宣传教育，强化舆论引导，建设廉洁文化；各业务归口管理部门要不断完善措施，推动管理提升，防范廉洁风险和经营风险；建立健全纪检、监察、审计、法律等有关部门监督协调机制，充分发挥信息共享、协同监督作用，多措并举，增强党风廉政建设和反腐败工作综合效果。逐步建立集团纪委与下属企业所在地方纪检监察机构、司法机关、行政执法机关的协作机制，形成工作合力。

（四）狠抓任务落实，开展监督检查

各级领导要按照"一岗双责"的要求，抓好职责范围内的惩防体系建设有关工作。各部门要按照工作职责，围绕惩防体系建设总目标和要求，细化工作举措，有重点、分步骤地落实有关任务。对阶段性任务，在规定时间内高质量完成；对持续性工作，结合新情况新问题推进提高；对根据新形势新要求充实的工作，及时研究安排。建立工作台账制度，加强跟踪督办，适时组织工作交流，分析存在问题，查找管理漏洞，总结推广经验，促进整体提高。将惩治和预防腐败体系建设纳入落实党风廉政建设责任制检查范围，作为对领导人员综合业绩考核的评价指标。完善督查考核机制和责任追究制度，对抓党风廉政建设和反腐败工作不力，造成不良影响的，严肃追究领导责任。

各所属企业要结合实际制定贯彻落实本意见的实施细则，推动企业党风廉政建设和反腐败工作不断取得新成效。

关于对领导干部进行廉政约谈的暂行办法

第一条 为加强对国机集团各级领导干部的教育和监督，落实党风廉政建设的党委主体责任和纪委监督责任，推进党风廉政建设责任制的落实，促进廉洁从业，根据《中国共产党党内监督条例（试行）》和《中国机械工业集团有限公司党风廉政建设责任制实施办法》，制定本办法。

第二条 本办法所称廉政约谈，是指国机集团各级纪检监察机构针对所监督的领导干部在党风廉政建设方面存在的问题和群众反映的有关问题，采取正式谈话的方式予以调查核实或者进行警示提醒并督促纠正的一种监督措施。

第三条 廉政约谈遵循惩前毖后、治病救人，实事求是、教育为先、抓早抓小、防微杜渐的原则，坚持严肃查处和有效预防相结合、严格管理和教育帮助相结合、提高认识和认真纠错相结合，促进领导干部廉洁从业、遵纪守法、为人表率。

第四条 国机集团廉政约谈对象，可以是国机集团直接管理的干部，也可以是所属企业管理的各级领导干部。

第五条 廉政约谈分为工作约谈、责任约谈、信访约谈和廉洁约谈四种形式。

（一）工作约谈。针对所在企业（部门）信访举报比较集中，或者短时间内实名举报、越级举报较多（不含重复件）的，可以对企业（部门）党政主要领导或纪委书记进行工作约谈。

（二）责任约谈。针对所在企业（部门）发生严重违法违纪案件，造成不良影响，或者日常工作中发现领导干部在贯彻落实党风廉政建设的决策部署、履行“一岗双责”方面存在问题，可以对企业（部门）党政主要领导或分管领导进行责任约谈。

（三）信访约谈。在办理信访举报工作中，针对反映领导干部违纪违法问题的举报，需要采取谈话方式予以调查核实或者进行警示提醒的，可以对其进行信访约谈。

（四）廉洁约谈。针对在监督检查、巡视、审计等工作中，发现领导干部在作风建设、廉洁自律等方面存在违反相关规定的问题，情节轻微，不需要立案查处的，可以对其进行廉洁约谈。

在问题线索调查和案件检查过程中的有关约谈，依据相关规定进行。

第六条 廉政约谈由纪检监察机构组织实施，须履行相关审批程序。

第七条 约谈时，约谈人应当不少于两人。主谈人一般为纪委书记或纪委副书记。可根据需要通知组织人事部门参加。

第八条 对领导干部的廉政约谈，应当按照下列程序进行：

（一）凡需进行廉政约谈的，由纪检监察机构按照干部管理权限提出，填写“约谈呈报审批表”（附件1），阐明约谈事由，报纪委书记批准，必要时报党委书记批准。

（二）批准后，由纪检监察机构向约谈对象下发“约谈通知书”，告知其约谈时间、地点。

（三）约谈人按照要求与约谈对象进行谈话。

第九条 廉政约谈的主要内容包括：

（一）向约谈对象说明谈话原因，指出其存在问题或者需要核实了解的问题。

（二）约谈对象对有关问题如实进行回答，作出说明。

（三）约谈人针对约谈对象存在的问题，对约谈对象提出要求。

对约谈对象提出整改要求或者要求约谈对象对有关问题进行书面说明的，应告知约谈对象提交材料的时间期限及提交方式。

第十条 对领导干部进行廉政约谈，应当告知其所在单位党组织主要负责人。

第十一条 对领导干部进行廉政约谈，应当制作约谈笔录，经约谈对象签字确认后存档备查。

第十二条 廉政约谈结束后，纪检监察机构应当采取适当方式，对约谈对象存在问题的整改情况进行监督。

（一）对进行工作约谈、责任约谈的约谈对象，发现其存在态度不端正、认识不到位、整改不及时或敷衍应付等情形的，应当进行批评教育，并责令限期改正，对拒不改正的，按照相关规定和程序予以组织处理或纪律处分。

（二）对于进行信访约谈、廉洁约谈的约谈对象，发现其确实存在违纪违法问题，需要予以诫勉谈话的，按照规定进行诫勉谈话；需要立案调查的，按照案件调查的有关规定处理。

第十三条 约谈人应当遵守以下纪律要求：

（一）约谈前做好谈话准备，并根据反映或发现的问题，列出谈话提纲。

（二）遵守相关程序规定，不得谋取私利或打击报复。

（三）严格遵守保密规定，不得对外泄露约谈内容。

（四）与约谈对象有直接利害关系的，应当回避。

第十四条 约谈对象应当遵守以下纪律要求：

（一）按照约定时间、地点接受约谈，不得借故推诿、拖延。

（二）如实作出解释和说明，不得隐瞒、编造、歪曲事实。

（三）按照要求提交书面说明或整改报告。

第十五条 本办法由国机集团纪委负责解释。

第十六条 本办法自2015年1月1日起实行。

附件：1. 廉政约谈呈报审批表

2. 约谈通知书

附件 1

廉政约谈呈报审批表

约谈对象姓名		约谈类别	
单位及职务			
约谈时间		约谈地点	
约谈事由			
约谈内容			
纪检监察部门意见	签名： 年 月 日		
领导批示			
约谈情况记录	承办人： 年 月 日		
备注			

附件 2

约谈通知书

（ ）第 ___ 号

________ 同志：

依据《中国机械工业集团有限公司纪委关于对领导干部进行廉政约谈的暂行办法》，请你在 ____ 年 __ 月 __ 日到 ___________ 接受 _________ 约谈。

年 月 日

联系电话：

中国机械工业集团科学技术奖奖励办法（2014年修订）

第一章 总 则

第一条 为奖励在机械工业科研开发、技术创新、勘察设计、工程承包、工程施工、高新技术产业化等科技工作中做出突出贡献的科技人员和单位，鼓励机械工业广大科技工作者的积极性和创造性，促进机械工业科学技术的进步和发展，根据《国家科学技术奖励条例》和《社会力量设立科学技术奖管理办法》的有关规定，制定本办法。

第二条 中国机械工业集团科学技术奖是经国家科学技术部批准，在国家科技奖励主管部门注册，由中国机械工业集团有限公司（以下简称国机集团）面向全国机械行业设立的奖项。

第三条 为维护奖励的严肃性和权威性，中国机械工业集团科学技术奖奖励工作实行公开、公平、公正原则，其评审和表彰工作不受任何组织或个人的不当干预。

第四条 中国机械工业集团科学技术奖，每年评审、奖励一次。

第五条 本办法适用于中国机械工业集团科学技术奖评选的推荐、评审、授奖等有关活动。

第二章 奖励范围和申报条件

第六条 下列机械工业科技成果可以申报中国机械工业集团科学技术奖：

（一）科技发明成果；

（二）推动科技进步的应用开发成果；

（三）实现高新技术成果转化和产业化效果明显的成果。

下列科技成果不得申报：

（一）涉及国防、国家安全领域的保密项目；

（二）已获省部级以上科技奖励项目或同年度申报其他省部级以上奖项的项目；

（三）已经申报过本奖项（无论是否获奖），没有新的重大改进和提高的项目；

（四）仅依赖个人经验和技能、技巧又不可重复实现的技术；

（五）有争议的项目。

第七条 中国机械工业集团科学技术奖申报条件

（一）科技发明成果应当同时具备以下条件：

1.技术成果是国内外所没有的，或者虽然国内外已有但其相关技术内容尚未在国内外公开发表，也未曾公开使用；

2.具有显著的技术特点和明显的技术进步，与已有同类技术相比，技术经济指标优于同类技术；

3.经两年以上实践，证明可以应用并取得良好效果；

4.已申请国家发明专利。

（二）推动技术进步的应用开发成果包括：

1.为提高生产力水平而进行的研究、开发、试验所产生的具有实用价值的新技术、新产品、新工艺、新材料；

2.工程总承包中，推广应用高新技术在出口方面作出重要贡献的，或是在工程总承包中探索出的、有理论基础又有创新的，且经实践经验证明能指导工程承包活动的先进管理方法、流程、软件等；

3.在勘察设计、施工活动中，采用先进的工艺、设备、材料和技术，并有新的突破，在节省能源、环境保护和降低成本等方面有明显效果，并经过实践检验，综合经济效益比已建成的同类型项目有明显提高。

推动技术进步的应用开发成果应当具备下列条件：

1.技术上有重要创新，解决了行业发展中的关键技术问题，对推动行业进步有显著作用；

2. 项目经两年以上生产应用，实现了技术创新的市场价值或社会价值，为本行业发展做出重大贡献；

3. 原则上近五年内通过技术鉴定、验收或技术评估的项目。

（三）实现高新技术成果转化和产业化效果明显的成果应具备以下条件：

1. 在本行业技术水平国内领先；

2. 在本专业技术领域得到广泛应用；

3. 在本行业对技术进步产生了较大影响，取得重大经济效益或社会效益。

第三章 主要完成人与主要完成单位

第八条 评奖项目主要完成人与主要完成单位的条件

（一）项目主要完成人应当具备下列条件之一：

1. 提出、确定或实施项目的总体技术或设计方案，为项目完成在技术上起决定性作用者；

2. 关键技术和疑难问题以及系统管理方面重大创新的直接贡献者；

3. 在成果转化和推广应用中做出创造性贡献者；

4. 在科研开发、设计、试验、工程化、产业化等方面做出重要贡献者。

（二）项目主要完成单位是指在科技成果的研制、开发、推广应用过程中提供技术、设备、资金和人员等条件，对项目的完成起到组织、协调作用的主要单位，或在工程完成过程中起决定性作用的承建单位。

第九条 本办法对单项授奖人数和授奖单位数实行限额。

1. 特等奖项目主要完成人不超过 35 人，单位不超过 15 个；

2. 一等奖项目主要完成人不超过 15 人，单位不超过 10 个；

3. 二等奖项目主要完成人不超过 10 人，单位不超过 7 个；

4. 三等奖项目主要完成人不超过 5 人，单位不超过 5 个。

第四章 评审机构与评审程序

第十条 中国机械工业集团科学技术奖评审机构为中国机械工业集团科学技术奖评审委员会，日常办事机构为中国机械工业集团科学技术奖励办公室。中国机械工业集团科学技术奖评审委员会负责中国机械工业集团科学技术奖的评审工作，奖励办公室负责奖励评审的组织、申报材料的形式审查及其他日常工作。

第十一条 中国机械工业集团科学技术奖采用专家会议评审制。

第十二条 评审委员会委员实行聘任制，每届任期为两年。评审委员会委员每届由 15—25 人组成，从专家库（专家库按专业分类建立）中挑选专家按专业聘任，负责评审工作，出具评审报告，提交评审结果。

第十三条 评审委员会按专业分设若干评审小组，评审小组负责本专业组项目的初评和推荐出特等奖及一、二、三等奖项目。

第十四条 专家会议评审采用无记名投票方式进行，有效投票数不得少于应到评审委员数的五分之四。评审专家为报奖项目完成人，在讨论和表决该项目时应回避，该专家不计入应到人数。

第十五条 评审委员会专家库成员资格：

（一）教授级高工或在本行业作出重要贡献的高级工程师；

（二）对所评项目所属领域有丰富的专业理论知识和实践经验，熟悉国内外该领域技术发展的状况；

（三）具有良好的职业道德和品质。

第十六条 评审委员会委员在评审过程中应保持独立、客观、公正，对出具的意见与报告负责；对评审项目的评审情况和技术严格保守秘密，不能以任何方式泄露、剽窃评审项目的技术成果。

第五章 奖励等级与标准

第十七条 中国机械工业集团科学技术奖励等级和标准

中国机械工业集团科学技术奖设特等奖、一等奖、二等奖、三等奖。

（一）特等奖项目：应达到国际先进水平（需提供国家确认的查新单位出具的查新报告），技术难度特别大，或在系统管理方面有特别重大创新，工程复杂程度特别大，项目对促进行业科技进步或国民经济建设具有特别重大作用，经实践验证有特别重大的经济效益和社会效益；

（二）一等奖项目：应达到或接近国际先进

水平（需提供国家确认的查新单位出具的查新报告），技术难度很大，或在系统管理方面有重大创新，工程复杂程度大，项目对促进行业科技进步或国民经济建设具有重大作用，经实践验证有重大经济效益和社会效益；

（三）二等奖项目：应达到国内领先水平，技术难度大，或在系统管理方面有较大创新，工程复杂程度较大，对促进行业科技进步或国民经济建设有较大作用，经实践验证有显著经济效益和社会效益；

（四）三等奖项目：应达到国内先进水平，有一定技术难度，对促进行业科技进步或国民经济建设有一定作用，经实践验证有较大经济效益和社会效益。

第六章　申报要求和方式

第十八条　申报要求

（一）独家完成的项目由单位组织申报；

（二）两个或两个以上单位合作完成的项目，由主持单位与其他完成单位协商一致后，由项目主持单位组织申报；

（三）个人项目，需有5名以上具有高级技术职称（其中需有3名非本单位）的专家书面推荐后，由个人申报。如该项目完成人是在职人员，需项目完成人所在单位提供同意个人申报证明。

第十九条　申报中国机械工业集团科学技术奖需填写《中国机械工业集团科学技术奖推荐书》，并附以下附件：

（一）知识产权证明（复印件）；

（二）技术评价证明及国家法律法规要求审批的批准文件（技术鉴定证书、验收报告或评估报告、批准文件，复印件）；

（三）应用证明（已获经济效益证明、用户使用或社会效益证明，原件）；

（四）科技成果查新报告（特等奖及一等奖项目查新范围要求为国内外）；

（五）其他有关证明材料。

推荐书一式五份，附件一式两份按上述顺序排列独立装订成册。

第二十条　申报方式

中国机械工业集团科学技术奖申报日期为每年的年初至3月底。申报者应于每年3月底前将申报材料报送或邮寄（以邮戳为准）到中国机械工业集团科学技术奖励工作办公室，逾期者本年度不得参加评审。

第七章　异议处理和授奖

第二十一条　为提高中国机械工业集团科学技术奖的评审质量，贯彻评审工作的公开、公平、公正的原则，接受社会和行业的监督，中国机械工业集团科学技术奖实行公示和异议制度。

第二十二条　中国机械工业集团科学技术奖评审结果将在国机集团网站（www.sinomach.com.cn）及有关媒体上公示。

自公示之日起30天内为异议期。异议期内，任何单位或个人均可对获奖项目中的弄虚作假、剽窃等问题，向中国机械工业集团科学技术奖励工作办公室提出书面异议。异议书应包括以下内容：

1. 异议内容及有关异议的事实依据；

2. 以单位名义提出异议的，应写明单位名称、法人、联系人、通信地址、联系电话和传真，并加盖单位公章；

3. 以个人名义提出异议的，应签署本人真实姓名（签字）、身份证号码，并写明通信地址、联系电话。

第二十三条　由中国机械工业集团科学技术奖励工作办公室负责调查并提出处理意见，相关单位和个人应积极配合。

第二十四条　异议期满后，中国机械工业集团科学技术奖评审结果报国机集团总经理办公会批准。由国机集团领导向获奖单位及个人颁发奖金及证书，并从获奖项目中择优推荐申报国家科学技术奖励。异议未处理完毕的项目，不予授奖。异议处理完毕的项目，将按处理意见办理。

第二十五条　中国机械工业集团科学技术奖奖金金额为：特等奖20万元，一等奖10万元，二等奖5万元，三等奖3万元。奖金由国机集团科技奖励基金列支。

第八章　附　则

第二十六条　评奖单位手续不齐全或不符合规定准备资料的，当年不予受理评奖。

第二十七条　获奖项目如发现有弄虚作假或剽窃他人成果者，经查属实，撤销其奖励，退回奖金、荣誉证书，两年内不得参加评奖。

第二十八条 本办法由中国机械工业集团科学技术奖励办公室负责解释。

第二十九条 本办法自2014年1月1日起施行，原《中国机械工业集团科学技术奖奖励办法》（国机科〔2009〕763号）同时废止。

中国机械工业集团有限公司安全生产责任目标考核办法（2014年修订）

第一条 为进一步强化安全生产目标管理，落实安全生产责任制，控制和减少各类生产安全事故，促进中国机械工业集团有限公司（以下简称国机集团）经营工作和谐稳定发展，根据《中华人民共和国安全生产法》等有关法律法规以及国资委、国机集团制定的有关规章制度，结合国机集团安全生产实际情况，制定本办法。

第二条 安全生产责任目标的考核是以《中华人民共和国安全生产法》等有关法律法规、国机集团颁布的《中国机械工业集团有限公司安全生产管理办法》等有关规章制度及国机集团与各所属企业签订的《年度安全生产责任书》为依据。主要考核各所属企业年度安全生产事故事件控制指标和各项安全生产责任落实完成情况。考核标准按照"中国机械工业集团有限公司安全生产责任目标考核评分表"执行。

第三条 本办法适用于国机集团对各所属企业安全生产责任目标完成情况的考核。

第四条 安全生产责任目标考核工作由国机集团安全生产部具体组织实施，考核结果报安全生产办公室会议评审确定。

第五条 安全生产责任目标的考核，采取自查自评与组织考核相结合、年度考核与平时考核相结合的办法。每年12月1日至次年11月30日为一个考核年度，每年12月5日前各所属企业应将本考核年度安全生产责任目标完成情况自查结果书面报国机集团安全生产部，国机集团安全生产部在12月31日前组织完成考核工作，并对考核结果进行公示和公布。

第六条 考核采取评分制，考核结果分为优秀（A）、良好(B)、合格(C)、轻微不合格(D)、严重不合格(E)五个等级。

考核内容分为安全生产事故事件控制指标（权重40分）、安全生产管理工作指标（权重60分）两部分，满分为100分。各项指标考核采用逐项扣分办法，每项扣分直至该项标准分扣完为止。根据《中国机械工业集团有限公司安全生产管理办法》中企业的监管分类，不同类别的企业安全生产考核结果分别按以下计分标准评定。

一类企业考核结果值在80分（含）以上的为优秀，考核结果值在70分（含）至80分的为良好，考核结果值在60分（含）至70分的为合格，考核结果值在55分（含）至60分的为轻微不合格，考核结果值在55分以下的为严重不合格。

二类企业考核结果值在85分（含）以上的为优秀，考核结果值在75分（含）至85分的为良好，考核结果值在65分（含）至75分的为合格，考核结果值在60分（含）至65分的为轻微不合格，考核结果值在60分以下的为严重不合格。

三类企业考核结果值在90分（含）以上的为优秀，考核结果值在80分（含）至90分的为良好，考核结果值在70分（含）至80分的为合格，考核结果值在60分（含）至70分的为轻微不合格，考核结果值在60分以下的为严重不合格。

四类企业考核结果值在95分（含）以上的为优秀，考核结果值在85分（含）至95分的为良好，考核结果值在75分（含）至85分的为合格，考核结果值在60分（含）至75分的为轻微不合格，考核结果值在60分以下的为严重不合格。

五类企业考核结果值在95分（含）以上的为优秀，考核结果值在90分（含）至95分的为良好，考核结果值在80分（含）至90分的为合格，考核结果值在60分（含）至80分的为轻微不合格，考核结果值在60分以下的为严重不合格。

第七条 考核年度出现以下任何一种情况，采取一票否决制，直接考核为严重不合格：

（一）没有设立专门的安全生产管理机构及按照规定配置专（兼）职安全生产管理人员，安全生产管理机构及人员的配备情况没有在国机集团安全生产办公室备案。

（二）在发生生产安全死亡事故（含境内外分包方生产安全死亡事故）或突发事件时，有迟报、漏报、谎报、瞒报行为。

（三）出现企业人员 2 人（含）及以上生产安全死亡责任事故。

（四）出现较大级及以上生产安全事故；重大特种设备事故；重大火灾事故；重大爆炸事故；重大环境污染事故。（各类事故等级划分标准执行国家颁布的相关法律、法规及规定）。

（五）在一起生产安全责任事故中造成 5 人及以上重伤。

（六）在一起生产安全责任事故中，造成直接经济损失超过 1000 万元人民币。

（七）劳务管理问题突出，发生较为严重的劳务纠纷等群体性突发事件，给国机集团和本企业的声誉和形象造成一定损害。

（八）在考核年度内出现事故累加扣分超过 40 分。

第八条 所属企业发生瞒报一般及以上级别生产安全事故（含境内外分包方生产安全死亡事故）情况，从发现年度起连续两年实行安全生产“一票否决”，直接考核为严重不合格。

第九条 所属企业对上年度考核中反馈的整改问题在本年度内没有完成整改和整改不到位的，按照安全生产管理工作指标相应项进行双倍扣分。

第十条 所属企业在考核年度内，获得省部级、国家级安全生产奖励的、在境内外突发事件应急处置中表现突出的、对于本单位制定的规章制度、操作规程、培训课件和教材等安全生产管理经验积极分享的，将在本年度考核中给予加分奖励。

第十一条 安全生产责任目标的考核结果，纳入国机集团对各所属企业的考核之中。考核结果为优秀的企业可作为国机集团安全生产先进单位候选企业；考核结果为不合格的企业，不得参加国机集团当年度先进单位的评选。

第十二条 本办法由国机集团安全生产部制定、修改、解释和发布。

第十三条 本办法自发布之日起施行。

第十四条 原《中国机械工业集团公司安全生产责任目标考核办法》同时废止。

中国机械工业集团有限公司安全生产责任目标考核评分表

考评项	考 评 内 容	考 评 分 值
1	事故事件控制指标	40 分
	1.1 企业人员发生生产安全死亡责任事故	-15 分至 -25 分 / 人
	1.2 企业人员发生生产安全重伤责任事故	-5 分至 -10 分 / 人
	1.3 企业人员年度新增职业病	-1 分至 -2 分 / 人
	1.4 分包方发生生产安全死亡事故	-4 分 / 人
	1.5 发生生产安全责任事故，造成直接经济损失 损失在 10 － 50 万元（含） 损失在 50 － 100 万元（含） 损失在 100 － 300 万元（含） 损失在 300 － 500 万元（含） 损失在 500 － 1 000 万元（含）	 -3 分 / 起 -5 分 / 起 -10 分 / 起 -20 分 / 起 -30 分 / 起
	1.6 发生生产安全责任事故，未造成严重直接经济损失，但已严重损害企业形象（如在社会上或行业内造成一定的恶劣影响；在媒体、互联网上有过曝光；受到过安监部门的通报批评等）	-10 分 / 起
	1.7 由于明显疏漏，发生公共安全事件，给企业形象造成一定负面影响	-5 分至 -10 分 / 起
2	安全生产管理工作指标	60 分

（续）

考评项	考评内容	考评分值
	2.1 安全生产管理的基本规章制度、办法等的建立符合有关规定要求，并根据企业生产经营实际情况能够逐步健全完善。安全生产标准化达标认证按期完成	8 分
	2.2 建立安全生产责任制，并逐级进行安全生产责任落实分解。建立、健全职业病防治责任制，加强对职业病防治的管理，降低职业病发病率	5 分
	2.3 建立安全生产档案管理责任制，配备专兼职安全生产档案管理人员，安全生产管理记录和事故档案齐全，符合有关规定要求	5 分
	2.4 定期报送安全生产简报、有关信息及事故统计报表；及时参加国机集团安全生产部组织的有关活动	8 分
	2.5 组织开展安全生产自查自纠、互查活动，及时进行整改，并按要求上报自查自纠、互查报告	5 分
	2.6 及时制定、修订生产安全事故及境外突发事件应急预案并报国机集团安全生产部备案；定期组织应急演练	5 分
	2.7 制定安全生产宣传教育培训计划，定期组织安全生产宣传教育及岗位培训；安全生产宣传教育及培训记录齐全	5 分
	2.8 制定年度安全生产投入计划，年度安全生产投入符合有关规定，并得到执行	5 分
	2.9 安全生产组织机构设置和注册安全工程师配备符合有关规定要求	4 分
	2.10 安全生产主要过程控制符合有关规定，相应规章制度、办法、操作规程等及时制定并有效执行 2.10.1 总承包类型企业对分包方选择、分包方管理、施工现场安全生产过程控制符合有关规定 2.10.2 生产制造类型企业新建、改建、扩建、维修、技改项目、“四新”项目的“三同时”管理符合要求，审查、备案、实施、验收过程得到有效控制；重大危险源监控措施有效；无“三违”情况发生；危险化学品贮存、特种设备检测符合有关规定 2.10.3 贸易、服务等类型企业消防、安保设备设施齐全，运输、仓储等活动符合安全生产有关规定	10 分
	奖励项	
	1．获得省部级、国家级安全生产管理奖励	+2 分 / 项
	2．在境内外突发事件应急处置中表现突出	+2 至 +3 分
	3．分享安全生产规章制度、操作规程、培训课件及教材等安全生产管理经验	+0.5 至 +2 分

注：1. 直接经济损失的统计范围执行《企业职工伤亡事故经济损失统计标准》（GB6721—1986）。

2. 生产安全事故等级划分标准执行《生产安全事故报告和调查处理条例》（国务院令第 493 号）。

3. 事故伤害程度分类执行《企业职工伤亡事故分类标准》（GB6441—1986）。

第五篇

荣誉汇编

2014年全国及省部级，中央企业和国机集团先进集体及先进个人

中国机械工业集团有限公司主要排名及荣誉

一、主要排名

1. 综合排名

世界500强企业第288位

中国企业500强第56位

2. 机械行业排名

中国机械工业100强第1位

3. 对外贸易额排名

中国对外贸易企业500强第14位

4. 汽车贸易和服务

中国最大的汽车贸易和服务商

5. 机械工业进出口贸易

中国机械工业最大的进出口贸易企业

6. 国际工程承包排名

ENR“全球250家最大国际工程承包商”第27位

ENR“国际工程设计企业225强”第62位

7. 国务院国资委考核

2014年度中央企业负责人经营业绩考核A级企业

二、主要荣誉

中国工业行业履行社会责任五星级企业

2014“金蜜蜂企业社会责任·中国榜”，获“金蜜蜂企业”称号

全国及省部级，中央企业和国机集团先进集体及先进个人

一、全国先进集体

1. 全国工人先锋号

中国汽车工业工程公司涂装工程院

合肥通用机械研究院控股公司特材公司“特材军工班组”

2. 全国五四红旗团委

中国第二重型机械集团检测中心团委

3. 全国青年安全生产示范岗

北京起重运输机械设计研究院起重工程部

中国第二重型机械集团重机厂装配二班

4. 全国青年文明号

中国联合工程公司电力工程设计研究院热机设计室

5. 全国巾帼文明岗

天津电气院研发中心科研办公室

第一拖拉机股份有限公司第三装配厂内饰车间后机罩班

6. 全国“安全生产月”优秀活动单位

中国海洋航空集团有限公司

7. 全国安全管理标准化示范班组

江苏苏美达五金工具有限公司所属动力产品公司机加工中心线

二、全国先进个人

1. 全国五一劳动奖章获得者

黄进春　中国重型机械研究院股份公司

2. 全国五一巾帼标兵

李智娟、杨桂香　中国一拖集团有限公司

3. 全国科技优秀工作者

刘庆宾　重庆材料研究院有限公司

许　强、史　敏、范志超　合肥通用机械研究院

孙　嫘　中国第二重型机械集团公司铸锻公司

4. 国家中青年科技创新领军人才

张　君　中国重型机械研究院股份公司

陈永东　合肥通用机械研究院

5. 全国青年岗位能手

关科峰　中国一拖集团有限公司

6. 具有突出贡献的中青年专家

田旭东、范志超　合肥通用机械研究院

三、中央企业先进集体

1. 中央企业先进基层党组织

合肥通用机械研究院

2. 中央企业信访工作先进集体

中国第二重型机械集团审计监察部

3. 中央企业五四红旗团委

中国机械设备工程股份有限公司中机国际工程设计研究院有限责任公司团委

中国电器科学研究院有限公司团委

4. 中央企业五四红旗团支部

中国第二重型机械集团公司万航模锻有限责任公司模锻厂团支部

中国联合工程公司第二工业工程设计研究院团支部

5. 中央企业青年文明号

中国机械工业建设集团有限公司德阳安装技师学院学生工作部

中国一拖技术中心电控系统研发组

中国汽车工业工程有限公司工艺工程院

机械工业第六设计研究院有限公司烟草工程所

中工国际工程股份有限公司成套工程二部

四、中央企业先进个人

1. 中央企业优秀共产党员

李继光　中国一拖集团有限公司党委工作部

2. 中央企业优秀党务工作者

章　霞　中国一拖集团有限公司党委工作部

3. 中央企业优秀共青团干部

王　刚　机械工业勘察设计研究院有限公司团委书记

夏婉莹　中国通用机械工程有限公司团委书记

马　超　北京起重运输机械设计研究院团委书记

4. 中央企业优秀共青团员

刘　广　中工国际工程股份有限公司职员

王　翔　国机汽车股份有限公司北京国机隆盛汽车有限公司机修组组长

康铁森　一拖（洛阳）柴油机有限公司技术部试验小组组长

田　凯　天津电气科学研究院有限公司研发中心系统研发部副部长

5. 中央企业青年岗位能手

赵　博　中国农业机械化科学研究院机电技术应用研究所研究室主任

杨佑刚　中国第二重型机械集团公司铸锻公司炼钢车间班长

周　静　江苏苏美达成套设备工程有限公司业务经理

潘建华　合肥通用机械研究院高级工程师

6. 中央企业技术能手

申永化　中国重型机械研究院股份公司

杨永清　江苏苏美达集团有限公司

张　晋　甘肃蓝科石化高新装备股份有限公司

6. 中央企业优秀信访办主任

马　齐　中国第二重型机械集团审计监察部

五、省部级先进集体

1. 陕西省工人先锋号

中国三安建设有限公司

2. 江苏省工人先锋号

江苏苏美达轻纺国际贸易有限公司伊顿品牌发展事业部

3. 江苏省共青团工人先锋号

常林股份有限公司信息中心

4. 首都文明单位（2012—2014 年度）

中工国际工程股份有限公司

国机汽车股份有限公司

5. 陕西省青年文明号

中国三安建设有限公司

6. 四川省青年文明号

中国第二重型机械集团重机厂 FAF260 数控镗床班

7. 河南省青年文明号

第一拖拉机股份有限公司第四装配厂总装车间

8. 安徽省青年文明号

合肥通用机械研究院特种设备检验站青年集体

9. 陕西省五四红旗团委

中国三安建设有限公司

10. 四川省五四红旗团委

中国第二重型机械集团电站轧辊厂团委

中国第二重型机械集团万航模锻有限责任公司团委

11. 河南省五四红旗团委

中国一拖集团有限公司（洛阳）柴油机有限公司团委

12. 江苏省五四红旗团委

江苏苏美达五金工具有限公司团委

13. 四川省五四红旗团支部

中国第二重型机械集团铸锻公司大型铸锻件研究所团支部

中国第二重型机械集团核电石化事业部核电石化容器厂铆焊团支部

14. 上海市优秀青年突击队

中国浦发中机电力土建青年突击队

15. 河南省五一巾帼标兵岗

能源分公司氧气车间运行班组

16. 河南省三八红旗集体

中国一拖集团有限公司资产财务部

17. 全国汽车行业五四红旗团委

中国进口汽车贸易有限公司团委

六、省部级先进个人

1. 四川省优秀共产党员

白树华　中国第二重型机械集团核容事业部

2. 四川省五一劳动奖章获得者

伍茂生　中国第二重型机械集团公司检测中心

3. 河南省五一劳动奖章获得者

金艳丽、张景梅　中国一拖集团有限公司

4. 天津市五一劳动奖章获得者

阮　兵　中国汽车工业工程有限公司

5. 广西壮族自治区五一劳动奖章获得者

刘亮　桂林电器科学研究院有限公司

6. 河南省劳动模范

高中汉、冯春凌、王　峰　中国一拖集团有限公司

7. 上海市劳动模范

梁天生　中国上海浦发机械工业股份有限公司

8. 陕西省优秀共青团干部

贡军武　中国三安建设有限公司

9. 四川省优秀共青团干部

李海龙　中国第二重型机械集团万信公司

唐　科　中国第二重型机械集团机关团工委

10. 广东省省直机关优秀共青团干部

王秋敏　广州机械科学院有限公司

11. 四川省优秀共青团员

李　彬　中国第二重型机械集团铸锻公司

汪　果　中国第二重型机械集团精衡公司

12. 江苏省优秀共青团员

蒋云峰　江苏苏美达集团有限公司

13. 广东省省直机关优秀共青团员

高嘉俊　广州机械科学院有限公司

14. 北京市优秀青年工程师

徐庆才　北京起重运输机械设计研究院

15. 上海市青年岗位能手

计　扬、骆念军　上海浦发机械工业股份有限公司

16. 陕西省青年突击手

王　鑫　中国三安建设有限公司

17. 安徽省青年科技创新奖获得者

朱建新　合肥通用机械研究院

18. 安徽省杰出青年科技创新奖获得者

王永强　合肥通用机械研究院

19. 陕西省科技系统青年岗位能手

赵　杰　中国重型机械研究院股份公司

20. 安徽省优秀科技工作者

许　强、李　江、范志超　合肥通用机械研究院

21. 首届中华国际科学交流基金会 2014 年杰出工程师

杨拉道　中国重型机械研究院股份公司

七、国机集团先进单位、先进个人及单项奖，以及首席专家、首席技师

（一）先进集体

1. 先进单位

中工国际工程股份有限公司

江苏苏美达集团有限公司

中国联合工程公司

合肥通用机械研究院

国机汽车股份有限公司

中国汽车工业工程有限公司

国机财务有限责任公司

中国电器科学研究院有限公司

中国机械工业建设集团有限公司

2. 单项奖励

保增长突出贡献奖　中国机械设备工程股份有限公司

重大科技创新奖　合肥通用机械研究院

科技创新奖　中国中元国际工程有限公司、中国汽车工业工程有限公司、中国农业机械化科学研究院

业务转型升级创新奖　中国重型机械有限公司、广州机械科学研究院有限公司

持续快速增长奖　北京起重运输机械设计研究院

业务协同贡献奖　中国机械设备工程股份有限公司

安全生产奖　中国海洋航空集团有限公司

3. 国机集团青年文明号（2013—2014 年）

中国机械设备工程股份有限公司第四工程成套事业部白俄罗斯别列佐夫和卢克木里电站

项目部

中国机械设备工程股份有限公司中国电力工程有限公司埃塞俄比亚莱比垃圾发电站项目部

中国机械设备工程股份有限公司中国成套工程有限公司赞比亚项目部

中国机械设备工程股份有限公司中机国际工程设计研究院设备与自动化工程所

中工国际工程股份有限公司电力工程部

中国福马机械集团有限公司林海集团公司联海动力整车工场流水线

中国福马机械集团有限公司宁夏振启光伏发电公司生产技术部

中国福马机械集团有限公司工程贸易事业本部营销业务一部

中国海洋航空集团有限公司安徽今辰医药有限公司药品配送保障小组

中国地质装备集团有限公司衡阳中地装备探矿工程机械有限公司技术中心钻机项目组

中国机械工业建设集团有限公司总承包工程事业部

中国通用机械工程有限公司青年助残志愿服务队

中国自动化控制系统总公司第二工程事业部

国机重工（洛阳）有限公司工机公司产品开发部

国机重工常林股份有限公司装载机研发所

国机汽车股份有限公司中国进口汽车贸易有限公司业一部

国机汽车股份有限公司中国进口汽车贸易有限公司业务三部

国机汽车股份有限公司中国进口汽车贸易有限公司业务二部

中国汽车工业国际合作有限公司展览三部

中国汽车工业国际合作有限公司展览四部

国机资产管理公司资产管理部

中国农业机械化科学研究院北京卓众出版有限公司汽车（传媒）一部

中国农业机械化科学研究院中国包装和食品机械上海公司

中国农业机械化科学研究院洛阳中收机械装备有限公司技术中心玉米组

中国中元国际工程有限公司建筑工程设计研究院（海外工程设计中心）建筑工程一所

北京起重运输机械设计研究院索道工程部项目室

中国第二重型机械集团公司铸锻公司三金工车间 DL250 数控车床班组

中国第二重型机械集团公司重型机械工程公司重机厂 FAF260 数控镗床班组

中国第二重型机械集团公司核电石化事业部核电容器厂技术服务组

中国一拖集团有限公司第一拖拉机股份有限公司锻造厂技术部

中国一拖集团有限公司第一拖拉机股份有限公司齿轮厂小齿车间车工组

中国一拖集团有限公司一拖（洛阳）福莱格车身有限公司技术中心

江苏苏美达集团有限公司信息管理部软件开发部

江苏苏美达轻纺国际贸易有限公司伊顿品牌发展事业部

江苏苏美达五金工具有限公司江苏辉伦太阳能科技有限公司测试中心

国机精工有限公司郑州磨料磨具磨削研究所有限公司制品三部

中国联合工程公司本部能源与环境工程公司采购管理部

中国联合工程公司中机中联工程有限公司市政环保设计院

中国联合工程公司中联西北工程设计研究院有限公司华易建筑设计研究所

机械工业第六设计研究院有限公司 BIM 技术应用推广中心

机械工业第六设计研究院有限公司第六工程院医卫工程所

机械工业第六设计研究院有限公司第五工程院综合民用一所

沈阳仪表科学研究院有限公司沈阳汇博热能设备有限公司工程技术部

合肥通用机械研究院压力容器与管道技术基础研究部腐蚀实验室

合肥通用机械研究院合肥通用机电产品检测院

合肥通用机械研究院军品生产部军用电子设备冷却团队

甘肃蓝科石化高新装备股份有限公司海洋装备研究部 3D 室

天津电气科学研究院有限公司系统工程二公司

中国电器科学研究院有限公司嘉兴威凯检测技术有限公司小家电试验室

广州机械科学研究院有限公司机械工业汽车零部件产品质量监督检测中心

广州机械科学研究院有限公司机械工业油品检验评定中心

重庆材料研究院有限公司特种合金部化学分析组

中国重型机械研究院股份公司板带轧制装备研究所

4. 国机集团青年安全生产示范岗（2013—2014 年）

中工国际工程股份有限公司白俄罗斯 40 万 t 纸浆厂项目组

中国福马机械集团有限公司镇江中福马机械有限公司金结构车间焊接工段

中国海洋航空集团有限公司上海东海华庆工程有限公司 ES4 单元新建雨水泵站工程项目经理部

中国地质装备集团有限公司无锡钻探工具厂有限公司钻杆车间

中国机械工业建设集团有限公司天津中北项目部

中国通用机械工程有限公司阳江核电厂一期工程 5.6 号机组 LOT8 项目组

中国自动化控制系统总公司第四工程事业部

国机重工常林股份有限公司总装车间流水线

国机汽车股份有限公司北京国机隆盛汽车有限公司钣喷车间喷漆组

中国汽车工业国际合作有限公司贸易三部

中国农业机械化科学研究院新疆中收农牧机械公司乌鲁木齐威斯特剪毛设备有限公司机械加工车间

中元国际工程设计研究院办公楼改扩建工程项目部

北京起重运输机械设计研究院起重工程部

中国一拖集团有限公司第一拖拉机股份有限公司第四装配厂综加车间

国机精工有限公司郑州磨料磨具磨削研究所有限公司磨盘制造部成型组

中国联合工程公司机械工业勘察设计研究院有限公司测量监测公司

中国汽车工业工程有限公司中汽（天津）汽车装备有限公司机加车间加工中心班组

机械工业第六设计研究院有限公司河南建设大厦项目监理部

沈阳仪表科学研究院有限公司国家仪器仪表元器件质量监督检验中心

合肥通用机械研究院特种设备检验站石化装置风险评估（RBI）项目组

洛阳轴研科技股份有限公司精密轴承事业部磨工车间

天津电气科学研究院有限公司天津天传新能源电气有限公司生产部

中国电器科学研究院有限公司广州擎天实业有限公司电气控制分公司技术部

广州机械科学研究院有限公司设备润滑与检测研究所检测部

济南铸造锻压机械研究有限公司高端汽车纵梁成套装备公司班组

（二）先进个人

国机集团青年岗位能手（2013—2014 年）

袁明拓　中国机械设备工程股份有限公司财务总部税务管理员

卞华永　中国机械设备工程股份有限公司第八工程成套事业部区域二部乍得现场负责人

凌　辰　中国机械设备工程股份有限公司中国电力工程有限公司翻译

赵云鹤　中国机械设备工程股份有限公司中国成套工程有限公司安哥拉项目部商务代表

李　克　中国机械设备工程股份有限公司中机国际工程设计研究院有限责任公司规划建筑设计师

张　卓　中工国际工程股份有限公司成套工程七部高级项目经理

李　欣　中工国际工程股份有限公司法律部总经理助理

倪　明　中国福马机械集团有限公司江苏林海动力机械集团公司认证工程师

胡全龙　中国福马机械集团有限公司苏州苏福马机械有限公司电焊工

李　欢　中国福马机械集团有限公司镇江中福马机械有限公司设计师

邱振海　中国海洋航空集团有限公司上海海虹实业（集团）巢湖今辰药业有限公司工艺工程师

沈博智　中国地质装备集团有限公司衡阳中地装备探矿工程机械有限公司技术中心工程师

余　进　中国地质装备集团有限公司重庆探矿机械厂钳工

苏照宇　中国机械工业建设集团有限公司电力工程第二事业部商务部副处长

祁迎春　中国机械工业建设集团有限公司电力工程第一事业部项目开发处副处长

胡　欣　中国机械工业建设集团有限公司交通工程事业部项目开发处处长

严元培　中国机床销售与技术服务有限公司业务员

李　珂　中国重型机械有限公司高级项目经理

韩　菲　中国通用机械工程有限公司第五工程事业部副经理

马韶尉　中国自动化控制系统总公司第二工程事业部大客户经理

胡　平　国机重工（洛阳）有限公司产品工艺员

钱　扬　国机重工常林股份有限公司业务主任

张红霞　国机重工四川长江工程起重机有限责任公司工程师

孟宪策　国机汽车股份有限公司中国进口汽车贸易有限公司业务二部业务经理

孙力南　国机汽车股份有限公司北京中进道达汽车有限公司技术主管

杨　静　国机汽车股份有限公司中国进口汽车贸易有限公司综合管理部业务经理

崔　楠　中国汽车工业国际合作有限公司展览二部项目经理

李　凯　中国汽车工业国际合作有限公司国机联创展览部经理

赵　博　中国农业机械化科学研究院机电技术应用研究所研究室主任

李　诺　中国农业机械化科学研究院中机建筑工程有限公司预算部部长

史晓蕾　中国农业机械化科学研究院中机十院国际工程有限公司高级工程师

张向荣　中国中元国际工程有限公司民用建筑设计研究院建筑工程二所所长助理

张　玉　北京起重运输机械设计研究院技术中心职员

吴晓光　北京起重运输机械设计研究院索道工程部职员

张军宝　中国第二重型机械集团公司铸锻公司大型铸锻件研究所工艺员

翟永康　中国第二重型机械集团公司精衡传动设备有限公司机械加工工艺员

陈弟伦　中国第二重型机械集团公司万路运业有限公司工程物流分公司上海办事处主任

高　斌　中国一拖集团有限公司第一拖拉机股份有限公司第三装配厂分装车间调试班班长

邱花深　中国一拖集团有限公司一拖（洛阳）柴油机有限公司用户服务部站务管理科副科长（挂职）

白孝俊　中国一拖集团有限公司第一拖拉机股份有限公司锻造厂技术部技术主管

刘　震　苏美达国际技术贸易有限公司第一机电事业部部长

于　雷　江苏苏美达船舶工程有限公司业务二部项目经理

丁沙野　江苏苏美达成套设备工程有限公司国际工程事业部业务经理

杨　威　国机精工有限公司郑州磨料磨具磨削研究所有限公司项目组组长

何　佳　国机精工有限公司中国机械工业国际合作有限公司材料二部总经理

包晓兵　中国联合工程公司本部规划市政设计研究院设计师

张兴杰　中国联合工程公司中机中联工程有限公司中机建筑结构专业副总工程师

刘　涛　中国联合工程公司中联西北工程设计研究院有限公司绿色建筑研究所所长助理

景胜春　中国汽车工业工程有限公司涂装工程院项目经理

王志平　中国汽车工业工程有限公司工艺工程院项目经理

周　徽　中国汽车工业工程有限公司工程师

化银锋　机械工业第六设计研究院有限公司第八工程院高级工程师

栗玉峰　机械工业第六设计研究院有限公司第三工程院副所长

毛朝亮　机械工业第六设计研究院有限公司第一工程院工程师

李　秋　沈阳仪表科学研究院有限公司汇博热能公司工程技术部二部部长

孔韦海　合肥通用机械研究院特种设备检验站副站长

鲍洋洋　合肥通用机械研究院合肥通用机电产品检测院压缩机实验室副主任（主持工作）

周俊海　合肥通用机械研究院合肥通用环境控制技术有限责任公司制冷空调事业部部长助理

哈国涛　甘肃蓝科石化高新装备股份有限公司生产部副工段长

张　富　甘肃蓝科石化高新装备股份有限公司经营部工程处技术人员

武攀峰　洛阳轴研科技股份有限公司微型轴承制造部车工

张青山　洛阳轴研科技股份有限公司主轴事业部数控车工

吴　迪　天津电气科学研究院有限公司系统工程一公司工程师

张　政　中国电器科学研究院有限公司武汉计算机外部设备研究所技术员

陈　立　中国电器科学研究研究有限公司威凯检测技术有限公司公共测试部副部长

杨　塑　中国电器科学研究院有限公司采购中心核价员

李吉明　广州机械科学研究院有限公司研发工程师

潘　凯　济南铸造锻压机械研究有限公司汽车纵梁公司员工

周建杰　济南铸造锻压机械研究有限公司制造公司班组副班长

何曲波　重庆材料研究院有限公司科研人员

奉　献　重庆材料研究院有限公司工人

贾喜庆　成都工具所有限公司主任工程师

王文学　中国重型机械研究院股份公司冶金装备研究所工程师

罗加悦　桂林电器科学研究院有限公司研发中心实验员

（三）国机集团首席专家

为加强国机集团高层次科技人才队伍建设，国机集团从2013年年中开始着手制定“首席专家”制度，至2014年1月完成。经过近3个月遴选，最终选出5名国机集团第一批首席专家，聘期至2017年4月。

首席专家是国机集团科技人才职业发展通道的重要层级，每届任期3年，任期内将享受与其所在企业领导班子成员相当的待遇。国机集团首席专家名单见表1。

表1　国机集团首席专家名单

序号	姓名	单位	专业领域
1	韩增德	中国农业机械化科学研究院	农业机械
2	杨拉道	中国重型机械研究院股份公司	冶金机械与物流装备
3	关卫和	合肥通用机械研究院	石化通用装备
4	刘跃进	中国地质装备集团有限公司	地质装备
5	李　兵	济南铸造锻压机械研究所有限公司	先进制造装备

（四）国机集团首席技师

根据国机集团人才队伍建设规划，为完善高技能人才成长通道，充分调动高技能人才工作的积极性和创造性，依据《中国机械工业集团有限公司首席技师选拔管理办法》，国机集团于2014年开展了首席技师的首次选拔工作。国机集团首席技师名单见表2。

表2　国机集团首席技师名单

序号	职业（工种）	姓名	性别	出生年月	职业资格等级	参加工作时间	单位
1	焊工	陈浩然	男	1974.09	高级技师	1993.07	中国一拖集团有限公司
2	维修电工	何朝锐	男	1971.06	高级技师	1992.08	中国第二重型机械集团公司
3	机修钳工	王振红	男	1966.08	高级技师	1986.09	中国一拖集团有限公司
4	车工	王　峰	男	1972.10	高级技师	1990.11	中国一拖集团有限公司
5	镗工	肖业刚	男	1958.01	高级技师	1976.08	中国第二重型机械集团公司
6	造型工	齐卫东	男	1966.11	高级技师	1986.08	中国第二重型机械集团公司
7	加工中心操作工	李　正	男	1985.09	技师	2006.07	合肥通用机械研究院
8	工具钳工	刘宏国	男	1975.12	高级技师	1996.08	中国国机重工集团有限公司

2014 年全国、机械行业及省部级科学技术奖

一、国家科学技术进步奖

1. 一等奖

极端条件下重要压力容器的设计、制造与维护 合肥通用机械研究院(第一完成单位)

2. 二等奖

工业工程振动控制关键技术研究与应用 中国中元国际工程有限公司

二、国家技术发明奖二等奖

花生低温压榨制油与饼粕蛋白高值化利用关键技术及装备创制 中国农业机械化科学研究院

三、国家安全生产科技成果三等奖

完整性操作窗口关键技术研究开发与应用 合肥通用机械研究院(第一完成单位)

四、中国机械工业科学技术奖

1. 特等奖

大功率风电机组研制与示范 全国风力机械标准化技术委员会

大型先进压水堆核电核岛设备超大型锻件研制及工程应用 中国第二重型机械集团公司

2. 一等奖

高地隙自走式喷杆喷雾机 中国农业机械化科学研究院、现代农装科技股份有限公司

高速大运量客运索道关键技术及应用 北京起重运输机械设计研究院

大型储油罐射流清洗油泥成套装备的研发应用 合肥通用机械研究院(第一完成单位)

3. 二等奖

饲草生产关键技术装备创新及研发 中国农业机械化科学研究院呼和浩特分院

大型货运站消防工程技术研究与应用 中国中元国际工程有限公司

沈阳鼓风机集团有限公司核泵国产化研发生产基地建设项目 中国联合工程公司、沈阳鼓风机集团有限公司

补偿器性能评价试验技术研究 沈阳仪表科学研究院有限公司

非相似成像光学系统研究及在特种数字影像工程中的应用 沈阳仪表科学研究院有限公司

石油、天然气工业用清管阀(标准号 JB/T 11175—2011)项目 合肥通用机械研究院(第一完成单位)

制冷用空气冷却器标准(标准号 GB/T 25129—2010)项目 合肥通用机械研究院(第一完成单位)

GCK2 低压成套开关设备 天津电气科学研究院有限公司

基于我国服役环境的汽车耐候性关键技术研发与应用 中国电器科学研究院有限公司下属工业产品环境适应性国家重点实验室

《家用和类似用途器具耦合器 第 1 部分:通用要求》等 6 项标准 中国电器科学研究院有限公司下属威凯检测技术有限公司

线式温敏传感器产业化关键技术研究 重庆材料研究院有限公司

4. 三等奖

汽车减振器双激振耐久试验设备开发 长春机械科学研究院有限公司

SLZ-30 型双螺杆高含油油料榨油机 中国农业机械化科学研究院、中机康元粮油装备(北京)有限公司

桥门式起重机安全监控管理系统关键技术研究与应用、架桥机通用技术条件(GBT26470)和架桥机安全规程(GB 26469) 北京兴电国际工程管理有限公司

太重(天津)滨海重型机械有限公司临港重型装备研制基地项目(一期) 中国联合工程公司

印度尼西亚北苏拉威西 2×25MW 燃煤电厂 中国联合工程公司

电力电子式大功率直流母线系统 天津电气科学研究院有限公司

燃气供热系统烟气余热深度利用研究及应用 中国中元国际工程有限公司

十一、江苏省“高新技术产品称号”

BCD1400 砂光锯切生产线 中国福马机械集团有限公司

BCD2400砂光锯切生产线　中国福马机械集团有限公司

日产330m³普通刨花板生产线　中国福马机械集团有限公司

孟加拉国电力部“2014年孟加拉国最佳电厂”　北京中电远方电力技术有限公司

孟加拉玛格丽特双燃料联合循环电站　北京中电远方电力技术有限公司

五、四川省科学技术奖

1. 一等奖

800MN大型模锻压机研制　中国第二重型机械集团公司

2. 三等奖

特大型高压差硫冷器的研制与应用　甘肃蓝科石化高新装备股份有限公司（第二完成单位）

六、陕西省科学技术奖

1. 二等奖

高效喷粉脱硫RH炉外精炼工艺及设备的应用及开发　中国重型机械研究院股份公司

绿色低碳建筑技术集成及在西北地区的综合应用　中联西北工程设计研究院、陕西建工集团总公司、陕西建工第五建设集团有限公司、陕西省科技资源中心

2. 三等奖

有色金属材料反向挤压设备及工艺研究　中国重型机械研究院股份公司

3. 三等奖

超纯水制备站　中联西北工程设计研究院、陕西昕宇表面工程有限公司

七、辽宁省科学技术奖三等奖

数字影像精密反光镜　沈阳仪表科学研究院有限公司

高可靠抗冲击位移传感器　沈阳仪表科学研究院有限公司

八、安徽省科学技术奖三等奖

“湿帘蒸发式冷气机关键技术研究”项目　合肥通用机械研究院(第一完成单位)

九、甘肃省科学技术奖二等奖

“轻质油品纤维液膜精制工艺与设备成套技术的开发”项目　甘肃蓝科石化高新装备股份有限公司

十、天津市科学技术奖三等奖

智能化全数字滤波补偿装置产业化　天津电气科学研究院有限公司

十一、广东省科学技术奖二等奖

高性能橡塑密封关键技术研究及应用　广州机械科学研究院有限公司/广州宝力特液压密封有限公司

十二、山东省科学技术奖二等奖

“层板包扎高压容器剩余寿命评估技术与应用”项目　合肥通用机械研究院(第四完成单位)

2014年全国及行业、省区市优秀工程奖

全国及行业奖项

一、第十二届中国土木工程詹天佑奖

金融街·重庆金融中心　中国中元国际工程有限公司

二、国家优质工程奖、金质奖

1. 金质奖

昆明长水国际机场航空区、飞行区工程　中国中元国际工程有限公司

2. 优质工程奖

中国汽车技术研究中心新院区建设项目科研办公楼工程　中国三安建设有限公司

安阳会展中心会展北楼　机械工业第六设计研究院有限公司

望京SOHO中心T2工程　中国电工北京兴电国际工程管理有限公司

大同市中医医院御东新院工程　北京兴电国际工程管理有限公司

三、中国机械工业科学技术奖

1. 特等奖

12 000t航空级铝合金板材张力拉伸机装备　中国重型机械研究院股份公司

2. 二等奖

郑州煤矿机械集团有限责任公司高端液压支架生产基地建设项目　机械工业第六设计研究院

有限公司

高效喷粉脱硫 RH 炉外精炼工艺及设备的开发与应用　中国重型机械研究院股份公司

3. 三等奖

沈阳机床重大型数控机床生产基地建设项目中小件涂装生产线　机械工业第六设计研究院有限公司

铝及铝合金十二辊型材矫整机　中国重型机械研究院股份公司

ϕ340mm 排管锯机组的开发与关键技术研究　中国重型机械研究院股份公司

四、2014 年度全国工程建设优秀质量管理（小组）三等奖

广州地铁六号线首期（车站设备安装工程 1 标段）安全门 QC 小组　中国机械工业机械工程有限公司

上汽通用五菱项目部 QC 小组　中国机械工业第一建设工程有限公司

三环襄轴工业园项目部地坪质量控制 QC 小组　中国机械工业第二建设工程有限公司

庆华水泥厂项目 QC 小组　中国机械工业第五建设有限公司

五、中国“机械工业优秀工程咨询勘察设计奖”

1. 工程咨询一等奖

洛阳 LYC 轴承有限公司百亿高端轴承产业基地建设项目　中机十院国际工程有限公司

贵州中烟工业有限责任公司遵义卷烟厂易地技术改造项目申请报告　机械工业第六设计研究院有限公司

中煤陕西榆林能源化工有限公司榆林煤机维修制造中心建设项目（一期）可行性研究报告　机械工业第六设计研究院有限公司

川气东送江苏配套管线一期工程——溧高管道工程规划选址论证报告　中机国际工程设计研究院有限责任公司

长沙市中心医院医疗综合楼（含全科医生培训基地）工程可行性研究报告　中机国际工程设计研究院有限责任公司

2. 工程咨询二等奖

甘肃省建设投资（控股）集团总公司工业产业基地可行性研究报告　机械工业第六设计研究院有限公司

郑州煤机格林材料科技有限公司高端铸锻件生产研发基地项目可行性研究报告　机械工业第六设计研究院有限公司

白银龙家丰金属渣综合利用有限公司铜冶炼渣综合利用项目可行性研究报告　中机国际工程设计研究院有限责任公司

3. 工程咨询三等奖

山东轴研精密轴承有限公司重卡轮毂轴承单元及特种精密轴承项目可行性研究报告　中机十院国际工程有限公司

甘肃烟草工业有限责任公司“兰州”高档卷烟制造专线项目申请报告　机械工业第六设计研究院有限公司

华盛江泉集团新建 20 万 t 短流程铸件基地项目可行性研究报告　机械工业第六设计研究院有限公司

辽宁北方精密设备有限公司新建铝合金精密铸造建设项目可行性研究报告　机械工业第六设计研究院有限公司

川气东送江苏配套管线一期工程——溧高管道工程规划选址论证报告　中机国际工程设计研究院有限责任公司

株洲南车时代电气股份有限公司变流器产业化提升项目可行性研究报告　中机国际工程设计研究院有限责任公司

长丰集团有限责任公司汽车电子产业化建设项目资金申请报告　中机国际工程设计研究院有限责任公司

湖南鼎珩智能机械有限公司高性能专用车（桥梁检测车）生产建设项目　可行性研究报告　中机国际工程设计研究院有限责任公司

4. 工程设计一等奖

北京饭店二期改扩建工程　中国中元国际工程有限公司

解放军总医院海南分院　中国中元国际工程有限公司

神华宁煤 400 万 t/a 煤炭间接液化示范项目大件组装厂　中国联合工程公司

核电及化工大型压力容器筒节热处理专用环形罩式电阻炉项目　中国联合工程公司

运河国际旅游综合体一期工程　中国联合工程公司

华亭煤业煤制甲醇废水深度处理及资源化利

用 中联西北工程设计研究院

中投科技现服务外包基地(现更名嘉昱大厦) 中联西北工程设计研究院

郑西客运专线湿陷性黄土区基础工程沉降观测与预测技术研究 机械工业勘察设计研究院有限公司

郑州煤矿机械集团有限责任公司高端液压支架生产基地建设项目 机械工业第六设计研究院有限公司

5. 工程设计二等奖

恩梯恩LYC(洛阳)精密轴承有限公司三代汽车轮毂轴承建设项目 中机十院国际工程有限公司

开封市第一中医院扩建工程 中机十院国际工程有限公司

济南二机床集团有限公司数控机床铸件及机加工项目(3.6万t) 机械工业第六设计研究院有限公司

特变电工(德阳)电缆股份有限公司重大装备用特种电缆生产线技改项目 中机国际工程设计研究院有限责任公司

北京大学第一医院门诊楼 中国中元国际工程有限公司

援老挝国际会议中心 中国中元国际工程有限公司

北京润泽庄苑住宅小区B03区 中国中元国际工程有限公司

上海浦东国际机场DHL航空货运枢纽工程 中国中元国际工程有限公司

沈阳鼓风机集团有限公司核泵国产化研发生产基地建设项目 中国联合工程公司

哈尔滨锅炉厂有限责任公司煤化工、IGCC及大型石化产品技术改造项目 中国联合工程公司

特种合金钢管热态输送多功能热处理连续生产线 中国联合工程公司

双城国际(杭政储出〔2005〕37号地块) 中国联合工程公司、本哈特·温克教授建筑师事务所

西永综保区富士康重庆科技园二期工程 中机中联工程有限公司

玉柴船舶动力股份有限公司柴油机制造项目 中机中联工程有限公司

西安西电电力系统有限公司超特高压直流输电换流阀产业化及新厂区建设项目 中联西北工程设计研究院

秦汉新城规划展览中心 中联西北工程设计研究院

陕西延长石油集团氟硅化工有限责任公司商洛氟硅化工产业园区氟化工一期项目 机械工业勘察设计研究院有限公司

哈尔滨至大连客运专线桥梁基桩JC-1标段桥梁基桩、护坡桩完整性检测 机械工业勘察设计研究院有限公司

6. 工程设计三等奖

安阳会展体育中心会展北楼 机械工业第六设计研究院有限公司

安阳义乌国际商贸城 机械工业第六设计研究院有限公司

四川烟草工业有限责任公司绵阳分厂灾后易地重建技术改造项目 机械工业第六设计研究院有限公司

武汉重型机床集团有限公司发展数控重型、超重型机床实施整体搬迁改造项目 机械工业第六设计研究院有限公司

东方电气集团东方电机控制设备有限公司搬迁扩建项目 中机中电设计研究院有限公司

长沙电机厂有限责任公司整体迁建项目 中机国际工程设计研究院有限责任公司

新疆伊犁哈萨克自治州友谊医院一期病房综合楼工程 中国中元国际工程有限公司

中冶精锻大型多向模锻件及重型装备产业基地 中国中元国际工程有限公司

中关村软件园软件广场-2010改造工程 中国中元国际工程有限公司

北京大学第一医院第一住院部病房楼改造工程 中国中元国际工程有限公司

正泰量测装备生产基地 中国联合工程公司

杭州恒生科技园(一期) 中国联合工程公司

越南(煤头)化肥项目热电站工程 中国联合工程公司

印度尼西亚瑟北苏拉威西2×25MW燃煤电厂 中国联合工程公司

400t核电焊接转子整体起吊及翻身装置 中国联合工程公司

重大装备大型铸锻件国产化技改项目锻造车

间蓄热式加热炉群项目　中国联合工程公司

德阳博力迅电池有限责任公司大容量棱柱形锂离子可充电电池生产制造项目一期工程　中国联合工程公司

特变电工沈变集团特高压交直流输变电装备产业技术升级项目　中国联合工程公司

重庆长寿碧桂园清明坊商业街一期工程　中机中联工程有限公司

江与城 7-5 地块项目（原山）　中机中联工程有限公司

重庆铁马工业集团有限公司铁马集团专用汽车搬迁项目　中机中联工程有限公司

昆明云内动力股份有限公司云内动力工业园项目机体、缸盖铸造，砂、炉料处理车间　中机中联工程有限公司

成都飞机工业（集团）有限责任公司歼-10飞机扩能技改搬迁建设项目　中机中联工程有限公司

中兴（西安）科技园 A-10 地块项目　中联西北工程设计研究院

西安华侨城曲江（一期）中联西北工程设计研究院

西安曲江唐瑞置业有限公司西安·华远海蓝城项目一期岩土工程勘察　机械工业勘察设计研究院有限公司

陕西彬县大佛寺石窟博物馆大佛寺明镜台护栏维修加固岩土工程勘察　机械工业勘察设计研究院有限公司

改建铁路包兰线惠农至银川增建二线工程惠农至青草圈段 GP Ⅲ测量　机械工业勘察设计研究院有限公司

7. 工程勘察一等奖

吴家山电影院旧城改造南片基坑支护设计　中机三勘岩土工程有限公司

8. 工程勘察二等奖

武汉市轨道交通二号线汉口火车站　中机三勘岩土工程有限公司

9. 工程勘察三等奖

福星惠誉·福星城　中机三勘岩土工程有限公司

武汉市轨道交通二号线汉范·范青区间　中机三勘岩土工程有限公司

巢湖华邦世家花园人防地下室基坑支护设计　中机三勘岩土工程有限公司

六、中国“机械工业优秀工程咨询成果、项目管理、总承包奖”

1. 工程咨询成果奖

一等奖

兵团霍尔果斯口岸工业园区 B 区产业发展规划　中国中元国际工程有限公司

二等奖

天津膜天膜科技股份有限公司海水淡化预处理膜及成套设备产业化项目资金申请报告　机械工业规划研究院

上海海洋大学远洋渔业资源调查船项目建议书　中国中元国际工程有限公司

三等奖

北京天桥演艺区战略规划研究报告　中国中元国际工程有限公司

2. 工程项目管理奖

三等奖

昆明新机场建设工程航站楼机电工程项目管理　中国中元国际工程有限公司

老挝万象东昌酒店装修改造工程一期工程　中国中元国际工程有限公司

3. 工程总承包奖

二等奖

北京清河医院能源中心工程承包、昆明新机场货运区工程承包　中国中元国际工程有限公司

三等奖

首钢水钢总医院整体异地搬迁工程门诊医技病房综合楼工程　中国中元国际工程有限公司

七、第五届中国建筑学会优秀暖通空调工程设计奖

1. 一等奖

昆明新机场冷热源供应中心工程　中国中元国际工程有限公司

2. 二等奖

宝石机械渭滨厂区锻造车间余热回收利用系统项目　机械工业第六设计研究院有限公司

北京大学第三医院改扩建项目门急诊医技楼　中国中元国际工程有限公司

北京大学第三医院运动医学楼工程　中国中元国际工程有限公司

北京饭店二期改扩建工程　中国中元国际工

程有限公司

北京协和医院门急诊楼及手术科室楼改扩建工程　中国中元国际工程有限公司

兴化市人民医院新址建设门急诊医技病房综合楼　中国中元国际工程有限公司

3. 三等奖

郑州市第七人民医院易地拆建项目　机械工业第六设计研究院有限公司

北京安贞医院门诊综合楼　中国中元国际工程有限公司

八、中国建筑设计奖

1. 工业建筑奖三等奖

廊坊精雕数控机床制造基地一期　中国中元国际工程有限公司

2. 建筑结构设计奖三等奖

太原重工大型铸锻件国产化研制项目　中国中元国际工程有限公司

3. 优秀给水排水设计奖

一等奖

解放军总医院海南分院　中国中元国际工程有限公司

二等奖

西藏军区总医院综合楼新建工程　中国中元国际工程有限公司

北京经济技术开发区B7生物医药产业园　中国中元国际工程有限公司

4. 室内设计奖三等奖

北京望京新世纪妇儿医院　中国中元国际工程有限公司

九、第二届“龙图杯”全国BIM（建筑信息模型）大赛

1. 设计奖

一等奖

基于BIM的山西古特金铸造有限公司建设项目全生命周期应用　机械工业第六设计研究院有限公司

二等奖

海南省海口市海口塔项目工程　中国中元国际工程有限公司

宇通重工新厂区设计项目关键技术的BIM应用　机械工业第六设计研究院有限公司

三等奖

BIM技术在郑州期货大厦数据中心机房设计中的应用　机械工业第六设计研究院有限公司

2. 应用奖

三等奖

中国北车集团大连机车车辆有限公司大连机车旅顺基地二期建设项目　机械工业第六设计研究院有限公司

十、中国钢结构金奖

宁波环球航运广场（国航二期）工程　中机建（上海）钢结构有限公司

十一、全国优秀焊接工程奖

1. 一等奖

镍矿模块建造项目　中国机械工业机械工程有限公司

TPIL LINE4静态设备及附件制作　中国机械工业第五建设有限公司

2. 优秀奖

伊拉克萨拉哈丁2×630MW燃油气电站工程锅炉钢架叠合大板梁制作项目　中国机械建设重工有限公司

广州风神汽车有限公司郑州工厂公用动力、外网及工位送风管道安装工程　中国机械工业第二建设工程有限公司

赛得利（福建）纤维有限公司原液车间MEI安装工程　中国三安建设有限公司

北京通州老城区供热资源整合玉桥南里锅炉房及管网工程　中国机械工业第四建设工程有限公司

十二、中国机械行业优秀工程项目管理和优秀工程总承包奖

1. 一等奖

宝鸡石油机械有限责任公司搬迁改造建设项目工程项目管理　机械工业第六设计研究院有限公司

2. 二等奖

武汉重型机床集团有限公司发展数控重型、超重型机床实施整体搬迁改造新厂区项目　机械工业第六设计研究院有限公司

十三、中国安装工程优质奖（中国安装之星2013—2014年度）

中国汽车技术研究中心新院区建设项目科研楼办公区机电安装工程　中国三安建设有限公司

芜湖海螺三期2×1 200t/d熟料生产线(B线)

工程机电设备安装工程　中国机械工业第五建设有限公司

十四、中国建筑设备（建筑电气）优秀设计奖一等奖

北京协和医院门急诊楼及手术科室楼改扩建工程　中国中元国际工程有限公司

国家超级计算深圳中心　中国中元国际工程有限公司

省、自治区、直辖市奖项

一、湖南省“工程咨询奖”

1. 一等奖

星沙污水处理厂扩容提质改造项目可行性研究报告　中机国际工程设计研究院有限责任公司

2. 二等奖

湘潭宏大真空技术股份有限公司真空镀膜成套设备扩产项目可行性研究报告　中机国际工程设计研究院有限责任公司

邵阳纺织机械有限责任公司新型纺织机械及新材料装备工业产业升级项目资金申请报告　中机国际工程设计研究院有限责任公司

宁远县九嶷山原铅锌矿区域尾砂综合治理项目可行性研究报告　中机国际工程设计研究院有限责任公司

焦作市利用生活污泥年产 6 万 t 微生物肥料项目可行性研究报告　中机国际工程设计研究院有限责任公司

3. 三等奖

世泰科江钨特种钨（赣州）有限公司钨粉、碳化钨粉生产项目可行性研究报告　中机国际工程设计研究院有限责任公司

水口山经济开发区重金属废水深度处理循环利用工程可行性研究报告　中机国际工程设计研究院有限责任公司

长沙市第一垃圾中转处理场配套废水处理站可行性研究报告　中机国际工程设计研究院有限责任公司

演武坪水厂提质改造工程可行性研究报告　中机国际工程设计研究院有限责任公司

二、北京市优秀工程咨询成果奖

1. 二等奖

北京新机场热电冷三联供方案专项研究报告　中国中元国际工程有限公司

新疆可克达拉市总体规划专题研究报告　中国中元国际工程有限公司

2. 三等奖

第九届中国（北京）国际园林博览会园区绿化景观及相关设施建设项目初设概算审核报告　中国中元国际工程有限公司

三、河南省勘察设计行业创新奖

1. 一等奖

中安花园　中机十院国际工程有限公司

2. 二等奖

四季沐歌太阳能光热利用产业基地，热水器厂房、生活中心、倒班宿舍　中机十院国际工程有限公司

四、福建省土木建筑学会第九届优秀建筑创作奖

1. 二等奖

厦门五缘湾 2013P03 地块建设项目　中元（厦门）工程设计研究院有限公司

厦门轨道一号线莲坂站点地块综合开发建设项目　中元（厦门）工程设计研究院有限公司

2. 三等奖

厦门翔安区同民医院门急诊大楼建设项目　中元（厦门）工程设计研究院有限公司

厦门翔安企业总部会馆二期统建区（B13 ～ B18 地块）建设项目　中元（厦门）工程设计研究院有限公司

厦门银行泉州分行大厦建设项目　中元（厦门）工程设计研究院有限公司

五、浙江省勘察设计奖

中国石油天然气集团公司咸阳石油钢管钢绳厂搬迁改造项目　中国联合工程公司

多蓝水岸小区商业配套项目　中国联合工程公司

太重 (天津) 滨海重型机械有限公司临港重型装备研制基地项目（一期）　中国联合工程公司

阿克苏浙江产业园（南园）核心区道路工程　中国联合工程公司

大河造船厂工业遗存保护（运河国际旅游综合体一期）工程　中国联合工程公司

杭州·国际会议中心智能化　中国联合工程公司

杭氧股份江西制氧机有限公司异地迁建改造项目　中国联合工程公司

六、北京市建筑奖、长城杯

1. 竣工

金质奖

C1-1 # 住宅楼等 8 项　北京兴电国际工程管理有限公司

望京 SOHO 中心 T2 工程　北京兴电国际工程管理有限公司

银质奖

C1-21 # 住宅楼等 9 项　北京兴电国际工程管理有限公司

C1-C1 1 # 定向安置房住宅楼等 5 项　北京兴电国际工程管理有限公司

2. 结构

金质奖

清河小营 C1-1 # 定向安置房住宅楼等 5 项、6 # 拆迁安置房住宅楼等 4 项、36 # 住宅楼等 4 项、33 # 住宅楼等 4 项、38 # 住宅楼等 4 项　北京兴电国际工程管理有限公司

北京英特宜家购物中心大兴项目二期工程　北京兴电国际工程管理有限公司

昌平区中关村科技园昌平园东区三期　北京兴电国际工程管理有限公司

温泉镇工业用地创意产业园　北京兴电国际工程管理有限公司

来广营 B3-1 # 住宅楼等 14 项工程　北京兴电国际工程管理有限公司

中国南方工业研究院项目一期工程　北京兴电国际工程管理有限公司

来广营 B3-1 # 地下车库等 13 项　北京兴电国际工程管理有限公司

银质奖

外交部青年路住宅工程 1 # -8 # 楼　北京兴电国际工程管理有限公司

清河小营 C1 地块 3 标段（5 #、7 #、8 # 楼）北京兴电国际工程管理有限公司

清河小营 C1-8 # 住宅楼等 5 项　北京兴电国际工程管理有限公司

清河小营 C1-12 # 住宅楼等 20 项　北京兴电国际工程管理有限公司

清河小营 C1-8 # -31 # 住宅楼及 2 # 地下车库　北京兴电国际工程管理有限公司

亚洲气候变化监测和预测中心业务楼和高性能计算机房工程　北京兴电国际工程管理有限公司

七、天津市建筑“结构海河杯”

超大型航天器总装测试试验中心科研楼　北京兴电国际工程管理有限公司

八、辽宁省建设工程世纪杯（省优质工程）

沈阳商业城二期　北京兴电国际工程管理有限公司

九、内蒙古自治区“草原杯”工程质量奖

包头华发名流城住宅一期工程　北京兴电国际工程管理有限公司

十、山西省建设工程汾水杯奖（山西省优质工程最高奖）

大同市中医医院御东新院　北京兴电国际工程管理有限公司

十一、山西省优良工程

大同市中医医院御东新院　北京兴电国际工程管理有限公司

十二、河南省装备制造工业科学技术奖一等奖

郑州磨料磨具磨削研究所有限公司

十三、安徽省优秀工程咨询成果奖三等奖

安徽山河矿业装备股份有限公司环保安全型混合动力矿用硬体可移动式救生舱项目资金申请报告　合肥通用机械研究院（第一完成单位）

全国五一劳动奖章获得者风采

2014 年全国五一劳动奖章获得者　黄进春

性　　别：男

出生日期：1960 年 3 月

民　　族：汉族

政治面貌：中共党员

学　　历：大学本科

技术职称：教授级高级工程师

工作单位：中国重型机械研究院股份公司

黄进春自 1982 年参加工作以来，一直在中国重型机械研究院股份公司科研一线从事连铸装

备的研发设计工作，先后负责和参与科研设计、工程开发及引进技术装备管理项目 30 多项，其中主持重大项目 11 项。获国家和省部级科学技术奖7项，专利7项。撰写了数百万字的技术报告、总结和项目立项报告，在国家核心期刊及行业学术会议上发表科技论文 8 篇。是中国重型机械研究院股份公司连铸专业的优秀学术带头人之一。

代表性的项目如下：

1. 参与完成的鞍钢 230mm×1 550mm 双流板坯连铸机项目，获国务院国家重大技术装备成果奖特等奖。参与完成的中国第一台国产化现代化大型板坯连铸机成套项目 —— 攀钢 1 350mm 板坯连铸机项目，获 1995 年中国机械工业科学技术奖特等奖，1996 年国家科学技术进步奖一等奖；该项目经高效化改造后，1999 年又获国家冶金局科学技术进步奖二等奖。

2. 主持完成的宁波建龙（现宁波钢铁）两台双机双流板坯连铸机，工程总投资 8 亿元，有单机设备 285 台（套），设备总重量 7 600 余吨，是当时国内完全国产化的最大规模的板坯连铸工程。

3. 担任总设计师的舞钢 330mm×2 500mm 宽厚板坯连铸机，在与国际知名公司的竞标中成功中标。项目投产后，打破了国外技术垄断，开创了我国自行建设大型特厚板坯连铸机成套工程的崭新历史，提升了国产连铸技术的整体实力。获得中国机械工业集团有限公司科学技术奖一等奖和中国机械工业科学技术奖一等奖，获发明专利 2 项，实用新型专利 4 项。

4. 作为总设计师承担的我国第一套完整的板坯连铸机生产线出口项目 —— 土耳其 TOSYALI 钢厂双流板坯连铸机，为“中国制造”的现代化板坯连铸成套技术装备走出国门开了一个好头。目前，正在主持的伊朗穆巴拉克钢铁公司（MSCO）250mm×2 000mm 双机双流板坯连铸机项目，将为中国重型机械研究院股份公司建立和完善国际工程承包体系及国际项目管理起到示范作用。

黄进春基础理论扎实，技术水平高，团队合作意识强，业绩突出，数年如一日克服家庭和个人的困难，担当多个重大连铸项目负责人，均圆满完成任务。他以高度的敬业精神，带领和指导团队中高级技术人员工作，为中国重型机械研究院股份公司创造了超过 5.5 亿元的产值，开发的新技术和成功经验在国内多个板坯连铸机项目中得到推广应用，创造了巨大的经济效益和社会效益，为我国连铸领域技术进步作出了重要贡献。

2014 年全国五一劳动奖章获得者　张忠模

性　　别：男

出生日期：1964 年 8 月

民　　族：汉族

政治面貌：中共党员

学　　历：本科

技术职称：工程师（正高级）

工作单位：重庆材料研究院有限公司

张忠模自 1984 年参加工作以来，一直奋斗在中国新型功能材料及器件的科研、新产品开发第一线，先后主持国家科技攻关计划、国家 863 计划、科技部科研院所专项资金项目、总装备部军工电子元器件新品开发项目、国家重点新产品项目、重庆市重点科技攻关项目、国机集团科技发展基金项目等省部级以上项目 16 项。

主持研制的电阻型线式温敏报警电缆及元件、热电偶型线式温度传感器、柔性外壳型线式温度传感器及双参数型线式温度传感器均填补了国内空白，达到国际先进水平，打破了国外线式温度传感器在国内的垄断局面。

主持研制的表面温度监测与过温报警系统获国家重点新产品证书，项目成果 2013 年被《科技日报》头版头条报道。

正在从事的热点定位技术研究及多参数线式温度传感器研究处于国际领先水平。研究成果获第 13 届中国专利优秀奖 1 项，省部级科技进步奖二等奖 2 项、三等奖 5 项。获得国家发明专利授权 2 项、国防专利授权 1 项，另有申请专利多项。

研究成果在 30 余家大型煤化工企业得到广泛应用，并在光伏、火电、储煤仓、机车中得到推广，部分出口海外，实现总产值近 2 亿元。研制的双参数线式温度传感器应用于国防重点装备，使其从点式温度传感器一步跨过单参数线式温度传感器而直接进入世界先进的双参数线式温度传感器行列，为提升国防装备的现代化水平作出了重要贡献。

2000 年，他负责组建专门从事半导体敏感材料及线式温度传感器新品开发及应用技术研究专业团队，团队成员从最初 3 人发展到目前近 20 人。作为团队首席专家，培养高级工程师、工程师多名。2011年又依托团队建立了重庆市院士专家工作站和重庆市“两江学者”特聘岗位。团队先后承担国家及省部级科研项目10余项，获“中国机械工业集团文明班组、重庆材料研究院先进团队”荣誉称号。他本人也获“中国机械工业集团劳动模范”荣誉称号。

全国五一巾帼标兵　李智娟

性　　别：女

出生日期：1978年9月

民　　族：汉

政治面貌：中共党员

学　　历：中技

技术职称：高级技术

工作单位：一拖（洛阳）福莱格车身有限公司

李智娟是一拖（洛阳）福莱格公司焊接工部安全架组班长。作为一个带领27名男职工的女班长，她以技压群雄的技能使员工信服、以毫无保留的“传帮带”使团队成长、以严谨精细的工作使班组管理名列前茅、以女性特有的体贴关爱使员工感受到集体的温暖。

“要干就干到最好”是她的座右铭，也是她17年职业生涯拼搏的写照，她用实际行动展示了一名兵头将尾的女将风采。

“女汉子”技能高超冠压群雄。作为电焊工，她苦练技能，熟练掌握手工电弧焊和CO^2保护焊全位置焊接的操作技能。2012年，一批ES400 46 011/013FG左右立柱出国车紧急订单，要货节点急，焊缝尺寸精度要求高，焊接位置复杂，她通过对产品结构的认真分析，采用画线定位保证焊缝工艺尺寸精度，选择合理的焊接顺序防止焊接变形，选择适当的焊接规范保证焊缝美观，从而保证一次交检合格，被质量部确定为“免检产品”。

她连续4年在福莱格公司电焊工技术比武中取得第一名；在2011年中国一拖电焊工技术比武中荣获第二名；2012年代表中国一拖参加河南省技能大赛荣获电焊工第二名。2013年荣获中国一拖电焊工技术比武技师组第一名。

“严教练”徒弟出色师傅荣耀。她毫不保留地传帮带，提升班组青工技能，经常利用生产间隙组织员工进行技能培训，使班组员工都能做到“一人多机”“全线通”。在2011年中国一拖电焊工技术比武中，她的3名徒弟全部进入前10名，2名劳务派遣徒弟破格转为正式工。在2013年中国一拖电焊工技术比武中，班组4名员工进入前10名，1名劳务派遣徒弟破格转为正式工。

“牛班长”班组管理名列前茅。她作为班组长，完善班组各项管理制度，强化制度约束，注重人性化管理，形成班组攻坚克难的合力。对班组管辖的所有设备、工装的操作和每种零件的工序了如指掌、样样精通，是组员们的主心骨。她成立创新创效QC攻关小组，不断细化生产中的各个环节，实现各工位节拍同步，使班产量由160台提高到200台，提高生产效率达20%。在福莱格公司2013年班组季度考评中，她带领的安全架组在70多个班组中分获第9名、第1名、第4名、第5名的好成绩。

“俏大妈”关怀体贴员工受称赞。尽管只有36岁，但是员工们都亲切地称她“大妈”。作为班长，又是班组里唯一的一名女员工，她时刻把员工的冷暖放在心里。在生活上她对班组成员关爱有加，技校生杨全全、罗稳家在外地，她积极帮助租房子，置办生活用品，让他们刚一进厂就感受到大家庭的温暖。王冰的对象是她介绍的、王冬歌结婚是她帮助筹办的。员工遇到困难她都乐于帮助。工作中是好领导、好班长、生活中她更像是小组青工的好朋友、俏大妈。

国家科学技术进步奖一等奖获得者　陈学东（第一完成人）

性　　别：男

出生日期：1964年8月

民　　族：汉族

政治面貌：中共党员

学　　历：工学博士

技术职称：教授级高工、研究员

工作单位：中国机械工业集团有限公司（兼任合肥通用机械研究院院长、党委书记）

毕业于浙江大学化工过程机械专业，1986年8月参加工作，1998年4月入党，十二届全国人大代表。现任中国机械工业集团有限公司总工程师，合肥通用机械研究院院长、党委书记，国家压力容器与管道安全工程技术研究中心主任；兼任国际压力容器学会亚太地区委员会(AORC)委员、国家质检总局特种设备安全委员会副主任委员、中国机械工程学会常务理事、中国机械工程学会压力容器分会理事长、安徽省机械工程学会理事长等职务。

陈学东是中国特种设备设计制造与运行维护工程科技专家，国家“万人计划”首批科技创新领军人才。长期在一线从事压力容器与管道安全科学与工程技术研究和应用，取得了开拓性重要成果，为提高中国压力容器设计制造与运行的可靠性与安全性、大幅度降低其万台设备事故率与风险等级、促进石化与装备制造产业的提质增效与转型升级做出了突出贡献。主持完成 50 余项国家级与省部级重点科研课题，获国家科技进步奖一等奖 1 项、二等奖 5 项，省部级科技进步奖特等奖 1 项、一等奖 15 项，安徽省重大科技成就奖 1 项，何梁何利基金科技创新奖 1 项。同时获中国青年科技奖，被评为全国优秀科技工作者，享受国务院政府特殊津贴。入选 1999 年度国家“百千万人才工程”，其团队被评为全国专业技术人才先进集体。

2014 年，陈学东作为第一完成人完成的“极端条件下重要压力容器的设计、制造与维护”项目获国家科学技术进步奖一等奖，并被评为“中国机械工业十大科技”之一。项目建立的极端条件下重要压力容器基于全寿命周期风险控制的设计制造与维护技术体系(含国家标准规范、行业共享软件、数据库、首台（套）重大装备等)，为我国《特种设备安全法》贯彻实施提供了有力技术支撑，使我国率先迈入基于全寿命周期风险控制的设计制造与维护新阶段。项目成果在全国 30 多个省(区)市石油化工、煤化工、燃气、化肥、军工等领域应用，提升了我国压力容器自主设计制造能力，为保障国家重大工程建设顺利进行、确保我国大型工业装置和国防军工重要压力容器长周期安全运行发挥了重要作用，取得显著的经济和社会效益。

第六篇

重大经营项目汇编

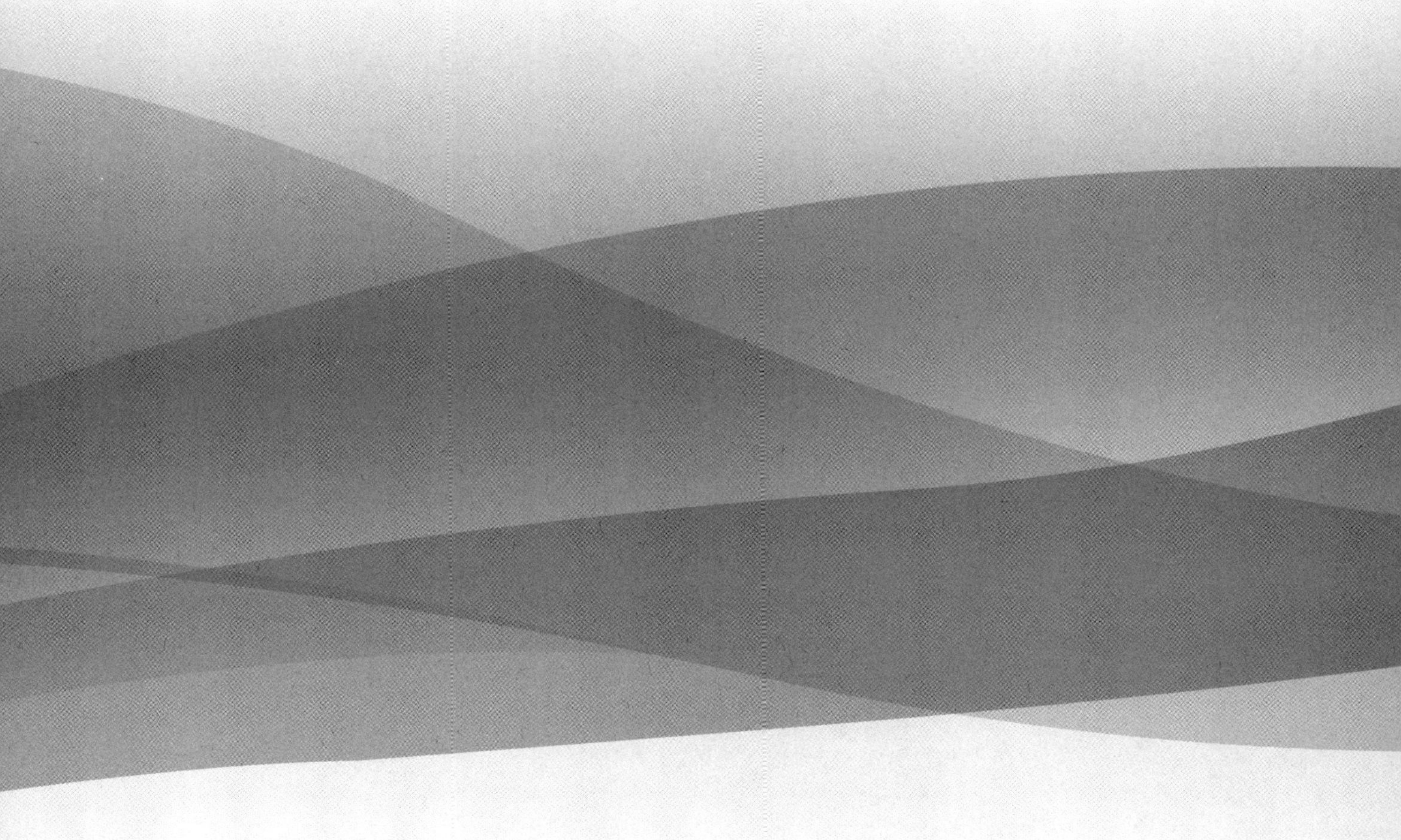

工程承包

（2014年完工，合同金额5 000万美元以上）

一、斯里兰卡普通拉姆二期2×300MW燃煤电站项目

1. 承建单位：中国机械设备工程股份有限公司

2. 签约时间：2009年6月29日

3. 项目概况：2010年2月12日合同生效，2010年5月1日开工，2014年11月项目全部移交业主并取得临时移交证书。该项目为多专业交叉协同系统项目群管理，包括项目管理中设计、采购、施工、安装、调试、运行等几乎所有环节。合同范围包含电站、码头、输变电工程，涉及3个不同区域，且工作接口多，协同管理难度大。电站现场临近印度洋西海岸，为强腐蚀环境，对电站设备防腐提出很高要求。

4. 经济或社会效益：该项目直接带动300多家中国设备制造厂家、近1 000种产品实现出口，带动2 000多名中国施工人员和工程技术人员参与国际项目建设。以项目建设作为基础和平台，促进了中国劳务就业和对外输出，实现了中斯经贸合作的共赢局面。提高了斯里兰卡人均用电量，电站累积发电量已超过8 000GW（gigawatts，1GW = 1 000 000kW·h），极大地缓解了斯里兰卡能源需求压力；同时，增加了斯里兰卡税收收入。对比燃油电站，为当地供电局节省大量发电成本；供发电体制改善，降低发电成本。发电量占斯里兰卡总用电需求量的50%左右，电价下调25%。该项目吸收属地员工高峰期达到500人，并带动当地工程材料供应商发展，对地方经济和社会发展提供了有力支持。

二、安哥拉罗安达市城网改造4期

1. 承建单位：中国机械设备工程股份有限公司

2. 签约时间：2008年10月6日

3. 项目概况：签约合同于2009年12月生效，2010年3月1日获业主颁发的开工令，正式开工。2013年6月，实现完工通电，通过业主方临时验收，获业主方临时验收证书。其特点是：建设内容为60kV高压线路和8座60/15kV变电站、15kV、0.4kV城市电网的恢复和改造，以及修建业主办公楼和培训中心1座。工程建设期间，项目部全员及各合作单位人员全身心投入工作，克服重重困难，特别是忍受着疟疾等热带疾病的侵袭、提防着丛林中地雷的威胁，顺利实现送电。

4. 经济或社会效益：该项目是CMEC在安哥拉成功执行多个输变电项目的延伸，采用中安一揽子贷款，建于首都急需用电的重点地区，大部分工作范围在首都发展的新城，对当地的基础设施和民生意义重大。项目整个过程受到业主高度关注。整个项目工期紧、任务重、协调难度大，但最终一一被CMEC项目部克服，实现项目顺利通电完工，再一次向业主证明了CMEC的综合实力。

三、塞内加尔达喀尔90KV环城输变电项目

1. 承建单位：中国机械设备工程股份有限公司

2. 签约时间：2006年10月1日

3. 项目概况：与塞内加尔国家电力公司签订“达喀尔90kV环城输变电项目”合同。经过修改后，最终合同金额47 503 051欧元；2009年1月15日签署开工令，2014年8月26日完工收到业主颁发的临时验收证书。其特点是：项目范围包括新建帕特杜瓦90kV变电站、机场90kV变电站、大学90kV变电站、贝莱尔90kV变电站、28km连接4座变电站的90kV埋地电缆。工期48个月。开工以来，得到塞内加尔政府的高度关注，参建的项目组成员克服施工过程中遇到的诸多不利因素，保证了各项施工任务的有序推进。

4. 经济或社会效益：项目显著改善了达喀尔市的电网结构，增加了达喀尔市供电的可靠性、

安全性和连续性，从而提升了达喀尔市人民的生活质量，促进了达喀尔市的经济发展。达喀尔环城输变电网的建成将减少电能损耗，确保输电安全，为首都群众提供更好的供电服务。

四、白俄罗斯别列佐夫400MW燃气电站

1. 承建单位：中国机械设备工程股份有限公司

2. 签约时间：2010年9月21日

3. 项目概况：2011年2月14日开工，经过设计、采购、土建安装、调试、试验、人员培训，于2014年3月12日顺利移交，处于质保期。其特点：一是为了执行项目需要，在白俄罗斯首都成立代表处，并聘用当地员工作为主会、财务、预算师、律师等，快速打通了国别间文化和办事风格的隔阂，快速解决项目执行中遇到的财务、税务和法律问题，做到了“属地化”。二是白俄罗斯冬季漫长而寒冷，气温在-20℃以下，地勘、土建和安装工作受到严重影响，3年的工期要经历3个冬季，且每个冬季将近半年，看似充裕的工期其实对项目部而言十分紧张。承担项目的全体人员克服重重困难，战严寒斗风雪，争分夺秒加班加点施工，最终在要求工期内完成所有工作。三是在项目对外谈判时，对付款节点进行精心设计，执行初期便得到较多收款，规避了汇率风险。项目开工第一年，便收到一半以上合同款。

4. 经济或社会效益：一是别列佐夫和卢克木里电站的发电量占到白俄罗斯全国发电量的16%。卢卡申科总统在电视讲话中，高度评价了别列佐夫电站项目。他说，这个项目的成功并网发电，对提升白俄罗斯国家的GDP产生了积极影响。二是项目部始终把环保理念融入项目的设计和建设之中。项目排放值远低于业主要求，非常环保。三是代表处聘用大量当地员工，提高了当地人民的就业率。

五、敦煌60MWP并网光伏发电项目安装、施工总承包

1. 承建单位：中国机械设备工程股份有限公司

2. 签约时间：2014年9月15日

3. 项目概况：项目2014年9月启动，完成全部主体工程施工和项目初步验收，待并网验收。其特点：一是项目总征地面积约1.54km^2，工程总安装量61.864map，共有53个发电方阵。二是该项目采用3.2MW大功率逆变器和3.3MW箱式变压器，在国内光伏电站中运用尚属首次，并自主开发了B/S架构的地面光伏电站监控系统。

4. 经济或社会效益：项目建成后，预计年均上网电量9 682.29万kW·h，与发电量相同的火电厂相比，相当于每年可节约标煤3.099万t（以平均标准煤煤耗320g/kW·h计），相当于每年可减少多种大气污染物的排放，其中减少二氧化硫（SO_2）排放量约371.9t、二氧化碳（CO_2）约8.948万t、氮氧化物（NOx）约22.94t、烟尘约619.8t。此外，还可以促进当地能源电力结构调整及当地经济和旅游业的发展。

六、肯尼亚城网改造项目二期LOT1

1. 承建单位：中工国际工程股份有限公司

2. 签约时间：2010年5月19日

3. 项目概况：项目合同金额9 334万美元。2014年10月6日，拿到最后一段线路及变电站的竣工移交证书，项目进入质保期。

4. 经济或社会效益：项目建成后，满足了肯尼亚沿海地区的电力供给。项目电网覆盖受益人群150万人，电力输送至10万km^{2}地区。同时，项目也将为肯尼亚重要工程Lamu大型港口建设项目提供稳定电源供给，促进本地区的经济建设快速发展。

七、厄瓜多尔911安全应急指挥中心建设项目

1. 承建单位：中工国际工程股份有限公司

2. 签约时间：2011年12月23日

3. 项目概况：项目包括1个国家级安全控制中心，5个省级安全控制中心和1个市级安全控制中心的建设。项目自2012年2月启动；2014年2月整体交付使用。

4. 经济或社会效益：项目建成后，为厄瓜多尔建立了一套覆盖全国范围，协同国内各种应急处置力量的公共安全平台，并实现多部门联合办公和业务操作，包括安全部、警察、消防、交通、医疗、红十字、市政、军队、风险控制委员会等。除城市安全范畴下的日常接处警功能外，911控制中心具备在发生重大事件时，如自然灾害、恐怖袭击、群体事件时的应急处置和资源调派能力。

八、柬埔寨农村电网改造（一期）工程EPC项目

1. 承建单位：中国重型机械有限公司

2. 签约时间：2010年12月13日

3. 项目概况：合同总金额53 561 688美元、工期36个月，由中国政府提供优惠买方信贷建设。该项目是覆盖整个毗邻柬埔寨首都金边市的磅士卑省、西哈努克省、波罗勉省和磅针省等4省大部分农村地区的重要惠民工程。2011年8月合同生效；2012年5月20日，位于磅针省的部分工程率先开工；至8月1日，项目工程范围的4个省份线路全面开工。在项目实施过程中，施工单位克服线路大幅调整、雨季施工道路泥泞、材料运输困难等障碍，加班加点、齐心协力，确保了整个项目顺利提前完工。

2014年3月27日，磅士卑115kV变电站2号主变压器正式带电运行；4月30日，柬埔寨电力公司总经理签发全部完工证书，标志项目整体提前半年竣工。

4.经济或社会效益：柬埔寨农村电网改造（一期）工程，建设总长度1 772km 22kV线路，新增约500台配电变压器等柱上设备，解决磅湛省107 000户居民、磅士卑省65 000户居民、西哈努克省12 000户居民、波罗勉省261 000户居民用电问题。

九、柬埔寨达岱水电站BOT项目

1.承建单位：中国重型机械有限公司

2.签约时间：2008年6月20日

3.项目概况：2014年8月13日，中国重型机械有限公司（简称中国重机）投资建设的柬埔寨达岱水电站BOT项目1号机组完成调试并一次成功并网发电；至9月11日，合同3台机组全部建成并通过72h满负荷考核。

该电站总装机容量246MW，装3台82MW的水轮发电机组，项目采用BOT方式建设，建设期5年，运营期37年。平均年发电量8.49亿度，项目投资5.4亿美元。

2008年6月20日，中国重机与柬埔寨工业、能源和矿产部、柬埔寨经济和财政部、柬埔寨电力公司，签署柬埔寨达岱水电站BOT项目的执行合同、购电协议和土地租赁协议3个重要法律文件。

2008年10月，国机集团批复同意中国重机投资柬埔寨达岱水电站项目。2009年8月，国家发改委核准中国重机投资建设达岱水电站，且项目获得中国进出口银行信贷支持。

2010年3月29日项目正式破土动工，2011年截流导流，2013年下闸蓄水，2014年发电投产。质量符合设计要求，安全管控有效到位，建设实施总体顺利。

4.经济或社会效益：项目投产后，不仅每年向柬埔寨电网输送总需求1/4的电量、拉动7亿美元贸易出口、增加7.4万个就业岗位，也为中国重机增加近6 000多万美元的收入，并且实现清洁减排CO_2 56万吨当量。

十、吉林晨鸣纸业环保迁建、产业升级项目自备热电厂

1.承建单位：中国浦发机械工业股份有限公司

2.签订日期：2011年11月17日

3.项目概况：项目业主吉林晨鸣纸业有限责任公司，工程规模3×130t/h高温高压循环流化床锅炉+2×25MW抽凝汽轮机发电机组工程，是中国浦发继自备热电厂工程设备采购、施工总承包工程后的又一个总承包工程。2014年1月4日项目竣工。

4.经济或社会效益：项目总金额3.58亿元。大大减少了污染、降低运行成本、节能降耗效果显著。

十一、重庆中机龙桥热电联产项目

1.承建单位：中国浦发机械工业股份有限公司

2.签订日期：2012年3月11日

3.项目概况：该工程位于重庆市涪陵区西郊长江南岸，距离涪陵区14km，与龙桥镇相邻。工程装机容量2×450t/h循环流化床锅炉+2×50MW背压发电机组和1×1 100t/h，循环流化床锅炉+1×300MW抽凝发电机组。项目采用两级梯形布置高差为12m；入厂煤系统采用输煤管廊，长约2km。2012年6月1日开工，2014年4月竣工投产。项目总投资20.78亿元。

4.经济或社会效益：建成后主要为重庆涪陵龙桥工业园区提供电力和蒸汽。

十二、日照钢铁三炼钢输变电配套工程

1.承建单位：中国浦发机械工业股份有限公司

2.签约时间：2013年11月18日

3.项目概况：该项目为日照钢铁有限公司三炼钢输变电配套工程，采用总承包形式，包含5个110kV的变电站、1个220kV变电站和130多公里输电电缆工程，项目总金额4.6亿元。2014年6月20日竣工。

4.经济或社会效益：该项目是中机电力一年内第二次获得日照钢铁有限公司的中标书，说明业主对中机电力的充分信任也是对之前日照项目的顺利完工给予的肯定；也展现了中机电力在这个行业中突出的综合实力和竞争力。

十三、金昌迪生金川区 100map 光伏发电并网项目

1. 承建单位：中国浦发机械工业股份有限公司

2. 签订日期：2013 年 10 月 20 日

3. 项目概况：工程从项目启动到并网发电仅用 86 天，于 2014 年 8 月 8 日竣工。工程位于甘肃省金昌市金川区，采用 250Wp 和 300Wp 大功率组件相结合的方式，配套 1 座 110kV 升压站，以一回 110kV 线路接入当地电网。

4. 经济或社会效益：项目总金额 9.3 亿元。在保证项目质量的前提下，短时间内完成，创造了“中机速度”。对当地能源开发具有重要意义。

十四、马来西亚沙巴联合循环电站工程

1. 承建单位：中国浦发机械工业股份有限公司

2. 签订日期：2010 年 10 月 1 日

3. 项目概况：自 2012 年 8 月 22 日正式开工以来，2014 年 3 月 14 日实现 2# 燃机并网一次成功。于 2014 年 7 月 23 日顺利完成全部性能试验项目。用不到 24 个月时间，圆满完成设计、采购、施工、调试、性能测试等工作。安全实现机组联合循环满负荷 15 天的可靠性试运行，各项指标满足合同要求，顺利通过当地政府的性能考核验收，并于 2014 年 8 月 13 日正式投入商业运行（COD）。其特点是：该工程位于马来西亚沙巴省基马尼斯，建设规模为 2×6B 燃机＋ 2× 余热锅炉＋ 1× 汽轮发电机组，项目总金额 8.3 亿元。工程包括设计、采购、施工、试运行全过程的 EPC 项目，为公司的第一个海外 EPC 项目。

4. 经济或社会效益：使公司在海外 EPC 项目运作中取得实质性突破，为全面进军海外 EPC 项目市场奠定了坚实的基础。同时，也给马来西亚当地的工业发展提供了电能保障，对当地能源开发具有重要意义。

十五、中化泉州石化项目动力站工程项目

1. 承建单位：中国联合工程公司

2. 签约时间：2009 年 7 月 31 日（2011 年 11 月 22 日签订补充协议）

3. 项目概况：合同为固定总价合同，合同金额：68 110 万元。该项目 2014 年 6 月建成竣工。其特点：一是主体设备包括 2 台 310t/h CFB 锅炉、2 台 50MW 双抽凝汽式汽轮发电机组。该项目主体工程规模大，总体方案及详细设计经多次调整扩大及优化，具有典型样板工程的性质。二是项目建设场地为围海造地，地质情况复杂多变。考虑到场地是填海造地的地质情况，在充分研究不同地点地质情况的基础上，分别进行桩身、桩径设计。三是工程为石化炼油行业内部消耗高硫石油焦，选用先进清洁燃煤方案的 CFB 锅炉作燃烧设备，技术先进可靠。

4. 经济或社会效益：一是采用脱硫脱硝系统设计加 CFB 锅炉炉内加石灰石粉脱硫工艺，使锅炉排出的烟气中二氧化硫和二氧化氮降到很低（$SO_2 \leqslant 100mg/Nm^3$，$NOx \leqslant 50\ mg/Nm^3$），优于环保排放指标要求。二是烟气除尘系统采用电袋除尘设施，后又在脱硫洗涤塔内通过水洗，使排入大气的烟气中的烟尘含量降低到 30 ～ $50mg/Nm^3$ 以下。

十六、浙江海外高层次人才创新园项目

1. 承建单位：中国联合工程公司

2. 签约时间：2010 年 12 月 22 日

3. 项目概况：2013 年 3 月 26 日签订补充协议。合同为固定总价合同，合同金额 150 000 万元；2013 年 4 月开工，2014 年 2 月底施工完毕、交付业主、正式投用。

一是项目总投资 15 亿元，总建筑面积 370 501m^2，约 30 万 m^2 精装修工程，项目结构复杂，规模宏大。二是在设计中广泛采用先进设备和技术，实现绿色节能的效果，建筑能耗节能率达 80% 以上。三是施工技术先进，在施工过程中广泛采用超长楼盖施工技术、纤维混凝土应用技术、HRB400 钢筋应用技术、钢筋直螺纹机械连接技术、有黏结预应力施工技术、墙体大模板施工技术、大跨度钢结构焊接网架施工技术、高空预应力张弦索施工技术等先进的施工技术。四是大量运用现代城市幕墙和灯光照明亮化技术，大幅度提升项目品质，使项目建成后成为杭州市的新地标和名片。

4. 经济或社会效益：该项目是国家级引进海外归国人进行创业的大型产业园，它的建成将为保证归国人才的及时、顺利入驻，推动杭州市产业升级具有重大意义，社会效益巨大。

十七、国遥地块联建产业大楼建设工程项目

1. 承建单位：中国联合工程公司

2. 签约时间：2013 年 4 月 27 日

3. 项目概况：该项目 2013 年 4 月 27 日签订合同，同月开工；合同为固定总价合同，合同金额 15 448 万元；2014 年 11 月施工完毕、交付业主、正式投用。其项目特点是：该项目为政府投资的产业园基地项目，是设计、采购、施工、精装修 EPC 工程总承包项目；项目临近河道，具有施工时间紧、施工难度大的特点。

4. 经济或社会效益：公司充分发挥技术和管理优势，精心设计，精心组织，精心施工，实施开拓了一条政企合作的项目建设新途径——政府搭台，企业唱戏，政企双赢，具有项目建设标杆作用。

十八、上汽通用五菱新区涂装项目

1. 承建单位：中国汽车工业工程有限公司

2. 签约时间：2014 年 10 月 9 日

3. 项目概况：该项目占地面积约 16 800 亩（1 亩 =666.6m^2）。一期项目占地面积约 4 335 亩，建设内容包括整车工厂、发动机工厂、物流集配中心、成品车停车场、整车小型试验场、公共设施及生活配套区，年产 40 万台整车。总投资约 80 亿元。整车工厂的主要产品：宝骏 630、LEICHI 及未来车型。中汽工程承担了全厂工程设计、项目管理及涂装车间总承包任务。

4. 经济或社会效益：工厂规划遵循通用汽车公司的标准工艺、设备要求，结合 SGMW“低成本、高价值”策略，实现精益化、柔性化、模块化生产，建设成为与世界级接轨的整车工厂，着力打造绿化、环保、低碳的现代化乘用车生产基地。

十九、中嘉汽车成都 VOLVO 涂装项目

1. 承建单位：中国汽车工业工程有限公司

2. 签约时间：2013 年 9 月 25 日

3. 项目概况：“中嘉汽车”是吉利汽车与 Volvo 汽车的合资公司。成都工厂是国内第一个完全按照 Volvo 标准建设的豪华车制造工厂，计划生产 Volvo 60 系列豪华车（S60L/XC60/V60L），规划产能 12 万辆/年。此次涂装车间的 VP 车下线仪式，标志着该项目取得圆满成功。

4. 经济或社会效益：Volvo 成都涂装车间项目是中汽工程成功进入 Volvo 的第一个涂装项目，开创了该公司与 Volvo 公司合作的新纪元。此次中嘉汽车成都涂装项目 VP 车的顺利下线，标志着该公司进军高端汽车品牌的业务规模进一步扩大，为公司品牌价值的提升，并为今后在高端汽车品牌领域业务的深层拓展打下了坚实的基础。

二十、北京奔驰总装项目

1. 承建单位：中国汽车工业工程有限公司

2. 签约时间：2014 年 2 月 10 日

3. 项目概况：该项目是总装车间生产线总承包，工作范围包括 BDC、内饰线、底盘线、最终装配线、淋雨线、完成线、车门线、发动机线、合装线、保险杠线、轮胎线、座椅线、仪表板线，是中汽工程迄今为止合同金额最大的总装总承包工程，也是国内总装机运线投资之最。该项目是德国奔驰全球产能最大的工厂，也是技术最先进、适应奔驰除 S 级以外的所有后驱车的全柔性工厂。设计产能 40JPH，实际节拍预留到 54JPH。总装厂房采用 T 型布置，车间总面积 20 万 m^2。

4. 经济或社会效益：项目产品为 C 级车、E 级车、GLK 紧凑型越野车，都是后驱动和四轮驱动豪华车，几乎涵盖总装所有高端输送设备。项目目标是建设轿车总装领域生产线配置最高的工厂。

二十一、北京现代总装项目

1. 承建单位：中国汽车工业工程有限公司

2. 签约时间：2013 年 3 月 6 日

3. 项目概况：北京现代三工厂建设，由中汽工程承担三工厂总装车间部分设备及 PDI 车间部分设备的总承包项目，共 10 条生产线及 5 套生产设备，合同额 1.25 亿元。自 2011 年 9 月 15 日进场施工开始，到 2012 年 1 月 15 日单机调试完成。

4. 经济或社会效益：项目技术标准和生产组织要求高。量产第一天开始就把目标运行率定在 95%，经过 2 个月的生产爬坡，每天双班生产净时间 16 小时左右，产量基本稳定在 1 000 台以上，生产节拍 66JPH，完成率平均 99%。在此高标准的要求下，中汽工程所提供的设备状态及设备运行率均达到较高的目标要求。

二十二、沈阳华晨宝马项目

1. 承建单位：中国汽车工业工程有限公司

2. 签约时间：2014 年 4 月 8 日

3. 项目概况：华晨宝马汽车有限公司新工厂项目是宝马汽车集团在世界上规模最大、技术最先进工厂。广泛采用当前汽车制造领域最先进设施设计和能源管理技术理念，使新建工厂在节能

环保、以人为本、环境优美、数字化、信息化等方面成为汽车工厂新标杆。特大型汽车冲压焊接总装联合厂房，总规划建筑面积 120 万 m^2，一期建成使用 50 万 m^2，二期扩建施工完成 10 万 m^2，三期扩建 17 万 m^2，为当前我国在用汽车制造联合厂房中，面积最大的汽车制造联合厂房。完成设计工作。成功突破了特大型厂房扩建、消防、排水等一系列问题。

为了最大限度地满足汽车生产场地布置灵活性，厂房结构采用双向桁架标准模块结构，厂房主结构为完全装配式，易于不停产扩展或改造，构件可重复使用，节能环保。按照 LEED 标准设计厂房采光保温等环节，达到最大建筑节能可能性。大型通风采光天窗，自然光透光面积达到屋面面积的5%。墙板、屋面均采用加厚保温隔热层，减少散热。

4. 经济或社会效益：项目技术难度大，多项技术处于国际先进水平。项目工程设计总收费 1.5 亿元，是中汽工程有史以来收费最高的设计项目。项目一期工程投产后，以其技术先进、环境友好、美观实用等特点，引起国内外各大汽车企业广泛重视。

二十三、上海大众新疆生产基地乘用车工厂项目

1. 承建单位：中国汽车工业工程有限公司

2. 签约时间：2012 年 6 月 25 日

3. 项目概况：该项目按上海大众 60JPH 标准化工厂总体规划，总用地面积 2 175 亩，在其总体框架内一期实施焊总联合厂房、涂装车间、综合站房、发车棚、VDC 等生产及辅助设施。根据建设计划，联合厂房、综合站房等主要厂房及公用设施（涂装车间除外）需在 2012 年 10 月底以前完成暖封闭，厂区道路及管网、厂房工艺设备安装均要在 2013 年 6 月底前完成，达到小批量生产要求。

4. 经济或社会效益：这个新疆工业发展历史上具有里程碑意义的项目，填补了新疆乘用车制造领域的空白。

二十四、上海大众六厂项目

1. 承建单位：中国汽车工业工程有限公司

2. 签约时间：2012 年 6 月 30 日

3. 项目概况：上海大众汽车六厂项目是上海大众按照德国大众全球工厂标准建设的又一个高标准工厂。生产产能 60JPH，车间总面积 8 万多平方米，生产车型为 SKODA 全系列产品。

中汽工程承担的工程包括：板链滑橇线、2 条电动升降滑板线、EMS+VAC 底盘装配线、4 条塑料板链线、EMS+ 滚床 + 倍速链车门线、中控系统及各种转换方式。

4. 经济或社会效益：工程严格按照大众全球标准，采用基于 LJU 集成控制器的 DKZ 工程解决方案，生产线上的所有输送设备的位置状态信息等参数都实现了职能化控制未来新车型导入所需的工位高度变化等需求，在主控系统中更改工位参数即可实现，极大地提高了制造系统的敏捷化程度。

二十五、奇瑞捷豹路虎汽车有限公司年产 13 万辆乘用车项目

1. 承建单位：中国汽车工业工程有限公司

2. 签约时间：2012 年 10 月 15 日

3. 项目概况：项目位于江苏省常熟市经济技术开发区，项目总投资 109 亿元，厂区占地面积 84 万 m^2，总建筑面积 42 万 m^2。项目建设规模为年产 13 万辆乘用车和配套 13 万台发动机，产品包括：路虎运动型乘用车（SUV）、捷豹轿车、合资公司自主品牌轿车；合资公司 2.0L/1.6L 直喷涡轮增压发动机、捷豹 3.0L 增压发动机。

4. 经济或社会效益：可满足与日俱增的消费要求。

二十六、以千万级关键项目实现船舶海工市场新突破

1. 承建单位：天津电气科学研究院有限公司

2. 签约时间：2012 年 8 月 2 日

3. 项目概况：在战略规划指引下，天津电气院准确定位并拓展非冶金市场，进军船舶海工等新领域。继 2013 年承接“江苏华西 900 舵桨变频驱动控制系统”项目后，总结项目成功经验，跟踪项目信息，2014 年又顺利承接了“7 000m^3 耙吸挖泥船疏浚设备”项目，合同额 1 778.9 万元，涵盖疏浚设备变频器、轴带发电机和舱内泥泵电机等供货及调试。

4. 经济或社会效益：该项目实现了公司在船舶海工领域里程碑式的突破，标志着公司在产业转型升级道路上又迈出了坚实一步。

二十七、新能源设备检测及相关电气产品产业化项目

1. 承建单位：天津电气科学研究院有限公司

2. 签约时间：2012 年 8 月 2 日

3. 项目概况：天津电气院致力于提供系统解决方案的战略，需要更广阔的平台支撑，而新能源设备检测及相关电气产品产业化项目的实施，将助力于公司未来发展。该项目土地面积 127.5 亩，建筑面积 43 655 m^2。至 2014 年年底，整体项目一期计划投资 2.97 亿元，累计完成投资 2.5 亿元。

4. 经济或社会效益：2014 年 9 月投入运营后，新基地的科研中心、联合厂房等为拓展系统工程新兴领域、实施产品产业化提供了有利条件。

二十八、鼎信镍业四流不锈钢方坯连铸机

1. 承建单位：中国重型机械研究院股份公司

2. 签约时间：2014 年 4 月 21 日

3. 项目概况：中国重型院自与福建鼎信镍业有限公司合同签订之日始，精心组织，在总图和工艺设计方面充分考虑为用户节省投资，同时又保证铸机的实际生产性能；在现场施工调试期间，充分利用现有板坯连铸机等设施，大幅降低业主投资，并实现对板坯连铸生产“零影响”。经过 6 个月的设计、制造和安装调试，于 2014 年 10 月 21 日一次热负荷试车成功，铸坯质量优良，设备运行稳定可靠。创造了连铸机成套供货最短周期。其特点是：该连铸机采用连续矫直辊列设计、全程防氧化保护浇注、动态可调液压振动等先进技术，成品规格为 210mm×210mm 方坯，设计年产量 60 万 t，主产 200 系和 300 系不锈钢。

4. 经济或社会效益：该台不锈钢方坯连铸机是中国重型院给鼎信镍业用户供货的第二套相近规格的方坯连铸机。它的投产标志着中国重型院不锈钢方坯连铸技术趋于成熟，在当前冶金行业市场严峻的情况下，巩固了中国重型院在该领域的领先地位，也为用户提升产品质量提供了设备保障。

二十九、19 500t 自由锻造油压机、300t/750 t·m 全液压锻造操作机

1. 承建单位：中国重型机械研究院股份公司

2. 签约时间：2009 年 12 月 1 日

3. 项目概况：中国重型院自与江阴国光重型机械有限公司合同签订之日始，为该项目提供了全过程、全方位的技术支持和服务。与用户合作，攻克了超大型零部件加工、焊接、热处理和安装等技术难题，圆满完成机组设备的制造、安装和调试工作。项目于 2014 年 4 月 8 日一次热负荷试车成功。其特点是：机组由中国重型院自主研发，19 500t 自由锻造油压机采用“三梁四柱”上传动压套插入式全预应力框架结构，上横梁和下横梁均采用预应力组合梁，最大锻件能力可达 450t。工作行程 3 500mm，精整时的最高锻造次数达到 18次/分，锻件尺寸精度小于 ±2mm，压机可完成镦粗、拔长等自由锻造工艺，具有常锻和快锻功能，运行平稳、无冲击。300t/750t.m 全液压锻造操作机中国重型院院自主创新设计的全新结构，反应迅速、动作灵活。该操作机实际夹持能力 350t、夹持力矩 1 000t·m，与压机配合可实现手动、半自动、自动、联动等操作功能。机组投入生产后，运行平稳，已生产 8m 直径主火箭铝环锻件及大型船用舵杆锻件。

4. 经济或社会效益：整体技术水平达到国际领先。该项目的投产，提升了中国重型锻压装备的加工能力和机械化水平，打破了大型电力、船舶、冶金、化工、航空航天和国防军工等领域超大型优质锻件的制造瓶颈，巩固了中国重型院在重型锻压装备领域的领先地位，为企业的飞跃发展提供了保障。

三十、LG730 两辊伺服冷轧管机

1. 承建单位：中国重型机械研究院股份公司

2. 签约时间：2013 年 6 月 8 日

3. 项目概况：中国重型院自与浙江久立特材科技股份有限公司签订合同始，项目组成员仅用 1 年 4 个月时间，就完成了设备的设计、制造、安装以及调试工作，于 2014 年 9 月 15 日一次试车成功，并批量生产出高品质大口径冷轧不锈钢管。其特点是：该机组由中国重型院自主研发，采用组合式热装曲轴传动系统、双轴水平动力平衡系统、多轴大功率交流伺服电机同步联动回转送进等多项具有自主知识产权的创新技术，设备技术性能达到国际领先水平，填补了国内空白。

4. 经济或社会效益：该机组是当前已投产的世界最大口径两辊伺服冷轧管机，打破了大口径冷轧管依赖进口的局面。大口径冷轧不锈钢无缝管主要应用于核电、大型电站、石油、“三化”领域。项目的成功实施，提升了中国重型院大型冷轧管设备的研发能力，巩固了其在冷轧管设备领域的领先地位。

三十一、ϕ89—508mm 双金属管生产线

1. 承建单位：中国重型机械研究院股份公司

2. 签约时间：2013 年 3 月 27 日

3. 项目概况：自与浙江久立特材科技股份有限公司签订合同始，中国重型院科研人员克服国内首次开发、国外技术保密、设计难度大等困难，通过与用户反复交流、进行大量分析计算、不断优化设计方案，最终研制成功，于2014年10月1日投产。其特点是：该生产线成型机创新地采用新型密封方式，复合压力达到160MPa，压力精度为0～0.3MPa，首创了高压力、高精度控制的复合新工艺；针对复合管加工特性创新开发的小行程三坐标数控管端加工设备采用多轴伺服控制，对复合前、后的管端进行自动坐标内精镗、多种专用坡口铣削加工和钻孔加工，提高了产品质量。该生产线生产出的复合后的双金属管结合力达21t，高于国际同类产品，完全达到API标准。

4. 经济或社会效益：双金属管具有承压能力高、防腐耐磨性能强、性价比高等优点，广泛应用于石油、化工、电力等领域，需求量大。该双金属管生产线为国内首台（套），其生产工艺及技术装备达到了国际领先水平。

三十二、特殊钢 ϕ90—220mm 十辊棒材矫直机

1. 承建单位：中国重型机械研究院股份公司

2. 签约时间：2012年6月4日

3. 项目概况：自与山东钢铁股份有限公司莱芜分公司签订合约始，中国重型院加紧调试设备、培训操作，保障了矫直机的顺利调试及整条精整线的总体进度，于2014年6月25日一次热负荷试车成功。其特点是：该矫直机采用液压恒压动态矫直技术、准双曲线结合深浅凹形复合辊系、摆动升降柔性送料、氧化铁皮收集等多项先进技术，系统整体自动化程度高，操作简单，运行可靠，经机组处理后的棒材直线度和成材率达到合同要求。

4. 经济或社会效益：该机组是国内最大规格的十辊棒材矫直机，工艺技术达到国内领先水平。该矫直机的投产，大幅提高了客户钢厂棒材成品的质量，巩固了中国重型院在该领域的国内领先地位，为同类机组的市场推广起到积极推动作用。

三十三、肇庆华晶除尘脱硫脱硝

1. 承建单位：中国重型机械研究院股份公司

2. 签约时间：2013年5月20日

3. 项目概况：2013年5月，与肇庆通产玻璃技术有限公司签订1[#]、2[#]玻璃窑炉烟气脱硫除尘升级改造及增加脱硝系统供货及安装合同，2013年12月投运脱硫除尘系统，2014年3月投运脱硝系统。项目特点：采用“喷雾干燥法脱硫”“高温GD型管极式电除尘器”“SCR脱硝”工艺。同时，该工艺与余热回收设备结合，实现玻璃窑炉烟气节能环保目标。该系统处理烟气量70 000Nm^3/h，处理后粉尘排放浓度≤50mg/Nm^3，SO_2排放浓度≤300mg/Nm^3，NOx排放浓度≤30mg/Nm^3，整个过程采用干法工艺，无任何废气、废水等二次污染产生。

4. 经济或社会效益：项目实现玻璃窑炉烟气综合治理目标，具有显著的环境效益；成功应用于国内多家玻璃制造企业，推广潜力巨大。

三十四、华菱安赛乐米塔尔汽车板有限公司重卷检查机组

1. 承建单位：中国重型机械研究院股份公司

2. 签约时间：2013年1月15日

3. 项目概况：中国重型院与华菱安赛乐米塔尔汽车板有限公司于2013年1月签订2条重卷检查机组设备成套供货合同。该项目属于国际招标项目。是经同国外厂商（比利时CMI公司等）激烈竞争而夺标。该合同设备于2014年2月交货、3月开始安装调试、6月投入试生产。项目特点：该机组是国内第一条全程自动化控制的重卷检查机组，可生产厚度0.5～2.5mm、宽度900～1 875mm的高品质汽车面板，最高工作速度400m/min，年产能30万t。机组在实施中将一系列局部自动化功能（如自动移卷、自动上卷、自动开卷、自动切废、自动穿带、自动焊接、焊缝自动跟踪、圆盘剪自动投入、自动甩尾、自动分切取样、自动收尾、自动卸卷、自动称重、自动打捆、分切后自动穿带等）有机结合起来，形成一整套完善的全程自动化的控制系统。

4. 经济或社会效益：该机组生产的高品质汽车面板主要供应中高档汽车生产企业，给用户带来了良好的市场经济效益，同时也具有巨大的社会效益。

设计、咨询、勘察、监理项目

（2014 年完工，合同金额 500 万元以上）

一、奥克斯缔壹城设计

1. 设计单位：中国机械设备工程股份有限公司

2. 签订时间：2014 年 2 月 12 日

3. 项目概况：合同额 698.284 5 万元，委托单位是长沙奥克斯置业有限公司。项目 2014 年 3 月启动，已完成设计工作，进入施工阶段。其特点是：项目分为 1#、2#、3#、4#地块，其中 1#地块为 20 栋联排别墅区，配套 1 个 12 班幼儿园；2#地块为 7 栋花园洋房区；3#、4#地块为 15 栋 30 ～ 33 层的高层住宅区，以及 15 栋 2 ～ 3 层的独立商业。

4. 经济或社会效益：奥克斯置业有限公司是一家以商业项目开发为主的全国性房地产公司，而缔壹城（岳麓区杜鹃路地块）是该公司在长沙第一个以住宅开发为主的项目。从市场销售及社会影响力看，效果良好。

二、贵州六枝特区工矿集团棚改住宅小区设计

1. 设计单位：中国机械设备工程股份有限公司

2. 签订时间：2014 年 3 月 13 日

3. 项目概况：合同额 531 万元，委托单位是娄底市雅晟房地产开发有限公司。项目 2014 年 3 月启动，已完成设计工作，进入施工阶段。其特点是：典型山地场地，属国家重点扶贫老区 —— 武陵山脉贫困带矿区棚改项目，时代特点明显。

4. 经济或社会效益：为国家支持的棚改项目，它的建成可以满足部分困难群众的住房需求。

三、创晟嘉康中心医院东院一期工程设计

1. 设计单位：中国机械设备工程股份有限公司

2. 签订时间：2014 年 3 月 21 日

3. 项目概况：合同额 981.12 万元，委托单位是湖南创晟嘉康医疗投资有限责任公司。2014 年 3 月开始设计，已进入施工阶段。其特点：一是为三级甲等的大型综合性医院，包含门急诊医技楼（5 层）、妇儿专科病房楼（13 层）、肿瘤专科病房楼（13 层）、综合病房楼（15 层）及地下室（1 层），总建筑面积 15.6 万 m^2，设计病床数 1 500 张。二是主体建筑采用国际先进医疗建筑设计模式，体现了以“病人为中心”“科技为核心”设计理念，着重把其打造为“绿色医院”“人性化医院”“信息医院”。三是设计全程采用全新的“建筑信息模型”设计手段，又称 BIM 技术，大大提高了设计院对项目设计的精细程度和设计师的工作效率。BIM 技术对于建设方有利于缩短施工周期，降低施工成本，便于对建筑的后期维护和建筑信息化系统的建立。

4. 经济或社会效益：一是该项目规模大，建成后将成为湖南地区十分有影响力的医院工程项目，对树立公司在医疗建筑设计领域的先锋地位具有很重要的意义。二是如此大规模的医院项目全程采用 BIM 技术，在湖南省乃至全国都处在领先地位，对树立公司在全国的品牌效应具有积极的推动作用。三是项目的设计得到建设方和相关政府职能部门的认可和好评，对于项目后期合作关系的确定打下了坚实的基础。

四、天街国际广场（五江天街国际广场）二、三期设计

1. 设计单位：中国机械设备工程股份有限公司

2. 签订时间：2014 年 4 月 11 日

3. 项目概况：合同额 634 万元。委托单位是湖南江域置业有限公司。已完成设计工作、进入施工阶段。其特点：一是综合性项目，包括住宅、商业、写字楼和酒店等，有大型商业，又有商业街，地势高差较大，项目设计、施工

均比较复杂。二是项目力求打造良好的购物环境，成为购物天堂。

4. 经济或社会效益：地处长沙市繁华的万家丽路与曲塘路交汇处，项目的经济效益和社会均较好。

五、九华项目地下室、公寓、办公及室外商业街设计

1. 设计单位：中国机械设备工程股份有限公司

2. 签订时间：2014 年 4 月 22 日

3. 项目概况：合同额 740.8 万元，委托单位是步步高置业有限责任公司。完成设计，进入施工阶段。其特点是：总建筑面积 679 101.19m^2（地下室面积为 241 449.71m^2）。建筑功能设定为购物中心、商业步行街区、总部办公大楼、五星级酒店、甲级写字楼、公寓等物业类型，为中南地区大型城市综合体。

4. 经济或社会效益：作为我国首个两型地产项目，被评选为“九华示范区政府引导 + 企业主导两型地产试点项目”。

六、九华项目购物中心设计

1. 设计单位：中国机械设备工程股份有限公司

2. 签订时间：2014 年 3 月 31 日

3. 项目概况：合同额 854.9 万元。委托单位是步步高置业有限责任公司。已完成设计工作、正在施工。其特点是：购物中心位于基地南侧，主体为 6 层单体建筑，总建筑面积 22 万 m^2，高 36.65m。后部停车楼 8 层高，局部标高为 39.5m。购物中心沿步步高大道、霞城路展开建筑的主要立面，在街道转角处设置入口广场。购物中心包括超市、百货、精品店、餐饮、电影院、卡拉 ok 等。功能多、流线复杂。

4. 经济或社会效益：作为中国首个两型地产项目，被评选为“九华示范区政府引导 + 企业主导两型地产试点项目”。

七、牛力家园住宅小区设计

1. 设计单位：中国机械设备工程股份有限公司

2. 签订时间：2014 年 5 月 13 日

3. 项目概况：合同额 607.5 391 万元，委托单位是湖南牛力房地产开发有限公司。完成设计，进入施工阶段。其特点是：一是项目用地位于长沙市大河西先导区坪塘镇，小区北、东、西的道路均为城市道路，东临湘江及湘江沿江景观带。项目交通位置便利，地理位置和区域景观环境极好。二是坚持以人为本的设计思想，把提高人居环境质量作为规划设计的出发点和最终目标。强调绿地与居民活动的融合，形成一个生活便利、环境幽雅的住宅小区。三是在交通组织方面，规划路网同时满足道路交通组织的要求，做到人车分流，并满足停车、行车、消防等要求。四是在住宅户型方面，精心设计户型，充分体现以人为本原则，做到户户有良好的朝向或户户有景色。突出建筑及空间的鲜明个性，在建筑的功能、造型、外部环境上都映射出居住建筑的特有风格。通过场地的设计，达到建筑物与周边环境相融洽的最佳效果。

项目征地面积 73 533.94m^2（合 110.301 亩），净用地面积 66 666.67m^2（合 100.00 亩）。计容建筑面积 198 998.63m^2，容积率 2.98；总建筑面积 255 897.94m^2，总户数 1 542 户。

4. 经济或社会效益：项目位于长沙市湘江“两型”新区，符合长沙总体规划功能定位，对加速当地城建和经济发展具有积极意义。

八、华润置地广场二期设计

1. 设计单位：中国机械设备工程股份有限公司

2. 签订时间：2014 年 4 月 11 日

3. 项目概况：合同额 684.25 万元。委托单位是华润置地（湖南）有限公司。已完成设计，进入施工阶段。其特点：一是综合性项目，包括住宅、商业、写字楼等。二是规模较大，该期面积 38 万 m^2，加上一期总面积近 60 万 m^2。三是项目追求实用，平面力求功能明确、使用方便、利用率高。四是立面简洁。

4. 经济或社会效益：项目简洁、高效，建设周期短，速度快，具有较好的经济效益；项目品质高、实用、节能、环境优雅。

九、长沙市第六水厂设计

1. 设计单位：中国机械设备工程股份有限公司

2. 签订时间：2014 年 8 月 12 日

3. 项目概况：合同额 654.94 万元，委托单位是长沙水业投资管理有限公司。完成设计，进入施工阶段。其特点是：项目总规模 50 万 t/d，一期规模 10 万 t/d。总体规划，分期实施。含取水泵房、原水管道和厂区工程。水质达到“生活饮用水卫生标准”GB5749—2006 要求。处理工艺：净水采用预处理 + 常规净化 + 深度处理组合工艺。生产过程中产生的反冲洗废水经处理后回用，污泥经脱水后安全处置。项目按《长沙市绿色建筑行动实施方案》（长政发〔2013〕33 号）要求的绿色理念和绿色技术进行设计。一期过程总投资 5.27 亿元，其中工程直接投资 3.63 亿元。

4. 经济或社会效益：该项目建成将提高长沙市的自来水供应能力，提高市民的生活水准。

十、北京市密云县医院新建项目

1. 设计单位：中国中元国际工程有限公司

2. 签约时间：2010 年 10 月 27 日

3. 项目概况：项目于 2011 年 5 月开工，2014 年 10 月竣工投入使用。其特点：项目位于密云县长城环岛东南侧，按 940 张床位、日门诊量 3 000 人次的三级医院标准设计。总建筑面积 13.87 万 m^2，其中改造面积 4 300m^2、新建建筑面积 13.44 万 m^2。中国中元在该项目中提供了项目建议书、方案设计、初步设计、施工图设计、施工配合等全部设计服务工作。

4. 经济或社会效益：该项目是当前北京市远郊区县内最大的单体公立医疗建筑，是密云县的民生工程，备受县委、县政府及全县百姓的极大关注。密云县医院在 2014 年 10 月投入使用后，社会反响良好，极大地缓解了当地病人住院难的状况，改善了密云县医院的就医条件。

十一、航天中心医院门急诊综合楼

1. 设计单位：中国中元国际工程有限公司

2. 签约时间：2010 年 2 月 24 日

3. 项目概况：项目于 2010 年 8 月开工，2014 年竣工。其特点是：医院原院区内建筑分别建于不同年代，缺少整体规划思路，导致建筑布局零散，可利用的建设用地十分有限，对规划及建筑设计形成较大制约。设计方案在实现新医院科学合理的功能布局和便捷高效的医疗流线的同时，充分考虑实施建设的可行性和医院自身周转的可操作性，在有限的用地上使门急诊综合楼与保留建筑形成良好的联系，并将各功能区整合归一。建筑设计合理组织病患、医护人员、清洁物品、污染物品等流线，实现路径短捷、顺畅。工程中采用先进技术，实现现代化医院的数字化、低能耗、高效率。

4. 经济或社会效益：该项目实现了利用医院的医疗资源、有效做好医疗服务工作的延伸、做到学科建设的可持续发展、完善教学和科研两个平台、搭建医院产业化建设框架，使航天中心医院成为现代化的一流医院。医院承担着航天系统在京 30 余万职工及家属的医疗、保健任务。项目的投入运行，改善了就医条件，方便了广大干部职工家属及周边群众就诊。

十二、河南省浚县人民医院新建工程

1. 设计单位：中国中元国际工程有限公司

2. 签约时间：2009 年 3 月 10 日

3. 项目概况：该项目 2009 年 6 月开始设计，2011 年 5 月完成全部设计，2014 年竣工。其特点是：项目位于河南省浚县县城，规划用地面积 13.82 万 m^2，总建筑面积 6.36 万 m^2，规划床位 1 000 张。设计从细节上下工夫，建筑风格符合当地历史文化名城的文脉特征，既有历史文化气息，又不失现代特色。

4. 经济或社会效益：浚县人民医院是当地最大的综合性医疗机构，为该县及周边县市的百姓服务。项目根据当地的医疗条件和经济社会发展水平，量体裁衣，实现“三少一多”：建造费用少、运营成本少、建设面积少和病床床位多。在医院实现现代化的同时，以较少的投入取得较大的社会效益和经济效益。这一个案，在经济中等发达地区和欠发达地区，具有较强的示范意义。

十三、河南省人民医院新建病房楼工程

1. 设计单位：中国中元国际工程有限公司

2. 签约时间：2008 年 10 月 10 日

3. 项目概况：2009 年 5 月完成初步设计；2009 年 10 月完成施工图设计；2014 年竣工。其特点是：项目建筑面积 11.86 万 m^2，地上 21 层，地下 2 层。功能包括：护理单元、部分医技科室、中心药房、营养厨房及餐厅、病案库、设备机房等。楼内包含 45 间洁净手术室、8 台 DSA、34 张监护病床的重症监护室、护理单元病床 1 420 床。新建病房楼紧贴老病房楼建设，通过设医疗主街在功能使用上连成一体。在老病房楼的电梯厅处增加 3 部观光电梯，以解决老病房楼的电梯数量不足问题；空中连廊的设计成为医院造型一个亮点。

4. 经济或社会效益：河南省人民医院是卫生部直属三级甲等医院。新建病房楼工程是该医院总体规划建设的第三阶段，集医疗、教学、科研和预防保健为一体。项目建成使用以来，得到医

院方一致好评，尤其与老病房楼相通的医疗街及增加的观光电梯、连廊的设计，极大地缓解了老楼拥堵状况，改善了医院整体就医条件和医疗环境，统筹考虑了整体的院区规划。

十四、洛阳东方医院

1. 设计单位：中国中元国际工程有限公司

2. 签约时间：2008 年 11 月 10 日

3. 项目概况：2009 年 4 月完成初步设计工作；2010 年 1 月完成施工图设计工作；2014 年竣工。其项目特点是：新建综合病房大楼建筑总面积 3.87 万 m^2，建筑高度 78.2m。内部设有护理单元、检验科、输血科、手术部、重症监护室、中心供应室、中心药房、医护集中更衣室、设备机房、太平间等。建成后共有病房 240 余间、床位 540 余张。大楼的设计充分体现了以人为本、以病人为中心的思想理念，突出了功能合理、运行体系安全高效，生态环保、节能等优点。

4. 经济或社会效益：洛阳东方医院位于河南省洛阳市，是集医疗、教学、科研和预防保健为一体的大型三级综合性医院，是河南科技大学第三附属医院。新建综合病房楼投入使用后，医院建筑总面积扩大至 8 万 m^2，开放床位 1 000 余张，年住院病人数将达到 3 万余人，可解决洛阳东方医院门诊住院接待有限的问题。医院医疗服务得到明显改善，为洛阳九县六区及周边百姓提供更加优质的医疗、预防、康复、保健服务。

十五、委内瑞拉新中心发电厂工程

1. 设计单位：中国浦发机械工业股份有限公司

2. 签约时间：2010 年 8 月 10 日

3. 项目概况：该工程由委内瑞拉国家电力公司、PDVSA（委内瑞拉石油公司）投资建设。厂址位于委内瑞拉的 CARABOBO 州，距离加拉加斯时约 220km。工程建设规模为 4×192.625MW（ISO 工况、西门子 SGT6-5000F）。燃机为单循环运行，户外布置，燃料为柴油和天然气，柴油为主要燃料，天然气为备用燃料。

4. 经济或社会效益：新中心电厂是委内瑞拉紧急电站一期工程的 2 个电厂之一，距离首都 220km，对应急保障用电意义重大。

十六、杭州新明 KIDMALL

1. 设计单位：中国联合工程公司

2. 签约时间：2014 年 6 月 10 日

3. 项目概况：杭州新明集团斥资打造的继上海新明 KIDMALL 之后的杭州首个一站式儿童主题生活城。项目位于桥西单元小河路北段运河边，南侧为运河集散中心，是运河边标志性的高层商业办公综合体，总面积约 16.3 万 m^2。整个形态设计借用“船、灯塔、杨帆”的形态，表现儿童主题商业充满朝气面向未来的特性。

4. 经济或社会效益：中国联合与合作单位天华共同参与项目的前期策划、方案分析、评审，并最终完成施工图设计。设计过程中基于甲方上市的需求，在短期内保质保量地完成了设计，获得新明集团肯定。

十七、融信・蓝孔雀

1. 设计单位：中国联合工程公司

2. 签约时间：2014 年 3 月 20 日

3. 项目概况：融信・蓝孔雀项目为福建融信集团投资开发的地产项目，也是融信集团进入杭城的第一个项目。该项目位于杭州拱墅区北部蓝孔雀地块，项目主要为住宅小区与配套公共建筑。建筑采用大块玻璃做饰面材料，体量纯净独特的曲面造型，使建筑在任意角度都呈现流畅、优雅的美感。

4. 经济或社会效益：由于项目完成时间短，图纸质量高，受到融信公司的高度赞扬。基于对公司的信任，将公司另一块地块——2013 年杭州市地王（杭师大地块），交与中国联合设计，已顺利完成。

十八、台州星光耀广场

1. 设计单位：中国联合工程公司

2. 签约时间：2014 年 10 月 29 日

3. 项目概况：台州星光广场位于台州路桥会展东路以东，是星耀房地产发展有限公司开发的城市品质复合社区的重要组成部分，是一站式服务的多元化时尚生活体验中心。项目包括商业、办公、餐饮、娱乐、影院、健身、居住等功能，是一个有活力的城市公共空间。设计在环境上营造现代、舒适的消费体验，同时通过更丰富的生态配置提供多元化的社交功能满足。设计充分考虑与城市的契合关系，通过总体布局，强调会展东路的城市形象，也尊重了城市轴线，设置了对外开放的城市公共空间，项目总建筑面积为 40 万 m^2，高度为 150m。

4. 经济或社会效益：项目高度契合并引领区域消费趋势，提升区域乃至全台州市的消费品质。

十九、内蒙古锦联铝材有限公司100万t铝镁合金项目配套动力车间工程

1. 设计单位：中国联合工程公司

2. 签约时间：2010年4月16日

3. 项目概况：该工程是锦江集团在内蒙古投资的铝镁合金项目的自备电厂，装机规模为2套200MW机组。中国联合工程公司承担工程设计。2012年完成设计。1#机组于2012年3月开工建设，2014年4月并网投产；2#机组于2012年5月开工建设，2014年7月并网投产。该电厂是自备电厂，与外部电网联系薄弱，而铝镁合金项目对供电可靠性要求很高。设计中采取相应措施应对孤网运行情况，为保证镁铝合金车间的用电安全，电厂设置2套机组可以带厂用电孤岛运行，以保证一套带厂用电运行功能的机组在停运检修并出现全厂电网故障时，另一套带此功能的机组可以带厂用电运行，如果电网故障可以快速排除，则此机组可以快速升负荷以带动其他机组在极热状态快速启动，快速恢复对镁铝合金项目的供电。结合项目实施地水资源缺乏的特点，项目采用直接空冷机组（凝汽器冷却系统采用直接空冷系统）、半干法脱硫；除渣采用“干式排渣机+埋刮板输送机+带式输送机+贮渣库”系统等技术方案。

4. 经济或社会效益：项目的顺利投产，为铝镁合金项目的运行创造了条件。该项目获2014年度中国联合工程公司优秀工程设计一等奖。

二十、辽宁葫芦岛铝业有限公司年产60万t挤压型材项目

1. 设计单位：中国联合工程公司

2. 签约时间：2013年2月1日

3. 项目概况：2014年2月完成竣工验收，并投入运营。其项目特点是：根据中国铝合金挤压材行业跨越了以数量增长为特征的初级发展阶段，进入了依靠技术创新和综合实力参与市场竞争的新常态，以及国家鼓励重点发展的高精铝板、带、箔及高速薄带和轨道交通用大型铝合金型材等高附加值产品的政策，结合市场需求和企业的技术实力，确定本项目的生产规模为年产60万t铝挤压型材，其中管材24万t、棒材6万t/a、型材30万t/a（产品直径 $\phi7\sim1250$mm）。为保证型材产品质量和生产能力，熔铸车间设计规模为年产铝及铝合金圆锭71.4万t。为扩展产业链设计中增加了铝型材的深加工。使企业建设向着大而强和专而精方向发展。

4. 经济或社会效益：该项目投资估算比较准确，财务评价合理，经济效益显著。可行性研究报告根据设备和材料价格变化，对项目投资估算和效益测算及时进行了调整，做到投资估算基本准确，财务评价合理，经济效益明显。项目的建设符合国家优先发展政策；对增加有效供给、替代进口，促进行业技术进步和产品结构调整具有积极的意义。该项目获机械工业优秀工程咨询成果奖。

二十一、宜昌三峡物流园项目

1. 设计单位：中国联合工程公司

2. 签约时间：2009年12月15日

3. 项目概况：2014年2月完成竣工验收，并投入运营。其特点是：一是项目用地规模大，使用功能多，规划上充分考虑了山区地貌、功能区互动关系、外部道路衔接等因素，将场地设计为3个落差3m左右的大平台：冷链仓储配送区、农产品交易区、物流信息配载区。重载的冷链物流区设置在挖方区，实现土方自身平衡（填挖土方总量350万m^3）、降低投资成本、功能协调统一、交通流利顺畅。二是农产品交易区建筑面积34万m^2，2 800个商户交易区（包括蔬菜、水果、粮油、冷冻品、水产、副食品等）。根据“交付使用后，每天人流车流巨大，各类大、中、小型货车进出频繁的预期”，设计中采用了高架桥和建筑的连接，将各个交易功能区联系成一个整体，提高了二层交易区的交通便捷性。三是为满足冷库食品的卫生安全需求，冷库采用无梁楼盖技术。冷库的保温采用聚氨酯喷涂，外墙和框架梁板脱开，之间设置200mm的聚氨酯填缝，实现3层冷库内部保温整体密封，达到节能效果。低温冷库的地下抗冻胀防开裂措施采用制冷压缩机余热回收系统，在地坪下通乙二醇管道，实现节能效果，可避免通用地下架空层做法造成的投资浪费。四是设计农产品检测中心，建立农产品追溯体系，货运信息中心引入先进管理软件，及时发布物流供求信息，实现为货找车、为车配货的快捷服务。项目分别规划设计了大型集中货运信息发布大厅、货代办公信息区、农产品价格发布大厅、大型集中调度中心等功能，实现农产品电子商务、仓储信息管理、物流货运信息服务的综合性信息系统解决方案。

4. 经济或社会效益：获杭州市建设工程西湖杯奖一等奖（优秀勘察设计）。

二十二、杭州江东开发建设投资有限责任公司标准厂房项目

1. 设计单位：中国联合工程公司

2. 签约时间：2010 年 12 月 24 日

3. 项目概况：2014 年 1 月完成竣工验收，并投入运营。项目位于浙江省杭州市江东工业园区内，项目总用地面积 67 173.30m^2。项目由江东开发建设投资有限责任公司为浙江西子航空工业有限公司量身定制的飞机零部件生产基地建设项目，建成后将成为当地的示范性工业项目，同时能够让西子从原来的传统制造业向位于高端核心的航空制造业拓展，成为全球优秀的航空零部件供应商。该项目由一栋联合厂房、检测厂房、倒班宿舍及食堂和站房、门卫组成，总建筑面积 48 498m^2。其主要特点是：追求绿色环保的设计理念。项目获二星级绿设计标识、绿色建筑设计标识证书。为达到绿建要求，采用的主要绿色技术有：在工艺设计上，积极采用新技术、新工艺、新设备，提升企业的工艺技术和装备水平，体现绿色制造和清洁生产的时代诉求；在节能技术上，厂房采用高效节能无极灯具照明、空调生产区采用光导管自然采光系统、非空调生产区屋顶采用自然通风器、卫生间热水采用太阳能热水系统和低层采用绿化景观屋面、厂房能耗采用能源监控计量自动化控制系统等；在节水技术上，工艺设备采用废水回用系统、厂房雨水收集系统用于绿化灌溉、大面积透水沥青路面、节水型器具等技术；在建筑用材上，厂房采用可循环使用及废弃物为原料的建筑材料（如彩钢板围护系统，煤灰砖砌块隔墙）、空调区保温层加厚采用 150 厚离心玻璃棉保温、幕墙及外窗均采用 L0w-e 低辐射镀膜中空玻璃幕墙。

厂区布局合理，分区明确、功能齐全，物流顺畅，环境优美。通过分设人流出入口和货流出入口，避免人流物流频繁交叉。为充分利用土地，厂房采用多跨联合厂房，同时为增加停车，设计 -50m 高的立体停车库，提升厂区的品质。整体环境景观设计细致入微，体现品质。联合厂房按现代化生产组织模式，进行车间分工和工艺路线重新合理布局。

4. 经济或社会效益：建筑设计追求简洁大方，体现工业建筑特性。项目体现工业建筑功能与形式的和谐，在满足经济合理的前提下，追求品质。注重新技术、新材料应用，在提供舒适度的同时，创造更多的经济、社会及环境效益。项目获杭州市建设工程西湖杯奖一等奖（优秀勘察设计）。

二十三、辽宁煤机装备制造集团有限责任公司高端液压支架生产基地（设计）项目

1. 设计单位：机械工业第六设计研究院有限公司

2. 签约时间：2014 年 7 月 29 日

3. 项目概况：该项目以打造“中国最大世界知名”的煤机装备企业为目标，整合辽宁省铁法能源公司、抚顺矿业集团、沈阳煤业集团、阜新矿业集团 4 家煤业集团的煤机公司，建成巨大的生产基地。

4. 经济或社会效益：项目建成后，强强联合，将打造辽宁省最大煤机装备制造企业，建成“中国最大世界知名”的煤机装备制造产业集群，成为行业发展的重要引擎。

二十四、贵州中烟工业有限责任公司遵义卷烟厂易地技术改造（设计）项目

1. 设计单位：机械工业第六设计研究院有限公司

2. 签约时间：2014 年 12 月 31 日

3. 项目概况：项目位于国家级遵义经济技术开发区高坪工业园区，总投资约 28 亿元，建设用地面积约 602 亩（1 亩 =666.6m^2，下同），总建筑面积约 33.5 万 m^2，年产卷烟 70 万箱，预计 2017 年投产。

4. 经济或社会效益：该项目的建设为加快发展贵州烟草工业，增加地方财政收入，促进革命老区、少数民族地区和贫困地区经济社会发展，提供强大的动力和支撑。

二十五、郑东新区国家专利审查协作河南中心工程（设计）

1. 设计单位：机械工业第六设计研究院有限公司

2. 签约时间：2014 年 1 月 24 日

3. 项目概况：项目占地 103 亩，总建筑面积 12 万 m^2，总投资近 7 亿元。

4. 经济或社会效益：项目建成后，将极大地提高中原地区专利审查能力，促进河南省专利事业快速发展，对转变经济发展方式、缓解资源环境约束、提升中原经济区核心竞争力具有重要战略意义。

二十六、甘肃建投新能源科技（武威）产业园项目（咨询、设计）

1. 设计单位：机械工业第六设计研究院有限公司

2. 签约时间：2014 年 6 月 25 日

3. 项目概况：项目占地总面积 690 847.5m^2，是武威市实施“工业强市”战略新规划重点工业园区，也是甘肃省循环经济试点园区之一和省级新型工业化产业示范基地。

4. 经济或社会效益：建成后将成为国内一流的风电装备、治沙装备制造产业园。

二十七、湖北省宜城市经济开发区水晶产业城建设（设计）项目

1. 设计单位：机械工业第六设计研究院有限公司

2. 签约时间：2014 年 6 月 30 日

3. 项目概况：项目分 4 个功能园区，共占地 9 455 亩。

4. 经济或社会效益：该园区的建设有利于进一步加强水晶产业集聚和转型升级，以及提升各类污染处理和防控能力；同时，可最大限度地发挥工业规模、辐射和带动效应，实现资源共享，对拉动宜城市经济、增加就业、提高群众收入具有积极意义。

二十八、阜外华中心血管病医院（河南省心血管病医院）建设项目

1. 设计单位：机械工业第六设计研究院有限公司

2. 签约时间：2014 年 10 月 30 日

3. 项目概况：项目位于郑州市郑东新区，项目建设用地 201 亩，总建筑面积 40.38 万 m^2，设置床位 1 000 张，建设内容包含阜外华中心血管病医院及国家心血管病中心华中分中心。

4. 经济或社会效益：设计方案力求构建一座理念先进、特色鲜明、可持续发展的绿色智慧医院，具备功能集中完善、流线简洁高效、空间舒适大气等特征。项目建成后将成为集医疗、教学、培训、科研、管理、预防、国际交流于一体的大型综合性医疗保健中心。

二十九、郑州航空港区河东九大安置区（第六标段）建设项目

1. 设计单位：机械工业第六设计研究院有限公司

2. 签约时间：2014 年 11 月 21 日

3. 项目概况：该标段项目总用地面积 70 多万 m^2，总建筑面积 170 多万 m^2，包含村民安置房、大型商业综合体、教育建筑、公园绿地及邻里中心等配套设施。

4. 经济或社会效益：该项目建成后将成为彰显中原文化魅力、引领都市时尚潮流的郑州新地标。

三十、郑州建业凯旋广场项目

1. 设计单位：机械工业第六设计研究院有限公司

2. 签约时间：2014 年 5 月 30 日

3. 项目概况：项目位于花园路农科路，毗邻正弘蓝堡湾、金水万达，总建筑面积 27 万余 m^2，主体结构为 150m 的超高层双塔写字楼，为大型城市综合体项目。

4. 经济或社会效益：该项目建成后将成为彰显中原文化魅力、引领都市时尚潮流的郑州新地标。

三十一、山西昆明烟草有限责任公司易地技术改造项目

1. 设计单位：机械工业第六设计研究院有限公司

2. 签约时间：2014 年 7 月 31 日

3. 项目概况：项目位于太原市经济技术开发区南部，占地 340 余亩，总投资约 16 亿元，预计 2016 年年底投产使用，改造后年产卷烟将达 40 万箱。

4. 经济或社会效益：该项目方案从企业的智能化、信息化设施入手，以建设“数字工厂”为目标，以现代网络技术为载体，旨在建设“智能化生产、数字化管理”的现代化企业。该项目将进一步推进烟草行业绿色工房、数字工厂及信息智能化等方面的发展，为当地带来巨大的经济效益。

三十二、贵州烟叶复烤有限责任公司湄潭复烤厂异地改造

1. 设计单位：机械工业第六设计研究院有限公司

2. 签约时间：2014 年 3 月 31 日

3. 项目概况：项目占地面积 399 亩，总建筑面积 10 万 m^2。

4. 经济或社会效益：此次总体技术改造项目与上海烟草（集团）公司 100 万箱“中华专线”

技改项目相配套，采用具有国内先进水平的打叶复烤工艺及设备，项目将建设成为中华烟叶挑拣加工专线、烟叶仓储流转基地和打叶复烤技术人才培养基地。

三十三、郏县人民医院新建项目

1. 设计单位：机械工业第六设计研究院有限公司

2. 签约时间：2014 年 8 月 29 日

3. 项目概况：项目占地面积 250 亩，设计床位 1 000 张，总建筑面积 15 万 m^2，其中地上 13 万 m^2、地下 2 万 m^2。

4. 经济或社会效益：项目建成后，将极大地改善当地人就医条件。

三十四、陕西中烟工业有限责任公司澄城卷烟厂易地技术改造（咨询、设计、监理）项目

1. 设计单位：机械工业第六设计研究院有限公司

2. 签约时间：2014 年 5 月 30 日

3. 项目概况：项目总投资约 14 亿元，占地面积 355 亩，年产卷烟 30 万箱，预计 2016 年年底投产使用。

4. 经济或社会效益：该项目建成后将对调整当地经济结构，转变发展方式，加速新型工业化以及带动区域经济发展起到重大作用。

三十五、新乡市妇幼保健院暨新乡市儿童医院建设（设计）项目

1. 设计单位：机械工业第六设计研究院有限公司

2. 签约时间：2014 年 4 月 29 日

3. 项目概况：项目设计用地面积约 7 万 m^2，规划总建筑面积约 16.6 万 m^2。项目将建成集“医疗、教学、科研、预防、保健、健康教育”六位一体的妇幼保健及儿童专科医院。

4. 经济或社会效益：项目建成后，将极大地改善当地妇幼保健及就医条件。

三十六、河南莲花味精股份有限公司莲花生态工业园建设项目

1. 设计单位：机械工业第六设计研究院有限公司

2. 签约时间：2014 年 4 月 30 日

3. 项目概况：项目位于项城市产业集聚区，占地面积 540 亩，一期建设 2 条年产均 8 万 t 谷氨酸钠生产线和 1 条年产 2.5 万 t 复合调味料生产线及办公楼、质检中心、研发中心、培训中心、职工厅等配套辅助工程。

4. 经济或社会效益：该项目建成后将成为国内调味品行业技术水平领先、绿色节能环保的生态工业示范园区。

三十七、贵州烟叶复烤有限责任公司遵义复烤厂异地技改项目

1. 设计单位：机械工业第六设计研究院有限公司

2. 签约时间：2014 年 4 月 30 日

3. 项目概况：项目年加工原烟 60 万担。

4. 经济或社会效益：此次技术改造，整合现有资源，理顺物流，配置先进打叶复烤生产线，提高打叶复烤水平，增强企业市场竞争力。

三十八、河南黄金珠宝文化产业园项目

1. 设计单位：机械工业第六设计研究院有限公司

2. 签约时间：2014 年 8 月 28 日

3. 项目概况：项目总占地面积 210 亩，总建筑面积 50 余万 m^2，是集黄金珠宝加工研发、商贸展销、酒店会议、高层住宅为一体的大型房地产综合开发项目。

4. 经济或社会效益：该项目建成后将成为中部地区最具规模和影响力的现代服务业黄金珠宝区域总部基地。

三十九、大连万达商业地产股份有限公司十堰万达广场项目

1. 监理单位：机械工业第六设计研究院有限公司

2. 签约时间：2014 年 9 月 30 日

3. 项目概况：项目位于十堰市张湾区北京北路与发展大道交汇西侧，总规划用地约 17.07 公顷，总建筑面积 83.42 万 m^2，总投资 65 亿元。

4. 经济或社会效益：该项目将建成集 5A 级写字楼、五星级酒店、大型商业中心、文化娱乐、精品步行街和高端住宅为一体的城市综合体，成为十堰市首座真正意义上的重量级城市综合体。

四十、郑州职业技术学院新校区项目

1. 设计单位：机械工业第六设计研究院有限公司

2. 签约时间：2014 年 12 月 31 日

3. 项目概况：项目位于荥阳市宜居健康城内，总用地约 1 000 亩，总建筑面积约 31.5 万 m^2，可容纳学生 12 000 名。

4. 经济或社会效益：该项目充分运用绿色工程技术，通过合理的功能分区、简洁流畅的交通体系，旨在打造一所国际型、生态型与智能型的绿色校园。

四十一、郑州市轨道交通 2 号线一期工程供电系统施工安装项目

1. 监理单位：机械工业第六设计研究院有限公司

2. 签约时间：2014 年 7 月 31 日

3. 项目概况：该工程是郑州轨道交通线网中南北向骨干线路，与城市发展的南北发展轴及主客流走廊相一致。

4. 经济或社会效益：建成后将与轨道交通 1 号线共同构成郑州市轨道交通线网的“十”字形基本骨架，将提升郑州市的交通输送能力，促进郑州市的发展和腾飞。

四十二、河南正道商业广场有限公司正道商业广场项目

1. 监理单位：机械工业第六设计研究院有限公司

2. 签约时间：2014 年 7 月 31 日

3. 项目概况：项目位于郑州市建设路与嵩山路交叉口西南角，规划总建筑面积 23 万 m^2，塔楼高度 160m，地下 5 层。

4. 经济或社会效益：项目是集购物中心、主体百货、商业街、影院文化艺术中心、餐饮娱乐、高级会议中心、高档商务办公、健康休闲等为一体的全方位、多业态大型现代城市综合体。

四十三、荥阳市人民医院整体建设项目

1. 设计单位：机械工业第六设计研究院有限公司

2. 签约时间：2014 年 9 月 30 日

3. 项目概况：项目占地面积近 50 亩，建筑面积 12 万 m^2，设计床位 1 200 张。设计方案充分运用绿色智慧理念及 BIM 技术，旨在把荥阳市人民医院打造为一所功能有序、脉络清晰、流程便捷、运行高效、环境优美、人文关怀的现代化医院。

4. 经济或社会效益：项目建成后，将极大地改善当地人民就医条件。

四十四、甘肃烟草工业有限责任公司精品“兰州”卷烟专用生产线技术改造项目

1. 监理单位：机械工业第六设计研究院有限公司

2. 签约时间：2014 年 5 月 30 日

3. 项目概况：项目总建筑面积 61 336.5m^2，总投资 12.7 亿元，设计生产规模为 350 亿支 / 年（70 万箱/年），实现年税金 100 亿元以上。

4. 经济或社会效益：该项目建成后对推进“兰州”卷烟产品结构升级，促进品牌价值提升和持续协调发展有着重要作用；对实现甘肃烟草工业发展目标任务，提高甘肃烟草工业的综合实力和市场竞争力有着重要价值。

贸易项目

（2014 年完成，5 000 万元人民币以上）

一、意大利远程智能电表项目

1. 实施单位：中国机械设备工程股份有限公司

2. 签约时间：2014 年 3 月 25 日

3. 项目概况：合同额 1 536 万美元。该项目与意大利国家电力公司建立了超过 14 年的良好供货合作。截至 2015 年 5 月 CMEC 完成供货 2 175 万只，销售额约 8.1 亿美元。其特点：一是具有中意政府间合作因素的项目，采用全球公开招标形式。二是目标市场基本在海外客户垄断下。三是需求稳定，产品使用周期 15 年，订单不分季节。四是进料加工，出口执行 DDP 条款，要求较长保质期。五是欧元结算，结款周期长。

4. 经济或社会效益：一是项目 2001 年启动，是中国第一例打开意大利大门的电表供货项目，迄今为止，CMEC 仍然是客户合格供货商中唯一有效供货的中国企业。二是在全球公开竞标的条件下，连续多年多次中标签约供货，业绩显著，质量良好，服务细致，得到客户高度认可，为中国企业向欧盟供应表计产品赢得了良好的口碑和信誉，使 CMEC 及合作伙伴深圳长城开发科技股份有限公司成为中国出口欧洲表计产品的标杆企业。三是通过该项目成功培养了专业和优秀的项目管理人才，以及深刻理解欧洲客户的管理要求和团队的需求。

二、谷物贸易项目

1. 实施单位：中国机械设备工程股份有限公司

2. 签约时间：2014 年 10 月 24 日

3. 项目概况：合同额 23 187 万美元。公司与中国进出口银行、乌克兰财政部及乌粮集团共同签署《中乌农业领域合作框架协议》，其中规定了中乌农业领域合作项目由乌克兰财政部出具主权担保，中国进出口银行提供融资，公司及乌粮集团具体执行。2012 年 10 月 24 日，以此框架协议为基础，CMEC 与乌粮集团签署“农业领域合作通用合同”，总金额 242 亿～280.5 亿美元。具体执行时双方另行签订批次合同。其特点是：项目有良好的背景，执行时间长达 15 年，可持续性强、涵盖面广；同时，能够有效带动中乌农业领域周边项目的市场开发。

4. 经济或社会效益：项目积极落实国家“走出去”战略，中乌农业领域合作项目操作模式有别于现有农业“走出去”模式，可操作性强，抓住了粮食贸易的主要环节，避免了产业链前期诸多风险环节；同时，可以使中国企业在国际市场上赢得粮食话语权，并且可保障中国粮食安全。该项目对于推动中乌农业合作向更深层次发展、充实中乌战略伙伴关系内涵具有重要战略意义。

三、出口伊拉克 8 000m³ 挖泥船项目

1. 实施单位：中国机械设备工程股份有限公司

2. 签约时间：2012 年 7 月 23 日

3. 项目概况：伊拉克交通部港务局于 2011 年 7 月向公司发出采购耙吸式挖泥船的招标兴趣函。CMEC 在收到招标兴趣函后，向伊拉克交通部港务局提交了“星航浚 2” 8 000m³ 耙吸式挖泥船的商务报价和技术方案。伊拉克交通部港务局于 2011 年 12 月和 2012 年 5 月分别派验船师登船检验，并邀请 CMEC 于 2012 年 7 月 1 日—4 日在伊拉克进行最终价格和合同谈判。该项目为“收购制”，合同于 2013 年 3 月生效。2013 年 8 月，CMEC 顺利将船舶交付给伊拉克船东。其特点是：项目是出口一艘舱容量为 8 000m³ 的耙吸式挖泥船。项目为工程船出口，该船为常规的、成熟的挖泥船船型。

4. 经济或社会效益：项目正处在中国船舶制造行业的低迷期，为船舶行业的回暖起到带动作用。同时，拉动了出口。

四、捷豹路虎进口汽车项目

1. 实施单位：国机汽车股份有限公司

2. 签约时间：2013 年 6 月 1 日

3. 项目概况：国机汽车完成与捷豹路虎汽车贸易（上海）有限公司（简称捷豹路虎）的进口物流服务合同续约，为其提供车辆进口、自理／代理清关、仓储、物流服务。2014 年，国机汽车在软件、硬件和人员方面做了扩展和提升，升级完善了进口汽车物流系统平台、移动终端仓库管理系统。增加现场物流操作人员，推进精细化管理，重点加强操作质量和时效的管理，车辆质损率和物流操作时效明显改善，并配合厂家完成经销商库存车辆的管理和维护。提升了各项关键绩效达标率，获得捷豹路虎认可。

4. 经济或社会效益：国机汽车国际化、专业化的服务，为捷豹路虎在中国汽车市场的迅速扩张发挥了良好的支撑作用，全年销售捷豹路虎汽车 21 497 台。

五、Tesla 进口汽车项目

1. 实施单位：国机汽车股份有限公司

2. 签约时间：2014 年 11 月 1 日（有效期至 2015 年 12 月 31 日）

3. 项目概况：国机汽车与拓速乐汽车销售（北京）有限公司（简称“Tesla”）的项目合作，涉及车辆进口、清关、仓储和物流服务。2 月，国机汽车与 Tesla 签订首份进口物流服务协议。9 月，参与 Tesla 汽车的中国物流项目投标，再次赢得 Tesla 汽车公司认可，实现物流合作合同的续签。完成 Tesla 进口物流项目。在滚装船操作的基础上，完成集装箱方式进口车辆的港口操作和清关、商检工作，全年提供对 2 986 台车辆的进口物流服务。配合厂家销售的需求，实现商检线直发车辆的服务，提升了物流操作时效。

4. 经济或社会效益：实现多种运输方式并存（商检直发、小板车配送、直接发送客户、服务中心之间的车辆调拨配送等）供客户选择菜单的服务方式。

六、上汽通用进口汽车项目

1. 实施单位：国机汽车股份有限公司

2. 签约时间：2013 年 12 月 30 日

3. 项目概况：国机汽车与上汽通用汽车销售有限公司（简称上汽通用）合作的该项目，涉及车辆认证、车辆进口、清关、仓储和物流服务。2014 年，国机汽车按上汽通用要求，完成 2015 款昂科雷的认证试验，并完成北京第 V 阶段排放标准第 2 段的增补 OBD 带 IUPR 车型的申报和登记。配合上汽通用需求完成燃料消耗量自检试验，注销凯雷德 ESV 车型 CCC 证书。此外，还配合上汽通用完成港口库存车辆的日常维护及保养工作，保证每台商品车无伤发运。

4. 经济或社会效益：2014 年，国机汽车销售上汽通用进口汽车 2 639 台。

七、克莱斯勒进口汽车项目

1. 实施单位：国机汽车股份有限公司

2. 签约时间：2013 年 1 月 1 日（有效期至 2013 年 12 月 31 日，自动续延至 2014 年 12 月 31 日）

3. 项目概况：2014 年，克莱斯勒进口车项目签订进口贸易合同之“补充协议”，扩展克莱斯勒上海分公司对国机汽车销售车辆。克莱斯勒项目继续将“批发贸易、港口服务、零售管理”三大业务，串联打造成进口汽车完整业务链条，同时继续拓展经销商融资业务模块，坚持打造各业务板块互为支撑、互为推动的业务格局。

（1）港口服务方面。推动业务管理系统再升级，实现 PDI、整备、仓储、运输等业务操作，从结果管理到作业过程管理的信息化。做好技术、质量服务团队建设，持续改进港口整备、维修设备升级与配套设施建设，提高港口业务操作的效能和质量，提升港口服务业务全链条操作的核心竞争力。践行公司港口发展战略，开启双港运作。

（2）批发贸易方面。实现贸易服务共赢，整车销售量首次突破 11 万台，荣获克莱斯勒年度“合作伙伴奖”；探索开发经销商服务模块，建立与经销商更加快捷紧密的沟通渠道，提高服务效率和质量，继续探索、拓展经销商批售融资业务，不断调整、优化与业务相匹配的信息化业务系统。

（3）零售业务方面。继续发挥“批发 + 零售”运营模式优势，优化品牌 4S 店，关停鄂尔多斯 JEEP4S 店；管理下沉，推进天津百旺、天津吉旺店会员卡系统上线；不断深入过程管控，指标分解，统筹协调，协同品牌内 4S 店资源共享、信息互通、共同进步，提升 4S 店管控水平。

（4）财务管理方面。创新融资模式，建行融资合作项目正式上线；加强风险防控力度，在改进现有风险防控手段的同时，积极探索新的方式方法，确保“零损失”目标实现。

4. 经济或社会效益：实现销售克莱斯勒进口车 11.2 万台，同比增长 31%。克莱斯勒进口汽车融资业务成为经销商更加依赖的一种融资模式，开通 182 家次，同比增长 62%，开通额度规模 36.1 亿元，占全网络批售规模的 26%。

八、大众进口汽车项目

1. 实施单位：国机汽车股份有限公司

2. 签约时间：2013 年 12 月 31 日（期限 2+1 年）

3. 项目概况：2013 年 12 月 31 日，国机汽车与进口大众签署合作期限为“2+1 年”的大众批发业务合作协议，并于 2014 年 1 月 1 日生效，为进口大众提供 12 大类 47 项服务。包括：支持进口大众对经销商的融资业务管理，完成融资批售近 5 万台，占批售总量的近 59%；在较高难度的销售管理模式下，完成上海大众项目批售 9 955 台；应进口大众要求，开展试驾车管理工作，将原来 1—2 周的销售审核时效缩减为 1 个工作日；完成进口大众活动用车处理；通过对“先入先出”政策的控制和执行，协助进口大众将港口库存车辆的平均库龄，从年初的 212 天下降至 78 天；全年多次协助进口大众组织对经销商的各项培训，获得厂家和经销商的较高满意度。

4. 经济或社会效益：实现大众进口汽车销售批发 83 258 辆，完成全年任务目标的 107%。

九、福特进口整车分销项目

1. 实施单位：国机汽车股份有限公司

2. 签约时间：2014 年 11 月 18 日（有效期至 2017 年 12 月 31 日，届时双方如无异议，合同有效期自动延后 1 年）

3. 项目概况：2014 年 11 月 18 日，国机汽车总经理伍刚与福特中国主要负责人在上海，就双方 2015 年起未来 4 年的合作模式达成协议，并签署为期 4 年的福特中国全系进口车国内独家分销合同（自 2015 年 1 月 1 日起，国机汽车在未来 4 年间将继续为福特中国提供全系进口车型的分销与服务业务）。2014 年，国机汽车作为福特锐界 3.5、锐界 2.0、探险者、福克斯 ST、嘉年华 ST、玛斯丹等 6 款进口车型国内唯一分销商和服务代理商，为福特汽车及福特中国提供包括市场调研、认证支持、报关报检、港口服务、整车分销、金融服务、市场推广、车辆上牌等在内的，全方位全链条管家式服务。国机汽车在向合作伙伴提供高质量、高效率服务的同时，不断加强公司软、硬件建设，增强核心竞争力。福特进口车批发业务信息化系统及港口服务质量管理系统的建设及投入使用，实现批发业务全链条服务的质量精准把控和高效运作，为公司未来发展奠定了坚实的基础。

4. 经济或社会效益：福特品牌进口车累计销售 34 388 台，营业收入 111.77 亿元，同比大幅增长。

十、出口古巴芸豆项目

1. 实施单位：中国汽车工业进出口有限公司（简称中汽进出口）

2. 签约时间：2014 年 2 月 16 日

3. 项目概况：中汽进出口与古巴粮食进口公司有着长期的友好合作关系。双方从 2006 年开始开展芸豆等杂粮产品贸易，由中汽进出口向古巴粮食进口公司出口该类产品，每年出口额在 500 万～1 000 万美元之间。2014 年 2 月，双方经过友好协商，签订向古巴出口 7 000t 芸豆的贸易合同，合同金额 1 000 万美元。合同签订后，中汽进出口积极组织国内货源，并克服春节假期的影响，在很短的时间内完成全部货物的收购、加工、检验、包装等工作，在外方租用的运载船只到达港口后，按时保质保量地完成了全部货物的装船工作，兑现了合同的全部要求。其特点是：芸豆项目属于大宗贸易，金额较大，实施过程中涉及面多，工作量大而且条件十分艰苦，大部分工作需要在东北产地、大连仓库和码头进行。通过全程派专人实施和监控项目的所有环节（重点环节如合同签订、仓储、加工、装船等，更是多部门联合参与），克服多重困难，确保了货物安全、质量，以及时间进度。

4. 经济和社会效益：在取得较好收益的同时，由于对产品品质的重视和多年贸易合同的圆满执行，为中国产品在古巴市场赢得了美誉度；中汽进出口也在古巴客户中赢得了良好的信誉和知名度。

第七篇

大事记

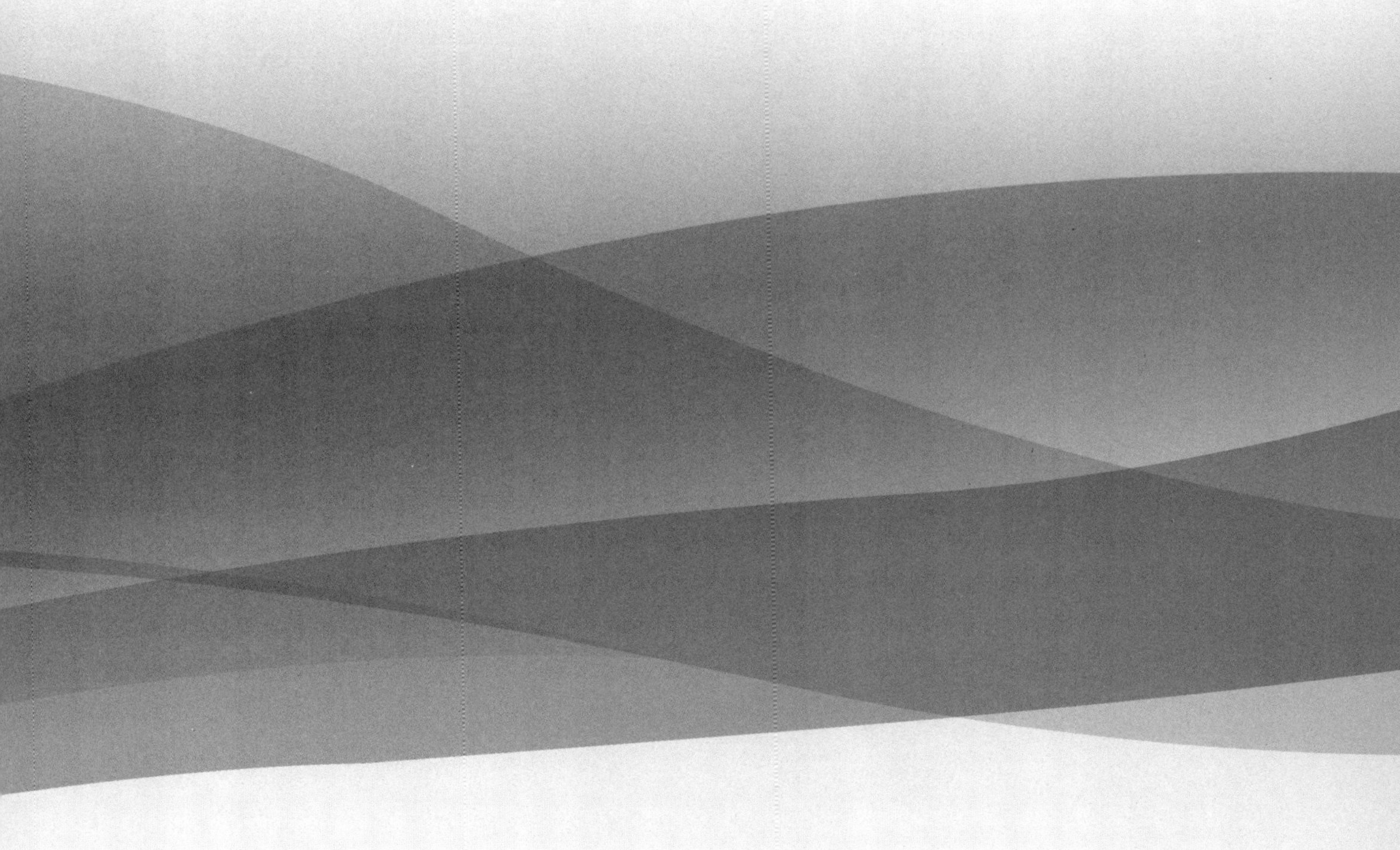

2014年中国机械工业集团有限公司大事记

1月14日

中国机械工业集团有限公司召开2014年工作会议。面对错综复杂的外部环境，2013年中国机械工业集团有限公司实现营业收入2 320亿元，利润总额81亿元，经济增加值39亿元，上缴税金142亿元，完成了年度目标任务，实现了稳中求进的工作总要求。

1月20日

白俄罗斯总理米亚斯尼科维奇访问中国机械工业集团有限公司，并与任洪斌董事长共同见证了中白相关项目合作协议的签署。

2月26日

由中国重型机械研究院有限公司主导研制开发的“12 000t航空级铝合金板材张力拉伸机装备”项目的研制成功，解决了我国重型铝合金板材万吨级拉伸机装备从无到有的问题，打破了航空级铝合金厚板依赖进口的局面，是我国铝合金厚板生产技术和装备的重大突破，对提高我国大飞机制造国产化率提供了强有力的原材料保障。

2月27日

中国第二重型机械集团公司生产制造的国内首套620℃ 1 000MW超超临界汽轮机中压内缸通过鉴定，其技术水平达到国际一流水平，可替代进口，填补了该类产品国内生产空白，对我国大型发电设备高温铸件铸造技术发展具有重要意义。

3月3日

中国机械工业集团有限公司党的群众路线教育实践活动第一批总结暨第二批部署大会在总部召开。

3月20日

中国第二重型机械集团公司改革振兴领导小组召开第五次会议，审议通过《中国第二重型机械集团公司改革振兴实施方案》。

4月8日

由中国重型机械研究院有限公司自主研发的19 500t自由锻造油压机及300t/750t·m全液压锻造操作机一次热负荷试车成功，成为已投产的世界最大吨位的自由锻造油压机及世界最大夹持力/夹持力矩的全液压锻造操作机，整体装机水平达到世界之最。该项目的投产，突破了我国大型电力、船舶、冶金、化工、航空航天和国防军工等领域超大型优质锻件的制造瓶颈。

4月18日

中国机械工业集团有限公司与中钢集团签署战略合作协议。

4月18日

韩增德、杨拉道、关卫和、刘跃进、李兵等五名技术专家被聘为中国机械工业集团有限公司第一批“首席专家”。

4月18日

中国机械工业集团有限公司与北京外国语大学签署战略合作协议。

4月23日

国务院国资委召开中央企业管理提升活动总结视频会议，中国机械工业集团有限公司荣获中央企业管理提升活动先进单位。

5月6日

中国机械工业集团有限公司与中国银行签署战略合作协议。

5月28日

2013年度中国机械工业百强、汽车工业三十强信息发布会暨十年发展回顾大会在京召开，中国机械工业集团有限公司继2008年以来连续第六年蝉联中国机械工业百强榜首。

6月19日

中国机械工业集团有限公司官网（http://www.sinomach.com.cn/）总访问量突破一千万人次大关。

6月19日

由中工国际牵头实施的中白工业园项目在白俄罗斯首都明斯克近郊正式奠基动工，这标志着中白两国经贸合作领域最大的合作项目，在经过4年酝酿后进入具体实施阶段。

当日，任洪斌董事长代表中国机械工业集团有限公司与白俄罗斯政府签署了战略合作协议。

6月27日

国务院国资委召开“中央企业一先两优”表彰大会。中国机械工业集团有限公司的中国通用机械研究院党委和中国第二重型机械集团公司万航模锻有限责任公司模锻厂党支部荣获中央企业先进基层党组织，中国第二重型机械集团公司的裴长盛和中国一拖的李继光两位同志荣获中央企业优秀共产党员光荣称号，苏美达、杨永清同志荣获中央企业优秀党务工作者光荣称号。

7月2日

最后一批驻CMEC伊拉克萨拉哈丁电站项目现场中国员工安全飞抵成都。至此，在伊项目现场的1 258名中国员工，经过8天地空结合的不间断转移，全部安全出境并乘机回国。这场海外被困员工转移行动，在外交部、商务部和中国驻伊使馆的指挥下，在国机集团、CMEC、中国建设及前线指挥小组的不懈努力下，取得了最终胜利。

7月7日

《财富》杂志面向全球同步发布2014年世界500强企业名单，中国机械工业集团有限公司以394.18亿美元的营业收入名列第278位，比上年提高48位。

7月11日

中国第二重型机械集团公司研制出我国最大的超大型高温合金涡轮盘模锻件。该高温合金涡轮盘的研制成功，是我国大型模锻件制造能力和水平的又一次跨越性提升，改变国内采用碾压工艺制备的历史，填补国内大型燃机核心部件制造的空白，标志着我国现已掌握重型燃气轮机核心端转动部件的核心技术，打破国外在重型燃机领域长期垄断的局面。

7月18日

习近平主席访问阿根廷期间，与阿根廷总统见证了由CMEC总承包的阿根廷贝尔格拉诺货运铁路改造项目的补充贷款协议签字仪式和视频启动仪式。9月19日，CMEC收到项目的全部预付款，并于12月12日获得中国出口信用保险公司出具的保单，项目满足生效条件并开始建设。12月12日，CMEC与南车集团签署了阿根廷铁路改造项目合作协议以及机车车辆采购合同，项目又向前推进一步。

7月22日

国务院国资委公布了2013年度中央企业负责人经营业绩考核A级企业名单，中国机械工业集团有限公司连续第六年获评A级企业。

7月26日

“2014中国工业经济行业企业社会责任报告发布会暨首届中国工业企业履责星级榜发布仪式”在北京召开。中国机械工业集团有限公司获评“中国工业行业履行社会责任五星级企业”，并同期发布了2013年社会责任报告。

7月26日

2014年度美国《工程新闻记录》(ENR)“国际工程设计公司225强”排名揭晓，中国机械工业集团有限公司位列第72位，比上年上升3位。

8月13日

中国重型机械研究院投资建设的柬埔寨达岱水电站1号机组，完成调试并一次成功并网发电，比协议工期提前近一年时间。该水电站是中国企业在柬埔寨投资建设的装机容量最大的一级水电站。

8月27日

中国机械工业集团有限公司与中国外运长航签署战略合作框架协议。

9月1日

2014年度美国《工程新闻记录》(ENR)“全球最大250家国际承包商”排名揭晓，中国机械工业集团有限公司位列第25位，与上年持平。

9月2日

中国企业联合会发布2014中国企业500强榜单，中国机械工业集团有限公司位列第46位，比上年提升2位。

9月5日

中国第二重型机械集团公司成功研制AP1000蒸发器水室封头。这是中国第二重型机械集团公司在第三代核电技术设备供应领域取得的又一项重大突破。标志着中国第二重型机械集团公司成功跻身世界少数具备AP1000蒸汽发生器全套锻件生产能力的先进企业行列。

9月16日

正在斯里兰卡进行国事访问的中国国家主席习近平和斯总统马欣达·拉贾帕克萨在首都科伦坡参加了普特拉姆燃煤电站全面启用视频连线仪式。普特拉姆燃煤电站是斯里兰卡的首座燃煤电站，也是中斯两国已经完成的最大经济合作项目。

目前该电站已经成为斯里兰卡发电量最大的电站。斯里兰卡政府将电站图像印在了面额100卢比的纸币上，成为见证中斯友谊的又一丰碑。

9月28日

中国第二重型机械集团公司改革振兴领导小组召开第十次会议，会议审定通过《中国第二重型机械集团公司扭亏脱困总体方案》并提交国务院国资委。

10月14日

中国机械工业集团有限公司党委召开中国机械工业集团有限公司党的群众路线教育实践活动总结大会，学习贯彻习近平总书记重要讲话精神，总结中国机械工业集团有限公司教育实践活动成效、经验，对落实中央从严治党要求、加强作风建设、进一步巩固和拓展活动成果进行部署。

10月16日

首届中华国际科学技术交流基金会2014年度中国“杰出工程师奖”颁奖典礼在京举行，集团陈志总工程师、中国重型机械研究院有限公司杨拉道副总工程师荣获“杰出工程师奖”，全国共计30名工程技术人员获此殊荣。

11月8日

在国务院总理李克强和巴基斯坦总理谢里夫的见证下，CMEC总裁张淳与巴基斯坦旁遮普省电力常务秘书穆罕默德·贾汗思博·汗签署了木扎发戈项目《开发促进协议》。

11月25日

中国国机重工集团有限公司自主研发制造的全球最大马力电传动推土机D320E，2014年在上海宝马展上首发。

12月9日

由CMEC所属中设装备公司研发生产的高纯净高性能合金铸钢制动盘，成功装载在国内首个自主化动车组制动系统上，成功完成前期相关的制动试验。这意味着我国已经全面掌握了轨道交通车辆制动系统的技术，打破了国外厂商对动车组制动系统关键技术和部件的垄断，标志着高速列车制动系统核心部件之高速制动盘的国产化工作取得了阶段性成果，将进一步加快高速列车国产化的进程。

12月30日

中国机械工业集团有限公司与华泰保险集团签署战略合作协议。

第八篇

附录

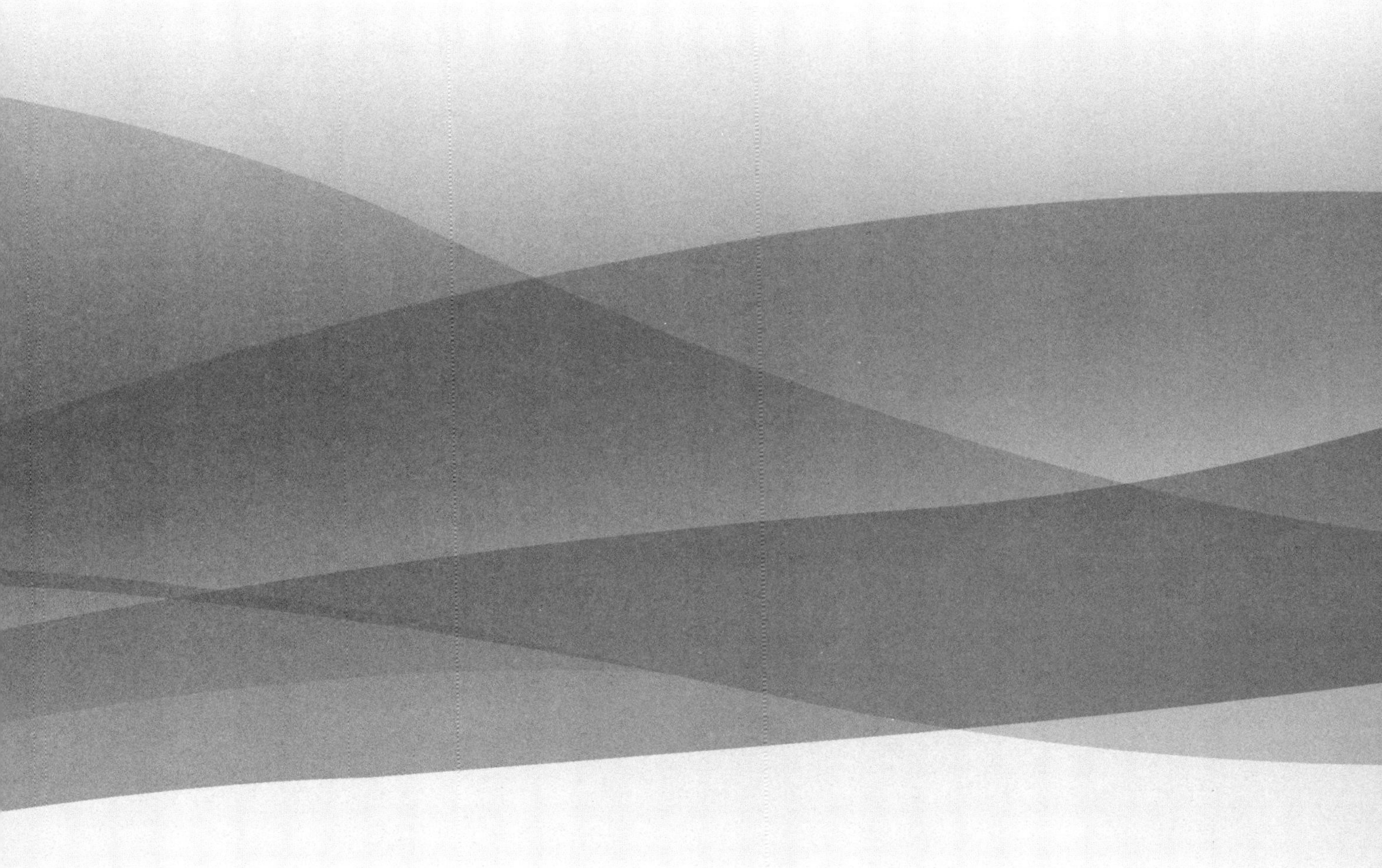

中国制造 2025

国发〔2015〕28号

制造业是国民经济的主体，是立国之本、兴国之器、强国之基。十八世纪中叶开启工业文明以来，世界强国的兴衰史和中华民族的奋斗史一再证明，没有强大的制造业，就没有国家和民族的强盛。打造具有国际竞争力的制造业，是我国提升综合国力、保障国家安全、建设世界强国的必由之路。

新中国成立尤其是改革开放以来，我国制造业持续快速发展，建成了门类齐全、独立完整的产业体系，有力推动工业化和现代化进程，显著增强综合国力，支撑我世界大国地位。然而，与世界先进水平相比，我国制造业仍然大而不强，在自主创新能力、资源利用效率、产业结构水平、信息化程度、质量效益等方面差距明显，转型升级和跨越发展的任务紧迫而艰巨。

当前，新一轮科技革命和产业变革与我国加快转变经济发展方式形成历史性交汇，国际产业分工格局正在重塑。必须紧紧抓住这一重大历史机遇，按照“四个全面”战略布局要求，实施制造强国战略，加强统筹规划和前瞻部署，力争通过三个十年的努力，到新中国成立一百年时，把我国建设成为引领世界制造业发展的制造强国，为实现中华民族伟大复兴的中国梦打下坚实基础。

《中国制造 2025》，是我国实施制造强国战略第一个十年的行动纲领。

一、发展形势和环境

（一）全球制造业格局面临重大调整

新一代信息技术与制造业深度融合，正在引发影响深远的产业变革，形成新的生产方式、产业形态、商业模式和经济增长点。各国都在加大科技创新力度，推动三维（3D）打印、移动互联网、云计算、大数据、生物工程、新能源、新材料等领域取得新突破。基于信息物理系统的智能装备、智能工厂等智能制造正在引领制造方式变革；网络众包、协同设计、大规模个性化定制、精准供应链管理、全生命周期管理、电子商务等正在重塑产业价值链体系；可穿戴智能产品、智能家电、智能汽车等智能终端产品不断拓展制造业新领域。我国制造业转型升级、创新发展迎来重大机遇。

全球产业竞争格局正在发生重大调整，我国在新一轮发展中面临巨大挑战。国际金融危机发生后，发达国家纷纷实施“再工业化”战略，重塑制造业竞争新优势，加速推进新一轮全球贸易投资新格局。一些发展中国家也在加快谋划和布局，积极参与全球产业再分工，承接产业及资本转移，拓展国际市场空间。我国制造业面临发达国家和其他发展中国家“双向挤压”的严峻挑战，必须放眼全球，加紧战略部署，着眼建设制造强国，固本培元，化挑战为机遇，抢占制造业新一轮竞争制高点。

（二）我国经济发展环境发生重大变化

随着新型工业化、信息化、城镇化、农业现代化同步推进，超大规模内需潜力不断释放，为我国制造业发展提供了广阔空间。各行业新的装备需求、人民群众新的消费需求、社会管理和公共服务新的民生需求、国防建设新的安全需求，都要求制造业在重大技术装备创新、消费品质量和安全、公共服务设施设备供给和国防装备保障等方面迅速提升水平和能力。全面深化改革和进一步扩大开放，将不断激发制造业发展活力和创造力，促进制造业转型升级。

我国经济发展进入新常态，制造业发展面临新挑战。资源和环境约束不断强化，劳动力等生产要素成本不断上升，投资和出口增速明显放缓，主要依靠资源要素投入、规模扩张的粗放发展模式难以为继，调整结构、转型升级、提质增效刻不容缓。形成经济增长新动力，塑造国际竞争新优势，重点在制造业，难点在制造业，出路也在制造业。

（三）建设制造强国任务艰巨而紧迫

经过几十年的快速发展，我国制造业规模跃居世界第一位，建立起门类齐全、独立完整的制造体系，成为支撑我国经济社会发展的重要基石和促进世界经济发展的重要力量。持续的技术创新，大大提高了我国制造业的综合竞争力。载人航天、载人深潜、大型飞机、北斗卫星导航、超级计算机、高铁装备、百万千瓦级发电装备、万米深海石油钻探设备等一批重大技术装备取得突破，形成了若干具有国际竞争力的优势产业和骨干企业，我国已具备了建设工业强国的基础和条件。

但我国仍处于工业化进程中，与先进国家相比还有较大差距。制造业大而不强，自主创新能力弱，关键核心技术与高端装备对外依存度高，以企业为主体的制造业创新体系不完善；产品档次不高，缺乏世界知名品牌；资源能源利用效率低，环境污染问题较为突出；产业结构不合理，高端装备制造业和生产性服务业发展滞后；信息化水平不高，与工业化融合深度不够；产业国际化程度不高，企业全球化经营能力不足。推进制造强国建设，必须着力解决以上问题。

建设制造强国，必须紧紧抓住当前难得的战略机遇，积极应对挑战，加强统筹规划，突出创新驱动，制定特殊政策，发挥制度优势，动员全社会力量奋力拼搏，更多依靠中国装备、依托中国品牌，实现中国制造向中国创造的转变，中国速度向中国质量的转变，中国产品向中国品牌的转变，完成中国制造由大变强的战略任务。

二、战略方针和目标

（一）指导思想

全面贯彻党的十八大和十八届二中、三中、四中全会精神，坚持走中国特色新型工业化道路，以促进制造业创新发展为主题，以提质增效为中心，以加快新一代信息技术与制造业深度融合为主线，以推进智能制造为主攻方向，以满足经济社会发展和国防建设对重大技术装备的需求为目标，强化工业基础能力，提高综合集成水平，完善多层次多类型人才培养体系，促进产业转型升级，培育有中国特色的制造文化，实现制造业由大变强的历史跨越。基本方针是：

——创新驱动。坚持把创新摆在制造业发展全局的核心位置，完善有利于创新的制度环境，推动跨领域跨行业协同创新，突破一批重点领域关键共性技术，促进制造业数字化网络化智能化，走创新驱动的发展道路。

——质量为先。坚持把质量作为建设制造强国的生命线，强化企业质量主体责任，加强质量技术攻关、自主品牌培育。建设法规标准体系、质量监管体系、先进质量文化，营造诚信经营的市场环境，走以质取胜的发展道路。

——绿色发展。坚持把可持续发展作为建设制造强国的重要着力点，加强节能环保技术、工艺、装备推广应用，全面推行清洁生产。发展循环经济，提高资源回收利用效率，构建绿色制造体系，走生态文明的发展道路。

——结构优化。坚持把结构调整作为建设制造强国的关键环节，大力发展先进制造业，改造提升传统产业，推动生产型制造向服务型制造转变。优化产业空间布局，培育一批具有核心竞争力的产业集群和企业群体，走提质增效的发展道路。

——人才为本。坚持把人才作为建设制造强国的根本，建立健全科学合理的选人、用人、育人机制，加快培养制造业发展急需的专业技术人才、经营管理人才、技能人才。营造大众创业、万众创新的氛围，建设一支素质优良、结构合理的制造业人才队伍，走人才引领的发展道路。

（二）基本原则

市场主导，政府引导。全面深化改革，充分发挥市场在资源配置中的决定性作用，强化企业主体地位，激发企业活力和创造力。积极转变政府职能，加强战略研究和规划引导，完善相关支持政策，为企业发展创造良好环境。

立足当前，着眼长远。针对制约制造业发展的瓶颈和薄弱环节，加快转型升级和提质增效，切实提高制造业的核心竞争力和可持续发展能力。准确把握新一轮科技革命和产业变革趋势，加强战略谋划和前瞻部署，扎扎实实打基础，在未来竞争中占据制高点。

整体推进，重点突破。坚持制造业发展全国一盘棋和分类指导相结合，统筹规划，合理布局，明确创新发展方向，促进军民融合深度发展，加快推动制造业整体水平提升。围绕经济社会发展和国家安全重大需求，整合资源，突出重点，实施若干重大工程，实现率先突破。

自主发展，开放合作。在关系国计民生和产

业安全的基础性、战略性、全局性领域，着力掌握关键核心技术，完善产业链条，形成自主发展能力。继续扩大开放，积极利用全球资源和市场，加强产业全球布局和国际交流合作，形成新的比较优势，提升制造业开放发展水平。

（三）战略目标

立足国情，立足现实，力争通过“三步走”实现制造强国的战略目标。

第一步：力争用十年时间，迈入制造强国行列。

到2020年，基本实现工业化，制造业大国地位进一步巩固，制造业信息化水平大幅提升。掌握一批重点领域关键核心技术，优势领域竞争力进一步增强，产品质量有较大提高。制造业数字化、网络化、智能化取得明显进展。重点行业单位工业增加值能耗、物耗及污染物排放明显下降。

到2025年，制造业整体素质大幅提升，创新能力显著增强，全员劳动生产率明显提高，两化（工业化和信息化）融合迈上新台阶。重点行业单位工业增加值能耗、物耗及污染物排放达到世界先进水平。形成一批具有较强国际竞争力的跨国公司和产业集群，在全球产业分工和价值链中的地位明显提升。

第二步：到2035年，我国制造业整体达到世界制造强国阵营中等水平。创新能力大幅提升，重点领域发展取得重大突破，整体竞争力明显增强，优势行业形成全球创新引领能力，全面实现工业化。

第三步：新中国成立一百年时，制造业大国地位更加巩固，综合实力进入世界制造强国前列。制造业主要领域具有创新引领能力和明显竞争优势，建成全球领先的技术体系和产业体系。

2020年和2025年制造业主要指标

类　别	指　　标	2013年	2015年	2020年	2025年
创新能力	规模以上制造业研发经费内部支出占主营业务收入比重（%）	0.88	0.95	1.26	1.68
	规模以上制造业每亿元主营业务收入有效发明专利数[1]（件）	0.36	0.44	0.70	1.10
质量效益	制造业质量竞争力指数[2]	83.10	83.50	84.50	85.50
	制造业增加值率提高	-	-	比2015年提高2个百分点	比2015年提高4个百分点
	制造业全员劳动生产率增速（%）	-	-	7.5左右（“十三五”期间年均增速）	6.5左右（“十四五”期间年均增速）
两化融合	宽带普及率[3]（%）	37	50	70	82
	数字化研发设计工具普及率[4]（%）	52	58	72	84
	关键工序数控化率[5]（%）	27	33	50	64
绿色发展	规模以上单位工业增加值能耗下降幅度	-	-	比2015年下降18%	比2015年下降34%
	单位工业增加值二氧化碳排放量下降幅度	-	-	比2015年下降22%	比2015年下降40%
	单位工业增加值用水量下降幅度	-	-	比2015年下降23%	比2015年下降41%
	工业固体废物综合利用率（%）	62	65	73	79

注：1. 规模以上制造业每亿元主营业务收入有效发明专利数＝规模以上制造企业有效发明专利数/规模以上制造企业主营业务收入。

2. 制造业质量竞争力指数是反映我国制造业质量整体水平的经济技术综合指标，由质量水平和发展能力两个方面共计12项具体指标计算得出。

3. 宽带普及率用固定宽带家庭普及率代表，固定宽带家庭普及率＝固定宽带家庭用户数/家庭户数。

4. 数字化研发设计工具普及率＝应用数字化研发设计工具的规模以上企业数量/规模以上企业总数量（相关数据来源于3万家样本企业，下同）。

5. 关键工序数控化率为规模以上工业企业关键工序数控化率的平均值。

三、战略任务和重点

实现制造强国的战略目标，必须坚持问题导向，统筹谋划，突出重点；必须凝聚全社会共识，加快制造业转型升级，全面提高发展质量和核心竞争力。

（一）提高国家制造业创新能力

完善以企业为主体、市场为导向、政产学研用相结合的制造业创新体系。围绕产业链部署创新链，围绕创新链配置资源链，加强关键核心技术攻关，加速科技成果产业化，提高关键环节和重点领域的创新能力。

加强关键核心技术研发。强化企业技术创新主体地位，支持企业提升创新能力，推进国家技术创新示范企业和企业技术中心建设，充分吸纳企业参与国家科技计划的决策和实施。瞄准国家重大战略需求和未来产业发展制高点，定期研究制定发布制造业重点领域技术创新路线图。继续抓紧实施国家科技重大专项，通过国家科技计划（专项、基金等）支持关键核心技术研发。发挥行业骨干企业的主导作用和高等院校、科研院所的基础作用，建立一批产业创新联盟，开展政产学研用协同创新，攻克一批对产业竞争力整体提升具有全局性影响、带动性强的关键共性技术，加快成果转化。

提高创新设计能力。在传统制造业、战略性新兴产业、现代服务业等重点领域开展创新设计示范，全面推广应用以绿色、智能、协同为特征的先进设计技术。加强设计领域共性关键技术研发，攻克信息化设计、过程集成设计、复杂过程和系统设计等共性技术，开发一批具有自主知识产权的关键设计工具软件，建设完善创新设计生态系统。建设若干具有世界影响力的创新设计集群，培育一批专业化、开放型的工业设计企业，鼓励代工企业建立研究设计中心，向代设计和出口自主品牌产品转变。发展各类创新设计教育，设立国家工业设计奖，激发全社会创新设计的积极性和主动性。

推进科技成果产业化。完善科技成果转化运行机制，研究制定促进科技成果转化和产业化的指导意见，建立完善科技成果信息发布和共享平台，健全以技术交易市场为核心的技术转移和产业化服务体系。完善科技成果转化激励机制，推动事业单位科技成果使用、处置和收益管理改革，健全科技成果科学评估和市场定价机制。完善科技成果转化协同推进机制，引导政产学研用按照市场规律和创新规律加强合作，鼓励企业和社会资本建立一批从事技术集成、熟化和工程化的中试基地。加快国防科技成果转化和产业化进程，推进军民技术双向转移转化。

完善国家制造业创新体系。加强顶层设计，加快建立以创新中心为核心载体、以公共服务平台和工程数据中心为重要支撑的制造业创新网络，建立市场化的创新方向选择机制和鼓励创新的风险分担、利益共享机制。充分利用现有科技资源，围绕制造业重大共性需求，采取政府与社会合作、政产学研用产业创新战略联盟等新机制新模式，形成一批制造业创新中心（工业技术研究基地），开展关键共性重大技术研究和产业化应用示范。建设一批促进制造业协同创新的公共服务平台，规范服务标准，开展技术研发、检验检测、技术评价、技术交易、质量认证、人才培训等专业化服务，促进科技成果转化和推广应用。建设重点领域制造业工程数据中心，为企业提供创新知识和工程数据的开放共享服务。面向制造业关键共性技术，建设一批重大科学研究和实验设施，提高核心企业系统集成能力，促进向价值链高端延伸。

专栏1 制造业创新中心（工业技术研究基地）建设工程

围绕重点行业转型升级和新一代信息技术、智能制造、增材制造、新材料、生物医药等领域创新发展的重大共性需求，形成一批制造业创新中心（工业技术研究基地），重点开展行业基础和共性关键技术研发、成果产业化、人才培训等工作。制定完善制造业创新中心遴选、考核、管理的标准和程序。

到2020年，重点形成15家左右制造业创新中心（工业技术研究基地），力争到2025年形成40家左右制造业创新中心（工业技术研究基地）。

加强标准体系建设。改革标准体系和标准化管理体制，组织实施制造业标准化提升计划，在智能制造等重点领域开展综合标准化工作。发挥企业在标准制定中的重要作用，支持组建重点领域标准推进联盟，建设标准创新研究基地，协同推进产品研发与标准制定。制定满足市场和创新需要的团体标准，建立企业产品和服务标准自我声明公开和监督制度。鼓励和支持企业、科研院所、行业组织等参与国际标准制定，加快我国标准国际化进程。大力推动国防装备采用先进的民用标准，推动军用技术标准向民用领域的转化和应用。做好标准的宣传贯彻，大力推动标准实施。

强化知识产权运用。加强制造业重点领域关键核心技术知识产权储备，构建产业化导向的专利组合和战略布局。鼓励和支持企业运用知识产权参与市场竞争，培育一批具备知识产权综合实力的优势企业，支持组建知识产权联盟，推动市场主体开展知识产权协同运用。稳妥推进国防知识产权解密和市场化应用。建立健全知识产权评议机制，鼓励和支持行业骨干企业与专业机构在重点领域合作开展专利评估、收购、运营、风险预警与应对。构建知识产权综合运用公共服务平台。鼓励开展跨国知识产权许可。研究制定降低中小企业知识产权申请、保护及维权成本的政策措施。

（二）推进信息化与工业化深度融合

加快推动新一代信息技术与制造技术融合发展，把智能制造作为两化深度融合的主攻方向；着力发展智能装备和智能产品，推进生产过程智能化，培育新型生产方式，全面提升企业研发、生产、管理和服务的智能化水平。

研究制定智能制造发展战略。编制智能制造发展规划，明确发展目标、重点任务和重大布局。加快制定智能制造技术标准，建立完善智能制造和两化融合管理标准体系。强化应用牵引，建立智能制造产业联盟，协同推动智能装备和产品研发、系统集成创新与产业化。促进工业互联网、云计算、大数据在企业研发设计、生产制造、经营管理、销售服务等全流程和全产业链的综合集成应用。加强智能制造工业控制系统网络安全保障能力建设，健全综合保障体系。

加快发展智能制造装备和产品。组织研发具有深度感知、智慧决策、自动执行功能的高档数控机床、工业机器人、增材制造装备等智能制造装备以及智能化生产线，突破新型传感器、智能测量仪表、工业控制系统、伺服电机及驱动器和减速器等智能核心装置，推进工程化和产业化。加快机械、航空、船舶、汽车、轻工、纺织、食品、电子等行业生产设备的智能化改造，提高精准制造、敏捷制造能力。统筹布局和推动智能交通工具、智能工程机械、服务机器人、智能家电、智能照明电器、可穿戴设备等产品研发和产业化。

推进制造过程智能化。在重点领域试点建设智能工厂/数字化车间，加快人机智能交互、工业机器人、智能物流管理、增材制造等技术和装备在生产过程中的应用，促进制造工艺的仿真优化、数字化控制、状态信息实时监测和自适应控制。加快产品全生命周期管理、客户关系管理、供应链管理系统的推广应用，促进集团管控、设计与制造、产供销一体、业务和财务衔接等关键环节集成，实现智能管控。加快民用爆炸物品、危险化学品、食品、印染、稀土、农药等重点行业智能检测监管体系建设，提高智能化水平。

深化互联网在制造领域的应用。制定互联网与制造业融合发展的路线图，明确发展方向、目标和路径。发展基于互联网的个性化定制、众包设计、云制造等新型制造模式，推动形成基于消费需求动态感知的研发、制造和产业组织方式。建立优势互补、合作共赢的开放型产业生态体系。加快开展物联网技术研发和应用示范，培育智能监测、远程诊断管理、全产业链追溯等工业互联网新应用。实施工业云及工业大数据创新应用试点，建设一批高质量的工业云服务和工业大数据平台，推动软件与服务、设计与制造资源、关键技术与标准的开放共享。

加强互联网基础设施建设。加强工业互联网基础设施建设规划与布局，建设低时延、高可靠、广覆盖的工业互联网。加快制造业集聚区光纤网、移动通信网和无线局域网的部署和建设，实现信息网络宽带升级，提高企业宽带接入能力。针对信息物理系统网络研发及应用需求，组织开发智能控制系统、工业应用软件、故障诊断软件和相关工具、传感和通信系统协议，实现人、设备与产品的实时联通、精确识别、有效交互与智能控制。

专栏 2 智能制造工程

紧密围绕重点制造领域关键环节，开展新一代信息技术与制造装备融合的集成创新和工程应用。支持政产学研用联合攻关，开发智能产品和自主可控的智能装置并实现产业化。依托优势企业，紧扣关键工序智能化、关键岗位机器人替代、生产过程智能优化控制、供应链优化，建设重点领域智能工厂/数字化车间。在基础条件好、需求迫切的重点地区、行业和企业中，分类实施流程制造、离散制造、智能装备和产品、新业态新模式、智能化管理、智能化服务等试点示范及应用推广。建立智能制造标准体系和信息安全保障系统，搭建智能制造网络系统平台。

到 2020 年，制造业重点领域智能化水平显著提升，试点示范项目运营成本降低 30%，产品生产周期缩短 30%，不良品率降低 30%。到 2025 年，制造业重点领域全面实现智能化，试点示范项目运营成本降低 50%，产品生产周期缩短 50%，不良品率降低 50%。

（三）强化工业基础能力

核心基础零部件（元器件）、先进基础工艺、关键基础材料和产业技术基础（以下统称“四基”）等工业基础能力薄弱，是制约我国制造业创新发展和质量提升的症结所在。要坚持问题导向、产需结合、协同创新、重点突破的原则，着力破解制约重点产业发展的瓶颈。

统筹推进“四基”发展。制定工业强基实施方案，明确重点方向、主要目标和实施路径。制定工业“四基”发展指导目录，发布工业强基发展报告，组织实施工业强基工程。统筹军民两方面资源，开展军民两用技术联合攻关，支持军民技术相互有效利用，促进基础领域融合发展。强化基础领域标准、计量体系建设，加快实施对标达标，提升基础产品的质量、可靠性和寿命。建立多部门协调推进机制，引导各类要素向基础领域集聚。

加强“四基”创新能力建设。强化前瞻性基础研究，着力解决影响核心基础零部件（元器件）产品性能和稳定性的关键共性技术。建立基础工艺创新体系，利用现有资源建立关键共性基础工艺研究机构，开展先进成型、加工等关键制造工艺联合攻关；支持企业开展工艺创新，培养工艺专业人才。加大基础专用材料研发力度，提高专用材料自给保障能力和制备技术水平。建立国家工业基础数据库，加强企业试验检测数据和计量数据的采集、管理、应用和积累。加大对“四基”领域技术研发的支持力度，引导产业投资基金和创业投资基金投向“四基”领域重点项目。

推动整机企业和“四基”企业协同发展。注重需求侧激励，产用结合，协同攻关。依托国家科技计划（专项、基金等）和相关工程等，在数控机床、轨道交通装备、航空航天、发电设备等重点领域，引导整机企业和“四基”企业、高校、科研院所产需对接，建立产业联盟，形成协同创新、产用结合、以市场促基础产业发展的新模式，提升重大装备自主可控水平。开展工业强基示范应用，完善首台（套）、首批次政策，支持核心基础零部件（元器件）、先进基础工艺、关键基础材料推广应用。

专栏 3 工业强基工程

开展示范应用，建立奖励和风险补偿机制，支持核心基础零部件（元器件）、先进基础工艺、关键基础材料的首批次或跨领域应用。组织重点突破，针对重大工程和重点装备的关键技术和产品急需，支持优势企业开展政产学研用联合攻关，突破关键基础材料、核心基础零部件的工程化、产业化瓶颈。强化平台支撑，布局和组建一批"四基"研究中心，创建一批公共服务平台，完善重点产业技术基础体系。

到 2020 年，40% 的核心基础零部件、关键基础材料实现自主保障，受制于人的局面逐步缓解，航天装备、通信装备、发电与输变电设备、工程机械、轨道交通装备、家用电器等产业急需的核心基础零部件（元器件）和关键基础材料的先进制造工艺得到推广应用。到 2025 年，70% 的核心基础零部件、关键基础材料实现自主保障，80 种标志性先进工艺得到推广应用，部分达到国际领先水平，建成较为完善的产业技术基础服务体系，逐步形成整机牵引和基础支撑协调互动的产业创新发展格局。

（四）加强质量品牌建设

提升质量控制技术，完善质量管理机制，夯实质量发展基础，优化质量发展环境，努力实现制造业质量大幅提升。鼓励企业追求卓越品质，形成具有自主知识产权的名牌产品，不断提升企业品牌价值和中国制造整体形象。

推广先进质量管理技术和方法。建设重点产

品标准符合性认定平台，推动重点产品技术、安全标准全面达到国际先进水平。开展质量标杆和领先企业示范活动，普及卓越绩效、六西格玛、精益生产、质量诊断、质量持续改进等先进生产管理模式和方法。支持企业提高质量在线监测、在线控制和产品全生命周期质量追溯能力。组织开展重点行业工艺优化行动，提升关键工艺过程控制水平。开展质量管理小组、现场改进等群众性质量管理活动示范推广。加强中小企业质量管理，开展质量安全培训、诊断和辅导活动。

加快提升产品质量。实施工业产品质量提升行动计划，针对汽车、高档数控机床、轨道交通装备、大型成套技术装备、工程机械、特种设备、关键原材料、基础零部件、电子元器件等重点行业，组织攻克一批长期困扰产品质量提升的关键共性质量技术，加强可靠性设计、试验与验证技术开发应用，推广采用先进成型和加工方法、在线检测装置、智能化生产和物流系统及检测设备等，使重点实物产品的性能稳定性、质量可靠性、环境适应性、使用寿命等指标达到国际同类产品先进水平。在食品、药品、婴童用品、家电等领域实施覆盖产品全生命周期的质量管理、质量自我声明和质量追溯制度，保障重点消费品质量安全。大力提高国防装备质量可靠性，增强国防装备实战能力。

完善质量监管体系。健全产品质量标准体系、政策规划体系和质量管理法律法规。加强关系民生和安全等重点领域的行业准入与市场退出管理。建立消费品生产经营企业产品事故强制报告制度，健全质量信用信息收集和发布制度，强化企业质量主体责任。将质量违法违规记录作为企业诚信评级的重要内容，建立质量黑名单制度，加大对质量违法和假冒品牌行为的打击和惩处力度。建立区域和行业质量安全预警制度，防范化解产品质量安全风险。严格实施产品“三包”、产品召回等制度。强化监管检查和责任追究，切实保护消费者权益。

夯实质量发展基础。制定和实施与国际先进水平接轨的制造业质量、安全、卫生、环保及节能标准。加强计量科技基础及前沿技术研究，建立一批制造业发展急需的高准确度、高稳定性计量基标准，提升与制造业相关的国家量传溯源能力。加强国家产业计量测试中心建设，构建国家计量科技创新体系。完善检验检测技术保障体系，建设一批高水平的工业产品质量控制和技术评价实验室、产品质量监督检验中心，鼓励建立专业检测技术联盟。完善认证认可管理模式，提高强制性产品认证的有效性，推动自愿性产品认证健康发展，提升管理体系认证水平，稳步推进国际互认。支持行业组织发布自律规范或公约，开展质量信誉承诺活动。

推进制造业品牌建设。引导企业制定品牌管理体系，围绕研发创新、生产制造、质量管理和营销服务全过程，提升内在素质，夯实品牌发展基础。扶持一批品牌培育和运营专业服务机构，开展品牌管理咨询、市场推广等服务。健全集体商标、证明商标注册管理制度。打造一批特色鲜明、竞争力强、市场信誉好的产业集群区域品牌。建设品牌文化，引导企业增强以质量和信誉为核心的品牌意识，树立品牌消费理念，提升品牌附加值和软实力。加速我国品牌价值评价国际化进程，充分发挥各类媒体作用，加大中国品牌宣传推广力度，树立中国制造品牌良好形象。

（五）全面推行绿色制造

加大先进节能环保技术、工艺和装备的研发力度，加快制造业绿色改造升级；积极推行低碳化、循环化和集约化，提高制造业资源利用效率；强化产品全生命周期绿色管理，努力构建高效、清洁、低碳、循环的绿色制造体系。

加快制造业绿色改造升级。全面推进钢铁、有色、化工、建材、轻工、印染等传统制造业绿色改造，大力研发推广余热余压回收、水循环利用、重金属污染减量化、有毒有害原料替代、废渣资源化、脱硫脱硝除尘等绿色工艺技术装备，加快应用清洁高效铸造、锻压、焊接、表面处理、切削等加工工艺，实现绿色生产。加强绿色产品研发应用，推广轻量化、低功耗、易回收等技术工艺，持续提升电机、锅炉、内燃机及电器等终端用能产品能效水平，加快淘汰落后机电产品和技术。积极引领新兴产业高起点绿色发展，大幅降低电子信息产品生产、使用能耗及限用物质含量，建设绿色数据中心和绿色基站，大力促进新材料、新能源、高端装备、生物产业绿色低碳发展。

推进资源高效循环利用。支持企业强化技术创新和管理，增强绿色精益制造能力，大幅降低能耗、物耗和水耗水平。持续提高绿色低碳能源使用比率，开展工业园区和企业分布式绿色智能微电网建设，控制和削减化石能源消费量。全面推行循环生产方式，促进企业、园区、行业间链接共生、原料互供、资源共享。推进资源再生利用产业规范化、规模化发展，强化技术装备支撑，提高大宗工业固体废弃物、废旧金属、废弃电器电子产品等综合利用水平。大力发展再制造产业，实施高端再制造、智能再制造、在役再制造，推进产品认定，促进再制造产业持续健康发展。

积极构建绿色制造体系。支持企业开发绿色产品，推行生态设计，显著提升产品节能环保低碳水平，引导绿色生产和绿色消费。建设绿色工厂，实现厂房集约化、原料无害化、生产洁净化、废物资源化、能源低碳化。发展绿色园区，推进工业园区产业耦合，实现近零排放。打造绿色供应链，加快建立以资源节约、环境友好为导向的采购、生产、营销、回收及物流体系，落实生产者责任延伸制度。壮大绿色企业，支持企业实施绿色战略、绿色标准、绿色管理和绿色生产。强化绿色监管，健全节能环保法规、标准体系，加强节能环保监察，推行企业社会责任报告制度，开展绿色评价。

专栏 4　绿色制造工程

组织实施传统制造业能效提升、清洁生产、节水治污、循环利用等专项技术改造。开展重大节能环保、资源综合利用、再制造、低碳技术产业化示范。实施重点区域、流域、行业清洁生产水平提升计划，扎实推进大气、水、土壤污染源头防治专项。制定绿色产品、绿色工厂、绿色园区、绿色企业标准体系，开展绿色评价。

到 2020 年，建成千家绿色示范工厂和百家绿色示范园区，部分重化工行业能源资源消耗出现拐点，重点行业主要污染物排放强度下降 20%。到 2025 年，制造业绿色发展和主要产品单耗达到世界先进水平，绿色制造体系基本建立。

（六）大力推动重点领域突破发展

瞄准新一代信息技术、高端装备、新材料、生物医药等战略重点，引导社会各类资源集聚，推动优势和战略产业快速发展。

1. 新一代信息技术产业

集成电路及专用装备。着力提升集成电路设计水平，不断丰富知识产权（IP）核和设计工具，突破关系国家信息与网络安全及电子整机产业发展的核心通用芯片，提升国产芯片的应用适配能力。掌握高密度封装及三维（3D）微组装技术，提升封装产业和测试的自主发展能力。形成关键制造装备供货能力。

信息通信设备。掌握新型计算、高速互联、先进存储、体系化安全保障等核心技术，全面突破第五代移动通信（5G）技术、核心路由交换技术、超高速大容量智能光传输技术、“未来网络”核心技术和体系架构，积极推动量子计算、神经网络等发展。研发高端服务器、大容量存储、新型路由交换、新型智能终端、新一代基站、网络安全等设备，推动核心信息通信设备体系化发展与规模化应用。

操作系统及工业软件。开发安全领域操作系统等工业基础软件。突破智能设计与仿真及其工具、制造物联与服务、工业大数据处理等高端工业软件核心技术，开发自主可控的高端工业平台软件和重点领域应用软件，建立完善工业软件集成标准与安全测评体系。推进自主工业软件体系化发展和产业化应用。

2. 高档数控机床和机器人

高档数控机床。开发一批精密、高速、高效、柔性数控机床与基础制造装备及集成制造系统。加快高档数控机床、增材制造等前沿技术和装备的研发。以提升可靠性、精度保持性为重点，开发高档数控系统、伺服电机、轴承、光栅等主要功能部件及关键应用软件，加快实现产业化。加强用户工艺验证能力建设。

机器人。围绕汽车、机械、电子、危险品制造、国防军工、化工、轻工等工业机器人、特种机器人，以及医疗健康、家庭服务、教育娱乐等服务机器人应用需求，积极研发新产品，促进机器人标准化、模块化发展，扩大市场应用。突破机器人本体、减速器、伺服电机、控制器、传感器与驱动器等关键零部件及系统集成设计制造等技术瓶颈。

3. 航空航天装备

航空装备。加快大型飞机研制，适时启动宽体客机研制，鼓励国际合作研制重型直升机；推进干支线飞机、直升机、无人机和通用飞机产业化。突破高推重比、先进涡桨（轴）发动机及大涵道比涡扇发动机技术，建立发动机自主发展工业体系。开发先进机载设备及系统，形成自主完整的航空产业链。

航天装备。发展新一代运载火箭、重型运载器，提升进入空间能力。加快推进国家民用空间基础设施建设，发展新型卫星等空间平台与有效载荷、空天地宽带互联网系统，形成长期持续稳定的卫星遥感、通信、导航等空间信息服务能力。推动载人航天、月球探测工程，适度发展深空探测。推进航天技术转化与空间技术应用。

4. 海洋工程装备及高技术船舶

大力发展深海探测、资源开发利用、海上作业保障装备及其关键系统和专用设备。推动深海空间站、大型浮式结构物的开发和工程化。形成海洋工程装备综合试验、检测与鉴定能力，提高海洋开发利用水平。突破豪华邮轮设计建造技术，全面提升液化天然气船等高技术船舶国际竞争力，掌握重点配套设备集成化、智能化、模块化设计制造核心技术。

5. 先进轨道交通装备

加快新材料、新技术和新工艺的应用，重点突破体系化安全保障、节能环保、数字化智能化网络化技术，研制先进可靠适用的产品和轻量化、模块化、谱系化产品。研发新一代绿色智能、高速重载轨道交通装备系统，围绕系统全寿命周期，向用户提供整体解决方案，建立世界领先的现代轨道交通产业体系。

6. 节能与新能源汽车

继续支持电动汽车、燃料电池汽车发展，掌握汽车低碳化、信息化、智能化核心技术，提升动力电池、驱动电机、高效内燃机、先进变速器、轻量化材料、智能控制等核心技术的工程化和产业化能力，形成从关键零部件到整车的完整工业体系和创新体系，推动自主品牌节能与新能源汽车同国际先进水平接轨。

7. 电力装备

推动大型高效超净排放煤电机组产业化和示范应用，进一步提高超大容量水电机组、核电机组、重型燃气轮机制造水平。推进新能源和可再生能源装备、先进储能装置、智能电网用输变电及用户端设备发展。突破大功率电力电子器件、高温超导材料等关键元器件和材料的制造及应用技术，形成产业化能力。

8. 农机装备

重点发展粮、棉、油、糖等大宗粮食和战略性经济作物育、耕、种、管、收、运、贮等主要生产过程使用的先进农机装备，加快发展大型拖拉机及其复式作业机具、大型高效联合收割机等高端农业装备及关键核心零部件。提高农机装备信息收集、智能决策和精准作业能力，推进形成面向农业生产的信息化整体解决方案。

9. 新材料

以特种金属功能材料、高性能结构材料、功能性高分子材料、特种无机非金属材料和先进复合材料为发展重点，加快研发先进熔炼、凝固成型、气相沉积、型材加工、高效合成等新材料制备关键技术和装备，加强基础研究和体系建设，突破产业化制备瓶颈。积极发展军民共用特种新材料，加快技术双向转移转化，促进新材料产业军民融合发展。高度关注颠覆性新材料对传统材料的影响，做好超导材料、纳米材料、石墨烯、生物基材料等战略前沿材料提前布局和研制。加快基础材料升级换代。

10. 生物医药及高性能医疗器械

发展针对重大疾病的化学药、中药、生物技术药物新产品，重点包括新机制和新靶点化学药、抗体药物、抗体偶联药物、全新结构蛋白及多肽药物、新型疫苗、临床优势突出的创新中药及个性化治疗药物。提高医疗器械的创新能力和产业化水平，重点发展影像设备、医用机器人等高性能诊疗设备，全降解血管支架等高值医用耗材，可穿戴、远程诊疗等移动医疗产品。实现生物3D打印、诱导多能干细胞等新技术的突破和应用。

专栏5　高端装备创新工程

组织实施大型飞机、航空发动机及燃气轮机、民用航天、智能绿色列车、节能与新能源汽车、海洋工程装备及高技术船舶、智能电网成套装备、高档数控机床、核电装备、高端诊疗设备等一批创新和产业化专项、重大工程。开发一批标志性、带动性强的重点产品和重大装备，提升自主设计水平和系统集成能力，突破共性关键技术与工程化、产业化瓶颈，组织开展应用试点和示范，提高创新发展能力和国际竞争力，抢占竞争制高点。

到2020年，上述领域实现自主研制及应用。到2025年，自主知识产权高端装备市场占有率大幅提升，核心技术对外依存度明显下降，基础配套能力显著增强，重要领域装备达到国际领先水平。

（七）深入推进制造业结构调整

推动传统产业向中高端迈进，逐步化解过剩产能，促进大企业与中小企业协调发展，进一步优化制造业布局。

持续推进企业技术改造。明确支持战略性重大项目和高端装备实施技术改造的政策方向，稳定中央技术改造引导资金规模，通过贴息等方式，建立支持企业技术改造的长效机制。推动技术改造相关立法，强化激励约束机制，完善促进企业技术改造的政策体系。支持重点行业、高端产品、关键环节进行技术改造，引导企业采用先进适用技术，优化产品结构，全面提升设计、制造、工艺、管理水平，促进钢铁、石化、工程机械、轻工、纺织等产业向价值链高端发展。研究制定重点产业技术改造投资指南和重点项目导向计划，吸引社会资金参与，优化工业投资结构。围绕两化融合、节能降耗、质量提升、安全生产等传统领域改造，推广应用新技术、新工艺、新装备、新材料，提高企业生产技术水平和效益。

稳步化解产能过剩矛盾。加强和改善宏观调控，按照“消化一批、转移一批、整合一批、淘汰一批”的原则，分业分类施策，有效化解产能过剩矛盾。加强行业规范和准入管理，推动企业提升技术装备水平，优化存量产能。加强对产能严重过剩行业的动态监测分析，建立完善预警机制，引导企业主动退出过剩行业。切实发挥市场机制作用，综合运用法律、经济、技术及必要的行政手段，加快淘汰落后产能。

促进大中小企业协调发展。强化企业市场主体地位，支持企业间战略合作和跨行业、跨区域兼并重组，提高规模化、集约化经营水平，培育一批核心竞争力强的企业集团。激发中小企业创业创新活力，发展一批主营业务突出、竞争力强、成长性好、专注于细分市场的专业化“小巨人”企业。发挥中外中小企业合作园区示范作用，利用双边、多边中小企业合作机制，支持中小企业走出去和引进来。引导大企业与中小企业通过专业分工、服务外包、订单生产等多种方式，建立协同创新、合作共赢的协作关系。推动建设一批高水平的中小企业集群。

优化制造业发展布局。落实国家区域发展总体战略和主体功能区规划，综合考虑资源能源、环境容量、市场空间等因素，制定和实施重点行业布局规划，调整优化重大生产力布局。完善产业转移指导目录，建设国家产业转移信息服务平台，创建一批承接产业转移示范园区，引导产业合理有序转移，推动东中西部制造业协调发展。积极推动京津冀和长江经济带产业协同发展。按照新型工业化的要求，改造提升现有制造业集聚区，推动产业集聚向产业集群转型升级。建设一批特色和优势突出、产业链协同高效、核心竞争力强、公共服务体系健全的新型工业化示范基地。

（八）积极发展服务型制造和生产性服务业

加快制造与服务的协同发展，推动商业模式创新和业态创新，促进生产型制造向服务型制造转变。大力发展与制造业紧密相关的生产性服务业，推动服务功能区和服务平台建设。

推动发展服务型制造。研究制定促进服务型制造发展的指导意见，实施服务型制造行动计划。开展试点示范，引导和支持制造业企业延伸服务链条，从主要提供产品制造向提供产品和服务转变。鼓励制造业企业增加服务环节投入，发展个性化定制服务、全生命周期管理、网络精准营销和在线支持服务等。支持有条件的企业由提供设备向提供系统集成总承包服务转变，由提供产品向提供整体解决方案转变。鼓励优势制造业企业“裂变”专业优势，通过业务流程再造，面向行业提供社会化、专业化服务。支持符合条件的制造业企业建立企业财务公司、金融租赁公司等金融机构，推广大型制造设备、生产线等融资租赁服务。

加快生产性服务业发展。大力发展面向制造业的信息技术服务，提高重点行业信息应用系统的方案设计、开发、综合集成能力。鼓励互联网等企业发展移动电子商务、在线定制、线上到线下等创新模式，积极发展对产品、市场的动态监控和预测预警等业务，实现与制造业企业的无缝对接，创新业务协作流程和价值创造模式。加快发展研发设计、技术转移、创业孵化、知识产权、科技咨询等科技服务业，发展壮大第三方物流、节能环保、检验检测认证、电子商务、服务外包、融资租赁、人力资源服务、售后服务、品牌建设等生产性服务业，提高对制造业转型升级的支撑能力。

强化服务功能区和公共服务平台建设。建设和提升生产性服务业功能区，重点发展研发设计、信息、物流、商务、金融等现代服务业，增强辐射能力。依托制造业集聚区，建设一批生产性服务业公共服务平台。鼓励东部地区企业加快制造业服务化转型，建立生产服务基地。支持中西部地区发展具有特色和竞争力的生产性服务业，加快产业转移承接地服务配套设施和能力建设，实现制造业和服务业协同发展。

（九）提高制造业国际化发展水平

统筹利用两种资源、两个市场，实行更加积极的开放战略，将引进来与走出去更好结合，拓展新的开放领域和空间，提升国际合作的水平和层次，推动重点产业国际化布局，引导企业提高国际竞争力。

提高利用外资与国际合作水平。进一步放开一般制造业，优化开放结构，提高开放水平。引导外资投向新一代信息技术、高端装备、新材料、生物医药等高端制造领域，鼓励境外企业和科研机构在我国设立全球研发机构。支持符合条件的企业在境外发行股票、债券，鼓励与境外企业开展多种形式的技术合作。

提升跨国经营能力和国际竞争力。支持发展一批跨国公司，通过全球资源利用、业务流程再造、产业链整合、资本市场运作等方式，加快提升核心竞争力。支持企业在境外开展并购和股权投资、创业投资，建立研发中心、实验基地和全球营销及服务体系；依托互联网开展网络协同设计、精准营销、增值服务创新、媒体品牌推广等，建立全球产业链体系，提高国际化经营能力和服务水平。鼓励优势企业加快发展国际总承包、总集成。引导企业融入当地文化，增强社会责任意识，加强投资和经营风险管理，提高企业境外本土化能力。

深化产业国际合作，加快企业走出去。加强顶层设计，制定制造业走出去发展总体战略，建立完善统筹协调机制。积极参与和推动国际产业合作，贯彻落实丝绸之路经济带和21世纪海上丝绸之路等重大战略部署，加快推进与周边国家互联互通基础设施建设，深化产业合作。发挥沿边开放优势，在有条件的国家和地区建设一批境外制造业合作园区。坚持政府推动、企业主导，创新商业模式，鼓励高端装备、先进技术、优势产能向境外转移。加强政策引导，推动产业合作由加工制造环节为主向合作研发、联合设计、市场营销、品牌培育等高端环节延伸，提高国际合作水平。创新加工贸易模式，延长加工贸易国内增值链条，推动加工贸易转型升级。

四、战略支撑与保障

建设制造强国，必须发挥制度优势，动员各方面力量，进一步深化改革，完善政策措施，建立灵活高效的实施机制，营造良好环境；必须培育创新文化和中国特色制造文化，推动制造业由大变强。

（一）深化体制机制改革

全面推进依法行政，加快转变政府职能，创新政府管理方式，加强制造业发展战略、规划、政策、标准等制定和实施，强化行业自律和公共服务能力建设，提高产业治理水平。简政放权，深化行政审批制度改革，规范审批事项，简化程序，明确时限；适时修订政府核准的投资项目目录，落实企业投资主体地位。完善政产学研用协同创新机制，改革技术创新管理体制机制和项目经费分配、成果评价和转化机制，促进科技成果资本化、产业化，激发制造业创新活力。加快生产要素价格市场化改革，完善主要由市场决定价格的机制，合理配置公共资源；推行节能量、碳排放权、排污权、水权交易制度改革，加快资源税从价计征，推动环境保护费改税。深化国有企业改革，完善公司治理结构，有序发展混合所有制经济，进一步破除各种形式的行业垄断，取消对非公有制经济的不合理限制。稳步推进国防科技工业改革，推动军民融合深度发展。健全产业安全审查机制和法规体系，加强关系国民经济命脉和国家安全的制造业重要领域投融资、并购重组、招标采购等方面的安全审查。

（二）营造公平竞争市场环境

深化市场准入制度改革，实施负面清单管理，加强事中事后监管，全面清理和废止不利于全国统一市场建设的政策措施。实施科学规范的行业准入制度，制定和完善制造业节能节地节水、环保、技术、安全等准入标准，加强对国家强制性标准实施的监督检查，统一执法，以市场化手段引导企业进行结构调整和转型升级。切实加强监管，打击制售假冒伪劣行为，严厉惩处市场垄断和不正当竞争行为，为企业创造良好生产经营环境。加快发展技术市场，健全知识产权创造、运用、管理、保护机制。完善淘汰落后产能工作涉及的职工安置、债务清偿、企业转产等政策措施，健全市场退出机制。进一步减轻企业负担，实施涉企收费清单制度，建立全国涉企收费项目库，取缔各种不合理收费和摊派，加强监督检查和问责。推进制造业企业信用体系建设，建设中国制造信用数据库，建立健全企业信用动态评价、守信激励和失信惩戒机制。强化企业社会责任建设，推行企业产品标准、质量、安全自我声明和监督制度。

（三）完善金融扶持政策

深化金融领域改革，拓宽制造业融资渠道，降低融资成本。积极发挥政策性金融、开发性金融和商业金融的优势，加大对新一代信息技术、高端装备、新材料等重点领域的支持力度。支持中国进出口银行在业务范围内加大对制造业走出去的服务力度，鼓励国家开发银行增加对制造业企业的贷款投放，引导金融机构创新符合制造业企业特点的产品和业务。健全多层次资本市场，推动区域性股权市场规范发展，支持符合条件的制造业企业在境内外上市融资、发行各类债务融资工具。引导风险投资、私募股权投资等支持制造业企业创新发展。鼓励符合条件的制造业贷款和租赁资产开展证券化试点。支持重点领域大型制造业企业集团开展产融结合试点，通过融资租赁方式促进制造业转型升级。探索开发适合制造业发展的保险产品和服务，鼓励发展贷款保证保险和信用保险业务。在风险可控和商业可持续的前提下，通过内保外贷、外汇及人民币贷款、债权融资、股权融资等方式，加大对制造业企业在境外开展资源勘探开发、设立研发中心和高技术企业以及收购兼并等的支持力度。

（四）加大财税政策支持力度

充分利用现有渠道，加强财政资金对制造业的支持，重点投向智能制造、“四基”发展、高端装备等制造业转型升级的关键领域，为制造业发展创造良好政策环境。运用政府和社会资本合作（PPP）模式，引导社会资本参与制造业重大项目建设、企业技术改造和关键基础设施建设。创新财政资金支持方式，逐步从“补建设”向“补运营”转变，提高财政资金使用效益。深化科技计划（专项、基金等）管理改革，支持制造业重点领域科技研发和示范应用，促进制造业技术创新、转型升级和结构布局调整。完善和落实支持创新的政府采购政策，推动制造业创新产品的研发和规模化应用。落实和完善使用首台（套）重大技术装备等鼓励政策，健全研制、使用单位在产品创新、增值服务和示范应用等环节的激励约束机制。实施有利于制造业转型升级的税收政策，推进增值税改革，完善企业研发费用计核方法，切实减轻制造业企业税收负担。

（五）健全多层次人才培养体系

加强制造业人才发展统筹规划和分类指导，组织实施制造业人才培养计划，加大专业技术人才、经营管理人才和技能人才的培养力度，完善从研发、转化、生产到管理的人才培养体系。以提高现代经营管理水平和企业竞争力为核心，实施企业经营管理人才素质提升工程和国家中小企业银河培训工程，培养造就一批优秀企业家和高水平经营管理人才。以高层次、急需紧缺专业技术人才和创新型人才为重点，实施专业技术人才知识更新工程和先进制造卓越工程师培养计划，在高等学校建设一批工程创新训练中心，打造高素质专业技术人才队伍。强化职业教育和技能培训，引导一批普通本科高等学校向应用技术类高等学校转型，建立一批实训基地，开展现代学徒制试点示范，形成一支门类齐全、技艺精湛的技术技能人才队伍。鼓励企业与学校合作，培养制造业急需的科研人员、技术技能人才与复合型人才，深化相关领域工程博士、硕士专业学位研究生招生和培养模式改革，积极推进产学研结合。加强产业人才需求预测，完善各类人才信息库，构建产业人才水平评价制度和信息发布平台。建立人才激励机制，加大对优秀人才的表彰和奖励力度。建立完善制造业人才服务机构，健全人才流动和使用的体制机制。采取多种形式选拔各类优秀人才重点是专业技术人才到国外学习培训，探索建立国际培训基地。加大制造业引智力度，引进领军人才和紧缺人才。

（六）完善中小微企业政策

落实和完善支持小微企业发展的财税优惠政策，优化中小企业发展专项资金使用重点和方式。发挥财政资金杠杆撬动作用，吸引社会资本，加快设立国家中小企业发展基金。支持符合条件的民营资本依法设立中小型银行等金融机构，鼓励商业银行加大小微企业金融服务专营机构建设力度，建立完善小微企业融资担保体系，创新产品和服务。加快构建中小微企业征信体系，积极发展面向小微企业的融资租赁、知识产权质押贷款、信用保险保单质押贷款等。建设完善中小企业创业基地，引导各类创业投资基金投资小微企业。鼓励大学、科研院所、工程中心等对中小企业开放共享各种实（试）验设施。加强中小微企业综合服务体系建设，完善中小微企业公共服务平台网络，建立信息互联互通机制，为中小微企业提供创业、创新、融资、咨询、培训、人才等专业化服务。

（七）进一步扩大制造业对外开放

深化外商投资管理体制改革，建立外商投资

准入前国民待遇加负面清单管理机制，落实备案为主、核准为辅的管理模式，营造稳定、透明、可预期的营商环境。全面深化外汇管理、海关监管、检验检疫管理改革，提高贸易投资便利化水平。进一步放宽市场准入，修订钢铁、化工、船舶等产业政策，支持制造业企业通过委托开发、专利授权、众包众创等方式引进先进技术和高端人才，推动利用外资由重点引进技术、资金、设备向合资合作开发、对外并购及引进领军人才转变。加强对外投资立法，强化制造业企业走出去法律保障，规范企业境外经营行为，维护企业合法权益。探索利用产业基金、国有资本收益等渠道支持高铁、电力装备、汽车、工程施工等装备和优势产能走出去，实施海外投资并购。加快制造业走出去支撑服务机构建设和水平提升，建立制造业对外投资公共服务平台和出口产品技术性贸易服务平台，完善应对贸易摩擦和境外投资重大事项预警协调机制。

（八）健全组织实施机制

成立国家制造强国建设领导小组，由国务院领导同志担任组长，成员由国务院相关部门和单位负责同志担任。领导小组主要职责是：统筹协调制造强国建设全局性工作，审议重大规划、重大政策、重大工程专项、重大问题和重要工作安排，加强战略谋划，指导部门、地方开展工作。领导小组办公室设在工业和信息化部，承担领导小组日常工作。设立制造强国建设战略咨询委员会，研究制造业发展的前瞻性、战略性重大问题，对制造业重大决策提供咨询评估。支持包括社会智库、企业智库在内的多层次、多领域、多形态的中国特色新型智库建设，为制造强国建设提供强大智力支持。建立《中国制造 2025》任务落实情况督促检查和第三方评价机制，完善统计监测、绩效评估、动态调整和监督考核机制。建立《中国制造 2025》中期评估机制，适时对目标任务进行必要调整。

各地区、各部门要充分认识建设制造强国的重大意义，加强组织领导，健全工作机制，强化部门协同和上下联动。各地区要结合当地实际，研究制定具体实施方案，细化政策措施，确保各项任务落实到位。工业和信息化部要会同相关部门加强跟踪分析和督促指导，重大事项及时向国务院报告。

〔来源：中国政府网官网〕

推动共建丝绸之路经济带和 21 世纪海上丝绸之路的愿景与行动

国家发展改革委　外交部　商务部

（经国务院授权发布）

2015 年 3 月

前言

2000 多年前，亚欧大陆上勤劳勇敢的人民，探索出多条连接亚欧非几大文明的贸易和人文交流通路，后人将其统称为“丝绸之路”。千百年来，“和平合作、开放包容、互学互鉴、互利共赢”的丝绸之路精神薪火相传，推进了人类文明进步，是促进沿线各国繁荣发展的重要纽带，是东西方交流合作的象征，是世界各国共有的历史文化遗产。

进入 21 世纪，在以和平、发展、合作、共赢为主题的新时代，面对复苏乏力的全球经济形势，纷繁复杂的国际和地区局面，传承和弘扬丝绸之路精神更显重要和珍贵。

2013 年 9 月和 10 月，中国国家主席习近平在出访中亚和东南亚国家期间，先后提出共建“丝绸之路经济带”和“21 世纪海上丝绸之路”（以下简称“一带一路”）的重大倡议，得到国际社会高度关注。中国国务院总理李克强参加 2013

年中国－东盟博览会时强调，铺就面向东盟的海上丝绸之路，打造带动腹地发展的战略支点。加快“一带一路”建设，有利于促进沿线各国经济繁荣与区域经济合作，加强不同文明交流互鉴，促进世界和平发展，是一项造福世界各国人民的伟大事业。

“一带一路”建设是一项系统工程，要坚持共商、共建、共享原则，积极推进沿线国家发展战略的相互对接。为推进实施“一带一路”重大倡议，让古丝绸之路焕发新的生机活力，以新的形式使亚欧非各国联系更加紧密，互利合作迈向新的历史高度，中国政府特制定并发布《推动共建丝绸之路经济带和21世纪海上丝绸之路的愿景与行动》。

一、时代背景

当今世界正发生复杂深刻的变化，国际金融危机深层次影响继续显现，世界经济缓慢复苏、发展分化，国际投资贸易格局和多边投资贸易规则酝酿深刻调整，各国面临的发展问题依然严峻。共建“一带一路”顺应世界多极化、经济全球化、文化多样化、社会信息化的潮流，秉持开放的区域合作精神，致力于维护全球自由贸易体系和开放型世界经济。共建“一带一路”旨在促进经济要素有序自由流动、资源高效配置和市场深度融合，推动沿线各国实现经济政策协调，开展更大范围、更高水平、更深层次的区域合作，共同打造开放、包容、均衡、普惠的区域经济合作架构。共建“一带一路”符合国际社会的根本利益，彰显人类社会共同理想和美好追求，是国际合作以及全球治理新模式的积极探索，将为世界和平发展增添新的正能量。

共建“一带一路”致力于亚欧非大陆及附近海洋的互联互通，建立和加强沿线各国互联互通伙伴关系，构建全方位、多层次、复合型的互联互通网络，实现沿线各国多元、自主、平衡、可持续的发展。“一带一路”的互联互通项目将推动沿线各国发展战略的对接与耦合，发掘区域内市场的潜力，促进投资和消费，创造需求和就业，增进沿线各国人民的人文交流与文明互鉴，让各国人民相逢相知、互信互敬，共享和谐、安宁、富裕的生活。

当前，中国经济和世界经济高度关联。中国将一以贯之地坚持对外开放的基本国策，构建全方位开放新格局，深度融入世界经济体系。推进“一带一路”建设既是中国扩大和深化对外开放的需要，也是加强和亚欧非及世界各国互利合作的需要，中国愿意在力所能及的范围内承担更多责任义务，为人类和平发展作出更大的贡献。

二、共建原则

恪守联合国宪章的宗旨和原则。遵守和平共处五项原则，即尊重各国主权和领土完整、互不侵犯、互不干涉内政、和平共处、平等互利。

坚持开放合作。“一带一路”相关的国家基于但不限于古代丝绸之路的范围，各国和国际、地区组织均可参与，让共建成果惠及更广泛的区域。

坚持和谐包容。倡导文明宽容，尊重各国发展道路和模式的选择，加强不同文明之间的对话，求同存异、兼容并蓄、和平共处、共生共荣。

坚持市场运作。遵循市场规律和国际通行规则，充分发挥市场在资源配置中的决定性作用和各类企业的主体作用，同时发挥好政府的作用。

坚持互利共赢。兼顾各方利益和关切，寻求利益契合点和合作最大公约数，体现各方智慧和创意，各施所长，各尽所能，把各方优势和潜力充分发挥出来。

三、框架思路

“一带一路”是促进共同发展、实现共同繁荣的合作共赢之路，是增进理解信任、加强全方位交流的和平友谊之路。中国政府倡议，秉持和平合作、开放包容、互学互鉴、互利共赢的理念，全方位推进务实合作，打造政治互信、经济融合、文化包容的利益共同体、命运共同体和责任共同体。

“一带一路”贯穿亚欧非大陆，一头是活跃的东亚经济圈，一头是发达的欧洲经济圈，中间广大腹地国家经济发展潜力巨大。丝绸之路经济带重点畅通中国经中亚、俄罗斯至欧洲（波罗的海）；中国经中亚、西亚至波斯湾、地中海；中国至东南亚、南亚、印度洋。21世纪海上丝绸之路重点方向是从中国沿海港口过南海到印度洋，延伸至欧洲；从中国沿海港口过南海到南太平洋。

根据“一带一路”走向，陆上依托国际大通道，以沿线中心城市为支撑，以重点经贸产业园区为合作平台，共同打造新亚欧大陆桥、中蒙俄、中国－中亚－西亚、中国－中南半岛等国际经济合作走廊；海上以重点港口为节点，共同建设通畅安全高效的运输大通道。中巴、孟中印缅两个经济走廊与推进“一带一路”建设关联紧密，要进一步推动合作，取得更大进展。

“一带一路”建设是沿线各国开放合作的宏大经济愿景，需各国携手努力，朝着互利互惠、共同安全的目标相向而行。努力实现区域基础设施更加完善，安全高效的陆海空通道网络基本形成，互联互通达到新水平；投资贸易便利化水平进一步提升，高标准自由贸易区网络基本形成，经济联系更加紧密，政治互信更加深入；人文交流更加广泛深入，不同文明互鉴共荣，各国人民相知相交、和平友好。

四、合作重点

沿线各国资源禀赋各异，经济互补性较强，彼此合作潜力和空间很大。以政策沟通、设施联通、贸易畅通、资金融通、民心相通为主要内容，重点在以下方面加强合作。

政策沟通。加强政策沟通是“一带一路”建设的重要保障。加强政府间合作，积极构建多层次政府间宏观政策沟通交流机制，深化利益融合，促进政治互信，达成合作新共识。沿线各国可以就经济发展战略和对策进行充分交流对接，共同制定推进区域合作的规划和措施，协商解决合作中的问题，共同为务实合作及大型项目实施提供政策支持。

设施联通。基础设施互联互通是“一带一路”建设的优先领域。在尊重相关国家主权和安全关切的基础上，沿线国家宜加强基础设施建设规划、技术标准体系的对接，共同推进国际骨干通道建设，逐步形成连接亚洲各次区域以及亚欧非之间的基础设施网络。强化基础设施绿色低碳化建设和运营管理，在建设中充分考虑气候变化影响。

抓住交通基础设施的关键通道、关键节点和重点工程，优先打通缺失路段，畅通瓶颈路段，配套完善道路安全防护设施和交通管理设施设备，提升道路通达水平。推进建立统一的全程运输协调机制，促进国际通关、换装、多式联运有机衔接，逐步形成兼容规范的运输规则，实现国际运输便利化。推动口岸基础设施建设，畅通陆水联运通道，推进港口合作建设，增加海上航线和班次，加强海上物流信息化合作。拓展建立民航全面合作的平台和机制，加快提升航空基础设施水平。

加强能源基础设施互联互通合作，共同维护输油、输气管道等运输通道安全，推进跨境电力与输电通道建设，积极开展区域电网升级改造合作。

共同推进跨境光缆等通信干线网络建设，提高国际通信互联互通水平，畅通信息丝绸之路。加快推进双边跨境光缆等建设，规划建设洲际海底光缆项目，完善空中（卫星）信息通道，扩大信息交流与合作。

贸易畅通。投资贸易合作是“一带一路”建设的重点内容。宜着力研究解决投资贸易便利化问题，消除投资和贸易壁垒，构建区域内和各国良好的营商环境，积极同沿线国家和地区共同商建自由贸易区，激发释放合作潜力，做大做好合作“蛋糕”。

沿线国家宜加强信息互换、监管互认、执法互助的海关合作，以及检验检疫、认证认可、标准计量、统计信息等方面的双多边合作，推动世界贸易组织《贸易便利化协定》生效和实施。改善边境口岸通关设施条件，加快边境口岸“单一窗口”建设，降低通关成本，提升通关能力。加强供应链安全与便利化合作，推进跨境监管程序协调，推动检验检疫证书国际互联网核查，开展“经认证的经营者”（AEO）互认。降低非关税壁垒，共同提高技术性贸易措施透明度，提高贸易自由化便利化水平。

拓宽贸易领域，优化贸易结构，挖掘贸易新增长点，促进贸易平衡。创新贸易方式，发展跨境电子商务等新的商业业态。建立健全服务贸易促进体系，巩固和扩大传统贸易，大力发展现代服务贸易。把投资和贸易有机结合起来，以投资带动贸易发展。

加快投资便利化进程，消除投资壁垒。加强双边投资保护协定、避免双重征税协定磋商，保护投资者的合法权益。

拓展相互投资领域，开展农林牧渔业、农机及农产品生产加工等领域深度合作，积极推进海水养殖、远洋渔业、水产品加工、海水淡化、海洋生物制药、海洋工程技术、环保产业和海上旅游等领域合作。加大煤炭、油气、金属矿产等传统能源资源勘探开发合作，积极推动水电、核电、风电、太阳能等清洁、可再生能源合作，推进能源资源就地就近加工转化合作，形成能源资源合作上下游一体化产业链。加强能源资源深加工技术、装备与工程服务合作。

推动新兴产业合作，按照优势互补、互利共赢的原则，促进沿线国家加强在新一代信息技术、生物、新能源、新材料等新兴产业领域的深入合作，推动建立创业投资合作机制。

优化产业链分工布局，推动上下游产业链和关联产业协同发展，鼓励建立研发、生产和营销体系，提升区域产业配套能力和综合竞争力。扩大服务业相互开放，推动区域服务业加快发展。探索投资合作新模式，鼓励合作建设境外经贸合作区、跨境经济合作区等各类产业园区，促进产业集群发展。在投资贸易中突出生态文明理念，加强生态环境、生物多样性和应对气候变化合作，共建绿色丝绸之路。

中国欢迎各国企业来华投资。鼓励本国企业参与沿线国家基础设施建设和产业投资。促进企业按属地化原则经营管理，积极帮助当地发展经济、增加就业、改善民生，主动承担社会责任，严格保护生物多样性和生态环境。

资金融通。资金融通是“一带一路”建设的重要支撑。深化金融合作，推进亚洲货币稳定体系、投融资体系和信用体系建设。扩大沿线国家双边本币互换、结算的范围和规模。推动亚洲债券市场的开放和发展。共同推进亚洲基础设施投资银行、金砖国家开发银行筹建，有关各方就建立上海合作组织融资机构开展磋商。加快丝路基金组建运营。深化中国－东盟银行联合体、上合组织银行联合体务实合作，以银团贷款、银行授信等方式开展多边金融合作。支持沿线国家政府和信用等级较高的企业以及金融机构在中国境内发行人民币债券。符合条件的中国境内金融机构和企业可以在境外发行人民币债券和外币债券，鼓励在沿线国家使用所筹资金。

加强金融监管合作，推动签署双边监管合作谅解备忘录，逐步在区域内建立高效监管协调机制。完善风险应对和危机处置制度安排，构建区域性金融风险预警系统，形成应对跨境风险和危机处置的交流合作机制。加强征信管理部门、征信机构和评级机构之间的跨境交流与合作。充分发挥丝路基金以及各国主权基金作用，引导商业性股权投资基金和社会资金共同参与“一带一路”重点项目建设。

民心相通。民心相通是“一带一路”建设的社会根基。传承和弘扬丝绸之路友好合作精神，广泛开展文化交流、学术往来、人才交流合作、媒体合作、青年和妇女交往、志愿者服务等，为深化双多边合作奠定坚实的民意基础。

扩大相互间留学生规模，开展合作办学，中国每年向沿线国家提供 1 万个政府奖学金名额。沿线国家间互办文化年、艺术节、电影节、电视周和图书展等活动，合作开展广播影视剧精品创作及翻译，联合申请世界文化遗产，共同开展世界遗产的联合保护工作。深化沿线国家间人才交流合作。

加强旅游合作，扩大旅游规模，互办旅游推广周、宣传月等活动，联合打造具有丝绸之路特色的国际精品旅游线路和旅游产品，提高沿线各国游客签证便利化水平。推动 21 世纪海上丝绸之路邮轮旅游合作。积极开展体育交流活动，支持沿线国家申办重大国际体育赛事。

强化与周边国家在传染病疫情信息沟通、防治技术交流、专业人才培养等方面的合作，提高合作处理突发公共卫生事件的能力。为有关国家提供医疗援助和应急医疗救助，在妇幼健康、残疾人康复以及艾滋病、结核、疟疾等主要传染病领域开展务实合作，扩大在传统医药领域的合作。

加强科技合作，共建联合实验室（研究中心）、国际技术转移中心、海上合作中心，促进科技人员交流，合作开展重大科技攻关，共同提升科技创新能力。

整合现有资源，积极开拓和推进与沿线国家在青年就业、创业培训、职业技能开发、社会保障管理服务、公共行政管理等共同关心领域的务实合作。

充分发挥政党、议会交往的桥梁作用，加强沿线国家之间立法机构、主要党派和政治组织的友好往来。开展城市交流合作，欢迎沿线国家重要城市之间互结友好城市，以人文交流为重点，突出务实合作，形成更多鲜活的合作范例。欢迎沿线国家智库之间开展联合研究、合作举办论坛等。

加强沿线国家民间组织的交流合作，重点面向基层民众，广泛开展教育医疗、减贫开发、生物多样性和生态环保等各类公益慈善活动，促进沿线贫困地区生产生活条件改善。加强文化传媒的国际交流合作，积极利用网络平台，运用新媒体工具，塑造和谐友好的文化生态和舆论环境。

五、合作机制

当前，世界经济融合加速发展，区域合作方兴未艾。积极利用现有双多边合作机制，推动“一带一路”建设，促进区域合作蓬勃发展。

加强双边合作，开展多层次、多渠道沟通磋商，推动双边关系全面发展。推动签署合作备忘录或合作规划，建设一批双边合作示范。建立完善双边联合工作机制，研究推进“一带一路”建设的实施方案、行动路线图。充分发挥现有联委会、混委会、协委会、指导委员会、管理委员会等双边机制作用，协调推动合作项目实施。

强化多边合作机制作用，发挥上海合作组织（SCO）、中国－东盟“10+1”、亚太经合组织（APEC）、亚欧会议（ASEM）、亚洲合作对话（ACD）、亚信会议（CICA）、中阿合作论坛、中国－海合会战略对话、大湄公河次区域（GMS）经济合作、中亚区域经济合作（CAREC）等现有多边合作机制作用，相关国家加强沟通，让更多国家和地区参与“一带一路”建设。

继续发挥沿线各国区域、次区域相关国际论坛、展会以及博鳌亚洲论坛、中国－东盟博览会、中国－亚欧博览会、欧亚经济论坛、中国国际投资贸易洽谈会，以及中国－南亚博览会、中国－阿拉伯博览会、中国西部国际博览会、中国－俄罗斯博览会、前海合作论坛等平台的建设性作用。支持沿线国家地方、民间挖掘“一带一路”历史文化遗产，联合举办专项投资、贸易、文化交流活动，办好丝绸之路（敦煌）国际文化博览会、丝绸之路国际电影节和图书展。倡议建立“一带一路”国际高峰论坛。

六、中国各地方开放态势

推进“一带一路”建设，中国将充分发挥国内各地区比较优势，实行更加积极主动的开放战略，加强东中西互动合作，全面提升开放型经济水平。

西北、东北地区。发挥新疆独特的区位优势和向西开放重要窗口作用，深化与中亚、南亚、西亚等国家交流合作，形成丝绸之路经济带上重要的交通枢纽、商贸物流和文化科教中心，打造丝绸之路经济带核心区。发挥陕西、甘肃综合经济文化和宁夏、青海民族人文优势，打造西安内陆型改革开放新高地，加快兰州、西宁开发开放，推进宁夏内陆开放型经济试验区建设，形成面向中亚、南亚、西亚国家的通道、商贸物流枢纽、重要产业和人文交流基地。发挥内蒙古联通俄蒙的区位优势，完善黑龙江对俄铁路通道和区域铁路网，以及黑龙江、吉林、辽宁与俄远东地区陆海联运合作，推进构建北京－莫斯科欧亚高速运输走廊，建设向北开放的重要窗口。

西南地区。发挥广西与东盟国家陆海相邻的独特优势，加快北部湾经济区和珠江－西江经济带开放发展，构建面向东盟区域的国际通道，打造西南、中南地区开放发展新的战略支点，形成21世纪海上丝绸之路与丝绸之路经济带有机衔接的重要门户。发挥云南区位优势，推进与周边国家的国际运输通道建设，打造大湄公河次区域经济合作新高地，建设成为面向南亚、东南亚的辐射中心。推进西藏与尼泊尔等国家边境贸易和旅游文化合作。

沿海和港澳台地区。利用长三角、珠三角、海峡西岸、环渤海等经济区开放程度高、经济实力强、辐射带动作用大的优势，加快推进中国（上海）自由贸易试验区建设，支持福建建设21世纪海上丝绸之路核心区。充分发挥深圳前海、广州南沙、珠海横琴、福建平潭等开放合作区作用，深化与港澳台合作，打造粤港澳大湾区。推进浙江海洋经济发展示范区、福建海峡蓝色经济试验区和舟山群岛新区建设，加大海南国际旅游岛开发开放力度。加强上海、天津、宁波－舟山、广州、深圳、湛江、汕头、青岛、烟台、大连、福州、厦门、泉州、海口、三亚等沿海城市港口建设，强化上海、广州等国际枢纽机场功能。以扩大开放倒逼深层次改革，创新开放型经济体制机制，加大科技创新力度，形成参与和引领国际合作竞争新优势，成为“一带一路”特别是21世纪海上丝绸之路建设的排头兵和主力军。发挥海外侨胞以及香港、澳门特别行政区独特优势作用，积极参与和助力“一带一路”建设。为台湾地区参与“一带一路”建设作出妥善安排。

内陆地区。利用内陆纵深广阔、人力资源丰富、产业基础较好优势，依托长江中游城市群、成渝城市群、中原城市群、呼包鄂榆城市群、哈长城市群等重点区域，推动区域互动合作和产业集聚发展，打造重庆西部开发开放重要支撑和成都、郑州、武汉、长沙、南昌、合肥等内陆开放型经济高地。加快推动长江中上游地区和俄罗斯伏尔加河沿岸联邦区的合作。建立中欧通道铁路运输、口岸通关协调机制，打造“中欧班列”品牌，建设沟通境内外、连接东中西的运输通道。支持郑州、西安等内陆城市建设航空港、国际陆港，加强内陆口岸与沿海、沿边口岸通关合作，开展跨境贸易电子商务服务试点。优化海关特殊监管区域布局，创新加工贸易模式，深化与沿线国家的产业合作。

七、中国积极行动

一年多来，中国政府积极推动“一带一路”建设，加强与沿线国家的沟通磋商，推动与沿线国家的务实合作，实施了一系列政策措施，努力收获早期成果。

高层引领推动。习近平主席、李克强总理等国家领导人先后出访20多个国家，出席加强互联互通伙伴关系对话会、中阿合作论坛第六届部长级会议，就双边关系和地区发展问题，多次与有关国家元首和政府首脑进行会晤，深入阐释"一带一路"的深刻内涵和积极意义，就共建"一带一路"达成广泛共识。

签署合作框架。与部分国家签署了共建"一带一路"合作备忘录，与一些毗邻国家签署了地区合作和边境合作的备忘录以及经贸合作中长期发展规划。研究编制与一些毗邻国家的地区合作规划纲要。

推动项目建设。加强与沿线有关国家的沟通磋商，在基础设施互联互通、产业投资、资源开发、经贸合作、金融合作、人文交流、生态保护、海上合作等领域，推进了一批条件成熟的重点合作项目。

完善政策措施。中国政府统筹国内各种资源，强化政策支持。推动亚洲基础设施投资银行筹建，发起设立丝路基金，强化中国一欧亚经济合作基金投资功能。推动银行卡清算机构开展跨境清算业务和支付机构开展跨境支付业务。积极推进投资贸易便利化，推进区域通关一体化改革。

发挥平台作用。各地成功举办了一系列以"一带一路"为主题的国际峰会、论坛、研讨会、博览会，对增进理解、凝聚共识、深化合作发挥了重要作用。

八、共创美好未来

共建"一带一路"是中国的倡议，也是中国与沿线国家的共同愿望。站在新的起点上，中国愿与沿线国家一道，以共建"一带一路"为契机，平等协商，兼顾各方利益，反映各方诉求，携手推动更大范围、更高水平、更深层次的大开放、大交流、大融合。"一带一路"建设是开放的、包容的，欢迎世界各国和国际、地区组织积极参与。

共建"一带一路"的途径是以目标协调、政策沟通为主，不刻意追求一致性，可高度灵活，富有弹性，是多元开放的合作进程。中国愿与沿线国家一道，不断充实完善"一带一路"的合作内容和方式，共同制定时间表、路线图，积极对接沿线国家发展和区域合作规划。

中国愿与沿线国家一道，在既有双多边和区域次区域合作机制框架下，通过合作研究、论坛展会、人员培训、交流访问等多种形式，促进沿线国家对共建"一带一路"内涵、目标、任务等方面的进一步理解和认同。

中国愿与沿线国家一道，稳步推进示范项目建设，共同确定一批能够照顾双多边利益的项目，对各方认可、条件成熟的项目抓紧启动实施，争取早日开花结果。

"一带一路"是一条互尊互信之路，一条合作共赢之路，一条文明互鉴之路。只要沿线各国和衷共济、相向而行，就一定能够谱写建设丝绸之路经济带和21世纪海上丝绸之路的新篇章，让沿线各国人民共享"一带一路"共建成果。

〔来源：国家发展和改革委员会官网〕

关于加强中央企业品牌建设的指导意见

国资发综合〔2013〕266号

为提高中央企业品牌建设水平，推动中央企业转型升级，实现做强做优中央企业、培育具有国际竞争力的世界一流企业的目标，特制定本指导意见。

一、充分认识加强中央企业品牌建设的重要意义

（一）加强品牌建设是培育世界一流企业的战略选择。世界一流企业不仅要有一流的产品和一流的服务，更要有一流的品牌。一流品牌是企业竞争力和自主创新能力的标志，是高品质的象征，是企业知名度、美誉度的集中体现，更是高附加值的重要载体。中央企业虽然进入世界500强企业的数量逐年增多，但"大而不强"的问题一直存在，尤其是缺少在全球叫得响的知名品牌。中央企业要实现"做强做优、世界一流"的目标就必须努力打造世界一流的品牌。

（二）加强品牌建设是赢得新竞争优势的必由之路。品牌是企业竞争力和可持续发展能力的重要基础保障。随着新一轮科技和产业革命加快演进，特别是以互联网为核心的信息技术广泛应用，拥有差异化和高品质的品牌优势，日益成为企业赢得市场竞争的关键。中央企业要赢得新的竞争优势，就必须通过打造一批具有核心知识产权的自主品牌，实现由规模扩张向质量效益转变，由价值链低端向价值链高端转变。

（三）加强品牌建设是提高国际化经营水平的现实需要。品牌国际化是实施“走出去”战略的重要手段。随着经济全球化进程加快，拥有国际知名品牌已经成为引领全球资源配置和开拓市场的重要手段。知名跨国公司利用品牌影响力在全球组织研发、采购和生产，实施并购重组，主导国际标准制定，赢得了更大的发展空间。目前，我国企业在国际分工体系中多处于价值链的中低端，缺少国际话语权，全球配置资源能力和开拓国际市场能力亟待提高。中央企业作为参与国际竞争的主力军，要通过积极打造国际知名品牌，带动我国成熟的产品、技术和标准走出国门、走向世界，在更宽领域和更高层次与跨国公司开展竞争合作，努力构建与经济实力相匹配的品牌实力。

（四）加强品牌建设是实现国有资产保值增值的内在要求。品牌作为一项无形资产，是企业价值的重要组成部分。世界一流企业都善用品牌资产，并将品牌作为核心资产加以严格管理和保护，使得品牌溢价大幅高于同行业平均水平，并在兼并收购过程中获得高额品牌溢价收益。而多数中央企业还没有关注到品牌资产的保值增值，品牌资产的管理和保护水平远远落后于跨国公司。有些企业在并购重组时支付了较高的品牌溢价，但出售转让时却忽略了品牌资产，导致了品牌资产被低估或流失。中央企业要更好地实现国有资产保值增值，就必须高度重视品牌资产管理，努力提升品牌价值。

二、中央企业加强品牌建设的指导思想、基本原则和主要目标

（五）指导思想。认真贯彻落实党的十八大、十八届三中全会精神，坚持以科学发展观为指导，以转变经济发展方式为主线，以自主创新为内核，以高品质为基石，以精致管理为保障，以诚信为命脉，逐步建立健全中央企业品牌培育、保护和发展的体制机制，实现“做强做优、世界一流”的目标。

（六）基本原则。

坚持整体规划原则。品牌建设是一项复杂的系统工程，要综合设计、统筹谋划，实现设计、研发、生产、营销、售后服务等环节的相互协同，形成合力。

坚持突出重点原则。要遵循品牌建设规律，结合中央企业实际，突出抓好“创新、品质、管理、诚信”等重点环节，找准品牌建设的突破口和着力点。

坚持分类实施原则。中央企业分处在不同的行业和领域，要探索符合本企业特色的品牌建设路径，既要坚持统一规范，又要兼顾多样性。

坚持循序渐进原则。品牌建设是一项长期工程，要制订中长期品牌战略规划，确定阶段性目标和行动方案，持之以恒，分步实施，扎实推进。

（七）主要目标。到2020年末，涌现一批品牌战略明晰、品牌管理体系健全、品牌建设成果显著的企业；形成一批产品优质、服务上乘、具有广泛影响力的知名品牌；培育一批拥有自主知识产权和国际竞争力的自主品牌。

三、中央企业加强品牌建设的主要内容

（八）大力实施品牌战略。中央企业要结合企业总体发展战略、内外资源禀赋、企业文化传承等因素，加强顶层设计，制定或完善适合本企业的、具有独创性和吸引力的品牌战略，并与企业发展战略同步实施、系统推进。要将品牌战略作为最高竞争战略，渗透到公司运营管理的各个层面，建立以客户为中心、培育差异化竞争优势的品牌战略导向机制和流程，围绕品牌战略，优化资源配置，促进品牌建设与业务发展的协同。要保持品牌战略的稳定性，加强对品牌战略落实情况的督促检查和评价考核，持续加强品牌战略的贯彻执行。

（九）准确把握品牌定位。要聚焦企业战略和客户价值，在充分了解市场需求和研究比较优势的基础上，根据行业特点、企业实际和产品特性，科学确立品牌定位。要把握规律性，根据目标市场塑造品牌形象，防止贪多求全导致品牌定位模糊，防止盲目扩张给品牌带来损害。要突出差异性，精心提炼品牌核心价值理念，树立品牌在消费者心目中有别于竞争对手的独特地位。要保持稳定性，企业的设计、生产、营销和服务等都要始终紧紧围绕品牌定位，准确体现品牌核心价值理念。要正确处理好企业品牌和产品品牌的关系，根据战略需要明确品牌架构及发展模式，做到既相得益彰，又合理规避相互背书带来的风险。

（十）加强自主创新。中央企业要把自主创新作为培育品牌的内核，把品牌价值作为衡量创新成效的重要标准。要抓住标准、设计、集成、服务等关键环节，强化技术攻关，形成自主知识产权和品牌优势。要坚持以市场为导向，以发掘和引领需求为追求，瞄准国际一流先进水平，通过引进、消化、吸收再创新，大力增强集成创新能力，培育原始创新能力，加快拥有一批核心关键技术，努力实现从“中国制造”向“中国创造”的转变。要紧盯客户需求，加强服务创新和商业模式创新，提高精细化管理水平，敏锐把握市场变革的趋势和关键，快速有效地响应需求变化，持续为客户创造价值。要大力改造提升传统产业，有序进入高新技术产业和战略性新兴产业，通过自主创新在若干关键领域形成以自主知识产权为主导的技术标准体系，将国内标准上升为国际标准，增强国际标准制定的话语权，抢占产业发展的制高点。

（十一）努力追求高品质。中央企业要把高品质作为品牌的基石，坚持客户至上，重视客户感知，把不断提升产品和服务的质量作为最高追求，以更高的品质使客户感到物超所值。要建立健全全面质量管理体系，加强全员、全过程、全方位、全寿命周期的质量管理，规范生产流程，细化管理标准，确保产品质量，生产出经得起客户挑剔的产品。要从大局着眼，细微处着手，高度关注客户诉求，完善服务体系，有效应对客户投诉，提供令消费者感动的人性化服务。要坚持精益求精，使产品、服务和工程经得住历史检验，努力打造一流品牌和国际知名品牌。

（十二）提高精致管理水平。中央企业要把精致管理作为创建品牌的保障，持续提高品牌管理的专业化水平。要严格辨识各类品牌要素，统筹规划、分类管理，系统集成。要完善品牌架构，有效整合集团公司和所属企业品牌资源，优化品牌名称、标识、符号等要素，聚焦消费者的关注，通过品牌要素将品牌核心价值理念准确传递给消费者，并形成牢固的品牌记忆；要积极探索将品牌资产纳入价值管理范畴，逐步规范品牌资产评估、流转和授权行为；要加强舆情监测，建立品牌危机预警机制、风险规避机制和紧急事件应对机制，有效维护品牌声誉，持续提升品牌危机处置水平。要开展经常性的品牌管理成效“回头看”工作，及时总结经验，发现问题，持续改进。要积极开展国际对标，不断提升品牌国际化水平。要做好并购品牌的管理工作，并购前要严格尽职调查、反复论证，可以采取联合品牌或过渡品牌等多种并购方式，并购后要做好并购品牌的维护，实现并购品牌与原有品牌的有机融合。

（十三）拓展品牌营销传播渠道。要抓住各种有利时机，充分利用各种媒体媒介，特别是有效运用新媒体，做好形象公关，讲好自己的故事，广泛传播品牌形象，传递品牌价值。要紧跟市场变化，增强品牌传播的及时性、有效性，凝聚品牌传播的正能量。要通过建立品牌联盟、借助国际媒体资源和主动参与具有全球影响力的活动，提升品牌的全球知名度。在加强品牌本土培育和推广的同时，要根据国外文化习俗、市场竞争状态、消费者习惯及法律法规等特点，开展品牌国际化工作，要自觉遵守当地法律法规，善于融入当地社会，承担相应社会责任，有效提高品牌的知名度和美誉度。

（十四）严格开展品牌保护。要坚持品牌建设与知识产权保护工作相结合，完善商标战略，及时规范注册商标、商号等商业标识，防止恶意抢注；要通过对专利、商标、商业秘密、著作权等的综合运用，建立完善的品牌保护体系；要实时监控、调查、评估品牌资产保护状态，运用协商沟通、舆论维权、法律武器等手段打击各种侵权行为，坚决维护品牌资产的权益不受侵犯。要做好商标、专利等方面的国外注册工作，防范各种侵权行为，加强自主品牌在国外的保护力度。

（十五）坚持诚信合规经营。中央企业要把诚信作为品牌的命脉，依法经营、诚实守信，严守商业道德操守，严格兑现承诺，坚决杜绝“店大欺客”的行为发生，努力打造“百年老店”；要真诚面对消费者，及时跟踪和回应客户诉求，出现信誉危机时，不回避、不掩盖、不敷衍，将客户投诉的压力转化为塑造品牌的动力。要加强公共关系建设，积极维护投资者、债权人、供应商等相关方的利益，完善信息披露制度，营造良好的品牌建设环境。要坚持以人为本，切实抓好资源节约、环境保护、安全生产，构建和谐企业，塑造良好形象。要继续做好服务国家战略、保障市场供应、维护公共安全、促进物价稳定、参与援疆援藏援青扶贫等工作，踊跃参加社会公益活动和应急救援，发挥中央企业的表率作用，努力成为被全社会广泛认可的负责任的企业。

四、中央企业加强品牌建设的主要措施

（十六）加强组织领导。中央企业是品牌建设的主体，要把品牌建设作为“一把手”工程来抓，一以贯之、持之以恒。主要负责人要切实认识到品牌建设的重要性和紧迫性，将品牌建设工作摆上重要议事日程，统筹谋划，精心组织，对品牌建设中的重大问题，要加强调查研究，对确定的重点工作，要亲自过问、督促落实。要落实组织机构，明确各部门的工作职责，配备专业团队或专职人员，有条件的企业要建立品牌建设工作委员会。

（十七）加强制度建设。中央企业要以做强做优为目标，以市场为导向，逐步建立健全品牌战略、品牌识别、品牌传播、品牌危机、品牌资产、品牌应用等一系列品牌管理制度和管理流程，使品牌管理工作有章可循。要将品牌制度和流程渗透到设计、研发、采购、生产、营销、售后服务等企业生产经营的各个环节，形成协同效应。要建立完善品牌资产和品牌建设工作的评估体系，对所属企业品牌建设工作和成果进行评价。有条件的企业可以积极探索将品牌建设工作纳入业绩考核体系，采取相应的激励约束措施。

（十八）加强资金和人才保障。中央企业要根据品牌建设的战略目标和实施步骤，加大资金投入，并将品牌建设所需资金纳入年度预算，为品牌建设提供坚实的资金保障。要加强品牌专业人才的引进、培养、使用，尽快建立一支素质高、专业精、能力强、负责任的品牌建设专业队伍。要充分发挥专业机构、行业组织和媒体的作用，凝聚品牌建设的内外合力。

（十九）加强品牌文化建设。中央企业要把“做企业就是做品牌，一流企业要有一流品牌”“品牌也是生产力，自主品牌是企业的核心竞争力”和“品牌是企业的无形资产，是实现保值增值的重要途径”三大理念作为企业文化建设的重要内容，凝聚核心文化，光大品牌形象。要不断增强全员品牌意识，丰富品牌文化内涵，营造“人人塑造品牌、人人维护品牌、人人传播品牌”的浓厚氛围。

（二十）加强交流合作与培训。中央企业要加强与世界一流企业的交流，有针对性地学习借鉴先进的品牌理念和品牌建设方法。要高度重视智力引进工作，积极开展与国内外品牌设计、咨询、管理机构的合作。要加强中央企业之间的合作，充分发挥协同效应，共同打造好“中央企业”这一大品牌。要积极开展内部品牌建设的学习和培训，培养品牌专业人才，不断提高品牌建设能力。

〔来源：国务院国有资产监督管理委员会官网〕

关于以经济增加值为核心加强中央企业价值管理的指导意见

国资发综合〔2014〕8号

为深入贯彻党的十八届三中全会精神，以管资本为主加强国有资产监管，指导中央企业进一步深化经济增加值考核，优化资源配置，提升以经济增加值为核心的价值管理水平，促进中央企业转型升级，增强核心竞争能力，加快实现做强做优、科学发展，制定本指导意见。

一、价值管理概念、基本原则、指导思想和主要目标

（一）价值管理概念。

经济增加值是指企业可持续的投资收益超过资本成本的盈利能力，即税后净营业利润大于资本成本的净值。经济增加值是全面考核企业经营者有效使用资本和为股东创造价值的重要工具，也是企业价值管理的基础和核心。本指导意见所称价值管理是基于经济增加值的价值管理，是以价值最大化为目标，以经济增加值管理理念、管理决策和流程再造为重点，通过价值诊断、管理提升、考核激励、监测控制等管理流程的制度化、工具化，对影响企业价值的相关因素进行控制的全过程管理。

（二）基本原则。

价值管理与企业实际紧密结合。实事求是、尊重企业发展规律，根据企业所处行业、发展阶段、战略目标，推动企业根据资本属性，在战略规划、投资决策、生产运营、财务管理、业绩考核、薪酬分配等方面与价值管理有机结合，实现从注重利润创造向注重价值创造转变。

价值管理与制度建设相互促进。在坚持过去行之有效做法的基础上，遵循价值管理的基本理念、基本方法，将资本成本、资本纪律、风险控制等价值管理要素与现有管理体系有机融合，促进价值管理的制度化、体系化。

价值管理与完善激励约束机制有效衔接。以经济增加值考核为切入点，积极探索以经济增加值创造水平或改善状况与绩效薪酬或中长期激励挂钩的有效做法，建立长效激励约束机制，最大限度调动企业负责人和员工的积极性、创造性。

价值管理与维护各方利益有机统一。既要坚持股东价值最大化，又要模范遵守国家法律法规，统筹兼顾债权人、供应商、消费者、内部员工等相关方的利益，积极履行社会责任，创造互利共赢、和谐发展的良好环境。

（三）指导思想和主要目标。

为做强做优中央企业、培育具有国际竞争力的世界一流企业，价值管理的指导思想和主要目标是：以科学发展观为指导，坚持转变发展方式与提升价值创造能力相结合，壮大规模与提高发展质量相统一，短期效益与长期发展相协调，力争用两个任期左右时间，中央企业价值管理体系基本完善，实现诊断科学、考核健全、激励约束有效、监控到位；价值管理更加科学，实现经济增加值从考核指标向管理工具转变、从结果考核向过程控制转变；价值创造能力明显提升，以更优化的资本结构、更有效率的资本运营、更强的主业获利能力，全面提升企业核心竞争能力。

二、不断完善价值管理体系

（四）建立经济增加值诊断体系。

诊断体系是实施价值管理的基础，是明确主攻方向、制订有效措施的重要前提。中央企业要以财务报表为基础，以资本成本为基准，深入企业生产经营的不同层级和不同环节，将经济增加值的构成要素从财务指标向管理和操作层面逐级分解，绘制出要素全、可计量、易识别的价值树，揭示价值形成的途径。要注重运用科学的分析方法，从纷繁复杂的价值树指标中，识别出反应灵敏、影响重大的关键价值驱动因素。要从关键价值驱动因素出发，选取国内外优秀企业作为标杆，找出差距、分析原因，明晰价值管理的薄弱环节。要针对诊断出来的问题，完善战略、预算、执行等方案，形成价值提升策略。

（五）完善以经济增加值为核心的考核体系。

考核体系是实施价值管理的保障，是坚持正确导向，有效落实国有资本保值增值责任的主要抓手。中央企业要坚持提升发展质量和效率的考核导向，将经济增加值作为主要考核指标，并逐步提高其权重。要结合企业内部不同板块、不同发展阶段的特点，科学设定资本成本率、从严把握经济增加值计算调整项，推进差异化考核，有效平衡当期回报与可持续发展。要强化短板考核，从关键价值驱动因素中选取短板指标纳入考核体系，确定具有挑战性的目标，持续改善。要推动组织绩效和个人绩效的有效结合，将经济增加值考核指标逐级分解，层层落实考核责任。

（六）探索建立经济增加值激励约束机制。

创新激励约束机制是价值管理的基本动力，是完善责权利相统一、业绩考核与奖惩紧密挂钩的重要方向。中央企业要把经济增加值及其改善值作为各级出资企业负责人绩效薪酬核定的重要指标，根据经济效益状况、经济增加值贡献大小和业绩考核结果，按照薪酬考核办法确定企业负责人绩效薪酬。中央企业要在坚持考核薪酬分配基本制度的前提下，以管理团队、核心业务骨干为主要对象，积极探索与经济增加值紧密挂钩的任期激励和中长期激励机制，更好地留住关键人才，更加注重企业的可持续发展。

（七）建立健全经济增加值监控体系。

监控体系是价值管理常态化运行的重要环节，是过程控制的关键。中央企业要建立和完善经济增加值监测报告制度，定期分析预警关键价值驱动因素和考核指标变化情况。要参照行业和本企业历史数据，及时发现经济增加值变化的主要原因，对战略、运营、财务、内部控制等方面的不适应性进行调整纠正。要完善经济增加值监控手段，充分应用现代信息技术，逐步提高监测的深度、广度和频度，增强工作的主动性和有效性。

三、不断提升价值创造能力

（八）优化国有资本配置。

中央企业要根据国有资本的特点，合理配置资源，提高配置效率。要着眼于增强国有资本在重要领域、关键环节和战略性产业的控制力和影响力，强化产业整合，掌握核心技术、聚焦系统集成，科学界定主业范围、区域布局和产品边界，不盲目延伸产业链和价值链。对于主业范围内的业务，要结合发展战略、协同效应、价值创造、能力匹配等因素，综合考虑经济增加值创造水平，动态优化价值链管理，突出重点、做强做优；不具备竞争优势的主业，要及时调整，有序退出。超出主业范围、价值创造能力低的业务，要坚决剥离重组；培育新的战略性业务要坚持审慎原则，严格论证，把握节奏，有序进入。要坚持合理分工，与产业链上下游企业形成合理的竞争格局，构建高效和谐的产业生态环境；坚决避免不具备产业链竞争优势的业务自成体系和“大而全、小而全”。要着眼于提高国有资本的回报和保持合理的流动性，遵循资本运作规律，选择各类有发展潜力、成长性好的市场主体进行股权投资，有效规避风险。要积极发展混合所有制经济，通过产业链整合、项目融资、债务重组、网运分开等手段，实现国有资本、集体资本、非公有资本等交叉持股、相互融合，放大国有资本功能，提高国有资本布局结构调整的能力。政策性业务较重的企业，要在保障国家安全、提供公共服务等方面作出更大贡献。

（九）调整存量资产结构。

中央企业要加大内部资源整合力度，使资产规模与价值创造能力相匹配，资产结构与经营效率相协调。要根据企业发展战略和主业定位，定期对不同类别存量资产进行价值分析，制定分类处理方案。对符合国有资本发展方向和企业战略定位、价值创造能力高的存量资产，应优先配置资源，提高利用效率。对战略匹配度低的存量资产，应适当控制规模并逐步优化。对资本回报长期低于资本成本且无发展前景的存量资产，应有序退出。对长期不分红、无控制权的股权投资，应制定专项处理方案。对可有效辅助、延伸主业发展，盈利能力较强、增长前景较好的少数股权投资，要创造条件增强控制力。

（十）强化投资并购管理。

中央企业要积极探索投资与经济增加值挂钩的机制。投资并购决策要以符合发展战略和主业发展方向为前提，把经济增加值作为决策的重要依据，对项目识别、选择、评估、实施以及后评价等主要环节进行系统管理。要运用价值分析方法，从具有发展前途、关系国家安全、国民经济命脉的新技术、新产业中，优选经济增加值回报处于合理区间、战略匹配度高、有利于发挥协同效应的项目。要完善投资后评价制度，将经济增加值作为项目评估的重要内容，持续提升投资决策水平。要健全投资决策责任追究机制，建立董事会或企业主要负责人对重大投资决策负责制，严格考核奖惩。要根据国际化经营战略，稳妥实施境外投资并购，有序开展竞争，在全球范围内优化资源配置，提高产业国际竞争力。

（十一）创新盈利模式。

中央企业要在巩固传统盈利方式的基础上，积极探索新的盈利模式，实现从注重规模向注重质量效益转变，从产业链过度延伸向价值链中高端转变，从国内经营向国际化经营转变，增强价值创造能力。要以价值链为基础，通过职能配置优化和关键业务流程再造，整合内部经营要素和相关资源，最大限度地降低成本费用。以提升价值为重要导向，加大科技投入，加快新技术、新工艺的创新，破解制约企业价值提升的瓶颈。积极开展商业模式创新，适应网络信息技术的发展变化，大力发展电子商务，沿价值链大力发展生产性服务业，引领行业变革，增强增值服务能力。不在价值链的低端领域打价格战，对盈利能力低、不具备竞争优势的生产经营环节，积极探索通过外包、协作等方式予以剥离，增强核心资产盈利能力。要加强品牌建设，重视客户感知，通过提供差异化、物超所值的产品或服务，提高品牌认知度和客户忠诚度，提升品牌溢价能力。

（十二）加快资产周转。

中央企业要围绕资产运营效率的提高，加快

资产周转、减少生产经营活动对资本的占用。要紧密结合生产经营计划，将有限的资源优先配置到核心主业、优质资产以及有助于增强长期价值创造能力的项目上，合理控制资产占用规模，完善资产结构。要定期评估厂房、设备等固定资产的利用率与周转率，积极探索通过租赁、承包、转让等方式盘活低效资产，提高固定资产运营效率。要强化应收款管理，落实催收责任，增强收现能力。要加强供应链管理，优化采购、生产和配送流程，加快存货周转。要加强资金预算管理，保障业务发展和现金流平稳顺畅。深化内部资金集中管理，加速资金融通，避免资金闲置。要利用商业信用和相对低成本的供应链融资，降低营运资金规模。要根据行业特征和产业发展周期等因素，合理确定最佳现金持有量，有效安排盈余现金，提高现金的周转效率。

（十三）优化资本结构。

中央企业要综合考虑行业特征、业务特点、资产流动性等因素，合理确定资本结构及财务杠杆边界，力争达到资本成本率最低、财务风险可控。要在预期现金盈余水平可控的情况下，合理利用财务杠杆创造价值。要做好债务融资期限搭配，保持合理的财务弹性，有效应对紧急情况和及时把握投资机会，确保财务结构稳健、有效。要做好融资规划，综合考虑融资方式、期限、成本、币种等因素，拓宽融资渠道，降低融资成本。积极探索国有资本和非国有资本有机融合的方式和途径，发展混合所有制经济，优化股权结构，实现资本结构的动态优化，增强国有资本的带动力。

（十四）强化风险管理。

中央企业要综合平衡好收入增长、资本回报与风险控制的关系，实现可持续发展。要从战略、财务、市场、运营、法律等方面对影响价值创造的关键风险因素进行识别、分析和评估，并根据风险与收益相平衡的原则确定风险的优先管理顺序和措施，降低风险损失，提高风险收益。要建立高风险业务、重大投资并购等重要事项的专项风险评估制度，严格落实责任，强化制度落实和程序执行情况的责任追究。要建立包括专项风险动态跟踪评估、风险管控措施落实情况的跟踪审计等在内的闭环工作流程。要严格财务杠杆边界管理，增强现金盈余保障，审慎运用金融衍生工具。要加强重大风险监测预警管理，将风险管理关口前移，建立风险识别、转移、对冲机制，做好应对预案，降低系统性风险对企业的影响。

四、强化组织保障

（十五）加强组织领导，健全工作机制。

价值管理涉及到企业生产经营的方方面面，事关企业发展全局，中央企业要高度重视，加强领导，精心组织，确保落实到位。主要负责人要把价值管理体系建设作为一项重要任务来抓，将价值管理纳入企业发展规划，引入业绩考核与薪酬分配，嵌入生产经营流程，融入企业文化建设。各项相关工作要明确责任部门，有效落实工作责任。要建立协同高效的工作机制，相关部门各司其职，密切配合，形成工作合力，确保价值管理工作顺利推进；加强价值管理人才队伍建设，为进一步提升价值管理水平提供有力支撑。

（十六）加强顶层设计，积极稳妥推进。

中央企业应在贯彻本指导意见要求的基础上，结合自身实际，整体设计、系统规划、全面梳理、抓紧修订和完善相关制度，坚持分类指导、分步实施，把握节奏、统筹协调，形成具有自身特色的价值管理体系，并持续改进。

（十七）广泛宣传理念，加强价值文化建设。

中央企业应充分利用各种传媒方式广泛宣传价值管理理念和基本方法，通过培训、研讨、专题会议、典型示范引导等方式，培训相关知识、介绍成功案例，深入推进价值管理。要高度重视价值创造意识、理念及文化的培育，将资本成本、资本纪律等价值理念融入企业文化，形成价值创造人人有责的良好氛围，切实增强全员价值创造意识。

国务院办公厅关于加快新能源汽车推广应用的指导意见

国办发〔2014〕35号

各省、自治区、直辖市人民政府，国务院各部委、各直属机构：

为全面贯彻落实《国务院关于印发节能与新能源汽车产业发展规划(2012—2020年)的通知》（国发〔2012〕22号），加快新能源汽车的推广应用，有效缓解能源和环境压力，促进汽车产业转型升级，经国务院批准，现提出以下指导意见：

一、总体要求

（一）指导思想。

贯彻落实发展新能源汽车的国家战略，以纯电驱动为新能源汽车发展的主要战略取向，重点发展纯电动汽车、插电式（含增程式）混合动力汽车和燃料电池汽车，以市场主导和政府扶持相结合，建立长期稳定的新能源汽车发展政策体系，创造良好发展环境，加快培育市场，促进新能源汽车产业健康快速发展。

（二）基本原则。

创新驱动，产学研用结合。新能源汽车生产企业和充电设施生产建设运营企业要着力突破关键核心技术，加强商业模式创新和品牌建设，不断提高产品质量，降低生产成本，保障产品安全和性能，为消费者提供优质服务。

政府引导，市场竞争拉动。地方政府要相应制定新能源汽车推广应用规划，促进形成统一、竞争、有序的市场环境。建立和规范市场准入标准，鼓励社会资本参与新能源汽车生产和充电运营服务。

双管齐下，公共服务带动。把公共服务领域用车作为新能源汽车推广应用的突破口，扩大公共机构采购新能源汽车的规模，通过示范使用增强社会信心，降低购买使用成本，引导个人消费，形成良性循环。

因地制宜，明确责任主体。地方政府承担新能源汽车推广应用主体责任，要结合地方经济社会发展实际，制定具体实施方案和工作计划，明确工作要求和时间进度，确保完成各项目标任务。

二、加快充电设施建设

（三）制定充电设施发展规划和技术标准。完善充电设施标准体系建设，制定实施新能源汽车充电设施发展规划，鼓励社会资本进入充电设施建设领域，积极利用城市中现有的场地和设施，推进充电设施项目建设，完善充电设施布局。电网企业要做好相关电力基础网络建设和充电设施报装增容服务等工作。

（四）完善城市规划和相应标准。将充电设施建设和配套电网建设与改造纳入城市规划，完善相关工程建设标准，明确建筑物配建停车场、城市公共停车场预留充电设施建设条件的要求和比例。加快形成以使用者居住地、驻地停车位（基本车位）配建充电设施为主体，以城市公共停车位、路内临时停车位配建充电设施为辅助，以城市充电站、换电站为补充的，数量适度超前、布局合理的充电设施服务体系。研究在高速公路服务区配建充电设施，积极构建高速公路城际快充网络。

（五）完善充电设施用地政策。鼓励在现有停车场（位）等现有建设用地上设立他项权利建设充电设施。通过设立他项权利建设充电设施的，可保持现有建设用地已设立的土地使用权及用途不变。在符合规划的前提下，利用现有建设用地新建充电站的，可采用协议方式办理相关用地手续。政府供应独立新建的充电站用地，其用途按城市规划确定的用途管理，应采取招标拍卖挂牌方式出让或租赁方式供应土地，可将建设要求列入供地条件，底价确定可考虑政府支持的要求。供应其他建设用地需配建充电设施的，可将配建要求纳入土地供应条件，依法妥善处理充电设施使用土地的产权关系。严格充电站的规划布局和建设标准管理。严格充电站用地改变用途管理，确需改变用途的，应依法办理规划和用地手续。

（六）完善用电价格政策。充电设施经营企业可向电动汽车用户收取电费和充电服务费。2020 年前，对电动汽车充电服务费实行政府指导价管理。对向电网经营企业直接报装接电的经营性集中式充电设施用电，执行大工业用电价格；对居民家庭住宅、居民住宅小区等非经营性分散充电桩按其所在场所执行分类目录电价；对党政机关、企事业单位和社会公共停车场中设置的充电设施用电执行一般工商业及其他类用电价格。电动汽车充电设施用电执行峰谷分时电价政策。将电动汽车充电设施配套电网改造成本纳入电网企业输配电价。

（七）推进充电设施关键技术攻关。依托国家科技计划加强对新型充电设施及装备技术、前瞻性技术的研发，对关键技术的检测认证方法、充电设施消防安全规范以及充电网络监控和运营安全等方面给予科技支撑。支持企业探索发展适应行业特征的充电模式，实现更安全、更方便的充电。

（八）鼓励公共单位加快内部停车场充电设施建设。具备条件的政府机关、公共机构及企事业等单位新建或改造停车场，应当结合新能源汽车配备更新计划，充分考虑职工购买新能源汽车的需要，按照适度超前的原则，规划设置新能源汽车专用停车位、配建充电桩。

（九）落实充电设施建设责任。地方政府要把充电设施及配套电网建设与改造纳入城市建设规划，因地制宜制定充电设施专项建设规划，在用地等方面给予政策支持，对建设运营给予必要补贴。电网企业要配合政府做好充电设施建设规划。

三、积极引导企业创新商业模式

（十）加快售后服务体系建设。进一步放宽市场准入，鼓励和支持社会资本进入新能源汽车充电设施建设和运营、整车租赁、电池租赁和回收等服务领域。新能源汽车生产企业要积极提高售后服务水平，加快品牌培育。地方政府可通过给予特许经营权等方式保护投资主体初期利益，商业场所可将充电费、服务费与停车收费相结合给予优惠，个人拥有的充电设施也可对外提供充电服务，地方政府负责制定相应的服务标准。研究制定动力电池回收利用政策，探索利用基金、押金、强制回收等方式促进废旧动力电池回收，建立健全废旧动力电池循环利用体系。

（十一）积极鼓励投融资创新。在公共服务领域探索公交车、出租车、公务用车的新能源汽车融资租赁运营模式，在个人使用领域探索分时租赁、车辆共享、整车租赁以及按揭购买新能源汽车等模式，及时总结推广科学有效的做法。

（十二）发挥信息技术的积极作用。不断提高现代信息技术在新能源汽车商业运营模式创新中的应用水平，鼓励互联网企业参与新能源汽车技术研发和运营服务，加快智能电网、移动互联网、物联网、大数据等新技术应用，为新能源汽车推广应用带来更多便利和实惠。

四、推动公共服务领域率先推广应用

（十三）扩大公共服务领域新能源汽车应用规模。各地区、各有关部门要在公交车、出租车等城市客运以及环卫、物流、机场通勤、公安巡逻等领域加大新能源汽车推广应用力度，制定机动车更新计划，不断提高新能源汽车运营比重。新能源汽车推广应用城市新增或更新车辆中的新能源汽车比例不低于 30%。

（十四）推进党政机关和公共机构、企事业单位使用新能源汽车。2014—2016 年，中央国家机关以及新能源汽车推广应用城市的政府机关及公共机构购买的新能源汽车占当年配备更新车辆总量的比例不低于 30%，以后逐年扩大应用规模。企事业单位应积极采取租赁和完善充电设施等措施，鼓励本单位职工购买使用新能源汽车，发挥对社会的示范引领作用。

五、进一步完善政策体系

（十五）完善新能源汽车推广补贴政策。对消费者购买符合要求的纯电动汽车、插电式（含增程式）混合动力汽车、燃料电池汽车给予补贴。中央财政安排资金对新能源汽车推广应用规模较大和配套基础设施建设较好的城市或企业给予奖励，奖励资金用于充电设施建设等方面。有关方面要抓紧研究确定 2016—2020 年新能源汽车推广应用的财政支持政策，争取于 2014 年底前向社会公布，及早稳定企业和市场预期。

（十六）改革完善城市公交车成品油价格补贴政策。城市公交车行业是新能源汽车推广的优先领域，通过逐步减少对城市公交车燃油补贴和增加对新能源公交车运营补贴，将补贴额度与新能源公交车推广目标完成情况相挂钩，形成鼓励新能源公交车应用、限制燃油公交车增长的机制，加快新能源公交车替代燃油公交车步伐，促进城市公交行业健康发展。

（十七）给予新能源汽车税收优惠。2014年9月1日至2017年12月31日，对纯电动汽车、插电式（含增程式）混合动力汽车和燃料电池汽车免征车辆购置税。进一步落实《中华人民共和国车船税法》及其实施条例，研究完善节约能源和新能源汽车车船税优惠政策，并做好车船税减免工作。继续落实好汽车消费税政策，发挥税收政策鼓励新能源汽车消费的作用。

（十八）多渠道筹集支持新能源汽车发展的资金。建立长期稳定的发展新能源汽车的资金来源，重点支持新能源汽车技术研发、检验测试和推广应用。

（十九）完善新能源汽车金融服务体系。鼓励银行业金融机构基于商业可持续原则，建立适应新能源汽车行业特点的信贷管理和贷款评审制度，创新金融产品，满足新能源汽车生产、经营、消费等各环节的融资需求。支持符合条件的企业通过上市、发行债券等方式，拓宽企业融资渠道。鼓励汽车金融公司发行金融债券，开展信贷资产证券化，增加其支持个人购买新能源汽车的资金来源。

（二十）制定新能源汽车企业准入政策。研究出台公开透明、操作性强的新建新能源汽车生产企业投资项目准入条件，支持社会资本和具有技术创新能力的企业参与新能源汽车科研生产。

（二十一）建立企业平均燃料消耗量管理制度。制定实施基于汽车企业平均燃料消耗量的积分交易和奖惩办法，在考核企业平均燃料消耗量时对新能源汽车给予优惠，鼓励新能源汽车的研发生产和销售使用。

（二十二）实行差异化的新能源汽车交通管理政策。有关地区为缓解交通拥堵采取机动车限购、限行措施时，应当对新能源汽车给予优惠和便利。实行新能源汽车独立分类注册登记，便于新能源汽车的税收和保险分类管理。在机动车行驶证上标注新能源汽车类型，便于执法管理中有效识别区分。改进道路交通技术监控系统，通过号牌自动识别系统对新能源汽车的通行给予便利。

六、坚决破除地方保护

（二十三）统一标准和目录。各地区要严格执行全国统一的新能源汽车和充电设施国家标准和行业标准，不得自行制定、出台地方性的新能源汽车和充电设施标准。各地区要执行国家统一的新能源汽车推广目录，不得采取制定地方推广目录、对新能源汽车进行重复检测检验、要求汽车生产企业在本地设厂、要求整车企业采购本地生产的电池、电动机等零部件等违规措施，阻碍外地生产的新能源汽车进入本地市场，以及限制或变相限制消费者购买外地及某一类新能源汽车。

（二十四）规范市场秩序。有关部门要加强对新能源汽车市场的监管，推进建设统一开放、有序竞争的新能源汽车市场。坚决清理取消各地区不利于新能源汽车市场发展的违规政策措施。

七、加强技术创新和产品质量监管

（二十五）加大科技攻关支持力度。通过国家科技计划，对新能源汽车储能系统、燃料电池、驱动系统、整车控制和信息系统、充电加注、试验检测等共性关键技术以及整车集成技术集中力量攻关，不断完善科技创新体系建设。

（二十六）组织实施产业技术创新工程。加快研究和开发适应市场需求、有竞争力的新能源汽车技术和产品，加大研发和检测能力投入，通过联合开发，加快突破重大关键技术，不断提高产品质量和服务能力，降低能源消耗，加快建立新能源汽车产业技术创新体系。

（二十七）完善新能源汽车产品质量保障体系。新能源汽车产品质量的责任主体是生产企业，生产企业要建立质量安全责任制，确保新能源汽车安全运行。支持建立行业性新能源汽车技术支撑平台，提高新能源汽车技术服务和测试检验水平。建立新能源汽车产品抽检制度，通过市场抽样和性能检测，加强对产品的质量监管和一致性监管。研究建立车用动力电池准入管理制度。

八、进一步加强组织领导

（二十八）加强地方政府的组织推动作用。各有关地方政府要切实加强组织领导，建立由主要负责同志牵头、各职能部门参加的新能源汽车工作联席会议制度，结合本地实际制定细化支持政策和配套措施，形成多方合力。要加强指标考核，建立以实际运营车辆和便利使用环境为主要指标的考核体系，明确工作要求和时间进度，确保按时保质完成各项目标任务。

（二十九）加强部门间的统筹协调。节能与新能源汽车产业发展部际联席会议及其办公室要及时协调解决新能源汽车推广应用中的重大问题，部门间要加强协同配合，提高工作效率。要加强对各地区的督促考核，定期在媒体公开各地区任务完成情况。财政奖励资金要与推广目标完成情况、基础设施网络配套及社会使用环境建设等挂钩，建立新能源汽车推广城市退出机制。要及时总结成功经验，在全国组织推广交流活动，促进各地相互学习借鉴、共同提高。

（三十）加强宣传引导和舆论监督。各有关部门和新闻媒体要通过多种形式大力宣传新能源汽车对降低能源消耗、减少污染物排放的重大作用，组织业内专家解读新能源汽车的综合成本优势。要通过媒体宣传，提高全社会对新能源汽车的认知度和接受度，同时对损害消费者权益、弄虚作假等行为给予曝光，形成有利于新能源汽车消费的氛围。

〔来源：国务院国有资产管理委员会官网〕

《建立健全惩治和预防腐败体系 2013—2017 年工作规划》

为深入贯彻落实党的十八大和十八届三中全会精神，加强惩治和预防腐败体系建设，推进党风廉政建设和反腐败斗争，制定本工作规划。

一、总体要求

党的十八大对推进中国特色社会主义事业作出全面部署，提出了全面提高党的建设科学化水平的新任务。新形势下，党面临着执政考验、改革开放考验、市场经济考验、外部环境考验和精神懈怠危险、能力不足危险、脱离群众危险、消极腐败危险。推进国家治理体系和治理能力现代化，实现“两个一百年”奋斗目标和中华民族伟大复兴的中国梦，确保党始终成为中国特色社会主义事业的坚强领导核心，必须坚持党要管党、从严治党，深入开展党风廉政建设和反腐败斗争，永葆党的先进性和纯洁性。

全面推进惩治和预防腐败体系建设是全党的重大政治任务和全社会的共同责任。在党中央坚强领导下，各级党委和政府深入推进惩治和预防腐败体系建设，党风廉政建设和反腐败工作取得明显成效。当前，腐败现象多发，滋生腐败的土壤存在，反腐败斗争形势依然严峻复杂，形式主义、官僚主义、享乐主义和奢靡之风严重损害党的形象。作风问题和腐败问题解决不好，就会对党造成致命伤害，甚至亡党亡国。全党必须从思想上警醒起来，坚持惩治和预防腐败两手抓、两手硬，把党风廉政建设和反腐败斗争引向深入。

加强惩治和预防腐败体系建设，要以邓小平理论、“三个代表”重要思想、科学发展观为指导，深入贯彻落实党的十八大、十八届三中全会精神和习近平同志系列重要讲话精神，按照党章要求，紧紧围绕全面推进中国特色社会主义伟大事业和党的建设新的伟大工程，紧紧围绕全面深化改革的总体部署，坚持标本兼治、综合治理、惩防并举、注重预防，以改革精神加强反腐败体制机制创新和制度保障，坚定不移转变作风，坚定不移反对腐败，建设廉洁政治，努力实现干部清正、政府清廉、政治清明，为完成党的十八大确定的目标任务提供有力保障。

经过今后 5 年不懈努力，坚决遏制腐败蔓延势头，取得人民群众比较满意的进展和成效。党的作风建设深入推进，“四风”问题得到认真治理，党风政风和民风社风有新的好转；惩治腐败力度进一步加大，纪律约束和法律制裁的警戒作用有效发挥；预防腐败工作扎实开展，党员干部廉洁自律意识和拒腐防变能力显著增强。

二、坚持不懈抓好党的作风建设

不正之风是滋生腐败的温床，加强党的作风建设是反腐败的治本之策。要深入贯彻中央八项规定精神，树立党员干部为民务实清廉形象，密切党同人民群众的血肉联系。

（一）坚持党组织从严抓党风，大力弘扬党的优良传统和作风

各级党组织要把管党治党作为主要职责和根本任务，扎实推进党的作风建设，牢记“两个务必”，弘扬理论联系实际、密切联系群众、批评和自我批评以及艰苦奋斗、求真务实的优良作风。坚持对党员干部严格要求、严格教育、严格管理、严格监督。落实抓党风建设的工作责任，一级管好一级，一级带动一级。各级领导干部要讲党性、讲原则，清正廉洁，保持共产党人政治本色。

（二）持之以恒深入落实中央八项规定精神，进一步改进工作作风

紧紧扭住落实中央八项规定精神不放松，以抓铁有痕、踏石留印的劲头，坚决纠正“四风”，不断改进学风文风会风。落实中央八项规定精神要在坚持中深化、在深化中坚持，巩固发展成果。要从具体问题抓起，由浅入深，由易到难，由简到繁，循序渐进，一个时间节点一个时间节点地抓。建立健全制度规定，强化制度硬约束，提高制度执行力，加强日常管理，纠正打折扣、搞变通行为，坚决防止反弹。各级领导干部要把自己摆进去，紧密联系思想、工作、生活实际，认真对照检查，带头落实中央八项规定精神。各级纪检监察机关要加大检查监督力度，及时发现问题，督促整改，铁面执纪，严肃查处和通报、曝光违纪违规行为。

（三）扎实开展党的群众路线教育实践活动，建立健全作风建设长效机制

各级党组织要按照“照镜子、正衣冠、洗洗澡、治治病”的总要求，深入开展党的群众路线教育实践活动。全面学习领会中央关于开展教育实践活动、加强党的作风建设的一系列重要文件精神，提高思想认识和宗旨意识，增强贯彻群众路线的自觉性。紧密联系本地区本部门本单位实际，认真查摆“四风”问题，以整风精神开展批评和自我批评，切实整改脱离群众、作风漂浮等问题。总结教育实践活动中的好经验好做法，健全领导干部带头改进作风、深入基层调查研究机制，完善党员干部直接联系和服务群众制度及畅通群众诉求反映渠道制度，改革政绩考核机制，不断改进工作作风，密切联系群众。

（四）严明党的纪律，为党的作风建设提供保证

各级党组织和广大党员干部要自觉学习党章、遵守党章、贯彻党章、维护党章，自觉反对特权思想、特权现象，自觉按照党的组织原则和党内政治生活准则办事，牢固树立党的意识和组织纪律观念。严格执行党的政治纪律、组织纪律、财经纪律、工作纪律和生活纪律等各项纪律，坚决克服组织涣散、纪律松弛问题，在思想上政治上行动上同以习近平同志为总书记的党中央保持高度一致，自觉维护党的团结统一，决不允许有令不行、有禁不止，决不允许各自为政、阳奉阴违。加强执纪监督，严肃处理违反党的纪律行为，确保中央关于加强作风建设的决策部署落到实处。

三、坚决有力惩治腐败

把坚决遏制腐败蔓延势头作为全面推进惩治和预防腐败体系建设的重要任务，保持惩治腐败的高压态势。

（一）加大查办违纪违法案件力度，充分发挥惩治的震慑作用

坚持“老虎”、“苍蝇”一起打，既坚决查处领导干部违纪违法案件，又切实解决发生在群众身边的腐败问题。坚持党纪国法面前没有例外，不论什么人，不论其职务多高，只要触犯了党纪国法，都要一查到底，决不姑息。严格审查和处置党员干部违反党纪政纪、涉嫌违法的行为。严肃查办领导干部贪污贿赂、权钱交易、腐化堕落、失职渎职的案件；严肃查办执法、司法人员徇私舞弊、枉法裁判、以案谋私的案件；严肃查办严重违反政治纪律的案件；严肃查办群体性事件、重大责任事故背后的腐败案件；严肃查办商业贿赂案件，加大对行贿行为的惩处力度。健全查办案件组织协调机制，畅通举报渠道，严格查办案件程序，严明办案纪律，依纪依法、安全文明办案，提高办案质量和效率。发挥查办案件的治本功能，举一反三，堵塞漏洞。加强反腐败国际合作。

坚持抓早抓小，治病救人。本着对党的事业负责、对干部负责的态度，对党员干部身上的问题要早发现、早教育、早查处，防止小问题变成大问题。对反映的问题线索，及时采取约谈、函询等方式向本人和组织核实，加强诫勉谈话工作。对疏于监督管理、致使领导班子成员或者直接管辖的下属发生严重违纪违法问题的，要严肃追究责任。

（二）严肃查处用人上的腐败问题，匡正选人用人风气

各级党委要坚持党管干部原则，坚持正确用

人导向，选好用好干部。对违反组织人事纪律的行为决不放过，坚决纠正跑官要官不正之风；对拉票贿选、买官卖官的腐败行为决不姑息，发现一起查处一起；对违规用人问题及时发现、迅速处理、严格问责，不仅查处当事人，而且追究责任人。坚持和完善立项督查制度，对干部群众举报的选人用人方面的不正之风和腐败问题，组织力量进行查核，依纪依规严肃处理，让弄虚作假、不干实事、会跑会要的干部没市场、受惩戒，形成风清气正的用人环境。

（三）坚决查纠不正之风，着力解决群众反映强烈的突出问题

坚决纠正损害群众利益的不正之风，整治社会保障、教育医疗、保障性住房、征地拆迁、环境保护等涉及民生的突出问题；坚决查处发生在群众身边的以权谋私问题，治理乱收费、乱罚款、乱摊派和吃拿卡要等问题；认真贯彻落实领导干部廉洁自律规定，坚决纠正违规收送礼金、有价证券、会员卡、商业预付卡等问题。健全查纠不正之风工作长效机制。

四、科学有效预防腐败

推进预防腐败工作，加强理想信念教育，增强宗旨意识，使领导干部不想腐；加强体制机制创新和制度建设，强化监督管理，严肃纪律，使领导干部不能腐；坚持有腐必惩、有贪必肃，使领导干部不敢腐。

（一）深化党风廉政教育，筑牢拒腐防变的思想道德防线

深入开展中国特色社会主义和中国梦教育、理想信念和宗旨教育、社会主义核心价值体系教育。加强党纪国法、廉政法规和从政道德教育，将其纳入学习型党组织建设，党委（党组）中心组每年安排廉洁从政专题学习，各级党校、行政学院和其他干部教育培训机构要把廉洁从政教育作为必修内容。学习廉洁榜样，强化示范教育。剖析违纪违法案件，加强警示教育。对存在苗头性问题的领导干部进行教育提醒。

加强廉政文化建设。积极借鉴我国历史上优秀廉政文化，把培育廉洁价值理念融入国民教育、精神文明建设和法制教育之中。发挥文化馆、纪念馆和廉政教育基地等的作用，加强廉政文化精品工程建设，开展廉政文化创建活动，扬真抑假、扬善抑恶、扬美抑丑，培育良好的民风社风。

加强宣传和舆论引导工作。把党风廉政建设和反腐败宣传教育工作纳入党的宣传教育工作总体部署和年度安排，积极宣传党风廉政建设和反腐败工作的方针政策、决策部署和工作成效。党报党刊、电台电视台和重点新闻网站要办好反腐倡廉专栏和专题。坚持正确舆论导向，完善反腐倡廉网络舆情信息工作机制。健全新闻发布制度，严肃宣传纪律，加强对外宣传工作。

（二）加强反腐倡廉法律法规制度建设，把权力关进制度的笼子里

善于用法治思维和法治方式反对腐败，让法律制度刚性运行。健全改进作风常态化制度，严格落实《党政机关厉行节约反对浪费条例》以及国家工作人员因公临时出国（境）、党政机关国内公务接待管理、党政机关楼堂馆所建设和办公用房清理等方面的制度规定，完善公务用车配备使用管理办法，规范并严格执行领导干部工作生活保障制度，切实解决违反规定和标准享受待遇等问题。完善反腐倡廉党内法规，修订《中国共产党党内监督条例（试行）》，完善领导干部报告个人有关事项制度，推行新提任领导干部有关事项公开制度试点，制定配偶已移居国（境）外的国家工作人员任职岗位管理办法。健全和完善惩治和预防腐败方面的立法，研究完善惩治贪污贿赂和渎职侵权犯罪、规范国家工作人员从政行为方面的法律规定。

（三）强化权力运行制约和监督，确保权力正确行使

加强党内监督，强化对民主集中制执行情况的检查监督，落实集体领导和分工负责、重要情况通报和报告、述职述廉、民主生活会、信访处理、谈话和诫勉、询问和质询、特定问题调查等监督制度，加强和改进对主要领导干部行使权力的制约和监督。中央和国家机关各部门、各省（自治区、直辖市）党委和政府主要负责同志每年向中央提交述廉报告。加强法律监督，支持人大及其常委会依法加强对“一府两院”的监督和对法律实施情况的监督，保证审判机关依法独立公正开展行政审判活动，强化检察机关对立案侦查活动、审判和执行活动的监督。加强行政监督，强化对政府职能部门履行监管职责情况的监督，加强行政监察和审计监督，加大行政问责力度。加强民主监督，听取人民政协和民主党派、工商联、无党派人士的意见、建议和批评。发挥工会、共青团、妇联等人民团体的监督作用，支持和保证群众监督。重视和加强舆论监督，运用和规范互联网监督。推行地方各级政府及其工作部门

权力清单制度，依法公开权力运行流程。继续推进党务公开、政务公开、司法公开和各领域办事公开，深化财政预算决算、部门预算决算、重大建设项目和社会公益事业信息公开，推进电子政务建设，让权力在阳光下运行。防控廉政风险，增强工作实效。加强对国有企业和金融机构落实“三重一大”制度情况的监督，健全执行、问责和经济责任审计等制度。坚持用制度管权管事管人，确保决策权、执行权、监督权既相互制约又相互协调，确保国家机关按照法定权限和程序行使权力。

（四）深化改革和转变政府职能，不断消除滋生腐败的体制弊端

贯彻党的十八届三中全会关于全面深化改革的总体部署。深化行政审批制度改革，进一步转变政府职能，使市场在资源配置中起决定性作用和更好发挥政府作用，市场机制能有效调节的经济活动一律取消审批，对保留的行政审批事项要规范管理、提高效率，对取消的审批事项要加强后续监管，防止出现监管职能缺位、错位或不到位。深化干部人事制度改革，提高选人用人公信度。深化司法体制改革，解决影响司法公正的深层次问题。深化行政执法体制改革，做到严格规范公正文明执法。深化公共资源交易市场化改革，推进财税、金融、投资体制和国有企业改革，防范腐败问题发生。探索和总结预防腐败工作的途径和经验。

五、加强党对党风廉政建设和反腐败工作的统一领导

深入推进党风廉政建设和反腐败斗争，必须在党中央坚强领导下，全党全社会一起抓。

（一）各级党委要承担党风廉政建设和反腐败工作主体责任

健全反腐败领导体制和工作机制，严格落实党风廉政建设责任制，党委负主体责任，纪委负监督责任，改革和完善各级反腐败协调小组职能，充分发挥党委巡视工作领导小组作用。各级党委和政府要把贯彻落实本工作规划列入重要议事日程，与经济社会发展同部署、同落实、同检查；支持和保证纪委认真履行职责，发挥监督执纪作用。各级领导班子主要负责同志要履行党风廉政建设和反腐败工作第一责任人职责，做到重要工作亲自部署、重大问题亲自过问、重点环节亲自协调、重要案件亲自督办。领导班子其他成员要坚持“一岗双责”，根据分工抓好职责范围内的党风廉政建设和反腐败工作。各级党组织要动员和组织人民群众有序参与，发挥社会各有关方面的积极作用。

（二）加强反腐败体制机制创新和制度保障，改革党的纪律检查体制

各级纪委要履行协助党委加强党风建设和组织协调反腐败工作的职责。全面落实中央纪委向中央一级党和国家机关派驻纪检机构，实行统一名称、统一管理。派驻机构对派出机关负责，履行监督职责。驻在部门要自觉接受监督，提供工作保障。改进中央和省区市巡视制度，修订《中国共产党巡视工作条例（试行）》，做到对地方、部门、企事业单位全覆盖，发现问题、形成震慑。推动党的纪律检查工作双重领导体制具体化、程序化、制度化，强化上级纪委对下级纪委的领导。查办腐败案件以上级纪委领导为主，线索处置和案件查办在向同级党委报告的同时必须向上级纪委报告。各级纪委书记、副书记的提名和考察以上级纪委会同组织部门为主。进一步明确纪检监察工作职责定位，强化对监管者的监督。转职能、转方式、转作风，把不该牵头或参与的协调工作交还给主要责任部门，集中精力抓好党风廉政建设和反腐败工作。加强对同级党委特别是常委会成员的监督，更好发挥党内监督专门机关作用。加强和改进行政监察工作。各级纪检监察机关要加强自身建设，牢固树立进取意识、机遇意识、责任意识，坚守责任担当，做到正人先正己，以更高的标准、更严的纪律要求自己，强化基础工作，坚持和完善约谈制度，树立忠诚可靠、服务人民、刚正不阿、秉公执纪的良好形象。

（三）增强惩治和预防腐败体系建设工作合力

各地区各部门要加强分类指导，抓好组织实施，整体推进作风建设、惩治和预防腐败各项工作。惩治和预防腐败体系建设牵头单位和协办单位要落实责任，相互支持，相互配合。组织部门要加强对干部经常性的管理监督，坚决纠正选人用人上的不正之风；宣传部门要抓好党风廉政建设和反腐败斗争宣传，强化舆论引导；纪检监察、司法、行政执法等机关和部门要充分发挥纪律约束、法律制裁、经济处罚、市场监管、科技支撑作用，多措并举，增强党风廉政建设和反腐败工作综合效果。

（四）狠抓任务落实

各地区各部门要抓好责任分解和任务分工，有重点、分步骤地落实本工作规划部署的任务。

对阶段性任务，在规定时间内高质量完成；对持续性工作，结合新情况新问题推进提高；对根据新形势新要求充实的工作，及时研究安排。建立工作台账制度，健全惩治和预防腐败体系建设信息管理系统。完善督查考核机制，每年对工作进展情况进行检查，总结评估，查找不足，督促任务落实。制定实施切实可行的责任追究制度，对抓党风廉政建设和反腐败工作不力，造成不良影响的，严肃追究领导责任。

各地区各部门要结合实际制定贯彻落实本工作规划的实施办法。中国人民解放军和中国人民武装警察部队贯彻落实的实施办法，由中央军委参照本工作规划制定。

〔来源：人民网〕

2014 年中国机械工业 100 强名单

序号	企业名称	省、市、自治区	主要产品	主营业务收入（万元）
1	中国机械工业集团有限公司	北京市	农业机械，林业机械，地质机械，工程机械	24 915 134
2	潍柴控股集团有限公司	山东省	内燃机，内燃机配件，汽车及配件	12 697 709
3	上海电气（集团）总公司	上海市	电站设备，电梯，机床，机械设备	9 227 885
4	徐州工程机械集团有限公司	江苏省	起重机械，铲运机械，混凝土机械，挖掘机械	8 081 463
5	三一集团有限公司	湖南省	混凝土机械，挖掘铲运机械，起重机械	7 372 782
6	中联重科股份有限公司	湖南省	工程起重机械，混凝土机械，工程挖掘机械，路面机械	6 370 001
7	盾安控股集团有限公司	浙江省	制冷配件，新能源	5 026 973
8	新疆特变电工集团有限公司	新疆维吾尔自治区	变压器，电抗器，电线电缆，硅棒	4 459 073
9	中国东方电气集团有限公司	四川省	发电设备	4 108 792
10	广西玉柴机器集团有限公司	广西壮族自治区	柴油机	3 483 505
11	山东时风（集团）有限责任公司	山东省	三轮汽车，低速货车，拖拉机	3 228 686
12	哈尔滨电气集团公司	黑龙江省	发电设备，电站锅炉，电站汽轮机	2 674 730
13	远东控股集团有限公司	江苏省	电线电缆	2 542 515
14	天津塑力线缆集团有限公司	天津市	电线电缆，高分子料，铜材、铝材，电缆材料	2 380 179
15	白云电气集团有限公司	广东省	交／直流钢化玻璃绝缘子、电容器组、互感器等，交流套管、隔离开关等	2 365 614
16	太原重型机械集团公司	山西省	矿山设备，起重设备	2 300 016
17	福田雷沃国际重工股份有限公司	山东省	收获机械，拖拉机，工程机械	2 198 058
18	正泰集团股份有限公司	浙江省	低压电器，仪器仪表	2 057 993
19	富通集团有限公司	浙江省	光缆，光纤，通信电缆	2 018 565
20	新疆金风科技股份有限公司	新疆维吾尔自治区	风力发电机组	1 770 422
21	大全集团有限公司	江苏省	高低压成套电器，母线槽，断路器，变压器	1 759 675
22	临沂临工机械集团	山东省	装载机，压路机，挖掘机	1 701 451
23	山东五征集团	山东省	三轮汽车，低速货车，载货汽车，拖拉机	1 682 906
24	大连机床集团有限责任公司	辽宁省	数控机床，加工中心，组合机床及柔性制造系统	1 607 142
25	中国西电集团公司	陕西省	变压器，全封闭组合电器，高压断路器，电力整流产品	1 572 641

（续）

序号	企业名称	省、市、自治区	主要产品	主营业务收入（万元）
26	三花控股集团有限公司	浙江省	制冷空调控制元器件，汽车零部件	1 552 377
27	沈阳机床(集团)有限责任公司	辽宁省	数控金属切削机床，普通金属切削机床	1 515 180
28	许继集团有限公司	河南省	保护自动化设备，直流输电设备，配网自动化设备	1 492 468
29	北京京城机电控股有限责任公司	北京市	数控机床，发电设备，电站锅炉，电站汽轮机，工程机械	1 487 535
30	广西柳工集团有限公司	广西壮族自治区	装载机，挖掘机，压路机，叉车等	1 441 760
31	山东华兴机械股份有限公司	山东省	农业机械，石材加工机械，玻璃深加工机械	1 408 037
32	浙江富春江通信集团有限公司	浙江省	电力电缆，导线，通信电缆，通信光缆，元器件	1 295 065
33	中信重工机械股份有限公司	河南省	矿山设备，建材水泥设备，冶金设备，有色设备	1 288 579
34	北方重工集团有限公司	辽宁省	矿山设备，运输设备，水泥设备，装卸机械	1 284 926
35	江苏上上电缆集团有限公司	江苏省	电线电缆	1 269 148
36	卧龙控股集团有限公司	浙江省	电机	1 220 007
37	海天塑机集团有限公司	浙江省	注射机，数控机床	1 138 645
38	德力西集团有限公司	浙江省	低压电器，高中压输配电设备	1 130 755
39	沈阳鼓风机集团股份有限公司	辽宁省	风机，泵，气体压缩机	1 123 583
40	大连冰山集团有限公司	辽宁省	制冷设备，食品机械，工矿配件	1 123 524
41	天津百利机械装备有限公司	天津市	发电设备，金切机床，锻压设备，通用产品	1 058 964
42	杭叉集团股份有限公司	浙江省	1～25t内燃叉车，1～5t电动叉车，牵引车，托盘车，堆高车	1 037 927
43	中国四联仪器仪表集团有限公司	重庆市	工业自动化仪表及控制系统，成分分析仪器，仪表元件，仪表材料	835 964
44	卫华集团有限公司	河南省	起重机，电动葫芦	826 544
45	大连重工·起重集团有限公司	辽宁省	起重机械，装卸机械，冶金设备，港口机械	816 297
46	人本集团有限公司	浙江省	轴承	797 337
47	杭州制氧机集团有限公司	浙江省	气体分离及液化设备，风机，气体压缩机，环保设备	763 738
48	平高集团有限公司	河南省	高压断路器，高压隔离开关，封闭式组合电器	706 676
49	安徽叉车集团有限责任公司	安徽省	叉车	680 201
50	天津大桥焊材集团有限公司	天津市	电焊条	671 847
51	兰州兰石集团有限公司	甘肃省	石油钻采设备，炼油化工设备，金属成形机床，铸、锻件	660 259
52	青岛汉河集团股份有限公司	山东省	电力电缆，钢芯铝绞线，电缆附件	656 368
53	瓦房店轴承集团有限责任公司	辽宁省	轴承	596 830
54	洛阳LYC轴承有限公司	河南省	滚动轴承	593 962
55	青岛泰发集团股份有限公司	山东省	手推车，橡胶轮胎，塑料制品	592 881
56	山推工程机械股份有限公司	山东省	推土机，压路机械，履带轮系，变矩器	564 346
57	万马联合控股集团有限公司	浙江省	电力电缆，高分子材料	560 327
58	天津市金桥焊材集团有限公司	天津市	焊条，焊丝	555 399
59	陕西鼓风机(集团)有限公司	陕西省	风机，工矿配件，仪表，锅炉	518 916
60	烟台冰轮集团有限公司	山东省	制冷及成套设备，中央空调	518 738
61	四川宏华石油设备有限公司	四川省	石油钻机	509 169
62	山东常林机械集团股份有限公司	山东省	手扶拖拉机，柴油机，压路机，装载机	507 340
63	江苏通润机电集团有限公司	江苏省	油压千斤顶，电梯电引机	487 065
64	陕西秦川机床工具集团有限公司	陕西省	齿轮磨床、螺纹磨床、外圆磨床、数控复杂刀具等	485 897

（续）

序号	企业名称	省、市、自治区	主要产品	主营业务收入（万元）
65	厦门厦工机械股份有限公司	福建省	装载机、挖掘机等	455 952
66	安徽天康(集团)股份有限公司	安徽省	电线电缆，光纤光缆，仪器仪表	448 606
67	江麓机电集团有限公司	湖南省	塔式起重机，液压挖掘机，压实机械，施工升降机	414 193
68	福建龙净环保股份有限公司	福建省	电除尘设备，高压静电整流器，低压控制柜	412 942
69	杭州汽轮动力集团有限公司	浙江省	工业汽轮机	411 484
70	开山集团	浙江省	压缩机，凿岩机，空压机	377 717
71	菲达集团有限公司	浙江省	电除尘器设备	356 673
72	江苏华朋集团有限公司	江苏省	220kV、110kV 级油浸式电力变压器,20kV 配电变压器，箱式变压器，干式变压器	351 449
73	济南二机床集团有限公司	山东省	金切机床,金属成形机床,铸造机械	350 556
74	中国铁建重工集团有限公司	湖南省	盾构/TBM、矿山法隧道机械、混凝土机械、桩工机械、特种施工装备等	343 966
75	华西能源工业股份有限公司	四川省	电站锅炉，工业锅炉，压力容器	320 135
76	成都发动机(集团)有限公司	四川省	汽车发动机、外贸转包、xx 型发动机	312 995
77	北京电力设备总厂有限公司	北京市	ZGM 型中速辊式磨机、BRM 立磨,特种工业汽轮机、管式干燥机,电站全连式封闭母线，电抗器等	312 887
78	重庆康明斯发动机有限公司	重庆市	发动机	297 153
79	上海凯泉泵业(集团)有限公司	上海市	泵	290 458
80	天马控股集团有限公司	浙江省	轴承,机床,电梯	288 620
81	江苏扬力集团有限公司	江苏省	数控机床，重型机床，精密机床，普通机床	284 937
82	四川空分设备(集团)有限责任公司	四川省	空气分离及液化设备	276 370
83	福建南平太阳电缆股份有限公司	福建省	电力电缆,绝缘电线，钢芯铝绞线，控制电缆	267 484
84	安徽全柴集团有限公司	安徽省	柴油机	265 374
85	南京汽轮电机(集团)有限责任公司	江苏省	汽(燃气)轮机,发电机	263 211
86	常柴股份有限公司	江苏省	内燃机及配件	246 725
87	青岛捷能汽轮机集团股份有限公司	山东省	汽轮机	237 496
88	南阳防爆集团股份有限公司	河南省	电动机,发电机，风机，成套装备	233 024
89	中煤张家口煤矿机械有限责任公司	河北省	采石采矿设备	231 903
90	昆明云内动力股份有限公司	云南省	柴油发动机	230 066
91	山东省金马工业集团股份有限公司	山东省	汽车配件，型材	230 010
92	常州东风农机集团有限公司	江苏省	手扶拖拉机，轮式拖拉机，农机具，收获机械	226 045
93	华立仪表集团股份有限公司	浙江省	电能表及系统,铜箔板	223 966
94	杭州锅炉集团股份有限公司	浙江省	电站锅炉，工业锅炉，锅炉辅机	199 519
95	常熟开关制造有限公司（原常熟开关厂）	江苏省	断路器、开关柜	180 095
96	山河智能装备股份有限公司	湖南省	静力压桩机，旋挖钻机，液压挖掘机，潜孔钻机	174 084
97	哈尔滨轴承集团公司	黑龙江省	轴承	172 007
98	安徽应流机电股份有限公司	安徽省	通用零部件制造	171 123
99	杭州前进齿轮箱集团股份有限公司	浙江省	船用齿轮箱，工程变速箱，汽车变速箱	148 116
100	浙江新柴股份有限公司	浙江省	柴油机	136 981

〔来源：中国机械工业联合会机经网〕

中国机械工业100强、汽车工业30强企业信息发布报告

中国机械工业100强企业、汽车工业30强企业信息发布活动发布十几年来，尽管部分行业、企业在榜单中起起浮浮，但总的来看，入围企业无论是企业规模、产品水平，还是经济效益、国际竞争力都有了大幅提升，他们在我国机械、汽车工业“由大到强”的转变过程中发挥着举足轻重的作用。

（一）换位率总体在下降，但近两年由降转升

自2004年首届机械100强、汽车30强企业信息发布至今，先后共有199个企业曾入围机械百强企业名单，有50家企业曾上榜汽车30强企业名单。十余年来，有一半的企业完全淡出了机械百强名单，4成的企业淡出了汽车30强榜单。

在曾入围机械百强的199家企业中，有40家企业连续11年上榜；在曾入围汽车30强的50家企业中，有18家企业连续11年上榜。这些企业在激烈的市场竞争和国际金融危机的冲击下，通过加快结构调整和转型升级的步伐，成功地经受住了考验，化危机为机遇，在磨炼中不断成长壮大，成为机械百强、汽车三十强乃至全行业稳定发展的中坚力量。2004—2014年曾入围机械100强、汽车30强的企业数量见表1。

表1　2004—2014年曾入围机械100强、汽车30强的企业数量　（单位：家）

曾入围年数	1年	2年	3年	4年	5年	6年	7年	8年	9年	10年	11年	合计
曾入围机械100强企业数	53	20	7	12	11	14	11	9	10	12	40	199
曾入围汽车30强企业数	7	7	4	2	1	2	4	1	2	2	18	50

经过多年的快速发展和激烈的市场竞争的考验，机械100强、汽车30强企业的综合实力和竞争力不断增强，上榜企业的格局总体上也渐趋稳定，不过近两年又有分化加剧的势头。

榜单发布之初，机械100强的年换位率曾高达32%，但是此后逐年下降，2012年降至最低为6%；近两年换位率又在上升，至2014年上升至10%；5年换位率和10年换位率总体仍呈下降趋势。

汽车30强的榜单格局表现更为稳定，榜单发布之初年换位率为10%，2011年降至3.33%并保持到2013年，2014年换位率又升至6.67%；5年换位率则由2009年的30%降至2013年的13.33%，2014年上升为16.67%；10年换位率也呈上升状态。

近两年机械100强、汽车30强企业榜单换位率由降转升，在一定程度上反映了市场环境趋紧、有效需求不足的情况下，企业分化正在加剧。2005—2014年机械100强企业名单换位率变化情况见表2。2005—2014年汽车30强企业名单换位率变化情况见表3。

表2　2005—2014年机械100强企业名单换位率变化情况　（单位：%）

	2005年	2006年	2007年	2008年	2009年	2010年	2011年	2012年	2013年	2014年
年换位率	32	15	13	11	14	14	7	6	8	10
五年换位率	—	—	—	—	43	37	32	26	26	26
十年换位率	—	—	—	—	—	—	—	—	50	47

表 3 2005—2014 年汽车 30 强企业名单换位率变化情况 （单位：%）

	2005 年	2006 年	2007 年	2008 年	2009 年	2010 年	2011 年	2012 年	2013 年	2014 年
年换位率	10.00	10.00	10.00	16.67	6.67	6.67	3.33	3.33	3.33	6.67
五年换位率	—	—	—	—	30.00	30.00	26.67	23.33	13.33	16.67
十年换位率	—	—	—	—	—	—	—	—	26.67	30.00

不过，在机械 100 强和汽车 30 强企业群体中，前 10 位的企业群体则较为稳定，每年基本上以位次调整为主。这些企业兼具大和强的双重特性。2014 年机械 100 强前 10 位企业主营业务收入规模均在 300 亿元以上，合计主营业务收入占全部百强企业的 52.44%，合计利润总额占全部百强企业的 39.44%。2014 年汽车 30 强前十位企业营业收入规模均在 600 亿元以上，其中 8 家规模都超过了 1 000 亿元，前 10 位合计营业收入占全部汽车 30 强企业的比重高达 89.71%，合计利润总额占比更高达 91.5%。在环境趋紧、需求不足、增速换挡的新常态下，这些企业成为稳定行业发展、推动转型升级的中坚力量。近 5 年机械工业 100 强、汽车工业 30 强企业前 10 位位次变化情况见表 4、表 5。

表 4 近 5 年机械工业 100 强企业前 10 位位次变化情况

企 业 名 称	2010 年	2011 年	2012 年	2013 年	2014 年	入围年数
中国机械工业集团有限公司	1	1	1	1	1	7
潍柴控股集团有限公司	2	2	6	2	2	9
上海电气(集团)总公司	3	3	3	4	3	11
徐州工程机械集团有限公司	4	4	2	3	4	11
三一集团有限公司	6	6	5	6	5	11
中联重科股份有限公司	5	5	4	5	6	11
盾安控股集团有限公司	12	9	8	8	7	9
新疆特变电工集团有限公司	11	12	12	10	8	11
中国东方电气集团有限公司	7	7	7	7	9	11
广西玉柴机器集团有限公司	9	8	9	9	10	7

表 5 近 5 年汽车工业 30 强企业前 10 位位次变化情况

企 业 名 称	2010 年	2011 年	2012 年	2013 年	2014 年	入围年数
上海汽车集团股份有限公司	1	1	1	1	1	11
中国第一汽车集团公司	2	2	2	2	2	11
东风汽车公司	3	3	3	3	3	11
北京汽车集团有限公司	4	4	4	4	4	11
中国长安汽车集团股份有限公司	6	5	5	5	5	11
广州汽车工业集团有限公司	5	6	6	6	6	11
华晨汽车集团控股有限公司	8	7	7	7	7	9
万向集团公司	9	8	8	8	8	11
中国重型汽车集团有限公司	7	9	9	9	9	11
长城汽车股份有限公司	13	10	10	10	10	11

（二）行业中坚地位重要，数量虽少贡献却大

机械 100 强、汽车 30 强企业占行业全部企业数量的比重虽然不高，但主营业务收入和实现利润总额占全行业的比重却明显大得多。

2014 年机械工业统计规模以上企业 68 276 家（不含汽车，下同），100 强企业数量在机械工业企业总数中只占 0.15%，但主营业务收入和利润总额的占比却高达 10.74% 和 7.52%。2004—2014 年机械 100 强、汽车 30 强企业主要经济指标占全行业的比重情况见表 6、表 7。

注：2010 年以前“规模以上企业”统计口径为主营业务收入 500 万元及以上；2011 年及以后“规模以上企业”为主营业务收入 2 000 万元及以上。

表 6　2004—2014 年机械 100 强企业主要指标占全行业的比重情况　（单位：%）

	2004 年	2005 年	2006 年	2007 年	2008 年	2009 年	2010 年	2011 年	2012 年	2013 年	2014 年
企业数量占比	0.20	0.21	0.19	0.16	0.12	0.11	0.11	0.16	0.15	0.15	0.15
主营业务收入占比	18.67	16.95	16.15	14.88	14.01	14.24	13.79	13.31	12.21	11.31	10.74
利润总额占比	20.05	17.56	16.70	16.50	12.27	12.98	12.56	11.75	9.32	8.50	7.52

2014 年汽车工业统计规模以上企业 13 739 家，上榜 30 强企业在汽车工业企业总数中只占 0.22%，但营业收入占比超过一半达 55%，实现利润总额占比近四成为 39.08%，远远高于企业数量的占比。

表 7　2004—2014 年汽车 30 强企业主要指标占全行业的比重情况　（单位：%）

	2004 年	2005 年	2006 年	2007 年	2008 年	2009 年	2010 年	2011 年	2012 年	2013 年	2014 年
企业数量占比	0.37	0.38	0.33	0.29	0.22	0.21	0.20	0.26	0.24	0.23	0.22
主营业务收入占比	58.40	57.14	56.85	51.34	55.99	55.67	56.23	55.07	55.35	55.33	55.00
利润总额占比	60.41	40.41	40.25	44.24	44.81	49.88	50.59	54.76	37.98	39.68	39.08

机械 100 强以仅占行业 0.15% 的企业数量贡献了全行业 10% 以上的营业收入和利润，汽车 30 强以仅占行业 0.23% 的企业数量贡献了全行业 55% 的营业收入和 40% 左右的利润，他们是行业经济稳定和发展的重要支柱。

（三）平均规模不断扩大，最大规模再创新高

近两年，在总体环境严峻、需求明显回落的情况下，大多数企业主动应对市场变化、调整经营策略、加快结构调整、收缩发展速度，机械 100 强企业主营业务收入入围门槛也有所降低，不过机械 100 强、汽车 30 强企业总规模仍保持持续增长，平均规模和最大规模均再创新高。

2014 年机械 100 强企业入围门槛为 13.7 亿元，连续 3 年下降；100 强企业总规模 16 352 亿元，继续保持增长；100 强企业平均规模 163.52 亿元，再创新高，是 2004 年的 3.8 倍，年均增长 14.35%；100 强企业中的优势大企业成长性依然良好，2014 年 100 强企业的最大规模达 2 491.51 亿元，成为新高，是 2004 年的 5.1 倍，年均增长 17.66%，大大快于 100 强企业平均水平。2004—2014 年机械 100 强企业主营业务收入规模见表 8。

表 8　2004—2014 年机械 100 强企业主营业务收入规模　（单位：亿元）

	2004 年	2010 年	2011 年	2012 年	2013 年	2014 年	2013/2004（倍）	年均增长（%）
总规模	4 276.00	13 293.30	15 403.22	15 383.00	15 929.00	16 352.00	3.8	14.35
入围规模	10.10	18.62	20.03	17.82	17.42	13.70	1.4	3.10
平均规模	42.76	132.93	154.03	153.83	159.29	163.52	3.8	14.35
最大规模	489.8	1 497.07	1 909.87	2 121.29	2 361.59	2 491.51	5.1	17.66

2014 年汽车 30 强企业入围门槛、平均规模、最大规模均创新高。2014 年汽车 30 强企业主营业务收入总规模 38 420 亿元，较上一届增长 9.4%，是 2004 年的 6 倍，年均增长 19.66%；入围门槛为 84.2 亿元，继续提高，是 2004 年的 3.1 倍，年均增长 12.05%；平均规模提高至 1 280.67 亿元，是 2004 年的 6 倍；最大规模继上届首次突破万亿元后又有提高，为 11 613.9 亿元，是 2004 年的 8.6 倍，年均增长 23.95%，超过 30 强企业平均水平。2004—2014 年汽车 30 强企业营业收入规模见表 9。

表 9 2004—2014 年汽车 30 强企业营业收入规模 （单位：亿元）

	2004 年	2010 年	2011 年	2012 年	2013 年	2014 年	2013 年 /2003 年（倍）	年均增长（%）
总规模	6 382	24 286.24	27 401.49	29 841	35 114	38 420	6.0	19.66
入围规模	27	75.17	75.25	70.84	76.78	84.20	3.1	12.05
平均规模	212.7	809.54	913.38	994.71	1 170.46	1 280.67	6.0	19.66
最大规模	1 356.4	6 096.53	7 131.68	9 133.39	10 520.86	11 613.9	8.6	23.95

（四）特大企业逐年增长，超大企业从无到有

自 2004 年首届机械 100 强、汽车 30 强企业发布至今，榜单中规模超过百亿元的特大型企业数量总体上呈“S”型增长，2014 年达 69 个，与上一届持平；规模超千亿元的超大型企业 2014 年有 10 家，也与上一届持平。2004—2014 年机械 100 强、汽车 30 强主营业务收入 100 亿元以上的企业数量见表 10。

表 10 2004—2014 年机械 100 强、汽车 30 强主营业务收入 100 亿元以上的企业数量 （单位：家）

	2004 年	2005 年	2006 年	2007 年	2008 年	2009 年	2010 年	2011 年	2012 年	2013 年	2014 年
机械、汽车 100 亿元以上企业	16	18	23	42	46	51	66	67	63	69	69
其中：1 000 亿元以上企业	2	3	3	4	4	7	7	7	9	10	10
500 ～ 999 亿元企业	–	–	–	3	5	5	8	8	6	6	7
机械工业 100 亿元以上企业	6	8	11	21	26	28	39	40	39	41	42
其中：1 000 亿元以上企业	–	–	–	–	–	1	1	1	2	2	2
500 ～ 999 亿元企业	–	–	–	1	2	3	5	5	4	4	5
汽车工业 100 亿元以上企业	10	10	15	21	20	23	27	27	24	28	27
其中：1 000 亿元以上企业	2	3	3	4	4	6	6	6	7	8	8
500 ～ 999 亿元企业	–	–	–	2	3	2	3	3	2	2	2

十余年来，机械 100 强企业中规模过百亿元的企业迅速增加，2004 年只有 6 个，2014 年已增加至 42 个。千亿级企业从无到有，2004 年至 2008 年，机械 100 强企业中没有一家规模超过千亿元，2009 年出现第一家千亿级企业，2012 年千亿级企业增加到 2 家，2014 年仍为 2 家。

汽车 30 强入围企业规模迅速增长，百亿级和千亿级企业数量总体也呈波动上升趋势，而规模在百亿元以下的企业则迅速减少。2004 年汽车 30 强企业中规模过百亿元的企业有 10 家，2014 年为 27 家。规模超过千亿的特大型企业，2004 年有 2 家，2014 年为 8 家，这 8 家超千亿级的大企业营业收入合计达 30 118 亿元，占汽车 30 强企业总营业收入的比重高达 85.77%，占汽车工业全行业主营业务收入的比重达 47.5%。2013 年首次出现规模超万亿元的汽车企业，2014 年，万亿级企业仍为 1 家。

（五）行业分布稳中有变，电工行业独占鳌头

由于行业特点不同，并非每个行业都容易产生大型企业。回顾 11 年来，机械 100 强、汽车 30 强榜单入围且排序靠前的企业主要集中在农

业机械、内燃机、工程机械、石化通用机械、重型机械、电工电器、汽车等大行业中；在机械工业 13 个大行业中，仪器仪表、文化办公设备、食品包装机械、其他民用机械行业上榜企业很少甚至没有企业上榜。

十余年来，机械 100 强入围企业的行业分布总体保持稳定，按照入围企业数量多寡大致可以划分为三个梯队：

第一梯队为电工电器行业，入围企业数量始终保持在 30 家以上，最多的年份入围高达 39 家，2014 年入围数量为 33 家。

第二梯队为石化通用机械行业和工程机械行业，入围企业数量在 10 家以上 30 家以下。石化通用机械行业入围企业数量呈波动上升趋势，2014 年入围企业数量为 15 家；工程机械行业入围企业数量呈区间波动状态，在 9 ～ 14 家之间，2014 年入围 11 家。2010 年之前第二梯队还有重型机械行业，但其入围企业数量总体呈下降趋势，2010 年后由第二梯队退居第三梯队。

第三梯队为重型机械、农业机械、内燃机、机床工具、机械基础件、仪器仪表、文化办公和其他民用机械行业等，入围企业数量均在 10 家以下。其中，农机行业、内燃机行业入围企业数量总体呈上升趋势，机床行业、机械基础件行业、仪器仪表行业入围企业数量总体均比较稳定；重型机械行业入围企业数量总体呈下降趋势，由第二梯队退居至目前的第三梯队；文化办公设备行业和其他民用机械行业入围企业数量较少，个别年份没有企业入围。2004—2014 年机械 100 强企业的行业分布数见表 11。

表 11 2004—2014 年机械 100 强企业行业分布数 （单位：家）

行业名称	2004 年	2005 年	2006 年	2007 年	2008 年	2009 年	2010 年	2011 年	2012 年	2013 年	2014 年
农业机械	3	4	5	5	4	6	5	7	7	8	8
内燃机	3	5	4	5	3	6	8	7	8	6	7
工程机械	12	9	10	10	11	11	14	14	13	10	11
仪器仪表	3	3	2	2	2	2	2	2	2	2	2
文化办公设备	14	6	1	2	2	1	—	—	—	—	—
石化通用机械	7	9	13	11	13	11	13	15	17	16	15
重型机械	11	15	15	13	10	12	9	9	7	8	8
机床工具	4	2	7	4	6	4	5	5	5	5	5
电工电器	31	39	35	37	37	38	33	31	31	35	33
机械基础件	5	6	6	9	9	7	7	6	6	6	6
其他民用机械	7	2	2	2	2	1	1	—	—	—	2
综合类	—	—	—	—	—	1	3	4	4	4	3

（六）区域格局基本稳定，东部地区稳居第一

从入围企业地区分布看，区域经济最发达和活跃的东部地区入围企业数量一家独大，平均每年入围机械 100 强的企业都在 70 家左右，占了榜单 7 成左右的份额。而中部和西部地区入围企业数量合计仅占 3 成左右。

从发展趋势看，区域格局正在逐渐向政策预期方向调整和发展。十余年来，中部和西部地区入围企业数量总体呈上升趋势，分别由 2004 年的 12 家和 10 家上升至 2014 年的 18 家和 16 家；而东部地区上榜企业数量则由 2004 年的 78 家逐渐下降至 2014 年的 66 家。这说明在国家区域经济协调发展、中西部大开发等经济政策的引导下，中部和西部地区经济发展速度明显快于东部地区，中西部地区部分机械企业不断做大做强，逐渐成为机械工业不可或缺的中坚力量之一。2004—2014 年机械 100 强企业的地区分布情况见表 12。

表 12　2004—2014 年机械 100 强企业的地区分布情况　（单位：家）

	2004 年	2005 年	2006 年	2007 年	2008 年	2009 年	2010 年	2011 年	2012 年	2013 年	2014 年
东部地区	78	77	73	71	70	69	67	69	66	66	66
中部地区	12	14	16	16	15	15	18	16	17	18	18
西部地区	10	9	11	13	15	16	15	15	17	16	16

从入围企业所在都市圈来看，长江三角洲都市圈和环渤海湾都市圈最为突出。两大都市圈都位于东部沿海地区，因为其政治地位、开放程度、完善的城市基础设施和成熟的经济环境更容易吸引和造就大型企业，形成了企业和区域经济相互促进的良性经济循环。两大经济圈每年都为机械100 强贡献 6 成以上的企业。

虽然三大经济圈入围机械 100 强企业的数量占比很大，但却有逐年减少的趋势，这也是近年来我国中西部地区发展提速、区域经济更为协调发展的表现。2004—2014 年机械 100 强企业三大都市圈分布情况见表 13。

表 13　2004—2014 年机械 100 强企业三大都市圈分布情况　（单位：家）

	2004 年	2005 年	2006 年	2007 年	2008 年	2009 年	2010 年	2011 年	2012 年	2013 年	2014 年
三大都市圈合计	74	75	71	70	69	68	65	68	64	64	63
长江三角洲	35	42	39	40	37	35	35	36	35	35	33
珠江三角洲	14	4	2	3	2	2	1	1	1	1	1
环渤海湾	25	29	30	27	30	31	29	31	28	28	29

从省市分布来看，入围机械 100 强的企业来自于全国 23 个省、市、自治区。上榜企业数量最多的前三个分别是浙江省、山东省和江苏省，上榜企业数量都在 10 家以上，三个省份合计每年都占机械百强 4 至 5 成的份额。入围企业较多的省市多为东部、中部经济和工业较发达的省市，西部及部分中部欠发达的省市入围机械 100 强数量较少。除港、澳、台外，尚有 8 个省市区没有企业入围。

从名单分布变动情况看，机械 100 强企业省市分布格局除个别省市略有小幅波动外，总体基本保持稳定。2004—2014 年机械 100 强企业按省市分布数量情况见表 14。

表 14　2004—2014 年机械 100 强企业按省市分布情况　（单位：家）

省、市、自治区	2004 年	2005 年	2006 年	2007 年	2008 年	2009 年	2010 年	2011 年	2012 年	2013 年	2014 年
浙江省	13	15	17	18	19	18	19	19	18	19	20
山东省	12	12	12	12	13	13	13	14	13	13	14
江苏省	17	20	17	16	15	14	14	14	15	14	11
辽宁省	7	9	9	8	9	9	7	7	7	7	7
河南省	4	4	5	6	4	5	5	5	5	6	6
湖南省	2	3	3	3	3	3	4	4	5	5	5
四川省	3	3	3	4	4	4	4	5	4	5	5
天津市	4	3	3	3	3	3	3	4	4	4	4
安徽省	2	2	2	2	2	4	5	4	4	4	4
北京市	1	4	4	3	5	4	4	4	3	3	3
福建省	4	2	2	1	1	1	2	2	2	2	3

（续）

省、市、自治区	2004 年	2005 年	2006 年	2007 年	2008 年	2009 年	2010 年	2011 年	2012 年	2013 年	2014 年
陕西省	3	3	4	5	5	4	3	2	5	3	3
黑龙江省	2	3	4	4	5	2	3	2	3	2	2
上海市	5	7	5	6	3	3	2	3	2	2	2
广西区	2	1	1	1	1	2	2	2	2	2	2
重庆市	1	1	1	1	2	2	2	2	2	2	2
新疆维吾尔自治区	1	1	1	1	2	2	2	2	2	2	2
河北省	1	1	2	1	0	2	2	1	1	1	1
山西省	1	1	1	1	1	1	1	1	0	1	1
广东省	14	4	2	3	2	2	1	1	1	1	1
云南省	0	0	0	0	0	1	1	1	1	1	1
甘肃省	0	0	1	1	1	1	1	1	1	1	1
湖北省	1	1	1	0	0	0	0	0	0	0	0

（七）民营企业波动上升，国有企业总体稳定

十余年来，机械 100 强企业中，国有企业入围数量虽有波动但总体保持稳定，除第 1 年入围企业数量较少外，其他年份都在 30 ～ 37 家之间浮动，占全部百强企业的三成多；民营企业入围数量总体呈波动上升趋势，由最初的 43 家上升至 2014 年的 62 家，占比由 4 成多升至 6 成多；三资企业则总体呈下降趋势，由 2004 年的 33 家下降为 2014 年的 8 家，占比由 3 成多降为仅 1 成左右。

由此可见，民营企业已经逐渐发展成为行业中至关重要的支柱力量之一。与国有企业相比，民营企业虽然大多规模较小（平均规模仅为国有企业的 4 成左右），但胜在数量众多且反应灵活，在近几年经济环境趋紧、市场需求不振的背景下，民营企业表现出了更大的活力和优秀的市场应变能力，在行业结构调整和转型升级的步伐中反应更为迅速，成为行业持续发展的重要动力之一。2004—2014 年机械 100 强企业按企业性质分布数量见表 15。2004—2014 年机械 100 强企业按企业性质分的主营业务收入平均规模见表 16。

表 15　2004—2014 年机械 100 强企业按企业性质分布数量　（单位：家）

	2004 年	2005 年	2006 年	2007 年	2008 年	2009 年	2010 年	2011 年	2012 年	2013 年	2014 年
国有企业	24	30	37	31	35	32	33	31	35	30	30
民营企业	43	47	48	51	47	52	58	59	56	59	62
三资企业	33	23	15	18	18	16	9	10	9	11	8

表 16　2004—2014 年机械 100 强企业按企业性质分的主营业务收入平均规模　（单位：亿元）

	2004 年	2005 年	2006 年	2007 年	2008 年	2009 年	2010 年	2011 年	2012 年	2013 年	2014 年
国有企业	60.65	66.67	82.60	98.47	147.26	174.84	213.48	253.25	227.05	273.51	277.79
民营企业	37.18	41.78	51.68	70.45	71.62	78.47	95.85	114.71	121.40	117.10	119.52
三资企业	37.03	37.43	35.29	47.06	43.64	52.50	76.54	78.49	70.79	74.12	76.03

（八）需求变化调整加速，企业发展分化加剧

一是榜单换位率由降转升。2012 年之前机械 100 强榜单年换位率大体为逐年下降趋势，2013 年由上年的 6% 升为 8%，2014 年继续升至 10%，已经连续两年上升。汽车 30 强榜单年换位率、5 年换位率、10 年换位率 2014 年均由下降转为上升。

二是入围企业位次变动增大。2014 年机械 100 强企业中有 91 家企业位次与上年相比有变动，其中位次变动在 10 位以上的有 16 家，比 2013 年多了 6 家。

三是入围企业规模也在分化。2014 年机械 100 强企业中超百亿元的企业数量继续增长，而规模在 50 亿元以下的企业数量却没有减少，相反也在增加。

四是入围企业增速继续分化。2014 年机械 100 强企业主营业务收入同比增长的企业数量降至 61 家成为新低；而同比下降的企业数量则升至 39 家，高于 2009 年也高于形势严峻的 2012 年成为历史新高。

上述这些表现在一定程度上都反映了近几年企业在市场环境不断趋紧、有效需求持续不足的情况下，加快结构调整、推进转型升级的同时，发展分化的情况也在加剧。

〔来源：中国机械工业联合会机经网〕

2015 年中国企业 500 强前 100 强名单

本排行榜覆盖范围包括在中国境内外上市的所有中国公司，所依据数据为上市公司在各证券交易所正式披露信息。

排名前 3 名的位次保持不变，中国石油化工股份有限公司以 2.8 万亿元的收入成功卫冕榜首，中国石油天然气股份有限公司、中国建筑股份有限公司分列第二、第三位。中国工商银行股份有限公司排名上升一位至第四位，中国移动有限公司排名下降一位至第五位。其中，中国工商银行股份有限公司以 2 758 亿元的利润，成为榜上最赚钱的公司，甚至超过了美国 500 强中最赚钱的苹果公司，后者利润为 395.1 亿美元（约合 2 418 亿元人民币）。

2015 年共有 53 家公司新上榜，包括最近一年内刚上市的万洲国际有限公司、大连万达商业地产股份有限公司、阿里巴巴集团控股有限公司、蓝思科技集团等。其中，万洲国际有限公司排在第 35 位，大连万达商业地产股份有限公司排在第 51 位，阿里巴巴集团控股有限公司排在第 81 位，蓝思科技集团排在第 330 位。

所有上榜公司的总收入达到了 30.4 万亿元，较上年增长 5%；利润达到 2.7 万亿元，增长 6%。2015 年中国企业 500 强前 100 强名单见表 1。

表 1　中国企业 500 强前 100 强名单

排名	上年排名	公司名称	营业收入（百万元）	利润（百万元）
1	1	中国石油化工股份有限公司	2 825 914.0	47 430.0
2	2	中国石油天然气股份有限公司	2 282 962.0	107 173.0
3	3	中国建筑股份有限公司	800 028.8	22 570.0
4	5	中国工商银行股份有限公司	658 892.0	275 811.0
5	4	中国移动有限公司	641 448.0	109 279.0
6	7	上海汽车集团股份有限公司	630 001.2	27 973.4
7	8	中国中铁股份有限公司	612 559.2	10 360.0
8	6	中国铁建股份有限公司	591 968.4	11 343.3

（续）

排名	上年排名	公司名称	营业收入（百万元）	利润（百万元）
9	9	中国建设银行股份有限公司	570 470.0	227 830.0
10	10	中国农业银行股份有限公司	520 858.0	179 461.0
11	13	中国平安保险（集团）股份有限公司	462 882.0	39 279.0
12	12	中国银行股份有限公司	456 331.0	169 595.0
13	11	中国人寿保险股份有限公司	445 773.0	32 211.0
14	14	中国交通建设股份有限公司	366 673.2	13 887.5
15	16	中国人民保险集团股份有限公司	351 496.0	13 109.0
16	15	中国电信股份有限公司	324 394.0	17 680.0
17	81	中国中信股份有限公司	317 235.6	32 316.5
18	17	中国联合网络通信股份有限公司	288 570.9	3 981.7
19	18	中国海洋石油有限公司	274 634.0	60 199.0
20	20	联想集团有限公司	271 191.3	5 428.0
21	19	中国神华能源股份有限公司	248 360.0	36 807.0
22	24	中国太平洋保险（集团）股份有限公司	219 778.0	11 049.0
23	23	中国冶金科工股份有限公司	215 785.8	3 964.9
24	28	国药控股股份有限公司	200 131.3	2 874.8
25	26	江西铜业股份有限公司	198 833.5	2 850.6
26	25	宝山钢铁股份有限公司	187 789.0	5 792.4
27	29	交通银行股份有限公司	177 401.0	65 850.0
28	30	中国电力建设股份有限公司	167 091.2	4 786.3
29	33	招商银行股份有限公司	165 863.0	55 911.0
30	31	万科企业股份有限公司	146 388.0	15 745.4
31	34	新华人寿保险股份有限公司	143 187.0	6 406.0
32	35	美的集团股份有限公司	142 311.0	10 502.2
33	27	中国铝业股份有限公司	141 772.3	−16 216.9
34	36	珠海格力电器股份有限公司	140 005.4	14 155.2
35	--	万洲国际有限公司	136 104.9	4 687.2
36	38	中国民生银行股份有限公司	135 469.0	44 546.0
37	22	五矿发展股份有限公司	134 559.4	210.0
38	40	华润创业有限公司	133 216.8	−127.0
39	32	华能国际电力股份有限公司	125 406.9	10 545.8
40	42	兴业银行股份有限公司	124 898.0	47 138.0
41	48	上海浦东发展银行股份有限公司	123 181.0	47 026.0
42	37	中国建材股份有限公司	122 011.2	5 919.5
43	46	厦门建发股份有限公司	120 924.8	2 507.2
44	50	中国南车股份有限公司	119 724.3	5 315.0

（续）

排名	上年排名	公司名称	营业收入（百万元）	利润（百万元）
45	79	京东商城电子商务有限公司	115 002.3	-4 996.4
46	47	上海建工集团股份有限公司	113 661.7	1 771.8
47	55	恒大地产集团有限公司	111 398.1	12 604.0
48	58	保利房地产（集团）股份有限公司	109 056.5	12 200.3
49	43	苏宁云商集团股份有限公司	108 925.3	866.9
50	49	中国南方航空股份有限公司	108 313.0	1 773.0
51	—	大连万达商业地产股份有限公司	107 871.0	24 839.0
52	51	中国国际航空股份有限公司	104 825.7	3 782.4
53	—	中国航油（新加坡）股份有限公司	104 396.4	300.8
54	53	中国北车股份有限公司	104 290.5	5 492.4
55	62	TCL 集团股份有限公司	101 296.6	3 183.2
56	59	武汉钢铁股份有限公司	99 373.1	1 257.4
57	41	河北钢铁股份有限公司	98 257.4	697.2
58	54	甘肃酒钢集团宏兴钢铁股份有限公司	95 753.2	39.1
59	86	中国海外发展有限公司	94 665.6	21 836.9
60	272	中石化石油工程技术服务股份有限公司	94 481.0	1 229.8
61	67	上海医药集团股份有限公司	92 398.9	2 591.1
62	73	国机汽车股份有限公司	90 343.5	855.1
63	60	中国东方航空股份有限公司	89 746.0	3 417.0
64	69	铜陵有色金属集团股份有限公司	88 818.5	300.7
65	61	青岛海尔股份有限公司	88 775.4	4 991.6
66	44	山西太钢不锈钢股份有限公司	86 766.4	442.0
67	89	碧桂园控股有限公司	84 548.8	10 229.2
68	71	中兴通讯股份有限公司	81 471.3	2 633.6
69	142	东风汽车集团股份有限公司	80 954.0	12 845.0
70	98	潍柴动力股份有限公司	79 637.2	5 024.5
71	93	腾讯控股有限公司	78 932.0	23 810.0
72	85	中国光大银行股份有限公司	78 531.0	28 883.0
73	66	上海电气集团股份有限公司	76 784.5	2 554.5
74	68	中国长城计算机深圳股份有限公司	75 801.7	57.7
75	70	鞍钢股份有限公司	74 046.0	928.0
76	74	中国粮油控股有限公司	73 556.0	-611.7
77	110	平安银行股份有限公司	73 407.0	19 802.0
78	82	中国通信服务股份有限公司	73 176.2	2 150.3
79	95	中国葛洲坝集团股份有限公司	71 605.4	2 287.0
80	76	冠捷科技有限公司	71 478.6	255.8
81	—	阿里巴巴集团控股有限公司	70 810.0	26 970.0

（续）

排名	上年排名	公司名称	营业收入（百万元）	利润（百万元）
82	63	中国中煤能源股份有限公司	70 663.8	766.7
83	72	大唐国际发电股份有限公司	70 194.3	1 798.4
84	99	中国国际海运集装箱（集团）股份有限公司	70 070.9	2 477.8
85	78	新希望六和股份有限公司	70 012.2	2 019.8
86	102	华润置地有限公司	69 724.0	11 603.5
87	52	上海物资贸易股份有限公司	69 626.0	14.3
88	92	中国化学工程股份有限公司	69 255.7	3 166.0
89	83	华电国际电力股份有限公司	68 397.7	5 901.8
90	56	中国太平保险控股有限公司	67 149.0	3 188.5
91	91	中国远洋控股股份有限公司	64 374.5	362.5
92	97	兖州煤业股份有限公司	63 922.7	2 284.2
93	64	山煤国际能源集团股份有限公司	63 237.7	-1 724.3
94	100	长城汽车股份有限公司	62 599.1	8 041.5
95	116	云南铜业股份有限公司	62 404.5	73.3
96	115	复星国际有限公司	61 738.4	6 853.9
97	84	国电电力发展股份有限公司	61 474.8	6 074.6
98	114	中国船舶重工股份有限公司	60 972.0	2 276.2
99	88	新兴铸管股份有限公司	60 793.3	835.2
100	105	安徽海螺水泥股创面份有限公司	60 758.5	10 993.0

注：1. 中国上市公司 500 强排行榜由中金公司财富管理部与《财富》（中文版）合作编制完成。

2. 本榜以人民币为统一计价标准；除另有注明外，所涉及人民币汇率均按 2014 年 12 月 31 日中国人民银行公布的交易中间价换算，其中：1 港币 =0.788 9 元人民币；1 美元 =6.119 元人民币；1 新加坡元 =4.639 6 元人民币。

3. 本榜所采用财务数据，以该公司公布的中国国内会计准则核算之数据为首选，以国际会计准则核算之数据为候选。

4. 本榜所采用的市值数据以该公司 2014 年 12 月 31 日收盘价数据为准，多地上市公司以内地股价为首选，以香港股价为候选。2015 年新上市公司，蓝思科技，申万宏源采用上市首日收盘价计算市值。

5. 凡财务年度截至日非 12 月 31 日的公司均按其季报及中报数据调整为自然年度对应数据。

6. 本榜排名不构成对相关公司二级市场的任何操作建议，榜单中数据仅供参考。

〔来源：财富中文网〕

2015 年《财富》世界 500 强的中国上榜公司名单

排名	上年排名	公司名称（中英文）	营业收入（百万美元）	总部所在城市
2	3	中国石油化工集团公司（SINOPEC GROUP）	446 811.0	北京
4	4	中国石油天然气集团公司（CHINA NATIONAL PETROLEUM）	428 620.0	北京
7	7	国家电网公司（STATE GRID）	339 426.5	北京

（续）

排名	上年排名	公司名称（中英文）	营业收入（百万美元）	总部所在城市
18	25	中国工商银行（INDUSTRIAL & COMMERCIAL BANK OF CHINA）	163 174.9	北京
29	38	中国建设银行（CHINA CONSTRUCTION BANK）	139 932.5	北京
31	32	鸿海精密工业股份有限公司（HON HAI PRECISION INDUSTRY）	139 039.4	台北
36	47	中国农业银行（AGRICULTURAL BANK OF CHINA）	130 047.7	北京
37	52	中国建筑股份有限公司（CHINA STATE CONSTRUCTION ENGINEERING）	129 887.1	北京
45	59	中国银行（BANK OF CHINA）	120 946.0	北京
55	55	中国移动通信集团公司（CHINA MOBILE COMMUNICATIONS）	107 529.4	北京
60	85	上海汽车集团股份有限公司（SAIC MOTOR）	102 248.6	上海
71	—	中国铁路工程总公司（China Railway Engineering）	99 537.9	北京
72	79	中国海洋石油总公司（CHINA NATIONAL OFFSHORE OIL）	99 262.2	北京
77	76	来宝集团（NOBLE GROUP）	97 604.6	香港
79	80	中国铁道建筑总公司（CHINA RAILWAY CONSTRUCTION）	96 395.2	北京
87	122	国家开发银行（China Development Bank）	89 908.4	北京
94	98	中国人寿保险（集团）公司（CHINA LIFE INSURANCE）	87 249.3	北京
96	128	中国平安保险（集团）股份有限公司（PING AN INSURANCE）	86 021.8	深圳
105	107	中国中化集团公司（SINOCHEM GROUP）	80 635.0	北京
107	111	中国第一汽车集团公司（CHINA FAW GROUP）	80 194.5	长春
109	113	东风汽车集团（DONGFENG MOTOR GROUP）	78 978.6	武汉
113	115	中国南方电网有限责任公司（CHINA SOUTHERN POWER GRID）	76 662.0	广州
115	143	中国华润总公司（CHINA RESOURCES NATIONAL）	74 887.0	香港
143	168	中国邮政集团公司（CHINA POST GROUP）	65 693.2	北京
144	152	中国兵器工业集团公司（CHINA NORTH INDUSTRIES GROUP）	65 615.1	北京
146	185	天津市物资集团总公司（TEWOO GROUP）	65 300.8	天津
156	166	太平洋建设集团（Pacific Construction Group）	63 369.1	南京
159	178	中国航空工业集团公司（AVIATION INDUSTRY CORP. OF CHINA）	62 287.7	北京
160	154	中国电信集团公司（CHINA TELECOMMUNICATIONS）	62 147.6	北京
165	187	中国交通建设集团有限公司（CHINA COMMUNICATIONS CONSTRUCTION）	60 119.2	北京
174	208	中国人民保险集团股份有限公司（PEOPLE'S INSURANCE COMPANY OF CHINA）	57 047.5	北京
186	160	中国中信集团有限公司（CITIC GROUP）	55 325.7	北京
190	217	交通银行（BANK OF COMMUNICATIONS）	54 464.2	上海
196	165	神华集团（SHENHUA GROUP）	52 731.1	北京
198	133	中国五矿集团公司（CHINA MINMETALS）	52 383.1	北京
207	248	北京汽车集团（Beijing Automotive Group）	50 566.0	北京
218	211	宝钢集团有限公司（BAOSTEEL GROUP）	48 323.4	上海
224	221	中国华能集团公司（CHINA HUANENG GROUP）	47 401.4	北京

（续）

排名	上年排名	公司名称（中英文）	营业收入（百万美元）	总部所在城市
227	210	中国联合网络通信股份有限公司（CHINA UNITED NETWORK COMMUNICATIONS）	46 834.8	上海
228	285	华为投资控股有限公司（HUAWEI INVESTMENT & HOLDING）	46 774.1	深圳
231	286	联想集团（LENOVO GROUP）	46 295.6	北京
234	279	山东魏桥创业集团有限公司（SHANDONG WEIQIAO PIONEERING GROUP）	45 757.1	滨州
235	350	招商银行（CHINA MERCHANTS BANK）	45 613.8	深圳
239	271	河北钢铁集团（HEBEI IRON & STEEL GROUP）	45 543.7	石家庄
240	227	中国铝业公司（ALUMINUM CORP. OF CHINA）	45 445.0	北京
247	295	正威国际集团（Amer International Group）	43 611.7	深圳
253	313	中国电力建设集团有限公司（POWER CHINA）	43 009.7	北京
258	268	绿地控股集团有限公司（GREENLAND HOLDING GROUP）	42 515.1	上海
264	290	山西焦煤集团有限责任公司（Shanxi Coking Coal Group）	41 829.8	太原
265	276	中国化工集团公司（CHEMCHINA）	41 813.3	北京
270	267	中国建筑材料集团有限公司（CHINA NATIONAL BUILDING MATERIALS GROUP）	40 644.4	北京
271	338	兴业银行（Industrial Bank）	40 594.7	福州
272	401	中粮集团有限公司（COFCO）	40 524.5	北京
274	308	江苏沙钢集团（JIANGSU SHAGANG GROUP）	40 334.4	张家港
276	357	中国医药集团（Sinopharm）	40 105.7	北京
281	330	中国民生银行（CHINA MINSHENG BANKING）	39 921.9	北京
282	277	怡和集团（JARDINE MATHESON）	39 921.0	香港
288	278	中国机械工业集团有限公司（SINOMACH）	39 722.5	北京
296	383	上海浦东发展银行股份有限公司（Shanghai Pudong Development Bank）	38 683.8	上海
304	327	渤海钢铁集团（Bohai Steel Group）	37 986.2	天津
315	304	冀中能源集团（JIZHONG ENERGY GROUP）	37 201.0	邢台
316	300	台湾中油股份有限公司（CPC）	37 000.0	台北
321	314	中国航空油料集团公司（CHINA NATIONAL AVIATION FUEL GROUP）	36 178.0	北京
326	354	中国冶金科工集团有限公司（CHINA METALLURGICAL GROUP）	35 807.5	北京
328	384	中国太平洋保险（集团）股份有限公司（CHINA PACIFIC INSURANCE (GROUP)）	35 669.8	上海
336	363	和记黄埔有限公司（HUTCHISON WHAMPOA）	35 097.1	香港
339	345	浙江物产集团（ZHEJIANG MATERIALS INDUSTRY GROUP）	34 810.5	杭州
341	369	大同煤矿集团有限责任公司（Datong Coal Mine Group）	34 704.2	大同
342	349	中国华信能源有限公司（CEFC China Energy）	34 699.4	上海
343	297	中国国电集团公司（CHINA GUODIAN）	34 627.4	北京
344	365	新兴际华集团（XINXING CATHAY INTERNATIONAL GROUP）	34 497.9	北京
345	368	中国华电集团公司（CHINA HUADIAN）	34 487.7	北京
354	381	江西铜业集团公司（Jiangxi Copper）	33 778.2	贵溪

（续）

排名	上年排名	公司名称（中英文）	营业收入（百万美元）	总部所在城市
355	375	和硕（Pegatron）	33 652.5	台北
358	372	潞安集团（Shanxi LuAn Mining Group）	33 290.4	长治
362	366	广州汽车工业集团（Guangzhou Automobile Industry Group）	33 237.4	广州
364	328	河南能源化工集团（HENAN ENERGY & CHEMICAL）	33 163.7	郑州
366	382	中国电子信息产业集团有限公司（CHINA ELECTRONICS）	33 084.9	北京
371	403	中国船舶重工集团公司（CHINA SHIPBUILDING INDUSTRY）	32 732.6	北京
373	305	山东能源集团有限公司（SHANDONG ENERGY GROUP）	32 551.9	济南
379	386	山西晋城无烟煤矿业集团有限责任公司（Shanxi Jincheng Anthracite Coal Mining Group）	31 504.9	晋城
380	432	陕西延长石油（集团）有限责任公司（Shaanxi Yanchang Petroleum (Group)）	31 391.0	西安
382	309	晋能集团（JINNENG GROUP）	31 317.8	太原
389	409	广达电脑（QUANTA COMPUTER）	30 569.6	龟山
390	398	中国有色矿业集团有限公司（China Nonferrous Metal Mining (Group)）	30 456.3	北京
391	465	中国能源建设集团有限公司（China Energy Engineering Group）	30 322.1	北京
392	396	中国大唐集团公司（CHINA DATANG）	30 206.9	北京
393	385	台塑石化股份有限公司（FORMOSA PETROCHEMICAL）	30 132.8	麦寮
400	394	开滦集团（KAILUAN GROUP）	29 727.3	唐山
402	348	首钢集团（SHOUGANG GROUP）	29 668.9	北京
403	393	中国电力投资集团公司（CHINA POWER INVESTMENT）	29 584.7	北京
409	391	山西阳泉煤业(集团)有限责任公司（Yangquan Coal Industry Group）	29 397.5	阳泉
416	—	陕西煤业化工集团（Shaanxi Coal & Chemical Industry）	28 665.6	西安
420	—	中国光大集团（China Everbright Group）	28 155.3	北京
423	—	仁宝电脑（Compal Electronics）	27 909.1	台北
426	469	中国通用技术(集团)控股有限责任公司（China General Technology）	27 670.9	北京
432	451	中国远洋运输（集团）总公司（CHINA OCEAN SHIPPING）	27 483.0	北京
437	—	中国航天科技集团公司（China Aerospace Science & Technology）	27 190.4	北京
451	475	鞍钢集团公司（ANSTEEL GROUP）	26 212.9	鞍山
457	—	中国保利集团（China Poly Group）	26 046.6	北京
464	—	海航集团（HNA Group）	25 646.4	海口
467	—	友邦保险（AIA Group）	25 433.0	香港
471	—	国泰人寿保险股份有限公司（Cathay Life Insurance）	25 322.8	台北
472	—	台积电（Taiwan Semiconductor Manufacturing）	25 173.5	新竹
477	466	浙江吉利控股集团（ZHEJIANG GEELY HOLDING GROUP）	24 986.4	杭州
500	310	武汉钢铁(集团)公司（WUHAN IRON & STEEL）	23 720.9	武汉

〔来源：财富中文网〕

2015 年 ENR 全球最大 250 家国际承包商中国企业名单

由美国《工程新闻纪录》（ENR）全球最大 250 家国际承包商榜单揭晓，2015 年共有 65 家中国内地企业上榜，比上一年增加 3 家，上榜数量居各国第一位。上榜中国企业名单如下：

序号	排名		企业名称
	2015 年	2014 年	
1	5	9	中国交通建设集团有限公司
2	11	**	中国电力建设集团有限公司
3	17	20	中国建筑股份有限公司
4	23	28	中国中铁股份有限公司
5	27	25	中国机械工业集团有限公司
6	44	51	中国葛洲坝集团股份有限公司
7	47	71	中国土木工程集团有限公司
8	49	68	中国冶金科工集团有限公司
9	52	46	中信建设有限责任公司
10	58	39	中国铁建股份有限公司
11	64	63	中国石油天然气管道局
12	66	76	中国石油工程建设公司
13	72	79	中国东方电气集团有限公司
14	74	84	中国水利电力对外公司
15	76	82	中国化学工程集团公司
16	81	98	青建集团股份公司
17	84	88	中石化炼化工程（集团）股份有限公司
18	86	93	中地海外集团有限公司
19	91	64	上海电气集团股份有限公司
20	93	90	中国通用技术（集团）控股有限责任公司
21	100	129	上海建工集团
22	104	216	中国成套设备进出口（集团）总公司
23	109	128	北京建工集团有限责任公司
24	110	149	中国中原对外工程有限公司
25	112	139	中国江西国际经济技术合作公司
26	113	140	中国河南国际合作集团有限公司
27	115	164	威海国际经济技术合作股份有限公司
28	118	130	新疆生产建设兵团建设工程（集团）有限责任公司

（续）

序号	排名		企业名称
	2015年	2014年	
29	120	124	中国地质工程集团公司
30	126	133	安徽建工集团有限公司
31	127	137	中石化中原石油工程有限公司
32	128	136	中国石油集团工程设计有限责任公司
33	129	154	江西中煤建设集团有限公司
34	131	147	中钢设备有限公司
35	137	126	中国江苏国际经济技术合作集团有限公司
36	138	229	中国能源建设集团天津电力建设公司
37	142	167	中鼎国际工程有限责任公司
38	143	104	中国万宝工程公司
39	146	180	浙江省建设投资集团有限公司
40	147	175	江苏中信建设集团有限公司
41	148	115	沈阳远大铝业工程有限公司
42	152	148	中国大连国际经济技术合作集团有限公司
43	153	158	安徽省外经建设（集团）有限公司
44	154	170	中国武夷实业股份有限公司
45	155	171	江苏南通三建集团有限公司
46	165	238	中国寰球工程公司
47	171	244	中国有色金属建设股份有限公司
48	172	221	烟台国际经济技术合作集团有限公司
49	175	166	云南建工集团有限公司
50	178	201	大庆油田建设集团有限责任公司
51	181	**	中国山东对外经济技术合作集团有限公司
52	182	196	南通建工集团股份有限公司
53	191	**	中铝国际工程股份有限公司
54	194	204	中国甘肃国际经济技术合作总公司
55	195	210	烟建集团有限公司
56	196	**	山东科瑞石油装备有限公司
57	206	214	北京城建集团有限责任公司
58	210	222	重庆对外建设(集团）公司
59	212	207	中石化胜利石油工程有限公司
60	216	174	中国电子进出口总公司
61	221	240	中国沈阳国际经济技术合作有限公司
62	222	243	江苏南通六建建设集团有限公司
63	224	**	山东天泰建工有限公司
64	228	233	北京住总集团有限责任公司
65	234	**	中国电力工程顾问集团有限公司

〔来源：中国对外承包工程商会官网〕

2014年中国机械工业运行态势简析

中国机械工业联合会执行副会长 蔡惟慈

2014年，前三季度机械工业"稳增长"成绩尚可，增速快于全国工业平均水平，同比增速逐月缓慢回落，8月下行加快；但由于上半年增幅较高，全年累计仍达两位数增长，明年增速将略低于今年。

机械工业的发展阶段、行业结构、产业形态、需求结构、盈利模式等正发生诸多变化；行业和企业间的分化明显加大。思考这些变化的内在原因及与分化加剧间的关系，将给予我们诸多启迪；如因势而为，将有利于纾缓下行压力。

从行业结构调整的众多视角观察，可以发现行业正在出现一些积极变化：尽管发展速度在减缓，但发展方式正在转变，发展质量趋向提高，利润增幅和利润率初显止跌回升苗头。

增速下行主要是需求增长趋缓、成本刚性上升所致。随着规模基数增大，实现增长的难度还将加大。加之需求结构的变化和升级，增量主导向存量主导转变等因素，市场倒逼行业转型升级的种种压力还将持续加大。

对2014年机械工业运行态势的基本看法是：需求趋缓，倒逼转型；稳中有进，基本可期；其主要表现为：增速、业态、质量、转型。

一、2014年运行态势简述

（一）基本实现"稳增长"

全国宏观经济形势偏紧。机械工业上半年增势较好，但下半年增速逐月递减。1—9月累计，全行业基本实现温和增长，主要经济指标增幅明显高于全国工业平均水平。

1．主要经济指标增长情况。

（1）增加值增幅明显高于工业平均水平。1—9月累计，机械工业增加值同比增长10.8%，高出同期全国工业8.5%的平均增幅2.3个百分点，1—10月累计，机械工业增加值同比增长10.6%，全国工业增长8.4%，机械工业高出2.2个百分点；与机械工业上年同期增幅相比：1—9月10.8%的同比增幅比上年（9.9%）高0.9个百分点，1—10月10.6%的增幅比上年（10.3%）高0.3个百分点。9、10月当月同比增幅分别为9.3%和9.1%，低于上年同期。

（2）主营收入实现中速增长。1—9月累计完成主营收入16万亿元，同比增长10.65%（较上年同期12.60%的增幅下滑1.95个百分点）。其中：非汽车行业10.94万亿元，同比增长9.50%；汽车行业5.02万亿元，同比增长13.25%。

（3）利润总额增长较快。1—9月实现利润总额10 637亿元，同比增长15.00%，增幅高于同期主营收入10.65%的增幅，但低于上年全年利润15.56%的增幅。其中：非汽车行业6 263亿元，同比增长11.24%；汽车行业4 374亿元，同比增长20.84%。

（4）增速高于全国工业平均水平。1—9月累计，全国工业主营收入同比增长7.94%、利润总额同比增长7.93%、税金增长8.05%；机械工业主营收入同比增长10.65%、利润总额同比增长15.00%、税金增长11.70%；非汽车行业主营收入同比增长9.50%、利润总额同比增长11.24%、税金增长11.48%；汽车行业主营收入同比增长13.25%、利润总额同比增长20.84%、税金增长10.54%。由此可见：机械工业好于全国工业平均水平；在机械工业中，汽车行业好于其他机械行业；但即使扣除汽车行业，其他机械行业也好于全国工业平均水平。

机械工业发展快于全国工业平均速度契合国民经济结构调整要求，也是工业结构调整取得进展的表现。因为机械工业是国民经济的装备工业，发展本应先行一步；而且因其能源、资源消耗强度相对较轻、技术和服务附加值相对较高，所以加快发展有利于提高全国工业运行的质量和效益。

（5）产品产量增减不一，总体增长势头尚可。1—10月累计，119种主要产品中：产量同比增长的 83 种，占 70%；产量同比下降的 36 种，占 30%。商用车产销 312.6 万辆和 312.4 万辆，同比下降 6.30% 和 7.08%，至此连续 7 个月下降，累计同比降幅继续扩大。

（6）机械产品外贸形势好于上年。1—9 月累计：进口 2 423 亿美元，同比增长 9.71%；出口 2 972 亿美元，同比增长 8.26%。出口增幅与上年同期增幅（4.11%）相比，提高 4 个多百分点。1—9 月累计，实现贸易顺差 549 亿美元。

2. 主要子行业运行态势。电工行业：发电设备行业产量同比有所增长，但效益大幅下滑；风力和光伏发电设备产量均明显增长，火电设备有所增长，水电设备下降，燃气轮机产量下降较大；高压输变电行业形势不如预期；交流电动机、工业电炉、电焊机等产量保持增长。

汽车行业：1—10 月累计，产销量同比增长，但增幅逐月下行，这一走势令人忧虑。

乘用车形势明显好于商用车：1—10 月累计，乘用车产销量同比增幅 10% 左右，而商用车则为 4—5% 的负增长。

内燃机行业：受汽车行业拉动，汽车发动机产量增长比较快，但与农机、工程机械配套的内燃机形势比较低迷。由于汽车发动机在内燃机总产量中权重较高，故在汽车行业拉动下，内燃机行业的效益与上年相比明显回升。

仪表行业和石化通用行业：多数产品产量保持增长。其中：自动化仪表、分析仪器、试验机、化工设备、泵、风机、空分设备、压缩机、环保设备等产量增幅较大；但印刷机械行业仍比较低迷。

8 月份，这两个行业均出现比较明显的回落态势。

机床行业形势分化很大：主机形势不如工具、磨料磨具，主机行业中金属切削机床形势不如成型机床，金属切削机床中的重型机床形势不如中小型机床；但总体而言，高端产品形势明显好于低端产品。

从产量看，金属切削机床同比增速转降为升，其中数控机床产量增幅较高。但同比增幅较高与上年基数低有关，实际上业内机床主机企业多数仍处于深度困难之中。

轴承行业景气与上年相比有所恢复，近几个月的当月产量和累计产量同比均实现正增长。

工程机械行业：一季度行业景气曾有所回升，但 4 月以后又重新陷入回落。挖掘机和装载机等代表性产品 1—10 月累计产量回到深度负增长状态。由于社会保有量大，且开工率甚低，因此多数产品短期内购机需求难以回升；只有压路机和叉车产销量保持同比增长。

农机行业：年初形势尚可，但此后逐月下行。1—10 月累计，大、中、小型拖拉机产量均为负增长；但玉米收获机是少数例外，1—10 月累计，产量仍保持高速增长。1—10 月累计，全行业利润出现多年来少有的负增长。随着更多企业的涌入，竞争形势可能更趋严峻。

文化办公设备：受手机照相功能对传统照相机的替代冲击，以照相机为代表的文化办公设备行业近年来的形势一直较差。产量连年大幅下滑，1—10 月累计，照相机产量同比仍为深度负增长。可喜的是复印设备仍实现较大增长。

3. 拉动增长的两大主要因素。一是汽车行业的拉动作用突出。在机械工业主营收入中占比高达近 32% 的汽车行业 1—9 月主营收入增幅 13.25%、利润总额增幅 20.84%，均大大高于同期机械全行业平均增幅（10.65%、15.00%），从而拉动了机械全行业的增速攀升。二是原材料价格处于低位，有利于机械工业降本增效。1—10 月价格指数累计同比：机械工业 99.06、燃料动力 97.72、钢材 96.31、有色金属 95.88。

（二）在基本实现“稳增长”的同时，转型升级也有所进展

1. 行业结构和发展模式积极变化。一是行业结构朝着更加适应市场需求的方向调整。汽车、环保设备、基础件、仪器仪表等利于民生和提高全行业素质的子行业增速明显快于全行业平均水平。二是现代制造服务业发展提速。越来越多的企业由“硬”产品生产者向“用户完整解决方案”提供者升级，并因此而弥补需求增长趋缓的缺口，保障了销售额和利润的较快增长。三是网络化运营等新兴商业模式在少数先行者中开始探索。如江苏远景能源公司依靠一批“海归”高智力人才，以网络技术和智能技术为支撑，利用全球资源，着眼于世界市场，以系统集成的方式切入高端风电市场，轻资产运作；并积极筹划在摘取工程服务红利的基础上，进而再开辟能源管理的新蓝海。

2. 产品结构升级有新进展。一是以机床行业为例。1—9 月累计，金属切削机床产量数

控化率为29.73%，比上年的28.8%提高0.93个百分点；机床工具行业进口增长10.75%，但出口增长22.68%；金属切削机床出口增长18.21%，其中数控机床和加工中心增幅30.94%和19.43%。以上数据表明：机床产品结构正在提升。二是汽车行业主营收入增幅高于产量，利润增幅高于主营收入。1—9月累计，汽车产量增长8.1%，主营收入增长13.25%，利润总额增长20.84%，其中主营活动利润增长19.38%。可见汽车行业的产品升级和产业链的延展正在取得进展。三是新能源汽车发展加速。1—9月累计，新能源汽车生产38 522辆，销售38 163辆，比上年同期分别增长2.9倍和2.8倍。

3. 高端装备自主创新有新成果。近年来机械工业科技发明和科技进步成果获奖项数明显增加，获奖等级明显上升，这一势头更为显著。

4. 自主创新继续向关键零部件领域深化推进。在越来越多的高端主机装备实现国产化突破的同时，此前明显薄弱的关键零部件开始出现加速自主创新的喜人势头，液压系统、轴承、数控系统、特种专用材料等陆续传出可以替代进口的喜讯。

5. 国际竞争力保持上升势头。表现之一：对外贸易实现较大顺差。1—9月累计，机械产品进口2 423亿美元，出口2 972亿美元，前9个月累计实现对外贸易顺差549亿美元。

表现之二：一般贸易出口金额占比和增幅均已超过加工贸易。1—9月累计，附加值较高的一般贸易出口1 755亿美元，同比增长10.52%；加工贸易出口940亿美元，同比增长3.53%。一般贸易出口金额占比和增幅均大大超过加工贸易，表明机械产品外贸出口的附加值在稳步提升。

6. 地区结构继续向预期方向调整。1—9月累计，主营收入增速：东部地区9.53%，中西部地区分别为12.29%和14.63%；利润总额增速：东部地区14.13%，中西部地区分别为11.24%和34.52%；可见中西部地区发展速度继续快于东部。

7. 主营收入利润率止跌回升，运营效率有所改善。“十一五”期间机械工业主营收入利润率逐年提高，但进入“十二五”后则逆转为逐年下降；令人欣慰的是，从2013年开始止跌，2012年略微回升0.12个百分点，而2014年1—9月延续了这一回升态势，同比又回升0.25个百分点。

1—9月累计，机械工业总资产贡献率为13.65%，同比提高0.25个百分点；资产保值增值率保持较好水平，为113.39%；流动资产周转率为2.04次，同比提高0.03个百分点；成本费用利用率7.18%，同比提高0.27个百分点。而资产负债率为55.71%，同比下降0.8个百分点。

综上所述，前9个月机械工业在“稳”增长的同时，在转型升级和结构调整方面也确有所“进”。

二、今后发展趋势研判和增速预测

（一）运营环境仍将偏紧，下行压力仍大

尽管机械工业发展速度仍两位数，而且明显快于工业平均水平，但运行中困难正在加大，增速在逐月递减，下行压力很大，机械工业必须增强危机意识，加强应变准备。一是从财务费用尤其是其中的利息支出同比增幅重拾升势看，要有融资环境趋于严峻的思想准备。二是从应收账款同比增幅仍处于高位看，要有继续应对货款回收困难的思想准备。三是产成品库存同比增幅逐月攀升，到9月底同比提高了一倍还多，对此应高度警惕。四是从订单同比增幅看，二季度后明显回落，且逐月下行，说明下行压力较大。五是从出口交货值同比增幅缓慢回升看，出口形势有望略好于上年。六是从机械产品价格指数仍低于100，可以看出机械产品需求仍较低迷。七是从固定资产投资增幅大幅下滑看，投资需求不容乐观。机械工业固定资产投资增幅在前两年业已大幅回落的基础上继续逐月回落。1—10月累计完成投资3.73万亿元，同比增幅降至12.86%，创近若干年来低点。全社会投资呈类似态势。可见，投资需求不容乐观。八是上年的增长曲线是“前低后高”，因此对比基数将逐月走高；从而四季度同比增速下行压力继续加大，增速仍将继续回落。

（二）从主要经济指标增幅变化趋势看，运行速度继续下降

上半年增速较高，但下半年逐月回落，尤其是8月份下降明显加快，9月仍在下行，走势令人不安。但由于上半年打下较好基础，全年增长曲线形态呈“前高后低”之势，但全年增速仍在两位数。

各项主要经济指标虽然年初增速较高，但变化趋势逐月下行，主要经济指标的同比增幅多数低于上年。

主要经济指标当月同比增幅 % 变化趋势：8 月、9 月的同比增速已降至 10% 以下，9 月同比增速虽比 8 月有所回升，但仍处于较低水平。

（三）宏观经济环境趋冷不利于行业运行

宏观经济二季度虽曾企稳回升，但在三季度再度下挫。前三季度 GDP 同比增长 7.4%。其中，一季度同比增长 7.4%、二季度增长 7.5%、三季度增长 7.3%，三季度增长率创下近 22 个季度的新低。

工业增加值（全国规模以上企业）：按可比价格计算，前三季度累计同比增长 8.5%，增速比上半年回落 0.3 个百分点。（1—10 月累计同比增长 8.4%,10 月当月同比增幅只有 7.7%，增幅继续下降）。主因是消费和投资增长乏力——社会消费品零售总额：1—9 月累计同比增长 12%，增幅较上年同期回落 0.9 个百分点（10 月当月同比增幅进一步下滑至 11.5%）；固定资产投资（不含农户）：1—9 月累计名义增长 16.1%，较上年同期大幅回落 4.1 个百分点（1—10 月增幅跌破 16% 关口，仅为 15.9%，比 9 月又回落 0.2 个百分点）；出口在拉动经济增长的“三驾马车”里表现较好。

但出口在“三驾马车”中的权重实际偏弱。考虑到欧洲经济不景气，尤其是德国经济前景堪忧，日本经济依然没有明显改善，美国经济增长较好，但前景并不稳定。因此，对出口增长的前景不宜过分乐观。

价格数据：9、10 月 CPI 同比上涨 1.6%，重回“1”时代。表明通缩风险正在隐现，中国经济下行压力较大。PPI 则连续负增长 32 个月之久，显示工业领域的通缩现象相当严峻。

用电量：8 月份首次出现负增长；9 月同比增长 2.7%，虽较 8 月有所回升，但仍为近 18 个月以来的第二低位；10 月同比增长 3.1%，较 9 月虽回升 0.4 个百分点，但仍属近两年较低水平；其中工业用电量同比增长仅 2.8%，与 9 月 5.3% 相比近乎“腰斩”。

煤炭销量：前三季度全国 27.3 亿 t，同比减少 3139 万 t，下降 1.14%；其中 9 月份 2.81 亿 t，同比下降 6.6%。

上述用电量及煤炭销量等能源数据从一个侧面佐证了目前经济下行的严峻程度。

PMI（中国制造业采购经理指数）：10 月份为 50.8%，较上月回落 0.3 个百分点，创下近 5 个月新低。

以上这些数据表明，当前中国经济的下行压力十分巨大。宏观经济景气低迷，表明今后机械产品的发展环境不容乐观。

由于三季度以来宏观经济形势明显不振，预计国家会出台一些微刺激措施。基于这一点，预计机械工业增速今后虽将继续有所回落，但不会失控，全年产销额增幅仍可达到 10% 左右。

三、2015 年运行形势的展望

1. 需求形势继续偏紧。一是国民经济正处于增长速度换挡期，预计 2015 年 GDP 增幅将由 2014 年的 7.3% 下调至 7% 左右。在此背景下，机械产品的需求环境将难以期望比 2014 年有所宽松。二是宏观经济仍处于结构调整攻坚期二产比重下降、三产比重上升是大趋势。因此，在同样的 GDP 增幅下，以工业为主体的二产增幅将低于三产；工业增幅高于 GDP 的旧常态正在逐渐发生变化。估计工业增幅虽仍将高于 GDP，但高出的幅度将逐渐减小。三是前期刺激政策的负面影响仍有待继续消化。机械产品需求增长趋缓和产能高速扩张并集中释放的矛盾在继续上升；对这一局面的严峻程度以及它对 2015 年经济运行的负面影响必须要有足够的估计。四是机械工业的服务对象普遍加快由外延增长转向内涵提高的步伐。机械工业的需求模式正由增量主导向存量主导转变，新建和改造项目的比重在发生变化，传统需求不足和新兴需求难以满足的结构性矛盾日益突出，其叠加效应将进一步加剧需求不足的困难，研发工作及市场开拓对市场变化的适应能力面临考验。五是机械产品的国际市场竞争面临严峻挑战。随着中国机械产品国际市场份额的提高，发达国家限制中国进入的贸易保护主义日益强烈。与此同时，中国传统低附加值出口产品因汇率上升和后发展中国家竞争，原有优势正在被迅速削弱，对出口增长不宜太乐观。

2. 成本上升和价格下降的压力不断加大。一方面，人工成本、筹资和财务成本、市场营销成本、环境治理成本、技术创新成本等，持续增加；另一方面，对于多数企业而言，在市场供过于求的压力下，产品价格不可控制地还将持续下跌。

3. 供给形势有望相对宽松。大宗物资价格可望仍处于较低水平。美国已决定退出实施 6 年之久的“量化宽松”政策，西方与俄罗斯关系恶化，在复杂的国际政治经济因素作用下，石油、天然气、铁矿石、有色金属等大宗物资价格处于较低水平的概率较大，这将有利于机械工业的成本控制。

融资成本快速攀升之势可望受到控制。融资环境有望受惠于国家深化改革和为支持实体经济发展而出台“精准”“定向”调控的各种微刺激措施，企业利息支出和融资财务成本快速攀升之势可望趋缓。

4. 随着基数变大，增速将逐渐降低。2000年机械工业主营收入为1.4万亿元，按增长25%计，增量为3 500亿元；2014年机械工业主营收入达到24万亿元，即使增速降至10%，其增量也将高达24 000亿元；这一增量已是“十五”初的近7倍。可见，今后增速趋缓在情理之中。

5. 改革深化和多项微刺激措施有望利好于经济运行。针对当前经济下行压力加大的现实困难，中央正在加大改革力度以改善实体经济发展环境；同时还在出台鼓励消费、加快铁路、水利等基础设施项目审批等微刺激措施。这些举措有望对明年经济发展产生利好影响。

6. 机械工业将继续向中速增长期转变。在经历了本世纪头十年高速增长和“十二五”头两年急剧回落之后，2013年机械工业开始呈现中速发展特征，2014年增速虽有所回落，但仍实现了10%～12%的中速增长，预计2015年在诸多压力下增速将继续小幅回落，但仍将保持在8%左右的中速区间。

7. 2015年的增长曲线估计将呈现“前低后高”态势。承接2014年下半年下行惯性的压力，加上2015年上半年机械工业各项主要经济指标基数相对较高，2015年上半年行业经济运行的速度将相对较低，而随着对诸多困难因素的消化，2015年下半年形势有望略显回升之势。

8. 深化改革对机械企业提出新挑战。全面深化改革的形势对机械企业的应对能力正提出更高要求。“让市场在资源配置中发挥决定性作用”，对机械企业既蕴含了无限机会，但也加重了自担风险的责任。相当一批不适应改革新形势的企业将被淘汰，机械企业必须大大增强危机意识。

9. 2015年行业升级必将有新进展。广大机械企业在以攻高端、夯基础为主要着力点的结构调整，和以创新驱动、两化融合、绿色发展为主要取向的发展方式转变中，必将比2014年有更多新探索，也必将取得更为丰硕的新成果。

10. 全行业前途无忧，但分化加剧。虽然困难很多，但在机械工业资本结构多元化的背景下，行业内生应变活力正日渐增强。因此，只要坚持市场化取向的改革，中国机械工业的前途就无需担心。但在艰巨的升级过程中，分化必将日益加剧：一是机械工业内不同子行业间的分化加剧，二是同一行业内不同企业间的分化加剧。

11. 对2015年机械工业增长速度的预测

产销增长速度大体在8%左右，利润增长速度预计在10%左右，出口创汇增幅估计在6%左右。

面对当前严峻的挑战，机械企业普遍都在强化管理和营销，做出浅层次的反应；还有些企业开始从研发、服务等方面采取措施，以期争取主动；更有少数企业从发展战略上深度思考，在产业结构和商业模式层面进行探索和调整。在市场无形之手的推动之下，中国机械工业一定会负重前行，实现由大变强的夙愿。

〔来源：中国机械工业联合会机经网〕

2014年度中国机械工业科学技术奖励项目

2014年度中国机械工业科学技术奖特等奖项目（4项）

项目编号	项目名称	完成单位
1401050	曲轴柔性、精密、高效磨削加工关键技术与成套装备	北京第二机床厂有限公司、清华大学

（续）

项目编号	项目名称	完成单位
1402094	大功率风电机组研制与示范	新疆金风科技股份有限公司、湘潭电机股份有限公司、浙江运达风电股份有限公司、中国长江三峡集团公司、沈阳工业大学、中海油新能源投资有限责任公司、东方汽轮机有限公司、阳光电源股份有限公司、上海电气风电设备有限公司、北京科诺伟业科技股份有限公司、南车株洲电机有限公司、南京高速齿轮制造有限公司、同方股份有限公司、北京天源科创风电技术有限责任公司、国网电力科学研究院、全国风力机械标准化技术委员会、重庆齿轮箱有限责任公司、上海玻璃钢研究院有限公司、连云港中复连众复合材料集团有限公司、永济新时速电机电器有限责任公司、北京鉴衡认证中心有限公司、中材科技风电叶片股份有限公司、中航惠腾风电设备股份有限公司
1404018	大型先进压水堆核电核岛主设备超大型锻件研制及工程应用	中国第一重型机械股份公司、二重集团（德阳）重型装备股份有限公司、上海重型机器厂有限公司
1404032	12 000 t 航空级铝合金板材张力拉伸机装备	中国重型机械研究院股份公司、西南铝业（集团）有限责任公司、中信重工机械股份有限公司、重庆大学、太原科技大学、中南大学、西安交通大学、燕山大学、清华大学

2014 年度中国机械工业科学技术奖一等奖项目（30 项）

项目编号	项目名称	完成单位
1401014	核电重型转子高精度加工的多功能复合数控机床	武汉重型机床集团有限公司
1401026	难加工零件高效精密切削工艺与刀具	上海交通大学、上海飞机制造有限公司、上海电气电站设备有限公司上海汽轮机厂、上海工具厂有限公司、恒锋工具股份有限公司
1402005	高效先进的超超临界 660 兆瓦级三缸二排汽空冷汽轮机	上海电气电站设备有限公司
1402026	三代核电 AP1000 壳内电缆	江苏上上电缆集团有限公司、上海核工程研究设计院、国核工程有限公司、环境保护部核与辐射安全中心
1402051	5 000A 特高压直流输电换流阀关键技术研究及推广应用	许继集团有限公司
1403006	气象传感器设计理论、关键技术及其应用	东南大学、凯迈（洛阳）环测有限公司
1403016	大量程高精度线加速度计标校检测技术与系列装备	北京航天控制仪器研究所
1404009	高速大运量客运索道关键技术及应用	北京起重运输机械设计研究院
1404021	WK 系列大型矿用机械正铲式挖掘机研制	太原重工股份有限公司、大连理工大学、吉林大学
1405006	高地隙自走式喷杆喷雾机	中国农业机械化科学研究院、现代农装科技股份有限公司
1405013	农产品内在指标的可视化无损检测研究	江苏大学
1405016	高效井用潜水泵基础理论研究与系列产品开发	江苏大学、徐州潜龙泵业有限公司、合肥建业机械有限公司、台州佳迪泵业有限公司、江苏新格灌排设备有限公司、山西天海泵业有限公司、山东星源矿山设备集团有限公司
1406024	大型先进压水堆核岛主设备安装调试关键技术及装备研发与应用	中广核工程有限公司、中广核检测技术有限公司、中国核工业二三建设有限公司、中核武汉核电运行技术股份有限公司、中国核动力研究设计院、武汉大学

（续）

项目编号	项目名称	完成单位
1406051	1 000MW 核电机组核二级泵组关键技术及装备研制	沈阳鼓风机集团股份有限公司、沈阳鼓风机集团核电泵业有限公司
1406054	大型储油罐射流清洗油泥成套装备的研发应用	合肥通用机械研究院、合肥通用环境控制技术有限责任公司、北京金隅红树林环保技术有限责任公司
1406083	制冷空调装置多层次仿真平台构建及应用	上海交通大学、珠海格力电器股份有限公司、海尔集团技术研发中心、广东美的制冷设备有限公司、同济大学
1409012	柔性微纳结构制造技术及其应用	西北工业大学
1409017	高端装备用关键铝合金部件铸造成形技术与设备研究	沈阳铸造研究所、西北工业大学
1409023	多工位精锻技术及其装备的研发与应用	华中科技大学、江苏太平洋精锻科技股份有限公司、黄石华力锻压机床有限公司、重庆建设工业（集团）有限责任公司、东风汽车精工齿轮厂、江苏飞船股份有限公司
1409045	金刚石工具钎焊技术及其应用	郑州机械研究所、哈尔滨工业大学、河南黄河旋风股份有限公司、江汉石油钻头股份有限公司、中煤科工集团西安研究院、广东奔朗新材料股份有限公司、泉州众志金刚石工具有限公司、福建万龙金刚石工具有限公司、泉州华大超硬工具科技有限公司、禹州市和汇超硬材料有限公司
1409052	汽车制造大功率激光切割、焊接关键技术与装备	华中科技大学、武汉华工激光工程有限责任公司、江淮汽车股份有限公司、武汉法利莱切割系统工程有限责任公司、神龙汽车有限公司、长城汽车股份有限公司、湖北中航精机科技有限公司
1409065	支持批量定制生产的数字化车间动态管控平台及装备研发与应用	中国科学院沈阳自动化研究所
1409081	3.6 万 t 垂直挤压工艺及装备	清华大学、内蒙古北方重工业集团有限公司
1410014	NSQYPHFH1493 型泥水气压平衡复合式隧道掘进机	中交天和机械设备制造有限公司、中交隧道工程局有限公司、中交第二航务工程局有限公司
1410017	大型工程建设成套吊装设备关键技术与应用	徐工集团工程机械股份有限公司建设机械分公司
1410039	伸缩臂式叉装车关键技术及系列装备	总装备部军械技术研究所、泸州长起特种起重设备有限公司、河北工业大学、长沙中传变速箱有限公司、厦门嘉丰机械有限公司、清华大学
1410046	面向工程机械机种特征的减振降噪共性关键技术与应用	广西柳工机械股份有限公司
1411001	内燃机凸轮轴毛坯楔横轧精确成形关键技术与应用	北京科技大学、江油长联实业开发总公司特种轧锻厂、湖北新冶钢汽车零部件有限公司、河南中轴福源汽车零部件有限公司、莱芜市金宇楔横轧有限公司、莱芜市汇锋汽车轴齿有限公司、安庆市吉安汽车零件锻轧有限公司
1411027	低噪声内燃机设计关键技术及应用	天津大学、潍柴动力股份有限公司、广西玉柴机器股份有限公司、天津内燃机研究所
1413027	《热卷螺旋压缩弹簧技术要求》国际标准研究	中机生产力促进中心、扬州弹簧有限公司、大连弹簧有限公司、浙江美力科技股份有限公司、无锡泽根弹簧有限公司、常州市铭锦弹簧有限公司、杭州弹簧有限公司、杭州兴发弹簧有限公司、杭州钱江弹簧有限公司

2014 年度中国机械工业科学技术奖二等奖项目（146 项）

项目编号	项目名称	完成单位
1401001	TURNKEY32ntn 汽车轮毂轴承自动生产线	沈阳机床（集团）有限责任公司
1401002	高效精密单向走丝线切割加工技术与装备	苏州电加工机床研究所有限公司、苏州三光科技股份有限公司、上海交通大学、哈尔滨工业大学
1401008	数控五坐标立式铣床	中国航空工业集团公司北京航空制造工程研究所
1401013	大规格数控成形砂轮磨齿机技术及产品	陕西秦川机械发展股份有限公司
1401015	复杂螺旋曲面数控制造成套技术及装备	沈阳工业大学、中国石油天然气股份有限公司辽河油田分公司、山西北方风雷工业集团有限公司、沈阳工大科技开发有限公司
1401018	组合式和大直径高精度超硬材料切割砂轮研究	郑州磨料磨具磨削研究所有限公司
1401027	飞行器大型薄壁整体构件高速低应力铣削技术	南京航空航天大学、西安飞机工业（集团）有限责任公司
1401034	HZ-092 光学元件研磨抛光机床	杭州杭机股份有限公司
1401040	高速、精密加工中心可靠性与性能测评及增长技术的研究	国家机床质量监督检验中心、北京工业大学、北京北一机床股份有限公司、北京工研精机股份有限公司、沈阳机床（集团）有限责任公司、大连机床集团有限责任公司
1401048	重型自动化造型生产线	济南二机床集团有限公司
1402002	800kV 西北超高压联网第二通道成套开关设备的研制及应用	西安西电开关电气有限公司
1402007	自主研发 600MW 级超临界锅炉	上海锅炉厂有限公司
1402009	基于非线性分析的水轮机结构刚强度研究	哈尔滨大电机研究所
1402012	永磁同步电传动系统研究关键技术研究	南车株洲电力机车研究所有限公司、株洲南车时代电气股份有限公司
1402014	直流融冰装置研发与大规模工程应用	南方电网科学研究院有限责任公司、贵州电力试验研究院、中国电力工程顾问集团西南电力设计院
1402025	高水头冲击式水轮发电机组成套技术及产业化	重庆水轮机厂有限责任公司、重庆大学
1402029	超高压气体绝缘直流套管设备开发及产业化	特变电工沈阳变压器集团有限公司
1402031	GCK2 低压成套开关设备	天津电气传动设计研究所有限公司、天津天传电控配电有限公司、宁波天安（集团）股份有限公司、北京电器有限公司、温州市中意锁具电器有限公司、慈溪奇国电器有限公司、天津市百利开关设备有限公司
1402035	结合余热利用的冷热电联供技术和强化传热研究与应用	上海理工大学、上海青浦工业园区热电有限公司、上海市特种设备监督检验技术研究院、上海市浦东新区特种设备监督检验所
1402045	两端为弱交流系统的直流工程技术开发和设备成套	西安西电电力系统有限公司
1402048	EVC-8000 电动汽车充电站综合控制与管理系统	许继集团有限公司、许继电气股份有限公司
1402053	大型电站锅炉烟气脱硝技术开发及工业应用	东方电气集团东方锅炉股份有限公司

（续）

项目编号	项目名称	完成单位
1402054	柔性直流输电用 ±160kV 挤包绝缘高压直流电力电缆及附件国产化研究和应用	上海电缆研究所、中天科技海缆有限公司、宁波东方电缆股份有限公司、上海三原电缆附件有限公司
1402055	“疆电外送”特高压工程 750kV 单相自耦有载调压变压器关键技术研究及产业化推广	特变电工股份有限公司新疆变压器厂
1402057	750kV 交流有级可控并联电抗器的研制及产业化	西安西电变压器有限责任公司
1402058	高性能光伏发电系统关键元件的研发	常熟开关制造有限公司（原常熟开关厂）
1402065	ZF9D-252/T4000-50 型气体绝缘金属封闭开关设备	西安高压电气研究院有限责任公司、西安西电开关电气有限公司
1402069	百兆伏安级静止同步补偿装置关键技术开发及工程应用	广东电网公司、荣信电力电子股份有限公司、清华大学、南方电网科学研究院有限责任公司、广东电网公司东莞供电局
1402081	QFSN-1100-4 1100MW 级核电四极水氢冷发电机开发及产业化	上海电气电站设备有限公司
1402089	超低温智能石油钻机电传动系统	天水电气传动研究所有限责任公司、甘肃省变频调速系统及技术重点实验室
1402093	大型管道热处理温控关键技术研究及产品开发	江苏大学
1403009	铁合金冶炼过程的在线检测及终点控制技术	长春工业大学
1403015	线式温敏传感器产业化关键技术研究	重庆材料研究院有限公司
1403017	新型微机械陀螺原理结构、设计制作与应用	北京信息科技大学、北京沃尔康科技有限责任公司、北京国科舰航传感技术有限公司
1403021	机电设备故障预报及安全保障信息化技术的研发与应用	北京信息科技大学、中国运载火箭技术研究院北京京航公司、中国特种设备检测研究院、北京东方振动和噪声技术研究所、北京西马力检测仪器有限公司、中国机械工程学会设备与维修工程分会、菲尔德（北京）净油设备有限公司
1403027	非相似成像光学系统研究及在特种数字影像工程中的应用	燕山大学、秦皇岛视听机械研究所
1403032	大尺寸红外光学交感多点触控屏核心关键技术及应用	上海理工大学、同济大学、上海优熠电子科技有限公司
1404004	磷石膏输送管状带式输送机	四川省自贡运输机械集团股份有限公司、贵阳中化开磷化肥有限公司
1404013	大型新型干法水泥熟料冷却及热回收装置关键技术研究和应用	燕山大学
1404017	810mm 扁钢可逆热连轧机组研制及工程应用	中国第一重型机械股份公司
1404019	电子束制备太阳能级多晶硅材料的技术、装备及应用	大连理工大学、青岛隆盛晶硅科技有限公司
1404020	干熄焦提升机系列研制	太原重工股份有限公司
1404022	新型双动短行程铝挤压机研制	太原重工股份有限公司、太原科技大学

（续）

项目编号	项 目 名 称	完 成 单 位
1404031	高效喷粉脱硫 RH 炉外精炼工艺及设备的开发与应用	中国重型机械研究院股份公司、天津天管特殊钢有限公司
1404033	千万吨级矿井大型箕斗安全运行关键技术及产业化	中国矿业大学、徐州煤矿安全设备制造有限公司、中实洛阳工程塑料有限公司、常熟市新虞电器有限责任公司
1404037	GeN2-MR 有机房电梯	西子奥的斯电梯有限公司
1404043	HMTK600B 型 363t 电动轮自卸车研制	中冶京诚（湘潭）重工设备有限公司、神华准格尔能源集团有限公司
1404046	60 万 t 热轧不锈钢连续退火酸洗线的关键技术研究与应用	北京机械工业自动化研究所
1405001	饲草生产关键技术装备创新及研发	中国农业机械化科学研究院呼和浩特分院
1405002	寒地水稻智能化浸种催芽和高效育秧技术设备研发应用	北京农业信息技术研究中心、黑龙江省农业委员会、北京派得伟业科技发展有限公司、北京农业智能装备技术研究中心
1405008	水产养殖精准测控关键技术及装备	中国农业大学、中国水产科学研究院黄海水产研究所、莱州明波水产有限公司、江苏大学、福建上润精密仪器有限公司
1405014	超低量高附着喷雾施药关键技术与装备	江苏大学、镇江捷成植保科技有限公司
1405025	40.5kW（55 马力）同步器换挡轮式拖拉机	山东五征集团有限公司
1405029	规模化玉米种子加工技术集成与示范	酒泉奥凯种子机械股份有限公司、农业部规划设计研究院、无锡耐特机电技术有限公司
1406001	精密减速机	山东华成中德传动设备有限公司
1406002	高性能立式全封闭螺杆水源热泵机组	烟台顿汉布什工业有限公司、烟台哈特福德压缩机有限公司
1406007	切削液智能化循环利用系统	苏州帝瀚环保科技有限公司
1406008	核电站常规岛高压管道国产化	中广核工程有限公司
1406017	自升式平台结构设计和安全评价关键技术	中国石油大学（华东）、中石化胜利石油工程有限公司钻井工艺研究院
1406020	高温高压复合阀关键技术研究	湖南鸿远高压阀门有限公司、长沙理工大学
1406032	超大型水下浮体设计建造技术	武昌船舶重工有限责任公司、中船重工（武汉）船舶与海洋工程装备设计有限公司
1406033	大庆油田精细分层注水及配套测试技术研究	大庆油田有限责任公司采油工程研究院
1406038	BE 全电动系列塑料注射成型机	博创机械股份有限公司
1406047	XY-4S2800A/XYD-F4S2800 橡胶输送带压延生产线	大连橡胶塑料机械股份有限公司
1406049	大型煤基甲醇制烯烃装置用压缩机组研制	沈阳鼓风机集团股份有限公司、沈阳透平机械股份有限公司
1406053	核安全级耐高压智能蝶阀	江苏神通阀门股份有限公司
1406055	氪、氙稀有气体分离提取技术和装备的研发及应用	上海启元空分技术发展股份有限公司
1406059	固体废弃物立式旋转热解气化焚烧技术与装置的研发及产业化应用	浙江泰来环保科技有限公司

（续）

项目编号	项目名称	完成单位
1406064	一种新型的VS4型液下泵(LH GG系列)	大耐泵业有限公司
1406074	高分子材料双轴拉伸取向增强成套技术及装备	山东通佳机械有限公司、北京化工大学
1406088	海洋科学综合考察船建造技术	武昌船舶重工有限责任公司
1407002	“钻石之光”系列大型双色面板注塑模具	青岛海尔模具有限公司
1407007	锌合金嵌件大边框薄壁精密结构件注塑新工艺与模具技术	北京东明兴业科技有限公司
1407008	等离子体浸没离子注入与沉积技术在轴承生产中的应用研究	黄山明明德轴承有限公司
1407011	电梯专用低噪声调心滚子轴承的研制	洛阳LYC轴承有限公司
1407012	压水堆核电站核二、三级泵用机械密封的研制	四川日机密封件股份有限公司
1407023	补偿器性能评价试验技术研究	沈阳仪表科学研究院有限公司、国家仪器仪表元器件质量监督检验中心
1407026	反应堆压力容器螺栓法兰联结系统密封性能技术研究	中广核工程有限公司天津大学
1407027	化纤设备压辊专用轴承	常熟长城轴承有限公司
1408002	郑州煤矿机械集团有限责任公司高端液压支架生产基地建设项目	机械工业第六设计研究院有限公司
1408004	东风日产乘用车中国研发基地	东风设计研究院有限公司、东风汽车有限公司东风日产乘用车技术中心
1408007	百页式光电玻璃幕墙系统关键技术及其应用	湖南大学、中建(长沙)不二幕墙装饰有限公司、中国建筑第五工程局有限公司
1408011	沈阳鼓风机集团有限公司核泵国产化研发生产基地建设项目	中国联合工程公司、沈阳鼓风机集团股份有限公司
1408018	大型货运站消防工程技术研究与应用	中国中元国际工程有限公司
1408024	北京奔驰汽车有限公司MRA总装厂-智能化生产系统总承包项目	中国汽车工业工程有限公司、北京奔驰汽车有限公司
1408029	特变电工股份有限公司新疆变压器厂超高压项目完善及出口基地建设项目	中国新时代国际工程公司
1408034	0.5t/h内热式电化学清理成套设备	机械工业第一设计研究院
1408035	中国一重建设国际一流铸锻钢基地及大型铸锻件国产化技术改造项目	机械工业第一设计研究院
1409003	航天器舱体结构变极性等离子弧穿孔焊接技术及应用	北京工业大学、北京卫星制造厂
1409011	汽车顶盖模具自动切换机构与模面加工技术及应用	南京工程学院、盐城工学院、无锡同捷汽车设计有限公司
1409014	超临界流体电铸工艺与技术	江苏理工学院

（续）

项目编号	项目名称	完成单位
1409020	面向 MEMS 立体封装和组装微锡球激光键合工艺及设备	哈尔滨工业大学、哈尔滨工业大学深圳研究生院
1409028	铝合金三价铬化学转化成套工艺及其应用	武汉材料保护研究所
1409035	高端玻纤机织系统的关键技术及装备	浙江理工大学、浙江万利纺织机械有限公司
1409046	面向 RoHS 指令的新型钎料	郑州机械研究所、杭州华光焊接新材料股份有限公司、浙江信和科技股份有限公司、常熟市华银焊料有限公司
1409047	换热系统薄壁结构钎焊技术及钎料开发	郑州机械研究所、哈尔滨工业大学、郑州轻工业学院、中航工业新乡航空工业（集团）有限公司、南京航空航天大学
1409055	大型厚断面高性能球墨铸铁关键技术及产业化	湖南大学、日月重工股份有限公司
1409057	高铝锌基合金减摩耐磨部件关键技术及产业化	河南科技大学、许昌众力合金制品有限公司
1409058	高性能原位镍合金化耐磨件关键技术及应用	河南科技大学、新疆闽龙耐磨材料有限公司
1409066	海上石油钻井平台抛喷丸关键技术与应用	山东开泰工业科技有限公司、济南大学
1409075	自主品牌汽车生态设计关键技术研究及应用	浙江吉利控股集团有限公司、浙江吉利汽车研究院有限公司
1409078	汽车机油泵加工的关键技术	上海幸福摩托车有限公司、上海工程技术大学
1409084	M701F 重型燃机转子制造技术研究	东方电气集团东方汽轮机有限公司
1409085	CA6GV 铝合金缸体砂型铸造技术开发	一汽铸造有限公司
1410005	SD18-5 履带式推土机关键技术研究及应用	山推工程机械股份有限公司
1410012	K 系列混凝土成套设备关键技术及产业化	徐州徐工施维英机械有限公司
1410013	XZ6600 水平定向钻机	徐州徐工基础工程机械有限公司
1410015	XCL800 轮式桁架臂起重机	徐工集团徐州重型机械有限公司
1410016	QAY1200 全地面起重机	徐工集团徐州重型机械有限公司
1410025	节能高效挖掘机电液控制关键技术及产业化应用	广西柳工机械股份有限公司
1410030	沥青碎石同步封层车（系列）关键技术研究及应用	浙江美通筑路机械股份有限公司、长安大学
1410040	挖掘机核心技术创新与应用	三一重机有限公司、上海交通大学、南京工业大学
1410043	ZLJ5250TXSE3/E4 水循环再生强力洁净洗扫车	中联重科股份有限公司
1411002	高性能电控共轨发动机用柴油滤清器	苏州工业园区达菲特过滤技术有限公司
1411005	CA4/6DLD 系列柴油机开发	一汽解放汽车有限公司无锡柴油机厂
1411007	493 发动机 DLP 变截面涡轮增压器研制开发	康跃科技股份有限公司、山东省增压器工程技术研究中心

（续）

项目编号	项目名称	完成单位
1411008	乙醇灵活燃料发动机系列产品开发	安徽江淮汽车股份有限公司
1411014	长安H系列汽油机开发	重庆长安汽车股份有限公司
1411021	第二代226B柴油机开发	潍柴动力股份有限公司、潍坊潍柴道依茨柴油机有限公司
1411024	粤海铁渡轮动力系统研制	中国船舶重工集团公司第七一一研究所
1411031	SCR后处理装置所用尿素还原剂的技术开发、产业化和应用研究	中国第一汽车股份有限公司技术中心、辽宁润迪精细化工有限公司、一汽解放汽车有限公司、长春泰克环保科技有限公司、吉林大学
1412003	巨型一体式球阀加工技术	哈尔滨电机厂有限责任公司
1412004	大型潮汐能导水机构加工技术	哈尔滨电机厂有限责任公司
1412010	新型驻车拉线连接板及具有该连接板的汽车	北京汽车股份有限公司北京分公司
1412015	中高空航空CCD相机镜头调焦结构技术改进	东北工业集团有限公司、吉林东光精密机械厂
1412023	船舶球鼻艏改装换装新技术的研究	青岛北海船舶重工有限责任公司
1412040	电力拖动机构远程监控技术	一汽轿车股份有限公司
1412042	便携式设备故障无线语言报警器研发	一汽轿车股份有限公司
1412047	新型电阻保温炉（井式）积木炉衬结构开发设计	中国第一汽车集团公司
1413009	GB/T 25919.1～2、GB/Z 26157.1～10及GB/T 27526等测试规范及现场总线通信标准	机械工业仪器仪表综合技术经济研究所、上海自动化仪表仪表股份有限公司
1413010	变频器供电三相笼型感应电动机试验方法	上海电器科学研究所（集团）有限公司、卧龙电气集团股份有限公司、江苏大中电机股份有限公司、浙江华年电机股份有限公司、上海德驱驰电气有限公司、江苏锡安达防爆股份有限公司、上海电科电机科技有限公司
1413014	自动化仪表与控制系统功能安全技术集成研究	上海工业自动化仪表研究院
1413017	GB 25684—2010《土方机械安全标准研究》	天津工程机械研究院、三一重机有限公司、厦门厦工机械股份有限公司、山推工程机械股份有限公司、郑州宇通重工有限公司、内蒙古北方重型汽车股份有限公司
1413019	基于我国服役环境的汽车耐候性关键技术研发与应用	中国电器科学研究院有限公司、浙江吉利汽车研究院有限公司、华南理工大学
1413021	JB/T 11175—2011《石油、天然气工业用清管阀》	合肥通用机械研究院、西安泵阀总厂有限公司、开维喜阀门集团有限公司、伯特利阀门集团有限公司、自贡新地佩尔阀门有限公司
1413022	GB26485—2011《开卷矫平剪切生产线安全要求》	山东宏康机械制造有限公司
1413023	GB/T 25129—2010《制冷用空气冷却器标准》	合肥通用机械研究院、合肥通用机电产品检测院、烟台冰轮股份有限公司、大连冷冻机股份有限公司、浙江高翔工贸有限公司、大连亿斯德制冷设备有限公司、合肥通用环境控制技术有限责任公司
1413026	JB/T 11074—2011《电除尘用恒流高压直流电源标准》	上海激光电源设备有限责任公司、浙江菲达环保科技股份有限公司
1413034	《家用和类似用途器具耦合器第1部分：通用要求》等6项标准	中国电器科学研究院有限公司、广东华声电器股份有限公司、思瑞克斯（广州）电器有限公司、广东产品质量监督检验研究院、广东出入境检验检疫局检验检疫技术中心

（续）

项目编号	项 目 名 称	完 成 单 位
1413045	电气设备安全设计导则、电气设备安全通用试验导则（标准号 GB/T 25295 、GB/T 25296）	机械工业北京电工技术经济研究所、上海电动工具研究所、上海电器科学研究所（集团）有限公司、深圳市标准技术研究院、正泰电气股份有限公司、山东艾诺仪器有限公司
1413046	GB/T 25716—2010《镁合金冷室压铸机》	深圳领威科技有限公司、济南铸造锻压机械研究所有限公司、广东伊之密精密机械股份有限公司、宁波东方压铸机床有限公司
1414001	《中国机械工程技术路线图》(第一版)	中国机械工程学会、中国科学技术出版社
1414008	《界面科学与技术》	清华大学、清华大学出版社有限公司
1414010	《电力系统自组织临界特性与大电网安全》	清华大学、清华大学出版社
1414013	《激光制造工艺力学》	中国科学院力学研究所、国防工业出版社
1414017	《真空计量新技术》	中国航天科技集团公司第五研究院第五一〇研究所、机械工业出版社

2014 年度中国机械工业科学技术奖三等奖项目（193 项）

项目编号	项 目 名 称	完 成 单 位
1401003	8 000kN 高速伺服控制热冲压液压机关键技术与产品开发	合肥合锻机床股份有限公司
1401005	μ1000/630V 精密立式加工中心	北京工研精机股份有限公司
1401007	YK311600C 六轴数控滚齿机	威海华东数控股份有限公司
1401020	ZKE2103 七轴数控深孔钻床	德州德隆（集团）机床有限责任公司
1401020	CNC 高精度小模数齿轮测量机的研制	哈尔滨量具刃具集团有限责任公司
1401021	CL612Ai 型石油管材高效激光切割加工单元	济南铸造锻压机械研究所有限公司
1401024	SP 型高性能数控伺服转塔冲床	济南铸造锻压机械研究所有限公司
1401028	NJ-K036 系列单螺杆齿形数控加工机床	四川普什宁江机床有限公司
1401030	NJ-SX038/039 汽车空调压缩机活塞生产线研制与应用	四川普什宁江机床有限公司
1401031	重大装备板类零件激光精密切割工艺与系列装备研制	上海团结普瑞玛激光设备有限公司、上海交通大学、温州大学、江苏大学
1401046	ZS-QD11K-16×6200 多工位柔性数控金属板材自动剪切生产线	天水锻压机床（集团）有限公司
1401047	机器人送料大型柔性全自动冲压线的关键设备及技术	济南二机床集团有限公司
1402001	额定电压 500kV 超高压交联聚乙烯绝缘电缆	青岛汉缆股份有限公司
1402003	LW13A-550/YQ 专项技术研究	西安西电开关电气有限公司
1402011	核电厂废滤芯更换转运容器的设备结构设计研究与改进	中广核工程有限公司
1402015	轧制挤压法生产铜包钢包覆线设备及技术的开发	傅氏国际（大连）双金属线缆有限公司、大连交通大学
1402017	矿用隔爆型干式变压器	天津市特变电工变压器有限公司
1402021	堆芯中子注量率测量系统路组选择器和驱动装置	北京工研精机股份有限公司、中核控制系统工程有限公司
1402022	14 ～ 58MW 新型清洁高效煤粉工业锅炉成套技术及装备应用及产业化	山西蓝天环保设备有限公司、上海工业锅炉研究所、机械工业北京电工技术经济研究所

（续）

项目编号	项 目 名 称	完 成 单 位
1402024	燃煤电站锅炉烟气脱硝关键技术	长沙理工大学、永清环保股份有限公司
1402030	500kV 特大容量组合式变压器	特变电工衡阳变压器有限公司
1402038	SC(B)H15 型三相三柱式非晶合金铁心干式变压器	许继变压器有限公司
1402041	ZGW6-816/J6300-25 型高压直流隔离开关	河南平高电气股份有限公司
1402046	WTX-811 通信管理机	许继电气股份有限公司
1402047	CJK-8506B 智能变电站一体化监控系统	许继电气股份有限公司
1402049	CBS-8000B 变电站高压设备在线监测系统	许继集团有限公司
1402050	CBZ-8000B 智能变电站系统	许继集团有限公司、中电装备山东电子有限公司
1402052	石油钻井平台顶驱电缆及其配套装置	特变电工（德阳）电缆股份有限公司
1402056	电力电子式大功率直流母线系统	天津电气传动设计研究所有限公司、武汉钢铁股份有限公司、冷轧薄板总厂、天津天传电气有限公司
1402060	额定电压 6kV（Um=7.2kV）到 35kV（Um=40.5kV） 交联聚乙烯绝缘垂直吊装大功率变频器用无卤低烟阻燃电力电缆	宝胜科技创新股份有限公司
1402061	水轮机筒型阀及控制系统	天津市天发重型水电设备制造有限公司、天津大学
1402072	NB1L 小型化整体式系列剩余电流断路器研发及产业化	浙江正泰电器股份有限公司
1402077	空调用高效稀土永磁电机	浙江特种电机有限公司
1402079	PCS-9570 输电线路串联补偿系统	南京南瑞继保电气有限公司、常州博瑞电力自动化设备有限公司
1402082	1100kV GIS 关键零部件国产化工艺研究	河南平高电气股份有限公司
1402083	提高巨型水轮发电机组定转子安装圆度工艺研究	哈尔滨电机厂有限责任公司
1402087	二代加百万千瓦级核电蒸汽发生器研制	上海电气核电设备有限公司
1402091	GSC2-1000/1250、2000 接触器的研制	天水二一三电器有限公司
1402092	18kV 发电机保护真空断路器及其可移开式交流金属封闭开关设备	天水长城开关厂有限公司
1402095	高效节能型高温高压 100 ～ 150MW 系列供热汽轮机研制及系统集成	中国长江动力集团有限公司
1403003	核电站安全重要厂用水系统核级就地控制系统设备研发与应用	中广核工程有限公司、中科华核电技术研究院北京分院
1403005	600MW 超临界汽轮机控制和保护系统研发及其工程应用	北京国电智深控制技术有限公司
1403008	AF-2200 型原子荧光光谱仪	北京瑞利分析仪器有限公司
1403010	基于工艺集成优化与控制技术的分离装置研究	长春工业大学、吉林省华通制药设备有限公司
1403012	汽车减振器双激振耐久试验设备开发	长春机械科学研究院有限公司
1403023	场地自行车运动智能训练与检测装置	大连交通大学
1403025	城市轨道交通电力系统测量与传输技术研究及产品开发	上海电器科学研究所（集团）有限公司
1403026	固体发酵过程软测量与智能控制成套装备	江苏大学镇江市江大科技有限责任公司
1403030	智能化下肢康复评估训练仪	上海理工大学、复旦大学附属华山医院、上海西贝电子科技发展有限公司

（续）

项目编号	项 目 名 称	完 成 单 位
1403031	高性能智能电子假手关键技术研发及应用	上海理工大学、丹阳假肢厂有限公司、上海联康假肢矫形器制造有限公司
1403033	电站锅炉煤粉参数在线测量技术及系统	上海理工大学、南京中能瑞华电气有限公司、南京瓦特科技有限公司
1404003	全自动冶金上料桥式起重机	卫华集团有限公司
1404005	ZRB400 智能乳化液保障系统成套设备	三一重型装备有限公司
1404008	油页岩开采机关键技术的研究与应用	太重煤机有限公司
1404010	桥门式起重机安全监控管理系统关键技术研究与应用	北京起重运输机械设计研究院
1404029	铝及铝合金十二辊型材矫整机	中国重型机械研究院股份公司、中国铝业股份有限公司西北铝加工分公司
1404030	ϕ340mm 排管锯机组的开发与关键技术研究	中国重型机械研究院股份公司、山东寿光巨能特钢有限公司
1404042	大功率海工可调桨推进系统	南京高精船用设备有限公司
1404044	一种水流宽度可调式热轧层流冷却上喷装置的研制	北京中冶设备研究设计总院有限公司
1404047	年产 1200 万 t 综采工作面超重型成套输送设备	宁夏天地奔牛实业集团有限公司
1405003	高效育苗及栽植机械化系统的研究应用	北京市农业机械研究所、北京京鹏环球科技股份有限公司
1405004	SLZ-30 型双螺杆高含油油料榨油机	中国农业机械化科学研究院、中机康元粮油装备（北京）有限公司
1405009	变量喷洒喷头产品开发及组合喷灌关键技术研究	江苏大学
1405010	蓝藻泥水分离与净化技术及成套设备开发	常州大学、江苏恒亮离心机制造有限公司
1405015	水泵系统运行节能关键技术及应用	江苏大学
1405019	雷沃 M2304-K 型轮式拖拉机	福田雷沃国际重工股份有限公司
1405021	雷沃谷神 4LZ-7N 型自走式谷物联合收割机	福田雷沃国际重工股份有限公司
1404003	全自动冶金上料桥式起重机	卫华集团有限公司
1406004	超大型快速真空插板阀（DN3000）	川北真空科技（北京）有限公司、西充九天真空科技有限公司
1406009	渣油加处理装置高压临“Y 形截止阀”	中核苏阀科技实业股份有限公司、中石化洛阳工程有限公司、中国石化股份公司长岭分公司
1406013	变频高效大排量压缩机 CHH110EV 技术开发	青岛海立电机有限公司
1406016	煤矿乏风瓦斯氧化利用关键技术与设备开发	淄博淄柴新能源有限公司
1406022	HH 级高抗硫井口装置及采油（气）树	上海神开石油设备有限公司、中国石油化工股份有限公司天然气工程项目管理部
1406023	废塑料薄膜分选设备开发及关键技术研究	山东理工大学
1406027	雨污水泵站节能关键技术研究	江苏大学、宁波巨神制泵实业有限公司、江苏国泉泵业制造有限公司、新界泵业集团股份有限公司、上海东方泵业（集团）有限公司
1406030	60 万 t/a 天然气液化项目超低温阀门	苏州纽威阀门股份有限公司、国家能源液化天然气技术研发中心、山东泰安昆仑能源有限公司
1406035	ZWX（1000 ～ 1800 ）大型蒸发循环泵	四川省自贡工业泵有限责任公司

（续）

项目编号	项目名称	完成单位
1406036	高炉冶炼喷煤球阀研发与应用	上海理工大学、凯泰阀门（集团）有限公司
1406039	化工和制药生产过程高效回收溶媒技术与装备	广东省佛山水泵厂有限公司
1406041	全自动多功能多制式制袋机的研究与应用	广东中包机械有限公司
1406043	高速圆柱形瓶盖曲面印刷机的研究与应用	广东隆兴包装实业有限公司
1406044	TDB 系列高效低能耗复合流道中空成形机生产线	苏州同大机械有限公司、江苏科技大学
1406046	三层共挤超宽幅外涂布型 PO 农用薄膜吹塑成套装备	广东金明精机股份有限公司
1406048	BL2880EK 高节能伺服控制超大型外曲式合模成形设备	宁波双马机械工业有限公司
1406050	4M50-31/23-95-BX 型新压缩机组研制	沈阳鼓风机集团股份有限公司、沈阳透平机械股份有限公司
1406057	2BEY 系列高压水环压缩机	淄博水环真空泵厂有限公司
1406058	高效节能可靠型潜水推流器	江苏亚太水处理工程有限公司
1406063	高落差长距离冷量输送及宽范围冷量调节控制技术在多联机中应用	青岛海尔空调电子有限公司
1406066	废旧汽车拆解回收处理成套装备	江苏华宏科技股份有限公司
1406073	降膜式空气源冷热水机组	南京五洲制冷集团有限公司
1406076	密闭式平板太阳能集热器研发及产业化应用	甘肃金川太阳能有限公司
1406077	高难度络合重金属废水处理药剂	北京弱水无极环保科技有限公司
1406078	高效节能复合型蒸发式冷却冷凝装备技术	洛阳隆华传热节能股份有限公司、西安交通大学
1406082	多层共挤管材挤出成型装备的关键技术研发与应用	德科摩橡塑科技（东莞）有限公司
1406085	Ge 系列全电动注塑机关键技术研发与应用	东华机械有限公司
1406086	液相循环油泵	沈阳工业泵制造有限公司
1407005	EAE4 加强型双列球面滚子轴承的研制	山东凯美瑞轴承科技有限公司
1407009	矿山振动机械用调心球面滚子轴承的研制	山东凯美瑞轴承科技有限公司
1407013	功能化专用轴承单元组合设计与制造技术研究	中山市盈科轴承制造有限公司
1407016	核级阀用柔性石墨填料	浙江国泰密封材料股份有限公司
1408001	沈阳机床重大型数控机床生产基地建设项目中小件涂装生产线	机械工业第六设计研究院有限公司
1408003	重庆小康动力有限公司发动机缸体铸造生产线项目	东风设计研究院有限公司
1408005	东风汽车有限公司花都工厂乘用车产能（60 万辆）扩建项目	东风设计研究院有限公司、东风汽车有限公司、东风日产乘用车公司
1408008	一汽－大众汽车有限公司成都 35 万辆轿车建设项目	机械工业第九设计研究院有限公司、一汽－大众汽车有限公司
1408009	总装车间机械化输送虚拟现实系统	机械工业第九设计研究院有限公司、一汽－大众汽车有限公司
1408012	太重（天津）滨海重型机械有限公司临港重型装备研制基地项目（一期）	中国联合工程公司
1408017	印度尼西亚北苏拉威西 2×25MW 燃煤电厂项目	中国联合工程公司
1408021	燃气供热系统烟气余热深度利用研究及应用	中国中元国际工程有限公司

（续）

项目编号	项目名称	完成单位
1408025	SGMW 乘用车搬迁一期技术改造项目涂装车间 M+E+U1 项目	中国汽车工业工程有限公司
1408026	全自动冷控多用途高效曲轴热处理中心的研制	中国汽车工业工程有限公司
1408039	QZR-3/2600 型机车牵引变压器绕线机	西安启源机电装备股份有限公司
1409002	时代智能化焊接系统	北京时代科技股份有限公司北方工业大学
1409006	节能环保乘用车车身涂装生产线	江苏骠马智能装备股份有限公司
1409007	环保高效拖拉机底盘自动涂装生产线	中国一拖集团有限公司
1409013	加工编程信息规范化与自动化系统	广州市德慷软件有限公司、珠海格力大金精密模具有限公司、广州大学
1409016	电涡流缓速器强制散热关键技术研究及应用	江苏理工学院
1409019	全自动喷涂设备	东莞丰裕电机有限公司
1409022	KJN 系列连续式氮气保护铝钎焊炉	盐城工学院、江苏康杰机械股份有限公司
1409024	汽车零部件功能性防护技术	武汉材料保护研究所、宁波赛宁电器有限公司、湖北金鹏机械有限公司、上海铁轩表面处理技术有限公司
1409025	螺杆泵转速优化方法研究及定子橡胶配方研制	沈阳工业大学
1409026	振声耦合场特性分析技术及其工程应用	沈阳工业大学
1409027	四杆扩张式管内检测行进器	常州大学南京南化建设有限公司
1409030	新型高性能耐磨铜合金及产品开发	镇江汇通金属成型有限公司江苏大学
1409031	喷涂机器人轨迹优化与离线编程技术研究	江苏大学、江苏骠马智能装备股份有限公司、江苏科技大学
1409034	射频 IC 卡内核组件全自动制造成套装备	浙江理工大学杭州奥士玛数控设备有限公司
1409038	轿车车身螺柱焊接自动化成套设备	深圳市鸿栢科技实业有限公司
1409041	本体结构优化的柴油机内部净化减排关键技术及应用	上海理工大学、上海柴油机股份有限公司
1409042	高亮度 LED 晶片表面纳米级抛光工艺及设备	中国电子科技集团公司第四十五研究所
1409050	大型客滚船低噪声舒适性技术研究及应用	中国船舶重工集团公司第七一一研究所
1409056	重型装备用关键部件基础共性技术研究	河南科技大学、机械科学研究总院先进制造技术研究中心
1409061	铸造轮鼓类铸件铁覆工艺研究及生产线研制	浙江省机电设计研究院有限公司
1409063	薄膜／织物表面低温等离子体连续处理技术及设备	苏州工业职业技术学院、苏州奥普斯等离子体科技有限公司
1409069	大型船用球墨铸铁曲轴技术研究及应用	广西玉林玉柴机器配件制造有限公司
1409074	党津潮汐电站机组海水环境腐蚀防护研究及应用	哈尔滨电机厂有限责任公司
1409079	W12LSZG-280X3000 重型全液压四辊卷板机研制	兰州兰石能源装备工程研究院有限公司、兰州兰石重型装备股份有限公司
1409083	铸铁件用复合陶瓷涂料的关键技术研究	沈阳铸造研究所
1410003	SAC3500 全地面起重机关键技术研究及应用	三一汽车起重机械有限公司
1410007	装载机用双变总成关键技术研究与应用	山推工程机械股份有限公司
1410009	复合式土压平衡盾构设备研制及其应用	中国铁建重工集团有限公司、中南大学

（续）

项目编号	项 目 名 称	完 成 单 位
1410010	工程机械关键零部件——电控变速箱及湿式驱动桥的研发及产业化	徐工集团工程机械股份有限公司科技分公司
1410018	XE900C 液压挖掘机	徐州徐工挖掘机械有限公司
1410024	装载机绿色设计的关键技术攻关及产业化	广西柳工机械股份有限公司
1410026	矿用重载大功率平地机研发及产业化	徐州徐工筑路机械有限公司
1410027	高效节能型 A 系列挖掘装载机关键技术研究及产业化	江苏柳工机械有限公司
1410028	大吨位 XF 系列叉车	杭叉集团股份有限公司
1410032	XD122、XD132、XD142 双钢轮高频振动压路机平台研发及产业化	徐工集团工程机械股份有限公司道路机械分公司
1410037	SQS450K 随车起重机	徐州徐工随车起重机有限公司
1410044	大吨位轮式起重机椭圆形吊臂关键制造技术研究与应用	中联重科股份有限公司
1410045	高适应性混凝土湿喷台车及其关键技术	中联重科股份有限公司
1411003	大功率内混式高氢燃气发电机组	淄博淄柴新能源有限公司
1411009	气液燃料燃烧理论及在动力机械中的应用	江苏大学、中国第一汽车股份有限公司无锡油泵油嘴研究所
1411011	16V170 柴油机设计开发	淄博柴油机总公司
1411018	WP7 配挖掘机专用动力开发	潍柴动力股份有限公司、山重建机有限公司、湖南机油泵股份有限公司、浙江科博达工业有限公司
1411019	蓝擎动力Ⅱ代开发	潍柴动力股份有限公司
1411023	CHD316V16 柴油机研制	河南柴油机重工有限责任公司
1411028	重型汽车发动机主要部件再制造研发与应用	中国重型汽车集团有限公司
1411035	船用水冷排气管关键技术的研究和应用	广西玉林玉柴机器配件制造有限公司
1412001	一种燃机机组导叶片立车加工方法改进	哈尔滨汽轮机厂有限责任公司
1412005	凸轮轴气体渗碳工艺改进创新	北京亚新天纬油泵油嘴股份有限公司
1412013	自主设计制造工装、实现蜗杆砂轮磨齿轮轴加工	中国第一拖拉机股份有限公司齿轮厂
1412014	CRH3 动车组调试操作技能实训装置	中国北车长春轨道客车股份有限公司
1412016	锯齿滑动式自动伸缩绗磨头	东北工业集团东光奥威汽车制造制动系统有限公司
1412017	水轮机精细化装配流程创新及应用	东方电机有限公司
1412018	弧焊机器人自动焊接技术创新应用	东方电机有限公司焊接分厂
1412021	铸造废砂再生循环利用关键技术	山东时风有限责任公司
1412028	国家重大专项 BM63150CZ 轴丝杠装配操作法	宝鸡机床集团有限公司
1412036	自动机三联阀、溶剂阀及喷枪的冲洗和监测系统	广汽三菱汽车有限公司涂装科创新工作室
1412037	刹车油管力矩自动防错设备的自动研制	四川一汽丰田汽车有限公司长春丰越公司
1412039	数字化车间现场生产信息及设备信息管理平台	一汽大众汽车有限公司
1412043	板料输送系统挡料器研发	一汽轿车股份有限公司
1412044	水喷淋式中冷器换热系统应用开发	中国第一汽车股份有限公司技术中心
1412045	汽车通过性参数测量装置设计	中国第一汽车股份有限公司技术中心

（续）

项目编号	项 目 名 称	完 成 单 位
1412053	发动机动力输出系统装置	东风汽车公司技术中心
1412054	磨屑磁性压榨固液分离装置	东风汽车商用车有限公司发动机厂
1412062	发动机缸盖水流分布测试平台的搭建	东风商用车有限公司技术中心
1412063	排气歧管温度场控制装置	东风商用车有限公司技术中心
1412067	商用车驾驶室车门系统开闭耐久试验台研制与应用	东风商用车有限公司技术中心
1412070	系列特种量检具在机械测量中的开发与应用	东风商用车有限公司技术中心
1413001	《激光光束宽度、发散角的测试方法以及横模的鉴别方法》（GB/T 13739—2011）	北京光电技术研究所、中国电子科技集团公司第十一研究所
1413007	国标《非公路旅游观光车用铅酸蓄电池》和《非公路旅游观光车安全使用规范》制定	国家工程机械质量监督检验中心、苏州益高电动车辆制造有限公司
1413008	《转换开关电器（TSE）选择和使用导则》（JB/T 10980）	上海电器科学研究所（集团）有限公司
1413012	GB 26133—2010《非道路移动机械用小型点燃式发动机排气污染物排放限值与测量方法（中国第一、二阶段）》	天津内燃机研究所
1413013	《架桥机通用技术条件》（GB/T 26470）和《架桥机安全规程》（GB 26469）	北京起重运输机械设计研究院
1413016	电磁屏蔽涂料的屏蔽效能测量方法研究	上海工业自动化仪表研究院
1413024	500kV 电力变压器突发短路试验系统	苏州电器科学研究院股份有限公司
1413033	永磁风力发电机制造技术规范	哈尔滨大电机研究所
1413035	GB 2382—2009《机械安全 防止上下肢触及危险区的安全距离》	中机生产力促进中心、青岛市华测检测技术有限公司
1413040	《爆炸性环境用非电气设备》防爆安全技术研究（GB 25286）	南阳防爆电气研究所有限公司
1413048	电工行业国际标准化发展战略实施规划研究	中国电器工业协会、中国标准化研究院
1413049	特种覆膜砂高温性能检测技术创新研究及应用	中国一拖集团有限公司
1413006	《燃油燃气锅炉房设计手册》（第 2 版）	中船第九设计研究院工程有限公司、机械工业出版社
1414009	《汽车发动机原理》（第 1 版）	清华大学、清华大学出版社有限公司
1414011	《大型自行式液压载重车》（第一版）	燕山大学、化学工业出版社
1414012	《测试技术基础》	杭州电子科技大学、高等教育出版社

〔来源：中国机械工业联合会〕

第九篇

企业风采

树立国机之品牌 展示企业之风采

中国机械设备工程股份有限公司(CMEC)，由中国机械设备进出口总公司通过整体改制更名，于2012年12月21日在中国香港成功上市。公司成立于1978年，是中国大型工贸公司。

CMEC是以工程承包为核心业务，以贸易、投资、研发及国际服务为主营业务的大型国际化综合性企业，是国际知名的工程承包商。工程承包业务范围涉及到电力能源、交通运输及电子通信、房屋建筑、工厂建设、环境保护、采矿以及资源勘探等多个领域。

CMEC承接的国际工程承包业务和一般国际贸易已经遍及世界五大洲150多个国家和地区。

CMEC以“让创想成真”为企业理念，不断致力于互利互惠、共同发展、和谐进步，努力成为在国际工程承包、国际贸易及相关服务业中全球领先的国际工程承包与服务商。

China Machinery Engineering Corporation (CMEC) was built on its predecessor China National Machinery & Equipment Import & Export Corporation through an overall reorganization. On December 21st, 2012, CMEC was listed in the Hong Kong Stock Exchange. Founded in 1978, CMEC is the first large engineering & trade company in China.

As a world-renowned engineering contractor, CMEC is a conglomerate taking engineering contracting as its core business and integrating trade, investment, R&D, and international service. The contracting business involves a broad range of areas such as electric power, transportation, electronic communications, housing & architecture, plant construction, environmental protection, mining and resource exploration.

CMEC has extended its business reach to more than 150 countries and regions in the fields of international engineering contracting and international trade in general.

CMEC embraces the corporate philosophy of “Create Ideas, Achieve Dreams”, and devotes itself to the promotion of mutual benefit, common development, and harmonious progress. CMEC is making every effort to build itself into an internationally leading contractor and service provider engaged in international contracting, international trade and related service industries.

http://www.cmec.com

传递中国工程价值
奉献 诚信 执着 创新

中工国际工程股份有限公司（简称“中工国际”）隶属于中国机械工业集团有限公司。中工国际成立于2001年5月，并于2006年6月在深圳证券交易所挂牌上市，是中国股市实施全流通股改后率先获准发行新股（IPO）的公司。

中工国际核心业务是国际工程总承包、海内外投资和贸易，具有丰富的国际工程总承包管理经验。截至目前已完成数十个大型交钥匙工程和成套设备出口项目，业务范围涉及亚洲、非洲、美洲和东欧地区，业务领域涵盖工业工程、农业工程、水务工程、电力工程、交通工程、石化工程及矿业工程等。已完成的项目获得了所在国家业主的广泛认可和好评。

中工国际拥有广泛的信息获取渠道和高效的管理团队，拥有长期而稳定的战略合作伙伴和良好的融资能力。

展望未来，在广阔的工程、投资及贸易领域，中工国际将积极进取、开拓创新，创造更加辉煌的明天！

2014年5月22日，尼泊尔博卡拉国际机场项目合同签署

2014年8月19日，乌兹别克PVC生产综合体建设项目合同签署

委内瑞拉比西亚联合循环电站项目

白俄罗斯40万吨纸浆厂项目

2014年11月5日，斯里兰卡南部调水项目合同签署

热磨机
连续压机

拖拉机

砂锯线

中国福马机械集团有限公司是中国专用设备研发、制造、销售的大型企业，是中国林业机械协会的会长单位。中国福马以“动力装备、林业装备、工程与贸易”为三大主业，形成了汽油机及配套机械、柴油机及配套机械、新能源动力及配套机械、人造板机械、造纸机械、森林种植采伐机械、机电产品贸易与工程总承包等七大业务板块。中国福马积累了小动力机械、摩托车制造及人造板机械制造几十年的生产经营经验，生产制造的各类人造板机械产品处于国内先进地位，是全国大型的摩托车发动机定点生产企业和摩托车上目录企业，公司产品处于国内领先水平，多次被中国质量协会用户委员会认定为“全国用户满意产品”。产品出口到美国、加拿大、日本、德国、东南亚等130多个国家和地区，享有较高市场声誉。

电站

全地形车

中国福马机械集团有限公司

地址：北京市朝阳区安苑路20号世纪兴源大厦　邮政编码：100029
电话：010-84898622、84898187　传真：010-84898421　网址：www.chinafoma.com

中国海洋航空集团有限公司

CHINA OCEAN AVIATION GROUP LIMITED

- 工程成套
- 国际经贸
- 航运航空
- 酒店旅游
- 区域开发
- 研发制造

地址：北京市海淀区翠微路36号
邮编：100036
电话：010-63984671
传真：010-63984670
网址：www.coagi.com.cn

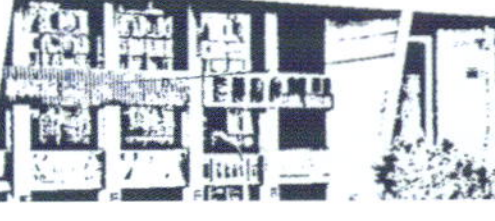

中国地质装备集团有限公司

CHINA GEOLOGICAL EQUIPMENT GROUP Co.,Ltd.

立轴式岩心钻机

KZ3000 型全液压深孔取心钻机

全液压动力头钻机

钻机车

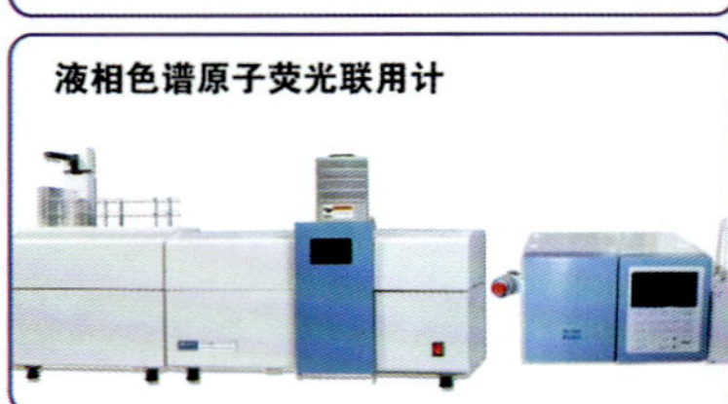

液相色谱原子荧光联用计

泥浆泵

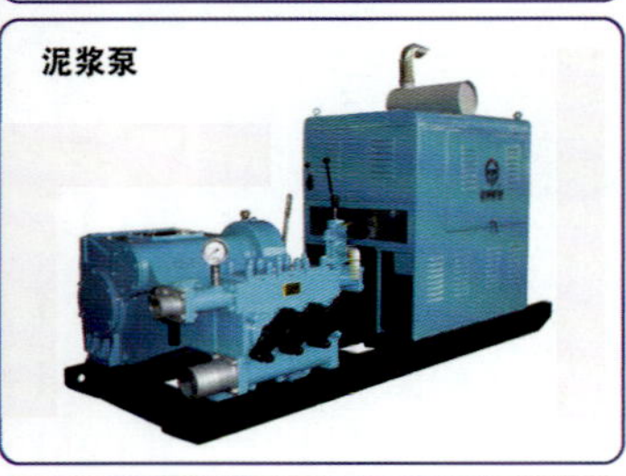

海洋钻

车载综合数字测井系统

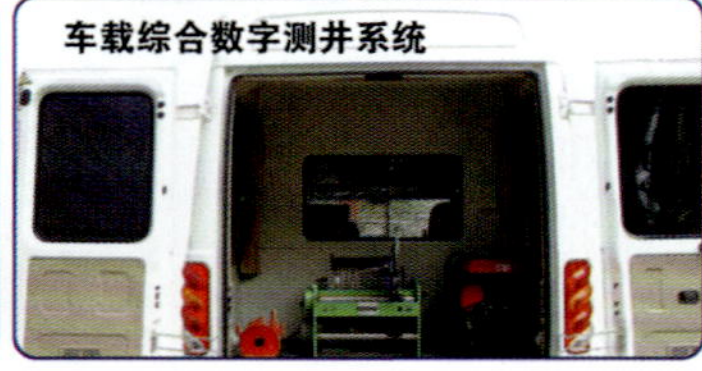

钻探工具

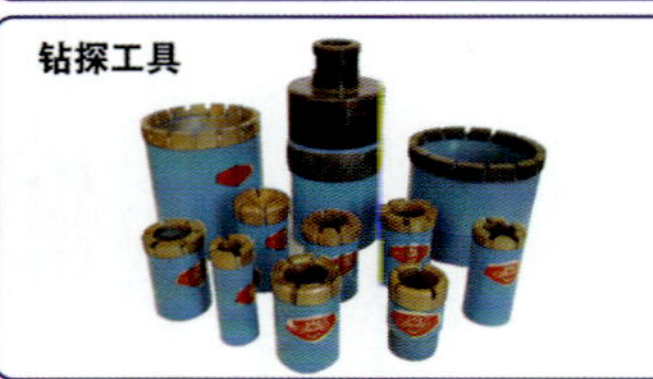

中国地质装备集团有限公司(简称中装集团)成立于1987年，前身是原中国地质机械仪器工业公司，1998年12月政企分开后，中装集团并入中国机械工业集团有限公司（国机集团，世界500强企业）。中装集团作为全国大型的地质专用设备的生产企业，近些年始终跻身于行业技术发展的前沿，并发挥着引领和带头作用。在经济总量不断提升，经济效益不断提高的同时，充分发挥了大型国有企业应该承担的社会责任和行业主力军的作用。

近年来，中装集团还积极拓展新的经营领域，实施“走出去”战略，充分发挥企业自身在行业内优势，延伸产业链，拓展工程承包和贸易业务，构建外贸经营平台。中装集团曾先后成功承担了50多项国家技术创新项目和重点新产品开发项目，有多项产品运用于国家重点建设项目中，取得了良好的社会和经济效益。

地址：北京市朝阳区望京西园 221 号博泰大厦　邮编：100102
电话：64789688　传真：64789866　网址：www.cgeg.com.cn

中国建设

中国机械工业建设集团有限公司

CHINA MACHINERY INDUSTRY CONSTRUCTION GROUP INC.

中国机械工业建设集团有限公司（中国建设，SINOCONST）是我国成立较早的大型国有施工企业之一，是主管部门批准的工程施工总承包特级企业，拥有房屋建筑工程施工总承包特技资质、建筑行业甲级设计资质、冶炼工程施工总承包壹级、化工石油工程施工总承包壹级、市政公用工程施工总承包壹级、机电安装工程施工总承包壹级、AAA级资信等级和主管部门批准的对外经营权。公司倡导以高素质的队伍提供高效率的服务，以高效率的服务建设高品质的工程，以高品质的工程发展高效益的企业。我们始终致力于与各界朋友合力同行，创新共赢！

电力工程

交通工程

市政环保工程

钢结构工程

工业工程

公共与民用建筑工程

地址 Add： 中国 北京 西城区三里河路南5巷5号

邮编 PostCode：100045 电话 Tel：+86-10-68595600

传真 Fax：+86-10-68524881

网址 Web Site：http://www.sinoconst.com.cn

中国机床总公司
中国机床销售与技术服务有限公司

求真务实 | 持续创新
引领行业 | 合作共赢

地址：北京市丰台区南四环西路128号诺德中心4号楼16层（100070）
电话：+86-10-59029399
传真：+86-10-59029300
邮箱：ic@cnmtc.net
网址：www.cnmtc.net

中国重型机械有限公司成立于1980年，是以工程总承包、带资运营、贸易和服务为主营业务的工程总承包综合服务企业，业务领域覆盖冶金、矿山、交通、建材、电力、水务、环保、化工、生物能源、农产品仓储及加工等行业领域。

中国通用机械工程有限公司（简称中通公司），成立于1979年，隶属中国机械工业集团有限公司。

中通公司是集工程承包、设备集成、技术服务、进出口贸易为一体的专业工程公司。

中通公司拥有对外工程承包经营、进出口贸易、甲级机械工程设计、甲级设备监理资质、压力容器和环境工程专项设计资质，是中国机电产品进出口商会、中国对外工程承包商会会员单位。

中通公司业务涉及城市污水治理、工业废水废气及粉尘治理、城市湖泊水体治理、固体垃圾处理、城市供水供热、轨道交通、电厂电站及石油化工、煤化工等领域。国内业务范围遍及除西藏、中国台湾之外的各个省份；国际市场业务涉及亚、非、欧、美等地区的20多个国家。

中通公司坚持诚信为本、创新为魂、客户至上、追求卓越，拥有一支经验丰富的工程设计和项目管理人才队伍，形成了完整的业务链条和工程项目组织管理模式。30多年来，累计完成各类项目3000多个，获得国家科学技术进步奖和省部科技进步奖等各类奖项72项，已成为管理科学、资产优良、勇于承担社会责任的中央企业。

GME 中通公司

中国通用机械工程有限公司

China National General Machinery Engineering Corporation

地址：北京市西城区太平街甲2号 邮编：100050 电话：010-83132008 传真：010-83132001

http://www.cgme.com.cn E-mail：cgme@cgme.com.cn

中国自动化控制系统总公司

China National Automation Control System Corp.

中国自动化控制系统总公司（中国自控）成立于1981年，隶属于中国机械工业集团有限公司（国机集团），是集科、工、贸于一体的国有独资公司。

中国自控自成立以来，凭借自身雄厚的技术研发实力、丰富的工程实践和项目管理经验，完成了国内外各种项目数千余项，与世界上80多个国家和地区建立了工程项目和贸易往来。中国自控曾荣获国家技术装备研制成果特等奖、突出贡献奖等奖项，以及省、市等各级项目单位的奖励与表扬。

▲ 自动化工程

▲ 发电工程

▼ 输变电工程

诚信 和谐 创新 发展

中国自控不仅从事国内外电力、石化、冶金、轻纺、建材、交通、矿山、市政等传统行业的工程建设，还涉足节能环保、新能源信息化等新兴领域的开发建设。主要业务包括工业自动化、建筑智能化、计算机管理系统集成；机电产品的研发、制造和销售；工程项目的设计、咨询服务、软件开发、设备成套、施工、安装调试、投运、运保服务等，具有相关行业的工程总承包能力。

在科学技术飞速发展的新时代，中国自控将与时俱进，抓住机遇，不断创新，以质量求发展，以服务创品牌，与合作伙伴共创美好的明天！

地址：北京市朝阳区团结湖北路2号
电话：010-65823388
传真：010-65821616
网址：http://www.cacs.com.cn
邮编：100026

中国国机重工集团有限公司
装备世界·创造价值
中国国机重工集团有限公司(国机重工)成立于 2011 年 1 月，是世界 500 强企业中国机械工业集团有限公司(国机集团)的全资子公司，是由国机集团旗下工程机械业务资源重组整合改制而成立的大型装备制造企业集团。
国机重工现有 28 家控股和参股企业，其中 1 家上市公司、4 家海外公司，拥有天津、常州、洛阳、西南(泸州)四大产业基地。与工程机械行业世界知名企业韩国现代、日本小松、美国特雷克斯等组建合资企业，合作机构遍布全球 100 多个国家和地区。
国机重工业务领域涉及工程机械及相关重工领域的研发制造、服务、工程承包和贸易。在工程机械研发与制造领域，国机重工具备实力雄厚的科技研发能力和生产制造能力。拥有 1 个国家工程机械研究院、2 个国家企业技术中心、2 个企业博士后科研工作站、1 个机械工业质量监督检测中心。产品覆盖铲土运输机械、压实机械、路面机械、挖掘机械、桩工机械、工程起重机械、混凝土机械、市政环卫机械及零部件等种类，达数十个系列、上百个品种。主要包括：装载机、挖掘装载机、平地机、压路机、垃圾压实机、摊铺机、路面冷再生机、热再生机组、铣刨机、液压挖掘机、推土机、旋挖钻机、工程起重机、工程机械零部件等。
在工程机械服务领域，国机重工为客户提供施工项目解决方案、融资租赁销售、后市场、再制造、试验检测、第三方物流、展会服务、OEM 配套业务等多项服务。
在工程承包与贸易领域，国机重工联合国内外知名企业共同完成多项重点项目，在非洲、亚洲、欧洲市场实现了多项公路、机场、太阳能电站 EPC 总承包工程。同时，在工程成套设备供货、国际合作和营销拓展等方面有着丰富的经验；在石油设备、矿山机械、机械成套设备贸易等方面有优质的合作伙伴及稳定的业务渠道。
展望未来，国机重工将始终牢记“装备世界，创造价值”的发展使命，推崇“创新、自强、合作、共生”的核心价值观，坚持“诚信为本、品质为精、机制为魂、适而致远”的经营理念，在国机集团的大力支持下，为更好地打造工程机械及相关重工领域世界一流服务制造商而阔步前进。
中国国机重工集团有限公司
China SINOMACH Heavy Industry Corporation
地址：北京经济技术开发区天华北街 10 号院 3 号楼　邮编：100176　电话：010-57387999　传真：010-57387977
www.sinomach-hi.com

国机财务有限责任公司(简称国机财务)是于2003年7月成立的非银行金融机构。公司股东为中国机械工业集团有限公司（简称国机集团）及26家集团成员单位，注册资本11亿元。

国机财务以“依托集团资源，服务集团发展”为使命，确立以打造“集团产业链金融综合服务商”为功能定位和发展愿景，贯彻落实“立足于完善改进自身服务能力、立足于客户服务中的团队化合作、立足于与客户建立多层级和全方位的信息沟通渠道、立足于满足客户个性化的金融需求”的“四个立足”经营理念，不断完善“团队化、规范化、专业化、市场化”的“四化”运行机制，努力通过金融服务品种创新，形成自身差异化、特色化的比较优势，为国机集团提供金融服务的同时不断提升自身服务价值与创造能力，增强公司可持续发展能力，为国机集团成员企业的经营发展提供有力的金融支持。

国机财务有限责任公司以项目封闭融资方式支持中缆公司科威特电缆供货及安装项目

国机财务有限责任公司以买方信贷方式支持中国福马向广西得力提供人造板生产线项目

国机财务有限责任公司以融资租赁融资方式支持苏美达光伏电站投资建设项目

国机财务有限责任公司

SINOMACH FINANCE CO.,LTD.

地址：北京市海淀区丹棱街3号A座　邮编：100080
电话：010-82606800　传真：010-82606805
http://www.sinomf.com

公司概况

国机汽车股份有限公司（简称“国机汽车”）是世界500强企业中国机械工业集团有限公司（简称“国机集团”）旗下一家大型汽车综合服务企业。在中国汽车流通协会发布的“中国汽车经销商集团百强排行榜”中，国机汽车位列前茅；在财富中国发布的中国上市公司500强排名中，位居第73位。

2011年10月，根据发展战略，国机集团通过资产置换方式，将其所属中国进口汽车贸易有限公司(简称“中进汽贸”)资产，整体注入上市公司，并成立国机汽车(股票代码：600335)。公司股本总数6.27亿股，注册资本6.27亿元。

凭借20年专注于进口汽车市场的丰富经验，国机汽车自重组上市以来，逐步构建起以进口汽车贸易服务为核心业务，汽车零售、汽车后市场为重点拓展业务的全新业务结构;培育出覆盖进口汽车贸易服务全链条的核心能力体系，先后与克莱斯勒、进口大众、通用、福特、捷豹路虎等跨国汽车公司建立起了良好合作关系。

2014年，国机汽车实现销售收入903.44亿元，同比增长超过13.74%；归属于上市公司股东的净利润8.55亿元，同比增长12.58%；每股收益1.3852元，同比增长11.68%。

基于稳定提升的经营业绩与持续完善的公司治理，继2013年成为上证380指数样本股、公司治理指数样本股、荣获中国证监会投资者保护局“2012年上市公司投资者保护状况评价”A 类评级后，2014年，国机汽车再次入选上证社会责任指数样本股，同时被调入上证基本面200指数，并成为融资融券和沪港通标的股。此外，国机汽车还荣获“上市公司诚信50强企业”称号、金圆桌奖“优秀董事会”“最具创新力董秘”“金治理·上市公司优秀董秘”等多项殊荣。

未来，国机汽车将继续秉承“为造车人服务，为卖车人服务，为用车人服务”的理念，以“让汽车生活更美好”为企业愿景，致力于成为“行业领先的汽车综合服务提供商”“优秀的上市公司”，持续为合作伙伴、为员工、为社会创造价值。

国机汽车股份有限公司
SINOMACH AUTOMOBILE CO.,LTD

全链条 菜单式 高效率服务体系

订货管理 财务支持 » 海关核价 通关 PDI » 仓储物流 » 分销与销售 » 市场与 渠道开发

主营业务

汽车批发及贸易服务

创新业务及服务模式，成为多家知名跨国汽车企业的总包销商和全链条服务提供商。作为跨国汽车企业在中国的战略合作伙伴，目前，公司主要服务的进口汽车品牌包括进口大众、克莱斯勒、JEEP、道奇、捷豹、路虎、别克、雪佛兰、福特等。2014年，国机汽车进口汽车批售市场占有率达21.96%，每5台进口汽车中就有1台是由国机汽车提供服务的。

超越客户期待，创新增值服务，携手既有战略合作伙伴，推动进口汽车贸易服务业务稳健持续发展。2014年，公司在天津港、上海洋山港所拥有的仓储库容年吞吐能力超过24万辆；建有9条标准化PDI检测线，日上线检测能力达600台次。2014年，公司顺利实现克莱斯勒、福特两大品牌在天津、上海的双港运作。

汽车零售服务

着眼于中高端品牌，积极布局具有增长红利的地区。通过“批发+零售”模式打造4S店集群，发挥综合优势，实现区域式发展。目前，公司参、控股4S店50余家，代理汽车品牌近20个，其中包括：宾利、捷豹路虎、宝马、奔驰、奥迪、雷克萨斯、英菲尼迪、进口大众、克莱斯勒、JEEP、道奇、雷诺、进口三菱、广汽本田、东风本田等。

汽车后市场业务

积极拓展业务领域，增强全链条服务能力。目前，后市场服务领域主要涉及汽车租赁、二手车、汽车改装、汽车电子商务、汽车信息服务等，涵盖汽车流通的全生命周期，初步形成汽车全链条服务体系，实现了体系内各项业务相互促进的良性发展局面。

国机汽车股份有限公司 地址：北京海淀区中关村南三街6号（100190） 电话：+86-10-82169288 http://www.sinomach-auto.com

地址：北京市海淀区中关村丹棱街3号 A座
邮编：100080
电话：(010)82606899 82606999
传真：(010)82606999
Http://www.cnaico.com.cn
E-mail:cnaico@cnaico.com.cn

CNAICO
中汽国际

中国汽车工业国际合作有限公司（中汽国际）是大型中央企业集团、世界500强企业——中国机械工业集团有限公司的全资子公司。

公司主要从事国际展览、国际贸易、工程成套和文化传媒业务，以及与这些业务相关的实业投资。中汽国际拥有24个投资企业。最近几年，公司连续被评为"中国会展业十大影响力会展公司"、"具有影响力展览公司"，获"中国上佳出展组织奖"和"中国汽车贸易具有影响力品牌"等荣誉，已经发展成为中国汽车会展界规模大、实力强的中央企业。

国际展览是中汽国际的核心主业，公司拥有20多年的办展经验和专业的办展团队。本着"为造车人服务、为卖车人服务、为用车人服务"的办展理念，经过多年努力，中汽国际已形成国内外自主办展、代理出国展览、展览工程服务等完整的展览业务体系，在国内30多个大中城市举办了众多国际性和地域性相结合的汽车展览，每年独立或参与主承办的展览面积超过200万平方米。特别是参与主承办的"北京国际汽车展览会"和"上海国际汽车零配件、维修检测诊断设备及服务用品展览会"，成功跻身世界百大商展。

在国际贸易领域，中汽国际积极开展全球性经济技术合作，主要从事汽车整车、汽车零部件以及其它机电类产品的进出口贸易，市场范围遍及亚洲、欧洲、拉丁美洲和非洲等众多国家和地区。公司在汽车整车出口和关键零部件进口方面具有较强的市场竞争优势，也是国内实力较强的嘉实多车用油品服务商和经销商。

在工程成套领域，公司主要从事电站设备成套出口业务，是中国电站设备出口印度的主要服务商。

在文化传媒领域，公司立足于汽车与机械等传统行业领域，为客户提供广告策划、行业咨询及人才交流为主导的相关服务。

秉承"求实创新，和谐共赢"的价值理念，坚持走"展贸结合、展贸并举"的特色发展道路，中汽国际致力于成为国内领先、国际知名，以现代会展服务和国际贸易为主体的综合性汽车服务贸易企业。

2014（第十三届）北京国际汽车展览会

中国（澳门）国际汽车博览会

上海国际汽车零配件、维修检测诊断设备及服务用品展览会

查特中汽深冷特种车（常州）有限公司装配车间

印度MEPL2x150MW项目现场

出口乘用车

中国国际农业机械展览会主场运营现场

中国汽车人才论坛

国机资产管理公司
SINOMACH CAPITAL MANAGEMENT CORPORATION

国机资产管理公司成立于2011年1月26日，是中国机械工业集团有限公司的全资子公司，是以资产管理、资产运营业务为主，以国际贸易、战略投资业务为辅的综合性资产管理公司。

公司根据国有经济结构布局战略性调整的要求，围绕国机集团改革重组总体部署，服务国机集团内部资源整合，坚持市场化、企业化运作的原则，有效促进资产流转和资本流动，参与新兴产业孵化培育，为实现国机集团产业结构调整、快速成长为具有国际影响力的大企业集团服务。

公司前台

2014年5月5日公司战略规划、企业文化和人力资源管理咨询项目启动大会在公司总部召开。

2014年5月13日公司所属CMIC与中国二重重组启动大会在国机集团总部召开。

2014年6月18日公司在无锡市与恒东科技签署智慧社区战略合作框架协议。

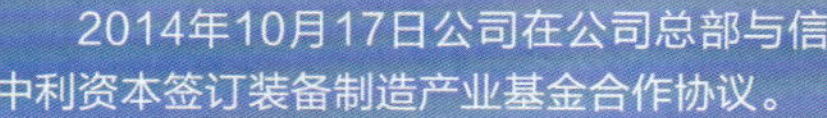

2014年10月17日公司在公司总部与信中利资本签订装备制造产业基金合作协议。

2014年11月15日公司党员大会在公司总部召开，会议选举产生了中共国机资产管理公司新一届委员会和纪律检查委员会。

地址：北京市朝阳区朝外大街19号华普国际大厦11层 邮编：100020
电话：010-65802288 传真：010-65802010
http://www.sino-capital.com.cn

现代农业工程技术装备的引领者

从种子繁育加工到收获、从饲料饲养到屠宰、从储藏保鲜到食品包装，提供从田间到餐桌全产业链的工程技术解决方案。

- 农作物全程机械化装备
  - 小麦全程机械化装备 · 玉米全程机械化装备 · 水稻全程机械化装备 · 马铃薯全程机械化装备
- 畜牧业全程工程装备
  - 饲草全程机械化装备 · 饲料加工全程机械化装备 · 饲喂成套设备 · 有机肥生产全程机械化装备
- 食品加工工程装备
  - 果蔬储藏与加工 · 畜禽屠宰 · 粮油加工 · 薯类加工
- 可再生能源工程装备
  - 秸秆收集 · 废弃物处理 · 冰蓄能 · 太阳能与风能

10kg/s通用型多功能谷物（稻、麦、豆）联合收割机

中国农业机械化科学研究院
Chinese Academy of Agricultural Mechanization Sciences

中国农业机械化科学研究院成立于1956年，是以自主创新为核心竞争力、以高端农机产品制造为主体，集科、工、贸，产、学、研为一体的现代高端制造企业集团。“中农机”系列品牌成为中国农业装备行业的知名品牌。

中国农机院肩负全面装备现代农业的历史使命，让广大农民实现文明生产、体面劳动的基本愿望，使中国农业插上信息化和智能化的双翼，引领农业现代化的未来。

地址：北京朝阳区德胜门外北沙滩一号　邮编：100083　电话：010-64882223　传真：010-64877326　http://www.caams.org.cn

中国中元国际工程有限公司
CHINA IPPR INTERNATIONAL ENGINEERING CO., LTD.
IPPR
北京大学第三医院
地址：北京市海淀区西三环北路5号 邮编：100089 电话：（010）68458355 传真：（010）68732688 网址：http://www.ippr.com.cn 邮箱：office@ippr.net

BMHRI
北京起重运输机械设计研究院
BEIJING MATERIALS HANDLING RESEARCH INSTITUTE
搬动世界
传递真情
29

中国二重生产环境

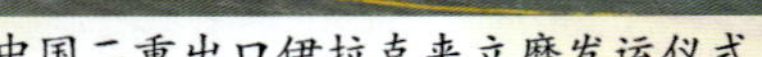

中国二重出口伊拉克夹立磨发运仪式

中国二重研制的CAP1400核电半速转子首件发运仪式

中国第二重型机械集团公司（简称中国二重）位于四川省德阳市，始建于1958年，是中国重大技术装备研制基地，是关系国家安全、关系国民经济命脉的基础性、战略性企业。2013年，整体产权无偿划入国机集团，成为国机集团全资子企业。

具有强大的产品研发、设计和制造能力，旗下有国家技术中心、工程实验室和博士后工作站，有以当今世界大型的800MN模锻压机、160MN自由锻压机为代表的生产设备6 600余台，具备一次性冶炼1 000t钢水、浇注600t钢锭、产出550t成品铸件及400t成品锻件的能力，可按国际、国内标准及不同等级、规格和用户需求提供冶金成套设备、核电、水电、火电成套铸锻件、重型压力容器、大型传动件、大型航空模锻件等各类重大技术装备制造服务。

50多年来，为冶金、矿山、能源、交通、汽车、石油化工、航空航天等国民经济各部门和国防建设提供了近200万t重大技术装备，积淀了深厚的技术实力和服务经验，在国家重大技术装备国产化的进程中发挥了不可替代的重要作用。

中国二重将着力走有质量、有效益、可持续的发展道路，大力开拓市场，加快产品结构调整，增强自主创新能力，提升企业管理水平，努力成为具有国际竞争力的重大装备制造服务商，为振兴民族装备制造业，推进中国从装备制造大国走向装备制造强国不懈努力。

中国第二重型机械集团公司

地址：四川省德阳市珠江西路460号　邮编：618000
电话：0838-2342114　传真：0838-2201998
http: //www.china-erzhong.com　E-mail：erzhong@china-erzhong.com

上市股票：
A 股/ 一拖股份 601038
H 股/ 第一拖拉机 00038
新的生活从东方红®开始
智锐系列动力换挡拖拉机
LF2204
金色服务 在您身边
ATTENTIVE SERVICE AROUND YOU
免费服务电话：4006591899
www.ytogroup.com
YTO 中国一拖
YTO GROUP

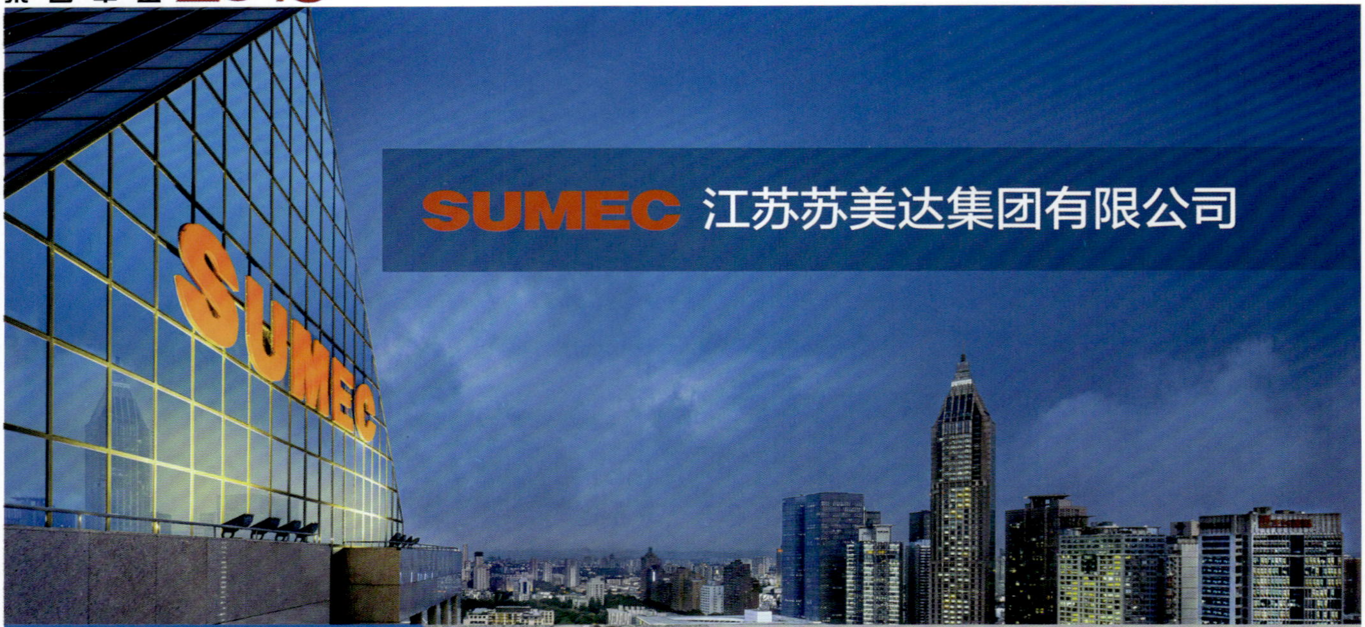

SUMEC 江苏苏美达集团有限公司

动力工具
发电设备
纺织服装
机电设备进口
大宗商品贸易
清洁能源
成套工程
船舶工程
投资发展

江苏苏美达集团有限公司

江苏苏美达集团有限公司（SUMEC）成立于1978年，是世界500强企业中国机械工业集团有限公司（SINOMACH）的重要成员企业。经过近40年的发展，公司业已成为专注于贸易与服务、工程承包、投资发展三大领域的国际化、多元化现代制造服务业集团。

苏美达集团秉承“融汇全球资源，共享人类文明”的使命，创新超越，行稳致远，致力于成为世界一流企业。

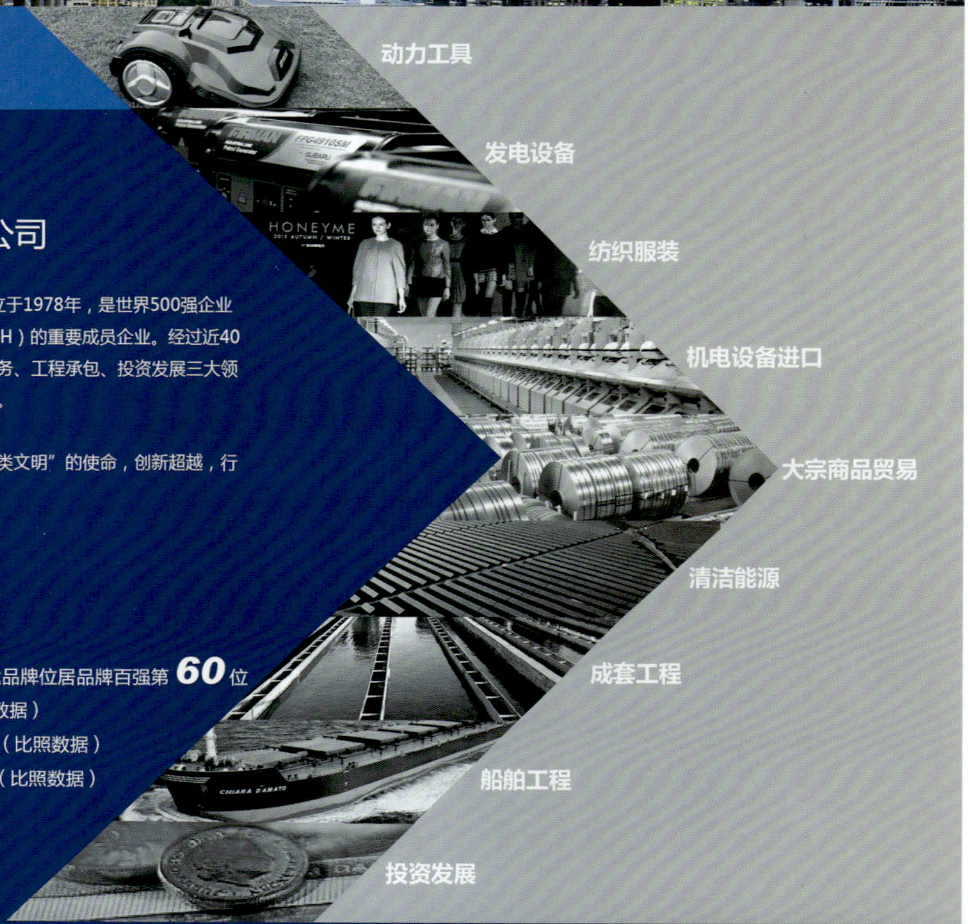

2014CCTV中国品牌价值评价 苏美达品牌位居品牌百强第 **60** 位
中国企业500强第 **322** 位（比照数据）
中国服务业企业500强 第 **107** 位（比照数据）
中国对外贸易企业500强第 **88** 位（比照数据）
中国进口规模百强企业第 **54** 位
中国出口百强企业第 **22** 位

电话：(025)8451-1888
传真：(025)8441-1772
网址：www.sumec.com
E-Mail：contact@sumec.com.cn
总部地址：江苏省南京市玄武区长江路 198 号苏美达大厦
邮编：210018

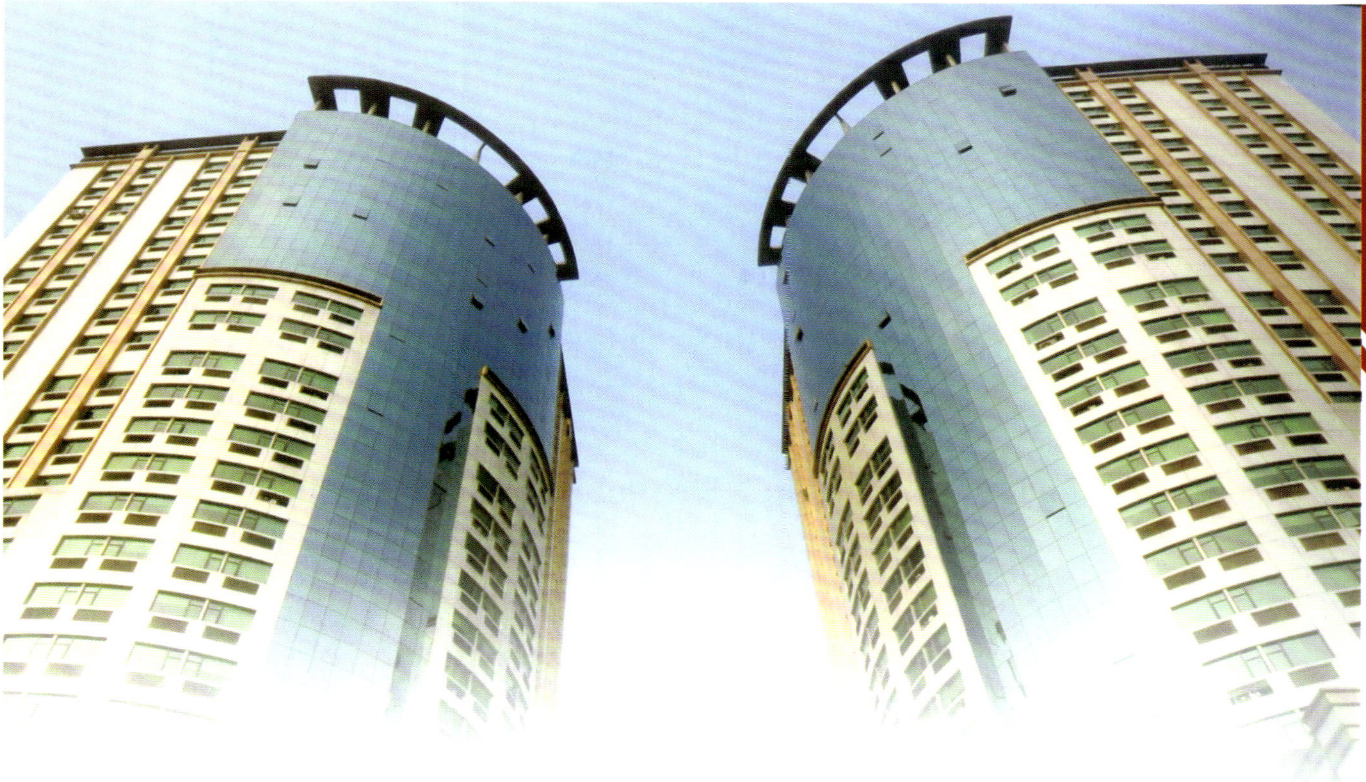

中国浦发机械工业股份有限公司
China Perfect Machinery Industry Corp.,Ltd.

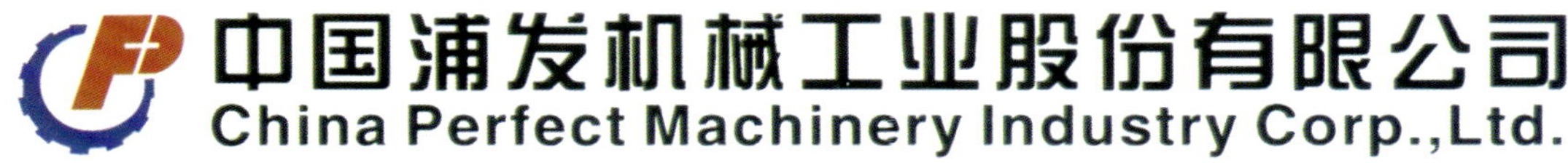

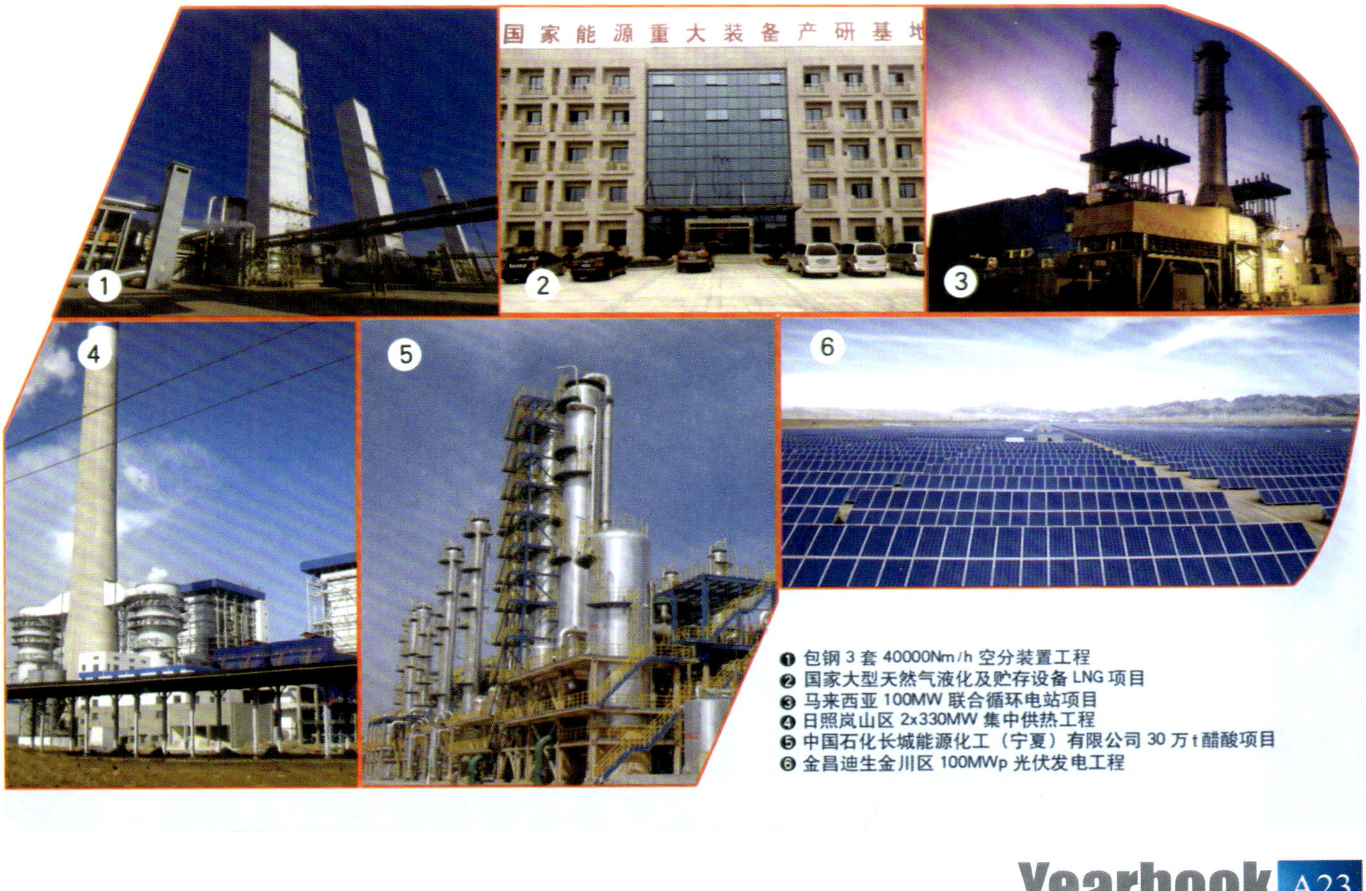

1. 包钢3套40000Nm/h空分装置工程
2. 国家大型天然气液化及贮存设备LNG项目
3. 马来西亚100MW联合循环电站项目
4. 日照岚山区2x330MW集中供热工程
5. 中国石化长城能源化工（宁夏）有限公司30万t醋酸项目
6. 金昌迪生金川区100MWp光伏发电工程

打造"国内领先 国际知名"的工磨具企业集团

TO BUILD THE LEADING AND GLOBALLY RENOWNED ENTERPRISING GROUP THAT DEVELOPS CONVENTIONAL AND SUPERABRASIVE TOOLS.

· 中国大型的综合性磨料磨具制造企业
· 中国超硬材料制品和棕刚玉材料生产龙头企业
· 中国磨料磨具行业领先的综合性研究机构
· 中国大型的磨料磨具产品出口商

国机精工有限公司 SINOMACH Precision Industry Co.,Ltd.

国机精工有限公司（简称"国机精工"）是世界500强企业中国机械工业集团有限公司的重要成员企业，是以自主创新为核心竞争力、以高端工磨具产品制造与服务为主体，集科、工、贸为一体的现代高科技制造企业集团。

国机精工主营业务涵盖工磨具行业及相关领域的研发制造、贸易服务和行业服务与技术咨询等三大领域，具有普通磨料、普通磨具、涂附磨具、超硬材料及制品、行业专用设备与检测仪器等产品的研发、生产、销售和服务，以及磨料磨具检测、标准、计量、信息等行业服务工作和进出口业务，构建了覆盖磨料、磨具、超硬材料及制品、行业装备的完整产业链。旗下拥有中国机械工业国际合作有限公司、郑州磨料磨具磨削研究所有限公司、白鸽磨料磨具有限公司、贵州达众第七砂轮有限责任公司等行业知名企业。

国机精工秉承国机集团"引领机械工业前进方向，创新机械工业发展道路"的使命，通过行业资源整合与持续创新，推动结构调整，转型升级，构建充满活力的企业生态系统，努力打造科工贸一体、产融结合、"国内领先、国际知名"的工磨具企业集团。

研发与制造

· 超硬材料制品
· 普通磨料
· 固结磨具
· 涂附磨具
· 行业装备

贸易服务

· 工业材料
· 工磨具
· 成套装备

行业服务与技术咨询

· 工磨具行业会展
· 工磨具行业技术咨询
· 工磨具行业制造解决方案

地址：河南省郑州市高新技术开发区梧桐街121号
邮编：450001 电话：0371-86617052 传真：0371-86615352
网址：www.sinomach-pi.com E-Mail：gjjg@sinomach-pi.com

CHINA UNITED ENGINEERING CORPORATION

中国联合工程公司是以原机械工业第二设计研究院为核心
联合多家国家甲级勘察设计单位组建的大型科技型工程公司
隶属于中央大型企业集团、世界五百强企业——中国机械工业集团有限公司
总部设在杭州

公司在职员工6000多人，工程技术人员占95%以上，曾有7名院士在我公司工作，现有中国工程院院士1人，全国勘察设计大师7人、“新世纪百千万人才工程”国家人选1人、享受政府特殊津贴专家99人、高级技术职称专家965名(含教授级高工151名)、各类国家一级注册工程技术人员1100人次。

公司具有工程设计综合甲级资质、工程总承包资格、房屋建筑施工总承包一级资质；具有多个行业的工程咨询甲级资质、城市规划编制甲级资质和多个专项设计甲级资质；具有直接对外经营权。

公司设有工业工程、民用工程、能源工程、工程建设、工业装备、规划市政、国际业务等业务板块；拥有中机中联工程有限公司、中联西北工程设计研究院、机械工业勘察设计研究院、杭州信安建设监理有限公司等多家全资子公司。

作为我国早期组建的国家大型综合性设计单位之一，公司设计了以哈尔滨电气、上海电气、东方电气三大动力基地为代表的一大批国家装备制造业骨干企业，设计了300多座电厂，数以千计的标志性民用建筑。经过六十多年的纵横驰骋和市场竞争的风雨磨砺，中国联合服务领域早已从单一的机械行业扩展到各类工业、电力、建筑、市政等十几个行业，成为国内先期获得工程设计综合甲级资质的企业。同时，公司服务方式也从工程设计向前后延伸到工程建设全过程、全方位，在继续做精做强设计咨询业务的同时，积极开拓工程总承包、项目管理和项目代建业务，大力提升EPC能力，积极参与国际竞争。

公司始终遵循“与顾客共同创造价值”的经营理念，完成了20000多项大中型工程；主编、参编国家、地方和行业标准、规范100余项；获得国家科技进步奖28项(一等奖2项)、国家各类工程技术奖100余项、各类省部级奖1000多项。

公司连年被授予“重合同守信用”企业称号，获得AAA企业信用评定等级。在全国一万多家勘察设计单位综合实力和营业收入排名中，连年进入百强榜；在美国《工程新闻记录》ENR对中国工程设计企业60强的统计排名中，连年榜上有名。

公司将凭借强大的综合优势，竭诚为国内外业主提供各类工程建设全方位、全过程服务。

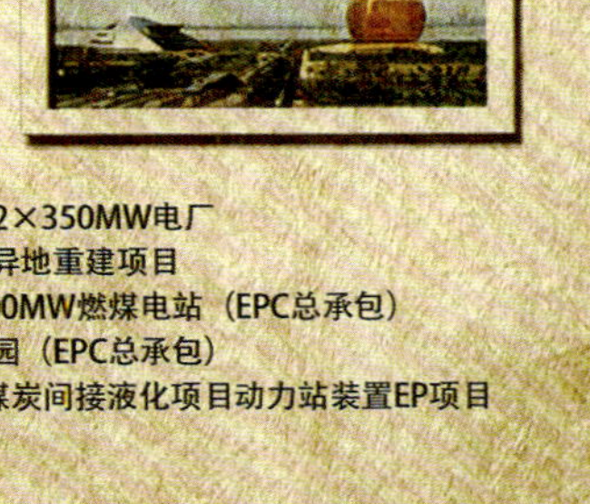

① 印度尼西亚AWAR AWAR 2×350MW电厂
② 东方汽轮机有限公司灾后异地重建项目
③ 哥伦比亚1x185MW+1x300MW燃煤电站（EPC总承包）
④ 浙江海外高层次人才创新园（EPC总承包）
⑤ 神华宁夏煤业400万 t/a 煤炭间接液化项目动力站装置EP项目
⑥ 杭州凯德来福士广场
⑦ 浙江美术馆（EPC总承包）
⑧ 杭州国际会议中心

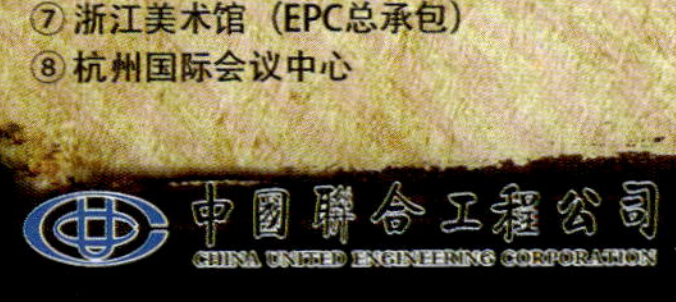

总部地址：浙江省杭州市石桥路338号　邮编：310022
联系电话：0571-88151857　传真：0571-88137083　公司网址：www.chinacuc.com

志存高远 成人达己

中国汽车工业工程有限公司成立于2005年10月，是由原机械工业第四设计研究院和机械工业第五设计研究院合并重组而成，隶属于中国机械工业集团有限公司，总部设在天津，现有职工近3700余人，其中技术人员达2500人。

具有国家颁发的工程勘察、设计、咨询、制造、监理、环评等甲级资质证书26项。在50年的历史发展中取得了辉煌的成绩，尤其是在汽车工程规划设计、工程总承包和汽车生产装备的供货方面已确立了自身的优势地位。

致力于工厂建设的精益化设计和低成本运行的绿色工程建设，业务从单一的机械工厂建厂设计转型升级为从产品选择咨询、工程建设、装备供货、生产指导、培训的全产业链业务，业务能力达到了国际水平。

长期以来，为合资企业和国内各大汽车集团提供技术服务，承担整体工程设计、技术改造、工程总承包、生产线供货、工程建设管理、监理，在国内汽车工程建设领域享有很高声誉。公司业务进入国内一流大汽车集团和国际品牌的高端客户，成功承接了奔驰、宝马、路虎（捷豹）、大众、沃尔沃、通用等世界知名品牌的国内合资项目。实现了国内领先，达到了国际水平，形成了依靠技术、品牌承接项目的优势。

在工程机械、矿山机械、医药、电子、电力、民用建筑等行业的工程设计、铸造工艺设计、铸造装备的供货、工业炉承包具有国内领先水平。

按国际化工程公司的标准，分别在天津、洛阳投资建设制造基地。

秉承“为顾客创造价值”发展理念，以打造“国际知名的工程系统服务商”为企业发展目标，全面推进业务升级、管理转型，增强价值竞争能力，努力成为核心业务突出、行业领先、具有强劲持久竞争力的专业化工程公司。

中国汽车工业工程有限公司

地址：天津市南开区长江道891号　邮编：300113
电话：022-23363263　传真：022-87869666
http://www.chinaaie.com.cn　E-mail：zqgc@chinaaie.com.cn

机械工业第六设计研究院有限公司

SIPPR ENGINEERING GROUP CO.,LTD.

机械工业第六设计研究院有限公司(简称中机六院)新一届领导班子**2014**年上任以来，在管理、生产、经营、创新上及时调整，逐步在结构布局、人力分布、业务经营等方面进行变动，加大各方面的人力和资金投入，施行一系列改革措施，应对放缓的经济形势和严峻的市场竞争。

【新院址】新址用地已于2014年7月完成土地招拍挂

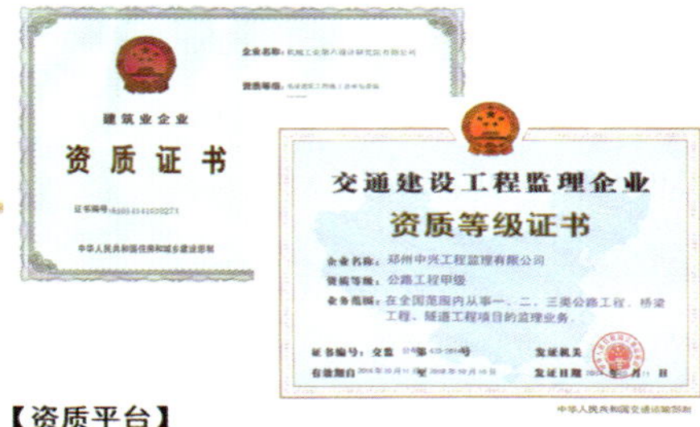

【资质平台】

2014年，获得房屋建筑工程施工总承包一级资质、交通运输工程监理甲级资质等多项资质。

【国家科技专项课题】

承担的国家智能制造装备发展专项“树脂切割片及钹型砂轮数字化车间和智能物流系统智能化成套装备”项目顺利完成研究任务，标志着我国树脂切割片及钹型砂轮数字化车间和智能物流系统智能化成套装备研制成功。

【参与或主编行业规范】

2014年共参与制定行业标准3项，国家标准（图集）6项。其中《制造工业工程设计信息模型应用标准》是制造工业工程设计领域率先制定的信息模型应用标准，弥补了国内外该领域的空白。

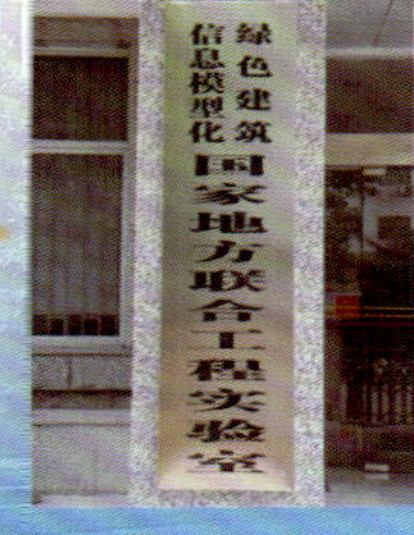

【创新平台】

获批建设“河南省工厂数字化建造工程技术研究中心”，成功申报“绿色建筑信息模型化地方国家联合工程实验室”，获得“两化”融合管理体系贯标咨询服务机构资格。

地址：中国·河南省郑州市中原中路191号

邮编：450007

电话：（0371）67606004/67606087/67606088

传真：（0371）67628091

网址：http://www.sippr.cn/

中机六院

沈阳仪表科学研究院有限公司

地址：辽宁省沈阳市大东区北海街242号　邮编：110043
电话：024-88713979

沈阳仪表科学研究院有限公司是全国仪器仪表元器件和仪表工艺的归口单位，是辽宁省高新技术企业、辽宁省“守合同重信用”单位，拥有“汇博”商标，是全国模范职工之家、全国国资系统先进基层党组织。

“传感器国家工程研究中心”“国家仪器仪表元器件产品质量监督检验中心”“国家照相机械产品质量检验中心”“国家真空设备质量监督检验中心”“机械工业仪器仪表元器件标准化技术委员会”“中国仪器仪表学会仪表工艺分会、仪表元件分会”“中国仪器仪表行业协会传感器分会”均设在该公司。

经过半个多世纪的发展，该公司科研开发实力逐步增强，共完成科研项目1765项，获得奖励382项；获得授权专利290项，其中发明专利52项。主持和参与国家和行业标准367项，其中国家标准77项。作为重点协作配套单位，研制生产多项军工产品，成功应用于“高新工程”“神州”“天宫”系列载人航天及“嫦娥”系列卫星等重点工程。

沈阳仪表院汇博光学成为国内光学镀膜行业先期将等离子辅助反应磁控溅射沉积薄膜技术应用在制造生命科学、生物医学领域光学薄膜产品的公司

“高压开关SF6微水含量传感器”获第十届辽宁省优秀新产品奖二等奖

自动清洗系统

高压组合电器波纹补偿器为国内三大高开厂出口产品配套首选供货单位

我院召开党的群众路线教育实践活动专题民主生活会

我院“高精密激光划片工艺技术及装备研究”项目获辽宁省科技创新重大专项立项批复

沈阳仪表院参与承办“杭州（国际）物联网暨传感技术与应用高峰论坛”

开拓集团内部合作市场初见成效——沈阳仪表院与中设集团无锡公司签署合作框架协议

合肥通用机械研究院

Hefei General Machinery Research Institute

建设国际著名、国内一流的现代化科技型上市企业

合肥通用机械研究院1956年成立于北京，1969年搬迁至合肥，1999年转制为科技型企业，同年加入中国机械工业集团有限公司。通用院主要围绕压力容器与管道安全工程、流体机械技术两大专业，一方面承担国家科技任务，研发国产化首台套重大技术装备，为国家重大工程建设与相关行业发展提供支撑，一方面为我国石化、能源、冶金、电力、军工等领域的重要装备安全可靠、高效节能、长周期运行提供技术服务和支持。近年来，围绕建成"国际著名、国内一流的现代化科技型上市企业"的发展战略，始终坚持有质量的增长，在改革发展、技术创新等方面取得了突出成绩。自2009年连续6年获评"国机集团先进单位"。

通用院是国家创新型企业，是国家压力容器与管道安全工程技术研究中心、压缩机技术国家重点实验室的依托单位，是国家国际科技合作基地（国际联合研究中心）、国家企业技术中心、国家中小企业公共服务示范平台，是国家"极端环境重大承压设备设计制造与维护技术创新战略联盟"的牵头单位，有3个国家质检中心、1个国际标委会和10个全国标委会、20多个省部科研与检测平台，以及可独立招生的博士后科研工作站和企业院士工作站。

通用院现有职工近1500人，其中具有高级职称的近400人，具有博士、硕士学位的近300人。建院近60年来，取得各类科研成果3000余项，获得国家科技进步奖30余项、省部科技进步奖400余项。

地址：中国安徽省合肥市长江西路888号
ADD: 888 West Changjiang Road Hefei,Anhui,China
网址(Website)：www.hgmri.com
邮编：230031　联系电话：0551-65335681

科技开创民族品牌 质量赢得华夏信誉

甘肃蓝科石化高新装备股份有限公司

甘肃蓝科石化高新装备股份有限公司（以下简称蓝科高新，股票代码：601798）是以甘肃蓝科石化设备有限责任公司为平台，由兰州石油机械研究所整体改制并引进战略投资者，依照《公司法》设立的股份有限公司，注册资本为35453万元。2011年6月22日，蓝科高新在上海证券交易所成功上市。目前，蓝科高新已成为一家国有控股、产权多元化的现代高科技企业集团，是中国装备制造业颇有影响和业绩骄人的公司之一。

▲石油钻采机械

蓝科高新是中国石油石化装备的开拓者，是中国海洋与沙漠石油的先驱，其前身兰州石油机械研究所是全国石油钻采机械和炼油化工设备的行业技术归口所，成立于1960年5月。蓝科高新主要从事石油钻采机械、炼油化工设备、海洋与沙漠石油设备和工程、炼油化工和天然气处理及液体回收工程、轻工与食品机械的研究、开发、设计、制造及石油钻采机械和炼油化工设备的性能测试与评定、石油和石油化工及其装备的计算机软件引进与开发、技术咨询及相关工程设计与总承包、施工、制造监理、监造等工作。

▲炼油化工设备

▲海洋石油装备

▲轻工食品机械

50多年来，蓝科高新为国家贡献科技成果1032项，其中，国家发明奖3项、国家科技进步奖3项、重大技术装备成果3项、全国科学大会奖10项、部（省）级科技进步奖147项，获得国家新产品和国家火炬计划产品22项。目前拥有授权专利279项，其中，发明专利26项、实用新型专利253项。软件著作权8项。蓝科高新拥有国家主管部门颁发的A1、A2、A3、SAD级特种设备（压力容器）设计许可证和A1、A2、A3级特种设备（压力容器）制造许可证、GB/GC类特种设备（压力管道）设计许可证、ASME制造许可证及U型和U2型钢印证书、美国石油学会（IPI）4F/7K/8A证书、乙级工程设计和工程咨询证、“三位一体”管理体系（质量、环境、职业健康安全）认证证书、国家安全生产标准化二级企业证书（机械）、武器装备科研生产单位三级保密证书等重要资格证书28项。2008年12月，被认定为高新技术企业。2009年8月，被列为国家第三批创新型试点企业。2010年1月，被率先列为“甘肃省创新型企业”。2011年12月，被甘肃省“技术创新示范企业”。2012年10月，被列为“国家技术创新示范企业”。2013年11月,被认定为“国家企业技术中心”。2012年12月，被列为“甘肃省第一批企事业产权试点单位”。2013年11月，被认定为“国家企业技术中心”。

地址：甘肃省兰州市安宁区蓝科路8号
邮政编码：730070
电话：0931-7639988 7663348
传真：0931-7663346
网址：www.lanpec.com

引领轴承工业科技

提升世界装备水平

Http：//www.zys.com.cn

全国统一服务电话：400-6379-111

ZYS 轴研科技 洛阳轴研科技股份有限公司

天津电气科学研究院有限公司（简称天津电气院），成立于1954年8月19日，60年励精图治形成了科技产业、科技研发、科技服务等核心经营业务，见证了共和国冶金、矿山、交通、国防、电力、石化等国民经济支柱行业的技术进步和产业发展。

在成立60周年之际，公司发布2014—2016年发展规划，明确发展定位、业务定位，细化战略目标，实施关键战略，开启“从电气传动自动化系统工程到电气控制系统解决方案”，创新发展新纪元。

核心价值观：创新成长，合力共享。

使命：引领技术，创新服务，创造价值。

愿景：致力于提供卓越的工业领域电气控制系统解决方案。

发展定位：成就“服务能力卓越、研发实力强大、产业优势突出”的一流应用科研机构。

业务定位：以高端装备制造业领域电气控制系统工程为基础，大力推进新能源和节能装备产业，积极发展相关机电装备产品贸易与技术服务，提供以闭环服务为导向的系统解决方案。

总部地址：天津市河东区津塘路174号（300180）
产业基地：天津市滨海高新区创新大道354号（300301）
检测基地：天津市东丽开发区信通路6号（300300）
电话：022-84376168　传真：022-24391813
http://www.tried.com.cn

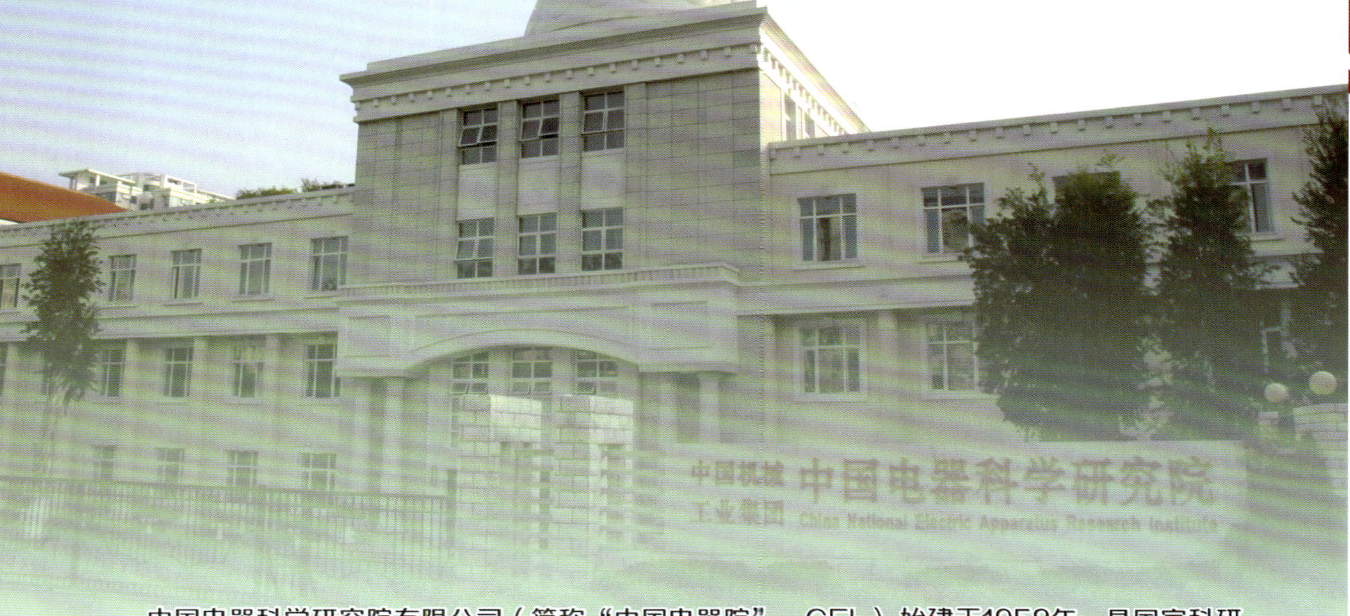

中国电器科学研究院有限公司（简称“中国电器院”，CEI ）始建于1958年，是国家科研机构，隶属于中国机械工业集团有限公司。经过50多年发展，现已成为集科技研发、科技服务和科技产业为一体的拥有近两千名科技人员的国家创新型企业。

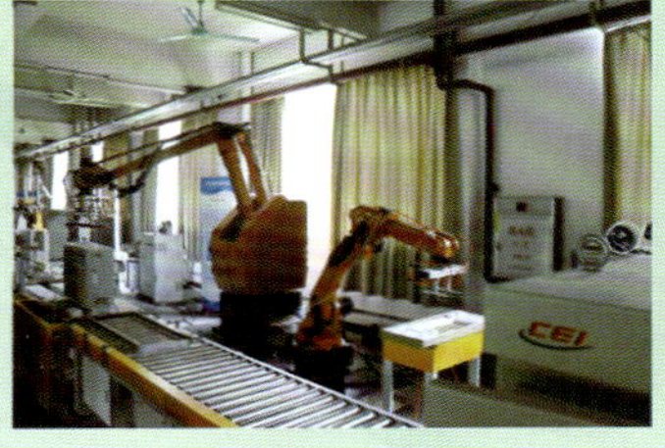

科技研发

研究领域：环境科学、材料科学、评价科学、能源科学、工程科学、智能科学等六大领域

※ 中央研究院

※ 工业产品环境适应性国家重点实验室

※ 海南环境技术研究所

※ 兰州电源车辆研究所有限公司

科技产业

※能源领域

发电机励磁系统、特种电源、电池试验及检测设备

※ 工程领域

家电及机电产品自动化生产线、表面处理生产线成套设备、环境试验设备和实验室

※ 材料领域

粉末涂料、聚酯树脂、油漆涂料

※ 电子领域

智能控制器、仪器仪表设备、网络与监控工程

国家检测

业务范围涉及：家电、电子、轻工、汽车、五金、钢铁、石化、材料、电力等九大国民经济发展领域。是国际CB实验室、中国大型的电子电器认证检测中心之一。

※ 产品认证

※ 产品质量监督仲裁与鉴定

※ 验货服务

※ 委托测试

※ 管理体系认证与审核

※ 仪器设备计量与校准

地　　址：广东省广州市海珠区新港西路204号　　电　　话：020-89050888

邮政编码：510300　　网　　址：www.cei1958.com

广州机械科学研究院有限公司
Guangzhou Mechanical Engineering Research Institute Co.,Ltd.

中国机械功能零部件集成服务领先者

Leader In Multi-service of Accessories With The Mechanical Function In China

20 世纪 80 年代，广州机械科学研究院（当时的广州机床研究所）曾作为国家定点研发工业机器人的科研单位，是中国早期从事机器人研究的单位之一，先期研发了我国焊接机器人，并在一汽得到应用。

公司致力于开展机器人关键零部件、本体、集成应用、检测标准等关键共性技术和前沿技术的研究，开发智能化自动化系统，为工业客户提供整体解决方案。

2015 年，公司开始建设国家机器人检测与评定中心（广州），将形成机器人整机性能、关键零部件、安全性能和噪声检测、环境检测、能效检测、EMC、材料等专项性能测试能力，以及产品认证、标准研究、合作交流部、培训咨询、期刊信息服务等公共服务能力。

公司拥有胶产品特性的研究基础，以及在涂胶工艺上的丰富经验，可根据客户需求，研制专用直角坐标涂胶机器人、六轴机器人及周边配套单元。

科学城基地：广东省广州开发区科学城新瑞路 2 号 永和基地：广东省广州开发区永和经济区田园路 97 号 黄埔基地：广东省广东黄埔区茅岗路 828 号
电话：020-32385328 传真：020-32389135 http://www.gmeri.com

JFMI 捷迈机械 济南铸造锻压机械研究所有限公司

JINAN FOUNDRY&METALFORMING MACHINERY RESEARCH INSTITUTE CO.,LTD.

济南铸造锻压机械研究所有限公司（以下简称济南铸锻所）前身为济南铸造锻压机械研究所，始建于1956年，是机械工业直属专业从事铸造机械、锻压机械、液压技术等多专业综合性应用技术研究、开发和行业归口管理的国家一类科研机构。

2009年度12月，由中国机械工业集团有限公司和宝钢集团有限公司、中国重型机械研究院股份公司、中国浦发机械工业股份有限公司、中机中联工程有限公司共同发起，成立济南铸造锻压机械研究所有限公司。

现有员工700余人，各类专业技术人员占70%，其中具有高级专业技术职务的人员占20%，拥有一批享受政府特殊津贴的专家和学科带头人。

主要从事铸造机械及铸造工程机械化、自动化成套技术及装备，锻压机械及锻压工程机械化、自动化成套技术及装备，数控锻压和激光加工技术及设备、数控板材加工成套设备，各种大型闭式通用和专用机械压力机、液压机及自动化生产线，液压元件及系统的新技术、新产品开发、设计、制造；铸造锻压机械产品质量检测；相关技术的咨询服务。

承担着全国铸锻机械行业技术组织和技术服务工作。设有国家铸造锻压机械产品质量监督检验中心，国家铸造机械标准化技术委员会和国家锻压机械标准化技术委员会，承担编辑中国铸锻机械科技发展规划，制定铸锻机械产品标准及质量标准和产品质量分等规定、组织产品监督质量检查和工艺攻关等多项工作。还是全国铸锻机械行业学会、协会的挂靠单位。编辑出版并面向国内外发行专业杂志《中国铸造装备与技术》《锻压装备与制造技术》。

50多年的历史积淀和行业背景、卓越的专业人才、雄厚的技术实力，培育和推动了中国铸造锻压机械行业的发展。将继续坚持“以市场为导向，以产品为龙头，以科技为后盾，以创新为动力，面向国内外两个市场”的企业方针，竭诚为国内外新老用户提供高效、节能、安全、可靠的新技术、新产品。

▲清洁高效绿色铸造成套设备

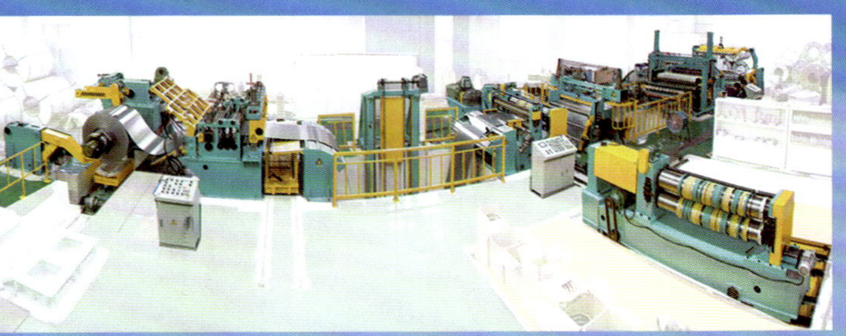

▲高档数控开卷校平生产线

▲高端汽车纵梁成套装备

▲高档中大型冲（锻）设备

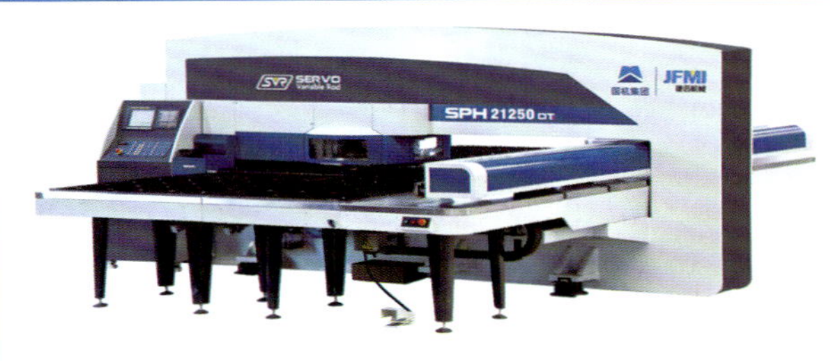

▲数控冲剪折设备

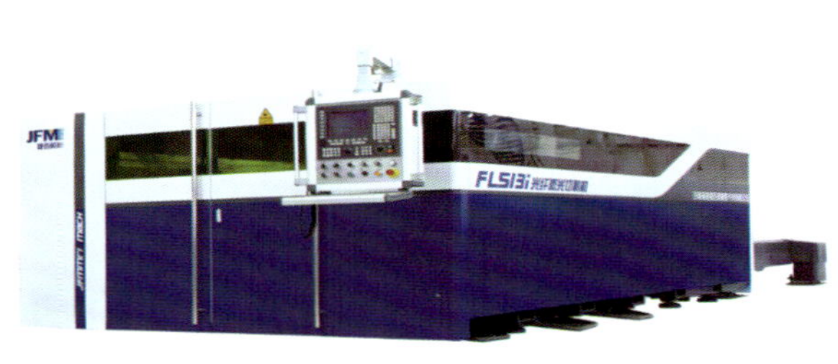

▲数控激光加工设备

地址：山东省济南市长清区凤凰路500号
邮编：250306
电话：0531-87979115
传真：0531-87964055
邮箱：zds@zds.com.cn
网址：www.zds.com.cn

重庆材料研究院有限公司（原名：重庆仪表材料研究所）创建于1961年，是机械工业直属一类研究所，1999年转制进入中国机械工业集团有限公司。

公司是中国专门从事功能材料共性基础技术、工程化技术研究与产业化开发的综合性研究机构，经国家批准建立了“材料物理与化学”博士学位授予点、博士后科研工作站、“国家仪表功能材料工程技术研究中心”“全国仪表功能材料标准化技术委员会”“院士工作站”。

创建50多年来，形成金属功能材料及制品、贵金属材料及制品、测温材料、元件及装置、传感器敏感材料及元件、难熔金属材料、特种陶瓷材料及制品、磁性材料及器件等6条中试工艺生产线。测温材料、特种合金、工程仪表三大优势专业领域在国内处于领先地位。取得科技成果近1 000项，获得国家奖励12项，部、省级科技成果奖200余项。科技成果广泛应用于机械、汽车、电子、能源、石化、冶金、轻工、舰船、航空、航天与国防军工等领域，解决了国家一系列重点工程、重大设备和军工配套所需的关键材料与元件，为中国国民经济的发展和国防军工技术进步作出了卓越贡献。

地址：中国重庆市北碚区蔡家岗镇嘉德大道8号　邮编：400707
电话：023-68863921　传真：023-68863932

国机集团董事长任洪斌调研在渝所属企业

国机集团副总裁孙德润调研重材院

国机集团总经理徐建调研

领导班子换届宣布大会

召开群众路线教育实践活动启动大会

重材院海智基地获得授牌

中国科协王春法书记调研

地址：四川成都市新都区工业大道东段601号　邮编：610500
电话：028-83243828　传真:028-83932220　网址:www.ctri.cn

主要从事精密切削刀具、精密测量仪器和表面改性技术三大类机械产品共性技术研究及其高新技术产品的开发与生产。已形成了以硬质合金石油管螺纹梳刀为主导并逐步发展了轴承刀具、超硬刀具、数控刀具、深孔加工刀具、汽车刀具、精密复杂硬质合金成型刀具、配套刀具、齿轮测量仪器、主动量仪、激光干涉仪、工具专机，以及PVD、CVD、PCVD涂层技术服务、第二代QPQ盐浴复合处理技术与装备等多种产品并存的产业结构。建立了材料研发、工艺实验、装备改造、产品质量控制、市场推广和技术服务等完善的经营管理体系，有较强的技术创新能力。

螺纹加工刀具

成型槽加工方案专家

汽车发动机加工专用刀具

特殊异形刀具

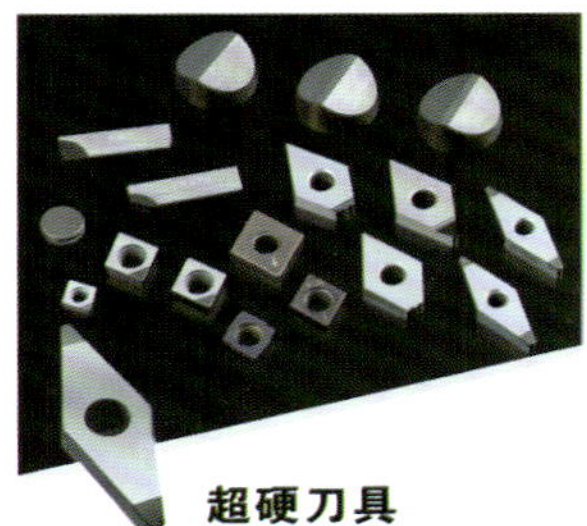
超硬刀具

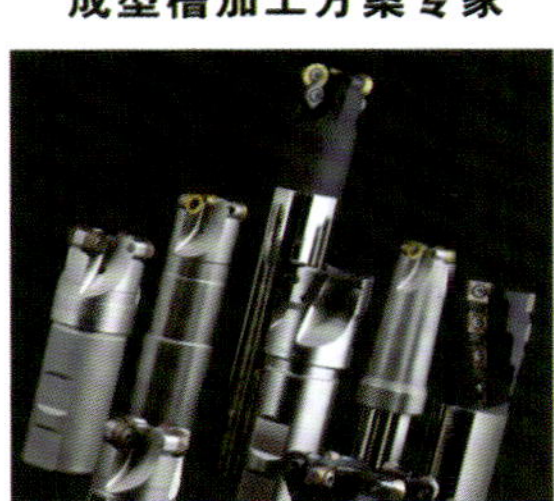
高温合金加工刀具

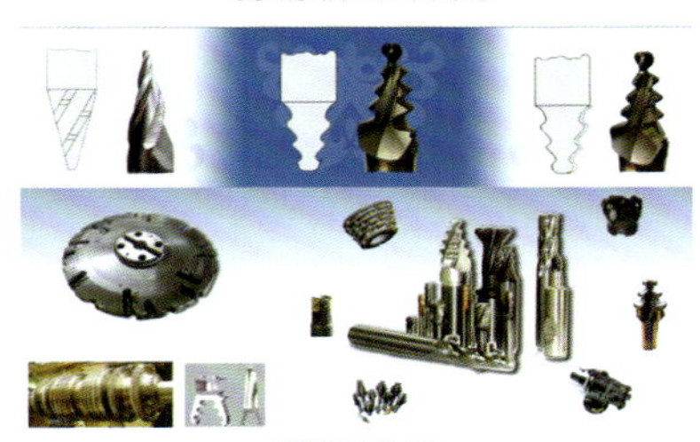
型线刀具

焊管加工刀具

轴承刀具

深孔加工刀具（深孔钻）

中国重型机械研究院股份公司所属行业为工程和技术研究和试验发展，主营业务涵盖：钢铁冶炼、二次精炼、连续铸造、板（带箔）管（棒）型材轧制与精整处理、金属锻造/挤压、拉伸塑性成型、工业烟气净化回收、页岩油开采与油气输送等生产工艺所需各种大型、高端工艺装备的研发设计、成套和工程总包。

“12 000t航空级铝合金板材张力拉伸机装备”项目获2014年度中国机械工业科学技术特等奖

“12 000t航空级铝合金板材张力拉伸机装备”系国家科技重大专项“高档数控机床与基础制造装备”专项课题，拥有完全自主知识产权。

该拉伸机装备经过两年多生产使用，设备运行稳定、性能可靠，批量生产出的航空级铝合金厚板，使用效果良好，创造了显著的社会和经济效益。该项目取得了多项创新性成果，总体达到国际先进水平，多项指标和技术达到国际领先水平。

该项目的成功研制解决了我国大型铝合金板材万吨级拉伸机装备从无到有的问题，是我国铝合金厚板生产技术和装备的重大突破，增强了我国航空航天用材的自主保障能力，对保证国家“大飞机”项目的顺利实施，增强综合国力具有重大意义。

12000t航空级铝合金板材张力拉伸机

世界超大自由锻造油压机及全液压锻造操作机研制成功

19 500t自由锻造油压机

“19 500t自由锻造油压机及300t/750t · m全液压锻造操作机”是已投产世界超大吨位的自由锻造油压机及世界超大夹持力/夹持力矩的全液压锻造操作机，整体装机水平世界领先。人民日报以《世界最大自由锻造油压机研制成功》为题进行报道。

19 500t自由锻造油压机最大锻件能力可达450t，压机可完成镦粗、拔长等自由锻造工艺，具有常锻和快锻功能，运行平稳、无冲击。

300t/750t · m全液压

300t/750t · m全液压锻造操作机实际夹持能力达350t，夹持力矩达1000t · m。该机组投入生产后，运行平稳，已生产出8m直径主火箭铝环锻件及大型船用舵杆锻件。

该项目的投产，提升了我国重型锻压装备的加工能力和机械、自动化水平，打破了大型电力、船舶、冶金、化工、航空航天和国防军工等领域超大型优质锻件的制造瓶颈。

地址：中国•陕西•西安市经济技术开发区草滩生态产业园尚林路3699号(新区筹) 邮政编码：710032
电话：(029) 86322399 传真：(029) 86713965
网址：www.sino-heavymach.com 电子邮箱：office@sino-heavymach.com

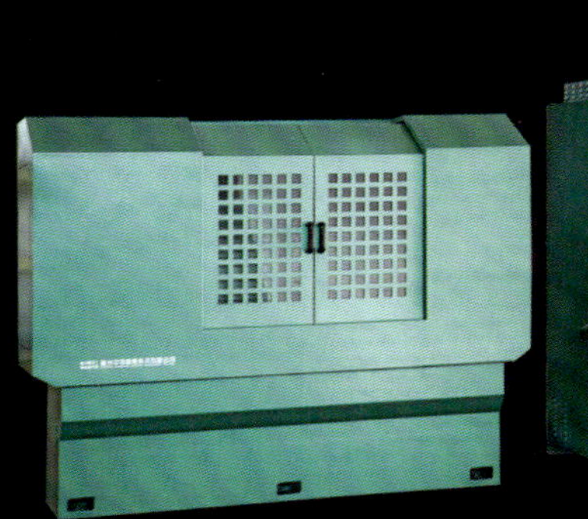

DCS-002Da数控硬质合金轧辊

五轴联动精密数控电火花成形机床

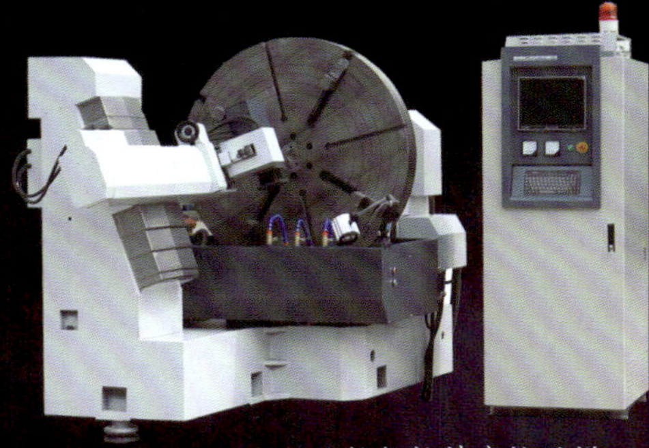
SE-LC006M五轴数控精密轮胎模电火花加工专用设备

苏州电加工机床研究所有限公司（以下简称“苏州电加工”）创建于1958年。1999年7月，根据国家科研体制改革要求实施转企改制，进入中国机械工业集团有限公司。

苏州电加工是中国特种加工行业归口所和行业研发、信息和服务中心，具有所有电加工核心技术的研发能力，是国内电加工行业综合研发机构，是国家认定的高新技术企业和江苏省科技创新型企业。

苏州电加工主要从事电加工、特种加工技术与装备的研发、生产和销售，技术及产品主要应用于航天、航空、军工、汽车、精密模具、能源装备、电子通讯、钢材生产等重要制造领域。

苏州电加工机床研究所有限公司

地址：江苏省苏州市高新技术开发区金山路180号　　邮编：215011
电话：0512-68251422　　传真：0512-68253876
http://www.sino-edm.com　　E-mail:edm@sino-edm.com

地址：广西桂林市七星区东城路8号 邮编：541004
电话：0773-5888346 传真：0773-5813513
邮箱：suoban@glesi.com.cn
网址：www.glesi.com.cn

桂林电器科学研究院有限公司成立于1954年，1970年从北京搬迁到桂林，1999年转制进入中国机械工业集团有限公司，2013年整体改制成有限责任公司；是集电工材料、薄膜生产线成套装备、特种电机、聚酰亚胺薄膜和行业中介服务为一体的科技型企业。长期以来，承担着国家、部、委下达的科研任务。1970年以来，取得900多项科技成果，其中获国家、省、部级科技进步奖140余项。产业规模不断扩大，已发展成为具有一定规模效益的高科技产业集团。

桂林电科院电工电子新材料产业基地

现在的桂林电科院

桂林电科院成立60周年趣味体育运动会

20世纪80年代的桂林电科所

20世纪50年代的第一机械工业部门电器科学研究院

1970年桂林电科所原貌